U0553316

纪念招商局创立一百四十五周年

《申报》招商局史料选辑

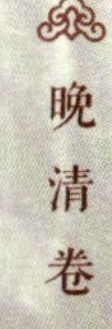

晚清卷

I 产业与经营

招商局文库·文献丛刊

Selected Historical Materials of China Merchants Steam Navigation Co. in Shun Pao, 1872-1911

李玉/主编

社会科学文献出版社
SOCIAL SCIENCES ACADEMIC PRESS (CHINA)

招商局文库总序

1872 年创立的中国第一家民族工商企业——轮船招商局是晚清洋务运动仅存的硕果，它发展至今天，已成为横跨金融、交通、地产等三大核心产业的企业集团。自创立以来，招商局与祖国共命运，同时代共发展，饱经沧桑，几度挫折，几度辉煌，生生不息，以它与中国近现代化进程和中国近代社会经济生活的紧密联系从一个侧面折射了中国社会一百多年来的发展历程，它在自身经营发展中的重大事件印证了中国社会发展的跌宕起伏、荣辱兴衰，也成为中国近现代史上的重要坐标。招商局史不仅属于招商局，也属于全社会。招商局的发展史，值得学术界不断地探寻和回视。因此，有些学者提出了“招商局学”概念，希望学术界努力使之成为中国近代史研究的一个分支学派。可以说，发展和繁荣招商局历史研究，是大家的共同心愿。

自 20 世纪早期开始，不少专家、学者潜心研究，陆续出版、发表了许多有关招商局研究的著述，新观点、新发现层出不穷。继承招商局金字招牌的招商局集团深刻认识到招商局厚重历史的社会意义，自觉肩负起社会责任，也从 20 世纪 80 年代开始，就积极组织、投入各方面力量，挖掘招商局百年历史，分别在 1992 年和 2007 年成功举办了招商局历史学术研讨会，在 2004 年成立了招商局史研究会和设立了招商局历史博物馆，在 2005 年开设了招商局史研究网，历年出版和赞助出版了多本招商局历史研究书籍，出资拍摄了多部招商局历史题材专题片，鼓励和支持了院校普及招商局历史知识以及培养招商局历史研究人才，派员对散落在各地的招商局文献进行了调查和复制以及购买，定期公开了许多招商局馆藏招商局历史档案。我们不遗余力地做好这些工作，除了推动招商局自身的企业文化建设外，最重要的是为社会各界研究招商局史提供力所能及的帮助，为社会研究招商局历史服务。

2010年，鉴于招商局历史研究的迫切需要和为了系统化地展示招商局历史研究的著述、文献史料，我们提出了出版“招商局文库”的设想，希望将以前历年来已出版的和今后将出版的有关招商局历史研究书籍以统一的版式集中出版。

社会科学文献出版社对我们的这一设想给予了大力支持，对如何建立“招商局文库”提出了具体的工作建议，并承担了出版任务。目前，“招商局文库”主要设有“研究丛刊”、“文献丛刊”两个系列。2012年，适逢招商局创立140周年纪念，我们将集中出版一批学术论著和历史文献，以作为“招商局文库”的开篇。今后，“招商局文库”书籍将陆续与大家见面。

希望“招商局文库”书籍能为大家提供更好的帮助，并引起更多的专家、学者和社会人士对招商局及招商局历史研究的关注、支持。

招商局集团

2012年1月

本书编辑委员会

编辑体例

1. 本书相关史料在《申报》原版基础之上进行重新编排。文字一律改为简体，并照现行方式加以断句标点。为便于学界利用，编者将这些史料分为“产业与经营”、“社会关系”与“综合评论”三册，每册依时间顺序编排相关内容。

2. 每则史料以原文标题为题名，并在右下角注明《申报》出处，以备核查。

3. 因部分史料是《申报》某一专题报道中的一部分，所以不相关的内容尽量予以省略，文中出现的“（前略）”、“（中略）”、“（下略）”均为编者所加。

4. 原文中的相关名词或人名、概念等，酌加注释，以便阅读。

5. 一些常用概念一律改为现在的表述方式，如“股分”改为“股份”、“马头”改为“码头”、“年分”改为“年份”等等。

6. 原文中的异体字一律改成通行字体。

7. 原文无法识别的字迹，以“□”代替。

8. 原文错误之字予以勘正，无法识别的字迹，根据前后文尽量予以补正，勘正和补正之字用“[ ]”标出。

9. 原文疑有缺漏之字，所缺者用“( )”注出。

10. 原文衍生内容以“〈 〉”加以标出。

前言

——《申报》中的轮船招商局呈现

李　玉

《申报》是近代中国第一大报，轮船招商局是近代中国著名的民族航运公司，两者均于同治十一年（1872）在上海诞生。在此后的发展历程中，两者联系密切，这从招商局在《申报》上的显现频度可以看出。

测度招商局在《申报》上的显现状况，需要借助于方兴未艾的具有一定“大数据”功能的“爱如生”全文数据库。在该数据库中，以“招商局”为关键词进行全文检索，剔除其中包含“招商局”三字，但不是“轮船招商局”的结果项，包括“织布招商局”6项（1880年）、“矿务招商局”40项（1880年30项、1885年8项、1887年2项）、“招商局桥”20项（1938年2项、1939年18项），然后将检索结果整合为表1。

之后以“轮船招商总局”为关键词进行全文检索，结果如表2所示。

轮船招商局有时还分别被称为“招商轮船局”、“轮船公局”、“招商公局”和“招商轮船总局”，分别以这些作为关键词进行全文检索，所得结果如表3~表6。

招商局还一度使用“招商轮船公司”与“招商局轮船公司”名称，以此为关键词进行检索，分别得到71条和66条结果（见表7、表8）。

虽然还可以招商局船名、人名进行检索，但其结果大致可以被上述各种检索，尤其是以“招商局”为关键词进行的全文检索结果所覆盖。将上述各表进行整合之后，共得170509项，较以“招商局”为题名在“爱如生”数据库进行全文检索的135393项，多出35116项（表2~表8）。

兹将整合之后的轮船招商局在《申报》上的显现频率列于表9。

表1　以“招商局”为关键词进行全文检索剔除错误项之后的结果

年　度	检索结果数	年　度	检索结果数	年　度	检索结果数
1872	13	1899	3038	1926	1388
1873	347	1900	2716	1927	1592
1874	381	1901	3254	1928	3154
1875	944	1902	3261	1929	2521
1876	959	1903	3047	1930	2281
1877	2385	1904	3164	1931	1366
1878	2263	1905	619	1932	1594
1879	1952	1906	535	1933	2076
1880	2186	1907	522	1934	1973
1881	2236	1908	645	1935	1670
1882	2615	1909	1099	1936	1803
1883	3457	1910	867	1937	1306
1884	3353	1911	874	1938	59
1885	1766	1912	1333	1939	70
1886	3622	1913	881	1940	15
1887	3595	1914	719	1941	27
1888	3023	1915	1157	1942	4
1889	3313	1916	1102	1943	3
1890	3422	1917	1238	1944	1
1891	3377	1918	1801	1945	95
1892	3421	1919	989	1946	1128
1893	3480	1920	1496	1947	1757
1894	2753	1921	1974	1948	1773
1895	2306	1922	1337	1949	504
1896	2940	1923	1015	合　计	135393
1897	3055	1924	1212		
1898	3010	1925	1164		

表 2　以"轮船招商总局"为关键词进行全文检索的结果

年　度	检索结果数	年　度	检索结果数	年　度	检索结果数
1873	36	1896	155	1919	103
1874	17	1897	91	1920	38
1875	51	1898	5	1921	79
1876	82	1899	233	1922	108
1877	87	1900	72	1923	20
1878	89	1901	172	1924	59
1879	101	1902	63	1925	40
1880	110	1903	16	1926	77
1881	82	1904	60	1927	37
1882	153	1905	2752	1928	198
1883	120	1906	2833	1929	109
1884	362	1907	2798	1930	63
1885	243	1908	2329	1931	51
1886	129	1909	2552	1932	24
1887	54	1910	2310	1933	21
1888	46	1911	2372	1934	101
1889	51	1912	2170	1935	333
1890	39	1913	2073	1936	343
1891	47	1914	2133	1937	214
1892	4	1915	2260	1948	1
1893	34	1916	2185	合　计	34091
1894	23	1917	318		
1895	14	1918	146		

注：凡表中未出现的年度，检索结果均为 0 项，后同。

表 3　以“招商轮船局”为关键词进行全文检索的结果

年　度	检索结果数	年　度	检索结果数	年　度	检索结果数
1873	22	1912	1	1928	8
1874	22	1913	8	1929	16
1875	9	1917	4	1930	3
1876	2	1918	10	1931	15
1877	28	1919	3	1932	2
1878	3	1920	5	1933	6
1879	1	1921	5	1934	6
1880	7	1922	3	1935	1
1882	1	1923	5	1936	2
1884	81	1924	3	1937	8
1897	3	1925	6	1939	2
1902	1	1926	6	1941	1
1905	3	1927	15	合　计	327

表 4　以“轮船公局”为关键词进行全文检索的结果

年　度	检索结果数	年　度	检索结果数	年　度	检索结果数
1873	4	1898	1	1935	3
1874	73	1905	1	1936	3
1894	1	1911	20	合　计	106

表 5　以“招商公局”为关键词进行全文检索的结果

年　度	检索结果数	年　度	检索结果数	年　度	检索结果数
1872	5	1879	19	1919	2
1873	16	1882	30	1920	1
1874	3	1883	4	1926	7
1875	1	1910	53	1930	1
1877	13	1911	26	1947	47
1878	1	1912	5	合　计	234

表 6　以“招商轮船总局”为关键词进行全文检索的结果

年　度	检索结果数	年　度	检索结果数	年　度	检索结果数
1877	1	1919	22	1929	7
1878	1	1920	12	1930	2
1883	1	1922	1	1931	1
1897	86	1923	1	1934	4
1898	1	1925	4	1936	1
1908	50	1926	6	合　计	221
1916	3	1927	7		
1918	9	1928	1		

表 7　以“招商轮船公司”为关键词进行全文检索的结果

年　度	检索结果数	年　度	检索结果数	年　度	检索结果数
1874	3	1917	2	1928	8
1905	1	1918	2	1930	5
1910	10	1921	2	1931	2
1912	5	1922	1	1932	1
1913	2	1923	3	1935	1
1914	7	1925	1	1947	1
1915	1	1926	4	合　计	71
1916	1	1927	8		

表 8　以“招商局轮船公司”为关键词进行全文检索的结果

年　度	检索结果数	年　度	检索结果数	年　度	检索结果数
1873	1	1923	3	1933	1
1886	7	1925	5	1948	13
1912	15	1928	4	1949	7
1913	2	1929	2	合　计	66
1919	1	1930	2		
1921	1	1932	2		

表 9 《申报》轮船招商局显现频率——基于主要关键词的检索结果

年　度	检索结果数	年　度	检索结果数	年　度	检索结果数
1872	18	1899	3271	1926	1488
1873	426	1900	2788	1927	1659
1874	499	1901	3426	1928	3373
1875	1005	1902	3325	1929	2655
1876	1043	1903	3063	1930	2357
1877	2514	1904	3224	1931	1435
1878	2357	1905	3376	1932	1623
1879	2073	1906	3368	1933	2104
1880	2303	1907	3320	1934	2084
1881	2318	1908	3024	1935	2008
1882	2799	1909	3651	1936	2152
1883	3582	1910	3240	1937	1528
1884	3796	1911	3292	1938	59
1885	2009	1912	3529	1939	72
1886	3758	1913	2966	1940	15
1887	3649	1914	2859	1941	28
1888	3069	1915	3418	1942	4
1889	3364	1916	3291	1943	3
1890	3461	1917	1562	1944	1
1891	3424	1918	1968	1945	95
1892	3425	1919	1120	1946	1128
1893	3514	1920	1552	1947	1805
1894	2777	1921	2061	1948	1787
1895	2320	1922	1450	1949	511
1896	3095	1923	1047	合　计	170509
1897	3235	1924	1274		
1898	3017	1925	1220		

现将这些数据转换成图示形式，以利更加形象地展现招商局在《申报》中显现频度的变化趋势（见图1）。

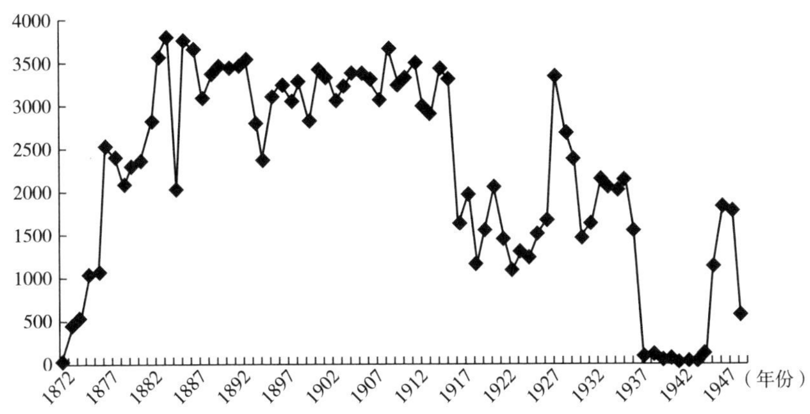

图1　招商局在《申报》中显现频度变化趋势

由图1可见，在创办之后的最初十年，招商局在《申报》的显现频度快速上升，从1883年到1916年的30多年时间之内，这一频度基本维持在高位，除个别年度之外，多在3000次以上。此后的10年时间内，大致呈低谷状态。1928年前后又一次攀升，此后基本呈下降趋势，仅在抗战胜利之后小有抬升。

招商局在《申报》中的显现频度虽然与该局的经营状况有直接关系，两者之间也并非单纯的线性关系，显然受多种因素影响，其中就有《申报》方面的原因。例如抗战爆发之后，《申报》于1937年12月14日停刊，1938年1月15日至7月31日出版汉口版，同年10月10日在上海复刊，1949年5月27日终刊。其中，1938年3月1日至1939年7月10日又出版香港版。战时的媒体，本不能正常发行，而太平洋战争爆发之后，上海租界沦陷，招商局业务早已转移至内地，不可能在《申报》上频繁出现。所以，抗战时期的《申报》招商局显现频度，属于特殊状况，不具有其他阶段的统计意义。本书之所以列出，也仅是出于时限完整性考虑。

作为近代中国第一家民族航运公司，轮船招商局产生了多方面的巨大影响，无论中国的政治、军事、经济、社会，还是文化、教育与慈善事业，该局都有相当程度的参与，该局的历史被打上了近百年中国曲折发展历程的深刻烙印，与时代脉搏紧密呼应。招商局的历史并不仅属于一家企业，而是近代中国大历史的重要组成部分。可以说，《申报》是近百年轮船招商局的全方面记录者，从《申报》观察招商局，无疑是一个重要的窗口。

在招商局领导的重视与关怀之下，该局史料编纂工作已经取得相当大的成绩。但已经出版者除了盛宣怀档案之外，则为《国民政府清查整理招商局委员会报告书》等旧籍，在一定程度上属于企业“内部资料”。这些史料固然重然，但毕竟只能呈现某一个方面。

现代企业不仅仅是一个单纯的经营单位，其社会性决定了从社会的角度观察企业，可拓展和加深相关认识。有鉴于此，我们设计编纂了这套《〈申报〉招商局史料选辑》，意在扩大轮船招商局的历史认知视阈，广泛了解轮船招商局在近代社会中的传播与影响，增加研析轮船招商局史的参照系，尽可能展现轮船招商局在近代中国社会视野中的企业形象。

由于《申报》体量宏大，内容丰富，加之版面漫漶，字迹不清，实际操作过程中遇到的难度远远超出预想，所以只得调整方案，分步进行。兹先将晚清时期的相关内容加以整理编校，供学界参考。

目　录

绪　言

顾名思义，本册内容主要包括两大版块，其一为招商局的产业与业务部分，其二为招商局的经营管理部分。前者以轮船为主，涉及招商局的船舶购置、装载、航行、进出港、航行安全、事故处置、运送客货情况、运价变化、业务绩效等；后者主要反映轮船招商局的企业管理与公司管理状况。

本册选录的招商局广告涉及船舶、设备与材料购置及处理。其中，招商局的各类招标声明较为多见，委托拍卖广告虽然不能与之相匹，也常可发现，招标与拍卖广告对于了解招商局的设备与原材料管理有一定价值。船期广告与航行报道在本册中占有不小的篇幅，船期广告主要是上海港的轮船进出口信息，由于内容太多，本册只能略加选录；航行报道涉及招商局通航的主要港口，包括天津、烟台、汉口、芜湖、宜昌、宁波、温州、广州、香港等埠，从中可以看出轮船招商局在近代中国航运版图中所占地位的变化。轮船航行各埠，市场竞争与运价管理是一个重要环节，客货业务、运能运量直接关系到企业的绩效，本册有不少内容可供参考。招商局的资产除了轮船之外，还有港口、趸船、码头、栈房，以及其他地产，其变化情况在本册内容中也有所涉及。

本册中有一部分比较系统的内容，即招商局的年度账略，对于全面了解轮船招商局的资产经营状况非常有利。招商局的经营还与社会环境密切相关，招商局的年度账略一般会对本年度企业所处内外环境进行检讨。企业社会声誉的良窳可从其股票市价变化得到一定的反映，本册对于招商局股票价格的变化进行了一定的再现，作为参照，同时附录了同期其他中外企业股价的变化。

就公司管理而言，股东会、董事会均是其中的关键机构，招商局股东与股东会的角色在早期并不十分突出，但至20世纪初，则对招商局运营的影响越来越大；尤其是清政府邮传部成立之后，计划将该局收归官办，引发该局股东强烈关注，包括股东会公告、股东个人意见，以及董事会通告在内的各类文告在《申报》大量刊载，既呼应了这一时期招商局日益激烈的内外博弈，也显示了招商局经营状况与社会形象的变化。

仁和、济和保险公司以及内河招商局等都是轮船招商局的直属公司，本册对反映其资产变化及运营情况的相关内容也适当加以收录。此外，还涉及轮船招商局对开平煤矿等企业的投资，以利读者对招商局与其他洋务企业关系的了解。

新设轮船局

启者：本局现于洋泾浜对岸浦东怡和栈南首购得栈房一所，计五大卷，可储海运漕米六万余石，外有余地二十亩，计价规银二万三千五百两，业已如数付讫。所有码头尚须修建，并拟添造账房及偏屋十余间，俟工竣结账后，再行刊布，以昭核实。

十月十八日

轮船招商公局告白

（1872 年 11 月 18 日，第 5 版）

中国轮船招商

中国近年各处设立制造专局，仿照西法，创造轮船，兹因各处军务肃清，轮船岁须修艌[①]，经费浩繁，是以李中堂议立招商局，为客商装运货物，籍［藉］资修艌。兹因特委浙江候补之朱云甫太守其昂，并发银三十万两，于上海之浦东廿四保地方，购地建局试办矣。今年先为装载海运米粮，亦皆朱太守经办其中，如何章程，容俟探实再报可也。

（1872 年 11 月 29 日，第 2 版）

本馆正误

前本馆论轮船招商局购办英公司轮船一号，所开船名、价目皆有舛误，兹已由招商局函来更正，录之告白矣。书此以志传闻之误云。

（1872 年 12 月 2 日，第 2 版）

邑尊准函禁止阻夺扛挑告示

（1872 年 12 月 2 日，第 3 版，文见“社会关系”）

① 艌：niàn，用石灰掺以桐油，填补船缝。

轮船招商公局告白

兹启者：本局所买英公司行轮船一号，船名“伊敦”，计价英洋六万五千元，除扣回用英洋八百元，实付英洋六万四千二百元，洋价作七钱八分五厘计，净付豆规银五万零三百九十七两，业于十月廿五日交清，已有保安、怡和两行保险，于十月三十日装载货物，开往汕头。特此布闻。

十一月初二日

（1872 年 12 月 2 日，第 5 版）

轮船招商公局告白

启者：本局“伊敦”轮船于本月初十日自汕头回沪，载来糖货等，计收水脚搭客洋一千零八十九元，即于十五日仍装米麦等货驶往汕头，计收水脚规元七百三十九两五钱八分，搭客洋二百三十五元。特此□［布］知。

十一月十七日

（1872 年 12 月 17 日，第 6 版）

轮船招商公局告白

启者：本局“伊敦”轮船于十一月二十四日自汕头回沪，载来货物，计收水脚洋一千六百六十二元，即于二十九日仍装货驶往汕头，计收水脚规元九百十两零七钱七分，搭客洋三百六十六元七角。特此布知。

十二月初四日

（1873 年 1 月 2 日，第 6 版）

轮船招商开局日期

顷悉轮船招商公局择于十二月十九日在洋泾浜南永安街地方开办，并闻中外官商届时均拟前往道喜，其热闹可知。

（1873 年 1 月 16 日，第 3 版）

招商轮船开局

闻轮船招商公局于十九日开办，已于前报奉闻矣。前晚微有雨雪，昨晨忽转晴霁，天气和暖，中外官商及各国兵船统领均往道喜，车马盈门，十分热闹，足见舆情之辑睦，其兴旺可拭目俟焉。

（1873 年 1 月 18 日，第 3 版）

轮船招商公局告白

启者：本局“伊敦”轮船前于壬申年十二月十八日由汕头装货回申，计收水脚洋二千零十元零七角七分，又搭客洋七十四元，兹已收清。特此布白。

癸酉正月十三日

（1873 年 2 月 11 日，第 5 版）

招商局“阿敦”轮船赴汕头

闻招商公局有船名“阿敦”者，于前日开往汕头，船已满载，计所得水脚亦颇丰厚，此招商局第一次创行之船也。俟二月间在英国定办火船三只□［到］沪后，当□畅行各埠，于公事大为有便。闻该三船甚为合用，能多载货物，而吃水不深，驶行海面捷速之至，用煤并且不多，船值亦甚廉，惟外观或不如他船耳。夫船以适用为贵，又何必徒饰外观乎？该公局中尚拟再购火船十余只以应用，惟须俟此三船到后，试行一次，详审其果否合式，或稍改式样为善，然后再行办理，亦小心办事之一法也。前阅邸抄内有浙抚奏本年漕运事，知今年海运抵津必速于从前，盖有轮船相助故耳。然则此局之设，上则可以利国家，下亦可以利该局，岂非大举哉？

（1873 年 2 月 24 日，第 1、2 版）

招商公局告白

启者：本局“伊敦”轮船于上年十二月念一日由上海往宁波装货往香港，由香驶汕装货回申，谨将水力搭客等银两开列于左：

计收：由申去宁搭客洋二百三十八元五角，由宁装货往香港水力洋二千零七十三元一角，由汕装货回申水力洋一千九百三十一元二角半，由汕到申搭客洋十五元，又补刊汕头永泰经收搭客规银二百念八两六钱二分六厘。

癸酉年正月二十七日

（1873 年 2 月 25 日，第 6 版）

轮船招商局告白

启者：本局所购“代勃来开”轮船于二十四日晨间至沪，兹改名“永清”，即于二十八日运漕赴天津，贵商如有货物搭载，及客商搭赴天津者，均请来局面定可也。

二月二十六日

（1873 年 3 月 24 日，第 5 版）

“永清”轮船搁浅

初一日招商轮船公局新来轮船名“永清”者，载米出海往天津，方过苏州河口，忽船舵不可转动，群为诧异。追审视始知接舵之炼［链］被物挂住，故船不能自主，进退两难；且潮水方来，并有碰撞左右船楫之虞。幸司船者颇有权能，相度事势，向前退后，竟将船搁诸江口滩上，继舵炼［链］既解，便欲退后离岸，而潮水已落，不能转动，遂以驳艇疾行卸米，又雇拖船一只，将船锚置落河中，以便拉出，而船身过大，竟毫不能动。于是束手无策，止［只］得待潮复涨，始能放行。闻船毫无受损云。

（1873 年 3 月 31 日，第 2 版）

新到“皮澈克”火船

闻招商局有由英新到火船名“皮克澈”［皮澈克］者，其船在天津时，经李节相带领从官多人诣该火船查看，船上备设小宴，且云其船上之宽敞，及一切供给颇为适意焉。

（1873 年 5 月 15 日，第 2 版）

轮船总办有人

招商轮船局向系朱君云甫办理，李节相已改委唐君景星总办矣。按，唐者阅历外务，洞悉西船运载法制，以此任属之，真可谓知人善任者也，想轮船公事从此日见起色，其利益岂浅鲜哉？

（1873 年 6 月 9 日，第 2 版）

唐总办接替招商局日期

浦东烂泥渡，官设轮船招商总局，节经本馆列入各前报中，起先系奉直督李中堂檄委本处之朱云甫大守经办，现在改委唐景星司马接手，前亦列报。兹定于六月初一日交替，届时官场必往道贺，自然热闹非常；并闻公唐［唐公］划带银二十万两前往行运，再有向在怡和洋行之“南浔”等四号轮船并归此局云。若是，则生意之广，何虑不兴矣？

（1873 年 6 月 18 日，第 2 版）

“利源［运］”轮船不符定样

招商公局前曾托西人在英国代买一轮船名“利源［运］”者，兹该船已行抵沪，该公局试验之下，竟不符从前所议定样，已拟弃之不肯成买矣。

（1873 年 6 月 19 日，第 2 版）

“利源［运］”轮船尚未成买

昨报中述及，招商轮船局所定买之新船名“利运”者已到申矣，因局中有异论，以至于交兑迟延，尚未成买也。然考其所以有异论者，亦非以其船之不符定样故也，内有别议，俟后日或详录可也。

（1873年6月20日，第2版）

为事所关者发卖轮船

启者：本行前奉招商轮船局之命，在英国代伊特买轮船一艘，该船系暗轮之制，其名则为“利运”，既到上海，该局欲违前约，然其船已为验者所称适合于沿海往来之用，实为中国最好之船，乃该局犹迟迟乎交兑成买，故本行今拟为事所关者代卖与他客也。其船尺寸制度开列如左：

此船下水时为英本年正月，船身长二百三十一尺，阔二十九尺，货舱深十四尺九寸，中面至上面高七尺；机器系最新查之制，凝汽不用冷水，烫汽免涵湿气，其器亦双而直动者；舱内有装水铁箱，本以代压载石者，如货物多时，则将箱内之水放去，仍可装以货也；载力若装重货一千零三十二吨，则吃水十二尺七寸半，若载量货一千五百吨之数，则吃水计十三尺六寸矣；驶海每点钟可走九个英语所谓“革纳”者；用煤每十二时十吨，即以勿儿士之煤所算者；船中面系铁所成，可居客三百余人。

此船机器造以新法，水柜中所装淡水时久不变咸，可免水气积盐于汽管、水柜中之害也。此法甚精，自来至中国之各船皆未尝有者也。既有此制，则水柜较之他船，其更可垂久也必矣。凡知器用者，祈留意焉。

“利运”轮船在英国验查各船公局名“来得士”局者验明，已得第一等执牌，其余代验船者所出验船之券，亦皆称其好，若欲查看，请来本行可也。

上海，英一千八百七十三年六月十九日，载生洋行布告

（1873年6月21日，第6版）

“利运”轮船闻已成交

探得“利运”轮船别售一事，近已由招商局商议停妥，仍照前议成交矣。其中总机器各件大约均已验明，固与前议之样式制度不为不同也。夫轮船购之西国，原为格外坚固、格外灵巧起见，则成交之先，殆不可不审之又审乎？亦可见承办者之精细矣。

（1873年6月25日，第2版）

招商轮船局移署

启者：本局今由法国租界迁署至英租界江海关之后。此布。

同治十二年六月初三日

招商轮船局告白

（1873年6月28日，第4版）

船往汉口等埠

启者：本局代客经理之暗轮船名“利运”者，定于礼拜日即初□［五］清晨开往镇江、九江、汉口各埠，贵客欲装货附搭者，请来面议可也。此布。

同治十二年六月初三日

招商轮船局启

（1873年6月28日，第5版）

船往天津

启者：本局暗轮船名“依敦”，准于礼拜日即初五晨开行，径往天津。贵客欲装货附搭者，请来面议可也。此布。

同治十二年六月初三日

招商公局启

（1873 年 6 月 28 日，第 5 版）

官轮船由大沽至天津

闻招商局之轮船名“永清”者，前次由大沽水浅处驶行至天津，只四点钟零二十五分时候已驶到矣，议者曰：向来大沽至天津，虽划船、货艇从无如此之速者。盖其路有一百六十五里之遥，而又水道纡回，殊不易于行驶，真可谓神速之至矣。我朝初设船局，而航海驶船之法已能如此之精，此则可为庆幸者矣。

（1873 年 7 月 4 日，第 2 版）

招商局建造码头

招商轮船公局今拟于浦滩建造码头，自十六铺桥迤南，至大关码头为止，凡沙涨地面之未经升科者均系官地，故即以此为驳岸之基云。此事闻已定议，不日当兴工筑矣。

（1873 年 7 月 8 日，第 2 版）

船往镇江、九江、汉口

启者：本局“永宁”轮船准于是月十六日晚开往镇江、九江、汉口，倘贵客有货装载者，请至本账房面议可也。

六月十五日

招商公局启

（1873 年 7 月 10 日，第 4 版）

招商局买船请偿信费案

（1873 年 7 月 21 日，第 2 版，文见“社会关系”）

招商局情形

闻招商轮船局现已赁定怡盛洋行旧基之房屋，方在修理，约半月竣工，即可迁居矣。查此局近殊盛旺，大异初创之时，上海银主多欲附入股份者，惟该局本银已足现用，计共银百万之数，分为一百股也。至日后复行添办轮船，或再行招银入股耳。盖由渐推广，由渐练习，实创始至妥之道也。前日发船至长崎、神户，盖拟在东洋、上海常川往来者也；其船名“伊敦”，惟颇费煤，较多用于他船，然长崎煤价甚廉，沿途随办，虽费而亦可甚省矣。此亦可见探远考微、细心办事之小效也。或疑秋时既有台湾之役，则国家必雇用此局之船，以供载运之繁，倘实有此事，则春夏运米、秋冬载兵，生业实莫盛于此焉。

（1873 年 7 月 29 日，第 2 版）

天津来信

天津来信云：日前，李伯相[①]亲诣招商轮船局，遍阅局内之事，且细为查验“利运”火船之机器什物，该局总办朱君与局内各员，并天津文武，皆徙迎[②]而恭送焉。

（1873 年 8 月 1 日，第 3 版）

招商局迁移

敬启者：本局于闰月十五日迁至泰和洋行隔壁怡盛洋行底子，如诸公有事，敢请降临可也。此布。

---

① 李伯相：即李鸿章。李鸿章因镇压太平军有功，于 1864 年 7 月后被封一等肃毅伯，后因剿捻甚力，被晋升为协办大学士（后又升至文华殿大学士），故在相关文报中称其为李伯相。当然，因其后来兼任太傅，故又有李傅相的称谓。其具体情由，可参见欧阳跃峰著《人才荟萃——李鸿章幕府》（岳麓书社，2001）中“李鸿章的生平与事功”部分，即该书第 1～35 页。

② 徙迎：即倒屣出迎，意谓热切期待，热烈欢迎。

招商局谨启

（1873年8月11日，第5版）

招商局沿浦造栈议已定

沿浦二十五保七图地方，祥记码头新涨滩地，自云集码头起，朝南至老太平码头止一带，出浦涨滩，经招商局总办请归公局，起造栈房、码头，业经丈勘，禀奉道宪批准，以为新涨滩地不论何人，可以承买，饬即报升缴价等因。现已由县移局缴价，不日即须择期兴造。惟是滩内毗连业户，闻得尚有龃龉，然涨滩而早不报升，即属匿报，况官地官买谅亦无以借口也。

（1873年9月27日，第2版）

轮船常川宁波

启者：本局“永宁”轮船常川宁波，凡贵客如有货物，以及客位，其水脚格外公道，开行日期亦风雨不更，如蒙光顾，请至本账房面议可也。

八月初九日

招商局启

（1873年9月30日，第5版）

交易须知

凡本局轮船上总管大铁、大伙人等，如向各行铺定做器具，或买用杂物，如无本局字条，均归各本人自行清理，概与本局无涉。

八月二十七日

轮船招商总局谨启

（1873年10月18日，第5版）

招商局新设渡艇

本局“永宁”轮船开往宁波，所有客人上船一切，本局另行专设小船，其小船一设在小东门祥记码头，一设在北头天祥码头，一设在虹口太平码头，此三处渡船不取渡资。特此告白。

八月二十六日

招商总局谨启

（1873 年 10 月 18 日，第 5 版）

轮船招商局新买轮船

前日丰裕洋行所拍卖之轮船名“概的”者，已经卖成，计得卖价银二万一千九百两，盖系轮船招商公局所买者也。

（1873 年 10 月 25 日，第 2 版）

轮船长［涨］价

昨日旗昌火轮船公司股份价忽大长［涨］二十两，每股份昂及一百二十四元矣，问其何以如此昂者，言曰，盖因旗昌、太古、怡和三行皆已议和行事。据传旗昌、太古两行相议同拦［揽］洋子江载运之业，各行隔日放火船三只，其水脚两行一例索纳若干，且不许别公司同行矣。旗昌、怡和于上海、天津一路亦和议水脚，不相为争赛，他公司之同走船者亦不必与之过争也，此其新同议者。今招商公局拟在洋子江争业，在汉口、九江已买栈房，预备后事，此事且观该公局将何如也。

（1874 年 3 月 9 日，第 2 版）

轮船到津回沪迟速

礼拜六，“海宁”轮船自天津回来，为第一旋沪者。初于本月初四昼一点钟时，自上海开往，初六日午时至燕［烟］台，初七上午九点钟由燕［烟］台开往，初八日早四点钟在大沽下锚，五点钟后复行，时招商轮船局之船“福星”同行，太古船在后，旋由河内赶过“福星”轮船，届下午三点钟已至津门，为今年先到之船也。继之，则“福星”轮船也。闻天津河面之冰已消化数日矣。

（1874 年 3 月 16 日，第 2、3 版）

轮船搁浅

有轮船名“洞庭”者，系招商局来往宁波等处装货搭客者也，前初九日下午开轮往宁波，昨闻开行之日驶至吴淞口外铜沙海面搁浅，幸无伤损，随即致信来沪，派拨小火轮船前往拖行矣。

（1874 年 3 月 31 日，第 1 版）

“利运”轮船撞船议明情形

（1874 年 4 月 6 日，第 1 版，文见“社会关系”）

“福星”船搁浅事

昨有友人自津门来，知招商局所开之“福星”船因搁浅，并将船尾并［碰］坏，现在天津修理后方可回沪，幸未伤损人货。船内有福建藩台潘公入都陛见，其家人闻，甚惊恐，现在无害，可以安慰矣。

（1874 年 4 月 7 日，第 1 版）

记“利运”轮轮［船］撞沉宁船自行理处之详细情形

（1874 年 4 月 13 日，第 2 版，文见“社会关系”）

“福星”轮船撞坏龙骨

“福星”轮船者，招商轮船局之船也。阅天津来信，知该船有失误之患，甫欲解练［链］来沪，船适掉头，藉流水之势以为旋转，而船尾之龙骨撞在水际二桩之间，即为裂散，不能救治，拟往大沽，搁滩以修。蒙大沽制造局暂为整顿，以使其得来上海就修，闻昨日已经至沪矣。

（1874 年 4 月 17 日，第 2、3 版）

津沽未［来］炮

招商轮船局火船名“利源［运］”者自津门载有两炮，名“米太屡士”，并弹药颇多，盖以资供于台湾一役也。《字林新报》云，此炮原造诸金陵制造局，以无人顾惜，已多敝坏不整。相传“利源［运］”船将以兵器南行云。

（1874 年 7 月 7 日，第 1 版）

涂［途］人诞言

《通闻馆新报》今述及两事，谓系得诸浦滩上行人所传也，其一则谓招商轮船局现议出银百万两，欲全购某洋行中所往返于长江之各火船，以图垄断；其一则谓东洋人之在台湾者欲向中国索银十兆，始肯撤兵归国，且另须中国请罪焉。顾此二者，皆道听涂［途］说之辞，阅者姑置之可也。

（1874 年 7 月 11 日，第 2 版）

招商局拟设行电线

招商轮船局之码头，本在虹口之下海浦也，与总局诚未免窎远[①]，兹闻拟用电线由码头而达于英租界之总局，如是则声气较灵矣。

（1874 年 7 月 13 日，第 2 版）

---

① 窎远：diàoyuǎn，遥远。

声　明

启者：嗣后各号凡有货物附搭本局轮船来申者，限定本船开行后三日内，各货客务须赶赴新关完税提货，倘过期后第四日，所有应完税饷由本局先行垫纳，俟货客前来提货时，其一切费用并代垫关税等项，照例算归本局收清，方可提货，幸勿自误。特此布知。

五月三十日

招商局启

（1874 年 7 月 13 日，第 5 版）

轮船递送公文

中国来往文书，向本由驿投递，顾非加紧公文，往往需于时日，诚不若轮舟之迅速也。兹闻招商局火船已通行各口，拟禀明上宪，将寻常文件悉归火船赍送，专委一员在局司理其事，每月给薪水银二十两，油烛、纸张费银十两。果如是，则邮递愈形敏捷矣。第陕、甘、云、贵等直省，夙无海口，即天津、牛庄两处，交冬后便冰雪凝结，海道不通，则以知马递仍不容偏废也。

（1874 年 7 月 14 日，第 2 版）

火船装载吨数

传闻招商轮船局近在英国购办火船数只，将在扬子江及沿海以南而行焉。据现在招商局内火船共有八艘统计，可载货四千三百四十九吨，计“永宁”船三百四十吨，“依敦”五百零七吨，“和众”八百四十九吨，“海镜”四百零九吨，“利运”七百三十四吨，“洞庭”三百十五吨，“永清”六百六十一吨，“福星”五百三十二吨。按，“永清”船今行修葺，以预备在上海、广东两处往返焉。

（1874 年 7 月 25 日，第 2 版）

“依敦”轮船碰溺华船

（1874 年 7 月 29 日，第 2 版，文见“社会关系”）

“依敦”船备载兵士

（1874 年 8 月 11 日，第 1 版，文见“社会关系”）

火船装兵赴台

昨晚《正风新报》传云，“永清”轮船于前日载兵离镇江赴台，又有“依敦”及福建兵舶三艘将相继以开，所载之兵计共一万六千名，每船可载兵七百名；又，“利运”火船订于今日自上海开赴镇江，亦以供载兵勇也，然则中国之准备战焉可知已。

（1874 年 8 月 13 日，第 2 版）

招商局请给保单

传说招商局轮船业供运兵之役，经总办请于官宪，给与保单，许其若被敌人所据行害，则可照单赔偿，而官宪未之准也。窃思商人火船为国家冒危出险，宜国家担保无虞，各国于雇用商船无不如是，今中国独不能首肯，亦船局股份人之不利也。

（1874 年 8 月 26 日，第 2 版）

告　白

本局定章每届六月底结总，八月初一日按股分利。今届一年结总之期，除将办理情形及总账刊刻分送外，务请在股诸公于八月初一日午刻至本总局看账议事，凭折取利。倘远在他省，即请就近赴各分局看账，凭折支利。特此布闻。

同治十三年七月

上海轮船招商总局谨启

（1874 年 9 月 2 日，第 5 版）

炮弹运往天津之故

（1874 年 9 月 5 日，第 2 版，文见“社会关系”）

招商轮船局账略

昨日招商轮船局招聚各股份诸君会议，乃届期亦未见有多人，故所议何事仍未闻悉，大抵股份人皆散居于他处耳。嗣邀局中送到账略一册，爰即将综结、彩结两则先行登入报内，余当陆续刊布。

综结

一、股份资本，存规元四十七万六千两。

一、公款存项，存规元十二万三千零二十二两五钱三分一厘。

一、公款息项，存规元五千零三十八两六钱七分二厘，除云手缴过。

一、外账房往来，存规元六万三千六百六十三两二钱三分四（厘）。

一、年结盈余，存规元二千一百八十五两五钱五分七厘。

共计各款结存规元六十六万九千九百零九两九钱九分四（厘）。

一、“伊敦”成本，该规元三万四千八百四十五两一钱四分九厘。

一、“永清”成本，该规元十万零九千九百四十四两五钱四分九（厘）。

一、“福星”成本，该规元十万零六千零六十八两九钱七分二厘。

一、“利运”成本，该规元十一万五千零十四两一钱九分四厘。

一、“和众”成本，该规元十万零五千四百七十三两六钱二分一（厘）。

一、“海镜”生财修理，该规元四千七百九十五两一钱零四厘。

一、总局房价，该规元九千六百九十二两□［五］钱五分一厘。

一、浦东栈房，该规元二万四千零六十八两零六分四厘。
一、津局栈房，该规元四万五千六百二十二两零四分八厘。
一、汉局栈房，该规元三万零五百三十七两零三分六厘。
一、汉口趸船，该规元五千七百三十一两零零九厘。
一、九江趸船，该规元六千三百四十七两七钱七分五厘。
一、各局驳船，该规元一千零八十四两七钱八分八厘。
一、各局生财，该规元六千二百三十二两四钱零四厘。
一、麻袋运修，该规元二万五千一百七十四两二钱七分。
一、买存木料，该规元四千两，备造头码［码头］。
一、买存煤炭，该规元二万七千三百零八两七钱四分八厘。
一、各船存煤，该规元一千六百八十四两。
一、各船预支保险，该规元五千六百六十二两。
一、各船预纳船钞，该规元六百二十三两七钱一分二厘。
共计各款，结该规元六十六万九千九百零九两九钱九分四（厘）。
彩结
一、“永清”轮船，余规元二万一千九百三十一两八钱三分七厘。
一、“福星”轮船，余规元一万四千六百七十三两六钱五分七厘。
一、“利运”轮船，余规元三万五千零六十三两零零三厘。
一、“和众”轮船，余规元七千六百八十一两六钱四分九厘。
一、“海镜”轮船，余规元六千一百二十五两五钱三分五厘。
一、“平安”轮船，余规元三百三十五两零七分九厘。
一、漕米商耗，余规元一万四千二百九十六两八钱三分九厘。
一、苏漕杂项，余规元二千五百十八两四钱八分五厘。
一、浙漕杂项，余规元二千三百二十两零二钱二分五厘。
一、客货栈租，余规元七百零九两零一分四厘。
一、扛堆驳力，余规元六千零三十一两六钱四分。
一、附局船码头费，余规元六百八十两。
一、自保船险，余规元四千七百七十两。
共计各款结余规元十一万七千一百三十六两九钱六分三（厘）。
一、“伊敦”船亏，支规元一万六千四百二十六两八钱一分五厘。

一、沪津栈房开销，支规元一万四千四百六十两零零三分三（厘）。

一、栈房租金，支规元四千六百四十一两八钱四分五厘。

一、津赈捐款，支规元□［二］千一百三十九两四钱九分三厘。

一、筹垫拆息，支规元八千九百四十九两六钱。

一、公款钱息，支规元八千七百三十三两六钱二分。

一、股份官利，支规元四万七千六百两。

共计各款结支规元十万零二千九百五十一两四钱零六厘。

除支开销，净余规元一万四千一百八十五两五钱五分七厘。

一、提支云手折价弥补规元一万二千两。

实计结存盈余规元二千一百八十五两五钱五分七厘。

本年余彩无几，留于明年结彩后总派，且有自行保险一款已入余项，或欲提存永远累积，候公议定夺。

（1874年9月12日，第3、4版）

招商局账略

今将招商轮船局账略续录于左，容明日本馆乃考求胪列各情可也。

轮船招商总局自同治十二年六月起至十三年六月底总结、彩结各账，并照章办理情形节略。

本局奉李爵相奏明创设，自置轮船，分运漕米，招揽客货，诚所谓谋深虑远、利国便民之上策矣。十一年冬，奉委朱云甫观察经办，十二年六月枢等蒙委斯局，重定章程，广招股份，上承大宪信任，重蒙诸君见托，陆续附股。先在上海三马路地方买屋开设总局，除天津原有局栈外，又在牛庄、燕［烟］台、福州、厦门、广州、香港、汕头、宁波、镇江、九江、汉口，以及外洋之长崎、横滨、神户、星［新］加坡、槟榔屿、安南、吕宋等十九处，各设分局，往来揽载。嗣因原有“伊敦”、“永清”、“福星”、“利运”四船不敷分拨，信致英国，新造“和众”一船，并于闽省船政局承领“海镜”一船，又允拨“琛航”、“大雅”两船，尚未领回。枢等谨承宪示，恪守定章，兢兢业业，罔改［敢］懈怠。上年六月以来，正值运漕甫竣，专恃揽载，枢等竭意经营，防维择要，今届六月底已值一年结总之期，核计练饷股份共成本银六十万两，计各款余利，除“伊敦”一船亏折外，实得毛利十万余两，除去庄息、栈房、缴费、官利一分外，又贴还朱手折项，尚有余利。此一年中，幸蒙宪庇，厚荷商情，深赖诸同人各尽心力，枢等从事于斯，不致辱命，惶悚实深。然当创办之初，虽无从前原约之利，已得一分五厘左右，将来股份再多，轮船日益，口岸愈开愈远，生意渐推渐广，不已有蒸蒸日上之势乎？仅将一年办理情形胪列四条，并将局账总结，开具于后，伏乞鉴而教之。

唐廷枢、徐润 谨白

（1874 年 9 月 16 日，第 3 版）

招商局账略（续）[①]

计开：

一、本局股份原定一千股，每股先收银五百两，共招得九百五十二股，连朱云记所留六十股，已足前定之额矣。惟奉发公款及所收股银统仅六十万两，而“伊敦”、“永清”、“福星”、“利运”、“和众”五船已合四十七万余两，上海、天津、汉口局屋、栈房、码头、趸船各项合计十三万余两，又长存麻袋、煤斤、木料、预支保险、船钞等项不下七万两，三共计六十七万两，又各口客欠水脚等，核之成本，六十万已透用庄款银十一万两之多。且明年加增漕米，天津又须添造栈房，各口生意日盛，更须添置轮船，揆度情形，似应再请每股续付五百两，以足资本。然目前所需，毋庸五十万两，现拟俟年利分派之后，先听有股之人，或将年利作股，或者仍照一分起利，存局生息。除此两项得数若干外，尚不敷用，再行照数另招新股，以免借用庄银。其小东门码头，因内有未曾说定之业，所以尚缓举办，先置汉口栈房、码头，并在上海虹口租定耶松洋行新造之栈房、码头，以便本局轮船装卸。至耗米一节，原估七成，奈去岁荒歉，米粒琐小，且开办之初检点亦未尽善，以致只有五成半。所幸余米仅敷上海、天津栈房用款，惟两处董事以及局栈办事诸君无从分润，只好留俟后补。其总局九五扣用，虽生意水脚不

---

① 此为编者所拟，原文无题，特此说明。

旺，枢等撙节开去，尚可敷衍，不致赔贴也。

一、本局原置轮船“伊敦”、“永清”、“福星”、“利运”是也，枢等奉委后新造者为“和众”，船政衙门所领者为“海镜”，共计六号。查“伊敦”等五船，章程原估三十九万六千两，今计四十七万两有零，未免大相悬绝。然买受新船诸多未备，均须添置生财；“永清”则添造一半船面，“福星”则加装两傍拨水，加房舱以期多招客位，开铁门以冀装卸利便；兼之各船到申，均值赶运漕粮之际，未及修整，此当时之实难估准也。所幸五船中，除“伊敦”向系英公司书信船，船坚而快，但用煤颇多，装货有限，以致一年来亏折银一万六千余两，今拟将该船出售，如无受主，改作趸船，以备长江之用。此外四船，均有溢利。其“海镜”一船颇为坚固，惟烧煤较重，装货不多。第系船政衙门之船，但求足以开销，究多一船来往联络。且此届结总尚有溢利，于局中生意亦未始无裨也。另有附局“洞庭”、“永宁”二船往来长江，代本局轮船转驳川、汉、广东、天津各货。至本局六船均向洋商保险公司作保，以防不测，惟洋商未能照数保足，其余由局自保，所有自行保险费一项，现入当年总账余利，或者提出存公，数年累积，亦可成为巨款。伏候公议。

一、本局生意初办时，各口水脚至低者每吨东洋四元，汉口四两，宁波两元半，天津每担六钱，汕头去货二钱、回货四角，广东二钱或三钱。及枢等奉委之后，洋商并力相敌，甚至每吨东洋跌至二元或一元半，汉口二两，宁波一元或半元，天津每担三钱或四钱，汕头去货一钱或钱二分，回货二角半，广东一角半或一钱半。总而计之，所减不及六折。是前章所约可有三分利息，今未及半，职此故也。然枢等从未抢迭，盖照此水脚，洋行得够开销，本局较彼节省，更可有盈无绌，所以各船用款按照前约之数，有减无加，以此形彼，更无虑其如何减价也。且水脚既贱，究竟利归内地，本局得利虽少，而暗中已收无穷之利。查自去年六月讫今结账，实余毛利银十万两有零，以六十万两成本计之，已有利一分五厘。无如除去“伊敦”亏项，并庄息及津赈捐项，朱云甫观察折项共四万有零，是以官利一分之外，所余无几矣。此后倘“伊敦”他用，津无赈捐，更能资本充裕，庄息无多。朱观察之折项年少一年，三年之后，毋须再提。且西茶现已搭运二成，业经派友妥为照料，将来日渐增加，定可源源装运，生意愈好，各栈房经费愈省，各船经大修之后亦毋庸时常停修，明年漕米已许加添，则以后之利定当日胜一日，较之创办第一年，其丰厚固已不卜可知也。

一、本局所刊仅系总结，至于各项进出均有细账、清册，并有单存总局备查，另立分款总账一册，寄存天津、香港、广州、福州、汉口五处分局，凡在股诸公请各就近赴局核看。

（1874 年 9 月 17 日，第 3、4 版）

招商局新设铁厂

现闻招商轮船局在虹口公和祥码头之后，开设铁厂一座，盖以资制造船上所需铁作各事也。

（1874 年 9 月 25 日，第 2 版）

招商船出赁赴牛庄

闻招商轮船局以“利运”等两船出租与华商，订往牛庄，复由牛庄装载豆饼，驶往汕头。按，此役须大约二十余日也，因以知现在官宪意中，并不虑及有后日军内用船之事矣。虽然，使后与东洋交战，则各洋行照万国之例，皆不得以船供役于中国也。

（1874 年 9 月 25 日，第 2 版）

招商局购买码头

《通闻馆报》曰：招商轮船局近向耶松洋行订买该局在虹口近来所租用之码头、栈房，已出价规银七万五千两也。

（1874 年 9 月 26 日，第 4 版）

轮船续赴镇江载兵

（1874 年 10 月 8 日，第 4 版，文见“社会关系”）

"海镜"、"永清"两火船偕往镇江

向来"海镜"火船曾拨归于上海招商局暂行试用，闻昨日已将该船还与福州船政局。先是"琛航"火船从闽来沪，搭有官员水手多人，至日昨即将来人附于"海镜"，前赴镇江载兵赴福州。前报列"永清"轮船搁于吴淞外沙滩之上，及见礼拜一《字林日报》，知"海镜"船亦曾搁浅，特不过二十分光景而便即退下耳。嗣因欲帮助"永清"轮船，转费八点钟之久，及潮水高涨，始用绳索拖开。于是，"海镜"与"永清"遂俱扬帆前去云。

（1874 年 10 月 22 日，第 2 版）

"伊敦"轮船售去

招商局"伊敦"轮船近由鸡笼［基隆］来埠，相传已卖与中国家，作为传递文报之水师船云。其所卖价值尚未闻悉。查此船似稍迟钝，兼之费煤，得能售去，可为该局庆矣。然此船虽不宜于载货，而以代置邮之用，则便利迅捷，亦未必非一好船也。

（1874 年 11 月 20 日，第 2 版）

试船毙命

礼拜四，招商轮船局之火船"永清"、"利运"两只，及兵舶数艘，皆自台湾回沪，相传"利运"船在打狗出一事，甚为可叹。据曰：该船之大副名殷勒，偕"永清"之西国大副，带同水手，皆驾"利运"船上之救命小艇一只，以试其优劣，乃离火船甫及五十步，而小艇便倾覆，众人亦俱落水，旋有小船赴救，得将众人拯起，又将救命艇翻正。嗣因小艇既实以水，未能当风拖回，火船爰遂拖之滩上出水，然后压以石，载驶回。不谓行未久，而又翻覆，水手皆攀一浮桨，藉以浮至海滨。无如殷勒不谙于凫水，故竟沉淹水底，逾三日，尸始漂至岸滩，当地殓讫。其"永清"之大副幸能于浮水，故争前一点钟之时，而已幸得至岸也。

（1874 年 11 月 23 日，第 2 版）

招商局增购火船

本埠招商局现又新自英国购得火船一艘，名曰“百利士”，计价银三万二千磅，核之中国银两，约在十一万余两，相传此船于激浪冲波颇形迅速，即载货搭客殊合于用，而价值亦较为便宜云。

（1874 年 12 月 1 日，第 1 版）

牛庄来信

牛庄十七日来信云，“福星”轮船于昨日到埠，带有洋货数百包、杂货数百包，卸除之后，拟欲运物旋南。乃因近日以来气候甚寒，河内已见浮冰，诚恐船身吃水一深，势必碍于驶走，所以不能多装货物，现在不过装得豆饼七百块而已，倘或早到一日，则尚可以多载也。该埠豆饼价每十块二两六钱，豆子每三百斤一两九钱二分，豆油每担二两，此皆是现在付银明春交货之行情，以故十分便宜，善居积者曷亦请尝试之耶。

（1874 年 12 月 2 日，第 2 版）

“永清”船已不赴津

月之十八日，招商局轮船名“永清”者，业已装齐各货，正拟开行出口，驶赴津门，乃船主因其装货太重，吃水太深，诚恐北洋有冰，致碍船身，并恐大沽口内冬令水涸，难以驶行，遂有不欲出口之意。惟所装各货，业经报关，将签提货单矣。而船主竟执定已见，咸令退回税项，卸去载件，公然河上逍遥，稳在沪江度岁矣。津帮各客以其认装于前，忽又卸装于后，而其中报关上载，已费几许手脚，且装货物内多有为北人度岁之需，被其耽误在此间，则不能消［销］在彼处，又无可卖，真两边皆须折阅之举也。此岂非大受厥累乎？以故咸怀怨望，而叹招商局之误人也。又闻得该局另有一船名“福星”者，拟于明后日扬帆北驶云。然“永清”既为游移，“福星”正亦恐其未必的确耳。第闻简命粤督英西林①宫保，由皖起程，将于日内到沪，原拟附轮赴津，恭觐天颜，大约“福星”之开，或当俟英宫保到申后，特乘宪节奉送行旌，勉为此赴津之一举焉，亦未可知也。

（1874 年 12 月 3 日，第 1、2 版）

“永宁”船搁浅

徽州轮舶于二十八日晨十点半钟驶过大江时，见招商局之“永宁”轮船已搁浅于扬子江中矣。又传述江水近当冬令，易见浅涸，几乎日落一日，以汉口之水较之，大约一日则落十寸，看此光景，“永宁”船必须早日拖起，万不可稍延时刻，使水愈浅而拖愈难也。

（1874 年 12 月 8 日，第 2 版）

西人论招商局新增火船

招商轮船局新买一小火轮名“勒文”者，盖资供大沽卸货，驳运至□［津］门者也，故有西人论此局曰，度该局之意，将欲大增火船，以便畅行其事也。因想该局既有此谋，则今年生理其有大生色焉必矣。

（1874 年 12 月 14 日，第 1、2 版）

议准招商船载米

相传中国大宪已议准明年派给漕米共三十万担，着招商局轮船载运，赴津门交卸，是该局得此一举，未始非深沐宪恩也。从此后，该局自可大扩其规模，而益见兴旺矣。其近日筹办增加轮船，想亦由此而所致也。窃

① 英翰，字西林，满洲正红旗人，道光二十九年举人。曾任安徽巡抚、两广总督、乌鲁木齐都统，参与镇压太平天国、捻军起义。

思国内有自备之火船，于台湾一役而已足见其重要，李伯相早经为计及，则以见其思深而虑远矣。

（1874 年 12 月 23 日，第 2 版）

“利运”火船在闽修葺

招商局“利运”轮舟前从香港回沪，行至距福州三十里地方，其暗轮忽有小损，时因潮水陡涨，便驶往浅滩，俟潮落时立即略加修葺。厥工甫竣，而潮又涨高，爰驶至福州，在船坞重细为收拾，所载各货已拨交“福星”火船载来云。

（1875 年 1 月 19 日，第 1 版）

“永清”轮船携带灵柩

“永清”轮船从上海赴粤，闻其携有灵柩竟至八十具之多，俱将载往羊城者，此殆皆旅客之身欤？

（1875 年 1 月 20 日，第 2 版）

失　折

启者：本局有润德堂股份息折壹扣第五百五十三号至五百六十二号，计十股，规元五千两，因被遗失，票已注册补给，其原折作为废纸，倘有人拾获，望送至本局涂销，自当酌酬酒资。特此布闻。

招商局谨启

（1875 年 1 月 25 日，第 6 版）

招商局订造火船

近来招商轮船局在英国定造火船二艘，与大沽轮船相仿佛，亦较大者也。两船在敦巴敦城内方行盖造，闻系该局自行致书汇银于该城之得尼弟兄洋行而订造者，不逾四月，则两船当可告竣。按，得尼行系属造船著名之大行也，印度国所设立之印度轮船公司，生意兴旺异常，其各船繁多不可计数者，皆得尼行代造也。闻其各船皆上等之船，出价虽或较昂，然船身坚固，可省岁修，故仍合算也。

（1875 年 1 月 28 日，第 2 版）

火轮公司议章

（选录香港《循环日报》）

（前略）按西人于一切贸易事宜，无不设公司，合群策群力以成一事，所谓众擎助举也。如欧人之东来也，其始亦仅商贾之远贩者耳，先自印度而至东南洋，英人初至印度，设立东方贸易公司，势盛力集，几举五印度之全土而有之，于是国势日强。所以然者，因西国之例，能以兵力佐其行贾，故渐次而及于远。今中国虽不必效其法程，而于公司一道似亦可以仿行。试观招商公局之设，所有厘订章程，悉臻美善，有利而无弊，则他如银肆、开矿、保险、制船，皆可以众力举之，将见众志成城，云集响臻，中国富强之效可立而俟矣。

（1875 年 1 月 29 日，第 4 版）

招商局拟悬设电线

阅英工部局刊发上年十二月二十六日叙会之事，知招商轮船局经请，欲设电线一条，自总局径达虹口码头，盖冀捷通音问，免致人来往之烦也。

（1875 年 2 月 18 日，第 2 版）

招商局火船拟赴英京

相传招商轮船局商俟新茶出时，或将当有轮船发往英京伦敦，以便交易，此事若果系确实，则为中国火船赴泰而之创举也，从此中国船旗可扬于西洋大海矣。

（1875 年 4 月 1 日，第 1、2 版）

招商局购火船

相说招商轮船局（已）经买就一火船名“南浔”者，计出价银则二万两也，似亦可谓公道焉已。

（1875 年 4 月 3 日，第 1 版）

招商局新购船样

招商局前向英国定造火船两艘，曾经入报。兹阅英国邮来新报，知在此白腾城殿义行内已造就双暗轮船两只，以便将来或航海走江。计此船长二百二十五尺，宽三十四尺，深二十一尺，机器可抵二百二十匹马力。其一艘大约于四月份可以下水，尚有一艘大约英七月份可以下水也，一俟竣工后，当将机器及各货载回中国使用也。

（1875 年 4 月 10 日，第 2 版）

码头船被焚

前日，“海马”火船自汉口来申，相报招商轮船局之停泊九江码头船猝遭火灾，一旦焚毁殆尽，并有客货待装者约四百吨亦悉付一炬云。然此数也，犹望其言之过甚，斯为切盼耳。顾此事甚为可惜，盖码头船被火，必出众客意料之外，恐未必皆早已防保其险也。俟后得闻详细，再为补录。

（1875 年 4 月 19 日，第 1 版）

招商局九江码头船被焚续闻

昨报列招商局之九江码头船失慎一节，兹闻得失火之由，系挑夫工人等在中舱底下吃烟所致。其失火在夜九点钟时候，及被人觉着，而炎炎之势已猛不可当，无从扑灭，直烧至船货并沉而后已也。又闻此船所装多系纸货，有四千余件，值银一万余两，然未知招商局是否保险也。

（1875 年 4 月 20 日，第 2 版）

火船相碰

昨日怡和“有利”火船自天津回申，知招商局船名“和众”者在北河内与之扫撞，除扫去“有利”各小艇及船边所挺各物外，其“和众”船如何，则尚未得悉。顾“有利”船之遭患犹未已也。盖既甫欲进上海港内，复与一大沙船相碰，其力甚猛，沙船与火船各有受害云。

（1875 年 4 月 20 日，第 2 版）

招商局船将走宁波

相传招商局轮船今拟在上海、宁波之一路，每日以火船往返，近所买之“南浔”船闻已拨于此役，至另用何船，则未曾知悉也。

（1875 年 4 月 22 日，第 2 版）

招商局总办遇险

上礼拜六，即十九日，招商局火船“和众”甫自天津回沪，该局总办唐君景星因知该船前曾与“有利”船相撞受损，故特亲往查勘，岂料在船头舱上倚栏西望，而此栏已因撞时受损，不堪当其倚力，因而中断，唐君遂即颠陨河内。惟因从高处跌下，故入水较深，虽亦即刻浮至水面，无如究不谙于凫水之法，纵力争之而亦复沉下也。迨又泅上一次，幸有杉板船摇近，将竹篙钩住其衣，而因得以救起，但其势已危矣。唐自得以免此灾厄，实为大幸。想其众友得闻此事，必无不光错愕而又庆贺焉。盖既不辞劳局事，而反遭此种惊吓，亦可谓苦矣。然岂意料之所能及哉?

（1875 年 4 月 28 日，第 2 版）

招商局赔偿客货

前报列招商局九江码头船失慎一节，计客货之被焚者共值银一万余两。兹闻该局总办唐君景星议将各货照本扣算，俱作五折赔偿，并先付实银三分，其（余）二分则于下次运货之水脚内扣取。经于前日邀集各商在复兴园请酒款待，唐君亲向各位前把盏一巡，以示相恤之意，又温言劝慰一番，礼意并至，众客无不欣喜过望；即他商闻其事者，亦皆称赞不置也。盖近年各处生理渐至减色，客货抵埠每有因销售迟滞，减作七八折交兑，而尚不能全得现银者，至此次被焚之货，既未保险，则在客商亦惟有听其灰烬，各安天命而已，而不期失意之下，得此美意，竟肯设法酬偿，较之减折成兑者更觉差胜焉。以故众商不特各无怨言，而且感德无既，谓若系别行失事，恐未必有如此之盛情也。盖唐君深悉贸易之艰况，故能体顺众意，为此豪举，殆所谓转祸为福者欤。虽因一时遭险，赔累甚巨，然将来获利正自无穷，是又可预卜云。

（1875 年 5 月 3 日，第 1 版）

招商局轮船往来宁波

本局“大有”轮船准于本月初四日起往来宁波、上海，其由上海开船期，每逢礼拜二、四、六；其由宁波开船期，每逢礼拜一、三、五，每日准四点钟开轮。其船在申停泊虹口本局北栈码头，在甬停泊分局码头，所有搭客、装货水脚，均随大例。特此布闻。

光绪元年四月初三日

上海轮船招商总局告白

（1875 年 5 月 8 日，第 6 版）

轮船搁浅

传闻招商局长江轮船名“依敦”者，前日由镇江动轮□［赴］申，行至江滩浅处被搁，须俟潮水涨大，才可驶行，□今日该船尚未进口，想此信不为□［无］因也。

（1875 年 6 月 12 日，第 2 版）

轮船搁浅续信

前日报录招商局火船“伊敦”搁浅一事，今悉在吴淞外地方也，其退浮水内殊非易易。据传于礼拜六日船身已深入软沙之内有至四尺，故非将所载一切货搬去，仍难退出。

（1875 年 6 月 14 日，第 1 版）

招商局火船往普陀

顷闻招商局新定章程，于随后数礼拜，每一礼拜内放一火船前赴普陀，即以下一礼拜为始。查普陀形势为附中土海岛之大观，每当三四月间进香者极众，皆由宁波附搭小帆船而去，殊有跋涉濡滞之慨。然往者类多瞻礼庄严之人，故登山临水者亦罕涉其地，兹招商局创此利涉之举，想雅游者流定不惮朝发夕至之劳，而咸愿俯瞰东瀛、纵观岛屿矣。

（1875 年 7 月 2 日，第 1 版）

电线加重

前数日上海至长崎之电线忽然中断，以致消息不通，现于离吴淞一百五十里许之处捞起电线两段，细验其形，实系刀割；且查线断之日，并无风暴，不至为行船抛锚等事所拖起误断者，其为有心割截可知。顷电线行鉴于厦门电线屡断之故，是以议换重线，计每一里重十八吨，则势难拉起矣；即拉起，而线质粗重，不能割截，此亦防微杜患之良法也。

（1875 年 7 月 2 日，第 1 版）

火船撞坏

昨阅西报，知招商局火船名“永清”者，自天津返上海，甫至大沽口，适有□［旗］昌“山东”火船停泊其处，“永清”船偶不经心，遂将“山东”船撞坏，据言修理之费约须五千金，或又谓须万金云。

（1875 年 7 月 15 日，第 2 版）

“永清”、“山东”两船回沪

招商局“永清”船前在大沽口触碰“山东”火船，今闻该两船已各回上海，或陈曰两船受坏不轻，而又相传得仍不必入坞修葺云。

（1875 年 7 月 19 日，第 2 版）

“永清”、“山东”两船碰损事议结

（1875 年 7 月 22 日，第 2 版，文见“社会关系”）

淮军续到并送已放统领回籍情形

（1875 年 8 月 4 日，第 1、2 版，文见“社会关系”）

淮军由沪回扬

昨晚，招商局“永清”轮船自上海出口，带去淮兵一千二百名。闻该局“利运”轮船不日又将载兵出口。两船往返数次，而淮军全营，均可尽为撤去也。

（1875 年 8 月 19 日，第 1 版）

淮军尽数回扬

前日早七点钟，招商局之“永清”火船又驶赴南黄浦码头。盖仍装淮军而回京口，并闻此为末后之一次，该军已全数遄归也。

（1875 年 8 月 27 日，第 2 版）

招商局聚议账略

本月初一日招商局股份人于该局账房内聚会，惟有股份者，或系荣任在外，或系行商于他埠，故实到者只有十五人。按公司规例，每当聚会之人，必有一人将各账口诵一过，俾大众闻之。而是日股份人因所到者甚少，只将大账簿□［两］册详细查阅，已共有欣喜之色，故请不必朗诵，便向总办道谢而散云。至于总核存欠各账，开列于左：

计查欠银，本银六十万零二千四百两，借官银十三万六千九百五十六两八钱二分，借别家银四十六万五千三百五十四两三钱，该人银四万七千二百八十三两八钱四分，应付各股份利银每年照一分五厘算，共银八万一千二百五十六两八钱六分，在局各辛［薪］俸银六千七百七十一两四钱四分，通共一百三十五万零〈零〉二十三两二钱二分。计查存银，火船八只估值银七十三万三千零六十八两九钱七分，定造“丰盛”火船银十八万一千一百八十四两四钱九分，顿［趸］船值银一万五千五百两，驳船值银二千两，码头、栈房银两共二十四万七千七百两，煤炭、米包、船上应用各物银九万六千三百二十七两一钱九分，“大有”火船之股份与虹口小铁厂银共一万二千两，被欠水脚未付银五万三千九百九十六两六钱九分，现存银七千三百二十五两四钱五分。通共一百三十五万零〈零〉二十三两二钱二分。所有收付各账列后：

上年存银二千一百八十五两五钱六分，今各船所赚利银十五万二千六百三十二两零五分，栈租银四万六千一百二十六两一钱六分，共计二十万零九百四十五两七钱七分。除“福星”、“爱姆”、“海宁”三船亏失银一万二千零十两二钱八分、运米之栈费三万零六百零五两八钱五分，余剩银十五万八千八百二十九两八钱五分。借别家利银二万八千四百六十一两二钱一分，借官银利息八千七百三十三两六钱二分，各股份利每年照一分五厘算，共八万一千二百五十六两八钱六分，在局各薪俸六千七百七十一两四钱四分以外，剩下二万三千一百零六两六钱五分拨归从前朱姓船耗账内云。以上各账，本馆系从《晋源报》译出，备录之，以供众览。

（1875 年 9 月 2 日，第 2 版）

招商局新船来申

招商局前在英国已定制之轮船名“保大”者，于二十日到沪，计自英至华，除沿途停顿外，共走四十二日半，亦可谓迅速矣。

（1875 年 9 月 21 日，第 1 版）

趸船赴九江

前日有船名“司托吾丁”者拖赴九江，闻系招商局曾用电报至英，与该船主购定，计出价银二万元，以作九江趸船用也。按，是船于前十一年在美国所打造云。

（1875 年 9 月 24 日，第 2 版）

华人新设保险局

阅今日本报所列之新告白，知华人有创议开设保险公司一举，取名保险招商局，欲集股一千五百份，每股规银一百两，计共合本银十五万两，主谋者则唐君景星是也。查华商装货保险为习者已实繁有徒，而向设保险公司者惟西人独擅其事，今见华人倡设此举，想华商无有不为之庆喜者。夫保险一业，即视本馆近录之保家公司账略，则已可知矣。既为有利之业，又得唐君景星承办，以保事可落成，则乐以附股者势必不少。余闻各公司以来所最藉为利薮者，在中国各通商口之间是也，盖以路近而价较昂之故，是以华人设公司以专保中国境内往来各货，则其得利更有望矣。

（1875 年 11 月 4 日，第 2 版）

招商局告白

窃维之保险之设，起自泰西，不论船货、房屋等项，均可按价立限具保，早有成规，在物主所出不及一分之费，即能化险为夷。惟中国于保险一事，向未专办，现在轮船招商局之船货均归洋行保险，其获利既速且多，是以公同集股，由唐景星、徐雨之二君总理其事，设立保险招商局，仿照各保险行章程办理，不特商局轮船、货物可酌量保险，即洋商船货投局请保者，均可照章承保，以广招徕。复思洋商保险，即上海而论，数十年来从未决裂，所保口岸自中国至泰西，路途辽远，口岸亦广；兼之，时日较多，风险更重，夹板船行驶不能克期，亦且照例承保，似此每行核计，每年生意有六七十万至百余万者，惟统扯赔款，每年或五六十万或三四十万；且洋商存息不定，其开行用人、工食、纸笔一切开销，缴费动辄数万。而我局夹板等船概不承保，所保轮船货本拟有限制，口岸少而途路近，时日浅而风险轻，资本随时生息，用度竭力撙节，如此平稳，试办较之洋商利益之多，可操左券；再，查保险洋行资本多则三十万两，少则十万两，本局今议酌中办法，集股一千五百份，每股规元一百两，共成保险本银十五万两，其银分存殷实钱庄等处生息，均有券据存局为凭；所有应设保险口岸，姑先悉照轮船招商局已立各码头为限，随后再行加广。如有愿附股本者，请就近赴局报名，其股本定于十一月二十日以前划付总局收存，截至十一月二十日以后一概不收。议自光绪元年十二月初一日起至二年十二月底止试办一年，每号轮船只保船本一万两，货本三万两为度；如投报之数逾此定额，余向洋商保险行代为转保，庶有划一限制。至各局账目总归上海保险招商局周年汇算结总，倘有盈绌，集众公议，照股均派，各无异言。除收到股本之日填给股票收执，以昭信守外，今将议办情形缕陈大概，并将各口员董开列于后：

上海总局：唐景星、徐雨之；镇江分局：吴左仪；九江分局：黄灼堂；汉口分局：刘述庭；宁波分局：汪子述；天津分局：郑陟山；燕［烟］台分局：陈雨亭；营口分局：郑聘三；广东分局：唐应星；福州分局：唐静庵；香港分局：陈茇南；厦门分局：王渊如；汕头分局：郑用川。

其余台湾淡水、鸡笼［基隆］、打狗及星［新］加坡、吕宋、西贡、长崎、横滨、神户、大板［阪］、箱馆等处，再行陆续逐口推广，次第照章举办。合并登明。

光绪元年十月　日

（1875 年 11 月 5 日，第 5 版）

夹板船往长崎

启者：本局“成大”夹舨［板］船，于十一月初二日准往长崎，如贵客有货装运，即请至敝局账房面议可也。特此布闻。

招商局启

（1875 年 11 月 27 日，第 6 版）

保险招商局告白

本局设立保险一事，原议集股本银十五万两，嗣因投股逾额，且近日各日来股更多，均与局中有关交易，无可推却，是以加广五万，共成二十万两为度，准定本月底截止。至办理情形前已详细声明，刊发公启，每号轮船定保船本一万两，货本三万两。现缘保本加增，船有大小、新旧之殊，自应分别承保。又经续刊公启分送，仍以光绪元年十二月初一日开办，所有附股诸友，应将银两赶于本月底截数之前交局，以便填发股票，收执为凭。特此布闻。

光绪元年十一月日

总理唐景星、徐雨之谨启

（1875 年 12 月 20 日，第 5 版）

轮船招商总局告白

本局“大有”轮船重定开期，由上海定于礼拜二、四及礼拜日下午开往宁波，由宁波定于礼拜一、三、五下午开回上海。特此声明。

光绪元年十二月初一日谨启

（1875 年 12 月 28 日，第 6 版）

中国火船将赴新加坡

前日福州船政局“扬武”兵船驶往东洋，经旅居横滨之华人十分欢忭，特于公所内设盛席，以燕［宴］在船之人，诚以中国轮船创行未久，平日往来者无非沿海属地，从未至域外也。兹又传得招商局“厚生”火船将不日走新加坡一带，则南洋东海各有帆樯矣。从此渐推渐广，则四大洲中，我国之巨舰艨艟何不可遍历哉？贸易之盛行将拭目俟之。

（1875 年 12 月 31 日，第 1 版）

西报传述运漕

昨阅西字报云，传得两江沈制宪意，拟将各属漕粮无须尽由招商局船运往北京，大约欲仍由河运也；又有一西报云，制宪已饬知招商局，本届由该局所运之漕米业经减额也。但江、浙两省改由海运业已多年，河运粮艘久经毁坏，一旦欲率循旧章，想非易易，西报之言恐非的闻也。

（1876 年 1 月 12 日，第 1 版）

往宁波火船跌价

本埠往宁波之火船，所有搭客水脚向本每位两元，嗣以招商局与旗昌相赛，遂减至半元。现在旗昌又减至一角。夫千里程途，些须舟资即可往返，客亦何乐如之。本埠宁人回家度岁，遇此巧便，想必欲尽整归装矣。

（1876 年 1 月 15 日，第 2 版）

招商局恢扩生意

招商轮船局志在广大，每有实事之可见。兹闻在香港、汕头、厦门、福州一路开有轮船往来，以冀与洋行争业。今走之火船，名为“永清”，将又派他船为接应。计扬子江中，今已有四五船往来不绝。惟以现在之船，其式样似宜于海道，于走江不大相宜，故又在英国定办走江船两只，与太古洋行之船相类，约于今年五月内可以到沪。另有海船一只经已定购，不久亦可到也。

(1876 年 2 月 3 日，第 1 版)

“厚生”船被焚

本埠于前礼拜五夜二点钟时，警钟忽鸣，各水龙齐集虹口救援，四望无烟，而钟鸣如故。查系招商局之“厚生”轮船，停泊码头，装有棉花、米麦、豆麻等计有一万七百三十之余件，原拟于是夜开行，前赴汕头交卸，因客舱中遗有余烬，延烧别物起火，即将其船沉诸水底，惟货受潮湿，而船身系铁壳不致大损。所有各货均有保险，现闻由保险公司议定，归老船坞接理，挖取船身，定价银五千两，察看检查核议。

(1876 年 2 月 7 日，第 2 版)

保险公司告白

公启者：招商局“厚生”轮船失慎之货，已在赶紧提起，势须拍卖。无论有无保险，应以货本照洋例摊水，以便秉公核办。务请各宝号至保险招商局挂号；如无保险者，须将货本开□［来］，倘欲提回原货，即将原儎纸①至轮船招商局倒换字据去提，候至明日不来提去，即行拍卖。特此奉闻。

光绪二年正月十四日

上海保险公司公启

(1876 年 2 月 8 日，第 6 版)

“厚生”船拖起续闻

招商局“厚生”火船遇灾沉水，旋即拖起，叠经列报。兹悉该船浮起

① 儎：同“载”，儎纸当指货运单。

后，所有棉花、米豆因受水渍，突□［见］胀大，而胀力颇猛，船面至坚之板尽有裂缝者，机器房之大铁梁竟因此而拗弯数寸，嗣恐船更受伤，即将船面板揭去矣。闻修理是船，大约需银二万五千元光景，惟幸起水迅疾，各货之损坏或较轻耳。

（1876 年 2 月 9 日，第 1 版）

招商局新买轮船

《字林报》云，相传招商局经买驶行大洋之轮船名“续次登”者共三只。又风闻该局轮船要往发伦敦，来往不绝。但本馆细探此事，尚未有确据也。

（1876 年 2 月 11 日，第 2 版）

轮船北往

相传旗昌（洋行）、怡和（洋行）与招商局经会议，于二月初六日各发火船二艘，开往天津云。

（1876 年 2 月 21 日，第 1 版）

轮船赴津情形

本埠于月之初一日，招商局“日新”火船与旗昌行之小火轮名“密□［栗］”者，同时开往天津，测探水道。嗣于初五晚，旗昌、怡和、招商局共开九船去津，昨日“丰顺”、“海宁”两船已回。据称所去之九船，其第一进口者为招商局之“丰顺”，次为“保大”，三为旗昌之“海宁”，四为怡和之“大沽”，余皆陆续到埠。惟津海关以“丰顺”首先驶到，故特赠以桅上所悬之金鹰一翼，以奖其能。惟自开放天津船以来，未有如此次之速，连往返只一礼拜。而昨日进口亦“丰顺”船首先抵埠云。

（1876 年 3 月 9 日，第 2 版）

津门轮船碰沉停船消息

闻招商局“丰顺”轮船到津，撞坏民船一只，船内之货物值万两，又拖驳小轮船亦碰坏停船一只。查大沽进口抵紫竹林，两边船停甚多，轮船进出颇为危险，何不停在支河汊港转湾之处，则轮舟既便驶行，停船亦得安稳矣。

（1876 年 4 月 7 日，第 2 版）

保险招商局告白

启者：本局办理保险事宜，业经办有成效，并已设立各口分局，以广招徕，惟东洋等处尚未分设，每荷客商下问。是以现派黎君荫泉寓长崎广裕隆内经理保险事务，又派何君筠如寓神户广裕隆内经理保险事务。凡蒙赐顾，不论货物金银装运各埠，请向该处代保，决不有误，其保险章程及价目悉照洋商一律。特此布知。

光绪二年三月十八日

上海保险总局唐景星、徐雨之谨启

（1876 年 4 月 14 日，第 8 版）

仁和保险公司公启

窃闻事宜分任，利贵兼权，善贾必仗多财，盛业何妨继兴。审时乘势，合璧联珠，此仁和公司之所由设也。盖保险招商局之设，自乙亥腊月开办，原议集资十五万两，嗣以入股者多，复增五万两，共成二十万两。业经刊有成规，办理颇称起色。凡所保本局及各洋商船货，子母相衡，原有限制，每因投保逾额，至代转保于洋商，旁落利权，能无介意？某等思维再四，允宜循照成章，广集厚资，别分一帜。因与茶商及各帮公议，另立仁和保险公司。现已集资八万两，再招十二万两，共成二十万两，分作二千股，每股一百两，准于七月朔开办。凡我同志无论一股至数十百股，悉听乐从。须于六月底以前，先赴招商总局暨各分局挂号交银，由总局填给仁和股票。虽名目稍分，而事权归一。所有账目，总局经理，周年汇给，盈绌均分。从此普庆安澜，并行不悖，咸沾利益，济美后先，岂不盛哉！

余富庭、徐雨之、郑秀山、唐景星、姚筠溪、陈芰南、唐静庵、唐应星公启

（1876 年 7 月 3 日，第 6 版）

轮船修理

招商局“保大”轮船在津，机器稍有损坏，现在修理，约计半月可以来沪云。

（1876 年 7 月 13 日，第 1 版）

购买轮船

西报云，英历七月初五日，英之格辣［拉］斯哥有一明轮火船下水，闻系为招商局定造，将以往来长江也。长计二百六十尺，宽计四十尺，深计二十七尺。一俟机器装全，即行驶来中国。本馆又闻，照此样船，招商局尚在英国购造二艘。足见其于长江生理，十分留意也。

（1876 年 8 月 29 日，第 1 版）

新轮到埠

招商局前定购行走长江轮船名“江宽”者，昨已驶到上海。据说系是铁造，与“宜昌”轮船相仿。身长二百五十尺，舱面宽四十尺，楼面宽七十尺，可载货二千一百四十四吨。另有与此相等者一号名“江龙”，在英开来，较前船迟半月，想亦不日可到矣。闻二船坚固便捷，甚为合用，亦可征招商局生理之茂盛也。

（1876 年 10 月 20 日，第 2 版）

招商局轮船续至

招商局在外国定购之火船，前已驶到一艘。尚有名“江永”者，闻于西历九月初九日从英启轮。未开之前，先经试行，计每点钟可行英国海里十二，合之中国道里约三十八里光景。此船长二百五十尺，宽四十尺，下舱深十三尺，货载二千一百十八吨，有二百五十匹马力。有人谓一昼夜如烧十六吨煤，每点钟可走三十四五里云。

（1876 年 10 月 31 日，第 2 版）

分给花红

《字林报》云，相传招商局此一年内每百两银可分得花红银十一两，除此外每百两尚有赚银五两，则归入积余账内，以备日后修理船只等费。似此获利，诚非外国公司所及也。

（1876 年 11 月 3 日，第 1 版）

告　白

启者：本局续招仁和保险股份，今定于一月底截数，所有曾经到局挂号尚未缴银及欲附股诸君，务望于十一月内来局交银，以便填发股票，幸勿延迟为荷。特此布闻。

保险招商总局谨启

（1876 年 11 月 9 日，第 6 版）

招商局轮船宴客

前报招商局新购轮船两艘，一名“江宽”，一名“江永”。“江宽”早经抵埠，故招商局于明日即礼拜六早，肃具红柬，请冯观察暨各委员等至是船赴宴，并开赴吴淞口游玩，至洋面试行云。

（1876 年 11 月 10 日，第 2 版）

招商局“江宽”新船游吴淞记

（1876 年 11 月 13 日，第 2 版，文见“综合评论”）

“江宽”轮船初次开行日期

招商局新购之火船曰“江宽”，定于月之二十九日开走长江。昨日本报〈后〉因翻译船名者，误作二十八日，此实本馆失检，因亟订正，惟乞阅者鉴之。

（1876 年 11 月 14 日，第 2 版）

轮船照行

本埠招商局往来宁波之“汉广”轮船，本定于礼拜一、三、五日由沪开行，前次驶往时因内中机器稍有损伤，未得如期即返，现在宁埠修整，闻今日即可回申。到埠后仍拟当夜开行，以照旧章也。

（1876 年 11 月 24 日，第 2 版）

轮船发轫

招商局“江宽”轮舟于前礼拜六，由汉口回沪，此乃第一次驶行也。据说船中一切事宜俱臻妥适，共载货一万九千件，搭客二百位也。

（1876 年 11 月 28，第 2 版）

译录试“江宽”船记略

前报登有《招商局轮船试行记》一篇，兹因见《字林西报》陈述情形更加详细，故爰为照译如左：

西历一千八百七十六年十一月十一日，即礼拜六，华历光绪二年九月念六日，轮船招商局试行“江宽”轮船吉日。此船在英国格拉斯哥专行定造者，为挂中国旗行驶长江超等第一号船。该船明轮身长二百五十尺，内阔四十五尺，两边包轮七十五尺，船底舱高十二尺三寸。双层康邦机器，号称马力二百五十匹，实则可开一千五百匹，每一点钟走见十二买[①]半，计程四十里，用蒸汽七十磅。闻当初定造时不过只包十买，查平常时未必用如许多之蒸气。以一昼一夜用煤十七吨，谅能走十一买至十二买矣。船能装轻货二千四百吨，每吨以四十方尺计，如重货能装一千吨，吃水只得九尺；以今日之装货计之，吃水七尺八寸。系“马斯”船主管焉，以其驶行之细心，诸臻妥洽。其机器毫不振动，洵[②]装船之所难得。船上车房机器均系新式，至开车之柄亦系用蒸气调动。官舱在船头，可容客二十位，装潢雅致，形象爽快，奚如其房间开出官舱者，宽舒之至，装修甚好，船上各处亦均如是。余外器具俱如长江轮船之式。该船并机器乃架［格］拉斯哥英记里斯船厂经手所制。船中停轮快慢之电报钟，乃是察炳父子自出新式所造。

是日请客，乃番宴洋酒。闻招商局请客帖，中外约有一百余副，到者过半。内有西官太太数名，在座各客略列（于后）：英领事麦[③]、美总领事美、海关税司吉、又税司那、副税司辛、汇丰银行总管金、英衙门德、船政海关河泊司毕、英公司香港总管麦爱发、怡和行主爱芬、保家行[④]总管马里时、保安行总管专时、耶松船厂总管勃来登、铁路总管马立生、怡和保险总理且物登、太古公司金、旗昌总大铁根、海关总翻译老特、《申报》馆美查[⑤]、《字林报》吓、《晋源报》[⑥]仙、“利运”船主铁士里（中略）等贵客，不下四十位华官，上海莫邑尊等招商局董数位，并茶业、丝业、钱业、洋货各帮号商执事等。

---

① 买：即英文 mile（英里）之音译。

② 洵：假借为“恂”。确实，诚然。

③ 即麦华陀，时任上海领事。

④ 保家行：又称“北中国保险公司”，1863 年 11 月在上海设立，保险业务主要为水险，主要投资人有祥泰、履泰、太平、沙逊与汇隆。

⑤ 美查：英国商人，1872 年在上海创办申报馆，创办《申报》。1876 年，在上海申报馆外又设立报馆附属机构“点石斋石印书局”，并创办了中国第一家石印画报——《点石斋画报》。

⑥ 《晋源报》：1868 年 10 月在上海创刊，也译为《上海差报》或《通闻晚报》，由法国人罗札利欧、英商休·兰创办并主编。

闻午前，道台及城内官长临局道喜，惟因有事不暇登船。在船官长皆衣冠整肃，各号商亦华服可观。是日，天气晴朗，船上招呼一切乃招商局之总船主波登。该船行驶至布所爱临，即长江水口山，共行四十四买路。来回四点半钟，请客坐席。在十二点钟时，唐茂枝[①]先生在大桌头、各位华客同外国客两旁桌中，另设小桌数张，以补不足饮食。既毕，唐茂枝先生能说英语，起而言曰："如此之会聚，不应以平常道颂而过也。惜舍弟唐景星外出，如景星在席，其之善为说词，比予更高。现在我友徐雨之[②]、陈茇南未能透彻西语，权代声说几句。现拟庆贺贵客，乃亟应之事。但予不行，仍邀薛明谷先生将其欲宣数句，以为合时称事耳。"

薛明谷起而言曰："列位男女贵客台前，现因唐景星先生公出，余代局事，现拟颂贺列位，荷蒙沪上官绅、富商光临者，如此之众，实属快慰异常，莫名欣感。至于试船之举，在外国固属常事。但现驶之船乃是自置，并专行定造，为走长江超等第一号而升中国旗者也，将来中国商务载册总以此船为魁首。回忆十五年前，长江一带生意俱是木板民船转运，迨后渐有轮船夺占其利，民船日困。近三年，中国创有轮船，自办至今，颇著成效，以致本局自出图式，向外国定造，此第三船也。第一、二号系'保大'、'丰顺'；现走北洋尚有十数号，购自现成；其第四号名'江永'，式样相同，在坞装饰油漆，不日亦走长江。西人常有一说，谓中国学习工艺每事迟慢。此说甚确，但是前进之机，得善即服膺而弗失。愿本船之局虽新而能免此，并望将来其日不远，自能造就轮船试行，复请诸君畅叙。今多多拜谢众客枉顾，并贺众长江轮船生意兴旺、共沾利益。"英领事麦起身答曰："予听此番颂词之妙，现要回敬，但似乎自不信称否。以此英颂词出自华人，乃是予第一次所闻。观之不独新奇，尚且有进□［取］之象，并道谢主人今日之盛惠，快慰奚如。尤愿'江宽'顺遂，其船名题'江宽'字意，'江'者，长江之江；'宽'者，宽大之宽。但愿此船长泛于其宽，长守于其利。回忆中国人古风独立之行，实缓慢于更

① 唐茂枝：即唐廷植，唐廷枢胞兄，1873 年接替唐廷枢出任怡和洋行总买办，1884 年任招商局局董。

② 徐雨之：即徐润，洋务运动的代表人物之一，1876 年与唐景星、陈菱南等创办仁和水险公司、济和水火险公司。

移。如我友薛明谷先生所云‘得善勿失’之论，大志有蒸蒸日上之势。至于招商局之设，乃是中国朝廷率办，以洋人观之似有避嫌。惟事须计时而论，由来所至，终可免嫌。招商局甫经三年，竟已到此，可见前进之好处。予忆去年江海关进出船只，除英、美二国外，则招商局船为最多。予愿此局日增月盛，始终如一。果能与别局轮船并驰，洋人定无觊觎之意。”众客同声称快。吉税司起而言曰：“请席上诸君举杯畅饮，贺招商局总办唐景星先生贵体康吉，局中生意兴隆，愿其长命以得，办理章程始终顺手，将来竟至超卓之旺相矣。”语毕，同声称贺。

美总领事美起而答曰：“听我名友吉税司所颂之语，私心快悦，自行拟复，愿该大局成就。虽词面不达意，但包涵甚广。予等实有中国进前兴旺之心，所颂‘得善勿失’之词，乃出自中国人之口，予心喜悦。予虽不深悉中国情形，惟系确知无人如美国之在意于中国，愿其进前兴旺及得权势。以此今日能代本国夸口者，心甚慰之。愿扬子江之进益于中国，如密斯司卑江①进益于美国矣。虽我美国开基以来为期不远，而中国乃是老国，定有并驱向前而兴盛。以中国现经蹈前上进，必无退后之事也。予友麦华陀先生久在中国，处世能干，不日返国，予遽舍其行，殊深惆怅。伊之心亦望中国时常向上，屡历可据；又愿中国在沪贸易者不止居于第三，务使将来中国地面、江湖一气贯通，归其自操。予知中国人无处不有，好友定然得胜，以太平得胜比于战斗之胜，又高矣。”言毕众客称贺。

黄咏清举杯，起而言曰：“恭贺英国皇后玉体康吉，贸易兴旺。”因伊学习英文，系在该国。麦领事起而答曰：“予听稚友道贺之词，本无人应答之，惟谨以回贺中国皇帝康吉，复敬尽予称颂此二杯酒。”众客齐起而饮贺贺。薛明谷举杯起而言曰：“恭贺美国国主康吉。”因系伊学习洋文之国耳，众乃齐起畅饮贺贺。麦领事又起而言曰：“此杯酒乃贺中国各海关税课丰盈。海关之设乃有益于国家，各商贸易全赖海关得宜。请诸君子道贺吉税司康健。”众人钦佩。江海关总翻译老特起而言曰：“眼前税务司未在座，余代答谢薛明谷。”又起而举杯言曰：“此杯酒乃贺总税务司赫贵体

① 密斯司卑江：即密西西比河。

康强，伸其能干，余甚钦佩，众人亦钦佩耳。”以上道贺之词已毕，为首宣讲之友又说好话数句，各客散席，登楼观望约半时之久，轮船已回招商局码头矣。

（1876 年 11 月 28 日，第 3 版）

瞻仰新船

招商局新购之“江宽”火船，机器玲珑，式样宏敞，中西人皆为称赏。近闻是船至汉口，华客皆群聚往观，喜形于色也。

（1876 年 12 月 8 日，第 1 版）

攻击枭匪

中国火船“平潮海”前在海南曾巡获越境私贩之英国“加里士补”轮船一艘，于巡查实为得力，非别船可比。兹阅香港来报，悉“平潮海”于香港所属之交界海面，近又攻获私盐船七只。先是遥望盐船，沿岸潜行，踪迹甚诡，便紧尾之，以瞻某动定。盐船随放炮反攻，“平潮海”还而击之。盐船早知是大敌，将各船近岸搁浅，运炮上滩，列成寨垒之状，排轰迭放不止。于是两边炮弹往来如雨点，巡船遮日之布篷亦被打破。又有一弹落入机器舱，火炉为之受损，又一弹适中在炮上，炮兵几被击死。此时巡船势已危急，几不能得志，幸在后转败为功。盐枭卒难相持，一船被击沉，一船被拉去，其余五船因受损而自沉者，则皆牵赴省垣焉。又据称当两相攻击时，招商局“富有”火船适经是处，有数次几被炮弹击中云。

（1876 年 12 月 11 日，第 2 版）

招商局增扩规模

相传旗昌火船公司各火船、栈房、码头经招商局与议，一概买去，其价虽无确闻，有传说在二百万两之上，此或未必无因。盖月余以前，该公司股份市价约在六十六两之谱，前日骤长［涨］至每股九十两，凡有股份者无不喜出望外，而招商局此举实为扩大规模，将为中国一大公司也。夫中国各口往来载运之业，其归华人而不为外人所垄断，固所应有之事，不但民生所关，国体亦与维系也，故内地诸人闻有此举，料无不称善云。

（1877 年 1 月 6 日，第 2 版）

招商局顶买旗昌火船公司

本报新告白内，见有旗昌洋行招集各火船股份人，欲商议全买［卖］火船栈房、码头一事，则于以显见招商局顶买该公司之实据。而各股份势将同声乐于出卖者，已可先事见之，故此举几可视为已成矣。

按，旗昌洋行久行于扬子江面，而卒肯告退，实所少见，于是西人向隅、华人得意之喜兆也。此后长江只有太古洋行火船四只，往来天津亦仅怡和一行耳，余惟招商局旗帜是见，斯亦时势之转机欤！

（1877 年 1 月 8 日，第 1 版）

新购趸船

相传有火船名“加拉巴”者，近已为招商局在香港购得，不日来沪上也。此船闻将往宜昌作趸船之用，价洋三万元，此信系由《晋源西报》而译出云。

（1877 年 1 月 15 日，第 1 版）

声　明

前由本火船公司于西历正月十五日曾经诸股份人聚会议定，将火船、栈业一切事项卖于招商轮船局，兹遵定于今日将各船及栈房、码头尽行照议，交与招商船局经理，所有手持本公司栈单者，即希携至金利源栈房查收，以便更换招商局名下之单也。右准各董事命布告。

西历一千八百七十七年三月初一日，上海旗昌洋行启

（1877 年 3 月 1 日，第 6 版）

声　明

启者：所有手执旗昌洋行火船公司所发栈单者，若携往经管金利源栈房之白得拉处，可即行更换本局之栈单，其一切议条尽如旗昌前单之议无异。此布。

光绪三年正月十七日，招商局总办唐景星布告

（1877 年 3 月 1 日，第 6 版）

轮船交割

旗昌洋行之火船以及各处之码头、栈房，去年曾归并与招商局，计银二百万，当时议定三十八万先分两起交付，本年西历三月底再付六十万，各船及栈房等即归招商局管理，尚余一百万，分五年摊还清讫，此初议之条约也。昨阅本报告白知，各船已于西三月一号归在招商局名下，缘此六十万银，由唐君景星前日从金陵带来元宝六千只，合银三十三万，尚短念余万，在本埠措齐，提早一月交付也。从此，中国家涉江浮海之火船半皆招商局旗帜，不特水脚不至渗漏于外洋，即局面亦堂皇阔大矣。惟闻现当交割之初，兼火船又多，因仍暂请旗昌之一二西伙为照料云。

（1877 年 3 月 2 日，第 1 版）

轮船易名

昨接招商局来信知，所买旗昌洋行之各轮船，现已遵奉宪谕改易船名，兹因先将改定之十艘录左：计旧名“盛京”，新改“海晏”；旧名“直隶”，新改“海琛”；旧名“山西”，新改“镇西”；旧名“山东”，新改“镇东”；旧名“江西”，新改“海珊”；旧名“保定”，新改“海定”；旧名“湖北”，新改“江天”；旧名“气拉渡”，新改“江靖”；旧名“俾物乐”，新改“江源”；旧名“快也坚”，新改“江汇”云。其余各船，俟

改定后再行登报，以便各仕商装货、搭客易于周知也。

（1877 年 3 月 5 日，第 2 版）

续改船名

前报招商局买进旗昌之火船，先将十艘改换船名，此已备录。兹悉尚有一船，旧名“四川”者，亦改名“江长”云。

（1877 年 3 月 6 日，第 2 版）

保险招商总局告白

启者：保险招商总局自乙亥十二月初一日起至丙子十二月底止，连闰共计十四个月，经办以来，叨在股诸公鸿运，尚称顺手，所得余利银两，谨定于二月初十日按股照派，凡有股各公，届期持同股票来局支取。特此布闻。

丁丑正月二十五日谨启

（1877 年 3 月 9 日，第 6 版）

保险得利

招商轮船总局近并得旗昌各火船，规模日形扩大，比已述及。乃昨见本报后所列之告白，知自前年冬增设保险公司以来又称顺手，故订于本年二月初十日请有股份人赴局支取余利，是则左右咸宜，生意之兴隆正未可限量也。

（1877 年 3 月 10 日，第 3 版）

轮船招商总局告白

启者：本局于正月廿九日起添派“大有”轮船，常川宁波，与“海珊”轮船间日往来。特此布闻。

正月二十八日谨启

（1877 年 3 月 12 日，第 6 版）

招换栈单

启者：上海旗昌洋行金利源事务今改为招商局金利源，凡中外贵商有货物寄存栈内，执有旗昌金利源华文、洋文两项栈单者，均须于二月初三起赴栈更换招商局栈单。特此预布。

光绪丁丑二月初三日，招商局金利源启

（1877 年 3 月 17 日，第 5 版）

招商局北栈

启者：旗昌公司之虹口金能新栈今并归招商局北栈经理，凡中外贵商有执该栈之栈单及提货单等，请即携单到本栈，另换栈单。特此布闻。

丁丑二月初五日谨启

（1877 年 3 月 19 日，第 6 版）

烟囱改色

招商局之火船其烟囱本半截黄色，现既买进旗昌各船，故一律照改。日前在津之西人信来云，彼埠泊有黄色烟囱船六艘，足见招商局船之多矣。

（1877 年 3 月 21 日，第 2 版）

河水浅涸

天津河流缭曲，故自大沽至紫竹林，计程虽仅七十里，而火船驶入须六点钟之久；如遇水涸，更须候潮。刻下春水方生，似可无此周折。乃上月二十五日招商局“保大”火船驶到大沽，直至二十八日方能进口，盖船深水浅，屡候潮汐，终欠水二尺有余，因是迟迟也。计是船食水约一丈二尺，而连日内河水只有九尺零耳。

（1877 年 3 月 21 日，第 2 版）

轮船招商局第三年账略

轮船招商局自光绪元年七月起至二年六月底总结、彩结各账，并照章办理情形节略。窃以创始维艰，立法公方能示信于天下，经久不紊，定章善斯可收效于恒长。本局自奉李伯相奏设运漕揽载，于兹三年，原为收回利权起见，其第一年、第二年生意业经胪列盈亏，总结出入，刊明账略分送矣。自光绪元年起至今年八月初一日，按照章程应行结算年，总因枢春夏在闽，秋间同润又往烟台、天津，比时系托总理闽、粤、南洋各局陈茇南观察办理，是以未能及时核结，公趋羁滞，固为众所鉴原，而历年为难情形不得不缕晰陈之。（此稿未完）

综结

一、股份资本，存规元六十八万五千一百两。

一、保险股本，存规元二十万两。

一、公款等项，存规元三十五万三千四百九十九两一钱四分二厘。

一、钱庄往来，存规元六十一万三千二百三十八两一钱五分二厘。

一、各户长存，存规元二十三万八千三百二十七两九钱四分四厘。

一、各户往来，存规元三万三千二百九十二两零二分。

一、本年股利，存规元六万四千五百七十九两四钱三分三厘。

共计各存规元二百十八万八千零三十六两六钱九分一厘。

一、各口客号水脚，该规元十二万三千三百三十五两零一分八厘。

一、概办筹备预运直隶赈济米，该规元十万零六千八百二十八两五钱二分五厘。

一、“大有”轮船，该规元四万四千五百二十五两八钱零一厘。

一、各户往来，该规元四万八千零二十一两七钱九分九厘。

一、现存银洋合计，该规元七千二百九十七两五钱八分九厘。

一、本年汇总结亏，该规元三万五千二百九十两零六钱九分四厘。

共计各支规元三十六万五千二百九十九两四钱二分六厘。

两抵结存规元一百八十二万二千七百三十七两二钱六分五厘。

一、轮船十二号置本，该规元一百三十四万二千九百五十三两五钱六分一厘。

一、趸船四号置本，该规元四万零零十四两九钱六分四厘。

一、小轮船一号、铁驳二号置本，该规元一万二千七百三十八两三钱三分。

一、驳船十一号置本，该规元四千一百二十一两四钱二分九厘。

一、码头栈房五处置本，该规元三十二万四千四百九十八两八钱七分三厘。

一、生财、麻袋、木料、烧炭置本，该规元八万六千四百十两零一钱零八厘。

一、"大有"轮船同茂铁厂股份，该规元一万二千两。

共置本，该规元一百八十二万二千七百三十七两二钱六分五厘。

彩结

一、各船余利余规元十三万七千一百七十三两一钱六分八厘。

一、栈租、驳力、余米、杂项余规元六万八千五百九十二两零七分七厘。

共计结余规元二十万零五千七百六十五两二钱四分五厘。

一、"利航"、"厚生"、"汉广"、"成大"亏支规元一万一千零三十五两七钱八分八厘。

一、沪津栈友俸食、津栈米力、添租码头、栈房，支规元三万三千三百四十五两零一分二厘。

一、云手折价，支规元一万两。

共计结支规元五万四千三百八十两零八钱，两抵结余规元十五万一千三百八十四两四钱四分五厘。

一、筹垫银息，支规元九万一千四百九十六两七钱零五厘。

一、保险股息，支规元九千七百七十八两六钱五分五厘。

一、公款银息，支规元二万零八百二十两零三钱四分六厘。

一、股份官利，支规元六万四千五百七十九两四钱三分三厘。

共利息支规元十八万六千六百七十五两一钱三分九厘。除余，净亏规元三万五千二百九十两零六钱九分四厘。

（1877 年 4 月 18 日，第 3 版）

告　白

招商总局常走宁波口岸轮船二只，其礼拜一、三、五向系“海珊”，礼拜二、四、六向系“大有”。今“大有”于礼拜四停走，改派“江天”，即原名“湖北”，于礼拜六接走宁波，凡有搭客货载，希为查照。特此布闻。

轮船招商总局谨启

（1877 年 4 月 19 日，第 6 版）

接续轮船招商局第三年账略

今秋七月间，李伯相移节燕［烟］台，各国公使会议之余，因论及此，莫不赞本局定章之善、立法之详，而施设之难亦莫不尽悉。惟查三年以来，贸迁尚称顺遂。第一年获利一分，第二年获利一分五厘。满拟第三年利息尤厚，无如去年秋冬，滇案未了，今年春夏，南荒北旱，货物不获畅行，洋船减价；又值今年上海银拆极大，遂至本届归纳官款庄息之外，只有五厘之息。幸荷李伯相及江浙督抚宪、天津、山东两关先后拨存银七十万两；又承江浙两大宪允俟来春多拨漕米，既有官款以免吃亏庄息，漕米倍加于前，是来年利息善榷算者似可共信矣。去年七月至今年六月，往来轮船尚称顺适，除正月内“厚生”一船泊在上海码头失慎，业经各保险行赔完外，其余碰船各案，亦由局自行了结。至“福星”一案，被告初图翻控，继遵缴银，业将全案刊成，无待详述始末。惟查西例，有人命案，每吨应赔银十五磅，今刑司衙门只照船货案，每吨断赔银八磅，按该船一千四百八十六吨计，合上海规银四万二千二百七十二两，除堂费、讼费外，实存银三万六千八百七十六两，现照核准之数分摊，由各失主收领；其人命所断抚恤一万一千两，归麦领事审断，当必另有办法。且“福星”失事，上达天听，众口昭彰，乃闻外议有谓本局轮船之不可靠，殊不知海中雾大，触礁撞船常有之事，局内十余船，三年之久仅失其一。溯查旗昌、公正、太古、禅臣、怡和、得忌利时（等）英法美公司无一不有失船，失多者每处或六七号，失少者亦有三二船；甚至公正之“罗拏”、太古之“记连佳”，美国之公司各轮船，每船淹毙数十人暨百数十人不等，旁观者何以均未置论，而独苛责招商（局）？要之，枢等既受李伯相之委任，又感各省大宪栽培，并承诸君重托，已阅三年，昼夜筹维，关心择要，有益即办，有损即除，不敢因循，力图振作，以致疏于酬对，易召愆尤，或荐人而不留，或既留而复去，保无造言腾谤，物议纷乘，皆由枢等识短，未能应接周密。惟任事以来，并未开领薪水，即各同事辛［薪］金，亦皆撙节，涓滴归公。众股滥支未有分文，存细账之可稽，懔私心之滋愧。

局费系在五分，扣用开销。查三年生意共得水脚银一百七十二万两，附局轮船共得水脚银三十五万两。按照招商章程第三款，每百抽五计之，得用银十万余两，所有总局及天津、烟台、营口、广东、福州、香港、厦门、汕头、台湾府、淡水、打狗、镇江、九江、汉口、宁波各分局，并星［新］加坡、吕宋、西贡、长崎、横滨、神户等处司事，三年之辛［薪］工饭食、纸张零用，一概在内，照全总数积成，寔款似觉浮縻；二十余处分派，零支尚为俭省，以现在办法犹可敷衍无虞。除开销外，有无盈余，诸君应皆洞见灼知矣。本局向赖朱云甫、盛杏荪、朱翼甫三观察同办，自元年秋间盛观察奉委督办湖北煤铁局，朱云甫、朱翼甫观察仍在局督理收兑漕米事宜，办公虽各有专司，遇事均邀齐会议。承三观察推心指示，注意顾全，凡垫款之通筹、官项之承领，无不详为擘划，得能协合机宜者，皆三观察之力也。兹值三年期满，各局董事理宜按照局规第三条自退，另由众商公举承充，除津局董事宋达泉太守经已自退，蒙李伯相批准饬知在案，又闽、粤、南洋各口总理陈茇南观察已奉委出洋外，其余董事或请留，或另举，悉凭公议。谨将第三年经办各款，及进出各账汇核胪列十条，分晰奉告，希为鉴察。枢等自知办理不善，遂至本届利息转不如前，才庸责重，恐负所托，应请诸君另举贤能接办，以符定章，不胜感佩待命之至。

唐廷枢　徐润谨启

（1877年4月20日，第3版）

接续轮船招商局第三年账略

一股份官项开陈资本大数也。查前两年招集新旧股份计前后资本六十万二千四百两，经于第二年结总声明矣。去年八月初一日集议，满望多招新股，因“福星”案未结清，滇案又起，从公丛□，不暇招徕，以至今春只能多招八万二千七百两，统合资本银六十八万五千一百两。股份虽未招多，而去秋所到之“保大”、“丰顺”二船，又所定之“江宽”、“江永”二船船价不得不付，去年结总，除公款外，计欠各户银五十二万余两。加以四船应给价银，遂多至八十余万两。轮转不遑之处，率向沪庄通融，由本年三月至八月，沪市拆息极大，扯计息银吃亏不下三万余两之多。幸蒙伯相及江浙督抚宪、天津、东海两关，次第共拨存公款七十万两，始将庄款清还，不致亏累成本。

一新旧轮船分派各埠规条也。查本局原有“伊敦”、“永清”、“福星”、“利运”、“和众”、“富有”、“利航”、“日新”、“厚生”等船九号，又领到江南制造局“成大”夹板一号，又有附局之“永宁”、“洞庭”、“大有”、“汉阳”四号，旋因“福星”失事，“伊敦”改作趸船，遂定造“保大”、“丰顺”两船，均于第二年总结上声明矣。其“保大”、“丰顺”系去年九十月先后抵申，此二船连缴费到沪，每号成本十四万有零，舱阔船坚，利于行走。本年六月又领到湖广督宪“汉广”轮船一号，所定造之“江宽”、“江永”二号亦于今年八九月先后抵申，此两船成本三十万两有零，坚固快速，尤为出色。去年七月漕米运竣，仍留“利运”、“日新”往来津河，“永清”、“富有”往来广东，“和众”派往汕头、厦门，“厚生”往南洋，“利航”放沪修理，及“保大”、“丰顺”到后，先会同附局船走长江，后分走闽粤。本年二月初六日，津河开冻，即派“永清”、“利运”、“日新”、“保大”、“丰顺”走津河，仍留“富有”走广东，“和众”走汕头，其“厚生”一船俟修好即派走广东、南洋、东洋等处，“利航”仍留大沽驳漕，“成大”夹板协运漕米，或放东洋装煤，此乃光绪元年七月至二年六月底局船分派之情形也。“丰顺”、“日新”两船漕米运竣之后，即有烟台之役，其辛［薪］工、饭食、煤斤、保险等项均蒙伯相如数赏给，合并声明。

一历年贸易声叙赢绌情形也。查同治十三年六月底止局船五号，共水脚银四十二万余两；十三年七月至元年六月底，共水脚银五十八万余两；元年七月至二年六月底局船九号，共揽水脚银七十一万余两；三年共一百七十二万两，以前届七月至年底，局船六号，共揽水脚银十四万五千余两。去年七月以至年底止局船九号，共揽水脚银十九万余两。以两年相较，则本届生意却不如前。推其受亏之由，始因滇案，继遇灾荒，货不流通之故。幸本届漕米蒙各大宪垂察，江苏派八万石，浙江派十万石，江西派八万石，湖北派三万石，共二十九万石，由本年二月初六日起运，至闰五月初间业已告竣，自七月以来生意颇佳。合并声明。（此稿未完）

（1877 年 4 月 21 日，第 3 版）

接续轮船招商局第三年账略

一本局轮船分设保险缘由也。查运漕在洋沉没，禀请免赔，原有定章，但思船身坚固迅速，较胜沙船十倍，虽属水脚一律，究竟保费无多。自“福星”案后，每船漕粮均保险，以重公事。至各船置本或十万，或十余万，而上海各洋行每船只可合保五六万两，若将余数尽归本局自保，关系太重。是以去年冬月，今年六月，先后另招股份，设立保险招商一局，及仁和保险公司，以分仔肩。俟本局稍有公积，或船数增多，再行多保。此乃慎之于始，想诸君亦当以为然。前届碰船之案，均经保险行按七五、本局二五理直矣。

一栈房、趸船添置以资转运也。按，本局先后置有上海、东北二栈，天津新旧二栈，汉口、九江、宁波各栈及码头，均经于第二年账略声明。旋因转口货日多，栈趸均不敷用，于去秋复补九江趸船一号；去年冬间又在虹口添造栈房七所，又购相连地十一亩五分三毫，盖造煤栈三所；又将余地盖造住房十八间。计此项房产、趸船虽搁本略重，实均万不可少。夫船多货即多，若不添造，货从何屯？且以本局之项比之旗昌公司，则相去远甚。缘该公司除住房不算外，只以各处栈房、码头计之，亦不下八十余万两之多矣。

一本届账目均特详细结总也。查综结资本一柱已于第一款内声明，其保险股本二十万两，即保险招商局之资本也。公款三十五万有零，系天津练饷钱三十万串，及两江、浙江所存之官项也。各户长存，即官宦、殷商所储之项也。各庄往来，即六月间未领公款之前，所欠上海钱庄之项也。各口客号水脚，乃六月底止未收到之水脚也。各往来及办米，乃预运采办之银也。趸船四号，乃汉口、九江、镇江所用也，其“伊敦”改作趸船，船价未经算入。至彩结所余毛二十万有零，与前届相仿。其“永清”、“和众”、“富有”只溢利二万一千余两，因货少之故，已于第三款末叙其详细也。栈租、余米、杂项比前届多银二万余两，实赖朱云甫观察收兑得人，加以今年本局有铁驳船在大沽驳运，无庸多雇散驳也。“利航”、“厚生”之亏一由冻河停船縻费，一由失慎，修理需时。“汉广”因初到，客货无多；“成大”夹板因遇风，添置帆索，其亏皆有原委。至云手折价，系第三期补还朱云甫观察开办时所折船价也。筹垫银息系付各户各庄之利息也。按，此欠数几及九十万两，半系今年添船所付，以九万余两之利计之，未免过昂，亦适值沪市拆息极贵之候所致也。再，各船所得余利十三万七千余两，经将各船修费银二万六千余两、筹防捐七千四百余两开除矣。刻下各船均已加工修妥，较前尤胜，来年无庸大修；若来年局船与洋商船一体免征筹防，又可省一项矣。（此稿未完）

（1877 年 4 月 23 日，第 3 版）

接续轮船招商局第三年账略

一生意归并大局亟须筹划也。查各口轮船，除英、法、美、东洋各公司由香港、汉口、上海等处直达外国不计外，其专在各口往来者，旗昌有十七号，太古八号，怡和六号，禅臣五号，得忌利时四号，又洋行数家有数号，合约五十号。以本局现在连附局只有十数号，争权角利，似难持久。且鹬蚌相争，均受其害。旗昌亦深悉此情，故甘退让，本局受业，亦彼此保全善后之意也。嗣后本局与各行，无诈无虞，公平来往，以崇中华大体。且以漕粮计之，势亦必须添船。如本届二十九万石装载六号，闽粤各口几难兼顾。倘明年米数加增，不行添造，必致转雇，以利授人，此可并者一也。本局码头北栈较远，东栈不宽，惟金利源地势最佳，至于汉口，本分局河面既狭，趸船亦只一号，来年添设宜昌、芜湖等口岸，趸船即难遽添，此可并者二也。旗昌合于他人必树敌旁挠，归于本局则事权画一，此可并者三也。该公司通计成本不下三百万两，即去年大减船价亦有二百五十万两之多，今以二百万受之似非失算，此可并者四也。鄙见如此，幸高明指示之。（此稿未完）

（1877 年 4 月 24 日，第 3 版）

接续轮船商招局第三年账略

一既并之后办理应亟陈明也。按，旗昌春间已有此议，至七月枢等在燕［烟］台亦曾禀知伯相，因款巨缓议。迨前回沪，该公司复来曲就，枢等因思现蒙江、浙两大宪许加漕米，两江督宪又有拟将江安漕粮改归海运之折，势必添造方不误公，与其经营日月，费巨款以图新，何如次第度支，购成材以济用？故商之朱、盛三观察，润偕赴金陵，禀督宪沈，当蒙批照办，并奏拨公款一百万两。枢始与旗昌订明，尽将该公司江船九号、海船七号、小轮船四号、趸船六号，金利源、金方东、虹桥头、下海浦、宁波码头栈房五处，船澳一处、机器厂一间，与及浮存煤斤、锚链、铁浮子、水龙、铁料、木料、油料，各种船上零用食物、洋酒〈与〉及各口岸所存各物，一概在内，价银二百万两。另，汉口、九江、镇江、天津四处旗昌自己名下所置之洋楼、栈房、码头及该行花红计银二十二万两，经于十一月十八日订立合同，除公款百万外，尚须筹银一百二十二万两，总连去年未经满额之三十万两，应招一百五十万两，拟分一万五千股，每股仍系一百两，以光绪三年正月起至六月底止，凡欲附股者，务祈函致本局或各口分局挂号注册是荷。（此稿未完）

（1877 年 4 月 25 日，第 2 版）

接续轮船招商局第三年账略

一收并价目低昂应陈公核也。查旗昌各船总共十六号，价值不等，汇计合银一百三十余万，极属相宜；各栈房、船澳亦均占地利，前估七十余万，今以五十余万购之；其余煤斤、铁木等料，自有时价，亦所公知，未可谓不合算也。或谓局船已有十余号，更增十六，未免过多。不知该公司海船八号，除“江西”仍走宁波，“山西”仍走牛庄，其“盛京”、“保定”、“直隶”、“山东”四船，仅敷漕运，迨漕运告竣，即分走闽、粤各口。至于江船，俟芜湖、宜昌码头一开，仍恐不敷用耳。

一嗣后生意把握应有权衡也。查酌盈济虚，首筹揽载，量入为出，次计开销，货多则水脚加，用省则经费裕，商情款洽，辐辏可期。况局支栈费，均较洋商为俭；初虑买煤一事不无漏卮，今幸台湾之淡水、湖北之武穴均已开采，而皖南之贵池一带又有招商开采之议；又蒙伯相准枢在直隶滦州开办，将来自采之煤，必可足用。如是，则各船装运多、转输广，往来捷、照应周，加以漕米水脚之盈、商贾交情之厚，必可仰体各大宪爱国爱民、保维大局之至意也。

再，本届账目仍合总汇刊，其余细账清册存局备查，另立分款总账上下两册，按照第一年、第二年寄呈伯相及存天津、香港、广州、福州、汉口五处分局，凡在股诸君请至总局或就近至分局查览，所有股份花名细数及各船逐次水脚均已按年缮入册内，惟此后船只更多、账目尤繁，自明年起须删缮股份、水脚细账，俾资简便，先此声明。

光绪二年十二月　日

轮船招商局唐廷枢、徐润谨识

（1877 年 4 月 26 日，第 2、3 版）

挑货减价

（1877 年 5 月 24 日，第 2 版，文见“社会关系”）

东洋进口货繁盛

长崎《外国新报》谓，近日东洋至上海各货日多一日，三菱公司船至不敷装载，故招商局已先备一船，来往于东洋、上海之间，如能获利或再添一船也。

（1877 年 6 月 26 日，第 2 版）

招商局付银

《晋源报》于礼拜六称：今日招商局将银十七万两摊付于旗昌行，想系按期交付也。

（1877 年 7 月 2 日，第 2 版）

礼拜六拍卖

启者：于五月廿七日即礼拜六一点钟在虹口招商局北栈码头，拍卖稍有水渍白麻粉丝、坑砂等货。特此布闻。

五月廿六日

招商总局告白

（1877 年 7 月 6 日，第 5 版）

译述招商局改章

《字林报》曰：现中国朝廷拟议招商轮船局所有借、收未还各款，俱由国家自行筹填，盖船局所借李伯相之钱七十万吊、各海关所暂借之银一百万两，概算国家入股也。洵如斯，则商局将更为官局。

（1877 年 7 月 9 日，第 1 版）

轮船往普陀

现在招商局之“江天”轮船，每逢礼拜六，开往宁波普陀，于礼拜二回沪。人如有病热者，大可附之，出海不特能纳凉，而兼司祛病也。

（1877 年 7 月 20 日，第 3 版）

小工压伤

前日下午招商局天津轮船来沪，有豆饼上栈，众小工方次第堆积，不意从上倒下，压伤小工数人，或伤脚骨，或伤头面，当送医馆疗治，闻伤脚骨者恐将成残疾人云。

（1877 年 8 月 1 日，第 3 版）

温州消息

西字报称，温州来信云，传得招商局意欲派船，常川往来于上海、福州、温州等处。果若是，则水脚或当跌落矣。犹忆从前招商局与太古行争夺长江生意，客货每墩［吨］本需水脚银五两，嗣竟跌至五钱也。（下略）

（1877 年 8 月 2 日，第 2 版）

告　白

启者：本局每届结总定于八月朔日缮成账册，以供诸君查阅。本届第四年总账以归并旗昌，款目繁多，未及按期蒇事，爰即公议循旧展限一月，准于九月朔日奉屈诸君临局查阅，并取官利可也。谨此布闻。

丁丑七月二十八日

轮船招商局谨启

（1877 年 9 月 5 日，第 6 版）

新建码头

本埠招商局赴宁波之轮船向停下海浦宁波码头，前日该局将开赴宁波之轮船改泊小东门外金方东栈浦滩，以便搭客。现在申江楼门首新建码头，专为宁波轮船停泊之所，虽未工竣，而规模已约略可知已。

（1877 年 9 月 24 日，第 2 版）

津沽续到大炮

前次“利运”轮船到津载有布国大炮五尊、炮子五百五十箱，已列前报。本月初八日招商局“海琛”轮船又载到大炮数尊，粗可合抱，长约及寻，其样式较前小异，盖后膛至炮口粗细如一，或谓临敌时埋伏水中，以之轰击敌船者，未知是否。中堂拟于十八日饬机器局水雷中西教习柏专敬及曾兰生两君带同肄业各生，往大沽操演。又，督辕至机器局电线经已落成，每礼拜亦调水雷、电线肄业生两名至督辕司理电报云。

（1877 年 9 月 25 日，第 2 版）

轮船招商局第四年账略

轮船招商总局，自光绪二年七月起，至三年六月底，总结、彩结各账，并照章办理情形节略，窃以本局自奉李爵相札委接办以来，倏届第四年揭总矣。所有创办情形以及上届三年账略历经明晰声叙，谅蒙垂察及之。

兹自上年七月至岁底止，收揽载水脚银四十余万两。以旧置十二船分驶江海，仅敷浇顾而已。迨正月间之归并旗昌也，船只倍多，满谓生意随之增长，不知周年营运固然出入之有常，而参合时宜亦必经权之互用。缘长江半载以来，客货虽非缺乏，同行多事挤排，或有跌价争衡，未能彼少而我多者，明亏也；或因每船往返，未能满载而充本者，暗耗也。度量事机，未敢拘执，设法招徕，责难自贷。幸至六月底止，收揽载水脚银一百余万两，统计一百五十余万两。除各项浇费、各船修理、各款存息外，不但官利之无亏，尚有余资之可获，较诸上届稍形生色者，亦多藉同人赞襄之力也。

现今核结一分官利，并将上届贴利亏款三万余两，以及历年各埠水脚积亏四千余两，藉此充销之外，尚盈一万余两，为数较微，不足折除船旧，并拟移入下届揭总之时，再行汇核。未识高明，以为何如？

至于今届总账较前繁多，特将股份、水脚细数酌简删缮，余俱按账登明，仍分上、下两册，循例寄呈南北洋通商大臣鉴核，并分存天津、香港、广州、福建、汉口各分局，即请诸君就近查览，以昭洞彻。所有给官利，现以钞缮账册校对需时，拟自本届为始，展限一月，嗣后准以九月朔日按股支取可也，幸祈谅之。

轮船招商公局谨启

综结

一、股份资本，存规元七十三万零二百两。

一、官股资本，存规元六十一万七千一百六十一两一钱一分九厘。

一、保险仁和股本，存规元三十五万两。

一、公款存项，存规元一百二十四万九千八百十七两四钱六分四厘。

一、各户存项，存规元三十三万五千七百七十六两二钱三分八厘。

一、钱庄往来，存规元五十九万三千四百四十八两七钱五分八厘。

一、各户往来，存规元八万七千八百八十四两一钱五分二厘。

一、旗昌价款，存规元六十九万两。

一、本年官商股利，存规元九万六千九百十九两一钱六分七厘。

一、本年汇总结余，存规元一万一千三百九十四两四钱二分八厘。

共计各存规元四百七十六万二千六百零一两三钱二分六厘。

一、各口客号水脚该规元二十九万三千九百三十七两六钱二分六厘。

一、筹办预运米该规元一万零三百三十四两零五分四厘。

一、“大有”轮船该规元四万一千五百九十八两五钱九分六厘。

一、各户往来该规元九万零零七十四两四钱五分九厘。

一、现存银洋合计该规元三万一千零三十六两一钱一分一厘。

共计各该规元四十六万六千九百八十两零八钱四分六厘。

两抵结存规元四百二十九万五千六百二十两零四钱八分。

一、轮船二十八号置本，该规元二百七十八万二千三百九十一两二钱二分六厘。

一、趸船十一号，连铁浮子、码头船等置本，该规元十九万七千九百六十两零八钱一分四厘。

一、小轮船九号、铁驳八号、驳船十五号置本，该规元四万九千九百零三两四钱七分九厘。

一、码头、栈房九处置本，该规元九十八万五千八百三十四两六钱零七厘。

一、生财、麻袋、煤炭各物置本，该规元十四万八千五百二十一两三钱六分八厘。

一、船澳、铁厂置本，该规元十三万一千零零八两九钱八分六厘，

共置本该规元四百二十九万五千六百二十两零四钱八分。

彩结

一、各船余利余规元四十二万五千八百二十八两二钱九分二厘。

一、栈租、驳力、余米、杂项，余规元五万九千七百六十一两三钱三分五厘。

一、同茂铁厂余利，余规元一万二千八百八十两。

共计结余规元四十九万八千四百六十九两六钱二分七厘。

一、"江靖"、"大有"、"镇西"、"成大"运亏，支规元一万四千三百二十四两八钱一分五厘。

一、各船修理，支规元六万一千零三十一两八钱三分三厘。

一、沪津栈友俸食、津栈米力、旗昌代理浇费、各埠租金等，支规元五万九千二百三十九六钱二分一厘。

一、云手折价，支规元一万两。

一、上年结亏，支规元三万五千二百九十两零六钱九分四厘。

一、历年水脚积亏，支规元四千七百十一两五钱二分九厘。

共计各支规元十八万四千五百九十八两四钱九分二厘。

两抵结余规元三十一万三千八百七十一两一钱三分五厘。

一、筹垫银息，支规元九万三千六百五十二两六钱。

一、公款银息，支规元八万二千四百四十九两二钱零九厘。

一、保险仁和股息，支规元二万九千四百五十五两七钱三分一厘。

一、官商股官利，规元九万六千九百十九两一钱六分七厘。

共利息支规元三十万零二千四百七十六两七钱零七厘。

除支净计结余规元一万一千三百九十四两四钱二分八厘。

（1877年10月20日，第5版①）

① 另见1877年10月22日第5版，23日第5、6版，24日第5版，25日第5版，26日第5、6版。以下同一内容多次出现的，仅注首次出现的时间。特此说明。

天津琐闻

（前略）今年晋豫凶荒，津郡米粮异常腾贵，每石价至三两七八钱，来米极多而销路亦广。现下招商局船几至尽装米石，除本局船外，又租有禅臣、太古两洋行之火船四艘，装米来津，四船均到大沽，未曾进口，就在大沽赶紧起清，驶回上海。另有帆船三艘，亦系招商局装米而来。计时将届冻河，来米实属不少，无奈晋豫办赈太多，故价钱曾不少减。又闻招商局朱云甫观察将往山西办赈云（下略）。

（1877 年 12 月 4 日，第 2 版）

增建码头

天津海口码头立新章云：所有来货堆积码头，均以三日为限，逾期照例捐输。自开办以来，著有成效。凡船到埠，即由巡绰码头之西役到关，或将本行之舱口部查验，以便计捐。此款所入，计应不菲，惟起去者多，上捐者少。现下来货以米为大宗，上而三岔河，中而马家口，下而紫竹林，所有隙地俱有米石堆积，上盖苇篷，以避雨雪。招商局朱云甫观察又就招商局前建一码头，以便堆货收捐，另盖屋数十间，招人贸易。此处若成村落，将来轮船到埠，入市者既无虞跋涉之劳，而列肆者又可获鱼盐之利矣。（下略）

（1877 年 12 月 19 日，第 2 版）

合议行规

西报云，太古及招商局两公司经已讲和，嗣后不再争招揽载货等事，以至水脚跌落。且云，大江之水脚银分作十分，太古取其四，招商局取其六，太古亦不得开船往来宁波云。

（1877 年 12 月 24 日，第 1 版）

轮船增价

《字林报》云，自招商局与太古洋行讲和船价后，现拟自西历明年正月一号为始，议增长江水脚，故上海有人欲装货至汉口者，可以乘此数日内稍沾便宜，亦一计之得也。

（1877 年 12 月 29 日，第 2 版）

轮船招商总局告白

启者：本局往来长江轮船水脚现议于本年十一月二十八日，即西历一千八百七十八年正月一号为始，一律涨价，如蒙各客号赐顾，请至本局账房阅看价单可也。特此布闻。

（1878 年 1 月 1 日，第 7 版）

招商局告白

本局往宁波轮船“海珊”于本月初五日为始，停轮勿走，惟有“江天”一艘专走，申开订二四六，宁开订一三五。用特布闻。

（1878 年 1 月 5 日，第 7 版）

招取保险余利

启者：本局保险及仁和保险应派余利均订于二月初一日照发，凡在股诸君届期持同票折来局支取。特此布闻。

保险招商、仁和保险局同启

（1878 年 2 月 28 日，第 7 版）

飞轮往北

上礼拜六早五点钟时，沪上共有火轮船八艘开往天津，同时发哨启轮，浦中殊形热闹，大有赛疾之象，人俱以为先到者必怡和之“大沽”火船，或招商局之“丰顺”火船也。然各船俱须尽机器之力以行，盖照旧规，凡初次先行抵埠者，必为各客所赏。惟既到大沽，正不知冰融与否耳。今日又有船开行，想不过几时，该处或缺米粮，可望南方之往补其不足矣。

（1878 年 3 月 12 日，第 3 版）

招集济和保险船栈股份

窃维善贾必赖多财，权利尤宜推广。轮船招商局自设仁和保险以来，经理数年，俱臻妥善，第投保者踊跃，每多逾额，历向他处转保，统年计之，为数甚巨，利权外溢诚可惜也；且有储栈各货屡有来局相投保者，而仁和公司以专保船货，并不兼保栈货，因此溢利亦非浅鲜。兹拟招集股银二十万两，专保仁和所保逾额，并试办招商局栈储各货保险，目之曰济和船栈保险局，所有限制保本章程另行详刊，其股份仍照旧章，每股百两，准于三月十五日举行。俟办有成效，再行分别推广。凡我同志先期来局，言定股份，俾免拥挤，为厚幸焉。

二月十一日

上海保险招商总局启

（1878 年 3 月 18 日，第 7 版）

津沽邮述

天津于正月二十日后河中冰排已少，二十八日龙王庙摆渡已将浮冰凿开，三十日将浮桥拽开，俾浮冰流出，本月初二日河道全开，初三日早十点钟，忽闻号筒声响，居人喜跃相告，谓轮船至矣。比驶近，知系带水之小火船拖一夹板耳。初六日午亦复如是，初八夜十点半钟风声、水声、船上机器声叠作，招商局爆竹声如联珠，居民出至码头，见“丰顺”与“保大”两轮船衔尾而入。初九早“大沽”亦到，傍晚“海宁”船亦驶入云。昨本埠又传得“保大”入口时小有触碰，则亦未稔确否也。

（1878 年 3 月 19 日，第 2 版）

催取保险余利

启者：本局保险及仁和保险股份均订于二月初一日照发余利，迄今多日，尚未支清，诚恐未尽周知，用再登报，务请在股诸君迅速持同票折，至总局或就近赴分局支取，以清款目。特此布闻。

保险招商、仁和保险局同启

（1878 年 3 月 26 日，第 6 版）

高粱价贱

平无不陂，往无不复，即菽粟一道，亦何莫不然？去岁晋豫饥荒，转运南来米石，以资赈济，虽于灾黎不无小补，然目下来源已竭，天津米价日涨，不两月间层累而上，每石由四元半直至五元五六角矣。乃南粮既不足恃，而去秋则奉天大熟，加一五斛，每担计两担半之牛庄高粱价只津钱八千文，于是颿樯[1]云集，争往采买。津斛售价每石向系一两九钱，或至二两，持筹握算，实有赢［盈］余。一两月来，牛庄一途遂成利薮，轮船、帆船、本津船装运之不足，又雇沙船满载而归。现在天津以来路实多，销路过滞，且大秋在迩，价钱日跌，旬日之间每石由一两八九钱跌至一两一二钱，囤积居奇者几至不可收拾，津城米麦各号去年贩贵买贱，积得蝇头，货悖而入者亦悖而出矣。而赔累且计有不赀者。招商局现由津开去牛庄之“利运”、“日新”、“永清”、“海琛”等轮船，前报以为往购高粱，现悉系装豆饼耳。高粱亦粮食之一大宗，而价值日贱，虽市侩偶有折阅，然一家哭何如一路哭，可为斯民告慰，正在此举。特可惜米价日增，面价如故，所值贱者只下焉者之高粱，不能菽粟，如水火也。现届二麦登场，而面价不少贬，或谓麦场籽种颇贵，而莳艺不多云。

（1878 年 7 月 19 日，第 2 版）

---

① 颿樯：fānqiáng，帆樯，帆船。

津沽麦秋近闻

天津二麦登场，经列前报，当此饥馑荐臻之后，大田多稼，民困似可稍纾，无如秀而不实，前报所云麦场只五成年岁者自非虚语。日来晴霁，打麦家家，市上面价上等者每斤仍津钱九十文，次则八十文，再次七十余文，与青黄不接时麦固不加多而价亦不加减。析津粮食以麦为大宗，麦场如此年成，丰歉已可概见。按津郡数年以来，季春三月未得透雨，今岁则是月初五、十五暨念一等日一犁雨足，麦苗滋长，蓬蓬勃勃，如釜上气，嗣后雨旸时若，由苗而秀，由秀而实，可望有秋。乃收成若此，转丰为歉，细查其故，系籽种昂贵，麦植不多，而又于将届登场之五月下旬时，大雾两日。据农家者言，粮食着雾，难望丰收，微特二麦为然，即大秋之高粱亦徒有外观，而不内实也。日前从福建调来采买粮食各船，嗣以将届麦场，如“永保”、“海镜”等已经遣撤，满谓二麦告成之后转运一节似可稍缓须臾，乃收获不佳，津属民食仍须挹注，故除民船驶往牛庄仍买高粱外，招商局亦于五月念七、八、六月初四等日迭饬“永清”、“利运”、“日新”、“海琛”等轮船驶往牛庄，想仍购买粮食矣。查奉天府属去岁秋获大佳，而出粜斗斛又加一五，每担计二担半，需价制钱只四千文，故购粮者趋之如骛，特粮食非取之无禁、用之不竭者，一旦告罄，天河各属，又将何所恃而不恐哉？噫！

（1878 年 7 月 24 日，第 2 版）

轮船招商局告白

启者：今届第五年结账，请在股诸君于九月初一日至总局或就近赴天津、汉口、香港、广州、福州五处分局看账取息。特此预闻。

八月二十五日谨启

（1878 年 9 月 21 日，第 6 版）

轮船招商局第五年账略

轮船招商总局自光绪三年七月起至四年六月底，总结、彩结各账，并照章办理，情形节略。

窃本局奉李爵相札饬接办垂五稔矣，每届账略情形历经详晰声叙，谅邀察及之。兹自上年七月起至本年六月底止，共收揽载水脚银二百三十余万两，似亦竭尽招徕，而赢余厚获矣。乃开除缴费股利款息外，仍不免有亏折，说者将疑其筹办未臻妥善欤？然而有掣肘难施者，上年揭账以后，长江宁波水脚尚未与洋商订立和议，迨成议后，已属岁阑之际，半年损耗，殊非浅鲜，有受亏莫喻者。九月初，间奉运晋豫赈米，其时客商涌运各粮，共资灾济。本局船只不敷，另雇洋船协运，租费多，又因时届封河，即在大沽起货，夫车驳运贴费亦巨。更以漕米一项，上年雨水过多，米粒较为潮湿，斛量耗折，余米无多，且于水脚项下，分提闽晋豫等三省赈捐，盖盈于彼者，绌于此理势然也。至于自保船险原议以今年正月起，每年提公积银十五万两，以备拨还官款之用，上年七月至今，所得保费除赔补“厚生”船本外，尚存七万二千五百余两，以抵半年应存七万五千之数，不甚悬殊。其于“江长”一船，另行筹款弥补，并将历年总分各局提出九五局用，除开销外余款皆已归入公账，所有商股官利遵照奏案，分给五厘，其余五厘存作续招新股。本届总结仍分上下两册，循例寄呈南北洋通商大臣鉴核，并分存天津、香港、广州、福州、汉口各分局，即请诸君就近查览，以昭洞澈，幸祈谅之。

轮船招商公局谨启

综结

一、股份资本，存规元七十五万一千两。

一、官款存本，存规元一百九十二万八千八百六十八两三钱二分三厘。

一、保险仁和存款，存规元四十一万八千四百三十两零零一分一厘。

一、船险公积，存规元七万二千五百四十五两八钱九分三厘。

一、筹存余款，存规元二万三千五百十六两四钱一分八厘。

一、股份存息，存规元三万七千一百二十三两四钱四分四厘。

一、旗昌价款，存规元四十六万两。

一、各户存款，存规元一百四十七万二千四百零三两六钱零七厘。

共计各存规元五百十六万三千八百八十七两六钱九分六厘。

一、各口水脚，该规元二十九万零五百五十八两三钱四分一厘。

一、各户往来，该规元二十三万六千七百零九两七钱二分九厘。

一、现存银洋，该规元三万九千三百九十三两零八分一厘。

一、本年结亏，该规元一万九千九百八十八两七钱一分。

共计各该规元五十八万六千六百四十九两八钱六分一厘。

两抵结存规元四百五十七万七千二百三十七两八钱三分五厘。

一、轮船三十一号，该规元二百八十二万八千六百十三两零五分八厘。

一、趸船小轮驳船，该规元二十五万七千二百七十两零八钱九分。

一、各口码头栈房，该规元一百零六万一千二百九十两零六钱二分九厘。

一、生财、麻袋、煤炭，该规元二十七万八千六百零八两二钱六分二厘。

一、船坞铁厂项，该规元十五万一千四百五十四两九钱九分六厘。

共计结该规元四百五十七万七千二百三十七两八钱三分五厘。

彩结

一、各船余款，余规元四十万零七千零八十九两三钱六分一厘。

一、栈租、力驳、余米等项，余规元十一万二千六百二十三两四钱八分一厘。

一、公息余款，余规元二十二万六千七百十八两零四分。

一、上年余款，余规元一万一千三百九十四两四钱二分八厘。

共计各余规元七十五万七千八百二十五两三钱一分。

一、各船亏款，支规元四万零八百五十七两三钱八分二厘。

一、各船修理，支规元十三万七千九百二十二两零三分三厘。

一、栈房修理，支规元二万四千一百九十六两八钱二分七厘。

一、租产租金，支规元一万八千七百九十两零三钱七分五厘。

一、沪津栈开销，支规元七万四千九百十两零零八分一厘。

一、各项费用，支规元七千三百三十六两五钱零二厘。

一、漕务庙捐等，支规元一万五千七百三十一两四钱八分八厘。

一、各省赈捐，支规元一万八千五百零四两四钱五分九厘。

共计各支规元三十三万八千二百四十九两一钱四分七厘。

两抵结余规元四十一万九千五百七十六两一钱六分三厘。

一、股份官利，支规元七万四千二百四十六两八钱八分八厘。

一、各户息款，支规元二十五万八千五百二十一两零一分一厘。

一、筹垫息款，支规元十万零六千七百九十六两九钱七分四厘。

共计各支规元四十三万九千五百六十四两八钱七分三厘。

除余结亏规元一万九千九百八十八两七钱一分。

（1878年10月3日，第3、4版）

失货纠缠

（1878年11月22日，第4版，文见“社会关系”）

轮船相撞

招商局“海琛”轮船于礼拜二晨将往天津，方出吴淞口，与太古行之上海火船遇，偶一不慎，遂两相撞击，“海琛”微有损伤，即于十点钟回黄浦口，以待修葺。所有客货皆由“汉广”轮船代递云。

（1878年12月5日，第3版）

铁厂及船坞出卖或出租

兹本局铁厂欲招人承买或承租，一二三年皆可。该铁厂坐落上海虹口地方，另有栈房、工人住房及机器厂一连数间，所有机器、杂物俱全。本该厂地方有二个半爱加之广，沿河边有三百尺长，制造修理船只应用机器物件，统中国为最充足者。如欲投标，请书明承买、承租章程投局。本局之船坞亦照样招人承买、承租。该坞坐落上海浦东地方，长三百三十六英尺，阔七十八英尺，坞口阔七十二英尺，沿河边有一千二百英尺，包宽有四个爱加之广，另有住屋二间，打铁厂、木匠厂俱全。如系承买，或先付半价，其余半价即以抵押亦可；如系承租，须觅殷实担保。所投之标仍由本局弃取，凡投标者限至西历明年正月一号截止。欲知详细者，请至本局询问可也。此布。

上海轮船招商局告白

（1878 年 12 月 7 日，第 7 版）

电线开工

天津到大沽之电线，刻已开工，惟电线尚未来华，大约须俟明春也。天津海关两道，奉李中堂谕令出示云：刻准招商局设立电线，直通大沽炮台，可以知轮船之到否。现在开工插立线竿，届时再行挂线，诚恐愚人不知，误拔线竿，或断电线，为此出示禁止。自谕之后，一应军民人等，毋许故违，致于重咎。

（1878 年 12 月 11 日，第 1 版）

招人投标

兹本局欲招人投标供应轮船所用物件，由西历一千八百七十九年正月一号起，一年为期，所供应之物件皆要上等精良，欲投标者请于华历本月二十七日以前将标付来，并将物件价目开列；至所投之标仍由本局弃取。欲知详细，请至本局询问可也。此布。

轮船招商总局告白

（1878 年 12 月 11 日，第 7 版）

招商轮船相碰

礼拜二十二点钟，有招商局之“江靖”轮船从汉口来沪，欲乘潮湾泊于金利源码头，已落锚矣，移过数步，适碰于“江永”轮船。“江永”不甚受害，而“江靖”则在水面上之木长二十尺者大半碰断。故“江永”仍整顿出口，而“江靖”须修理四五日，方可开放也。

（1878 年 12 月 28 日，第 2 版）

礼拜六拍卖

本月十八日十点钟在引翔港船坞即旗昌船坞，拍卖新旧铜铁木器、家私什物等件，是日九点钟备有小轮船在新关码头载客前去，凡欲买者届期早临是荷。

招商总局告白

（1879年2月4日，第6版）

保险招商局支利

启者：本局保险、仁和两公司应支上年余利仍于二月初一日支取，请在股诸君届期持折来局收取可也，谨此布闻。

保险招商总局启

（1879年2月17日，第7版）

北河冰泮

天津封河，而后轮船断绝往来，此常例也。刻下河冰已泮，沪上招商局及怡和洋行等皆将拨船北驶，故定于本月初八日晚即礼拜五，招商局开“丰顺”、“保大”两船，怡和所开何船，尚未定夺云。

（1879年2月22日，第3版）

遗失客位票

今遗失招商局“丰顺”船客位票二纸，第三、第四号，当向该局船言明作为废纸，望各行号切弗抵用。此布。二月初六日。

长源泰启

（1879年2月27日，第6版）

趸船压翻

天津大沽口旧有沙埂，遇潮落时轮船进出殊形不便，是以招商局设趸船于此处，以便驳运货物，此趸船即向之“伊敦”火船所改为也，年来已由带水公司承办，招商局不相闻问。乃昨传得近日有某轮船抵沽，装有糖米、茶砖，亦因水浅碍难进口，起驳至该趸船上，讵料堆积不匀，致该船上身重而下身轻，顿时偏覆，不特各货全行入水，并船上伙友五十二人亦遭灭顶，其余小工之落海者约有百余人，赶即捞救，得不均与波臣为伍。至究溺毙若干，尚无实信。吁，亦一小劫也欤。

（1879 年 3 月 14 日，第 2 版）

趸船翻漏细情

大沽停泊之“伊敦”趸船共有三层，刻下甫经收拾，月望后“利运”、“海琛”两船先后驶到，“利运”装客米五千余包，“海琛”茶砖二三千箱，均于十七日就大沽卸入“伊敦”。“伊敦”下层只有压载石一百三十一吨，而中层装米，上层载茶，遂有“利航”驳船前来驳货，船主拟将上层茶叶起清，免船身上重下轻，招风肇事。但米从“利运”载来，“利运”入口先于“海琛”，船中司事之人以为起货不宜凌躐，遂由上而至中，舍茶而起米，“利航”靠于“伊敦”旁，运货过船。司事人等方指挥如意，八点钟时，船主在饭房用点，陡觉船舱石破天惊一声，响亮震耳欲聋。趋前查阅，见船身骤侧，茶箱米包历碌滚动，如走盘之珠。船上向有小工一百六十人，已过“利航”者四十人，尚留“伊敦”者一百二十人；另有中西各项人数未计，一时情急，赶逃性命，拥过“利航”，船身愈侧，不过二三分时，即行翻没。计死山东小工五十一人、宁波水手一人，由“利航”救起十余人，已经获救而仍死者三人。查船上小工山东籍贯者固多，而属大沽者亦不下十中三四，何以死事除一宁波人外概系山东者？盖船主以小工作苦，大沽人不敌山东远甚，方深挑剔，去大沽而留山东。连夜操作，分班憩息，多有落水而酣梦尚未醒也。又闻“美利”小轮船从沪来津，过山东后，又被漂没，船与人货俱无影响，但系道路传闻，未便据以为实也。

（1879年3月15日，第3版）

商拯沉船

“伊敦”船在大沽沉覆，节经列报。兹闻津局总办叶锦山司马已偕司事人等趋赴大沽，商议打捞沉船货物并尸身等。现已议定，能将该船起浮水面者给银八百两，捞获货物六四摊分，尸身每具给洋五元，故应募者已不乏其人也。

（1879年3月18日，第2版）

捞尸无着

“伊敦”趸船前在大沽口覆沉，当即悬赏打捞尸身货物，计死者共五十二人，其中一人籍隶宁波，余俱山左者。现闻打捞多日，只获货物数百担，至尸身则止于初五日报获一具，余俱渺无影音。说者谓水流虽急要，不致尽入大洋，或所捞得者即系宁波人，其余山左之五十一名当时正值落班，在舱静卧，猝罹此厄，恐尸首尚在船中，未经流出，亦事理之或然也。

（1879年4月4日，第2版）

江阴新设棚厂

启者：本局轮船按期行驶长江各埠，上至汉口、宜昌，下至上海，除九江、芜湖、镇江设有分局外，金陵、十二圩、大通、安庆、武穴等处均设棚厂，以便搭客。去年添设江阴棚厂，南岸黄田港口、北岸八圩港口皆备房屋，专派司事在厂妥为招接，安顿往来贵客，守候轮船过埠；并备划船迎送，风雨无误。特此布闻。

光绪五年三月　日

轮船招商局告白

（1879 年 4 月 4 日，第 6 版）

催出抵货

启者：上年十二月二十九日祥丰泰号将明矾二百三十件、土朴二十三件在本局抵按规银三百五十两，订明本年二月底为限，今已逾期，通至本月底，如不取赎，届时将该货拍卖归款。特此奉闻。

招商总局告白

（1879 年 4 月 10 日，第 6 版）

声明限期拍卖

兹有本局由长江丁丑年运申各货，至今未出，前已登《申报》，今特再布。限本月十五日在金利源栈拍卖，其银抵偿水脚汇款。计开：丁七月廿七“江永”浔来 Q 白麻七十九件，丁七月十九“汉阳”浔来 M 白麻一百念件，丁八月初七“江永”汉来 CH 水烟二十件。

上海轮船招商总局告白

（1879 年 4 月 25 日，第 7 版）

打捞船货

“伊敦”趸船前在大沽外贮有茶砖、大米，船货并沉，嗣经购人打捞，起获船只赏银五千两，货物则六四均分，捞得茶砖、大米若干，均列前报。现悉将茶、米各件堆存招商局东栈，于念三日拍卖，茶砖系每号十箱，其始得价不过六两，继而愈买愈高，至九两余而止，大米得价称是。闻沉没之船须设法将水门闩住，然后可以起浮水面云。

（1879 年 4 月 29 日，第 3 版）

坏船出水

“伊敦”趸船前在大沽口沉没，带水公司屡经招人拯起，而卒未闻有应募者，但沉船处正当各轮舟进出之要道，舟子到此各有戒心，是故该公司现已将此船卖与华人，得价银二百两，买客随设法于前日起船至水面云。

（1879 年 5 月 1 日，第 2 版）

招商局总办到津

本月初一晚间，叶顾之观察乘“丰顺”轮船到津。甫入大沽，即有电线局传音，天津招商局拟即备鞭炮结彩，恭迎入局。观察知其事，复传电音，着一概删去，盖不欲虚张场面也。又闻唐景星观察，前因丁内艰回籍，现于上礼拜六已乘“富有”火船来沪，缘择于本月十二三日为其太夫人在沪开吊也。

（1879 年 5 月 28 日，第 2 版）

搭客价目

五月念日起，计开：由上海往烟台，每位十两；由上海往天津，每位十五两。

上海招商局、怡和行同具

（1879 年 7 月 11 日，第 7 版）

轮船相碰

上礼拜五晨招商局“海晏”轮船从福州来沪，将进吴淞口时，与三菱公司湾泊该处之“秃克麦鲁”轮船相碰，两船皆受害不浅，“海晏”至不能自行，由他船拖至沪上。闻该局总办唐景星观察欲商议添置轮船，适由是船来沪云。

（1879 年 8 月 24 日，第 2 版）

招商局会议

启者：本局第六年总账现已结准，先请在股诸君于八月初一日惠临总局看账，并会议一切，其应发股息仍于九月初一日凭折照付，合并声明。

轮船招商公局谨启

（1879 年 9 月 7 日，第 1 版）

轮船招商局第六年账略

（前略）本届轮船招商局账略业已刊布，披阅之下，欣悉连上届统计结余规元二万一千一百三十三两二钱六分，并知本届派各股份利银仍按一分照算，从此蒸蒸日上，大有起色，不独有股份诸君同深忭舞，即凡中国官商当亦额手称庆也。至办理情形节略，容再陆续照登。

本馆附识

（1879 年 9 月 18 日，第 4 版）

轮船招商局第六年办理情形节略

本局自开办以来，于兹六年，现届第六年总结之期，谨将光绪四年七月初一日至光绪五年六月底止生意情形、盈亏各账总结呈电，其各细账仍造清册，除遵章呈送南北洋大臣查考，并送津海、江海两关监督备核外，余分存总局及津、粤、港、汉、闽、新加坡各局，以备有股诸君查览，倘清册中仍有未甚明晰者，还祈赐悉，以便作复，是所企祷。

一、轮船号数及往来口岸极宜声明也。查本局轮船常川江汉者有“江宽”、“江永”、“江孚”、“江表”四船，往来宜昌、汉口者有“江平”一船，往来宁波、上海者有“江天”一船，停泊浦江以备接用者有“江靖”、“江通”二船，共计江船八号。其海船长走北洋者“保大”、“丰顺”、“汉广”、“镇东”、“海定”、“海琛”六船，“永宁”往来温州，“海晏”往来福州，“和众”往来汕、厦，“富有”、“怀远”往来粤省，“洞庭”往来粤省、澳门，“美利”往来香港、海口，“利航”仍留津沽驳货，尚有“永清”、“利运”、“日新”三船春夏运漕，秋冬帮运闽粤南洋货物，其停泊浦江备用者“海珊”、“大有”二船，共计海船十九号，尚有“江汇”、“江源”二号江船，除将机器水锅留存，俟备装新船抵用外，其木壳经已售去。“镇西”一船除将机器拆售外，其木壳留作趸船之用。其与太古合买之“实康”一船仍留浦江。

一、生意情形据实声明也。查长江生意，本局与太古立有合同，天津、福州与怡和订立（合同），粤省生意与禅臣联络，自去年七月至今年六月，各路生意尚称顺利。漕粮一项蒙江、浙大宪拨运四十八万余石，又蒙江、鄂大宪仍饬本局采九万余石，均于五月内一律运竣。若论外间市面，客货脚价以周年通盘扯算，不及去春，因各路均有别船与我争衡。幸赖各邦关全大局，揽来客货转多于前届；且煤价渐减，又较上届相宜，再加今年正月起船局均按新章节省，所以盈余倍于去年。

一、修理一项极宜声明也。同茂铁厂之设，原为储养人才起见，欲使彼辈目前可以修船，他日可以自行兴造。无如督理未得其人，遂至工程停落。今年正月整顿局务时，已将铁厂机器材料原价售去，并将厂屋租出，各船修理另招洋厂承办。半年以来，比之自修，尚觉合算，所有平常修费均在水脚账上开除，其不在账上开除而加在船之成本身上者，只有“怀远”、“日新”、“江表”、“江靖”四船。盖此等船只多有将水锅机器全行新换，既经全换面目，即船价比前应增必矣。再，“镇东”一船原系老式机器，且水锅已有九年，今拟改换新式水锅、新式机器，烧煤可省三分之一，货可多装一百吨，虽目前稍费而日后有益甚多，刻已绘图，将兴修理，合先声明。

一、保险一项极宜声明也。局船归局自保，保费按月由水脚账内提出，上届结余银七万二千余两，今届提有二十五万二千余两，加以局用余款二万四千余两，除赔还“江长”船价二十万两，今年二月所失之“伊敦”趸船三万三千余两，另各船碰坏及意外修理一万七千余两，尚存船险公积类九万七千余两。

一、轮船价值极宜声明也。上届总结轮船三十一号，成本银二百八十二万八千余两。今届“怀远”、“日新”、“江表”、“江靖”四船应加成本银十五万五千两，除将已拆“江汇”、“江源”二船成本应行抹销外，其余二十九船现核实价值银二百五十六万余两，所有拆除船价银二十余万两，已在清册内逐船声明矣。

一、后开各项极宜详细声明也。查前届股份七十五万一千两，今年自整顿以来，复招得四万九千六百两，尚拟续招十余万两，以凑足百万之数，即便截止。其房租一款，因今年正月改换新章，归各局董包办，所有局置产业计银一百零八万两，由各董认还租钱，或周息一分，或六七厘不等，按该分局生意定价。其旗昌欠款，前结四拾［十］六万两，现结二十六万两，按三个月提银五万两，明年冬初便可清还矣。其各户浮存，前结竟至一百四十七万两之多，遂至物议沸腾；现结只有银六十二万余两，得无本局有蒸蒸日上之势乎？其保险一项，除赔补“江长”、“伊敦”及碰船修理各项，仍余银九万七千余两，极应另存，以备不测。其生意一项，除各船各局经费修理外，毛余银七十六万余两，除各存项利息银二十三万余两、提派股份官利一分，银七万余两、折除船旧等项银四十二万余两外，净余银二万一千余两，归入下届汇算。今届官利仍于九月初一日给发，望有股诸君携带息折向本总局或各分局兑收可也。再，上届生意旁落，股本官利禀明只派五厘在案，以至诸多议论。本届既有盈余，仍议派利一分。计自开办以来，第一年派利一分，第二年派利一分五厘，第三、第四年均派利一分，第五年派利五厘，今第六年仍派利一分，总共六年已派利六分，与开办章程相符，合并声明。

轮船招商公局谨启

综结

一、股份资本，存规元八十万零零六百两。

一、官款存本，存规元一百九十二万八千八百六十八两三钱二分三厘。

一、保险局款，存现元五十八万二千六百三十二两一钱九分一厘。

一、旗昌价款，存规元二十六万两正。

一、各户存款，存规元六十二万四千零八十七两五钱四分一厘。

一、船险公积，存规元九万七千九百零六两四钱五分。

一、彩结余款，存规元二万一千一百三十三两二钱六分。

共计各项，存规元四百三十一万五千二百二十七两七钱六分五厘。

一、各口水脚，该规元二十五万三千零四十一两零三分。

一、买存煤炭，该规元五万六千二百三十二两三钱七分九厘。

一、买存各物，该规元二万零七百五十四两三钱五分六厘。

共计各项，该规元三十三万零零二十七两七钱六分五厘，两抵净结存规元三百九十八万五千二百两。

一、轮船二十九号，该规元二百五十六万一千四百两。

一、各口码头栈房，该规元一百零八万三千八百两。

一、小轮、趸船、铁驳，该规元十八万两。

一、船坞、麻袋、机炉，该规元十六万两。

共计成本，该规元三百九十八万五千二百两。

彩结

一、各船余款，余规元七十万零二千六百零七两四钱五分三厘。

一、栈租余款，余规元五万八千二百六十八两八钱零六厘。

一、杂项余款，余规元十万零八千三百三十三两七钱四分三厘。

共计各项余规元八十六万九千二百十两零零零二厘。

一、栈房修理，支规元二万一千九百三十七两零一分二厘。

一、局栈等费，支规元三万九千九百零八两五钱二分一厘。

一、趸船等费，支规元二万五千二百三十八两六钱五分六厘。

一、筹防捐款，支规元一万五千四百四十四两。

共计各项，支规元十万零二千五百二十八两一钱八分九厘，两抵净结余规元七十六万六千六百八十一两八钱一分三厘。

一、各项息款，支规元二十三万八千五百九十五两六钱七分二厘。

一、股份官利，支规元七万六千二百五十四两九钱一分八厘。

一、成本折价，支规元四十二万八千五百八十两零七钱四分六厘。

共计各项，支规元七十四万三千四百三十一两三钱三分六厘，本届实结余规元二万三千二百五十两零四钱七分七厘。

加上届股份官利存规元三万七千一百二十三两四钱四分四厘，除上届彩结亏款支规元一万九千九百八十八两七钱一分，除上届赈务等费支规元一万九千二百五十一两九钱五分一厘，统计两届结余规元二万一千一百三十三两三钱六分。

以上账略本馆于初三、四两日分排入报，并僭附数语于后，以见本届生意实非往年可比，兹复列入告白内，盖因局务日有起色，俾志在富国者同欣赏也。

本馆附识

（1879 年 9 月 26 日，第 7 版）

大沽水浅

天津河水虽已日消，然较之平时尚涨至三四尺不等，乃闻大沽口之水不过六尺有咫，“新南升”、“日新”、“丰顺”各轮船于前月二十四日陆续已到大沽，候潮进口，早潮夕汐，水虽加长，仍不通行，直至二十八日将货驳清，空船始得入口。大沽河流原系天险，断无开深之理，然而往来不便，行人不免怨咨矣。

（1879 年 11 月 19 日，第 2 版）

轮船招商局告白

启者：本局归并旗昌轮船公司，今查金利源、金方东两栈尚存未提货物，共三百五十四件，列明细数于后，该货存置日久，须早日出清，故特布达，今于本日起仍请在一个月内持提货纸来局扦字提去。如过期即将该货拍卖，以归水脚、栈租等项。自拍卖之后，货客不得异言。特先布闻。

己卯十月初九日谨启

“俾物乐”船：一百零二次，乙亥年，麻十五件；一百七十六次，乙亥年，带丝十件；二百三十三次，丙子年，麻六件；二十八次，丁丑年，钢条一件；六十八次，己巳年，小箱一件。

“山西”轮船：九十九次，乙亥年，碎碱一件；四千二百四十三次，乙丑年，定烟二件、小箱一件；一百零二次，丙子年，皮一件；七十二次，水烟三件。

“气拉”渡船：一百七十六次，甲戌年，酒二件；一百四十七次，乙亥年，鱼网四十件；九十三次，丙子年，什箱一件；一百十一次，丙子年，麻五十一件；十二次，丁丑年，水烟三件；四十四次，戊辰年，小箱一件。

“南京”轮船：四十八次，乙亥年，草果一件；六十六次，丙子年，麻三件；六十八次，丙子年，麻十七件；十一次，药材一件。

“婺源”轮船：八十一次，乙亥年，药材一件；一百零九次，庚午年，黄表纸十件。

“亚林毕也”船：丙子年，白糖一件。

“保定”轮船：三十五次，什箱一件；三十八次，什箱一件。

“徽州”轮船：五十四次，乙亥年，麻六件；五十九次，乙亥年，麻五件；七十三次，丙子年，麻十件；三十七次，小箱一件。

“快也坚”轮船：一百九十二次，甲戌年，麻三件；一百六十六次，乙亥年，鱼网二十件；八次，丙寅年，水烟二件、袋一件；十二次，丁丑年，酒桶一件；八十七次，庚午年，定烟四件；一百三十六次，壬申年，茶瓣一件。

“汉阳”轮船：五十八次，丁丑年，带丝一件。

“海马”轮船：一百五十八次，甲戌年，莲子一件；一百七十六次，乙亥年，袋茶二件、〡〡〥[1]茶三件、〥〡茶十八件；四次，丁卯年，水烟二件；九次，丁卯年，小箱一件；六十九次，庚午年，段烟二件；一百七十六次，茶二十五件。

“四川”轮船：四次，甲戌年，麻袋绳一件。

“江龙”轮船：一百十一次，乙亥年，水烟二十二件；戊辰年，廿九次，烂袋二件；四十四次，戊辰年，木板二件。

“湖北”轮船：廿四次，辛未年，酒桶一件。

“直隶”轮船：四十八次，甲戌年，草帽一件；五十八次，紫梗四件。

“山东”轮船：七次五十五次，洋油四件；七次、五十五次，空瓶七件。

“盛京”轮船：六次，品红一件；六十二次，袋麻一件；六十三次，什箱一件。

“满州”轮船：七十六次，箱油二十三件。

---

① 系苏州码。分别表示数字1和5。

庆记寄栈：丁卯年二月初八日，水烟二件。

（1879 年 11 月 22 日，第 5 版）

出险入险

上礼拜五英国两枝半桅帆船船名“气拿慢”者从沪出口，将往广东，行至吴淞口，于浦东岸搁浅，泊守一夜，至礼拜六下午船始脱浅，而招商局“江天”轮船适于是时出口，将往宁波，遂与相碰，“江天”船右轮盖及栅杆等俱为所破，“江天”因即暂停，礼拜日回沪。“气拿慢”船亦受害不浅，将回沪上矣。

（1879 年 12 月 9 日，第 2 版）

轮船招商总局告白

启者：本局归并旗昌轮船公司，所有金利源栈房未曾提去各货，业已登入《申报》，催客提取矣。今已逾期，仍无有客来提，故定于本月十七日十点半钟在隆茂洋行将该货拍卖。特再布闻。己卯十一月十五日谨启。

（1879 年 12 月 27 日，第 6 版）

大沽寒信

招商局“汉广”轮船从大沽、燕［烟］台回沪，报称大沽河尽冰冻，轮舟出口甚难，自大沽浅处出至口外，计有二三十里结冰厚七八寸不等，人谓轮船实不能出。幸天起微风，冰始略，消得以抵沪云。

（1880 年 1 月 14 日，第 2 版）

“永宁”轮船湾绕普陀

启者：本局“永宁”轮船于光绪六年正月十一、廿三、二月初五、十九等日四期由上海开往宁波，顺湾普陀，而去温州，正月十七、廿九、二月十二、廿六等日四期由温州先绕普陀，顺湾宁波，回来上海。今将水脚价目列左：

由上海往普陀，上舱每位三元，统舱二元；

由宁波往普陀，上舱每位二元，统舱一元；

由温州往普陀，每位三元。

轮船招商局谨启

（1880 年 2 月 2 日，第 7 版）

新增水脚

西人某致书于西报云，上海招商局今将往来温、上之水脚加增，几与香港至上海相似，殊觉不公。其“永宁”一船亦未见佳于上海、香港来往之船，其西人搭坐者不与船主素稔，取各物皆不便易，并闻华人搭客之费亦复加增。查招商局船仅新近来往温州，若果属实，恐轮船几成无用，而仍用帆船也。西人之言如此，但只据一人之见，安知非过甚之词哉？

（1880 年 2 月 20 日，第 3 版）

船往北河

二十三日即礼拜三，招商局“丰顺”、“保大”两船初次开往天津，二十四日即礼拜四，又有“海定”、“汉广”两船续往，此皆登本报告白。闻怡和行之“大沽”、“恰便”两船，又有“温州”船皆于是日开行，想十日后必有津信来申矣。

（1880 年 3 月 2 日，第 2 版）

烟台天津搭客价目

启者：本局行轮船开往烟台、天津搭客舱位价目计开：由上海至烟台每位计元银八两正，至天津每位计元银十二两正，其“丰顺”、“保大”两船如住房舱者，烟台每位加元二两正，天津每位加元三两正。特此布告。

光绪六年正月二十日，招商局、怡和行同启

（1880 年 3 月 2 日，第 6 版）

往长江客位价目

搭客每位上海至镇江一元二角，南京一元六角，芜湖二元七角，大通三元二角，安庆三元七角，九江四元六角，武穴四元九角，汉口洋五元。

上海招商局、太古行同具

（1880 年 3 月 9 日，第 8 版）

往长江客位价目

搭客每位上海至

镇江：一元二角

南京：一元六角

芜湖：二元七角

大通：三元二角

安庆：三元七角

九江：四元六角

武穴：四元九角

汉口：洋五元

上海招商局、太古行同具

（1880 年 3 月 10 日，第 8 版）

轮船小损类志

前日招商局“江永”轮船自汉口回沪，傍带“江孚”轮船，询知“江孚”行抵九江时，舟中天平架小有损坏，不能行走，是以偕“江永”同来，然货客固无恙也。（下略）

（1880 年 3 月 18 日，第 2 版）

礼拜一拍卖

启者：今于十九日十点钟在招商局北栈拍卖上好机器大炉子七只、铜铁器等不计，此物系“飞似海马”船、“镇东”船、“俾物乐”船拆下来之物，如贵客欲买者，至期来栈面拍是荷。此布。

招商局委罗意师行启

（1880 年 3 月 25 日，第 5 版）

粮艘碰坏

前日招商局之“镇东”火船从天津开回上海，谓在北河见有从上海开去之大帆船搁浅在岸，经汕头火船与之相碰，船中之米半起上岸沿晒晾云。

（1880 年 5 月 12 日，第 2 版）

轮船小碰

前日下午“富丽”小火轮拖船在浦江转舵时，与“海琛”轮船相撞，“海琛”船旁虽被洞穿一孔，约方盈尺，然无大碍也。

（1880 年 5 月 13 日，第 2 版）

议开海岛

招商局前曾以“和众”轮船往来太平洋中之三危海岛，今在该岛经手之西人已禀于三危王略云：招商局常有轮船往来于三危岛，于通商带信诸事甚有利益，查岛内已有华人十二万，若能常川往来，关税亦大有起色，应请按照“澳斯利的亚”轮船来往三危，三危拨给津贴银两之例，系每年亦由贵国拨洋一万八千元，以资臂助云云。特未知该岛王能允准否也。

（1880 年 6 月 12 日，第 2 版）

碰沉民船

港报云，招商局“富有”轮船于西初六日到港，将入口时，误与华船相碰，华船立即沉溺，急下小艇，将入水人全数救起云。

（1880 年 6 月 17 日，第 2 版）

催客出货限期拍卖

兹有戊寅四年长江进口各货至今未出，限一月之期拍卖，抵偿汇款、水脚、栈费，以清账目。计开：七月廿九“江宽”十六次，浔来 V 白麻一百另一件；又“江宽”十六次，浔来 V 白麻一百八十四件；十月廿八（日），“江宽”廿三次，浔来材木十六付、木板六十一块；十二月初六（日），“江孚”二十七次，浔来Ⓙ白麻八十八件；十二月十三，“江靖”二十八次，浔来 K 白麻五十六件。

庚六月初十日　轮船招商局告白

（1880 年 7 月 17 日，第 5 版）

轮船失事传闻

《字林报》云，昨日租界中相传招商局“海琛”轮船从香港来沪，中途失事，全船覆没，惟人货则俱无恙。此信不知来自何处，惟查礼拜日十一点钟有从香港抵沪之宁波轮船，据称与“海琛”同时由港开行，途中并未一遇，则似失事无疑。及询招商局，则为小有伤损，已折回香港修理云。

（1880 年 7 月 21 日，第 2 版）

军装运津

去年金陵制造局所铸造之十二磅三楞珠来福弹及克虏伯弹、后开膛弹，并大铜帽珠来福炮等，寄存沪地，昨晨招商局“保大”轮船出口，尽皆装运，在天津交卸云。

（1880 年 9 月 8 日，第 2 版）

载兵往北

（1880 年 9 月 14 日，第 1 版，文见“社会关系”）

轮船神速

招商局“丰顺”轮船于本月初三日下午两点钟，自沪开往天津，初十日三点钟已回上海，往还仅六半日，亦云速矣。

（1880 年 9 月 16 日，第 3 版）

载兵往北情形

（1880 年 9 月 17 日，第 1 版，文见“社会关系”）

轮船往北续闻

（1880 年 9 月 18 日，第 2 版，文见“社会关系”）

经商外国

火奴鲁鲁地方在日本、旧金山之中，今阅该处日报知，寄寓之华人近欲创设银号，房屋业已盖造矣。又云，中国招商局欲请彼国家助洋二万四千圆，已邀允准云。

（1880 年 9 月 19 日，第 1 版）

轮船招商局第七年账略

谨将光绪五年七月初一日起，至光绪六年六月底止，本局第七届生意开销、盈余各账总结并办理情形呈电。

一、本届办理情形并来届应如何办法极宜声明也。

本局轮船长江、宁波生意，原与太古立有合同，天津、烟台、福州生意亦与怡和拟有价约，前届总结业已声明。不料去年夏秋，怡和、太古两相争衡，太古先将向走营口、汕头之船改走津河，怡和后添“公和”、“福和”两船，常川江汉，遂将前定水脚减削，至局船亦不得不随市而减。幸赖我国商人顾全大局，各口装货莫不恐后争先；加之各局各船按照去年正月新章切己办法，虽本届少收水脚三十万两，而彩结净余竟有六十七万余两之多，诚可为有股诸君道喜。

去届结账，尚欠旗昌二十六万两，又各户存款六十二万四千两有零；本届总结只欠旗昌六万两，各户存款只五十三万余两，又提还山东海关银二万五千两，三款合计，欠款已轻三十余万两。且前届船价二百五十六万两，今届二百二十四万两，又轻成本三十余万两，此又可为有股诸君道喜。

官款欠至九八规元一百九十万两之多，原因当年归并旗昌轮船公司时，蒙前两江制军沈奏明以官款作股本，旋因各省大宪未允，势迫改为存项；又值湖帮将旗昌旧股全行取回，遂至一时无法归款。现在外欠将清，正当筹算归还，以省京外物议，以慰各省大宪之心。已蒙李傅相奏准，由今冬起，每年多拨漕粮，并将运漕水脚分期提还官款，此固廷枢等之仔肩，亦系有股诸君之幸事。

外欠既属无几，官款又有指定之款可还，各口生意又已立稳根基，此时正宜开拓外洋生意，似未便拘泥于一隅。况屡承北洋大臣李傅相、前两江沈制军、署两江吴制军，及现任南洋大臣刘制军面谕谆谆，以开拓为念，枢等亦惟有按部就班，由小至大做去。论中国江海各口，本局现有之船亦暂可敷用，惟开拓外洋生意似不可不备大船。去年秋间“和众”一船放往檀香山一次，虽无大利，亦可合算。本年六月又复开往，顺道美国之金山，现已定造一大船，业经禀蒙李傅相题名“美富”，将可告竣，一俟“和众”回华，便可接踵前去，想该路生意必可自立。须俟获有盈余，再行添船。

总而言之，外洋各埠凡有本国商人经营者，局船亦应前往，一可收回利权，二可利便华商，想有股诸君亦当以为然。本届承江浙大宪拨运漕粮四十七万五千四百十五石，由二月初开运，五月底一律运竣矣。（此稿未完）

（1880 年 9 月 26 日，第 3 版）

招商局支息告白

本局每年例于六月底截止，汇结大账，仍于九月初一日起，请在股诸君就近赴上海总局、天津、汉口、福州、广州、香港、新嘉［加］坡各分局查看结账，凭折取利。谨启。

（1880 年 9 月 26 日，第 6 版）

接录轮船招商局第七年账略

一局船如何分派行走极宜声明也。现走江汉者有“江宽”、“江永”、“江表”、“江靖”、“江孚”五船，宜昌一口本系派“江平”行走，因船过小，故改派“江通”。其“江平”一船本留申江，以备不时之需，旋因常走粤省、澳门之“洞庭”入坞修理，故七月间派“江平”前往代走。其往来宁波、上海仍派“江天”。其海船长［常］走北洋者，“保大”、“丰顺”、“汉广”、“海定”、“海晏”五船。“永宁”一船仍往来上海、温州，福州一口已改派“海珊”。“和众”一船原常川上海、汕头，及往外洋，即派别船代之。“镇东”一船原系常走北洋者，自去冬换新式机器之后，不但省煤三分之一，且可多装二千担之货，故春夏协运漕米，秋冬派走番东。其“永清”、“利运”、“日新”、“海琛”四船仍系春夏运漕，秋冬派往汕头、香港、粤省、南洋等处。“大有”一船已改暗轮，机器全换新式，现走香港、汕头、厦门、台湾。“和航”仍留津河驳货，“美利”去年秋冬常川香港、北海，今年春间调来津河驳漕，夏间常川营口、烟台。“富有”、“怀远”二船仍往来粤、沪。本年三月又领到福建船政衙门新造之“康济”轮船，现已派往香港、南洋。是江海轮船二十七号均已全开无留，只有与太古合买之“保康”一船停泊沪江，其日前所领之“成大”夹板亦已于去冬交还江南制造局矣。

一经费一项极宜声明，以免物议沸腾也。各局经费自去年正月初一日为始，已定新章，归各局董承包，均按各口所揽载水脚每百抽五，除将各口所置房产按生意大小议还租银之外，余归各该局开销，所有一切费用不拘何项名目，均不能另支公账。试办以来已有见效，不但经费比往年节省，即生意亦比往年尤多。乃竟有以本局开销浮靡之词蛊惑众心，未知所存何见？至轮船经费去年亦按新章，定有节省之限，如能于定限之内再行节省即赏，否即罚，以示惩劝，亦经办有成效。有股诸君将本届及前届之清册比较，便知其详矣。（此稿未完）

（1880 年 9 月 27 日，第 2、3 版）

接录轮船招商局第七年账略

一、各船情形极宜声明也。轮船经费如辛工、零用、保险、船钞、筹防捐等项，系按月计算，其煤斤系按船行走次数而算，驳力、码头费系按各船生意大小核算，此数宗均有一定之限数。惟修理一层却难预定，盖轮船愈快，马力愈多，行走愈频，伤耗愈重，稍有伤损必须立即修理，此乃寻常事件，故寻常修理之费亦在轮船水脚账开销；惟大修一层，如换轮、换锅、碰船修理等件，经费即在船险公积一项开除。此宗大修，去秋最多，如“海晏”碰东洋公司轮船，“汉广”碰“怀辕”，“江天”碰夹板船，“和众”、“富有”碰民船，“保大”在津河触暗锚，此数事大修，几将去年下半年所提公积全行用去，尚幸今年上半年各船无事，以至除拨入备折船旧之外，仍余保险公积银十万两有零。时下各船船身无不坚固，机器莫不精良，独“江孚”、“美利”二船秋后尚需大修。“江孚”一船机器最精，惟船身系铁肋木壳，而木壳又系美国松木，故船身略软，不敢多装货物，拟俟秋后生意落令时，将该船船身改换柚木，以期经久，约需银三万两之谱，业经禀明李傅相批准在案。“美利”一船系铁壳，船身最坚，惟机器水锅已旧，且系老式机器，用煤亦多，拟本年秋后改换新式，并将船旁加高，约需银二万两。“镇东”一船全副机器水锅改换新式，前届总结业已声明。去年冬间又将“大有”一船由明轮改归暗轮，全副机器水锅

一新，需银二万九千七百六十五两，本年五月工竣，改名“兴盛”，现在该船烧煤极省，装货倍于前，甚属合用。（此稿未完）

（1880年9月28日，第2、3版）

接录轮船招商局第七年账略

一、各款账目极宜详细声明也。查本局虽经历届备造清册，呈送南北洋大臣查考，并咨送江、津两海关备核，又分存总局及津、汉、闽、粤、香港、新加坡等分局，以备有股诸君查览在案，诚恐有股者或远居内地，或因事羁身，无暇赴局细阅，应将各款声明，以期明晰。

查股份资本去年账略八十万零六百两，以后续招有二万九千七百两，合八十三万零三百两之数。其暹罗、檀香山、金山华商所入之股尚多，俟收到股银，再行汇入下届之账，总以凑足百万之数为止。官款一项，前届系一百九十二万八千八百余两，旋于去年八月寄还山东海关银二万五千两，故现只有一百九十万三千八百余两。保险局款比上届多存银三万七千余两，旗昌价款除按期提还二十万两，只欠六万两，此款本年八月底便可清还矣。各户存款一项，前届六十二万四千余两，今届五十三万三千两有零，亦已提还九万一千余两。

轮船价本，前届二十九船，计银二百五十六万余两；今届二十八船，折实价银二百二十四万余两，其“镇西”一船经已售去。各口码头栈房，除天津一口去年由大沽码头至紫竹林栈房设有电线，又九江一口添有煤栈市房，余外各口无多添造。

其彩结账上各船余款一项乃系全帮轮船所得水脚，除开销辛工、煤费、修理、保险各项外净余之款，计“永清”、“利运”、“和众”、“富有”、“日新”、“保大”、“丰顺”、“江宽”、“江永”、“镇东”、“海晏”、“海琛”、“海定”、“海珊”、“江天”、“江表”、“江靖”、“江孚”、“永宁”、“怀远”、“汉广”二十一号船原溢银六十六万余两；除“兴盛”、“江通”、“美利”、“洞庭”、“江平”、“保康”、“康济”、“成大”八船亏本三万六千余两，又合同派账找出一万四千余两，故只得六十一万零五百余两之数，所有水脚高低均按时价揽收。惟漕米水脚每石比前届裁减三分，亦于清册上逐款列明。

其栈租一款，即各口局董补还房产之租，比去年多收二万五千两。

杂项余款，前届十万零八千余两，今届只得四万八千余两，其相去六万之由，半在运漕水脚每石裁减三分，又津赈捐每石捐钱三十文，以至少收二万五千两之多。其余三万余两，系在客货、栈租及扛堆、驳力两款。缘近来轮船生意争衡，无一不将栈租减让，以至进款寥寥，其扛堆、驳力原有九五扣之名目，故前届清册有进款一万九千余两之多，今已将各货力核减，据实开销，所以无此进款。各栈修理及局栈等费，比上届所差无几。

上届漕务九千五百余两一款内，有豫省赈捐三千七百余两，英茂文观察扣去炮船经费五千两等款，当时结账未有拨入，故在本届上报销。其前届总结出支趸船及筹防捐两项，去年已按新章归轮船经费开销，毋庸另出公账。（此稿未完）

（1880 年 9 月 29 日，第 2、3 版）

接录轮船招商局第七年账略

一、本局总理人员极宜声明也。本局自开办以来，所有运漕公事归朱云甫观察主政，朱翼甫观察副之，其轮船揽载归枢、润二人专管，盛杏荪观察即襄办两边公事。至光绪四年五月，云甫观察病故，蒙李傅相奏派叶顾之观察专办漕务，兼照料轮船生意事宜。光绪五年正月，重定新章，将各口生意责成各局董经理，用人、理财亦归各董自主，以期事权归一。去年五月，翼甫观察蒙傅相委署永定河道篆，十月盛观察又蒙委署天津河间道印务，以至不暇到局襄办一切；叶观察自去秋漕务告竣之后，因母老多病，乞假侍养，至今尚未销假。所以本局公事系枢等二人办理，虽遇事可以函商于三观察，究竟服官者南北暌违，不便以局务有妨从政大公；请假者杜门不出，亦难以局务有扰温清悃诚。且往返相商，有延时日，只得力任仔肩，按照生意章程尽心经理，破除情面，不惑浮言，删尽虚糜，统归实际，以固亲朋血资股本，以期帑项巨款清还，使公无所亏，私亦免累。俟官款全偿，另请举贤接办，庶枢等历年难剖衷藏可以昭白于众，而释积疑，是私心之所深望焉。

唐廷枢、徐润同启

（1880年9月30日，第3版）

接录轮船招商局第七年账略

综结

一、该股份资本规元八十三万零三百两。

一、该官款存本规元一百九十万零三千八百六十八两三钱二分三厘。

一、该保险局款规元六十一万九千八百四十八两六钱三分六厘。

一、该旗昌价款规元六万两。

一、该各户存款规元五十三万三千零二十八两九钱零五厘。

一、该船险公积规元十万零一千三百五十七两四钱五分七厘。

一、该彩结余款规元一万七千九百九十七两九钱九分三厘。

七注共该规元四百零六万六千四百零一两三钱一分四厘。

一、存各口水脚挂欠规元三十四万四千五百十三两四钱六分三厘。

一、存各口煤炭价值规元四万三千二百三十二两九钱零六厘。

一、存各项用物价值规元一万九千四百五十四两九钱四分五厘。

一、存轮船二十八号价本规元二百二十四万一千四百两。

一、存各口码头、栈房置本规元一百零九万七千八百两。

一、小轮趸船、铁驳置本规元十八万两。

一、存船坞、麻袋、机炉置本规元十四万两。

七注共存规元四百零六万六千四百零一两三钱一分四厘。

彩结

一、进各船余款规元六十一万零五百十七两九钱四分八厘。

一、进栈租余款规元八万三千六百三十四两二钱八分四厘。

一、进杂项余款规元四万八千三百五十七两三钱五分八厘。

共计各项结余，规元七十四万二千五百零九两五钱九分。

一、支栈房修理规元一万八千四百三十两零五钱二分八厘。

一、支局栈等费规元四万一千三百六十两零五钱五分二厘。

一、支上届漕务规元九千五百八十两零三钱一分。

共计各项结支规元六万九千三百七十一两三钱九分。

除支，净计结余规元六十七万三千一百三十八两二钱。

一、支各项息款规元十六万八千五百五十八两二钱五分。

一、支股份官利规元八万二千一百九十四两六钱九分四厘。

一、支成本折价规元四十万零四千三百八十七两二钱六分三厘。

共计各项结支规元六十五万五千一百四十两零二钱零七厘。

除支，实计结余规元一万七千九百九十七两九钱九分三厘归下届算。

右招商局第七届账略，本馆已陆续照登，详阅之余，知除各项开销及各股官利外，结余净存规元虽只有一万七千九百余两，然归旗昌旧欠银二十万，拨还各户存款九万两零，提还山东海关银二万五千两，各船成本又轻三十余万两，则统计此一届内实赚六十余万两，其获利计亦非薄，此虽由主局务者算无遗策，办事认真，然亦由有股诸君能相与有成，俾得规模日廓也。本馆知其日有起色，因于论列之余，复赘数语，以申欣幸之意云尔。

本馆附识

（1880 年 10 月 1 日，第 3 版）

兵船回空

（1880 年 10 月 14 日，第 2 版，文见“社会关系”）

湖兵抵津续述

（1880 年 10 月 17 日，第 2 版，文见“社会关系”）

载兵续闻

（1880 年 10 月 17 日，第 2 版，文见“社会关系”）

出洋舟返

招商局“和众”火船初至旧金山情形曾列前报，今闻该船在彼载外国麦粉六百余吨出口，搭客并无一人，行至火奴鲁鲁海岛，载搭客二百七十八人而回，因其初次返棹，故志之。

（1880 年 10 月 26 日，第 1 版）

兵械往北

（1880 年 11 月 4 日，第 2 版，文见“社会关系”）

续运霆军

（1880 年 11 月 12 日，第 2 版，文见“社会关系”）

派员探地

近闻招商局派员于英十月十一日至哈未乃地方，盖欲察看情形可否于该地设立分局，是亦推广通商之意也。

（1880 年 11 月 21 日，第 1、2 版）

载兵北往

招商局“利运”轮船闻于前礼拜六，即本月十八日，由汉口载兵一营并军械等物北上云。

（1880 年 11 月 23 日，第 1 版）

轮舟小损

招商局“保大”轮船日前由沪开往天津，行近烟台，因轮叶小损，仍复折回，饬工修理稳固，闻明日即可北驶也。

（1880 年 11 月 28 日，第 2 版）

估价起船

招商局之小火轮名“七里”者于英本月十四日在福州口外触礁沉溺，该船本有人欲向招商局赁租行驶，此次尚系试用，乃于返棹之时遽罹此危，殊可惜也。闻该船舱面房屋及舱上物件皆为潮水冲去，其船身尚可拖起，惟需洋一千五百元云。

（1880 年 11 月 30 日，第 2 版）

续运防兵

（1880 年 11 月 30 日，第 2 版，文见“社会关系”）

防兵北上

（1880 年 12 月 4 日，第 2 版，文见“社会关系”）

查地言旋

前报列招商局派员查地一节，兹阅西报云，该委员唐姓刻已经过纽约，前赴古巴，与古巴船政大员商议，拟在该处设立埠头，以便轮轴往来。其水道须由红海之苏彝士河经过，始至古巴云。议后，唐委员即自古巴启行，由欧洲取径回华矣。

（1880 年 12 月 4 日，第 2 版）

津沽寒信

天津于上月二十二夜雨雪，二十三寒甚，沟壑皆冰，河旁间亦胶固，风紧潮低，天寒水浅，计无轮船进出者四日。念七日，阳回天暖，潮长冰开，“海琛”船随亦入口。先是念二日风凄日黯，饶有雪意，傍晚风力愈道［遒］，纸窗作响，雪如鹅毛，从空飘下，一时船只尽数起岸，盖恐风严雪重，河固舟胶也。约及二鼓时，凄其以风，雪花成片。念三（晨）起，则已一白无际，计积墙阴者约及三寸厚，河旁冰结亦复，连朝不开。念四日，有某姓翁媳子妇挽一小车，逃荒到津，既到河东，媳将分娩，一时欲留无所，欲去不能，遂就道旁支一布被，为临盆计。是时霜欺雪虐，地冻天寒，迨婴孩堕地，而产妇已僵。津郡妇□［女］产余则进红糖汤一碗、熟鸡子两枚、小米粥一碗，谓之定心汤，是物固非贵品，仰欲给求，原甚易易，无如该产妇竟求之不得，寒饿交并，遂昏晕而死。即此亦足见津民之苦况矣。

（1880年12月7日，第1、2版）

运兵续信

（1880年12月7日，第2版，文见“社会关系”）

析津天气

前月二十二晚天津下雪，海河冰冻，轮船之停在大沽口外者，风狂水浅，滞不能前。二十三、四日貂裘不暖，兽炭无温，招商局下已有冰排来往，不意二十五、六日逐渐开释，绕津河道依然一片汪洋，随即“海琛”入口大沽。继之本月初一日，异常和暖，不特不似隆冬天气，抑并不似秋九时令，日丽风和，饶有春意。是日，“丰顺”轮船驶到大沽，船主谨小慎微，不敢入口。“保大”于初三日到，径鼓双轮，安抵码头。惟示期于初四日开行，如遇天气转寒，无论有无货客，即时解缆，盖恐天有不测风云，河或骤然冰冻也。马家口上对岸河东，常年“操江”、“镇海”两兵船泊此守冻，今年大沽已筑船坞，“操江”即入坞兴修；另有铁炮船四艘，常年亦入津守冻，今则只到一艘，余或续来，或亦入坞，未定也。

（1880年12月11日，第2版）

轮帆相撞

招商局“海定”轮船日前北上，正在雷奔电掣之际，适有德国帆船名“克力斯的安”者自牛庄驶往厦门，在山东海面两相碰撞，两船均略有损伤，刻闻已各照常驶行，想尚幸无大害也。

（1880 年 12 月 18 日，第 1 版）

招领尸身

启者：十一月二十一晚本局“江通”轮船由上海开至镇江，有不识姓名之搭客一位，在船病故，年约四十余岁，身中，面麻无须，身穿白布小褂、蓝布单裤、蓝布棉□、青布马褂、白布单袜、绒云头鞋、元缎瓜皮小帽，外铺盖一个、包袱一个。除由本局买棺安殓，寄厝镇江归安仁善堂外，特此奉布。如该家属知此信息，即请径向镇江招商局认领可也。

轮船招商局谨启

（1880 年 12 月 30 日，第 6 版）

购船述闻

《晋源报》言，近来时闻中朝有向外洋定办铁甲轮船及炮船等之说，刻已探悉确情，知铁甲船尚未购办，惟中朝近已自知中国所造之船不能御敌，故赴外洋置办，日内在英国订购船小炮大之船数只，又在德国订购一艘，较英国所定者稍大，其船行驶甚速，吃水不深，与法国之“鸭末沙”船、俄国之“斯立伯”船相同。华使臣之驻伯灵京城者接到谕旨，托德国有名之船厂制造，十五个月内必须造成，船价及船上各物约值中国银一百四十万两。刻闻招商局“海琛”轮船近须略加改造，俟改成后，多带水手，前往英京，即将欧洲所定购之船带回中国云。

（1881 年 1 月 9 日，第 1 版）

准备带船

前报曾载招商局“海琛”轮船欲至欧洲，将中国所购之船驾驶回华，云云。刻下，“海琛”船装得中国水手一百五十名回至上海，俟欧洲有电音来沪，然后驶至英京，带船回华也。

（1881 年 2 月 5 日，第 2 版）

船将往英

招商局“海琛”轮船拟往英国，带领所购之船，前已列报。刻又由沪开至吴淞，船上水手及一切应用之物，均已预备齐全，不日即将开往英国矣。

（1881 年 2 月 13 日，第 2 版）

开河传言

西报述西人传言云，中国有一员前往法国，业已在道，拟与前开苏彝士河之法人来思皮司商议，雇用华佣，往开南北花旗中间相连之地，掘成河道，以便轮船往来；此外又欲议与南亚墨利加之伯习尔国言明，俾华佣数千人前往该处佣工云。此说如果属实，则招商局定当添造轮船十余艘，以资载运矣。但系西人所传说，未知的确否也。

（1881 年 2 月 16 日，第 1 版）

招领尸身

本局“镇东”轮船客腊除夕早由沪开往广东，有徐姓搭客一位，湖南口音，据称系无锡人，年约三十余岁，身中，面圆带长，无须，身穿蓝洋布长衫、月白绉纱棉袄、蓝洋布单短衫、蓝洋布衫裤、月白绉纱套裤、三套云头鞋子、天缎小帽，在船患病，于正月初五亥时身故，当由广东招商局代为殡殓，暂厝爱育善堂，除将所遗衣箱三只留存上海总局外，特此通知，望该家属来本局将灵柩、衣箱认领可也。

轮船招商总局告白

（1881 年 2 月 16 日，第 6 版）

“和众”船回

招商局“和众”轮船于前日下午由香港回至上海，据云该船于英正月三十一号由旧金山回至香港，前此往旧金山时，载有华人五百名，自去年英十二月二十三日由旧金山启轮，载得搭客七十人，并满载货物，于英正月初四日至火奴鲁鲁岛，途中曾遭飓风。及至该岛，岛人不准进口，因该岛正患痘疹，恐为传染，故力阻之。初六日又载得该岛搭客一百八十人至香港，途中风亦甚大。现既回至上海，不日即须修理矣。又闻招商局另有一船名曰“美富”于两礼拜前在广东装得搭客一千人出口，亦往旧金山云。

（1881 年 2 月 18 日，第 1 版）

轮船搁浅

招商局“江通”轮船刻闻在长江搁浅，虽将船内货物及水柜中之水尽行起出，而船身尚难脱下，缘江水甚浅，船之两旁业经干涸，须俟江水稍涨，方可开行也。

（1881 年 2 月 19 日，第 2 版）

选兵出洋

“海琛”轮船主与一某姓武员于礼拜三在吴淞挑选兵丁，约有三百人，皆经阅视、操演，其纪律与西兵颇堪颉颃。操演之后，与邀同阅视之人，即在船上用膳。是日闻又延请西人，嗣因天气不佳，故西人到者寥寥。刻下该船尚停吴淞，不日即将载所选之兵前赴欧洲矣。

（1881 年 2 月 19 日，第 2 版）

轮船往欧

招商局“海琛”轮船将往欧洲，已列前报。前日江海关赫税务司与数西人坐“威靖”官轮船前往吴淞，复加查看，该船所载兵弁、水手等共计二百五十二人，定于今晚或明早即当开行矣。

（1881 年 2 月 27 日，第 2 版）

保险支利

启者：保险招商及仁和保险应支股息，并有加派余利，定于二月初一日照支，务请在股诸君届期临局，凭折支取，并候检阅账目，以昭信允。特此布闻。

上海保险总局经理人唐景星、徐雨之启

（1881 年 2 月 27 日，第 6 版）

赴津船名

节届中和，津沽计可解冻，故本埠各轮船北上日期，昨已列报。兹悉初二日招商局开往之船曰“丰顺”，曰“汉广”；怡和洋行开往之船曰“大沽”，曰“顺和”。其招商局之“保大”、“利运”两船准于初三日开行，太古行之“汕头”、怡和行之“新南升”亦于初三日北驶，想天津紫竹林一带又增一番热闹也。

（1881 年 2 月 28 日，第 3 版）

轮船北驶改期

上海各洋行及招商局赴津各轮船本定于昨、今两日内先后开行，此已列报，兹悉去冬留津之北藉利船今尚未见回沪，而日来天气又寒，以意测之，津沽或未开冻，与其各轮船驶至北洋等候，不若稍迟一二日开出为妥，故已列报之各船大约须迟至礼拜五始解维也。

（1881 年 3 月 2 日，第 2 版）

告　白

窃维轮船招商局之设也，上以裕国，下以利商，奉办以来尚称顺遂。第查原定章程，拟集商股一百万两为额，业已集有八十五万两，尚少股份十五万两，现既局务日见开拓，而缺额股份亟宜招足，以符定章。今订于本年三月底为止，贵客欲附股者，务望于期内交银来局，如在外埠者即交各该埠分局汇交总局，以便填写股票可也。特此布闻。

唐景星、徐雨之同启

（1881 年 3 月 3 日，第 6 版）

北行船数

轮船北驶改期，业经列报。兹悉初三日丑刻太古行之“牛庄”、“温州”两轮船业经开行，怡和行之“大沽”轮船亦于是晚启轮，招商局之“丰顺”轮船即尾之而行。然后开之两轮船，驶出海口必能越“牛庄”、“温州”而上之也。又有“新南升”、“顺和”、“汉广”等三船亦均定于初四日启行。“利运”、“保大”两船亦定于初四晚启行。以上所有各船，惟“新南升”、“利运”两船系开往烟台小泊，再赴天津也。

（1881 年 3 月 4 日，第 3 版）

海运拨交漕米示

江苏海运沪局示谕各州县解米丁胥人等知悉：照光绪六年分各属起运冬漕，业经议定，拨交招商局轮船装运漕粮正米二十万石，随交天津剥船食米二千三百石，通仓经纪耗米三千石，经耗项下剥船食米三十四石五斗筹二升，余米四千石；分给船耗米一万六千石，除按款开册，移送招商局并海运员董查照，会同监兑验收外，合将派拨各州县漕粮米数开列于后，尔等管解抵浦，即行赴局报明，听候扦样验明米色，押令驳船开放招商局栈房码头会验，即由委员监收交代上栈，毋得违误，切切特谕。

长洲县漕粮正米一万石，元和县漕粮正米一万石，吴县漕粮正米七千石，吴江县漕粮正米八千石，震泽县漕粮正米八千石，常熟县漕粮正米九千石，昭文县漕粮正米九千石，昆山县漕粮正米八千石，新阳县漕粮正米七千石，奉贤县漕粮正米八千石，金山县漕粮正米七千石，上海县漕粮正米一万石，南汇县漕粮正米一万石，青浦县漕粮正米一万石，武进县漕粮正米八千石，阳湖县漕粮正米一万石，无锡县漕粮正米六千石，金匮县漕粮正米九千石，江阴县漕粮正米一万石，宜兴县漕粮正米七千石，荆溪县漕粮正米三千石，丹阳县漕粮正米五千石，溧阳县漕粮正米五千石，太仓州漕粮正米八千石，镇洋县漕粮正米八千石。

以上共计派拨漕粮正米二十万石，所有应交各耗照章随正交兑。

（1881年3月5日，第2版）

轮船修竣

招商局“和众”轮船自旧金山回华，即行修理，此已列报。兹悉该船已于前日修理完竣，即日下水矣。又闻“海琛”轮船于本月初四日抵香港，船上有西人数名同往，闻至英后，该船尚须至克来提地方换水管、机器等物，并修理坚固，然后赴奴克司地方，将所定之炮船驶回。并悉此次所定之船，较现在中国之炮船更为出色也。

（1881年3月17日，第2版）

北船述闻

天津来信云，招商局“保大”轮船进口时冰凌未尽融化，开冻仅止三日，各船皆顾望不前，而该船奋勇，首先驶进，中西商民皆争相往观，迎之入口。嗣于十六日南旋，装载信件及搭客甚多，内有美国公使之参赞官一人。其各船之由津回沪而遭微损者计有三艘，“保大”船为冰触成数孔，船身之木亦有触损者；“汉广”则船头成一大洞，计阔十尺，高六尺；“兴顺”船亦于船头触成一孔，大约皆须修理矣。

再，此次由津回沪各船载银数目，“保大”船则装银三十三万两，“大沽”船装银十六万两，“恰便”船装银二万两，“新南升”船装银九十箱，计十六万一千两云。又闻“大沽”船鼓轮而南，道出山东海面之尖角，见有两极大鲸鱼，不亚于庄子所言北溟之鲲，实为世所罕觏，因附及之。

(1881 年 3 月 22 日，第 1 版)

新制拖船

招商局前在老船坞制造一小轮船，于前日业已下水。查此船约三月而成，闻招商局拟将该船驶往北河，预备拖运之用也。

(1881 年 4 月 1 日，第 1 版)

轮船利便

招商局“美富”轮船往旧金山，已列前报。兹悉该船已至旧金山，据搭客来信云，该船由香港开至火奴鲁鲁，仅得十八日零十二点钟，先时“和众”轮船往彼尚须二十三日始到，今则又加捷矣。至该船由火奴鲁鲁赴旧金山，则八日而至，旋于二月初二日由旧金山开轮遄返，大约近日可抵香港矣。

(1881 年 4 月 6 日，第 2 版)

岛主回沪

火奴鲁鲁岛主由沪坐“保大”船赴津，曾经列报，兹悉岛主于初一日到津，船上建有该国旗号。甫经入口，中国声炮以示敬迓之礼。既到码头，招商局员邀请入局少憩，晚间仍回船上。初二日，拜李爵相，带同随员三人均坐绿呢大轿，前赴督辕，并由华官派人护从。初三日爵相答拜，即在招商局设席款待，阖城官员均往陪宴。旋于初四日仍坐原船回沪。昨日午前抵埠，寓英租界怡和洋行云。

(1881 年 4 月 6 日，第 2 版)

兵旋续闻

(1881 年 4 月 23 日，第 2 版，文见“社会关系”)

轮船失事

西报载，怡和洋行“大沽”轮船于前日到沪，据称招商局之“汉广”轮船在相近烟台地方失事。缘“汉广”轮船于本月二十日早在上海装载漕米北上，未至中途撞坏，急命一人上岸，至烟台报信。烟台官厅赶发兵船，前往查看其损坏情形如何，尚未详悉。犹记前数年曾有轮船于此处失事，今“汉广”又为之续，行船者其慎之哉！

(1881 年 5 月 25 日，第 1 版)

轮船失事续闻

“汉广”轮船失事一节已列前报，昨据招商局“海定”轮船来沪，传述一切较为详晰，用照录之。据云，“汉广”轮船正在驶行，因雾重不能远眺，缓缓前进，忽然触于石上，先时尚无水入，过一日夜零十点钟时，水乃汩汩而入，然机器房尚无水进。船上诸人拟将机器及货物等救出。至次日复遭暴风，其船本泊于石旁，船尾紧对石上，一为风激向石间碰撞，遂致将船尾及舵与暗轮均行撞坏。刻闻“美利”轮船载有起水水龙，前往察看，设法救取矣。

(1881 年 5 月 26 日，第 1、2 版)

碰船续述

“汉广”轮船遇礁碰损，前已录报。兹据搭船客函称，是船于四月二十日由上海开往天津，念一日烟雾迷蒙，至晚愈甚，五点钟许，前路茫茫，不辨方向，因停轮片刻，继复开行。时距烟台水程三百余里，旱路二百八十里，为山东登州府荣成县属地名镆鎁岛，又名东沙滩。该处滩石严巉，与前“顺利”轮船失事处相离不远。“汉广”至此，偶不及防，致触滩上，赶量水势，船头食水向须十余尺，斯时仅得五尺有零。忙将头舱米包运向船尾，倒轮而驶，船不得下；复将船面木植抛弃，而船仍不下。于是开舱，将洋布、土箱各货或运入船尾，或弃落水中，船仍屹立不动。但头轻尾重，船尾已沉入水，汩汩其来；夜间风发，全船震撼，搭客心胆俱裂。总计往烟台客有二十余人，往天津者亦二十余人，共四十六人，望救之心迫不及待。是处为荣成县石岛司管辖，离县城尚有一百四十里，幸与石岛司相距匪遥。晚十二点钟，石岛司巡检驾小艇来船救护，巡检随回，各客纷如乱丝，拟趁小船登岸，巡检谓人多船小，离岸约程两里，恐均不利；船在滩上，谅不即沉，不如少安毋躁，待我先去拨船来接，洪波巨浪之中庶免不测。客亦以为是，留下弓兵弹压，巡检遂去。至四鼓有小船摇摆，渡人登岸，客不及待者，有每客馈洋三元，挈带行李乘之以去。黎明巡检带小艇数只，渡客于是全数登岸，巡检为觅小屋暂住，复令船只搬运货物。日中水手人等亦皆登岸，日昃时司账人亦均出险，船上无人，可搬之货业已搬清，不能搬者概经沉没。念四日，荣成县主带同“泰安”兵船前来救人，由是搭客并船上司账、水手人等同上“泰安”兵船，等有往津轮船经此，以便趁搭。念五日，“海定”船果来，遂全过“海定”，或上烟台，或赴天津。其有轻装烟台客，则登岸时早已取道前去矣。往天津之客，于念八日下午由“海定”送到，行李损失亦属有限，惟船上货物抛弃及沉没者未知细数云。

（1881 年 6 月 2 日，第 2 版）

轮船行程

正月间，招商局“海琛”轮船载华兵赴英，曾□［经］列报。昨接由该船赴英友人于三月二十八日来函云，“海琛”正月二十九日由吴淞开轮，二月初四日抵香港；初七日由港开船，十三日抵新嘉［加］坡；十七日由坡开船，至三月初七日抵苏护河；初九日抵薄薛，初十日由薄开船，十八日抵缉浦劳他，十九日由缉开行，于二十六日抵英国之柳克士地方矣。该船除沿途小作勾留不计外，海行实共四十六日，一路正值彼地已交夏令，风静波平，在船人尽平安，约需五月间可由英放船回华，屈指归期当在食瓜时也。

（1881 年 6 月 16 日，第 2 版）

“汉广”失事续述

招商局“汉广”轮船触礁致损，已列前报，兹有“日新”轮船来沪言，由“汉广”失事之处经过，见该船受伤甚重，不堪复用。缘前有“海定”轮船驶往该处，设法救起，则见“美利”轮船已在彼救援，一面用水筒吸水使出，一面用花鼓桶系在船旁，浮船使起。正在将所穿各孔堵塞，止余一孔，尚未堵竣，而风浪又至，将该船送入石根，损伤益巨。船上堵救者计有一百五十人，奔避不遑，有至岸上者，有逃上“日新”、“海定”、“美利”等三轮船者。至晚风势愈暴，加以大雾，至次日风定雾散，往视“汉广”船，则形迹全无，惟见水面碎木破板漂流不少。盖已沉入水底矣。其船上机器前已搬上“美利”轮船，现在惟有水锅与船俱沉，如天气晴朗，尚当设法将锅捞起也。

（1881 年 6 月 17 日，第 2 版）

带回夫役

招商局“丰顺”轮船由天津来沪，因在大沽口搁浅，微有损伤，须至船厂修理。据云曾由“汉广”船失事之处经过，见“海定”船正在设法打捞水锅，“美利”轮船亦在彼相助，其“汉广”船上夫役人等由“丰顺”船带回不少云。

（1881 年 6 月 18 日，第 1 版）

轮船载兵

（1881 年 7 月 12 日，第 1 版，文见“社会关系”）

“和众”轮船被撞初讯

（1881 年 7 月 15 日，第 3 版，文见“社会关系”）

轮船迟到

本埠二十夜风雨为害情形昨经登报，兹悉招商局往来宁沪之“江天”轮船应于前日清晨抵沪，乃延至午刻不见船到沪上，人有预知亲属友人附搭此船者大为忧急，咸集码头盼望。比午后三点钟时，见黑烟一股，远远而来，未几驶近。果系此船，群为欣贺。闻该船遇风时暂停在大切洋面，俟风浪略小，始行开轮，故到埠迟数时云。昨日风小，晨下小雨，片刻后渐开霁，而天气则仍凉爽也。

（1881 年 7 月 18 日，第 2 版）

轮船遇风述

招商局之“江表”轮船由汉口启行，于前日抵沪，述及十六日船至九江，适值风狂雨骤，势如台飓，不能前进，约停三点钟时，始克鼓棹云。又，“怀远”轮船亦于十六日由香港开行来沪，驶至东盈，海面较宽，风势渐猛，风表低落，遥见太古行之“汕头”轮船业经抛锚，随亦停轮下锚，不敢向前。待至十九日风威渐杀，始行开轮。前任粤海关监督俊星东榷使，即坐此船而来，据香港西字报言，榷使用洋三千元雇坐该船，并其眷口随从人等来沪，再当由沪北上。此次风暴，闻该船舱面各物件略有损失云。

（1881 年 8 月 16 日，第 2 版）

送船来华

前日招商局“丰顺”轮船由津回沪，带有自英国送中国定购兵船到华之英人数名来沪，盖缘中国既购西船之后，立意欲用华人驾驶，故船上西人皆须回国，闻该西人皆立有合同，言明送至中国即行回去，其水脚盘川均有中国应付云。

(1881 年 8 月 26 日，第 1 版)

光绪七年七月二十一日京报全录

(前略) 周恒祺片。再，臣前据东海关监督登莱青道方汝冀禀称，招商局“汉广”轮船装运漕米五千八百十二石，并搭装客人货物由沪赴津，本年四月二十一日酉刻行至山东荣城县镆鎁岛，因值大雾迷漫，误触暗礁，船底被石穿通进水，立将货物漕米抛弃一半，船身仍未见浮。该道闻信，迅饬“泰安”轮船，并委干员，星夜驰往，会同地方文武实力救护。维时船尾已沉，礁石嵌在船底，无法拖拉，当将客人并湿水米货分别拯救，起运上岸。现惟有多雇人夫，将船上机器拆卸等情。臣当因该轮船遭雾触礁，抛弃漕米，实有若干湿水米石作何晒晾，能否换船接运，禀内均未声叙；且船只又须设法保护，总期拖拉进口，方可修理，飞饬确查，妥为办理。去后，兹据该道续禀，五月初一、初十等日，上海招商局先后饬派“美利”、“海定”各轮船装来华洋匠人二百余名，拆卸船上机器，一面入水钉补船底穿洞，百计设法，希冀拖出船身，功已得十之八九。不期是月十四日夜，又遇大风，波浪汹涌，将船击成数截，沉溺于乱礁之中，实已无计可施。所剩漕米二百一十一包均已湿水，不能接运。现将船上机器全行拆卸，同湿水米包货物统由“美利”等轮船装运回沪，船壳已出售于罗柏洋人，沿海居民并无乘危捞抢等情，具复前来。并据署荣成县知县徐立言迭次禀报相符。臣维该轮船在洋误触礁石，虽由于遭雾所致，尚非驾驶不慎。惟漕粮为天庾正供，究应如何筹补，保险总局自当定有章程，除由臣咨会南北洋大臣转饬招商局妥议另行办理外，所有“汉广”轮船在荣成县镆鎁岛遭雾触礁沉溺，抛弃漕米缘由，理合附片奏闻。伏乞圣鉴，谨奏。军机大臣奉旨：“户部知道。钦此!”(下略)

(1881 年 8 月 27 日，第 4 版)

栈货遇潮水

启者：初四日风雨交作，潮泛大涨，本局虹口栈房正当其冲，以致潮水入栈，所存货物□庄皆有水湿，如各宝行号有存本栈货物者，请速往前查看，幸勿迟延自误，是所至盼。

招商总局告白

（1881 年 8 月 30 日，第 5 版）

风潮详述

本埠风潮为灾，前、昨两日均已列报，而城中浦东等处犹未述及也。城中潮水灌入，各门莫不有水，街心深至二尺，陆地竟可行舟，房屋之旧者类多倒塌。道署棋杆东首一枝，本在修理，尚未竣工；其西首一枝，现被风吹倒，幸未带伤房屋。浦东地方潮水亦甚盛，涨坏物不可胜计。祥生船厂中物件亦多损坏，招商局“江孚”轮船由汉口来沪，云自汉启轮，直至镇江，一路风平浪静。及由镇江启行，即遇风雨交作，雨密如织，目不能视，不敢前进，因暂抛锚。惟时太古洋行之“汉口”轮船亦停泊在彼，又有“北京”轮船亦由汉口抵沪，至九江时尚属晴朗，及由九江下驶，即值雨骤风狂；至吴淞口，见中国船之遭坏者不可胜数，有吹上岸者，有飘浮不定者，有碰损沉没者，实不可以更仆数也。其太古行之“惇信”轮船由宁波开回上海，行至镇海，即遇风雨，船上风表骤然低下，乃在彼停泊不敢驶行，见招商局之“江天”轮船由沪驶过镇海而去。“惇信”船待至五点钟时，风势稍杀，始行开船，将至上海未及进口，风又怒吼，遥见前边之水较船行处高至十二尺光景，为风阻不能向前行。六点钟时，不过二十四里，“惇信”船平时一点钟可行四十余里，亦可见风潮之势大矣。海中电线极为粗大，每一里之线计重六吨，而风潮鼓荡，竟多断折，刻下电线行已雇船一路察看修接矣。

（1881 年 8 月 31 日，第 2、3 版）

木坠伤船

招商局之“利运”轮船前日由津抵沪，载有木料若干，及至用盘车将木盘驳上岸，内有一极大之木，正在盘绞，而铁索忽断，大木下坠，直至船底，撞伤一处，水即漏入。船上人竟用吸水机器将水吸出，小工等亦上船相帮，随急急驶至船厂修理。尔时怡和洋行之“时和”轮船适修竣下水，驶出船厂，“利运”恰补其空，验得船底之铁竟为大木搯去一大块，故至水即灌进，大约尚须修理完竣，方可开行也。

（1881 年 9 月 7 日，第 2 版）

新船精美

中国向英国定购兵船两艘，由丁雨亭军门乘坐“海琛”轮船前往带回，已屡列于报。兹闻此两船颇极精美，船中可容煤三百吨，足供四礼拜之用，船首有刀，其刃外向，他船触之无不披靡；船内之炮亦系新式。惟英国有一船及意大利有一兵船，亦用此炮，其余各国兵船皆未置备，如中国用此船为先锋与殿后之用，最为利便，尚其慎选管驾，长保坚船哉！

（1881 年 9 月 11 日，第 1 版）

告　白

启者：本局行轮船来往长江，除通商各埠外，沿途另设棚厂，以便行旅。于通州西门外九圩港新设一棚，于本月念七日起，凡本局行上下轮船，均可搭客，该棚预备驳船，照章迎送不误。特此布闻。

招商局、太古行同启

（1881 年 9 月 19 日，第 6 版）

往长江客位价目

搭客每位上海至镇江一元二角，南京一元六角，芜湖二元七角，大通三元二角，安庆三元七角，九江四元六角，武穴四元九角，汉口洋五元。

上海招商局、太古行同启

（1881 年 9 月 22 日，第 8 版）

招商局支息告白

本局每年例于六月底截止，汇结大账，今于八月初一日起，请在股诸君就近赴上海总局、天津、汉口、福州、广州、香港、新嘉［加］坡各分局，查看结账，凭折取利。谨启。

（1881 年 9 月 23 日，第 4 版）

丁沽水浅

天津来信言，大沽口水势甚浅，轮船不便行驶，招商局之“海定”轮船抵口时遽为搁住，进退维谷。怡和行之“新南升”船后至，见此情形，止而不进，另以小船驳运货物。并闻刻下该处水势约仅九尺，将来恐尚虑干涸云。

（1881 年 9 月 25 日，第 1 版）

行伙出洋

中国官商前拟在伦敦开宏远公司，并延粤友梁君主持行务，均经列报。嗣闻公司之名改为肇兴，日昨招商局“美富”轮船由本埠开行，凡该行一切伙友，俱于香港会齐登舟远出，此乃中国之创举，想见诸君子成竹在胸，和衷共济，必当利市三倍也。

（1881 年 9 月 29 日，第 1 版）

招领行李

启者：昨接九江招商局来信，本月二十五日“江表”轮船行至镇江，有搭客一位上船，行抵安庆之下，知觉镇江下船之客不见，是否失足落水，抑在别埠上岸，不及回船，均未可知。遗有被囊、包袱、网□各一个，现下暂存浔局，询据同船搭客有人认识其人，据称不见之搭客系姓刘，扬州人，在江西学台处充当家人等云。为特登报通知，望该客或该家属即至九江招商局领取所遗被囊等物是盼。

八月二十九日，上海招商总局告白

（1881 年 10 月 21 日，第 5 版）

兵旋续闻

（1881 年 10 月 22 日，第 1 版，文见“社会关系”）

股份涨价

《字林报》言，招商局每年皆开列清单，录以示人，今年开录清单之后，股份票竟已涨价，每百须加增二十之数，亦可见招商局兴旺之象焉。又云开平煤矿出煤甚旺，故该矿股份票亦加涨一分云。

（1881 年 11 月 1 日，第 1 版）

修改轮船

招商局之“海晏”轮船前在厦门与太古行之轮船相碰，曾经列报，兹悉“海晏”船已回上海，在祥生船厂修理。《晋源》西字报谓，“海晏”船本是明轮，闻现欲改为暗轮云。

（1881 年 11 月 11 日，第 2 版）

轮船出险

招商局之“富有”轮船在广东河口触礁一节，已列前报，兹阅香港西字报，知该船已获出险，驶进广东口岸矣。据船主言，船中进水实不甚多，现在不即修理，尚可驶回上海，应修与否再行定夺。至船中货物，惟有米三四十包，均有水渍，其余则一无所损，亦云幸已。

（1881 年 11 月 24 日，第 1 版）

轮船虚惊

招商局往来长江之“江靖”轮船，于本月初二晚由上海开行，初四日镇江招商局因不见船到，疑有变端，即发电信至上海询问，于是遂有失事之讹传。本馆以风闻不实，未为登报。兹探得该船实因出吴淞口时风浪险恶，即行避入口内，俟风浪渐平再行启轮，是以迟至初五日下午三点钟时始抵镇江，致外间有此虚惊而实皆无恙也。

（1881 年 11 月 28 日，第 3 版）

归轮无恙

闻招商局之“保大”轮船自沪开行，至烟台地方，陡遇暴风，箕伯扬威，冯夷助势，兼天巨浪，数年来所未见也。幸而驾驶得法，双轮无恙，行抵大沽，见“海定”轮船亦在彼搁浅。现在“海定”船亦于前日晚上与“保大”、“丰顺”先后返沪，则亦可知无所损伤，是诚可幸也已。

（1881 年 12 月 2 日，第 2 版）

招领行李

启者：“江靖”轮船于初三早开往长江各埠，初七日到汉清舱，查有铺盖衣包一副，是否搭客沿途码头登岸，不及回船所遗，如欲取回，速即开单来局，对准物件取去可也。

轮船招商局告白

（1881 年 12 月 6 日，第 4 版）

津河水浅

招商局“丰顺”轮船于前日由津回沪，据称津地河水甚浅，十六日该船胶于河底，不能动轮，“日新”轮船亦被胶住，至十七日水稍涨，始得设法鼓轮而行。现在津河虽有薄冰，尚未冻河，而河道之浅则颇为可虑也。

（1881 年 12 月 14 日，第 1 版）

英京电音

中国官商前曾纠股拟在英京伦敦开一公司，取名肇兴，冀以通贸易而握财源，所有经理该公司人等乘招商局“美富”轮船出洋前去，兹得英京发来电报，知该船一路平安，业经驶到，一俟经理人布置就绪，行将挂牌交易云。

（1881 年 12 月 16 日，第 2 版）

出卖码头船

启者：本局现有旧木码头船一只，向泊金利源码头，今停在董家渡船埠内，如有欲购者，请来本局面谈可也。

轮船招商总局告白

（1882 年 1 月 11 日，第 5 版）

新船告竣

招商局向英国定造轮船名“致远”者现闻已于十月十一日下水，一点钟时逆风行英里十里有零，顺风行英里约十三里，核计一日需用煤二十吨，说见外国报。

（1882 年 1 月 25 日，第 2 版）

告　白

启者：今议定于光绪八年元月起，凡众商执存本局股份单如来换户者，无论股数多寡，每张应出纸笔费银五钱。特此布闻。

保险仁和济和局、轮船招商局、开平矿务局同启

十二月念七日

（1882 年 2 月 15 日，第 5 版）

华船行踪

招商局之“美富”轮船由英启轮回华，已列前报，兹悉该船于本月二十二日已过苏彝士河矣。

（1882 年 2 月 16 日，第 1 版）

轮船北上

去年腊底招商局“海定”、“兴盛”两轮船开往天津，人颇疑之，以为河冰已坚，轮船安能进口？近日接到天津发来电报，知两轮船业已抵津，现在又有“丰顺”轮船开行北上，闻河内并无冰凌，轮船不难行驶也。

（1882 年 2 月 23 日，第 2 版）

论津口冰融之异

去年冬令惟十一月中旬有数日奇冷，至腊月初转热，间有如仲春天气，云容黯淡，柱础蒸润，咸谓有酿雪之意，曾不崇朝，而旭日悬空，赐和如故，是以雪亦不多见。直至立春之前数日，始见瑞雪，积者亦不及寸许，变而为雨，滂沱倾注者凡二日而止。入新岁以来又复杲泉出日，春光和煦矣。上海居人颇以为乐，电报自天津来言，津河冰薄，竟欲如往年之一日而不可得，穷民之推冰排者顿觉失业，无以糊口。本埠招商局以为河冰不坚，轮船尚可进口，故迭发“海定”、“兴盛”两船北上。旋□［接］电音，知已抵津，近日又续开“丰顺”轮船。而怡和等行亦接踵而起，以此数日天气决之，其进口也可必矣。

夫当腊底正初，而轮船安行于北洋，直达津沽，无胶结阻隔之忧，此亦通口岸以来所未有之奇闻也。（下略）

（1882 年 2 月 26 日，第 1 版）

北地无冰

前日招商局“海定”轮船由津回沪，其船主说及津沽并无冰凌；又行经烟台，闻该处人言去冬竟未见冰，是亦一异闻也。

（1882 年 3 月 3 日，第 1 版）

轮船到津情形

津友来函云，去年该处天气较暖，河冰节次开通。除夕紫竹林招商局接到电报，知“海定”及“兴盛”两船已于年内由沪放行，约在新正初三可抵大沽口，津人色焉而喜，互相走告。延望至初四日，大沽电信果报“海定”到来，续报“兴盛”又至。“海定”在界外候潮，“兴盛”吃水较浅，即于是晨入口。而北风甚劲，河上流冰极多，加以水浅，不能如常驾驶，是以延搁至初六晨，尚未停泊码头。而客栈、脚行探望之人不绝于道。至初六午前十一点一刻，乃见一派烟浓，双轮波涌，招商局鞭炮之声连珠不绝，而“兴盛”先到矣，午后一点三刻。“海定”亦接踵而至。两船均无客货，仅装到开平煤矿应用机器。初七日，两船同开，“兴盛”直放上海，“海定”顺泊烟台，亦无客货装去。缘今岁开河太早，船只突如其来，为市中所不及料；且时在新正，酬应方繁，故不似往常头船之拥挤也。津郡有惊蛰开河之说，往年轮船开放多在惊蛰前后数天，无大悬殊，今年早至正初，为自来所未有，然非电报捷传，亦不能得信如是之速，其便利可见一斑。闻去冬津地电局初设，每日售报即已不少云。

（1882 年 3 月 6 日，第 2 版）

牛庄冰泮

招商局之“永清”轮船于二十二日自牛庄开行来沪，其船主言及开轮之时牛庄河冰已泮，惟冰块冲流，殊碍船行也。太古公司之“温州”轮船主亦言及，二十日抵牛庄口，并无冰□［凌］，及次日进口，始见有冰云。

（1882 年 3 月 16 日，第 1 版）

轮船损舵

招商局之“保大”轮船由津回沪，言及出大沽口时见“丰顺”轮船损坏船上之舵，不能行驶，故该船即将“丰顺”船之搭客及货物等均为搬运过船云。

（1882 年 3 月 17 日，第 1 版）

津信汇录

昨报载“丰顺”轮船损舵一节，兹阅《字林报》所载天津西人来信，知该船拟拖进大沽船厂修理，第船厂虽然宽大，而厂门口沙泥太多，恐该船不能进厂，俟察看损伤若何，或暂时先为修理，俟回沪大修也。（下略）

（1882 年 3 月 18 日，第 1、2 版）

华船行踪

《字林报》言，招商局之“美富”轮船已于正月二十三日由新架［加］坡开轮回华云。

（1882 年 3 月 19 日，第 1 版）

振兴市面

瓯江僻在海疆，素无大商贾出入，近以北门外创立洋关，情形稍见起色。刻闻广商蔡君意欲疏通生意，拟请招商局轮船赴温装载明矾等货，如此议能成，温郡市面或可蒸蒸日上也。

（1882 年 3 月 27 日，第 3 版）

华船行程

近闻香港信息言，招商局之“美富”轮船已于本月初六日在香启轮驶回上海云。

（1882年3月28日，第1版）

轮船回华

招商局“美富”轮船去年载肇兴公司内值事人等前赴英京，今正已由英驶回香港，均经列报。兹悉该船于前日又由港回沪，涉万里之洪波，经重洋之骇浪，是亦得所壮观矣。

（1882年3月31日，第2、3版）

中国轮船名

海国通商以来，讲求船政，日盛月新，闽、沪各厂之制造，南、北两洋之水师，得船凡百余号，顾未能备悉其名，亦一憾事。兹特考录如右，想亦有心时事者所乐闻也。

南洋水师轮船四号，曰“龙骧”、“虎威”、“飞霆”、“策电”；北洋水师轮船六号，曰“镇北”、“镇南”、“镇东”、“镇西”、“镇海”、“威远”；福建水师轮船十八号，曰“福胜”、“建胜”、“长胜”，购自外洋曰“万年清”、“湄云”、“福星”、“伏波”、“扬武”、“飞云”、“靖远”、“振威”、“济安”、“元凯”、“艺新”、“登瀛洲”、“泰安”、“超武”、“澄庆”；制自闽厂上海水师轮船六号，曰“操江”、“测海”、“威靖”、“海安”、“驭远”、“金瓯”；海关巡船三号，曰“清风”、“飞虎”、“挂庆”；广东水师巡查大小轮船三十八号，曰“安澜”、“澄清”、“绥靖”、“靖波”、“镇涛”、“海长”、“清广”、“安澄”、“波安”、“涛靖”、“江惠”、“安济”、“川利”、“济永”、“济公”、“济捷”、“安鹰”、“梳康”、“济广”、“济翔云”、“宣威”、“扬武”、“横海”、“蓬洲”、“海神”、“机健”、“锐利”、

“涉翼虎”、“精捷”、“宽济”、“缉西”、“镇东”、“执中”、“永安”、“靖海”、“广靖”“裕民”、“化善”；闽厂制造商轮四号，曰“永保”、“海镜”、“琛航”、“康济”；上海招商局商轮二十二号，曰“富有”、“洞庭”、“永清”、“永宁”、“利运”、“日新”、“和众”、“怀远”、“保大”、“丰顺”、“兴盛”、“江宽”、“江永”、“海定”、“海琛”、“镇东”、“江天”、“江表”、“江孚”、“海珊”、“海晏”、“美利”，所未及知者尚多，容俟续考。

（1882 年 4 月 2 日，第 2 版）

轮船撞损

前日早晨招商局之“江宽”轮船开轮之际，适有太古洋行之“拜多落古鲁思”轮船停泊浦中，“江宽”船突与相撞，幸尚俱无大害，惟“江宽”船上之轮稍有所损也。

（1882 年 4 月 6 日，第 2 版）

保险支利

启者：保险招商及仁和保险应支股息，均于三月初一日照支，请有股诸君至日凭折来局照取。特此布闻。

上海保险招商总局启

（1882 年 4 月 8 日，第 4 版）

轮船迅捷

招商局“美富”轮船质既精坚，行又迅捷，曾至英、美各国环行地球一周，人皆称其稳利。船主与大、二副均以和蔼待人。闻于本月初三日晨自香港启行，至初六日下午已抵沪上，共计西里八百余咪[1]，其行程不过

① 咪：即英文公里（mile）。

二日有半，可谓速矣。兼以中间遇雾、遇风、遇浅，双轮缓驶，而其至独先，非操舵者有必胜之技，安能如是哉？

（1882 年 4 月 25 日，第 2 版）

重造栈房

招商局金方东码头本有铁栈房，因年久朽坏，故拆卸重建，兹工程已将及半矣。

（1882 年 5 月 8 日，第 3 版）

议开商埠

传得招商局总办奉李傅相传谕，以美国现将与高丽订立和约，中国亦宜前往察度情形，增立商局，以通轮楫，而分利源。是以招商局总办业经派人赴燕［烟］台，搭兵轮船赴高察看一切，再行布置云。

（1882 年 5 月 9 日，第 2 版）

轮船遇风

本埠招商局来往宁波之“江宽”轮船，于前月二十八日四点钟在宁波启轮来沪，甫经出口，即遇大风，因为时已晚，恐有疏虞，随在铜沙相近之大洋山抛锚。二十九日早上复开，薄暮始抵吴淞，又暂停口外，至初一日早进口。该船遭此风暴，其两面走路之横板已小有损坏，略需修理，拟于初三日晚开往长江各埠。念九日招商局因“江宽”未到，故另以“海琛”轮开往宁波云。

（1882 年 5 月 18 日，第 2、3 版）

茶市近闻

礼拜六怡和洋行之“泰和”轮船由汉至沪，带有新茶二百箱，又于九江续装二千九百五十箱，抵沪之后，已有五百二十九箱换装外洋轮船，载往英国矣。招商局之“江表”轮船于礼拜日抵沪，在九江装有新茶六十吨，大约此项茶叶均须运往外洋也。又闻前报所称在汉口装茶之“斯德林盖斯德里”轮船于昨日早八点钟驶过吴淞，并不停轮，一径出洋。又有怡和洋行之“格冷富路应”轮船于礼拜日下午六点半钟路过吴淞，均满载新茶前赴英国。其水脚费则“斯德林盖斯德里”每吨计银六磅十先令，“格冷富路应”则每吨计银四磅云。

（1882 年 5 月 23 日，第 1 版）

新茶续至

前日招商局之“江孚”轮船由汉口来沪，带有新茶六百零两箱；怡和洋行之“福和”轮船亦带新茶一百箱来沪，“福和”船之茶则已装入三菱公司轮船载至日本，再由日本换船运往美国；“江孚”船上之茶则将装入法国公司轮船载往外洋云。

（1882 年 5 月 25 日，第 1 版）

烟台传闻

烟台西人来信言：闻中国招商局拟派轮船往来于高丽，又拟由津至高设立电线，以通消息云云。然系传闻之词，未知确否，容俟续闻。

（1882 年 5 月 26 日，第 1 版）

轮船应差

（1882 年 5 月 26 日，第 1 版，文见“社会关系”）

轮船修竣

招商局“海晏”轮船业经修理竣工，该船本系明轮，今改为暗轮，船身加长二十四尺。昨晨八点钟时下水驶往吴淞，以试验汽机之灵否。抵淞后复于五点钟时仍驶回沪北小旗昌码头停泊。该船行走甚速，一切机器灵便，用煤亦省，据称视别船为较胜。昨初下水时，舵上稍有损伤，赶为修好，复行展轮出口，验得每一点钟可行四十二里云。其详细情形容俟续述。

（1882 年 5 月 30 日，第 3 版）

轮船下水细情

招商局之“海晏”轮船修理完竣，于昨日下水试行，已将大略情形录登昨报。该船本系英国制造，原名“盛京”，嗣为招商局购得，改作暗轮，更名“海晏”，往来于闽广等处海道，极形稳固迅捷。现今招商局欲令其船身加长，故送入船场修改，加长二十四尺，于前日试行。该船机器即系前年英国轮船名“孟买”者，因遭焚毁，将焚余之机器拍卖而招商局购之以去，装入“海晏”船内，颇为合式。此番修改，船内装潢更觉壮观，白漆而描金，光彩夺目。其上等客房可容六十人，每房皆有两床一榻，一房可住两客，人多时榻上亦可安身，则一房可住三客矣。其客堂亦极宽大，可容五十人。船主、大副、二副及管理机器诸人之房，则皆设于上舱，其附搭散客之地殊为宽阔，货舱深而能容。试行之际，西人男女皆有邀至船上，一同观试者，徐雨之观察及制造局诸人咸在。初下水时舵有小损，赶即修好驶出吴淞，即在船内略用酒点，西人举酒致贺祝以吉语，然后回轮，在招商局码头停泊。有此佳船当不难与“保大”、“丰顺”同获利益也。

（1882 年 5 月 31 日，第 2 版）

船局煤矿琐闻

招商局与太古、怡和三家近悉为整顿长江水脚，议立合同，已于本月十一日签字，查招商局各口生意以长江为最，□［今］水脚议妥，当更日有起色也。至于开平之煤，每日所出颇觉繁旺，各轮船在津闻皆争购此煤。是则招商局与开平矿俱见蒸蒸日上，苟再扩而充之，中国之利亦溥矣哉。

（1882 年 5 月 31 日，第 2、3 版）

设立趸船

前闻左侯相以长江轮船驶过金陵，人货由小船驳运，殊形艰险，拟为设立码头，已登于初八日报中。兹闻侯相已札饬招商局，就下关码头设趸船一只，以便行旅；至另创码头与否，尚未定见云。然自此搭客上下，如蹑[①]平地，不复怀临履之忧，有不额手而颂侯相之惠者乎？

（1882 年 6 月 4 日，第 3 版）

矿煤大至

招商局之“利运”轮船运到开平煤二百余吨，上在招商局虹口地方之中栈，开平煤到沪者已有数次，惟不若此次之多，煤质既佳，载运复旺，行见购买试用者定不乏其人也。

（1882 年 6 月 6 日，第 3 版）

大沽近闻

前报有招商局在大沽建造栈房码头之说，盖以开平煤矿出煤极多，而苦无运路，故拟由开平开河一道，直接北河，以便运煤。该河与大沽止隔四十五里，约须至年底方可告成。而栈房、码头则已预先建造，以备他日之用。故人言藉藉，以为大沽开设码头。其实则近来北河淤浅愈甚，将来轮船不能驶进，当在大沽停泊，运货起岸皆在大沽。则栈房、码头之设，亦属应为之事也。

（1882 年 6 月 9 日，第 1 版）

---

① 蹑：niè，踩，踏。

四月念五日各股份市价

平泉铜矿	二百两至二百零五两	原价一百零五两照数收足
自来水	三十二磅五	原价念磅照数收足
开平煤矿	二百三十七两五	原价一百零五两照数收足
济和保险	七十二两	原价一百两先收五十两
招商局	二百十五两	原价一百两照数收足
织布	一百十二两五钱至一百十五两	原价一百两先收五十两
点铜	七十五元	原价一百元先收五十元
长乐铜矿	一百六十两	原价一百两照数收足
电灯	一百四十五两	原价一百两照数收足
纸作	一百二十五两	原价一百两照数收足
仁和保险	二百二十两	原价一百两照数收足
牛乳	一百六十两	

（1882年6月11日，第9版）

价廉得利

招商局及怡和、太古洋行现将长江轮船装货、水脚一律增长，其价系会议定夺，三家相同。而麦边洋行未经涨价，故日来生意最盛，昨日该行轮船进口，其货物满载而来，可想见其利市三倍矣。

（1882年6月14日，第2版）

五月初二日各股份市价

招商局	二百五十两二百五十五两	原价一百两照数收足
开平煤矿	二百四十二两五	原价一百零五两照数收足
牛乳	一百六十元	原价一百元
平泉铜矿	二百另［零］五两□□	原价一百零五两照数收足

济和保险	七十二两五	原价一百两先收五十两
织布	一百十七两五	原价一百两先收五十两
自来水	三十五磅	原价念磅照数收足
电灯	一百四十两	原价一百两照数收足
长乐铜矿	一百七十两	原价一百两照数收足
点铜	七十一元五角	原价一百元先收五十元

（1882 年 6 月 18 日，第 9 版）

五月初九日各股份市价

招商局	二百五十五两	原价一百两照数收足
开平煤矿	二百四十两	原价一百零五两照数收足
仁和保险	二百二十两	
平泉铜矿	二百零五两	原价一百零五两照数收足
济和保险	七十二两	原价一百两先收五十两
织布	一百十七两五	原价一百两先收五十两
自来水	三十七磅至三十八磅	原价念磅照数收足
电灯	一百四十二两五至□	原价一百两照数收足
长乐铜矿	一百七十两至□	原价一百两照数收足
赛兰格点铜	七十七元五	原价一百元先收五十元
公平缫丝公司	一百十七两	原价一百两

（1882 年 6 月 25 日，第 12 版）

五月十八日各股份市价

招商局	二百四十二两五钱	原价一百两照数收足
仁和保险	二百二十两	
济和保险	七十三两	原价一百两先收五十两
平泉铜矿	二百零二两五至二百两	原价一百零五两照数收足
开平煤矿	二百二十七两五钱	原价一百零五两照数收足

织布	一百十四五两	原价一百两先收五十两
自来水	三十七磅	原价念磅照数收足
电灯	一百四十两至一百卅七两五	原价一百两照数收足
长乐铜矿	一百一十五两至一百一十二两五	原价一百两照数收足
赛兰格点铜	洋七十六七元	原价一百元先收五十元
公平缫丝公司	一百两	原价一百两
鹤峰铜矿	一百四十两至一百卅七两五	原价一百两

（1882 年 7 月 4 日，第 9 版）

轮船试行

苏杭内地河道若以小轮船行驶，极为便捷，历年中外商人皆以厚利所在，多思禀准试办，只恐碍民船生路及税卡抽厘等情，辄格于时议，未蒙准行。刻闻岭南郑陶斋暨邗江李韵亭两观察联名禀请左侯相试办，已奉到批示，准暂用小火轮五只往来，但准搭客不准装货。又闻招商局亦欲派船试行，此举是否招股，抑系独任，俟后询明再录。

（1882 年 7 月 8 日，第 1、2 版）

五月廿四日各股份市价

招商局	二百四十二两五	原价一百两照数收足
仁和保险	二百二十两	
济和保险	七十二两五	原价一百两先收五十两
平泉铜矿	二百两	原价一百零五两照数收足
开平煤矿	二百二十八两	原价一百零五两照数收足
织布	一百十四两	原价一百两先收五十两
自来水	三十七磅半	原价念磅照数收足
电灯	一百三十八两七钱五	原价一百两照数收足
长乐铜矿	一百六十两	原价一百两照数收足

赛兰格点铜	七十六元	原价一百元先收五十元
鹤峰铜矿	一百四十一两五钱	原价一百两

（1882 年 7 月 10 日，第 9 版）

告　白

所有光绪元年起招商保险、二年起仁和保险、四年起济和船栈保险，今日复定新章，于六月初一日起，请将以上各项股票息折至轮船招商总局倒换新票折，并支公积银两。特此布闻。谨启。

（1882 年 7 月 17 日，第 8 版）

六月初二日各股份市价

招商局	二百四十二两	原价一百两照数收足
仁和保险	二百十五两	
济和保险	七十一两	原价一百两先收五十两
平泉铜矿	二百三十五两	原价一百零五两照数收足
开平媒矿	二百廿五两	原价一百零五两照数收足
织布	一百十四两	原价一百两先收五十两
自来水	三十七磅	原价念磅照数收足
电灯	一百三十六两五	原价一百两照数收足
长乐铜矿	一百五十两	原价一百两照数收足
赛兰格点铜	七十六元	原价一百元先收五十元
鹤峰铜矿	一百三十九两	原价一百两

（1882 年 7 月 17 日，第 9 版）

六月十一日各股份市价

招商局	二百四十二两五钱	原价一百两照数收足

仁和保险新股	七十二两	
济和保险	七十两	原价一百两先由收五十两
平泉铜矿	二百五十五两	原价一百零五两照数收足
开平煤矿	二百十八两五钱	原价一百两零五两照数收足
织布	一百十五两五钱	原价一百两先收五十两
自来水	三十七磅	原价念磅照数收足
电灯	一百三十两	原价一百两照数收足
长乐铜矿	一百五十二两	原价一百两照数收足
牛奶	一百三十三元	
赛兰格点铜	七十六元	原价一百元先收五十元
鹤峰铜矿	一百五十两	原价一百两

（1882 年 7 月 26 日，第 10 版）

六月十八日各股份市价

招商局	二百五十三两五	原价一百两照数收足
仁和保险新股	七十二两	
济和保险	六十九两	原价一百两先收五十两
平泉铜矿	二百五十八两五钱	原价一百零五两照数收足
开平煤矿	二百二十一两	原价一百零五两照数收足
织布	一百十五两	原价一百两先收五十两足
自来水	三十六磅半	原价念磅照数收足
电灯	一百三十六两	原价一百两照数收足
长乐铜矿	一百七十五两	原价一百两照数收足
赛兰格点铜	七十六元半	原价一百元先收五十元
鹤峰铜矿	一百七十两	原价一百两
平和玻璃股份	七十两	原价一百两先收五十两
牛奶	一百三十三元	
公平缫丝公司	一百零二两	

（1882 年 8 月 2 日，第 10 版）

添设趸船

（1882 年 8 月 3 日，第 2 版，文见“社会关系”）

连日风潮

近日天色阴晴不定，故江海波涛亦颠播［簸］不已。招商局之“江永”轮船自长江来沪云：所过水程往往阴晦，大有片云头上黑之意。“保大”轮船自津抵沪，亦有此言。而“江天”轮船则尤为可险，盖“江天”轮船载客至宁，再由宁至普陀山，及由普陀回轮至宁，即复启轮回沪，至镇海觉风势太猛，恐有不测，因暂泊以待。至礼拜二十一点半钟见风雨表略升，然后驶回上海，及将进口，而东北风又大，故船边稍有损伤也。

（1882 年 8 月 4 日，第 2 版）

六月念六日各股份市价

招商局	二百五十两	原价一百两照数收足
仁和保险新股	七十两	
济和保险	六十八两	原价一百两先收五十两
平泉铜矿	二百五十四两	原价一百零五两照数收足
开平煤矿	二百十五两	原价一百零五两照数收足
织布	一百十五两	原价一百两先收五十两足
自来水	三十四磅半	原价念磅照数收足
电灯	一百三十四两	原价一百两照数收足
长乐铜矿	一百七十二两	原价一百两照数收足
赛兰格点铜	八十六元半	原价一百元先收五十元
鹤峰铜矿	一百七十二两	原价一百两
平和玻璃粉股份	六十二两	原价一百两先收五十两
牛奶	一百三十四元	

公平缫丝公司	一百零二两

（1882年8月10日，第10版）

汉水渐消

汉江水势渐减，业经列报。兹有招商局之“江宽”轮船于上月二十日由汉回沪，测得汉江水深四十三尺，较前减去三尺，然则长江之水现已由渐而退，或不再苦狂澜矣。

（1882年8月17日，第1版）

载兵消息

（1882年8月17日，第1版，文见“社会关系”）

七月初六日各股份市价

招商局	二百四十五两	原价一百两收足
仁和保险新股	六十八两五	原价五十两收足
济和保险	六十六两五	原价一百两先收五十两
平泉铜矿	二百四十五两	原价一百零五两收足
开平煤矿	二百十九两	原价一百零五两收足
织布	一百十四两	原价一百两收足
自来水	三十五磅半	原价念磅收足
电灯	一百三十两	原价一百两收足
长乐铜矿	一百七十两	原价一百两收足
赛兰格点铜	八十七元五	原价一百元收足
公平缫丝	一百零一两	原价一百两收足
鹤峰铜矿	一百六十七两五	原价一百两收足
平和玻璃粉股份	五十四两	原价一百两先收五十两
牛奶	一百三十四元	原价一百元收足

新造纸公司	一百零九两	原价一百两收足

（1882 年 8 月 20 日，第 10 版）

功德船

前奉左中堂谕，在金陵下关起筑驳岸，或设功德船，以利士商上落轮船之便，而免小艇黑夜风波之险，饬令本局承办等因。惟起筑驳岸，未能急就兴工，现届乡试之期，士子往来云集，亟宜布置，特将向泊芜湖之“四川”趸船已于初九日拖至金陵下碇，暂作功德船矣。

招商公局告白

（1882 年 8 月 24 日，第 2 版）

烟台来信

（1882 年 8 月 30 日，第 1 版，文见“社会关系”）

七月十六日各股份市价

招商局	二百四十一两五	原价一百两收足
仁和保险新股	六十六两	原价五十两收足
济和保险	六十四两五	原价一百两先收五十两
平泉铜矿	二百五十五两	原价一百零五两收足
开平煤矿	二百十一两	原价一百零五两收足
叭喇糖公司	五十四两五	原价五十两收足
织布	一百十三两	原价一百两收足
自来水	三十五磅半	原价念磅收足
电灯	一百廿七两	原价一百两收足
长乐铜矿	一百六十五两	原价一百两收足
赛兰格点铜	一百四十元	原价一百元收足
公平缫丝	一百两	原价一百两收足

鹤峰铜矿	一百六十五两	原价一百两收足
中国玻璃粉股份	五十一两	原价一百两先收五十两
牛奶	一百三十四元	原价一百元收足
新造纸公司	一百零八两	原价一百两收足
旗昌浦东栈码头	一百十两	原价一百两收足

（1882 年 8 月 30 日，第 10 版）

轮船被撞

（1882 年 9 月 3 日，第 1 版，文见“社会关系”）

增造码头

本埠招商局金利源码头自今年起添造长，大约至明年二三月间方能告竣。造成后计长一百八十丈，可泊大号轮船六七艘，岸上增设栈房，各货上落均极便利，其工作皆照顶好西法筑造。该局如此讲求整顿，想商务必大有起色也。

（1882 年 9 月 13 日，第 2 版）

轮船遇风

本埠前日风雨交至，闻洋面风浪更大，有太古行之“天津”轮船、来自厦门招商局之“怀远”轮船、禅臣行之“镇江”轮船均来自香港，将次进口，适遭此险，二船幸获无恙，惟“镇江”船上失落铁锚一只，并锚索十余丈，盖浪大激断故也。

（1882 年 9 月 16 日，第 2 版）

八月初四日各股份市价

招商局	二百五十二两	原价一百两收足

仁和保险新股	六十六两五	原价五十两收足
济和保险	六十六两五	原价五十两收足
平泉铜矿	二百五十两	原价一百零五两收足
开平煤矿	二百十八两五	原价一百零五两收足
织布	一百十二两五	原价一百两收足
自来水	三十五磅半	原价念磅收足
电灯	一百廿七两	原价一百两收足
长乐铜矿	一百六十八两	原价一百两收足
赛兰格点铜	一百四十元	原价一百元收足
公平缫丝	一百两	原价一百两收足
鹤峰铜矿	一百六十两	原价一百两收足
中国玻璃粉股份	五十七两五	原价一百两先收五十两
牛奶	一百三十元	原价一百元收足
新造纸公司	一百零五两	原价一百两收足
旗昌浦东栈码头	一百零七两	原价一百两收足
叭喇糖公司	五十两	原价五十两收足
高易火险	五十一两五	原价一百两先收五十两

（1882 年 9 月 16 日，第 10 版）

八月十九日各股份市价

招商局	二百五十五两	原价一百两收足
仁和保险新股	七十二两	原价五十两收足
济和保险	七十一两	原价五十两收足
平泉铜矿	二百五十五两	原价一百零五两收足
开平煤矿	二百十六两	原价一百零五两收足
织布	一百十两	原价一百两收足
自来水	三十五磅半	原价念磅收足
电灯	一百廿七两	原价一百两收足
长乐铜矿	一百八十两	原价一百两收足

赛兰格点铜	一百三十七元半	原价一百元收足
公平缫丝	一百两	原价一百两收足
鹤峰铜矿	一百七十一两	原价一百两收足
中国玻璃粉股份	五十五两	原价一百两先收五十两
牛奶	一百念元	原价一百元收足
新造纸公司	一百两	原价一百两收足
旗昌浦东栈码头	一百零二两	原价一百两收足
叭喇糖公司	五十两	原价五十两收足
上海保险公司	五十两零五	原价一百两先收五十两
电报	一百九十五两	原价一百两

（1882年10月1日，第9版）

轮船招商局告白

兹届第九年结账之期，请在股诸君于九月初一日下午惠临本局看账议事，便酌一叙，恕不另邀，并请将股票息折一并带来是荷。

谨启

（1882年10月11日，第4版）

牛庄近信

牛庄来信言：招商局之“利运”轮船装载机器前往该处，其机器皆系制造局所用，闻须运往吉林，缘该处近欲兴办制造诸事也。该处前造码头云以预备起运巨炮，刻下此炮尚在未到，观其所造码头十分巩固，想其炮亦必不小也。目下洋枪炮火之运来牛庄者甚多，海边炮台等处亦复修治整顿极为坚固，大有扼险防守之意，其所为何事，则未可以臆测也。

（1882年10月13日，第1版）

西报摘译

《字林报》言：闻近来中国尚须添造兵船数艘，以备守御海口之用，刻下上海制造局总办已前赴金陵商办此事矣。又言招商局之“康济”轮船拟前往高丽，闻系载兵回华也。

（1882 年 10 月 14 日，第 1 版）

纪招商局议事情形

轮船招商总局年例于九月初一日将此一年内进出各项刊成账略，邀有股诸君到局查览，其所列各款如众以为可者仍之，众以为否者易之，此定章也。前日值第九年看账会议之期，总办唐景星、徐雨之、张叔和、郑陶斋四观察，先期折柬速客。是日晚六点半钟，客齐至，约六七十人。本馆友人亦与其列。爰登楼入座，时则酒肴递进，灯烛通明，每座前置账略一册，客皆取而阅之。阅既竣，唐君景星乃向众言曰：“本局开设以来，今已九年，蒙诸君不弃菲材，推仆等总司其事，任大责重，时切冰渊。犹忆倡办之初，外间誉者三而毁者七。其时，事事棘手，仆等亦深恐陨越，以贻诸君羞。幸赖诸君子坚持定力，复蒙李爵相卓识灼见，不为人言所摇惑，俾得次第展布，渐有就绪。近年以来，局务颇有起色，虽本届较上年稍逊，然除官利、余利一切开销外，尚净余规元十三万有奇，江海共庆安澜，帆樯并无险事。此皆有股诸君之鸿福也。惟生意能渐推渐广，斯利源乃愈浚愈深，本国江海各口，现俱揽载驶行，而外洋各埠，酌理准情亦当开拓，故愚见拟再招股银一百万两，以便添置巨船，设立分局等用；此系本局公共之事，仆等虽有是见，诚恐未能周匝，诸君才大檠檠，尚乞匡我不逮，实为感盼。”唐君言毕，客皆起答曰：“君言良是，想凡有股者必无异议。惟频年赖君等筹划，使局务蒸蒸日上，而我等得安享其利，于心殊抱不安耳。”于是，四总办皆谦让未遑，各欣然举杯称贺。酒三巡，众乃商榷古今，纵谈风月，相与闲话而散，盖时已十一点一刻矣。至该局账略，本报按日分列于后。

（1882 年 10 月 14 日，第 3 版）

轮船招商局第九年账略

谨将光绪七年七月初一日起至八年六月底止，本局第九届各船生意盈亏、官商存欠各款、添置折旧各账，胪列清册上下两本，除呈请北南洋通商大臣查考，暨咨送江津两海关备核，并分存上海、天津、汉口、福州、香港、广州、新加坡七局以备有股诸君就近查览外，合将一年办理情形、进出各款汇成账略数编，以供远省有股诸公博采焉。

一办理情形宜声明也。查本届局船仍如常在本国通商各口揽载居多，其前年拟放船走檀香山及美国之金山，因洋船极力抗拒，去年经已停行。去年八月放“美富”一船装运茶箱前往英国，今年二月始行回华，因洋商颇存妒心，遂至无利。越南一处去冬已设立码头、栈房，生意颇可自立。去年冬蒙江苏省大宪派拨漕粮三十万余石，浙省大宪派拨漕粮二十四万余石，又承鄂省大宪饬委照章采运三万石，共五十八万余石，于本年正月初起运，至六月一律运竣。旋因朝鲜内乱，奉调四船装兵，仅一旬间将登州防军六营全行东渡。至于内地生意比较前届不及九折，半因去年北省天旱，今年南省水荒，半因今年海船水脚太低，幸赖诸君洪福，江海安宁，轮船保险一款无甚赔累，所以满盘核算，本届盈余比前届退减无多。

一轮船几号亦宜声明也。查本局江船原有“江宽”、“江永”、“江孚”、“江表”、“江靖”、“江通”、“江天”、“江平”，海船原有“保大”、“丰顺”、“海定”、“海晏”、“海琛”、“海珊”“日新”、“兴盛”、“永清”、“利运”、“镇东”、“永宁”、“富有”、“怀远”、“美富”、“洞庭”“康济”、“美利”、“利达”共二十七船，均经于去年账略内声叙。其“和众”轮船被英国“腊混”兵船碰沉一案，因上海英国刑讼司衙门判断欠公，故将全案寄往英京上控，去年账略亦已声明。兹前月接英国来信，知该案已翻断，令兵船赔还船货半价，俟银汇到再行收账。其“美利”一船改式，前届亦已声明在先，该船今春告成，已放去越南装粮，甚属得用。继后又将“海晏”一船由明轮改作暗轮，本年四月告竣，即派走津河，不但行走极快，亦装货尤多。其“海琛”一船载送北洋水师员弁前往英国，顺便全换新式机器，亦已于本年三月回华，现走福州甚属得力。“江通”一船原走宜昌，因冬月水涸未能畅行，已将该船改式，现在食水五尺，颇觉合用。“富有”一船因机器老式，烧煤颇多，亦已改换新式。此轮船五号无一不改换原来面目，计用费二十万两有余。为数虽多，但亦不得不先利其器而后善其事也。“江靖”、“海珊”、“洞庭”三船，船壳机器均旧，虽修理亦可行走几年，但恐于局面有关，已将改为趸船、驳船、码头船之用，是前届轮船二十七号，现只存二十四号矣。其新船除去年账略已将“致远”、“普济”两船声明外，后又添置“拱北”、“图南”海船两号，“江裕”江船一号，五船之中，“致远”、“拱北”、“图南”均已于去冬今春先后来华，“普济”亦已由英开驶，惟“江裕”一船尚需秋后方能告成。除此五号新船之外，又定造钢壳轮船二号，约明年春间可到。此两号轮船每号能装重货三百万斤，食水十八尺，轻货可装四千顿［吨］。

一账目须当指明也。综结所列资本乃众商之资本也，前届官款一百五十一万八千余两，春间已还三十万两有零，现只欠一百二十一万七千余两。保险局及各户存项前届一百十万有零，今年保险局加本及各户长存甚多，未便退回，所以将存项添船，毋庸另需筹款也。前届船险公积四万四千余两，今届竟有二十五万六千余两之多，皆由江海顺平所致。各口挂欠水脚并所存煤斤用物之款，与前届所差无几。安徽、荆门、开平三处股份均系为轮船用煤起见也。前届轮船二十七号折价一百八十五万余两，均已于其年结各船成本册上列明。今届“美利”等五船改换加本，及各船大修共三十二万余两。再加“致远”、“拱北”、“图南”、“普济”四船价银五十万余两，又付“江裕”及定造钢壳等三船船价十五万余两，除本届折旧二十万余两，故合二百六十二万六千八百余两之数。码头、栈房前届核置本一百十二万九千两，今届上海南北两栈均添地造栈，又香港新置局房，故多有十八万四千两之数。趸船一项本届比前届较多二万七千两，系芜湖添置铁壳趸船之价。船坞、麻袋又已折价，故比前届减轻二万两。各船余款已在办理情形节上声明，毋庸重叙。杂项余□［款］前届九万八千余两，今届只得九千八百余两，系因前届只将漕米水脚收归水脚账内，其修舱神福等项收入杂项余款，以备开销麻袋、栈租等项，所以前届漕米水脚只收十九万九千余两，而杂项余款竟有九万余两之多。维念现在既拟将运漕水脚等项全数抵还官款，未便将一项分两柱而收，故本届漕米水脚共收规元三十万两有零，已有细账列入综结清册矣，特此声明。栈房修理乃各口添造房屋并修理栈房之费也，各项息款乃该保险局及钱庄各□之利息也，股份官利乃向章应派之利也；其股份余利一项，论当此各欠未清，不应提分，但念现拟添本百万，先招旧股之人承受，而该余利本应归旧股人

所得，亦似可提分，俾其旧股欲承受者少筹一分之资本，亦是变通之办法也。(此稿未完)

(1882 年 10 月 14 日，第 3、4 版)

接录轮船招商局第九年账略

一添本作用极应声明听候公断也。查本局创于同治十二年，今已九年矣，由一船而至十，由十船而至二十三十，不可谓不振兴矣。现在并驾而驱者，长江即有太古、怡和、马边，天津即有怡和、太古，宁波又有太古，福州又有怡和，汕头又有太古、怡和，粤东即有禅臣、太古、怡和，粤东省河即有港省澳公司及太古。论船只洋行多于本局，论生意本局不亚于洋行，惟想洋行轮船既多，尚在陆续添置，本局虽经去今两年连造七船，亦无非以补通商各口之不足，现在各口生意既可自立，极应开拓外洋，而外洋生意又非四千墩［吨］大船不可。筹思再三，须装快捷大船两艘专走外洋，又浅水中等轮船二三艘，往来天津、朝鲜、越南等处，第需船价百万，不得不招股举行。惟此时股票售价每百两经已提至二百有余，若新旧同招，似不足以洽旧股友之心，议将旧股百万，每百两再入一股，以成二百万两股，股本限本年年底交清，仍按交银之日起计官利。是凡有百两旧股而欲附新股者，除此次官利、余利不收外，每股只需再找出银八十两便可领百两股票一纸。其不欲附新股者，请将每股所派官利、余利共二十两收去，倘年终不将新股股本交出，准由局另招外人附股，以凑足百万之数。

一今昔局面极应声明以免错会也。本局自同治十二年蒙李爵相札委接办以来，莫不矢勤矢慎，仿照买卖常规办理。其第一年轮船六号仅有一分之利，其第二年十船即分官利一分、余利五厘；旋因生意扩充，不得不再添大船，满望股份可以多招，以交船价。不料云南一案突出，不但新股不来，而旧股竟售至四五折者；加之客心彷徨，装货均有裹足，所以虽仍派官利一分，而账上已透支三万五千余两。是年八九月新造之“江宽”、“江永”两船抵申，旗昌、太古并力相拒，所以光绪二年秋冬间又亏折数万两之多。是年十二月，旗昌归并之后，又与太古争衡数月，尚幸第四届除弥补前亏之外，仍可派利一分。第五年即有“厚生”、“江长”之失，斯时资本只有七十五万而官款已欠一百九十二万，商款已欠至二百三十七万余两之多。幸蒙李爵相鉴察局款艰辛，奏准将官款暂行停息以期周转，分年带本，以轻仔肩，遂至是届除还各户筹垫利息三十六万余两之外，尚可派利五厘，提存五厘。在众商得利五厘已觉物议沸腾，焉知枢与润二人筹垫二百三十余万资本三十余万利息之苦？因见巨息难堪，迫于光绪五年正月更章将上海船厂收歇，以免多搁资本。各口用款由局董承包以节糜费，所以第六届不但息款减轻十余万，而除派一分官利之外，尚能折抵船旧四十二万余两之多。至第七、第八两届，不但欠款日少，利息日轻，除每年折抵船旧四十余万两之外，尚能依期提还官款七十万两有零，其蒸蒸日上之势，早在诸君鉴中。所以前年股本只有八十万，而去年不但收足百万而争附股者又不知几何，此乃开办以来历年之局面也。

一局员苦衷用敢直陈，并请按章另举能员接办也。查本局原系同治十一年秋间，经李爵相札委朱云甫观察招商开办，旋至十二年五月枢蒙爵相札委，重订章程接办，仍着朱观察专理运漕事宜。当是年六月开办时，润又蒙爵相札委会办，旋因公事繁多，云甫观察禀请爵相札委乃弟翼甫观察帮同办理漕务，又蒙爵相札委盛杏荪观察到局料理运漕、揽载事宜。是自同治十二年至光绪五年，六届公事均系枢等五人商办。四年五月云甫观察病故，五年五月翼甫观察蒙爵相委署永定河道，十月杏荪观察又蒙委署天津河间道，所以不暇办理局事。局中只有枢、润二人，势迫禀请爵相添派叶顾之观察到局，而顾之观察仅视事一年即请销差。枢等遂邀鸿禄到局帮同办理，至七年春间乃蒙爵相札委帮办。旋因近年揽载事紧，枢又常川公出，故今春又蒙爵相札委官应到局帮办。是现在局中公事均由枢等四人会商办理，畛域不分，意见全无。惟枢等多年积悃不得不为有股诸翁陈之：伏思此局于云甫观察创办时，系承李爵相奏准招商试办，而枢等接办时亦有禀订招商章程，轮船归商办理，请免添派委员，除去文案、书写、听差等繁文名目，免其造册报销各事，均照买卖常规，局员商董人等辛工、饭食、纸张、杂用拟于轮船水脚之内每百两提出五两以作局内一切经费。是生意固经奏定商办而亦非商办不可，经费固由水脚而出，用款亦有一定，立法周密，亦非此不可经久。头两年洋人忌心颇重，或云局无洋人经理，断难自立；或讥我股本无多，决难久长。第四年归并旗昌之后，洋人忌心更重，倾轧之言愈多，尚无足怪。惟出于意外者，竟有我国之人以耳代目，受渠所愚，亦同声相和，遂令有股人心寒，并有将百两之股本按四五折售出者。而局外不知虚实，于应为保护之局面不加体察，反生虚揣，物议纷纷，由此参案频出，市面更觉动摇。虽系时会之艰难，亦由枢等办理之未尽善。

当斯时也，内欠二百余万之多，外有奉旨查账之件，几将全局倾颓，幸赖李爵相洞烛无遗，力扶危局，奏请添拟漕米以固其根，暂停缴息以纾其力，由此根固力纾，连年得利。今日官款可以按期拔还，诸君股资能得厚利者，莫非爵相之力。枢等原系生意中人，因承爵相委任，又荷诸公不弃，故尽将自己所有及邀集亲友极力附股，方将此局立成。内赖各口局董司事认真经营，外赖各省官绅士商诚信关顾，局务方能扩充若此。于兹九载，在爵相时垂教训，在诸公并无闲言，枢等人非草木，岂有不尽心以报知遇之深恩、以保亲友之股本！乃有无关痛痒之人屡造谣言，坏我局面，未知所存何心？在前几年局无余积、官款无期清还，亦难怪不常滋物议，惟今日生意蒸蒸日上，局款充足，官款又已陆续提还，似可免于口实矣。乃仍有假充官场之人，每到上海寄寓客栈，暗中使人放言，或云某大宪派来密查招商局事者；又有一等假充京官之人，间见枢等有友入京，竟捏称折稿出示，并云现有人欲参商局者，种种街谈巷议，愈出愈奇。枢等问心无愧，固可不恤人言，惟念商资商办已能见信于商而或未能见信于官者，无他，实系官与商情本多隔膜，不知底蕴，是以疑信相参也。

往往有人误会招商一局系官局，欲来谋事，欲受干修，欲叨免水脚，欲借盘川等情不一而足。而若辈因不遂所求，故造谣言，乃必有之事。或有受人所愚，徇情泄怨，欲将此局播弄或将局员诬蔑，亦难保其必无。盖当道不知本局底细，不阅本局定章、不谙生意之道者甚多。而外人又错认资本数百万全是官款，几疑枢等藉此差事发财者又甚多。所以借口为国家公款筹计，恐悬宕无归，力请查账者有人；与局员不睦欲在大宪前荐自己之人代之，力请整顿者亦有人。果知此局系专归商办，又知官款已陆续拨还，又知生意日有起色，能于根柢分明，恐言者亦未必肯轻议本局也。

伏念自有局船以来，关税年增一年，实于国课有裨。台湾、山海关、朝鲜之役，依期蒇事，实于军务有裨。漕米干洁年胜一年，于漕务有裨。水脚年减一年，于客商有裨。前五年局无余利，局员固无沾润，而内筹巨款、外拒谤言之苦，实有不可言者。今连四届颇有盈余，除折船旧百余万，尚可按年拨还官款；以股本百两所收九年利息以抵足此数，现在股价二百余两，通扯已合二分多钱，枢等虽不敢居功，亦不致负疚。荷蒙诸君以为办理咸宜，无如局外之人多有不肯见谅者，总由枢等未娴世□、办事不周之所致。究之素愿，实不欲以公众血资浪为酬应，既顾公而撙节即招怨而生尤，再四思维，莫若洁身以去。

查局规第三条云：选举董事，每百股老股举一商董，众董之中推一总董，以三年为期，期满之日，公议或请留或另举。今枢、润二人已历九年，头期三年不忍去者，因局势未立；第二期未忍去者，正在更章整顿。今日轮船已增至三十余号，各口生意亦已定立，虽属欠款稍多而官款拨还已有指定款目。所该保险局及各户等项，半系保险局长存之本，半系殷户长存之资，决非前几年时刻筹借庄款可比。况本届又拟增股百万，虽系装船之用，亦非一时可以用完。转运既宽，目无掣肘，此刻枢等告退，却于大局实无关碍，如蒙有股诸君俯鉴下情，按照定章公举几人接办，则枢等当自行禀请销差矣。

唐廷枢景星、徐润雨之、张鸿禄叔和、郑官应陶斋同启

综结

一、该股份资本规元一百万两。

一、该官款存本规元一百二十一万七千九百六十七两零零二厘。

一、该保险局钱庄存户等规元二百三十一万九千五百四十五两四钱七分九厘。

一、该船险公积规元二十五万六千六百三十九两七钱七分四厘。

一、该彩结余款规元十三万零五百二十七两七钱五分六厘。

五注共该规元四百九十二万四千六百八十两零零一分一厘。

一、存各口水脚挂欠规元四十二万零一百六十九两六钱二分。

一、存各口煤炭价值规元四万八千四百四十一两九钱六分六厘。

一、存各项用物值价规元一万九千二百二十九两零二分九厘。

一、存安徽荆门矿务规元六万零九百六十六两一钱六分三厘。

一、存开平煤局股份规元二十一万两。

一、存轮船三十一号价本规元二百六十二万六千八百七十三两二钱三分三厘。

一、存各口码头、栈房价本规元一百三十万三千两。

一、存小轮、趸船、铁驳价本规元十六万八千两。

一、存船坞、麻袋生财价本规元五万八千两。

九注共存规元四百九十二万四千六百八十两零零一分一厘。

彩结

一、进各船余款规元五十三万六千八百六十五两一钱三分三厘。

一、进杂项余款规元九千八百六十四两五钱九分六厘。

一、进各口房租规元九万七千零五十四两七钱一分三厘。

一、进上届结余规元九万零二百二十三两三钱六分五厘。

共计结余规元七十三万四千零零七两八钱零七厘。

一、支栈房修理规元三万九千一百七十八两六钱一分九厘。

一、支各项息款规元十万零七千四百五十二两二钱四分六厘。

一、支股份官利规元十万两。

一、支股份余利规元十万两。

一、支成本折价规元二十五万六千八百四十九两一钱八分六厘。

共计结支规元六十万两零三千四百八十两零零五分一厘，

除支净余规元十三万零五百二十七两七钱五分六厘。

（1882 年 10 月 15 日，第 3、4 版）

声　明

启者：兹有友人托寄国记招商局“济和”船栈保险计十八股，规银一千八百两，第七十号股票一纸、息折一扣；又璧记招商局“济和”船栈保险计四股，规银四百两，第九号股票一纸、息折一扣，在闽于本年七月廿三日由“有利”轮船寄沪，易换新章票据。不料该船开行出口失事，将前项票折一并失落，当向上海招商局言明，前项遗失票折作为废纸，不作为凭，另请发新章股票及息折为据，并已禀上海县衙门存案，诚恐有人拾得前项失落票折，妄图希冀，特此声明。

光绪八年月日上海蔚长厚启

（1882 年 10 月 16 日，第 5 版）

添造栈房

顺天府通州东门外旧有大木厂，地址宽敞，现经招商局买地，起造栈房以备舟车往来，中途可以卸除。计买地及造房工料数亦不赀，闻此款系由天津招商局拨付通州，归宝恒钱庄承办，不日工竣，当必轮奂一新矣。

（1882 年 10 月 31 日，第 3 版）

九月十九日平准公司各股份市价

招商局	二百五十两	原价一百两收足
仁和保险新股	七十一两	原价五十两收足
济和保险	七十两	原价五十两收足
平泉铜矿	二百四十三两	原价一百零五两收足
开平煤矿	二百十五两	原价一百两收足
织布	一百零二两	原价一百两收足
自来水	三十五磅	原价念磅收足
电气灯	一百两	原价一百两收足
长乐铜矿	二百十五两	原价一百两收足
赛兰格点铜	一百三十二元	原价一百元收足
公平缫丝	九十四两	原价一百两收足
鹤峰铜矿	一百七十一两	原价一百两收足
中国玻璃粉股份	五十一两五	原价五十两收足
牛奶	一百廿元	原价一百元收足
新造纸公司	一百两	原价一百两收足
旗昌浦东栈码头	一百零二两	
叭喇糖公司	四十三两	原价五十两收足

上海保险公司	五十两	
电报	一百六十五两	原价一百两收足
顺德铜矿	一百十六两五	原价一百两收足
驳船公司	一百零九两	原价一百两收足
三源保险	五十一两五	原价五十两收足
金州煤铁矿	一百十一两五	原价一百两收足

（1882 年 10 月 31 日，第 10 版）

九月三十日平准公司各股份市价

招商局	二百四十二两五	原价一百两收足
仁和保险新股	七十两	原价五十两收足
济和保险	六十八两五	原价五十两收足
平泉铜矿	二百三十两	原价一百零五两收足
开平煤矿	二百十三两	原价一百两收足
织布	一百两	原价一百两收足
自来水	三十四磅	原价念磅收足
电气灯	六十五两	原价一百两收足
长乐铜矿	二百两	原价一百两收足
赛兰格点铜	一百廿元	原价一百元收足
公平缫丝	九十两	原价一百两收足
鹤峰铜矿	一百五十二两五	原价一百两收足
中国玻璃粉股份	五十两	原价五十两收足
牛奶	一百十元	原价一百元收足
新造纸公司	一百两	原价一百两收足
旗昌浦东栈码头	一百零二两	原价一百两收足
叭喇糖公司	三十二两五	原价五十两收足
上海保险公司	五十两	原价一百两先收五十两
电报	一百六十五两	原价一百两收足
顺德铜矿	一百十二两五	原价一百两收足

驳船公司	一百零六两五钱	原价一百两收足
三源保险	五十一两	原价五十两收足
金州煤铁矿	一百零二两	原价一百两收足
池州	三十五两	原价一百十两先收廿五两
沙呇开地公司	三十二两五钱	原价一百两先收廿五两

（1882 年 11 月 11 日，第 9 版）

新舰告成

招商局前向英国定购明轮船一艘。兹闻该船业经工竣，于八月十七日下水，其船之大有二千九百五十吨，其机器有二千匹马力，益名“江佑”，招商局早聘定□［船］主，命至英国运船来华矣。

（1882 年 11 月 19 日，第 1 版）

宜昌杂志

（前略）招商局“江通”轮船约十日往来一次，上月初十晚十一点钟由汉到宜，十三日早即开往汉口。此次船内所装上水货物约计三四百件，棉花包居其大半，余即洋布包、海带等杂货而已，下水货物多半四川药材。因轮船上下快便，不拘有货无货，停泊三两日即行开去，故货物可不致囤滞耳。（下略）

（1882 年 11 月 27 日，第 2 版）

西报摘译

《字林西字报》云：礼拜日有人接到纽约某行十四日所发电报，言该处茶业近日大坏，茶叶市面行情殊形恶劣云。该报又言：闻招商局总办唐景星观察前赴天津，与两高丽人同往云，系缘高丽开矿之事也。

（1882 年 11 月 28 日，第 1 版）

十月十七日平准公司各股份市价

招商局	二百三十一两	原价一百两收足
仁和保险新股	六十九两五钱	原价五十两收足
济和保险	六十八两五钱	原价五十两收足
平泉铜矿	一百九十六两	原价一百零五两收
开平煤矿	一百八十五两	原价一百两收足
织布	九十五两	原价一百两收足
自来水	三十四磅	原价念磅收足
电气灯	六十九两	原价一百两收足
长乐铜矿	一百八十二两	原价一百两收足
赛兰格点铜	九十五元	原价一百元收足
公平缫丝	八十七两五	原价一百两收足
鹤峰铜矿	一百五十一两	原价一百两收足
中国玻璃粉股份	四十九两五	原价五十两收足
牛奶	一百十元	原价一百元收足
新造纸公司	九十两	原价一百两收足
旗昌浦东栈码头	一百零四两	原价一百两收足
叭喇糖公司	三十九两	原价五十两收足
上海保险公司	四十九两五	原价一百两先收五十两
电报	一百五十两	原价一百两收足
顺德铜矿	一百零四两	原价一百两收足
驳船公司	一百零六两	原价一百两收足
三源保险	五十一两	原价五十两收足
金州煤铁矿	九十五两	原价一百两收足
池州	二十九两	原价一百两先收廿五两
沙峇开地公司	廿五两	原价一百两先收廿五两
荆门煤铁矿	二十四两	原价一百两先收廿五两
施宜铜矿	一百零二两	原本一百两收足

承德三山银矿　　　六十两　　　　　　原本五十两收足

（1882 年 11 月 28 日，第 9 版）

津沽近信

《字林西字报》载，有天津西人十八日来信云，招商局之“保大”轮船于是日由沪抵津。据云，途中突遭风潮，颇形危险，有一巨浪冒船而过，舵房被其掀去，掌舵者略受微伤，船主之房亦有小损，幸诸人竭力支撑，仍得安抵津沽，□［仅］受虚惊而已。又云，招商局现将拟派轮船来往高丽，不日当先发人赴高丽，相度何处可设分局云。又言，近日冬寒渐逼，津沽各池子已见薄冰，然尚未封河也。

（1882 年 12 月 6 日，第 1 版）

轮船濡滞

有客自津沽来，附招商局之“海定”轮船，因途中风浪阻滞，至八日始抵沪渎。据称船内有不便之处，缘有人畜鸽数笼，适当厕间米谷狼藉，殊属不少。想招商局章程俱臻妥善，办事又极认真，必当有以整顿之也。

（1882 年 12 月 6 日，第 2 版）

西书译登

《文汇报》载，有天津西人来信云：招商局总办唐景星观察已坐“镇东”轮船由津启行前赴烟台，将由烟台至高丽。起行之际，招商局诸人皆齐集送行，并放鞭炮以壮行色。闻观察抵高之后回轮，即当前赴英国伦敦，大约回沪之期须在明年秋令也。又云，有某王与□［马］君湘伯及穆君麟德亦皆乘坐“海晏”轮船赴烟台，将由烟台至高。并闻某王深慕上海地方，□［恐］将由上海一转，然未知其确否也。又云，大院君之子由保定至津，即行晋京抵津时，曾谒见李傅相，傅相令其十日内出京，当备轮船相送，逾十日之期则恐届封河，当舍舟而陆也。又言，马眉叔观察近已□［整］备行装，将启行南下，或谓系告假回籍，或谓偕丁雨亭军门同赴安南，未知孰是也。

（1882 年 12 月 10 日，第 1 版）

烟台近事

《文汇报》载，有烟台西人来信云，招商局之“兴盛”轮船于上月二十八日开住高丽，内有西人穆君麟德、布君尔耐、巴君德拉，华人唐景星观察□［及］高丽使臣，并随从诸人附轮而去。闻唐观察驻高丽约须六礼拜方可启行。□［又］言，法国公使与马眉叔观察不日将至烟台，大约亦由烟台赴高，议立法高通商和约也。又言，近日天气严寒，北风雨雪，寒暑表高者仅三十三分，低者则降至二十五分矣。

（1882 年 12 月 13 日，第 1、2 版）

轮船招商局告白

本局议将旧股一百两加招新股一百两，限于本年年底交清，如有到限未交者，另招别人商足，曾经登报布告在先。兹届岁暮在迩，用再布闻，俾在股诸君远近周知，即将旧股票折并新股银两，开明籍贯，就近交上海总局及天津、汉口、福州、广州、香港各分局收下，先掣收票，俟新式票折填就倒换，幸勿延误为祷。十一月初六日。谨启

（1882 年 12 月 15 日，第 4 版）

胶舟述闻

前报述招商局之“保大”轮船与怡和行之“有利”轮船均在津沽被冻，现闻“有利”船可以出险南旋，惟“保大”船则已百方设法，但未识能展轮否也。

（1882 年 12 月 17 日，第 2 版）

轮船回沪

前报所述怡和洋行之“有利”轮船与招商局之“保大”轮船一同胶住，实系“顺和”轮船，书“有利”者，前报误也。该船已于前日旋沪，□［江］抚□［潘］伟知中丞即随轮而来。据□［闻］于初二日上午由津开□［行］，在途即见冰块愈积愈多，不得已雇人敲冰开路，至晚九点钟始得敲开，至后半夜两点钟则又胶住，复雇人敲冰，一路随敲随行。至初四日始至大沽，则冰益坚厚，竭力设法破冰而出，急离大沽。至招商局码头将船内货物搬运上岸，即开至烟台，由烟台回沪。闻该船幸无损伤，惟途中西北风紧，寒气逼人，寒暑表降至八分，该船主又言“保大”轮船全身冻冱①，恐一时不易展轮也。

（1882 年 12 月 20 日，第 1、2 版）

按图行轮

高丽使臣赵君宁夏、金君宏集，偕唐观察景星及中国前驻旧金山领事□［官］陈君□南，并随从人等约共七十余人，坐招商局之“兴盛”轮船前赴高丽，此已列报。兹悉该船入高丽界苦于水道不熟，颇为□［迟］疑。途中适有高丽船一艘，欲呼之来俾作引水，而高人疑□［惧］，不敢驶近，赵、金二高使复大声呼之，仍不应。该船主乃放小艇将高船□［拖］住，□［拢］船相见，谕以引水一节，高人许之，遂放心前进。俄而至一处水深仅四尺，高船即欲引进，该船主知高人不知轮船吃水深浅，恐至搁住，辞而去之。因带有高丽水道旧图一幅，详细考察，遵道而行，至晚泊于某处，至次日天明则见左近泊有日本兵船，知此地□［实］系正路，因起碇移至日船左侧，与之同泊。该船主可谓谨慎小心者矣。

（1882 年 12 月 26 日，第 1 版）

---

① 冱：hù，冻结。

十一月十八日平准公司各股份市价

招商局	二百三十一两	原价一百两收足
仁和保险新股	六十九两	原价五十两收足
济和保险	六十八两	原价五十两收足
平泉铜矿	一百五十七两五	原价一百零五两收足
开平煤矿	一百八十二两	原价一百两收足
织布	九十八两	原价一百两收足
自来水	三十三磅	原价廿磅收足
电气灯	七十三两	原价一百两收足
长乐铜矿	一百七十二两	原价一百两收足
赛兰格点铜	一百零二元	原价一百元收足
公平缫丝	八十五两	原价一百两收足
鹤峰铜矿	一百三十六两	原价一百两收足
中国玻璃粉股份	四十九两二五	原价五十两收足
牛奶	一百十元	原价一百元收足
新造纸公司	九十两	原价一百两收足
旗昌浦东栈码头	一百十二两五	原价一百两收足
叭喇糖公司	三十八两	原价五十两收足
上海保险公司	四十九两五	原价一百两先收五十两
电报	一百四十五两	原价一百万收足
顺德铜矿	一百零七两五	原价一百两收足
驳船公司	一百零六两	原价一百两收足
三源保险	五十一两	原价五十两收足
金州煤铁矿	九十两	原价一百两收足
池州	三十两	原价一百两先收廿五两
沙咨开地公司	廿五两	原价一百两先收廿五两
荆门煤铁矿	二十二两五钱	原价一百两先收廿五两
施宜铜矿	一百零三两五	原本一百两收足

承德三山银矿　　　六十两　　　　　　原本五十两收足

（1882 年 12 月 28 日，第 8 版）

保险专章示

荆宜施兵备道董为出示晓谕事：光绪八年十月二十一日，奉南洋通商大臣札开：案准总理衙门咨开：前据总税务司□［据］粤海关税务司详称，现有招商局轮船主请立船货保险证据，请由本衙门新订专章等因，当经本衙门咨行贵大臣酌复在案。嗣准复称，局船遇险立据系为保险局赔偿之凭，关系甚□［重］。如在中国通商口岸报关立据，事属正办等因。并经本衙门札复总税局司议立专章去后。续据总税务司将所拟专章十条，并证据式样□［缮］送前来，复经本衙门咨行贵大巨核复在案。旋准复称，总税务司所拟专章证据事属可行等因，复经本衙门札行总税务司，即将前章如何知照官民遵办之处详议复去后，兹准总税务司将货船保险证据专章刷印成帙，申请咨行南北洋通商大臣转饬各该□［关］道委员等遵照，在各关前通行张示晓谕，并请将此专章各备一分，知照有约各国大臣，一面由总税务司札饬各口税务司查照遵办等□［因］，并将印成专章呈送前来。相应将印成专章咨行贵大臣，转饬照办可也等因。当经本爵阁督大臣将此项专章札发江海关，饬匠刷印成本，刻日呈送，以凭咨行遵办去后。兹据该关道遵照如式刷印呈送前来，除札发招商局遵办，并分别咨行外，合行札饬，札到□［该］关，即便遵照办理，仍出示晓谕各商民一体知悉，毋违。计发专章六本等因。奉此，除照会税务司并行大关委员外，合行抄录保险专章并应立证据式样，出示晓谕。为此示仰商民□［一］体知悉毋违，特示。今将保险事宜应赴税务司处缮立各据，拟定专章列后计开。

第一款，凡通商口岸华民船商以及无约或□［无］领事官之商，倘有应行画押立据一切事宜，均准任□［便］，随时亲赴税务司处缮立，指示各关办理。税务司之人勿论正任、署任及代理人员，于据内均称本关税务司。

第二款，凡商船进口，应准由该船主于进口次日限内，亲赴税务司处缮立预据。

第三款，凡船主立预据后，出口之先，倘有预立后据之故，应准带同本船大副人等复行亲赴税务司处缮立后据。此后据应将其船行海时，按照日记簿所录，并按照船主、大副、管□［轮］、水手人□［等］所见所闻记清之事，如何遇见变天、风浪，如何遇见一切未能预料、未能防范之险，一一详细缮写；并应将该船主人等遇险之时如何设法防范，如何设法救援，一律注明，画押立据。

第四款，凡船主倘有应缮立后开各项证据，亦准一律赴税务司处缮立：一船碰船之据，一装货逾限之据，一卸货占船之据，一违背合同耽搁船事之据，一各项应行画押为据之件。

第五款，凡商人若以为某船主有为不应为之事，或□［酗］酒醉不归，或有耽误，不按时开船，以及载货凭单未肯照寻常式样给还各情事，亦准一律亲赴税务司处缮立各据。

第六款，凡赴税务司处画押为凭，以及缮立各项证据，应缴立据之税银一两整，惟后据一项应缴五两。至请抄录备查各件，在一百字以内应缴银一两，一百字以上应缴银二两，二百以上应缴银三两，以此递加。

第七款，凡立各据应照功牌式样缮写，或用汉文，或用英文均可。

第八款，凡无约以及无领事官之商民倘有应□［行］画押立据之事，亦可任便，随时亲赴税务司处缮立。

第九款，凡商民立据缴税之银两，应由各该税务司另款之账目，按结核拨。

第十款，凡立各项证据之印簿应存税务司处，由税务司按结将所立之各据，以及所缴之银数知会本关监督查照，倘其内有凭转申之件，即由该税务司照录备呈。

（1883年1月8日，第2版）

安徽池州矿务局

窃照池州矿务禀办经年，犹有波折，现届岁阑，远近股友频来问信，谨将历奉宪批刊布于右，以省问答之烦。

光绪八年二月初六日，皖南道详延聘矿师入山□［复］勘煤铁铜铅一案，二月二十六日，奉安抚部院批：既据并禀，仰候南北洋大臣核示录报。缴。三月初十日，奉南洋大臣批：如详，准延矿师法朗□［真］来池察看铜铅苗引，所请护照现已□［随］批缮发，即行查收，派员往延到池，带赴各山察看。仍候札饬江海关道查照，并札贵池县派差照料，仰将该矿师察看如何情形，能否开采，先行察报，听候核办，另饬遵行。至该局近年煤务未见起色，刻下每月采煤若干吨，销数知何，一并禀报察核。仍候北洋大臣、安抚部院批示。缴。三月二十五日，奉北洋大臣批：据详已悉，池州矿局商董杨德集资开采煤铁□［矿］，□［渐］有成效，现在贵属观守冲等处挖出铜铅，苗引甚佳，自可延请外国矿师复采酌办，仍责成该商等查明有无流弊，妥议章程禀夺，并候南洋大臣、安抚部院批示录报。缴。皖南道详加股开办，八月十七日，奉安抚部院批：据详自属□［实］在情形，仰候咨商南洋大臣核□［复］饬遵。缴。折存。九月初八日，奉南洋大臣批：本年二月间，该局以贵池属内观守冲、樟村等山探出铜铅苗引，拟再集□［资］试采，详请□［给］发护照，延聘矿师法朗真入山，察看镕［熔］化成数高低，再行妥议章程，禀明试办等情，当经本爵阁督大臣缮发护照在案。讵该局请照后，招商局董徐道润、唐道廷枢等意欲退股，归招商局独办，殊非情理。且招商局伙友时有入山采矿，并私引洋人入山游历情事，尤属不合。查池郡煤铁局开设伊始，收支银钱事宜经沈前大臣札委商董杨德经理，招商局徐道在沪，不过就近经管销发，至集资等事均系杨德一手经理。数年以来，煤不合销，资本耗折。今在川山煤矿内开出第三层之煤颇高，运销渐畅，又于观守冲等处探有铜铅煤铁之苗，自应仍归安徽煤铁局张道督饬商董杨德续集厚资，一手经办，以□［专］责成。招商局唐道、徐道远驻津沪，何能兼顾开采事宜？此后只准照旧附股，不得意存独得。倘仍不愿，即由杨董在于续入股本内提银三万八千两归还招商局可也。仰即分别督饬遵照办理，一面催令杨董刻日带同矿师前赴各山察看如何情形，随时禀报核办，并出示严禁私带洋人入山游历采矿，以免滋生□□［事端］。此次矿局续添股份，该道□［拟］照沪上股票章程，每百两捐助赈款银一两，解交皖省赈局备用，所议甚好，应准照办。缴。折存。九月十二日，奉北洋大臣批：据详已悉，池

□［州］铁矿经商董杨德□［等］与□［唐］道商明□［汇］集巨资，先准旧股增加股本，余招新股，务足一百二十万两之数，仍与招商局合办，尚属公允。本署大臣莅□［津］后，询据唐道面□［禀］，杨德所勘之矿在殷家汇河内，距杨□前办煤厂甚近，唐道所派洋匠往□［勘］之煤铁矿在池州府河内，去杨德所□［勘］铜矿甚远，约隔百数十里。唐道因停办开平铁矿，机器已买，欲将池州府河内已买山场试开煤铁，□［与］杨□［德］□矿务两不□［相］□［涉］，现因勘办未定，尚未禀□［报］等语。矿利之兴，原□［期］有裨国计民生，如果开采处所各不相□，多多益善，似不必过存意见。池州诸矿无论分办、合办，候□唐、徐二道与该道妥商办□［理］，勿得□□［涉］□［垄］□［断］□。缴。招商局□［禀］讦杨德。九月十一日，禀奉南洋大臣批：查此案，前据安徽煤铁局张道来详，当经明晰批饬遵照办理。嗣准李□［爵］中堂来咨，又经□［札］饬该局□［查］明有□［无］室碍，□［禀］复□［核］办各在案。据禀前情，所有前批□抄发阅看，仰即遵照，仍俟该局查复至日，再行饬遵，并候北洋大臣、安抚部院批示。缴。皖南道禀与唐道初次会晤情形，十月初九日奉南洋大臣批：据禀悉，□［查］安煤局本系商董杨德创办，于前所亏资本已属不少。今既有矿山续可采开，方冀规复成本，其不愿与人共事，本在情理之中，□［而］唐道廷枢亟欲从事其间，无非因闻平矿务停办，所购机器弃掷可惜起见，自应由道妥议章程，力图扩充，则矿务必兴，而新□［旧］商人亦无所轩轾矣。仰即遵照办理，仍一面核议章程，随时禀报察□［核］，切切。缴。皖南道禀池州煤铁矿□［务］局援赈数目，十月十九日奉安抚部院批：据禀已悉，此项账捐银六千余两，应以一千两拨交直隶助赈局周道，余银五千二百余两由该道归于赈款，分拨散放，仍将分拨数目报查，仰即遵照办理，并候南洋大臣批示。缴。池州煤铁矿务局股商公禀：十一月二十日奉南洋大臣□［札］，据安徽煤铁局众股商等禀称，商等前此煤不合销，本□［资］亏缺，现在续勘矿山，股银招足，方冀渐有起色。招商局唐道忽创三百万之议，商等彷徨，禀恳札饬招商局另行择山开矿一案等情，到本爵阁督大臣。据此，除批查池州矿务前经商□［董］□［杨］德□［续］招股银一百二十万两，以□［图］扩充，禀由督办局务皖南张道转禀前来，当经本爵阁督大臣批饬准办。□［嗣］据招商局来禀，欲用开平机器与杨德合办，分办之说又经批饬张道详□［细］查明，妥□［议］禀办，各在案。□核众商来禀，所□［称］前此资本亏□［缺］，现在续□［勘］矿山，不愿与招商局合办等情，候饬皖南张道妥议禀复，核示遵行，仍候咨明北洋大臣、安抚部院查照牌示外，合行抄禀札饬，札到即便遵照。分别确□［查］妥议，详细禀复，以凭核办勿延，此札。

（1883 年 1 月 9 日，第 4 版）

十二月初一日平准公司各股份市价

招商局	二百二十六两	原价一百两收足
仁和保险新股	六十九两五	原价五十两牧足
济和保险	六十八两五	原价五十两收足
平泉铜矿	一百四十七两	原价一百零五两收足
开平煤矿	一百八十二两	原价一百两收足
织布	九十八两	原价一百两收足
自来水	三十三磅	原价廿磅收足
电气灯	六十两	原价一百两收足
长乐铜矿	一百六十七两	原价一百元收足
赛兰格点铜	一百零六元	原价一百元收足
公平缫丝	八十五两	原价一百两收足
鹤峰铜矿	一百三十二两	原价一百两收足
中国玻璃粉股份	四十九两	原价五十两收足
牛奶	一百十元	原价一百元收足
新造纸公司	八十八两	原价一百两收足
旗昌浦东栈码头	一百十五两	原价一百两收足
叭喇糖公司	三十九两五	原价五十两收足
上海保险公司	四十九两五	原价一百两先收五十两
电报	一百四十五两	原价一百两收足
顺德铜矿	一百十两	原价一百两收足

驳船公司	一百零六两	原价一百两收足
三源保险	五十一两五	原价五十两收足
金州煤铁矿	九十六两	原价一百两收足
池州	三十六两	原价一百两先收廿五两
沙峇开地公司	廿五两	原价一百两先收廿五两
荆门煤铁矿	二十二两七五	原价一百两先收廿五两
施宜铜矿	一百零三两五	原本一百两收足
承德三山银矿	六十九两	原本五十两收足

（1883 年 1 月 10 日，第 9 版）

轮船招商局告白

本局议将旧股一百两加招新股一百两，限于本年年底交清，如有到限未交者，另招别人补足，曾经登报布告在先。兹届岁暮在迩，用再布闻在股诸君，远近周知，即将旧股票折并新股银两开明籍贯，就近交上海总局，及天津、汉口、福州、广州、香港各分局收下，先掣收票，俟新式票折填就倒换，幸勿延误为祷。

十一月初六日谨启

（1883 年 1 月 20 日，第 7 版）

十二月二十四日平准公司各股份市价

招商局	二百二十两	原价一百两收足
仁和保险新股	六十九两五	原价五十两收足
济和保险	六十八两五	原价五十两收足
平泉铜矿	一百二十五两	原价一百零五两收足
开平煤矿	一百七十两	原价一百两收足
织布	九十六两	原价一百两收足
自来水	三十六磅	原价念磅收足
电气灯	四十二两五	原价一百两收足

长乐铜矿	一百四十二两五	原价一百两收足
赛兰格点铜	一百零六元	原价一百元收足
公平缫丝	八十五两	原价一百两收足
鹤峰铜矿	一百二十三两	原价一百两收足
中国玻璃粉股份	四十九两	原价五十两收足
牛奶	一百元	原价一百元收足
新造纸公司	八十五两	原价一百两收足
旗昌浦东栈码头	一百二十两	原价一百两收足
叭喇糖公司	三十七两	原价五十两收足
上海保险公司	五十两零五	原价一百两先收五十两
电报	一百六十两	原价一百两收足
顺德铜矿	一百零六两五	原价一百两收足
驳船公司	一百零六两	原价一百两收足
三源保险	五十一两	原价五十两收足
金州煤铁矿	九十一两	原价一百两收足
池州	三十五两	原价一百两先收廿五两
沙呇开地公司	廿五两	原价一百两先收廿五两
荆门煤铁矿	二十一两	原价一百两先收廿五两
施宜铜矿	九十八两	原本一百两收足
承德三山银矿	六十六两	原本五十两收足
白土银矿	六十四元	原本五十元

（1883 年 2 月 2 日，第 8 版）

正月十四日平准公司各股份市价

招商局新股	约一百五十两	
仁和保险新股	七十二两	原价五十两收足
济和保险	七十一两五	原价五十两收足
平泉铜矿	约一百二十六两	原价一百零五两收足
开平煤矿	约一百六十九两	原价一百两收足

织布	一百零一两五	原价一百两收足
自来水	三十七磅	原价念磅收足
电气灯	约七十两	原价一百两收足
长乐铜矿	约一百四十二两五	原价一百两收足
赛兰格点铜	一百十三元半	原价一百元收足
公平缫丝	约八十五两	原价一百两收足
鹤峰铜矿	约一百二十七两	原价一百两收足
中国玻璃粉股份	约四十九两五	原价五十两收足
牛奶	约一百元	原价一百元收足
新造纸公司	八十五两	原价一百两收足
旗昌浦东机房码头	一百二十两	原价一百两收足
叭喇糖公司	四十二两	原价五十两收足
上海保险公司	五十二两五	原价一百两先收五十两
电报	一百六十两	原价一百两收足
顺德铜矿	一百零七两五	原价一百两收足
驳船公司	一百零六两	原价一百两收足
三源保险	五十一两	原价五十两收足
金州煤铁矿	九十二两五	原价一百两收足
池州	三十七两七五	原价一百两先收廿五两
沙咨开地公司	约廿五两	原价一百两先收廿五
荆门煤铁矿	约二十一两五	原价一百两先收廿五两
施宜铜矿	约九十八两	原本一百两收足
承德三山银矿	七十一两	原本五十两收足
白土银矿	八十九元	原本五十元
徐州	一百零九两	

（1883 年 2 月 22 日，第 8 版）

轮船招商局告白

本局按照旧股一百两加招新股一百两，原以上年底为限，迭经登报，查尚有数户未交者，或因路远一时未能周知，特再展缓两月，请将旧股票折及新股银两速即交局，以便统填新式票折掣收。若再逾限，只得听他人入新股耳。毋自误为祷。

谨启

（1883 年 2 月 24 日，第 5 版）

轮船北上

闻礼拜日，即本月二十五日晨刻，本埠发轮船六艘前赴天津。招商局则为“海晏”、“丰顺”，太古公司则为“重庆”、“武昌”，怡和洋行则为“大沽”、“新南升”，六船连樯北上，殆北河坚冰已泮，从此南北行程又形便利矣。

（1883 年 3 月 2 日，第 3 版）

轮船招商局告白

本局议将旧股一百两加招新股一百两，原以上年底为限，迭经登报。查尚有数户未交者，或因路远一时未能周知，特再展缓两月。请将旧股票折及新股银两速即交局，以便统填新式票折掣收。若再逾限，只得听他人入新股耳。毋自误为祷。

谨启

（1883 年 3 月 4 日，第 8 版）

二月初一日平准公司各股份市价

招商局新股	一百四十六两	
仁和保险□［新］股	七十三两	原价五十两收足
济和保险	七十二两	原价五十两收足
平泉铜矿	一百二十八两五	原价一百零五两收（足）
开平煤矿	一百六十六两	原价一百两收足

织布	一百两	原价一百两收足
自来水	三十八磅	原价念磅收足
电气灯	七十两	原价一百两收足
长乐铜矿	约一百四十二两五	原价一百两收足
赛兰格点铜	一百十元	原价一百元收足
公平缫丝	约八十五两	原价一百两收足
鹤峰铜矿	一百二十九两	原价一百两收足
中国玻璃粉股份	五十六两	原价五十两收足
牛奶	一百元	原价一百元收足
新造纸公司	约八十五两	原价一百两收足
旗昌浦东机房码头	约一百念两	原价一百两收足
叭喇糖公司	三十九两	原价五十两收足
上海保险公司	五十一两五	原价一百两先收五十两
电报	七十两	原价一百两收足
顺德铜矿	一百零五两	原价一百两收足
驳船公司	约一百零六两	原价一百两收足
三源保险	五十一两二五	原价五十两收足
金州煤铁矿	九十两零七五	原价一百两收足
池州	四十两零五	原价一百两先收廿五两
沙峇开地公司	廿四两五	原价一百两先收廿五
荆门煤铁矿	二十二两	原价一百两先收廿五两
施宜铜矿	一百两	原本一百两收足
承德三山银矿	七十三两	原本五十两收足
白土银矿	八十一元	原价本五十元收足
徐州煤铁矿	一百零九两	原价一百两收足

（1883 年 3 月 10 日，第 8 版）

轮船言旋

闻有电报到沪，言招商局之“海晏”、“丰顺”两轮船皆于昨日由天津开轮，“海晏”一径来沪，“丰顺”则尚须至烟台一转也。

（1883 年 3 月 11 日，第 1 版）

拍卖“江靖”轮船

今承招商局总办饬谕，有“江靖”轮船一只，嘱本行告白拍卖。该船乃西历一千八百六十五年创造，船身长计二百九十四尺，□［阔］四十四尺，连楞面阔七十七尺，深十三尺五寸，可装二万担之重。炉子装在两楞面，拆卸极便，锚链、舢舨、零物俱齐，小炉子及机器均无损伤，连船内一应杂物均在其内。择于二月十五日西历三□［月］念三号即礼拜五两点钟，在下海浦对开该船上拍卖。拍定当付定银三分之一五天银票，其船当交买主着人看管，待次日礼拜六下午须将价银一齐付清。倘不交楚，即将罚定。零行拍卖，至□［嘱］至嘱。如欲先看，请至虹口黄浦路第十七号洋房本行取信，便可到船往观。特此告白。

二月初五，利南查洋行启

（1883 年 3 月 13 日，第 5 版）

轮船搁浅

香港报言，招商局之“美利”轮船于上月二十四日由港开往安南海防，于正月二十九日前赴越南京城，行至河口，陡遇大风，遂致搁浅。船上有数人仓猝被浪卷入海中，二副以善泅免，买办则飘流靡定，幸得小艇救回，然已不省人事，半晌始苏。乘小艇逃生者计有二船，一船平安抵岸，大副及宁波舵工四人、搭客三人，亦乘小艇欲思逃生，而风急浪高，至今未知下落，恐皆伍波臣。其船主诸人则皆由陆路赴安南京城。该船可装四百七十二吨，此次系装米石，曾经保险，乃遭此厄。据该船主言，如天气晴朗，该船尚可救取也。

（1883 年 3 月 20 日，第 1 版）

几伍波臣

《福州西字报》言，本月十五日招商局之“海琛”轮船泊于马尾，适有小轮船一艘，船中驾驶者皆系华人，不知何故，直对“海琛”驶去，该船中有客十六人，见此情形，以为必将与“海琛”相撞，恐此身悉成齑粉，遂纷纷跳入海中，轮船急设法救援，幸皆得庆更生，而小火轮亦卒不与“海琛”相撞，然此十六人者则吃苦不小矣。

（1883年4月5日，第1版）

二月念八日平准公司各股份市价

招商局新股	一百四十九两	
仁和保险新股	六十九两七五	原价五十两收足
济和保险	六十八两七五	原价五十两收足
平泉铜矿	一百二十四两	原价一百零五两收四［足］
开平煤矿	一百四十七两	原价一百两收足
织布	九十六两	原价一百两收足
自来水	三十八磅半	原价念磅收足
电气灯	六十二两	原价一百两收足
长乐铜矿	一百三十五两	原价一百两收足
赛兰格点铜	九十八元	原价一百元收足
公平	八十两	原价一百两收足
鹤峰铜矿	一百二十一两	原价一百两收足
中国玻璃粉股份	五十两零五月	原价五十两收足
牛奶	九十五元	原价一百元收足
旗昌浦东栈房码头	一百十二两	原价一百两收足
叭喇糖公司	三十四两五	原价五十两收足
上海保险公司	五十两零二五	原价一百两先收五十两
电报	一百零一元	原价一百元收足

顺德铜矿	一百两	原价一百两收足
驳船公司	约一百零六两	原价一百两收足
三源保险	五十一两	原价五十两收足
金州煤铁矿	九十两	原价一百两收足
池州	三十四两五	原价一百两先收廿五两
沙呇开地公司	廿五两	原价一百两先收廿五两
荆门煤铁矿	十九两五	原价一百两先收廿五两
施宜铜矿	一百两	原价一百两收足
承德三山银矿	六十五两	原价五十两收足
白土银矿	七十八元	原价五十元收足
徐州煤铁矿	一百两	原价一百两收足
贵池煤铁矿	二十四两五	原价念五两收足

（1883 年 4 月 6 日，第 8 版）

轮船赴高

（1883 年 4 月 7 日，第 2 版，文见“社会关系”）

拍卖铁趸船

今承招商局总办嘱本行于三月十一日两点钟在本行拍卖铁趸船一只，名“州山”，其船系前英公司轮，舟上舱改装木棚，计关吨六百廿九吨，长一百九十尺，阔念九尺半，其船泊在汉口谦慎安码头。欲知细情，请至本行面订。拍定后，当付拾天期票，限七天放船，不能延误。此布。

壳件行启

（1883 年 4 月 11 日，第 9 版）

轮舟搁浅

《字林西字报》言，闻得招商局之“海晏”轮船由津回沪，途中忽然搁浅，缘舵索有不妥处，致有此失，然未知其详也。

（1883 年 4 月 17 日，第 1 版）

失　折

启者：今遗失保险招商息折一扣，第一百零七号，计银二百两；又仁和保险息折一扣，第六十五号，计银二百两，该股票已向仁和保险倒换新股票，并收到新息折矣。第前项所失之两息折，已向前途说明，作为废折无用，恐后无凭，为此登报，切勿收用是要。

唐松兴户告白

（1883 年 4 月 17 日，第 3 版）

海程风雨

近日风雨时作，海行殊险，太古公司之“惇信”轮船于初八日由宁来沪，至海中陡遇大风，加以急雨，不便行驶，直至初十始抵沪渎。招商局之“江表”轮船初八开出吴淞口，风雨交加，不能展轮，遂就吴淞暂泊，亦至初十如得开行。又有“宜昌”轮船由汉口来，“时和”轮船由厦门来，皆言海中风狂雨急，又有大雾迷漫，轮行实虞危险也。

（1883 年 4 月 18 日，第 1 版）

观察出洋

昨日法国轮船“加禄根”开往外洋，有唐景星观察附轮出洋。闻因欲推广招商局生意，故特亲往履勘各处可设码头之处，往返约须八月为期，并请袁翔甫大令偕行云。

（1883 年 4 月 19 日，第 1 版）

搁浅续闻

招商局“海晏”轮船在北河搁浅，此已列报。兹有轮船由津回沪，皆言初九日见该轮船尚在搁住，未能出险，未知能无恙否。

（1883 年 4 月 20 日，第 2 版）

三月二十二日（股份市价）

招商局新股	一百四十五两五	
仁和保险新股	七十两	原价五十两收足
济和保险	六十九两	原价五十两收足
平泉铜矿	一百三十两	原价一百另五两收足
开平煤矿	一百三十三两	原价一百两收足
织布	九十二两	原价一百两收足
自来水	三十八磅	原价念磅收足
电气灯	约六十两	原价一百两收足
长乐铜矿	八十九两	原价一百两收足
赛兰格点铜	九十七元五	原价一百元收足
公平缫丝	七十二两	原价一百两收足
鹤峰铜矿	约一百两	原价一百两收足
中国玻璃粉股份	五十两另五	原价五十两收足
牛奶	约九十三元	原价一百元收足
新造纸公司	七十二两	原价一百两收足
旗昌浦东栈房码头	一百十二两	原价一百两收足
叭喇糖公司	三十四两五	原价五十两收足
上海保险公司	五十两另七五	原价一百两先收五十两
电报	九十三元	原价一百元收足
顺德铜矿	九十五两	原价一百两收足
驳船公司	一百另五两	原价一百两收足
三源保险	五十两另七五	原价五十两收足
金州煤铁矿	八十五两五	原价一百两收足
池州	三十四两二五	原价一百两先收廿五两
沙峇开地公司	廿四两	原价一百两先收廿五两

荆门煤铁矿	二十两另七五	原价一百两先收廿五两
施宜铜矿	约八十五两	原价一百两收足
承德三山银矿	七十九两	原价五十两收足
白土银矿	七十四元五	原价五十元收足
徐州煤铁矿	九十六两五	原价一百两收足
贵池煤铁矿	二十一两	原价念五两收足

（1883年4月29日，第9版）

轮船修竣

招商局之“兴盛”轮船前由津开行，中途与某沙船相撞，沙船立即沉下，船上诸人则由该轮船悉数救起，此已列报。是役也，“兴盛”船亦略受损伤，故旋沪后即至船厂修理，刻已完竣，于前日出坞，今日仍开往津沽矣。

（1883年5月2日，第2版）

四月念二日（股份市价）

招商局新股	一百四十二两	
仁和保险新股	六十九两	原价五十两收足
济和保险	六十八两	原价五十两收足
平泉铜矿	一百零四两	原价一百另五两收足
开平煤矿	一百三十二两	原价一百两收足
织布	九十两	原价一百两收足
自来水	三十六磅	原价念磅收足
电灯	六十两	原价一百两收足
长乐铜矿	八十七两	原价一百两收足
赛兰格点铜	九十五元	原价一百元收足
公平缫丝	七十两	原价一百两收足
鹤峰铜矿	九十两	原价一百两收足

中国玻璃粉股份	四十四两	原价五十两收足
牛奶	九十元	原价一百元收足
旗昌浦东栈房码头	一百十两	原价一百两收足
叭喇糖公司	三十二两	原价五十两收足
上海保险公司	五十二两五	原价一百两先收五十两
顺德铜矿	九十三两	原价一百两收足
驳船公司	一百两	原价一百两收足
三源保险	五十二两五	原价五十两收足
金州煤铁矿	八十三两	原价一百两收足
池州	三十七两五	原价一百两先收廿五两
沙峇开地公司	廿二两	原价一百两先收廿五两
荆门煤铁矿	二十一两五	原价一百两先收廿五两
施宜铜矿	八十五两	原价一百两收足
承德三山银矿	七十五两	原价五十两收足
白土银矿	九十元	原本七十元收足
徐州煤铁矿	一百两	原价一百两收足
贵池煤铁矿	二十两零七五	原价念五两收足
火车糖	一百十二元	原本一百元
烟台缫丝	一百八十两	原本二百两

（1883 年 5 月 29 日，第 9 版）

沉船续闻

招商局之“兴盛”轮船被“格得林麦登”帆船撞沉一节，已列前报。兹悉“兴盛”船沉下之时共毙七人，一为二副，西人也，一为庖人，一为细崽，一为管事，又有□［搭］客三人，皆华人也，同罹于厄。而船主之腿亦已受伤，现在船主已乘招商局之“镇东”轮船来沪就医。并闻“格得林麦登”系英国轮船，刻下轮船上之大副等已往烟台，欲控于领事衙门，究其相撞之故也。

（1883 年 6 月 2 日，第 3 版）

新船到沪

招商局在外洋新造轮船一号，船名“江裕”，已于昨日到沪，装来各货，内有牛棚公司乳牛六十余只，并在船所产小牛九只。该船行驶迅速，船身坚固，舱位宽展，机器精良，俟在沪装饰后，常川往来长江各埠也。

（1883 年 6 月 2 日，第 3 版）

新船续志

招商局之新轮船名“江裕”，由外洋来华，业经列报。兹悉该船系在英国格来帖船厂所造，系属明轮，钢壳长计三百十二万尺，舱深十三英尺，中间船腰阔七十四尺，机器亦大半用钢为之，转舵亦用机器之力。船房装潢均极精雅，所用器初多系新式，极为便利。华人头、二等客位颇为舒畅，其客堂亦甚宽敞，散搭客位可容一百七十铺。其为华人烧饭之所，有新法铁锅，可以不用生火，但借力于机器上之汽，足供炊爨。该船自三月十三日由英国启轮，船内装牛数十头，皆系运至牛乳棚者，其牛系西人精于牧事者所拣选，皆为佳品。一路开行皆极顺利，惟行至红海，因过于酷热，牛有数头倒毙。至本月初五日行至爱屯地方，遇有印度船举号求救，驶近询问，则见船中人数甚众，并有羊甚多，自言绝粮故求拯济。“江裕”船上送与食物，遂展轮复行。在印度洋面时有雷雨，至十七日行抵新加坡，十八日由新埠开行赴华，在中国洋面遇风雨电雷，并有雾气，前日早九点钟到吴淞，十点钟进口抵埠。统计由英至华共四十二日，其中停泊者五日，实行三十七日云。

（1883 年 6 月 3 日，第 1、2 版）

整治轮船

闻招商局之“海定”轮船，近拟重加改造，加长三丈余。其机器由新来之“江裕”轮船带来，故“江裕”轮船亦须驶至董家渡船厂内，将机器运出，装入“海定”船中，并须将“海定”船舱内，格外整治，俾得焕然一新。致“江裕”船因装牛来华，其舱房等类均须重加装盖，俟整理完竣，方可驶行也。

（1883 年 6 月 5 日，第 2 版）

总办行踪

前日上海接到电音，谓招商局总办唐君景星于四月二十四日偕其同人已抵意大利国，沿途均幸平安云。

（1883 年 6 月 13 日，第 2 版）

五月廿四日（股份市价）

招商局新股	约一百三十两	
仁和保险新股	六十六两	原价五十两收足
济和保险	六十五两	原价五十两收足
平泉铜矿	一百零二两	原价一百零五两收足
开平煤矿	一百念五两	原价一百两收足
织布	八十四两五	原价一百两收足
自来水	三十七磅	原价念磅收足
电气灯	五十九两	原价一百两收足
长乐铜矿	八十一两五	原价一百两收足
赛兰格点铜	九十六元半	原价一百元收足
公平缫丝	六十八两	原价一百两收足
鹤峰铜矿	八十三两	原价一百两收足
中国玻璃粉股份	约四十两	原价五十两收足
牛奶	九十元	原价一百元收足
旗昌浦东栈房码头	一百零五两	原价一百两收足
叭喇糖公司	三十二两	原价五十两收足
上海保险公司	五十一两二五	原价一百两先收五十两

德顺铜矿	七十五两	原价一百两收足
驳船公司	一百两	原价一百两收足
三源保险	五十四两	原价五十两收足
金州煤矿	七十六两五	原价一百两收足
池州	三十五两七五	原价一百两先收廿五两
沙砻开地公司	二十两	原价一百两先收廿五两
荆门煤铁矿	二十一两五	原价一百两先收廿五两
施宜铜矿	九十两零七五	原价一百两收足
承德三山银矿	七十五两	原价五十两收足
白土银矿	约八十四元	原本七十元收足
徐州煤铁矿	约九十三两	原价一百两收足
贵池煤铁矿	二十一两五	原价廿五两收足
火车糖	一百十元	原本一百元
烟台缫丝	一百廿两	原本二百两

（1883 年 6 月 29 日，第 10 版）

保险支利

启者：仁和保险及济惟［和］保险应支股息均于六月初一日照支，按月派息一分，请有股诸君至日凭折来局照取，特此布闻。

上海仁和、济和保险公司启

（1883 年 6 月 30 日，第 5 版）

轮船往朝鲜

启者：今有招商局“普济”轮船准于华六月初六日开往朝鲜，倘各宝号欲装货及搭客，请至三马路南画锦清和里泰昌面议，此布。

泰昌启

（1883 年 7 月 4 日，第 4 版）

观“江裕”轮船记

招商局之“江裕”轮船本泊于下海浦北栈码头，昨□［晨］开往吴淞口试轮，承招本馆友人往观。局中预备小火轮船三艘，候于新关码头，同往者华友十数人，并“海琛”轮船主等，有由别船往者，又有乘东洋车往者。十一点钟时，各人皆登“江裕”船，乃即展轮，乘风破浪，灵捷异常，耳畔但闻水声。将近十二点钟时，已至高桥口，遂停轮预备午餐，筵开玳瑁，酒泛蒲［葡］萄。在座者西友则有怡和行总船主、管保险事务洋人、旗昌管船洋人，及巴矿师、招商局总大车、“海琛”船主、“江永”船主以及《字林》、《晋源》、《文汇》三报馆洋人。华友则有怡顺、昌同、和泰、信昌、隆恒、茂祥、安正、栈益、记庆、兴公、昌泰、恒兴、九如、太古、辉记、怡和生、楷记、广义、宝记、复昌恒、怡和泰、公记、长源泰、怡和仁、盘记等号各友。船中酒杯、菜盆均烧成招商局旗号，及该局西字。俄复动轮，十二点三刻出口，即于口外回旋三四次，巨鱼纵壑，惊隼搏风，不足比其迅捷，佥谓若就外国商船而论，已属第一等船。船身长三百尺，阔四十二尺，深十三尺，首尖尾圆，吃水八尺，有三百匹马力，一点钟可行十四咪，往来汉口只用煤九十吨，其省费又如此。船主系英国人，名呢，即“江永”船之船主也，买办为唐君冠卿、徐君德广。该船即进口泊金利源码头，定于今晚开往长江云。

（1883 年 7 月 5 日，第 2 版）

定造轮船

招商局总办唐景星观察前赴外洋，此已列报。兹得英国来信言，唐观察近在英国格来忒地方船厂观玩，向该船厂主定造轮船两艘，以备将来往来津沪之用也。

（1883 年 7 月 26 日，第 2 版）

栈房召租

启者：本局金利源码头有栈房八所出租，其房坚固、高爽，均系一层楼，惟大小不等，开列于后，倘有贵商欲租堆货者，租价极为平允，或趸租或零租，先向金利源领看，请至本局账房面议可也。计开：

二号栈房，深一百二十尺阔七十五尺，

三号栈房，深二百九十三尺阔四十尺，

四号栈房，深六十二尺阔六十三尺，

五号栈房，深九十五尺阔七十五尺，

六号栈房，深九十五尺阔九十尺，

七号栈房，深二十九尺阔二百四十尺，

八号栈房，深一百二十尺阔一百零二尺，

九号栈房，深四十八尺阔九十尺。

轮船招商总局告白

（1883 年 7 月 29 日，第 4 版）

六月念五日（股份市价）

招商局新股	一百十九两	
仁和保险新股	五十六两	原价五十两收足
济和保险	五十五两	原价五十两收足
平泉铜矿	九十四两	原价一百零五两收足
开平煤矿	一百十一两	原价一百两收足
织布	八十三两五	原价一百两收足
自来水	三十六磅二半	原价念磅收足
电气灯	四十五两	原价一百两收足
长乐铜矿	七十五两	原价一百两收足
赛兰格点铜	九十五元	原价一百元收足
公平缫丝	六十六两	原价一百两收足

鹤峰铜矿	八十三两	原价一百两收足
中国玻璃粉股份	约四十两	原价五十两收足
牛奶	九十元	原价一百元收足
旗昌浦东栈房码头	一百零五两	原价一百两收足
叭喇糖公司	三十二两五	原价五十两收足
上海保险公司	五十一两二五	原价一百两先收五十两
顺德铜矿	七十三两	原价一百两收足
驳船公司	一百两	原价一百两收足
三源保险	五十五两	原价五十两收足
金州煤铁矿	七十二两	原价一百两收足
池州	三十四两五	原价一百两先收念五两
沙咨开地公司	十九两	原价一百两先收念五两
荆门煤铁矿	二十一两七五	原价一百两先收念五两
施宜铜矿	七十四两	原价一百两收足
承德三山银矿	五十两	原价五十两收足
白土银矿	八十元	原本七十元收足
徐州煤铁矿	九十两	原价一百两收足
贵池煤铁矿	二十一两	原价念五两收足
火车糖	一百十元	原本一百元
烟台缫丝	一百廿五两	原本二百两

（1883 年 7 月 29 日，第 10 版）

轮船阻风

太古行之“惇信”轮船应于礼拜日午前由宁波抵沪，乃至昨日尚未见到，人心颇为悬盼。兹悉该船因风大在镇海口寄碇，甫于昨午开轮，今日当可到沪也。至于招商局之“江天”轮船于上礼拜六自沪开轮，因该船欲绕至普陀，有西商数十人皆附船前往，该船于当晚开至吴淞口，狂风已作，旋即停轮，甫于昨日解缆云。

（1883 年 8 月 8 日，第 2 版）

风信续述

本埠初二、三等日大风，浦中大舟小艇倾覆碰撞情形，经列前报。兹悉外洋轮舶亦有为风吹损者，有因风吹溺者，如招商局之“美富”轮船由燕［烟］台来申，行至中途，陡遇大风，于时海涛汹涌，狂飙撼人，烟雨晦冥，真咫尺莫辨。船中及船面之物均有损坏，又有两水手一折臂，而一折腿，冯夷之力亦大矣。怡和洋行之“宝生”轮船从香港来申，大副之头为浪击破，水手之头亦为浪击穿而毙。招商局之“永清”轮船亦从香港来申，风折桅樯，突压船面，致穿三寸厚之板。另有一轮船不知其何名，被风吹沉于吴淞口外，惟见桅杆露出水面而已。又有小轮船寄碇吴淞口，忽有沙船顺流而下，撞于该轮船，以致锚炼［链］中断。轮船于是随波逐流，又撞于别沙船，颇有损伤，闻当回沪修理云。

（1883 年 8 月 9 日，第 3 版）

轮船回沪

太古洋行之“惇信”轮船及招商局之“江天”轮船阻风情形均列前报。兹悉“惇信”轮船于昨日到沪。据船上人言，“江天”船于礼拜一驶到宁波，礼拜二开往普陀，搭船之西商因风大，不愿到普陀，间有搭“惇信”船回沪者。诸华人则吝惜水脚，不肯中道而返。并言风势以宁波为最大，太古公司码头栈房均有潮水灌入云。

（1883 年 8 月 9 日，第 3 版）

轮船进口

招商局之“富有”轮船，于十七日下午六点半钟自香港展轮来沪，将进吴淞口，适值狂风大作，因即寄碇，二十三日始驶进浦中，停泊码头云。

（1883 年 8 月 27 日，第 3 版）

七月二十五日（股份市价）

招商局	一百十七两	原价一百两
仁和保险	五十四两	原价五十两
济和保险	五十三两	原价五十两
平泉铜矿	八十五两	原一百五两
开平煤矿	一百另二两五	原价一百两
织布	七十一两	原价一百两
自来水	三十六磅	原价二十磅
电气灯	三十八两	原价一百两
长乐铜矿	五十两	原价一百两
赛兰格点铜	一百十四元	原价一百元
公平缫丝	六十四两	原价一百两
鹤峰铜矿	六十两	原价一百两
中国玻璃粉	四十两	原价五十两
牛奶	九十元	原价一百元
旗昌栈码头	一百零六两	原价一百两
叭喇造糖	廿八两七五	原价五十两
上海保险公司	五十一两七五	原价一百两先收五十两
顺德铜矿	七十二两五	原价一百两
驳船公司	七十七两	原价一百两
金州煤铁矿	六十九两五	原价一百两
池州	二十六两	原价一百两先收廿五两
沙呇开地公司	十八两	原价一百两先收念五两
荆门煤铁矿	二十二两	原价一百两先收廿五两
施宜铜矿	五十两	原价一百两
承德三山银矿	五十三两	原价五十两
白土银矿	八十元	原价七十元
徐州煤铁矿	九十两	原价一百两

贵池煤铁矿	十六两	原价念五两
火车糖	一百十元	原价一百元
烟台缫丝	一百廿五两	原价二百两

（1883 年 8 月 28 日，第 10 版）

水手来沪

天津西人来信言，招商局之“海定”轮船开行来沪，内有中国水手四百名附轮而来，闻该水手等将往德国接取定造两□［铁］舰回□［华］也。又言□［越］南使臣之在津沽者，刻下闻将启行回国矣。

（1883 年 9 月 7 日，第 2 版）

轮船招商局第十年账略

办理情形节略

谨将光绪八年七月初一日起至九年六月底止，本局第十届办理情形及各项收支、各船盈绌，胪列清册上下两本，呈请北南洋大臣查考，暨咨送江津两海关备核，并分存上海、天津、汉口、福州、香港、广州、新嘉［加］坡七局，以便有股诸君就近查览。另汇简明账略分致同人，倘有未尽善处尚祈指教，以匡不逮，幸甚。

一、办理情形宜声明也。所添股本原为购置新船、开拓外洋各埠起见，适值法越多事，所订代越运粮暂且中止。其他各国所属海口虽有订约之处，未便造次放船行走，是以廷枢亲往欧洲游历遍访商情，择其确有把握者相与商定，然后回华妥议再定行止，以昭慎重。近年各省偏灾，各业生意清寥，遂致水脚较差，南洋更甚。兼之去冬漕粮虽蒙苏省照拨而浙省因歉减数，鄂漕又值拨赈，比较上届少运十九万余石，因此数端，则通盘核计获利无多矣。

一、各船分驶宜详述也。长江各埠仍以“江宽”、“江永”、“江孚”、“江表”及“江裕”新船常川行驶，“江通”仍走宜昌，“江天”仍走宁波，“江平”仍走粤省内河，“永宁”仍走温州。至若海船之“保大”、

“丰顺”、“海晏”、“海定”、“永清”、“利运”、“日新”、“镇东”、“拱北”等常走北洋，运漕揽载，而于秋冬或有调走他埠之用。惟“富有”、“怀远”、“美富”、“致远”、“海琛”、“图南”及“普济”新船常在南洋各口，春夏间或调一二船协运粮米，若遇装送官兵公事，则无论何船随时量为酌调。以上江海轮船二十五号，皆甚坚固快利。尚有定造“富顺”、“广利”钢壳海船二号，将次可到，共计二十七船，足敷分驶。原有“美利”一船于正月间在南洋遭风，“兴盛”一船于四月间在北洋与帆船相撞沉失，“利航”、“利达”二船常在津沽拖驳，应入小轮之列。前领船政衙门“康济”轮船一号，已于本年三月间奉饬缴还矣。“和众”一案英国政府断赔半价，业已移会驻沪英按察复核照办，专候英国汇银来沪就可向取俟，收到后自当登明下届清册。

一、疏虞过失宜防维也。轮船航海原不能永保无虞，所以泰西有保险公司之设，本局仿照西例亦设自保船险，照章抽费，凡遇碰撞损失应归保险理赔者，即取偿于此，庶于股本无伤。历届以来除一律取偿外，尚有公积银二十五万余两，亦积谷防饥之法也。

一、添置出售宜权度也。凡通商口岸本局置有码头、栈房者十余处，以收船到即可装卸货物之便，曾于包局五分公费内酌提租金以资出息。惟上海向只东北二栈，自旗昌归并又多南中二栈。其北中二栈滨临虹口，以储漕粮兼堆南洋客货。其南栈地连城市，更称便当，以泊天津、长江、宁波诸船，皆甚得用。其东栈系在浦东，乃开创时所置，一浦之隔究属不便，现虽租堆客货，殊觉寥寥，自宜徐图出售。至于南栈地段，间有旗昌租人之地转与本局接租者，次第期满，不愿展租而谋其地者甚众，不得不按照时价购之以图联络。沿浦升滩均须填筑码头，栈房亦在翻造，需费虽巨，利便较多，将来工竣后上下货物贴近船边，节省扛力为数不少，未便惜费而弃置不办。北栈左首老宁波码头、栈房亦系旗昌归并之产，价本十一万两，添置相连地段九万余两，共合原本二十万有奇，本备开拓，然既有北栈之宽展复加南栈之扩充，足资储货停船，则此老宁波码头、地基、栈房似无所需，爰集公议佥谓售去为是，旋由怡和经手，售得价银三十五万两，已收定银一万两，订迟四月分期交割。浦东船坞亦属旗昌并下，连年租与耶松，自既无用，亦宜售去，故照原价五万两售与耶松，订明陆续交银八厘核息。以上两端共得价银四十万两，不仅藉舒周转而尚有余彩，姑俟收清价款列入下届之账，谨预陈之。

一、各项收支宜指陈也。今届添招新股一百万两业经收足。应支官利悉按收银日起算，所该官款今又还去二十五万余两。保险局股、钱庄等户及船险公积均与前届无甚出入。客欠水脚还旧拖新，川流不息。存煤存物，日用所需，自应常备。其船栈等成本除本届折旧十五万余两外，较之上届多支新造船栈银六十万两，并朝鲜国借去曹平银二十万两，因此用款稍繁，故筹垫未能腾轻，又值赔失稍重，故船险未能累积。

一、各船盈绌宜分剖也。本届各船生意余款三十七万余两，固不及上届之多，按之长江、北洋水脚尚不离谱，无如少得运漕水脚以及南洋多事，遂觉减色。其各口租金比之上届多进二万余两者，乃各埠均有添产，自应出息渐增，不敢自居得手。而息银项下多支十余万两，明知较重，初亦不料时势如此，究之预订造船、造栈等项俱系要需。又措交朝鲜之款，订定分年本利归还，亦为助以开埠联络商务起见。果否有效虽难预决，而现在朝鲜励精图治，有蒸蒸日上之势，本局将来或能得其利益也。廷枢等办理十年日久，深恐陨越，所望公举贤才及时更替，无任翘企之至。

唐廷枢景星、徐润雨之、张鸿禄叔和、郑官应陶斋同启

综结

一、该股份资本规银二百万两。

一、该官款存本规银九十六万四千二百九十一两九钱三分七厘。

一、该保险局钱庄存户等规银二百三十七万零三百四十五两四钱一分五厘。

一、该船险公积规银二十五万二千三百五十三两六钱九分六厘。

一、该彩结余款规银七万七千六百三十六两四钱七分五厘。

五注共该规银五百六十六万四千六百二十七两五钱二分三厘。

一、存朝鲜借款规银二十一万两。

一、存各口水脚挂欠规银三十七万二千一百十六两七钱一分一厘。

一、存各口煤炭价值规银七万零九百八十八两八钱六分七厘。

一、存各项用物价值规银三万七千五百二十一两九钱四分五厘。

一、存开平荆门矿股规银二十一万五千两。

一、存轮船二十七号价本规银二百八十万两。

一、存各口码头栈房价本规银一百六十九万六千两。

一、存小轮趸船铁驳价本规银二十一万两。

一、存船坞麻袋生财价本规银五万三千两。

九注共存规银五百六十六万四千六百二十七两五钱二分三厘。

彩结

一、进各船余款规银三十七万零七百零五两五钱八分二厘。

一、进各口房租规银十一万九千四百五十七两四钱三分一厘。

一、进杂项余款规银八百零九两九钱二分五厘。

一、进上届结余规银十三万零五百二十七两七钱五分六厘。

共计结余规银六十二万一千五百两零零六钱九分四厘。

一、支栈房修理规银二万六千五百九十八两五钱三分。

一、支各项息款规银二十万零零九百六十九两九钱零七厘。

一、支股份官利规银十六万零零十七两零一分九厘。

一、支成本折价规银十五万六千二百七十八两七钱六分三厘。

共计结支规银五十四万三千八百六十四两二钱一分九厘。

除支，净余规银七万七千六百三十六两四钱七分五厘。

（1883 年 9 月 15 日，第 3 版）

轮船招商总局告白

兹届第十年结账之期，仍于九月初一日，请在股诸君惠临看账议事，凭折支利。在远处者各就近赴天津、汉口、福州、广州、香港、新嘉［加］坡分局看账支利。特此预闻。

（1883 年 9 月 25 日，第 8 版）

八月三十日（股份市价）

		原价
招商局	一百两	一百两

仁和保险	五十一两	五十两
济和保险	五十两	五十两
平泉铜矿	八十两	一百五两
开平煤矿	八十二两	一百两
自来水	新老三十四磅	二十磅
电气灯	三十五两	一百两
长乐铜矿	五十两	一百两
赛兰格点铜	一百二十元	一百元
公平缫丝	五十两	一百两
鹤峰铜矿	五十两	一百两
中国玻璃粉	三十四两	五十两
牛奶	九十元	一百元
旗昌栈码头	一百零六两	一百两
叭喇造糖	三十两	五十两
上海保险公司	五十二两	五十两
顺德铜矿	七十二两五	一百两
驳船公司	七十两	一百两
金州煤铁矿	五十九两	一百两
池州	二十五两	念五两
沙岑开地公司	十八两	念五两
荆门煤铁矿	二十一两	念五两
施宜铜矿	五十两	一百两
承德三山银矿	四十八两	五十两
白土银矿	七十三元	七十元
徐州煤铁矿	八十两	一百两
贵池煤铁矿	十五两二五	廿五两
火车糖	一百十元	一百元
烟台缫丝	一百十八两	二百两

（1883 年 10 月 1 日，第 10 版）

轮船撞损

招商局之“江天”轮船从宁波来沪，本应于昨日清晨抵埠，而昨日相近十点钟时尚未见至，人皆望眼欲穿，嗣于十一点钟进口。既抵码头，据搭客云，该船驶至大七洋面，适遇禅臣洋行下“扬子”轮船由沪赴香港，猝与相撞，两船均有损伤，遂各驶回本埠。“扬子”船上之货业已运至“镇江”轮船，以便再往香港。而“江天”船亦须修理，下次赴宁波当用“江表”轮船云。

（1883 年 10 月 5 日，第 2 版）

商船赴高

（1883 年 10 月 11 日，第 3 版，文见“社会关系”）

十月初八日（股份市价）

		原价
招商局	新九十两	一百两
仁和保险	四十八两	五十两
济和保险	四十七两	五十两
平泉铜矿	七十两	一百五两
开平煤矿	八十两	一百两
自来水	新老三十一磅半	二十磅
电气灯	三十五两	一百两
长乐铜矿	五十两	一百两
赛兰格点铜	一百十九元	一百元
公平缫丝	五十两	一百两
鹤峰铜矿	四十两	一百两
中国玻璃粉	三十四两	七十两

牛奶	九十元	一百元
旗昌栈码头	一百零三两	一百两
叭喇造糖	二十五两	五十两
上海保险公司	五十二两	五十两
顺德铜矿	七十二两五	一百两
驳船公司	七十四两	一百两
金州煤铁矿	五十九两五	一百两
池州	廿五两	念五两
沙峇开地公司	十八两	念五两
荆门煤铁矿	廿一两	念五两
施宜铜矿	五十两	一百两
承德三山银矿	四十八两	五十两
白土银矿	六十五元	七十元
徐州煤铁矿	八十两	一百两
贵池煤铁矿	十四两五	廿五两
火车糖	一百十元	一百元
烟台缫丝	一百九十八两	□［三］百两

（1883年11月8日，第10版）

轮船载兵

（1883年11月10日，第2版，文见“社会关系”）

十月廿二日（股份市价）

		原价
招商局新股	六十七两	一百两
仁和保险	三十七两	五十两
济和保险	三十六两	五十两
平泉铜矿	五十二两	一百五两

开平煤矿	六十二两	一百两
自来水	新三十三磅半	二十磅
电气灯	无市	一百两
长乐铜矿	四十五两	一百两
赛兰格点铜	一百六十四元	一百元
公平缫丝	四十两	一百两
鹤峰铜矿	三十七两五	一百两
中国玻璃粉	无市	七十两
牛奶	六十元	一百元
旗昌栈码头	无市	一百两
叭喇造糖	卅四两	五十两
上海保险公司	三十七两	五十两
顺德铜矿	七十两	一百两
驳船公司	七十五两	一百两
金州煤铁矿	五十两	一百两
池州	无市	念五两
沙砻开地公司	十七两	念五两
荆门煤铁矿	十九两	念五两
施宜铜矿	三十两	一百两
承德三山银矿	无市	五十两
白土银矿	六十元	七十元
徐州煤铁矿	无市	一百两
贵池煤铁矿	十二两五	廿五两
火车糖	无市	一百元
烟台缫丝	无市	三百两

（1883 年 11 月 22 日，第 10 版）

轮船往高

招商局近与高丽订定每月发轮船一艘，由中国往来仁川地方，约以一年为期。想一年之后或当再定章程也。

（1883年11月29日，第1版）

封河在迩

传闻招商局之“日新”、“普济”两轮船将由天津来沪，天气日寒，北河业已见冰，此两船开后，封河即在目前矣。

（1883年11月30日，第2版）

粤垣军事汇录

（前略）闻招商局“图南”轮船现已改竖英国旗帜，而“怀远”轮船亦拟将旗帜更改，想必因中法二国将启兵争，故易其旗帜，以便往来海上也。（下略）

（1883年12月12日，第2版）

升茂庄经收九月廿二日轮船桶捐第一次清单

“江天”船英洋三圆，四开五个，钱三百零六（两）；“江表”船英洋二圆，钱六百文；“江宽”船英洋十圆，四开一个，八开三个，钱二千四百念文；“海琛”船英洋廿五圆，花洋九圆，四开五个，八开三个，钱十千文；“惇信”船英洋三元，四开三个，钱三百五十文；“北京”船英洋廿二圆，四开一个，钱一千七百廿六文。以上六船共收英洋六十五圆，内铜洋一圆，花洋九圆，四开十五个，八开六个，钱十五千四百零二文，如数解交金州矿务局赈捐公所。

（1883年12月26日，第4版）

十二月初一日（股份市价）

		原价
招商局新股	六十两	一百两

仁和保险	三十五两	五十两
济和保险	三十四两五	五十两
平泉铜矿	四十六两	一百五两
开平煤矿	五十七两五	一百两
自来水老股	廿八磅	二十磅
电气灯	约三十两	一百两
长乐铜矿	四十二两	一百两
赛兰格点铜	二百廿元	一百元
公平缫丝	三十两	一百两
鹤峰铜矿	三十六两	一百两
中国玻璃粉	约八十两	一百两
牛奶	约六十元	一百元
旗昌栈码头	约八十五两	一百两
叭喇造糖	卅一两	五十两
上海保险公司	卅两	五十两
顺德铜矿	五十五两	一百两
驳船公司	约七十五两	一百两
金州煤铁矿	四十一两	一百两
池州	约二十两	念五两
沙呇开地公司	十七两	念五两
荆门煤铁矿	十七两	念五两
施宜铜矿	二十四两	一百两
承德三山银矿	约三十两	五十两
白土银矿	约六十元	七十元
徐州煤铁矿	约六十两	一百两
贵池煤铁矿	十四两	廿五两
火车糖	约一百元	一百元
烟台缫丝	约一百廿五两	三百两

（1883 年 12 月 30 日，第 9 版）

调船载兵

(1884年1月6日，第2版，文见“社会关系”)

“怀远”轮船失事余闻

(1884年1月16日，第2版，文见“社会关系”)

海外归来

招商局总办唐景星观察偕袁翔甫大令等于今春出洋游历。兹闻唐观察已回香港，惟何日来沪，尚未定期也。

(1884年1月18日，第1版)

各公司十二月二十日市价录左

各公司名目	时价	原价	获利	亏耗
招商局新股	六十两	一百两		四十两
仁和保险	三十二两五钱	五十两		十七两五钱
济和保险	三十二两	五十两		十八两
平泉铜矿	三十八两	一百五十［零五］两		一百十二两
开平煤矿	五十七两	一百两		四十三两
自来水老股	念八磅	念磅	八磅	
电气灯	无市	一百两		
长乐铜矿	四十一两	一百两		五十九两
赛兰格点铜	二百七十元	一百元	一百七十元	
公平缫丝	念七两	一百两		七十三两
鹤峰铜矿	念七两	一百两		七十三两
中国玻璃粉	无市	一百两		

牛奶	无市	一百元	
旗昌栈码头	无市	一百两	
叭喇造糖	念九两	五十两	二十一两
上海保险公司	念八两	五十两	念二两
驳船公司	无市	一百两	
金州煤铁矿	无市	一百两	
池州煤	十五两	念五两	十两
沙呇开地公司	十二两七五	念五两	十二两二钱五
荆门	无市	念五两	
施宜铜矿	念四两	一百两	七十六两
承德三山银矿	无市	五十两	
白土银矿	五十三元	七十元	十七元
贵池煤铁矿	十二两五钱	念五两	十二两五钱
火车糖	无市	一百元	
烟台缫丝	一百念两	三百两	一百八十两

（1884 年 1 月 18 日，第 9 版）

行旌抵沪

昨日法公司轮船抵沪，招商局总办唐景星观察及巴西国之总领事暨副领事均附轮而来云。

（1884 年 1 月 20 日，第 2 版）

轮船下水

招商局“顺和”轮船去腊在老船坞修理，刻已竣工，于前日下水矣。

（1884 年 2 月 3 日，第 3 版）

争载粮米

（1884 年 2 月 3 日，第 3 版，文见“社会关系”）

轮船北上

近闻北河未曾见冰，故招商局之“普济”轮船已于昨日装载粮米驶行北上。惟闻此次“普济”试行能否直达紫竹林，尚在未定，故船上既无信件，又无搭客，拟俟抵大沽后再看情形以定行止。又闻招商局派往津沽之各轮船现在亦皆预备开行也。

(1884 年 2 月 8 日，第 2 版)

轮船续开

闻得招商局接到津沽电报云，北河虽略见冰凌，并未全冻，不碍舟行，故“拱北”轮船又于今日继“普济”而北上矣。

(1884 年 2 月 11 日，第 2 版)

“怀远”船失事纪余

招商局之“怀远”轮船失事后，经派小火轮船往探情形，此已列报。兹悉小火船名“福利”，于昨日回沪。据称该船往探时，带有海关洋人善水性者□人，追至该处而雨雪纷飞，风浪交作，苦于不能奏手。在后二人入水，探得“怀远”船为沙泥拥覆，□厚□尺，因是不能入舱内取物，惟见船面有死羊四只而已，水面之桅杆亦不可见。二人遂至近处山上暂住，是以“福利”船于今日再行开往接回二人也。自此以后不复派船往探矣。

(1884 年 2 月 13 日，第 2 版)

正月念三日（股份市价）

		原价
招商局新股	六十九两	一百两

仁和保险	三十七两	五十两
济和保险	三十六两五	五十两
平泉铜矿	八十四两	一百五两
开平煤矿	六十五两	一百两
自来水老股	廿七磅	二十磅
电气灯	廿五两	一百两
赛兰格点铜	四百十元	一百元
公平缫丝	廿二两	一百两
鹤峰铜矿	三十两	一百两
中国玻璃粉	约八十两	一百两
牛奶	约六十元	一百元
旗昌栈码头	约八十五两	一百两
叭喇造糖	三十五两	五十两
上海保险公司	三十一两五	五十两
驳船公司	约七十五两	一百两
金州煤铁矿	四十三两五	一百两
池州	十七两五	念五两
沙咨开地公司	十二两七五	念五两
荆门煤铁矿	十五两	念五两
施宜铜矿	二十五两	一百两
承德三山银矿	十五两五	五十两
白土银矿	廿五元	七十元
贵池煤铁矿	十三两七五	廿五两
火车糖	约六十二元	一百元
烟台缫丝	约一百廿两	三百两

（1884 年 2 月 20 日，第 9 版）

轮船北行

前因北河未曾冰冻，故招商局“普济”轮船在沪装粮米，于本月十一日动轮北上，曾列本报。兹悉该局“永清”轮船又于今早放行，亦装粮米运津，凡有搭客及各货物，均不准附载，盖□该局之定章也。

（1884 年 2 月 21 日，第 2 版）

轮船北上

招商局以津沽已经开冻，续派“永清”轮船北行等情，均列前报。兹闻招商局之“镇东”、“保大”、“普济”三轮船及怡和行之“丰顺”、“高升”两轮船均于日内陆续北上，闻日前外洋运来之机器等件，亦由“丰顺”船载至天津云。

（1884 年 2 月 22 日，第 2 版）

装兵赴台

（1884 年 2 月 27 日，第 2 版，文见“社会关系”）

轮船北行

昨日本埠有轮船六艘开往天津，怡和洋行则“高升”、“顺和”，太古则“重庆”、“武昌”，招商局则“海晏”、“保大”，并有马立师洋行之帆船名“阿剌马西亚”亦连翩北上。迨晡时“江天”轮船进口，述及“武昌”、“海晏”两船均在吴淞口外搁浅，正欲争先忽焉落后，是亦该两船所不及料也。然苟险而不害，尚属幸事矣。

（1884 年 2 月 29 日，第 2 版）

轮行顺利

招商局之“普济”轮船前次赴津，以并未春融，冰泮有待，未曾入口，就在大沽卸货空回。此次放洋则于上月二十九晚约十点钟同“永清”先后到津，但满□［船］粮米，并无货物，食力人等望眼空穿。然紫竹林则顿形热闹，嗣闻“普济”、“永清”轮船均于昨日回沪云。

（1884 年 3 月 2 日，第 2 版）

轮舶带银

前日招商局之“永宁”、“镇东”、“普济”三轮船由天津来沪，船中皆带现银，计“永清”带银九万，“镇东”带银十一万，“普济”带银四十万。

（1884 年 3 月 4 日，第 3 版）

“富有”船续闻

招商局之“富有”轮船搁浅一节昨已略述。兹悉该□［船］装有兵一千二百名，系由汉口载赴台湾，行至澎湖搁浅，并悉船身并无大损，招商局已发“海琛”轮船前往拖带，不日可以来申。复派“万年青”轮船赴该处装载船内之兵送往台湾，以重防务云。

（1884 年 3 月 26 日，第 2 版）

“富有”船搁浅评述

招商局之“富有”船搁浅一节，已两次录报。兹悉该船自汉装兵一千二百名赴台湾，行至澎湖适值大雾，对面不见，遂致搁于浅滩。船上各兵则乘小艇登岸，该船二副急往厦门报信，随发“万年青”兵船带同修补船只之匠人数十名，欲为补其缺漏，盖船舱有小损故也。该兵船则载兵以去，招商局又发“海琛”船前往拖带。上月念七、八、九等三日“海琛”百计设法，欲拖以出险，乃该船在浅滩，潮退时水仅五尺许，潮涨时亦只十三四尺，故卒不能施救。刻下“海琛”已于念九夜十二点钟开行，前晚业经回沪矣。

（1884 年 3 月 30 日，第 2 版）

三月初二日（股份市价）

		原价
招商局新股	六十一两	一百两
仁和保险	三十三两二五	五十两
济和保险	三十三两	五十两
平泉铜矿	五十五两	一百五两
开平煤矿	五十一两	一百两
自来水老股	廿七磅	二十磅
电气灯	廿五两	一百两
赛兰格点铜	四百五十元	一百元
公平缫丝	十三两	一百两
鹤峰铜矿	二十八两	一百两
中国玻璃粉	约五十两	一百两
牛奶	约六十元	一百元
旗昌栈码头	约八十两	一百两
叭喇造糖	二十五两	五十两
上海保险公司	二十八两	五十两
驳船公司	约七十两	一百两
金州煤铁矿	四十一两	一百两
池州	十三两五	廿五两
沙咨开地公司	八两	廿五两
荆门煤铁矿	十五两	廿五两
施宜铜矿	二十五两	一百两
承德三山银矿	十三两	五十两
白土银矿	廿元	七十元
贵池煤铁矿	十二两	廿五两
火车糖	约六十元	一百元

烟台缫丝　　约一百廿两　　三百两

（1884 年 3 月 31 日，第 9 版）

援船续往

招商局之“海琛”轮船复于前日启轮，仍赴澎湖，设法拖救“富有”轮船，并带有吸水机器。又闻“福利”小火轮现在船厂修理，一俟修竣，亦须前往以相助“海琛”也。

（1884 年 4 月 2 日，第 2 版）

轮船出险

招商局之“富有”轮船搁浅，及派“海琛”轮船一再前往设法施救等情，均经列报。昨闻招商局接有厦门分局电报云，“富有”船已于十五日偕“海琛”轮船由澎湖开回上海云云。然则该船幸已出险矣，是可喜也。

（1884 年 4 月 13 日，第 2 版）

轮船回沪

招商局之“富有”轮船偕“海琛”轮船由澎湖回沪，已列昨报。兹悉该轮船于昨早八点钟抵埠，即驶至虹口老船坞修理。闻该船系搁碎中舱船底，致水灌入。回沪时一路用大铁管接出舱外吸水外泻，随灌随泻，得免沉没，亦不幸中之幸也。

（1884 年 4 月 14 日，第 3 版）

“富有”余闻

（1884 年 4 月 16 日，第 2 版，文见“社会关系”）

三月念三日（股份市价）

		原价
招商局新股	六十两	一百两
仁和保险	三十三两	五十两
济和保险	三十二两七五	五十两
平泉铜矿	五十两	一百五两
开平煤矿	四十八两五	一百两
自来水老股	廿七磅	二十磅
电气灯	廿两	一百两
赛兰格点铜	三百四十元	一百元
公平缫丝	十两零五	一百两
鹤峰铜矿	二十八两	一百两
中国玻璃粉	约五十两	一百两
牛奶	约六十元	一百元
旗昌栈码头	约八十两	一百两
叭喇造糖	二十五两五	五十两
上海保险公司	廿五两	五十两
驳船公司	约七十两	一百两
金州煤铁矿	四十两零五	一百两
池州	十二两七五	廿五两
沙咨开地公司	八两	廿五两
荆门煤铁矿	十四两	廿五两
施宜铜矿	二十五两	一百两
承德三山银矿	十二两	五十两
白土银矿	十八元	七十元
贵池煤铁矿	十二两二五	廿五两
火车糖	六十五元	一百元

烟台缫丝　　约八十两　　三百两

（1884 年 4 月 20 日，第 9 版）

轮船修竣

招商局之“富有”轮船搁浅后驶回沪上，即在祥生船厂修理，现在闻已竣工，今日可以出坞云。

（1884 年 4 月 27 日，第 3 版）

修治轮船

前日招商局之“拱北”轮船由津回沪后，当雇小火轮拖往浦东老船坞分厂修理，大约略有小损也。

（1884 年 4 月 27 日，第 3 版）

沉失股票息折

上年十一月二十八日申“怀远”轮船往粤，内有第五百廿三号唐松记仁和保险股票折一副，计三股；又四百十八号唐松记济和保险股票折一付，计四股；又四百八十号唐学能济和保险股票折一付，计四股，均在该船沉失，现向该公司补领新票折矣。特此声明。

唐道绅启

（1884 年 5 月 1 日，第 5 版）

巨炮到津

（1884 年 5 月 4 日，第 2 版，文见“社会关系”）

船事汇录

招商局之“永清”轮船由天津回沪小有损伤，昨日雇小火轮拖往浦东

老船坞分厂修理。(下略)

(1884 年 5 月 6 日，第 3 版)

四月廿三日（股份市价）

		原价
招商局新股	七十两	一百两
仁和保险	三十七两二五	五十两
济和保险	三十七两	五十两
平泉铜矿	三十八两五	一百五十两
开平煤矿	四十九两	一百两
自来水老股	廿七磅	二十磅
电气灯	十五两	一百两
赛兰格点铜	三百二十元	一百元
公平缫丝	十两	一百两
鹤峰铜矿	二十六两	一百两
中国玻璃粉	约五十两	一百两
牛奶	约六十元	一百两
旗昌栈码头	约八十两	一百两
叭喇造糖	二十五两五	五十两
上海保险公司	廿二两五	五十两
驳船公司	约七十两	一百两
金州煤铁矿	四十四两	一百两
池州	十一两七五	廿五两
沙峇开地公司	七两	廿五两
荆门煤铁矿	十四两	廿五两
施宜铜矿	二十五两	一百两
承德三山银矿	七两	五十两
白土银矿	十五元	七十元
贵池煤铁矿	十一两七五	廿五两

火车糖	六十元	一百元
烟台缫丝	六十两	三百两

（1884 年 5 月 18 日，第 9 版）

红茶运汉

十七日“江裕”轮船过九江，装运红茶往汉，计七千二百余箱，十九日“福和”轮船又由浔装运红茶往汉，计八千六百余箱云。

（1884 年 5 月 19 日，第 2 版）

入坞修船

招商局之“普济”轮船由津回沪，因船身油漆稍有剥蚀，两旁亦微有损处，故于前日驶往虹口耶松船坞修理矣。

（1884 年 5 月 23 日，第 3 版）

轮船来沪电音

招商局“海定”轮船初一早，“保大”轮船初二午，均由天津启碇，绕湾燕［烟］台开回上海。又“广利”轮船四月三十晚由港来沪。

（1884 年 5 月 26 日，第 4 版）

赔银续信

（1884 年 5 月 27 日，第 2 版，文见“社会关系”）

轮船来沪电音

招商局“丰顺”轮船于昨午由津开行，“海晏”船于今晚解维，均绕燕［烟］台回申。三菱公司“勤开麦鲁”轮船于昨早五点钟由长崎，太古公司之“武昌”轮船今日由天津，禅臣洋行之“宁波”轮船昨日由香港，均开行来申。

（1884 年 5 月 28 日，第 4 版）

入坞修船

招商局“保大”轮船日前由天津回沪，驶入虹口耶松船坞，重加油漆云。

（1884 年 6 月 1 日，第 3 版）

轮船来申电音

招商局之“日新”轮船初七早绕湾燕［烟］台，法公司“萨格礼恩”轮船昨日十二点钟由香港，怡和洋行“广生”轮船初五日由天津，又“新南升”轮船初五日由天津，均开行来申。

（1884 年 6 月 1 日，第 4 版）

市房召租

法租界金利源南第四十五号石库门楼房三幢、厢房二幢、小楼一幢、平屋一间，并后进大栈房五间；第四十七号石库门楼房五幢、厢楼二幢、小楼二幢、平屋二间；舟山路巷内第三十四号大栈房二所；台湾路口第四十号石库门楼房二幢、厢楼二幢、小楼一幢、平屋一间。如合意者，就近向金利源账房面议可也。

招商局谨启

（1884 年 6 月 4 日，第 5 版）

轮船来申电音

初十早招商局之“普济”轮船，太古公司之“牛庄”轮船均由天津，三菱公司之“托局麦鲁”轮船由长崎，禅臣洋行之“洋子”轮船由香港，十二早“□［海］定”轮船由天津绕湾燕［烟］台，均开回上海。

（1884 年 6 月 5 日，第 4 版）

揽装回货

前月底本月初，天津招商局与怡和洋行船只概无回货，而太古船只却满载而归，其如何起事？盖为货客回用未清也。先是各行载货杂乱无章，各贬价目，为招徕地步。去岁招商、怡和、太古联络，定一画一新章，而回用则概议九五复九五为率。岭南栈广帮字号多有以八五相要者，招商局谓以怡和为衡，怡和谓视招商局为的，既未应承亦未推却，而广帮字号则以为当按八五核算，于是字号大者计欠数千金，小者亦数百金，然皆属怡和、招商局居多，至太古则被欠甚少。今岁招商局拟清厘款项，由总局函致天津分局，于节前向各号催交，否则暂停装货。津郡分局当知照怡和与太古两行，天津太古乃仁记洋行代理者，各如约签字。时太古适无船只在埠，怡和与招商局则有船而谢绝不装。招商局栈房已贮有色酒千包，报关候船落货。号客得此信息，殊属彷徨，改向新泰兴问，除现行两船外可否多添船只？该行回称不特有船且水脚较贱，惟蒙贵帮惠顾，须立三年合同，分毫货物不向别船分运，苟如此方能效劳。时有黠者谓此举固佳，但日期、货价既立合同，而招商局与怡和以后或大贬价，较新泰兴更贱又将若何？是举殆未能尽美尽善，不若顾而之他。往返迁延，瞬经三日，适太古船已泊岸，姑叩仁记，则并不推辞，计水脚出提单一若货多为贵者。招商局存栈之酒即纷纷出货，向太古船装载，局中审悉各情，遣人往问仁记如何背约？仁记复称知单签字系与欠银者停交易耳，若等并未蒂欠分毫，如何阻彼装货？使者乃怏怏而归。幸四五月间津人谓之淡月，回货本不见多，装不装亦无紧要耳。

（1884 年 6 月 6 日，第 1、2 版）

轮船来沪电音

招商局“富顺”轮船十一晚由香港绕湾汕头，英公司轮船“麦西礼也”昨早五点半钟由香港，均开行来申。

（1884 年 6 月 6 日，第 4 版）

市房召租

法租界金利源南第四十二号石库门楼房三幢，厢房五幢，小楼一幢，平屋一间，并后进大栈房五间；第四十七号石库门楼房五幢，厢楼二幢，小楼二幢，平屋二间；舟山路巷内第三四号大栈房二所；台湾路口第四十号石库门楼房二幢，厢楼二幢，小楼一幢，平屋一间。如合意者，就近向金利源账房面议可也。

招商局谨启

（1884 年 6 月 11 日，第 5 版）

轮船来沪电音

招商局“保大”轮船十九日从天津绕□［湾］燕［烟］台，禅臣洋行“北京”轮船十八日由香港，均开回上海。

（1884 年 6 月 13 日，第 4 版）

载运新茶

昨日招商局“江天”轮船由宁波来沪，装有新出绿茶一千四百箱云。

（1884 年 6 月 15 日，第 3 版）

五月念四日（股份市价）

		原价
招商局新股	六十九两五	一百两

仁和保险	卅六两五	五十两
济和保险	卅六两五	五十两
平泉铜矿	四十一两	一百五两
开平煤矿	四十九两	一百两
自来水老股	三十磅	二十磅
电气灯	十五两	一百两
赛兰格点铜	二百七十元	一百元
公平缫丝	十二两五	一百两
鹤峰铜矿	二十五两	一百两
中国玻璃粉	八十两	一百两
牛奶	六十元	一百元
旗昌栈码头	八十两	一百两
叭喇造糖	二十四两	五十两
上海保险公司	廿二两七五	五十两
驳船公司	五十两	一百两
金州煤铁矿	四十七两	一百两
池州	十二两	廿五两
沙咨开地公司	七两	廿五两
施宜铜矿	二十五两	一百两
承德三山银矿	六两二五	五十两
白土银矿	十元零五角	七十元
贵池煤铁矿	十三两五	廿五两
火车糖	六十元	一百元
烟台缫丝	四十两	三百两

（1884 年 6 月 18 日，第 9 版）

轮船来沪电音

招商局“丰顺”轮船于初二日早，“普济”船于初三日早，均绕烟台回申。

（1884 年 6 月 26 日，第 4 版）

轮船来沪电音

招商局“海定”轮船初五早绕湾燕［烟］台回申。

（1884 年 6 月 28 日，第 4 版）

轮船来沪电音

招商局“广利”轮船初五晚由香港，法公司“伊拉滑低”轮船昨日下午三点钟由香港，均开行来沪。

（1884 年 6 月 29 日，第 4 版）

轮船来沪电音

招商局“海定”轮船十六早绕湾燕［烟］台开回上海，江苏粮道乘此船来。

（1884 年 7 月 9 日，第 4 版）

轮船来沪电音

招商局“海琛”轮船昨日由福州，“保大”轮船前日由天津，均开回上海。

（1884 年 7 月 15 日，第 4 版）

轮船开行

昨报招商局接天津信，遂令各轮船概不装货出口等情。兹闻招商局“富有”等两船本定于今早开行，后忽改于昨晚开往香港，并闻在北洋之轮船亦将驶往东洋，岂以此二处为局外口岸，可以避兵欤？

（1884 年 7 月 18 日，第 2 版）

轮船开行续闻

昨报招商局轮船开往香港一节，兹闻“富有”轮船本定于二十七日早开往香港，并无改装情事，而“保大”轮船亦于今早往天津，“江孚”轮船于今早往长江各埠，此三船均泊金利源码头装货起碇云。

（1884 年 7 月 19 日，第 3 版）

轮船来沪电音

招商局“海定”轮船于廿五日午由天津，怡和洋行“南升”轮船昨日由长崎，均开回上海。

（1884 年 7 月 19 日，第 4 版）

开轮述闻

招商局“江天”轮船平时来往宁波，定于礼拜二、四、六抵沪后，当日即开。前日早，“江天”抵沪，当日竟未开放，以致搭客下船者再行纷纷登岸。兹闻该船装载军械、铜帽等物下船驶赴舟山，昨午后四点钟时生火动轮，闻先开至吴淞小泊，再候信息以定行止。其“祥云”兵船本泊金利源码头，亦于昨日装军饷，并有湖广督标兵数十名驶赴金陵。“保大”轮船于昨午后三点钟开往天津，善厚斋将军即乘之而去。至前日所开之“富有”等船，闻尚泊在吴淞口内云。

（1884 年 7 月 21 日，第 3 版）

轮船来沪电音

招商局“富顺”轮船初一晚由香港绕湾厦门，“广利”轮船初二晚由香港绕湾汕头，禅臣洋行“厦门”轮船昨日由香港，怡和洋行“福生”轮船昨晚由香港回申。

（1884 年 7 月 24 日，第 4 版）

轮船来沪电音

招商局“保大”轮船初四早由津绕湾燕［烟］台来申，“丰顺”轮船初五早由津直回上海。

（1884 年 7 月 26 日，第 4 版）

六月初六日（股份市价）

		原价
招商局新股	五十六两五	一百两
仁和保险	三十四两五	五十两
济和保险	三十四两	五十两
平泉铜矿	三十八两五	一百零五两
开平煤矿	五十二两	一百两
自来水老股	廿八磅	二十磅
电气灯	十五两	一百两
赛兰格点铜	二百八十元	一百元
公平缫丝	十二两	一百两
鹤峰铜矿	二十四两	一百两
中国玻璃粉股份	八十两	一百两
牛奶	六十元	一百元
旗昌浦东栈房码头	五十两	一百两
叭喇造糖	二十二两	五十两
上海保险公司	廿二两七五	五十两
驳船公司	五十两	一百两
金州煤铁矿	四十四两	一百两
池州	十一两二五	念五两

沙峇开地公司	九两五	念五两
施宜铜矿	二十一两	一百两
承德三山银矿	六两	五十两
白土银矿	十四元	七十元
贵池煤铁矿	十三两	念五两
火车糖	六十元	一百元
烟台缫丝	三十两	三百两

（1884 年 7 月 28 日，第 9 版）

轮船招商局售脱

中国轮船招商局所有船只、码头、栈房等，业经售与旗昌洋行，得价银五百二十五万两，已于昨早十一点钟两面议定签字。昨晚“江天”轮船开往宁波时，已改用美国旗帜矣。呜呼，成之者数年，弃之者一旦，能无惜哉！

（1884 年 8 月 1 日，第 2 版）

分年还银

轮船招商局售与旗昌，昨已列报。兹闻华商传言，谓旗昌先付现银一百五十万两，其余分作五年拨还，每年付银七十五万两云。

（1884 年 8 月 2 日，第 1 版）

商局余闻

招商局售与旗昌□［一］节，外人皆谓恐法人开衅，故售之美国，更得自为保护。然有人言及，照万国公法，必须数月前先行售与，方可自为□理。若现在将次开衅之际，美仍不能照顾也。然则可知该局之出售，与法事无涉矣。

（1884 年 8 月 3 日，第 3 版）

补述天津商局情形

招商局售与旗昌，本埠情形早已登报，而各处分局仓卒得信，颇觉谬误失常。闻天津招商局初十日四点钟接到总局电报，十一日信远洋行即出知单，代理旗昌轮船揽载，十二日招商局总办唐景星观察南旋，十三日信远西人向招商局点货，津局总办黄花农太守回明傅相，编列号码，将货物、器具点交，一日不能蒇事。十四日忽据传电停交西人，谓据一面之词，不足凭信。嗣总办又回傅相，命西人往见，领事始允中止。“保大”、“海晏”两轮船十三四日陆续进口，未换船牌，不能报关落货。十四日“丰顺”前来，始定十五日先开“海晏”、“保大”，俟换船牌，然后出口。至船旗则于到津时由信远同美领事官饬令更换，船主谓未奉招商局明文，未遽应允，嗣同到招商局签字，随即更换云。

（1884 年 8 月 11 日，第 2 版）

津信译登

天津西人来信言，招商局售与旗昌之后，津地华商颇多议论，缘皇太后谕总理各国事务衙门大臣，谓招商局出售一节，殊深不悦。总署随将谕旨恭录电知李傅相，然木已成舟，即有谕旨，要亦挽回无术。惟思招商局既有此举，亦必胸有成竹，断非冒昧为之。或者以近来生意清淡，无从获利，故不如售出之为愈。且招商局一经售出，而各股友反得原璧归赵，是亦一好处。盖招商局股本每股银二百两，当未售之先市价仅五十两，尚无人收买，今则既经卖出，当可按股照数全还也。

（1884 年 8 月 13 日，第 2 版）

津人述招商局事

（1884 年 8 月 13 日，第 2 版，文见“社会关系”）

来信摘录

启者：连读贵馆报章，谓招商局售于旗昌洋商，普天之下同声愤懑，洋人无不非笑，且有叹惜者，咸谓中朝体面至是而扫地矣。倘因招商局资本不敷，宜添股本，则局中绝未登报，众商等何由而知？即不得已而求售，亦应谋于众商，价值是否值得，国体是否有关，询谋佥同，方可举办，何以默无一言，视同私产耶？然使售于华商，则楚弓楚得，不过责其专擅之罪已耳；若售于洋商，实与开办时收回利权之说大相剌谬。今乃不特售与洋商，且仍售于昔年归并于我之旗昌洋商，则更出于情理之外。众商等闻诸道路，蓄疑多日，以为主持局务之人即使心地糊涂，当不若斯之甚。今见局中江海轮船尽换旗昌旗号，烟囱全行刷黑，凡在股中同人无不共相惊骇，除录请各报馆主人登报外，敢烦贵馆刊入报章，以质之主其事者。众商等奉询之后，倘主其事者无词可答，名为仍用中国旗号，暗为旗昌兜揽客货水脚，今冬复为兜揽江浙漕米水脚，此等伎俩请勿于我众商前卖弄，勿谓言之不早也。

招商局众商公启

（1884 年 8 月 13 日，第 3、4 版）

津信译录

本月二十一日天津西友来信云，中国人近有传言，谓中朝前许给法人抚恤银两，刻下闻已愿稍增其数矣。又言，传闻中朝近复命李傅相与法钦差巴德诺脱商议条约之事。又云，闻李傅相已申奏中朝，谓招商局并非售与旗昌，不过以此为押，期以十年，但未知此说之确否也。又云，闻法钦使巴德诺脱发电报致美国驻京公使杨大臣，询以招商局售与旗昌一节，贵钦差知否？贵国家知否？杨大臣电复，谓已知之。又云，闻法钦差巴德诺脱不肯至津与傅相会议。又云，闻招商局产业现将向旗昌加价购回。又云，闻李丹崖星使有电音到京，云法人已发兵三万，用载兵船八艘装运来华。按此说必系讹传，本馆前闻法人发兵一万二千来华，约计八船可敷装载，若三万兵则断非八船所能容，故知其传之非真也。又云，李傅相近来终日与锡、廖两钦差及德税务司商议要公，其所议如何，则外人不得而知。又云，天津道近有示谕，令津地租屋诸人于一年之中以一月房金输之道库，其有空房则令房东出一月房金，以为现在所募练勇一千五百名之饷糈。以上西友来信云，皆得诸传闻，信否固未可必，姑拉杂照译，以俟后闻。

（1884 年 8 月 16 日，第 2 版）

告　白

启者：现在仁济和公司生意已经停办，该股本未悉如何，请有股诸君准念八日一点钟齐集，向招商局执事人妥议，特此周知。

众股友启

（1884 年 8 月 17 日，第 4 版）

公索股银

（1884 年 8 月 19 日，第 3 版，文见“社会关系”）

租地期满

昨有西友来言，招商局金利源码头前年翻造，闻工料资约费银三十万。岂此地系法轮船公司之产，现已满期，如拆屋还地，则折耗不赀，若买归地段，该公司又索价太奢，恐亦未必合算，正不知当日何所见而兴此大工也。以上系西友所述，本馆则实未悉其详细，姑录之以俟知者。

（1884 年 8 月 20 日，第 2 版）

六月念八日（股份市价）

原价

招商局新股	五十八两	一百两
仁和保险	三十两	五十两
济和保险	三十两	五十两
平泉铜矿	三十八两五	（一）百零五（两）
开平煤矿	五十二两	一百两
自来水老股	廿八磅	二十磅
电气灯	十五两	一百两
赛兰格点铜	二百六十元	一百元
公平缫丝	十二两	一百两
鹤峰铜矿	二十四两	一百两
中国玻璃粉	八十两	一百两
牛奶	六十元	一百元
旗昌栈码头	五十两	一百两
叭喇造糖	二十二两	五十两
上海保险公司	廿二两五	五十两
驳船公司	五十两	一百两
金州煤铁矿	四十四两	一百两
池州	十一两	念五两
沙咨开地公司	九两五	念五两
施宜铜矿	二十一两	一百两
承德三山银矿	六两五	五十两
白土银矿	十三元五角	七十元
贵池煤铁矿	十三两	念五两
火车糖	六十元	一百元
烟台缫丝	二十五两	三百两

（1884 年 8 月 22 日，第 9 版）

金台鱼素

（前略）招商局售与旗昌后，傅相亦不以为然，每与属员谈及，深以经手人办理不善为恨，现闻京中当道已交章参劾矣。

（1884 年 8 月 25 日，第 2 版）

津信汇登

（前略）招商局售与旗昌后，唐景星观察拟极力转圜，顾全商局。讵六月十六日发电至津，谓大局已定，不能转移，且局中司事有任凭去留之说，一时人心涣散，议论纷如。日间又有假手旗昌经理三月之信，是否属实不得而知也。

（1884 年 8 月 27 日，第 2 版）

买回商船

招商局轮船前已售与旗昌洋行，兹闻招商局仍拟将数船买回，有一船名“利运”，新从香港来沪，经招商局买回，业已交割，观此情形，则扯龙旗之商船，不日又可在海面来往矣。

（1884 年 9 月 16 日，第 3 版）

八月初三日（股份市价）

		原价
招商局新股	五十一两	一百两
仁和保险	二十五两	五十两
济和保险	二十五两	五十两
平泉铜矿	三十八两	（一）百零五（两）
开平煤矿	四十六两	一百两
自来水老股	廿八磅	二十磅
电气灯	十五两	一百两
赛兰格点铜	二百元	一百元

公平缫丝	十二两	一百两
鹤峰铜矿	二十四两	一百两
中国玻璃粉	八十两	一百两
牛奶	五十三元	一百元
旗昌栈码头	五十两	一百两
叭喇造糖	二十两	五十两
上海保险公司	廿两零二五	五十两
驳船公司	五十两	一百两
金州煤铁矿	四十五两	一百两
池州	九两五	念五两
沙咨开地公司	九两五	念五两
施宜铜矿	二十一两	一百两
承德三山银矿	六两	五十两
白土银矿	十三元	七十元
贵池煤铁矿	十二两	念五两
火车糖	五十元	一百元
烟台缫丝	二十五两	三百两

（1884 年 9 月 22 日，第 8 版）

催客出货限期拍卖

兹启者：今将光绪七年至八年止长江船进口货开列，限八月望日拍卖。

七年“江永”浔来 U 烟叶五拾件，P 烟叶五拾件；“江表”船浔来德生烟叶五拾件，宝记烟叶五拾件。八年份“江永”浔来 KN 烟叶五拾件，□烟叶五拾四件；“江孚”船汉来 T 厚朴二件，镇来枣干二件，浔来同兴合烟叶五拾件，源丰烟叶五十件，R 烟叶五拾件，源丰烟叶四拾件，源丰麻五拾七件。请速来出货，倘过限照例拍卖，扣还汇款、水脚、栈租，特此声明。

轮船招商局告白

（1884 年 9 月 29 日，第 5 版）

西友津信

前报述美国驻京钦差杨大臣至津会晤李傅相一节，兹接天津西友续信，知杨大臣特为中法一事而来。盖杨大臣愿出为中法调处，但尚须候法廷复电，如得允许，即可出为调停，不至兵连祸结也。来信又言，招商局售与旗昌一事，现亦议妥，可由中国收回。惟目下法事未定，暂由旗昌收管，一俟法事平靖，即当归还中国，此事闻系前在上海之美领事丹尼从中说合。盖中国愿以开矿及铁路等事交美国经办，故美商亦愿将招商局让还，此系西友来信所述，确否容俟续闻再录。惟丹领事则已于前日坐太古公司之“武昌”轮船由津回沪矣。

（1884 年 10 月 8 日，第 1、2 版）

轮船来沪电音

三菱公司“成开麦□”轮船昨晨由长崎，禅臣洋行“宁波”轮船昨日由香港，旗昌洋行之“海定”轮船前日由天津，又“丰顺”轮船昨日由天津，怡和洋行“顺和”轮船昨日由天津，又“新南升”轮船前日由天津，均开行来沪。

（1884 年 10 月 19 日，第 4 版）

招商总局告白

启者：本局第十一届总结之期，按照向章应于九月初一日刊发账略，支给股利，兹因海疆多事，不得不变通办理，乃将局务归并旗昌，一面清理旧账。无如市面萧索，各口水脚一时难收，是以未能依期结账。至本届生意虽比往年稍减，核计尚有余利，惟存局各款自应先行筹还，所有股利应俟各账收清，通盘核计，再行刊刻细账声明。特此布闻。

（1884 年 10 月 19 日，第 5 版）

九月初三日（股份市价）

		原价
招商局新股	四十九两	一百两
仁和保险	廿二两二五	五十两
济和保险	廿二两二五	五十两
平泉铜矿	十七两	（一）百零五（两）
开平煤矿	三十七两	一百两
自来水老股	廿七磅	二十磅
电气灯	十五两	一百两
赛兰格点铜	五十元	一百元
公平缫丝	十二两	一百两
鹤峰铜矿	二十两	一百两
中国玻璃粉	八十两	一百两
牛奶	二十元	一百元
旗昌栈码头		一百两
叭喇造糖	约十九两	五十两
上海保险公司	十九两	五十两
驳船公司	五十两	一百两
金州煤铁矿	四十五两	一百两
池州	九两	念五两
沙峇开地公司	九两	念五两
施宜铜矿	廿五两	一百两
承德三山银矿	五两五	五十两
白土银矿	十二元	七十元
火车糖	五十元	一百元
烟台缫丝	二十五两	三百两

（1884 年 10 月 22 日，第 8 版）

十月念四日（股份市价）

		原价
招商局新股	约四十一两	一百两
仁和保险	廿四两七五	五十两
济和保险	廿四两七五	五十两
平泉铜矿	十七元	（一）百零五（两）
开平煤矿	三十七两	一百两
自来水老股	廿五磅	二十磅
电气灯	十两	一百两
赛兰格点铜	六元五角	一百元
公平缫丝	十两	一百两
鹤峰铜矿	二十两	一百两
中国玻璃粉	五十两	一百两
牛奶	十九元	一百元
旗昌栈码头	五十五两	一百两
叭喇造糖	十二两	五十两
上海保险公司	十四两五	五十两
驳船公司	五十两	一百两
金州煤铁矿	四十五两	一百两
池州煤矿	六两五	一百两
沙咨开地公司	七两	念五两
施宜铜矿约	三十两	一百两
承德三山银矿	五两五	五十两
白土河银矿	五元	七十元
贵池煤铁矿	十四两七五	念五两
火车糖	五十元	一百元
烟台缫丝	二十五两	三百两

（1884年12月12日，第9版）

十一月十二日（股份市价）

		原价
招商局新股	四十一两	一百两
仁和保险	廿四两五	五十两
济和保险	廿四两五	五十两
平泉铜矿	十七两	（一）百零五（两）
开平煤矿	三十七两五	一百两
自来水老股	廿五磅	二十磅
电气灯	十两	一百两
赛兰格点铜	十二元五	一百元
公平缫丝	十两	一百两
鹤峰铜矿	二十两	一百两
中国玻璃粉	五十两	一百两
牛奶	十九元	一百元
旗昌栈码头		一百两
叭喇糖还价	十五两五	五十两
上海保险公司	十四两五	五十两
驳船公司	五十两	一百两
金州煤铁矿	四十五两	一百两
池州煤矿	六两五	念五两
沙岔开地公司	约七两	念五两
施宜铜矿	约三十五两	一百两
承德三山银矿	五两五	五十两
白土河银矿	五元	七十元
贵池煤铁矿	十四两七五	念五两
火车糖	五十元	一百元
烟台缫丝	二十五两	三百两

（1885 年 1 月 1 日，第 9 版）

委办漕务

轮船招商局务经马眉叔观察接办后，旋即奉饬晋京引见，但局务浩繁，不可一日无人主持，李傅相因札委前署津海关道盛杏荪观察督办轮船招商运漕事宜，观察奉札后即移驻天津招商局先办运漕云。

（1885年1月12日，第2版）

请增民运

运米向章有官运、民运之分，官运系归招商局轮船，民运系归沙船承载。近闻各沙船户拟具禀苏粮道王观察，请其多派民运，体恤商艰，未识能邀允准否。

（1885年2月4日，第4版）

新正月十六日

		原价
招商局新股	三十八两	一百两
仁和保险	廿二两五	五十两
济和保险	廿二两五	五十两
平泉铜矿	廿二两	百零五
开平煤矿	卅二两	一百两
自家水老股	廿八磅五	二十磅
电气灯	十两	一百两
赛兰格点铜	十元	一百元
公平缫丝		一百两
鹤峰铜矿		一百两
中国玻璃粉		一百两

牛奶	廿四元	一百元
旗昌栈码头	五十二两五	一百两
叭喇糖公司	十五两	五十两
上海保险公司	十六两五	五十两
驳船公司	四十两	一百两
金州煤铁矿	五十五两	一百两
池州煤矿	六两二五	廿五两
沙峇开地公司	十两二五	卅二两
施宜铜矿	三十六两	一百两
承德三山银矿	四两	廿五两
白土河银矿	七元	七十五
贵池煤铁矿	十四两二五	廿五两
火车糖	五十元	一百元
烟台缫丝	五十两	二百五［两］①

（1885 年 3 月 3 日，第 8 版）

轮船来沪日期

旗昌洋行“海晏”轮船前晚由天津，又“海定”轮船昨晚由天津，太古公司“爱□铅西斯”昨日由香港，俱开行来沪。

（1885 年 4 月 14 日，第 4 版）

三月十九日（股份市价）

		原价
招商局新股	四十五两五	一百两
仁和保险	二十四两	五十两
济和保险	廿四两	五十两

① 前为三百两。

平泉铜矿	十八两	百零五
开平煤矿	三十两	一百两
自来水老股	廿九磅半	二十磅
电气灯	三两	一百两
赛兰格点铜	十四元	一百元
公平缫丝	无	一百两
鹤峰铜矿	无	一百两
中国玻璃粉	无	一百两
牛奶	二十元	一百元
旗昌栈码头	五十两	一百两
叭喇糖公司	十三两	五十两
上海保险公司	十七两	五十两
驳船公司	三十五两	一百两
金州煤铁矿	五十六两	一百两
池州煤铁矿	六两五	廿五两
沙岺开地公司	八两	卅二两
施宜铜矿	二十八两	一百两
承德三山银矿	三两	廿五两
白土河银矿	五元	七十五
贵池煤铁矿	十三两	廿五两
火车糖	五十元	一百元
烟台缫丝	五十两	二百五［两］

（1885 年 5 月 4 日，第 9 版）

轮船来沪电音

初一日，旗昌洋行“日新”轮船由福州、“保大”轮船由大沽，怡和洋行“南升”轮船由香港，“高升”轮船、“新南升”轮船由天津，旗昌洋行“富顺”轮船今日由香港，均开行来沪。

（1885 年 5 月 16 日，第 4 版）

四月廿六日（股份市价）

		原价
招商局新股	五十四两	一百两
仁和保险	廿六两	五十两
济和保险	廿六两	五十两
平泉铜矿	廿二两	百零五
开平煤矿	六十一两	一百两
自来水老股	三十磅	二十磅
电气灯	三两五	一百两
赛兰格点铜	十一元	一百元
公平缫丝	三两五	一百两
鹤峰铜矿	无	一百两
中国玻璃粉	无	一百两
牛奶	二十元	一百元
旗昌栈码头	六十五两	一百两
叭喇糖公司	十三两	五十两
上海保险公司	二十两	五十两
驳船公司	三十五两	一百两
金州煤铁矿	五十七两五	一百两
池州煤铁矿	六两五	廿五两
沙峇开地公司	八两	卅二两
施宜铜矿	四十二两	一百两
承德三山银矿	六两	廿五两
白土河银矿	七元	七十五
贵池煤铁矿	十三两二五	廿五两
火车糖	五十元	一百元
烟台缫丝	五十两	二百五［两］

（1885 年 6 月 9 日，第 10 版）

五月初十日公平易公司各股份价

		原价
招商局新股	六十四两	一百两
仁和保险	三十两	五十两
济和保险	三十两	五十两
平泉铜矿	廿五两	百零五
开平煤矿	六十五两五	一百两
自来水老股	三十磅零二五	二十磅
电气灯	四两	一百两
赛兰格点铜	十一元	一百元
公平缫丝	三两	一百两
鹤峰铜矿	无市	一百两
中国玻璃粉	无市	一百两
牛奶	二十元	一百元
旗昌栈码头	六十五两	一百两
叭喇糖公司	十二两	五十两
上海保险公司	廿五两二五	五十两
驳船公司	三十五两	一百两
金州煤铁矿	五十八两	一百两
池州煤铁矿	十一两五	廿五两
沙峇开地公司	八两五	卅二两
施宜铜矿	四十两	一百两
承德三山银矿	五两	廿五两
白土河银矿	七元	七十五
贵池煤铁矿	十四两	廿五两
火车糖	五十元	一百元
烟台缫丝	五十两	二百五［两］

（1885年6月23日，第10版）

析津近事

（前略）初四日招商局设筵宴客西人，则有美国驻津正副领事及旗昌洋行三人、信远洋行二人，华人则有马眉叔、盛杏荪、伍秩庸三观察及津局总办黄花农、汉局总办唐凤池并某某两君。是日高会，闻系密议收回招商局之事也。（下略）

（1885 年 7 月 24 日，第 2 版）

仁济和公董谨白

启者：仁济和保险公司今拟复举，理应邀集在股诸君公议，同订妥章。兹于六月十八日一点钟，请至大马路亦宜轩汇议。届期务乞惠临赐教，勿却是盼。

（1885 年 7 月 28 日，第 4 版）

商局收回

日前马眉叔观察在津同盛杏荪观察禀明李傅相，与旗昌行主共商，拟于七（月）初一日将轮船招商局收回，嗣以该局寄并旗昌，扣至本年六月廿一日即西历八月一号，恰好一年期满，各账目易以核算，爰定于今日换旗，其总局仍在浦滩揽载处，则暂借四马路之壳件洋行楼屋。总理船务者，闻即前汉局总办唐君凤池也。所有该局船只、码头及一切产业仍尽数收回，归中国官商管辖。从此利权独揽，卜骏业之维新；商本全归，看蚨飞之迭贲，敢以为有股诸君贺。

（1885 年 8 月 1 日，第 2 版）

西报照译

闻得旗昌洋行以字林新闻馆曾言及招商局售与旗昌之事并非真情，是以旗昌洋行现欲控告该新闻馆，《文汇》、《晋源》两西字报均有此说，不知将来如何了结也。

（1885 年 8 月 2 日，第 3 版）

招商总局告白

本局轮船栈房堆拆小工、上落扛工须择妥速熟手办理，今揽者甚多，限于三日内着各头目开明工价、姓名，固封送局，于二十六日下午三点钟在本局开标，择熟手及开价最小者酌用，以昭公道。此启。

（1885 年 8 月 4 日，第 4 版）

鹭江谈屑

（前略）招商局务向由王怡堂观察总理，兹因观察奉旨督办民团，并办洋药税厘捐局，且为厦地首绅，诸事棼若乱丝，往往日无暇晷，招商局事务遂由盛杏荪观察改派叶君文兰承办。日前叶君已迁至洋行街中国电报馆内，闻择于七月初一日开局云。

（1885 年 8 月 12 日，第 2 版）

仁济和保险邀请议事

启者：仁济和保险公司昨接招商局来函，并抄录北洋大臣批示，复兴保险事宜等情，但本公司以集众股而成，理应知照有股诸君，订于七月初七日准二点钟，假座大马路亦宜轩汇议如何办法，以期公允，望切祷切。特此布闻。

仁济和保险公司谨白

（1885 年 8 月 12 日，第 4 版）

津沽纪事

招商局售归中国后，旗昌主人商诸信远行，就津另立旗昌字号，择日开张，去货系骆驼绒、草帽边等物，闻人位业已安排，房屋并经租定，秋后即当创办矣。

（1885 年 8 月 13 日，第 2 版）

轮船招商局谨启

本局此次收回系属规复旧业，所请执事大都悉用旧人，间有调动亦已于换旗之前派定，恐各友误会，远来谋事，徒劳往返，谨此布告。

（1885 年 8 月 16 日，第 5 版）

七月初七日公平易公司各股份价

		原价
招商局新股	五十五两	一百两
仁和保险	廿九两五	五十两
济和保险	廿九两五	五十两
平泉铜矿	二十两	百零五
开平煤矿	五十四两	一百两
自来水老股	三十一磅	二十磅
电气灯	四两二五	一百两
赛兰格点铜	十元零五	一百元
牛奶	二十元	一百元
旗昌栈码头	六十五两	一百两
叭喇糖公司	十三两	五十两
上海保险公司	廿三两二五	五十两
驳船公司	三十五两	一百两
金州煤铁矿		一百两
沙咨开地公司	九两	卅二两
火车糖	五十元	一百元

烟台缫丝　　五十两　　三百两

（1885 年 8 月 18 日，第 10 版）

招商总局告白

本局南京、安庆两处设立趸船，原为搭客往来利便起见，惟趸船经费浩大，今自本年十月十五日起，凡乘本局轮船往来南京、安庆之客无论在局、在船写票，均须每位加收水脚洋一角，较之未设趸船客，须催驳渡江，所费甚微，而便益多多矣。特此布闻。

（1885 年 11 月 13 日，第 5 版）

添委总办

招商局自今夏收回后，李傅相委盛杏荪、马眉叔两观察总办局务，数月以来渐有起色。兹闻傅相又委崔惠人宫允国固来沪，与盛、马两观察合办。按，宫允安徽太平县人，辛未进士，夙有文名，都人士望之如泰山北斗。兹得移旌沪上，倘于会计之余兼得南针指示，想士风亦必蒸蒸日上也。

（1885 年 11 月 26 日，第 3 版）

轮船招商局第十一年账略

办理情形节略

谨将光绪九年七月初一日至光绪十年六月初九日止，本局第十一次办理情形、各款收支盈绌，胪列清册上下两本，呈请北南洋商宪鉴察，暨咨送江、津两海关备案，并分存上海、天津、汉口、福州、广州、香港、新加坡七局，以便在股诸君就近查核。另汇简明账略，逐条声叙明白，分送同人，以供众览，倘有舛谬之处，尚希指正，幸甚感甚。

一办理情形宜将大段声明也。本届局船除照常在中国通商各口承运漕粮、揽载货客，虽当海氛经年摇撼之时而竭力经营，相机来往，所有行走北洋、江汉、浙闽之二十一船尚能获利四十四万余两外，其越南承运粮米一案，法越失和以后，已于九年春间停运。惟南洋新嘉［加］坡、槟榔屿一路，“致远”、“图南”亏折甚巨。又汉口迤上之宜昌“江通”一船，揽载亦不合算，三船共亏至五万之多。又兼走南北洋之“日新”、“美富”二船，因行走次数太少亦共亏去一万一千余两。又“怀远”一船常川往来粤沪，尚敷支销，不期九年十二月初一夜行，过浙洋鱼山触礁，全船沉没，遂致账上仍亏三千余两，系属恤款。六船总共亏银六万五千余两，以各船生意统计，比之上届聊胜一筹耳。溯查巴拉西一国，自从前与中国订立通商和约以来，其贾公使屡请本局放船到彼国通商，希冀鼓舞华工前往彼国，自愿津贴巨款。廷枢因念南洋生意历年未能得手，极欲将“致远”、“图南”、“美富”等船改走西洋，故定出洋游历之行，特践贾公使之约，于九年三月间亲临该国面谈商务，连住两月，明查暗访，知彼国黑奴之例未删，款待华人不甚周妥，不敢承揽。及自外洋回时路经英国，乃约同怡和、太古两行主先后来华，再将北洋、长江、浙闽、港粤轮船揽载事宜，在沪重订合同，六年为限，俾中国各口生意可以久固根基，推广利益。旋于十二月二十日抵沪，立奉北洋商宪电谕破除情面，整顿局务等。因遵即会同盛杏荪观察暨前总办诸君，商议减人、节财各务。是年仍蒙江、浙两省派运漕粮四十七万余石，正月起运，五月蒇事。较之往年提早办理者，实因海氛不靖故也。至六月初海氛愈紧，局船有岌岌之势。其时廷枢已奉饬北上，马眉叔观察独主局事，电请北洋商宪，立将全局船产归并旗昌洋行，于六月初十日过割。此一年中办理之大略情形也。

一轮船行驶宜分别声明也。本局轮船原有二十七艘，除“美利”、“兴盛”二船于九年春间先后沉失，已于上年账略声明外，又“怀远”一船是冬浙洋触碰沉没，应存二十四船。而前届声明之“富顺”、“广利”二钢壳船，经于是年冬先后抵申。细验该二船，实在现行中国各口轮船之上，虽船本过重，然一船能装寻常两船之货，亦觉合算。是以本届局船，只存廿六艘，其中“江宽”、“江永”、“江表”、“江裕”来往江汉，“江通”仍走宜昌，“江天”仍走宁波，“江平”仍走粤省、澳门，此江船八艘所分驶也。至海船之常走北洋者，有“保大”、“丰顺”、“海晏”、“海定”四船；又越南粮米停运，“普济”船亦派常走北洋；其“永清”、“利运”、“日新”、“镇东”、“拱北”五船，春夏协运漕粮，秋冬则行牛庄、上海及厦门、汕头、香港、广州一带；“永宁”仍走温州，“海琛”仍走福州；“富有”、“美富”、“广利”、“富顺”四艘则行香港、广州居多，间亦兼走牛庄、汕头等处；“致远”、“图南”二船则专走南洋，此海船十八艘所分驶也。此外尚有“利航”、“利达”拖驳轮船二艘，其“利航”因机器过旧，已改驳船，故另装“开泰”新轮船以补其数，此两船均在津河作为拖带驳船之用。又九年夏间，廷枢与总船主在英国时会商，定造内河浅水轮船一艘，以备越南内河拖带运驳兼揽货客之用，当付定银一千磅，合并附及。

一账略所列各款数目宜逐一声明以清眉目也。保险局股本原有百万存局，后因开平矿局与商局往来有账，盛杏荪观察命将该款拨出三十万两，由开平局归款，故只存七十万之数。官款存本，上届有九十六万余两，本届漕米水脚项下摊还十三万余两，故后账列存八十三万余两之数。又官款续存一项，系因九年秋间法事震动，沪市惊疑，存局各款纷提，蒙北洋商宪筹拨银三十六万余两以支危局。洋商存款亦系九年秋冬之间，沪市钱庄歇业十居六七，商局欠彼之款一时无从归结，暂将沪地栈房向洋行押银，清还庄款，故欠如后账列存之数。贵池股项结至九年年底为止，除拨存开平局五万两外，实存银二十一万五千八百二十两，加十年正月至六月初九日止息款，故欠如后账所列之数。以上各账系结至十年六月初九日止，所有以后经还各款，自由接办局务者于下届结算。保险、公积前届除赔“美利”、“兴盛”二船外，尚余银二十五万余两。本届除赔“怀远”船价外，尚余银十六万余两，又加入第八届“和众”失事案，英兵船赔来银三万六千余两，故三共积存四十五万余两。其朝鲜借款利息已入息账。至于轮船成本，上届二十七船价银二百八十万，本届二十六船反需二百九十余万两。船少一艘，价多十万余两者，因前届“富顺”、“广利”二船只付过三十四万两，价未找清，本届已将该二船尾款十一万余两付讫。其收还“怀远”一船赔价已作“海定”一船改造之用，现将全帮轮船折去船旧四十二万四千余两。小轮船本上届三万两，今添“开泰”一船价银三万余两，折去船旧一万余两。趸船、驳船成本十八万两，折去一万五千两。栈房一项，虹口北栈前届四十五万两，兹将东首一半让与怡和洋行，得价三十五万两。除将二十万两收入北栈成本项下外，余分摊各口产业折旧，盖近来租价大减，不得不将成本改轻，以求实价。虹桥中栈比上届增五千余两，系添造房屋之用金。利源栈比上届增二十九万余两，系新造楼栈码头之用。上海船坞亦于九年分售与耶松船厂，得价五万两，已收入公账。天津栈房上届十四万两，九年又买朱氏码头栈房，应加四万余两。汉口局产上届二十万两，本届添造房屋六十余两。芜湖局产上届二万两，本届加筑码头，添造栈房，置买滩地，故增四千九百余两。宁波码头添造栈房二千余两。温州填筑码头三千余两。福州局栈上届二万两，因全局归并旗昌之后，该局欠缴水脚银万余两，无款归还，局董愿将自置产业照时价租息一分归并商局，故加九千余两。其余通州、烟台、宜昌、九江、镇江、汕头、香港、澳门八处局产照旧。所有新增海防、顺安二埠码头栈房，系因揽载越南粮米，该价三万五千余两。总计二十一处，结至十年六月初九日止，共置本银一百九十万有奇，现折去三十万余两，故只存后账所列之数。各局生财上届八千两，兹因归并旗昌，故天津、镇江、芜湖、海防、顺安五处均有已置什物，应行报销者三千余两，又折去一千余两。麻袋一款将添新抵折旧，故无出入。以上各船栈物业，系结至十年六月初九日为止，之后增减出入，应由接办局务者下届结算。此稿未完。

（1885 年 12 月 2 日，第 9 版）

开平矿务局筹还仁济和存款启

窃照仁济和保险股本一百万两向存招商局内，兹于光绪九年冬间经盛杏荪观察划分三十万两，由开平矿局归款，其七十万两仍存招商局账。自后保险股份每票本银五十两，皆须按照十分之七在招商局收银三十五两，按照十分之三在开平局收银十五两，办理殊未尽善，在两局不无参差牵制之形，在股商亦多辗转奔驰之苦。现与盛观察商酌，自将保险股份二万股划出六千股由开平归款，余一万四千股听保险公司向招商局结算较为直捷。其存开平局三十万两计每股银五十两，按照八厘周息，自十年四月起计至十二年底止应本息银六十一两，以后分年偿还，仍照八厘起息。拟于光绪十三年年底还息银四两八钱八分，本银七两；十四年年底还息银四两三钱二分，本银七两；十五年年底还息银三两七钱六分，本银八两；十六年年底还息银三两一钱二分，本银八两；十七年年底还息银二两四钱八分，本银九两；十八年年底还息银一两七钱六分，本银十两；十九年年底还息银九钱六分，本银十二两。通共还本、息银八十二两二钱八分。兹特通知在股诸君，倘以此说为然，即请各将保险原执票折向开平沪局掉□［换］开平存票，先到先换，以收满六千股即行截数。如此则诸君收银既有定处，亦有定期，似可仰邀公鉴幸加垂察。开平沪局特白。

（1885 年 12 月 3 日，第 4 版）

接录轮船招商局第十一年账略

一、局员更换宜计期声明以专责成也。上届结账系廷枢与徐雨之、张叔和、郑陶斋四人署名。廷枢于九年三月出洋，所有局中公事皆徐、张、郑三君清理□（照）料。结账之后，法事日紧，人心惶惑，沪上市面遽变，钱庄闭歇纷纷。徐君亦因注意私账牵连局务不能兼顾，电至亚美利加催廷枢速归。廷枢行未抵申，北洋商宪已添委盛杏荪观察到局维持一切。廷枢于十二月下旬回局，遂会同盛观察安排存借各款，幸尚静谧如常。十年正月徐君因病请假，二月郑君又奉彭宫保调赴粤东，盛观察同时回津，北洋商宪又添委马眉叔观察到局。四月初廷枢北上，五月张君亦丁艰离局，故五六月间局务系由马观察一力支持。继因海氛吃紧，马观察电请北洋商宪立将全局轮船产业一律归并旗昌洋行，于六月初十日换旗过户，故本届年结以九年七月初一日至十年六月初九日止为一年。廷枢于本局归并旗昌之后赶紧回申清理旧账，所有十年六月初十日以后如何与旗昌交涉一切事务，俱马观察一人经理。十一年六月廿一日收回商局，亦系盛、马二观察奉北洋商宪札谕办理。现在局务均归盛、马二观察主持矣，清理旧账后，廷枢即行北上专办开平局务。

一、旧账吃亏宜详细声明以凭公鉴也。谚有之曰：开店易收店难。一店且然，况以数百万之堂堂一局。又值海上多事之秋，人心惶惑之际乎！商局归并旗昌以后，原想依期结账，以慰众心，无如各口欠缴水脚繁多，竭力向催，总以至早年底结算为请。因念本局系属商务，原当照依商法办理，况多兵事一节，苦情处处，银钱阻滞，不得不俟至年底。然各局经手局董、司事、杂役人等，均需择要留用，是以去年六月至年底，总局及各分局办理善后，竟开销经费至三万余两，此其吃亏一也。在局伙友，多者十年，少亦数载，目见商局生意日旺，皆有年胜一年之望，故当股价涨至一百七八十两及二百两时，莫不向亲友、钱庄挪借银两，收买股票，有进无出。及至九年春间法越事起，沪市衰败，一切债务追呼紧急，各友迫不得已，只得将股票在局，照股本押银还债，其时尚期法事易了，市面复振，归结无难。不意市面日坏一日，至今未见起色。加以去年六月局势中变，各友无力取赎，所押股票归局承受，此其吃亏又一也。廷枢前有轮船保险等股份已产十万两，八年分本局加股时，廷枢在北同事留下若干股作为廷枢名下新股，及至次春回申无银交局，又因匆匆出洋，故将新股票交与亲戚梁凤西卖出现银以归局款，彼时每股时价尚属有盈无绌，满拟还局后不致亏累。讵意梁凤西丧尽天良，尽将该票抵押自了私债，及自外洋赶回而凤西已故，无从理论，以致廷枢挂欠商局，短交新股银五万余两，又历年透支积欠银一万余两，又亲友借欠应归自己名下认赔银一万余两，三共欠局银七万七千余两。廷枢从前所有微资已尽入股，新股尚不能受，焉有余力还此巨款？只得交出旧有局股八万两原票退还局中，以抵七万七千余两之数，已奉北洋商宪恩准；而同事诸君名下亦有抵欠股票产契等件，此皆非现银，其吃亏又一也。自本局归并旗昌之后，催收各欠不遗余力，无如各欠户或称海氛所累，或称市面牵连，或称局款尚有盈余，或称已售旗昌洋行不欲附股，种种藉词皆以股票本银作抵，前后不下数万两，此其吃亏又一也。有此各项吃亏，虽本届获利颇丰，而无现银照分股利，清夜扪心，殊觉愧对在股诸君耳。

一、本局生意有盈无亏，宜反复声明以免疑似也。九年夏秋之间，沪市中变，局款紧迫异常。其时廷枢出洋未回，在局诸君为庄款所逼，暂将栈房向洋行押银清理庄款。外人闻知遂哗然，谓本局亏累已甚。殊不思历年商局之苦皆苦在本少而用多，若不设法周转，断难自立。试问股本百万、官款百万、保险等款百万，能置几船几栈乎？周转大宗无非倚仗沪上钱庄林立，如取如携，以为扩充局面之地。故历年年底无不积欠庄款，并无物产抵质，彼此往来全凭信义，该庄等平日支应局用从无难色，一旦为兵信所震动，市银紧收不放，各庄歇业纷纷向本局提还借款，万无推诿不付之理。洋行押银乃一时救急之计，以保场面而通市道，出于无可如何。而以昔日庄款利银作为洋款利银，仍系事同一律，于局款并无出入，固非生意别有亏累也。若以生意论之，本届却有轮船水脚余银三十八万余两，各口房租十一万八千余两，杂项余银九万九千余两。兹拟提出前、今两届船险余积四十五万余两，又在本届之盈余提出三十四万余两，合八十万两，估折船栈各旧，以轻轮船成本及补房产租价之不足。尚余之款除冲销坏账外，本可分派官利而竟不能分派者，则以本局现有股票、产契等项抵欠甚多，实无现银可派官利，业于前条声明，无容再渎。至于实亏诸款，本非一年之事，现既彻底清盘，自不得不将历年旧账分别理楚，可收者收，可减者减，其不可减者仍注账后，□其无可收者惟有冲销一法。总计所亏厥有五项：

一、绅商情面挪用未还五万二千余两。

一、池州、荆门两局附股二万八千五百两，原为用煤起见，日后能否收回，若干尚未可知。

一、水脚结欠四万一千余两，半系长源泰、长发栈等所亏。此项行栈系从前与太古、怡和等洋行争衡时，同事徐君因见两洋行均有行栈在外招揽生意，故嘱本局揽载总司事唐道绅，□于上海南北二市各开一行揽载货物，又在英法两界各开一栈揽载搭客，以期局船生意兴旺，足与该洋行等相抗。数年以来该行等揽载货物水脚约银四十余万两，该栈等揽载搭客亦有万人，不为无功。旋因该行栈等开销甚重，且十年正月三公司既有重订水脚合同之议，在局徐、郑二君因于九年底嘱令经手之唐道绅，将该行栈分别招顶闭歇，其余恒庆公等亦于九年底同时歇业，现已无人可问。

一、水脚减让二万四千余两，内有倒账之长裕泰、已故之梁凤西两户拖欠水脚，除随同各债主收回公摊银两外，尚欠一万四千余两，自不得不随众减让。闽局历年俱被水果客贩拖欠水脚银二千余两，今既换人接办，该局董已无弥补之力。闽局向来缴费不敷，似难责令经手人赔缴，只好概从减让，其零星七户均系本局向来主属，生意往来多年，兹因海氛不靖交易冷淡，该行等实属亏本，叨情减让者有之。□因九年冬腊，该行栈代局招揽津货存栈，既而谣传四起，货客勒令经手人保其火险以致吃亏，应由本局贴补者亦有之。

一、善后开销经费三万余两。

以上五项共计银十八万余两，似系实亏，然究有盈余之款可抵，仍非亏及局本也。

一、局势虽变，今胜于前，宜剀切声明以坚信服也。廷枢自外洋回华之后，察看局船生意日落，其时法越龃龉，谣言四出，或谓局船必为法人所掳，或谓局栈必为法人所焚，揽载客货必欲兵险、火险并保，始肯寄栈，否则已经寄栈之货且有移存洋行栈房者。虽曾多方设法挽回，不能及半。廷枢因念倘保兵险，万一他日竟有一二船被法人所掳，全船客货以百数十万计，岂能担此巨款？不保兵险则生意傍落，断难复原。一面安慰客商，一面密禀北洋商宪，请将龙旗设法更换。宪意虽以为可，总觉法事不至十分决裂，尚在迟疑。旋至六月初旬，海氛紧急异常，经马观察电请归并旗昌，一言而定。其时遂有私议法人未必掳我商船者，不知法人于民船尚加焚掠，况于合用之轮船乎！又有私议，与其归并洋商，何不全班停走？不知彼时局中分文无存，仍赖几家熟识钱庄通挪十余万两，以资周转。若将全班停走，无论此项庄款无可指还，且一切局欠人者无不闻风追讨，人欠局者更属延缓，而每月养船经费数万余金又从何出？此万万不能停走之说也。今日者和议已定，全局收回，生意畅旺，本届结账又将船栈一律减轻成本至八十万之多，是今日之局势较前尤觉实在可靠。

且今之较胜于前者，尚有数端，请缕陈之：前者常□欠□庄款百余万，每年付息不下二十万。今则洋债只付周年息银七厘，此其一也。前者三公司揽载水脚皆无限期，常有延至三节结账者，既已暗亏银利，其中日久尚有倒账之事，受累更大。自三公司重订合同以后，水脚一律依限收清，再无亏利倒欠之虑，此又其一也。前者栈房存货往往免取栈租，自三公司重订合同，载明起租限期，不至租金常年无着，此又其一也。前者未订合同，局中多开行栈、揽载货客、招徕生意，而司行、司栈之人往往暗中让价，以图体面，遂致上海之长源泰、长发栈、万安楼，天津之春元栈等莫不亏本，贻累本局，今合同已订划一水脚，三公司无容暗中让价争揽生意，而所开行栈均已停歇，已塞漏卮，此又其一也。有此四胜，将来结账盈余必多于前可知。且自六月廿一日收回以后局中生意极旺，而廷枢所最不解者，九年春间法事已有萌芽，股价尚至一百八十余两，今日法事已了，股价反不及三分之一。若谓局本恐有亏累，□实总计本局所欠股本存款五百二十余万，核之现在船栈物业，折净价值均属有盈无绌。上册各户所欠九万余两乃保险局等往来有着之款，即股票产契抵欠三十八万余两，内有轮船保险、贵池股票三十万有零，亦系有着之款。窃谓股价仍作一百两，原载本银决无亏折，而今价不及六成，诚不知纷纷卖股者果属何心！廷枢前蒙各股商见信者已十一年，于兹其最初附股之人，固由廷枢招至，即后来买受者，廷枢亦大半相识，故敢直布刍荛，幸加垂察。

唐廷枢景星启

（1885年12月3日，第11版）

接录轮路招商局第十一年账略

综结

一、该股份资本规银二百万两。

一、该各省官款规银八十三万二千二百七十四两五钱一分。

一、该续存官款规银三十六万零二百九十两零七钱九分四厘。

一、该洋商存款规银七十四万三千四百四十三两。

一、该保险股款规银七十万两。

一、该贵池股款规银二十二万七千二百五十八两四钱。

一、该各户存项规银三十七万八千二百八十六两二钱九分三厘。

一、该彩结余款规银八千四百四十七两零零三厘。

共计结该规银五百二十五万两。

一、存开平股份规银二十一万两。

一、存朝鲜借款规银二十一万两。

一、存各户该款规银九万三千四百三十三两一钱六分二厘。

一、存股票产契抵欠折□［价］规银三十八万六千五百六十六两八钱三分八厘。

共计结存规银九十万两。

一、存“永清”船本规银六万两。

一、存“利运”船木规银七万两。

一、存“富有”船本规银十万两。

一、存“日新”船本规银六万两。

一、存“保大”船本规银八万两。

一、存“丰顺”船本规银八万两。

一、存“江宽”船本规银十二万两。

一、存“江永”船本规银十二万两。

一、存“镇东”船本规银七万五千两。

一、存“海晏”船本规银十万两。

一、存“海琛”船本规银九万五千两。

一、存“海定”船本规银十万两。

一、存“江天”船本规银十一万两。

一、存“江表”船本规银三万五千两。

一、存“江孚”船本规银十二万两。

一、存“江通”船本规银四万五千两。

一、存“永宁”船本规银一万五千两。

一、存“江平”船本规银一万五千两。

一、存“美富”船本规银十万两。

一、存“拱北”船本规银六万五千两。

一、存“致远”船本规银十四万两。

一、存“图南”船本规银十四万两。

一、存“普济”船本规银七万五千两。

一、存“江裕”船本规银二十万两。

一、存“富顺”船本规银十九万两。

一、存“广利”船本规银十九万两。

共计结存规银二百五十万两。

一、存小轮九号规银五万两。

一、存趸船十一号规银十一万五千两。

一、存铁驳等船规银五万两，

共计结存规银二十一万五千两。

一、存上海局房规银一万两。

一、存上海东栈规银一万两。

一、存上海北栈规银二十五万两。

一、存上海中栈规银十一万五千两。

一、存上海南栈规银六十万两。

一、存天津栈房规银十七万两。

一、存通州栈房规银五千两。

一、存燕［烟］台栈房规银二千两。

一、存宜昌栈房规银二千两。

一、存汉口栈房规银十八万六千两。

一、存九江栈房规银七万两。

一、存芜湖钱房规银二万两。

一、存镇江栈房规银五万两。

一、存宁波栈房规银一万二千两。

一、存温州栈房规银四千两。

一、存福州栈房规银二万八千两。

一、存汕头栈房规银七千两。

一、存澳门栈房规银五千两。

一、存香港栈房规银二万两。

一、存海防房料规银二万二千两。

一、存顺安房料规银一万二千两。

共计结存规银一百六十万两。

一、存各局生财规银一万两。

一、存装米麻袋规银二万五千两。

共计结存规银三万五千两。

统共结存规银五百二十五万两。

彩结

一、进各船余款规银三十八万三千六百十七两六钱四分三厘。

一、进各口房租规银十一万八千一百二十一两八钱九分一厘。

一、进大兴公等杂项余款规银九万九千七百八十七两五钱八分八厘。

一、进船险公积规银四十五万三千六百四十七两四钱六分七厘，
一、进售产余款规银十七万两。
一、进上届结余规银七万七千六百三十六两四钱七分五厘。
共计结余规银一百三十万零二千八百十一两零六分四厘。
一、支栈房趸船等项修理规银三万五千零七十四两八钱一分六厘。
一、支漕务等款杂项费用规银五万一千四百二十六两八钱九分九厘。
一、支各项息款规银二十二万四千一百九十一两一钱七分五厘。
一、支池州荆门煤股规银二万八千五百两。
一、支绅商该款规银五万二千三百十三两零二分七厘。
一、支水脚结欠规银四万一千七百四十六两一钱九分二厘。
一、支减让水脚规银二万四千六十七两二钱一分。
一、支善后缴费规银三万四千零十七两九钱一分九厘。
一、支轮船折价规银四十五万零二百五十两五钱二分一厘。
一、支栈房折价规银三十万零六千八百三十三两四钱三分四厘。
一、支股票产契抵欠折价规银四万五千九百四十二两八钱六分八厘。
共计结支规银一百二十九万四千三百六十四两零六分一厘。
除支结余规银八千四百四十七两零零三厘。

（1885 年 12 月 4 日，第 12、13 版）

十一月十一日公司平易股价

		原价
招商局新股	五十六两七五	一百两
中国电报	五十一元	一百元
织布局	十五两	一百两
平泉铜矿	十七两	（一）百零五两
开平煤矿	四十八两	一百两
自来水老股	三十七磅	二十磅
电气灯	四两	一百两
赛兰格点铜	十元零五	一百元

旗昌栈码头	八十两	一百两
叭喇糖公司	十八两	五十两
上海保险公司	十七两七五	
沙沓开地公司	九两	

（1885年12月19日，第9版）

轮船浅阻

（1885年12月21日，第2、3版，文见“社会关系”）

轮船招商总局告示

为晓示事：照得本局承运江、浙两省漕粮，上年禀定专管装运，概不代办在案。现值开办运漕之始，本局业已遴委妥员照章认真兑收，概不代办。诚恐牟利之徒意在包揽，托名本局，致启弊端，自当严密查察。如果本局之人□此情弊，立即撤退；其非本局之人而假名本局者，亦即送究，决不宽恕。除由本局严察外，合亟出示晓谕诸色人等一体知照。毋得自误，切切特示。

（1885年12月22日，第3版）

轮船招商总局告示

本局轮船江海行程，夜间挂灯，章程认真，以免来船碰撞受惊，告尔民船，其各听闻：尔等民船，亦须挂灯，彼此望见，即可避行；自昏至晓，风雨无分，灯须高挂，光须分明。无灯遭碰，性命危倾，关系非浅，务必依遵。

（1885年12月22日，第3版）

轮船招商总局谨启

启者：本局北栈、中栈码头现已一律修妥，以备轮帆各船湾泊起卸、货物贮栈，其码头费并栈租均照所定价目核收。如有存栈货物贵客拟保火险者，可就本码头账房买保，账房即发给火险公司保险单为凭。本局今特委洋人蜜度顿为总理该栈码头事务，蓝些为司账，顾勉夫为买办，所有栈单、码头起货单均由蜜度顿并蓝些签字。本码头凡食深水之船，不拘潮水涨落，随时均可湾泊，此布。

（1885 年 12 月 28 日，第 8 版）

宜昌来信

（前略）江水虽退，江中沙洲尚未透露，“江通”轮船此后尚□往来。且招商局由重庆运下之货堆积如山，每次“江通”到宜，又恐水浅有阻，只装一万余吨，而栈中前货未运，后货又来，即令“彝陵”轮船来往分载，其势亦有所不给。较之上年货物约增十倍，亦可见商务之盛。（下略）

（1886 年 1 月 3 日，第 2 版）

东报□［汇］绎［译］

（前略）中国招商局“海定”轮船开至长崎、大坂、横滨三口载运货物，搭客贪其便宜，趋之如鹜，日本邮船公司虽妒之而不能阻之。惟抵神户时有日巡捕查取坐搭外国船只准单，如无即传至捕房照例处罚，闻日人被罚者五名。查此项准单系前年所设，今则视为具文。现因“海定”船东来，故借旧令以阻挠之也。闻“志远”船又将由申来东，想邮船公司减贱水脚，争揽载客也。

（1886 年 1 月 24 日，第 2 版）

仁济和保险开办告白

招商局仁济和保险公司现定于本年正月初五日起，仍归各埠招商局兼办，保费悉照大例，务祈贵客商格外照顾，同沾利益为幸。

招商总局保险处谨启

（1886 年 2 月 9 日，第 5 版）

贵池矿股换票告白

贵池矿局原存招商局、开平局股本规银二十余万两，现定自本年正月起分作五年归还，照章六厘起息，请各股商于正月十五日即将贵池股条赴招商总局更换印票可也。

招商局谨启

（1886 年 2 月 9 日，第 5 版）

蓬壶春色

（前略）日本邮船公司总局因中国招商局“海定”、“致远”两船驶赴横滨，遂函致神户、长崎、箱馆等处分局，谓本公司向定装货搭客，水脚银各口一律，今事机之来不一，应准各口分局酌量时宜，随时涨跌，变通办理云云。后“致远”由神户回申，神户、长崎两港争先揽载，每吨跌至洋银一元，木板七尺半者每百张只收洋银一元有奇，“致远”无奈，亦遂照此贬价云。

（1886 年 2 月 21 日，第 1 版）

东报汇译

（前略）日本邮船公司向派定船四只，每日往返横滨、神户、冒市等三港，所收水脚亏折甚多。近已拟定隔日开行一次，并辞去伙伴二十余名，另出金十万与英、法两公司，约定嗣后两公司船只凡往来该港者，不准卸贱水脚，一如往昔，彼此同心，以防后来之争竞。近见招商局“海定”、“致远”两船驶来，“致远”轮船复由神户折回横滨，势将与邮船公司争揽水路，故该公司即命各分局，谓如“致远”船到时，当竭力跌价，所以“致远”船同帮之水脚不但卸贱十分之七，而且该公司拟将釜山、仁川之船远绕烟台、天津等港以争招商局沿海之利权；一面致书于招商局，其大意谓，近见贵局船只驶来我国，尚不悉贵意之所在，如果矢射城楼，故意挑战，则敝公司虽小，亦有数船送入贵国南北口岸，与贵局船只相征逐，勿谓本国小技敢献大邦君子之一粲，并乞作速示复等语。按以上二事，前已录登大略，兹又得其详细情形如此。（中略）前年春间，前内阁顾问黑田前往中国游历，南北口岸足迹几遍，将所见闻编成一书，名曰《纪游》，分上、下两卷，现已脱稿，分赠其友人，内载东亚细亚部及长江两图，并将中国形势、政事、兵制、关税、招商局等情形逐一记载。统计其行程，一万二千二百七十余里，所载甚为详备。

（1886 年 2 月 28 日，第 1、2 版）

新正月三十公平易股价

		原价
招商局新股	六十一两五	一百两
中国电报	六十元	一百元
织布局	十七两	一百两
平泉铜矿	十六两	（一）百零五（两）
开平煤矿	五十五两	一百两
自来水老股	三十二磅半	二十磅
电气灯	四两	一百两
赛兰格点铜	十元零五	一百元
旗昌栈码头	八十两	一百两
叭喇糖公司	十六两	五十两
上海保险公司	十六两	
沙咨开地公司	九两	

（1886 年 3 月 6 日，第 9 版）

轮船发轫

轮船北上情形前已录登大略。昨日上午十点钟时风和日丽，一尘不惊，忽浦江中烟雾漫空，波涛震耳，即而视之，则招商局之“海运”、“海晏”、“丰顺”、“保大”，怡和行之“新南升”、“大沽”、“高升”、“顺和”，太古行之“重庆”、“武昌”各轮船一齐展轮出口，驶赴北洋。下海浦一带，所停轮船几至一空，特不知乘风破浪之余，谁是争先一著也。

（1886 年 3 月 7 日，第 3 版）

招商局东栈告白

本局浦东码头栈房均经一律修理整齐，可堆棉花、木料、杂货及火油等件，其栈租皆格外公道，请向北栈洋人密度敦面议，并可代向洋商转保火险。

谨启

（1886 年 3 月 7 日，第 9 版）

公平易告白

海防捐要［票］、各项股票，招商局、贵池存票，诸君如欲买卖者，请以每日二点钟时至□处面议，□寓在后马路钱行东首。

（1886 年 3 月 7 日，第 9 版）

二月初一日公平易股价

		原价
招商局新股	六十一两五	一百两
中国电报	六十元	一百元
织布局	十七两	一百两
平泉铜矿	十六两	（一）百零五（两）
开平煤矿	五十四两二五	一百两
自来水老股	三十三磅	二十磅
电气灯	四两	一百两

赛兰格点铜	十元零五	一百元
旗昌栈码头	八十两	一百两
叭喇糖公司	十六两	五十两
上海保险公司	十六两	
沙咨开地公司	九两	

（1886 年 3 月 7 日，第 9 版）

轮行电报

轮船北上情形已登本报。兹得北洋来电云，初三日怡和洋行之“高升”轮船首先驶至大沽，因水浅难行，暂时停轮，至下午一点半钟即已抵津。至招商局之“海晏”轮船、太古公司之“重庆”轮船则于昨早到津云。

（1886 年 3 月 10 日，第 1 版）

小轮告白

招商局“乘风”、“破浪”小轮船两号今由虹口北栈禅臣洋行经理，驶往苏州，煤油、辛［薪］工二十五两，杭州四十两，停留每日另加五两，官场如欲借用，请至北栈向密士敦洋人面议可也。

（1886 年 3 月 11 日，第 5 版）

二月廿三日公平易股价

		原价
招商局新股	六十三两二五	一百两
中国电报	六十三元二五	一百元
织布局	十六两七五	一百两
平泉铜矿	十六两	（一）百零五（两）
开平煤矿	五十三两五	一百两

自来水老股	三十二磅	二十磅
电气灯	四两	一百两
赛兰格点铜	六元	一百元
旗昌栈码头	八十五两	一百两
叭喇糖公司	十六两二五	五十两
上海保险公司	十六两二五	
沙咨开地公司	九两	

（1886 年 3 月 29 日，第 9 版）

机器损坏

招商局之“普济”轮船由天津来沪，行至中途，机器忽然损坏，幸暂时整理，尚能行驶来沪。现在饬工修治，闻须一月后方可开行也。至其机器损坏之故，大约因制造时未能尽善欤。

（1886 年 4 月 1 日，第 2 版）

二月廿八日公平易股价

		原价
招商局新股	六十四两	一百两
中国电报	六十三元七五	一百元
织布局	十六两七五	一百两
平泉铜矿	十六两	（一）百零五（两）
开平煤矿	五十三两	一百两
自来水老股	三十三磅	二十磅
电气灯	四两	一百两
赛兰格点铜	六元	一百元
旗昌栈码头	八十五两	一百两
叭喇糖公司	十六两	五十两
上海保险公司	十六两	

沙咨开地公司　　　　九两

（1886 年 4 月 3 日，第 10 版）

轮船招商局告白

本局去年六月至十二月半年股本官利准于四月初一日凭折支付，即请各股商携股票与息折一并交到总局验明，另加戳记，以昭慎重。仍将各账分缮上、下两册，照章分存上海、天津、汉口、福州、广州、香港各局，以便在股诸君就近查阅。另刊简明账略，分送公览。预此布闻。

（1886 年 4 月 26 日，第 4 版）

接办轮船招商局情形节略

谨查本局第十一届结账，已由前总办唐景星观察将一切资本生意大略，并无利可发情由，分条刊布。兹自光绪十年六月初十日，将本局产业售归旗昌办理，至光绪十一年六月二十一日复向买回。核计旗昌经办一年，以入补出，尚可相抵。宣怀等奉饬收回以来，厘订章程力加整顿。查前借天祥、怡和等洋商银两，后由旗昌代垫各项，陆续到期。接办伊始，随在需银而局款一空如洗，官商无可筹挪。是以禀明傅相向汇丰银行抵借英金三十万磅，周息七厘，分订十年清还。并蒙南北洋商宪奏明，先还洋款后还官商等项，以纾商力。本局原有轮船二十六号，内以“利运”一船售与北洋，“美富”一船售与闽省作为兵驳。现存商轮二十四号分驶江海各口，幸赖商情踊跃、同人协力，数月以来诸称平顺。惟甲申、乙酉二年之间，华洋交涉，新旧接替，头绪分繁，不可不作一结束，分清界限。现将甲申年六月初十日起截至乙酉年年底止，共十八个月账目，都为一册，是为第十二届结账。旗昌执管期内已奉傅相批饬停发股利，并将收回以后股本存项利息改定周年六厘，所有六月二十一日到十二月三十日半年应发每股息银三两，准于四月初一日支付，应请各股商将股票息折一并交局验明付息，另加戳记，以昭慎重。嗣后每届均于年底结账，三月初一日分利。此半年间除发股利外，结余银十一万五千有奇，应俟下届结账并折船旧。谨将第十二届各账分缮上、下两册，照章呈送南北洋商宪，并咨送沪津两海关查核备案，又分存上海、天津、汉口、福州、广州、香港各局，以便在股诸君就近查阅，另刊简明账略分送公览。宣怀等综核粗疏、自惭力薄，虽殚智竭虑支此危局，犹兢兢焉不克胜任是惧。惟冀同志诸君匡所未逮，大局幸甚。（此稿未完）

（1886年5月12日，第3版）

轮船招商局第十二年账略

综结

一、该股份资本规银二百万两。

一、该官款存本规银八十三万二千二百七十四两五钱一分。

一、该续存官款规银二十三万七千九百四十七两一钱五分九厘。

一、该保险股款规银六十万两。

一、该贵池股款规银二十八万三千七百三十六两。

一、该洋商存款规银一百五十六万二千四十九两三钱七分。

一、该绅商存款规银十万四千九百七十五两四钱二分三厘。

一、该往来存款规银十四万八千一百九十九两一钱一分四厘。

一、该各户存息规银二万五千五百八两九钱九分二厘。

一、该股份存息规银六万两。

一、该自保船险规银十万八千三百六十七两八分。

一、该彩结余款规银十一万五千七百三十三两一钱九分二厘。

共计结该各款规银六百七万八千七百九十两八钱四分。

一、存发存洋行规银七十六万五千两。

一、存开平应还贵池拨款规银五万两。

一、存钱庄往来规银四万二千八十五两三钱七分。

一、存旧账欠户规银五万七千二百五十四两四钱五分五厘。

一、存往来欠款规银一万七千一百十两七钱六分六厘。

一、存各户欠息规银一万九千九百二十一两三钱二分七厘。

一、存兵驳垫款规银五万六千六百五两六钱四分四厘。

一、存各局水脚规银七万五千九百四十七两四钱一分五厘。

一、存随货汇款规银五千六百十五两二钱七分八厘。

一、存买存煤炭规银三万四千八百七十二两三钱九厘。

一、存开平股份规银二十一万两。

一、存朝鲜借款规银二十一万两。

一、存旧账股票产契抵欠规银三十八万五千三百七十二两五钱八分八厘。

一、存国款股票规银一万二千六百九两二钱八分。

一、存现银洋钱规银一万八千六十六两六钱六分九厘。

共计结存各款规银一百九十六万四百六十一两一钱一厘。

一、存“永清”船本规银六万两。

一、存“富有”船本规银十万两。

一、存“日新”船本规银六万两。

一、存“保大”船本规银八万两。

一、存“丰顺”船本规银八万两。

一、存“江宽”船本规银十二万两。

一、存“江永”船本规银十二万两。

一、存“镇东”船本规银七万五千两。

一、存“海晏”船本规银十万两。

一、存“海琛”船本规银九万五千两。

一、存“海定”船本规银十万两。

一、存“江天”船本规银十一万两。

一、存“江表”船本规银三万五千两。

一、存“江孚”船本规银十二万两。

一、存“江通”船本规银四万五千两。

一、存“永宁”船本规银一万五千两。

一、存“江平”船本规银一万五千两。

一、存“致远”船本规银十四万两。

一、存“拱北”船本规银六万五千两。

一、存“图南”船本规银十四万两。

一、存“普济”船本规银七万五千两。

一、存“江裕”船本规银二十万两。

一、存“富顺”船本规银十九万两。

一、存“广利”船本规银十九万两。

共计结存船本规银二百三十三万两。

一、存小轮六号规银七千两。

一、存趸船十一号规银十一万五千两。

一、存各埠驳船规银四千两，

共计结存船本规银十二万六千两。

一、存上海局房规银一万两。

一、存上海东栈规银一万两。

一、存上海北栈规银二十五万两。

一、存上海中栈规银十二万三千八百五十两。

一、存上海南栈规银六十万四千两。

一、存十六铺产规银一万四千四百七十九两七钱三分九厘。

一、存天津栈房规银十七万两。

一、存通州栈房规银五千两。

一、存燕［烟］台栈房规银二千两。

一、存宜昌栈房规银二千两。

一、存汉口栈房规银十八万六千两。

一、存九江栈房规银七万两。

一、存芜湖栈房规银二万两。

一、存镇江栈房规银五万两。

一、存宁波栈房规银一万二千两。

一、存温州栈房规银四千两。

一、存福州栈房规银二万八千两。

一、存汕头栈房规银七千两。

一、存澳门栈房规银五千两。

一、存香港栈房规银二万两。

一、存海防房料规银二万二千两。

一、存顺安房料规银一万二千两。

共计结存栈本规银一百六十二万七千三百二十九两七钱三分九厘。

一、存各局生财规银一万两。

一、存漕米麻袋规银二万五千两。

共计结存成本规银三万五千两。

统共结存各款规银六百七万八千七百九十两八钱四分。

彩结

一、进各船余款规银三十五万九千四百二十两一钱一分一厘。

一、进旧账余款规银八千四百四十七两三厘。

一、进旗昌余款规银七万九百九两四钱五分。

一、进大沽驳船规银四万四千七百四十四两四钱二分。

一、进运漕局账规银四千四百七十八两九钱一分一厘。

一、进客货栈租规银一万七百二十两二钱四分四厘。

一、进各口产租规银一万六千九百八十五两四钱二分四厘。

共计结余规银五十一万五千七百五两五钱六分三厘。

一、支甲申、乙酉交涉各款规银三万六千三百五十二两二钱三分九厘。

一、支乙酉年上半年经费规银八千八十一两四钱五分一厘。

一、支备支旗昌规银八万五千两。

一、支押款等费规银四万三十三两四钱六分六厘。

一、支失金赔款规银一万一千五百四十四两九钱三分七厘。

一、支上海地租规银一万二千三百二十四两七钱四分五厘。

一、支各项修理规银二万七千三百二十九两四钱五分二厘。

一、支各项缴费规银五万一千二百十三两三钱九分四厘。

一、支各项息款规银六万八千九十二两六钱八分七厘。

一、支半年股利规银六万两。

共计结支规银三十九万九千九百七十二两三钱七分一厘。

除支结余规银十一万五千七百三十三两一钱九分二厘。

（1886 年 5 月 13 日，第 12 版）

轮舟相碰

招商局“镇东”轮船由牛庄来沪，昨晨已进吴淞口，适“美富”轮船随之而入，飞行如矢，意欲趋前，“镇东”转柁让之，傍岸行驶，不提防猝然相碰，“镇东”伤及船身，幸伤处尚未及水，不虞沉没，随即驶抵金利源码头赶紧将货起运，雇匠兴修，大约数日中即可告竣矣。至“美富”则稍有损伤，并无妨碍云。

（1886 年 6 月 24 日，第 3 版）

六月廿三日公平易股价

		原价
招商局新股	五十九两五	一百两
中国电报	六十八元	一百元
织布局	十七两	一百两
平泉铜矿	十四两五	（一）百零五（两）
开平煤矿	五十二两	一百两
自来水老股	廿七磅	二十磅
电气灯	四两	一百两
赛兰格点铜	三元	一百元
旗昌栈码头	九十两	一百两
叭喇糖公司	十四两	五十两
上海保险公司	廿两零二五	
沙咨开地公司	二两五	

（1886 年 8 月 2 日，第 9 版）

物归旧主

招商局之“美富”轮船前归福建，为装载兵士之用，一切情形曾经列报。兹阅《字林西字报》，知该船刻下仍归招商局管理矣。

（1886 年 8 月 4 日，第 1 版）

轮船招商总局告白

本局准于重阳后改派“江表”轮船往来宁波、温州、上海，每月三次，客货水脚照章收算，特此布闻。

（1886 年 10 月 3 日，第 6 版）

轮船小损

闻招商局之“江孚”轮船于初四日开行赴汉，驶抵江阴，忽有小损。上海得信后即于初五日命“江广”轮船开往该处，将该船搭客等接载赴汉口，想“江孚”船必须回沪修理也。

（1886 年 10 月 5 日，第 1 版）

禀批纪略

吴中谢绥之明府家福性洒脱，淡于名利。上年商局收回，李傅相曾札委会办局务，明府已一再禀辞。兹据津友传称，明府又禀恳撤去会办名目等情，业经傅相批准。其禀词及批语大略照登左方。

窃职董于上年冬间，荷蒙中堂委办轮船招商局务，当将不能胜任实情详细禀陈，旋奉批谕后，复将行走学习及坚辞会办薪水等情禀求招商局，据情转详在案。计自行走以来几及一年，凡涉重要事宜非不留心学习。无如电报各局，各工之细端末节有不便径达盛道而谋及职董者日必数至，忝列商董，义无旁贷。又念按报学生为电局之根本所有，上海电堂及商线各局调派报生等事不敢不引为己任，自揣才力本不如人，役此琐繁，良无余隙。且职董游学海上以来，所曾浅尝者仅只邦交、兵政诸书，所与交游者又皆志高骛远之士，商情既极隔膜，船务更未讲求。查西人办事之所以擅胜者，实在用其所习，事不兼营。职董既背此意，尚何实效之可收乎？为此沥情禀请，仰乞宪恩俯准撤去会办名目，凡遇文牍、账册免其列名，按月末领薪水概行收回销账。庶上以副中堂实事求是之心，下以释职董自顾怀惭之隐，幸甚，幸甚！（下略）

北洋大臣批：姑徇所请，缓列会办衔名，暂停薪水等因。

（1886 年 11 月 2 日，第 2 版）

赏　帖

十一月廿一日本号有银二箱，内共五千元，由申付招商局“广利”轮船，载往香港扬兴号收，该银箱面写“YH 麦，上海广扬兴付，香港扬兴收”，该提单信是晚八点钟着伴携往招商局，照常放入该局信箱内。后“广利”船廿五日抵港，该提单信未有送至扬兴号，其银二箱不知如何被别人起去。如有四方君子知其下落，指明证据确凿者，即酬花红银五百元，决不食言，此赏帖是实。

十二月初七日上海广扬兴号启

（1887 年 1 月 2 日，第 5 版）

海运述闻

（1887 年 1 月 29 日，第 4 版，文见“社会关系”）

同日展轮

昨报列《轮船将行》一则，兹悉招商局之“普济”、“保大”、“丰顺”、“海晏”等四船，太古公司之“通州”、“重庆”、“武昌”等三船，均定于初八日展轮北上云。

（1887 年 2 月 27 日，第 1 版）

连樯北上

北河冰泮，轮船将不日开往，此已早列前报。兹悉各轮舟定于今日辰刻启行，昨晚已将信件一切收齐，计太古公司四艘，曰“温州”，曰“通州”，曰“重庆”，曰“武昌”；招商局四艘，曰“普济”，曰“保大”，曰“海晏”，曰“丰顺”；怡和行四艘，曰“新南升”，曰“大沽”，曰“顺和”，曰“高升”，十二飙轮连翩北上，正不知谁着先鞭也。

（1887 年 3 月 3 日，第 3 版）

先抵津沽

前报纪沪上招商局、太古、怡和各家轮船共十二艘，连樯北上云云。昨日沪上接到电信，知怡和行之“高升”轮船已于是日早十点钟行抵大沽，在诸船中最为先到云。

（1887 年 3 月 6 日，第 3 版）

轮船先到

沪上各轮船同时北上，后接电信，知怡和行之“高升”轮船已抵大沽。乃昨日又接电信，谓招商局之“普济”轮船已于十二日早上三点钟天未明时先抵天津，岂因“高升”船抵大沽后不能进口，故让“普济”先到欤？

（1887 年 3 月 8 日，第 3 版）

船到续信

招商局、怡和、太古三家各轮船自沪赴津，旋闻“高升”船先到，又闻“普济”船先到，此皆列入报中。兹接津友来信，始知“高升”于十一日早十点钟抵口，由“开泰”驳船运客并信件入津。晚间四更许，“普济”轮船巡抵码头，“顺和”继之，盖该两船吃水较浅也。

（1887 年 3 月 11 日，第 2 版）

轮船招商局告白

本局于光绪十二年正月至十二月第十三届结账，照章分缮上、下两册，分存上海、天津、汉口、福州、广州、香港各局，以便在股诸君就近查阅，并于三月初一日凭折支息，另刊简明账略，分送公览。

（1887 年 3 月 21 日，第 5 版）

轮船招商局第十三届账略

谨查本局自光绪十年六月初十日起，至十一年十二月底止，账目已并作十二届结总，呈送刊布在案。兹自光绪十二年正月起至年底止，是为第十三届结账。本年共得余利二十万一千余两，并连上届余利十一万五千余两，共得余利三十一万六千八百两有奇。除各船栈折轻成本十五万七千九百余两，提派股份余利二万两，局内各执事办事出力奖赏六千九百余两外，净计结余公积银十三万一千九百两有奇。接办之初原欠洋商汇丰、天祥、宝顺银一百五十六万余两，本届拔还天祥二万五千磅，并分存汇丰、怡和、旗昌备还洋款冲抵，尚短五十七万八千余两，数年之内海上无事或可全数备抵。上届接办轮船系二十四号，现经闽省退还“美富”一号，共二十五号。本年“江天”、“普济”、“镇东”、“日新”大修银两本应加入船本，此次已列支销，意在渐轻成本，期归实际。股商利息前曾禀明改减六厘，本届提派余利一厘，照章于三月初一日分利，并分缮上、下两册呈送南北洋商宪，及沪津两海关备案，并抄存沪、津、汉、闽、广、港各局以便股商就近查阅，另刊简明账略分送公览。建忠、能虎驻迹申江，冰渊共惕，宣怀承乏东海，于用人理财之道尤虞隔阂，所赖各局各股员董群策群力，勿以年来办理稍有头绪，始勤终懈。须知中国商务败坏已极，总期已成之局深固不摇，得为众商所信服，则凡有益富强之举尚可渐事推广，关系甚大，是以宣怀等不辞劳怨，所日夕期望者岂浅鲜哉！督办盛宣怀杏荪、会办马建忠眉叔、沈能虎子梅谨启。

（1887 年 3 月 30 日，第 13 版）

接录轮船招商局第十三届账略

综结

一、该股份资本规银二百万两。

一、该官款存本规银八十三万二千二百七十四两五钱一分。

一、该官款续存规银三十三万七千九百四十七两一钱五分九厘。

一、该保险股款规银六十万两。

一、该贵池股本规银二十万九千九百四两。

一、该贵池股息规银六千六百九十六两九钱。

一、该洋商各款存该冲计规银五十七万八千一百一两一分。

一、该绅商存款规银八万二千六百四十一两一钱九分三厘。

一、该往来存款规银三十一万六千八百二十六两七钱四分六厘。

一、该各户存息规银二万二百六十八两二钱六分八厘。

一、该股份存息规银十四万两。

一、该售换股票规银二千六百二十九两六钱二分五厘。

一、该自保船险规银九万四百五十六两二钱六分。

一、该彩结公积规银十三万一千九百六十两四钱一分五厘。

共计结该各款规银五百三十四万九千七百六两八分六厘。

一、存开平应还贵池拨款规银三万八千九百六十七两四钱九分四厘。

一、存钱庄往来规银九万六千九百九十五两八钱二分。

一、存旧账欠户规银三万一千八百十七两四钱二分八厘。

一、存往来欠款规银九万三千五百七十二两七钱三厘。

一、存同文书局南栈抵款规银七万两。

一、存各户久息规银二万二千一百七十二两七钱七分八厘。

一、存兵驳垫款规银二万四千七百九十六两八钱四分八厘。

一、存随货汇款规银一万一百九十二两七钱七分。

一、存买存煤炭规银三万六千五百五十七两七钱六分六厘。

一、存开平股份规银二十一万两，

一、存朝鲜借款规银二十一万两。

一、存旧账股票产契抵欠规银三十六万七千二百七十一两二钱八分五厘。

一、存现银洋钱规银六万八千三百六十一两一钱九分四厘。

共计结存各款规银一百二十八万七百六两八分六厘。

一、存“永清”船本规银五万五千两。

一、存“富有”船本规银九万两。

一、存“日新”船本规银六万两。

一、存“保大”船本规银七万六千两。

一、存“丰顺”船本规银七万六千两。

一、存“江宽”船本规银十一万四千两。

一、存“江永”船本规银十一万四千两。

一、存“镇东”船本规银七万五千两。

一、存“海晏”船本规银九万五千两。

一、存“海琛”船本规银九万两。

一、存“海定”船本规银九万五千两。

一、存“江天”船本规银十一万两。

一、存“江表”船本规银三万三千两。

一、存“江孚”船本规银十一万四千两。

一、存“江通”船本规银四万两。

一、存“永宁”船本规银一万二千两。

一、存“江平”船本规银一万四千两。

一、存“致远”船本规银十一万两。

一、存“拱北”船本规银六万二千两。

一、存“图南”船本规银十三万两。

一、存“普济”船本规银七万五千两。

一、存“江裕”船本规银十九万两。

一、存“富顺”船本规银十八万两。

一、存“广利”船本规银十八万两。

一、存“美富”船本规银九万两。

共计结存船本规银二百三十万两。

一、存小轮六号规银六千两。

一、存趸船十一号规银十一万五千两。

一、存各埠驳船规银三千两。

共计结存船本规银十二万四千两。

一、存上海东栈规银八千两。

一、存上海北栈规银二十六万两。

一、存上海中栈规银十二万两。

一、存上海南栈规银六十万两。

一、存十六铺产规银一万四千两。

一、存天津栈房规银十七万两。

一、存通州栈房规银五千两。

一、存燕［烟］台栈房规银二千两。

一、存宜昌栈房规银二千两。

一、存汉口栈房规银十八万六千两。

一、存九江栈房规银七万两。

一、存芜湖栈房规银二万两。

一、存镇江栈房规银五万两。

一、存宁波栈房规银一万两。

一、存温州栈房规银四千两。

一、存福州栈房规银二万八千两。

一、存汕头栈房规银七千两。

一、存澳门栈房规银五千两。

一、存香港栈房规银二万两。

一、存海防房料规银二万二千两。

一、存顺安房料规银一万二千两。

共计结存栈本规银一百六十一万五千两。

一、存各局生财规银一万两。

一、存漕米麻袋规银二万两。

共计结存成本规银三万两，统共结存各款规银五百三十四万九千七百六两八分六厘。

彩结

一、进各船余款规银四十九万八千五百五十四两八钱二分五厘。

一、进大沽驳船规银六千八百二十一两一钱二分五厘。

一、进运漕局账规银一万三千十四两八钱六厘。

一、进拨补各船运漕驳力规银一万六千六百七十五两一钱一分。

一、进北栈余款规银二万一千二百四十七两二钱三分。

一、进客货栈租规银五万二千三百五十六两六钱七分五厘。

一、进各口产租规银四万一千九百三十六两五钱四分九厘。

一、进旧物料规银一千五百六十六两一分。

共计结余规银六十五万二千一百七十二两三钱三分。

一、支上海地租规银二万七千四百十一两五钱八分六厘。

一、支各项修理规银七万千六百八十九两八钱四分三厘。

一、支各项缴费规银八万五千二百十四两四钱六分六厘。

一、支各项息款规银十四万三千七百九两八钱八分八厘。

一、支股份官利规银十二万两。

共计结支规银四十五万一千二十五两七钱八分三厘。

除支结余规银二十万一千一百四十六两五钱四分七厘。

一、上届彩结余利规银十一万五千七百三十三两一钱九分二厘。

共计结余规银三十一万六千八百七十九两七钱三分九厘。

一、各船栈等折旧规银十五万七千九百七十四两三分九厘。

一、提派股份余利规银二万两。

除支结余规银十三万八千九百五两七钱。

一、提局中各执司办事奖赏五厘规银六千九百四十五两二钱八分五厘。

净计结余公积规银十三万一千九百六十两四钱一分五厘。

（1887年4月1日，第13版）

轮船招商局告白

本局于光绪十二年正月至十二月第十三届结账，照章分缮上、下两册，分存上海、天津、汉口、福州、广州、香港各局，以便在股诸君就近查阅，并于三月初一日凭折支息，另刊简明账略，分送公览。

（1887年4月5日，第10版）

仁济和保险有限公司合办第一届账略

光绪十二年分办理仁济和保险有限公司情形节略。谨查仁和、济和保险公司前系分股办理，兹自光绪十二年正月初一日重订章程十条，循照试办，至十二月底止，是为仁济和合办第一届结账。本年连前得收利银十五万一千七百余两，除支各款并提派股份官利、余利银十万三千九百余两，各执事出力花红奖赏二千三百余两外，净计结余公积银四万五千四百余两。经各董允议，徐雨之观察房地暂押三万五千两，俟其归款仍应提存银行。开平存本议定十三年起陆续提还，惟每年须以五槽煤一万吨作抵银四万两，必赖招商局设法售销，其运沪水脚、关税只得在开平利内开支，此为归本第一要着。至本公司专保江海轮船装载之货，重订章程第二条已详定限制。仗国家之福，本年晏然无恙。或谓额外货物向洋商转保，未免美利旁溢。不知近来保险之费愈跌愈贱，今届所得保费亦仅六万七千余两，江船最坚固者已限保十二万两，海船最坚固者已限保八万两，其次各船限保不得逾六万两，实不可以再加，最好我以额余转给他行保者，他行亦以额余转请我保，则利害以均而轻，此为求利第一稳着。朱静山观察总理一年，内守定章，外筹招徕，积弊一清，所冀各口仕商俯念仁济和皆系华人股份，木本水源，同属一体，凡有装载轮船货物，多多照顾，庶几和气致祥，天人相应。宣怀等忝董厥司，敢不虚怀将事，以迓天庥哉？

董事盛宣怀杏荪、马建忠眉叔、韦国华文圃、姚锟筠溪、唐国泰翘卿、萧郁文蔚南、郑廷江秀山谨启。

综结

一、该股份资本规银一百万两。

一、该前届股利未取规银一千六百三十一两二钱八分一厘。

一、该各局回彩规银六千三百十一两七钱八分。

一、该宝裕找款规银十二两七钱四分。

一、该沪局扣用规银一百五十三两二钱七分九厘。

一、该镇局扣用规银十六两三钱八分五厘。

一、该本届股利规银八万两。

一、该董事酬仪规银一千六百两。

一、该各执事酬劳奖赏五厘规银二千三百九十二两二钱八分三厘。

一、该彩结公积规银四万五千四百五十三两三钱七分九厘。

共计结规银一百十三万七千五百七十一两一钱二分七厘。

一、存轮船商局规银六十万两。

一、存开平矿局规银三十万两。

一、存汇丰银行规银五万两。

一、存麦加利银行规银五万两。

一、存汇丰银行利息规银二千五百两。

一、存麦加利银行利息规银二千五百两。

一、存缺额股份规银一万三千六百两。

一、存缺额股份提息规银一千八十八两。

一、存旧账抵欠收回股票规银一万五千三百五十两。

一、存抵欠股份提息规银一千二百二十八两。

一、存徐雨记房屋基地抵押一年为期八厘计息规银三万五千两。

一、存转保垫款规银一千二百二十一两七钱五分。

一、存上海客商欠保费规银一千二十一两二钱八分一厘。

一、存淡水欠保费规银二十七两二钱六分九厘。

一、存烟台局暂欠规银一百四两五钱。

一、存郭记暂欠规银二百十九两九钱。

一、存现洋钱合规银二十四两八钱一分六厘。

共计结存规银一百十三万七千五百七十一两一钱二分七厘。

彩结

一、进前账结余光绪十一年十二月底止规银一万八千七百六十八两一钱四分一厘。

一、进各局保费九五局用除净规银六万七千二百十一两九分。

一、进轮船商局存项利息计本六十万两，周年息六厘，规银三万六千两。

一、进开平矿局存项利息计本三十万两，周年息八厘，规银二万一千二百五十六两二钱。查光绪十年四月初一起至十二年年底止共两年零九个月，息银六万六千两议明以煤作抵，每吨在天津交收，作价四两二钱，本年运到五千六十一吨，运脚、关税另行开支。

一、进汇丰银行存项利息计本五万两，周年息五厘，规银二千五百两。

一、进麦加利银行存项利息计本五万两，周年息五厘，规银二千五百两。

一、进轮船商局往来利息按日计算，周年六厘，规银一千一百九十九两九钱八厘。

一、进缺额抵欠股份项下提存官、余利规银二千三百十六两。

共计结收规银十五万一千七百五十一两三钱三分九厘。

一、支各局保险赔款，转保摊赔、湿货拍卖均已冲除，规银六千八百四十二两一钱八分五厘。

一、支各局保费备贴各客号一成回彩，连转保无彩亏扣亦在内，规银八千二百二十二两八分一厘。

一、支开平运煤抵息水脚关税每吨六钱九分零四，规银三千四百九十四两三钱四厘。

一、支联票杂用规银七百二十七两一钱七厘。

一、支沪局总管总船主账房薪水规银三千二十两。

一、支董事八位酬仪规银一千六百两。

一、支股份官利规银六万两。

一、支股份余利规银二万两。

共计结支规银十万三千九百五两六钱七分七厘。除支，结余规银四万七千八百四十五两六钱六分二厘。

一、支提给各执事办事酬劳奖赏五厘，规银二千三百九十二两二钱八分三厘，净计结余公积规银四万五千四百五十三两三钱七分九厘。

附录光绪十年四月至十一年十二月止收支总结

一、进前届结余规银二千五百七十八两三钱四厘。

一、进各埠生意规银四万五千八百六十八两二钱一分五厘。

一、进股本息项规银三万三千四百七十二两一钱。

一、进换票收费规银二十三两五钱。

共计结收规银八万一千九百四十二两一钱一分九厘。

一、支保险赔款规银三万七千二百七十五两七钱八分三厘。

一、支沪局开销规银一千三百四十八两二钱九分三厘。

一、支外局开销规银七百六两二钱四分七厘。

一、支房租福食规银一千五百七十五两二钱六分七厘。

一、支沪局薪水规银五千六百五十六两八钱四分九厘。

一、支外局薪水规银二千九百八十四两四钱二分五厘。

一、支外埠转保规银五百七十六两二钱八分八厘。

一、支退保火险规银五百四十八两二钱一厘。

一、支九扣回彩规银四百九十四两八钱二分三厘。

一、支各役工食规银二百七十五两六钱五分九厘。

一、支各埠坏账规银一万一千七百三十二两一钱四分三厘。

共计结支规银六万三千一百七十三两九钱七分八厘。除支，结余规银一万八千七百六十八两一钱四分一厘。

查光绪□［十］年六月初十日轮船招商局归旗昌洋行经理，本公司遂停止生意，归结各埠欠账，所存招商局之保险本银，旗昌未曾付息，开平亦未揭算，是以进款较少。自上届结账后，十年四月起至十一年年底止，统为一结，综核收支各数，结余规银一万八千余两，内有收入本局股票三百七股，抵规银一万五千三百五十两，所余现银仅有三千余两，是以不敷分派股息，并入本届汇核统算。合并声明。

（1887年4月18日，第11版）

冠盖如云

（前略）督办招商局马眉叔观察于上月杪某日乘“海晏”轮船到津禀商局务。

（1887 年 6 月 24 日，第 2 版）

搁船续述

招商局“保大”轮船搁浅，一切略登前报。兹悉该船装有铜钱一千包、洋布约一千包，并有杂货多件，初一日早三点钟在去烟台二百里之成山海面搁礁。适有太古公司之轮船行过其处，立将船上搭客、书信等件援之过船，送往津沽。又有他船将“保大”船上之钱包、布包以及杂货等运出一半光景。招商局闻信后，即派“丰顺”、“海定”、“海琛”三轮船前往救取。闻“保大”船之尾已有水入，而前船等处尚完好无恙，其如何拖救一切情形，容俟续闻再录。

（1887 年 7 月 26 日，第 1 版）

轮舶行踪

昨日沪上传言招商局之“图南”轮船行赴外洋失事云云，兹经查询，谓此船实在德国云。

（1887 年 7 月 26 日，第 1 版）

船身粉碎

招商局之“保大”轮船在成山洋面触礁一事，属详前报。兹闻招商局接到电报，言该□□□□碎为齑粉□。

（1887 年 8 月 2 日，第 3 版）

敬请同乡集议

具投词人广扬兴，缘去年十一月廿一日托招商局由“广利”轮船载英洋二箱“YH 唛”共计五千元，系交香港中环扬兴收入，其提货单亦由招商局写就，随携回店封固，即着伴寄放该局香港书信箱内，此沪上附寄银货，其提单信随该轮船寄去之定例也。迨“广利”轮船抵港之日，港号扬兴着伴往取提货单信，讵料港局始以无信相推，当时港伴意谓该局已经□人送信到店，遂回店守候点余钟之久，仍未见送到，再往追讨，则云经有人携提单前来签字，其银已取去矣。港伴闻此音耗，不胜诧异，即向取出提单审视，所盖图章乃香港“木”字傍之“杨兴”，非中环“才”字傍之扬兴也。窃思小号由该局轮船载运银洋往港，非只一次，向日所盖起货图章，谅该局必所深悉，何此次所盖之印字义不符而竟任其如取如携？慢说银洋最关紧要，即附寄贱物，该局司事人亦要当心，此招商局草率失察之咎实属难辞也。多次向申、港局理论，始则以二家力查为说，继则专以寄信未有盖回印章凭据为词，多方迁延，希图缓卸。今经数月之久，屡向追问，则以无理取闹大言恐□［吓］。似此以势欺压，情何以堪？迫得叩求本帮各大宝号列位乡台先生大人，即日请驾至广肇公所集议，秉公细查各宝号向来寄该局之信是否有人经收，有无盖回印记，抑系放入该局信箱内，秉公理处。俾小号有所倚靠，资本无亏，则感德无涯矣。六月十八日，上海广扬兴顿首。

（1887 年 8 月 7 日，第 4 版）

解钱北上

前报载解钱过沪一节，昨日皖省委员胡君，饬夫役将制钱二万串运上招商局“丰顺”轮船，北上交纳所有，上海县蒯大令所派差役汛兵遂回署禀销差使矣。

（1887 年 8 月 24 日，第 3 版）

招商总局告白

本局招造□［浦］东栈房，于本月十七日开标，有陈利记开价虽系最贱，但查无作厂，且有转卖情弊，不准承揽。登报声明。

（1887 年 10 月 7 日，第 6 版）

轮舶赴津续述

沪上各轮船定于廿五早开往天津，此已列报。兹闻招商局之“永清”轮船，亦于是早开行云。

（1888 年 3 月 7 日，第 2 版）

轮舶行程

本埠各轮船开赴天津，系怡和洋行之“高升”轮船先到，此已列报。兹又闻，首先进口者为招商局之“普济”轮船。又闻太古公司之“通州”，怡和洋行之“顺和”，招商局之“海晏”、“普济”、“广济”等船，均于正月廿九日由天津开行来沪云。

（1888 年 3 月 13 日，第 2 版）

轮船工竣

招商局“丰顺”轮船向开天津，素称坚固快便，嗣因入坞修理，头班未曾开津。闻刻已一律修换完竣，添设新式机炉，较前更为便捷，准定于二月十四日开放烟台、天津。其船中买办苏君葆生颇称干练，待人接物一切周到，想至时搭客定必争先恐后，该船之获利定可预卜也。

（1888 年 3 月 24 日，第 2、3 版）

告　白

轮船招商局仁济和保险局上年股息，照章定于三月初一日凭股商持折支取，随送账略，并缮总账分在津、汉、闽、广、港各分局，以便股商就近查阅，谨启。

（1888 年 4 月 4 日，第 6 版）

轮船招商局第十四届账略

第十四届办理轮船招商局情形节略。谨查本局光绪十二年第十三届结总已呈送刊布在案，兹自光绪十三年正月起至年底止，是为第十四届结账。本年共得余利四十三万余两，除各船栈折轻成本二十万五千余两，提派股份余利二万两，局内各执事办事出力奖赏先提五厘计一万余两外，净余十九万四千余两，并连上届结余十三万一千余两，共存公积银三十二万六千余两。查原欠洋商各款除本届还清天祥并拨还汇丰两期借本，及分存汇丰、怡和等行备还洋款冲抵外，计短四十三万余两，略较上年轻减。前届局船二十五号，本年六月间“保大”搁礁沉失，已将折实成本七万六千两于自保船险项下支销。今届添造“广济”浅水轮船一号，拟走辽海及春间协运漕米，冬季调走宜昌、汉口之用，造本五万八千两，已列各船成本项下，是以本届船数与上届同。“永清”另换锅炉，“永宁”重新修改更名“海昌”，该二船修费应列成本。北栈内因添设□栈，增造起重机器、码头船只，中栈、东栈各添栈房，亦已分别列作成本，其余存欠之数俱详总结各款。总之出入款项，凡可以紧守敛字诀者，毋或稍纵，兹当添造新船需款甚巨，不敢过于惜费，亦惟权其当不当而已。股商利息本届仍提派余利一厘，连官利共派七厘，照章三月初一日分给，并缮上、下两册呈送南北洋商宪及沪津两海关备案，并抄存沪、津、汉、闽、广、港各局，以使股商就近查阅，另刊简明账略分送公览。

会办沈能虎子梅、督办盛宣怀杏荪、会办马建忠眉叔、会办陈树棠□［茇］南谨启

综结

一、该股份资本规银二百万两。

一、该官款存本规银七十九万五千五十七两一钱九分三厘。

一、该官款续存规银二十七万一百九十六两三钱七分三厘。

一、该保险股款规银五十万两。

一、该贵池股本规银四万五千三百十六两。

一、该贵池股息规银三千五百六十七两六钱六分。

一、该洋商各款存该冲计规银四十三万三千四百五十八两七分。

一、该绅商存款规银二万四千五百二十五两六钱一分三厘。

一、该往来存款规银二十九万二千四百五十二两五钱二分六厘。

一、该各户存息规银二万二千六十九两二钱一分。

一、该股份存息规银十四万九千十两五钱五分五厘。

一、该售换股票规银二万一千五百五十五两七钱八分六厘。

一、该自保船险规银二十六万一千二百五十一两八钱六分三厘。

一、该彩结公积规银三十二万六千五百七十八两二钱一分三厘。

共计结该各款规银五百十四万五千三十九两六分二厘。

一、存开平应还贵池拨款规银二万二千三百四十六两三分二厘。

一、存钱庄往来规银五万四千六百十八两九钱四分五厘。

一、存售账欠户规银一万八千三百三十六两四钱六分九厘。

一、存往来欠款规银十三万九千五百十八两二钱三分三厘。

一、存定造新船置备锅炉规银五万一千九百九十九两九分。

一、存同文局等南栈押款规银四万六千两。

一、存各户欠息规银二万一千九十四两三钱六分三厘。

一、存北洋“图南”水脚规银三万六千八百十九两九钱二分三厘。

一、存随货汇款规银一万四千四百十四两七钱四分五厘。

一、存买存煤炭规银二万三千六百九十两七钱一厘。

一、存开平股份规银二十一万两。

一、存朝鲜借款规银二十一万两。

一、存旧账股票产契抵欠规银三十一万一千四百七两八钱。

一、存现银洋钱规银三万四千七百九十二两七钱六分一厘。

共计结存各款规银一百十九万五千三十九两六分二厘。

（1888 年 4 月 12 日，第 3、4 版）

接录轮船招商局第十四届账略

一、存“永清”船本规银八万两。

一、存“富有”船本规银八万两。

一、存“日新”船本规银五万五千两。

一、存“丰顺”船本规银七万两。

一、存“江宽”船本规银十一万两。

一、存“江永”船本规银十一万两。

一、存“镇东”船本规银七万两。

一、存“海晏”船本规银九万两。

一、存“海琛”船本规银八万两。

一、存“海定”船本规银八万五千两。

一、存“江天”船本规银十万两。

一、存“江表”船本规银三万两。

一、存“江孚”船本规银十万两。

一、存“江通”船本规银三万五千两。

一、存“海昌”船本规银二万五千两。

一、存“江平”船本规银一万二千两。

一、存“致远”船本规银十二万两。

一、存“拱北”船本规银六万两。

一、存“图南”船本规银十二万两。

一、存“普济”船本规银七万两。

一、存“江裕”船本规银十八万两。

一、存“富顺”船本规银十七万两。

一、存“广利”船本规银十七万两。

一、存“美富”船本规银八万两。

一、存“广济”船本规银五万八千两。

共计结存船本规银二百十六万两。

一、存小轮六号规银五千两。

一、存趸船十一号规银十万两。

一、存各埠驳船规银二千两。

共计结存船本规银十万七千两。

一、存上海东栈规银二万两。

一、存上海北栈规银二十八万两。

一、存上海中栈规银十二万四千两。

一、存上海南栈规银六十万两。

一、存十六铺产规银一万四千两。

一、存天津栈房规银十七万两。

一、存通州栈房规银五千两。

一、存燕［烟］台栈房规银二千两。

一、存宜昌栈房规银四千两。

一、存汉口栈房规银十八万六千两。

一、存九江栈房规银七万两。

一、存芜湖栈房规银二万两。

一、存镇江栈房规银五万两。

一、存宁波栈房规银一万两。

一、存温州栈房规银四千两。

一、存福州栈房规银二万八千两。

一、存汕头栈房规银七千两。

一、存澳门栈房规银五千两。

一、存香港栈房规银二万两。

一、存海防房料规银二万二千两。

一、存顺安房料规银一万二千两。

共计结存栈本规银一百六十五万三千两。

一、存各局生财规银一万两。

一、存漕米麻袋规银二万两。

共计结存成本规银三万两。

统共结存各款规银五百十四万五千三十九两六分二厘。

彩结

一、进各船余款规银六十三万一千二百七两五钱四分六厘。

一、进运漕局账规银四万三千六百七十二两六钱九分三厘。

一、进拨补各船运漕驳力规银一万六千二百七十六两七钱七分。

一、进北栈余款规银二万八千七百八十三两四钱二分。

一、进客货栈租规银五万二千三百十五两五钱六分。

一、进各口产租规银四万六千一百五十两二钱四分六厘。

一、进售旧物料规银二千五百六十一两八钱八分三厘。

共计结余规银八十二万九百六十八两一钱一分八厘。

一、支上海地租规银二万八千二百四十五两四钱五分。

一、支各项修理规银二万一千五百五十三两三钱六分四厘。

一、支各项缴费规银十万一千六百九两七钱一分八厘。

一、支各项息款规银十一万九千五百二十八两三分七厘。

一、支股份官利规银十二万两。

共计结支规银三十九万九百三十六两五钱六分九厘。

除支结余规银四十三万三十一两五钱四分九厘。

一、各船栈等折旧规银二十万五千一百七十两七钱九厘。

一、提派股份余利规银二万两。

除支结余规银二十万四千八百六十两八钱四分。

一、提局中各执司办事奖赏五厘规银一万二百四十三两四分二厘。

净计本届结余规银十九万四千六百十七两七钱九分八厘。

一、上届彩结余利规银十三万一千九百六十两四钱一分五厘。

共计结余公积规银三十二万六千五百七十八两二钱一分三厘。

（1888 年 4 月 13 日，第 3、4 版）

仁济和保险有限公司合办第二届账略

光绪十三年分办理仁济和保险有限公司情形节略。谨查仁济和保险公司光绪十二年重订章程归并办理，已将第一届账略刊布周知，兹自光绪十三年正月起至十二月止为第二届结总之期，本年连前得收利银二十万二千二百余两，除支各款并派股份官利银十六万三千六百余两外，净计结余公积银三万八千五百余两。所有股份资本一百万原存招商局六十万、开平局三十万、银行十万，现由招商局拨还十万，开平局拨还五万，俱存银行，实计结存招商局五十万、开平局二十五万、银行二十五万，此资本存拨之大略也。本年所得保费仍只有六万七千余两，各存项利息连补收开平前欠利息共八万九千二百余两。不幸“保大”船失，赔货如额，及各船零星赔款实支八万六千余两。其余各用一万六千余两。股份官利六万两，以本年所入抵本年所出，已不敷五千八百余两。各执事勤劳如旧，仍酌提酬劳奖赏一千两，只得在上届公积内动支。是以上届存公积四万五千四百余两，本届除将不敷动支外，连开平前利仅存结余三万八千五百余两，此息费盈亏之大略也。

本公司既曰保险，岂能无险？第以各行保费愈跌愈贱，所得者微，所失者大。要在内守定章，各船限保，断不可稍有粗疏。偶逾定额外筹招徕，我以额余转给他行保者，他行亦以额余转归我保，利害以均而轻，庶几履险如夷，为颠扑不破之计，愿与同人共励之尔。

董事盛宣怀杏荪、马建忠眉叔、韦华国文圃、姚锟筠溪、唐国泰翘卿、萧郁文蔚南、郑庭江秀山、欧阳□［煌］鉴堂谨启

总结

一、该股份资本规银一百万两。

一、该前届股利未取规银三千五百五十四两五钱八分一厘。

一、该本届股利规银六万两。

一、该各局回彩规银四千十二两六钱七分。

一、该董事酬仪规银八百两。

一、该提给各执事酬劳奖赏规银一千两。

一、该彩结公积规银三万八千五百九十两三钱二分八厘。

共计结该规银一百十万七千九百五十七两五钱七分九厘。

一、存轮船商局规银五十万两。

一、存开平矿局规银二十五万两。

一、存汇丰银行规银五万两。

一、存麦加利银行规银五万两。

一、存法兰西银行规银十万两。

一、存轮船商局往来项下备拨银行规银五万两。

一、存轮船商局往来规银七万三千三十二两九钱九分一厘。

一、存缺额股份规银一万三千六百两。

一、存缺额股份提息规银八百十六两。

一、存旧账抵欠收回股票规银一万五千三百九十两。

一、存抵欠股票提息规银九百二十一两。

一、存上海客商欠保费规银二百三十一两六钱九分四厘。

一、存宁波欠保□［费］规银十五两九钱五分八厘。

一、存厦门欠保费规银三十二两七钱七分三厘。

一、存现洋钱合规银九两五钱一分三厘。

一、存上海包用规银六百八十七两六钱五分。

一、存燕［烟］台销煤八百十五吨规银三千二百六十两。

共计结存规银一百十万七千九百五十七两五钱七分九厘。

彩结

一、进上届公积规银四万五千四百五十三两三钱七分九厘。

一、进各局保费规银六万七千四百三十一两三钱五分二厘。

一、进商局存项利息六十万两周息六厘——于十二月二十六日还下十万两，规银三万五千九百十六两六钱六分七厘。

一、进开平矿局存项利息规银四万二千六百六十二两九钱七分，查本年收煤一万一千二百四十吨，又各船用煤划款，并来汇票，除拨还本银五万两外，余归息款。

一、进汇丰银行存项利息，计本五万两、周年息五厘，规银二千五百两。

一、进麦加利银行存项利息，计本五万两、周年息五厘，规银二千五百两。

一、进轮船商局往来利息，按日计算，周年六厘，规银一千三百九十一两六钱一分六厘。

一、进徐雨记抵款利息，按日计算，周年八厘，规银二千二百二十两三钱二分八厘。

一、进缺额抵欠股份项下本届提存官利规银一千七百三十七两。

一、进收归旧账除支销无着欠款等外，净计规银四百十五两三钱三分六厘。

共计结收规银二十万二千二百二十八两六钱四分八厘。

一、支各局保险赔款，转保摊赔、湿货拍卖均已冲除，规银八万六千六百二十二两钱六分。

一、支各局保费回彩除红提单内保费扣现彩外，计规银三千四百五两四钱三分五厘。

一、支开平运煤抵息关税水脚规银五千九百九十二两四钱七分。

一、支联票杂用规银一千三百十两五钱六分五厘。

一、支沪局总管总船主账房薪水规银三千九百二十一两。

一、支“保大”船捞货各费规银三百六十四两八钱四分。

一、支“华安”船身转保垫亏规银二百二十一两七钱五分。

一、支董事八位酬仪减半规银八百两。

一、支股份官利规银六万两。

一、支提给各执事酬劳奖赏规银一千两。

共计结支规银十六万三千六百三十八两三钱二分。

除支，结余规银三万八千五百九十两三钱二分八厘。

（1888 年 4 月 14 日，第 10 版）

撞船两志

前日本报记招商局“广济”轮船展轮出口，时未黎明，昏黑中撞沉载石船一事。事经江海关查悉，恐碍民船出入，因之商诸招商局出洋十八元，雇工设法捞取沉船，所有碰撞一节须俟“广济”船回来再行核夺。

昨日黎明时。招商局“普济”轮船开赴天津，在浦江撞沉一载泥船，舟中人幸经救起，谅尚须理论也。

（1888 年 4 月 16 日，第 3 版）

告　白

本局“广济”轮船，由仁川、牛庄装货回申，于三月十八日两点钟驶至浦滩前公家花园相近，突被中国兵船出口碰坏后舱，各货已被水湿。现将湿货起存虹口中栈，务望各宝号速持提单到局签字报关起货，幸勿延迟，限至廿二日。如不来提，本局准于廿三日将残货拍卖，免至日久变坏尤甚，特此布闻。

轮船招商局谨启

（1888 年 4 月 29 日，第 6 版）

入坞修理

招商局“广济”轮船被兵轮碰坏，已详前报。兹闻“广济”船已入老船坞修理矣。

（1888 年 5 月 1 日，第 3 版）

新船来华

台湾商务局在英国某船厂订造快船两艘，五月十一日自英启轮。二十七日来电云，已驶过苏彝士河，计程十六日可到。又招商局新订轮船一艘名曰“新盛”，六月十日自英启轮，昨接来电云，已于本月二十三日驶过苏彝士河，计程十三天可到云。

（1888 年 8 月 2 日，第 3 版）

商务振兴

总办台湾商务杨藕航观察，月初奉李傅相电招赴津，昨已返沪。傅相以台湾新置快轮往来江海，为振兴孤岛起见，事关重要，饬令招商局不分畛域，和衷办理。傅相维持大局，一视同仁于此，益见中国商务行将蒸蒸日上矣。

（1888 年 8 月 2 日，第 3 版）

招商局告白

启者：本局新设华栈公司，水深能泊大船，栈广可堆客货，储火油尤属合宜。兹置“犹龙”小火轮一号，每日午前八点、十点、十二点，午后二点、四点，准由四马路码头开往华栈码头，贵客如愿搭船者，届时前往不误。再者，如欲拖带货船者，请向华栈公司账房面议为祷。德律风一百十八号。合并声明。

（1888 年 8 月 9 日，第 7 版）

津门秋望

南人之应京兆试者驱车出京，络绎如织。十九日大沽轮船将南下，诸士子如宿鸟投林，争先附搭，捷足先得者，计共百余人。（中略）

由津至沪轮船舱位，怡和、太古、招商局三家，每客收银十两八钱。去春酌加赈捐银五钱，每客共收十一两三钱，逆旅主人经写客票，例得九五扣，而又售票十纸者，给以免票一纸。紫竹林各旅邸局面阔大，所得以支持者赖有此耳。秋初互相贬价，以与争衡。现经怡和、太古、招商局联名刊贴报单，每客舱位额定行平化宝银十一两三钱，不得私自增减云。（下略）

（1888 年 10 月 1 日，第 2 版）

析津近事

招商局“图南”轮船装载火轮车至天津停泊三日，俟起卸后始起碇回申。按，“图南”向来行驶南洋，入水较深，此次又重不能胜，进口颇非

易易，后经设法始抵码头云。（下略）

（1888年10月29日，第2版）

将次启轮

七十二沽间春冰渐泮，招商局“海晏”、“丰顺”、“拱北”、“普济”四轮船拟于本月杪开行北上，先于今日报关。“海定”一船现在来往宁波，俟“江天”出坞时亦当向北洋进发，至怡和、太古各船亦已次第预备云。

（1889年2月21日，第3版）

轮船返沪

春冰既泮，各轮船争先开赴天津。昨晨招商局之“普济”、太古公司之“通州”、“武昌”、怡和洋行之“新南升”四轮船已先后返沪矣。并悉各船开往时，招商局之“普济”轮船于三十日午后二点钟首先赶到大沽口，于是晚八点到紫竹林，其余各轮均于三十、初一两日先后驶到，赶卸货物，随于初二日南旋云。

（1889年3月7日，第3版）

招商局告白

启者：本局今可代客提煤，存在浦东本局栈房内，其费开列于后：如提起存在华栈内者，第一个月每吨取银一钱六分，以后每月取银二分半；如提存招商东栈，第一个月每吨取银一钱八分，以后每月取银三分。特此布闻。

（1889年3月28日，第7版）

告　白

轮船招商局仁济和保险局上年股息，照章定于三月初一日凭股商持折支取，随送账略，并缮总账，分存津、汉、闽、广、港各分局，以便股商就近查阅。谨启。

（1889 年 3 月 28 日，第 7 版）

仁济和保险有限公司合办第三届账略

谨查仁济和保险公司光绪十二年重订章程归并办理，已将第一届、第二届账略刊布周知。兹自光绪十四年正月起至十二月止，为第三届结总之期。本公司股本一百万（两），上年存招商局五十万，开平局二十五万，银行二十五万。本年由招商局发还二十万，开平局拨还五万改存洋行，实计结存招商局三十万，开平局二十万，法兰西银行二十万，汇丰银行十五万，麦加利银行五万，怡和洋行十万，此资本存拨之大略也。

本年进项则保□□祇［只］有七万一百余两，各存项利息连补收开平前欠利息共九万一千余两。支项则各局赔款一万八千八百余两，回彩二千九百余两，开平运煤赔贴关税水脚三千七百余两，其余各用七千二百余两，股份官利六万两，又派余利二万两，出入相抵结余四万八千三百余两。

又，上届结余三万八千五百余两，各执事勤劳久著，援照轮船招商局三年通计，提给酬劳奖赏一成八千六百九十余两，除前两年已派过三千三百余两外，应提派五千三百余两；办理三年净得公积八万一千六百余两，此息费收支之大略也。

保险从前利最厚而资本仍可生息，是一本□［有］两利也，至今日保费愈跌愈贱矣。凡轮船公司莫不自行保险，我以额外之保费付予旗昌一家，而各洋行之额外保费绝无予我者，故外筹招徕几无妙术。保费既轻，保额万不敢宽，以通年所得之保费仅七万一百余两，而保额自六万以至十二万，故内守定章仍不得稍逾定额。其尤要者，□后资本及公积皆系现银，权子母则生息不能空闲，审利害则存放必宜稳实，所愿与同人慎益加慎尔。

董事盛宣怀杏荪、马建宗眉叔、韦华国文圃、姚锟筠溪、唐国泰翘卿、萧郁文蔚南、郑廷江秀山、欧阳煌鉴堂谨启

综结

一、该股份资本规银一百万两。

一、该前届股利未取规银四千四百十四两五钱。

一、该本届股利规银八万两。

一、该各局回彩规银四千二十四两三钱六分二厘。

一、该董事酬仪规银一千六百两。

一、该船局出力可事酬仪规银四百五十两。

一、该燕局存保费规银五两八钱九分二厘。

一、该各执事酬劳奖赏前后一成规银五千三百一两八钱八厘。

一、该彩结公积规银八万一千六百三十九两九分八厘。

共计结该规银一百十七万七千四百三十五两六钱六分。

一、存轮船商局规银三十万两。

一、存开平矿局规银二十万两。

一、存汇丰银行规银十五万两。

一、存麦加利银行规银五万两。

一、存法兰西银行规银二十万两。

一、存怡和洋行规银十万两。

一、存轮船商局往来规银八万八千二百四十一两九钱二分四厘。

一、存缺额股份规银一万三千六百两。

一、存缺额股份提息规银一千八十八两。

一、存旧账抵欠收回股票规银一万五千三百五十两。

一、存抵欠股票提息规银一千二百二十八两。

一、存汇丰银行利息规银二千五百两。

一、存麦加利银行利息规银二千五百两。

一、存法兰西银行利息规银八千二百五十两。

一、存叶成记基地抵押一年为期，周息七厘，规银二万五千两。

一、存徐雨记房屋基地抵银押四月底止，周息七厘，规银一万千两。

一、存上海客商欠保费规银三百十七两二钱三分九厘。

一、存香港欠保费规银五两三分五厘分。

一、存现存英洋规银三两八钱五。

一、存上海包用规银九百五十七两二钱一分二厘。

一、存燕［烟］台煤栈规银三百三十四两四钱。

一、存开平分煤款汇水规银六十两。

共计结存规银一百十七万七千四百三十五两六钱六分。

（1889 年 3 月 30 日，第 4 版）

轮船招商局第十五届账略

谨查本局光绪十三年第十四届结总已呈送刊布在案，兹自光绪十四年正月起至年底止，是为第十五届结账。本年共得余利六十四万九千余两，除各船栈折轻成本二十九万八千余两，提派股份余利八万两，净结余二十七万一千余两，并连上届公积三十二万六千余两，连前结余五十九万七千余两。局内各执事办事出力酬劳奖赏，禀蒙傅相批准，在余利内三年并计总提一成，本届应是二万七千一百余两，前二届应提三万二千六百余两，除已派五厘外应再补提一万五千四百余两，提净实计结存公积五十五万五千余两。查原欠洋商各款，本届还清宝顺地价，并拨还汇丰两期借本及分存汇丰、怡和、旗昌等行备还洋款相抵外，计短五十一万余两。各省官款计短七十九万三千余两。前届局船二十五号，本年添造“新盛”轮船一号，造本九万余两，又添造“新裕”轮船一号，尚未到埠。“丰顺”、“江天”、“江通”另换锅炉，上海东栈、北栈，天津、宁波、温州添造栈房，南京添置铁船共支银二十三万八千余两，故各船栈成本虽有折旧二十九万八千余两，又福州局栈虽收回保险银一万八千余两，通计成本比较第十四届仅能折轻八万两。实计船栈成本三百八十七万两，比较光绪十一年接办之时共已折轻船栈成本四十八万两，此账目大略也。至旧账内轇轕未清之事，贵池已结，开平渐清，尚有越南产业、朝鲜借本亟待清厘归结，头绪至纷，事机至难，宣怀、建忠承乏已逾三载，兢兢业业只免陨越已尔。去年禀求两洋商宪另委贤能以符三年一任之例，奉批仍留原差，利权久握，战惕弥深，惟有与吾同人仍守敛字诀，不敢稍萌侈心，上副宪委、下体商情而已。所有股商利息本届派余利四厘，连官利共派一分，照章三月初一日分给，并缮上、下两册呈送商宪及津沪两海关备案，并抄存沪、津、汉、闽、广、港各局以便股商就近查阅。另刊简明账略分送公览。

督办盛宣怀杏荪、会办马建忠眉叔、会办沈能虎子梅谨启

综结

一、该股份资本规银二百万两。

一、该官款存本规银六十九万三千四百七十四两三钱五分七厘。

一、该官款续存规银十万二百四十两五钱五分一厘。

一、该保险股款规银三十万两。

一、该贵池本息规银三十八百二十二两三钱。

一、该洋商各款存该冲计规银五十一万一千三百九十三两四钱三分。

一、该绅商存款规银二万一百七十五两六钱一分三厘。

一、该往来存款规银三十万四千一百二十五两五钱四分四厘。

一、该各户存息规银一万四千五百二十三两二钱五分二厘。

一、该股份存息规银二十万七千五百七十八两五钱五分五厘。

一、该自保船险规银四十八万四千六两八钱七分七厘。

一、该自保各趸船险规银五千两。

一、该彩结公积规银五十五万五千二十二两三钱二分四厘。

共计结该各款规银五百十九万九千三百六十一两八钱三厘。

一、存旧账欠户规银一万五千七百六十五两三分九厘。

一、存往来欠款规银十三万二千五十九两九分二厘。

一、存定造新船规银二万四千四十七两五钱一分。

一、存各户抵款规银十万六千一百九十二两八钱。

一、存各户欠息规银三万七千六百五十三两五钱八分。

一、存随货汇款规银一万六千九百四十九两五钱七分三厘。

一、存买存煤炭规银八千三百五十九两一分二厘。

一、存开平股票售换本局股票规银二十三万四千三百六十六两九钱四分四厘。

一、存朝鲜借款规银二十一万两。

一、存商务局快船股本规银二万两。

一、存华栈股本规银一万五千两。

一、存旧账股票产契抵欠规银二十二万一百二十四两八钱。

一、存现银洋钱规银八千八百四十三两四钱五分三厘。

一、存提存备发轮船保险股份息款规银二十八万两。

共计结存各款规银一百三十二万九千三百六十一两八钱三厘。(此账未完)

(1889 年 4 月 1 日，第 3、4 版)

接录轮船招商局第十五届账略

一、存“永清”船本规银七万五千两。

一、存“富有”船本规银七万两。

一、存“日新”船本规银五万两。

一、存“丰顺”船本规银九万五千两。

一、存“江宽”船本规银十万两。

一、存“江永”船本规银十万两。

一、存“镇东”船本规银六万两。

一、存“海晏”船本规银八万两。

一、存“海琛”船本规银七万两。

一、存“海定”船本规银七万五千两。

一、存“江天”船本规银十一万两。

一、存“江表”船本规银二万五千两。

一、存“江孚”船本规银九万两。

一、存“江通”船本规银五万两。

一、存“海昌”船本规银二万两。

一、存“江平”船本规银一万两。

一、存“致远”船本规银十万五千两。

一、存“拱北”船本规银五万五千两。

一、存“图南”船本规银十万五千两。

一、存“普济”船本规银六万两。

一、存“江裕”船本规银十六万五千两。

一、存“富顺”船本规银十五万五千两。

一、存“广利”船本规银十五万五千两。

一、存“美富”船本规银七万两。

一、存“广济”船本规银五万两。

一、存“新盛”船本规银九万两。

共计结存船本规银二百九万两。

一、存各小轮船规银四千五百两。

一、存各埠趸船规银九万四千两。

一、存各埠驳船规银一千五百两。

共计结存船本规银十万两。

一、存上海东栈规银二万二千两。

一、存上海北栈规银二十八万三千两。

一、存上海中栈规银十二万四千两。

一、存上海南栈规银六十万两。

一、存十六铺产规银一万四千两。

一、存天津栈房规银十七万四千两。

一、存通州栈房规银五千两。

一、存烟台栈房规银二千两。

一、存宜昌栈房规银四千两。

一、存汉口栈房规银十七万两。

一、存九江栈房规银七万两。

一、存芜湖栈房规银二万两。

一、存镇江栈房规银五万两。

一、存宁波栈房规银一万六千两。

一、存温州栈房规银六千两。

一、存福州栈房规银一万四千两。

一、存汕头栈房规银七千两。

一、存澳门栈房规银五千两。

一、存香港栈房规银二万两。

一、存海防房料规银二万二千两。

一、存顺安房料规银一万二千两。

共计结存栈本规银一百六十五万两。

一、存各局生财规银一万两。

一、存漕米麻袋规银二万两。

共计结存成本规银三万两。

统共结存各款规银五百十九万九千三百六十一两八钱三厘。

彩结

一、进各船余款规银八十万七千四百五十六两七分五厘。

一、进运漕局账规银二万二千八百六两三钱四分三厘。

一、存拨补各船运漕驳力规银一万六千三百四十九两五钱八分。

一、进北栈余款规银二万八千三百五十二两四钱六分。

一、进客货栈租规银五万二千八十六两一钱一分四厘。

一、进各口产租规银四万六千三十四两三钱五厘。

一、进售旧物料规银一千四百七十六两八钱七分九厘。

共计结余规银九十七万四千五百六十一两七钱五分六厘。

一、支上海地租规银二万六千八百二十二两六钱四分四厘。

一、支各项修理规银二万六百十两一钱二厘。

一、支各项缴费规银九万一千三百四十三两八钱六分九厘。

一、支各项息款规银六万六千二十九两二钱四分二厘。

一、支股份官利规银十二万两。

共计结支规银三十二万四千八百两六钱五分七厘。

除支结余规银六十四万九千七百五十五两八钱九分六厘。

一、各船栈等折售规银二十九万八千七百四十一两八钱九分五厘。

一、提派股份余利规银八万两。

除支结余规银二十七万一千十四两四厘。

一、上届结余公积规银三十二万六千五百七十八两二钱一分三厘。

共计连前结余规银五十九万七十五百九十二两二钱一分七厘。

一、提派各执事本届酬劳奖赏一成规银二万七千一百一两四钱。

一、提派各执事前二届酬劳奖赏补足一成规银一万五千四百六十九两四钱九分三厘。

实计结余公积规银五十五万五千二十两三钱二分四厘。

（1889 年 4 月 2 日，第 3、4 版）

营口邮音

（1889 年 4 月 5 日，第 2 版，文见“社会关系”）

轮船小损

“丰顺”轮船于三月廿八日抵津，停泊码头时，沙、卫各船帆樯云集，中有走锚船只，“丰顺”船误触锚齿，以致洞穿。其时正起卸货物，棼如乱丝，不及提防，水已汩汩而入，船头低陷，中西人等赶紧查知，货经水湿，抢卸一空，该船遂如侧生果，横亘河唇，幸水势不深，未经沉下，当即设法堵塞，致未能如期回申也。

（1889 年 5 月 7 日，第 2 版）

机船妙制

（1889 年 6 月 20 日，第 3 版，文见“社会关系”）

触礁电信

昨日沪上接烟台电信云，招商局“丰顺”轮船于初六日戌刻驶过成山洋面，蓦触暗礁，以致水入头舱，船身即搁在沙滩之上，适有“日新”轮船经此，随招令将搭客及行李等件驳往烟台。想因近日狂风，致有此事也。

（1889 年 8 月 5 日，第 1 版）

轮船无恙

昨报招商局“丰顺”轮船在成山触礁，兹悉实因迷雾所致，头舱虽有小损，并不紧要，日内将即回沪修葺也。

（1889 年 8 月 6 日，第 3 版）

轮船回沪

招商局“丰顺”轮船在成山洋面碰撞情形，已登报牍，前晚鼓浪回来，随于昨晨驶至老船厂察阅一切，至晚重复驶出，据云须俟“永清”轮船修竣，然后入坞兴修云。

（1889 年 8 月 16 日，第 3 版）

礼拜五拍卖

准于今日十点半钟在虹口招商北栈，拍卖“丰顺”轮船来运［运来］丝纸一百九十三件、黄表纸四十五件、皂节三十件、锭烟二十五件、笋干四件、培子六件、矾包四十五件、磁器一件、玻罩花一件，欲买者请至该栈面拍可也。此布。

永发行启

（1889 年 8 月 16 日，第 6 版）

礼拜六拍卖

启者：于廿一日十点钟在虹口招商北栈十五号栈内拍卖“丰顺”轮船来水渍斜纹粗布、原布、洋标棉纱、洋红布、印花标、绒花布，余货不计，各宝号欲买者届时请至该栈面拍可也。此布。

永发行启

（1889 年 8 月 16 日，第 6 版）

礼拜五拍卖

启者：准于本月廿七日二点钟在本行拍卖“江表”轮船一只，全船机器、上下绳索一应俱全。如贵客欲知详细，请至小行先看清单。惟此船买就，不许往来福州、长江、宁波等处，特此声明。此布。

会德丰行启

（1889 年 8 月 16 日，第 6 版）

轮船修整出坞

敬启者：“丰顺”轮船前有小损，现下一律修整坚固，现换熟谙北洋老船主名蓝卡司德，于天津进口最为便捷，尤恐怀疑，特此布告。

（1889 年 10 月 4 日，第 5 版）

轮船利市

“普济”轮船前届入津，外省士子应京兆试者附以南旋，几至座无虚位。“顺和”轮船吃水只八尺五寸，上月三十日亦由小轮船带泊码头，初一日鼓轮回申，座客亦满。两轮船均利市三倍云。

（1889 年 10 月 7 日，第 2 版）

机轴一新

招商局之“江孚”轮船去年入坞修理，现已修竣，新添舱房二十余间，颇极高爽宽舒，并有中国大餐房，亦甚精致。自兹江汉遄行，倍形便利。买办林君芗泉又照顾周匝，众所深悉，想附轮往返者必将什伯于从前矣。

（1890 年 1 月 26 日，第 4 版）

津门纪事

（前略）招商局及怡和、太古两公司争相贬价云云，已详前报。查由津□［赴］沪搭客每人向收银十两零八钱，货物则每吨收银七两五钱，至去冬合同满期，彼此意见参差，遂各减收水脚银，以为招徕地步。目下客位照前减至八折，每人只收银八两六钱四分，洋布连保海险每吨银二两五钱，向例客栈购票给以九五用银，今则双九五云。

（1890 年 3 月 12 日，第 4 版）

彝陵渔唱

（前略）招商局“江通”轮船搭客装货，今年跌价一半，兹闻于一半之中又减去一成，客位价银约只一两二钱有零，货物照扣。说者谓以后更有减落，商旅往来诚大得便宜矣。（中略）“江通”轮船于初十日午前到宜，此次所装上货不少，约共三千数百件，其中外国棉纱多至八九百件，皆运入四川，以为织布之用。盖迩来川中织布多用西纱也，此可见风气之变矣。

（1890 年 4 月 14 日，第 3 版）

岭南鸽信

（前略）招商局“江宽”轮船自前月入澳修整，现已工竣，于上月廿二日由港开行，照常来往。驻港俄领事即租定此船，自廿六日起至三十日止，共五天，每日船租三百元，以备俄储君乘坐，因储君不欲上岸居住，故特租此火船也。（下略）

（1890 年 4 月 18 日，第 3 版）

光绪十五年分办理仁济和保险有限公司情形节略

谨查仁济和保险有限公司光绪十二年重订章程归并办理，已将第一届、第二届、第三届账略刊布周知，兹自光绪十五年正月起至十二月止为第四届结总之期。本公司股本一百万，上年存招商局三十万、开平局二十万、法兰西银行二十万、汇丰银行十五万、麦加利银行五万、怡和洋行十万。本年开平拨还六万，汇丰、法兰西各拨回五万，均另改存，实计结存招商局三十万、开平局十四万、法兰西银行十五万、怡和洋行十五万、汇丰银行十万、麦加利银行五万、有利银行五万、叶成忠房地抵押四万、徐子静房地抵押三万、三畏堂股票抵押四万八千两，余存招商局往来账。共计实存正本一百万两，历年公积十万余两，此本项存拨大略也。

本年进项则保费仅有六万九千九百余两，各存项利息八万一千余两，支项则各局赔款三万七千余两、回彩三千六百余两、股份官利六万两，又派余利二万两，出入相抵，结余二万二千五百余两。各执事仍提酬劳奖赏一成，银二千二百五十余两，办理四年净得公积十万一千九百余两，此息费收支之大略也。

本公司原拟我以额余予他公司转保，他公司亦可以额余予我转保，则利害以均而轻。无如三数年来竟办不到，以致仍无起色。惟望各局同人设法招徕，如有稳妥长策，务请赐教，庶得收集思广益之效焉。（此稿未完）

（1890 年 4 月 18 日，第 4 版）

接录仁济和保险公司账略

综结

一、该股份资本规银一百万两。

一、该前届股利未取规银三千四百六十八两五钱。

一、该本届股利规银八万两。

一、该各局回彩规银二千七百九十八两九钱一分九厘。

一、该董事酬仪规银一千六百两。

一、该船局出力司事酬仪规银四百五十两。

一、该各执事酬劳奖赏一成，规银二千二百五十八两六分。

一、该彩结公积规银十万一千九百六十一两六钱四分二厘。

共计结该规银一百十九万二千五百三十七两一钱二分一厘。

一、存轮船商局规银三十万两。

一、存开平矿局规银十四万两。

一、存汇丰银行规银十万两。

一、存麦加利银行规银五万两。

一、存法兰西银行规银十五万两。

一、存有利银行规银五万两。

一、存怡和洋行规银十五万两。

一、存轮船商局往来规银七万五千二百七十七两八钱七分五厘。

一、存麦加利银行利息规银二千五百两。

一、存法兰西银行利息规银八千二百五十两。

一、存有利银行利息规银一千二百五十两。

一、存怡和洋行利息规银七千三百七十五两。

一、存叶成记票据连息规银四万二千五百七十一两五钱二分七厘。

一、存三畏堂股票抵押一年，期息七厘，规银四万八千两。

一、存徐子记基地抵押一年，期息七厘，规银三万两。

一、存缺额股份规银一万三千六百两。

一、存缺额股份提息规银一千八十八两。

一、存旧账抵欠收回股票规银一万五千三百五十两。

一、存抵欠股票提息规银一千二百二十八两。

一、存上海客商欠保费规银三百二十八两八钱二分二厘。

一、存燕［烟］局欠保费规银十三两五钱九分三厘。

一、存上海包用规银五百四十七两四钱六分五厘。

一、存烟销煤账规银五千一百四十三两。

一、存现存英洋规银十三两八钱三分九厘。

共计结存规银一百十九万二千五百三十七两一钱二分一厘。

（1890 年 4 月 19 日，第 4 版）

彝陵橹唱

（前略）招商局轮船自彝陵于上月初来宜后，即驶至申江修理。“江通”轮船于初九日开往汉口，现闻亦往申江修理。代“江通”行驶者则为“江宽”云。（下略）

（1890 年 4 月 20 日，第 2 版）

接录仁济和保险公司账略

彩结

一、进各局保费规银六万九千九百二十四两四钱七分二厘。

一、进商局存项利息三十万两周息六厘，规银一万八千两。

一、进开平矿局存项利息规银二万六千一百四十三两，查本年收煤由商局在津各船取用作银，除□［拨］还本银六万两外，并有前届存煤二千八百九十八吨本届售出，均归息款。

一、进汇丰银行存项利息，计十五万两，周（息）半年五厘，规银六千二百五十两。

一、进麦加利银行存项利息，计五万两，周息五厘，规银二千五百两。

一、进法兰西银行存项利息，计十五万两，周息五厘半，规银八千二百五十两。

一、进法兰西银行存项利息，计五万两，半年五厘，规银一千二百五十两。

一、进有利银行存项利息，计□［五］万两，半年五厘，规银一千二百五十两。

一、进怡和洋行存项利息，计十万两，周息六厘，规银六千两。

一、进怡和洋行存项利息，计五万两，半年五厘半，规银□千三百七十五两。

一、进轮船商局往来利息，按日计算，周息六厘，规□［银］四千三百六十八两三钱一分四厘。

一、进徐雨记抵款利息，按日计算，周息七厘，规银一千十二两六钱六分七厘。

一、进叶成记抵款利息，按日计算，周息七厘，规银二千五百七十两五钱二分七厘。

一、进缺额抵欠股份项下，本届提存官、余利规银二千三百十六两。

共计结收规□［银］十五万一千二百十两九钱八分。

一、支各局保险赔，转保摊赔、湿货拍卖均已冲除，规银三万七千一百八十三两八钱四分一厘。

一、支各局保费回彩，除红提单内保费扣现彩外，计规□［银］三千六百四十三两七钱。

一、支联票杂用规银九百九十六两八钱八厘。

一、支□［保］金利源栈转口货火险费规银一百三十四两三钱七分五厘。

一、支沪局总管总船主账房薪水规银四千六百十两。

一、支董事□［八］位酬仪规银一千六百两。

一、支船局出力司事酬仪规银四百五十两。

一、支各埠无着客商欠保费规银十一两六钱五分二厘。

一、支股份官利规银六万两。

一、支股份余利规银二万两。

共计结支规银十一万八千六百三十两三钱七分六厘。

除支，结余规银二万二千五百八十两六钱四厘。

一、提给各执事办事酬劳奖赏一成，支规银二千二百五十八两六分。净计结余规银三万三百二十二两五钱四分四厘。

一、上届公积余存规银八万一千六百三十九两九分八厘，共计结余公积规银十万一千九百六十一两六钱四分二厘。

（1890 年 4 月 20 日，第 4 版）

第十六届办理轮船招商局情形节略

谨查本局光绪十四年第十五届结总已呈送刊布在案，兹自光绪十五年正月起至年底止，是为第十六届结账。本年共得余利五十六万九千两，除各船栈折轻成本三十万二千余两、提派股份余利八万两，结余十八万六千余两。局内各执事办事出力酬劳奖赏，蒙傅相批准酌提一成一万八千六百余两，净余十六万七千九百余两，连前届实计结存公积七十二万二千余两。查原欠洋商各款，除拔还及分存汇丰、怡和、旗昌备抵外，计短五十万余两。各省官款规两六十万余两，已准于十六年正月如数归还，禀蒙傅相奏明缴本免息。

我国家扶持商务，无微不至，凡我华商尤应同心感激，勉力进取。

前届局船二十六号，本年添造“新裕”轮船一号，“江天”换新机器，沪、津添造栈房，共支银二十万三千余两，通计成本比较第十五届折轻十万两。实计码头、船栈成本三百七十七万两，比较光绪十一年接办之时共已折轻成本五十八万两。此大略也。

本局与怡、太所订合同已满期限，如其减轻水脚，虽吾一局有损，而中国商民莫不大受其利。光绪二年华洋轮船跌价争衡，南北洋拨助官款一百七十万两，赖以不敝。今日国家统筹兼顾，必更有挹注保护之长策。只望同人奋勉图功，勿负君相创立斯局之初心焉。

所有股商利息，本届仍派余利四厘，连官利共派一分，照章三月初一日分给，并缮上、下两册呈送商宪及津、沪两海关备案，并抄存沪、津、汉、闽、广、港各局，以便股商就近查阅，另刊简明账略分送公览。

综结

一、该股份资本规银二百万两。

一、该官款存本规银六十万八千两七钱四分二厘。

一、该官款续存规银八万二百四十两五钱五分一厘。

一、该保险股款规银三十万两。

一、该贵池本息规银三千七十八两五钱。

一、该洋商各款存该冲计规银五十万二千六百二十二两九钱三分。

一、该往来存款规银二十七万二千二百九十三两二钱二分二厘。

一、该各户存息规银九千四百八十七两一钱二分三厘。

一、该股份存息规银二十一万七百十一两二钱二分二厘。

一、该自保船险规银七十万五千三十七两九分三厘。

一、该自保各趸船险规银一万两。

一、该彩结公积规银七十二万二千九百三十七两五钱七分五厘。

共计结该各款规银五百四十二万四千四百八两九钱五分八厘。

一、存旧账欠户规银一万五千一百九十三两六钱九厘。

一、存往来欠款规银二十四万八百六两二钱五分八厘。

一、存各户抵款规银十万九千两。

一、存各户欠息规银三万八千六百三十二两四钱六分七厘。

一、存随货汇款规银二万四千三百九两二钱九分四厘。

一、存买存煤炭规银三万四千四百四十八两六钱六分八厘。

一、存开平股票售换本局股票规银二十五万二千三百三十九两九钱四分四厘。

一、存朝鲜借款规银二十一万两。

一、存台湾快船股本规银二万两。

一、存华栈股本规银一万五千两。

一、存旧账股票、产契抵欠规银十九万二千九百六十两八钱。

一、存现银洋钱规银四万四千九百十三两八钱三分八厘。

一、存备还官款规银四十五万六千八百四两八分。

共计结存各款规银一百六十五万四千四百八两九钱五分八厘。

一、存“永清”船本规银六万五千两。

一、存“富有”船本规银六万两。

一、存“日新”船本规银四万五千两。

一、存“丰顺”船本规银八万五千两。

一、存“江宽”船本规银九万两。

一、存“江永”船本规银九万两。

一、存“镇东”船本规银五万两。

一、存“海晏”船本规银七万两。

一、存“海琛”船本规银六万两。

一、存“海定”船本规银六万五千两。

一、存“江天”船本规银十万两。

一、存“江表”船本规银一万两。

一、存“江孚”船本规银八万两。

一、存“江通”船本规银四万五千两。

一、存“海昌”船本规银一万五千两。

一、存“江平”船本规银一万两。

一、存“致远”船本规银九万两。

一、存“拱北”船本规银五万两。

一、存“图南”船本规银九万两。

一、存“普济”船本规银五万五千两。

一、存“江裕”船本规银十五万两。

一、存“富顺”船本规银十四万两。

一、存“广利”船本规银十四万两。

一、存“美富”船本规银六万两。

一、存“广济”船本规银四万两。

一、存“新盛”船本规银八万两。

一、存“新裕”船本规银十五万九千两。

共计结存船本规银一百九十九万四千两。

一、存各小轮船规银三千五百两。

一、存各口趸船规银八万两。

一、存各埠驳船规银一千五百两。

共计结存船本规银八万五千两。（此稿未完）

（1890 年 4 月 21 日，第 4 版）

接录轮船招商局第十六届账略

一、存上海东栈规银二万五千两。

一、存上海北栈规银二十八万八千两。

一、存上海中栈规银十三万两。

一、存上海南栈规银六十万两。

一、存十六铺产规银一万四千两。

一、存天津栈房规银十七万两。

一、存通州栈房规银五千两。

一、存烟台栈房规银二千两。

一、存宜昌栈房规银四千两。

一、存汉口栈房规银十七万两。

一、存九江栈房规银七万两。

一、存芜湖栈房规银二万两。

一、存镇江栈房规银五万两。

一、存宁波栈房规银一万六千两。

一、存温州营房规银六千两。

一、存福州栈房规银二万四千两。

一、存汕头栈房规银七千两。

一、存澳门栈房规银五千两。

一、存香港栈房规银二万一千两。

一、存海防房料规银二万二千两。

一、存顺安房料规银一万二千两。

共计结存栈本规银一百六十六万一千两。

一、存各局生财规银一万两。

一、存漕米麻袋规银二万两。

共计结存成本规银三万两。

统共结存各款规银五百四十二万四千四百八两九钱五分八厘。

彩结

一、进各船余款规银七十二万六千四百五十一两四钱七分七厘。

一、进运漕局账规银一万五千九百二十八两九分一厘。

一、进拨补各船运漕驳力规银一万七千三百八两三钱八分。

一、进北栈余款规银四万九百二十五两六分。

一、进客货栈租规银五万七千四百三十九两一钱九分九厘。

一、进各口产租规银四万六千八百三十九两四钱四分二厘。

一、进售旧物料规银五百四十九两五钱二分四厘。

共计结余规银九十万五千四百四十一两一钱七分三厘。

一、支上海地租规银二万七千八百五十二两一钱二分二厘。

一、支各项修理规银三万八千八百六十一两五钱九分七厘。

一、支各项缴费规银九万三千一百四十六两七钱四分八厘。

一、支各项息款规银五万六千三百十六两四钱三分四厘。

一、支股份官利规银十二万两。

共计结支规银三十三万六千一百七十六两九钱一厘。

除支，结余规银五十六万九千二百六十四两二钱七分二厘。

一、各船栈等折旧规银三十万二千六百九十两六钱六分。

一、提派股份余利规银八万两。

除支，净计结余规银十八万六千五百七十三两六钱一分二厘。

一、提派各执事本届酬劳奖赏一成规银一万八千六百五十七两三钱六分一厘。

除支，实计结余规银十六万七千九百十六两二钱五分一厘。

一、上届结余公积规银五十五万五千二十一两三钱二分四厘。

统共结余公积规银七十二万二千九百三十七两五钧七分五厘。

（1890 年 4 月 22 日，第 4 版）

宜昌杂志

（前略）往岁招商局只“江通”一船为本局所置，若“彝陵”则租自立德洋行。本年“固陵”亦归于局，而“彝陵”则由立德改租与太古洋行。现在太古以“宝华”轮船不复行驶宜昌，遂令“彝陵”往来宜、汉，诚所谓利之所在，人争趋之也。（中略）轮船自减价以来，附客极多，几无隙地，日前“江通”抵宜时多至三百余人，盖亦从来所未见者。

（1890 年 6 月 23 日，第 2 版）

汉口火灾

汉口来信云，本月十一日薄暮时，米厂河街后江边某纸栈陡肇焚如，一霎时烟焰冲天，霄汉通赤，警锣响处，文武官及诸龙局即鱼贯而来。招商局之机器水龙船亦驶近火场，会同施救，飞珠溅玉，正如瀑布之下层岩。无如路隘如羊肠，水龙难于安放，以致吴回氏①乘机肆虐，烈焰狂飞，延烧近邻及对面金炉房等数家，始得扑灭。亨达利钟表店，近在比邻，虽受虚惊，幸未波及云。

（1890 年 7 月 6 日，第 2 版）

---

① 吴回氏：即祝融，民间传说中的火神。

轮船遭风

招商局之“广利”轮船于五月廿五日由香港开行来沪，廿七日至温州海面遇大风，船面大副、二副、大车、二车房间杉板□等件尽被吹坏，幸船主预为防备，故下面物件俱得无恙。据船上人言，行船已久，如此大风从未遇见。昨日进吴淞口抵埠后，赶紧修理，大约礼拜日即可开往香港云。

（1890 年 7 月 17 日，第 3 版）

轮船出口

本埠连日狂风大作，浦中波浪如山，轮船未能开行，昨日风势稍衰，太古洋行之“宜昌”轮船、招商局之“江天”轮船先后展轮出口。

（1890 年 7 月 21 日，第 3 版）

轮船搁浅

招商局之“富有”轮船初八日由上海开往烟台、牛庄，载有糖及洋布，行至山东海面触于礁石，船遂搁浅。昨日晚上，招商局派“海晏”轮船及许多机器前往该处设法援救，以后如何，容俟续录。

（1890 年 7 月 29 日，第 3 版）

普天同庆

本月廿八日恭遇皇上二旬万寿，因是日正值斋戒期内，遂于二十六日预行庆贺礼。是日本埠海关及银行均停公，以伸庆祝。招商局之“江天”轮船于礼拜六开往普陀，因在庆贺期内，至礼拜二始回沪，诸人可以大畅游兴矣。

（1890 年 8 月 6 日，第 3 版）

厦门杂志

（前略）厦门口外暗礁甚多，俗有内门坎、外门坎之称，舟行稍不留心，即易触礁。洋关理船厅设立黑白、红白浮桩四处，凡轮舟进出，均行浮桩以外，不得驶入桩中。本月二十二日上午九点钟后二十分时，招商局“海定”轮船由汕头来厦，不知如何，误触外门坎暗礁。其时，潮水已退七八分，以致不能浮动。船中搭客各顾性命，纷纷雇船登岸逃生，待至午后四点钟时，潮水涨满，始得出险，然已危矣。

（1890年8月15日，第2版）

轮船失事

（1890年11月7日，第1版，文见“社会关系”）

招商局告白

近年长江轮船客脚过贱，搭客拥挤，良莠不齐，偶尔疏忽，以致失慎，殊属堪虞。本局现在加派多人，昼夜梭巡，格外预防。故将客脚即日加涨，庶搭客不致混杂。此本局慎重之意，诸君志之。

（1891年1月1日，第6版）

招商局告白

客腊本局“普济”轮船遗失东海关寄电报局胶州义和号支上海□余庄“顺”字三十二号十二月二十五期汇票一纸，计规银五千四百八十两，已向前途挂失，作为废纸。特此声明。

（1891年3月10日，第5版）

津门谈薮

（前略）海河为轮船入津要道，回环缭曲，沙土停淤，凡轮船之入水深一丈者，两年来已不能入口。当道拟裁湾就直，以利遄行。正月上中两旬，经天河兵备道暨津海关道迭诣挂甲寺等处查勘，以便兴工。挂甲寺等村民恐碍庐墓田园，禀求绕道。李傅相恐果有不利于民之处，复委吴观察赞诚会勘所开地段，凭公核给价值，并向村民开导，不得只便私图云。

招商局暨怡和、太古轮船公司鼎足而三，向来所取船资划一无二，各由执事者订立合同。至去岁合同期满，意见不合，以致互相贬价以广招徕，往来津沪船资较前减去其半，实价则□［收］取三分之一，真可谓廉之又廉矣。计洋布每墩［吨］去岁只收银八九钱，数月以来耗折不止以亿万计。幸秋冬之际，李傅相奏免米石税厘，轮船运米至津，高如山积，米商深恐冻河后不及载运，争相增价，俾为捷足之先登，每船运费有多至万金者，方可稍作桑榆之补。日内依然贬价，闻不日当订约，照前办理，以免鹬蚌相持云。

（1891 年 3 月 13 日，第 2 版）

浔阳杂纪

九江访事人云：去岁长江各轮船争先贬价，攘夺生涯，惟招商局轮船仍照向章，安之若素。顷闻自本月十七日起，招商局各轮船由九江至各埠者，搭客附货均以七折收银云。

（1891 年 4 月 4 日，第 2 版）

光绪十六年分办理仁济和保险有限公司情形节略

谨查仁济和保险公司光绪十二年重订章程，归并办理，已将第一届至第四届账略刊布周知，兹自光绪十六年正月起至十二月止为第五届结总之期。本公司股本一百万，上年存招商局三十万、开平局十四万、法兰西银行十五万、怡和洋行十五万、汇丰银行十万、麦加利银行五万、有利银行五万、叶成忠房地抵押四万、徐子静房地抵押三万、三畏堂股票抵押四万八千两，余存招商局往来账。本年提拨改存招商局三十万、开平局七万、织布局三十万、汇丰银行五万、有利银行五万、惠通银行五万、三畏堂股票抵押四万八千、招商局往来除付利外存五万零，银行未收息七千零，并连本局未填及收回股票十六万九千零，共计实存正本一百万两，历年公积十一万三千余两。查本公司章程所收本银，尽数并存银行，因奉北洋商宪札，提银三十万存放织布局内，周年六厘行息。昨宣怀接建忠电报，布局借保险三十万，俟光绪二十五年还清官款后接还保险每年六万，至光绪三十年为止等语，容俟禀明再行布告。此本项存拨大略也。

本年进项则保险仅有七万五千两、各存项利息八万余两，支项则各局赔款四万六千三百余两、回彩三千五百余两、股份官、余利八万两，出入相抵，结余一万二千三百余两。各执事照章提酬劳奖赏一成，银一千二百余两，办理五年净得公积十一万三千余两。此息费收支之大略也。向来保险公司皆赖分保他公司轮船货物为利重而害轻，本公司尚未办到，是以利不能厚，惟望各局同人设法招徕，以期蒸蒸日上而已。

董事盛宣怀杏荪、马建忠眉叔、唐国泰翘卿、郑廷江秀山、经元善莲珊、萧郁文蔚南、欧阳煌鉴堂、陈猷辉庭谨启

综结

一、该股份资本规银一百万两。

一、该前届股利未取规银三千三百六十七两五钱。

一、该本届股利规银八万两。

一、该各局回彩规银三千一百五十四两七钱八分九厘。

一、该董事酬仪规银一千六百两。

一、该船局出力司事酬仪规银四百五十两。

一、该各执事酬劳奖赏一成规银一千二百三十两五钱八分七厘。

一、该上海洋子公司转保费规银二百四十两。

一、该彩结公积规银十一万三千三十六两九钱二分八厘。

共计结该规银一百二十万三千七十九两八钱四厘。

一、存轮船商局规银三十万两。

一、存织布总局规银三十万两。

一、存开平矿局规银七万两。

一、存汇丰银行规银五万两。

一、存有利银行规银五万两。

一、存惠通银行规银五万两。

一、存轮船商局往来规银十三万二千四百四两三钱三分一厘。

一、存汇丰银行利息规银二千五百两。

一、存法兰西银行利息规银二千五百两。

一、存惠通银行利息规银一千五百两。

一、存有利银行利息规银一千二百五十两。

一、存开平矿局利息规银一万一千二百两。

一、存三畏堂股票抵押规银四万八千两。

一、存缺额股份规银一万三千六百两。

一、存缺额股份提息规银一千八十八两。

一、存现存本股票规银十五万五千一百三十两。

一、存现存本股票提息规银一万二千五百三十二两。

一、存上海客商欠保费规银五十七两八钱六分八厘。

一、存上海包用规银一千二百十二两四分八厘。

一、存港局欠保费规银八十三两八钱五分三厘。

一、存现存英洋规银二十一两七钱四厘。

共计结存规银一百二十万三千七十九两八钱四厘。

彩结

一、进各局保费规银七万五千两八钱五分。

一、进商局存项利息，三十万（两）周息六厘，规银一万八千两。

一、进开平矿局存项利息规银一万一千二百两，查本年收煤由商局在津各船取用作银，并有拨来煤款及找数外，尚不敷息款。

一、进汇丰银行存项利息，计十万两，六厘，三个月，规银一千五百两。

一、进汇丰银行存项利息，计十五万两，周年息五厘，规银七千五百两。

一、进法兰西银行存项利息，计十万两，周年小利，规银一百七两一钱八分。

一、进法兰西银行存项利息，计五万两，周息五厘，规银二千五百两。

一、进有利银行存项利息，计五万两，周息五厘，规银二千五百两。

一、进麦加利银行存项利息，计五万两，周息五厘，规银二千五百两。

一、进惠通银行存项利息，计五万两，六厘，半年，规银一千五百两。

一、进怡和洋行存项利息，计五万两，周（息）五厘半，规银二千七百五十两。

一、进轮船商局往来利息，按日计算，周息六厘，规银四千九百九十两四钱四厘。

一、进商局往来还下本股利息，计二个月，周息八厘，规银一千七百五十七两三钱三分四厘。

一、进徐子记抵款利息，计三万两，周息七厘，规银二千一百两。

一、进三畏堂抵款利息，计四万八千两，周年息七厘，规银三千三百六十两。

一、进缺额抵欠股份项下本届提存官、余利规银二千三百十六两。

一、进现存还下本股项下本届提存官、余利规银一万一千三百四两。

一、进更易新股票折换费规银七两。

共计结收规银十五万八百九十二两七钱六分八厘。

一、支各局保险赔款，转保摊赔、湿货拍卖均已冲除，规银四万六千三百八十七两六钱四分九厘。

一、支各局保费回彩，除红提单内保费扣现彩外，计规银三千五百九十五两六钱七分一厘。

一、支联票杂用规银九百七十三两九钱八分二厘。

一、支保金利源栈转口货火险费规银一百三十四两三钱七分五厘。

一、支叶成记抵款预来十天找息规银七十七两七钱七分七厘。

一、支沪局总管总船主账房薪水规银五千八十两。

一、支董事八位酬仪规银一千六百两。

一、支船局出力司事酬仪规银四百五十两。

一、支各埠无着客商欠保费规银二百八十七两四钱四分一厘。

一、支股份官利规银六万两。

一、支股份余利规银二万两。

共计结支规银十三万八千五百八十六两八钱九分五厘，除支，结余规银一万二千三百五两八钱七分三厘。

一、提给各执事酬劳奖赏一成，支规银一千二百三十两五钱八分七厘，净计结余规银一万一千七十五两二钱八分六厘。

一、上届公积余存规银十万一千九百六十一两六钱四分二厘，共计结余公积规银十一万三千三十六两九钱二分八厘。

（1891 年 5 月 3 日，第 3、4 版）

第十七届办理轮船招商局情形节略

谨查本局光绪十五年第十六届结总已呈送刊布在案，兹自光绪十六年正月起至年底止，是为第十七届结账。本年商局与太古、怡和两公司合同未能续订，互相抢跌争衡，核计连闰十三月得收水脚银一百八十五万九千余两。是皆由于中国商民食毛践土，同具天良，虽有丛渊，究分主客，亦赖我同人精神淬厉、愈激愈奋。比较上年纵形减少，船旧不能折、公积不能增，然自十一年收回以后，数载凝敛，柢固根深，本年股商利息及董司事花红酬劳悉仍旧章，所冀国家培养，商民乐利，与我同事虚心实力，共济艰难，自无不履险如夷、蒸蒸日上。查本年连前届实计结存公积七十四万四千余两，原欠汇丰洋款除还计短六十二万五千余两，官款除还计短九万余两，保险公司除还计短三十万两，仍当分年拨还。又查轮船二十七号。本年“成山”、“富有”失事，在自保船险内销除船价六万两，售出“江表”，销除船价八千余两，奉总理衙门饬令买进“固陵”轮船一号，加船价四万两，共有船二十六号，通计码头、船栈成本三百九十二万五千两。因今年未折船旧，又添置上海南栈地产，比较光绪十五年转加成本十五万五千两，此大略也。所有股商利息本届仍派余利四厘，连官利共派一分，照章三月初一日分给，并缮上、下两册呈送商宪及津沪两海关备案，并抄存沪、津、汉、闽、广、港各局以便股商就近查阅，另刊简明账略分送公览。

督办盛宣怀杏荪、会办马建忠眉叔、沈能虎子梅谨启（此账未完）

右为轮船招商局本届账略，乃前、昨两日沪报所登者，系该局十五年分事，实不知于义何取？阅者俱嗤笑为隔年历本，意者一时失检乎？

（1891 年 5 月 9 日，第 4 版）

接录第十七届办理轮船招商局账略

综结

一、该股份资本银二百万两。

一、该官款续存规银九万二百四十两五钱五分一厘。

一、该保险股款规银三十万两。

一、该贵池本息规银二千三百七十三两五钱。

一、该洋商各款存该冲计规银六十二万五千六百九两一钱八分。

一、该往来存款规银三十六万三百十八两五钱五分八厘。

一、该各户存息规银一万八百二十五两三钱六分。

一、该股份存息规银二十一万一千六百五十二两。

一、该自保船险规银七十九万七千六百一两六钱三分六厘。

一、该自保各趸船险规银一万五千两。

一、该彩结公积规银七十四万四千三百三两六钱五分六厘。

共计结该各款规银五百十五万七千九百二十四两四钱四分一厘。

一、存旧账欠户规银一万四千六百二十二两一钱七分九厘。

一、存往来欠款规银十七万一千九百二十六两八钱四分七厘。

一、存各户抵款规银三万九千两。

一、存各户欠息规银四万二千二百二十七两九钱。

一、存随□［货］汇款规银二万二千二百五十三两六钱九分六厘。

一、存买存煤炭规银三万一千七百八两九分七厘。

一、存开平股票售换本局股票规银十五万三百四十三两九钱四分四厘。

一、存朝鲜借款规银二十一万两。

一、存台湾快船股本规银二万两。

一、存华栈股本规银一万五千两，

一、存旧账股票产契抵欠规银十二万四千五百五十四两一钱三分四厘。

一、存现银洋钱规银十一万一千二百八十七两六钱四分四厘。

一、存备发轮船保险二项股息规银二十八两万。

共计结存各款规银一百二十三万二千九百二十四两四钱四分一厘。

一、存“永清”船本规银六万五千两。

一、存“日新”船本规银四万五千两。

一、存“丰顺”船本规银八万五千两。

一、存“江宽”船本规银九万两。

一、存“江永”船本规银九万两。

一、存“镇东”船本规银五万两。

一、存“海晏”船本规银七万两。

一、存“海琛”船本规银六万两。

一、存“海定”船本规银六万五千两。

一、存“江天”船本规银十万两。

一、存“江孚”船本规银八万两。

一、存“江通”船本规银四万五千两。

一、存“海昌”船本规银一万五千两

一、存“江平”船本规银一万两。

一、存“致远”船本规银九万两。

一、存“拱北”船本规银五万两。

一、存“图南”船本规银九万两。

一、存“普济”船本规银五万五千两。

一、存“江裕”船本规银十五万两。

一、存“富顺”船本规银十四万两。

一、存“广利”船本十四万两。

一、存“美富”船本规银六万两。

一、存“广济”船本规银四万两。

一、存“新盛”船本规银八万两。

一、存“新裕”船本规银十五万九千两。

一、存“固陵”船本规银四万两。

共计结存船本规银一百九十六万四千两。

一、存各小轮船规银六千五百两。

一、存各口趸船规银八万两。

一、存各埠驳船规银一千五百两。

共计结存船本规银八万八千两。

（此账未完）

（1891年5月10日，第4版）

接录第十七届办理轮船招商局账略

一、存上海东栈规银二万五千两。

一、存上海北栈规银二十八万八千两。

一、存上海中栈规银十三万两。

一、存上海南栈规银七十七万两。

一、存十六铺产规银一万四千两。

一、存天津栈房规银十七万两。

一、存通州栈房规银五千两。

一、存烟台栈房规银二千两。

一、存宜昌栈房规银四千两。

一、存汉口栈房规银十七万两。

一、存九江栈房规银七万两。

一、存芜湖栈房规银二万两。

一、存镇江栈房规银五万两。

一、存宁波栈房规银一万六千两。

一、存温州栈房规银六千两。

一、存福州栈房规银二万四千两。

一、存汕头栈房规银一万三千两。

一、存澳门栈房规银五千两。

一、存香港栈房规银二万一千两。

一、存广州码头规银六千两。

一、存海防房料规银二万二千两。

一、存顺安房料规银一万二千两。

共计结存栈本规银一百八十四万三千两。

一、存各局生财规银一万两。

一、存漕米麻袋规银二万两。

共计结存成本规银三万两。

统共结存各款规银五百十五万七千九百二十四两四钱四分一厘。

彩结

一、进各船余款规银二十八万二千三百八十八两三钱六分九厘。

一、进拨补各船运漕驳力规银一万七十一两二钱七分。

一、进北栈公款规银三万一千六百二十三两一钱八分。

一、进客货栈租规银四万二千五百七十一两二钱五分。

一、进各口产租规银五万六千七百六十八两五钱三分四厘。

一、进售旧物料规银八百三十五两四钱二分。

共计结余规银四十二万四千二百五十八两二分三厘。

一、支运漕局账规银一千六百八两八钱三分七厘。

一、支上海地租规银一万九千三百七十一两四钱六分一厘。

一、支各项修理规银二万二千三□［百］三两四钱一分四厘。

一、支各项缴费规银十二万三千八百十八两九钱七分五厘。

一、支江浙赈捐规银二万两。

一、支各项息款规银八千九百二十八两九钱七分。

一、支股份官利规银十二万两。

共计结支规银三十一万六千三十一两六钱五分七厘。

除支，结余规银十万□［五］千二百二十六两三钱六分六厘。

一、各船栈除去奇零规银四千四百八十六两二钱七分六厘。

一、提派股份利规银八万两。

除支，净计结余规银二万三千七百四十两九分。

一、提派各执事本届酬劳奖赏一成，规银二千三百七十四两九厘。

除支，实计结余规银二万一千三百六十六两八分一厘。

一、上届结余公积规银七十二万二千九百三十七两五钱七分五厘。

统共结余公积规银七十四万四千三百三两六钱五分六厘。

（1891 年 5 月 11 日，第 4 版）

彝陵近事

（前略）近日轮船抵宜者，招商局则有“彝陵”、“固陵”，太古则有“德兴”，怡和则有“公和”。日前，招商局之“江通”又从上海开来。轮船既多，船价因之大减，凡搭客只收半价，货物水脚仅取十成之二。招商局又改章程，凡客货取十成之二者，再将二成对折，收取可谓廉之又廉，贸易场中无不闻声称便。（后略）

（1891 年 5 月 28 日，第 2 版）

电告风灾

香港来电云，初三晚港中忽起大风，至初四晨尚未息，岸上海中坏物不少。招商局“富顺”轮船与他船相撞，现须修理，阅七八天始可回申云。

（1891 年 12 月 6 日，第 1 版）

声明被窃

上年六月三十夜家中被窃，失去仁济和保险股票息折一套，系凌荫记户第一千七百七十七号至一千七百八十一号，计五股，当开失单，禀明番禺县尊存案，并报知保险局及登入广报暨中外新报，如有别人拾得，作为废纸，以免后论。粤省凌荫记白。

（1892 年 1 月 13 日，第 6 版）

展轮定期

韶景方新，河冰欲泮，沪上各轮船遂争着先鞭，定期北上。怡和洋行之“高升”、“顺和”、“连升”、“怡生”、“广生”、“北直”和轮船招商局之“海定”、“普济”、“丰顺”、“新裕”、“新盛”轮船，太古公司之“通州”、“重庆”、“西安”、“开封”、“桂阳”轮船均定于初五晚开赴天津，闻所装以洋货为多。又值会试之年，各省孝廉公车北上，纷纷附载，故舱位亦极拥挤云。

（1892 年 3 月 2 日，第 3 版）

天津船事

招商局“新裕”、“高升”等轮船开赴天津，于二月初九日行至大沽口。其时口外坚冰尚厚八九寸，加以风尖似剪，不便冒险并行，虽十余艘衔尾而来，均在口外清水边停泊，遥望口旁浊水被风吹涌，东南角冰势如冈陵，至初十日尚难入口。

礼部示谕新贵诸孝廉于二月十五日为复示之期，现以开冻迟迟，展期半月，定于三月初一日始行复试云。至十一日十二点钟时，大沽海关由德律风报称，“普济”轮船已过海神庙，于是诸人均在河旁伫候，傍晚约钟鸣六下，“普济”果泊码头云。

（1892 年 3 月 17 日，第 2 版）

股份发息

轮船招商局仁济和保险局上年股息照章定于三月初一日凭股商持折支取，附送账略，并缮总账，分存津、汉、闽、广、港各分局，以便股商就近查阅。谨启。

（1892 年 3 月 23 日，第 6 版）

津沽人语

（1892 年 4 月 1 日，第 2 版，文见“社会关系”）

轮船被撞

（1892 年 5 月 9 日，第 3 版，文见“社会关系”）

碰船续纪

（1892 年 5 月 11 日，第 3 版，文见“社会关系”）

轮船失事

（1892 年 6 月 28 日，第 2 版，文见“社会关系”）

司机□毙

宁□［波］人董姓自幼习学机器，现在招商局“广济”轮船为司机副手。日前由沪上开往营口等处，行至佘山相近洋面，船中机轮忽损，不能运动，大副等手忙脚乱，将别副机器开动。董将已坏之机器细心查阅，急欲修理，当在机器之旁检得大螺丝钉一枚，知由机器坠下者，不料轮船偶一颠播，将坏机震动，霎时间双机连转如风，董避让不及，致被机器带住，轧成齑粉，血肉模糊，令人不忍注视。迄今此船业已驶回沪上矣。

（1892 年 7 月 23 日，第 3 版）

鹭岛新波

（前略）现闻代理招商局务之某洋商，拟创设小火轮船，往来同安、泉州、安海、厦门，装载搭客，由招商局委员林某禀请盛杏荪观察，转禀闽中大宪，仿照浙江、江苏、宁波各处载客章程试办。闻招商局员已向香港购置小火轮两艘，以备驾驶。（下略）

（1892 年 8 月 8 日，第 2 版）

宜昌近事

（前略）招商局“江通”轮船搁浅于天心洲，万难出险，船中诸客经“沙市”等轮船载至宜昌。闻局中拟往上海雇挖河人来挖通江路，俾船可以活动，□不知须耽误几何时也。（下略）

（1892 年 8 月 17 日，第 3 版）

饷船过境

（1892 年 10 月 27 日，第 3 版，文见“社会关系”）

宜昌鱼素

（前略）“彝陵”轮船前为招商局租赁，今已满期，将船退还立德。现在立德又将此船赁与太古洋行，日前由太古运货物抵宜。说者谓太古本有“沙市”轮船一艘，兹又得“彝陵”，生意当更阔大。招商局现在亦有“江通”、“固陵”两艘，惟怡和则只“沧和”一艘云。

（1892 年 11 月 18 日，第 2 版）

遗失股单

吴锦记名下仁济和保险股份单三股一票、一股一票，计股单两张，十四年份给发第三届账略，十五、十六两年领息银每年十六两，十七年以后未领。因股单收藏太仓家内，书箱被窃遗失，账簿尽丢，忘记号数，因央保报局请补，前单作废。特此声明。

（1892 年 12 月 2 日，第 6 版）

载运电杆

前报纪：皖北舒城、唐州一带展设电线，经高、杨两明府勘定地址，绘成图样，呈送大宪鉴核云云。兹闻舒、唐等处展设电线，实系督办电报之盛杏荪观察筹款展设。月前观察札饬委员携带银两赴湖北一带采办电杆本料一千数百株，由招商局之“江宽”轮船装运来皖，于初六夜二更时抵埠，不日分运各处，次第安设。嗣见工程报竣，消息灵通，洵于官商两有裨益也。

（1893 年 1 月 2 日，第 2 版）

北驶有期

春意初回，层冰将泮，闻天津大沽口刻已将次开通，是以招商局及太古、怡和各轮船拟于本月十二日结关，十三日天将明时联樯北上云。

（1893 年 2 月 24 日，第 3 版）

股份发息

轮船招商局仁济和保险局上年股息照章定于三月初一日凭股商持折支取，随送账略，并缮总账，分存津、汉、闽、广、港各分局，以便股商就近查阅。谨启。

（1893 年 4 月 16 日，第 11 版）

轮船招商局第十九届账略

综结

一、该股份资本规银二百万两。

一、该保险股款规银二十万两。

一、该贵池本息规银一千九百三两五钱。

一、该洋商存该除该净存规银三十二万一千四百十一两四钱四分。

一、该往来存款规银四十六万四千八百二十四两八钱六分一厘。

一、该各户存息规银八千六百二十两三钱五分。

一、该股份存息规银二十二万五百十二两。

一、该自保船险规银一百三万八千七百十八两九钱二分六厘。

一、该自保趸船险规银二万五千两。

一、该彩结公积规银六十九万一千三百四十两八钱二分九厘。

共计结该各款规银四百九十七万二千三百三十一两九钱六厘。

一、存旧账欠户规银一万三千四百七十九两三钱一分九厘。

一、存往来欠款规银三十九万六千四百八十五两七钱三分七厘。

一、存各户欠息规银一万七千二百二十九两五钱四分。

一、存随货汇款规银二万四千三百八十两三钱三分三厘。

一、存买存煤炭规银二万九千八百六十六两五钱八分。

一、存开平股票售换本局股票规银一万六千四百十一两九钱四分四厘。

一、存朝鲜借款规银十二万三千两。

一、存台湾快船股本规银二万两。

一、存华栈资本规银五万两。

一、存旧账股票产契抵欠规银十万一千九十两一钱三分四厘。

一、存现银洋钱规银五万六千六百八十四两六钱一分九厘。

一、存备发轮船保险二项股息规银二十六万四千两。

一、存定造浅水船规银二万九千七百三两七钱。

共计结存各款规银一百十四万二千三百三十一两九钱六厘。

一、存“永清”船本规银四万两。

一、存“日新”船本规银五千两。

一、存“丰顺”船本规银七万五千两。

一、存“江宽”船本规银七万五千两。

一、存“江永”船本规银七万五千两。

一、存“镇东”船本规银四万两。

一、存“海晏”船本规银十万两。

一、存“海琛”船本规银五万两。

一、存“海定”船本规银五万五千两。

一、存“江天”船本规银八万五千两。

一、存“江孚”船本规银六万五千两。

一、存“江通”船本规银三万两。

一、存“海昌”船本规银一万两。

一、存“江平”船本规银五千两。

一、存“致远”船本规银七万两。

一、存“拱北”船本规银四万两。

一、存“图南”船本规银七万两。

一、存“普济”船本规银四万五千两。

一、存“江裕”船本规银十二万两。

一、存“富顺”船本规银十一万两。

一、存“广利”船本规银十一万两。

一、存“美富”船本规银四万五千两。

一、存“广济”船本规银三万两。

一、存“新裕”船本规银十四万两。

一、存“固陵”船本规银三万两。

一、存“新丰”船本规银十五万两。

一、存“新济”船本规银十五万两。

共计结存本规银一百八十二万两。

一、存各小轮船规银四千两。

一、存各口趸船规银五万五千两。

一、存各埠驳船规银一千两。

共计结存船本规银六万两。

一、存上海东栈规银二万两。

一、存上海北栈规银二十八万两。

一、存上海中栈规银十三万五千两。

一、存上海南栈规银七十九万两。

一、存十六铺产规银一万四千两。

一、存天津栈房规银十六万八千两。

一、存通州栈房规银五千两。

一、存烟台栈房规银二千两。

一、存宜昌栈房规银四千两。

一、存汉口栈房规银十七万两。

一、存九江栈房规银七万两。

一、存芜湖栈房规银二万两。

一、存镇江栈房规银五万两。

一、存宁波栈房规银一万八千两。

一、存温州栈房规银六千两。

一、存福州栈房规银二万四千两。

一、存汕头栈房规银二万六千两。

一、存澳门栈房规银五千两。

一、存香港栈房规银七万四千两。

一、存广州码头规银五千两。

一、存海防房料规银二万二千两。

一、存顺安房料规银一万二千两。

共计结存栈本规银一百九十二万两。

一、存各局生财规银一万两。

一、存漕米麻袋规银二万两。

共计结存成本规银三万两。

统共结存各款规银四百九十七万二千三百三十一两九钱六厘。

（此账未完）

（1893 年 4 月 22 日，第 10 版）

接录轮船招商局第十九届账略

彩结

一、进各船余款规银四十九万三千八十八两三钱八分三厘。

一、进运漕局账规银四万六千九十一两六钱六分。

一、进拨补各船运漕驳力规银二万九百七两二钱四分。

一、进北栈余款规银六万四十三两五钱四分八厘。

一、进客货栈租规银六万五千八百十五两七钱七分九厘。

一、进各口产租规银五万四千三百七十四两二钱三分八厘。

一、进售旧物料规银六百三十八两三钱一分。

共计结余规银七十四万九百五十九两一钱五分八厘。
一、支上海地租规银二万五千六百六十二两八钱五分。
一、支各项修理规银二万七千二百五十一两一钱四分七厘。
一、支各项缴费规银十二万八百五十五两二钱六厘。
一、支各项息款规银四万九千二百二两三钱七厘。
一、支股本官利规银十二万两。
共计结支规银三十四万二千九百七十一两五钱一分。
除支，结余规银三十九万七千九百八十七两六钱四分八厘。
一、各船栈折轻成本规银二十六万八千三百八十六两二钱九厘。
一、提派股份余利规银八万两，
除支，净结余规银四万九千六百一两四钱三分九厘。
一、提派各执事本届酬劳奖赏银一成规银四千九百六十两一钱四分四厘。
实计本届结余规银四万四千六百四十一两二钱九分五厘。
一、上届结余公积规银六十六万一千六百九十九两五钱三分四厘。
一、除禀准赠恤唐景星观察款规银一万五千两。
统共实余公积规银六十九万一千三百四十两八钱二分九厘。

（1893 年 4 月 23 日，第 9 版）

仁济和保险有限公司合办第七届账略

综结
一、该股份资本规银八十万两。
一、该前届股份存息规银一万一千九百四两五钱。
一、该本届股份存息规银六万四千两。
一、该旧存股票派来公积搭入布股规银一万七千两。
一、该各局回彩规银二千五百九十七两八钱九分四厘。
一、该董事酬仪规银八百两。
一、该船局出力司事酬仪规银四百五十两。
一、该各执事酬劳提借规银一千两。
一、该上海包缴余款规银一千八百十二两七钱三厘。

一、该保安洋行转保逾额保费规银二十五两六钱三分。

一、该彩结公积规银四万二千三百九十三两五钱七分二厘。

共计结该各存规银九十四万一千九百八十四两二钱九分九厘。

一、存轮船总局规银二十万两。

一、存织布总局规银八万两。

一、存汇丰银行规银二十七万两。

一、存法兰西银行规银十五万两。

一、存麦加利银行规银五万两。

一、存织布股票规银一万七千两。

一、存轮船商局往来规银十五万五千六百五十二两二钱六分八厘。

一、存汇丰银行利息规银一千五百九十七两八钱三厘。

一、存法兰西银行利息规银五千七百八两二钱一分八厘。

一、存麦加利银行利息规银一千八百三十六两九钱八分六厘。

一、存和兴公司飞马轮船赔款规银一万两。

一、存上海客商欠保费规银一百四十七两二钱一分七厘。

一、存仁川局欠保费规银十五两五钱一分二厘。

一、存现存英洋规银二十六两二钱九分五厘。

共计结存各该规银九十四万一千九百八十四两二钱九分九厘。

彩结

一、进各局保费规银八万六千七百二十八两六钱二分五厘。

一、进商局存项利息，二十万两，周息六厘，已收规银一万二千两。

一、进汇丰银行存项利息，二万两，周息四厘半，已收规银九百两。

一、进汇丰银行存项利息，十五万两，周息四厘半，已收规银六千七百五十两。

一、进汇丰银行存项利息，二十七万两，周息四厘半，核至年底规银一千五百九十七两八钱三厘。

一、进有利银行存项利息，五万两，周息五厘，一年半，已收规银三千七百五十两。

一、进麦加利银行存项利息，五万两，周息四厘，六个月，已收规银一千两。

一、进麦加利银行存项利息，五万两，周息四厘半，核至年底，规银一千八百三十六两九钱八分六厘。

一、进法兰西银行存项利息，十五万两，周息四厘半，核至年底规银五千七百八两二钱一分八厘。

一、进织布局存项利息，八万两，周息六厘，已收规银四千八百两。

一、进轮船商局往来利息，按日计算，周息六厘，已收规银一万三百六十三两四钱二分八厘。

一、进股份易名化票纸笔费规银一两五钱。

共计各项结收规银十三万五千四百三十六两五钱六分。

一、支保险赔款，除转保摊赔及湿货拍卖外，实赔规银七万八千六百四十九两九钱三分。

一、支各局保费回彩规银五千五十五两四钱二分二厘。

一、支联票杂用规银一千十七两三钱四分二厘。

一、支保金利源栈转口货火险费规银二百四十六两八钱七分五厘。

一、支上海本公司账房薪水规银一千六十四两。

一、支董事八位酬仪规银八百两。

一、支船局出力司事酬仪规银四百五十两。

一、支客商停闭销去无着保费规银六十七两五钱三分五厘。

一、支股份八十万两，官利六厘，规银四万八千两。

一、支股份八十万两，余利二厘，规银一万六千两。

共计各项结支规银十五万一千三百五十一两一钱四厘。净计本届结亏规银一万五千九百十四两五钱四分四厘。

一、提给各执事酬劳借支规银一千两。

一、上届公积余存规银五万九千三百八两一钱一分六厘。

实计结余公积规银四万二千三百九十三两五钱七分二厘。

（1893 年 4 月 25 日，第 9 版）

沈阳杂志

营口信云，招商局“普济”轮船于上月二十一日进口，据云因中途机轮稍坏，是以当日即回沪兴修。

（1893 年 7 月 19 日，第 2 版）

光绪十九年十月初七日京报接录

（前略）方汝翼片：再，前准工部咨具奏，严催湖南等省欠解额木，并添办杉木，赶紧运解一折，奉旨："依议，钦此！"计原奏内开：江西省每年额办桅木、架、槁木植二千根，于十六年解到架木四千二百根，应以一千四百根作为本年架木，其余二千八百根照例折算杉木九十根，尚欠杉木二百九十根，桐皮槁二百根，应令补解。该省共计尚欠额木十五批，均未据报办解。再，查十七年二月间，本部奏准由江省添办杉木六百根，限三个月内办齐运解，咨行在案。嗣据解到二百根，相应请旨，饬下江西省，即将欠解额木并添办杉木勒限三个月并批办齐解京，不得仍前延宕，致误工需。又准工部咨：查本部前次奏催湖南等省欠解额木，并添办杉木，勒限三个月，赶紧运解，不得仍前延宕，致误工需一折，咨行在案。现在恭办万寿庆典，需用木植较多，厂存木植不敷需用，咨行江西将欠解木植遵照奏催限期，并批运解来京，以资工用。又准总理衙门电催，内开：万寿恭备彩殿，需料甚多，希查照今年二三月间两次奏咨，将欠解之桅、杉、架、槁等木勒限赶办二三批，年内解京勿误。约须何时可以解到，希先电复工部，各等因先后行司，钦遵筹办去后。兹据署藩司福裕详称，查江西省欠解额木并添办杉木总计为数甚多，同时采办，不特巨款难筹，且江西产木仅止南赣一隅之地，所产有限，即赴就近省分购买，而各省均在办木之际，购齐亦大不易。是以拟请先将光绪十九年一批额木内，杉木三百八十根、架木一千四百根、桐皮槁木二百根，共木一千九百八十根，提前委员采办，以供万寿彩殿之用。即经札委补用知县王书臣领价赶赴湖南、湖北一带迅速购齐运解，其桅木及所欠添办之木，仍请照案缓办，所有木价等银，请照各届成案办理，陆续筹给，定限年内运解到京，不准延误，详奉批允，转饬遵办在案。兹据委员王书臣申称，遵照奉发黏单木数、长经丈尺，选派妥友分赴湖南、湖北各处采办，现已照式办齐额木一批，应即由"海晏"轮船装运解部，以济要工，造具册结，申请委验。再查上数届成案，向催招商局“图南”轮船装运，此次奉委后，即函致总办轮船招商沪局，商雇“图南”。嗣接该局复函，以“图南”轮船准九月初开往湖口运木无误。惟木植经过关卡，例应听候稽查，而此次期限紧迫，似未便节节停留，致稽程限，应请移会牙厘总局委员，就近在于省河查验一次，札饬自省至湖口沿途各局卡一体放行，以免耽延各等情到司。查委员王书臣办解光绪十九年额木一批，内杉木三百八十根、架木一千四百根、桐皮槁木二百根，共木一千九百八十根。又该员外备护水各木一千五百根，原限定于年内运解到京，不准延误。兹该委员禀称，招商总局“图南”轮船定于九月初开驶湖口，装载木植，自应照办。现将解办木植委员在省逐一量验，另文请给咨批，定于八月二十五日起程运解，催令兼程而行，飞速运京交收，并将应动木价年款另详请咨，所有江西欠解额木并添办以及应行补解杉木，请俟此次额木解京交收后，再行察看情形办理，详请奏咨等情前来。臣查光绪十九年分额木一批，既据购齐，除饬赶紧运解交收，以济要工，至江西省以前欠解额木，并添办及应行补解杉木，请俟察看情形，另行办理。所有江西委员采办额木定期运解缘由，理合附片陈明，伏乞圣鉴，谨奏。奉朱批：“该衙门知道，钦此！”

（1893 年 11 月 24 日，第 12 版）

轮船北上日期

本埠各轮船每于北河冰泮时联樯北上，兹闻招商局之“新裕”、“新丰”、“新济”、“海晏”、“普济”、“丰顺”，太古之“重庆”、“武昌”、“通州”、“西安”、“开封”，怡和之“顺和”、“连升”、“高升”、“怡生”、“北直隶”等轮船均定于廿七日黎明开赴天津，行见破浪乘风，履波涛如平地，第不知谁占先筹耳。

（1894 年 2 月 27 日，第 3 版）

营河冰泮

营口于二月初五日开河，初八日先到津卫船十四艘，初九日招商局

“图南”轮船从唐沽驶到，其时驳船尚未出沟，不能装卸货物，又值尖风扑面，六出花飞，“图南”遂于初十早出口暂泊。次早天晴，驳船已集，遂复进河，装载豆子。此货系广德泰号所装，缘接广东电信，催货甚急，于是昼夜驳运，礼拜日亦不停工，于十二日午潮出口。上海轮船未见续到。往年大水塘、各潮沟冰泮较早，旬日后大河始开。今年则反是，大河已开五六日，而水塘潮沟均未开化，故“图南”轮船进口时驳船尚未出沟也。往年开河后，轮舶衔尾而进，今年“图南”已装货出口，未见别轮续到。且冬令各货均已消罄，价值为之飞涨，捷足先登者可获厚利，寄语个中人，尚其踊跃争先，慎勿迟迟吾行，甘让利于他人也。

（1894 年 3 月 27 日，第 2 版）

光绪十九年仁济和保险节略

光绪十九年年正月起至十二月止为仁济和第八届结总之期，本届共得保费银七万六千余两，比较前两届短收一万两。所有本项分存银行及招商局生息之款，共得息银三万九千余两，亦比前届短收一万两。赔款实支银二万五千余两，官余利勉给一分，支银八万两。出入几相□［埒］，不能加益公积。实存汇丰银行十五万两、法兰西银行三十万两、麦加利银行二十万两、德华银行七万两、轮船商局往来暂存生息十三万七千九百余两、织布局八万两、织布局股票一万七千两、各银行欠息一万余两，共存九十六万五千余两。保费既无起色，存息又不如前，一遇赔巨款，恐须掣动正本，不能不统筹全局，将马眉叔观察提存织布局本银三十万竭力收回二十二万，尚存八万两。又，涂销自存股票应分公积织布股票一万七千两。布局被焚，本利无着，现蒙批准以烬余抵作二成，可易新股起息，其余八成虽经众商禀请提捐归还，需滞岁月，几同虚掷，此事吃亏不小，亟须设法补救。且正本八十万，从前银行与商局并存，现在商局全数提还，银行息既减轻，外洋磅价异常涨贵，市面犹难测度，若使提减股份，尤虑股份愈少，担当愈重，肩斯责者殊切踌躇。爰集各董与巨股同人熟筹，将商局提回存款二十万，益以银行提回十二万，凑成三十二万，附入上海织布总局所改之华盛纺纱总厂，作为股份。官利余利悉归公司，连前存款八万，共成四十万，数年之后非特八万之款藉得弥缝。其纱布所获之股利较银行存款之期息厚薄悬殊，数年后再行察看局势，届时或将股票售出，仍归银行生息，亦无不可。至本公司现有存银行现银四十万，随时活动，并有纺织总厂股银三十二万，旧存八万，辅权子母，自可弥补前亏。所执纱布股票利折均存公司，而本公司仍是正本八十万之有限公司也。董事中公举严芝眉一人兼充纱布总厂董事，以便稽核。

盛宣怀谨识

（1894 年 3 月 30 日，第 9 版）

轮船招商局务节略

本局自光绪十九年正月起至年底止，为第二十届结账之期。本年江海各船所得水脚除开销船用外，结余船利八十万三千余两，加以运漕、栈产等利二十一万五千两，除地租、修理等费，利息、酬劳各款四十二万九千余两，船栈折轻成本三十一万三千余两，净余二十七万五千余两。乃以历年归还汇丰借款，至本年为止，亏贴磅价二十万余两，除拨存汇丰为自保船险信押之款，历年收来息银十一万余两，即以弥补磅价外，尚不敷九万余两，应在公积项下支销。统计前后实存公积八十七万六千余两，此利项大略也。

至本项内尚存汇丰原本二十三万七千余两，现值磅价更贵，届期归还，亏耗更巨，惟有按届支销。又往来账三十四万五千余两，本局轮船添造“快利”一号，拆卸“日新”、“江平”改作趸船二号，实存二十六号，连码头栈产，今年折旧后结存成本三百八十万五千两，此本项大略也。

屈指轮船招商局开办已二十年矣，长江大海往来运货约计每年二百万，统计中国之利少入洋船已四千万，其因有华轮船彼此跌价，华商便宜之数尚不在内。然则今之时势，商务能不讲求欤？所盼以后利日益进，弊日益除，为中国立商务不隳之基，此为首务也。

（1894 年 4 月 14 日，第 4 版）

蜃海潮声

（前略）温州招商局现拟兴修码头，俾轮船得以靠埠，庶来往客商可免渡船之险，诚化险为夷之善举也。第经费浩繁不易措办，兹于月朔经“泰安”轮船拖带“海昌”旧船身来瓯，并载铁□木料安置。招商局前都人士纷至沓来，方谓鸠工创造，不日可观厥成矣。不意木桩仅竖两枚，而船身仍拟带去，其故何欤？

（1894 年 6 月 27 日，第 3 版）

烟台信阻

日本向有公司轮船每礼拜绕道烟台一次，藉以装客货而达书函，兹者上海既不往来，烟台亦轮帆绝迹。而各商号包赁之招商局“镇东”轮船向时来往仁川者，亦以无货可装，暂停行驶。时事日亟，将奈之何？

（1894 年 7 月 26 日，第 2 版）

局轮遄返

日前招商局各轮船由北洋载兵赴高丽，兹者“新丰”、“海晏”、“丰顺”三船已于二十五日回至上海。此三船皆由大沽装兵至鸭绿江，刻由鸭绿江南下。询之，知路上平安，并未与日船相遇云。

（1894 年 7 月 29 日，第 2 版）

日船游弋

（1894 年 8 月 1 日，第 2 版，文见“社会关系”）

烟台西友函告战事

（1894 年 8 月 3 日，第 3 版，文见“社会关系”）

道达谢忱

（1894 年 8 月 10 日，第 2 版，文见“社会关系”）

轮船停驶

招商局“普济”轮船本定于前礼拜五开往温州后，因水手皆欲顾全性命，不肯前去，轮船遂不能开行。招商局［于］礼拜六至海关声明：船不出口，前报出口一节作为罢论。

（1894 年 8 月 14 日，第 3 版）

轮船易主

招商局“普济”轮船售与耶松船厂，略加修理，此后来往上海、温州一带装货搭客云。

（1894 年 9 月 9 日，第 2 版）

轮船易主

中国招商局“海晏”、“新济”、“新丰”三轮船已售与信义洋行管业，大约交兑后即须择日易旗矣，其价若干，容俟访明再录。

（1894 年 9 月 27 日，第 3 版）

告　白

兹因招商局“海晏”、“新济”、“新丰”三轮船今已售与本行，并改易船名为“公义”、“生义”、“明义”，即是“海晏”、“新济”、“新丰”。恐未周知，特此布闻。

信义洋行启

（1894 年 9 月 28 日，第 6 版）

光绪二十年十月十九日京报全录

（前略）头品顶戴江西巡抚奴才德馨跪奏，为江西委员采办额木，定期运解，以供要需，恭折仰祈圣鉴事：窃臣前准工部咨前经奏准江西等省欠解额木，并添办杉木，限三个月赶紧运解，不得仍前延宕，致误工需。嗣因限期□［已］逾，未据报解，并迭电催各在案。现在恭办万寿庆典，并各处钦工，需用各项木植甚多，厂存不敷发放，查江西省欠解额本十四□［批］，并欠解税木四十根，添办杉木四百根，所欠批数较巨，应咨江西即将所欠额木并桅木及添办杉木赶紧分派委员，设法采办，迅速解京，要工所需未便再行延宕，希即严行催办等因，咨行到臣。当经行司遵照筹办去后，兹据藩司方汝翼详称：查江西省欠解额木并桅木及添办杉木，总计为数甚多，若同时一并采办，江西产木之区仅南安、赣州一隅之地，所产有限，无从采办。即赴就近省分购买，而各省均在办木之际，购齐亦属为难。是以拟请先将光绪二十年一批额木，内杉木三百八十根、架木一千四百棍、桐皮槁木二百根，共木一千九百根，提前委员采办，以供万寿庆典之需。即经札委补用知府试用同知陆锡康领价赶赴湖南、湖北一带迅速购齐运解，其桅木及所欠添办之木，仍请照案缓办。所有木价等银请照各届成案办理，陆续筹给，饬令迅速购齐，提前解京交收，以济要工。详奉批允转饬，遵办在案。兹据委员陆锡康申称：遵照章发黏单木数长经丈尺，选派妥友分赴湖南、湖北各处采办，现已照式办齐额木一批，应即由海轮装运解部，以济要工，造册具结，申请委验。再，查上数届成案，向雇招商局“图南”轮船装运，此次奉委后，即函致总办轮船招商沪局，商雇“图南”。嗣接该局复函，以“图南”轮船现在北洋，另饬“飞龙”轮船准六月下旬开往湖口运木无误。惟木植经过关卡，例应听候稽查，而此次期限紧迫，似未便节节停留，致稽程限，应请移会牙厘总局委员就近在于省河查验一次，札饬自省至湖口沿途各局一体放行，以免耽延各等情到司。查委员陆锡康办解光绪二十年额木一批，内杉木三百八十根、木架一千四百根、桐皮槁木二百根，共木一千九百八十根。又，该员外备护水各木一千根，原限定于本年九月以前运解到京，不准延误，兹该委员禀称招商总局“飞龙”轮船定于六月下旬开驶湖口，装运木植，自应照办。现将办齐木植，委员在省逐一量验，另文请给咨批，定于六月十六日起程运解，催令兼程而行，飞速运京交收。并将应动木价年款另详请咨。所有江西欠解额木，并添办以及应行补解杉木，请俟此次额木解京交移后，再行察看情形办理，详请奏咨等情前来。臣查光绪二十年分额木一批既据购齐，除饬赶紧运解交收，以济要工外，至江西省以前欠解额木并添办及应行补解杉木，请俟察看情形，另行办理。所有江西委员采办额木定期运解缘由，理合恭折具陈，伏乞皇上圣鉴。谨奏。奉朱批：“工部知道，钦此。”

（1894年11月23日，第12版）

宜昌近事

上月某日，“彝陵”轮船由汉口至宜昌，行至荆河忽然搁浅，后经“昌和”轮船带之出险。闻船已损坏，须大加修理方能驶行也。（下略）

（1894年11月29日，第3版）

调兵运械

（1894年12月21日，第2版，文见“社会关系”卷）

股份发息

轮船招商局仁济和保险局上年股息照章三月初一日凭折支取，账略俟刊就分送。谨启。

（1895年3月21日，第6版）

重睹升平

营口访事人云，初九日招商局“图南”轮船进口，高扯黄龙旗，营口人经年未见国旗，至此始见，无不鼓舞欢欣。仁裕号门首亦挂招商分局牌，昔光武中兴，父老欢呼罗拜，谓今日得见汉官威仪，以今方古，诚足媲美，亦可见民心之爱国矣。

（1895 年 9 月 8 日，第 2 版）

鸠江渔唱

芜湖访事人云，去冬奉天军务告急，安徽抚标、练军、马、步四营曾经裕军帅奏调北上助剿日人，刻下和局已成，奉檄仍还原省，遂由天津雇定招商局“图南”、“公平”等轮船载之南下。本月十八日，“图南”驶至芜湖，因船票误写，抵芜卸除，不肯径指皖江，不得已令兵士以次登岸，换坐民船。芜湖县李大令深恐扰累市廛，禀请袁爽秋观察电致津、沪两招商局总办，往返查明。十九日午前“图南”展轮上驶。是日午后三点钟时，“公平”亦载勇抵埠，小泊移时，即向皖垣进发。闻两船所载，只千数百名，尚有大队，由统领宋佩珍军门亲自督带，另乘某轮船续至，凯歌高唱，甲士腾欢，矫矫虎臣当不致沙场醉卧矣。（下略）

（1895 年 10 月 14 日，第 2、3 版）

轮船招商局第二十一、二届账略

谨查本局光绪十九年第二十届结总，已呈送刊布在案。兹自光绪二十年正月起至年底止为第二十一届，光绪二十一年正月起全年底止为第二十二届。因上年海疆不靖，本局轮船分售各洋行，是以二十一届账目虽照章核结而未及刊布，现与第二十二届总账汇并合刊。查第二十一届江海各船所得水脚，除开销外结余船利五十三万八千七百余两，又连漕、栈产等利二十六万九千六百余两，除地租修理等费、利息酬劳各款四十四万七千八百余两，船栈折轻成本十五万二千四百余两，本年还汇丰款磅价亏贴九万三千二百余两，万寿庆典报效五万五千二百余两，净余银五万九千五百余两。第二十二届江海各船所得水脚，除开销外结余船利一百十五万四千八百余两，又栈产等利二十四万一千六百余两，除地租修理等费、利息酬劳各款六十六万八千八百余两，船栈折轻成本五十万一千七百余两，本年还汇丰款磅价亏贴九万二千九百余两，净余银十三万三千余两。统计前后，实存公积一百六万九千二百余两，此利项大略也。至本项内汇丰借款均已还清，历年磅价亏耗均已在公积余利支销清楚，仅有往来账三十九万六千余两存欠，亦足相抵。又因军务、户部息借商款库平三十七万五千两，合规银四十一万一千两，本局并无现银，不得已转借天津存款三十一万四千两。本局轮船“海昌”因破旧拆改趸船，“拱北”因锦州装送兵勇被焚，实存二十四号，连码头栈产今年折旧后结存成本三百六十万两，此本项大略也。回溯甲申法越之乱，本局码头船产一概出售旗昌而后收回，亏折甚巨。此次北海如沸，仅将行驶海洋十数轮艘分售各国洋商，事竣买回。盖局船至新者亦已用过数年矣，在洋行因当战事，华旗停驶，买我船只略资行用，在本局于款议成后仍买原船，皆图妥便耳。一纵一收均详载两届册籍，可互证也。现赴英厂订造新船两三艘，于公积内先提存现银四十万以备船值。本局虽迭经患难，深固不摇，揽载公积及自保船险。公积系由铢积寸累而成巨，皆纳诸船栈成本之中，纵无现资，确有实本。微吾诸执事忠诚勤果，曷克任此艰巨！微吾诸商股坚信不疑，曷克耐兹永久！此公司已逾二十二年，若在外国已多分余利矣，前因洋债未清不敢逾旧章一分之外，今年公议每百两分利二十两，稍资鼓励。方今国家苟不讲求富强则已，如欲毅然振起也，不从商务着手，何以富吾民？何以强吾国？傅相三十年经营仅留此区区一二端，吾侪食毛践土，宜就此根基，于已成者守之，于未成者扩之，虽无足与能者抗衡，亦尽吾心力之所能至而已，质之同志以为然否？

光绪二十一年岁次乙未十二月盛宣怀谨识。

督办盛宣怀杏荪、会办沈能虎子梅、帮办郑官应陶斋，率同商董严潆芝楣、唐德熙凤墀、陈猷辉庭同启

综结

一、该股份资本规银二百万两。

一、该天津存款规银三十一万四千两。

一、该往来存款规银三十九万六千七百八十九两七钱四分五厘。

一、该各户存息规银四千四两三钱九分。

一、该股份存息规银四十二万一千五百八十二两。

一、该自保船险规银一百六十四万九千五百七十两七钱七厘。

一、该自保趸船险规银四万两。

一、该开平股票售换项下规银六万六千五百六十四两三钱六厘。

一、该旧账股票产契项下规银五万八千五百四十两六分七厘。

一、该彩结公积规银一百六万九千二百三两九钱三分八厘。

共计结该各款规银六百二万二百五十五两一钱五分三厘。

一、存户部借款规银四十一万一千两。

一、存南北洋欠款规银一万五千一百一两一钱九分九厘。

一、存开平船价煤款规银二十五万九千三百九十两八钱五分六厘。

一、存分局往来规银五百［万］三千九百八十二两一钱五厘。

一、存往来欠款规银二十八万八千二百五两四分一厘。

一、存各户欠息规银一万八百五十二两六钱六分。

一、存随货汇款规银一万六千五百三十一两五钱二分三厘。

一、存买存煤炭规银三万四百六十九两一钱七分八厘。

一、存朝鲜本息欠款规银十七万五百六十六两。

一、存台湾快船股份规银二万两。

一、存现银洋钱规银十九万四千二百九十五两七钱七分□［九］厘。

一、存备造新船价款规银四十万三千五百五十六两七钱。

一、存备发轮船保险二项股息规银四十八万两。

一、存“泰顺”、“泰利”船备改北栈码头船规银六万六千三百四两一钱一分二厘。

共计结存各款规银二百四十二万二百五十五两一钱五分三厘。

一、存“永清”船本规银二万两。

一、存“丰顺”船本规银四万两。

一、存“江宽”船本规银四万两。

一、存“江永”船本规银四万两。

一、存“镇东”船本规银一万两。

一、存“海晏”船本规银六万两。

一、存“海琛”船本规银三万两。

一、存“海定”船本规银四万两。

一、存“江天”船本规银五万两。

一、存“江孚”船本规银四万两。

一、存“江通”船本规银一万两。

一、存“致远”船本规银四万两。

一、存“图南”船本规银三万五千两。

一、存“普济”船本规银三万两。

一、存“江裕”船本规银七万两。

一、存“富顺”船本规银七万两。

一、存“广利”船本规银七万两。

一、存“美富”船本规银三万两。

一、存“广济”船本规银一万两。

一、存“新裕”船本规银十万两。

一、存“固陵”船本规银一万两。

一、存“新丰”船本规银十万两。

一、存“新济”船本规银十万两。

一、存“快利”船本现银七万两。

一、存“泰安”船本规银五千两。

共计结存船本规银一百十二万两。

一、存各小轮船规银四千两。

一、存各口趸船规银四万五千两。

一、存各埠驳船规银一千两。

共计结存船本规银五万两。

（此稿未完）

（1896年4月7日，第3版）

接录轮船招商局第二十一、二届账略

一、存上海东栈规银二万两。

一、存上海北栈规银四十五万五千两。

一、存上海中栈规银十三万五千两。

一、存上海南栈规银八十万两。

一、存上海十六铺产规银一万五千两。

一、存上海华栈规银十二万两。

一、存上海华产规银十万两。

一、存上海斜桥房产规银二万两。

一、存上海杨家渡产规银六万二千两。

一、存天津局产规银十六万八千两。

一、存通州局产规银五千两。

一、存烟台局产规银二千两。

一、存宜昌局产规银四千两。

一、存汉口局产规银十八万两。

一、存九江局产规银七万两。

一、存芜湖局产规银二万两。

一、存镇江局产规银五万两。

一、存宁波局产规银一万八千两。

一、存温州局产规银八千两。

一、存福州□［局］产规银二万四千两。

一、存汕头局产规银二万八千两。

一、存澳门局产规银五千两。

一、存香港局产规银八万六千两。

一、任广州局产规银五千两。

共计结存栈本规银二百四十万两。

一、存各局生财规银一万两。

一、存漕米麻袋规银二万两。

共计结存成本规银三万两。

统共结存各款规银六百二万二百五十五两一钱五分三厘。

彩结

一、进各船余款规银一百十五万四千八百七十两五钱七分七厘。

一、进拨补各船运漕驳力规银一万一千七百三十八两一钱三分。

一、进北栈余款规银七万一千七百九十三两六钱八分九厘。

一、进华栈余款规银二万六千七百三两四钱三分。

一、进客货栈租规银五万五百二十五两三钱七分。

一、进各口产租规银六万六千二百九十九两四钱一分七厘。

一、进售旧物料规银一百四十两二分七厘。

一、进各项息款规银一万四千四百七十五两三钱五分九厘。

共计结余规银一百三十九万六千五百四十五两九钱九分九厘。

一、支连漕局账规银一万六千二百八两四钱四分五厘。

一、支各地租捐规银三万五千三百六十四两七钱七分六厘。

一、支各项修理规银四万七千五百六十九两二钱三分八厘。

一、支各项缴费规银十四万四千五百五十二两四钱六分八厘。

一、支股本官利规银十二万两。

共计结支规银三十六万三千六百九十四两九钱二分七厘。

除支，结余规银一百三万二千八百五十一两七分二厘。

一、各船栈折轻成本规银五十万一千七百九十两四钱八分六厘。

一、提派股份余利规银二十八万两。

除支，净计结余规银二十五万一千六十两五钱八分六厘。

一、提派各执事本届酬劳奖赏银一成规银二万五千一百六两五分九厘。

实计本届结余规银二十二万五千九百五十四两五钱二分七厘。

一、上届结余公积规银九十三万六千一百六十八两六钱六分一厘。

一、除本年还汇丰款亏贴磅价规银九万二千九百十九两二钱五分。

统共实余公积规银一百六万九千二百三两九钱三分八厘。

附录股商报挂失票章程禀批

敬禀者，窃职道等查招商局股票向来载明“如有财力不足，听其出卖与人，本局只认票折为凭”字样，盖用以共昭信实，而使持有股票息折之人不致疑虑也。从前间有股商失落票折，自将失落缘由登列申沪各报，因而来局报挂失票并立保单交局者，经职局查勘得实，核其股份多寡，分别办理。其股份多至十数以外，必俟报官立案，方准注销根册重给票折，历年以来悉皆核实办理在案。其中凡属情节支吾、贸然来局具报，经职局驳诘不准者，亦复不少。昨有股商由厦门来电，称有船股报挂失票至数百股之多，核其所开原号多有去岁已经售出者，当因情节支离，未曾允准。伏念职局票折计有二万股之多，又准股商自行转售，市面藉以流通，理合只认票折，据以为凭，不当准人报挂失票。故凡报挂失票，准者乃是曲徇商情，不准者实可坚持局例。凡在股商执有票折，宜如何谨慎收藏，若非猝被水火盗贼，何至遂将票折遗失。倘或因押借抵偿，自生轇轕，抑有别项情节，辄来饰词报失，职局无从访查，即无从取信。拟请自今以往明定章程，凡有真被水火意外之灾将票折销毁，实未遗失在外，又或真被盗贼劫取，事后即行觉察者，须先由失主在失事之处禀报地方官立案，请即移知职局，一面开明号码、花名登诸中外新闻报纸，方准来局具报。自报之后，如有人持此失票来局易名化票者，乃始一概不准。限期三个月，再由失主央觅妥实保人，具立切实保单，开明失落缘由，“倘非属实，愿干重究”字样，存局备案，然后注销根册，原票作废，重填股票息折，给予该失主照旧收执。职道等为慎重股票起见，理合禀请宪台俯赐察核批准立案，职道等拟于明春给发股息之时，照录此案刊登年结账略之内，并摘要刊刻戳记，印盖股折之上，俾股商大众咸得周知，庶于申明局例之中，以寓保固商情之意。仰候钧裁，实为公便。肃禀。恭叩爵绥，统惟垂鉴。奉北洋商宪批：“据禀已悉，查核所拟股商报挂失票章程，系为防弊起见，应准照议立案，仰盛道等督饬员司认真妥办，缴！”

（1896 年 4 月 8 日，第 2 版）

召 租

本局有虹口乍浦路旧电灯公司洋房一所，倘欲开设机器等厂，最为相宜，欲租者请到本局议租可也。

招商总局告白

（1896 年 5 月 7 日，第 6 版）

轮船遇险

昨日大戢山电报局来电云，刻有一轮船前舱忽有水入，在此悬旗求救，船坞中人闻之，急派一小轮船载戽水机器前往。旋访知求救者系招商局“广利”轮船，四月二十九日由沪开往广东，不知因何遇险，大约无甚伤坏，一经将水戽去，即可回沪兴修也。

（1896 年 6 月 13 日，第 3 版）

石船被撞

前日清晨四点钟，有宁波船满装石子，由浦江自北而南，至下海浦相近，适招商局“广利”轮船飞驶而出，该船避让不遑，以致被撞。幸该船坚固，虽受重伤，犹能驶往关前码头，搁于岸侧，以便修理。

（1896 年 7 月 19 日，第 2 版）

风火为灾

招商局“新丰”轮船向来行驶天津。本月十三日，由天津开行来沪，中途猝遇大风，正在颠簸之时，船中人忽群哗火起，船主遂鸣钟告警，水手人等急预备救火事宜。旋见中舱火焰冒出，中有酒气，爰用水龙向之喷射。幸中舱墙壁窗槅［棂］皆用铁制，火得熄灭，不致蔓延。

（1896 年 7 月 29 日，第 2 版）

股票被窃

本年六月二十夜在香港被窃去招商局股份票两股，系王毓记名下第六千三百另四号，又一万五千二百七十四号，当时在香港招商局报明挂失，急登港报，又向上海总局伸明原单作为废纸，恐仕宦客商未尽周知，特登中外报，此布。

王毓记启

(1897 年 1 月 2 日，第 8 版)

轮船招商总局告白

启者：自丁酉元旦中国邮政局开办日起，本局往来各埠轮船只带邮政局信件，其余中外书信馆各信件，照章概不代带。特此布闻。

(1897 年 1 月 17 日，第 6 版)

轮船北上

东风解冻，北洋将次开河，所有招商局之“新丰”、“新济”、“新裕”、“丰顺”、“海定”、“海晏”，开平矿务局之“富平”、“永平”、“亚厘罗”各轮船均于初四日黎明展轮北上。怡和洋行之“怡生”、“景星”、“顺和”、“连升”、“北直隶”、“乐生”，太古公司之“盛京”、“通州”、“武昌”、“重庆”各轮船则于午刻破浪乘风而去，俾春冰既泮，驶入津沽。闻招商局共装棉纱及洋货约一万三千件，怡和约共装一万九千件，太古约共装六千四百件，此外尚装杂货若干，此为今岁发轫之初，故详记之。

(1897 年 3 月 5 日，第 3 版)

给发官利

本局应发丙申年第二十三届股息，今议发官利六厘，余利四厘，除每股共发现银十两外，另由自保船险公积项下拨银六十万两，余利项下拨银二十万两，共计八十万两，搭入中国通商银行股份，计每股应得四十两，俟银行开办六个月后，再行登报，将银行股本收条分发股商收执。其官、余利现银十两，仍照向章三月初一起凭折给发。特此布闻。

轮船招商总局谨启

(1897 年 3 月 26 日，第 6 版)

代售股份

兹有友要买招商局及开平局股份数十股，诸公如要脱沽，请晚后到同芳居隔壁协记号处面谈，或行信来，仆到尊处领教亦可。

梁星堂谨启

(1897 年 4 月 4 日，第 6 版)

照录第二十三届办理轮船招商局情形节略

谨查本局光绪二十一年第二十二届结总已呈送刊布在案，兹自光绪二十二年正月起至年底止是为第二十三届结账。本年各埠商务清淡，轮船水脚共收二百十八万余两，比较上年短收十七万余两，除开销船用及摊给怡(和)、太(古)水脚外，结余船利五十六万七百余两。又运漕、栈产等利三十七万三千八百余两，除地租修理等费、利息酬劳各款六十一万九千六百余两，船栈折轻成本十九万七千一百余两，净余银十一万七千六百余两，统计前后实存公积一百十八万六千八百余两，此利项大略也。

至本项内仅欠往来账三十二万四千余两，存款足以相抵。新造“安平”、“泰顺”两船，已付船价四十一万八千余两，尚未结算，俟下届再归成本。轮船除“泰”、“安”不计外，计二十有三号。今年添造上海虹口及杨家渡栈房，又添造天津、镇江、九江栈房，又加筑汕头、香港码头，改造厦门、沙市趸船，加重成本三十九万九千余两。除折旧外，成本比较上年增二十万，共结存成本三百八十万两，此本项大略也。

宣怀于日本案结，曾相告于我众商曰：合肥相国三十年经营仅留此区区一二端，吾侪宜就此根基于已成者守之，未成者扩之，以底于富强。众曰：唯唯。冬十月，宣怀奉命招集商股，合力兴办中国银行，以收利权，当即奏明先集商股二百五十万两，其内轮船招商局应认集股银八十万两。爰偕总办、总董及巨股商人公议，拟于本年余利项下提银二十万两，及历年自保船险公积项下提银六十万两，凑入中国通商银行股份，以公济公，即以利兴利。况银行为商务枢纽，今日借轮船之力以成银行，安知他日不又藉银行之力以推广轮船乎？惟吾局公积皆属产业，现款殊不易筹。本届各股商应得官利每股六两，余利四两，仍派现银外，尚有每股应分余利十两，又每股提派历届公积三十两，均俟银行开设六个月后再将银行股票分给各股商执业。念吾股商茹苦含辛二十有三年，至此始得派受公积余利，岂不幸哉？

宣怀又有进于此者之一义：中国欲兴商务，必从学堂始。士夫幼攻举业，不明度算，无论矣。商贾利析锱铢，而于进出口货、互市大局罕能窥其奥秘，故与西商角智，力辄不竞。因于北洋设大学堂，商局已岁捐二万两，本年又奏设南洋公学及达成馆，商局又岁捐六万两，每年以所得水脚二百二三十万计之，抽捐已属不赀，较之外洋进项捐已逾倍蓰。华商历蒙国家保护之力无以复加，而今日所以报国家者，亦不遗余力矣。凡此银行认股、公学输捐，皆所谓未成者扩之，实不得已之公义也。而于守已成之业，尤不可须臾忘。今而后仍宜力持“敛”字诀，勿纵勿肆，使其根深者叶自茂，源远者流自长，吾与同侪当共勖之。

光绪二十二年岁次内申十二月盛宣怀谨识

（1897 年 4 月 8 日，第 3 版）

照录招商局去年综结清账

该股份资本规银二百万两，天津存款二十五万一千二百两，往来存款三十二万四千九百二十六两五钱二分，股份存息二十二万八千七百六十七两，自保船险一百二十一万二千九百九十七两五分，公积余利提存备搭银行股份八十万两，自保趸船险四万五千两，开平股票售换项下六万六千六百五十四两三钱六厘，旧账股票产契项下十四万一千六十八两三钱，彩结公积一百十八万六千八百八十四两三钱一分，共计结该各款规银六百二十五万七千四百九十七两四钱八分六厘。

存户部借款规银三十二万八千八百两，南北洋欠款一万五千七百二十一两九钱二分九厘，开平船价煤款二十万一千两，分局往来一万七千九百三十七两八钱二分五厘，往来欠款二十八万二千九十六两四分一厘，各户欠息九千十一两三钱二分，随货汇款一万四百五十两七钱八分二厘，买存煤炭三万一千五百六十二两三钱五分六厘，朝鲜本息欠款十八万四百六两，台湾快船股份二万两，上海和丰船坞股份五万一千两，现银洋钱十九万八千四百四十三两二钱五分二厘，各户押款二十二万五千两，洋商欠款十八万七千二百两，备发轮船保险二项股息二十八万两，定造“泰顺”、“安平”船四十一万八千八百六十七两九钱八分一厘，共计结存各款规银二百四十五万七千四百九十七两四钱八分六厘。

“永清”船本规银一万两，“丰顺”船本三万两，“江宽”船本三万五千两，“江永”船本三万五千两，“海晏”船本五万两，“海琛”船本二万五千两，“海定”船本三万两，“江天”船本四万五千两，“江孚”船本三万两，“江通”船本一万两，“致远”船本三万五千两，“图南”船本三万五千两，“普济”船本二万两，“江裕”船本六万两，“富顺”船本六万五千两，“广利”船本六万五千两，“美富”船本三万两，“广济”船本一万两，“新裕”船本九万两，“固陵”船本一万两，“新丰”船本九万两，“新济”船本九万两，“快利”船本七万两，共计结存船本规银九十七万两。

各小轮船四千两，各口趸船五万五千两，各埠驳船一千两。

共计结存船本规银六万两。

上海东栈二万两，北栈五十七万两，中栈十三万五千两，南栈八十万两，十六铺产一万五千两，华栈十二万五千两，华产十六万两，斜桥房产二万两，杨家渡产十八万两，天津局产十八万八千两，通州局产五千两，烟台局产二千两，宜昌局产四千两，汉口局产十九万两，九江局产七万两，芜湖局产二万两，镇江局产五万两，宁波局产一万八千两，温州局产八千两，福州局产二万四千两，汕头局产三万两，澳门局产五千两，香港局产八万六千两，广州局产五千两，杭州地产三千两，沙市局产七千两，共计结存栈本规银二百七十四万两。

各局生财一万两，漕米麻袋二万两。

共计结存成本规银三万两。统共结存各款规银六百二十五万七千四百九十七两四钱八分六厘。

（1897年4月9日，第3版）

照录招商局各船估见时值价目

本局历年结账所得余利，必以大半折轻船栈成本，然后作为盈余，归入公积，是以轮船成本愈折愈轻。盖为固结根本起见，原不能作时值观也。惟年复一年，轮船之成本势必更小，则自保船险亦随之而减。然各船常年往来江海，设有意外之虞，外人仅知某船成本若干，不知时值实应若干。爰于今年起每逢正月结账之时，请英领事署验船官派人将本局各船秉公估见某船时价实值若干，附列于年结及账略之后，俾咸知本局轮船照本年时价实值之数，而自保船险即以估见之价承保。惟结账成本，则仍照历年折轻之数核结也。计开光绪二十三年正月二十八日即西历一千八百九十七年三月一号，英领事署验船官派嘉及罗贝士估见各船实值之价洋，有文单存据：

“永清”轮船规银二万七千两，“丰顺”六万六千三百两，“江宽”六万七千两，“江永”六万七千两，“海晏”七万七千九百两，“海琛”三万六千一百两，“海定”三万九千四百两，“江天”七万八千三百两，“江孚”八万八千两，“江通”二万三千两，“致远”五万七千五百两，“图南”八万三千六百两，“普济”三万六千三百两，“江裕”十万七千四百两，“富顺”九万九千二百两，“广利”十一万一千两，“美富”六万六千五百两，“广济”三万四千二百两，“新裕”十四万二千一百两，“固陵”一万三千六百两，“新丰”十七万一千两，“新济”十七万一千两，“快利”十二万三千五百两，共计各船估本规银一百七十八万六千九百两。

汉口趸船二号规银三万六千三百两，九江一万四千一百两，安庆一万一千七百两，芜湖一万五千五百两，南京七千一百两，镇江一万一千八百两，温州五千四百两，厦门一万五千两，汕头五千一百两，共计趸船估本规银十二万二千两。

上海小轮二号规银七千二百二十两，天津二千七百两，福州二千二百六十两，广东七百二十两，烟台铁驳二号六百五十两，共计小轮驳船估本规银一万三千五百五十两。

统共各船估本规银一百九十二万二千四百五十两。

（1897 年 4 月 10 日，第 2、3 版）

光绪二十二年办理仁济和保险有限公司情形节略

谨查仁济和保险公司光绪十二年重订章程归并办理，已将第一届□［至］第十届账略刊布周知，兹自光绪二十二年正月起至十二月止为第十一届结账之期。查本届得保费六万四千七百余两，又得本项分存银行及招商局生息之款共得息银一万九千七百余两，又得户部供款息银五千一百余两，又得纺织局股息银一万一百余两，支保险赔款一万五千五百余两，又支各局回彩杂用七千一百余两，又支股份官余利八万两，此息项大略也。实存汇丰银行十五万两、麦加利银行十五万两、道胜银行十万两、户部借款二万七千四百两、华盛纺织总厂新旧股三十三万九千四百两，又旧织布局借款六万四千两，又轮船招商局往来暂存十四万一千四百余两，又各银行存款、户部借款、纺织厂股本欠息一万三千一百五十余两，又上海号商欠保费一百九十余两，共存九十八万五千六百余两，此本项大略也。本年生意平和，保费尚不能加多。华盛纺织厂因花价、人工昂贵，亏耗甚巨。裕晋归并洋商，裕源股东停利，大势使然。本届纺织总厂提息三厘，合之上届提息六厘，比较银行生息尚不见绌。然马关定约，洋厂林立，实为意料所不及，惟有遴派总管，认真经理，以期返本归原耳。又，据各董声称，本局轮船红提单多有额满分让洋行者，请自二十三年为始，海船最坚固者向限保八万两者准保十万两，其次各船限保六万两者不得逾八万两，自系为保费生色起见也。董事萧蔚南已离沪上，准其开去董事之缺，暂可不补。本督办董事之缺，应令盛揆臣代办。

光绪二十二年丙申十二月盛宣怀谨识

综结

该股份资本规银八十万两，前届股份存息八千五百三十六两，本届股份存息八万两。

各局回彩二千二百九十四两九钱九厘。

董事酬仪一千四百两。

船局出力司事酬仪四百五十两。

各执事酬劳奖赏一千两。

洋商转保逾额保费一百三十三两二钱七分。

上海包用一千一百五十六两二钱五分三厘。

彩结公积九万六百三十三两九钱五分一厘。

共计结该各存规银九十八万五千六百四两三钱八分三厘。

存汇丰银行规银十五万两。

道胜银行十万两。

麦加利银行十五万两。

户部借款二万七千四百两。

华盛纺织总厂三十三万九千四百两。

轮船招商局往来十四万一千四百二十二两九钱五分一厘。

旧织布局借款六万四千两。

汇丰银行利息一千两。

道胜银行利息三百十五两六分八厘。

麦加利银行利息一千三百三十二两八钱七分六厘。

户部供款利息三百二十六两六分。

华盛纺织总厂利息一万一百八十二两。

上海客商欠保费一百九十二两九分五厘。

现存英洋三十三两三钱三分三厘。

共计结存各该规银九十八万五千六百四两三钱八分三厘。

彩结

进各局保费规银六万四千七百八十一两八钱二分八厘。

汇丰银行存项利息四千七百七十八两八分二厘。

汇丰银行存项利息一千两。

道胜银行存项利息三千三百七十五两三钱四分三厘。

道胜银行存项利息三百十五两六分八厘。

麦加利银行存项利息三千七百三十九两七钱二分七厘。

麦加利银行存项利息一千三百三十二两八钱七分六厘。

户部借款利息四千八百十四两一钱八分。

户部借款利息三百二十六两六分。

华盛纺织总厂利息一万一百八十二两。

轮船招商局往来利息五千一百九十二两八钱六分四厘。

更换股票折收费八两五钱。

共计各项结收规银九万九千八百四十六两五钱二分八厘。

支保险赔款规银一万五千五百二十一两二钱四分一厘。

各局保费回彩一千四百五十两五钱六厘。

联票杂用八百四十九两八钱九分。

保金利源栈转口货火险费四百九十三两七钱五分。

上海本公司薪水二千四百九十九两。

董事七位酬仪一千四百两。

船局出力司事酬仪四百五十两。

股份八十万两，官利六厘，四万八千两。

股份八十万两，余利四厘，三万二千两。

共计各项结支规银十万二千六百六十四两三钱八分七厘。

净计本届给亏规银二千八百十七两八钱五分九厘。

一、提给各执事酬劳借支规银一千两。

一、上届公积余存规银九万四千四百五十一两八钱一分。

实计结余公积规银九万六百三十三两九钱五分一厘。

（1897 年 4 月 17 日，第 3 版）

告白

启者：本局刻在浦东杨家渡地方建造码头、栈房，已经竣工，现在各轮船及帆船均可停泊，所装各货亦可运入栈房，其费格外公道，所保火险之费照市一律。如欲知详细情形者，请问经理码头人米尔登，或本局可也。

招商轮船总局启

（1897 年 5 月 13 日，第 6 版）

招商局告白

浦东华栈新造坚固栈房两座，铺有垫板，各宝行号如欲堆储棉花各货等，栈租格外从廉，并可代为保险。倘要知堆货情形，请至北栈写字房，或四马路总局面询可也。

密尔登谨白

（1897 年 10 月 11 日，第 6 版）

新设趸船

沙市采访友人云，此间招商局趸船以“泰安”兵轮船改造。前月二十四日，由“快利”轮船带来，泊于竹架子江面。凡附招商局轮舟至此者，准由趸船上岸，既省舟楫之费，又免风涛之虞，往来客商同声称便。惟是船之成本既重，费用益繁，遂照安庆金陵定章，每客增收水脚银二钱，以资贴补。

（1897 年 11 月 28 日，第 2 版）

轮船肇事

本月初四日，香港来电云，招商局“广利”轮船停泊本局码头之畔。本日，忽有香港广东澳门轮船公司之“薄云”轮船进口，误触“广利”，其力甚猛，以致两船及码头皆受伤。

（1898 年 1 月 27 日，第 2 版）

钟阜晴云

（前略）省垣下关地方向来本极寥落，自招商局轮船行驶长江开筑码头，太古、怡和继之，麦边、鸿安又继之，官民往来，商贾荟萃，江干一带日渐殷繁。长江各轮船惟招商局在下关设有趸船，而太古、怡和等公司轮船抵埠时，皆用划船在江心起驳，较之附招商局船者，须多费划船钱二百文。是以，人之喜附招商局船者为尤众。近日，日本大坂商船会社商轮船两艘，一名“天龙川丸”，一名“大井川丸”，于西历正月元旦为始，在长江一带行驶，到埠时即在招商局趸船左侧停轮，亦用划船起驳。闻之诸客云，虽用划船而并不取费，大约创行之初不能无此招徕之术耳。（下略）

（1898年2月14日，第3版）

争着先鞭

天津采访友人云，本月初七日招商局“海晏”、“新裕”、“新丰”、“新济”以及开平矿务局之“公平”等船相率驶至大沽口外，怡和洋行之“连升”、“怡生”等船亦相继抵口，迨初九日“公平”、“北平”入口，此为开河后第一次北上。爰记之。

（1898年3月8日，第2版）

发息告白

轮船招商局仁济和保险局上年股息照章定于三月初一日凭股商持折支取。俟账略刊就，总账缮齐，仍分存津、汉、闽、广、港各分局，以便股商就近查阅。

谨启

（1898年3月24日，第8版）

轮船搁浅

九江访事友来函云，本月初九日，招商局“江宽”轮船下水行，至安庆下游三十里江心，偶一不慎，搁于浅滩。因即电达九江招商局，黄、史二总办即饬驳船数艘前往，将货运尽，始得展轮出险。

（1898年5月8日，第2版）

运钱过沪

招商局“致远”轮船，前日由广东抵埠，装来机器制成之大钱三万三千串，以麻袋包裹，计一千五百包，并中国龙纹洋一万五千枚，寄金利源栈房运往苏省交纳。

（1898 年 6 月 18 日，第 3 版）

法界失慎

昨晚九点一刻钟，法界小东门北首沿浦滩招商局金利源“江天”轮船码头九号栈房，因吸纸烟不戒于火，一时烈焰飞腾，冒穿屋顶。捕房急即鸣钟报警，英、法、美三界洋龙疾驰而至，竭力浇灌，无如火势猛烈，难以救息，以致焚去房屋若干。如何起火，尚未访明，容俟明日续录。

（1898 年 9 月 18 日，第 3 版）

“海琛”抵津

天津访事人云，中国前向德国定造之“海琛”铁甲已于本月初六日到津，合之前到之“海容”、“海筹”两艘，共计德国伏尔鉴厂所造各船已一律交到。北洋大臣于该船行抵上海时电饬招商局速派“泰顺”商轮赴津，以便乘赴大沽验收。是时，“泰顺”在申早已揽装客货，接电后即将货物退关北上，至初五日报到。适因节署迭接京中要电，宪驾遂不果行。“泰顺”于初七傍晚仍载货客驶回上海，验船一节尚未派人，闻荣中堂仍须自行验收，以昭慎重。

（1898 年 10 月 2 日，第 2 版）

投标告白

本局各船岁修向例招人投标承造，惟近年常有跌价争揽，承揽后有因力量浅薄，不能完工者，又有转包与人者，并往往清单写明用外国油、外国木而代以中国材料者，非但工料不佳，且延误船期。今总船主议定章（程），凡欲来投标者，必于登报后七日内将荐书或履历送来，过期不收。俟总船主考察择定，即交银千两，存本局作保，倘日后有工料不佳，由总船主议罚。如延误工程过期一日，罚银二百两。各宝号愿来承揽者，必须遵照上列章程办理。特此布闻。

轮船招商总局告白

（1899 年 1 月 21 日，第 4 版）

鹿城腊鼓

温州访事友人云，招商局“普济”轮船现方修理，另派“海琛”轮船载运货客，其第一次于十一月二十六日抵瓯。（下略）

（1899 年 1 月 25 日，第 2 版）

中国轮船招商局第二十五届节略

自光绪二十四年正月起至年底止为第二十五届结账之期。本年轮船水脚共收三百万一千余两，除开销船用及摊给怡（和）、太（古）水脚外，结余船利七十万六百余两。又，各栈房产业等利四十万九千二百余□［两］，除地租、修理、缴费、利息、酬营各款七十五万一千六百余两，船栈折轻成本十六万八千八百余两，净余银十八万九千三百余两，此利项大略也。

至本项仅欠往来账三十八万九千余两，存款足以相抵。添置“飞鲸”轮船，出支成本八万两；接长“江永”轮船出支成本五万六千余两；添置汉口趸船出支成本二万二千余两；大修“永清”、“丰顺”、“江宽”、“海晏”、“海琛”、“海定”、“江天”、“江孚”、“致远”、“图南”、“普济”、“富顺”、“广利”、“美富”等船出支成本十一万两，轮船计二十有七号。今年上海买回总局房债，出支成本十一万五千余两。又，上海南栈新置杨泰记基地码头市房，及过户中费等出支成本三十万四千余两；又，天津塘沽新置基地及续造码头栈房，出支成本七万五千两；又，添造上海南栈、北栈、浦东栈、九江、汉口、宜昌、汕头各栈房出支成本六万九千余两，除折旧外成本，比较上年增六十五万两，此本项大略也。

本局轮船水脚收至三百万余两，为历届所未有，然开销至二百二十四万五千余两之多，亦出于意料之外。洋人辛工五十一万余两，因磅贵而递增也。各船用煤六十四万六千余两，因煤贵而递增也。各船驳力三十九万三千余两，因天津海河浅涸而递增也。且运漕亦因内河驳力太重，耗米多，赔转无利益。比［此］本届余利相形见绌之故。现议股本四百万两，以后每年发利多少不分，老新始终一律。今届每股派官利六厘，余利六厘，共需付利银四十八万两，年终所存现银无多，尚须设法筹挪。所拟定造天津浅水轮船两号、西江轮船两号，初因估价太昂，暂行缓造。无如访察洋厂，工料一时不能轻减，现已绘图寄至欧洲评价，来年亟须筹款速造。

至于本局出款，以煤为大宗，中国只有开平一矿，远隔重洋，别为一公司，价目因时高下，缓急殊不可恃。曩年唐、徐两总董不避艰难，于轮船公司已成之后，即筹款开办唐山煤矿，联为一气，其用心深远，绝非好大喜功。鄙人与陶斋观察请于邓中丞，试开东流、宣城两矿，尚嫌其难，惟萍乡煤质极高，办理已着成效，一俟铁路□通，拖驳造齐，足供局船之用，乃为幸事尔。

光绪二十四年，岁次戊戌十二月，盛宣怀谨识

（1899 年 4 月 14 日，第 3 版）

中国轮船招商局第二十五届总结

股份资本规银四百万两，天津存款十二万五千六百两，往来存款三十八万九千二百五十二两九钱六分九厘，股份存息五十万四千九百六十一两，自保船险一百十八万七千六百四十一两八钱九分五厘，自保趸船险五万两，开平股票售换项下六万六千七百四十四两三钱六厘，筹发股息三十五万六千两，彩结公积九十万七千八百六十五两一钱四分七厘，共计结该各款规银七百五十八万八千六十五两三钱一分七厘。

户部借款规银十六万四千四百两，户部昭信股票五万四千八百两，淮徐振捐垫款二万两，南北洋欠款一万八千九百八两三钱五分九厘，分局往来八千三百八十三两一钱二厘，往来欠款三十六万七千九百九十两三钱九分五厘，各户欠息五百四十四两二钱六分，旧账股票产契抵欠二万七千七百四十五两一钱七分八厘，随货汇款二万二千九十六两四钱八分二厘，买存煤炭七万七千六百六十七两四钱一分八厘，朝鲜本息欠款二十万八十六两，通商银行股份八十万两，上海和丰船坞股份十一万七千两，湖北铁厂股份十万九千六百两，各户押款一万八千五百两，现银洋钱四千三百四十四两一钱二分三厘，备发轮船保险股息五十七万六千两，共计结存各款规银二百五十八万八千六十五两三钱一分七厘。

“永清”船本规银一万五千两，“丰顺”三万五千两，“江宽”三万五千两，“江永”八万两，“海晏”四万五千两，“海琛”二万五千两，“海定”三万两，“江天”五万两，“江孚”三万两，“江通”一万两，“致远”三万五千两，“图南”四万两，“普济”二万五千两，“江裕”五万两，“富顺”八万两，“广利”七万两，“美富”三万两，“广济”一万两，“新裕”六万两，“固陵”五千两，“新丰”六万两，“新济”六万两，“快利”五万两，“公平”十三万两，“安平”十五万两，“泰顺”十五万两，“飞鲸”六万两，共计结存船本规银一百四十二万两。各小轮船规银四千两，各口趸船四万五千两，各埠驳船一千两，共计结存船本规银五万两。

总局局房十一万两，东栈二万两，北栈五十八万五千两，中栈十三万五千两，南栈一百十万五千两，杨家渡栈二十五万两，十六铺产三万三千两，华栈十八万两，华产十六万两，斜桥房产二万两，吴淞地产三万两，天津局产十八万八千两，塘沽局产九万五千两，通州局产五千两，北戴河地一千两，营口局产二万二千两，烟台局产二千两，宜昌局产八千两，沙市局产五千两，汉口局产二十万五千两，九江局产七万三千两，芜湖局产二万两，镇江局产五万五千两，宁波局产一万八千两，温州局产八千两，福州局产二万四千两，汕头局产三万五千两，澳门局产六千两，香港局产八万五千两，广州局产七千两，梧州局产七千两，杭州地产三千两，共计结存成本规银三百五十万两。

各局生财规银一万两，漕米麻袋二万两，共计结存成本规银三万两。

统共结存各款规银七百五十八万八千六十五两三钱一分七厘。

（1899 年 4 月 15 日，第 3 版）

中国轮船招商局第二十五届彩结

各船余款规银七十万六千四十四两五钱七分九厘，运漕局账一万六千四两九钱八分一厘，拨补各船运漕驳力二万二千二百九十七两九钱二分，北栈余款九万五千二百六十六两八钱六分三厘，华栈余款一万五千九百五十八两二钱七分九厘，华产余款一万七千五十四两五钱七分二厘，客货栈租七万七千七百五十七两二钱三分五厘，各口产租九万九千七百十三两三钱四分二厘，售旧物料七百六十六两六钱五分八厘，各项息款六万四千三百七十二两一钱六分七厘，共计结余规银一百十万九千八百三十六两五钱九分六厘。

各地租捐规银四万七百二十五两四钱七分七厘，各项修理四万五千一百二十二两三钱三分二厘，各项缴费十六万四千八百一两七钱三分一厘，股本官利二十四万两，共计结支规银四十九万六百四十九两五钱四分。除支，结余规银六十一万九千一百八十七两五分六厘。

各船栈折轻成本规银十六万八千八百八两三钱四分七厘，提派股份余利二十四万两，除支净计结余规银二十一万三百七十八两七钱九厘。提派各执事本届酬劳奖赏银一成规银二万一千三十七两八钱七分一厘，实计本届结余规银十八万九千三百四十两八钱三分八厘。

上届结余公积规银七十七万八千五百二十四两三钱九厘，除南洋公学捐款六万两，统共实余公积规银九十万七千八百六十五两一钱四分七厘。

各船估见时值价目，“永清”规银二万一千四百两，“丰顺”五万七千两，“江宽”十万三千两，“江永”十万三千两，“海晏”六万七千四百两，“海琛”三万一百两，“海定”三万三千七百两，“江天”八万两，“江孚”七万五千三百两，“江通”一万九千五百两，“致远”五万六千三百两，“图南”七万五千四百两，“普济”三万两，“江裕”九万六千九百两，“富顺”十一万两，“广利”十一万两，“美富”六万五千两，“广济”三万九百两，“新裕”十二万八千三百两，“固陵”九千两，“新丰”十五万四千四百两，“新济”十五万四千四百两，“快利”十一万一千五百两，“公平”二十六万六千两，“安平”二十一万八千五百两，“泰顺”二十一万四千七百两，“飞鲸”五万四千两。共计各船估本规银二百四十七万五千七百两。

汉口趸船规银三万一千五百两，九江一万一千四百两，安庆一万三百两，芜湖一万三千两，南京六千二百两，镇江九千九百两，温州四千八百两，厦门一万三千九百两，汕头四千五百两，新买二万五千两，共计趸船估本规银十三万五百两。上海小轮二号，规银七千一百两，天津二千三百两，福州一千八百六十两，广州九百四十两，烟台铁驳二号五百两。共计小轮铁驳估本规银一万二千七百两。统共各船估本规银二百六十一万八千九百两。

（1899 年 4 月 16 日，第 3 版）

述招商局运漕事

从前招商局各轮船承运漕米每年约七十万石左右，每石收水脚银三钱八分，照此核算每年应共收水脚银二十六万六千两，开销一切皆在其中。所谓开销者，计米袋、保险、栈租、驳船以及津、沪各局应支薪水、工值、局用之类，约耗水脚三分之一。今岁漕米约多装三十万石，合共一百万石之谱，水脚可收至三十八万两，所需一切开销，仍应三分之一。连日《申报》两论及之数目，似尚不符，兹经友人函告，合照登之以昭核实。

（1899 年 8 月 10 日，第 3 版）

详述招商局漕米水脚数

七月初一、初四两日所论招商局装运漕粮一项①，每年可盈余银一百二十万两，云云。细查招商局第一届只装运漕粮二十万石，嗣因沙宁船逐渐减少，商局历年加增，渐装至七十余万石，至多者今年亦不过九十余万石。漕局所领公款、水脚并保险，每石银三钱八分，连津、沪两处栈租、上下驳费、自置麻袋、漕局总办委员司事薪水一切在内，核计商轮每石净收水脚银二钱五六分，岁得漕粮水脚银十余万至二十万两耳。大沽水浅，

① 分别指 1899 年 8 月 6 日第 1 版所刊《书徐荫轩相国敬陈管见折稿后》和 8 月 9 日第 1 版所刊《论刚子良中堂筹增国用事》。

开河头二班船驳运有迟至十数日始行起清，驳船偷漏甚巨，向多不赔，以致商局吃亏更重。而历届漕米运津，又要限期五月装完，然春季之时适值客货麇集，亟待装运之候，迫将客货截减，此中暗亏便已不少。年来客米由沪至津，每石水脚三钱，增价时三钱八分至四钱几分不等，现在每石水脚只有二钱五分，以此比较，招商局并无格外之利。而招商局曾于中外失和之际，连年冒险装兵运械，非他国公司所可为力者。“拱北”轮船在锦州为兵勇装炸药失慎，船价数万毫无偿还，尚须抚恤全船中外人等家属，所费万余两之巨。昔年往来南洋旧金山等处，国家均无津贴，曾复报效庆典银万□［两］，备赈银十万两，岁缴天津上海□［各］学堂经费银八万两，今又捐报效银六万两，共计每年筹捐银十四万两，以西例银行存款五厘周息计之，无异□［已］报效银二百数十万两矣。岂非中西各国轮船公司报效国家之至厚者乎？

（1899 年 8 月 11 日，第 3 版）

光绪二十五年八月初六日京报全录

（前略）奴才刚毅跪奏，为遵旨查明督办轮船招商局盛宣怀被参各款，恭折复陈，仰祈圣鉴事：窃奴才承准军机大臣字寄光绪二十五年六月二十四日奉上谕，“有人奏敬陈管见，以裕利源一折。据称轮船招商局、电报局督办之员盘踞把持，积弊多端，请派大员彻底详查等语。招商、电报两局前经明降谕旨，饬令盛宣怀督饬在案，官商人等迅将经管各项近年收支数目，限三个月分晰开具清单，酌定余利归公章程，专案奏报，并寄谕刚毅饬令，督同盛宣怀一并彻查。原以轮船招商局务系官督商办，其各分局、各轮船如有弊窦，应由该局随时自行整顿也。兹据刚毅奏，由宁起程，赴苏查核招商、电报两局款项，着即凛遵前旨，督饬盛宣怀迅将酌提余利归公章程，拟定成数，奏明办理。当此时局孔艰，谅该大臣必能不避嫌怨，实事求是，万不致任意听在事各员多方掩饰，置公家利权于不顾也。原折着钞给阅看，将此谕令知之。钦此。”遵旨寄信前来。查招商、电报两局前经督同盛宣怀清查款目，并酌提常年报效银两，业将详细情形于七月初一日缮折驰陈在案。此次奉到寄谕后，复经咨取轮船招商局章程，既全案卷宗，督饬司员等遂一查核，并准盛宣怀按照所参各节逐条声复。

如某奏谓该督办向与各总局、各分局总办、帮办等串通一气，互相分肥，一旦遽令和盘托出，不足以钳众口而服众心一节。据复称，招商局本为商业公司，非同心一气不能收指臂之效，上海设有总局，此外皆系分局，惟总局有总办、委员二人，向由北洋大臣派委，各分局皆董事经办，并无总与帮办委员。一切用人理财章法，实与怡和、太古洋行仿佛，难以官□［例］相绳。华商力量甚薄，有股者多恃股息为生计，总局刊布年结账略，稍有未明，辄来诘问，必深明其毫无牵混而后已，故众口非督办、总办所能钳也。

原奏局中利源甚旺，归公无几，竟供贪员中饱，该督办将所得余利私拟假账，稍给商民股息外，又复擅增股数，作为自己银股，任意添写股票一节。据复称，盛宣怀接办以来，归还官款一百十九万余两，洋款三十万磅，商款一百二十余万两，并添制新船、新栈，皆获利归以之款。各局、各船、各栈出入款项，由官局管局、管栈之人各签字样，据送银钱股总董缮两□单，呈总办签字，方能照发。督办无干预银钱账目之权，何从私拟假账？原股二百万两，因历年扩充轮船、码头、栈房，乃将各股余利用去，公议以众商应派之利，拨作众商股份，增股二百万两，必有一原股始有一新股，无由添写股票，底册具存，皆可复按。

原奏该员富将敌国，若苏州之留园、上海之华盛纱厂、湖北之公济益官银号，此三大宗约数百万金，自招商局中侵蚀而来一节。据复称，盛宣怀祖父皆以科第入仕，伊父盛康由湖北盐法道告归，光绪二年以五千余金购留园。盛宣怀光绪十一年始接管招商局，迨十九年间上海织布局焚毁，奉北洋大臣奏派赴沪招徕新股十八万两，就旧址设华盛纱厂，事有奏案可稽。湖北公济益官银号系同乡人何姓所开，亦收歇多年。

原奏初派局差，须托人□［关］说，送银若干，大局总办约一万八千之谓，帮办及各轮船正副买办等按察降推一节。据复称，沪局总办非督办所派，其余董事多由局中旧人转调，或兄终弟及，或弟去兄代，或论资劳，或由众保，盛宣怀接办后初未用一新人。至各船买办，向照搭客水脚清账，比较功过，并据沪局商董保荐清单而定，督办更不过问。

原奏各局总办如沈能虎、黄祖络、龚照瑗、黄建筦等原非承荫之子，亦非素封之家，不数年均加捐道员，离局莅任一节。据复称，黄组络江右富家，龚照瑗皖北望族，均非寒素，亦未办过招商局。沈能虎于同治年间已荐保直隶候补道，光绪十五年始委办商局。黄建筦向充津局董事，以历办北洋要差荐保道员，均非由捐纳得官。

原奏轮船买办稽司一切，来往载货水脚、客商船价率皆以多报少，至用度、灯煤等费则以少报多，并有□［私］揽水脚，分毫不报，且奸商讨让成数，无从查考一节。据复称，轮船水脚，招商局、怡和、太古三公司订立合同，每年一结公摊，均非平时互相稽察，洋人耳目最多，此以意虚报之弊，断不能为。且载货水脚皆由沪局总董与洋人议定价目，不由买办经管，至船栈用度有定额，用煤有煤表，亦无从多报。惟舟中搭客以多报少之弊，势所难免，故三公司合谋稽核之法，亦于此加严也。

原奏凡路过有声势大员，无不百般迎合，一切程仪十倍于众。更交结言官，钻营权要，是以多年无有举劾者一节。据复称，招商局系合股经商之事，迎合官员、交结权要，本皆无用之事，只以向有官督之名，局外不知，以众商同主之生意疑为督办一人之私权，节次纠弹查办，昭昭耳目，实为未能交结之据等情，声复前来。

奴才查盛宣怀接办商局，创办电局之始，曾系借用官款，业经陆续还清。现在两局均属商款商办，盛宣怀只有督办之名，与官场之通属有别，实非一人所能专擅。所称各节尚系实在情形，自应无庸置议。至余利归公章程，前经陈明船局六万，电局四万，由该两局常年报效。于本月二十日奉到朱批：“着照所请，该部知道。钦此！”应仍按奏定章程办理。所有查明盛宣怀被参各款缘由，谨据复陈伏乞皇太后、皇上圣鉴。谨奏。奉朱批：“知道了，钦此！”

（1899 年 9 月 18 日，第 13 版）

录登湖广总督张香涛制军奏复招商局保借洋款办理萍乡煤矿折稿

奏为遵旨查明招商局保借洋款，办理萍乡煤矿，有益民生，无碍商局恭折，据实复陈，仰祈圣鉴事。窃照前准军机大臣字寄光绪二十五年四月初二日奉上谕："有人奏大理寺少卿盛宣怀办理江西萍乡煤矿铁路，以招商局洋泾浜各产抵保洋行借款之说。若如所奏，因萍乡一隅之矿，辄以招商局各产抵保，殊属有碍大局，着张之洞详细查明。即行知照盛宣怀，毋得轻许，致滋流弊，是为至要。原片着抄给阅看，将此谕令知之，钦此！"

臣查各国自强之道，不外铁路、轮船、枪炮数大端，皆以铁厂为根基，而炼铁、炼钢尤以得佳煤炼焦炭为先务。湖北前经奏开铁厂，遍觅煤矿不得佳质，后经臣访获江西萍乡煤矿最合炼焦炭之用，历年臣饬铁厂购用不少，实为铁厂化铁、炼钢、造轨之根本。因路僻运艰，故未能尽量采购，多开炉座。上年三月间，经督办铁路大理寺少卿臣盛宣怀，会同臣奏明购用机器筑路，设线派员，总办力筹大举，并援照开平，禁止商人别立公司及多开小窿，抬价收买，以济厂用，而杜流弊。仰蒙谕允，钦遵在案。

盖开矿不用机器不能深入得佳煤炼焦炭，不用洋炉不能去磷成佳钢，运道不用铁路轮剥不能济急用而轻成本。目前造轨，将来行车，需用煤焦，皆属极巨。路厂与萍煤互相联络，皆为杜塞中国漏卮要举。至轮船招商局每年用煤为出款大宗，上年因开平煤不及接济，多购洋煤，虚糜二十万金。以故竭力筹办萍乡煤，至今已用银五十万两左右，系由湖北铁厂认股二十万，铁路总公司、轮船招商局各认股十五万，均以其相需甚殷也。现在，日出煤二三百吨，运道节节艰阻，所运不敷所用，必须先由矿山造铁路一条至萍乡河口，由湘潭至汉口置造轮剥各船，使每日可运数千吨，足供铁路、轮船、铁厂之用。然后，路厂可相持不敝，招商局亦受其益，而萍乡矿得可恃之销路，即操获利之左券。但购办机器，营造铁路轮剥，需款至繁，事当未成，利尚有待华商之股未易立时，招集臣盛宣怀当因机器各件多由德商礼和洋行垫购，为数已巨，故与该行订借四百万马克，分二年摊还，统由萍乡煤矿公司商借商还。惟向来借用洋款必须给以办矿事权，并须分得矿中余利。此次盛宣怀议明，萍乡矿仍归自办，仅给借息七厘。彼既无办矿之权，又无盈余之利，不得不照商例，切实保借，因将招商局产业以为作保之据，当经议定，借款合同分别咨呈总理衙门路矿总局核准存案。此盛宣怀以招商局保借礼和洋款，扩充萍乡煤矿办法之实在情形也。（此折未毕，明日续登）

（1899 年 11 月 14 日，第 2 版）

接登湖广总督张香涛制军奏复招商局保借洋款办理萍乡煤矿折稿

臣此次钦奉寄谕，当将此项借款每年还款本利共须若干？是否以招商全局各项产业抵押，抑只将上海洋泾浜一处栈房产业作保？现在全局各项产业共值银若干，洋泾浜一处产业值银若干？抵押与作保有何区别？设将来借款，本利万一无着，洋商能否将全局占据管理？有碍大局各节，向盛宣怀详细咨查。旋准咨复，并详考案。据查借款合同载明，招商局允保礼和垫款四百万马克，其息本未还以前，不得将上海洋泾浜南北地皮、栈房、产业出售，或抵押与人等语，实系招商局仅止作保，并未将产业抵押。且止将上海洋泾浜一处栈房产业作保，并未将全局各码头及轮船作保。查光绪十一年，向旗昌洋行赎回招商局之时，因无款可筹，曾将全局各码头轮船，按照商例抵押与汇丰银行，其时经律师将各项地契船照均缮押契，赴英领事衙门过立汇丰行名。至光绪二十一年还本清楚，始收回各契据，仍易招商局户名，系属洋商抵押之一定办法。现借礼和之款，只有合同载明“作保”字样，并未将地契交给，亦未在领事处过户，是招商局产业不作抵押之明证也。又光绪二十四年，招商局结账载明，全局码头、轮船、栈房各项资本六百八十六万两，其中上海洋泾浜南北栈房、产业值本一百六十八万八千两，以保礼和借款，系专指此项洋泾浜栈房产业，是并未将全局资本作保之明证。至于抵押与作保区别之处，查抵押则产业已属于人，作保则产业现仍在我，现在不过由招商局作保，设将来借款本利无着，应先将所借礼和四百万马克购办之煤矿机器、铁路等物，以及该煤矿公司自己股本五十万所办之矿产各物，尽其所有以归借款，必不致将招商局保产作抵。如煤矿公司各物不敷还款，再由保人如数补足，赔还了事。如保人不能将欠款赔补，始将合同内所指作保之产业变价补足，此作保不能遽抵之明证也。兹查礼和借款，前三年不还本，后十二年每年摊还四十万马克，约合银十三万两左右。预计此矿三年后每日至少出煤一千吨，一年出煤三十万吨，每吨提银五钱已足敷归还本利。就使意外之变，出煤无多，该煤矿尚有股份及借款所置铁路机器各项产业，不难作第二次借款，为借债还债之计。就使该煤矿及铁路机器各项产业不足抵偿，而所短之数，已属有限，铁厂、铁路公司、轮船公司应照商例，按股摊赔，至多不过数十万两，断不致将作保之洋泾浜产业为彼所占，更不能将全局占据管理。此又臣查明盛宣怀保借洋款，不准筹还与招商局无碍之情形也。查该少卿盛宣怀此次以招商局保借礼和洋款，实因商股一时难集，而萍乡煤矿所关于铁政甚巨，不得不力图其成，核计借款本息每年只摊还十余万两，为数不巨，必能清还。盛宣怀综核素精，无将成本数倍借款之商局送与外人之理。恭绎此次谕旨，原只戒其勿得轻许作抵，致碍大局。然则此事之有无流弊，应否阻止，自以与招商局是否有碍为断。体察合同办法情形，实与招商局并无妨碍。且此事既经咨明总署及矿路总局，均经核准有案。而洋行久经订立合同，既与招商全局无碍，似不必另起波澜，致外人而滋口舌。合无仰恳天恩，乃准以此款扩充萍乡煤矿，不独于铁厂有益，而地产工作日盛一日，于萍乡小民之生计裨益尤宏。现仍一面招集商股办理，拟有章程，并当多留矿股，专待江西富商附入，以示公享美利之意。计股票拟定一百万两，铁厂及铁路公司并轮船招商局入股五十万两，其余五十万两由盛宣怀将章程股票咨送江西抚藩司，就地招股，如有不敷，再向他省招集，其所认股份限六个月缴足，以免观望贻误。如此办法，盛宣怀肩借款之难，任开凿洗炼、修路转运之劳，而江西富商享入股获利之逸，有盈则江西商富分一半之利，无效则盛宣怀一人还全数之款，似亦极为平允。所有遵旨查明，招商局保借洋款办理萍乡煤矿，并未轻许抵押，不致有碍大局，且实有益萍民生计，各情形理合。恭折据实复陈，伏祈皇太后皇上圣鉴训示。谨奏。

（1899 年 11 月 15 日，第 2 版）

收买招商局股票

诸公有招商、电报两局及别项局厂股票，均照价估买，及押款等情，请祈亲自降临敝公司面议。

上海二摆渡庆顺里内捐局巷公平易启

（1900 年 1 月 1 日，第 7 版）

收买轮船招商局、电报局股票

诸公如有船、电两局及别项丝纱华洋各厂股票，均可照价估买或者抵押过年等情，请祈亲自降临敝公司面议。

上海二摆渡庆顺里内捐局巷堂公平易公司启

（1900 年 1 月 12 日，第 4 版）

新设趸船

金陵访事友人云，沿江一带由招商局及怡和、太古两公司行驶轮船。向惟招商局在金陵设立趸船，广揽权利，怡和、太古皆付之阙如，未免引以为憾。现当下关开辟商埠、商局变迁之际，乘机而起，同向上海某洋行定制趸船。怡和已先工竣，本月初旬某日，用商轮船带至下关江口。惟所购建设码头之处，中有唐开泰煤炭行地址，去年被人盗卖，迄今始得查知，禀请清丈局存案。局员以事关交涉，欲藉官价调停，唐不允，未知如何了结也。

（1900 年 1 月 19 日，第 2 版）

宜昌商务

宜昌访事友来函云，近日各洋商在宜郡广购基地，兴造房屋，邪许之声到处不绝。闻明年春间招商局须添轮船二艘，专运棉花、棉纱等件入川，太古公司亦添轮船一艘，立德洋商及日本大坂公司均有添购，想将来宜郡商务必能日上蒸蒸也。

（1900 年 1 月 20 日，第 2 版）

趸船又到

金陵访事人云，省垣既设新关，货贿纷来倍于往日，长江轮船三公司中向惟招商局独有趸船，便于客货上下，怡和、太古两行爰踵其事，各向上海某洋行购造趸船。怡和已先造成，于去腊拖带至省。兹者太古趸船亦已工竣，正月初八日用某轮船带至，现暂浮泊江面。闻与怡和订约，筮吉元宵佳节一律起建码头云。

（1900 年 2 月 15 日，第 2 版）

轮船招商局第二十六届办理情形节略

本局光绪二十四年第二十五届结总已呈送刊布在案，兹自光绪二十五年正月起至年底止是为第二十六届结账。本年轮船水脚共收三百十一万七千九百余两，除开销船用及摊给怡和、太古水脚外，结余船利七十六万一千一百余两。又各栈房产业等利四十三万四百余两，除运漕、地租、修理、缴费、官利各款六十七万五千九百余两，净计结余银五十一万五千七百两。此利项大略也。

至本项欠往来账五十一万四百余两，存款足以相抵。“江宽”轮船接长，出支成本五万一千九百余两，“富顺”轮船换锅炉出支成本二万五千两，添置汉口趸船、福州小轮船出支成本一万五千二百余两，上海北栈、南栈、华栈添造栈房出支成本六万五千五百余两，塘沽、吴淞、温州添置地基出支成本一万三千三百余两，镇江、芜湖、九江、汉口、沙市、宜昌、汕头添造栈房出支成本一万八千八百余两，金陵新置地基连买局房出支成本二万五百余两，除折旧等项外，成本比较上年增二万两。又，定造北洋轮船先付价十六万八千六百余两，定造津沽驳船先付价十八万九千五百余两，定造西江轮船先付价一万两，须俟下届船到再行结算，此本项大略也。

本届轮船水脚收至三百十一万七千余两，各局董招徕生意，实属不遗余力。然开销至二百三十二万七千余两，比较上届多费八万余两。其中运漕所收水脚以及余米变价抵除船栈、驳力各项支款，尚不敷六万三百余两。向章轮船照沙宁船例给八升余米，而津河浅驳，偷漏愈多，所剩无几。二成免税本年为始，业已奏明注销成案，以伸报效，似此运漕不及装货为愈矣。

本年夏间钦奉谕旨：“督饬在事人等迅将经管轮船各项近年收支账目，分晰开具清单，酌定余利归公章程，专案奏明，请旨定夺等因，钦此！”并准钦差查办事件大臣刚中堂咨奉上谕：“招商局历年收支底册并着督同一并彻查，除股商官利外，所有盈余之款均着酌定成数，提充公用等因，钦此！”当经和盘托出，查明该局前获之盈余，皆陆续扩充之资本，并无现银可以提用，公议请嗣后按年酌提盈余二成，以尽报效之忱。刚中堂复饬局董禀定每年实在充公数目遵照，自本年为始，除捐南北洋两公学常年经费八万两外，每年再报效实银六万两，仍按二成核计。如船局余利过七十万两，照数加捐，如遇亏折不敷商股官利，此项报效展至下年分摊补缴，此外免再派捐。业经奏奉俞允在案，自应钦遵办理。查本年结余银五十一万五千七百两，按照公议章程将盈余分作十成科派，除提船栈折旧四成二十万六千二百余两，股商余利三成十五万四千七百余两，各局执事花红一成五万一千五百余两，应提报效二成十万三千一百余两，本年支缴北洋公学经费二万两、南洋公学经费六万两、北洋兵轮船经费库平六万两，合六万五千七百六十两，共计结支十四万五千七百六十两。除提报效二成十万三千一百四十两八分三厘，实不敷四万二千六百十九两九钱一分七厘，此项不敷银两已在船栈折旧项下支销。又因萍乡煤矿奏明招集华股开办，本局先入股份十万两，已于本项内提支。东流、宣城两矿资本难筹，公议暂停开采，以俟后来。

光绪二十五年岁次己亥十二月，盛宣怀谨识

（1900年5月3日，第3版）

轮船招商局第二十六届账略

综结

该股份资本规银四百万两，天津存款六万二千八百两，往来存款五十一万四百十二两四钱三分九厘，股份存息五十七万四百五十三两，股商余利四千七百十两一钱二分五厘，船栈折旧四千七百二十两九钱八分七厘，自保船险一百三十九万五千十三两六钱二分一厘，自保趸船险五万五千两，开平股票售换项下六万六千七百四十四两三钱六厘，旧账股票产契抵款八万二百二十七两八钱二分二厘，筹发股息四十万两，历年公积八十七万三千三百二十八两一钱八分五厘，共计结该各款规银八百二万三千四百十两四钱八分五厘。

存户部借款规银八万二千二百两，户部昭信股票五万四千八百两，淮徐赈捐垫款二万两，分局往来六千一百六十二两四钱一分七厘，往来欠款三十四万六千三百六十两二钱七厘，各户欠息三千八百三十八两九□［分］，随货汇款一万九千一百九十六两七钱九分七厘，买存煤炭九万一千六百十五两六钱四分八厘，朝鲜本息欠款二十万九千九百二十六两，通商银行股份八十万两，上海和丰船坞股份十万八百七十二两九钱，湖北铁厂股份十万九千六百两，萍乡煤矿股份十万九千六百两，"遇顺"、"协和"船价十六万八千六百十九两五钱九分七厘，津沽驳船十八万九千五百二十八两九钱六分，定造西江轮船一万两，各户押款二万四千六百两，现银洋钱一万四百八十九两八钱六分九厘，备发轮船保险股息六十四万六千两，共计结存各款规银三百万三千四百十两四钱八分五厘。

存"永清"船本规银一万两，"丰顺"三万五千两，"江宽"七万两，"江永"七万两，"海晏"四万五千两，"海琛"二万两，"海定"二万两，"江天"五万两，"江孚"三万两，"江通"一万两，"致远"三万五千两，"图南"四万两，"普济"二万两，"江裕"五万两，"富顺"九万两，"广利"七万两，"美富"三万两，"广济"一万两，"新裕"六万两，"固陵"五千两，"新丰"六万两，"新济"六万两，"快利"五万两，"公平"十三万两，"安平"十三万两，"泰顺"十三万两，"飞鲸"四万两，共计结存船本规银一百三十七万两。

存各小轮船规银四千两，各口趸船四万五千两，各埠驳船一千两，共计结存船本规银五万两。

存总局局房规银十一万两，上海东栈二万两，北栈五十九万五千两，中栈十三万五千两，南栈一百十一万两，杨家渡栈二十五万两，十六铺产三万三千两，华栈二十一万五千两，华产十六万两，吴淞地产三万两，天津局产十八万八千两，塘沽十万五千两，通州五千两，北戴河地产一千两，营口局产二万二千两，烟台二千两，宜昌一万两，沙市六千两，汉口二十万五千两，九江七万五千两，芜湖二万二千两，金陵二万两，镇江五万五千两，宁波一万八千两，温州一万两，福州二万四千两，汕头三万六千两，澳门六千两，香港八万五千两，广州七千两，梧州七千两，杭州地产三千两，共计结存成本规银三百五十七万两。

存各局生财规银一万两，漕米麻袋二万两，共计结存成本规银三万两。

统共结存各款规银八百二万三千四百十两四钱八□［分］五厘。此账未完，明日续登。

（1900 年 5 月 6 日，第 3 版）

接录轮船招商局第二十六届账略

彩结

各船余款规银七十六万一千一百八十九两五钱六分二厘，拨补各船运漕驳力三万一千二百四十九两二分，北栈余款九万一百三十两七钱九分三厘，华栈余款二万一千三百六两七钱二分四厘，华产余款六千八百七十九两一钱二分四厘，客货栈租十万七千二百十四两四钱六分七厘，各口产租九万九千九两二钱六分八厘，售旧物料一千七百八十八两四钱七分二厘，各项息款七万二千八百五十三两四钱八分六厘，共计结余规银一百十九万一千六百二十两九钱一分六厘。

支运漕局账规银六万三百九十五两二钱二厘，各地租捐二万九千五百二十九两二钱九分一厘，各项修理四万五千八百五十八两三钱八分八厘，各项缴费十四万一百三十七两六钱一分九厘，股本官利四十万两，共计结支规银六十七万五千九百二十两五钱。

除支，结余规银五十一万五千七百两四钱一分六厘，提船栈折旧四成规银二十万六千二百八十两一钱六分六厘，股商余利三成十五万四千七百十两一钱二分五厘，禀定报效二成十万三千一百四十两八分三厘，执事花红一成五万一千五百七十两四分二厘，共计四项结支规银五十一万五千七百两四钱一分六厘。

谨照禀定新章，所余之利按十成提派清讫，并录报效清账于后。

报效清账：北洋公学经费规银二万两，南洋公学经费六万两，北洋兵轮船经费库平银六万两，合规银六万五千七百六十两，共计结支规银十四万五千七百六十两。除提报效二成十万三千一百四十两八分三厘外，计不敷规银四万二千六百十九两九钱一分七厘，此项不敷银两业已在于船栈折旧项下支销合并声明。

各船估见时值价目。本局历年结账所得余利，必先酌量折轻船栈成本，然后作为盈余，归入公积，是以轮船成本愈折愈轻，盖为固结根本起见，原不能作时值观也。惟年复一年轮船之成本，势必更小，则自保船险亦随之而减，然各船常年往来江海，设有意外之虞，外人仅知某船成本若干，不知时值实应若干，爰于光绪二十三年起每逢正月结账之时，请英领事署验船官将本局各船秉公估见某船时价实值若干，附列于年结及账略之后，俾咸知本局轮船照本年时价实值之数，而自保船险即以估见之价承保。惟结账成本则仍照历年折轻之数核结也。

计开光绪二十六年正月初二日即西历一千九百年二月一号英领事署验船官派嘉及罗贝士估见各船实值之价，有洋文单存据：

"永清"轮船规银二万三千五百两，"丰顺"六万两，"江宽"十一万八千三百两，"江永"十一万三千三百两，"海晏"七万四千两，"海琛"四万六百两，"海定"三万七千两，"江天"八万四千两，"江孚"八万六千六百两，"江通"二万一千五百两，"致远"六万二千两，"图南"八万三千六百两，"普济"三万三千两，"江裕"十万六千六百两，"富顺"十八万五千五百两，"广利"十一万五千五百两，"美富"六万八千三百两，"广济"三万四千两，"新裕"十四万一千两，"固陵"八千五百两，"新丰"十七万两，"新济"十七万两，"快利"十二万二千六百两，"公平"二十九万二千六百两，"安平"二十四万两，"泰顺"二十三万六千两，"飞鲸"五万七千八百两，共计各船估本规银二百七十八万五千八百两。汉口趸船规银四万九千九百两，九江一万一千两，安庆一万一千二百两，芜湖一万二千八百两，金陵六千一百两，镇江八千九百两，温州四千八百两，厦门一万三千六百两，汕头四千三百两，共计趸船估本规银十二万二千六百两。上海小轮船二号规银七千七百两，天津二千五百两，福州一千八百两，广州九百两，烟台铁驳船二号五百两，共计小轮船铁驳船估本规银一万三千四百两。统共各船估本规银二百九十二万一千八百两。

（1900年5月7日，第3版）

鸠兹火警

芜湖采访友人云，本月初十日三点三刻钟时，天未黎明，江口招商局忽然火起。一霎时杰阁崇楼，付之一炬。驿前铺保卫营各水龙飞驰而至，吸水狂喷。少焉，各公所及各铺水龙亦先后麇集。时火已窜至前街，龙夫遂各择所宜，分头施救。无如飞廉肆虐，兼之局内所储各货大半易于引火，时闻爆裂之声，不啻百面春雷随地涌出。约历一下钟之久，比邻李伯行公子所赁怡和洋行楼屋及屋后花园、救生局赁与杨姓之巨宅，次第延及，悉化劫灰。是役也，计焚去楼屋数十幢，所丧财贿器物多不可以数计，非但招商局总办李仲絜观察及各司事之箱笼、衣物一炬无遗，即伯行公子甫由粤东运到之头号皮箱四十口暨各种纹楠螺钿之桌椅数百件，亦荡焉无存，惜哉。自起火以至熄灭，为时四五下钟，合埠洋龙多至十余具，龙夫百余辈，无不力尽筋疲。“南瑞”兵舰适由皖省差旋，小泊江中，统带某君急遣水师舁洋龙施救，盘空夭矫，横厉无前。当火起时，总办之如夫人因楼梯已断，从窗外柳树缘延而下，得以无恙。局中人类皆惊惶无措，东窜西奔。其时总办方在扬州，事后在局司事者立即发电告知，旋于十二日申刻遄返，着局中丁役加意围守，禁止闲人，亡羊补牢，吁嗟晚矣。

（1900 年 5 月 14 日，第 2 版）

上海招商总局告白

兹有戊戌年十一月十二日九江隆新和号由“江宽”船二十九次装申烟叶两票，一计 W 唛二十件，一计□唛三十四件，共欠汇款规银二百七十余两，尚有水脚利息、栈租若干。该货至今无人取赎，特先登报声明，限至六月底为止，倘逾期仍不来付款提货，即归本局拍卖。除归还汇项等款外，不敷若干仍须向原号东追缴清楚，毋得异言。

（1900 年 6 月 27 日，第 7 版）

遗失招商局股票股折

仆由天津避乱来申时，寄存汇丰银行库房内有轮船招商局股票折四百五十股。今闻天津租界被毁，定已遗失，当向招商总局挂失，禀官存案，并挽友人书立保单，由招商局补给新股单息折外，合并登报声明，所有遗失后开之股票股折作为废纸，务祈各宝号宝行切勿收用为祷。计开：

积德堂，光绪廿四年正月初一日，第三万四千二百三十二号至八十一号五十股；

又　又　二万三千七百九十五号至八百十四号廿股；

又　又　二万四千零十五号至二十四号十股；

又　光绪九年七月初一日，一万四千二百三十二号至八十一号五十股；

又　又　六千六百八十二号至七百零一号廿股；

又　光绪廿四年正月初一日，三万二千三百八十九号至九十八号十股；

又　又　三万一千五百九十四号至六百零三号十股；

又　又　三万五千六百五十一号至七十一号廿一股；

又　又　三万六千零十九号至三十二号十四股；

又　又　二万二千三百八十四号至八十八号五股；

又　又　二万二千三百九十四号至九十八号五股；

又　又　二万七千四百廿九号至三十三号五股；

生记，光绪廿四年正月初一日，三万四千八百零五号至九号五股；

厚记，光绪八年十一月初一日，一万一千二百廿九号至四十八号廿股；

秋记，光绪八年十一月初一日，三千四百十号至十四号五股；

昌记，光绪九年七月初一日，一千九百七十九号至八十三号五股；

胡紫山，光绪九年七月初一日，七千二百四十九号至五十三号五股；

郑莲峰，光绪八年十二月卅日，一万七千零七十一号至七十五号五股；

积德堂，光绪九年七月初一日，二千三百八十四号至八十八号五股；

又　又　一万一千九百六十七号至七十一号五股；

又　又　　　七千三百六十四号至六十八号五股；
又　又　　　七千六百廿八号至三十二号五股；
又　又　　　二千三百九十四号至九十八号五股；
又　又　　　七千六百九十八号至七百零七号十股；
又　又　　　一万一千五百九十四号至六百零三号十股；
又　又　　　一万九千五百六十八号至七十七号十股；
又　又　　　一万二千一百八十九号至九十八号十股；
又　又　　　四千零四十五号至五十四号十股；
又　又　　　九千六百十八号至廿七号十股；
又　又　　　一万九千五百零三号至十七号十五股；
又　又　　　七千零四十九号至六十二号十四股；
又　又　　　一万四千八百九十七号至九十八号二股；
又　又　　　一万六千零十九号至二十二号十四股；
又　又　　　一万五千六百五十一号至七十一号廿一股；
又　又　　　七千五百四十七号至五十八号十二股；
又　又　　　一万六千七百七十八号至九十四号十七股；
又　又　　　一万九千五百三十三号至三十七号五股。

以上共计三十七户，计四百五十股，抬头号码。

田琢如告白。

（1900 年 7 月 2 日，第 10 版）

第二十七届办理轮船招商局情形节略

谨查本局光绪二十五年第二十六届结总，已呈送刊布在案。兹自光绪二十六年正月起至年底止是为第二十七届结账。本年轮船水脚共收二百九十一万二千四百余两，除开销船用及摊给怡、太水脚外，结余船利六十六万五百余两。又，各栈房产业等利五十万五千五百余两，共除运漕、地租、修理、缴费、官利各款七十七万一千一百余两，净计结余银三十九万五千余两。此利项大略也。

至本项欠往来账及生息存款五十九万三千七百余两，各存款及煤炭尚可相抵。添置“遇顺”、“协和”轮船两号，四十八万八千两，“海琛”拆换机器一万五千两，“富顺”拆换锅炉二万五千两，挖泥船换壳三千三百余两，翻造各处栈房、住房等七万八千一百余两，以上共支六十万九千四百余两。售出轮船应销成本一百七万五千两，上海中栈旧料拆售三千八百五十两，芜湖局房失慎保险三千五百两，轮船栈房折轻成本九万二千余两，以上共收一百十七万四千四百余两，较上届核轻成本五十六万五千两。此本项大略也。

本年五月间，拳匪启衅，联军北犯，不特天津、营口生意全无，其余江海各埠无不人心惶惶，百货阻滞。幸赖各执事竭力设法图维，悉索敝赋，尚得余利三十九万五千余两。按照公议章程分作十成科派，提船栈折旧四成十五万八千余两，股商余利三成十一万八千五百余两，各局执事花红一成三万九千五百余两，应提报效二成七万九千余两。本年应缴北洋公学经费二万两，南洋公学经费六万两，北洋兵轮经费六万，实不敷六万两［零］九百九十余两，仍在船栈折旧项下拨垫，俟将来应提报效之款多余再行拨还。北京和约将成，群雄环视，势必开门竞利，宣怀忝承会办商务之命，夙夜滋惧。本年拳匪将乱之时，即有言官侈言轮电公司之利，似非倾覆之不以为快。及痛陈汉阳铁厂、萍乡煤矿未成之举，全赖轮、电两局之商相与有成。是以已定报效之外，断难再事苛求，疏上报可。盖轮船本以煤矿为养命之源，长江之内仅一萍矿，渐已见效，此商局所理应相与图成者。铁厂亦经南皮制军奏明以轮、电两局为基础，既见为天下之大利，岂能甘心让之外人？本届续附股本，他日亦必有厚利在焉。窃愿与君商人始终共之耳。

光绪二十六年岁次庚子十二月，盛宣怀敬识

（1901 年 4 月 25 日，第 3 版）

轮船招商局第二十七届账略

综结

一、该股份资本规银四百万两，天津存款六万二千八百两，往来存款五十六万五千三百八十七两九钱三分九厘，生息存款二万八千三百六十五两二分四厘，股份存息五十五万一千三百［零］四□［两］，股商余利三千二百十三两五钱九分五厘。船栈折旧九千六百四十六两四钱六分九厘，自保船险一百六十三万七百九两二钱二分九厘，自保趸船险六万两。各船售价溢款一百十六万五千两，开平股票售换项下六万六千七百四十四两三钱六分，旧账股票、产契抵款九万九百八十五两七分二厘，筹发股息四十八万两，备添船栈公款八十七万三千三百二十八两一钱八分五厘。共计结该各款规银九百五十八万七千四百八十三两七钱九分一厘。

一、存户部借款规银八万二千二百两，户部昭信股票五万四千八百两，淮徐振捐垫款二万两，陕西振捐垫款一万九百七十四两六钱六厘，洋商欠款二百二十四万两，分局往来六万三千六百八十三两一钱二分，往来欠款三十万八百六十二两八钱七分，各户欠息七千七百六十一两五钱九分，随货汇款一万四千六百八十七两一钱八分八厘，买存煤炭七万七千九百四十四两二钱一分五厘，朝鲜本息欠款二十万九千九百二十六两。通商银行股份八十万两，上海和丰船坞股份十万八百七十二两九钱，湖北铁厂股份二十七万四千两，萍乡煤矿股份十六万四千四百两。津沽驳船地价七万八千八百九十九两九钱九分五厘，现银洋钱一万五千四百七十一两三钱三分五厘，备发轮船保险股息六十一万六千两，共计结存各款规银五百十三万二千四百八十三两八钱一分九厘。

一、存“江宽”船本规银七万两，“江永”七万两，“江天”五万两，“江孚”三万两，“江通”一万两，“江裕”五万两，“固陵”五千两，“快利”五万两，“遇顺”二十三万两，“协和”二十五万两，共计结存船本规银八十一万五千两。

一、存各小轮船规银四千两，各口趸船四万五千两，各埠驳船一千两，共计结存船本规银五万两。

一、存总局局房规银十一万两，上海东栈二万两，北栈五十九万七千两，中栈十三万一千两，南栈一百十一万两，杨家渡栈二十五万七千两，十六铺产三万三千两，华栈二十二万二千两，华产十六万两，吴淞地产三万两，天津局产十四万两，塘沽八万五千两，通州五千两，北戴河地产一千两，营口局产二万三千两，烟台二千两，宜昌一万九千两，沙市六千两，汉口二十二万两，九江七万五千两，芜湖一万八千两，金陵二万三千两，镇江五万五千两，宁波三万五千两，温州一万两，福州二万四千两，汕头三万六千两，澳门六千两，香港八万七千两，广州七千两，梧州一万两，杭州三千两，共计结存成本规银三百五十六万两。

一、存各局生财规银一万两，漕米麻袋二万两，共计结存成本规银三万两。统共结存各款规银九百五十八万七千四百八十三两八钱一分九厘。此账未毕，明日续登。

（1901 年 4 月 26 日，第 3 版）

续录轮船招商局第二十七届账略

彩结

一、进各船余款规银六十六万五百八十七两九钱七分五厘，拨补各船运漕驳力三万三千三百二十一两一钱二分，北栈余款十八万四千八百三十九两，华栈余款二万九千九百六十三两五钱八分，华产余款一万一千五百二十三两八钱八分六厘，客货栈租十三万五千七百八十六两八钱四厘，各口产租九万三千一百五十三两八钱八分九厘，各项息款一万六千九百八十五两五钱二分七厘，共计结余规银一百十六万六千一百六十一两七钱八分一厘。

一、支运漕局账规银九万七千一百三十一两三钱一分七厘，各地租捐四万三千三十六两五钱四分七厘，各项修理三万六千五百十七两六钱四分九厘，各项缴费十九万四千四百六十四两七钱二厘，股本官利四十万两，共计结支规银七十七万一千一百五十两二钱一分五厘。除支，结余规银三十九万五千十一两五钱六分六厘。

一、提船栈折旧四成规银十五万八千四两六钱二分六厘，股商余利三成十一万八千五百三两四钱七分，禀定报效二成七万九千二两三钱一分三厘，执事花红一成三万九千五百一两一钱五分七厘，共计结提规银三十九万五千十一两五钱六分六厘。谨照禀定新章所余之利，按十成提派清讫。录报效清账于后。

一、支北洋学堂经费规银二万两，南洋公学经费六万两，北洋兵轮船经费六万两，共计结支规银十四万两。除报效二成规银七万九千二两三钱

一分三厘，计不敷规银六万九百九十七两六钱八分七厘，此项不敷银已在船栈折旧项下拨垫，合并声明。(此账仍未毕，明日再续登)

(1901 年 4 月 28 日，第 3 版)

再续轮船招商局第二十七届账略

各船估见时值价目。

本局历年结账所得余利必先折轻船栈成本，是以轮船成本愈折愈轻，盖为固结根本起见，原不能作时值观也。惟年复一年，轮船之成本势必更小，则自保船险亦随之而减。然各船常年往来江海各处，设有意外之虞，外人仅知本局某船成本若干，不知时价实值若干。爰于光绪二十三年起，每逢正月结账之时，请上海英领事署验船官派人将各船秉公估见，某船时价实值若干，附列于年结及账略之后。俾咸知本局轮船照本年时价实值之数，而自保船险即以估见之价承保，惟结账成本则仍照历年折轻之数核结也。

计开光绪二十六年十二月十二日，即西历一千九百零一年二月一号，上海英领事署验船官派嘉及罗员士估见本局各船实值之价，有洋文单存据。

“江宽”规银十四万二千两，“江永”十四万二千两，“江天”十二万两，“江孚”十万一千两，“江通”二万四千九百两，“江裕”十四万两，“固陵”九千两，“快利”十四万两，“协和”二十三万八千两，“遇顺”二十三万八千两，共计各船估本规银一百二十九万四千九百两。汉口趸船规银六万两，九江一万三千二百两，安庆一万三千四百两，芜湖一万五千四百两，金陵七千四百两，镇江九千两，温州四千八百两，厦门一万五千八百两，汕头五千二百两，共计趸船估本规银十四万四千二百两。上海“小轮船二号”规银九千三百两，天津三千两，福州三千五百两，广州八百两，烟台“铁驳船二号”五百两，共计小轮船铁驳船估本规银一万七千一百两。总共各船估本规银一百四十五万六千二百两。

(1901 年 4 月 30 日，第 3 版)

轮机受损

镇江访事人云，上月二十五日之晚十点钟时，招商局“江孚”轮船由沪开往汉口，驶至大港，轮轴忽然损坏，不能行驶。是处距镇江只八十里，镇郡招商局总办朱煦亭司马接到电音，立即选派工匠若干名前往修理，并将船上客货由“宝华”轮船载赴京江。

(1901 年 6 月 17 日，第 9 版)

发息告白

轮船招商局仁济和保险局上年股息，照章定于三月初一日凭股商持折支取，俟账略刊就、总账缮齐，仍分存津、汉、闽、广、港各分局，以便股商就近查阅。

谨启

(1902 年 4 月 4 日，第 8 版)

轮船招商局第二十八届情形节略

谨查光绪二十六年本局第二十七届结总已分送刊布在案。兹自光绪二十七年正月起至年底止是为第二十八届结账。本年轮船水脚共收二百七十八万三千八百余两，除开销船用及摊给怡、太水脚外，结余船利三十五万五千二百余两。又，各栈房产业等利六十万三千三百余两，除运漕、地租、修理、缴费、官利各款七十八万五千三百余两，净计结余银十七万三千一百余两。此利项大略也。

至本项欠往来账及生息存款六十四万七千四百余两，各存款及煤炭尚可相抵。买回轮船应支成本一百七万五千两，新置拖轮驳船十四万四千两，挖泥船一万四千一百余两，汉口三公司合造新码头三千七百两，总局翻造写字房九千九百两，上海新栈添造栈房、码头、船等五万八千一百余两，华栈添造栈房及码头、船、铁桥等六万六千余两，南栈、中栈、北栈添造工程四千四百余两，华栈买地七千两，塘沽买地六千两，塘沽新河码头造铁路支路等九千六百余两，香港修造码头一万一千七百余两，九江、镇江、南京、宜昌、宁波、温州、汕头七处添造栈房三万七千七百余两，以上共支一百四十四万七千九百余两。“富顺”轮船失慎，自保船险赔款五万五千两，轮船、栈房折轻成本十一万七千九百余两，以上共收十七万二千九百余两，较上届加重成本一百二十七万五千两。此本项大略也。

本届轮船净收水脚二百七十八万三千余两，比较拳匪未乱之前二十六届少收三十万两。开销仍至二百三十三万五千余两，以致船余仅有三十五万五千余两。盖因辛工用费无不加增，而长江添有德国及日本商轮，北洋又添“开平”商轮，生意不无分占，似此情形殊堪焦虑。至于“富顺”被毁于珠江，“江宽”搁浅于东流尤属意外之失，所望在事人员慎终如始，庶几人定胜天。又，查报效二成之款仅有三万四千六百余两，以抵额解学堂及兵轮经费十四万两，竟不敷十万五千三百余两，仍在船栈折旧项下拨提，亦可见吾商人急公好义悃忱矣。

光绪二十七年岁次辛丑十二月盛宣怀谨识

（1902 年 5 月 14 日，第 3 版）

轮船招商局第二十八届账略

综结

一、该股份资本规银四百万两。

一、该天津存款规银六万二千八百两。

一、该往来存款规银五十八万九千三百三十二两五钱五分。

一、该生息存款规银五万八千一百四十九两一钱六分六厘。

一、该股份存息规银四十九万六百三十六两五钱。

一、该股商余利规银五千一百六十三两五钱六分五厘。

一、该船栈折旧规银七千九十七两六钱五分八厘。

一、该自保船险规银一百八十三万三百三十九两三钱一分二厘。

一、该自保趸船险规银六万五千两。

一、该开平股票售换项下规银六万六千七百四十四两三钱六厘。

一、该旧账股票产契抵款规银九万九千三十二两七分二厘。

一、该筹发股息规银四十八万两。

一、该备添船栈公款规银八十七万三千三百二十八两一钱八分五厘。

共计结该各款规银八百六十二万七千六百二十三两三钱一分四厘。

一、存户部借款规银八万二千二百两。

一、存户部昭信股票规银五万四千八百两。

一、存分局往来规银七处二百九十六两二钱三分六厘。

一、存往来欠款规银二十九万二千四十五两九钱六分。

一、存各户欠息规银九千八百六十七两二钱九分。

一、存萍乡煤矿往来规银二十五万六千六百二十六两二钱一分三厘。

一、存随货汇款规银一万二十两一钱九分三厘。

一、存买存煤炭规银十二万三千二百九十五两二钱五分五厘。

一、存朝鲜本息欠款规银二十万九千九百二十六两。

一、存通商银行股份规银八十万两。

一、存湖北铁厂股份规银二十七万四千两。

一、存萍乡煤矿股份规银十六万四千四百两。

一、存现银洋钱规银四千一百四十六两一钱六分七厘。

一、存备发轮船保险股息规银五十四万六千两。

共计结存各款规银二百八十九万七千六百二十三两三钱一分四厘。

一、存“永清”船本规银一万两。

一、存“丰顺”船本规银三万五千两。

一、存“江宽”船本规银七万两。

一、存”江永”船本规银七万两。

一、存“海晏”船本规银四万五千两。

一、存“海琛”船本规银三万五千两。

一、存“海定”船本规银二万两。

一、存“江天”船本规银五万两。

一、存“江孚”船本规银三万两。

一、存“江通”船本规银一万两。

一、存“致远”船本规银三万五千两。

一、存“图南”船本规银四万两。

一、存“普济”船本规银二万两。

一、存“江裕”船本规银五万两。

一、存“富顺”船本规银六万两。

一、存“广利”船本规银七万两。

一、存“美富”船本规银三万两。

一、存“广济”船本规银一万两。

一、存“新裕”船本规银六万两。

一、存“固陵”船本规银五千两。

一、存“新丰”船本规银六万两。

一、存“新济”船本规银六万两。

一、存“快利”船本规银五万两。

一、存“公平”船本规银十三万两。

一、存“安平”船本规银十三万两。

一、存“泰顺”船本规银十三万两。

一、存“飞鲸”船本规银四万两。

一、存“遇顺”船本规银二十万两。

一、存“协和”船本规银二十万两。

共计结存船本规银一百七十五万五千两。

一、存津沽拖轮驳船规银十四万两。

一、存各小轮船规银四千两。

一、存各口趸船规银五万五千两。

一、存各埠驳船规银一千两。

共计结存船本规银二十万两。

此账略未毕，明日再续。

（1902 年 5 月 15 日，第 3 版）

轮船招商局第二十八届账略

一、存总局局房规银十一万八千两。

一、存上海东栈规银二万两。

一、存上海北栈五十九万六千两。

一、存上海中栈规银十三万二千两。

一、存上海南栈规银一百十一万两。

一、存上海杨家渡栈规银三十一万五千两。

一、存上海十六铺产规银三万三千两。

一、存上海华栈规银二十九万四千两。

一、存上海华产规银十六万两。

一、存吴淞地产规银三万两。

一、存天津局产规银十四万两。

一、存塘沽局产规银九万两。

一、存通州局产规银五千两。

一、存北戴河地产规银一千两。

一、存营口局产规银二万三千两。

一、存烟台局产规银二千两。

一、存宜昌局产规银二万两。

一、存沙市局产规银六千两。

一、存汉口局产规银二十二万两。

一、存九江局产规银九万三千两。

一、存芜湖局产规银一万八千两。

一、存南京局产规银二万四千两。

一、存镇江局产规银五万六千两。

一、存宁波局产规银三万八千两。

一、存温州局产规银一万两。

一、存福州局产规银二万四千两。

一、存汕头局产规银四万三千两。

一、存澳门局产规银六千两。

一、存香港局产规银九万八千两。

一、存广州局产规银七千两。

一、存梧州局产规银一万两。

一、存杭州地产规银三千两。

共计结存成本规银三百七十四万五千两。

一、存各局生财规银一万两。

一、存漕米麻袋规银二万两。

统共结存各款规银八百六十二万七千六百二十三两三钱一分四厘。

彩结

一、进各船余款规银三十五万五千二百一两五分一厘。

一、进拨补各船运漕驳力规银二万二千二百七十九两七钱七分。

一、进北栈余款规银二十一万七千六百十二两一钱一分五厘。

一、进华栈余款规银五万八千三百九十六两九钱七分五厘。

一、进华产余款规银一万九千四十两七钱三分三厘。

一、进拖驳余款规银七万五千三百九十三两三钱九分五厘。

一、进客货栈租规银十一万四千九百九十一两九钱四分五厘。

一、进各口产租规银九万三千四百五十一两二钱三分二厘。

一、进售旧物料规银二千一百三十五两六钱五分一厘。

共计结余规银九十五万八千五百二两八钱六分七厘。

一、支运漕局账规银九万六千八百五十五七钱四厘。

一、支各地租捐规银四万四千九百十九两六钱六分一厘。

一、支各项修理规银四万九千三百二十一两一钱三分六厘。

一、支各项缴费规银十八万一千二百九十三两一钱六分九厘。

一、支各项息款规银一万二千九百四十六两六钱三分一厘。

一、支股本官利规银四十万两。

共计结支规银七十八万五千三百三十六两五钱六分六厘。

除支结余规银十七万三千一百六十六两五钱六分六厘。

一、提船栈折旧四成规银六万九千二百六十六两六钱二分六厘。

一、提股商余利三成规银五万一千九百四十九两九钱七分。

一、提禀定报效二成规银三万四千六百三十三两三钱一分三厘。

一、提执事花红一成规银一万七千三百十六两六钱五分七厘。

共计四项结支规银十七万三千一百六十六两五钱六分六厘。

谨照禀定章程所余之利按十成提派清讫。此项账略仍未登毕，明日再登。

（1902 年 5 月 16 日，第 3 版）

轮船招商局第二十八届账略

并录报效清账于后。报效清账：一支南洋公学经费规银六万两，一支商务学堂经费规银二万两，一支北洋兵轮经费规银六万两。共计结支规银十四万两。除提报效二成规银三万四千六百三十三两三钱一分三厘，计不敷规银十万五千三百六十六两六钱八分七厘，此项不敷银两业已在于船栈折旧项下拨垫，合并声明。

各船估见时值价目。本局历年结账所得余利必先折轻船栈成本，是以轮船成本愈折愈轻。盖为固结根本起见，原不能作时值观也，惟年复一年，轮船之成本势必更小，则自保船险亦随之而减。然各船常年往来江海，设有意外之虞，外人仅知某船成本若干，不知时价实值若干。爰于光绪二十三年起，每逢正月结账之时，请英领事署验船官派人将本局各船秉公估见某船时价实值若干，附列于年结及账略之后。俾咸知本局轮船照本年时价实值之数，而自保船险即以估见之价承保，惟结账成本则仍照历年折轻之数核结也。

计开光绪二十七年十二月二十三日即西历一千九百零二年二月一号，英领事署验船官派嘉及罗贝士估见各船实值之价□［目］，有洋文单存据。“永清”轮船规银二万一千五百两，“丰顺”轮船规银七万六百两，“江宽”轮船规银十三万九千二百两，“江永”轮船规银十三万九千二百两，“海晏”轮船规银六万八千两，“海琛”轮船规银三万七千两，“海定”轮船规银二万三千二百两，“江天”轮船规银十一万四千两，“江孚”轮船规银十万两，“江通”轮船规银二万二千九百两。

此项账略仍未登毕，明日再登。

（1902 年 5 月 17 日，第 3、4 版）

轮船招商局第二十八届账略

“致远”轮船规银七万六百两，“图南”轮船规银九万四千一百两，

“普济”轮船规银三万七千五百两，“江裕”轮船规银十三万七千二百两，“富顺”轮船规银七万二百两，“广利”轮船规银十二万八千八百两，“美富”轮船规银八万四千两，“广济”轮船规银三万七千三百两，“新裕”轮船规银十四万八千九百两，“固陵”轮船规银八千两，“新丰”轮船规银十九万二千八百两，“新济”轮船规银十九万二千八百两，“快利”轮船规银十三万七千二百两，“公平”轮船规银三十万三百两，“安平”轮船规银二十四万五千八百两，“泰顺”轮船规银二十三万六千八百两，“飞鲸”轮船规银六万六千五百两，“遇顺”轮船规银二十三万三千三百两，“协和”轮船规银二十三万三千三百两，共计各船估本规银三百三十九万一千一百两。

汉口趸船规银五万八千八百两，九江趸船规银一万二千五百两，安庆趸船规银一万二千七百两，芜湖趸船规银一万四千六百两，南京趸船规银六千七百两，镇江趸船规银八千一百两，温州趸船规银四千八百两，厦门趸船规银一万三千九百两，汕头趸船规银四千七百两，共计趸船估本规银十三万六千八百两。

上海小轮二号规银八千九百三十五两，天津小轮规银三千五百两，福州小轮规银三千一百五十两，广州小轮规银三千一百五十两，烟台铁驳二号规银四百七十五两，共计小轮、铁驳估本规银一万六千八百六十两。

总共各船估本规银三百五十四万四千七百六十两。

（1902 年 5 月 18 日，第 3 版）

招认尸亲

“江裕”第六次上水，即四月初八日礼拜四，附搭不知名姓孤客一人，初九早晨在船病故，年约五十余岁，身长有须，身穿青布长衫、黑布大襟棉马挂［褂］、蓝社布棉裤、白袜、双梁千针帮布鞋，随带黑布褂一件，此外别无行李。当日在船备棺，托江阴招商本棚□［妥］为埋葬，如有人来领取，即至江阴认领可也。

轮船招商总局告白

（1902 年 5 月 22 日，第 7 版）

催提磁器

有九江同春和代装上海程元丰已亥年二月十四日由浔装申〇唛磁器五十二件，汇银一百五十两零一钱四分；庚子年二月十八〇唛四十二件，汇银八十九两七钱四分；又C四十四件，汇银一百七十七两五钱二分；又三月初四C廿三件，汇银六十三两七钱二分；又四月初七H廿三件，汇银六十二两二钱四分；又五月十三S廿四件，汇银六十三两九钱一分。该磁装申已历三四年之久，去冬登明《申报》，另立副提单，由汪廷俊提卖，至今六票尚未提清，势难更再延。为特再行登报声明，限两礼拜一律提清，逾期不提，连庚子年腊月所存浔局磁器廿二件，一并照章拍卖，以抵押汇欠款。倘有不敷，仍向原号东追缴，毋得异言。所有正副提单一并作废。

轮船招商总局告白

（1902年10月26日，第11版）

议定驳船水脚不准再加

谨启者：某等代各行雇用驳船，装运客货水脚，向有定章，照货件之大小定水脚之高下，历年已久，以昭公允。迩因各货昂贵，各业同议涨价，驳船户亦因之效尤。每遇各行雇装客货，任意勒索，迹近把持，致某等为难。今邀集各行同事公同酌议，姑念栈房较远，照前定水脚价目统加三分之一，如□［向］章每件四十者，今改为六十文，不论何物一概照加，以示体恤。各船户亦当共体时难，心存公道，不可再有后言。倘再任意勒索，把持挟制，当禀请地方官照例惩办，以维市面。弗谓言之不预也。各行配船同人公启。

（1902年10月26日，第11版）

直督袁宫保奏轮船招商局情形片

再查中国轮船招商总局向设上海，此外，各埠均设分局经理运载。前北洋大臣李鸿章经手创办，委举员董招集商股，经营多年，颇著成效。嗣经李鸿章遴委升任道员，盛宣怀督办局务，而一切要事悉禀承北洋大臣主持。每年议定按商股赢利提出二成归公，作为报效之款，分解北洋，以充饷项及学堂各经费，曾经奏明在案。臣于本年二月间因乱以后商情观望，曾奏委丁忧，通永道沈能虎赴沪会同各员董妥筹维持，并司稽查。臣此次道经上海，适值盛宣怀丁忧守制，沪埠浮言朋兴，商情颇为惶惑，股票因之跌落。当经臣面饬各员董等，嗣后仍恪守定章，官商互相维持，认真经理，所有应提报效银两，核实分解，一切要务随时禀承臣核示遵办。其常行局务仍就近禀承盛宣怀妥慎办理，务期保全商本，扶持利权，毋堕数十年商务已成之要政。是否有当，谨附片具陈，伏乞圣鉴训示。谨奏光绪二十八年十一月初九日具奏。本月十三日奉朱批："著该督认真经理。钦此！"

（1902 年 12 月 27 日，第 2 版）

北洋大臣袁通饬上海天津招商局札文

为札饬事照得招商局开办多年，卓著成效，各股东惨淡经营，诚属不易。其所集股本亟应妥为维持，切实振兴，藉慰各股东创办之苦心。但各局浪费一分，即股本受亏一分，局中多一弊窦，即股本多一漏卮。该员董等总司其事，一切局务，必须力任劳怨，核实整顿，方不负各股东付托之重。本大臣凛遵谕旨，认真经理，举其所知胪列九条合行札分，仰即遵照认真办理，其未尽事宜，该员董等随时妥议禀请，核夺遵办。此札计开：

——局用各项应切实核减，以节糜费；

——各船账房应另妥拟章程，认真选派一切水脚，收支毋任侵蚀漏报；

——各局自总局以下，凡遇客商到局必须和平接待，不得沿用官场积习；

——各船搭载客商必须妥为照料，其装运货物，凡潮湿、损坏、遗失等弊均须切防；

——在局各员如有兼营贸易者，不得有误局务，暨有碍局中生意，尤不得侵夺局中利益；

——支款项在一万两以上者，须禀请本大臣核准，方可开支，如有急需，应电禀请示核办；

——与各国洋商或他国轮船公司定立合同，须先将合同草稿呈请本大臣核准后方准签字；

——各分局委员应择人地相宜，熟悉船务、商务者充当局董，不得滥用戚友；

——局中雇用洋员，遇有提升职位或加增薪俸及应行更换者，须禀请本大臣核夺。

（1903 年 1 月 10 日，第 2 版）

局股价昂

北洋直报云，去冬中国轮船招商局股票每纸仅值银七十余两，迨经直隶总督北洋大臣袁慰庭宫保破除情面，竭力整顿，将局中糜费力加撙节，每年约省数万金，以故股票立即加昂，现已增至每纸值银一百三四十两矣。

（1903 年 2 月 18 日，第 3 版）

光绪二十九年二月初三日京报全录

（前略）粤海关监督庄□［山］奏报交卸印务日期并造册移交钱粮折，又奏报各关征收银两数目片。侍郎衔总管内务府大臣、前粤海关监督奴才庄山跪奏为恭报交卸印务日期，并造册移交钱粮，仰祈圣鉴事。窃奴才承准户部札知，光绪二十八年四月十五日奉旨："粤海关监督着常恩去，钦此。"兹新任监督常恩于二十八年八月二十六日行抵广州省城，奴才随派大关委员谈国勋恭赍粤海关关防一颗，并库储钱粮逐款造册移交讫。其粤海大关、潮州新关、琼州新关、北海新关、三水新关、江门、甘竹二分关，并各子口、东陇、黄冈二口、东西炮台营巡，总查各分口共征常税、洋税、洋药税、土药税、土货半税、子口税、招商局轮船货税，各数目现经均截至光绪二十八年八月二十五日止，一并移交接收。奴才俟交代清楚，即行起程回京供职，所有奴才交卸印务日期缘由谨恭折具陈。再，奴才业已交卸此折系借用粤海关监督关防拜发，合并陈明，伏乞皇太后、皇上圣鉴。谨奏。奉朱批：“知道了，钦此！”

庄山片，再查洋税。按照结期自光绪二十四年八月十六日第一百五十三结起，至二十五年八月二十六日第一百五十六结止，粤海大关共征洋税银九十五万五千九百八十两三钱四分四厘，洋药税银一十九万七千四百二十七两六钱二厘，土货半税银一十四万三千五百一十九两九钱六分，招商局轮船洋税银八万一千二百六十四两八钱七分六厘，洋药税银三十六两一厘，土货半税银六万四千六百九十九两九钱六分五厘，子口半税银三万八千三十七两六钱八分二厘。

潮州新关共征洋税银九十三万九千六百五十二两五钱一分九厘，洋药税银一十万七千六百六十三两八钱一分三厘，土货半税银一十一万五千七百三两三钱二分八厘，招商局轮船洋税银四万八百三十八两五钱六分七厘，洋药税银七十二两，土货半税银一万五百九十六两二钱三分，子口半税银二万三千七百三两五钱七分五厘。

琼州新关共征洋税银十万七千七百二十五两二钱三分八厘，洋药税银二万二千九百四十一两三钱，土货半税银一百七十六两五钱五厘，子口半税银六千一百七十二两八钱五分。

北海新关共征洋税银一十六万五千二百三十七两六钱四分九厘，洋药税银四千一百三十五两五钱，土货半税银四百三十二两一钱六分三厘，子口半税银一万二千五百五十二两二分一厘。

三水新关共征洋税银七万八千一百七十九两七钱九分一厘，土货半税银千三百三十两六钱一分，招商局轮船洋税银二万六千七百五十六两三钱二分三厘，子口半税银一千六百五十三两九钱二分五厘。

江门新关共征洋税银一万六千九百三十二两七钱七分四厘，招商局轮船洋税银七千三百三十二两一钱九分一厘。

甘竹新关共征洋税银四千七百七十九两六分四厘，土货半税银七十八两一钱一分三厘，招商局轮船洋税银一千四百一十七两二钱八分七厘。

又，自光绪二十五年八月二十七日第一百五十七结起，至二十六年闰八月初七日第一百六十结止，粤海大关共征洋税银八十九万四千一百七十七两七钱三分九厘，洋药税银二十万九千四百一十八两八钱九分七厘，土货半税银二十四万千四百一十两三分五厘，招商局轮船洋税银五万四千九百二十八两二钱九分，洋药税银四十二两五钱六分四厘，土货半税银四万六千八百一十两一钱七厘，子口半税银一万六千七百四十五两五钱二分九厘。

潮州新关共征洋税银七十八万九千一百三十七两九钱九分五厘，洋药税银一十五万六千六百八十两一钱，土货半税银一十三万二千六百三两七分四厘，招商局轮船洋税银一万二千六百六十五两五钱五分一厘，洋药税银一百四十四两，土货半税银一千四百九十三两六钱六分五厘，子口半税银二千六百二十六两三分七厘。

琼州新关共征洋税银九万一百四十五两六钱七厘，洋药税二万四百四十五两六钱，土货半税银一百五十五两四钱，子口半税银三千八百四两三钱六分二厘。

北海新关共征洋税银一十万八千三百八十六两六钱九分九厘，洋药税银三千三百三十六两七钱五分，土货关税银三百一十六两八分四厘，子口半税银七千九十四两四钱六分七厘。

三水新关共征洋税银六万八千八百二十六两九钱五分六厘，土货半税银一百八十八两九分三厘，招商局轮船洋税银二万四百二十八两三钱，洋药税银三十六两，土货半税银二百二十六两二钱六分六厘，子口半税银四千四百八十一两四钱三分八厘。

江门新关共征洋税银一万四千六百二十二两二钱九分六厘，土货半税银一百九十一两四钱九厘，招商局轮船洋税银一万五千七百八两四钱七分三厘。

甘竹新关共征洋税银七千三百六十九两六钱三分四厘，土货半税银二十六两一钱八分九厘，招商局轮船洋税银六百七十二两二钱四分三厘，土货半税银二十四两七钱三分四厘。

又，自光绪二十六年闰八月初八日第一百六十一结起，至二十七年八月十八日第一百六十四结止，粤海大关共征洋税银九十四万四千四十五两五钱，洋药税银二十三万三千三百四十一两五钱八分一厘，土货半税银一十八万六千五百六十六两一钱八分六厘，招商局轮船洋税银五千九百六十五两七钱八分九厘，洋药税银一百四两八钱一分四厘，土货半税银一两，子口半税银二万五千八百六十二两九分九厘。

潮州新关共征洋税银八十五万二千五百四十三两九钱八分，洋税银一十四万六千三百二十八两二钱四分五厘，土货半税银一十四万一百六十六两七钱三分三厘，招商局轮船洋税银六千八百一十四两二钱三分六厘，土货半税银四百二两七钱六分四厘，子口半税银九十两七钱二分九厘。

琼州新关共征洋税银一十二万一千三百八十二两一钱一分五厘，洋药税银一万九十六两三钱五分，土货半税银百三十六两七钱三分八厘，子口半税银一万七百三十两四钱六分九厘。

北海新关共征洋税银一十四万二千六百二十五两八钱二分七厘，洋药税银二千八百三十九两五钱三分八厘，土货半税银三百二十三两五分六厘，子口半税银一万五百七十六两六钱七厘。

三水新关共征洋税银五万四千三百二十八两五钱四分一厘，土货半税银三百三十四两六钱七厘，招商局轮船洋税银四万四千九百八十一两九钱三分四厘，洋药税银七十二两，土货半税银五百五十四两一钱九分九厘，子口半税银七千六百四十九两四钱二厘。

江门新关共征洋税银二万八百五十两四钱一分五厘，土货半税银三十三两五钱一分一厘，招商局轮船洋税银二万五千四百五十七两二钱二厘。

甘竹新关洋税银九千一百七十九两九钱一分四厘，土货半税银五十二两六钱八分五厘，招商局轮船洋税银八千五百七十六两七钱七厘，土货半税银三两六钱。

又，自光绪二十七年八月十九日第一百六十五结起，截至二十八年八月二十五日第一百六十八结止，计三结零两个月二十六日，粤海大关共征洋税银二百二十四万七千二十三两五钱六分六厘，洋药税银二十五万九千五百二十二两一钱一分五厘，土货半税银一十九万四千九十七两七钱八分六厘，招商局轮船洋税银三万六千四百四十七两八钱四厘，洋药税银三十四两五钱三分九厘，土货半税银三万三千一百二十一两六钱五分，子口半税银三万五千三百六两六钱九分四厘。

潮州新关共征洋税银八十四万六千一百五十七两六钱六分四厘，洋药税银一十五万四百三十八两二钱九分二厘，土货半税银一十二万六千三百一十二两二钱三分一厘，招商局轮船洋税银二万一千五百一十二两二钱四分五厘，洋药税银四十三两一钱九分三厘，土货半税银六千六百两二钱八分四厘，子口半税银二百四十九两二钱九分六厘。

琼州新关共征洋税银一十四万四千三百六十一两一钱五分八厘，洋药税银一万三千七百五十六两二分，土货半税银四十四两五钱四分一厘，子口半税银一万六百四十二两七钱九分二厘。（未完）

（1903 年 3 月 14 日，第 13 版）

江督魏午帅奏查明江苏粮道被参各款折

头品顶戴两江总督臣魏光焘跪奏为遵旨查明江苏粮道罗嘉杰被参各款，据实复陈，恭折仰祈圣鉴事。窃查接管卷内承准军机大臣字寄，光绪二十八年七月二十四日奉上谕："有人奏江苏粮道罗嘉杰擅将粮米运至太古洋行轮船装载，付过定银十二万两，嗣经觉察勒令退议，事虽未成，迹已昭著者。刘坤一按照所参各节确查具奏，等因，钦此！"当经原任督臣刘坤一札饬苏松太道袁树勋逐细确查去后，兹据该道查明禀复，又经前护督臣李有棻、前署督臣张之洞一再批饬确查，未及核办移交前来，臣到任后查核禀复案。

据如原奏内称，南漕海运向归招商局装载粮道，罗嘉杰擅由太古装运，付定水脚银十二万两一节。查江苏海运漕白二粮向归招商局装运四成，沙船分装六成，于光绪二十五六年因京津运路梗阻，沙船不能径达，暂归招商局并运，无如旧漕尚未运竣，新漕又复接踵，屯储维艰，转输不及，该粮道有督运之责，深恐延误，遂援照光绪十年太古、怡和协运之案，议将沙船承装之六成暂交太古轮船分运，订立合同先付水脚规银二万两，当经抚臣恩寿附片会奏在案，是其禀请办理，并非擅为之事，亦无付过定银十二万两之多。

又，原奏十二万两之中扣付贿赂五万两一节。查该粮道接奉军机大臣电饬，以恐碍商约，令即退议，其时合同已订，西律毁议必须重罚，磋磨至再，始允偿银七万两退约，由会办商务大臣盛宣怀垫银四万两，归招商局在应收余米变价盈余项下，陆续扣还归款，其余三万两，由该粮道向号商挪付，自行清理，实无贿赂之事。况太古原议包定脚费等项每石规银三钱二分，较之招商局每石规银四钱一分零，约可省银九分有奇，此项节省余款当经奏明，备抵厅仓茶果，并承修太平仓廒，并非取入私橐。

又，原奏浦东原屯招商局粮米以五元一石买进截留，平粜以七八元一石卖出即以盈余，为该道弥补了事一节。查苏属二十七年秋收歉薄，次年春夏米粮缺乏，通商各口以及内地州县同时涨价，穷民糊口维艰，深虞滋事。经上海道袁树勋与地方绅董筹借漕粮举办平粜议定，俟新谷登场买米补运，亦经奏准在案。所有办理平粜出入一切悉由上海商业公所绅董一手经理，与该粮道绝不相关。

又，原奏谓系洋行买办出身一节。查该粮道由贡生于咸丰七年供职中书科，俸满截取同知分发到省，光绪五年补授江宁府海防同知员缺，嗣经出使日本大臣黎庶昌奏调出洋洊保道员，其非出身微贱可知。臣复查该粮道罗嘉杰始因图省经费分运漕粮，继因议毁合同认赔巨款，核其情节实属受累因公业，经前任督臣按照被参各款逐一详查，并无实在劣迹，自应由臣奏请仰恳天恩，俯准免予置议。所有查明道员参款移交议复缘由，理合恭折，据实复陈，伏乞皇太后、皇上圣鉴训示，谨奏。奉朱批：“知道了，钦此！”

（1903 年 5 月 20 日，第 1、2 版）

军米抵津

闻之天津友人云，今秋湖广苏皖年皆丰稔，长江上下游各埠米价渐平，而北方稻米每石仍售至银六两上下，顷武卫右军统领某君委员至芜湖采购军米若干，每石价银仅二两一钱，由北洋大臣给照交招商局某轮船装运一万石，十月初一日已抵津沽，经营中银钱所委员李大令验收转运。

（1903 年 12 月 7 日，第 2 版）

直隶总督袁奏京堂迅速回沪总理轮船招商局事务并参赞电政片（十八日）

袁世凯片，再查候补四五品京堂杨士琦，前经臣派委赴沪佐理轮、电两局，整顿经营深资得力。现在仰蒙恩擢，体制较崇，益当感效驰□［驱］，冀图报称，应即饬知该京堂迅速回沪总理轮船招商事宜，仍参赞电政以重责成，除分别咨会外，理合附片陈明，伏乞圣鉴，谨奏。奉朱批："知道了，钦此！"

（1903 年 12 月 31 日，第 12 版）

禁约工人

中国轮船招商局总办顾缉庭观察查悉，金利源码头开兑江苏省漕粮各船户运米到沪，另雇小工抗运上岸，由局给资，迩来工头往往捏报虚名，希图渔利，爰于前日商之海运总办，出示谕禁，以儆效尤。

（1904 年 3 月 6 日，第 3 版）

海运先声

镇江访事人云，江安督粮道胡研孙观察以河运漕粮业经改为海运，目下光绪二十九年冬漕将次开兑，遴委江苏候补知县张、黄两大令赴镇办理。日前两大令附某轮船戾止，赁姚一湾左近某姓家，设立海运总局，凡在江北高宝汜等处计购米石，一律雇船装至镇江，分期验收，打包上栈。俟上海招商局派轮船到来，运往塘沽，赴仓交纳。

（1904 年 3 月 12 日，第 9 版）

轮船招商总局重定股票挂失章程

本局股票原不禁人买卖抵押，是以数十年来，畅行市面毫无窒碍。乃有狡黠之徒往往自相轇轕，辄来报挂失票失折，不但本局被其缠扰，且使持有股票之人心怀疑虑。曾于光绪十七年禀明前北洋大臣李，若非真被水火盗贼之失，不准报挂失票，当奉批准在案。乃廿七年分又有林芸青、费士礼捏报之案，更出情理之外，因于上年十二月又另议股票挂失章程三条，详奉北洋大臣袁批示。兹将原禀及奉批全案刊入本届结账及账略之内，俾众周知。自光绪三十年起，凡有报挂招商局及仁济和股票股折遗失者，须先觅妥实商家立具保单，方准报失，所有前后禀定章程均已刊明账略之内，因字数繁多，不能全行登报，请阅本届账略可也。特此奉闻。

轮船招商总局谨启

（1904 年 3 月 31 日，第 4 版）

第三十届办理轮船招商局情形节略

谨查本局光绪二十八年第二十九届结总已分送刊布在案，兹自光绪二十九年正月起，至年底止，是为第三十届结账。本年轮船水脚共收三百十五万一千余两，三公司水脚公摊净摊进银一万七千余两，运漕项下拨归津沽驳力三万七千余两，除船缴用煤开销二百七十二万四千余两外，结余船利四十八万一千余两，又，各栈房产业等利六十一万二千余两，除运漕结亏及地租、修理、缴费各款四十六万三千余两，官利四十万两，净计结余银二十三万一千余两，此利项大略也。

至本项内“致远”、“普济”、“广利”三船大加修理重换锅□［炉］，“固陵”换水柜，“永清”改趸船共支银二十四万九千余两；上海添置挖泥船一艘支银一万一千六百余两；华栈添置地基栈房，杨家渡添造栈房，总局改造写字房共支银四万四千余两；天津归并黄姓房屋，塘沽新河造码头船及支路长沙开埠新置地基房产，南京、温州添造栈房，汕头填筑滩地共支银三万九千余两，以上共支银三十四万三千余两。除售出旧挖泥船一万一千余两，南市市房失慎保险赔来二千九百余两，收回华产成本一万二千余两，船栈折轻成本十一万七千余两，以上共收银十四万五千余两，较上届加重成本二十万两。又，定造江轮一号已先付定银六万三千余两，须俟造成，下届再行结算。惟现银依然竭蹶，不但上届借欠仁济和保险局银四十万两尚未付还，而又急待筹备江船造本，此本项大略也。

查上届结账计收水脚银二百七十四万两，应提发官利四十万两，尚不敷银一万三千余两。今年士琦等接办以来，睹洋轮之叠出、脚价之日贬，蒿目时艰，彷徨中夜，窃以开源莫如节流，兴利必先除弊。故凡一应开销莫不概从撙节，加收房产租金，剔除栈租积弊，整顿各船坐舱，尤复不遗余力，劳怨兼任，心力俱瘁，尤赖在事诸君咸相奋勉，各埠分局力顾考成，是以本年连闰较上年多得水脚四十万两，所收栈租、房租亦皆改观。然以三百十五万两之水脚仅得四十八万之船利，则船缴之巨，谋利之难于此可见。

本局生意前以运漕为护持，近因津河淤浅，驳费浩大，且驳船偷漏愈甚，以致赔累之重，年甚一年，虽裁去干修，求力节省，而本届结账尚亏银十四万四千余两，为历来所未有。今年长江水脚虽胜于往年，而天津生意自拳乱以后市面萧条，减色殊甚，牛庄货脚亦逊于前。今届结账除官利一分之外，所有盈余二十三万一千余两按照定章分作十成，核派船栈折旧四成，计银九万二千余两，股商余利三成计银六万九千余两，报效二成计银四万六千余两，执事花红一成计银二万三千余两。然报效虽曰二成，以前每年共须呈解十四万两，不敷之数向在船栈折旧项下垫支，至上届结账官利犹且不敷折旧，报效均无可出，是以上届应解之十四万两只可暂作欠项，以待设法支销。

乃蒙北洋大臣袁宪洞鉴苦衷，谕饬今年起每年暂解北洋兵轮经费六万两，出洋肄业经费二万两，仰见上宪体恤商艰之至意。但今届应解八万两，除提二成之外尚不敷银三万三千余两，仍在折旧项下垫支，因此折旧项下仅有银五万九千余两矣。无论上届欠款不能支销，即今届折旧尚属不敷，是以又在自保船险项下拨银二十万两归入折旧项下，庶几上届悬欠之款得以开支，但悬欠之账虽销，而应解之现银仍未有，著即本届应发股商之官、余利其半尚待筹措，更须筹备已造之江船价款三十余万两，此皆目前至急之需，不可须臾缓也。

人但知商局根蒂深固，而不知现银之窘几如悬罄耳，士琦等谬承上宪委命之重，股商付托之雅，惟有率同在事员司兢兢惕励，以期无负而已。尚祈有道君子匡我不逮，幸甚！

光绪二十九年岁次癸卯十二月总理杨士琦，会办徐杰、顾肇熙、沈能虎、徐润，总董陈猷、唐德熙、施亦爵，同启

（1904 年 4 月 7 日，第 3 版）

第三十届轮船招商局账略

综结

一、该股份资本规银四百万两，仁济和存款四十万两，往来存款六十三万九千一百六十六两七钱一分七厘，生息存款六万二千一百五十八两五钱一分八厘，股份存息四十九万七千七百二十三两二钱五分，股商余利四千五百四十二两六钱五分七厘，船栈折旧五千四百七十六两八钱九分三厘，自保船险二百十一万一千九百六两五分一厘，自保趸船险七万五千两，开平股票售换项下六万六千七百四十四两三钱六厘，旧账股票产契抵款十一万三千五百八十三两九钱五分四厘，筹发股息二十二万两，备添船栈公款八十六万三百二十一两七钱一分三厘，共计结该各款规银九百五万六千六百二十四两五分九厘。

一、存分局往来规银二万五千七百十五两一钱三分六厘，往来欠款十七万一千四百四十七两一钱九分一厘，萍矿铁厂垫款四十七万六千七十六两一分一厘，随货汇款一千一百二十二两三钱一厘，买存煤炭十万三千三百八十一两七钱九分五厘，朝鲜本息欠款二十万九千九百二十六两，通商银行股份八十万两，湖北铁厂股份二十七万四千两，萍乡煤矿股份十六万四千四百两，招商内河小轮船股份五万两，大德榨油公司股份五千两，定造长江新船六万三千六百八十三两三钱五分三厘，现银洋钱五千八百七十二两二钱七分二厘，备发轮船保险股息五十六万六千两，共计结存公款规银二百九十一万六千六百二十四两五分九厘。

一、存“丰顺”船本三万五千两，“江宽”船本七万两，“江永”船本七万两，“海晏”船本四万五千两，“海琛”船本三万五千两，“海定”船本二万两，“江天”船本五万两，“江孚”船本三万两，“江通”船本一万两，“致远”船本十万五千两，“图南”船本四万两，“普济”船本六万两，“江裕”船本五万两，“广大”船本十六万两，“广利”船本十四万两，“美富”船本三万两，“广济”船本一万两，“新裕”船本六万两，“固陵”船本五千两，“新丰”船本六万两，“新济”船本六万两，“快利”船本五万两，“公平”船本十三万两，“安平”船本十三万两，“泰顺”船本十三万两，“飞鲸”船本四万两，“遇顺”船本十七万两，“协和”船本十七万两，共计结存船本规银一百九十六万五千两。

一、存津沽拖轮驳船规银十四万两，各小轮船七千两，各口趸船八万二千两，各埠驳船一千两，共计结存船本规银二十三万两。

一、存总局房屋规银十四万两，上海东栈二万两，上海北栈五十九万六千两，上海中栈十三万四千两，上海南栈一百十万两，上海杨家渡栈三十五万二千两，上海十六铺产三万三千两，上海华产十四万五千两，吴淞地产三万两，天津局产十六万两，塘沽局产十二万两，通州局产五千两，北戴河地产一千两，营口局产二万三千两，烟台局产二千两，宜昌局产二万两，长沙地产八千两，沙市局产七千两，汉口局产二十二万两，九江局产九万三千两，芜湖局产一万八千两，南京局产二万五千两，镇江局产五万五千两，宁波局产三万八千两，温州局产一万两，福州局产二万四千两，汕头局产六万五千两，澳门局产六千两，香港局产十一万两，广州局产七千两，梧州局产一万两，杭州地产三千两，共计结存成本规银三百九十一万五千两。

一、存各局生财规银一万两，漕米麻袋二万两，共计结存成本规银三万两。

统共结存各款规银九百五万六千六百二十四两五分九厘。

此账未毕，明日续登。

（1904年4月9日，第3版）

续登第三十届轮船招商局账略

彩结

一、进各船余款规银四十八万一千八百六十二两三钱三分五厘，北栈余款二十二万四千四百九十五两三钱二分，华栈余款八万三千五百二十七两四钱八分六厘，华产余款一万二千六百三十三两三分九厘，客货栈租十三万七千四百三十三两四钱五分二厘，各口产租十三万四千四百五十九两六钱八分六厘，各项息款一万四千八百十四两五钱六分五厘，售旧物料四千七百四十一两九钱二分四厘，南栈拍卖历年残货七百六十五两九钱一分六厘，共计结余规银一百九万四千七百三十三两七钱二分三厘。

一、支运漕局账规银十四万四千四百五两七钱二分三厘，各地租捐四万二千七百五十二两九钱四厘，各项修理五万六千六百七十二两六分八厘，各项缴费二十一万九千六百三十九两三钱八分七厘，股本官利四十万两，共计结支规银八十六万三千四百七十两八分二厘，除支，结余规银二十三万一千二百六十三两六钱四分一厘。

一、提船栈折旧四成规银九万二千五百五两四钱五分六厘，股商余利三成六万九千三百七十九两九分二厘，禀定报效二成四万六千二百五十二两七钱二分八厘，执事花红一成二万三千一百二十六两三钱六分五厘，共计四项结支规银二十三万一千二百六十三两六钱四分一厘。谨照定章所余之利，按十成提派清讫，并录报效清账于后。

报效清账

一、支北洋兵轮经费规银六万两，出洋肄业经费二万两，共计结支规银八万两。除提报效二成四万六千二百五十二两七钱二分八厘，计不敷三万三千七百四十七两二钱七分二厘。此项不敷银两，业已在于船栈折旧项下拨垫，合并声明。

账略未毕，明日续登。

（1904 年 4 月 10 日，第 3 版）

再续第三十届轮船招商局账略

各船估见时值价目。本局历年结账所得余利，必先折轻船栈成本，是以轮船成本愈折愈轻。盖为固结根本起见，原不能作时值观也，惟年复一年轮船之成本势必更小，则自保船险亦随之而减。然各船常年往来江海，设有意外之虞，外人仅知某船成本若干，不知时值实应若干。爰于光绪二十三年起，每逢正月结账之时，请英领事署验船官派人将本局各船秉公估见，某船时价实值若干，附列于年结及账略之后，俾咸知本局轮船照本年时价实值之数，而自保船险即以估见之价承保，惟结账成本则仍照历年折轻之数核结也。计开光绪二十九年十二月十六日即西历一千九百零四年二月一号，英领事署验船官派嘉及罗贝士估见各船实值之价，有洋文单存据。

“丰顺”轮船规银四万五千两，“江宽”轮船十四万七千二百两，“江永”轮船十四万七千二百两，“海晏”轮船五万五千两，“海琛”轮船三万两，“海定”轮船一万七千两，“江天”轮船十一万三千两，“江孚”轮船九万二千两，“江通”轮船二万两，“致远”轮船十二万两，“图南”轮船九万五千两，“普济”轮船七万五千两，“江裕”轮船十六万一千五百两，“广大”轮船二十七万两，“广利”轮船二十万两，“美富”轮船六万两，“广济”轮船三万七千两，“新裕”轮船十五万两，“固陵”轮船八千两，“新丰”轮船二十万两，“新济”轮船二十万两，“快利”轮船十四万三千五百两，“公平”轮船三十万两，“安平”轮船二十五万两，“泰顺”轮船二十四万两，“飞鲸”轮船六万五千两，“遇顺”轮船二十三万两，“协和”轮船二十三万两，共计各船估本规银三百七十万一千四百两。

汉口趸船规银六万二千五百两，九江趸船一万二千八百两，安庆趸船一万二千八百两，芜湖趸船一万四千七百二十两，南京趸船二万两，镇江趸船七千两，厦门趸船一万三千八百两，汕头趸船四千两，共计趸船估本规银十四万七千六百二十两。

上海小轮二号规银一万二百三十两，天津小轮三千四百九十六两，福州小轮三千一百二十八两，共计小轮估本规银一万六千八百五十四两。

总共各船估本规银三百八十六万五千八百七十四两。

（1904 年 4 月 11 日，第 3 版）

详述“海琛”触礁事

温州访事人云，招商局“海琛”轮船向往来于厦门、汕头、上海等埠，本月初一夜二点钟时，驶经平阳县所辖凤凰洋，夜深月黑，误触百亩礁，以致截为两橛，大副、二副两西人同罹于难，满船货物悉付东流。船中载客百余人，正在甜乡，无不凶占灭顶，其遇救生还者寥寥无几。惟机器房水手得庆更生，暂住招商瓯局。初七日“丰顺”轮船抵瓯，局中人商请带同遇救之水手驶往失事处，将船带回。至则船身沉没无踪，只得废然而返。

（1904 年 6 月 26 日，第 2 版）

招商局杨家渡栈告白

本栈房屋高大，地位宽爽，储装各货均属相宜，倘各宝行号有货欲储栈者，请移玉至敝栈账房面议，价值一切格外克己，以酬雅意。

（1904 年 9 月 15 日，第 6 版）

发息告白

轮船招商局仁济和保险局上年股息照章定于三月初一日起凭股商持折支取，俟账略刊就，总账缮齐，仍分存津、汉、闽、广、港各分局，以便股商就近查阅。

谨启

（1905 年 4 月 3 日，第 6 版）

颁账示信

自光绪三十年正月起，至年底止，为轮船招商局第三十一届、仁济和保险公司第十九届结账，业经结清，刊印账略，分送有股诸君，并各以一册见示，藉昭信实。计轮船招商局本届股息发官利一分，余利四厘，每股共发规银十四两；仁济和保险公司本届股息发官利六厘，余利五厘，每股共发规银五两五钱。窃谓合股生业，固宜以宣示信实为主，然如善堂收捐、公所进出等款，亦宜刊刻征信录，或登各报告白，以示无私。否则，人各怀疑，必兹多口，恐有不能免者。

（1905 年 4 月 6 日，第 4 版）

失股告白

三月廿二日“元和”船在通州被火时，毁失招商局股票息折共六百九十八股，计“公”字五千零二十七至五千零三十六，十股；陈文炳五千五百三十至五千五百三十九，十股；陈文炳一万五千四百零四至一万五千四百十三，十股；陈文炳一万五千九百二十九至一万五千九百三十八，十股；陈文炳一万五千三百九十四至一万五千四百三十（零三），十股；陈文炳一万八千六百二十三至一万八千六百二十七，五股；李德和堂八千六百二十三至八千六百二十七，五股；李德和堂一万七千零五十六至一万七千零六十，五股；郑莲峰一万九千一百八十九至一万九千一百九十三，五股；吴文权一万二千三百二十九至一万二千三百三十八，十股；赞记一万二千三百六十九至一万二千三百七十八，十股；元记一万二千三百五十九至一万二千三百六十八，十股；元记一万二千三百七十九至一万二千三百八十八，十股；元记一万七千七百六十至一万七千七百六十四，五股；合记六千二百零八，一股；乾通庄成记一万二千一百零七，一股；春华祥一万八千九百九至一万零九百二十八，三十股；豫记七千九百四十一至七千九百五十，十股；詹品记一万五千九百至一万五千九百零三，四股；□记一万四千一百八十二至一万四千二百三十一，五十股；兰记一万六千四百至一万六千四百四十九，五十股；陈炽记一万零九百二十九至一万零九百五十八，三十股；康记一万七千六百七十至一万七千六百七十九，十股；积厚堂一七千六百八十至一万七千六百八十九，十股；积厚堂一万一千七百九十九至一万一千八百零八，十股；五福堂祥记一万一千八百十九至一万一千八百二十八，十股；五福堂忠记一万一千七百七十九至一万一千八百二十八，五十股；五福堂均记一万一千九百五十七至一万一千九百六十一，五股；沈崇记一万五千六百四十九至一万五千六百五十，二股；济记二千零四十，一股；隆泰昌计公积“公”字二万五千五百三十至二万五千五百三十九，十股；陈文炳二万五千零二十七至二万五千零三十六，十股；陈文炳三万五千四百零四至三万五千四百十三，十股；陈文炳三万五千九百二十九至三万五千九百三十八，十股；陈文炳三万五千三百九十四至三万五千四百零三，十股；陈文炳三万八千六百二十三至三万八千六百二十七，五股；李德和堂三万七千零五十六至三万七千零六十，五股；郑莲峰三万九千一百八十九至三万九千一百九十三，五股；吴文权三万二千三百二十九至三万二千三百三十八，十股；赞记三万二千三百六十九至三万二千三百七十八，十股；元记三万二千三百五十九至三万二千三百六十八，十股；元记三万二千三百七十九至三万二千三百八十八，十股；元记二万八千六百二十三至二万八千六百二十七，五股；李德和堂三万六千四百至三万六千四百四十九，五十股；陈炽记三万零九百二十九至三万零九百五十八，三十股；康记三万七千六百七十至三万七千六百七十九，十股；积厚堂三万七千六百八十至三万七千六百八十九，十股；积厚堂三万七千七百六十至三万七千七百六十四，五股；合记二万六千二百零八，一股；乾通庄成记三万二千一百零七，一股；春华祥三万零八百九十九至三万零九百二十八，三十股；豫记二万七千九百四十一至二万七千九百五十，十股；詹品记三万五千九百至三万五千九百零三，四股；禨记三万四千一百八十二至三万四千二百三十一，五十股；兰记三万一千七百九十九至三万一千八百零八，十股；五福堂祥记三万一千八百十九至三万一千八百二十八，十股；五福堂忠记三万一千七百七十九至三万一千七百八十八，十股；五福堂均记三万一千九百五十七至三万一千九百六十一，五股；沈崇记三万五千六百四十九至三万五千六百五十，二股；济记二万二千零四，一股。

隆泰昌又毁失仁济和保险公司股票息折共二十股，计瑞记第一万四千一百二十八至一万四千一百三十三，六股；瑞记第一万四千一百二十三至一万四千一百二十七，五股；致和祥第一万七千八百二十九至一万七千八百三十一，三股；源记第一万七千八百三十二至一万七千八百三十四，三股；凤耀廷第一万七千八百二十六至一万七千八百二十八，三股。均已报请商务局宪、地方官宪及各该局存案补给□，或有人拾得前项之票折者，均作废纸。特此告白。

唐静波启

（1905 年 5 月 8 日，第 5 版）

纪招商局禀请扬［杨］庄至磘湾行驶轮船情形

〔清江〕内河小轮船董事朱冯寿具禀招商局，请推广清江至磘湾小轮船航路，略谓清江之杨庄至邳州之磘湾地方航路一线，皆不接通商□［口］岸，为洋商所不达。现经派人前往测量，计水程三百里，河道宽畅，客商繁盛，若在彼处行驶小轮，既俾华商广植基础，冀挽利权于万一，而将来彼处风气渐开，土货亦堪挹注实于商务，地方均有裨益云云。招商局据禀即呈请江督转饬淮扬道察酌情形，具复兹将所开杨庄至磘湾沿途水道及经过城镇照录于后：

一、由清江之杨庄以至邳州之磘湾实计水路二百九十里，察勘测量河道宽深，向为南北水道通畅之路，客商络绎不绝，从前走水路者，民船耽延，走陆路者骡马为累，不若行驶小轮最为便利。

一、杨庄系清河县地方，在清江以北十八里，缘清江至杨庄中有水闸三道，曰清江闸，曰天妃闸，曰码头闸，小轮不便过闸，故宜在杨庄设局，为该航路之第一埠，以便畅行无阻。

一、由遖坝系清河县地方，距杨庄六十里市镇，较杨庄为小，搭客不甚多。

一、众兴镇系桃源县地方，距山遖坝二十五里间为一大市镇，土产有花生、金针菜，将来风气渐开，商务必日见畅旺。

一、宿迁县距众兴镇一百二十五里，该县治为来往冲要之地。

一、皂河系宿迁县地方，距宿迁县四十里，上下客商繁城。

一、磘湾系邳州地方，距皂河四十里，为南北总汇之区，客商较众兴镇更盛（结）。

（1905年6月1日，第4版）

中国公司股份行情表

行名	股数	原价	市价	分利
招商局	四万股	一百两	一百三十两	十四两（已分）
电报局	二万四千股	一百元	一百六十五元	廿元（已分）
仁济和	一万六千股	五十两	五十三两七五	五两五钱（已分）
中国通商银行	原十万股先收五万股	五十两	四十两	四厘（未分）
开平局	原三万五千股 新股一百万磅	一百两 百□两半	廿五磅	每磅七两五钱
自来水	合足本三百万两	廿磅	一百九十两	十四两

华兴面粉	三千股	五十两	八十五两	未分
华章造纸局		一百两	一百七十两	十四两

（1905 年 6 月 12 日，第 16 版）

谊切同舟

天津来信云，日前中国招商局各船主查悉山东成山角迤西、烟台迤东海面浮有水雷数具，遂即指明线路，彼此互相知照，俾得悉心警备，以免无妄之灾；一面发出传单，藉使航海者咸知慎重。

（1905 年 6 月 21 日，第 2 版）

招商大通局章亟宜整顿

〔芜湖〕长江招商轮船搭客素众，诚以招商（局）为我中国所自创，照料当必周妥。不谓大通局章漫无规则，所雇局伙尤为可恶。该处向无趸船搭客上下洋划，行李须亲自搬运。前月杪有一客自携行箧拾级升梯，忽一脚踏入夹层板中，皮破血流，负疼跌入划船，几遭没顶，该局伙从旁袖手，绝不救援，殊非招徕之道也。（恒）

（1905 年 6 月 21 日，第 9 版）

租界招商码头不能争回

〔芜湖〕芜湖租界章程经关道童瑶圃观察与英领事磋商既定。日前道署奉到南北洋大臣来文，以招商轮船公司应于租界留一基地，以备建造局所。童观察当即与英领事商办。柯君以章程已定，无可更移，童观察乃据上海为比例，谓招商码头亦在租界之中。柯君答以芜湖界章并未比照上海，不得援以为例，故今日此事尚无成议。第招商码头若立于租界外，则势成孤悬，恐将来商务前途必不能与诸轮船公司竞争也，事贵机先，办交涉者何颟顸若是。（恒）

（1905 年 6 月 23 日，第 3 版）

商船入坞修理

招商局之“江孚”轮船近因烟囱损坏，难于行驶，故与麦边之“宝华”商轮同时驶入船坞修理。(有)

(1905 年 7 月 1 日，第 18 版)

磋商租界建设招商码头

〔芜湖〕芜湖租界早经议定，现在各木业均已迁让，□闻所订之界，中国招商轮船码头尚无位置之处，现经关道童瑶圃观察与领事柯𪠐良君一再计议，柯君坚不通融，以致屡次龃龉，未识将来作何办法也。(行)

(1905 年 7 月 3 日，第 3 版)

招商局禀恩裁督请开通航路

〔清江〕日前内河招商局具禀已禀已裁漕督恩寿，略谓：窃惟今之大势以商务为急，商务之振兴，以开通航路为基础，职等恭读光绪三十年十一月十二日商部具奏“内河行轮关系商务最巨，请饬下各地方官劝谕华商切实推广”一折，极其详明，实为收回利权起见。查内河通商口岸行驶轮船均系华洋共利，至不通商之口岸，凡有闸坝间隔，无许洋商设立码头，载在条约。清江自杨庄到磘湾河路约二百余里，上通山东、安徽一带，为客商南下之要途，往来极夥，且土产极盛，贩运尤多；加以宿迁玻璃厂既设，运用物料尤期从速，若能行驶小轮，不独客商称便，且地方必臻繁盛，足以推广商务。职等亲往该路查察测量，惟冬春之际河水多涸，若能办有成效，再行设法挑浚；至夏秋则水势泛涨，颇足行驶小轮。刻当伏汛将届，职等拟乘此时先行试办周转，不揣冒昧，抄具途程清折，仰祈大帅大人俯准试办杨庄一带行驶小轮，并赏饬商务、厘金，总局分行清、桃两县，暨里河厅汛一体遵照，切实保护，俾得刻日兴办，以通航业而便商民，云云。(松)

(1905 年 7 月 3 日，第 3 版)

修葺轮船

招商局“公平”轮船现因舱内机器损坏，昨日午后督办叶军门饬驶赴制造局码头设法修葺。（欣）

（1905 年 7 月 14 日，第 10 版）

招商局小轮船查探礓湾水势

〔清江〕内河小轮船招商局禀请在塔湾一带行驶小轮船，兹先备浅水轮船一艘开行过闸，逆流而上，查探沿河水势深浅。嗣因驶至众兴以上四十里，水深仅尺有半，而轮船须吃水二尺五寸，不能上驶，遂仍折回清江。（如）

（1905 年 7 月 16 日，第 3 版）

轮船修竣

日前招商局之“公平”商轮船因船舱内机器稍有损坏，当即驶至局前，派工匠上船修理，现已一律完竣，前日已照常开行矣。（欣）

（1905 年 7 月 26 日，第 11 版）

中国各股份行情

行名	原价	市价	分利
招商局	每股一百两	一百三十三两	十四两，三月初一已分
电报局	每股一百元	一百六十五元	廿元，七月初十分
仁济和保险公司	每股五十两	五十四两	五两半，三月初一已分
中国通商银行	五十两	四十两	每年四两
开平局	老本一百两今作百	市价每磅七两五钱	未分

	□两半，分 廿五磅算		
自来水公司	廿磅	一百九十两	未分
华章造纸局	一百两	一百五十两	十四两

（1905年7月30日，第15版）

扬郡招商局又辟码头

扬郡各小火轮船局均开设于钞关城外河沿，兹招商局又于缺口城外立一码头，以占此路利权。（学）

（1905年8月5日，第9版）

“江裕”轮船更易买办

招商局“江裕”轮船专驶长江，向来买办系卢洪昶大令，兹因别有差委，督办杨京堂查有在局差遣之广东候补直隶州袁伸蔚直刺，办公多年，向昭谨慎，爰即派委接办，以示鼓励。（宜）

（1905年8月21日，第9版）

详请招商添设小轮分局

〔镇江〕扬州钞关外向有招商小轮分局，近局中执事以该处搭客无多，不足以广招徕，拟添分局两所于缺口以外，已□［禀］请江都县出示保护，县令因未敢擅专，特□据情转详常镇道核夺。（定）

（1905年9月5日，第4版）

皖抚电陈芜湖招商局租地情形

〔安庆〕皖抚诚中丞致外务部电云，芜湖租界□□北洋□招商局租地，一在新关以南，一在头沟以北，计各阔五十丈，长六十丈，请饬预留在案。昨奉电谕德使以拥挤为言，地段仅敷各国之用，商局不得租地。当饬设法通融。旋关道禀称，商局租地一节与英领磋磨，亦如德使言所［所言］，并称须请示英使，屡催未复，现尚饬令妥商办理。（生）

（1905 年 9 月 12 日，第 3 版）

招商小轮扩充航路

〔镇江〕镇郡招商局行驶小轮，南路止于苏常，北路止于清江，刻拟在宿迁窑［磘］湾等处添设码头、局所，购置坚快小轮船数艘，装载客货，以为扩充之计。闻择定九月初一日开班。（此）

（1905 年 9 月 20 日，第 3 版）

招商轮船局开通淮北航路

〔扬州〕淮北以上之众兴等处内河，河身深浅不一，往来者诸多不便，现经招商小轮船局禀准大宪，在该处一带开通航路，试行浅水小轮，由杨庄起以迄磘湾，沿途经众兴、夏淤口、皂河等处，均停轮载客装货，刻下河身已逐段疏浚，择于九月初一日开行。（草）

（1905 年 9 月 26 日，第 3 版）

招商局“美富”轮船修理工竣准九月初五日开往粤港

启者：本局“美富”轮船前往东洋修理，兹已工竣回申洋，九月初五日开往香港、粤省，该船自此次大加改良后，迥胜于前。现在行驶之迅速每点钟可行十三海里，计两个半对时可抵香港；至搭客之房位，均已粉饰一新，异常洁净，而船上买办尤为招呼周到。如贵客欲附货搭船者，幸勿交臂失之。

此启

（1905 年 9 月 29 日，第 5 版）

皖抚札芜湖关道文

——为饬划留新关以南地段给招商芜局应用事

为札饬事：据轮船招商总局呈称，据芜湖招商局分局李道经榘函称，准芜湖关童道函开：贵局拟在租界内租地一事，顷奉抚宪密电，照录。呈察此事，节经与驻芜英领事磋磨，亦执如德使所言，往复辩争不已。英领事有须请示驻京英使裁夺之语。前今函催，迄未见复等因。当即函复，请照部电通融办理，并请在租界外新关指定地以南划留五十丈，免致向隅，祈呈请南北洋大臣暨皖抚部院加以磋商，等情到局。据此，查芜湖开关租借招商局请划留地段，以便设立栈房码头，上年十二月曾经札关先行立案，奉准行知，暨札道咨复各在案。兹据函称各情，并抄送部电，有"招商局在租界内请设码头原属地主应得之利益，惟德使所称地段太挤，能否设法通融，应饬查明情形与领事妥商办法"等语，详绎语意，事在力与磋商，不使德商受挤，应有可以转圜之处。况商局议定新关以南划留五十丈地段，实在租界之外，更无虑外人藉词争执。至陶沟以北认定地段，并恳饬道，再与磋磨就范，以期利益均沾。除咨呈南北洋大臣外，理合呈请鉴核，檄饬该关道遵照办理，实为公便等情到本部院。据此，查此案前据该道禀复，业经札饬办理在案，据呈前情，合行札饬，札到该道，即便遵照前经批札妥为办理具复，此札。（人）

（1905年10月22日，第3版）

江督准饬招商局将应修商船概归船坞修理

沪南船坞总办吴盈之副戎近将坞中房屋改造推广，禀请江督周玉帅札饬招商局总办将应修各商船立案永归官船坞承修。兹将奉准批词录下：

查沪坞废弛已久，近年兵商各船皆入洋坞修理，殊不合算，前已会奏整顿船坞，备修兵商各船事，当创办之始尤赖招商局扶持一切。据禀该坞现已改造竣工，请饬招商局立案，凡应修之船均由官船坞承修，以扶厂务，事属可行，应准照办，仰候札饬总办招商局顾道遵照办理，该副将须

随时认真考察，总期工速价廉，庶免利源外溢，仍候咨会北洋大臣查照缴。（欣）

（1905 年 12 月 27 日，第 9 版）

租界内无招商局基地

〔芜湖〕英德领事催划租界之时，招商局请留基地一处，以便设立局所行栈，外部与英使磋商，英人坚执不前。昨日诚中丞札饬关道令其转移，招商局即在租界之外附近江滩另觅基地，一面速与洋商划界，免再多生交涉云。（子）

（1906 年 1 月 2 日，第 3 版）

芜湖关道上皖抚禀

——为洋商争执租界事

敬禀者：奉督宪巧电，驻宁英领事柯韪良言租界已定，今划归路工更狭，如怡和租地全交路工，而以招商局与怡和或亦可行等因。遵查招商局已奉督宪叠就陶家沟南划留五十丈，系在租界之外，李京卿前与孙领事磋商怡和租地与车站各半分用，亦核与柯领事怡和之地全行路工之言歧异。职道从前与柯领事节次磋商招商局欲留之地，柯领事即有“华商必欲挤入租界之内，惟有将租界再议扩充”之言。恐其仍萌故智，函询驻芜孙领事，招商局地与路工调换是否界内之地？抑前议之地而言？兹据孙领事复称，柯领事所言系指招商局前议之地，是欲以界外之地抵制无疑。职道询其铁路车站之议已否接其驻使回音？则已奉电复，绅士如果出资定办铁路，有益商务，谕赞成其事，复函前来。职道窃思来函仅言赞成，并未声明怡和指租之地与铁路车站各半分用，语意殊不切实，恐系迫欲开丈，交地含糊，以便一时之急，难保日后复多争执。拟再函索其备具印文，切实照复，藉以定案而杜纷争，容得其照复印文，谨即录报宪鉴。职道同时另函驳复英商鸿安指租之地，已有日商大阪洋商指租，江滩之地无多，请饬各商与江滩以内之地匀□［配］承租，期各选用。兹领事以租界各地自应以先租者为准，至谓“江滩地少不敷租用，则推广陶家沟以南亦属最好最便，不妨给日商承租”等语，函复前来。是欲破我租界范围，不容他人杂居。情现乎词，除再驳复鸿安轮船公司应与日商大阪轮船公司各在租界内匀配租用外，理合一并缕细禀陈，并将租界内洋商指租之地签注附呈，仰祈宪台鉴核训示祇遵，实为公便。(子)

(1906 年 1 月 16 日，第 3 版)

“普济”轮船受伤甚重

本埠招商局“普济”船去腊杪在温州搁礁受伤，不能行驶，局中得信，立派“海晏”轮船往拖。讵料“普济”受伤颇重，不能拖运，只将货物驳回沪上，以便再行设法云。(力)

(1906 年 2 月 1 日，第 11 版)

“普济”轮船回沪修理

“普济”轮船在温州外海搁礁，报经招商局派“海琛”[①] 往拖，当因受伤甚重，由“海琛”先将船内各货驳载回沪，已详本报。兹闻“普济”已由他船于昨日设法拖带入坞修理。(力)

(1906 年 2 月 4 日，第 10 版)

招商局告白

本局“江天”轮船每逢礼拜二、四、六下午开往宁波，向泊金利源码头，今因此处泊有漕米船，故暂移泊虹口中栈码头。恐未周知，特此布闻。

(1906 年 2 月 22 日，第 1 版)

---

① 前一条消息所列为“海晏”。

招商局新轮落成

招商局在美界老船坞定造之“新康”轮船一艘，以备行驶天津等处，前日该船落成已经下水矣。（力）

（1906 年 3 月 9 日，第 17 版）

发息告白

轮船招商局仁济和保险局照章于三月初一日起凭折照发股息，随送账略，所有上年总结账分存沪、津、汉、闽、港、粤等处分局，以便股商就近查阅。

谨启

（1906 年 3 月 19 日，第 5 版）

招商局北栈坍屋

招商局北栈因年久失修，昨日栈顶忽然倾塌，幸未伤人。（似）

（1906 年 4 月 17 日，第 17 版）

召买旧趸船投标

本局有换下旧趸船一只，泊在宁波分局码头前，今愿投标拍卖，倘欲承买者请将愿出价值若干，并书明姓名、住址，封固送至宁波，投入招商局门首机密筒内，其价至少八百元起码，定于五月二十八日礼拜四上午十点钟齐集甬局验台房对众开标，以价高者得，逾时不候。一经拍定，须先付定洋四成，余限五天内交清领船，不得拖延推诿。特此布闻。

五月十五日，招商总局告白

（1906 年 7 月 6 日，第 7 版）

湖南招商局新轮开班

〔长沙〕湘省自开辟商埠，轮船通行，怡和、太古两公司早已购置码头，开班行轮，迄今已逾两载。惟招商局开办稍迟，甫于去岁购定地址，尚未修筑码头。本月初四日，由汉口开到“江通”轮船一艘，暂借怡和码头停泊，即日遍贴广告，定于初七日开班专行汉口。(轻)

(1906年8月12日，第4版)

“新济”轮船受伤修理

招商局“新济”轮船自天津南下行至烟台地方，忽遇飓风，将船上之叶子板吹坏，因之舟不能行，旋由招商局派“新康”轮船拖带至申，抵埠后即于昨日曳入南市船坞修理，大约三四日即可出坞云。(力)

(1906年8月18日，第17版)

招商局广告

法租界舟山路口第四十三号门牌朝南石库门楼房三进，向租与源太栈兴记，今因欠租四个月，属催无着，故将此屋收回，于七月初一日起另租与天成栈，所欠房租四个月，应将源太栈内家伙限期拍卖，归偿租金，如有不敷，禀官究追。

(1906年8月22日，第5版)

招商局告白

本月初七日报载“招商局广告声明”一节，并非本局所登，现已由天成栈津帮各号来局询明，局宪允为查究，合先登报声明。

(1906年9月26日，第5版)

买卖粤路股票

本公司买卖广东粤汉铁路股票，买卖价均公道。又有轮船招商局股票及汉口自来水股票等寄售，价亦克己。如有交易，每日自午至酉刻，请到江西路二摆渡恒安里和兴公司面议可也。

（1906 年 9 月 28 日，第 8 版）

招商内河栈房失慎

昨晨四点钟，北苏州路招商内河小轮公司栈房失火，当经救火会西人驱车救熄，计毁栈房六幢。（似）

（1906 年 10 月 1 日，第 10 版）

总工程局上沪道禀

——为招商局等户价买浦滩及马路事

敬禀者：窃奉本年八月初七日照会，以招商局等三十八户公呈请买淤滩等情，除批答详复两院宪外，照请核议见复等因。奉此，伏诵批答各条，明晰公平，无任钦佩，所商沿浦小码头由业户缴价承造一节，当集议董会议，佥以为此项小码头仍应归工程局建造。正在缮禀具复间，复奉二十一日钧函，以各户又请价买马路地基，抄示原呈，饬即筹议见复等因。奉此，遵于二十六日复邀集诸议董，公同会议，佥谓南市沿浦马路经前升宪黄详奉前督宪张奏明办理，所准业户承买之地限制在马路以内，马路既归公家，则马路外浦□［滩］之□［归］于公家亦已铸成铁案。所谓子母相生之例，断难援引。乃招商局等两次公呈，始则曰报买滩地，经宪台逐层辩驳，无可置喙；乃又变一策曰价买马路，非但与原案显相刺谬，且以公家数十万建筑修治之路，为合埠人民十余年熙来攘往之□，竟欲以少数商民纠集一万数千金，买为己业，证诸寰球，恐无此公理。伏查中国年来注重路政，凡铁路、马路所经，无论民产、洋产、教产，一律给官价购用，曾经南洋大臣与领事、主教商妥签字，通饬有案。是未筑之路，尚须给价归公，何况已成之路；且使此路可售，将来外人垂涎内地，欲援此地例，以购我内地之路，将何词以对？又查填筑此路时，招商局情愿助资兴造，黄前宪固拒不允，具有深识。总工程局受前升宪袁暨宪台之委托，维持公益，以立地方自治之基础，自当仰体列宪艰难缔造之苦衷，以垂诸久远，断不敢见好于马路以内少数之业户，致隳历年保守之工程，而负乡闾责望之重。

总之，办理地方事宜，但有化私为公之法，断无破公为私之理，此项马路浦滩早已成为公有物，归总工程局代表管理。凡世居于上海、经商于上海者，断不容工程局得价出售，亦断不准少数商民出价得售。方今明诏下颁，讲求立宪，列于社会中人，当先以明公理为主义，马路以内各业户明达者多晓然于公理之所在，自不至再生争竞之词，所请缴价购买一节，万难允遵。情由业经各议董全体签名否决。董等复查招商局等第一次公呈，宪批已极详晰；第二次公呈，恳再剀切批答，始终坚持，□［以］符前案。合将遵饬议复情形，备由呈求俯赐察核施行。再拟填埠地一丈五尺，系加宽马路，不能建造栈房，合并声明，肃禀。(南)

(1906年10月22日，第9版)

上海道批招商局各□户公呈

——为马路购地事

来牍愿缴巨款□［承］购路地，不可谓非急公，当此工程局经济困难之时，苟有巨资可以充用，岂不较良于息借？惟该马路由国家兴筑有年，一旦归业户缴价，实为向□［来］未有之办法。虽各户业仍愿归之公家，究有名不正之嫌，实非本道所敢擅定；况所争在转租之利，此则攸关地方大局，尤宜取众议，庶足以示大公。当经抄录来文转饬总工程局核议。兹据局董李钟珏等禀复（中略，原禀已见前报）等情，察核所陈洵为平正通达之论，各业户不乏明白公理、主持公益之人，当不在区区转租私计上再有较量，仍望互相开导，俾工程局得以完全代表之责任，本道实有厚望焉。除再录报督抚宪鉴核外，此复。(宜)

(1906年10月29日，第9版)

江轮搁浅

近日江水涸浅，招商局“江新”轮船日前开行上驶，在蕲州地方搁

浅，该局即派“江永”、“江孚”两轮前往拖带。(深)

(1906 年 10 月 29 日，第 9 版)

“固陵”轮船折回修理

〔汉口〕招商局“固陵”轮船初八夜开往宜昌，行至簰洲地方搁浅，舵稍受损，昨日折回汉口，须待修整，方克上驶云。(荒)

(1907 年 1 月 30 日，第 9 版)

电饬上海招商、电报两局报销

〔北京〕邮传部日前电致上海招商、电报两局，通饬各局将年终报销清册送部备查。(日)

(1907 年 2 月 6 日，第 4 版)

邀请股商会议

启者：轮船招商局创立三十余年，全系商股商办，为开创中国商务之始。兹奉钦定《大清商律》，自应恪遵令典，投报商部注册，以期保护利益。去岁底曾由在沪大（部）分股商先行集议，佥以注册最为当务之急，即函嘱香港、广东分局邀集在粤各股商就近商议，但此外股商散处尚多，恐未周知，为特在沪邀请，务于正月十六日午后二点钟齐集静安寺愚园，公同会议；并请将所有股份若干，开明股数带来，以便登列大名。倘有不暇赴议，则请代表。此次专议投呈商部注册，别无他事，以多数为议决。倘有旅居他处，请见报后即行函示，过期后即为默许。特此布闻。

在沪轮船招商局股商公启

(1907 年 2 月 24 日，第 5 版)

招商局请归商办之举动

〔广东〕轮船招商局名为官督商办，实则督办、总办皆由官派，现因邮传部拟将招商局由部直辖，故江苏、浙江、安徽等省之股东倡议禀请政府将招商局归商办理，撤去“官督”字样。去腊，江苏、安徽等省大股东如上海席氏、合肥李氏之子孙及盛杏荪等均赞成，旋举某某氏到香港及粤省，将一切情形布告港、粤股东，拟联合向邮传部禀请交回商办，并草订将来之办法，所有总理、总副、坐办均由股东推举，一切章程均遵公司之例办理，举从前积弊扫数廓清，并推广各埠航业云云。闻寓港、粤省股东多表同情，定于二十日在杏花楼集议。（疆）

（1907 年 2 月 26 日，第 3 版）

记招商局股东会议注册事

昨日午后，招商局股东为注册一事，集议于愚园，计到者一百九十八人，占股二万二千八百十六股，公推沈仲礼观察宣告宗旨，大旨谓招商局全系商股，众所共知，惟向来用官督之办法，去年九月有旨将轮船事宜归邮传部管理，查泰西各国受国家补助金者，方归国家管理，临时即为运兵之用，今招商局与此事理不符，爰议援照《商律》，呈请注册，以享保护利益。惟此事须由公决，以符商办章程，如以注册为然者请举手。当时举手者居多数，随议公举代表注册人数，众议以五人为率。又议到场者不论股份多少，一人有一选举权，众亦议决，随即发给选举票，各举五人，由施子英、周金箴两观察展阅，惟盛宫保最占多数，计一百零三票，次沈仲礼八十四票，周金箴七十九票，王子展七十六票，虞洽卿五十五票，众亦赞成，遂散会。（畸）

（1907 年 3 月 1 日，第 4 版）

纪招商局粤省股东在香港会议情形

〔广东〕正月二十日下午，招商局旅港粤东股东假座杏花楼叙会，商议禀请招商局注册各事宜，赴会者有张弼士太仆、伍秩庸侍郎、徐雨之观察等百数十人。宣布员陈君斗垣对众演说，谓今日请诸君到会，系商议招商局注册之事，久登告白，谅诸公经已知悉，现在特求诸君酌议定夺。徐雨之观察倡议举张弼士太仆为主席，众皆允洽。徐君云，今日叙会系因招商局注册及接到上海来电二扣须行酌议。首电云：转徐雨翁，昨奉杨侍郎电开“当转达帅座，注册事应由局禀请北洋办文，转咨农工商部为是”等语，可知不归邮部管辖，仍照《商律》办理，股东可以放心。至由局注册一层，须得粤港股东公认，乃能事出有名。凤辉翁意见相同，请知照众股东。辉□其次电云：徐雨翁鉴，商局注册事，昨晚杨侍郎来电，袁宫保谕可由局径行分禀邮、商两部。鄙意北洋一禀，仍候酌夺，众股东意见若何？请即陈说。黄主席云，今日之事当由众股东酌议如何，然后复电。徐君云，今日两事，请诸君先行酌夺：其一粤省各股东均□［允］将轮船招商局按照《大清商律》内《公司律》在商部注册为股份有限公司（见部律第二及二十三条），方君善亭从而赞成，众亦举手允洽，均无异言；其一公议赴部注册乃系局中之事，应由招商局中人出局名办理方为合格，不必另派股东，或用别人专任此事，是以众股东应联合公函，请现任总会遵照《公司律》注册，并一面禀邮传部及北洋存案。□□君复为之赞成，众亦允洽。是日议毕，各股东致谢张主席而散。（多）

（1907 年 3 月 16 日，第 9 版）

专电一

〔北京〕（二月初九日酉刻）邮传部不允招商局改归商办。

招商局股东前电达邮传部，请按照《商律》将招商局改归商办，兹邮传部及直督袁慰帅均不以此事为然，故不应允。（之）

（1907 年 3 月 23 日，第 2 版）

不允招商局改归商办之意见

〔北京〕初十日，本报载有邮传部不允招商局改归商办专电。今得北京确实访函□［云］，招商局股东前月在上海愚园集议归商办（理），公禀农工商部注册。现北洋与邮传部闻此消息，即提议此事，谓招商局从前创办系由官家一力主持，商人并未与闻，是创始权利应归公家所有。且开办之时，由国家借款二百万元，并无利息，虽经陆续拨还，但非公家补助不能得有今日，故只允股东有稽查账目之权，至概归商办则断不能允许云。（人）

（1907 年 3 月 30 日，第 3 版）

发息告白

轮船招商局仁济和保险局照章于三月初一日起凭折照发股息，随送账略，所有上年总结账册，沪、津、港、粤、汉、闽等处分局皆有分存，以便股商就近查阅。

谨启

（1907 年 4 月 2 日，第 5 版）

声明股票作废

本局于光绪十四年在浦东建立栈房，名曰华栈公司，原议股本规银十四万两，每股一百两，计一千四百股。因创办之初，股本毋须十四万两之多，故票折虽填每股一百两，实则每股只收银五十两，总共实收到股本规银七万两。至光绪二十年十一月公议全数归并招商局名下，当将各股东所有股票股折收回，涂销发还，本利清讫。惟有马眉叔观察名下当时搭入一百股，交来股本规银五千两，照章填付股票股折一万两，计票折五套，每套二十股，皆系□［续］服堂名户。因光绪十七年分马观察因事离局，欠有本局公款，愿将所搭华栈股本银五千两并应得历年股息一千两抵作欠项，允将股票息折即行交局涂销，是以即将根册注销转账。惟股票至今并无交来，曾经函催，置之不复，迄已十有余年，不知遗落何所。但此股票本息已于光绪十七年如数收抵马观察欠项，故已作为废纸。兹将花名第号开列于后，倘或有人将此股票出卖，请弗收受，以致自误。计开续服堂第一千三百零一至二十号，念股票折一套；一千三百二十一至四十号，念股票折一套；一千三百四十一至六十号，念股票折一套；一千三百六十一至八十号，念股票折一套；一千三百八十一至四百号，念股票折一套；共计一百股，票本银一万两，实只收到规银五千两。

轮船招商总局告白

（1907 年 4 月 3 日，第 5 版）

电邀招商局总办赴京

署理邮传部尚书林绍年以上海招商局改归商办一事会议数次，尚未就绪，因电招该局前总办赴京面询一切，以凭核办。（工）

（1907 年 5 月 7 日，第 5 版）

变卖汕头招商局地之纠葛

〔潮州〕汕头招商局公地，粤省大吏拟以二十万局［元］召变［买］，经上海招商总局恳由袁慰帅电达周玉帅，出价十五万元，将此地坐受，各节已纪前报。现悉袁慰帅来电，并未明定价值，惟恳其从缓召变［买］，以便磋商。又，总局某道来电中有“办理不孚众论，须据案力伸公理”等语，故玉帅接电大为不悦，现已电复慰帅，谓某道意在虚声恫吓，承嘱从缓变售，准展限一月至四月初十日为止，如招商局不能缴银二十万元，仍须将该地变卖云。（为）

（1907 年 5 月 13 日，第 12 版）

岑尚书拟廓清招商局积弊

〔北京〕闻邮传部岑尚书因南洋招商局所有船只有积欠外债、暗中将船作抵者，有听凭所雇之船主、水手等西人任意侵权者，若不亟图整顿，主权必因之尽失，因拟与外务部妥筹善策，以清积弊。（同）

（1907 年 5 月 28 日，第 4 版）

招商总局更委会办

招商总局申报各督抚略谓，窃奉北洋大臣袁札开：照得航路为国家交通要政，商业尤股东血本攸关，招商局自北洋创办以来三十余年，虽已大著成效，而近年各国轮船驶行我国江海口岸，公司林立，月异日新，互争运载，亟应将该局认真整顿，以保利权。查该局会办顾道因病常不在局，应即开差，所遗会办即委王道存善接办；徐道因病回籍，其前派会办一差即委唐道德熙代理等因。奉此，理合申报查核云云。（政）

（1907 年 6 月 11 日，第 4 版）

又有轮船开驶常德湖南

常郡自轮船通行以来，每岁日见增加，现在由湘汉专行常德者多至十余艘，近如太古公司之“沙市”、怡和公司之“昌和”两轮亦拟由汉改驶常埠。按，常德为自辟商埠，洋商轮船已络绎而至，独招商局则绝不议及，何梦梦若此耶？（亦）

（1907 年 6 月 13 日，第 12 版）

袁宫保批徐观察润禀

——仍饬代理招商局总办

来禀阅悉，具征□［力］疾从公，该道现已病痊销假，深堪欣慰，仍宜善自调卫，稍节劳□［勩］[①]。查该道原系会办商局，前经委派代理总办，□［旋］以该道因病在粤，其会办原差已委唐道德熙代理。目前该道既已回沪，自应即遵前札代理总办，并仍由唐道代理会□［办］，俾可各专责成。仰即遵照，并转知唐道查照此批。（二）

（1907 年 6 月 24 日，第 4 版）

部饬招商轮船更换新机

邮传部据上海招商总局禀称，开往福州之“丰顺”轮船行至福州洋

---

① 劳勩：láoyì，劳苦。（唐）陈子昂：《为张著作谢父官表》：“虽业艺无纪，劳勩不闻，小心恭勤，实免愆过。”

面，几蹈危机。查因船身太旧，机器亦窳朽，不堪复用等语。部中札饬招商局总办将旧机拆卸，更换新式机器，以保名誉，而防危险云。（幕）

（1907 年 8 月 14 日，第 5 版）

咨请招商局停支股息

横滨中华会馆董事鲍焜等具禀驻日总领事官，谓本埠同济医院前买受仁济和股票，计庆泰号由六千零五十五号至六十四号止，又罗谦益堂由一万四千一百四十六号至五十五号止，共二十股，向将息折交横滨永昌和号东罗伟堂，转托上海广永亨代收汇寄。迨永昌和遏业，罗伟堂回粤，既不将息折交还，及函询广永亨号东黄巽卿，又诿为不知；后适因董事魏庆恩、孔兆成至申向黄巽卿追问，又称与罗伟堂尚有款项纠葛，种种饰词串骗显然。惟魏、孔二董在申不能久留，只得回横滨，请领事官先行立案，一面函催罗伟堂速行了结，乃延不答复，殊属藐抗，恳请移知上海道饬招商局将该息停支，并移南海县差拘罗伟堂到案严追等情。现该领事官查得该股票既由该董事等收执，是此票为该院所置，毫无疑义，其可证者一。又罗伟堂在日屡将息银收交，登入征信录中，其可证者二。又，罗伟堂前曾有函称医院有票存据，可以有权追广永亨所存息折，其可证者三。而广永亨之抗延不交，则以由罗伟堂经手藉为口实，似此互相推诿，年复一年，何所底止？惟该息折虽与遗失者微有不同，而其中纠葛未清，在招商局亟应将息银暂行停支，俟此案完结方为照支，乃昭公允。如只以息折为凭，则仁济和之股票将何所用？即考之《商律》，亦无将执持股票之人置诸不理之条。该董等既将此事登于上海各日报，在招商局当已阅悉，敝领事为案关公款，且于善举大有妨碍，不得不予准理。特咨请沪道转咨招商总局将仁济和股内、庆泰内及罗谦益堂等股息银暂行停支，并各分局一体遵照。

（1907 年 10 月 5 日，第 19 版）

上海轮船招商局呈复江督文

——为备办救命圈事

查招商局行驶长江、沪汉各轮船应置前项救生器具，历经早年预备齐全，不仅救生圈一种，计现在各船所存件数名目，以救命带为最多，救命排次之，救命泡即救命圈又次之，平时置放在船，专人管理，皆系取携极便之处，似可预备不虞，诚为慎重人命起见。嗣后随时修旧换新，及应酌量添置之数，仍当饬知各该船船主、坐舱加意经管，禀候核办，勿得视为具文；并不准藉词收费，庶可藉防危险，仰副宪怀。奉饬前因，理合将商局各轮现存救生器具开单，申祈鉴核，转饬知照，实为公便。（昆）

（1908 年 1 月 17 日，第 18、19 版）

遗失提单

本月十三日宁波遗失招商局“江天”一百三十五次装申第三十五号SD 唛提单一纸，计棉花五十包，已向该局说明，此单作为废纸。特此声明。

义成斋启

（1908 年 1 月 19 日，第 8 版）

招商局竞争宜汉航利

〔汉口〕招商汉局由汉开驶宜昌江轮向仅二艘，兹因宜埠商业发达，货物幅凑，各公司均添轮行驶，招商汉局独循旧章，未免向隅。因此亦拟加添“普济”轮船一艘往来宜汉，然船身狭小，不及各公司远甚，欲求争胜于人其可得乎？（今）

（1908 年 3 月 5 日，第 12 版）

礼拜五拍卖轮船机器

鲁意师摩洋行始创自同治十三年，即英一千八百七十四年，准于十一日下午二点半在江南制造局船厂拍卖招商局“海定”轮船一应船上机器、炉子、烟囱、棠干炉子，并卸下紫铜、黄铜、家生一应生熟铁等物，拍后限三礼拜出清，各买客欲看详细，请至该厂观看可也。此布。

鲁意师摩洋行启

（1908 年 3 月 7 日，第 7 版）

小轮跌价争市

〔扬州〕由镇江至清江内河小轮船，自东宇公司亏本停班后，票价大涨，兹闻东宇集股复开，招商局、戴生昌、日清三公司又将水脚跌落，争揽搭客。（带）

（1908 年 3 月 9 日，第 12 版）

股 票

二月十七日交通公司报告

粤汉铁路股票	现盘	七角
通商银行	又	三十四两
招商局	又	一百三十四两半
耶松船厂	又	八十两
汉口自来水	又	九元八角
开平煤矿	又	十五两

（1908 年 3 月 20 日，第 21 版）

股 票

二月念一日交通公司报告

公和祥股票	现盘	二百二十两
兰格志	又	四百四十二两半
开平	又	十四两二钱半
汉口自来水	又	九元八角

招商局	又	一百卅四两半

（1908 年 3 月 24 日，第 24 版）

股　票

二月念三日交通公司报告

公和祥除利股票	现盘	二百二十四两
兰格志	又	四百四十两
招商局	又	一百卅五两
信成银行	又	六十元
开平	又	十四两二钱半

（1908 年 3 月 26 日，第 24 版）

发息告白

轮船招商局仁济和保险局照章于三月初一日起凭折照发股息，随送账略，所有上年总结账册，沪、津、港、粤、闽、汉等处各分局皆有分存，以便股商就近查阅。

谨启

（1908 年 3 月 29 日，第 3 版）

股　票

三月初一日交通公司报告

兰格志股票	现盘	四百六十两
德律风	又	五十五两
福利公司	又	二十三元
公和祥	又	一百二十两
招商局	又	一百三十五两

（1908 年 4 月 2 日，第 21 版）

股 票

三月初二日交通公司报告

德律风股票	现盘	五十五两
怡和纱厂	又	五十六两
兰格志	又	四百六十两
公和祥	又	一百二十八两五钱
福利公司	又	二十三元
招商局除利	又	一百二十五两
信成银行	又	六十元

（1908 年 4 月 3 日，第 21 版）

股 票

三月初三日交通公司报告

兰格志股票	现盘	四百五十五两
公和祥	又	二百十七两五钱
招商局	又	一百廿四两五钱
德律风	又	五十五两
耶松	又	七十九两
汉口自来水	又	十元

（1908 年 4 月 4 日，第 21 版）

股 票

三月初五日交通公司报告

耶松股票	现盘	七十九两
广东自来水	又	十五两
招商局	又	一百卅四两五钱

福利公司	又	二十三元
怡和纱厂	又	五十六两

（1908 年 4 月 6 日，第 21 版）

股　票

三月初六日交通公司报告

兰格志股票	现盘	四百六十两
怡和纱厂	又	五十六两
德律风	又	五十五两
招商局	又	一百廿四两
公和祥	又	二百卅二两半
汉口自来水	又	十元

（1908 年 4 月 7 日，第 21 版）

股　票

三月十四日交通公司报告

兰格志股票	现盘	四百六十两
耶松	又	八十两
公和祥	又	二百廿六两
招商局	又	一百廿四两
德律风	又	五十五两
电车	又	十磅五先令

（1908 年 4 月 15 日，第 21 版）

股　票

三月廿二日交通公司报告

公和祥股票	现盘	二百二十五两

兰格志	又	四百六十两
招商局	又	一百廿三两
开平	又	十六两
通商银行	又	三十三两
广东自来水		十五两

（1908 年 4 月 23 日，第 21 版）

武汉风灾三志

（前略）

四、关于招商局各轮被风情形。招商局“江孚”轮船未解缆时，与趸船互相碰撞，以致船后木栏均被撞破，所有赶先装入该轮之油有撞漏者，有从高跌下者，致船内各处皆油。又，报装出口各项杂货，其已装入者仅一千数百件，尚有数千件概行退关。是日本系该轮开沪之期，后至次日下午始行展轮。“江新”轮船本定二十五日开沪，亦改期二十六日解缆。该轮本欲停泊对岸，后因风势过劲，遂开至鲇鱼套下碇。至半夜后，忽有某公司轮船因走锚撞于该轮后梢，以致互有损伤。该局趸船所断跳桥以及跳板、桩木等物均被漂流殆尽。该局有火龙船一艘，被浪激沉，现已捞起。是日风起之后，该局栈房司事数名及各客家咸在趸船招呼货件，后因跳桥吹断，不能上下，均在趸船冻饿一夜，待次早风息，始准驳船渡之登岸。该局近年新造栈房所盖之洋铁瓦，被风吹起者不少，现须雇工修理。闻太古及怡和等之各跳桥亦有被风吹断者，现下皆须修理。

（1908 年 5 月 2 日，第 6 版）

股　票

四月十四日交通公司报告

兰格志股票	现盘	四百七十七两半
开平	又	十五两六钱
德律风	又	五十四两半

公和祥	又	二百二十三两
招商局	又	一百十九两
耶松	又	八十二两
通商银行	又	三十三两

（1908 年 5 月 14 日，第 6 版）

股　票

五月初三日交通公司报告

兰格志股票	现盘	五百十五两
公和祥	又	二百廿七两
招商局	又	一百十八两
电车	又	九磅十二先令
福利公司	又	十九元
开平	又	十五两七钱半
耶松	又	八十六两

（1908 年 6 月 2 日，第 21 版）

收买粤路股票

收买广东粤汉铁路股票、汉口既济水电股票、鄂境川汉铁路股票，并有招商轮船股票、广东自来水股票出售，如有交易，请午后前来面谈，价从公道。外埠函询，信资自给。

江西路二摆渡宝善里天成号冯礼堂启

（1908 年 6 月 12 日，第 8 版）

股　票

六月初五日交通公司报告

耶松股票	现盘	八十二两

怡和纱厂	又	五十七两
公和祥	又	二百念二两半
电车	又	十磅五先令
鸿源丝厂	又	六十七两半
招商局	又	一百十八两

（1908年7月4日，第21版）

股　票

六月十五日交通公司报告

蓝格志股票	现盘	五百廿二两半
公和祥	又	二百十七两半
开平	又	十五两七钱半
招商局	又	一百十七两半
耶松	又	七十八两
密采里	又	七两半

（1908年7月14日，第21版）

招商局“江裕”轮船广告

启者：本船现已一律修好，行驶尤快，准于六月廿二礼拜一晚仍赴长江各埠。特闻。

江裕账房袁谨白

（1908年7月17日，第1版）

股　票

六月十九日交通公司报告

耶松股票	现盘	七十八两
蓝格志	又	五百廿二两半
密采里	又	七两半

招商局	又	一百十七两
德律风	又	五十六两
公和祥	又	二百十二两半

（1908 年 7 月 18 日，第 21 版）

广　告

自沪宁铁路开车后，清江、扬州及沿途各处行旅往来日渐增多，现本公司等因为便客起见，特议单放坚快小轮船一艘，以及洋式拖船，停泊于车站附近之东方码头，专备接送火车搭客，在镇江准于下午三点半钟开往清江，在清江准于上午十点半钟开船，至次日清晨到镇，适接续南京早班火车。拟于华历六月十七日起。恐未周知，特此广告。

招商局、日清公司、戴生昌同启

（1908 年 7 月 19 日，第 5 版）

股　票

六月廿五日交通公司报告

蓝格志	现盘	五百四十二两半
开平	又	十五两二钱半
耶松	又	八十六两
怡和纱厂	又	六十三两半
业广公司	又	一百十六两半
招商局	又	一百十六两半

（1908 年 7 月 24 日，第 21 版）

股　票

七月十一日交通公司报告

公和祥	现盘	一百八十两

蓝格志	又	五百五十七两五钱
招商局	又	一百十七两
开平	又	十五两二钱五分
耶松	又	八十四两
电车	又	九磅十五先令

（1908 年 8 月 8 日，第 21 版）

股　票

七月二十四日交通公司报告

耶松	现盘	八十四两半
公和祥	又	一百六十二两半
怡和轮船	又	四十二两
蓝格志	又	五百五十七两半
招商局	又	一百十六两半
怡和纱厂	又	六十四两

（1908 年 8 月 21 日，第 21 版）

股　票

八月初一日交通公司报告

公和祥	现盘	一百六十七两半
蓝格志	又	五百五十七两半
礼查	又	十七元
叭喇糖	又	九十二两
电车	又	九磅二五
招商局	又	一百十七两

（1908 年 8 月 28 日，第 21 版）

股　票

八月初五日交通公司报告

公和祥	现盘	一百七十一两
蓝格志	又	五百六十七两半
耶松	又	八十五两半
招商局	又	一百十七两
业广	又	一百十五两
德律风	又	五十七两半

（1908 年 9 月 1 日，第 21 版）

江督端奏复盛宣怀被参各款折

（1908 年 9 月 6 日，第 18 版，文见“综合评论”）

股　票

八月十三日交通公司报告

公和祥	现盘	一百六十五两
兰格志	又	六百零五两
招商局	又	一百十七两
业广	又	一百十六两半
礼查	又	十五元
耶松	又	八十五两

（1908 年 9 月 9 日，第 21 版）

股　票

八月廿四日交通公司报告

兰格志	现盘	五百三十两

电车	又	九磅
怡和纱厂	又	六十二两
公和祥	又	一百六十一两
耶松	又	八十四两
招商局	又	一百十八两

（1908 年 9 月 20 日，第 21 版）

股　票

九月初三日交通公司报告

公和祥	现盘	一百五十五两
兰格志	又	六百三十七两半
开平	又	十六两
电车	又	九磅
招商局	又	一百十八两
通商银行除利	又	三十三两半

（1908 年 9 月 28 日，第 21 版）

股　票

九月十三日交通公司报告

招商局	现盘	一百十九两
开平	又	十六两二钱半
鸿源纱厂	又	六十六两
公和祥	又	一百五十二两半
通商银行	又	三十三两
兰格志	又	六百四十五两

（1908 年 10 月 8 日，第 21 版）

股　票

九月十五日交通公司报告

公和祥	现盘	一百五十五两
怡和纱厂	又	六十六两
叭喇糖	又	九十两
招商局	又	一百二十两
兰格志	又	六百五十五两
司卖得	又	一百十两

（1908 年 10 月 10 日，第 21 版）

股　票

九月廿一日交通公司报告

招商局	现盘	一百二十两
电车	又	九磅
德律风	又	五十八两
怡和纱厂	又	六十七两
鸿源纱厂	又	一百十四两
兰格志	又	六百五十两

（1908 年 10 月 16 日，第 21 版）

股　票

十月初五日交通公司报告

兰格志	现盘	七百两
公和祥	又	一百五五十四两
鸿源纱厂	又	五十八两五钱
怡和纱厂	又	六十七两半

招商局	又	一百二十两
德律风	又	五十八两

（1908年10月31日，第21版）

浙省退还租用小轮

江、浙两省前因剿办枭匪，由浙抚电请沪道在沪租用内河招商局“公裕”等浅水小轮五艘。现匪势平靖，此项租用小轮应须退还，以节縻费。昨浙抚增中丞特电致蔡观察，转请内河招商局迅将各小轮调回，缴还执照。

（1908年11月18日，第19版）

股　票

十月七四日交通公司报告

蓝格志	现盘	八百四十两
招商局	又	一百二十两
汉口水电	又	十元
耶松	又	八十两
开平	又	十五两
福利	又	二十元
司卖得	又	一百三十两

（1908年11月18日，第29版）

股　票

十一月十三日交通公司报告

蓝格志	现盘	八百九十两
电车	又	七磅
德律风	又	五十八两

招商局	又	一百二十两
开平	又	十五两二钱半
耶松	又	七十九两

（1908 年 12 月 7 日，第 27 版）

沪宁铁路与招商局总办之更调

沪宁铁路及招商局总办钟文耀现为驻美参赞，闻邮传部拟以道清铁路总办黄仲良调充沪宁铁路总办，其招商局总办一缺拟以前宜昌太古洋行买办王文楠充当。

（1908 年 12 月 21 日，第 19 版）

股　票

十二月初六日交通公司报告

广东自来水	现盘	十七两半
招商局	又	一百廿一两
公和祥	又	一百四十两
兰格志	又	八百六十两
德律风	又	六十两
电车	又	六磅

（1908 年 12 月 29 日，第 27 版）

股　票

二月初十日交通公司报告

招商局	现盘	一百廿六两
蓝格志	又	七百八十两
公和祥	又	七十七两半
开平	又	十八两

德律风	又	六十一两
业广	又	一百十五两

（1909 年 3 月 2 日，第 27 版）

对待大连之新航线

南满铁路公司开设自大连至上海之航路，以图吸集货物于大连。近闻京奉铁路局为对待大连起见，与招商局订议开设自秦皇岛至上海之航路，议将东省货物运至营口，及装载京奉铁路者，悉由秦皇岛直运上海，以资各商之便利云。

（1909 年 3 月 4 日，第 10 版）

股　票

二月廿五日交通公司报告

蓝格志	又［现盘］	八百十两
怡和纱厂	又	一百十五两
怡和轮船	又	四十五两
鸿源纱厂	又	八十四两
招商局	又	一百念七两五钱
德律风	又	六十二两

（1909 年 3 月 17 日，第 29 版）

股　票

二月廿九日交通公司报告

鸿源纱厂	又［现盘］	九十一两
公和祥	又	一百七十六两
福利	又	廿三元五角
自来水	又	一百十五两

业广	又	一百十五两
招商局	又	一百二十八两

（1909 年 3 月 21 日，第 27 版）

股　票

闰二月初八日交通公司报告

蓝格志	又［现盘］	八百两
公和祥	又	一百六十六两
怡和纱厂	又	一百十七两
招商局	又	一百二十九两
福利	又	廿三元半
叭喇糖	又	一百廿五两
开平	又	十八两半

（1909 年 3 月 30 日，第 29 版）

京师近事

农工商部溥尚书与邮传部李尚书日昨会商，拟将航路贸易扩充，并谋海运业发达。惟查招商局轮船现因贸易尚不见旺，恐将来航运不免赔损，故已议饬上海招商局总办调查各轮于某埠行运有利、某埠行运有亏，查明报部，以便设法帮补，期在畅行航路之贸易，俟他日轮运得有盈利，当即报明由部核定办法，以维航业。闻现已咨饬招商局总办查明复报矣。

（1909 年 4 月 4 日，第 5 版）

发息告白

轮船招商局仁济和保险局照章于三月初一日起凭折照发股息，随送账略，所有上年总结账分存沪、津、汉、闽、港、粤等处分局，以便股商就近查阅。

谨启

（1909 年 4 月 15 日，第 1 版）

股　票

闰二月念九日交通公司报告

蓝格志	又［现盘］	一千一百两
公和祥	又	一百六十七两
怡和纱厂	又	一百十五两
司买得	又	一百念五两
开平	又	十八两
招商局	又	一百三十两

（1909 年 4 月 20 日，第 27 版）

交　旨

三月十五日军机大臣钦奉谕旨："度支部、邮传部会奏查明复奏一折，嗣后招商局着归邮传部管辖，以符名实，所有路、船、邮、电四项出入款目，均着邮传部切实考核，按年奏销，并咨明度支部复核办理。钦此！"

（1909 年 5 月 10 日，第 3 版）

股　票

三月念四日交通公司报告

蓝格志	又［现盘］	一千一百五十两
公和祥	又	一百七十一两
怡和轮船	又	六十二两半
司买德	又	一百四十两
耶松	又	八十五两

招商局	又	一百二十两
通商银行	又	三十五两

（1909 年 5 月 14 日，第 2 版）

旧趸船出卖

启者：今有镇江局旧趸船出售，限期四月初十日为止，该船停泊镇江对岸，言明即在该处交收，买主只可拆卸，不得作别用。所有铁锚、铁链，本局留为自用，不卖。如欲承买此趸船者，请到总局面议一切是实。

招商总局广告

（1909 年 5 月 16 日，第 7 版）

招商局设立董事会要电

招商局旅沪、旅粤港澳股商上邮传部电：北京邮传部列堂钧鉴，恭读上谕，招商局归大部管辖，仰见慎重航路，惠保商业，与各省商办铁路隶部兼辖者，一体维护，钦服至深。局名“招商”，完全商股，从前未颁《商律》，无可遵循，现值商智开通，隶部之商办铁路概有董事会，轮船股份公司成效最先，尚未成立，是以未经奉旨之前，在粤股商先已集议，公举代表赴沪会商此事。适奉隶部之旨，谨合词援引路案，环乞宪恩，准由轮船股商就沪设立董事会，集思讨论，以符《商律》，而安各省股商之心。仍俟奉准设会后，将所议条件随时录呈大部钧核，祈复谕遵行。旅沪股商严义彬、杨学沂、庄箓、席裕成、周晋镳、虞和德、王尔锐、邵廷松、席裕康、王荣、卢金鉴、唐寿江、邵恒、张鸿禄、严廷桢、张湘，旅粤港澳股商郑官应、林羲、招文鸿、潘飞声、徐恩成、叶舜琴、萧登、叶成珍、叶芝荪、叶辉石、许国荣、许明轩、许乔松、许义、郑炳劭、郑秉峻等谨禀。

邮传部复电

招商总局：据沪、粤、港、澳股商严义彬等电称，援引路案，就沪设立董事会，集思讨论，以符《商律》，仍俟奉准设会后，将所议条件录呈核办等情。查轮船招商局本系完全商股，该股商等禀请设立董事会自应照准，惟组织会中一切章程，必须恪遵钦定《商律》办理，仰即转饬该股商遵照，并将所议事件随时呈报以凭核办。邮传部，宥印。

（1909 年 5 月 17 日，第 5 版）

轮船招商局股东挂号处广告

前奉三月十五日上谕，招商局归邮传部管辖，在沪股商与粤、港、澳股商公举来沪之代表，词电禀邮传部，请照隶部商办铁路之案，就沪设立董事会，旋奉宥电照准，并饬遵照钦定《商律》，组织会中一切事宜；原文登载各报，谅邀全体股商公鉴。同人公议先在上海四马路五号洋房设立挂号处，请本埠、外埠各股东每日早九点钟起下午四点钟止，亲携股票或息折来处，将户名、号头、通信住址一一登记坐簿，以两月为限。挂号逾全股之半，即开股东大会，遵照部电，按照《商律》组织商办隶部管辖章程，立案注册，以垂久远。事关奉准部复，幸勿放弃迟逾。谨此广告，惟祈公鉴。

旅沪股商：严义彬、杨学沂、庄箓、席裕成、周晋镳、虞和德、王西锐、邵廷松、席裕康、王荣、卢金鉴、唐寿江、邵恒、张鸿禄、严廷桢、张湘；旅粤、港、澳股商：郑官应、林羲、招文鸿、潘飞声、徐恩成、叶舜琴、萧登、叶成珍、叶芝荪、叶辉石、许国荣、许明轩、许乔松、郑炳劭、许义、郑秉峻同启

（1909 年 5 月 19 日，第 1 版）

京师近事

（上略）

邮传部李尚书因招商局已归该部管理，故于日昨饬部员将招商局所有轮船调查，每年将应行修理制造之船若干，并残弃之船若干，至招商局历年所行各省之航路系属何处，一并查明呈阅。闻李尚书现拟扩张轮船海运

事宜，故饬部员查核。（后略）

（1909 年 5 月 20 日，第 6 版）

股　票

四月初二日交通公司报告

蓝格志	又［现盘］	一千一百四十五两
公和祥	又	一百六十七两
开平	又	十七两二钱半
怡和轮船	又	五十四两
业广	又	一百十九两
招商局	又	一百二十一两

（1909 年 5 月 21 日，第 27 版）

轮船招商局股东公鉴

招商局禀奉部准设立董事会，已在上海先设股东挂号处，兹又在广东、香港、澳门、福建、汉口、天津等六埠分设挂号处，请各股东就近挂号，务必尽四月以内速行挂齐，不胜盼切。计开广东省城托恒顺行林竹邻、徐树堂两君办理，香港托《□报》招安甫、叶舜琴两君办理，澳门托宜昌公司黄瀛洲、叶侣珊两君办理，福建省城托源丰润胡梅宾、陈鹤亭两君办理，汉口托协成银号王达夫、陈聿笙两君办理，天津托源丰润王荫人、汪文麟两君办理。

上海轮船招商局股东挂号处启

（1909 年 6 月 1 日，第 1 版）

轮船招商局全体股东公鉴

自奉邮部准设董事会之电，各股东亲携票折来处挂号者，一星期内已达万股左右，具征关怀商业、合力保守之意。同人等一再□［筹］议股东会缘起，以组织商办隶部章程为要点，而组织章程以遵照部电、不越钦定《商律》范围为宗旨，各股东于轮船局务、财产攸关，谅已研究有素，务请各撰说略，下列股票号码、股东名姓，封送挂号处盖印回单。本处已聘请编辑起草员，就所到书内采取不背《商律》之精义，拟具成稿，于开会日排印分送，所以请注股东票数名姓者，表明此系全体股商合力协商，并非发起人之少数私议。惟非股东虽有佳□，亦从割爱；即系股东而所撰意见逾于《商律》范围之外者，亦恕不采入。濡笔以待，祈迅赐教，俾得于五月内择期开会。谨此广告，幸勿迟逾。

上海四马路五号洋房股东挂号处同人公启

（1909 年 6 月 8 日，第 1 版）

轮船招商局股东挂号处报告

本处截至四月念六日止已挂号一万三千余股，原议须逾股份全数之半方可开会，务请各股东迅速挂号，开会需用一切概不向股东收费。特此报告。

（1909 年 6 月 15 日，第 1 版）

招商局股东挂号处第二次报告

本处四月念六止挂号之股数业已登报广告，兹截至五月初十止，连前共计已挂号一万八千九百六十八股，是挂号之数逐渐增多，各埠代理挂号处由本处函催外，请本埠、外埠有股诸君赶速挂号，俟开会定期，再邀请诸君亲自到会，筹议一切。特此布告。

（1909 年 6 月 29 日，第 1 版）

轮船招商局股东挂号处第三次报告

本处截至五月念九止，为登报挂号两月限满之期，上星期报告股东挂号已达一万八千九百六十八股，此七日内续又来挂一千一百十五股，连前共计二万零零八十三股，业逾股额全数之半，除择定地址、议定日期特开大会，先期函送入场券邀请莅议外，本埠有股诸君如有尚未挂号者，请速照办，以免放弃股东应有之权，是为至祷。

（1909 年 7 月 6 日，第 1 版）

招商局股东挂号处第四次报告

上次报告挂号数目二万零零八十三股，此七日内续又来挂三千零六十一股，连前共计二万三千一百四十四股，公议股东大会定期六月三十日，外埠挂号于六月十五日截数，本埠挂号于六月念五日截数，过期不挂，自弃权利，发起人不担责任。

谨此报告，伏祈公鉴。

（1909 年 7 月 13 日，第 1 版）

轮船招商局股东大会日期广告

六月三十日一点钟在上海静安寺路斜桥万国体育会举行选举董事会，届时请各股东持入场券，亲□［莅］会场，选举董事。其入场券按照已经挂号各股东户名分投函送矣。

（1909 年 7 月 13 日，第 1 版）

招商局股东禀邮、商两部电

——为设立董事会事

邮传部、农工商部列堂钧鉴：前奉邮部宪三月宥电，以招商局完全商股，饬令遵照钦定《商律》就沪设立董事会等因。凡在股商同深感颂，遵既登报通知中外各埠有股之商先行挂号，研究《商律》，各抒意见。截至五月底止，除外埠已挂未报外，上海挂号处据股商持验票折陆续挂号二万四千余股，已得股份全额十成之六，公议六月三十日在上海静安寺路特开股东大会，选举董事，组织商办隶部章程，届时再行禀请注册立案。所有奉电遵办情形，合先禀慰宪廑。旅沪股商严义彬、旅粤股商郑官应等同叩。艳。

（1909 年 7 月 17 日，第 19 版）

轮船招商局股东挂号处致外埠代理处函

敬启者：轮船招商局股东禀奉邮传部准设立董事会，组织商办隶部章程，先将所执之股份按户挂号，开会选举。嗣恐远埠股东持票及折来沪挂号或有未便，是以奉托尊处代理，已蒙陆续函寄，具纫公谊。前经三次登报报告，五月十九止已达二万零零八十三股。顷又查至五月二十四日止，此七日内加增三千余股，已到二万三千一百四十四股，急应择定地址，议订会期，开会选举。兹经议定六月三十日下午一点钟为股东大会之期，假上海静安寺路万国体育会为会场，请远近各股东先期到沪，届日莅会。惟挂号股份虽近全额六成之谱，未曾挂号者尚多，务必请各股东赶紧续来挂号。上海本埠则议于六月二十五日为止，各外埠代理处则议于六月十五日为止，宁先期，毋后期。六月半截止之后，请尊处将股东挂号册及入场券存根，赶即寄沪，俾可汇刻总单，预备一切，以免临时局促。务必知照各股东，届时持入场券亲自莅会，既可被选为董事，并可选他股东为董事。此次大会专为奉部电选举董事而设，幸勿放弃利权。股东散处各埠，不克分投知照，请即将此原信登报广告，以便远近周知为□。

（1909 年 7 月 17 日，第 20 版）

招商局股东挂号处第五次报告

上次报告挂号数目二万三千一百四十四股，此七日来续又来挂二千一百股，连前共计二万五千二百四十四股。公议股东大会定期六月三十日，禀报邮部、商部电文登载初一日《申报》第三张。外埠挂号于六月十五日截数，本埠挂号于六月念五日截数，过期不挂，自弃权利，发起人不担责任。谨此报告，惟祈公鉴。

（1909 年 7 月 20 日，第 1 版）

招商局股东挂号处第六次报告

上次报告挂号数目二万五千二百四十四股，此七日来续又挂号一千五百股，连前共计二万六千七百四十四股。公议股东大会定期六月三十日，外埠挂号于六月十五日截止，本埠挂号于六月念五日截止，过期不挂，自弃权利，发起人不担责任。谨此报告，惟祈公鉴。

（1909 年 7 月 27 日，第 1 版）

轮船招商局股东挂号处告白

昨有本埠刘聊斋先生邮局来信，嘱挂仁德堂户名十股；又长沙草潮门贻裕堂邮局来信，嘱挂贻裕堂一百股。一有名姓而无住址，一有住址而无名姓，于本处凭验票折挂号之章程不符，开会只有数日，请二公速将所执票折送处照挂，幸勿再迟，至为盼祷。

（1909 年 8 月 3 日，第 1 版）

招商局股东挂号处第七次报告

上次报告挂号数目二万六千七百四十四股，此七日内续又挂号一千六百三十二股，共计二万八千三百七十六股。公议股东大会定期六月三十日，外埠挂号业已截止，本埠挂号于六月念五日截止，过期不挂，自弃权利，发起人不担责任。谨此布告，惟祈公鉴。

（1909 年 8 月 3 日，第 1 版）

招商局股东挂号处第八次报告

上次报告挂号数目二万八千三百七十六股，此七日内续又挂号二千一百七十一股，共计三万零五百四十七股。公议股东大会定期六月三十日，外埠挂号业已截止，本埠挂号于六月念五日截止，过期不挂，自弃权利，发起人不担责任。谨此布告，惟祈公鉴。

（1909 年 8 月 10 日，第 1 版）

招商局股东挂号处第九次报告

上次报告挂号数目三万零五百四十七股，此二日内续又挂号六百七十一股，共计三万一千二百十八股，业于六月念五日截止。谨此布告，惟祈公鉴。

（1909 年 8 月 12 日，第 1 版）

轮船招商局股东大会纪事

昨日招商局股东在张园举行董事会，到者七百三十二人，股份三万一千二百六十四股。下午两句钟开会，严子均君报告开会缘由，郑陶斋君叙述粤、港、澳各处股商委托代表情形，继由各股东公举谭干臣、唐翘卿、朱静山、施子英四君监察开筒，盛宫保、施省之、谭干臣、严子均、郑陶斋、盛揆臣、唐翘卿、张伯讷、杨绶卿权数最多，照章应为董事。旋接盛宫保函辞，既以次多数何伯梁升补。当推举时，郑陶斋君以年老多病，严子均君以宁绍商轮公司先经举为协理，分别辞退，经诸股东请董事决议，多数挽留。遂又公举查账人，顾咏诠、严渔三权数最多。举毕，董事与各股东遵照《商律》，公同组织章程四十六节，并拟定注册禀稿，由杨绶卿君宣布，全体赞成，五钟散会。

附禀报邮传部电：北京邮传部、农工商部钧鉴，三十日招商局股东大会到会股东七百三十二人，挂号股数三万一千二百六十四股，投筒选举张允言、施肇曾、谭国忠、严义彬、郑官应、盛昌颐、唐国泰、杨学浙、何声灏九人为董事，顾润章、严廷桢二人为查账人，公议禀稿及隶部商办章程，悉遵《商律》，由董事列名，分禀注册。发起股商，即于今日交卸。谨此禀报。旅沪股商严义彬、旅粤股商郑官应等叩。

（1909 年 8 月 16 日，第 18 版）

邮部奏报接收轮船招商局

〔北京〕邮传部奏报接收招商局事，曾载前报专电，兹悉原奏略云，准军机处片交钦奉谕旨："嗣后招商局着归邮传部管辖，以符名实等因，钦此。"当经臣部恭录谕旨，咨行北洋大臣，并札饬招商总局钦遵办理。兹于六月二十八日准北洋大臣将该局文卷六宗、月报册七十六本、年终册十四本、账略八本移交前来，当即妥饬司员逐件点收，数目相合，嗣后该局一切事务自应钦遵谕旨，径由臣部直接管辖，并将应行整顿扩充各事，随时认真办理，以期维持航业，融洽商情。七月十一日奉旨："已录。"

（1909 年 9 月 9 日，第 10 版）

闽浙洋面大风报告

据本埠徐家汇天文台报告，浙江、福建洋面一带日来起有大风，故香港来沪之船应于昨日抵埠者均已失期，招商局之"广利"轮船亦在其内，大约现已下碇，暂避风力。

（1909 年 9 月 17 日，第 18 版）

"图南"轮船失火即熄

前夜招商局接汕头来电，谓"图南"轮船机器室起火，窜入舱内，延烧客房两间，幸由水手竭力救熄，惟该船货件已受水渍云云。旋发电至汕头探问详情，尚未得复，大约因损失尚微，已开往厦门回沪矣。

（1909 年 9 月 23 日，第 19 版）

招商局派轮专运砖茶

〔汉口〕汉上西帮各字号所办之砖茶，向由招商局各轮运赴上海，再行转运天津，以销内外蒙古、西比利亚等埠。现因销数较往来为畅，汉上茶商办货颇多，招商局往来长江各轮不敷装载，特请上海总局派“新昌”轮船于二十五日抵汉，专装砖茶直运天津，以免过驳之劳。

（1909 年 10 月 15 日，第 12 版）

梁参议有勘查招商轮船消息

〔北京〕邮传部徐尚书因上海轮船招商局前已奉旨归部管辖，尚须派员前往勘查该局轮船及一切办法，以资整顿，闻下月初间即派左参议梁士诒赴沪查核。

（1909 年 10 月 21 日，第 4 版）

筹设中央轮船公司办法

〔北京〕邮传部徐尚书现拟创立中央轮船公司，昨已饬航务司组织一切章程，惟开办经费甚巨，不易筹集，故现有招集商股办理之信。

（1909 年 10 月 21 日，第 4 版）

京师近事

（前略）邮传部徐尚书因招商局现经收归官办，其旧有之商股应得本利应每届一年清算一次，并将官利、花红一并发表，以昭公道，故昨饬船政司员将官商股本详细查算，以便明年清算发表。（下略）

（1909 年 10 月 24 日，第 5 版）

股　票

十一月初三日交通公司报告

蓝格志	元	八百四十两
公和祥	又	一百二十八两
汇中	洋	十五元

客林磅	元	二百三十两
叭喇糖	又	三百四十两
耶松	又	七十六两半
招商局	又	一百三十二两
业广	又	一百二十两

（1909年12月16日，第21版）

邮传部奏陈明轮船招商局历年官督商办情形并拟查账办法折

奏为陈明轮船招商局历年官督商办情形，并拟查账办法，恭折具陈，仰祈圣鉴事。窃臣部于本年三月十五日准军机处片交钦奉谕旨："嗣后招商局着归邮传部管辖，以符名实，所有路、船、邮、电四项出入款目均著邮传部切实考核，按年奏销，并咨明度支部复核办理等因，钦此！"具见朝廷慎重交通，综核名实之至意。当经臣部恭录谕旨，分别咨札，钦遵办理，并于七月十一日将接收招商局日期具报在案。伏思臣部为轮、路、电、邮四政之总汇，无一不系乎交通，即无一不关于财政，当此清理度支之时，自应严切钩稽，以昭核实。

查轮船招商局自同治十一年前北洋大臣直隶总督李鸿章奏明创设以来，原定为官督商办，惟时仅有轮船三艘，资本亦少。迨光绪二年买并旗昌船栈后，始大加扩充，当因风气初开，商股难集，暂借官帑补助，责令缴交利息，按年还本，所有盈亏全归商认，与官无涉。迄今本银早已还清，纯为商股，并无官款在内，是以该局虽向系北洋监督，而于一切进款每年除提余利二成作为商家报效北洋经费及上海实业学堂经费外，余或归该局公积，或作商股利金，其历年收支数目仅按月造具清册，年终刊刻总结账略，除颁示股东外，一面呈报北洋大臣复核，并不奏销。此历年该局官督商办情形也。现在该局既归臣部管辖，所有各事自应钦遵谕旨，酌量变通，以求至当。款项出入尤系商本攸关，虽其中并无官款，原可毋庸奏销，然既名为官督，则非妥筹综理之方，亦难曲尽保护之责。臣等公同商酌，拟由臣部造具月报格式颁发总、分各局，饬将每月各局存本、进款、开支、结彩四项详分子目造具清册，先由各埠分局具报上海招商局，再由总局按月、按年汇总呈报臣部，由臣部详加考核。每届年终，谨将该局盈亏情形奏报一次，并咨报度支部、农工商部备案。如蒙俞允，即由臣部札饬招商总局遵照办理。至各股东应享利益，应仍照章办理，以期保固商本，扩充航权。前由该商等禀请设立董事会，条具章程，业经臣部酌核批示试办。其余关系船政一切规制，尚未完备，容臣等体察情形，随时编辑，再行奏明办理。所有奏明招商局历办情形，并酌拟查核账目办法各缘由，是否有当，理合恭折具陈，伏乞皇上圣鉴训示。谨奏。宣统元年十二月十三日奉旨："已录。"

（1910 年 2 月 15 日，第 18 版）

轮船撞沉沙船

招商局"江天"轮船前日由宁波开驶来申，夜半时驶至里铜沙江面，与出口某沙船相遇，该沙船灯火不明，致被"江天"拦腰冲撞，立时沉溺。"江天"轮二副等停轮施救，只援起二十余人，尚少三人，想已与波臣为伍矣。

（1910 年 4 月 6 日，第 19 版）

烟台预备送赛物品之特色

〔山东〕烟台商会前接劝业道札饬，以南京本年赛会宜预备各种物品前往比赛，以期交换智识，助工商之进步，该会即便遵谕备办。嗣又接奉南京会场函告，敦促赶运。该商会接函后，又分催各处物品速送招商局转运处，以便装置前往。此次所备物品闻以张裕公司（华商）所制之葡萄酒最有价值，该酒非惟与外洋抗衡，且可驾而上之，在中国物品中洵属不可多得者。至该公司新发明之柿酒、梨酒亦颇有价值。其次为绣货花边（烟埠制造之花边有宽至五尺五寸者，其间山水花卉皆栩栩欲活）、槲丝、槲绸等类。现时所未齐者仅四乡之条货、木货等类云。

（1910 年 4 月 21 日，第 12 版）

太古行、招商局、立兴行宁波货脚减价广告

三公司已将由申装往宁波各货减跌水脚，恐各客号未能周知，用特登报咨照。计开米麦、糖豆、点铜每百斤收洋四分，面粉每包五十磅收洋二分，洋布每件收洋三角，余外别货一律跌价，不及备载，请来本公司详阅价单可也。

（1910 年 4 月 29 日，第 1 版）

仙镇班小轮失火

〔镇江〕二十一日上午十点钟，镇江招商局“恒吉”（仙镇班）小轮船带拖风船一艘，由镇开往仙女镇，讵行至荷花池左近，该小轮后舱不戒于火，霎时满舱通红，致兆焚如之祸，幸经该轮水手等立即扑灭，只焚去后面船身一半，而船首前舱并未殃及。至于搭客，咸上拖风船，虽属无恙，然已受惊不浅矣。

（1910 年 5 月 4 日，第 12 版）

京师近事

度支部近议以现在各省清理财政已经办有端倪，即须试办预算及统一全国财政之计划，若专由本部筹办一切，恐难周备，拟请将遵旨开办审计院一事提前赶办，以分责成，并有拟于年内将一切规制筹备完妥，明春实行开院之说。

邮传部近议以招商局现虽收归官办，惟一切多未改良，殊非当时收回之本意，兹已拟先由部组织邮船四艘，归该局经管，往返于外洋各埠，以挽利权。惟需用款项甚巨，拟暂定由部预算大概数目，再行设法筹措，以期成功。（下略）

（1910 年 5 月 29 日，第 6 版）

邮传部奏拟订各省大小轮船注册给照章程折

奏为谨拟各省大小轮船公司注册给照章程，以资遵守而重交通，恭折具陈，仰祈圣鉴事。窃维航业一端，所以振兴商务、利便交通，尤于主权上有极大关系。自轮船招商局设立以来，人人皆知航行之利，各省商民闻风兴起，创办轮船公司，所在多有。惟各省疆域阂隔，情形不同，故商轮办法亦因之互异；且往往径自开行，并不禀呈到部。似此散无友纪，既未能联络商情，力任保护之责，更恐纷歧纠葛，影响及于主权。臣部总司航政，责任攸关，自非筹定划一之方，不足以凭稽核而资整顿。当经臣等公同商酌，督饬司员，拟订大小轮船公司注册给照章程二十条，凡各省大小轮船公司之创立，必须呈由臣部核定章程，准其立案注册后，各该公司赴部先领执照，然后持照自赴各海关呈验，由关发给船牌，照章完纳船钞。其从前各省业经设立之大小轮船公司，均应补领，以归一律。随由臣部分别咨札，先行试办在案。现在已逾三月，各省轮船公司呈请领照颇形踊跃，是商民既称利便，而航政亦有初基。臣等惟当勉力图维，以副朝廷振兴航业、巩固利权之至意。理合将筹定轮船公司注册给照章程缮具清单，恭呈御览，伏候命下即由臣部分别通行钦遵办理。所有拟订轮船公司注册给照章程缘由，恭折具陈，伏乞皇上圣鉴。谨奏。宣统二年三月二十八日奉旨："已录。"（下略）

（1910 年 5 月 29 日，第 18 版）

招商局股东代表赴部请愿

招商局各股东以邮传部拟欲更易商办名目，曾开股东大会决议，恳请邮部对于招商局按照《公司律》办理；一面缮具公呈，并公举代表进京请愿。兹已举定王绳伯观察、郑业臣太守（粤帮公举）为代表。王观察以兹事体大，恐难胜任，致函力辞。诸股东以既已举定，不能辞却，复由朱葆三、严子均、沈仲礼诸大股东坚请。王不得已，始允以和平主义赴部陈请，不日由海道北上，连日各股东已为之设筵祖饯[①]矣。

（1910年7月1日，第18版）

股 票

昨日各种股票卖买行情列左：

招商局	买	元	每股一百二十四两
交通银行	买	又	八十八两
通商银行	卖	又	四十一两
大清新股	卖	又	一百零八两
信成银行	卖	洋	五十四元

（1910年7月2日，第21版）

邮部批驳招商局总协理

〔北京〕上海招商局上届开会时举定盛侍郎宣怀为总理，杨侍郎士琦为协理，业经递呈至部。邮部诸堂以盛、杨两侍郎皆政府各部之长官，而盛且为本部长官，安有为商局总协理之理？此事与津浦关涉外交特设大臣者，性质迥不相同，故已批驳。

（1910年7月19日，第4版）

邮部不认招商局股东代表

〔北京〕招商局向归商办，获利甚丰，自去岁改归部办，即亏本九万余两。该局股东特于前月在沪开股东大会，公举总协理改为官督商办，并公举代表二人来京与邮部面商一切。乃邮部以盛侍郎系邮部长官为词，所有股东所举之职员及代表概不承认，故代表到京多日，尚未与邮部堂官谋面云。

（1910年7月28日，第6版）

---

① 祖饯：古代饯行的一种隆重仪式。

招商局改归官督商办后之亏折

〔北京〕邮传部具奏云，据轮船招商总局申称：宣统元年分所有各轮船栈房收支款项，现经核明结总缮具清册二本，呈请查核等情前来。臣部查该局清册，内开：宣统元年自正月起十二月底止，连闰计十三个月为该局第三十六届总结，结得本届各轮船水脚共收规银二百六十三万八千七百十六两五钱三分二厘。又收三公司公摊水脚摊进规银八万八千五百七十二两九钱五分，除支各船保险规银二十七万九千八百五十七两五钱、各船关费规银九万一千八百九两五钱、各船修理规银十二万六千一百八十五两一钱九分六厘、各船用煤规银七十九万八千一百九十一两五钱六分、各船薪工规银六十七万三千九百八十九两三钱八分四厘、各船用物规银十一万九千六百二十五两二分八厘、各船各力规银三十二万五千二百九十七两一钱七分七厘、各船码头杂用减脚船租等项规银十七万五千二百六两四钱五分二厘外，计余规银十三万七千一百二十七两六钱八分五厘。又，各栈房产业等利共收规银六十六万五百九十三两六钱九分一厘，除支运漕结亏规银七万三千八百八十八两八钱六分七厘、各产地租地捐规银九万五千二百八十五两六钱五分七厘、各项修理规银五万一千六百七十三两一钱六分七厘、各项缴费规银二十四万五千五百二十二两七钱五厘、捐助农工商部经费规银五千四百六十七两三钱五分，计余规银十八万八千七百五十五两九钱四分五厘。统共净余毛利规银三十二万五千八百八十三两六钱三分，除按照向章股本官利一分支规银四十万两外，计亏规银七万四千一百十六两三钱七分。又，报效上海实业学堂经费规银二万两，统共净计结亏规银九万四千一百十六两三钱七分。此项结亏之款暂由自保船险及船栈折旧项下分别提支，均经遵照《商律》，先由查账董事详细查核，并刊刻账略，分布各股商存查，随即汇报到部。臣等复核无异，自应据实奏陈。六月初十日奉旨："知道。"

（1910 年 7 月 31 日，第 5 版）

时　评

（前略）

其二

以向久获利之招商，一经隶部，而即亏短至九万有余，亦足见官办事业之窳败，而官之最不足恃矣。

抑记者所不解者，招商局本商股也，本完全商人组合之公司也，而邮传部乃攫为官办，背《商律》而失信用，已莫此为甚。然使官办而获利犹可说也，今官办而亏折矣，且亏折至九万有余矣，而部中犹坚持不悔，然则部臣亦唯恐招商局不败坏，而遑官力以催折之耶？

休矣！中国之所谓振兴实业。

（1910 年 8 月 3 日，第 6 版）

商办轮船招商公局董事会呈邮传部文

（1910 年 8 月 14 日，第 26 版，文见“综合评论”）

商办轮船招商公局董事会呈邮传部文（续）

（1910 年 8 月 15 日，第 26 版，文见“综合评论”）

又全体股商公呈邮传部文

具呈商办轮船招商公局股份有限公司全体股商施则敬等四百九十五人，为恪遵钦定《商律》，并援照商办公司及原奏官督商办成案，公推总协理，环恳俯准注册立案事。窃股商等接董事会函称，前禀大部隶部章程于宣统元年九月二十一日接奉批示，并附分条签改章程，一分排印成册，应如何议复，各具意见书，到会公议呈复，等因。股商等互相筹商，当即签注意见，交由董事会汇集。议办大旨抱定官督商办宗旨，以期名实相符。伏读大部签注章程第二节及第三十节一则曰“虽系官督商办”，再则曰“系官督商办性质”，是“商办”二字已蒙大部一再签允，应请免其删除“商办”字样，冀与钦定《商律》、大部钧签、农工商部注册给照，及李文忠公原奏各案一一符合。惟查各国纯然商人资本公司，无不由股东公举正、副经理人；中国现在商办路矿公司，亦皆公举总理、协理，主持一切。招商公局为完全商股，自应公举望重资深、驾轻就熟者，推为总理、协理，提纲挈领，力任巨艰，俾大局有所主持，斯庶务可期就绪。股商等于五月初六日股东常会之期，当场会议，全体公决，佥以正任邮传部右堂盛宫保曾任督办二十余年，自向旗昌洋行赎回起，至交卸之日，结存码头、栈房、轮船、地产，按照时价并连公积不下二千万之数，有签字账略可查，实属成效昭著，众望所归，应推为总理；农工商部右堂杨侍郎曾任总理四年，实事求是，有裨局务；农工商部丞堂李袭侯系创办文忠公之孙，洞悉渊源，关怀时局，均应推为协理。查其股本又同居多数，核与商办公司如铁路、矿务禀准成案均属相符，即系钦遵归部管辖之旨办理，理合会同董事施肇曾、谭国忠、严义彬、郑官应、唐国泰、张允言、杨学沂、何声灏等合词具呈，公请大部俯念商情迫切，准予注册立案，实为公便。

再，查商办公司举定总理、协理，禀请立案，或即奏派，今招商公局已遵《商律》注册给照，又奉旨归邮传部管辖，现已举定总协理，应否援案请由大部会同农工商部据情奏闻之处，并乞钧裁，合并陈明。除呈农工商部外，谨呈。

（1910 年 8 月 15 日，第二张后幅第 2 版）

盛宫保廷对纪闻

《文汇报》载初十日北京电云，盛宫保昨已觐见摄政王，王与讨论改革币制问题甚久，度支部尚书泽公时亦在旁。王问招商局近年亏资甚巨，能否从股东之愿，受该局督办之任？盛辞不从命，大约将有度支部侍郎之望云。

（1910 年 8 月 16 日，第 6 版）

商办轮船招商公局董事会广告

启者：本董事会前将公举总协理，并将各股东签注意见书备具公呈，请王、郑两观察赍呈进京，亲递邮传部察核。旋奉批回，所争“商办”两字，并举总协理。准否？未蒙明白批示，应如何公议续呈，本董事未敢擅专。昨将公呈稿两件并部批登报广告，各报所登断断续续，各股东恐未周知，今再排印单张，分送各股东阅看。如何拟议，须俟各股东意见书汇齐后，再行定期开特别大会，公同取决，各埠股东请就近向各招商局取阅。此布。

（1910 年 8 月 26 日，第 1 版）

阻挠公益

温州自通商以来，只有招商局“普济”轮船一艘，客货拥挤，时有退关，以致商等受亏不浅。前年公禀上海招商局总办唐观察沐换“丰顺”轮船来温，该□［船］大而装货多，一时颇称便利。然十余日始走一周，往来不速。自去年海门“宝华”、商轮“利济”来温六日，一周交通既形便利，营业亦因而发达。惟温州未筑码头，轮船抛碇江心，客货上下危险堪虞。该船主老公茂有鉴于此，现向潘聚顺租得沿江旧炮台跟脚下地方，兴筑码头。讵料闽盐船户以占据在先，不肯稍让，朦耸贵司事出为阻挠，已由永嘉县主伊大令照会商会查理；商等亦已公禀商会，转移海关道宪，派委察勘，以便早日兴筑码头。而近处旷地既多，民船无往不可停泊，何独争此港地，致坏公益？若贵司事不顾名誉，甘冒不韪，阻止千万人之交通，窃为所不取也。尚祈三思之。

商界公启

（1910 年 8 月 31 日，第 1 版）

华商股票公司广告

设在三马路画锦里〇字第四百〇六号门牌内，如有卖者、买者，请来面议可也。股票价目开列于下：

通商银行股票四十一两五钱；招商局股票一百念三两；汉冶萍头等洋五十二元，又二等洋五十元，又普通洋四十八元；大清银行老股一百六十四两，又新股一百〇五两；交通银行股份八十八两。

（1910 年 9 月 9 日，第 1 版）

华商股票公司广告

设在三马路画锦里〇字第四百〇六号门牌内，如有卖者、买者，请来面议可也。股票价目开列于下：

通商银行股票四十一两五钱；招商局股票一百念三两；汉冶萍头等洋五十二元，又二等洋五十元，又普通洋四十八元；大清银行老股一百六十四两，又新股一百〇五两；交通银行股份八十八两；圣格多利橡皮六两五钱。

（1910 年 9 月 15 日，第 15 版）

招商局董事会第三次呈邮部文

——为力争商办事

（1910 年 10 月 13 日，第 5 版，文见“综合评论”）

邮部批招商局董事会公呈文

轮船局招商力争商办权限，三次具呈邮部，呈文已录昨报。兹奉邮传部批云：据呈确守官督成案实行商办主义各节，与本部前批“凛遵谕旨，确守成规”等语大致相同。查招商局前隶北洋时，原系三员三董，自应仍照旧章，毋庸更改。惟嗣后员不得兼董，董不得兼员，部派之员重在监察，事关兴利除弊，准其据实禀部，随时核夺办理。商举之董，重在办事，凡涉（与）财政出入、用人进退，略有关系者，仍须交董事会公同议决，不得率意径行。员董性质既殊，权限自别，自此次批定后，该员董等务期遵守权限，不相侵越，和衷共济，以收实效。至于员董任事，不妨均限定三年为期。其办事奋勉、居心公正者，期满亦可联任；倘始勤终怠，不甚得力，或怀挟偏私，限内亦应另派另选，方免流弊。

再，所陈历年积弊并亟需改良之处，董事会应即确切考查，由局内员董认真整顿。倘其中仍有泄□（沓）如故，不思改弦易辙，致误大局者，其咎在员，或为部中所未觉察，准该董事会揭明事由，禀部核办；其咎在董，或为股东所未觉察，亦可由本部查明原委，饬令该会另举。总之，部派之员、商举之董在本部惟以实力任事，俾局务日臻发达为宗旨。既不敢存阿私之见，亦不敢存放任之心。董事会为股东代表，尤当一秉至公，维持局务，毋执成见是为至要。

（1910年10月14日，第4、5版）

股　票

昨日上海股票现盘各价如左：

蓝格志 每股	买	元	一千一百两
公和祥	买	元	九十五两
招商局	买	元	一百二十二两半
通商银行	卖	元	四十一两半
交通银行	卖	元	七十七两
英揸华	卖	元	七两半

（1910年11月13日，第21版）

招商总局告白

前月有自称南海邵建池者投函本局，又投函董事会，据称“广大”轮船坐舱黄纫秋有在船强奸妇女情事，本局以此事非独关黄纫秋罪名出入，且于本局生意名誉大有关系，断不能含糊了结，亦断不肯庇护买办，当由黄纫秋两次登报，招所谓邵建池者来局面质，至今迄无影响。尔自称邵建池者，如果理直气止，尽可来局质问，不必假捏他人姓名。自此次登报五日后，如仍不来本局，惟有将各捏名信函移行道署及新衙门上海县，一体严拿，由官审办。勿谓言之不预也。特此告白。

（1910 年 12 月 25 日，第 13 版）

京师近事

（前略）上海轮船招商局向设有总船主洋员一人，统管各轮事务，其人名蔚霞，在局有年，遇事颇能尽职。近该洋员已向局中辞职，经总办等禀请邮传、农工商两部，奏奖宝星以资鼓励，想可邀准。（下略）

（1911 年 2 月 7 日，第 6 版）

招商局“新裕”轮船广告①

招商局“新裕”快轮修理工竣，准于本月廿五日礼拜四开往福州，以后照常行驶。特此布闻。

本城账房谨白

（1911 年 2 月 20 日，第 1 版）

商办轮船招商公局开股东年会广告

本局董事会议定准于二月二十六日午后两点钟在上海张园开股东年会，报告上年营业情形，并照例重举董事会董事及查账员。仍照上届办法，请各股东将所有息折先期持向就近招商局验明号数、股数，随即填付凭单，至二月二十日起陆续将此凭单向上海董事会换取入场券，以便入会。凡有分局之埠，皆可验折取单，其交验之息折仍即归本人带回，概不留下。诚恐各股东远在他埠，未及周知，用特预告，惟祈公鉴。

（1911 年 2 月 25 日，第 1 版）

① 原广告无标题，此系编者所加。

招商局“新铭”轮船广告[①]

招商局“新铭”快轮准初十晚开往天津。

本轮账房关谨启

（1911 年 3 月 10 日，第 1 版）

遗失招商局股票息折广告

兹因所藏招商局股票息折第一万四千四百八十三号至一万四千四百九十七号，计十五股宝源户，又第一万三千四百六十六号至一万三千四百七十六号，计十一股万顺丰户，均因不及提防，业经被窃，除向招商局挂失补给股票息折，并禀请地方官立案外，为此登报声明，均作废纸无用。特此广告。

万顺丰启

（1911 年 3 月 16 日，第 1 版）

新开杭州至湖州轮班广告

本公司因春秋两季杭、湖各处商贾游客往来甚众，特备坚快小轮、宽大拖船，并选派得力账房随船照料，定期于二月二十四日起杭、湖逐日开班，风雨不更，沿途经过塘栖、双林、新市等处，均设局所、码头，以便搭客上下，途中饭食茶水一切格外精洁。恐未周知，特此广告。

招商局、戴生昌同启

（1911 年 3 月 22 日，第 1 版）

庄得之谨告招商局股东鉴

鄙人上年曾经被选，忝列备董，客冬又承郑陶斋君嘱为代表董事，凡

① 原广告无标题，此系编者所加。

遇会议有益公司之事，知无不言，不避嫌怨。讵意有人反对，频遭击刺，甚至潜登报章，意图诋毁。即如包办江轮客脚一层，原为增益公利起见，且因自有股份，尤愿营业之发达，本非无业无股、仅恃钻谋者所可比。此次选举在即，务请有股诸公弗再举及鄙人，致加反对者之忌嫉，则鄙人受赐实多矣。爱我者，当不河汉斯言。

（1911 年 3 月 25 日，第 1 版）

津浦铁路联络运输机关

〔江宁〕津浦铁路自开局以来，即有人呈请承办专设之运送公司，与铁路局联络一气，在吕海寰任内因官商条件不合，遂未定议。兹已由两方协议妥定，原议招股六十万元，兹已改为六十万两，即由津浦路局收股。现招商局以津浦即日开通，彼此须急求联络，以便客商，特请于浦口展设码头，不日即可奉文批准矣。

（1911 年 3 月 25 日，第 10 版）

报挂抢失轮船股份广告

今有轮船招商局股份户名“何日超”第一千四百四十二至四十三号两股、“思诚堂”第一万二千五百另五号一股、“陈文炳”第一万三千七百四十五至四十六号两股、“永记”第一万三千七百七十七至七十八号两股、“世记”第三千五百四十七号一股，于二月二十七日在广州陈塘街被匪抢去，已向总局报失作废，补给新票折收执。特此布告。

广东招商局具

（1911 年 3 月 29 日，第 13 版）

驻芜招商分局捷足先得之规划

〔芜湖〕驻芜招商分局前日致函芜关道，略谓各洋商均在租界建筑码头堆栈，先后告成。本局前勘定地址一百十方，早经各前道立案，并饬县出示在案。刻新关将近迁移，上上［下］客货诸多不便，且关国体，请派员向徽宁本帮妥商，以便刻日兴工云云。关道赵观察当即答复，俟新关地址定后，即行向该帮妥商云。

（1911年4月15日，第12版）

“广利”撞沉“美富”之警报

——海上惨剧

二十六日《文汇报》载称，招商局“美富”轮船（船主拂洛堡）昨日晚间避雾于爰尔桀岛（译音）附近，被该局“广利”轮船（船主林肯）撞沉，罹灾者四十余人。今日本埠闻此消息，大为震动，此信于今日下午“广利”轮船由肇灾之区驶抵上海，升挂暗号，始得知悉。当“广利”轮船在金利源码头下碇之时，本报代表即登船探问消息。知“美富”轮船于星期四日晚间由厦门启碇赴沪，船中满载搭客，及各种货物。当日天气晴朗，至星期五日夜半，海上忽起浓雾，该船戒备一切后，仍不停泊。至星期六晨六点钟时，迷雾益浓，不得已乃下碇洞庭附近之某处。星期日雾仍密布，傍晚始稍稍减轻，该船乃复行启碇，意欲开离新梯浦岛峡（译音）。既而浓雾又起，乃下碇于爰尔栽［桀］岛附近（该岛在上海以南九十英里），竭力戒备，以保该船之安宁。星期日下午五点三十分钟时，突见“广利”轮船出现于浓雾之中，正欲设法避之，讵部署未已，来船已撞入，船之中央穿一大洞，即于四分钟内沉没。当时两船之人异常骚乱，两船职员、机器司均竭力设法以救生命，惟因被撞与沉没之间为时甚短，故仓卒间，难以为力，仅能放落救生艇一只，该船遂沉至九十英尺之深。计落海而死者共有四十余人。惟船中之西人均经救出，然已尽失所有。“广利”船之搭客、职员、机器司及水手人等当时均竭力援救“美富”船上遭难之人。当“美富”被撞之际，大副斯密司君与一管筹人拟往下取救生圈，以给搭客，不意梯忽卸落海中，不能如愿，管筹人并被浪冲激落海，竟至殒命。斯密司君由“美富”第二机器司派麦君冒险救出，时有救生艇一艘，碎落海中，为舵手及水手一人所据，紧攀艇底。忽见船主拂洛堡君浮身水中，势正危急，彼等乃设法拖之，以登该艇龙骨，浮荡水中约一时许，始经人救起。维时“广利”船已将救生艇放下，四面觅救遇难之人，旋有多人因此得救。闻此次遇难两船中之中国水手均能奋不顾身，竭力援救，殊足表扬；并闻“广利”轮船仅于船首稍受损伤云。

（1911 年 4 月 25 日，第 18 版）

“广利”撞沉“美富”续志

（1911 年 4 月 26 日，第 18 版，文见“社会关系”）

组织汽船公司之传闻

闻近有上海、北京两处之中国商人发起组织一汽船公司，不用官本，集合民间资本金一千五百万两，定造汽船十三只，航行于上海、欧洲间。现拟买入庇阿公司之“马剌加”号，该船吨数八千吨。并闻上海、宜昌间航路亦须有数船行驶，即以上海招商局代理一切云。

（1911 年 4 月 28 日，第 19 版）

陈崇黻等致招商局函

敬启者：贵局“江天”轮初四日由申驶甬，过立江洋面遇雾，至力表渚与镇海相近地方触入山脚，旋打倒车，而船底前身穿裂大洞，水进数尺，经设法补苴，始勉强抵甬。初五日，某等自乡赴甬上码头，不知“江天”之有此危险也，旋搭房、统各舱来沪，出镇海口，水大进，岌岌可危，抛锚修理。次早三句钟，始起锚至外洞沙，水又大进，阖船惊惶，哭声震地。各人往寻买办，始则虚言欺饰，继且不能谋面，众人呼救无路，莫可奈何，只得听天有［由］命。幸而彼苍保佑，宁人尚无风浪，至初六日下午二点钟始抵申耳。伏念初五日船已穿洞，既抵宁波，理宜概不趁客，以重人命。即趁客矣，船出镇海，水又大进，亦当回驶宁波，为补救之计，乃俱不出此。居然履危蹈险，以人命为儿戏，万一此日此时稍有风浪，我辈千余人皆葬于鱼腹中矣。某等恐贵局不知情形，为此上达清听，此后务饬该轮痛改前非，以保我辈之身命，即以保贵局之名誉。幸甚！幸甚！

陈崇瓛、张雅言、胡济美、李寿萱、施逵谨上

（1911 年 5 月 7 日，第 27 版）

关于“江天”轮船受损之问答

旅沪宁波同乡会致招商局函云：昨据敝会员盛丕华君函称，报载陈崇瓛等来函云，“江天”轮船于初四日由申驶甬，过立江洋面，遇雾误触山脚，船底裂穿，水进数尺，经设法补苴，始勉强抵甬。而初五日，该轮并不停止搭客，买办复虚言欺饰，以致是日出口后两次进水，数百人几同遭灭顶之惨。虽侥幸获抵上海，然该轮视人命同儿戏，不可不加以相当之惩戒。为特将报纸附呈公鉴，请即致书招商局诘问等因，到会。敝同人以事关同乡生命，未便恝置①，究竟事实若何，应请明白示复，俾得通告。

招商局复函云：接奉台函，以据会员盛丕华君函称（中略）等因，均经聆悉，当即详询该船船主并传核坐舱，面询当日一切情形。据称本月初四日即礼拜二，“江天”轮船由申开甬，是晚途中即遇大雾，缓轮而行，及初五天明行抵立江洋面，船主正在抛锚停轮之际，船首忽触礐个山脚，急打倒轮，幸未遭险，惟船首当水线处致有渗漏，并不甚重，且有铁板榻舱，舱内决难进水。当将渗漏处用麻根及泗门丁灰等物塞住罅隙，并未见有穿洞。当日午刻抵甬卸载，因该船并无碰损危险，是以仍照常搭客装货，即于是日下午五点钟开轮。惟船主因其时填塞之洋灰尚未干透，是以复下碇甬河，俟至晚间十二点半钟再行开驶，实为慎重起见，中途并未再有抛锚停修之事。且全船搭客数百人皆称安静，亦并未见有惊惶哭喊之事。核与陈君登报函内所称各节，实有传闻失实，否则该船主及坐舱等亦皆有身家性命，岂肯冒险尝试，视同儿戏？即敝局生意营业，亦首以顾全名誉为重，尤必与保险章程期共遵守，断不致有如外间传言之过。想贵会

① 恝置：jiázhì，毫不理会。

诸公及各会员皆系明达洞悉，一经剖陈，自可涣然冰释。尚望将以上各种实情实事通告咸知，俾免以讹传讹不胜企祷。

（1911 年 5 月 15 日，第 19 版）

遗失股票广告

去年十月廿四、廿六两夜在厦门被窃陈文炳名户［户名］招商局股票二纸，一计四千一百八十至八十四号五股，一计三万四千二十二至二十六号五股，当经报明厦门警局在案，并登《全闽新日报》，今又报明招商总局挂失作废，幸息折因托建源庄在申收息，故未被窃。特此登报广告。

厦门陈文田谨启

（1911 年 6 月 7 日，第 14 版）

轮船招商局买煤广告

本局现欲买煤五千至一万吨，在香港交本局轮船之用，如有愿接此项煤者，请开明煤名、价目，并将煤样交来，准本月十六日之前交至敝局，以便开标择买。

（1911 年 7 月 9 日，第 15 版）

中美商业联合之进步国民的交际联盟之先河

组织中美银行进行各节迭志前报，兹悉此事之原起其详情甚为复杂。往者旅美华侨历年汇寄回国之款约在一万万以上，多由汇丰银行汇兑，后华俄道胜银行见其利甚厚，乃假东清铁路公司附有中国股款五百万两之名（华俄银行与东清铁路公司本二而一者也），设分行于美国以罗致之。该行因之异常发达，常年存款亦在一万万以上。美人以此为中美两国商民权利所系，与其操之于外人，不如中美商民自行设立银行，操纵一切；且两国国民近年日益亲睦，如能谋商业上之联合，获益匪浅，故去岁美国实业团来游时，即联络上海商会发起此事。当时议定美资本家认股五百万，华侨与沪商共认五百万。组织办法既定，乃举代表苏葆笙、沈仲礼二君来京，至农部注册，请政府保护。该部以此为中国振兴商业之机会，极力赞成，并商之度支部，请拨兴办实业之官款二百万，作为官股。美商以官股与商办银行性质不合，未能遽认，于是泽公复与张季直筹商，以张为代表股东，不用国家名义，入股之议乃决，改为华侨认股二百五十万，津沪各商会认股五十万，合官股二百万为五百万。惟闻华侨所认之股早逾五百万之数，而本国商人之愿入股者亦多跃跃欲试。今官股乃占其大数，恐此说尚有变动云。

又，中美合办轮船公司一节，系就美国原有之公司与之共同组织，其公司名达拉轮船公司，已派专员来华，与我国官商会商办法。闻该公司本有轮船七只航行各国，现又新制一艘，取名“华大”（即前各报所载者），吨数较大，该船之修造费共计六十万元，现议准华商认股三十万，作为中美合造，其余七只亦准华商入八分之一股本，即以该公司为中国邮船公司，悬挂中国龙旗，以“华大”一只专行中美航路，其余七只分航各国。惟既改为中国邮船，应仿照各国补助邮船公司章程，请中国政府每年补助十四五万元，以资津贴。至于华商之股本利息，该公司尤保在一分以上，并准华商举股东四人为董事，入董事局办事，该局共七人，美居三，华居四，惟经理则仍举美人云。

又，上海商会与原发起之广州、汉口、天津各商会前次公举代表晋京，面谒农工商、度支、邮传三部大臣，探蒙嘉许，谓中国商民能与友邦国民联合振兴商业，并与商允在中国政府注册，遵守中国《商律》，是主权不失，交谊益亲，与投资外国公司及隐附外股者显有泾渭之别，允宜维持保护，以为提倡实业之助。惟银行招股章程内有发行通用银票一节，度支部嘱令须照章删去；又，轮船公司招股一节，邮传部批谓已札饬招商局董事会妥议酌附股份，并已直接与各商代表商定认招股本洋二百万元。前日沪会代表沈、苏二君公毕回沪，沪商会于十三日特开常会，请其报告在京情形，并由公议银行事既经各部赞成，亟宜竭力进行，以期速成，现宜照前此中美商界会议原案，速将所拟招股简章寄往美国，请其核复；又，此事当时系由张弼士君主席，并担任招集巨股，兹应速将代表报告情形，详细函知张太仆，请其速来上海主持一切。至轮船股份尤应迅速，招集所有已认之股，均即催缴云云。此中美商业联合之一大进步也，亟志之以告国民。

（1911 年 7 月 11 日，第 6 版）

邮部推广航业之大计划

——招商局亦应国有耶

邮传部现议推广航业，拟由招商总局订购三千五百吨以上商船数艘，分走南洋、日本一带，俟与日政府订妥保护约章后，再行推及各国。现正筹议办法，并拟将招商局收为官有，先由邮部出款二百万，派员到局详细估价，其能航行之船只则与以相当之价值，旧式船只则按半价收买，而以其余半价为修理改良之费。凡局中原有之股东仍欲入股者则将商股改为官股，将来所得利益仍一律分配。

（1911 年 7 月 11 日，第 18 版）

招商局将改大清邮船总局

——事无不成

招商局拟收归官办一节已载前报。兹闻邮传大臣之意，拟将招商局船改为大清邮船。前日与内阁总协理会议，以招商局改为大清邮船总局之办法，大致旧有船只估价买归国有，一律修理；并酌添大小江船十余艘，所有未通轮船之航路，及已通行而招商局船不到之处，亦一律加班添驶以资交通。并拟征收航税，闻已定议，即日筹款举办矣。

（1911 年 7 月 13 日，第 18 版）

邮传部奏报招商局二年分营业盈亏情形折

奏为恭报轮船招商局宣统二年分营业盈亏情形缮折具陈，仰祈圣鉴事。窃查宣统元年十二月十三日，臣部奏陈轮船招商局历年官督商办情形，并酌拟查核账目办法。折内声明：该局出入款目由臣部详加考核，每届年终将营业盈亏情形奏报一次，并咨明度支部、农工商部等因。嗣臣部于宣统二年六月初十日将轮船招商局宣统元年分第三十六届收支款目恭折奏陈。奉旨："知道了，钦此！"钦遵在案。兹据轮船招商局申称，自宣统二年正月起，至十二月底止，为该局第三十七届结账，所有轮船、栈房出入款项缮具清册，呈请查核等情，前来。臣部查清册内，开本届各轮船水脚共收规银二百十九万五千三两四钱七分四厘，又收三公司公摊水脚摊进规银八万五千七百六十八两三钱二分，除支各船保险规银二十二万七千十五两八钱、各船关费规银七万八千七百八十一两四钱二分二厘、各船修理规银十二万一千八百六十一两九钱一分五厘、各船用煤规银七十一万四千七百四两八钱二分、各船辛工规银六十四万七百八十一两四钱一分九厘、各船用物规银十二万六千七百四十两四钱九分五厘、各船各力规银二十五万六千二百九十七两九钱八分九厘、码头杂用减脚等项规银十三万八千二百七两一分五厘外，计亏规银二万三千六百十九两八分一厘。又，各栈房产业等利共收规银四十七万二千七百八十七两七钱四分五厘，除支漕运结亏规银二万三千一百三两五钱六分一厘、各项修理规银五万九千三十一两三钱四分六厘、各项缴费规银二十三万三千七百二十五两一钱五分四厘、各地租捐规银八万一千八百六十五两三钱八厘外，计余规银七万五千六十二两三钱七分六厘。又，除船缴项下结亏规银二万三千六百十九两八分一厘，净除毛利规银五万一千四百四十三两二钱九分五厘，除支本届官利余利规银六十万两外，净计不敷规银五十四万八千五百五十六两七钱五厘。此项不敷之数在于上册备添船栈存款项下开支规银四十万两，自保船险项下拨垫规银十四万八千五百五十六两七钱五厘，均经核明结总，刊刻账略，宣告各股商，随即汇报到部。臣等督饬司员详加复核，散总数目均属相符，自应遵照旧案据实奏陈。惟是比年以来，各国航业竞争剧烈，通商各埠纷纷倒账，以致该局生意有减无增，所报历届亏短自系实在情形。应由臣部严饬该局以守为战，力筹整顿，仰副朝廷振兴航政之至意。除咨明度支部、农工商部备案外，所有奏报轮船招商局宣统二年分营业盈亏情形缘由，谨循案恭折具陈，伏乞皇上圣鉴，谨奏。宣统三年六月十二日，奉旨："知道了，钦此！"

（1911年7月21日，第26版）

招商总局告白

本局去电（六月廿六日下午二点钟发）：北京邮传大臣宫保钧鉴：近沪上各报群登招商局收归国有，又有谓改邮船公司者，各股东均来询问，既未奉钧部明文，又未悉钧部意旨，虽竭力解说，难释群疑。究竟有无此说？伏祈从实电示，以安人心，而维大局，叩盼无极。董会监查办事员董同叩，宥。

邮部来电（六月廿七日下午八点钟到）：招商局宥电悉，轮船公司商办四十年，著有成效，此事利在商战，决无官办性质。就使有人条陈，本部断不能准，况亦并无此议。即由董事会传知各股商，认真照常办理，以期商务日有起色为要。邮传部，沁，印。

董事会监查办事员董同启

（1911 年 7 月 25 日，第 1 版）

轮船绝粒之原由如此

〔汉口〕汉口招商局行驶沙市、宜昌等处之“江和”轮船，前月二十八日由沙开返汉口，行至监利县属月堤，因近日江水大涨，将堤梗淹成一片汪洋，致船身搁堤梗上，百计不得出，当雇驳船多艘，将货物搬运上岸，一日有余始获搬空。于是船身较轻，开足汽机，立时出险。因又将货运返船中，开驶来汉，然已延迟两日半矣。船中存米无多，致搭客均绝粒一日云。

（1911 年 8 月 1 日，第 12 版）

“广利”轮船迟到原因

招商局之“广利”轮船于初八日由香港开沪，出口未久，即遇大风，乃下碇于海滨之某湾内。后因粮食缺少，复回香港添置一切，于十二日重行起碇，是以尚未抵沪。

（1911 年 8 月 8 日，第 19 版）

招商局“新铭”轮船广告[①]

招商局“新铭”快轮准廿一晚开往烟台、天津。

本轮账房关谨启

（1911 年 8 月 15 日，第 1 版）

轮船遭风之危机

招商局“江孚”轮船于十七日由沪开抵芜湖，当时因有大风断缆走锚，今犹搁浅对岸。“江新”轮船翌日开抵是处，即为之竭力设法，费时两点钟，卒难得手，后将该船货物卸至小船，所有搭客及所剩货物悉由“江新”轮船载至汉口。“江宽”轮船亦因大风船身受伤，惟幸尚无大碍，仍能行驶云。

（1911 年 8 月 18 日，第 19 版）

招商局“海晏”轮船告白

启者：本轮向来行驶申、闽，现自闰六月十三日起归仆经理船务，大加整顿，伺应搭客格外周到，饮食精洁。诸君赐顾者，请驾临本账房接洽可也。此布。

“海晏”轮船账房张联翔谨启

（1911 年 8 月 20 日，第 1 版）

邮传部奏审定商办轮船招商局股份有限公司章程并改良办法折并单

奏为审定商办轮船招商局股份有限公司章程，并改良办法缮单具陈，仰祈圣鉴事。窃臣部前于宣统元年十二月业将轮船招商局历年官督商办情

① 原文无标题，此系编者所拟。

形，并拟查核账目办法，以及批准该商等禀请设董事会各等情据实奏陈。奉旨：“知道了，钦此！”当经恭录朱批，札饬该局遵照在案。

兹据该商等呈称，招商局自隶部后，仍遵北洋历年官督商办成规，本无流弊，惟是年来各国航业竞争剧烈，土货壅滞，商轮各艘以及栈房码头收数均绌，亟应设法整顿，以图补救。补救之义，不外开源节流。节流以裁冗员为先，开源以辟航路为本。此外如特别输送，亦须预订专章，选派员董，尤宜画分权限。商等知无不议，议无不行。所有此次修改章程，并沥陈航业困难情形，理应呈请核准，并奏明立案，以垂永久等因，前来。臣部查该商局开办以来将及四十年，从前客货畅旺，商业炽盛，有盈无亏。近年各国航业互相角逐，有加无已，是以该局商务渐形剥落，自系实在情形。此次所陈各办法以及重加修改之章程，臣等再三往复，详加酌核厘订，似已周妥，应由臣部准其施行。理合将该局实在情形具折陈明，并所修改章程缮具清单，恭呈御览，伏候命下，即由臣等札饬该局永远遵守。所有臣部审定商办轮船招商局股份有限公司章程，缮单呈览缘由，恭折具陈，伏乞皇上圣鉴训示，谨奏。宣统三年七月二十三日钦奉谕旨：“邮传部奏审定商办轮船招商局股份有限公司章程，并改良办法缮单呈览一折，着依议，钦此！”

谨将商办轮船招商局股份有限公司章程缮单恭呈御览，计开：

第一节　本局完全商股，已奉农工商部注册给照，悉按《商律》股份有限公司办理。

第二节　本局沿袭北洋官督成案，实行公司商办主义，改隶邮传部后，禀奉允准设立董事会，一切悉遵《商律》。

第三节　循照旧章，员归部派，只任监察，董归商举，责在办事。事关重大，悉经董事会公议后行。所举办事董暨各局分董应由董事会缮给委任书，至更举为止。

第四节　部派之员嗣后以二人为限，一人专司监察，一人兼办漕务。

第五节　现行口岸外或添船派往日本、新加坡、吕宋、西贡、南洋群岛揽载客货，或由本国商埠驶至未辟商场之口岸输运土货。船名吨位、行程、次数均先期报部立案。

第六节　《商律》七十五条：“公司股本及公司各项银两，系专做创办合同内所载之事，不得移作他用。”本局各项产业悉系商人股本，将来开辟航路，添建码头货栈，随时请部咨行督抚饬属一并保护。其或有售、变买、换等事，由董事会议定后，必须禀部核准方能办理。

第七节　本局嗣后添制新轮，照章赴部领照，到关请发船牌，拆卸旧轮随时缴销牌照。

第八节　每届漕米运竣，所有省分漕额、船名、次数请部咨行仓场衙门查核。

第九节　奉调专轮输送军队，转运赈粮，所有水脚费用，临时特别议给，以两无亏损为主。如奉调输运军火不能保险，应将装运之船购造价值报部立案，由部咨明海陆军部，设有失事，应即赔偿船本，以保商业。

第十节　遇有战事，海陆军若须调用本局轮船作为运船，应由海陆军部咨请邮传部，商由本局参照外国章程另订专章通行办理。

第十一节　本局股东所执股份共四万股，每股规银一百两，合计股份总额规银四百万两。

第十二节　董事会成立后，执票股商应报明本人名籍、住址，备开会时投票选举。设换新股票，酌收相当费用，此项股票仍不得售与非中国人。

第十三节　《商律》四十八条：“举行寻常会议时，公司董事应对众股东宣读年报，并由众股东查阅账目，如无异言，即列册作准，决定分派利息，并公举次年董事。”本局应恪遵办理。

第十四节　遇有紧要事件，董事会可随时招集众股东举行特别会议，按照《商律》四十九条办理。

第十五节　有股本全数十分之一之股东有事欲会议者，照《商律》可知照董事会招集众股东举行特别会议，惟须检验票折，查与所报名籍、住址一一相符，方可开会。

第十六节　本局每届公举董事九人，查账员二人，以符《商律》单数之例。

第十七节　限有本局股份五十股以上并用本人姓名者，方有被选董事及查账员之资格。

第十八节　本局董事及查账员一概不取薪俸，仅取极廉之夫马费，以尽义务。

第十九节　照《商律》，董事会为纲领，局内应办、应商事件悉秉承于董事会。凡本公司遇有重大事件，必须董事会决议准办，方可施行。而该董事会员亦应遵照章程认真筹度，毋得互相推诿。

第二十节　董事任期一年，期满即退，如众股东以为胜任，可于会议时公举续任。

第二十一节　所举董事或不能满任，或自行告退，以本届选举票次多数挨次推充，下届股东会另再公举。

第二十二节　董事办事不妥或不孚众望，股东可于会议时决议开除，照《商律》七十二条办理。

第二十三节　董事未经众股东允许，不得做与公司相同之贸易。

第二十四节　商举办事董如不胜任，及有舞弊等情，其由部派之监察员发觉者，可据实禀揭到部，并知照董事会另举。其由董事会发觉者，可登报布告众股东另行公举，一面会同监察员报部。至部派监察员如不胜任及舞弊者，董事会亦可具文请部另行札派，概以查取事实证据为凭。

第二十五节　董事会可责令办事董改良办事规则，删除浮费，剔退营私舞弊及徇情滥充之买办司事。

第二十六节　查账员可随时至公司查阅账目及一切簿册，办事董不能阻止，如有不正当之支销，报告董事会，公同诘问，甚至追赔。

第二十七节　各分局办事分董招揽不及额，董事会可核减其包费，甚或开除另派。

第二十八节　董事会议每星期一次，股东寻常会议每年一次。凡股东会议在结账发息之前一月登报酌定议决权数。凡一股至十股，每股一权；十一股以上至一百股，每五股加一权；一百零一股以上至五百股，每十股加一权；五百零一股以上至无限数，每二十股加一权。

第二十九节　本局应遵照宣统元年十二月邮传部奏案，将各局所有存本、进款、开支、结彩四项详分子目造具清册，按年汇总报部存核，并由部中每年奏报盈亏情形一次。

第三十节　凡章程未经规定者，悉遵钦定《商律》办理。

（1911 年 9 月 24 日，第 26、27 版）

招商总局告白

查本局全系商股，并无丝毫官股在内，纯乎营业性质，外间谣言谓局船装运军火，以及运送兵士，实在查无其事，恐各股东群怀疑虑，大碍商业，特登各报，以释疑猜。

谨白

（1911 年 10 月 28 日，第 1 版）

轮船招商总局广告

本局股票刊板用已年久，渐至漫漶，且印存之票业已用完，先经议及重刊新板，酌改式样，因未公决，是以已于九月初一日起暂停易名换票，容俟明春股东开会时公同议定应否重刊新板，再行更易名姓换票。恐各股东未知此情，徒劳往返。用特布闻。

（1911 年 11 月 11 日，第 1 版）

纪念招商局创立一百四十五周年

《申报》招商局史料选辑

晚清卷

II 社会关系

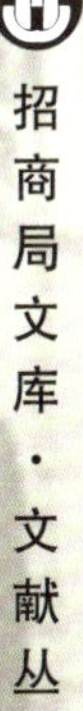

Selected Historical Materials of China Merchants Steam Navigation Co. in Shun Pao, 1872-1911

李玉／主编

目　录

绪　言

轮船招商局作为一家航运企业，必然要与社会产生密切关系，况且企业本身也是社会的重要组成部分。本册之所以以“社会关系”命名，是想展现轮船招商局业务行为中的社会联系及其影响。

轮船招商局本非单纯的企业，在一些特殊时刻参与军运事宜，算属常态。招商局轮船常被强征运兵、运械、运饷，此外还得从事其他为官场服务的事宜，诸如对于清政府重要官员的迎来送往等。

清政府官员出行，常坐招商局轮船。此类内容在本册中有不少，都是从《申报》的各地消息与报道中“抠”出来的。从这些零星的记录可以看出，上至李鸿章、张之洞、刘坤一等封疆大吏，下至普通府县官员，包括清政府出使大臣和一些外国来华使节都坐招商局轮船。他们的行程既有赴任，也有返籍。除了生人之外，达官贵人的灵榇、灵柩与灵輀也常由招商局轮船运送。从中可见，招商局轮船在官场中还是比较受欢迎与信任的。

企业对外法律事务是本册内容之一，因为轮船事故而引发的诉讼与赔偿常受到社会关注。诸如 1875 年“澳顺”轮船撞沉“福星”轮船之后，有关旷日持久的中英交涉以及租界法庭会审的大量消息见诸报端。航行途中，遭遇抢劫难以避免，个别案件损失惨重。此外，招商局轮船还多次撞沉沙船、米船，以及其他公司轮船，均会引发程度不同的交涉与赔偿。

在法律事务方面，除了轮船事故之外，招商局也会因其他原因而参与一定的法律事务，以示维权，比如防范、惩治船上及码头偷窃行为等。偷盗是近代轮船航运业久难根治的社会不良行为，发生在招商局轮船上的此类行为，虽然一船不会累及该局，但因考虑“案发现场”的关系，也加以收录。在招商局轮船上发生的案件除了偷盗之外，还有拐骗等，本册收录了一些招商局轮船工作人员识别、防范拐骗幼孩的报道。可以说，招商局轮船与码头本身就是一个小社会，人员复杂，相关史料也能反映出招商局轮船的运营难度。

在赈灾救灾方面，招商局无论是个人出资，还是运输物资，都比较积极。本史料集也不乏这方面的资料，由此稍微反映了招商局的一些社会责任。此外，本册还收录了不少反映招商局在各地置产兴业过程中与其他机构及人员交涉的史料，因为这些内容以反映招商局的社会关系为重，故没有列入“产业与经营”一册。

邑尊准函禁止阻夺扛挑告示

为出示晓谕事：准轮船招商局函，以于浦东二十四图内置有栈房，以备存储漕粮、货物等项，昨经兴工修造，业已呈请给示晓谕在案。现拟起储货物，所需扛挑脚夫人等均系由局中自行雇用，惟恐该处脚夫藉端攘夺滋扰情事，致多掣肘，请给示谕严禁等因到县。准此，合行出示谕禁。为此示仰该处脚夫及地保人等知悉，嗣后遇有招商局栈房起运货物，均由局中自行雇夫扛挑，该脚夫等不得藉端阻挠拉夺；倘有无知之徒抗违不遵，恃强滋事，许即指名禀县，以凭提案究惩，决不宽贷。地保徇隐，察出并处。其各宜凛遵毋违，特示。

（1872 年 12 月 2 日，第 3 版）

招商公局申谢

谨启者：昨日本局开办，蒙中外官商均惠临赐贺，不胜荣幸之至。辱劳大驾，深抱不安，先此奉布，容再踵谢。

十二月二十日

轮船招商局启

（1873 年 1 月 18 日，第 5 版）

广东拟设轮船局

香港西字新报云：今广东拟立一华商轮船公局，照上海招商轮船局法制，并有官与商董理，云云。按，今中国之生意多藉火船之运载，则华人设法自行轮船实时势所大宜也，吾所愿者，则将来不独官长倡首而为之，即华商亦可自兴其举，使运载之利皆归我华人得之，不亦善乎？

（1873 年 6 月 7 日，第 2 版）

招商局轮船主葛内尔辞退肇讼案

有美国民人葛内尔于英之一千八百七十二年十一月二十号在浦东新设轮船招商局朱太守处立约，充当船主，每月辛［薪］工洋钱三百员［元］，约定一年为限。今中国之四月初九日，朱太守因其驾驶不慎辞歇，乃葛内尔以背约为由，赴美领事公馆控告，声请补偿洋银二千员［元］。五月二十四日，经美国翻译官函致公堂，请陈司马会办。当因朱太守系是局员，未便传讯，由陈司马备函致明。二十五日，朱太守面谒美国伯总领事，略述辞退葛内尔情由，伯总领事即委夏翻译商办。廿七日，陈司马偕同朱太守前诣夏翻译处商办，传到葛内尔，查核两造呈出合同与控诉情节大有悬殊，只缘该船主因照原议尚未满期，忽然辞退，须补偿洋银二千员［元］，惟朱太守因该船主数月之间行船驾驶，撞坏英美公司锚样等物三次，赔去银五百余两，且有克扣在船水手工银等事，过失太多，不能再行算还工银等语。是日，经陈、夏二公通盘细核，该船主以二千员［元］之请未免过多，惟原议第八条停歇不用，有付洋一千员［元］之说，尚属有因。然该船主行船大意，累局三次，赔银五百余两之多，以为无怪，朱太守不准照付，遂互相理劝。在朱太守已许酬洋五百员［元］，而该船主尚不允从。此二十八日翻译公馆会商之情形也。二十九日，该船主亲自往局面商，仍然不果。至三十日，集于陈司马处，因系官员，未便堂讯，不过聚而彼此辩论，坚执一词。又经陈、夏二公衡情酌理，稍从宽议劝断，以七百五十员［元］了结其事，在朱太守自然凭劝可以允给，而该船主竟未允断。是以公堂已作为定论，果其不从，只听另行上控耳。夫数月之船主，坏及多事，累赔至五百余两，朱太守之辞也极宜，乃葛内尔藉此肇讼，希冀似乎太不知过矣。想即使上控，禀明道宪会同伯总领事核断，而既有原断在于情理之中，亦不能任其无厌之请，应俟定案之日再行登报可也。

（1873年6月28日，第2版）

招商局买船请偿信费案

招商局购买洋船，本馆前曾列报，事属无关紧要，不过记其盛举耳。岂知竟有讼案可登，因再录报云。查此案系立德洋行控由大英公馆照会会审公堂者，据称局主朱总办托买轮船未成，费用外国来往电报信资银六百多两，因局主未付，声请偿还。陈司马随即函致朱总办查复。英领事因知朱总办系属局员，公堂未便传问，并经知照道宪行查。旋准朱总办复称，局与立德向无往来，惟去冬有洋人名乔薄者，曾偕该立德行主来局揽卖轮船，议将“伊敦”船与其调换，贴偿银三万五千两，订期立据，为该洋商悔议未成，以后并未顾问，有无电报与伊无涉等语，由道照复。英领事正在派员偕同陈司马邀集会商间，嗣经两造自行凭劝，折半理明偿结，前日已经分别移行报明了事矣。夫此案之调船未成，果其兜揽而来，则电报情节确与招商局无涉；察核缘由，大约乔薄系属经手，必另有卖船之洋人，彼托此推，所以折半了事。然此亦臆度之词耳。

（1873 年 7 月 21 日，第 2 版）

论船主控招商局朱太守案了结事

（1873 年 7 月 22 日，第 1 版，文见“综合评论”）

冤莫能伸

予福建泉州府惠安县人，向在福建淡水庄长顺号充当出海，撑驾庄荣顺鸟船于上年十月初十日由淡水码头装载货物赴海山发售，入港出货之后，购办回货，于十一月二十六日由海山出口，于十二月初一日驶至永龟外洋。时当半夜，忽有火轮船由北驶来，快捷如飞，予船出火喊叫，该轮船涌驾而来，致将船碰坏，骤然沉没。予见势危，急与［于］轮船头廷拉住铁炼［链］，上船呼救，水手并不接援，幸有船客垂怜，将予拉在轮船，得留性命。当时恳求轮船船主急放舢板，度救在船各伙友，船主毫不理采

[睬]。予见众无救，哀泣伤心。细问轮船何名，蒙船客告知，系上海招商局“伊敦”轮船。旋至湄州洋面，该船主将舢板放下，赶予上岸，予即回海山，赴采章号报明失船情形后，立即回家，报各水手家属，并欲赴淡水呈报，因身受惊寒，匆染大病，故延至今春，赴淡水面陈一切。是以东人及客号着予来沪求局恩恤。至予船中所装回货计银三千五百余员［元］，有单三纸为凭；船身本银亦值一千四百余员［元］。船上舵公一名、水手十二名、搭客三名，全行溺死。事所重者，十六家苦主屡到我家涕泣，怨言不休。故予于七月间到沪，先赴招商局恳求，并邀彼时“伊敦”轮船搭客系上海振隆号郑彩云官作证，当蒙唐、徐二总办言慰。据说旧岁之事乃归朱局员经理，二公不知详细，姑俟查明再议，云云。词［嗣］予复思轮船碰坏商船，例应酌量赔偿，行驶不慎，罪归船主，旋即往投外国讼师爱密处相商，意拟进禀公馆，控告船主，只因讼费较巨，力不能行。随后讼师邀我复赴招商局，再为求偿，承蒙二总办垂怜，允我几百金，可由局中偿给，多则不可。予想区区偿恤，领了无济，不独难副号主，且十六家苦主闻诸，毕竟疑我自饱肚囊，反为不美。倘无赔偿，断难回淡安业，又不能归□守命，左思右想，寄住他乡，虽生犹死。此事将来只得在城隍神前控告阴状，以雪怨恨，事虽无益，惟被溺者在九泉之下亦瞑目矣。今幸上海有《申报》可以刊布，是以缕陈情节，普告仁人君子鉴察。如蒙垂怜，鼎力劝偿，俾予得返故里，免受众噬，公侯万代，子孙绵绵，感恩无既矣。

台湾淡水庄长顺号出海庄□谨布

（1873 年 10 月 25 日，第 4 版）

论冤莫能伸事

（1873 年 11 月 1 日，第 1 版，文见“综合评论”）

拍　卖

启者：于五日三点钟在虹口招商局栈内拍卖白糖五十包，欲买者至该栈面拍可也。

正月十四日

义泰行启

（1874 年 3 月 3 日，第 4 版）

招商局“利运”轮船撞沉宁波商船事

去年十一月二十五日黄昏后，渔山洋面有镇海县商家蛋式船只王春芳，被招商局“利运”轮船撞沉船货，现在已经该船耆舵来沪，禀请道宪查办。据该耆舵胡登云等所称，在船连水手共有廿二人，九月间由宁赴胶州受载，十一月十九日自胶州报验出口，二十五起更时驶至渔山洋面，正因风顺挂起稍［艄］灯，扯满风帆，向宁行驶，乃招商局“利运”轮船横撞而来，将伊船拦腰撞截两段，船与人货登时沉没；轮船随放舢板救起二十一人，尚缺少水手李招福一名，年二十七岁，当时打捞尸身无着，旋来上海与局理论，先曾许赔，继复延约等情。递□［禀］之后，即奉道宪移局查明撞沉船只确有是事，前日已檄委租界会审委员陈司马会审矣。此案，中国轮船与中国海船涉讼，原可毋庸会审，其会审之故，系因招商局轮船皆由英国商人保险，将来审明，如果轮船不合断赔，则必取偿于保险之英商，故须会审公廨质讯，以便令保险商人无所推诿耳。风涛险恶，航海堪虞，“利运”轮船之撞没该船，虽不谨慎于先，尚能补救于后，将及溺人几于全数救起，不可谓非慎重人命之至意。惟船货值银不赀，据报该船身计银五千二百两，所装篓油、豆饼、毡帽、茧绸及瓜子、花生等货价值万金，总计船货连应得水脚、关税，同水手之铺陈、零件，须一万六千两零，现在尚无审期，应俟审讯之日，再行登报奉闻。

（1874 年 3 月 5 日，第 2 版）

轮船长价

（1874 年 3 月 9 日，第 2 版，文见“产业与经营”）

“利运”轮船撞船议明情形

招商总局之“利运”轮船与宁波王春芳之钓船碰撞一案，该钓船主控，奉道宪檄委租界陈司马会审，当经本馆将所溺船货值价缘由列诸前报。此案“利运”轮船虽系中国之船，惟船主等皆系西人，且有英国之保险，果使断赔，亦须保险是问，是以悉照西国规条，各自认邀公正之人，妥为查议，先行写立合同字样，议定各听公正秉公评论，列明如何认偿经费，如何不可违背，以及如何受罚，井井有条。而与议者尚有英国副按察签名，其河泊之于船政官员莫不预焉。今悉议定两船各有错处，所有坏船溺货以及经费各半分认，是大局已定，可以毋须官为判断矣。其详细情形，尚未得实，应俟逐项探明，再行布达可也。

（1874 年 4 月 6 日，第 1 版）

记“利运”轮轮［船］撞沉宁船自行理处之详细情形

招商局轮船撞溺宁船一案，奉委陈司马审办，迭经本馆列入前报，嗣后自行理处，已将大略先行刊布，兹已探明详细。其船之撞溺系去年十一月二十五日，乃宁波永泰字号之王春芳商船也，轮船系招商局之“利运”。今控案后，因轮船曾经英商保险，是以悉照西法，议明两愿邀请公正人详查一切情形，秉公剖断。先由宁波永泰号、上海招商局列名写立合同，议明两造邀请大英副按察使默，并英公司“达文哥里”轮船主登达司，暨保家洋行英人德格耳，共请三位会查：一、须查明两船相碰是究归王春芳商船之主人等，抑系“利运”轮船之主大伙人等错误，或均不错，或均有错，抑系天命不测之故；一、须查明会查此事费用应归何人照付，倘以上所请之公正人查明此事或系王春芳商船及船主人等有错，或“利运”轮船及船主、大副人等有错，一经定断后，须再邀请大英副按察使默，暨立德、太平行主复查定断；一、须查明有错之船应赔受损之船银两若干；一、须查明此项费用应归何人照付，倘因此事另生枝节，无论何事均须一并查断。此次公同会议始终均照英国一千八百五十四年所定公堂章程，衡情酌办，会议三人内有二人意见相同，即应照断完结。经此次公断之后，两造均须遵行。如公正人查明以为西［两］船相碰系属不测，应归天命，则第二次复查之议作为罢论再议。公正人讯问两造供词，均听其随意查讯，其见证系何国人民，应照何国规矩讯问。如公正人向两造索阅案内图据、单样，两造应即交阅。又查断此事，两造必须认真赶办，不得迟误，如有一面故意耽延者，公正人定须照例断偿耽延费。至查讯之日，两造中设有一造推诿不到者，此造如请公正人断定，自可允行。再，立据之后，两造听候会断完结，决意不再禀官办理，云云。此所立之合同，笔据也，各画花押存查，可谓至周且详。此案虽委陈司马查办，迨两造皆允立议，自愿凭劝，事极妥洽，是以陈司马听其自便，并不传讯，以免缠讼。沈观察闻知，亦以为然。兹经所邀公正人中之两人□［携］同两造，及与事人员，于月之初九日先将撞碰情形逐细讯问，业已会议定妥，亦立案据。内载：查得此次相碰，两船均有错误，一因轮船距宁船六七里之遥，即见宁船之灯光相对轮船头橹前，照针盘测，计“参差”两字光景，乃不预防，照旧行驶，以致暗中迅驶过近，此即轮船之咎也；二因宁船应照帆船凡遇轮船章程，仍依原路行走，不应向橹后扳舵，系因势将相碰，慌急所致。倘轮船稍从宽让，而宁船照旧行驶，决无碰撞之事，此其错在宁船。今议断各情，拟以：一、则两造受伤之处，各赔其半；二、所有费用，各人自出；三、公正人议断费银三百两，亦应两造各认一半，无论何人来请断结，应先将此银照付。签名者乃英公司之“达文哥里”轮船主登达司、保险行之德格耳，同副按察使默挖特也。现在尚须照议，再请副按察默公，及立德、太平两行主复议会查，究竟货物若干及船之价值，赔偿方可完结。此项沉溺货物，想有税则可稽，谅不致有所高下也，应再俟如何偿结，续行登报。

（1874 年 4 月 13 日，第 2 版）

失足落水

招商轮船局有“永宁”船首司机器之西人名李得者，于礼拜日晚十一点钟自船上欲走至码头，忽因失足落水，时方潮汐澎湃，故旁人不及救援焉。

（1874 年 7 月 16 日，第 2 版）

“依敦”轮船碰溺华船

通闻馆新报云：招商局火船“依敦”于前次去汉时，在日间三点半钟，驶经安庆，忽误碰一华船，该船上多人，相传其内四人已沉诸江底。其旁泊有中国小炮船一艘，便即放炮于“依敦”船之前，以示停止查究。初欲留二人为日后质问，嗣因船主不允，卒至扬帆前去云。

（1874 年 7 月 29 日，第 2 版）

准备后战

前日上海又到一福州兵船，为第十二号者。查此船可装货八百吨，能抵马力一百五十匹，实一得用之船也。船面又特设大灶，足供食六七百人，现泊港内听示，如前日所来之两船，亦将转赴扬子江上某埠也。《字林西报》又曰，相传招商轮船局奉命将各船准备载兵之役，上海之大战船即第六号者久在吴淞湾泊，兹闻该船经驶至南京复回，究因何公干，亦所未悉。至于广东、宁波、杭州各处所来之信息，皆称官场中以与东洋将战之事纷纷论及，以为战日即或延缓，而后来之事已先兆也。或有西人自打狗致书而言曰天津将调精兵四万，此言未知真确，且未见有备船之实据。然以意度之，津沽其必遣兵，以供此役也。

（1874 年 8 月 7 日，第 1、2 版）

“依敦”船备载兵士

招商轮船局现将“依敦”轮船整顿铺置，以备供给运载兵士及各军械，然则中国与东人交战，虽系后事，而不已略见一斑乎？

（1874 年 8 月 11 日，第 1 版）

火船装兵赴台

（1874 年 8 月 13 日，第 2 版，文见“产业与经营”）

炮弹运往天津之故

前报录自南京制造局装来上海大炮等器，闻系皆由招商局“福星”火船转运天津，将在北河口之炮台置用焉。第以该处无举卸重物之器，故先带往天津云。

（1874 年 9 月 5 日，第 2 版）

赁船装兵赴台

有友自闽省来，为言日人之在台湾，势虽张甚，然察其兵勇之实数，要亦不过四五千人耳。且窥其意向之间，亦非必欲与中国战者。惟近闻长崎等处又续增兵万人，拟将前赴台境。是故蒋芗生太守与吴君少尉现已奉宪谕来沪，拟雇招商局轮船驶赴扬州，装载李军门所带之豫军□千五百名，前往厦门驻扎。并闻李军门亦将同到厦门，察看屯营形势，如是处无险可守，或改驻泉州，亦未可知。惟招商局船虽经蒋太守面与商酌，而尚未雇定云。

（1874 年 9 月 19 日，第 1 版）

轮船尚未租定

日前来沪之蒋芗生太守，拟雇轮舶赴瓜州装载豫军，前往闽省。昨闻招商局火船每人水脚须洋银五元，太古行火船每人则仅须四元二角五也，然皆尚未定决云。

（1874 年 9 月 22 日，第 2 版）

详述赁船装兵事

本馆昨录及载运豫军赴台所定水脚一事，系属被人一时误告者。盖探悉招商局轮船先讨船价每一兵须水脚银五两三钱，实非洋银五元也。今以太古火船价巡值较廉，故已议定水脚每名洋银六元，昨所述搭价特由沪至闽之价，非纡道于瓜州赴闽之价也。

（1874 年 9 月 23 日，第 2 版）

制造局赶办战船军器

制造局所造之六号轮船虽于上冬下水，然机器及一切装折尚在置备，约计仅有六分工程。现又造夹板船一艘，闻造成后拟拨归招商局驶用。又造小铁甲船两只，其一约长七十余尺，船身已钉好，惟尚未装置蓬盖；其一约长八十余尺者，以甫经兴造，故即船身亦未完工。此两船俱包以六分厚之铁皮，统以熟铁锤成，较为坚固。气锤厂现造熟铁炮数尊，计可容十八磅及二十八磅弹子者。洋枪房所造之枪迩亦赶紧饬工铸作，通扯每日可成十余杆，其工作之敏捷，视从前已不啻倍蓰，顾恐尚不敷用，因仍在英、法两国购办。又，制造局之东偏隙地，有水勇数十人，每日专习铙吹鼓歌之技，殆亦所以齐步伐而壮军威欤。

（1874 年 10 月 2 日，第 3 版）

招商局船将往镇江载兵

闻招商局尚有二船，今拟复往镇江，仍供续调兵士往台湾之用云。

（1874 年 10 月 7 日，第 2 版）

轮船续赴镇江载兵

招商局“利运”、“永清”两火船现又拟开赴京口载兵去台，计前后镇江所调之兵统有万人，兹已陆续运齐。昨又见《字林报》曰：广东、福州、泉州三处亦欲每处各拨兵万人赴台驻扎，然则合之镇江所载去者，共四万人矣。每营内又有备司爨、肩行李者数千人，若东国之在台者不过数千之众，两相较絜①，其众寡之数诚不啻十倍之矣。顾《字林报》又曰：东人于闲谈时亦曾说及军务，谓任凭华兵云集，终无济于大局。盖日后如果接仗，必不在台境也。按是说也，殆东人以水师称雄，将欲困我军于陆地乎？然则我之所以克敌者，亦当早为筹及矣。

（1874 年 10 月 8 日，第 1、2 版）

论水师宜任长材来书

缁衣士呈稿

福州船政局第十四号轮船名“深航”，现经檄调来沪，拨交招商局，以便转运。该船到沪后，适有西人赴船游览，谓其气象严整，修治清洁，督饬工役、训练士卒，井井有条，船客容□百吨。其船主林君国祥、大副邓君世昌、大管轮黎君道生，俱由福州船政局学习船务，迭居上考，分别委任，故皆能各称其职，深谙水痕、沙线、河道、海图，复能以西法提举船务，兼课军政，虽西国极佳之商船，无以加焉。知人善任，用当其材，洵华人颖慧精明，能兼众长，能胜巨任，然皆由船政局课习奖劝，以要于成者也。（下略）

（1874 年 10 月 19 日，第 4 版）

车夫争价

招商局伙蔡逸莲并出店某，前日因装载银鞘，特雇小车一辆，送赴下海浦招商码头。当时言明车价钱百文，其车夫为岳叙勋也。顾计送到码头时，约略在一点钟光景，该车夫本即拟还辕，因招商局伙友嘱令少待，以便仍坐原车同回。于是，车夫直候至四点钟，始见蒇事，所以车夫要外加青蚨百

---

① 絜：xié，丈量物体。

文。言之再四，出店等只许加以五十文，由是彼此争论，甚至用武。适为巡捕所见，便将该车夫拘至捕房。昨经公堂传讯，方欲细究根由，而招商局已有函来称，该车夫苛索车价，辄肆斗殴，请即惩办云云。陈公随讯两造，则各称自己并未动手，互相狡饰。但此事究属细微，所争者仅数十文之间耳，是故问官以为该车夫故意需索，往往争多厌少，诚属可恶。第每日自食其力，计其所进，车值究属无多，招商局在沪亦一大行家，因此涉讼，亦未免器量太狭，爰即将车夫略加训饬，暂且管押，再行释放云。

（1874 年 10 月 23 日，第 2 版）

西报述直省挖煤事

有香港西字报述直隶省开挖煤矿一事，以相传华人将立大公司，以股份一万股为率，每股捐银一百两，以所聚之银，办买西国器机，而广行挖开［开挖］云。若果如该报所述，此事将为一大举，其设公司，则亦如招商轮船局之例也。

（1874 年 10 月 26 日，第 2 版）

赶造炮弹船艘

制造局现在赶造大小不等之开花炮弹，以备军务所用。至前报所列之小铁皮船亦在赶办，所造之夹板船，闻欲于造成之后拨给招商局者，本拟于十八日下水，因赶作不及，故现拟定于十月初一日下水云。

（1874 年 10 月 29 日，第 3 版）

试船毙命

（1874 年 11 月 23 日，第 2 版，文见“产业与经营”）

津门消息

《字林报》称天津于本月初一日天空云气阴霾，日轮未能晶皎，测量之天文士遂未能细为窥测，以得其躔[1]度运行之准云。又云该埠天气亦颇暖和，殊无锢阴沍[2]寒之时，近日似有变作阴晴之势，恐当有冷信矣。又云该埠传闻招商局之“福星”轮舶将送新任粤督英宫保来津，以便陛见，不日当可望到，云云。而不知宫保诚恐冰河，已辞却招商局之请，业已（由）瓜洲口起程，径赴清江浦，从旱道入都矣。

（1874 年 12 月 19 日，第 2 版）

各省皆备火船

相传李节相业经具奏设立备不测之水师船一榜，行檄各直省，大者置火船二艘，小者一艘，以诸船交托于招商轮船使用，遇有海疆扰攘、国家需用之际，乃由中国纳归也。且曰朝廷经允从湖北官宪传电信至英国，以银五万六千两，即行循照购造一船云。按，此法似为善谋也，盖遇有不测，则所需运载各船皆已现备矣，而年费又可免支，何便如之！且招商局之生意，将必日见兴旺，在股之诸君应大获其利，岂不幸甚？顾尚未闻大宪又设何法以使船上诸人习练水师各事，大约亦必计及此事也。查欧洲之国各有制例，使商贾舟楫之船主、执事、水手等每年时取若干人暂投水师战船之内，使以水师诸事教授，谓之商贾水师人也，按所习练时候若干，酬以俸银若干，又使立约，苟一旦有增加水师之需，须应招入队，各国共藉以为防备计。盖若偶尔与某失和，乃可即时将水师增加一倍，而人皆习练老成，此寓兵于商之法也。查中国于［与］东洋动戈在即之际，最难在招充水师是也，水师诸船实有加于东洋，而虑特在所用之人未能习练耳。今应以东辙为鉴，仿佛欧洲立法，使招商船上诸人按时学练水师艺业，且又使任事于西船之上各人亦多投名自列于商贾水师之册，该人遇无事之时，若能暂从事于练习，而得所例支酬银，岂犹不踊跃从招乎？现在西人闻招商局之上情，知该局添船至二十八，自不免心怀后虑，以为西船运载生业势必将见减色。西船向来与招商局未有斗争水脚，今见此局大蒙国家

---

① 躔：chán，天体运行。

② 沍：hù，极为寒冷。

扶助，已得大站足基，固必知计不如议和水脚之各行情而为上策，而不为争斗互损之行也。势既将如是，则更为招商局之后利矣。

（1875 年 1 月 21 日，第 1、2 版）

粤东开掘铅煤矿

国家自行开矿一举，李伯相前已议准，此诚自强之一道也。然必得实力行之，方有成效。兹闻粤省绅商已纠聚股份，设一开矿公司，其一切规条与招商轮船局仿佛，是亦由官办者。近已从惠州永安县地方开得出土之铅，携回香港，交西人考验，觉其质颇佳，大适于用；惟采取之煤，则西人尚未目睹，惟闻得较北直省所产者似更胜一筹。从此增廓其规，使各省均得举行，则宝藏日兴，其利又乌可以数计哉？取不竭而用不穷，富强之基于是乎在，正当拭目俟之矣。

（1875 年 2 月 2 日，第 1 版）

西人致省港澳公司书

（前略）闻招商局之轮船将来有增无减，何不特委一二艘以来往于省港之间，搭客务取其平，专以货物为计，则殊为便易。盖闻“汉阳”之所以竟允省港澳公司之谢金者，或谓因货物上省时海关查之更严于他船，行商觉其不便，故转而搭别船者居多，然我华官必无此意，亦外人传言之谬耳。今若以招商局船而为之设一埠头于省港，则群喙可息，亦可以表“招商”二字之名义。盖“招”之云者，必自近始，是在尺寸在手者之卓见耳。（录香港《循环日报》）

（1875 年 2 月 20 日，第 4 版）

记本埠悬旗形状

昨为新皇帝登极之期，故各西官早传谕从人届期必高张旗帜，以昭庆贺，此已列入□。乃昨早登高四望，见英领事署内其杆上悬一最大之旗，随风飘荡，而四围又挂小旗无算，几于密布如帷；黄浦江中之船亦大半高悬旗帜于桅上，内又有龙旗者三，峻矗云霄，分外鲜艳，大都为招商轮船局之船也。故租界内华人睹此情景，无不欣欣然相告而有喜色云。

（1875 年 2 月 26 日，第 2 版）

"福星"轮船撞沉及溺毙人数

前月二十五晚，招商局"福星"轮船从本埠起碇，开往津沽，计装江、浙省粮米五百余吨，合之石数约八千石有余；又有绸缎、布匹等约值万余金，兼有津局海运委员及附搭各客。不意于二十八日夜间行至黑水洋，为怡和洋行之"澳顺"轮船正从牛庄回沪，彼此互相撞击，"福星"船竟至沉覆，赶紧放小艇逃生，势已匆促。故共计被害者有六十余人，内有委员二十余人亦皆葬于鲸波鳄浪中而无从捞获。至被溺之委员名姓一时尚难查悉，惟闻有李廷赞及贵成者，似已作波臣。其大委员某公则已遇救得生，不与于难。至□［船］上司事人等，其逃出者亦不过十之二三，统容查悉后再录。特是溺死有数十人之多，虽系大［天］数，亦可惨极矣。然则管驾火船者，可不郑重其事欤？

（1875 年 4 月 7 日，第 1、2 版）

再述"福星"船失事情形

前月二十八晚间，黑水洋正发大雾，故两船各照航海规例，俱吹哨筒，并慢慢而行。迨至两船互相听闻，便即图避，惟因雾气迷漫，各不相见，而又彼此误算往来方向，以致"澳顺"船撞于"福星"船头之旁，洞成一大窟，水即汩汩进入。"福星"船又无隔舱，故顷刻间满船俱水，约四分时之久便见沉下；兼相撞后，两船俱已退开，是以"澳顺"船未能接过人客，惟赶紧放小艇以施救而已。"福星"船后所悬之小艇亦即下水救人，其尚有三小艇因紧系于大船，一时未能解下耳。总计船后之小艇一艘先后共救得念五人，连"澳顺"船上之所救者约共六十余人，经"澳顺"船又捞起尸身两具，带回上海。然"澳顺"船亦碰坏，幸有分舱，不至沉溺耳。又闻得苏省委员死者念一人，惟蔡小溪、王鲁田、江小梅三委员回上海，浙省委员本只石君一人，则存亡尚未卜也。

（1875 年 4 月 7 日，第 2 版）

会讯“福星”船事

前报详撞坏“福星”轮船并毙命若干，闻已照会英领事，刻已得悉定于本月初七日即礼拜一会讯，俟如何情形，当详细载入，以便阅者深悉也。

（1875 年 4 月 9 日，第 3 版）

江苏海运绅董公祭津局员董死事诸公祝文

惟光绪元年，岁次乙亥，一月戊戌朔，越五日壬寅，江苏海运董事郁熙绳、王宗寿、叶佳镇、印洙、贾勋、郁熙顺、杨梦熊、潘伟琛、郁晋培、赵延庆、沈廷基、王嘉驿等，谨以清酌庶羞[①]致祭于江苏海运津局员董死事诸公之灵曰：惟灵分职黄堂，膺符赤县，备理河盐之务，勤襄钱谷之劳，靡不捧檄输忱，借筹竭智。昔年鞅掌半叨荐牍之荣，此日转帆尽作同舟之侣，务急正供于天庾，肯辞远涉夫海波？方乘“福星”轮船而北上也，正喜绅力助风，客程兼日，压千艘而去矣；出十溆而飘然过竹山、楂山而砥平，渡清水、绿水而镜朗，不虞二月一十八日黑洋迷雾，白日蔽云，阳侯之浪横冲，飓母之风竖立，当斯时也，挂帆之子既驾驶之无方，转舵之夫复挽回之不力，突有“澳顺”番舶返自牛庄，遇于蜃市，鹢头一触，龙骨俱沦。公等二十一人或□柱而碎身，或缘梯而绝足，或跃小舟而随没，或抱大木而渐沉，纵海阔无边，拚作惊鲸。李白奈天高在上，难从跨鹤；苏耽[②]既莫遇夫慈航，孰诞登于道岸。董等闻音增痛，援手无从，望穷水远山高，感切星离雨散，爰藉禁烟冷节，聊招逝水忠魂乘素车白马而来，效斗酒只鸡之奠。所愿杨枝甘露渡出迷

---

① 清酌庶羞：清醇美酒，多样佳肴，指祭奠用品。

② 苏耽：传说中的仙人，见（晋）葛洪《神仙传·苏仙公》。

津，宝筏慈云引归故土，重洋万里永为呵护之神，一死千秋定荷褒嘉之典。呜呼，茫茫巨浸与，天吴海若以，前驱历历英灵偕，后种前胥而奋怒，魂兮归来。哀哉！尚飨！

（1875 年 4 月 12 日，第 3 版）

公讯火船撞沉事

前日在臬司署内公讯“澳顺”与“福星”两船相撞之事，循阅西报，知此非会审，亦非因招商局呈控而后集质也，不过照航海失事在水师官理应讯问情节，查明该船主有无违碍航海规例而已。且此次之垂讯，闻亦由“澳顺”船自行禀请也。按，是日在首坐者为管带英国战船名“莫来司的”之水师官名□波拿，及英领事麦君。又该战船上之小水师官，又英公司轮船主名忌辣，又“敦信”轮船主某君，同时公讯。至冯观察所委之叶邑尊、陈司马仅令在旁听案。又王锦堂副戎，及金君楷理藉即翻译耳。招商局总办唐景星司马，时亦在旁听讯。公堂又准招商局与“澳顺”船各延状师来听。查招商局所请之大状师曰担文，“澳顺”所请者则哈华托也。先据“澳顺”船主供云：“我是日在洋面时吹气筒，忽闻前面亦有以气筒应者，因天大雾，未能详辨，似是在船前之斜左。因急令将舵搬右，并令将船轮退后。岂知‘福星’船并不对面迎来，是从横而截过者。故当相碰时，亦碰于该船头之横面也。本以天作迷雾，故机器未经徐行，约一点钟时可走二十一里路之远。及船将偏左时，则一点钟不过走九里耳。”又曰：“‘福星’船之驶行，亦不知其方向。第彼亦走不停轮，每点钟可行若干，亦所未悉也。”问官得供后便诘曰：“以上各情节何不详写于航海之注事公书中耶？”船主曰：“此已备载于注事之私书内，不过因事忙，不及想到耳。”嗣据二副又供曰：“船在雾中，一点钟固走二十一里。惟当时听得应哨声似在西南角，而又稍偏西者，是固在船前之斜左也。余与船主所供仿佛。”但看问官盘诘之意似嫌“澳顺”船驶行较快，其细情亦应写在注事之公书也。又按，是日供词未免烦冗，且所述相碰之情形，与本馆前所登者大半相彷，兹故仅择录数语，且俟全案完结，或有与所供不符处，再行详报耳。

（1875 年 4 月 14 日，第 2 版）

大副落水

上礼拜六即十九日，约九点钟时，“永宁”轮船甫傍在招商局码头，而一西国大副登码头船司理结链等事，不料偶因失足，落入浦中，虽素号善于浮水，然亦杳不复见矣，惜哉。

（1875 年 4 月 26 日，第 2 版）

沪上杂闻

昨悉两江总督李制军同苏抚吴中丞来申，其公馆定于高昌庙之铁厂，本埠道宪以下各官员、驻沪提防之洋枪队计一千余名均赴黄渡恭迎，宪驾随从人员颇有师师济济①之观。

招商局“福星”轮船撞沉一案，本定于今日十点钟道宪会同英领事麦君在大英按察司衙门讯供录词，会审公堂暂行停办一日，刻下制军来沪，道宪开船迎接，或当改期核讯，尚未可定，俟再探录。

（1875 年 4 月 26 日，第 2 版）

督抚宪尚未到埠

新旧任制宪偕抚宪来沪，昨已列报。本埠文武官员纷纷办差迎接，固已齐集伺候，而宪驾则尚未按临。今探闻刘制军之来也，系为查验海塘炮台起见，已由金陵任所起程，乘坐轮船来沪，并非由苏省偕抚宪一起同行者，甫于前二十日在下关登船起程。惟是所望者，中国官轮向来迎送上司，并不驰速，大约须今日可望抵沪矣。吴抚宪知制宪临沪而来，偕同往勘炮台等处工程者，则自苏省起程，从吴淞港内河来沪，故迎接官兵皆在新闸等□［处］伺候也。至前任李制宪之同来，仍是就署养息，不过顺其便耳，亦未始非体息属下之多一番迎迓也。余者未闻别有公事，然如此各

① 师师济济：兴盛、威武之貌。

大宪会临本埠，南市定增几多热闹矣。

（1875 年 4 月 27 日，第 3 版）

“福星”轮船会审案改期

昨日报列，道宪诣英国公馆会审“福星”轮船碰沉一案，旋往英领事公馆探听，并未会审。盖先有此说，嗣后却未议妥之故也。现往闻得，尚须所请之律师查明定例，由招商局另行定议具结之后，再为核办，所有会审之说，恐日内尚难定期耳。

（1875 年 4 月 27 日，第 3 版）

招商局拟控“澳顺”轮船

相传招商局经向英官控告“澳顺”轮船，以其撞沉“福星”船一事，欲其偿银二十万两，故经英国水师官为之管押“澳顺”船，使候审讯也。然则此事也，其殆将成一大案欤？

（1875 年 4 月 28 日，第 2 版）

抚宪止驾

连日本埠迎接上宪，叠经列诸前报。今探悉抚宪吴中丞已有信不来矣，惟迎接者则还须南北分道迎候耳。盖督宪刘制军系从下关乘坐轮船进吴淞口，由南市抵埠。而前任之李制军乃自苏省起程，走由内河而至，当从北市之新闸来也。昨已派小轮船迎接，而尚未接见，宪旌想今日必可□抵沪矣。

（1875 年 4 月 28 日，第 2 版）

“澳顺”、“福星”两船相碰案略

查英国“澳顺”轮船与中国招商局“福星”轮船相碰，“福星”船沉没一案，前月曾由英国领事官照例讯究。兹因“福星”船控请追给偿款，已于日内复经英按察衙门查讯定断，前后两审，本不相涉。缘按英国航海通例，凡商船被碰损坏，及遭风搁浅各等情事，应报明该管官查明，相机办理。或由船主自请察究情形，或由该管官自行提案，总须彻底考察清楚，以期责有攸归。如受损相碰等事出自船主及船上大副、二副等人之误，即将所领官照撤回，或永远注销，或停给数月、一二年不等，应按情形之重轻，核明定断。此项案件在英国沿海各口专设航海事务衙门经理，在各外国即归驻扎各口水师大员暨领事官随时查办审究，因与寻常案件情形殊不相同故也。讯断之后，仍当详篇报明英京总理商务衙门立案备考。至船只相碰，彼此损坏，以致成讼追偿，即归按察使按照航海事例审断，先将两造各项人证提讯，查明两船日行簿记，期悉两船究于何处相遇，并驶行之迟速、临时方向、风色之实在情形，及是否恪遵驾船通例，以为定案之据。如两船相碰责由一船，则由此船补还偿款；若两船皆无错误，即属意外之患，各不相赔；若两船皆错，则两船所受之亏，合计总数各赔其半。

兹“澳顺”、“福星”两船一案经英按察使审讯三堂，断以两船各有不是。缘当时洋面大雾弥漫，据两造人证所供，彼此行驶几与寻常极速之时无异，虽两面吹哨，而缓不济急，不及避让。更有一段，英国航海通例内载“两船于海面相遇，一来一往，如有直冲相碰之虞，每船预行扳舵向右”等语，维时“澳顺”船主于耳闻“福星”船吹哨相近，虽雾气迷目，难分来船方向何在，仍照定例扳舵，遂即相碰。

无如章程虽有扳舵向右之例，仍须分清来船方向，始可无误，本案倘或仅以退轮止船，不即扳舵，则相碰之事尚可幸免，因此断案亦不可谓“澳顺”船主无过也。

（1875 年 5 月 29 日，第 1、2 版）

拟建被溺海运委员祠

前因“福星”轮船沉覆，计死于是役者通共有六十余人。现传得李伯相闻是信后深为悯恻，拟将奏请于津、沪两处为死事各委员建立崇祠，即以同时被难者附祀焉。此说虽未见明文，然邀恤典而安忠魂，想我国家礼亦宜之。

（1875 年 5 月 29 日，第 2 版）

“福星”轮船死事请恤奏折

大学士直隶总督臣李鸿章跪奏：为海运轮船在洋失事，请将因公淹毙江、浙委员、司事恳恩优恤建祠，缮单恭折，仰祈圣鉴事。窃江苏江海关道冯焌光禀，准轮船招商局文称，该局“福星”轮船装载浙江海盐等县白粮正耗米七千二百七十石，并商人木料、货物于二月念［廿］七日由沪赴津。二十八日早间海中起雾甚大，不敢快走，仅开半车，每间二分工夫即放响气，以期来船引避。不意是日十点三刻，行至黑水洋相近撩水洋地面，忽听有来船放气，急叫快打倒车，而来船已从右前斜撞，势甚猛疾，撞穿船头夹舱，水即涌进，在船米货、人客登时随船沉溺。赶放杉板救护，除救起客人水手五十余名外，计淹毙六十五人，内有江、浙海运委员、司事二十四员，并随带仆从十三人。查询来船系怡和洋行“澳顺”轮船，请扣留讯究。现经照会英国驻沪领事，订期会讯，另行详办。并据轮船招商局员董禀报前情，声称沉失白粮七千余石，已由该局先行筹款买补运津，一面移请上海道将被撞毙命各情会同英领事按照条约彻底查究，一面控由英按察司将撞失船货照例断赔，各等情前来。臣查招商局“福星”轮船在黑水洋遇雾被英商“澳顺”轮船碰沉，不但粮米客货全数漂没，而委员司事、搭客、水手淹毙六十余名之多。查核案情，“澳顺”轮船于海洋大雾，并不照章缓行，迨闻有轮船放气知会，仍复任意冲突，致将“福星”合船人货撞沉淹没，应议令照数赔偿，以儆效尤。除批饬江海关道冯焌光照会英国刑司领事扣留该船，秉公会讯追赔，勿任狡延外，查例载江洋大海凡遇因公差遣死事者，查照阵亡例请恤等语。此次江、浙委员、司事人等押送漕粮出洋，同时殒命，尸骸无获，实属殁于王事，较临阵捐躯者尤堪悯恻，相应据实吁恳天恩，准将该委员等敕部查照阵亡例，各按原品升衔官阶，分别从优议恤；并准于上海、天津两处捐建专祠，由地方官春秋致祭。其同时溺毙仆从十三人，亦准一并议祀，以慰幽魂，出自逾格恩施。所有海运轮船在洋失事情形，并请将江、浙委员、司事从优议恤各缘由理合缮具清单，恭呈御览。谨会同署两江总督臣刘坤一、江苏巡抚臣吴元炳、浙江巡抚臣杨昌濬合词恭折具陈，伏乞皇太后、皇上圣鉴训示。谨奏。

江苏候补同知蒯光烈，又候补直隶州知州张湣，又候补同知朱声槐、黄尔祉、齐岳，浙江候补同知石师铸，江苏试用通判王绶、谢鸣凤，又候补知县绰勒欢保、荣桩、胡权立、吕廷宰、贵成、刘齐煜，候补县丞长懋、张培生、李松年，候补巡检李锡田，候补从九甘立功，两淮候补盐知事许懋身，都司衔补用卫守备魏文彬，董事分发补用县丞姚浚源、董事拣选知县赵德铬，司事同知职衔叶锦泉。

光绪元年四月十二日具奏。

上谕尚未奉到。

（1875 年 6 月 3 日，第 4 版）

“福星”船案续闻

前此招商轮船局控“澳顺”船一案，其出名具状者为唐君景星，代船户及船所载货物是也。词内并未另行包代搭客及船主、执事等之字样，以故英臬司断案谕曰“将两造各船与货受损被失者统算若干，各认一半”等语，是否应“澳顺”船将“福星”搭客及执事人所失行李财资并行补赔其半者，竟属不明。而招商局现在欲将原立状词，以搭客、执事之名添载其内，此事原为该局所延状司之误，但观其情景，则弥补犹未迟也。

（1875 年 6 月 7 日，第 2 版）

会审“福星”船溺毙各情日期

兹闻月之初八□［日］，上海道宪会同英领事在于会审公廨集讯“福星”轮船案内溺毙江、浙海运委员人等抚恤各情，想各家属自必到案听审矣。至此案如何讯结，与夫公平之正论、体恤之至情，俟集讯之后再为登列可也。

（1875 年 6 月 10 日，第 2 版）

海运委员石君恤典

浙江海运委员补用同知石师铸前在“福星”轮船撞沉案内溺毙，经浙抚杨中丞奏请议恤，已奉谕旨，准照知府阵亡例赐恤。其奏稿篇幅较长，不及预录，容俟按日排印。至是案江苏委员溺毙已由李中堂会同两江制宪具奏，尚未奉旨，想亦可一例允准也。

（1875 年 6 月 10 日，第 2 版）

会审溺毙人家属请恤情形

本月初八日，上海邑尊松为延请英状师德门办理搭坐“福星”轮船被溺委员、诸客及水手等之家属、亲戚控告“澳顺”船主，索讨抚恤银两一案，被死者每一人须一千银，计共六万三千两，问官麦领事及冯道台两员，另有英副领事达君会审，分府陈司马在坐，此案尚未审结，定于礼拜五即十五日复审也。被告状师所藉言辩论者，大都谓英朝既在中国设立按察使衙门，且下令凡英人出有案件皆由该衙门审断，以故该英领事无复有坐堂问拟之权。又辩曰，该客亲属既有遣抱告控，则该抱例应将每客转托凭据呈上云。据招商局总董唐君称曰，经本局致书该亲属多人，皆得回信，尚有数人则未得信息也。是以问官谕令礼拜五再审，容俟案结后，再行详细续录。又，是日会审之时，华人往公堂听案者甚多，想因溺死之惨，故无论相识与否，而咸有关心也。

（1875 年 6 月 14 日，第 1 版）

“福星”船难员家属复审改期

“福星”轮船溺毙海运员董家属请恤一案，前经道宪会同麦领事提讯未结，原定今日复审，现因麦领事有事前赴镇江，往返尚须数日，已由领事衙门知照道宪俟麦领事回后，再行定期会审矣。

（1875 年 6 月 18 日，第 2 版）

"福星"船案续闻

前录英按察使断定将"福星"、"澳顺"两船被失致损合算，由"澳顺"船均分其失。但此断是否应搭客及水手所失行李等物入算其内，尚未明谕。兹悉按察使又续断应将此项亦算在内也，惟"福星"船主一人之物不准在内，盖因失事由于彼与"澳顺"船主两人误信而所致故也。此案亦于追控赔赏［偿］各尸亲体恤之银项一事亦无干矣。至于堂费，因两造均各有误，故归各算。查近日所印《京报》内浙江抚台之奏折，知招商局经已自行赔补"福星"船所失之米，以故国库于此事无所觉减损。而该局既向"澳顺"船纳一半，亦不致大失也。又见江苏抚台之折，知其业经拟筹银项，以资赏恤各尸之家，若再向"澳顺"船索得恤款，亦聊可慰其切心也。

（1875 年 6 月 21 日，第 1 版）

伤指毙命

招商局"伊敦"轮船铁匠西人日前在本埠正欲开船之际，为机器轧伤两指，当送法租界大病房截去，再行敷药调治，不知其如何损伤过重，甫及三日，昨已因伤殒命矣。然则值机器者可不慎乎！

（1875 年 6 月 21 日，第 2 版）

光绪元年五月初三日京报全录

（前略）头品顶戴、湖广总督臣李瀚章、湖北巡抚臣翁同爵跪奏，为鄂漕试办采买约计米价、运费数目，及动用款项，恭折具陈，仰祈圣鉴事：窃查湖北省同治十三年分漕米仍难征收本色，酌议采买米三万石，由海运通，经臣瀚章于上年十月初八日在兼署湖北巡抚任内由驿陈奏在案。嗣准部咨，令将采买章程核实具奏，并声明米价、运费必须较江浙成案大有节省等因。当经转饬遵办去后。兹据督粮道何维键会同布政使林之望详请会奏前来。臣等伏查鄂省试办采买海运，事属创始，必须择人而理，因思总办招商局委员、浙江候补道朱其昂、直隶候补道盛宣怀，历办江浙漕粮，于海运情形最为熟悉，且有江浙成规可循，是以责令承办、承交，不致漫无限制。旋据朱道等具禀筹办大概情形，并据陈明“一切事宜俱系仿照江浙近年成案办理。今湖北采办交仓正米三万石，照章于正米之外，应添买商耗剥食暨新增剥耗各米二千九百余石，并入正米之内核销。现因访查鄂中米价较下游昂贵，已遴委妥员赴江皖产米之区分途采办籼米，陆续运沪储栈，以备春融起运。至此项采买米石，亦应照章俟江浙正漕报完，即由局剥运赴通交兑。但楚省距办运之处均在二千里以外，所有领解银两、采办米石，在在需费，与江浙就近办运者难易悬殊，其米价运脚势难较江浙减少，惟有尽心筹划，诸从节省，一俟米石运通交卸后，核计支销价值确数，据实开报，不敢稍有虚糜”等语。臣等复加查核，所陈尚属实情，仍当实力督饬，益求撙节，每米一石并计正耗价脚纵不能于江浙采买成案再为减少，然亦不得于二两五钱零之外大为增加，期归核实。至于动用漕项，饬令粮道按照起运正漕三万石之数，在于漕粮正米折价款内动支银三万九千两，又于随正耗米折价款内动支银三千九百两，共计动支银四万二千九百两，此外尚有不敷，饬遵部臣以漕济漕之议，于济运之随浅水脚兑费项下开支济用，不准动用别项正款。俟办运事竣，由粮道查照江浙成案核实报销。

再，督运漕粮本系粮道专责，此次采运米数无多，既已委令招商局员承办，即由该委员朱道等一手妥为办理，毋须粮道督运，鄂省并不派员前往帮襄，以专责成，而免诿卸。臣等一面督饬粮道，严催各属，赶将全漕折价征完，解济京饷，不任延误，庶本折可期兼顾矣。除仍催令迅将采办米石运通交兑完竣，掣收禀赍，饬取支销确数，另行会核陈奏，并咨明户部暨仓场督臣、南北洋通商大臣查照外，谨合词恭折具奏，伏乞皇太后、皇上圣鉴。谨奏。

军机大臣奉旨：“户部知道，折内屡见‘朱道’字样，殊于体制未协，李瀚章、翁同爵均着交部察议，钦此!”

（1875 年 6 月 22 日，第 4 版）

恭录准恤海运员董上谕

光绪元年四月十五日奉上谕："李鸿章奏海运轮船在洋失事，请将淹毙委员等优恤建祠，开单呈览一折，江苏招商局'福星'轮船装载浙江海盐等县粮米，并木料货物，由沪赴津，二月二十八日行至撩木洋地面，被怡和洋行'澳顺'轮船撞坏，米货人客随船沉溺，计淹毙六十五人，沉失白粮七千余石。'澳顺'轮船于海洋大雾时，并不照章缓行，迨闻有船放气知会，仍复任意冲突，致将'福星'全船人货撞沉，亟须彻底查究，责令赔偿。着李鸿章、刘坤一督饬道员冯焌光，照会英国刑司领事官，迅将此案秉公会讯，按照条约办理，毋任延狡。此次江浙委员司事人等因公淹毙，殊堪悯恻，除石师铸一员业经杨昌浚具奏，已从优照知府阵亡例议恤，所有单开之同知蒯光烈等均着交部照阵亡例，各按原品升衔官阶，分别从优议恤。石师铸及蒯光烈等并准于上海、天津两处捐建专祠，由地方官春秋致祭。同时溺毙仆从十三人，准其一并附祠。将此各谕令知之，钦此!"

按，李宫保奏请优恤折稿，前因未见列诸邸抄，故本馆另为抄录原奏，登入前报，今复奉到上谕，谨为恭录，以供众览。

(1875 年 6 月 24 日，第 2 版)

难员死后情形

"福星"轮船之难自海禁既开，轮帆络绎十余年间第一惨变也。与斯难者，除估商外，有委员二十余人之多。夫取富贵弋功名，于是作官，今则异矣。集千百金之资，而援例得职，岂冀大富贵、大功名哉？亦聊以御饥寒、赡细小而已。仕途拥挤，累年赋闲，既不得缺，又未得差，其情状已不可言。至于台司青眼，札委优差，方冀藉薪水以食家属，忽焉遭惨祸而作波臣，斯即大吏给恤、朝廷旌劳，亦断不能慰其家之惨痛也。杭州诸生许君懋身，遵例纳金，以盐知事分淮，携眷住于扬州越六载矣。辕门听鼓，徒自随班，鹾灶熬波，未尝课税，幸以世交提挈，八行[①]私嘱，一纸官封，得以禺荚闲员来作转输末吏，于二月二十八日死于"福星"之难。萱堂[②]闻耗，块肉已縻；兰寝惊眠，寸肠欲断，痛葬身于鱼腹，爰毕命于雉经[③]，弱息仅存，蓉膏先劝；威姑[④]已老，梁木旋悬。盖其夫人先鸩女而后缢，而太夫人亦自裁。呜呼，一官匏系禄，未逮乎高堂五品，花封荣方，羡夫命妇，乃惨遭奇变，殉及全家，飘泊游魂，谁进灵均之吊，凄凉馁鬼几同若敖之诛，言者痛心，闻之迸泪。虽然，使许君而无欲官之心，则三书院之膏火何妨耕我砚田，百余人之文童尚可收其□［课］贽，虽寿殀有命，而禄利不营，强力富年或尚未至于死；即死矣，而亦未必窜身于海，而不得其死。即不得其死，而终未必并其母、妻、幼女而同归于死。呜呼，贫误之，而不安贫之一念成之也。吾吊许君，吾为世之为官者危，吾尤重为世之未为官而急欲为官者惧。

（1875 年 6 月 24 日，第 2 版）

查讯"福星"船搭客行李

前"福星"火船被失，经招商局呈控，须并将搭客行装之多寡□［而］偿云云，是以昨经英臬司署传聚多人，拟彻底查问究竟每客多少，以期水落石出。但此事颇费周折，故审讯多时，只查明三人，尚有二十二人未经研讯确□［实］。看此光景，欲得全数清查，或尚需时日也。

（1875 年 7 月 2 日，第 2 版）

述码头费情形

本埠旗昌洋行现已知会工部局，谓以后有华商各货自宁波来申，不能

---

① 八行：指书信，古代信纸一页八行，后多指请托的信件。（唐）王勃《宇文德阳宅秋夜山亭宴序》："云委八行，抒劳思於彩笔。"

② 萱堂：指母亲。

③ 雉经：自缢。

④ 威姑：婆婆。

再给码头之费，其所以欲改旧章者，以招商局之货亦俱不付也，云云。伏查道宪于每年内凡华商进口货之码头费曾经酌给若干，总共包去，是以招商局之华客可不再行照付。但招商局既如是，何于别家洋行□商之货仍须自付耶？

（1875 年 7 月 7 日，第 2 版）

"澳顺"船禀请取保

"澳顺"火船自碰沉"福星"船后，因缠讼事，迄今尚未出海，故该船近已禀请英臬司愿具保结，俾得仍在洋□［行］从事。先是，"澳顺"船愿按每吨具保银八磅，嗣因招商局不允，谓须每吨保银十五磅，然后可也。昨经英臬司酌断，具结总共保银五万两云。

（1875 年 7 月 10 日，第 2 版）

议恤官商家属定案

"福星"轮船被"澳顺"轮船撞溺一案，索赔撞溺船只及客货行李，照英例应归英臬司办理，其断语已登前报，不赘。其溺毙委员、商民应议恤银两一事又应归英领事办理，道宪屡次商请英领事，谓每人应恤一千两。昨领事会同道宪并翻译王君永和、局董唐君景星等酌核，议定每委员议恤三百两，商民每人议恤一百两，共合成银一万一千两，此项银两由"澳顺"船主赔出，不涉船东之事；道宪又请可否将此银刻即付交各官商家属，以免逗遛羁候。英领事谓照英例原须限期措缴，如逾三期不缴，即将船只拍卖抵偿也。此事自昨早十点钟起至三点钟，方得议定云。

（1875 年 7 月 14 日，第 1 版）

中外会审情形

昨报录英领事麦公与道宪冯观察会审"福星"船溺毙之各尸亲控"澳顺"船主，索追赔项，此我国官员会审英民之事，似为上海新创之行也。但查和约第十七款，经已明载，谓曰："中国民人告英国民人，领事不能劝息，即由中国地方官与领事官会同审办，公平讯断"等语。前者山东成山头建灯楼之际，英人误杀华人，经该道执意必与英领事会审，显杀人系属犯事。另有第十六款曰："英国民人有犯事者，皆由英国惩办"云。惟今之"福星"一案其被告为领事传提时，亦进而辨之曰："英朝廷简派按察司来华，前曾降有特旨谕曰：'凡英人涉讼犯事，由按察司秉英例审办'"云云。既有此谕，则领事无复有审断之权，故于原告呈诉后，被告呈曰："责领事之权，我尚不肯认，则更何屑与原告为辨明乎?"但其实英朝与中国立和约在先，设按察司在后，和约内既有明文在焉，故在我国惟和约是知，若请领事欲与之会审，而领事亦不得不照约而行。惟领事果否有权可令英民照约断罚，此事尚未可知；若果实无也，是期中朝应亟向英国商问。盖如是而实有与素立和约为不符矣。夫英朝之设果可新定审例，大都系误忘先立之和约耳。查领事与道宪所以卒定委员之家属每员给银三百两、水手等家属每人给银一百两者，盖英例于此事本有限制，载曰此船碰沉彼船，若人货俱失，按照船之载力，每吨以英金十五磅为限，此外不可再加。其十五磅者大抵以八磅为货，以七磅为人。但"福星"船既与"澳顺"船均涉错误，故应以七磅之半为降，计每吨三磅半算之，则约银一万一千两，即所断给之半数也。七磅之限虽为英例，然中外之事固亦不必拘泥。但照约须以情理断案，英国早定此例，亦质之于理而后设者。以故此案之断法，两造亦可为凭也。是则"澳顺"船所给恤银只算本应给数之半，第不知招商局是否将欲补赔其余之半耳。又据领事官所称曰："此案不过向'澳顺'船主一私人可问，若船户既在英国，伊在中国固无审及之权，即'澳顺'船亦不能押候。"道宪自亦因怨其事，力请务必不使该船出口□□［远飏］。但船究已出口，此事似亦与和约有矛盾之处。盖船主或无一钱之人，使船走而仅押候其人，是如舍宝而仅留其空匣也，亦奚足恃哉。

（1875 年 7 月 15 日，第 1、2 版）

火船撞坏

昨阅西报，知招商局火船名"永清"者自天津返上海，甫至大沽口。

适有旗昌“山东”火船停泊其处，“永清”船偶不经心，遂将“山东”船撞坏。据言修理之费约须五千金，或又谓须万金云。

（1875 年 7 月 15 日，第 2 版）

沙船碰沉

招商局“利运”轮船于十一日晚二点钟时从本埠开出吴淞，将近茶山处，猝碰坏沙船一艘，因沙船上灯已灭故也。该船上水手等计共有二十余人。“利运”见已出事，立即放小艇施救，故无一殒命者，惟货则仅救得十分之二耳。随见沙船逐渐沉没，“利运”因亦驶回来沪，并闻“利运”之船头亦微有碰损云。至此事如何完结，及船货应值若干，随后探悉再述。

（1875 年 7 月 16 日，第 2 版）

英官准“澳顺”船上禀

“澳顺”船主曾被华人控追三次，盖一以偿赔“福星”船□货，一以偿赔各客与水手等之行李，一以追恤被溺□［各］尸亲之家属。故西人数其叠次控告而怨称为已甚也。不知英官于各案既准情酌理，凭例断令坐赔，则自有应赔之处。使应赔而不闻赔，天下尚有此理乎？查此案本埠道宪及招商局总办，其布置办理可谓不遗余力，并可谓能承办外务也。本馆前陈“澳顺”船各案不服，意欲具禀英朝大臣复核，兹闻现请于上海英官准其禀上。盖非有他意也，第因各赔项须由驻英保险行转偿，深恐此行不服，故今请准其上禀，庶几保险行可自为裁夺。或禀与否亦听之矣。

（1875 年 7 月 17 日，第 1、2 版）

“平升康”沙船漂流

招商局“利运”火船在吴淞外所撞坏之“平升康”船，闻山东轮船于十三日午时经过被撞之处，见该船仍漂浮海内，另有本地船群集围视，盖意在肆抢也。然船既被舍，□［船］主旁船向前救取，固势所必至者，□然此船既尚未沉没，则“利运”船当拖之入口，似亦无不可也。

（1875 年 7 月 19 日，第 2 版）

“永清”、“山东”两船碰损事议结

前有招商局“永清”火船在大沽口，与“山东”火船相碰，各有微损，嗣曾并驾回申矣。昨闻两面议定设立居间人，秉公酌断。查所推举者即“海宁”船之船主，名赫金生是也。已于□［前］日在招商局讯问一切情□［由］，遂断定由“永清”船补赔修理等费额，相传两船之修价银亦不过约二千两耳。

（1875 年 7 月 22 日，第 2 版）

议小轮船往来武汉

武昌至汉口□处，往来络绎不绝，而风涛□［险］恶，渡者惊心，每□［岁］必有倾溺之事。虽经设立救生船，然救生船必待船倾而后救，死生均有，即人尽救起，而货物漂流，不能全获，故立法虽周，而谋事□□［未尽］善也。近来招商局设有汉口分局，埠头莫若添置一小火轮船，往来其间，既免濡滞之忧，复无掀簸之险，无论官民，均得安□［渡］；且船本费用虽创设时资不能俭，而客位分等，货物论担数，所取之资虽倍于小船摆渡，而舍危就安，舍险就夷，人亦乐于输纳，积年累月，于局中非无所益，何惮而不为哉？或又虑轮船既设，小船生业必日就减色。岂知风恬浪静之时，欲渡者苟贪图价廉，仍可乘坐小舟；况操小舟者见有轮船往来，夺其所利，则□□长技□，□□□□□□余各舟之生意，不又因舟少而转见起色乎？且四处之人欲乘轮船以渡，更有先驾小舟而来轮船埠头者矣。然则穷民安焉，局中利焉，小舟亦便焉，不见行一事而三善备乎。有心利济者盍早图之。

（1875 年 7 月 24 日，第 2、3 版）

核估"福星"、"澳顺"两船失损实数

前录"福星"船控"澳顺"船一案，经英官断定，将两造受损被失合一均分，又谕曰由公正人查估核定所损失各数。今闻现在核定"澳顺"船身受损至二万九千零七十九两，"福星"船货被失至十四万一千三百三十五两。查"澳顺"船起先讨银三万六千二百五十两，"福星"则十九万七千七百九十二两也。

(1875 年 8 月 3 日，第 2 版)

淮军续到并送已放统领回籍情形

淮军过沪暂驻各情，陆续登报。前晚有本埠招商局"海镜"轮船到沪，载有淮军一营，系左军正营，管带营官为协镇马公也。并有王、张两副统领在台病故，灵柩回籍，亦由"海镜"船载到。故前次来沪之四营勇丁，于昨晨六点钟排队至苏州河新大桥之码头奉迎灵柩。过船各勇丁感恋二公，均有哀怆之色。礼毕，与新到兵丁整队进大马路，由石路经西门而去，归于南城暂驻之处，时已九点钟矣。自新大桥进来时，于二摆渡等雳派设巡捕，点查勇丁人数，以防沿途滋事。而各勇丁亦规矩整肃，步伐止齐，无舞旗挑枪之态。其先来之兵丁较之前日到申时已觉精神爽逸、步履安详；新来之一营虽亦因水土不服，抱病者多，较先来者亦差少疲敝病乏之容。惟闻此营由台湾起程，途中有病勇二名，因炎天蒸郁，毙于船上云。

(1875 年 8 月 4 日，第 1、2 版)

漕米由西人火船往津门

近闻招商局承办国家漕米，运往天津，经转雇西商火船数艘，代为装载。计"加拉巴"一艘由上海至大沽，每石出水脚银计二角；并"拆征厄"与"干琐来善"二艘，每石水脚计银一角四分。"拆来［征］厄"一艘经已出口，载米有二万余担。查该局除折耗外，每石收国家银六钱，故

能有如此赢余，足以转托西船而已。得坐享厚利，未始非众估［股］份人大可相庆之事也。且国家使该局获此厚利，且又准照顾西船，亦未始非国家大助己民之船而兼恤远人之意也。犹忆本馆于去年述及，风传有西船公开进书中官[①]，情愿承办海运漕米，每担只取水脚银一钱云云。当时《汇报》曾笑其太少，且称悠谬之谈不足为信。其时虽亦有辨之者，谓实无以一钱银两承办之事。但观现在水脚银一角四分之价，似当时一钱之说，亦不可竟谓理之所必无者。设使招商局一面雇用西船以载其漕米，又以己船另走他途而赚大利，则该局之兴旺，诚可立而待矣。

（1875 年 8 月 11 日，第 1 版）

沙船待救

招商局轮船有名“海生”者，前日由津来申，驶至一小山之北数百里外，突见沙船一艘作乞援之状，迅即驶近讯问。则知该船之舵已为浊浪击去，无可把握矣。其船身及所装之豆饼、黄豆等货约值一万四千两之谱。“海生”船即与议定拖救之费，便将舵工带在船上，而以缆系沙船以行。至八点钟时，则绳索忽断，风浪且大作，以致碍难拖带，惟为沙船之水手画策指路，而导之已矣。其舵工仍然带归。兹闻该舵工已于日昨雇拖船之火船一只，出口觅救。但沙船业既无舵，兼波浪滔天，水手辈逐浪乘风，愿缓须臾，以待救其危险，谅已极矣。该拖船设果能救回，是诚人人之所盼望也。

（1875 年 8 月 27 日，第 2 版）

贾货涉讼

生意场中以有易无，交易而退，斯固全恃乎信义。否则，未有不轇轕者。即如日昨会审公堂宝顺行之控大丰洋货店一案已可见矣。据大丰店伙朱某供称：“我前日曾向宝顺定货洋布五千匹，嗣因内有霉点，并与所定

① 中官：宫内、朝内之官员。

之号码不符，是以随即言明作为罢论。而该行大写[1]之意却有未允，致遂（遂致）涉讼公庭。”质之宝顺行之西人，则固谓其既定而未出货也。故谢刺史与达副领事商同酌断，以为两造既各执一词，着即自邀公正人酌核定断，无须多渎。于是洋人则邀元芳行主，朱某则邀招商局总办唐君景星，订期公断，并合朱某出具遵公正人判断结存查云。

（1875 年 9 月 11 日，第 2 版）

火夫轧指

昨招商局“大有”轮船之火夫陈培增抹油于仙人跳上，盖藉以稍能滑泽也，不料偶一卤莽，轧于玻璃器上，竟闸去右手指头两枚，痛极而晕。旋闻送至同人医馆，未知有续骨之方否。不然，当不止如无名指之屈而不伸，始谓指之不若人也。

（1875 年 10 月 2 日，第 2 版）

小工被击

前日招商局码头有小工姚、张两人方从某轮船起糖至新栈，乃甫至门前，而其路已被各货堆塞，不能直进，因暂歇下，意欲用手挽提。不料该栈内堆庄司数人见其弛担，疑为贪懒，喝令定要扛进。小工与之辩论，中有一宁人便将扛糖之铁钩向姚、张头上乱打，且拳足交加，二人俱受重伤，倾跌于地。嗣经众小工不服，遂将宁人执赴捕房，伤者送同仁医馆医治，今日或当送公堂审讯也。

（1875 年 12 月 21 日，第 2 版）

司机器人投海

招商局“永清”火船前从香港驶赴福州，其第一司机器之西人名曰费

① 大写，疑为洋行经理。

伦，顿时失去，直至福州，亦杳不知其下落，想已与波臣为伍矣。

（1876 年 2 月 23 日，第 2 版）

轮船赴津情形

（1876 年 3 月 9 日，第 2 版，文见“产业与经营”）

楚军遣回

昨得镇江来信，福州之湖南勇已由招商局“永清”、“富有”两船，于前月二十九日（运）到镇江，每船各载勇九百名。查此批营勇，于二十六日上船，二十七日开行，而二十九日即驶入京口，是亦迅速也已。

（1876 年 3 月 31 日，第 1 版）

撞溺粮船

本埠招商局之“丰顺”轮船，本月初九日由沪装载客货开往天津、烟台等处。昨日得信，知在天津口撞坏上海之张聚禄沙船，人虽获救而船已截为两段，登时沉溺。闻此沙船装有漕粮一千余石，并有客货。时适粮道宪在津，即饬将“丰顺”照赔，惟值价若干，则未之知也。

（1876 年 4 月 14 日，第 2 版）

更　正

前报所列招商局“丰顺”轮船在天津撞溺张聚禄粮船，兹悉该船系上海之张聚福沙船，非聚禄也。用亟查明更正，并悉事在前月下浣，现已议赔过割矣。

（1876 年 4 月 18 日，第 3 版）

保办洋务

办理招商局之唐君景星现往福建，据其所亲云，丁中丞[①]留办福建洋务，一年期满，即保其为闽海关道。在中丞破格用人，而唐君能者多劳矣。

（1876年5月11日，第2版）

津沽近闻

近日闻得旗昌轮船船主在津海关殴打巡丁一案，此本不为奇，惟闻得提讯见证时，有令华商均搭招商局轮船，不许附搭洋船之意。搭洋船之客每人要勒索钱二千文，否则将行李扣留。又有人分刷知单，称说招商局船之好处、洋船种种不妥，虽近于招徕生意，然搭客载货任从商便，断无勒令之例。西报传述如此，尚恐不实不尽也。

（1876年6月3日，第2版）

撞沉钓船

昨日"大有"轮船从宁波来沪，天未大明，驶至吴淞口外宝山北面，其时积雾未开，适撞着宁波金宝森钓船，赶即退轮救援，顷刻沉溺，幸一客、九水手均各无恙。船内装米一百四十石，杂货四百余担，尽付水滨矣。其人皆赴招商局理论，未知如何完结，应否赔偿，容探明再报。

（1876年6月23日，第1版）

救荒要策

日内各轮船赴津者，闻各商除洋货外，俱满载谷米运往救急。此虽利

① 即丁日昌，1875年在沈葆桢的推荐下，出任福建船政大臣；次年初，又奉命兼署福建巡抚。此时正在福建办理洋务事宜。

己利人之事，特恐装载不多耳。苟能扩大其规（模），尤臻妥善矣。因忆前年印度亦有偏灾，英国乃竭力代筹，印民得稍苏困。其最要者莫若令饥民工作，如平治道途等举，盖一可以救民命，一可以消事端也。今如北地旱道居多，欲运粮食非车不可，则何若多备车辆使灾黎执鞭耶？远则越南、暹罗，近则仙女庙、长安镇，均系出米码头，倘能沿途厘卡概免厘金，则米商势必麇聚矣。现闻招商局已发帆船一艘，往牛庄办小米，以济津民。苟有力者能仿而行之，其功德岂有涯涘耶！

（1876 年 6 月 27 日，第 1 版）

接录光绪二年闰五月初一日京报

李鸿章片。再，上年“福星”轮船在洋失事，江海运漕员董同知蒯光烈等同时遇难，钦奉上谕：“该员等因公淹毙，殊堪悯恻，着照阵亡例从优议恤，并于天津、上海捐建专祠，由地方官春秋致祭；其同时溺毙仆从一并附祀等因，钦此。”钦遵在案。兹据江苏督粮道英朴详称，该道率同海运局员捐集廉俸，在天津东关外购买地基，造成专祠，将殉难之江苏员董蒯光烈等二十一员依次设位，并附祀随殉仆从十三人，因员数既多，祠额未能标题名姓，恭绎殊堪悯恻之谕，请以“愍忠”二字为额等情，具详前来。臣查核无异，除批准行饬地方官春秋致祭，并将祠宇妥为照料外，所有在洋遇难江苏员董蒯光烈等天津专祠落成缘由，理合附片具陈，伏乞圣鉴，敕部立案。谨奏。军机大臣奉旨：“知道了，钦此！”

（1876 年 7 月 8 日，第 3 版）

李伯相到烟台情形

伯相于前月念九晚，驻节烟台，昨已入报。兹据西报云称，伯相于将到之前数刻，烟台人登高眺望，见有中国船旂[①]自北来南，俄又见黑烟突冒，人皆知伯相将至。惟为山峰阻隔，故船身未及见也。在后转过山脚，

① 旂：古代指有铃铛的旗子。

方见火轮船三艘，均挂招商局旗号，内有一艘即“丰顺”船也。于是文武各官齐来迎接，中国兵船俱声炮致敬。惟此时风势较大，不便登岸。次早，轿马排列于海关码头，恭候伯相及随从人上坡［岸］。但此时风雨雷电交作，直至下午两点半钟，天稍晴霁，乃放大炮两声，伯相与随员同下小艇。又□［因］小艇为仆御济渡，外用小火船一艘拖之。□［船］到码头，兵勇俱排队屈一足迎迓。伯相乃登舆，先到海关与众文武相见，均和颜悦色。随即赴禹王庙行辕，沿途观者甚众。总税务司赫君[①]即往拜谒，晤谈良久。初二日，伯相到领事衙门，谒见威公使[②]，商论一切。烟台西友当写此信时，伯相尚在内，未回也。又，日内烟台中西官会聚极多，计有俄、普、奥、美各公使，及总税务司赫君，与天津海关税务司，及西员巨革，至中国人员，有唐君景星亦在其内。并闻法公使白君[③]，不日将到。是固烟台通商以来，从未有如此之热闹也。

（1876 年 8 月 25 日，第 1 版）

东瀛近闻

近传得往来东洋之华商与三菱火船公司似不惬意，所有货物皆不肯装□［彼］船只。招商局闻有是信，已发一船前去。人皆谓乘此机会，招商局船或得常川走东洋矣。又闻三菱公司之总董名育拿司克，现已从横滨到长崎，查问一切细情云。

（1876 年 8 月 26 日，第 1 版）

招商局轮船宴客

（1876 年 11 月 10 日，第 2 版，文见“产业与经营”）

---

① 赫德，英国政治家，1854 年来中国，1861 年担任海关总税务司，到 1908 年回国，掌管中国海关事物长达半世纪，推进了中国海关近代化。

② 威妥玛，时任英国驻华全权公使。

③ 白罗呢，时任法国特命驻华全权公使。

译录试“江宽”船记略

（1876 年 11 月 28 日，第 3 版，文见“产业与经营”）

火车往来吴淞情形

昨为火车开往吴淞之第一日，早由英领事照会道宪，并请各华官同乘试行。嗣以道宪因公无暇，只有盛观察、陈司马及洋务委员马、翁两明府、招商局徐君雨之并道宪之官亲某而已。西官则有麦领事、固领事、怡和行东及西国女客数位，其余随从人等亦未能悉数。自十一点钟，从上海启行过江湾张洪浜，直至吴淞口之蕴草浜[①]而止，为时仅半点钟工夫。在车各人俱欣然四顾，交相庆贺。公司内之洋人按车中人数，馈以酒饼。约略停顿数分之久，即摇铃开回于人少地方，其疾如飞，较从前往来江湾时更快。遇有沿途冲要处，两旁均设栅栏五十余处，路中所盖之桥计十二座。麦领事又随时随处指示经理火车之洋人，嘱其加意谨慎等语。至午后二点钟起，该公司第一次卖票，搭客坐车者均系华人，皆坐下等车，约有百余人。至江湾下车者不过十分中之一，余均抵蕴草浜也。乘上中车者不过三四人，惟至吴淞镇游玩者不过十余人，其余趁原车回沪者。四点钟第二次开行，车客不过三十余人，其时因细雨淋漓，故大有扫兴之色。至六点钟开第三次，车客不过数人而已。吴淞现亦有停客之屋，规模清洁宏敞，较江湾有过之无不及也。火车仍六辆，惟机器车首挂红彩并松竹枝等。统计上海至吴淞、江湾、张洪浜等处，小有停顿，可以起落人客及买票所也。会审公堂案昨亦因此停讯云，并悉宝山县邑尊轻舆减从，至蕴草浜履勘一切，至四点钟时方回。

（1876 年 12 月 2 日，第 2 版）

瞻仰新船

（1876 年 12 月 8 日，第 1 版，文见“产业与经营”）

---

① 实为“蕴藻浜”，为黄浦江支流。

攻击枭匪

（1876 年 12 月 11 日，第 2 版，文见“产业与经营”）

书本报乐善可风后

（1876 年 12 月 16 日，第 1 版，文见“综合评论”）

旗昌售业续闻

招商局议买旗昌火船、各埠栈业，闻得实系还价二百万两，议定后，逾一月半先付一百万，其余陆续分期摊付，大约以三四年为限，一例清完，摊完时按年酌加利息。按，现在股份伸得价银约九十两，而该公司一切栈业估值可得百两，则招商局置买此业，亦称得意也。据云，船产一切所值，每股百两之外，公司犹可余存银约四十余万两，以故有股份者将来所得亦较多矣。

（1877 年 1 月 10 日，第 1 版）

旗昌聚议

昨为旗昌火船诸股份人聚议之日，众人集毕后，旗昌主人方将火船议卖（议卖火船）、栈业节略一单，朗诵与诸人听悉，计共有十余条。其要者，出价二百万两，顶买公司火船、码头、栈地一切，事先付定银十八万两，以英三月底为止，陆续摊付，以尽一百万；其余一百万五年内次第摊付，以今英正月初算起，此后各火船往来营贸利失皆招商局担认。惟第一次一百万两未完以前，由旗昌代为经理，并取经理用银于招商局云云。诵毕，问众是否依议出卖，众人无不许诺，遂为定议。故此后各火船、栈业尽为招商局所自有也。

（1877 年 1 月 16 日，第 3 版）

轮船交割

（1877 年 3 月 2 日，第 1 版，文见“产业与经营”）

华商拟增设保险公司

香港来信云，港中之殷实华商因见招商局所设之保险公司生意顺手，亦拟纠合股份，另设一保险公司，取名安泰。计共二千股，每股二百两，共合本银四十万两，入股者可先付百两。凡船货往新金山、旧金山、新加坡及内地均可承保云。

（1877 年 3 月 16 日，第 2 版）

旗昌聚议琐述

日前旗昌火船公司诸股主毕聚，董事将去年账略呈览，据年内共净赚[①]利银十七万八千九百两，按股份每百两分与官利七两，计共九万两；并分与各照顾生意人，共三万三千两。公司产业既顶卖与招商局，便相商了结事宜。按招商局订付银两，先满一百万两，始可将产业火船交收，其余一百万则分期摊还，每三月付银五万，限五年内付清，惟先期若浮付银两，言明此银视为末后各期之银。兹招商局除交满一百万两，系在定期之先一个月，又经浮交二十万两，此二十万两，势当照议为末后第五年摊付之银，每季应付之五万，仍须照付。是以先须五年交清，现止须四年交清云。又商议旗昌经理了结各事，所有受招商局之银，每百两给以三两半云。再者，议定现在将原本之银，按每股份先还七十两，其余则随受随还焉。

（1877 年 3 月 26 日，第 1、2 版）

① 赚：zhuàn，粤语同“赚”。

光绪三年正月十二十三两日京报全录

（前略）翁同爵等片。再，此次江鄂借粮，循照上届成案，采买米石全数交兑完竣，其在事出力员董，现经臣等恭折会奏请奖。惟查委办招商局员浙江候补道朱其昂、直隶候补道盛宣怀总司其事，往来数省，督率各局员董，购办押运，艰苦不辞，且能将米价运费力求遵节，办理悉臻妥洽；其余局员，湖北候补道朱其诏、候选道徐润、唐廷枢亦公同筹办，勷[①]理得宜，均属著有微劳。合无仰恳天恩，俯准将朱其昂、盛宣怀交部从优议叙；朱其诏、徐润、唐廷枢交部议叙，以昭激劝之处，出自逾格鸿慈，谨合词附片陈请，伏乞圣鉴训示。谨奏。军机大臣奉旨："览。钦此。"（下略）

（1877年3月17日，第2版）

疾风扬沙

招商局买进旗昌各火船，所改船名先后列报。兹闻有旧名"徽州"者，又改为"江表"，与"洞庭"火船同泊于旧日金利源码头，并有驳船六七艘亦鳞次傍附。前日下午忽狂风骤发，致将"江表"缆绳吹断，所泊之活动木码头亦被拖裂丈余。其时"洞庭"船主见"江表"退下，深恐触碰，赶将船舶缆绳割断，让"江表"过去。旁泊之驳船避者避，而不及者尚有三艘，或装糖，或装粮米者，经"江表"触撞，一米船便沉入水中，余二艘虽未倾覆，而受伤亦重。计落水船户共十余人，立即打捞，尚有四人无着，谅已溺毙矣。昨早，用绞管思将米船绞起，因水深船重，尚未得手也。又悉老闸西新盖之楼房尚未完工，水作正在粉饰，亦因风力过猛，新屋吹倒，一泥匠被压伤肋骨，抬赴仁济医馆疗治，死生尚未可卜，查其名姓为褚胜龙云。并闻江湾一带尽有浮厝之棺木，亦遭吹移，则风力尤可想见矣。是晚得小雨一阵，随见黄沙弥空，昨早见室内台椅均沙积分许厚，至上午而犹未止息。据乡人称，落黄沙幸在此时，若迟至清明节后，

---

① 勷：同"襄"。

与［于］蚕麦颇有碍也。

（1877 年 3 月 22 日，第 2、3 版）

香港邮传

《字林新闻》云，旅港之华商为山东饥荒，兹已共捐得银二万元，其一万已由汇丰银行交上海招商局矣，余一万想随后当即寄下。书［善］捐之得如是踊跃者，以由驻港之英督向华绅李君德昌谆挚力劝，李君即告之梁君鹤巢，爰即向各商劝勉。顷刻间，开敦兴戏园之罗君扬凯助洋千元，又有隐名两善士各捐千元，聚腋成裘，居然得此巨款矣。当其由汇丰汇交时，行主人恐火船递信较迟，特发电报至上海汇丰银行，嘱将万元迅交招商局收下，或将原银转寄山东，或代购米运往，悉听其便云。驻港之西人，亦聚得四千元，惟西官与广督道及此事，广督答以宦橐萧然，无可为力，于是属下各员皆众口同声，故粤省寄港之赈银甚属无几。但富商大贾乐善者，亦多知粤垣劝捐不力，尽有到香港捐银者，此真难得者也。

（1877 年 4 月 12 日，第 1 版）

果育堂劝捐山东赈荒启

下民造孽，上天降灾，去年水旱频臻，饥寒荐告。最苦者江北之淮、徐，山东之青、济，几至易子析骸，饿殍载道，闻者惨伤。业蒙各大宪奏请赈恤。所虑灾黎散处，遍逮为难，敝堂会醵银千两，专派司事附入招商局唐、徐二君，速赴淮、徐相机接赈。而于东省，则阙如也。适法华玉樵李君交来佛吉三十枚，嘱即附寄东省云云。仝人额手称庆，以为首介者李君，而相与成此善功者，我邑中当有同志也。爰用布告绅商善信，务希踊跃玉成，自千百以及十数无拘多寡，乞亲交果育堂账房，掣付收票为凭，不再另立捐簿。一俟集有成数，迅附轮船汇至青、济，拯此鸿哀，不胜雀跃。总乞多多益善，赶速为贵。呜呼，万间广厦原非寸木可成，九仞为山端赖一篑所始，至于为善获福，理有必然，兹姑勿赘。

果育堂仝人公告

（1877年5月5日，第3版）

东赈续启

菩萨慈悲，割肉且闻喂虎；庄周称贷，斗升可活鲋鱼。所谓救饥，无待乎五牲，而成裘每资夫一腋也。东省岁歉，敝堂缘玉樵李君倡先助赈，具有俚启，蒙申地各报馆主人玉成人美，概列报章普告同诚，广成善举。适有闽帮振隆行主林君闻斯善举，归而谋诸同志，登高一呼，众山皆应，共得鹰蚨四百余元，而林君独捐其半。报章既出，随有北市隐名氏番银五十元，躬亲送到敝堂，收此巨宗，立即置备规元五百两，浼招商局唐、徐二君，速附便轮北上。于昨续有濠北草堂洋钿三十元，粤东冯君五元，归安顾善姓英佛一百元，本日同元诚庄规银一百两，踊跃解囊，实乃可钦可感。未逾三日，陆续已来六百余元。行见先声所树，众善同归，后此之源源而至者，不知几什百人，几千百金，俾能迅速汇东，早一日能救数日之饥，多一金可抵数金之用。《诗》云："奇矣富人，哀此茕独。"何幸于今日觏之。他时赈务告圆，自当汇刊征信，以昭核实。此外，并不立簿劝捐，杜绝假冒。至司事赴东川资，由堂自备，并不在赈银内开支，庶几涓滴归公，而作善降祥之庆，尤可为诸善士操左券也。虽然，漂母一饭，淮阴侯且存图报之思；衡阳万钱，刘凝之待继市门之给。代申盛德，用广善缘。

三月二十五日

果育堂司事载启

（1877年5月9日，第2版）

善姓助赈

前有善姓捐助山东赈荒银五百两，已由招商局登报；兹又陆续乐输凑银百两，亦托招商局唐君附便汇寄矣。不敢没诸善士乐善之婆心，特将台衔细数谨列于左。计开：不书名足纹二十三两，龚炳如足纹十一两三钱五分，陈瑞华足纹七两六钱五分，陈邱氏足纹四两，陈汪氏足纹四两，共计漕平足纹五十两，申规五十三两一钱三分三厘。雒善氏英洋十元，世彩堂、刘友德堂、李王博观各捐英洋五元，宝俭堂英洋四元，隐名氏英洋一元，共计英洋三十元七六二，合规银二十二两八钱六分。不留名凑捐规银二十四两零零七厘，共合规银一百两。

同仁辅元堂谨启

（1877 年 5 月 14 日，第 6 版）

挑货减价

本埠金利源码头挑货夫工向来给有工价，自归招商局经营后，骤然减削，有去一半者，有去三分之二者。其挑货头人向来外加行用，各工以其仍照旧时算给，特减工人之钱，故于前礼拜日聚集众人，觅头人吵闹，势甚汹涌。当即告知巡捕，旋经巡捕将招商局减发工价一节凯［剀］切细述，始各释疑，平心而散去矣。

（1877 年 5 月 24 日，第 2 版）

小工压伤

（1877 年 8 月 1 日，第 3 版，文见“产业与经营”）

温州消息

（1877 年 8 月 2 日，第 2 版，文见“产业与经营”）

拟设银行

天津信息云，现在华人拟在天津设一银行，计本银共三十万两。所有宝银分两悉归一定程序，不得轻重，由招商局人司理其事。至入股之人许以每年每百两本银，给利银五两云。

（1877 年 8 月 4 日，第 1 版）

资送回籍

浙洋红单船十只，现因洋面肃清，奉大宪札饬，全行裁撤在案，所有各船勇丁亟宜遣散回籍，以免逗遛，蒙宪恩给发路资、护照；并准于六月内按名点验，给予船票，令搭招商局轮船，由海回粤。千岁坊张公馆粘示告条内称："凡我同乡在于宁郡欲回粤而缺川资者，请于日内赴本公馆报名，以凭给与船票，一起旋里，幸勿观望自误"云云。亦可见梓桑情重矣。

（1877 年 8 月 10 日，第 2 版）

详述偷米

前报天津招商局拿获河埔之偷米人王长顺等两名，送县枷发，局前示众。窃思米系重坠之物，河旁又（为）众人属目之地，彼偷儿将何施其手假？兹又接津友来信，始知招商局司事潘云山前日在河沿勾当[①]一切，忽闻水声澎湃，俯视之又一无所有，以为波涛汹涌，亦寻常事耳。旋见有一十四五岁之幼童蹲伏水滨，招之不来，挥之不去。潘君大疑，乃令人看守此童，复饬放小艇，用挠钩就是处打捞，果有物重，起岸乃整包米也。由是将童缚住，据供同伙尚有三人，按名拿获，送天津县，判令荷校[②]，招商局头门示众。不两日又见有一艇，尾拖绳索，放乎中流，恐系童子故智，姑放舢板追之，比及，将绳拖起，果又米一包也。送案如前，亦判荷校。按，本年扫米者较之往年多约十倍，招商局与怡和码头地属毗连，均有米粮，逐此则窜彼，其中不无伦［偷］漏，更何堪将整包行窃耶？然究为荒歉所迫，假使桑麻真蔽野，几人曾肯袭穿窬？读前人诗，不禁为之三叹。

（1877 年 9 月 20 日，第 2 版）

---

① 勾当：做事、办理公务。

② 荷校：颈上带枷。

行窃花米

前报天津之招商局码头小窃多方偷米，业经缉获送究在案。兹又悉招商局及怡和行募人于码头巡绰，不准扫米，以杜偷窃。妇孺辈平时藉此以谋升斗者，至是皆望望然去之惟恐不速，吁情亦可悯矣。然欲为杜弊起见，亦有不得已者。即如怡和坐落在紫竹林河旁大门以内，院落辽阔，积有米麦、棉花等类，监守人除更夫外，另有小工百余寄宿。初九夜忽有一贼混迹其中，私将棉花藏诸身畔，然后徐步出门。守者睹其肩背拥［臃］肿，手足卷曲，腹大如鼓，不良于行，甚为疑诧，随即上前，按以手则软而温，属以目则松而白，抖搜之余，觉上而衫襟，下而裤腿，充积者无一处非棉花。因即送官究治，是亦一笨贼欤。

（1877 年 9 月 25 日，第 2 版）

钦使至沪

钦命驻扎日本之正使何公如璋、副使张公斯桂，昨日由招商局轮船抵沪，其行辕则暂住广肇公所云。

（1877 年 9 月 26 日，第 2 版）

脚夫殴捕

昨据一百一号巡捕投公堂声称：“招商局之扛夫在途扛物叫喊，我照规例嘱其轻声，不料扛头王渭荣即喝众将我毒打，扭至码头，当经司事喝阻，劝息出外，王渭荣犹守候殴打。”故诉捕头将王渭荣及散伙孙开行送案请究。质之王渭荣、孙开行，供词含糊，官判将王渭荣枷一月，孙开行押一月，均发捕房收管示众。

（1877 年 9 月 29 日，第 2 版）

巡捕殴伤

概即前报列虹口招商局之扛夫将华捕殴打，当经公堂断将夫头枷示在案。兹闻被打之巡捕因伤发病，送医馆调治，尚未见效，苟有不测，则夫头等恐难免无事也。

（1877 年 10 月 2 日，第 4 版）

米船打翻

二十三（日）早，有常熟米船将从吴淞港出口，行至陆家嘴角，为招商局之“江靖”轮船开行带翻。船伙三人，其二遇救得免，余一人则占灭顶之凶矣。闻已报县饬查打捞，俟“江靖”返沪后再行讯办。

（1877 年 10 月 4 日，第 3 版）

声　明

启者：我等自常熟梅里镇载有米一百担，于念三日早间由吴淞港出口。到陆家嘴角，猝遇招商局“江靖”轮船开行，因未曾吹号，彼轮船将我船碰沉。船内连伙共有三人，当即救起二人，有水手王三顺溺毙，后救无踪，当经报县勘验明确，谕饬打揆［捞］候示。特此声布。

船户蔡小和启

（1877 年 10 月 5 日，第 6 版）

赏　格

启者：今有客人义顺成从汉口来申，于八月念九日由招商局“江永”轮船在金利源码头登岸，遗失帐箱一个，箱身油绿色，用席包裹，另加捆绳包皮，书写“义顺成记”。如有四方君子误拿，或挑夫携错，报信者谢花红银六大元；连帐箱送回二摆渡怡丰隆检验数部图章印色无错，即谢花红银十大元，决不食言。此系专寻帐箱数部图章原物，决不追究别情。如有意外，神明鉴察。

怡丰隆代客人义顺成启

（1877年10月9日，第6版）

续劝赈捐启

启者：上年因山左灾荒，敝堂创议劝捐，代为施赈，蒙招商局之盛君谣斋、王君心如，广行劝募，集洋二千元。而诸善信亦闻风而兴，源源接济，汇成巨款，妥为赈恤，山左灾黎咸有再生之庆。今山右荒象连年，饥鸿遍野，其惨状甚于山左，是以复具芜启，多设捐簿，以作发棠之请，冀广种福之缘。又蒙阜康庄之陈君品坚转劝募集洋四百十元，均属见义必为，乐善不倦，无论出力施财，同一无量功德。孔子曰："德必有邻。"信不虚也。敬述数言，以志钦感。嗣后，倘蒙四方仁人君子愿照上届，无论乐输多寡，或邮寄，或亲送到堂，附寄山西助赈者，仍执敝堂收票为凭，将来大功告圆，汇刊征信总录，以昭众览，此启。

九月初二日上海果育堂谨启

（1877年10月11日，第3版）

夫头霸持

招商局伙陆金荣，昨赴法公堂控称，前日有某客出货十件，因扛力太贵，另雇小车装推。岂知扛夫头林小六恃强拦阻，以致两相争殴，被伤右目，请验讯。据林小六供，非有心殴打，特偶然失手，即自己头额亦被打伤云云。谢刺史验得林小六并无伤痕，且雇夫雇车，任从客便，何得霸占？着暂押捕房，再候发落。

（1877年10月17日，第3版）

捐洋助赈

本年山右亢旱非常，灾区极广，析骸易子，惨不忍闻。正拟劝捐助赈，适有李君沧桥印文耀创，劝捐输洋一千元，由招商局总办朱云甫观察转交到局。急公好义，救灾恤邻，深堪嘉尚，不特三晋饥民拜此厚德，即本局亦铭感无涯也。应请贵馆亟登申报，以为乐善者劝。

天津筹办山西赈捐局启

（1877 年 10 月 20 日，第 7 版）

通商外国

广东惠州聂吉人茂才，素有远略，不拘拘于帖括之业者。其心以为中国自与泰西通商后，各外国之轮舶衔尾而至中华，操其利权，据其利薮，而堂堂中国从未闻有片帆只舵入泰西之境者，无怪乎西商日富，而中国日贫也。因欲倡设一公司，纠众十万股，集资一千万，购买轮船，来往于东南洋群岛，及新旧金山、南北亚、墨利加洲，及欧罗巴洲各国，为通商贸易之举，地无论华洋，人无论中外，皆得入股。现闻安南、暹罗、西贡、新加坡、槟榔埠、东南洋诸岛国，以及亚墨利加洲之嘉厘符尼亚等处，皆有挟重资之华人愿竭力助成此举，惟欧罗巴洲诸国声气尚未能通耳。此事果成，不特创天地开辟以来绝无仅有之事，且将受中西贸易以后至奇极伟之名，窃为茂才拭目俟之。

（1877 年 11 月 16 日，第 2 版）

天津琐闻

（1877 年 12 月 4 日，第 2 版，文见“产业与经营”）

钦使出洋情形

出使日本何、张二公，于十月二十二日三点钟到下海浦招商局码头，登第三号“测海”轮船。少刻，上海道刘、上海县莫、会审同知陈、招商局董事候补道徐、唐、制造局总办即补府郑，暨商董多人，俱来送行。会晤既毕，随即展轮驶出吴淞口，到第五号“海安”轮船停泊处下碇，已有舢舨船前来迎接钦差，过渡两船俱放炮迎送。二十三日十二点钟，“海安”

展轮启行，二十六日巳刻，进长崎口，下碇升旗，开炮二十一声，以敬日本国君礼也。日本地方官亦开炮回敬中国者二十一声，但东兵偶不自检，计伤两名，中国饮差闻之代为扼腕。是日下午，华商俱来船拜谒，地方官拟于二十七日下午前来拜会。"海安"轮船应装煤两日，然后开往神户也。又闻该处前任知县亦因霍乱吐泻症捐馆①，现在署事官将一应病人都迁至海边一澳另住，上竖黄旗，庶不致多所传染耳。

（1877 年 12 月 6 日，第 2 版）

议开煤矿

石门以外煤矿极佳，其绵远不知几百由旬，而又甫破土皮，俯拾即是。略嫌出水太远，闻须用机器掘深河道，运出芦台，再由芦台运至津埠。但掘煤亦需机器工本，计实不资。现在招商局唐君景星著有《开煤论略》一书，欲集巨股以成是事，所有是书分送当道，想俟明春李中堂回津后，当有成议云。

（1877 年 12 月 18 日，第 3 版）

合议行规

（1877 年 12 月 24 日，第 1 版，文见"产业与经营"）

轮船增价

（1877 年 12 月 29 日，第 2 版，文见"产业与经营"）

车辆缺少

昨接天津信，知伯相于十一月初五日移节赴保定，其仪从除寻常执事

① 捐馆：去世的委婉说法。

外，另有淮军小队百人，策骑护送。伯相动身后，车价顿贵，据车厂传述，被雇去车子约百有余乘云。又初九日招商局解赈米往获鹿，交卸车更缺少。现下遍贴告白，如有车辆愿装米石，计每石百六十斤，给脚价三千四百文，不折不扣云云。按获鹿县系直隶正定府属，西界山西盂县，去津七百余里，现已就彼设局转运，故招商局米卸交该处，牛车驮载，计需十日程，每石给脚三千四百文，似不丰而亦不啬，然尚无人揽载，奈何！

（1877 年 12 月 31 日，第 2 版）

盖栈罢议

本埠金利源码头上盖造栈房，以便堆卸货物。后太古行欲仿之，以格于例不果行。自金利源并入招商局后，太古又萌此念。本报前曾略纪数语。兹闻法兰西工部局董事及法界捐银各人同聚太古行会议此事，各抒所见，词源滚滚不穷，迨议毕而核之，以为可者仅五十三人，以为否者有一百七人，遂只得作为罢论云。

（1878 年 6 月 7 日，第 3 版）

出殡盛仪

原任苏松太道冯竹儒观察前自关外回沪，疾终于求志书院，公廨昨早出殡，其灵榇由“江宽”轮船回籍，一切仪仗可得而述焉。先是九点钟时，其官眷与各官绅于灵前哭奠，礼毕，执事人等排列于大门之外，然后发引。出西门，经四明公所，从法兰西大马路，直抵招商局之金利源码头上船。沿途男女老幼或聚于店家，或候于门首，重足瞻眺，统计不下万余人。一路设祭者络绎不绝。计其仪仗先有骏马四匹在前开路，次则“肃静”、“回避”硬牌两对，铭旌亭前有全副鸾驾，排班徐行，杂以伞扇、冲天棍及奉天诰命衔牌、诰命亭一座，并皆鲜艳夺目。驻扎本埠之淮勇及高昌庙与淞沪营之洋枪队并水师炮勇共约五百余名，均列队随送；护军营乐手十二名俱用泰西乐器鼓吹相从。兼有八卦长旗三十六面，其余金锣锡杖牌棍、红黑帽、逍遥伞、刽子手，充塞路衢，一时难以悉数。但计官衔德政牌约共十五对，更有彩亭六座，一则朝冠蟒服，一即香亭，其余四亭则分贮全羊、全猪整席，与广东馒头。清音全堂，或吹笛，或点板，或击磬，其声清越以长，悠然可听。缁流道众各十二，道衣彩袍而持牙版，僧袒法衣而执纸旛，霎牌细乐迤逦前来。官绅步送者三数十人，然后公之魂轿与灵辆至焉。计材罩系五色绸扎成，上有一仙鹤颇得飞动之势，舁者三十二人，随后跟马三匹。送丧之女轿十六乘，孝子哭失声，俯伏如仪。柩前有一铁丝笼内贮白毛鸡一只，两人扛之，初不知是何取义。嗣闻此即俗所谓买路钱也。华官自道宪以次，或随送，或先在码头恭迓。法巡捕房早传中西巡捕挨段弹压闲人。外国各官亦到码头相送，见柩将到河沿，各去帽申敬，并插花朵于柩上，想系西礼。而观者皆为之掩笑云。按，公在沪多年，先任铁厂总办时，事事殚心考究；及受道篆，凡涉洋务，悉能开诚布公，互相辑睦，民间之被其惠政者亦多。兹虽溘然长逝，归骨故乡，而得此盛仪，固亦足为生荣死哀也已。并闻西官公馆亦扯半旗，顾何修而得此耶！

（1878 年 6 月 27 日，第 3、4 版）

潮激轮船

前日十一点钟后，有一瑙［挪］威国轮船名“哈干阿鲁智敦”者从长崎来沪，入浦后，以铁链系于浦中太古码头外浮桥之上。时潮正初来，势之迅急，与钱塘江相将，直冲该船之旁，铁链霎时迸断，冲上法界浦滩，陡搁于浅。急落铁锚，锚力亦不能敌。后又溜入浦心，刷于温州轮船之旁，将其梯子及遮阳之铁条碰断，兼将太古码头冲坏，其码头船亦沉失数只。继又顺流至金利源码头，将招商局之“江宽”、“江靖”两船撞损，码头亦小有损坏，浮桥一并落水，其小舢板亦撞坏数只，闻有一人脚骨为其碰断。惟无溺人诸事，亦不幸中之大幸也。

（1878 年 8 月 31 日，第 2 版）

断案公平

巡捕沿街殴人最为可恶，盖此非特王法所不容，亦西律所不载也。故本报屡笔之于□［简］。乃昨有七十七号华捕韩大桂至英公堂禀称，昨日巡街，见有车辆碍路，令彼推开，反被车夫将号衣扯碎，请究。车夫刘阿庆供："此车系招商局'江天'轮船所包，昨华捕喝我推开，我以坐车人即刻出来覆之，彼即将木棒伤我头额，并不敢扯碎号衣。"陈司马验得伤痕属实，即斥华捕以手执木棒，不过藉以防身，岂容任意打人，致伤头额。捕头平福利亦禀，华捕因殴伤人，理宜斥革。陈司马随当堂记其号数、姓名，即行斥革，毋许易名再充。又谕车夫以后不得任意碍路，致违工部局定章也。车夫叩头称谢而退。愚谓司马此断，真不愧为民之父母矣。

（1878 年 9 月 26 日，第 3 版）

钦使抵申

衔命出使英法大臣曾袭侯劼刚，前由津乘坐招商局"保大"输船来沪。昨日舟进吴淞口，使节遥临矣。本埠各官员皆往招商局之金利源码头，恭迎宪驾，随后即进广肇公所预备之行辕云。

（1878 年 10 月 19 日，第 3 版）

讹言不实

招商局之"江平"、"海晏"二轮船，系轮流开往宁郡者也。前晚有某轮船来沪，言及在大洋面见一轮船烟囱稍有损坏，本埠宁郡人疑为"江平"失事。至二十日，"海晏"进口，咸向动问"江平"消息。"海晏"答以平时二轮船来往，在洋面相逢，此番则并未见过云云。人心愈觉惶惑，于是测字问卜，靡所不至。租界之保安司徒庙，求签者不绝于道，直至二十一日清晨，"江平"进口，方知共庆安澜，心旌始定云。

（1878 年 11 月 16 日，第 3 版）

失货纠缠

美巡捕头至英公堂禀称，有太古惠记报关装船号，于九月十三日送洋货三十六件，送招商局“江天”轮船装往汉口。当日为时已晚，收到三十五件。而买办唐才楚填发三十六件之回单交与报关周步云，收执后，轮船到汉，缺呢一件，旋由唐姓赔银二百五十余两，仍托周步云代办抵补，该买办随报捕房查缉。今查得，是日太古惠之报关人周步云，同出店江才昭，雇驳船将货运至“江天”轮船时遗存一件，由原驳船载回，寄存太古一号栈房。曾询驳船户，属实，是以将一起人解案。“江天”轮船买办唐才楚供称如前。周步云、江才昭同供，货实无错，况有收条为据。至捕房查出之呢，系仁昌和牌号，另有客人。太古惠买办佘耕兰供，代客报关装船，声名为要，试思报关人与出店串通藏货，岂肯仍寄在太古栈房？声请察断。巡捕头遽请将周、江二人带回，管押再讯。于是，太古惠号伙朱立山大肆咆哮，谓：“既欲将周、江二人带押捕房，应将‘江天’买办一并管押。”捕头大怒，令朱跪上公堂，请惩凶横。陈司马讯以此事与汝何干？答称：“‘江天’买办不知因何遗失大呢，又恐招商局知而取咎，与我再四商量，托周步云至复升洋货号代办一件，装至汉口抵补，并未报关，又无水脚，如今反欲累及周、江二人，我实不忍。”陈司马随饬令原被皆补词核断云。

（1878 年 11 月 22 日，第 4 版）

复讯失货案

前报列失货纠缠一事，兹悉太古惠记自知理屈，将“江天”轮船买办唐才楚托办抵补之天青呢一件，计银二百五十两有零，如数归还招商局，请免究办。招商局司事某随带票银至英公堂，声称：“迩来报关行伙经装轮船各货，时有错误而无查考者，每致赔偿。今此案已由巡捕房查明确实，尚敢图赖，此风断不可长，务须究罚，以儆效尤。”巡捕头薛必麟禀称：“前将报关之周步云、出店江才昭解案请讯，蒙谕管押，再行复审，当有朱立山不服，吵闹法堂，现已水落石出，应请提究。”美翻译谓司马曰：“当归还货银外，照数再罚一倍。”司马允之。周、江二人仍交捕房带回，俟缴银后斥释，所缴之银两，应如何拨充公款，再行酌夺。至现在呈案之银，饬唐才楚具领云。

（1878 年 11 月 27 日，第 3 版）

总办起程

招商局总办叶顾之观察，因委任伊始，例往通商各省谒见大宪，已据南昌来信，将到省日期列报。今闻观察已于前月二十二日起程回沪云。

（1878 年 11 月 29 日，第 2 版）

改建专祠余闻

本埠西城之茅山殿，前曾议改升护巡抚原任上海县刘公专祠，今悉是案莫邑尊已详奉各大宪批准，将前殿改作刘公祠宇。其后另有向称杨爷殿者，改为愍忠公祠，盖即“福星”轮船海运被溺之诸公也。所有先曾按照当日团练章程各乡劝集之捐款，除提修建一切费用外，余则充作灾赈，其有已写未收者，仍须照数催缴，今款已充裕，不日即可兴工云。

（1878 年 12 月 23 日，第 3 版）

惩　窃

前日招商局“江天”轮船到埠，有客被窃衣服十数件，曾向法捕房报明，经法包探陶春元缉到人赃，失主赴捕房具领。盖因开船在即，不能到公堂耳。复出洋三元交捕头，以作酬劳法包探酒资。昨日解案请讯，孙明府讯明属□［实］，着将窃贼朱子亭责二百板，枷号一月，失主酬谢之洋，当堂给陶春元领去。

（1879 年 3 月 7 日，第 3 版）

捞尸无着

（1879 年 4 月 4 日，第 2 版，文见“产业与经营”）

洁治码头

美国前总统即日来沪，故本埠招商局金利源码头饬工整顿，修理一切，以便恭迎上岸云。

（1879 年 5 月 13 日，第 3 版）

招商局总办到津

（1879 年 5 月 28 日，第 2 版，文见“产业与经营”）

轮船碰搁续信

“顺利”轮船失事一节略登昨报。昨日招商局“镇东”轮船自牛庄返沪，报称二十六日“镇东”船行抵山东荣城县外成山角下灯楼前，遇一小船，船中坐“顺利”轮船二伙及水手等，咸称“顺利”轮船于中国二十三日十二点半钟自沪开行，中途重雾迷漫，不辨天水，遂致碰损云云。“镇东”遂飞驶往前探视，时已五点钟，即欲往报，旋据“顺利”船人来告，一应搭客及水手等皆已上岸，咸庆平安，因拢回岸旁，愿载诸人前赴燕台。中西各人议以“镇东”方欲回南，恐多不便，不如姑俟于此，以待往北之船，顺道前往也。“镇东”闻之而止。探其失事之时，非二十四日之晚即二十五日之晨，适遇大雾碰搁，水即溜入前舱，机器房中亦尽被淹没，遂不能行。赶紧载客登岸，并救出多货。其货之载于前舱者，即使风平浪静，恐亦不能尽救。至“顺利”船身则受伤甚重，谅已成废。计该船上共载威钦使及参赞等西客十人、华客及水手等约一百四十人，登岸后即以“顺利”船篷搭棚，暂住于荣城县境之石涛村旁。地方官已签派兵役纷来保护。至“镇东”所遇之小船则往灯楼，告守楼人悬挂标竿，俾来船知而往载也。闻英兵船名“依忌里亚者”业已前往。然“顺利”船主尚未报失事之信，故其详不可得闻，仅据“镇东”所报如此。沪上既知此信，佥谓怡和行往北之船新而且速者，向推“顺利”，故人咸愿附之，今一旦失事，恐各货主不免叹实命之不犹矣。

（1879 年 6 月 19 日，第 2 版）

海运撤局

浙江海运津局闻已于本月初六日撤去，其在事各绅董沈和甫等亦均乘坐“丰顺”轮船南旋矣。

（1879 年 7 月 6 日，第 2 版）

揽客争殴

祥发客栈伙广东人刘裕华投英公堂声称，昨午前十一点钟到太古码头，雇一小舢板，将欲候“丰顺”轮船进来接客。岂料长发栈伙李阿福等四人强欲搭船，与之理论，转被特蛮撵殴。幸为水巡看见，当即获住，然胸肚已俱受伤请验。李阿福供亦是广东人，搭船是实，而刘先将我友何阿元推落江中，是以争殴，非为别事。司马问水巡可曾眼见。答称无有，惟见长发栈伙四人殴打祥发栈伙一人。司马谓长发栈伙曰：“汝人众而彼寡，逞凶之事不问可知，何尚敢饰词朦禀？本分府素知尔等接客扰衅，殊堪痛恨。”李之同伙王阿银、凤州二人同供只求恩断，陈司马随令将长发栈伙李等四人押候受伤之原告刘裕华发医院看伤之轻重，下礼拜二再行核断。

（1879 年 7 月 25 日，第 2 版）

湘抚过境

新任湖南巡抚李中丞昨由福州坐轮船抵沪，行辕在招商局金利源栈。闻宪驾小住数日，即行起程履任云。

（1879 年 8 月 2 日，第 3 版）

愿伍波臣

上月十八日“海琛”轮船赴津，有山东客某从烟台趁船而行，同伴数人皆应京兆试者。将不半途，客上舱面凭眺，睹烟雪沙鸟、山水风帆，不觉大快，手之舞之，足之蹈之，喜极而悲，又泣数行下，嬉笑怒骂，一时并作。旁人睨之，以为别有怀抱耳。未几而猱上船栏，将耸身入海，以绿波千顷作黄土一抔。见之者急相抱持，白之船上司事，比众咸集，叩其原委，所问非所答，不伦不类，状若木鸡。船上人等知系痴癫，急以黑索扎之。俄而清醒，调公冶非罪，文叔不痴，何以缧绁加我？适间系偶尔痰迷心窍耳。诸君无过虑，请去我缚，当不复尔。船上人等以其已醒，急为释去，饮食言笑一如常人。既到大沽，又上舱面，四睹天光云影，悲愤不胜，复上船栏，耸身如故。同伴有尾缀之者，急持之下。大副知觉，急以手铐铐之，闭斗室中，时将近到津，断不虞其别生枝节。乃客衣襟有袋，置有解手刀，摸刀入手，以两手夹之，向心下直刺，鲜血喷溢，伤口深阔一寸有奇，客已倒地。房外人闻声，启关验视，敷以刀伤药，裹其伤处。时已到码头，客栈无招接之者，有西国医生验之，谓不妨事，准可回到烟台，于是由其同伴趁原船送之回去。或曰是殆有隐慝[①]者，然欤？否欤？

（1879 年 8 月 18 日，第 2 版）

捐局总办赴津

晋捐局总办姚伯容观察业将晋赈新捐报销档册一律办竣，惟闻尚有直晋赈捐事宜，故于本月二十日坐“丰顺”轮船赴津，谒见伯相，禀商办理也。

（1879 年 9 月 7 日，第 2 版）

藩宪北上

招商局“丰顺”轮船昨已进口，于今晨开放。新任苏藩司谭方伯即乘之北上，本埠印官俱到码头送行云。

（1879 年 10 月 9 日，第 2 版）

① 隐慝：yǐn tè，隐藏事实。

苏藩过沪

新任苏藩司谭序初方伯于前晚由招商局“丰顺”轮船自都来沪，本埠厅县及佐贰各官皆往金利源码头迎接。闻宪驾襜帷暂驻于该码头煤铁局，不日即换乘民船，由小轮舟拖带至苏，择于二十二日接篆云。

（1879 年 11 月 30 日，第 2 版）

详述碰船情形

怡和行之“顺和”轮船由津出口，误碰中国“龙骧”炮船，以致洞成一孔，此十月廿七日事也。兹得详细情形，爰补述如下：

先是，“顺和”船泊在怡和码头，“丰顺”船泊在招商局码头，两码头相离不远，而怡和在上，招商局在下，是日“顺和”开行，“丰顺”则停泊如故。但天津河道窄狭，轮船出口都打倒车，须行至宽阔地方始可掉头，此固逐船皆是也。“顺和”是日起碇，亦打倒车，行未数武，经过招商局码头，船身略欹，已逼近“丰顺”轮船之右，幸赶紧车开，两无损坏。而招商局码头之下，即“龙骧”炮船所泊之处，其时水流颇急，“顺和”甫经驶开，而对岸之民船又鳞次排泊，“顺和”避让不遑，仍稍稍向西，意欲居中行驶，乃大流势急，行止难以自如，遂压于西偏，致将“龙骧”炮船之栏压断。“顺和”急欲车开，而“龙骧”之锚练又正在车扎之间，两不及防，练断而车轮亦被打去两叶，“龙骧”船头遂洞穿一孔，横阔约一二尺，水即汩汩而来，赶用絮被堵塞，一面就船尾下石，使尾重头轻，洞穿之处昂出水，而然后修补易于为力。现闻已由怡和认赔修补费，不致涉讼公庭云。

（1880 年 1 月 13 日，第 2 版）

分给恤银

天津大沽口招商局“伊顿”趸船沉没，淹死小工五十余人，已列前报。现悉招商局以该小工等死实可怜，每名给抚恤津钱一百千，由其家属具领。夫当岁晚务闲时，俾各家得此一款度岁，诚体贴人情之至也。特闻其中狡黠者竟有以少报多，藉图厚获，如某工头捏报八名，将八百千津钱一人领去，在局中友只须成数相符，原难查核，而死者之家属未免厚薄不均矣。特书之，以见为善之难如此。

（1880 年 2 月 8 日，第 2 版）

江藩过沪

新任江宁藩宪梁檀圃方伯初七日晚间由京抵津，寓于紫竹林春元客栈。初九早即乘招商局“丰顺”轮船来沪，十二日午后驾到。计仆从约有四十余人，申刻登岸，进广肇公所暂作行辕。闻小住数日，即起程赴任云。

（1880 年 4 月 22 日，第 3 版）

粮艘碰坏

（1880 年 5 月 12 日，第 2 版，文见“产业与经营”）

鲍帅过沪

新任湖南提督一等子鲍春霆爵帅，昨已由津乘招商局“保大”轮船到沪，暂寓万安楼客栈，不日即溯江履新云。

（1880 年 7 月 22 日，第 2 版）

宪节赴湘

新授湖南提督鲍春霆爵帅由京抵沪，已列前报。兹悉鲍帅于昨日乘坐招商局之“江宽”轮船前往汉口，即行起节赴湘省云。

（1880 年 7 月 27 日，第 2 版）

舟中失窃

招商局“江永”轮船从汉口开行来沪，途中大副失去一箱，内有洋三百元，及翡翠、戒指等。管理船上各人将船门尽闭而搜之，忆及所失之洋印有图记，当在一客身上搜得洋十七元，知系窃贼无疑。据称洋系己物，在盐务衙门收得，众咸不信，禁之于船后，久而不认，并称在沪有正经人可以作保。迨呵吓百端，始言实有同党三人，数年来俱作此事，从未破案。今其两伙已取空箱，在江宁上岸，以杜人疑，而留彼在船守洋。询以藏洋之所，则指在船中梁上，搜获无讹，至沪后，即交巡捕。如何审讯，容再探登。

（1880 年 8 月 5 日，第 2 版）

大官过沪

前任湖北巡抚潘伟如中丞昨由原籍苏省来沪，暂寓抛球场后之天保客栈，闻不日乘招商局轮船北上云。

（1880 年 8 月 16 日，第 2 版）

前抚北上

前湖北巡抚潘伟如中丞来沪，已列前报。兹闻宪驾于昨晨乘坐招商局“保大”轮船前赴天津，即行取道入都，本埠诸官员咸往码头恭送云。

（1880 年 8 月 18 日，第 2 版）

调兵防边

《字林》报云，招商局之“利运”、“海晏”两船，现从汉口装得华兵，载赴牛庄防堵云。

（1880 年 8 月 25 日，第 1 版）

相度地势

《晋源报》得天津信云，李伯相近日乘招商局之“利运”火船自天津出口，迤逦至山海关一带，择一易于登岸之海口，俾各兵丁一闻警报，可由轮船载去，迅速等岸防堵云。

（1880 年 9 月 3 日，第 1 版）

野鸡飞去

本埠扛夫之有头目者名曰“箩间”，其并无头目者名曰“野鸡”。昨有西教士某，由宁郡乘搭招商局之“江天”轮船来沪。抵埠后将外国箱一只、中国皮箱一只搬之岸上，即有野鸡争挑，及西教士欲随后照料，野鸡已杳不知其所之，并闻该教士箱中尚有要件，即报捕。

（1880 年 9 月 14 日，第 2 版）

天津邮信

曾沅圃爵帅授为三省经略，驻扎山海关，已列前报。兹闻凡从前统兵将领屯扎该处者，更不乏人，闻尚有楚军、粤勇征调前来。招商局之“日新”、“富有”、“利运”等轮船分道装载兵勇，招商局总办唐景星观察亦往牛庄部署一切。惟天津之征调往来多在夜间，盖一免张皇，一示镇定也。

（1880 年 9 月 9 日，第 2 版）

载兵往北

汉口近有兵二千名，分坐招商局之“利运”、“海晏”、“汉广”、“富有”、“怀远”五轮船而往北洋。闻尚有八千名预备前往，惟刻悉中俄已有和议，或止不行，亦未可知。

（1880 年 9 月 14 日，第 1 版）

载兵往北续闻

太古公司“太古”船主报称，西历本月初十日有招商局轮船数艘满载兵，泊于烟台矣。又，《字林报》称，招商局数轮船分载兵丁二千五百名，自武昌往北，其中惟“汉广”一船飞速先往烟台，听候军令，即行折回，沿途指示他船应往何处，大约均在牛庄也。闻大军起行时，在武昌省垣杀三逃兵，内有一老弁，年已七十八岁矣。

（1880 年 9 月 15 日，第 1 版）

载兵往北情形

礼拜二晚招商局“汉广”轮船自北洋回空来沪，闻其去时从武昌载有武弁八人、兵三百名，交卸后随即起程。据其船主报称，查山海关为北洋沿口之城，北近长城，距牛庄地方三百三十余里，抵关时又有招商局四轮船，每船载兵七八百名，亦由武昌驶至，船泊于离岸一里许，登陆甚易。又查各兵自武昌调去者，皆甚勇壮洁净，在船并无滋事；其所用器械则皆竹枪，而上缀小旗者，鸟枪亦有之，另有古式枪刀各件。其行李箱中想皆新式洋枪等，缘各兵似皆能用此等器械也。上岸时，兵律井然不紊，且岸上已预备小船轮船泊定，即来驳运兵，比登岸即扎布营。营中已有前由中国炮船运去各兵器。至山海关旁，已在修理沿海长城，并筑炮台，新兵亦往襄助，闻尚有兵五万名扎于近海土山脚下，惟轮船停泊处则未能见也。至该船已于昨天开往汉口，再行载兵往山海关而去矣。

（1880 年 9 月 17 日，第 1 版）

轮船往北续闻

招商局“永清”轮船昨日自沪开往汉口，闻亦将载兵往山海关也。又有轮船名“畀歇利”者，闻此次自天津回沪后，下次开行时将载军械、机器等件而往北洋云。

（1880 年 9 月 18 日，第 2 版）

楚军拔营

汉皋刘干臣军门维桢所统之忠义营奉调赴山海关防堵，附招商局“海晏”等五船启行，前已列报。兹闻汉皋防兵已调到汉川之升字营驻扎，刘军门临行时所有刊□之禁约、裁汰勇丁告示附录如下：钦命防堵山海关统领忠义全军记名遇缺尽先题奏提督军门固勇巴图鲁随带加三级刘，为申明纪律事。□得本统领于光绪六年七月初三日接奉湖广督宪李、湖北巡抚彭会檄饬令，钦遵特旨，督率忠义全军补募精壮勇丁共二千名，分为四营，克期拔队，乘坐招商局轮船，由海驶赴山海关屯札防堵。本统领现已禀奉宪批，将原设忠义护军正、前、左、中、右、后、副右、步队八营改为鄂省忠义“定谋”、“制胜”、“奏捷”、“建勋”四营。仍以原设八营营官分统四营正副营官，并设立总办、帮办营务处各一员，各换颁新关防，另制旗帜、号挂，所有各旧关防、各旧旗帜、号挂缴局，由营一并销毁。各该营员、弁勇、夫子等有胆勇力气、素娴纪律者，均已编入行队，全行带往。或有伤病老弱、不能打仗者，给清口粮，概准告假离营，安静回籍。倘敢逗遛武、汉、黄各该营扎过处所，假冒讹诈，滋生事端，许地方绅民禀送县案，讯明惩办，以杜游混，而靖地方。除另行挑募补足营额，并呈请湖广督宪李、湖北抚宪彭，通饬武、汉、黄各府转行各属一体查照外，合亟出示申明纪律，为此示仰尔离营回籍人等一体凛遵，即刻回籍，慎勿逗留，自取罪戾，是为至要。切切，特示。

（1880 年 9 月 20 日，第 1、2 版）

领事调任

前在本埠之英翻译官施君近已调署宜昌领事，故昨乘招商局“江宽”轮船前往矣。

（1880 年 9 月 21 日，第 2 版）

兵船回空

招商局“海定”轮船从汉口载兵七百三十一名前往天津，路遇东北风，历十二点钟始止，于本月初四到津，初五日两点钟奉直督令之（之令）登岸。闻该舟驶行甚疾，从汉至津，回时湾燕［烟］台，而至上海，往返不过十日耳。

（1880 年 10 月 14 日，第 2 版）

大宪行程

曾沅圃爵帅到津，经列前报。刻接津信，知宪节已定行程，封船贴车预备就道矣。钦差帮办天津营务潘中丞驻扎新城，现拟日内来津，与爵相商办一切，行辕前在津城东门外袜子胡同，现在该屋已为直隶提督李军门长乐暂住，此次来城，其行辕或谓将假招商局云。

（1880 年 10 月 17 日，第 2 版）

湖兵抵津续述

初四日，“海定”轮船到津，装有两湖兵勇七百八十名，上下两舱坐无隙地，厨灶实不敷用，另搭行灶，以为炊爨之需。船泊紫竹林招商局码头，是日并不上岸。初五日奉到大宪军令，然后鱼贯而出，奔经租界，出紫竹林，系上津正道，是日乃用摆渡船泊在轮舰之旁，渡过河东登岸。租界并不见一人一骑往来，盖不欲惊扬，而示镇定也。该兵闻即在津防守，说者谓尚有粤之东莞勇八百名，不日亦将乘轮船而到津矣。

（1880 年 10 月 17 日，第 2 版）

载兵续闻

招商局“汉广”、“海晏”、“永清”三火船近日出吴淞口，又将载兵而往山海关也。闻“惠远”轮船在江中狼山相近搁浅，须水大始得出险，该船中亦载有兵丁将往北洋云。

（1880 年 10 月 17 日，第 2 版）

兵械往北

招商局“日新”轮船于昨日早由沪开至金陵，闻将载军器而至烟台也。又据“江宽”船主报称，前月二十八日有华兵一千八百名从“汉广”、“海晏”、“永清”三船至北，尚有兵三千二百名留鄂待载云。

（1880 年 11 月 4 日，第 2 版）

津沽气候

招商局“镇东”轮船本月初六从天津回沪，机船主称津河内各国帆船均已开去，在大沽口外时，西北风颇猛，微见雨雪，行将冰冻封河也。

（1880 年 11 月 11 日，第 1 版）

续运霆军

招商局“利运”轮船近仍赴汉载霆军北上，闻尚有五千人也。悉前次营兵在船，与船上各人均称和睦，一无滋事，惟有两船上之铜皮易以剥去者，被凿数块，盖疑是赤金也。

（1880 年 11 月 12 日，第 2 版）

轮船窃贼

俗所谓“跑码头”者，专窃轮船物件，守候轮船到埠时，乘隙而入，胠箧探囊，得手始止者也。前日招商局“江宽”轮船出口，有趁船往九江之客被窃衣包、鞋篮等件，正在缮写失单报捕，适见一面生之人经过，云亦趁船往镇江者，言语之间袖中跌出水烟袋一支，九江客认是己物，将人拘送捕房解讯。该犯供名汤顺年，于前月从南京来沪，城内火神庙局内有熟人可问。孙明府谓人赃并获，毋可图赖，不用再往查问，着押候办。又据捕房通事声称，当汤顺年拘送之明日，有人从墙外掷进信件多封，内有一两载有汇票在内，已被拆开，因汇票注明须本人往收始付，其票计银三百两，此票却似现任许宦之件，盖捕房早经县署送到失单，云在太古行上海轮船失去枕箱一双，内有信件汇票及现洋银等，未卜此等信件即是失赃否，尚待认明。其获到之汤顺年，着押此严诘。

（1880 年 11 月 21 日，第 3 版）

轮船两伤

招商局“江永”轮船于十九夜由汉抵沪，报称怡和洋行之“公和”轮船、麦边洋行之“汉阳”轮船均遭沉没。事缘前礼拜五即十七日早六点一刻，“汉阳”船上驶至荻港地方，适值“公和”船顺流而下，直撞“汉阳”船之腹，其内适当水镬，镬破水出，司火人大半烫伤。不满十分时，“汉阳”船即已沉下，其船上司机器西人之妇及其二子，与中国之水手等，均经“公和”船上水手等救起，惟搭客皆在下舱，恐一时逃避不及，必皆与波臣为伍矣。“公和”船首亦经受伤，水即滚入。该船主急令望岸边行驶，讵离岸尚有二十码之远，亦随沉下。当其将沉之际，因搭客纷乱，不能解放小艇。幸有内河小船纷纷赴救，始得上岸，两轮船中之外国人均无所伤。惟“汉阳”船有一司火者被热水烫坏［伤］，犹能凫水，至“公和”船边，经人援起，卧于床架。及“公和”船沉下时，遂被溺死。其余华人之受伤者极多，由“江永”轮船载来。内有两人，一则两肋俱折，额颅亦伤；一则一足截断，仅有少许皮肉相连，亦可惨已。现闻中国炮船由近驶往照看，又经芜湖税务局请关道宪发船前往察视，该处百姓亦并无啰唣也。

（1880 年 11 月 23 日，第 1、2 版）

续运防兵

招商局“江宽”轮船主报称，本局“利运”轮船于英本月二十二日由汉口载兵八百名北上，又有“海晏”轮船亦载兵六百名衔尾而去也。

（1880 年 11 月 30 日，第 2 版）

防兵北上

近来载兵往北，屡见于报，各海口亦严加防戍，可见中国预备战事，不敢稍懈。前礼拜一，招商局“汉广”轮船又由湖北载兵一千名北上，闻此后尚需续往也。

（1880 年 12 月 4 日，第 2 版）

运兵续信

招商局“海晏”轮船主回沪，述及途遇“利运”及“汉广”轮船，闻此两船皆已定载兵往北矣。

（1880 年 12 月 7 日，第 1 版）

轮帆相撞

招商局“海定”轮船日前北上，正在雷奔电掣之际，适有德国帆船名“克力斯的安”者，自牛庄驶往厦门，在山东海面两相碰撞，两船均略有损伤。刻闻已各照常驶行，想尚幸无大害也。

（1880 年 12 月 18 日，第 1 版）

招领尸身

（1880 年 12 月 30 日，第 6 版，文见“产业与经营”）

轮船失银

前日早七八点钟时，招商局“江天”轮船由宁来沪，银房中忽少宝纹三十七只，计规银二千两，并洋蚨一千元，当经报捕。其洋则连包失去，其银箱则弃于船上。该船银房在装土箱房间之里层，门上用洋锁锁住。据捕头察看，其锁并未动过，其门上铁栓已经弯曲，外间地上及银箱上皆有烛泪。是日副买办以锁匙交与工人二人，实有看守之责。最可疑者，旧例查看银房须在九、十点钟时，是日忽然赶早于七八点钟即往查看，而竟遭此失，为可异也。

（1881 年 1 月 6 日，第 2 版）

盘诘掌钥

昨报列轮船失银一事，兹悉由薛捕头查看情形，将在船掌管土舱锁匙之何某带归捕房盘诘。何某总称不知，遂暂押捕房。查租界规例，凡船中有失窃情事，应由水巡捕管理。今薛捕头系兼管水巡者，故是案专由薛办理云。

（1881 年 1 月 7 日，第 3 版）

粮道行辕

江苏粮道王观察来沪，昨已列报，兹悉观察行辕在金利源码头之招商局内云。

（1881 年 1 月 7 日，第 3 版）

轮船失银案解讯

“江天”轮船失窃银一案，昨据薛捕头赴英公堂申诉前因，并将经收银洋装舱之钱荣长、管锁匙之谢福昌、掌管开锁之胡阿三，并前曾经手开锁之赵阿才等四人一并送请察究。又据邵顺兴称，是“江天”船买办，礼拜一即初四日午后一点钟时，船在宁波经钱收下元宝三十七只、英洋一千元，装舱锁门。当晚开船，初五日黎明时抵沪，七点半钟胡阿三领匙开舱，忽称失去元宝三十七只，银箱尚存洋千元，连包失去。此次共装银三件，只剩一件。如欲至银舱窃银，须先进货舱，再进土舱，在后进银舱。乃封锁未动，舱门未开，殊堪诧异。况平常开舱，约在九十点钟，今番忽然赶早，亦属不解。所失银洋现今要我赔偿，求为讯究云云。钱供银洋确经收下，却不知如何失去。谢供钥匙确归我管，胡来领匙，即行交去，银舱中实未到过，不知如何被窃。胡供向是七八点钟看舱，未尝调早时刻。赵供前曾经手开舱，今不干涉。陈太守谓失数甚巨，尔等均有关系。况情形殊有可疑，须从直早说，免致刑讯。该四人均称实不知情。太守令将四人押候过堂讯究云。

（1881 年 1 月 9 日，第 3 版）

轮船失银案续闻

“江天”轮船失银一案，迭经将讯供情形列报。兹悉在押四人中，其管匙之谢福田及前经手开锁之赵阿才二人，已由招商局总管船只洋人保出，此案延未复讯，或别有调停之法也。

（1881 年 1 月 12 日，第 3 版）

轮船失银案破获

招商局往来宁沪之“江天”轮船失银案各情节经列报。兹闻是案已由宁郡向当绿头勇之某甲为眼线报捕，同至江北岸周三和家拿获人赃，照原数少元宝两只、本洋三百元，解经宁郡地方官办理云。周三和者，闻系该处本地人，向为领港生理，此次搭“江天”船来沪，其党共有三人，当开行时行窃，本船人并不通同，而且毫不知觉。然银洋被窃如许，而绝无形迹，周亦可谓空空妙手矣。或曰周老于领港，故深知船上情形，而能如是周密云。查此案谢福田、邵阿才先已交保，钱长荣、胡阿三尚是在押，想即日可以脱累矣。

（1881 年 1 月 23 日，第 3 版）

失银案移讯

去冬“江天”轮船失银，旋在宁波拿获向为领港生理之周三和，起出原赃，计少元宝二只、本洋三百元等情节经列报。兹悉周在鄞县过堂，据供与在船之胡三通同行窃，而胡三早收押在英会审公廨，是以鄞县饬差将周移解来沪，归案办理。前日午后经陈太守庭讯，周供："素为领港生理，会同在白壁壳船作水手之顾阿毛，搭'江天'船由宁来沪，通同胡三将元宝三十七只、本洋千元捆藏在顾与我之铺盖内。清晨七点半钟时，唤杉板船下铺盖，摇至大桥堍[①]，候胡三不到，本欲将元宝、洋圆送还招商局，因杉板船户不允，深恐陷害，故给伊洋四十元，当与顾搭白壁亮船回宁波"云。太守问元宝、洋圆在内舱，封锁未动，门户未开，如何窃取？候胡三不到，何时上白壁壳船，与顾同往宁波，顾分赃几何？其人现在何处？周称："银洋均未装舱，放在舱外，候胡至七点三刻不到，就上白壁壳船。顾只取钱四百文，在宁破案顾已逃避。"太守又问："杉板船上人汝可认识？"周称："素不相识。"即据胡供："并未通同行窃，今实被诬扳，因周连次搭船往返宁沪，我甚讨厌伊，故挟怨妄指。"太守谓："周窃银如许之多，今既破案，应即直供，何得妄指他人？"周则坚执如前，太守随饬将周、胡二人管押，俟禀道核办。至起出之元宝、洋圆早在鄞县衙门，由招商局具领云。

（1881年2月9日，第3版）

招领尸身

（1881年2月16日，第6版，文见"产业与经营"）

漕将起运

本届冬漕仍由海道运解，曾经列报。兹悉现已装载头帮之沙轮，各船将次放洋，故江苏粮道宪王观察于二十四日出辕，由苏来沪，以便祭海放洋，押运北上。邑尊已饬差收拾行辕，预备一切，其行辕闻仍在法租界招商局金利源内之煤铁局云。

（1881年2月24日，第3版）

---

① 堍：tù，桥两头靠近平地的地方。

海运拨交漕米示

(1881 年 3 月 5 日，第 2 版，文见“产业与经营”)

关提窃党

招商局“江天”轮船失窃银洋，报由捕房拘提该船之副买办谢福田及经手装银之胡三等，送英公堂讯究。旋在宁郡鄞县地方破案，拿获窃犯周三和，起到原赃，只少元宝二只、洋三百余元，周经递解来沪，归英公堂办理，各情均列前报。昨该船买办邵纯馨投案，请追短少之银洋；副买办谢福田仍供如前，胡三仍坚称实不知情，现在患病，乞施恩典；该犯周三和仍供与胡及顾阿毛通同行窃。陈太守谓谢福田既当副买办，经管银舱锁匙，兹致巨款被窃，其失察之咎殊属难辞，着归招商局自行理处。至胡三验得患病沉重，姑从宽交保候示。周三和先行送县，顾阿毛俟关提到案核办。

(1881 年 3 月 12 日，第 3 版)

星使将临

驻扎日本星使许竹筼太史出京日期已列前报，兹悉莫邑尊已饬差在广肇公所预备行辕，并着在招商局金利源码头伺候，大约使节不日来临也。

(1881 年 3 月 13 日，第 3 版)

钻谋受窘

昨晨十点钟时，法马路有一群人约六百余名各肩扛棒，拥一东洋车而行，而中踞坐一人，疾驰西去，不知何事。旋访闻多人，系招商局金利源码头扛棒小工，小工头目本系宁人徐阿夏，凡遇轮、帆船抵埠，及开行上下货物，均由徐阿夏逐名发筵抬运。而徐与账房中算账，向论件头，其发钱与小工，系论工数。本月初六日镇日大雨，小工满身淋湿，及至发钱，仍每名给一百八十文。各工以若此大雨，只得此数，嫌其太少，啧有烦言，在茶坊酒肆不无谈及。旋有一绍兴人卫某，欲钻谋作工头，不知其如何布置，昨日居然到码头自称头目，码头尚有一总管粤人名阿郭若，卫某即将来意与郭说知。而郭第见其为众工人围绕，并无总局传谕，颇属不解，因着先到总局领凭，有凭方容接手。众工人即拥卫某至英租界三马路招商总局，局员并不知其事，即饬报知英捕房。众工见有巡捕四人到来，随拥卫某至浦滩，迤南过洋泾浜桥，入法界；复恐法捕房拦截，故又拥向西行，过关帝庙桥，入中国地界。其多人围随不散者，闻因卫某许每人先给洋一元，故众人从之索洋，至下午尚未散去。其事如何完结，并工头究归何人，充当容探明再述。

（1881 年 3 月 22 日，第 3 版）

织造到沪

新简江宁织造部院文请训出都，乘坐招商局“丰顺”轮船南下，于本月二十二日抵埠。因该船停泊虹口下海浦地方，故即在该处登岸。宪节暂驻法租界大马路和泰客栈，闻即将起程赴任云。

（1881 年 3 月 23 日，第 2 版）

织造赴任

江宁织造部院文宪前由天津来沪，小驻幨帷，曾经列报。兹悉已于昨日启节，附招商局之“江宽”轮船前往莅任矣。

（1881 年 3 月 27 日，第 2 版）

轮船撞沉

西字新闻云，昨早接到电信，知招商局“和众”轮船从汕头开来上海，于十九日晚十点钟时行近福州洋面，与英国兵船名“拉不晕”者相碰，登时沉没。船上诸人均经救出，带回厦门。英公司“三不时”火船由香港来沪，于该船失事处，经“拉不晕”挽留，为停四点钟时云。至其余细情，俟后详查再述。

（1881 年 4 月 20 日，第 1 版）

巴使回沪

前巴西使臣来华，由沪北上，已经列报。兹悉该使臣已于昨日早晨坐招商局“海定”轮船回沪矣。

（1881 年 4 月 23 日，第 2 版）

兵旋续闻

招商局“永清”轮船载回兵丁一千零八十四名，由北边来沪，其统领系湘毅军刘瑞云观察。闻该兵丁多系湖南、湖北等处人氏，本拟径至汉口，因缺少煤斤，故由沪一转，即日送往汉阳矣。又闻“日新”轮船来沪，亦载有兵丁七百余人云。

（1881 年 4 月 23 日，第 2 版）

兵旋续闻

本月念五日，招商局“汉广”轮船由山海关载兵六百八十名来沪，闻多系山西、河南两省人氏。昨“镇东”轮船又有兵丁载回，其数计九百名云。

（1881 年 4 月 26 日，第 2 版）

船主回沪

招商局“和众”轮船在厦门被撞一节，已列前报。兹悉该船主、大副以下及水手人等，均于前日附“哈得威喀”轮船由厦来沪矣。

（1881 年 4 月 29 日，第 3 版）

招客堕江

英租界宝善街荣锦里大发桩记栈内码头招客之宁人陈松林，于昨晨七点钟时见招商局“江天”轮船进港，尚未傍岸，即坐舢板迎去揽客，甫上轮船，便失足落江。虽经人看见喊救，诸船户齐集打捞，竟已随波逐流，不知去向，未知尚能捞获否也。

（1881年5月8日，第2版）

轮船失事

（1881年5月25日，第1版，文见“产业与经营”）

轮船失事续闻

（1881年5月26日，第2版，文见“产业与经营”）

相医施丐

香港西字报言，中国招商局总办徐雨之观察因丁外艰奔丧至澳门，遵制成服开丧。闻其营葬极为丰富，吊者、送者不可计数，计费用约二万五千元光景，可谓死葬之以礼者矣。澳门设有中国医院一所，观察前往看视，捐洋一千元，以助经费。其出丧之时，该处之乞丐约有百人，每日两次到门，皆与饱餐而去，计有数日之多，外国人皆啧啧称异云。

（1881年6月2日，第2版）

碰船续述

（1881年6月2日，第2版，文见“产业与经营”）

“汉广” 失事续述

（1881 年 6 月 17 日，第 2 版，文见“产业与经营”）

带回夫役

（1881 年 6 月 18 日，第 1 版，文见“产业与经营”）

客官过境

前任广东按察使倪廉访文蔚，由粤乘招商局“富有”轮船于前午抵沪，暂住法界万安楼客栈，不日内再搭轮船北上云。

（1881 年 6 月 19 日，第 2 版）

续获窃犯

“江天“轮船失银案犯，前只获到周珊瑚，尚有顾阿毛即周阿毛在逃，现始在宁波缉获，由宁波税务司送县讯认行窃不讳。昨已解到上海县署归案并办矣。

（1881 年 6 月 24 日，第 3 版）

水手挟盐

本月初一日招商局“江靖”轮船由长江回沪，将水手张洪钧送法公堂。报称，前由沪开放至镇江停泊片时，比过关，在头舱内查出私带之盐请究。张供船上水手共有十六人，其盐为何人所带，实不知情。翁太守早已查知其事，知营私者尚有莫德坤一名在内，即诘张洪钧莫在何处，张一味游供，太守饬将张押候复讯云。

（1881 年 6 月 29 日，第 3 版）

撞船初讯

“和众”轮船为英国“拉不晕”兵船碰沉一节，屡经列报。兹悉已于前日在英按察司署初次讯供，至其细情尚未详悉，容俟续采。

(1881 年 6 月 29 日，第 3 版)

带盐续闻

昨报水手挟盐一则，今探知招商局“江靖”轮船自沪开至镇江，暂停片刻，至芜湖关即查出私带盐斤。该水手张洪钧见被窥破，急将盐抛弃海中，一时不能净尽，仍为验出，由该轮船将张带回本埠，送交捕房解讯。翁太守问其如何装法，每件重若干，张称装以蒲包，每包约重十余斤。闻此案本关道宪已准芜湖关照会，札饬上海县讯办，谅法公堂将以张洪钧解县严究。按前经定例，凡轮船夹带私盐，除将盐充公外，须加重罚在案。该水手等犹敢玩弄，抑何胆大耶!

(1881 年 6 月 30 日，第 2 版)

轮船载兵

天津来信言，招商局之“海定”、“海晏”两轮船皆在山海关载兵回汉。据人传说，该兵丁等皆不乐速返，在初时遣往山海关，皆以为至少必须防戍三年，孰料和议已成，遽蒙撤回，故皆艰于衣粮，颇生不悦之意。又有人传言，该兵丁等已打死一员弁，故现在载回兵丁，皆须用招商局轮船，以期便速云。

(1881 年 7 月 12 日，第 1 版)

“和众”轮船被撞初讯

招商局“和众”轮船被英兵船“拉不晕”碰沉一节，屡列于报。本月十八日，经英副按察司及英公司“未禄乃”轮船主、“弗林西里”轮船主会审。先是招商局控告“拉不晕”船主，继则“拉不晕”船控告招商局，两造各执一词。招商局所延状师为哈华托、担文二人，“拉不晕”所延状帅为骆皮生、梅博阁二人。据招商局呈称，尔晚天方起雾，我船止行之时，遥见相隔五六里远近有一黑物，初不知为轮船，因该兵船并未点灯，直至相去既近，见有烟气上腾，乃知是轮船。其势由南而北，赶忙向右驶去，而该轮船忽向左驶，遂撞在我船相近机器房之处。彼时大约该兵船亦有损伤，故不能速来救援，船随渐渐沉下。“拉不晕”船主禀称，“和众”船上本无留心察看之人，我船由北而南，且船上点有灯火，何至云见一黑物？至云不速救援，尤属诬说。若此番两船相撞，实系“和众”船不能留心之故。哈、担二状师驳称，“拉不晕”船上何故不点灯火？且“和众”船既向右避让，“拉不晕”即不应左驶，此实“拉不晕”之咎云。审至下午一点钟，莫衷一是，按察司着令两造暂退，至明日早九点钟再为复讯。其复讯情形如何，容再探登。

（1881 年 7 月 15 日，第 3 版）

轮船迟到

（1881 年 7 月 18 日，第 2 版，文见“产业与经营”）

被骗米石

无锡人邓家得投英公堂诉称，载米来沪，船停在南市，前日在龙泉园茶馆吃茶，带有米样。当有两人操常州音者，一自称洪来荣，一自称楼炳辰，向我取米样看，称招商局中张老爷欲办米二十石，遂与议定价目，计洋四十九元零。楼向万祥行借米斛，雇小舟斛米，洪押船往北，楼邀我至招商局收洋。甫至小东门外，嘱我在茶馆相候，谓去看管账先生在否，如在即可同往算账，岂一去不来，始知被骗。我又人地生疏，无奈告知素识米行中之张良甫，同我至虹口赌场寻见楼姓，则云当去取洋。及至铁路大桥堍西洋人处，见洪亦在，而楼忽从后门逃逸，追赶不及，惟扭住洪姓一人。事闻于西洋人，问明缘由，写信一封，令扭洪交捕，将信与捕头看。捕头阅信，将洪管押，今为送案，求恩究追。张良甫供与邓同。洪供友人楼姓，令我押米，船至招商局码头是实，余不知情。陈太守饬将洪押候过堂讯追，并谕原告明日具诉云。

（1881 年 8 月 17 日，第 3 版）

华船被扣

外国新闻纸言，中国招商局之“美富”轮船，由旧金山开至火奴鲁鲁，为该处医院董事所控，海关上将船扣住。缘前此该船至火奴鲁鲁，船上人有出天花者，因照例将船阻住，须过四十天后方准进口，其四十天之内另备房屋，俾船上人住宿，派人看守，以及医药、棺殓、火食等费计洋五千一百十九元五角，须由“美富”轮船偿还。“美富”尚未偿还此款，将船开行，故此番为董事所控。该船请有状师，状师言诸西官，因讼事一时未能即了，先令“美富”轮船出洋五千五百元以作押款，然后将船放行。至讼事则俟将来从缓审讯云。

（1881 年 8 月 30 日，第 1 版）

风潮详述

（1881 年 8 月 31 日，第 3 版，文见“产业与经营”）

榷使起程

前任粤海关监督俊星东榷使来沪，其行辕在英租界五马路之大方栈，已列前报。兹悉榷使已于前日搭招商局“保大”轮船起程北上，本埠诸官员咸往送行云。

（1881 年 9 月 1 日，第 3 版）

本埠官报

江苏督粮道王观察业已由津回沪，其驺从仍驻于招商局金利源码头煤铁局内，闻即日便启节回辕也。又，本县莫邑尊于昨日因公赴苏，乘坐民船而去，闻返署甚速也。

（1881 年 9 月 5 日，第 2 版）

星使来沪

奉命出使美日秘郑玉轩钦宪于月之初间出京，兹由津附搭招商局“丰顺”轮船来沪，于昨日二点钟时抵埠，在金利源宁波码头登岸，本埠文武员弁咸往迎迓，其行辕在英租界广肇公所。因星使尚携内眷，故另赁法租界二洋泾桥南五十七号洋房暂作公馆。闻无多耽搁，即欲启行回粤，就彼出洋云。

（1881 年 9 月 15 日，第 2 版）

西员北上

昨日招商局“海晏”轮船赴京，有日斯巴尼亚及巴西使臣，均附轮北上。又有西洋驻沪领事官，亦同舟共济，并闻西洋领事此番赴京回来之后，即简为驻英总领事云。

（1881 年 9 月 21 日，第 1 版）

轮船搁浅

麦边洋行之“汉阳”轮船前与怡和行之“公和”船相撞，嗣经修治完固，仍往来于长江。前日招商局之“江宽”轮船由汉来沪，途中见“汉阳”船搁于浅处，不能驶行，其船内货物用中国船搬运殆尽，欲使船身轻松，可以浮起也。“江宽”船问其可欲相帮为力否？“汉阳”谢却之，大约无甚大碍也。

（1881 年 9 月 27 日，第 1 版）

行伙出洋

（1881 年 9 月 29 日，第 1 版，文见“产业与经营”）

美员行程

招商局之“保大”轮船于前日由天津抵沪，附有美国驻京公使及其眷属人等一同来申，闻将附轮回国也。

（1881 年 10 月 14 日，第 1 版）

开轮杂记

昨日招商局“富有”轮船开往香港、广东，探得有广西按察司国廉访附轮至粤，前赴新任云。（下略）

（1881 年 10 月 20 日，第 2 版）

兵旋续闻

前日招商局“永清”轮船由北来沪，载有兵丁一千二百名，闻当送至汉口云。

（1881 年 10 月 22 日，第 1 版）

信件沦失

昨报载招商局之“海晏”轮船在相近福州海面，为太古洋行之某轮船碰有小损一节。兹悉本月初五日该船行抵福州马尾，被太古行之轮船撞于船桅，惟时信件等均已取出，故被撞落海中。本埠工部书信馆出有告白，言本埠所有交“海晏”轮船寄往福州、厦门之各信件均遭沉溺，故特为知照。据“海晏”船主言，被撞之后太古之船鼓轮而去，若再早一分时，“海晏”将不能抵埠云。

（1881 年 11 月 2 日，第 2 版）

星使抵沪

前日招商局之“保大”轮船由津抵沪，探得新简驻日本钦使黎莼斋观察附轮而来，大约襜帷小住，即当遄赴东瀛也。

（1881 年 12 月 11 日，第 1 版）

高使来沪

前日招商局之“海定”轮船由津回沪，有高丽使臣附轮而来，招商局总办唐景星观察亦同舟回沪也。

（1881 年 12 月 18 日，第 2 版）

轮船琐事

昨日法公堂据捕房解到沈阿三、周阿桂两人，原告系招商局“江永”轮船主洋人某，投案诉称，此两人事乃分两起。沈阿三潜至船上偷窃铁链，被外国水手眼见，当场捉获交捕。从前屡失铁链，未经破案，不知亦此人所窃否？翁太守诘之，沈阿三据供，在码头打野鸡作工，一时贪小行窃是实。太守饬责沈八十板以儆。该详人又称：“周阿桂乃粤人，在船充厨房下灶，与其伙伴宁人某厮打，某之鼻头被伊划破，已送仁济医馆医治。当时却无人见，后另一水手宁人见某倒于船板上，血出如注，沾染衣服，板上亦有血痕，询彼方言为周所伤，我得水手宁人报知，将周交捕。”太守问周，可知受伤人是何姓名？据供：“不知，只因所煮洗碗之热水被伊用去，致相争论，彼自己撞破鼻头，与我无涉。”太守以受伤人尚未痊愈，饬将周阿桂管押。该洋人又称“江永”船即日启轮，开往汉口，约须十天始回，俟回时再行投案候示云。

（1882 年 1 月 4 日，第 2 版）

津信译存

招商局“海定”轮船北上，有高丽使臣附轮至津，旋即由津晋都。传闻高员之来，因欲与中国相商，代谋日高往来之事。缘日人之在高丽者待高人殊为无礼，高人不悦，欲中国代为之谋，设法令日人勿再无礼。此言虽属传闻，颇觉可信。缘津人之由高丽回华者，皆言目击日人相待高人殊属苛虐也。以上系西人来信，本馆未敢定其确否，照录之以符新闻纸体裁而已。该信又言，前月二十二日李伯相在招商局邀请英、法两国公使饮宴，至二十八日法公使一行回京。本月初三日，伯相亦到保定督署过冬。英公使闻亦不日遄返都中矣。又言，由美回华之学徒内有八人派往伯相新设医院内，随西医麦根士讲求医理，其余则亦皆分派，或至水师学堂，或至电报局，或至大沽管理水雷事务云。

（1882 年 1 月 5 日，第 1 版）

行凶责儆

前述有招商局“江永”轮船厨房下灶周阿桂打伤宁人之鼻，其宁人在仁济医馆医治。昨日宁人投案，供称名蔡允丙，充当该船厨子，因与周争热水，被伊打伤鼻头，时在早上六点钟，故无人看见。翁太守质诸周阿桂，仍执其自行碰伤。太守谓医馆中验得实被打破，何得狡赖，殊属可恶。饬将周阿桂重责八十板以儆。

（1882 年 1 月 8 日，第 3 版）

覆船类列

前日招商局之“江宽”轮船由汉来沪，十七日行至将近镇江地方，见有一华船失事，赶即救援，有五人获救得生云。同日又有泊于本埠小东门之华船忽然掀翻，随潮而下。时有一外国船正在装货，该华船即触于装货之驳船上，外国船上樯身包有铜皮亦被撞坏数片，嗣设法移于他处得免，该华船沉溺之人亦均经救起云。

（1882 年 1 月 10 日，第 2 版）

登岸伤命

昨早八点钟时，招商局之“江天”轮船由宁波回沪，正在靠码头之际，有宁人某年约二十余，抢步上船迎接亲属，适遇管门西人驱逐闲人。其时该船尚离码头二尺许，某回身抢步登岸，一不提防，致被船边擦伤小腹甚重，随即殒命，旋由其家人前往收殓云。

（1882 年 1 月 22 日，第 2 版）

攫窃败露

汉皋地方攫窃本多，近年闻因被快役等苛索，不敢在本镇为扰，是以市面略静。然每逢轮船将行初到，仍多混窃之事。前月杪，有客自四川华阳县到汉□［皋］换船赴浙，是日值招商局之“江孚”船开行，该客于六点钟时雇夫挑行李数担登船，偶一失照，被贼将枕箱窃去，众为寻找不见。客曰，内非银钱，乃系某学宪紧要文件，今失之，何颜见彼？一时情急，欲图自尽。经同乡诸人劝阻，复为细查，查至舱外冬笋篓边，见有一人立于篓侧，相顾而言曰：“此系冬笋篓，何来枕箱？”寻者信之，即止不搜。闻其言操湖南音，年近三旬，衣服虽粗布，犹觉整齐，乃向问曰：“客将何往？”答曰：“我奉制军李大人差，欲将此冬笋送往李府。”适轮船茶房闻其言，心知笋系某号托寄，且见其徒手往来数次，遂疑其即系窃贼。旋船上工人将笋篓迁开，才一举手，枕箱即落出，寻者适至，得之大喜。茶房将其人扭住，诘以寻谁，又称寻四川来之王老爷，茶房驳其前后语言不符，遂无词可对。盖该贼窃箱后，欲伺隙携箱上岸，候于舱外，不料即时败露也。当将该贼痛打，更拟送巡司惩究云。

（1882 年 2 月 5 日，第 2 版）

公义善举

招商局总工头都司衔卢国英乐善好施，众所信服。兹因各码头轮船到埠，向有各行家自雇卸货小工，俾可随到随卸，惟事既急迫，每有落水受伤毙命情事。是以各码头工目议举卢国英为总董，设立公义善局，凡领工价，酌提二厘存局，为抚恤伤毙工人，并备义冢等项。再以卢君不得常川驻局，另举素称公正之候选从九赖堃经理局务，局由众工抽费，不须另外募捐。已禀奉莫邑尊晓示，并请会审公堂一体谕饬开办矣。

（1882年2月16日，第3版）

窃褂执住

昨晨六点余钟，招商局“江天”轮船抵沪。船拢码头，即有托称各栈接客者，手持一纸，口中乱嚷“我系某栈某栈”。有一客正在收拾铺盖，其皮褂一袭挂于傍［旁］边，该客固老于羁旅，虽在收拾，却四面留神，先见一人自称长发栈，继来一人称同和栈，察得两人情形均属可疑，故早为留心。讵后来者已将该客所挂之皮褂取在手中欲逸，当即将褂执住，随欲拉人，其人飞奔逃去。按，各埠轮船开到时，此等事殊属不少，趁搭之客可不随时提防哉？

（1882年3月1日，第2版）

船主赴英

昨日英公司轮船开往外洋，有前为招商局“洞庭”轮船主之西人滕君附轮而去。缘招商局近在英国定购新轮船，故该船主赴英，拟带新船回华。闻随从华水手二十七名一同前去云。

（1882年3月3日，第1版）

爵帅抵埠

前日下午四点钟时，招商局“保大”轮船进口，知湖南提督鲍爵帅[①]附乘此船，由津来沪，并有官眷同来，在法租界浦滩万安楼客栈暂作行辕。闻爵帅小驻节麾[②]，即欲乘“长江”轮船赴汉云。

（1882 年 3 月 17 日，第 2 版）

钦使回京

前出使美日秘三国钦差大臣陈荔秋[③]副宪由外洋回沪，行辕设在广肇公所，曾经列报。兹钦使已于前日乘搭招商局之“保大”轮船北上赴京矣。（下略）

（1882 年 3 月 30 日，第 3 版）

谳员行程

英界会审员陈太守于念［廿］一日晚附轮赴金陵，前经列报。兹闻太守抵金陵后，即赴督辕谒见左侯相，旋即禀辞，拟搭招商局之“江永”轮船回沪，大约即可到埠矣。

（1882 年 4 月 14 日，第 2 版）

孤客被欺

上海县署据贵州人王明显禀称，“前在某营当差，兹拟赴金陵投亲，觅就从天津乘招商局‘兴盛’轮船来沪。在津时资斧告罄，承天津府及招商局内人各给洋两元，其轮船资亦承天津招商局体谅，给票免付。到沪后，人地

① 鲍爵帅：即鲍超。

② 节麾：古代朝廷授予大将的符节和令旗。

③ 陈荔秋：即陈兰彬。

生疏，独寓老北门外法租界新街德丰客寓，所带之洋四元，用去两元，尚存其半，藏于身畔。讵被同寓素不相识之山东人孔姓寻衅争扭，竟将我身畔之洋取去，寓主唐福置之不理，至孔姓不知其名”等语。莫邑尊因是租界中事，派差带王至法界会审公堂，声明翁太守，饬包探传到德丰寓主唐福。讯据供称，王客与孔客争闹，虽知其事，但未悉底细。翁太守逐层驳诘，唐福一味含糊。太守着唐福出外善为调处，如调处不下，当将孔姓交案，是非曲直，讯后自然水落石出，王明显着候调停在案。此乃本月初四日所断，至初五日即礼拜六，法公堂讯期，未见王明显投案。昨晨忽有传言称，前晚人静时，上海县署头门外栅栏上有一外乡人自经，正当呼吸之际，幸得路人经过看见，立为放下，向该处近邻索取茶水灌之，方得苏醒。询其因何短见，不答一言，长吁而去。或云据述其人衣服状貌，似即王明显云。

（1882 年 4 月 24 日，第 2 版）

粮道北上

江苏粮储道王观察由苏抵沪，宪舟泊沪北老闸东首观音阁码头，曾已列报。兹悉观察已于昨午前偕同浙江粮道廖观察，乘坐招商局之“丰顺”轮船北上矣。

（1882 年 4 月 27 日，第 2 版）

爵帅抵鄂

前月二十五日湖南提督鲍爵帅附搭招商局之“江永”轮船抵鄂，当即渡江，在省垣暂憩，次日赴督抚两院□［拜］会。大约暂驻节麾，便当南渡洞庭而履任矣。

（1882 年 4 月 28 日，第 1 版）

破案邀奖

前有洪宦附搭招商局之“丰顺”轮船失去皮箱一只，内有古玩、玉器、银洋、茄楠珠等件，开单报英界捕房，由陈太守饬捕役赵金、张福缉拿在案。兹该捕役等在新开河地方缉获窃贼郑金光盘诘，初时支吾，继而认窃洪宦之箱，寄存小东门外天保栈。立往起到原赃，照单缺少无几，爰将人赃解案。陈太守饬将郑押候惩办，奖赏赵、张二捕役洋八元，以示鼓励。

（1882 年 4 月 29 日，第 2 版）

资遣回籍

左侯相前由口外回京，其旧日从征将弁早经请假回籍。近闻侯相莅任两江，又各纷纷由湖南原籍来宁，意图投效。近经侯相访闻，即饬保甲总局稽查城厢内外客栈、旅寓，果查得来者不少。即经札饬保甲局出示，查明凡有由湖南原籍来宁投效者，无论将弁，一概发给川资，每人银或六两，或三四两，视原保官阶大小，以分数之多寡。其由江宁至汉口，则用轮船资送；并一面知照江汉关、轮船招商局暨各船行，嗣后如再有湖南人趁船来宁者，概不准搭。自示之后，倘再有在宁逗遛者，一经查出，即照游勇例惩办，递解回籍，交地方官严加管束云。

（1882 年 5 月 6 日，第 2 版）

粤督起程传闻

香港邮来西字报言，粤督张振轩制军将次启节，乘坐招商局轮船前赴津门接署直督篆务，大约本月二十七日可以抵津云。

（1882 年 5 月 10 日，第 2 版）

租地成讼销案

本月十六日报列租地成讼一案，昨日法界会审署据两造投案禀称，此事业经人调处完结，所有各户欠租亦清理明白，请为销案。翁太守准请饬销，惟谕王三福，“前次庭讯，着汝与曹清章暂交保人，因恐传审不到，故有此断，只须可靠者均可作保。公堂并未指定何人，何以偕西人上堂之瞿姓胆敢假传堂谕，称必得招商局作保，实属荒谬。着传瞿于礼拜四务必到案，设如不到，惟尔是问，前立之保状亦须呈案”云。

（1882 年 5 月 10 日，第 3 版）

撞船案复控讯断

本报前述招商局“和众”轮船在福建洋面与英国之“蜡白云”兵船相撞，“和众”沉下，船身遂坏。招商局在上海英刑司署控告审讯后，以为两造均属无咎，不理。嗣“蜡白云”船上之兵官自将洋枪打死。兹悉招商局不以前断为然，重赴英国控告，断得此事两造各有不合，令将船价一切各认一半云。

（1882 年 5 月 12 日，第 1 版）

怜恤穷途

英界会审署据三号华捕禀称：去秋有汉口来沪之廖二喜，因寻兄不遇流落，嗣病右足，投到捕房，为送体仁医院医治，继而西医以其难愈，将其右腿齐膝锯断，与装木脚。今伊欲回籍，苦无川资，为此送请发落。廖禀词与同，并称原籍湖北宜昌府，兄在沪为优伶，来访不遇，因致流落。言毕，涕泣求恩。陈太守怜悯穷途，饬差送之至栖流公所暂为留养，俟招商局有赴鄂之轮船开放，再行资遣回籍云。

（1882 年 5 月 12 日，第 3 版）

粤督过沪

两广总督调署直隶总督张振轩①制军由粤垣起程，前经列报。兹悉制军乘招商局之“怀远”轮船于昨日抵沪，船泊虹口招商局北栈码头。闻宪节即须北上，本埠自道宪以下官员咸往迎迓云。

（1882 年 5 月 18 日，第 2 版）

① 张振轩：即张树声（1824～1884），淮军将领，官至两广总督。

粤督起程

粤督张制军过沪，船泊招商局北栈码头，此已列报。兹闻昨晨八点钟时，关道宪刘观察、英界会审员陈太守各员齐往舟次拜谒。而制军亦于早晨起岸拜答，先往招商局，再到海关，旋又赴招商局，随换坐招商局之“丰顺”轮船，定于今晨启轮北上矣。

（1882 年 5 月 19 日，第 2 版）

津沽信息

前报述美水师提督式夫忒欲赴高丽，中国赍送和约之马眉叔观察、丁雨亭军门将偕同前往。而招商局因拟就彼设立码头，亦派员前去察看情形。兹悉中国各官及式君已抵高丽，该国官员敬为迎迓，惟到彼后举行何事，言论何如，则尚无所知。又闻威公使已回北京，人谓其此次赴津系商议鸦片烟税，兹已成议，是以返旆。据述烟税已商定，每箱捐银一百十两云。又前带学生赴美肄业之容君纯甫由沪赴津，业经列报。兹悉容君已到京都总理衙门，相待情形颇觉冷淡，容君本意以外洋回华之学生所学虽各有可观，而尚未能骊珠尽得，拟请于该学生中再选五十人带往美国，加功肄习，俾成精诣。兹观总理衙门相待之意，窃恐此议未必行也。

（1882 年 5 月 24 日，第 1 版）

轮船应差

昨日天津有电报来沪，嘱令招商局之“保大”轮船开赴津沽，以便迎李傅相南旋云。

（1882 年 5 月 26 日，第 1 版）

道宪莅沪

闻得新任关道宪邵宪邵观察，已于前晚由镇江乘轮抵沪，招商局官员前往迎迓云。

（1882 年 5 月 26 日，第 2 版）

李相行期

昨得津友来信，知李傅相准于今晨坐招商局“保大”轮船启行回籍。所有津、沪两处往来要牍应由轮船传递者，可投芜湖招商局总办刘谦六刺史官印光廉处暂存，转交合肥相府收启云。

（1882 年 5 月 31 日，第 1 版）

李相过境

李傅相坐招商局“保大”轮船于十五日早在津开行，前已列报。兹悉傅相于昨早过吴淞，并不见客，即溯长江回皖籍矣。

（1882 年 6 月 4 日，第 2 版）

多事应斥

租地成讼一案，业经调处清楚，两造均投法界会审廨，禀请销案。惟因瞿姓假传堂谕“必须招商局具保”云云，故翁太守着传瞿姓到案讯问，此已列报。昨日瞿姓投案，翁太守讯以何故假传堂谕？况案在法界，何得令英界人作保？公堂向无此例，着将招商局保单呈案。瞿供并无假传情事，亦无保单。翁太守斥其播弄是非，殊属荒谬，着具“以后不得多事”切结存案，斥释。

（1882 年 6 月 4 日，第 3 版）

宪札照登

前报李傅相奔丧回籍，所有各处函牍均寄芜湖招商局转递合肥云云。兹由津友钞寄，傅相濒行时，通饬各局台原札合再照登如左。

光绪八年四月初五日，札为通饬事：照得本大臣奉旨回籍穿孝，所有各处来往紧要函牍，应由天津、上海轮船文报局迅速转寄芜湖招商局董事、江苏试用通判刘光廉代为经收，发递合肥原籍。本大臣于到籍后，或随时就近派人赴芜局收取，或由芜湖李道凤章宅内转递，再行酌办。除分饬遵办外，合行札饬。札到该局，即便查照。此札。

(1882 年 6 月 8 日，第 2 版)

襜帷暂驻

前任湖北巡抚潘伟如中丞奉旨入都陛见，由籍起程，前日抵沪，以英租界抛球场北首永宝客栈暂作行辕。闻宪旌小住数日，俟招商局“保大”轮船下次往津即附轮北上云。

(1882 年 6 月 21 日，第 2 版)

黑夜堕江

招商局之“江永”轮船昨从汉口来沪，知其管机器之西人于途间跌入江中，该船停轮施救。无如洪流湍急本难打捞，加以时在夜间黑暗中尤难辩认，是以未能捞获，葬身鱼腹，不亦惨哉。

(1882 年 6 月 23 日，第 1 版)

拟试电灯

前报述本埠电灯公司请于工部局，拟在公家花园之亭上试燃电灯。兹悉亭上之灯业在动工，其灯铁丝为胎，而外罩玻璃。并闻招商局码头暨礼查客寓及大马路美记钟表行西首，皆须各装一灯，大约下礼拜可以试燃矣。

(1882 年 6 月 27 日，第 2 版)

津门近信

天津内港装运开平煤之小艇往来络绎不绝，该船两艘相接，钩合为一，每艇可载煤数吨。如驶至浅滩转湾处，可以放钩分行，开平出煤之旺不卜可知。至运赴各埠，因招商局轮船运漕孔亟，不克装煤，致延时日，故拟先将海运回空沙船定装煤斤，而水脚亦甚廉云。

（1882 年 7 月 13 日，第 2 版）

车夫判押

汤阿福投英界公堂诉称，在“丰顺”轮船做茶房，昨因路上被这东洋车夫横冲过来，致车傍铁梗□伤右腕，由捕拘车夫送究。戴金保供租车推拉糊口，昨因马车驶来，意欲急避，致将汤误伤。车方魏老大到堂禀称，车被捕房羁留，求请发还。陈太守验得汤阿福受伤固重，着罚魏洋六元，给与养伤，俟缴洋方准还车。车夫戴金保判押半月以儆。

（1882 年 7 月 23 日，第 3 版）

试燃电灯

闻本埠新制电气灯定于今晚试点，本拟早为燃试，因天雨不便，工作致稽时日，惟愿今晚天气清明，则各电灯放大光明，可以一扩眼界也。刻下已成之灯计自十五盏，虹口招商局码头四盏，礼查客寓左近四盏，公家花园内外共三盏，美记钟表行门前一盏，福利洋行门前一盏，该公司门内外共两盏，每盏光明可抵烛炬二千条。惟该公司目下因大机器未到，此番不过小试其端。据称已发信至外洋定制一百匹马力之机器，约四个月可以来沪。机器一到，则上海人家、店铺以及路上均可用电灯，其光耀当大胜从前矣。

（1882 年 7 月 26 日，第 2 版）

美使北上

今日招商局“海定”轮船展轮北上，有美国新简驻华京公使杨君附轮赴都云。

（1882 年 8 月 2 日，第 2 版）

添设趸船

金陵下关轮船停轮之处向无趸船，搭附轮船者于长江巨浪中一叶扁舟，上下甚险，客商视为畏途。左侯相前拟添设趸船，饬招商局酌办，已由局禀请批准。今岁乡试之期如欲添设，则六七月间当不能再缓矣。又左相至苏阅兵时，苏绅联名禀请善后事宜，内有一条系请由招商局派轮舟送贫士赴试，此举未知成否。窃谓二事中趸船为要，果设趸船，士子即稍出微资以搭轮船，可免江流之险，将见苏松常镇士子愿搭轮舟者必伙，尔时轮船生意亦可大为起色也。

（1882 年 8 月 3 日，第 2 版）

悬旗申庆

昨日为恭贺万寿之期，本埠招商局轮船皆悬扯各色旗帜，恭申贺悃，一时五色飞扬，辉映江上，而波中漾影恍若庆云焕采也。

（1882 年 8 月 10 日，第 3 版）

军门赴防

前月二十九日刘干臣军门自汉口乘“江永”轮船至沪，即换乘“丰顺”轮船去天津，赴山海关防所矣。闻军门两足不良于行，步履须人扶持，想系久在军营重受伤湿所致，战场辛苦，王事驰驱，宦海中故，每望南山而兴羡也。

（1882 年 8 月 16 日，第 2 版）

载兵消息

本月初一日《文汇报》称：闻得中国现派招商局轮船十二艘在牛庄、烟台、大［天］津三处载兵，前赴高丽。该报论及此事，以为中国与日本积怨已深，大约乘此将一为发泄，恐李伯相亦不能仍居苦块矣。并云：闻日本已发兵至高，屈指日内可以抵高境也。以上信息未知确否，姑照西报录出，以俟续闻。

（1882 年 8 月 17 日，第 1 版）

宪眷抵申

署直隶总督张振帅之宪眷乘坐招商局之“美富”轮船，由广东启轮于昨日抵沪，大约不日即当易轮北上也。

（1882 年 8 月 18 日，第 2 版）

高使来华

三（菱）公司轮船来沪，有高丽使臣白君附轮而来，前日即附招商局之“海晏”轮船赴津，大约到京与华官商办高丽乱事也。

（1882 年 8 月 29 日，第 1 版）

粮道公旋

招商局“海晏”轮船于礼拜六抵沪，浙江粮道廖观察附轮而来，大抵本年海运业经卒事，故偕同眷属仆从一律言旋，想不日即当回任也。

（1882 年 8 月 29 日，第 2 版）

烟台来信

顷接烟台西人来信云：招商局之“怀远”轮船于十一日由高丽回至烟台。据称中国兵之在高丽者已有七千人，皆驻扎在西河炮台相近之处。该处有一山不甚高峻，华兵即结营于山上，此七千华兵皆系马眉叔观察统带。现在马观察恐一人力难胜任，故禀请李傅相赶即派员接替。“怀远”船启轮之时，有中国兵船九艘，日兵船三艘，英美法各一艘，皆停泊于西河口。华兵虽与日兵相去不远，然彼此并无来往，惟兵船上则各相答礼也。十二日“日新”轮船装载营蓬及军械等物，由登州展轮前往高丽，闻华兵尚有续往，一俟兵丁到齐，即当进军高丽内地。该西人以为目下中日并未开兵，而日使榎本武扬已赴华京议办高事，或者不至遽动干戈，亦未可知。且闻李傅相此番夺情起复，即须就近驻扎烟台，以便商办高事也。

（1882 年 8 月 30 日，第 1 版）

爵相北上

李伯相驾抵吴淞，已列昨报。兹悉伯相乘坐之“操江”兵轮船约离口二十里停泊，英公使威君先往拜会，江南提督李军门、上海关道宪邵观察、制造局总办李观察、厘捐局总办苏观察、招商局总办徐观察、松海防同知刘司马、上海县范邑尊、英会审员陈太守、右营陈参戎、傅守备等陆续各乘小火轮到吴淞口，齐坐“保大”轮船迎上谒见。及至昨晨伯相之坐船进口登岸，偕同李军门、邵观察察阅炮台，试放各式大炮。伯相护从人等当将行李尽行搬至“保大”轮船，一俟宪驾上船即启轮赴津，本埠诸官宪于昨下午均先后回署云。

（1882 年 9 月 2 日，第 3 版）

轮船被撞

怡和行之“顺和”轮船前晚自津来沪，据言出口时见招商局“丰顺”轮船被“汇〈浮〉利”轮船碰坏“丰顺”将货起驳，以便船身浮起，可以傍岸修理也。

（1882 年 9 月 3 日，第 1 版）

兵舰赴高

高丽内乱，中朝派招商局轮船载兵前去，已列前报。刻下招商局船业经返棹，而他兵船之陆续驶往者殊属不少。督办军务者为吴军门长庆，而丁军门汝昌副之，马观察建忠亦在戎幄，赞划机宜。窃思吴丁二帅老成持重，马观察尤熟悉洋务，不肯遽开兵端，当俟合肥相国节钺遄临，庶可面禀方略，指授戎机，或以玉帛，或以干戈，届时当可一决也。高丽山水甚恶，中国兵之到彼者褰裳[①]涉水，行止维艰。盖轮舟停泊之区离岸约六里，而此六里中有两里水深及膝，有四里水亦没胫，水底尽系细砂碎石牡蛎壳，既乏乘舆之济，难免足趾之穿然。舍此一路别无坦途，不得不冒险而行也。

（1882 年 9 月 6 日，第 1、2 版）

轮船对撞

“丰顺”船与“汇利”船相碰，前已列报，兹则更得其详。据闻十五日“丰顺”轮船入大沽口，至去津仅二十余里之吴家嘴下搁浅，“汇利”轮船亦被浅搁住，津河逼仄，此系常事。嗣午候潮来，两船皆浮动，“汇利”较轻，遂鼓轮而前，“丰顺”搁在河边，若稍俟须臾，即可彼此无患。乃双轮并驶，一往无前，转瞬间石破天惊，则“汇利”船头撞入“丰顺”之腹，搭客魂飞魄散，从人入后艄逃避，惊魂稍定，即有欲出重价，雇坐渔船者，而中舱已破，船不能行，人在内河，幸获无碍，货物稍有损湿。或谓“汇利”船头亦破，“丰顺”当用板将舱口钉好，十七日晨仍驶回沪，现已在船厂兴修矣。

（1882 年 9 月 8 日，第 2 版）

芜湖火灾

西人之在芜湖者来信云：七月二十九日，该处视融肆虐，计烧去七间门面，楼房一所。是屋极为高大，幸海关、招商局两处水龙用力灌救，始获日息查，其起火之由则为人所放云。

（1882 年 9 月 15 日，第 2 版）

---

① 褰裳：qiāncháng，提起衣裳。《诗经·郑风·褰裳》：“子惠思我，褰裳涉溱。”

宫保莅沪

巡阅长江水师前兵部侍郎彭雪琴宫保宪驾昨抵吴淞，本埠提右营陈参戎在招商局金利源码头预备迎接。兹悉宪驾于今日午刻当可抵沪云。

（1882 年 9 月 19 日，第 2 版）

差官被辱

汉皋七月二十四日，闻有江督左侯递文差官搭坐招商局轮船，于是日抵镇，因沿途眠卧，发辫蓬松，方出船局，见街上歇有剃匠担，该差官即择一清洁者命其梳辫。适粮捕府赵别驾官轿经过，差役呼坐者使立，行者使止，至其处该差官未肯站立，即有执鞭之差，轻其状类乡民，提鞭挞其背一下，并喝令速起。转瞬官舆亦至，差官负痛，乃曰："好大的官，纵役打人！"赵别驾亲耳听闻，大怒，便喝拿住。差官不服，欲同伊上省评理。别驾见其语言不弱，询知为左侯差官，乃将言安慰。而差官不肯罢休，定欲扯同渡江申诉，赵君乃邀进招商局，想是请人调处也。

（1882 年 9 月 20 日，第 3 版）

偷税愿罚

轮船往来沪宁本不应夹带银洋有碍水脚。兹闻上月十五日甬江福顺、协兴两信局串同积惯偷税之小祥云，偷带某钱庄洋八百元，当经水手查出，本拟如数罚作赈款，因挽人再四向招商局求恳，愿罚水脚洋银十倍外，再罚洋十元以充赈局。嗣后如再有前项情事，各水手等倘能查出，愿将十分之一以酬其劳，事始寝然，亦可谓幸免矣。

（1882 年 9 月 22 日，第 2 版）

江潮暴涨

宁郡于本月十九日午刻风雨骤至，江潮暴涨，真武宫前桃花渡及江东、江北一带濒江街道，顷刻都成泽国。广源轮船码头与招商局门前水皆深尺许，新老两江桥上之木排陡高丈许，颠簸不定，势甚危险。幸至五点钟时风雨即止，潮亦渐退，不致大害云。

（1882 年 10 月 4 日，第 1 版）

驳船溺货

本月初五日，太古行轮船由上海至汉皋，装运潮州帮糖栈结糖一百九十一件，该栈照例饬驳船驳货。进栈驳船载货后，行至招商局趸船前，因水流甚急，驳船竟横骑于锚练之上，立时倾侧，货尽落水，而驳船仍浮水面，不稍损伤。盖汉口驳船舱面统铺以板，倘各行栈雇令装货船户率将货装在舱面，而舱底则空空如也，以致上重下轻，糖包又滑，船身一侧则滚滚入水。闻驳船意图卸祸，捏称失一伙伴，打捞无着云云。此可见汉皋驳船浮滑难信，各行栈当专人督载，不可授权于舟子也。闻次日该栈另雇他船打捞余货，只得十分之二三云。

（1882 年 10 月 5 日，第 2 版）

领事回申

昨日招商局“保大”轮船回自天津，德国驻沪总领事及该局总办唐金［景］星观察皆附轮抵沪也。

（1882 年 10 月 7 日，第 2 版）

新造顿船

宜关税务司前曾租雇艕子船一只，凡货物之上落者，必令运上艕船听验。近因前船破漏，乃派人往宜都定打一艘宽约二丈，长六丈，计价银八百两。八月初已由招商局轮船拖至宜关，从此看验，一切较前为稳使也。

（1882 年 10 月 8 日，第 2 版）

粮道莅沪

招商局“丰顺”轮船由天津来沪，江苏粮道宪王观察即坐该船，于昨日午后一点钟时抵埠，船泊金利源码头，本拟在煤铁局暂驻行旌。嗣因急欲返旆，故即乘舆往北，其舆从人等则在珊记码头伺候，闻观察已于昨晚由沪起行矣。

(1882 年 10 月 12 日，第 3 版)

领事北上

中国及美国驻扎日本长崎地方之领事官日前乘三菱公司轮船抵沪，此已列报。兹悉两领事均于昨日乘招商局之“保大”轮船北上矣。

(1882 年 10 月 18 日，第 2 版)

兵船搁浅

招商局之“江宽”轮船于本月初二日抵汉皋，载勇百余名，有营官压队而来，勇丁号褂上写“贞”字营字样，询系福建海口撤回者。该勇多系湖北人，间亦有湖南人。盖司装兵之原船不熟港路，至安庆一带遇沙搁浅，适“江宽”轮船经过，兵船即请“江宽”拖行，无如水浅舟重，不能遽驶。乃先拨勇一哨托“江宽”赴汉皋，以便先撤，其余勇丁则俟该兵船到汉再行全撤云。

(1882 年 10 月 28 日，第 2 版)

轮船失事

麦边洋行之“汉阳”轮船由汉口行抵镇江装米，启轮来沪。十七日后半夜三点钟途遇马立师洋行之“鸭庇［屁］股”船，突遭碰撞。“鸭屁股”船仅受微伤，而轮船遽尔沉下。搭客诸人均由招商局之“江宽”轮船救之来申，“汉阳”船之水手人等则尚在失事处守候也。

(1882 年 10 月 30 日，第 2 版)

公使回申

昨日招商局“丰顺”轮船抵沪，意大利公使已自津附轮南下，仍回申江矣。

（1882 年 11 月 2 日，第 3 版）

扩充戒烟局

盛杏荪观察在沪设局戒烟，迭经列报。兹闻观察尚欲扩充其事，现已购得郑家木桥南堍法界福音堂基地一块，日内即欲兴工建造。并闻招商局徐雨之观察亦愿襄助其成云。

（1882 年 11 月 5 日，第 3 版）

议造轮船

近日风闻有委员叶成忠投禀两江督辕称，现在沪地沙船凋蔽日甚，各船主匪特无力建造，抑且不能修理，皆因生意不及从前之故。今招商局轮船盛行，可知轮船之利远胜沙船，请饬船号各商一体，改造轮船畅行关山东等处云云。左侯相即批饬各关及江海关查覆，兹闻本关道宪邵观察奉文后，已转饬所属及商船会馆董事等妥议具禀，以便转详。至其细情如何，容再探录。

（1882 年 11 月 19 日，第 2 版）

星使赴宴

浙江正主考许使节临沪，昨已登报。兹悉关道邵观察、海防刘司马、上海县范邑尊、英界会审委员陈太守、招商局总办唐观察等均于昨午公宴星使于栖流公所之养和堂，骑从云屯，酒肴雾集，洵极一时之盛云。

（1882 年 11 月 24 日，第 2 版）

公文被窃

昨闻有江西巡抚衙门差弁胡显清投法界公堂，声称奉差赍公文入京投递，在九江附搭招商局之“江孚”轮船到沪，暂住万安楼客栈，拟搭“崇庆”轮船北上。昨日晚饭后二鼓时下船，至四点钟船尚未开，被贼撬开竹箱，将赍投之吏部、兵部公文两件，暨纹银一百五十余两一并窃去，因此不能启程，复至万安楼暂住。已据情禀报上海县署及城外捕房，幸赍投总理衙门及户部文件尚未窃去，携呈请验。翁太守当将文件包封验过，即着法包探认真缉访，并令胡弁至县署请追云。

（1882 年 11 月 26 日，第 3 版）

俄使抵沪

前日招商局之“海晏”轮船由津回沪，有俄国公使附轮而来，闻当换坐轮船遄归故国也。

（1882 年 11 月 29 日，第 2 版）

电局近闻

天津电报学堂招致生徒学习电报，三年以前已有成效，业由津城设线径达大沽。河北督辕、紫竹林招商局，并新炮台、大沽协署等处，每处均设电箱，轮派学生两人，分为一正一副，专司其事。而电报学堂则另招新生肄业，其中除原设东局外，另就扒头街设一电报局，委朱观察格仁为总办，藉以教育人材，用资臂助。去年复由沪设电达津，该生亦已学成，分派各处，不虞掣肘。明年三月堂中生徒已满三年之期，闻分派生徒后当将该局撤销。又闻明年拟由津沽通电线至保定，以便传递信息，未审确否也。

（1882 年 12 月 8 日，第 2 版）

法使行踪

津沽有电报到沪，言法国驻京公使业已启节，将次来沪。但近日津河已封，冰凌早结，招商局之“保大”轮船、怡和行之“有利”轮船均被胶住，未识何日设法开行。法公使行旌未知，由水路启行，抑系舍舟而陆，□［霓］旌不远，企予望之。

（1882 年 12 月 15 日，第 2 版）

伤势略减

前报述，下海浦招商局码头之德国“银鹅”轮船管事人，为水手刺伤甚重，不能送赴医院等语。兹悉该管事人伤势略减，已于前日下午送往医院调治矣。

（1883 年 1 月 10 日，第 2 版）

重船倾覆

前日午间有载石之船由浦中驰进，欲赴襄虹桥至招商局码头，适怡和行之“公和”轮船、招商局之“镇东”轮船均泊站其处，石船突与相撞。时潮水方盛，石船立即倾覆，船内计有五人，几占［乎］灭顶。“公和”船急放绳索，赶为捞救，并旁有舢板船合力救援，将五人尽数救起，然皆奄奄一息，昏不知人，久而始苏。重船驶行，其可不加意哉。

（1883 年 1 月 12 日，第 2 版）

粮道来沪

江苏粮道王观察于去腊来沪，即行回苏。兹悉王观察又于前日午后抵沪，在英租界珊记码头登岸，本埠各官均往迎接。闻观察仍以江苏海运总局为行辕，想不日当循例祭海，护解粮艘放洋北上矣。又闻上海县黎邑尊于前日乘招商局之“江宽”轮船回沪云。

（1883 年 2 月 26 日，第 3 版）

办□［差］续闻

两江督宪左侯相将次莅沪，及上海县办差等情，已列前报。兹闻黎邑尊□沪后，即于招商局之金利源及制造局两处默认行辕，并饬捕头柴樛往东乡办马六十匹，以备驱从云。

（1883 年 2 月 27 日，第 3 版）

“福星”轮船抚恤

案照光绪元年三月本局“福星”轮船被英国“澳顺”轮船碰沉后，经当道讯断，抚恤难员家属每家银三百两，搭客、仆从、水手人等每家银一百两。此项银两现蒙英国汇存银行，专待被难家属亲自来局陈明，并挽亲族出具的实保结，陈由本局代为转请当道复核给领。倘敢顶冒，察出送究，幸勿尝试。特此布闻。

轮船招商公局启

（1883 年 3 月 1 日，第 5 版）

发给恤银

光绪元年，招商局“福星”轮船与英国“澳顺”轮船互碰，淹毙“福星”搭客、委员、仆从人等一案，当经英前领事讯问，断令“澳顺”船主价给抚恤银一万一千两。计委员家属每家给银三百两，其仆从、水手人等家属每家给银一百两，断定未缴，事阅多年，亦复无人提及。现闻英国家将该款发交驻沪领事，分给各家收领，已由英领事定议，应令各家属出具收单，请由招商局查明，加注“实系本人家属”字样，持赴英领事衙门照发。其家属远在他处，不能亲自来沪，亦经领事设法议由招商局经理代领。本馆既有所闻，合亟登报，俾众周知也。

（1883 年 3 月 4 日，第 3 版）

德员北上

前德国翻译官、现任高丽参理统理衙门事务大臣穆君麟德，由高丽回沪，前经列报。兹悉穆君已于昨早附招商局之“海晏”轮船北上矣。

（1883 年 3 月 5 日，第 3 版）

电音汇录

闻沪上接有电音云，新任浙江巡抚刘仲良中丞现已出京抵津，定于二月初一日乘招商局之“海晏”轮船南下，想初三四日必可到沪，接差者未免又形忙碌矣。又据电称，上月念四日，头帮赴津之轮船六艘，于二十七日先后抵津，自大沽以达津，河层冰均已稍释，较往年大为顺利。惟何船夺标先到，则以电音简略，未及备详也。（下略）

（1883 年 3 月 9 日，第 2 版）

贡使过境

越南国有正副两贡使晋京，由香港乘招商局之“富有”轮船于前日到沪，暂寓长发客栈，闻不日即换船北上云。

（1883 年 3 月 10 日，第 3 版）

工局议事

本月十一日为本埠英工部局议事之期，有捕头禀称，刻下东洋车之在街路揽载者，共计一千四百十五辆，此外有来捕房领照，验得车多敝旧，不与发照者颇不少也。又有英会审员陈宝渠太守照会德国总领事官，由德领事翻成西文，并行文于工部局领事，公文内开，现有新署陈太守来文一道，令行转札等因，准陈太守照会内照奉道宪札开。缘招商局拟设“德律风”，由沪上直达徐家汇天文台，以便早知天色风候。经刘前道宪转详本省大宪，业已奉准，由电线公□［司］承办。现经该公司禀称，前由请饬县出示晓谕，地保人等随时保护，勿使损坏，并知照大北电线公司工部局一体保护云云。于初八日行文到工部局，工部局即于十二日禀复，言租界内之电杆、德律风杆等巡捕理应保护也。又前者会议，建造杀□［牲］之所，今已画有图样，公同阅看，约计建造此所需银七八千两之数，三亩半地，价尚不在内，故现议暂且从缓。先与法工部局商酌，如法租界有妥便之地，可先造一间，再在虹口建造一间，则租界中购肉亦觉其便也。

（1883 年 3 月 30 日，第 2 版）

傅相过沪

李傅相将到吴淞，已列前报。兹悉傅相乘招商局之“海晏”轮船于昨晨七点钟时舟抵吴淞口，道宪邵观察暨制造局委员等均在该处恭迓，宪舟停轮片刻，即驶往裕溪口云。

（1883 年 4 月 3 日，第 3 版）

几伍波臣

（1883 年 4 月 5 日，第 1 版，文见“产业与经营”）

局董辞职

招商局拟设德律风至徐家汇天文台，此已列报。此事唐景星观察曾亲至天文台察看，原拟在法界马路□［竖］杆以通德律风之线，其后又有英界诸人言及静安寺寓居西人甚多，此杆宜装于英租界较为便益。而法工部局董事拟欲在法界装设十二点钟之球，每至十二点钟由天文台传语法界，即可将球升起，故禀知法领事官，请照会华官将杆□［竖］于法界。领事官复以此事已允招商局，立杆之在英界、在法界均听其自便云云。该局董事接此复音，不胜忿怒，以为领事官何以允招商局竖杆，而不允工部局□［竖］杆。设招商局在法界［竖］杆必将毁而去之，于是信函往来数次，而局董忽欲辞职而去。此说见于西字报，其细情则尚未悉也。

（1883 年 4 月 6 日，第 2 版）

轮船赴高

今日招商局之“兴盛”轮船于平明启轮，赴高丽、天津，有穆君麟德暨偕来之高员等皆附轮前往。穆君本寓居密采里客寓，此次遄往高丽，想当为高丽大施新政也。

（1883 年 4 月 7 日，第 2 版）

工局议事

西历三月二十七号为工部局董事议事之期，前次招商局所议设德律风通至徐家汇天文台之事，业经董事议定，允招商局于租界之外自行设立德律风之线杆。其租界之中，已经有杆者，则尚须添竖六杆云。又向例东洋车每月验看一次，兹经董事议定，以每三个月验看一次，且于车形坚固、车夫壮盛者，方准给领照会。若有在路滋事者，则当撬去照会云。

（1883 年 4 月 11 日，第 3 版）

沙船撞沉

招商局之“兴盛”轮船前日由津回沪，据闻该船于初八日由津开行，在途与一沙船相撞，沙船立即沉下，其船上诸人则由“兴盛”船悉数救起云。

（1883 年 4 月 20 日，第 2 版）

军门回籍

直隶通永镇唐元甫军门因丁艰于十五日乘“丰顺”轮船来沪，兹悉日昨即乘“江孚”船溯长江抵汉矣。

（1883 年 4 月 24 日，第 2 版）

南漕开兑

江苏海运津局闻于月之十五日开兑糟粮，十九日开兑白粮，王会办带同委员已赴通局矣。浙江海运津局先因粮道总办未到，未经开兑，及十九日刘总办到津，又以接到电音闻讣丁艰，未能入局办公，借住招商局候船奔丧。幸龚总办同来，即于二十日开兑漕粮，二十二日开兑白粮，廖粮道、瞿总办亦均乘“丰顺”船到津，故两省漕船已有八起放，关连樯北上。至开坝情形，容俟续录。

（1883 年 5 月 3 日，第 2 版）

厘局卤莽

《福州西字报》言，本月初六日招商局之“海琛”轮船抵福州，载有洋布等物，系英国某行之货，业已报关。因用小船将货起驳，行甫过桥，突有厘局巡丁将该驳船扣住，货则悉搬入局内，且押起一人，指为偷漏。某行诉诸英领事，随赴该局，请其将人货放行，而该局含糊答应，仍未释放。闻此事现已具控于上宪，道宪于十九日至英领事署面商，未知作何商办。该报从而论之，以为该行似此等事已有数次，皆禀请领事官出场，大费周折，始得将货交还，然已延误时日，有约期交货者至期无货可付，必致受罚。此次约有四千五百元之货，亦被扣留，纵使说明之后将货交还，而已耽延多日，此皆由于厘局之无端掯阻，是宜亟为查办也。

（1883 年 5 月 5 日，第 1 版）

津沽近信

（前略）招商局“拱北”轮船于上月二十二日到津，闻同“永清”轮船装载楚军驶回汉口遣散。按，该军计共三营，前年办海防时调至北方防堵。现因时际承平，山海关及乐亭一带各营盘均各遣散，以节靡费。“永清”先到数日，泊候“拱北”同行。三营兵士及壮夫等计共一千八百余人，以两船载之，恐甚挤拥［拥挤］也。

（1883年5月8日，第1版）

止兵登岸

前报言招商局之“永清”、“拱北”两轮船载兵至汉口一节。兹悉两轮船抵汉，因适值斋匪滋乱之时，故不令兵士上岸，令再将船开进，俟乱平后始准登岸也。

（1883年5月16日，第1版）

缉案已获

三月廿四晚□［萴］顺信局由“海琛”轮船寄闽包封内客洋四百念［廿］元，并银物等件，送船后被贼人假冒□［萴］顺图章，向船取回。该船失于检察，被其冒骗，此后将被骗因由刊入《申报》，如有知风破获，愿出重谢。今赖神灵昭彰，天败其奸，有不入同行之怡和昌长江新局，情节显然。为此鸣捕到怡和昌局内搜查，果得原洋百圆，并银物书籍，当呈会审公署，一面将该贼局主伙送押捕房，叩恩究办，严比全赃。该贼局名虽信局，阴谋案同巨盗，罪不容诛，仰为民父母者，定有除暴安良也。

（1883年5月16日，第4版）

英界公堂琐案

徐会文禀称，开萴顺信局，前有寄往闽省之银洋四百二十元，汇票、信件、书籍一册，捆成一包，交与“海琛”轮船之账房陈姓收藏，托交与闽会萴顺局。及轮船到闽，由闽局伙友到船接收包封。据账房云，申局托寄之包封即由申局派人取回，执有申局取回包封之字条等语。盖未发包封之前，已先知照闽局，故为闽局所疑，即乘原船来沪，述及缘由，殊堪骇异。当至轮船取阅字条，果冒本局图章，惟认明“癸未”二字系新局怡和昌者。特报捕同往怡和昌，搜得原赃洋一百零四元及书籍一册，并裘天宝寄天宝银练二条，计重四两八钱。当将各赃与该局东伙一并交捕，送案请办。并称该局之设，专为冒取包封，害人非浅，今幸人赃并获，应请究追余赃，从重究办。且此事早已具呈，请缉在案。陈太守阅禀之下，饬将怡和昌信局东伙等押候过堂复讯，起到之件存堂。

（1883 年 5 月 17 日，第 9 版）

津信录要

前报载招商局“海琛”轮船前赴金陵迎接李傅相，并闻有寄谕，令李相不必来京，即速南行等语。兹阅《字林西字报》载，有津沽西人来信亦有此说，并云已有谕旨令李傅相至广南，当与法人妥商安南之事。如其议不克成，则当发兵十二万五千前赴安南，并令招商局所运漕米不必北上，悉数解往南中以济军饷。因有此谕而津地米价每担涨银三钱，然则中国之于安南一事其有大张挞伐之意乎？该信又言，高丽使臣李、金二君来津，李君系高丽亲王，刻已前赴保定府；金君则赴京都，大约因大院君之事也。又言，醇亲王所创造之铁路，现因张幼樵宫庶奏称地近陵寝，有关风水，故刻已停工，须俟命下再行定见也。

（1883 年 5 月 18 日，第 1、2 版）

公道直言

余与水百川兄萍水相逢，旧秋为长江信局事务，始识其人也。后悉伊吃信局饭，出身自开怡和昌信局，后同业忌妒，各分界域，即收信人等不能越鸿沟半步，每事掣肘，毋待表白。前月亹顺局寄闽信物，被局伙胡安发冒书收条，至“海琛”船将所寄信物一概诓收，事在前月廿四。幸水百川为镇江扬州局务，早已出门，该亹顺局查验笔据，始疑胡安发所为，鸣捕至怡和昌将胡安发箱笼开看，此时此际水百川百喙难分，一并羁入捕房，解送新署，此律法所不能容。一面由保人朱忠贵同亹顺局司账前往宁波追查，极候宁波信息。可异者水百川羁入捕房时，亹顺局雇无业流氓，将信局招牌掮去，情同抢劫，傍观不平，喝退可恶者。次日刊登《申报》，信口诬蔑贼局阴谋巨盗字样，一派胡言，几欲煞水百川而甘心焉。但同业忌妒，世所常情，今长江与闽局风马无关，查得萳顺局主尚有葭莩之谊，然其人之奸谋诚不堪设想。今幸宁波赃证并获，胡安发之逃走，实由该局所使，希图嫁害。在水百川用人不当，自取其咎，早知其人如是，全泰盛朱忠贵不应作保。今水百川既已受累受诬，而萳顺局要一网打尽，不知究何居心。天良安在，余不忍听其觳觫，登报声明，以质明理诸君如何耳。

苕溪不忍子谨渎

（1883 年 5 月 22 日，第 5 版）

观察行旌

总办招商局唐景星观察前偕袁翔甫明府由沪起身出洋，节经列报。昨得新加坡来信，知观察于三月下旬到坡，廿五日同驻扎新加坡之领事左太守游胡氏花园。胡本岭南人，讳玉向，曾任新加坡领事之任，于前年作古者。是日园内红莲已开，碧草如毯，异域风景迥然不侔，观察颇顾而乐之，勾留数日，仍即扬帆西指云。

（1883 年 5 月 24 日，第 1 版）

接差类志

李傅相将临本埠，上海县办差各情形，节经登报。兹悉傅相定于昨午由金陵起节，约今晨可抵沪上，道出京口，或须察阅炮台，小作停顿，□［亦］未可知。至于金利源码头之招商局，业于门前设有东西辕门，吹鼓亭子；沿滩扎有帐篷八座，系武毅军预备接差者。又，英租界内之行辕二处，均在三图内，该地保承办行辕须用什物，皆须向店铺中假借，诸多掣肘，以视城中地保向来办差，不但呼应较灵，兼可从中取利，大相径庭。邑遵恐其照料难周，复传二图协办，仍形竭蹶，致被县中办差之家丁拳脚交下，大有揉碎黄鹤楼、踢翻鹦鹉洲之势。而各甲伙愈形□［瑟］

瑟，畏首畏尾，情状殊可怜。人又闻傅相此次来沪，所带文武幕府士以及差弁人较多，行辕须多设一二处，故广肇公所仍须预备也。又昨日三点三刻泊浦江对岸中国炮艇，忽鸣炮三，闻声大而远，远近声声，以为傅相至矣，胥奔上大桥，第见小轮船一只，拖带数船外驶，想系沪上长官赴吴淞口恭迎宪节者。

（1883 年 5 月 28 日，第 3 版）

棨戟遥临

本埠于二十一日晚接到电音，知李傅相自金陵起节。昨悉是日七点钟时舟抵镇江停轮，翌晨至江阴口阅看炮台，在任家港略作勾留。是以上海道邵观察、上海县黎明府及制造局潘、蔡两总办，并松沪捐局总办苏观察等日昨均坐小火轮船至吴淞口恭迎。宪节因该处亦有炮台，亦须阅看一周，早九点钟时傅相坐“海晏”轮船而来，即登岸详阅炮台，邵观察等均在该处伺候。而本埠法租界招商局金利源之天津码头搭盖五色彩篷，悬灯结彩，两面设以扶栏，并扎吹鼓亭两座，其官厅即设在招商局新建码头栈房。本城印、委各员均自昨日辰刻起在此伺候，武毅右军前营淮勇及亲兵均经管带官率领站候，计黄绉大旗八面、绿缎金龙大纛旗六面，洋枪队一百四十余名，苏松太道沪军营即九亩地之洋枪队百名，并南门外徽州会馆驻扎之勇百余名亦皆齐集金利源栈房内，铺设行辕，以便暂憩。旋于午后二点钟时，遥见船头有“帅”字旗迎风招扬，俄而船抵招商局金利源之天津码头，升炮三声，邵观察等均先登岸，各营兵丁排列码头两傍，傅相亦即登岸；又升炮三声，傅相坐元色布四人轿，神采炯炯，须已半白，身穿素服，头戴大帽，由浦滩向北，至英租界，到二马路口，折而向西，遂进行辕。所排之仪仗不过五梅花及吴统领之黄绉大旗八面、苏松太道沪军营、洋枪队与吹号者二人、打鼓者四人，及江南水师提右营兵丁、武毅营淮勇、顶马中军武巡捕等，皆乘马前导，文巡捕则乘轿在后，文武诸印员及各局委员咸至行辕呈递手版，行辕前并有中西捕护卫。至在万安楼及金利源码头暂扎之武毅营淮勇则已回营矣。傅相登岸时，英、法租界各有巡捕照料，而中外商民鹄立道旁，愿瞻风采者，盖以亿万计。而盱衡时务之辈，群料越南之事，傅相胸中自必早定胜算，汾阳来而回纥罗拜，大范至而夏人寒心，行将于今日见之矣。又阅《字林西字报》言，闻李傅相莅沪，尚须俟法国宝公使海及法国新简葛公使理古来沪晤商一切，然后再定行止也。

（1883 年 5 月 29 日，第 2 版）

沉船续闻

（1883 年 6 月 2 日，第 3 版，文见“产业与经营”）

灵辇南下

前刑部尚书潘伯寅大司寇奉讳后，部署行装，料理粗定，即于四月二十日扶榇出京，二十三日抵津。刻得津来电音知灵辇于念五日，搭招商局轮船航海南下，约计日内可以抵埠，然后再换船回苏。闻张幼樵都宪有自置公寓一所在苏城金太史场，刻下司寇公即将京寓房屋一所与之对换，故此番灵榇旋苏遵例入城后，即至新宅停放也。

（1883 年 6 月 3 日，第 3 版）

法使南来

上月二十八日招商局之“海晏”轮船由津开行来沪，闻法国驻华京公使宝君海即附该船南来，屈指三四日可以与李傅相会晤矣。

（1883 年 6 月 5 日，第 1、2 版）

茶船出险

前报载“麦式里耶”轮船在长江搁浅一节。兹悉前月念五日，招商局之“江孚”轮船由汉驶赴该船搁浅处，将其船内茶叶四千箱悉数搬出，船身遂轻，“江孚”再用绳将该船拖至深处，仍将茶箱搬过该船。“江孚”则仍回汉口，“麦式里耶”则于念八日抵吴淞。上海保险行遣人前往该船详细阅看，验得该船虽经搁浅，幸系软泥，毫无伤损，仍可放洋，故即于是日晚开轮而去。

（1883 年 6 月 5 日，第 2 版）

法使行程

前夜招商局之“海晏”轮船由津抵沪，法国前驻□［华］公使宝君海附轮而来，寓于法租界密采里客寓内，闻不日即当回国。至法国新简公使葛君理古实名德理固，闻亦不久居上海，即当遄行北上也。

（1883 年 6 月 8 日，第 4 版）

西人传言

日昨寓居上海之西人谓，上礼拜六李傅相将安法近日情形拜折具奏，故说者谓或战或和，须俟中朝批复方可定夺也。又云，闻华官近接得北来电信，谓法国如竟不能稍让，则中国只有整我六师与之一决胜负也。又云，闻招商局总办唐景星观察近从法京巴黎斯传电信来沪，谓招商局轮船其有在南洋往来者，须一律令回中国云。

（1883 年 6 月 20 日，第 2 版）

平泉矿务局告白

启者：本局由承德三山矿务局派来银矿股份一千二百股，诸君如有本局铜矿股份三股者，匀派得银矿股份一股，每股豆规银六十二两五钱。自五月十八日起在集贤里，本局照票经收，定于五月廿六日止，届时诸君持银来局，由本局先掣收条，再向招商局调换股单息折。如逾期不来，即由本局另招接顶。再，本局续招新股，现在股单息折一律填竣，乞于十九、二十两天内持收条前来掉换是盼。此布。光绪九年五月十七日。

（1883 年 6 月 22 日，第 5 版）

西官行程

昨晨招商局之“海定”轮船驶赴天津，有美国公使杨君约翰附轮北上。今日法公司轮船开行，驻沪之德国领事佛君附轮出洋，前赴俄国阿达萨领事之任云。

（1883 年 7 月 7 日，第 3 版）

撞船定案

招商局之“和众”轮船为英国“拉不晕”兵船撞损一节，曾列前报。招商局控之本埠英刑署，断以各有不是，所坏各物各人自认。招商局不服，控诸英国，断定两船所坏诸物各赔一半，现经本埠英副刑司查验两船所坏计值若干再行核办。“和众”延担文状师，“拉不晕”延卫金生状师为之办理此事也。

（1883 年 7 月 12 日，第 3 版）

傅相抵津

李傅相于初六日午乘“海晏”轮船到津，阖城官宪皆在码头迎接，部下各军自晨起接到电报即络绎于途。是日适系雨后，带水拖泥，不遑顾及，码头之热闹，真不可以言语形容。比见“海晏”既到，官弁即排队伍鹄立以俟；既泊码头，有恭递手版而请见者，有传谕到行辕再见者。维时张振帅亦在招商局茶坐相迎，两宪觌面①，互相慰劳。振帅原系八轿而来，至□［此］同傅相共坐小轮船回署。闻尚有大沽新城弁兵沿路恭迎也。

（1883 年 7 月 15 日，第 2 版）

粮道吏沪

昨日四点钟时，招商局之“海晏”轮船进口，浙江督粮道廖观察附轮

① 觌面：dímiàn，见面，晤面。

来沪，闻须小驻行旌云。

（1883 年 7 月 27 日，第 2 版）

银信被窃

沪上扒手较多于他处，而上下轮船之际尤令人猝不及防。昨日朱仁至法公堂声称，随主人盛丰由广东至天津，道出申江，小住万安楼客栈。前晚搭“丰顺”轮船将往天津，行李俱已下船，被贼用刀划开皮箱底，窃去友人托带家信一封、银四十两。随即报知该船账房，拿获王子明一人，据云即是窃贼。在后又获杨柱林、刘叚、陆小宝等三人，兹将划开之皮箱呈验。并云主人业已赴津，只留我一人在申，请从速破案，俾可早复主人。翁太守得供后，讯之王子明，供：“常熟人，于初十日动身，十二日到申，寓居全发栈，欲往天津寻旧主人，因川资用罄，进退维谷。前日往‘丰顺’轮船，意欲搭往天津，尚未说明，又因困倦，在楼梯边假寐片时，被伊等唤醒，指为窃贼，然我并未偷窃物件。”太守以其供词游移，况原告与包探等均称当场拿获，故饬押候严比。杨桂林供：“在扬州粮台当差，到申购物，住同福栈，前日至‘海琛’轮船瞻眺后，行至‘丰顺’船边，见王子明为伊等殴打，上前解劝，反被该船上人诬为窃贼，并被殴打，剥去官纱短衫，手携夏长衫亦被打失。现有友人周某可以担保。”大守即传周某呈递保状，并云已在裕大隆司账，随将杨保去。质之刘叚、陆小宝，□［陆］供：“昨日途经新开河桥，见刘同一人由‘丰顺’轮船上岸，后面有人唤捉贼，我即尾刘至城河浜，人已去，我见刘以小洋刀一把掷于河中，即与刘闲谈。是夜因时晏，即同往小客寓，次日因付寓钱口角被巡捕所获。”刘供：“做成衣生意，现欲搭船回镇江，前日往码头趁长江轮船，即遇陆小宝同我到小客寓，次日要我会钞，又要我给钱文，我不允。”翁太守见刘携一包，看系烟具，太守谓既携烟具，何不与行李一并下船？显见不实，饬将王子明、刘叚、陆小宝三人看管候比，皮箱先交原告领去。

（1883 年 7 月 27 日，第 3 版）

鱼船轧损

礼拜六，招商局之“江天”轮船由宁波回沪，将泊码头时潮水湍急，有某鱼船一时不及避让，致被轮船轧坏，船尾幸离岸不远，得以赶紧设法救援。时有打野鸡者四人跳入舢板，欲争先扛运货物，不意轮叶转动，舢板船立时倾覆，四人纷纷落水，两人幸即救起，尚有两人则已问诸水滨矣。

（1883 年 8 月 6 日，第 3 版）

预备行辕

两广总督张振帅闻在天津乘招商局“海晏”轮船来沪。该轮船于初六日在津动轮，故上海县饬差在广肇公所预备行辕，并闻有随员某君亦于大东门内北城脚赁屋以作公馆云。

（1883 年 8 月 11 日，第 3 版）

粤督来沪

两广督宪张振帅于昨晨七点钟时乘“海晏”轮船来沪，八点钟时船泊码头。海关道邵观察、松海防刘司马、上海县黎邑尊、英会审员陈太守及各局委员，提右营沪军、武毅等营兵，均在法租界之招商局码头迎接，均递手版。振帅接见各官后，即坐绿呢大轿、陈卤簿①进行辕。各官员又往晋□［谒］，一时冠盖云屯，骑从□［星］集。闻振帅在沪小驻，即赴两广回任云。

（1883 年 8 月 12 日，第 2 版）

粤督起程

闻两广督宪张振帅定于今日坐招商局之“怀远”轮船赴粤云。

（1883 年 8 月 16 日，第 2 版）

---

① 卤簿：lǔbù，古代皇帝出行时的仪从和警卫。后亦泛称一般官员的仪仗。

工局议事

本月初四日为本埠英工部局议事之期，有电气类公司来收大马路、黄浦滩、下海浦三处灯费银八百七十五两。董事议得前因电灯初燃之时恐有不尽得法，故地火仍然燃点，今次电灯公司账内未将地火之费扣去，故未便照付，仍将原账发还，请其将地火灯费扣除再行核付。又有地火公司来收西历七月分灯资，而七月中大马路、黄浦滩、下海浦三处有半月未经点灯，该公司亦未扣除，故亦请其扣算后再行付结。又有公平洋行声称闵行路及武昌路两处地方为电灯所不及照，而地火亦隐而不燃，居是地者殊形不便，咸来控诉，请为查察。局董乃饬地火公司将该两处之灯依旧点燃云。又有招商局徐雨之观察来信言，虹口天堂路一带宵小繁多，乞丐盈路，居者咸有失窃等事，请饬总巡多派西捕至彼弹压，以安闾阎，局董允之。

（1883 年 8 月 16 日，第 2 版）

尚衣过沪

江苏织造立昨由天津乘招商局之“海晏”轮船到沪，行辕即在长发客栈。闻不日内即回苏抵任也。

（1883 年 8 月 23 日，第 2 版）

道宪回沪

苏松太道邵□［观］察于十七日□［因］公至金陵禀见左侯相，业乘招商局轮船回沪，于昨日午后三点钟时在小东门外码头登岸。道署衙役人等早在浦滩伺候宪驾，当即回署云。

（1883 年 8 月 28 日，第 3 版）

水手来沪

天津西人来信言，招商局之“海定”轮船开行来沪，内有中国水手四百名附轮而来，闻该水手等将往德国接取定造两铁舰回华也。又言越南使臣之在津沽者，刻下闻将启行回国矣。

（1883 年 9 月 7 日，第 2 版）

硝磺被获

招商局之“永清”轮船于初八日由香港来沪，内有搭客□［私］带硝磺等物，为盐捕所侦知，前往查问，与该客争殴。适为华捕所见，乃将该客及盐捕一并拘入虹口捕房。捕头问数语后即予斥释，而复为海关巡丁所获，遂将硝磺等及该客悉执之以去，未识作何办理也。

（1883 年 9 月 14 日，第 4 版）

灵輀过境

本埠探闻前署福建粮道谢玉田观察灵柩，现由福州搭招商局“海琛”轮船于本月二十一日到沪，暂停榇于金利源招商局宁波栈内。因沪上寓公各知好尚有展奠，是以暂作羁留。其官眷亦经偕来，在沪小住数日，即附搭长江轮船径达武汉、湘南返滇云云。

（1883 年 9 月 23 日，第 4 版）

掷破面皮

招商局金利源码头扛挑夫役皆在新开河某饭馆中午膳，东桌西台拥挤不开，盖无不坐如箕而涎欲滴也。昨午有某甲喊堂倌添汤，而堂倌应接不暇，甲饥肠未饱，忿火先烧，不禁拍台大骂。有某乙坐于其傍，笑谓曰：“多出二文钱，有汤水矣，何怒焉？”甲谓：“有汤无汤不与尔相干。”于是彼此怒詈，甲就手中饭碗掷乙之面，鲜血直流。饭馆中将两造送法捕房，值班捕头见乙伤势颇重，即饬华捕送仁济医院，甲则管押候解。噫！□［饭］碗方投，面皮先破；汤水未呷，巡捕已来，甲固莽撞，乙亦多事矣。

（1883 年 9 月 29 日，第 3 版）

法界公堂琐案

昨报列“小票败露”一节，昨经法包探将搜到之账簿、图章及印色等物呈案。原告王双喜称，在“江裕”轮船充当侍者，在汉口时托正大源信局到沪买小票，自二月至今已费洋二十余元，代友买票费洋四十余元，曾无一次中彩，昨与严颂眉设法破案。翁太守诘之陈水清、王金生、盛忠舟、顾阿高。陈称到沪十数日，做丸药生意；顾称向在东洋贸易；王称于七月间到沪；盛称做玻璃生意，误被拘来。翁太守以其不肯承认，着暂押复讯，并谕法包探下期将寄信各局伙传案候讯。

陈阿福称，在“海晏”轮船为小工头目，有婿金开应由我荐□轮船上，行到山东，婿与买办之子争衅，我斥其不应如此，口出怨言。及回沪后，我妻与婿算账争论，婿竟击伤我面，是以鸣捕送案，请管押四五天，函催其父到申领回。金开应供：“岳父荐我到轮船，积有工资洋十六元，均存岳父处。现欲挈妻□［回］家，岳父爱女情切，向索洋元非但不允，反诬我殴伤，其实面上伤痕系伊自行抓破者。”翁太守验得果非打伤，随谓：“尔等各有不是，究有工洋十六元否?”陈称洋元是有，但其妻在我处住五个月，当扣饭洋十五元，只应找一元。太守谓似此则丈人不成丈人，婿□不成婿矣。金因请公断，太守着陈给还洋八元，即领妻回籍。

（1883 年 9 月 30 日，第 3 版）

商船赴高

十二日早六点钟，招商局“永清”轮船从上海前往高丽，闻船中并不装货，专为华官乘坐也。又闻此次出洋通商大臣陈茇南观察带有两随员，一为陈云裳司马名为焜，一为李星衢司马名乃荣，又有翻译官陈君复初名实秋，又有书识[①]二名、差役六名，余则仆从耳。至范君季韩并无委作帮办，前报乃传闻之误也。

（1883 年 10 月 11 日，第 3 版）

① 书识：清代吏胥名，系一种临时性书吏，在经制之吏出缺之后，可以递补其缺。

法界公堂琐案

有陶宦赴江西，趁搭“江裕”轮船，行李下船之后，饬家丁胡升看管。讵有胡之友周福到船，与胡升送行，而行李中有小白皮箱一只，外有蓝布套两面，均有钮扣，箱中有宝银一百两，竟被割破皮箱后面，窃银而去。当经陶之友人项文甫报明捕房，将该家丁胡升及胡友周福送法公堂讯究。王别驾研问，据胡升供称，上船之后即有友人周福到船送行，坐谈之间，有一人约二十余岁，衣服整齐，上穿呢马挂绸长衫，一足穿鞋，一足用布包裹，据云足疾大发。伊系在轮船照顾者，与小的们闲谈，即坐于箱上，箱锁靠里面，不以为意。他谓船上扒手极多，总须留神。嗣因见其久坐于箱，恐被坐坏，故嘱其移坐，方始出去。检点之下，见钮扣已开，竟将皮箱后面割开，箱内之银窃去。赶即追寻，某（已）不见等语。法包探孙宝生将皮箱呈案，请验割处，王别驾谓：“胡升，周福在沪所作何事？”答称：“他随毛老爷，与小的知己，特来送行。”王别驾谓：“银两非比别物可以作赃，但青天白日，尔等又在面前，该窃即有通天手段，只能将箱连包布割开，何暇将前面及两傍钮扣解开，然后再割皮箱，断无是理。或者尔等离开房舱，以致遭窃，情尚合符。恐主人见责，谎称未离寸步耳。现在当堂何妨直说。”胡升坚执如故，王别驾谓：“然则要疑到尔等身上矣。”胡、周两人坚称实被窃去。王别驾谓：“现在着包探查缉，但尔等亦须赶紧查明。”着将携箱来之人将箱带回，胡、周两人交保。

（1883 年 11 月 7 日，第 3 版）

轮船载兵

津沽传来信息云，招商局之“海晏”、“普济”、“日新”三轮船拟由津赴牛庄，装载吴清卿京堂所带之兵，其“海晏”、“普济”两轮船已于初八日展轮前往牛庄矣。

（1883 年 11 月 10 日，第 2 版）

侍者得贿

前日招商局之“江孚”轮船停泊码头，有贼潜入引水舱中，将房内所有一切悉数窃去，及出外为人所见，遂执之交于法巡捕，搜其身畔，则原赃具在，惟少洋五元，遍搜不得。讯之，则云送与该舱侍者，令其勿言。法捕乃并将该侍者拘住，想当解官讯办也。

（1883 年 11 月 10 日，第 3 版）

查出私磺

昨早招商局之“富有”轮船抵虹口码头，有北关巡丁上船查缉，查出私磺一担半，即雇杉板载往北关而去。

（1883 年 11 月 12 日，第 3 版）

劲旅到防

吴清卿京堂于初四日乘“湄云”兵船到津，统领吉林防军马步七营陆续遄行，前赴海口。去津数十里地名小站，本有行台，前次潘钦宪琴轩防津，曾经驻节，此次李傅相与清帅相商，请仍在此驻防。惟此处已有盛军二十营驻扎，兵力不虞单薄，不如径驻海口，相为犄角，尤属轻重得宜。大约暂驻襜帷，总不外小站、海口两处也。其未到之兵，已派招商局之“普济”、“日新”等轮船开往牛庄迎载云。

（1883 年 11 月 16 日，第 2 版）

水手受伤

招商局之“保大”轮船于本月初七日由上海开往天津，途中忽生一事，缘该船大副因事呼唤水手，而水手不听指挥，大副含怒，即持洋枪至水手舱内，轰然一声击伤三人。其一人头颅受伤，势颇危殆，现在天津医院疗治；其二人则伤势尚轻。该船回沪后，即将情形告知招商局，未知以后如何办理，容俟续录。

（1883 年 11 月 17 日，第 3 版）

人赃并获

本月初八日报列法公堂琐案内，有陶宦由沪赴江西，趁搭招商局之“江裕”轮船，着家丁胡升在船看管行李。适有胡之友人周福到船送行，另有一少年人自称为船上照顾之人到来闲谈。及去后而陶之小白皮箱已被割开后面，攫去银百两。报捕缉查，并经法会审委员王司马饬法包探查缉在案。而法包探严颂眉、孙宝生明查暗访，于前日获到湖北人王有德，年只十九岁，衣服华丽，盘诘之下认窃不讳。其银两已经兑散，置办绸绉衣服，及金约指等。到沪有匝月光景，初到之时居同乡人许老八家。许老八久在租界开设烟馆，被其取去洋二十元、金印戒一只，许妻又索去洋四元。继住紫来街泰升客栈，被栈伙刘凤仁取用洋十元及大呢马褂一件、腰带一条，尚有银两存于泰升栈账房，业已取用。王司马得供之下，诘其置办衣服等件现在何处？王有德供在小东门外客栈中，而法包探已将许老八、刘凤仁两人拘到，并将衣服等连皮箱吊到，解归法公堂讯理。据刘凤仁称，王客人系本月初六日到栈，并不是从船上接来，第一天即有银数十两、洋数十元存于栈中，系栈主胡□兴经手。嗣后出外看戏，往妓院，我见其人不归正路，旋有许老八者来栈询问，谓轮船有失窃之事，法包探托为查缉，既有是人，须照看一面即知是否。适王客在宝善茶园观剧，正在写条叫妓女唐红玉出局。许老八一见即说是，而王客亦佯信出外，同至烟馆。片刻之间王即乘车先去，已将栈内所存银洋取去。王司马谓许老八曰：“既是失主及法包探相托，何以与王有德见面，不即拘拿，任其回去取用银洋？明系分肥卖放。”即据许老八供称：“失主及包探托我之后，即到吉星公查访，后到泰升栈查访，知伊在宝善茶园看戏，及往，果见伊坐第三个包厢；后来伊等即到烟馆，本欲盘问，因在英租界，恐有窒碍，故不敢问。”王司马谓：“何以不敢盘问？实属一派胡言。”即据刘凤仁称，许老八与王客人本属相识，见面许即称王为三少爷。王司马因许老八称并未用其洋元，取其金印戒，刘凤仁称亦无衣服交存，并无用伊洋元之事，即着王有德与该两人质对。许、刘两人坚执并无其事，明系诬扳。而王有德亦坚执确有衣服、银洋、金戒等为伊等取用。研诘至再，各执如前。王司马谓许老八之二十元或未取用，尚未可知，至许妻取用之洋四元或者有之。许又坚称无有。王司马谓："王有德住在尔家，房饭之资取用四元，亦不为过，何妨直认?"许仍不肯认。刘凤仁又称："洋元系伊自己开销戏资、局账，如何说我用去？并无衣服腰带。"而原告胡升仍偕周福到案候示。法包探严颂眉禀称，吊到皮箱，所有各衣服及金翠等物约值洋八十余元，连许、刘两处取去者与原告所失已属相符。王司马着胡升至捕房先行领物，并着将王有德带回捕房追比。刘凤仁、许老八亦分别管押，追缴衣服、洋元。

（1883 年 11 月 19 日，第 3 版）

防军过沪

前日招商局"江裕"轮船由汉来沪，载有兵二百名，皆系前赴粤东。闻尚有兵四千，将以"怀远"、"利运"、"永清"、"富顺"四轮船载运来沪，迅赴广东，以资防御也。

（1883 年 11 月 27 日，第 2 版）

法员来沪

昨晨招商局"海琛"轮船抵埠，有驻扎福州之法领事方君栋乘轮而来，暂驻密采里，闻有数日勾留云。

（1883 年 11 月 28 日，第 2 版）

店司落水

二十六日晚英租界抛球场某钱庄有友欲回镇江，趁搭招商局之"江裕"轮船，八点钟时，预遣店司雇小车送行李下船。店司恐有遗物在车，复回检视。时适大雨狂风，跳板甚滑，将上码头，身摇然欲跌，逞［趁］势拉住小车，岂料车轻人重，连车跌入浦中，潮来浪急，无从援手，岂有定数欤？

（1883 年 11 月 28 日，第 2 版）

越使言旋

越南使臣阮、严二君前次入都，羁留多日，节经列报。兹悉该使臣已趁招商局“保大”轮船来沪，现寓英界长发客栈，闻不日即须回国矣。

（1883 年 11 月 29 日，第 2 版）

越使言旋

昨日招商局之“保大”轮船开行赴港，有越南正副使臣范、阮两君附轮而去，自港回国。前报言副使严姓者，误也。礼拜日，其随员邓德辉、范小山、杜富肃三人至河南路东瀛药店乐善堂，购买各种药物并铜版地图等，该堂之驰名遐迩可想而知；与店主人岸君吟香笔谈良久，兼作诗句，文理、书法并臻清秀。邓君能通四国文语，出《赠苇野诗文合稿》二册，首冠以长沙王大司成先谦序。据称苇野者，其国王之弟绵□季仲也，越人之形貌与闽广人仿佛，衣则窄袖，履双梁，惟蓄发不冠，以元色绸布缠头为少异耳。

（1883 年 12 月 11 日，第 2 版）

防兵到粤

十二日招商局“丰顺”轮船由镇江到香港，载有兵士八百名，而“永清”轮船亦由上海载到兵士七百名。据传其赴粤垣听候分拨，防守险要之计。自前月迄今，军兵之经香港而赴粤垣者约有七千之众，惟专驻省城抑调赴东京，则固非外人所得知也。省垣人民现幸安堵如故[①]，调到之军兵皆恪守营规，并无骚扰。十一日张制军命驾出辕，巡阅各兵焉。

（1883 年 12 月 19 日，第 1、2 版）

---

① 安堵如故：像原来一样，相安无事。

密查军械

念二日“江裕”轮船由沪到汉口，关道恽观察先接有左侯相密札，谓该轮船装有私办之军械、枪炮数百件，着即搜查。是以关宪即照会税务司，于是日船到后，饬总关签子手从事；且饬该船货物尽数提栈，无论银箱、郑重之物概不准提去。除当将随客行李察看外，次日逐件挨查，果于苏木包内搜出旧洋枪数十杆，似不可用者。现闻关宪已详知左侯相，请转饬上海道根究缘由云。

（1883 年 12 月 28 日，第 2 版）

宪□［批］照录

汉皋于上月念二日关宪饬签子手在“江裕”轮船查获锈坏洋枪，将即彻底根究等情，已详前报。兹闻有卸任广东之香山县张令具□［禀］到关，恳恩弗究，是以关宪已于念六日出批示知。今将原批抄录如左。湖北汉黄德道监督江汉关恽批卸任广东香山县张令璟槩禀：查私运军火大干例禁，该员所带洋枪十九支，既已锈坏之物，姑免深究，应即照章提存充公可也。此批。

（1884 年 1 月 1 日，第 2 版）

调船载兵

天津河道已交冬至，仍未冰胶，豫河及西河两道则已冰复涣。时经进九，河冻重开，此亦不常见之事。现在谣传谓有电报调招商局之“普济”轮船从速赶到大沽载兵之信，未知是否属实，然防务孔亟，人言则凿凿也。

（1884 年 1 月 6 日，第 2 版）

“怀远”轮船失事余闻

“怀远”轮船失事后，招商局即派“海晏”轮船前往石浦洋面察看情形，此已列报。兹闻“海晏”船于十六日十一点钟动轮，有粤人梁识南之亲戚朋友五人并“怀远”船之司账及水手人等家属计四十余人附轮前往。船中带有棺木四十具，以备收殓尸首之用。既到小屿山，测得“怀远”船沉没水底有十八托，深约十余丈光景，舱中即有尸身，亦无从设法捞起。水浅时仅露桅杆二尺，若潮汛涨盛则一望汪洋，几不辨为失事处。是以捉鱼各船恐其误行触碰，遂用长竹杆扎于桅上，竹梢系以红旗，俾可辨认。闻汇丰银行有洋五万元在“怀远”船中，同付波臣，现拟设法雇舟再往失事处拖起沉船也。并闻小屿山左近居人陆续捞起尸身三男一妇，均已丛葬于山麓矣。噫嘻，埋骨荒山招魂何处，亲友闻之能无挥泪？而其他之飘泊大海者更无论矣。此皆昨晨“海晏”轮船回沪所述。又闻关道宪昨派“澄庆”兵船前去矣。至昨报招商局得信后不即发船往探，此原由粤友来说。今悉招商局于初六、初八、十一等三日先后有“富顺”、“利运”、“镇东”三船自沪赴粤，局中总理人再四谆嘱沿途访察。无如茫茫大海，未易寻见。此亦无可如何之事，于该局乎何尤？又闻“海晏”船前往察看时，曾遣人至小屿山上访问遭难诸人下落，不见只影而回，大约均葬鱼腹。约计水手、搭客及西人等共有二百余人之多，洵属意外之变。是以本埠招商局之各轮船均扯半旗以志哀云。

（1884 年 1 月 16 日，第 2 版）

粤东消息

香港西字报载，有西人来信言，广省官宪前以法人有欲取琼州之信，故发兵赴琼，以资防堵，现在则又变计，饬各兵趋广西边疆矣。又云，十五日有招商局之“丰顺”轮船并小轮船三艘，载兵四千，前赴琼州，以防海口。盖缘琼州之民闻有法人来窥该处之信，禀之于官，故发兵前往。该西人云，亲见该兵等均孔武有力，惟步伐则尚未克整齐，所用之枪则皆系麦的尼后膛枪云。又言虎门近来兵士逐日操演，颇有如火如荼之盛也。

（1884 年 1 月 22 日，第 2 版）

挑选学徒

香港有英国家学堂，华人肄业其中者颇不乏人。兹闻李傅相饬令香港招商局之总办于该学堂内挑选学生极少十二人，使之习水师兵官诸事。诸学生得此信息即纷纷投报，旋选定十二人送至天津，派至水师学堂，每人□得十六金火食，在外学成之后遣派事务，薪俸有多至每人每月二百金者。盖香港学堂中之学徒，中国已挑拔多人为国家效力，现有一人已为水师兵官，在琼州海面往来，将来干城之选，当有用之不竭者矣。

（1884 年 2 月 3 日，第 1 版）

新船试行

虹口均昌铁厂铸造机器、装制轮船素著成效，叠奉刘爵帅之命，代装铁壳轮船一艘，锡名“淮庆”，在该厂派号第六，业已竣工。兹于新正初六日展轮试行，承招商局李君松云招本馆友人往观，并备西国大菜颇极丰盛。在坐者招商局唐君茂枝、郑君陶斋、总船主波顿、总机司魏尔、《字林报》馆西人开□［君］礼、高君荣、《晋源报》馆西人柯君尔根、《文汇报》馆西人那君化剌。午后一点钟时，在三马路浦滩新关码头开行，由南黄浦至闵行镇，随即展轮回沪，在途约行两点钟，可谓灵速。其制作之精良、装饰之时雅，卓具巧思。查该船身长八十尺，阔十二尺，深七尺，通身均用铁肋、铁板，其铁肋厚二分半，水波下铁板厚二分，波边厚二分半，船首厚三分，龙骨厚十寸，船边伸出走马路，每边十八寸；傍镶铁板厚三分，阔三寸半，上周加护身铁栏杆；船面舱板、房舍俱用上等柚木，房舍上周均置扶手铜栏□［杆］；船下身均涂黄白油，舱面房舍均抹洋明漆。船首头隔舱为船上舵工、水手、□司等置铺之处，上为舵楼，次为官舱。舱自舵楼后，两边可进会客处，长十有三尺，燕息处长有十尺，配□花窗、花檐等，宛如灯舫。又次为机器房，机房上之房舍左为珍羞房，右为庖司房。船尾为□［贵］宾房，长十有二尺。官舱与此间均厚抹洋白漆，饰以金彩，光亮可鉴。机器房内南首傍各有煤柜，可储煤十吨，中置锅炉一座，长八尺四寸，径七尺二寸，里外铁板均用上等啰嚒铁。烟管径二寸六分，共一百十三枝，煤膛径三尺六寸，大切面□五百二十五方尺，烟栅面二十一方尺，炉内任汽之涨力每平方寸凡一百二十磅，烟通径二尺二寸。配新式汽机一座，又抽水小机器一副，汽机乃双孖汽桶、大抵力螺轮机器；大汽桶径十七寸半，小汽桶径十寸零二分，推机路长十二寸，汽器往复路径三寸，车轴径四寸，螺轮径四尺半，螺之相距凡六尺半，每分时转轮二百一十次，号马力念［廿］八匹。每点钟平水可十三□，每日烧煤约两吨。船身与机炉压重计一百十三吨，船首吃水三尺半，船尾吃水五尺半。

（1884 年 2 月 3 日，第 3 版）

争载粮米

本埠系沙船荟萃之处，十五年前凡船只被封装粮，皆以为苦差。军兴以来，轮舶盛行，沙船生意为之减色，则反以装粮为美差。江、浙两省粮米均在上海装运到津，江苏定章四成归招商局轮船载运，所谓官运也；六成归沙船载运，所谓商运也。浙江则官商各运其半。去岁冬月下旬，江苏□［粮］道王观□［察］、海关道邵观察接奉李傅相电音，海运粮米限于今春二月底一律到津。然其时江苏海运局已封沙船二百二十余号，其间装齐粮米者不过十之二三，有不及赶载之势。是以王、邵二观察商之招商局总办，拟定轮船多装七成，沙船减装三成，此固为海防吃紧起见。而诸商家及船上水手不知其故，误以为招商局占夺商运生意起见。二十七日江苏海运局悬牌，着十三号沙船赶即装粮，此十三号皆是巨诚亨东号一家之船，于是各船咸抱不平，水手人等先至商船会馆，欲与会馆主朱孝廉寻衅，继至江苏海运局跪陈苦衷。续到商船户四人，经王观察婉转开□［导］，众始退散。嗣又递禀海关道署，经部观察传见，谓此为运粮迅速起见，别无他法。众商又称，商船设遇顺风，七八天可到，天津轮船亦须五日，惟沙船须按次装卸，不若轮船之便易；倘沙船能如轮船之一体装卸，则明春二月底亦□［可］尽进津口。至于洋面不测，则沙船可以趋避，有能行轮船之所不能行者。且天津正值封河，轮船先到亦不能进口。邵观察遂谕各商人将此情形另行具禀，并着具结，保限于明春二月底一律进津口，逾限则干系非轻，呈候转详上宪，或可仍照官四商六之例，斥退候示。

（1884 年 2 月 3 日，第 3 版）

赶造战舰

福州西字报云，中国有兵一千三百八十人由南京、镇江两处坐招商局之“富有”轮船抵福州。其五百名在福州驻扎，其余则至台湾。福州制造局亦日夜赶造军装，腊尾年头并未稍停工作；并造轮船两艘，不日即当落水。此后又当另造两艘以资应用云。

（1884 年 2 月 8 日，第 2 版）

客官过境

前任广东巡抚裕泽生中丞，乘坐招商局之“富顺”轮船于昨晨抵沪，船泊该局北栈。宪驾登岸，暂以小东门外招商局金利源栈为行辕。闻在沪小作勾留，即当乘轮北上云。

（1884 年 2 月 19 日，第 2 版）

米船被撞

昨早琼□码头停泊各纲船，将潮米数石摊于岸上晒晾，询系从黄浦内捞得。缘本月十九日有招商局所雇之运粮米船，由小东门所设局内装载米石，驶赴虹口招商局中栈码头交卸，适遇“丰顺”轮船进口，两相碰撞，该米船竟被轮车铁叶击碎，船货俱沉，幸人口无恙。并闻该米船已由“丰顺”轮船赔给船价洋银了结矣。

（1884 年 2 月 21 日，第 3 版）

棨戟遥临

左侯相于念五日卯刻由邗江阅看河堤回辰，正抵瓜洲口，换坐“澄庆”练船，道出京口，文武各员均至东码头象山脚高搭五色彩棚。沿江一带，则有钟统领排队恭迓，大江以内则有吴镇戎率带水师炮船列阵迎接，枪炮迭放，鼓乐齐鸣。宪驾于未时抵象山，各官请安毕，侯相随观象山炮台，当放大炮六门，均能中的，惟有一炮擦靶而过，未中红心。侯相顾而悦之。阅毕随至焦山登岸，在自然庵小坐，用午膳，并随员人等约有一二十席。宪驾随乘轮东下，即于念六日至靖江、通州等处，又至白茆河阅看河工。念七日早至浏河、崇明，然后赴吴淞口外阅操毕，未曾停轮，直至上海。而法租界招商局金利源码头一带，各营兵丁排队伺候，文武官员均在码头彩棚暂驻。至午刻有招商局之“江裕”轮船抵埠，据言进口时见有兵轮船九艘，在口外操演各阵，俄而官场接到电音，言侯相于一点余钟时进吴淞口，乘轮来沪。至三点二刻，遥见青烟飞缕，知为侯相坐船将至。陆家嘴该处泊有中国炮船，即升炮迎之。未几海关道邵观察、松海防刘司马、上海县黎邑尊及各局总办乘坐轮船，先至码头登岸。旋见“测海”、“威霆”两兵船衔尾前进，后随“飞霆”、“策电”二铁甲船，中间即侯相所坐之“澄庆”练船。船头插有龙旗，中有“帅”字旗、“令”字旗，后有“祥云”轮船及“龙骧”、“虎威”二铁甲船。过陆家嘴抵码头时，停泊浦江之各国兵轮船兵丁均持枪站立桅杆（下），并升炮恭迎。中国炮船及岸上之洋枪连环不绝。及“澄庆”练船停泊时，又放鞭爆万响。傍泊之“保大”、“江裕”二轮船，亦于桅上扯五色旗。中西士女瞻望风采者几无驻足之地。松江提督李军门亦□［随］侯相而来，文武各官纷纷呈递手版，宪驾未曾登岸。嗣闻各营兵丁复拔队往新闸镇，恭迎卫中丞，待至九点余钟，宪旌尚未莅止云。

（1884 年 2 月 24 日，第 2 版）

装兵赴台

闻招商局之“富有”轮船于今日开往汉口装兵，再行驶赴台湾云。

（1884 年 2 月 27 日，第 2 版）

津信摘录

《字林西字报》载，有天津西人来信言，新授两江总督曾九帅出京之期已定于本月十六日，启节仍由旱道而来云。按，曾九帅前闻于十三日出都，曾以列报。西信云，定于十六日，殆近又改期也。该信又言，闻有李傅相奏保招商局总办唐景星观察请以布政司用之信，因其远出外洋，勋劳懋著[①]故也。并闻醇邸亦相助以请，盖唐观察在外洋代醇邸购办制造局所用机器，约价二十万元，故醇邸嘉其功。唐观察请开某处煤矿，并由矿所置铁路以达于京都，闻亦获邀允许。唐观察自外洋言旋，于招商局、开平矿均有整顿，故宪眷优隆若此。又云前为中国税务司之西人德答林近奉李傅相发电召使来华，为傅相管理船厂、炮台、炮船等事云。又言，某处所造炮台近忽有倒塌之处，缘所筑工程有未能悉如原定程序故也。又，云南提督张军门陛见后出京，已乘“高升”轮船南下矣。

（1884 年 3 月 9 日，第 2 版）

军装来沪

闻得招商局之“利运”轮船昨日由天津来沪，载有军装，泊在下海浦起运云。

（1884 年 3 月 13 日，第 2 版）

上海丝业会馆函托各埠招商轮船局人士代募春赈捐输广告[②]

上海招商轮船局总办唐君景星、徐君雨之、郑君陶斋、张君叔和，镇江招商局袁君鹤亭，芜湖招商局刘君吉六，九江招商局孙君楚卿，汉口招商局张君寅宾，宜昌招商局李君笏斋，宁波招商局谢君益斋，温州招商局蔡君月轩，福州招商局唐君英斋，烟台招商局陈君敬亭，牛庄招商局翁君晓山，天津招商局黄君花农，香港招商局张君禄如，广东招商局唐君应星，汕头招商局廖君紫珊，厦门招商局王君渊如，神户招商局麦君旭初，长崎招商局唐裕隆宝号诸仁翁，横滨招商局罗君伟堂，以上十九处每

① 懋著：显著。

② 原题太长，此系编者所拟。

(处)两册，共寄出捐单三十八本。

(1884 年 3 月 13 日，第 3 版)

催领棺柩

启者：去冬“怀远“轮船失事，有尸身五具，漂至台州地方，蒙该处善士捞获，今已安放棺中，运回上海。如有亲属，请于本月二十五日午刻往广肇山庄认看。倘逾期者，本局即当代为安葬。特此布闻。

招商局谨启

(1884 年 3 月 19 日，第 4 版)

美官来沪

昨早十一点半钟，招商局“丰顺”轮船抵沪，有美国驻京扬钦差亦附此船由津而来，即入虹口美领事公馆云。

(1884 年 4 月 10 日，第 2 版)

扛夫齐集

招商局金利源码头上落货物，雇用扛夫向由工头郭凤山经管。昨晨忽有扛夫二百余人同至三马路总局，说有事欲禀总办。其时局门前扛夫拥挤喧哗，总办以若辈均是散夫，未便向问，俟传工头究问缘由。当由巡捕将扛夫驱散，及工头郭凤山到局亦无头绪。总办随令查明何人为首，如何起见，禀候办理。及午后二点钟时，法租界彩视街上有扛夫三四百人，一半执绳索，一半执扛棒，拉住收房租者一人、管房者一人，欲到三和轩及渭龙轩两□［茶］肆吃讲茶。茶馆主以久奉宪禁，不准擅卖讲茶，且以其人多不能理说，只得将店门关闭，一面通报捕房。时法捕头已令法包探及巡街捕报知，随着该茶肆两主人回去照旧开张，惟不准扛夫吃茶，随饬巡捕前去弹压。无如巡捕少，扛夫多，毫无顾忌，遂拥收房租及管房之两人□［上］南落北，势如潮涌。扛夫中有人云，□［彼］等将其拉到城中，或云拉到小东门去。于是群拥二人至老北门吊桥边，沿城河而去，其时已三点钟矣。闻其起衅之由，因有人欲夺做扛棒头，故令扛夫不必做工，候在茶肆。而各扛夫以一日不做工，即一日不吃饭，向为头者索讨工资。其人乘间逸去，房屋无人，故收租人将门关钉。各扛夫即迁□［怒］于收房租及管房之二人，群起而图拥之耳。其详俟探明再录。

（1884 年 4 月 15 日，第 3 版）

“富有”余闻

招商局之“富有”轮船搁浅，以至出险后偕“海琛”回沪，一切情形迭经列报。兹悉前此往救“富有”船时，曾由祥生船厂派小工数名偕往，越数日，而该小工之眷属皆赴船厂索人。声称闻有传言谓该厂已将各小工送往越南为法国当兵，每名卖洋五十元，小工头已为兵官。人多口杂，吵闹不休，嗣经厂中人再三开导，始得渐渐散去云。

（1884 年 4 月 16 日，第 2 版）

扛夫齐集续述

昨报扛夫齐集一节，今得其详，合再录之。查招商局金利源码头之扛棒头本系徐夏生，夏生死后以其侄徐吟山接办。吟山年幼，诸事皆归李昌茂经手。众工怨李之为人过于刻薄，而皆无如之何。有丁义兆者前曾在徐□［夏］生处为副手，夏生在日将其辞歇，丁衔之久，欲夺扛棒头做。日前谓众工曰，尔等如助我，愿给每人钱五百文，不必前去做工。因出五百文钱票交执，共出票三百八十张分给众工。至昨日，众工侦知丁谋事不成，各持票向其索钱。丁称在路不便发钱，尔等当在三和轩及渭龙轩两茶肆暂候，待我取钱来发。盖两茶肆与丁住处近在咫尺也，众工遂纷纷往□［茶］肆中，茶博士见人众不肯泡茶。众工复至丁之住处，□［丁］见势不佳，央求收租人桂某前往钉门，暂作缓兵之计。众工谓桂某有意放丁，欲拖进老北门，守门兵弁阻之。众工复拥到小东门某茶肆百般恐吓。经人劝，桂某会茶钞二千数百文后将丁寻到，桂始得释。而丁则被众工看管，不知如何了结也。

（1884 年 4 月 16 日，第 2、3 版）

巨炮到津

初四日“顺和”轮船到津，带有大炮三尊，闻系德国之克虏伯炮位，约前十日亦到后膛克虏伯炮二尊。其炮每重十八吨，炮码每重九百余磅，已由傅相饬招商局派人解往旅顺口安放，以备不虞矣。

（1884 年 5 月 4 日，第 2 版）

调兵赴粤

兹闻鄂省奉粤省大宪调兵增防海疆，业经募得南勇四营约二千余名，饬令招商局“富润”等轮船到楚运载赴防。四月初二日六点钟已见该局轮船一艘，由岳载勇抵汉，约计两营泊该局埠外江上一宵，次早启轮东下矣。

（1884 年 5 月 4 日，第 2 版）

外埠轮船招商分局横滨、神户、宁波三处叠来赈捐

谨启者：四月初六日奉到横滨招商分局罗君纬堂大善士商请陈理事府，以及中华会馆诸绅董陈君玉池、何君雁宾、卢君凤高、永和昌宝号诸同善，即将善昌寄去捐册并原函奉恳代募直、东两省赈捐苦情布告同人，四出劝募。第一次募成四十七户，英洋五百八十二元，以七二五合汇来规银四百二十一两九钱五分，向申揸打洋行照兑。四月十四日又奉到神户怡和宝号内招商分局麦君旭初大善士来函，第一批先汇来英洋一百二十五元，向申江北市大马路增泰洋货宝号内□［汤］松岩善士照兑，细账下班寄来。仰承中外各埠诸大绅商、大善士垂念山东、顺直两省春赈已属不赀，而灾黎抚恤尚无了期，专望南中善士筹解不□［竭］为幸。接到善昌函托代募捐册，不分畛域，一视同仁，集资赈抚，源源而来。今正善昌为

春赈筹募艰难，万不得已，预备捐册，函托各埠招商分局诸大总办，共寄出捐册三十六本，宁波谢君益斋迭来巨款，已□［登］贵报。各埠总办如能仿照横滨、神户、宁波三处总办，实心实力，广种福田，（以）积阴德于子孙为久长之计，巨款募来，两省灾黎咸登乐土，神目如电，锡福降祥，定操左券。不得不据情列报，代灾黎叩谢宏恩，以昭激劝。上海丝业会馆筹赈公所教弟施善昌谨具代谢。

（1884 年 5 月 10 日，第 3 版）

江臬过境

江右王鹤樵廉访入觐出京，于十七日附轮船抵浔，暂驻于招商局内，次日即乘轮往汉口。九江文武各员均在码头恭送行旌。闻廉访回河南修墓后，再莅江省接篆云。

（1884 年 5 月 19 日，第 2 版）

赔银续信

前报中法议和时，除简明条约五款外，有法人赔还招商局银六十万之说，特语焉未详，不敢据为的信。乃昨据传称此说实确，缘西贡之招商分局先由法文员借作公馆，时经招商局曾与言明，文员暂驻，其门窗等或无损坏，设后有兵马驻扎，难保屋宇无损，故讲明须银若干，未交银以前并起一分利息。顺化城内招商局亦有房屋一所，并“普济”船及米若干石，均经立有合同，本息照算。算至去冬，应由法国还招商局本利银六十一万两，则本报前日所登津友之信当不虚也。

（1884 年 5 月 27 日，第 2 版）

把持买票

客栈伙叶彩章、李光有、刘济川、张雨田等控称：伙等向在客栈跑码头接客，兼代客向招商局、怡和、太古等洋行购买轮船搭客票，津票每客价十两零八钱，以八钱为回用，与栈主均分，藉此糊口。近因泰安栈主方俭商同长发栈主梁应南、吉星公栈主蔡星浦等合为公司，与招商、怡和、太古三家订立合同，凡客票专由公司向买，设或别家往买，则照新章不给回用。据闻三栈积欠三行之银两，即以此项回用归款，将来沪上客栈买票之生理统归三栈承买，情同把持，而绝伙等之性命。为寻方俭理论不面，方伙陈必胜一味恃蛮，众人不服，扭陈送案请究。祥发公栈主张梅亭等亦控泰安栈把持各情。兹由黄太守饬传泰安栈主方俭、长发栈主梁应南、吉星公栈主蔡星浦集讯。原控人各诉前因，方、梁、蔡等同供，现在买票概无回用，此乃招商、怡和、太古之新章，伊等亦可向买，并无把持各情，实系叶彩章有心滋扰，图乱行规利己。太守命张梅亭、叶彩章投诉招商局之唐总办，一面照会英领事传同怡和、太古行东投案，再行会讯。陈必胜保释在案。

昨晨，由怡和、太古两行之西人投案，初称凡客栈前来买票，价目一律并无参差。张梅亭等申诉前因，并称向来买票原有回用，三家立有经折，按月结账，回用照扣，经折呈阅，盖每票我等只交实银十两。旋据泰安栈主言，向彼买票每票只银九两八钱，较洋行更为便宜，以致各栈均向彼买。初问其故，则称如是则泰安栈之客多，其间有孩子们可免买票，彼此均有利益。岂知今春泰安等三家向三行言，伊等之生理兴旺，船票统归伊等经买，免致烦杂。伊等三栈已立三益公司，因向三行订定合同，嗣后别栈买票不给回用，存银仍须归彼公司；且三行各给免票与彼，公司则派人乘船赴各埠接客，轮船不收船资。我等派人趁［乘］船，则须照付船价，如是则上海之客栈生理尽归彼公司，我等开栈者与伙友均将绝命。前蒙饬投招商局，已见唐景星总办，诉明缘由，总办尚不知其细，随询问一绍兴人魏姓，则言果已立有合同。总办令取阅各条章程，亦言非是。魏姓则称非伊经手，总办许俟查明。叶彩章又称泰安栈等并未欠三行之银，实则有心把持，利已损人。方俭等供招商局给我们免票系因生理多，乃格外情分，则无把持各情，请问怡和、太古两行之西人可也。西人又称，彼等买票时有欠找不清，故情愿任泰安等合立公司交易。然祥发公等央得妥实保，亦可与我等订定合同。太守然之，随限七日着觅的保，与订合同。张梅亭又称我情愿现银向买，决不拖欠分毫，求恩容我等买票，则不致被彼把持。西人又称现银买票有何不可？太守商之翟副领事，以把持本干例禁，随饬张梅亭各将现银买票再行函致招商局，张梅亭等均叩谢而退。

（1884 年 6 月 5 日，第 3 版）

揽装回货

（1884 年 6 月 6 日，第 1、2 版，文见“产业与经营”）

京师近闻

（前略）招商局总办郑陶斋观察官应精明强干，久为上游器重。兹闻观察自粤东防所邮献醇邸德律风及电线器具各一副，经神机营试行，无不如响斯应，醇邸大为叹异。观察又有克虏伯炮二尊，拟□［献］醇邸。醇邸当委神机营当差之上海张剑堂贰尹前赴粤东运取，闻已定于本月二十日起程。醇邸又札委观察代购新式洋枪三千杆，以充军实。是可见观察之情殷报效也。（下略）

（1884 年 6 月 18 日，第 2 版）

本埠官报

昨日许星使往密采里外国饭店拜会吕宋正、副钦使及翻译官，又拜谒日斯巴尼亚钦差及领事。驻沪之日本领事安藤君则赴天后宫拜会星使。闻星使将于今晚用小火轮拖带坐船回嘉兴原籍小住十日，当即来沪，大约于六月十二日乘法公使船出洋也。张湘［香］帅则于今早十点钟乘招商局“广利”轮船赴粤，故沪上各官均往恭送云。

（1884 年 7 月 3 日，第 2 版）

美员北上

美国哲副领事现补美国驻京钦差参赞之缺，于昨日乘招商局之“海定”轮船北上云。

(1884 年 7 月 3 日，第 2 版)

宁波招商分局总办谢益斋善士致丝业会馆书

少钦尊兄大人阁下：十五日接奉还示，知十三日所呈代募捐册第八次劝到慈东善士江夏六子，一为荐先，一为治病，移助赈捐洋一百元，已悉收到，刊登《申报》，代解灾区，以慰捐生远念费神之处，容后叩谢。但函中多蒙藻饰，惭愧交并，并述及灾黎情形，现青黄不接，正在吃紧之时，若弗竭力挽回补救，灾黎何以活命？可见荒尾最为难办，全仗大力，不厌不倦，苦心孤诣，代为劝募，庶可源源接济。在阁下断不望报，而天之报施，定能福寿绵长，则弟当□襄劝，得附骥尾。然弟随时代募，仰仗阁下大名，第九次又募到慈东善士江夏六子，前次叩告灶神，许愿助赈，慈亲病即见松。可见一念至诚，渥邀神佑。今奉慈命再凑足英洋二百元即行寄奉，并烦并解灾壤，祈保太夫人旧恙速痊，请就登《申报》，以昭激劝。专此奉托，恭叩善安。

寓浙宁招商局愚弟谢葆森顿首，五月二十日

右启者：今又奉到浙宁招商分局总办谢益斋仁兄大善士第九次代募到江夏孝子奉太夫人命，续捐洋二百元。如此诚心补救灾黎，保佑慈亲旧恙速痊，母贤子孝萃于一门，实为罕觏。对东厨而祷祝高堂之汤药休尝；胥南亩以获收盈室之来牟共庆。再遵慈训，定邀眷佑于神明；转递灾区，胥荷扶持于老幼。不徒竭诚追远，移资以安先灵；却病延年，解款以资实用也。世有知所则效者，予还愧与周旋焉。

少钦附识

(1884 年 7 月 6 日，第 3、4 版)

税司抵埠

本馆前接天津专电报称，总税务司赫君德坐“武昌”轮船来沪一节，兹悉本埠吉税务司同总船主坐道宪官轮船出洋迎接，于昨午后一点钟抵沪，船泊招商局金利源码头。吉君已预备马车，同赫君驾至二摆渡吉公馆小驻云。又据《晋源报》言，传闻总税务司之来，拟与法钦差及水师提督商议谅山一役，法钦差以总税务司所带文札有未协处，不肯与议，且答以已奉法国朝命，即日递往北京矣。该报所言如此，确否非所知也。

（1884 年 7 月 12 日，第 2 版）

法界公堂琐案

（前略）昨据包探严颂眉、孙宝生在天津码头“丰顺”轮船拘获天津小窃马启照、童升送案请讯。并称拘获时马身畔带有小刀一柄，抛弃浦江，西捕亦同眼见。正在解案，有昨逸去之三津人前来探望，是以一并拘住。翁太守讯之，马启明供，向在“美富”轮船充当厨司，现因失业闲居十六铺生记栈内，并不敢为匪。童升供住城内小烟馆，偕张姓贩马至沪，卖与飞龙马行，昨送友到船，并不犯窃。王福荣供在日新里开馒首店，清晨约同刘姓等出外闲游，至马等素未认识。刘春供向当长随，现住长兴客栈，摆碗摊度日，余供与王同。王福祥供绍兴人，向在咏霓茶园看门，刻虽失业，然并不为匪，求恩明察，余供与王同。太守研诘至再，马等一味狡展，太守谓尔等形迹可疑，决非善类，未便宽容，一并管押待查。

（1884 年 7 月 13 日，第 4 版）

爵帅抵沪

刘省三爵帅由津乘“海晏”轮船赴台过沪，已列前报。兹悉“海晏”轮船于昨午后三点钟时抵埠，泊法租界招商局金利源码头。刘爵帅即乘舆登岸，至英租界二马路徐雨之观察公馆暂驻行旌，随带亲兵约二百名亦上岸暂驻虹口招商局北栈。闻爵帅以台防紧要，即欲起节前往云。

（1884 年 7 月 14 日，第 3 版）

粤督到港

新任两粤总督张香涛制军，十五日上午乘招商局“广利”轮船到香港，中国炮船皆燃炮恭迓。十点钟时，香港署理辅政司史奉港督命，赴“广利”火船请张制军登岸，邀至督辕会晤。制军遂于下午两点半钟偕随员往见港督。当其在马利埔头登岸之时，英国“域多依文鸟路”战船及岸上炮台皆燃炮致敬；又有英兵一队雁排鹄立，以相迎迓。制军既到督署，港督出辕迎接，同入客厅，与诸英官行礼既毕，各就位次而坐。互相问好谈论之际，张制军言曰，中法之役将来必言归于好，变干戈而为玉帛也。言谈既毕，港督遂以酒果相款，未几制军告辞回船，即转乘“平洲”海炮舶赴省。是日英官在督辕迎接制军者，有港督包[①]、将军沙、水师兵总莫兰、协台忌罗佛、协台忌剌辅及合臣及诸水师武员，又有律师澳、辅政司史、库务司罗、工务司布、大牧师巴顿、英国驻羊城署领事汉士，及华绅黄胜。闻港督拟于西历十一月赴城回拜张制军，以昭诚敬云。说见《循环报》。

（1884 年 7 月 15 日，第 2 版）

法界公堂琐案

前日法包探在“丰顺”轮船获到津人马启照、童升、刘春、王福荣、王福祥等一案，已登本报。质讯之下，童升已认行窃，马则坚不肯承。嗣经法包探吊到时辰表一只，昨晨翁太守亲临捕房，饬提童升复讯，初仍一味游供，追笞责百板，始供明马启照行窃是实。诘其所窃何船之物，同伙几人，供称同伙四人，曾窃过“重庆”、“丰顺”、“富有”、“保大”等船之物。太守着提马诘问，供称曾窃“重庆”船上箱匣一只，物件均已变卖，银洋四人分用，各得三十元之谱；吊到之表系从“丰顺”船上窃来，至“重庆”船上之表系冯老分得，箱匣已抛在浦江，信件早经烧毁，碎银十数两向城内城隍庙前某店换得洋十四员［圆］、钱三百文，亦已用罄。同伙多住英界，亦有住法界地火行相近者。太守着包控带同前往，将所指之人拘到，再为核断。

（1884 年 7 月 17 日，第 4 版）

---

① 此时的港督为宝云爵士，即 Sir George Ferguson Bowen.

法界公堂琐案

前报法包探在“丰顺”轮船拘获马六等解案后，指出冯春等在地火行相近处寄住，法包探因带马前往拘到山东人冯春、天津人终树，起到皮箱内有枕箱两只，一并解案。研诘之下，冯等均称马六为首，终为望风，起到枕箱即“重庆”、“丰顺”两船上之物，行窃三次，共分得洋二十七元、钱三百文。终供认共分得洋十八元，同党计有四人。翁太守谓轮船失窃共有数十起，若从实招认，可免笞责。冯等坚不肯供，太守着将冯、终两人管押候比。

（中略）

前日招商局“海琛”轮船抵埠，有水手某雇挑夫扛物，因争论价目起见，桃［挑］夫杨阿三竟将扁担击破某之头颅，当即送捕。经小东门外捕房将受伤人送仁济医馆，并将阿三解案。翁太守略诘情由，据法包探禀称，医生谓受伤人约半月方痊。太守着将杨阿三管押，俟受伤人到案再核。

（1884 年 7 月 18 日，第 3 版）

电线忽绞

中法之事昨日已届七日期满之时，虽有展限七天之信，究未知彼此能允否。故城厢内外诸人皆纷纷至本馆探消问息，几于户限为穿。乃津沽电线忽然绞互不开，一时信息不能径达，必须由上海至镇江，转济宁以达天津，逐段接递，未免略有稽迟，此亦无可如何者也。至昨日上午，纷纷谣言谓招商局轮船一概不开，人心益复惶惶，至下午始闻宁波轮船招商局原令其照常开行，而船主心怀疑惧，正不知所传和议克成之信是否的确，念及时艰，能无扼腕？

（1884 年 7 月 20 日，第 1 版）

天津来电

昨得本馆在津访事人闰月二十八日所发电音云，昨招商局“普济”轮船抵津，报称有法兵船两艘驶至大沽口外，其日前泊在离口四十里黑堡地方之四法船即展轮回去矣。京都已派“恪”字、“盛”字军各两营，神机营六营分扎通州迤逦，直至柳村，军容壮盛颇极，如荼如火之观云。

（1884 年 7 月 23 日，第 1 版）

不愿兴戎

昨晚闻得法人传□［语］招商局，谓局中各轮船尽可往来洋面，不必有所顾虑云云。观此可见，法人之意固不敢坏中国商局，而贸易中人不致裹足不前矣。

（1884 年 7 月 25 日，第 1 版）

补述天津商局情形

（1884 年 8 月 11 日，第 2 版，文见“产业与经营”）

津信译登

（1884 年 8 月 13 日，第 2 版，文见“产业与经营”）

津人述招商局事

昨有津友来信云，自有招商局，不特征兵、解饷、转运漕粮诸形便捷，即官场来往局中，船上招呼迎送，较前亦事事便宜。月之十四日，牛庄关道续观察昌卸任过津，殊令人有今昔不同之感。先是观察由烟台乘局船来，未到天津早经函布起程日期，以便船泊码头，俾得局中照应，仪从赫濯，其纪纲之仆不下百十余人。比及码头，皆在船头延伫，望穿两眼，局中并无一人一骑相迎，曾不逾时，信远洋行同美领事驰到，促换船旗。即此区区一事，诚不堪回首也。

十五日津局总办黄花农太守禀见傅相，同见者有军械所某君，请示谓现有军械解申作何处置？傅相答以由洋船装载。某君回禀恐难妥贴，傅相顾问花农太守从前招商局载运军火一切情形。太守禀称军火到局验明护照相符，即由局中报关落船，传电到申，预期派驳船于吴淞口驳运入口，盖轮船定章事同一律，装有军火不能径情直遂也。傅相闻之怃然不乐。

招商局开创时已见抄邸，由李傅相奏明集资办理，经营十数载，一旦因时事多艰、银根紧急，仍卖与旗昌，其中必有大不得已而为之者。惟机事甚密，外人绝不与闻，且仓猝卖成，傅相并未出奏，亦令人莫名其妙。

（1884 年 8 月 13 日，第 2 版）

公索股银

轮船招商局近年来添设仁和、济和两保险公司，每股规银五十两，现在该局产业统售与旗昌，则此两公司亦无可保险。是以在股之人数日前登有告白，约于昨日午后到招商局会议，并欲索取此款。到者约数十人，议至六点钟始散。闻得马总办面许，仍照向章计息，本利一定有着，惟细情须俟旗昌洋东回申定妥也。至前报谓马总办去津，系传者误报，合并更正。

（1884 年 8 月 19 日，第 3 版）

天津官报

周玉山观察仍回津海关道任，本定上月二十五日接印，嗣又改于本月初四日。盛杏荪观察宫眷则于初一日迁寓东门内公馆。闻玉山观察宦情已淡，屡乞归休，只以上游借重长材，不获优游林下，豸节重持非其素志也。而记名关道诸公百计钻营，终未能得一美缺，以视观察之乞退不得者，固不可同日语矣。马眉叔观察于上月二十七晚乘“丰顺”轮船到津，闻京中催召甚殷，不日即当驱车北上。唐景星观察到津后，并当晋京一行，闻冻河以后即从旱道南返也。

（1884 年 11 月 22 日，第 2 版）

津门消息

“普济”、“利运”两轮船现在北洋改作兵船，往来天津、旅顺，装载军械及饷银，间或搭钱散放。旅顺向来小钱通行，自散饷搭钱，加以水师统领禁船携带，而钱制忽蒸蒸日上。刻下，砂亮等钱虽不能根株尽绝，然不似从前明目张胆，居然□搭流通矣。

明春粮米仍由海运，从前拨装招商局船计若干万，闻已由唐景星观察包定，转装旗昌轮船而来。津郡有裕隆春米号，闻亦同唐观察合包二十万也。

（1884 年 12 月 3 日，第 2 版）

津沽近事

（前略）去年十月初有一建□［帮］船满载货物，雇大沽带水轮船拖带出口，刚至界顶缆中断，带水轮船不顾而去。其时风浪甚急，建帮船遂即覆□［没］，所失船货计值三万余金，由该船主在津海关道衙门□［控］请查办。周观察查得带水轮船名“开济”，本归招商局，现归旗昌，由英人驾驶，当即照会英领事着带水公司照赔。领事复称“开济”一船现系旗昌管业，于本领事不涉。照会美领事，又□［以］带水公司系英人开设为词，互相推诿。观察亦无如之何，现请伍□［秩］庸观察相助为理，尚无头绪也。（下略）

（1885 年 5 月 11 日，第 3 版）

储宪赴通

□□□道王鲁芗观察已于前日乘轮北上，今日旗昌行“丰顺”轮船起碇，浙江粮道廖榖似观察即附之赴通。宪旌于昨日午后登舟，浙运局各委员咸至金利源码头恭送云。

（1885 年 7 月 3 日，第 3 版）

收解广东赈捐启

——招商、电报局同人粤闽江浙协赈同人谨启

敬启者：粤省自道光十三年以来未有如此次大水者，现先酌垫款项汇解广东，向来经办协赈各省之爰育堂经手放赈，如有各省善士概［慨］助捐款，可托上海四马路浦滩、电报局对门招商局楼下文报总局王心如先生代为汇解，掣有收票，并登申、沪报为凭。但系民捐民办，捐款并不核奖，经募善士亦无保举，倘蒙好善君子概［慨］然协助，但祝功德无量。

（1885 年 7 月 11 日，第 4 版）

钦使起节

李丹崖星使于今午乘坐招商局轮船北上，本埠各员均须至江干恭送也。

（1885 年 7 月 15 日，第 2 版）

燕山杨耀卿谱兄同炳膺福州招商局之聘，诗以送之

吴县藜床旧主初稿

匡时经济本难量，久播声名翰墨场。
已藉文章通姓字，要凭诗酒写行藏。
四千里外依人去，二十年中作客忙。
毕竟中朝乐柔远，轮帆依旧许招商。
才人有例溷天涯，酒赋琴歌阅岁华。
北地胭脂宵入梦，南闽瘴雾昼飞沙。
燕王台下人初去，螺女江边客忆家。
指点马江争战处，将军壁垒尚吹笳。

（1885 年 8 月 11 日，第 9 版）

参赞北上

出使日本陈哲甫参赞前日到埠，闻于今晚乘“丰顺”轮船赴津晋京，与总理衙门有面商事件。传闻徐孙麒星使因朝鲜、琉球二事故特派参赞回华商办。陈君素抱经世才，想此行必能建宏议而成善策也。

（1885 年 8 月 12 日，第 3 版）

乘机巧骗

“江表”轮船前日由沪赴宁，有赴杭应试诸士子附之以去，既而由宁至温。该船大异寻常，前此到温之船从无有如此之大者，温郡诸人见而异之。此船泊定后，相与聚观，中有一人宣言于众谓，如欲看船，可以引导，但须每人出资五文。人皆信而付之，于是争登该船周视。船上人嫌人太多，有阻之者，则云我辈出资求观，何得阻止？询其故则，指众中一人，曾向每人收取五文。船上人怒其巧骗，遂将其人驱逐上岸，而观者仍不与拦阻。至该轮驶回时，两旁观者犹拥挤甚众。甚矣，人之好异，而狡狯之徒即乘隙而施其伎俩，世途之可畏也，如是，如是。

（1885 年 8 月 22 日，第 2 版）

轮船失金

昨晨五点钟时，招商局“丰顺”轮船抵埠，该船主忽见铁箱大开，查检之下，失去金子一箱，值银一千八百两。当即遍查人口，据云有该船管事人某甲于船到码头时先行上岸。船主带从人立即登岸，追到管事家诘问，某甲茫无头绪。该船主略一搜查，并无踪迹，着将该管事送交虹口捕房管押。当船主去追管事之时，船上托二副经管，该洋人又托巴德买司照料。及船主回时，岂料又失金子一箱，计值银九千两，竟无从查究，随即先报法捕房，请为饬缉。法捕头着包探孙宝生至船看过痕迹勒缉。据云金子共有六箱，系招商局某轮船日前与太古轮船相碰有损，故托“丰顺”带回者，未知能缉获否也。

（1885 年 9 月 2 日，第 2 版）

监司北上

新简台湾道龚仰蘧[①]观察照瑗向驻沪上采办军装，前日附坐招商局轮船入都陛见，闻即须渡台履新矣。

（1885 年 9 月 14 日，第 4 版）

黔抚行程

新简黔抚潘伟如大中丞启节抵沪，已列前报。兹悉潘大中丞业于昨晚乘招商局之“江裕”轮船溯江赴汉，即由汉起程入黔履新云。

（1885 年 9 月 15 日，第 2 版）

漕事客谈

昨有友人自津来沪，述及本届漕粮，除轮船装运者早经交卸外，其沙船承运之粮，江苏派装九十号，浙江派装四十号。本月初二日浙省来船已悉数抵通，江苏则进口者只四十三号，余尚在大沽口，因裏［里］河水浅一时不能驶进也。查本届米石一律干圆洁净，较胜往年，惟“和长源”一船之米稍有黑色。“金义盛”船出口后陡遇狂风撞于蛇山，全船沉溺，淹死三人。“万寿安”一船在大沽口外蓦遇招商局之“海晏”轮船，几乎相碰，幸“海晏”急忙避让，致与太古行之“武昌”轮船相碰，两船俱有损伤。“海晏”修费需银四千两，“武昌”修费需银六千两，两船均向“万寿安”索偿，刻该船耆民管押天津县中，未知若何定谳。按以上各情，本

---

① 龚仰蘧：即龚照瑗（1835～1897），号卫卿。安徽合肥人。1886 年任上海道台。1887 年受李鸿章之命重办上海机器织布局，后任迁浙江按察使、四川布政使、驻英法意比等国公使，1896 年曾在英国诱捕孙中山。同年回国，任宗人府丞等职。

报前已录其大略，而此则言之较详，因再附登，以告留心漕务者。

（1885 年 9 月 17 日，第 2 版）

营口琐谈

“镇东”轮船由津到营，为招商局收回后第一船到埠。市人闻声齐出，其欣喜情形溢于眉宇，河岸房顶人皆踞满，其人心之向往，如此可见国家之恩泽入人者深也。并闻有吉林新任道台丰观察附此轮由津来，暂驻和源兴空屋作公馆，小住数天，即当雇车赴吉到任。（下略）

（1885 年 9 月 18 日，第 2 版）

台厦纪事

（前略）乾军兵勇来厦，借名庙宇客栈等处暂住待船，而近日又天雨不止，各兵住宿檐下，衣履被湿，各有病容。前雇英国轮船因滋事船主不愿装运，招商局“广利”轮船来厦，即令该船将兵勇二千数百名全数载送至汉口撤遣，虽船小人众，亦所不计。业于七月廿九日早晨登舟，午后展轮出口。（下略）

（1885 年 9 月 19 日，第 2 版）

星使行期

周、邓两星使将次来沪等因，已登前报。兹闻官场传说，谓星使由津乘坐招商局轮船南下，大约十六七日可以抵沪云。

（1885 年 9 月 22 日，第 2 版）

星轺已莅

昨日午后将近一点钟时，钦命办理滇桂边界事宜之周生霖、邓铁香二星使乘招商局“丰顺”轮船抵沪，下碇法界金利源码头。先是上海县莫邑尊已派差在码头伺候，至是邑尊闻报，即飞舆至船，呈递手版晋谒芝辉。俄顷李勉林、叶顾之两观察，上海提右营陈参戎，松海防刘筱舫司马先后到船进见，继而苏松太道邵小村观察登舟参谒，倾谈半点钟之久，始兴辞而出，两星使亲送至船头。观察谦逊不遑，随乘舟前往行辕伺候。末后，松沪厘捐局总办苏观察到船拜见，迨辞别时已钟鸣三下矣。至四点钟后，两星使乘坐绿呢官轿前往铁路行辕。登岸时乐工照例作乐声炮，舆前惟红伞一顶，顶马一骑，别无所谓仪仗者。盖因星使先期知照，务须轻车减从故也。在沪各委员先已齐集行辕，法廨会审委员翁子文太守饬会捕局差曹景堂、顾阿荣分赴码头弹压，并关照各捕房派捕逐段照料云。

（1885 年 9 月 25 日，第 3 版）

行辕事宜

周、邓两星使之随员张、李诸君昨午后相偕出辕，至道厅县署及李、叶两观察公馆、松沪总局、招商局等处拜客。苏松太道邵观察、招商局总办盛观察、厘捐总局督办苏观察，并李观察勉林，先后到辕请见。上海县莫邑尊，英、法会审委员罗、翁两太守，洋务局委员陈太守，制造局聂、蔡、倪三总办，亦皆到辕拜谒。传得星使仍乘“丰顺”轮船将于明晨起节赴粤云。

（1885 年 9 月 26 日，第 3 版）

星使起节

昨日下午五点半钟时，周、邓二星使偕随员张、李诸君由天后宫行辕乘舆至金利源码头，乘招商局“丰顺”轮船往粤。时李勉林、叶顾之两观察已先至该船，苏松太道邵观察、厘捐总办苏观察、招商局总办盛观察、上海县莫邑尊，英法两租界谳员罗、翁二太守先后赴辕恭送。星使出辕时，鼓吹升炮，至码头亦如之。一时瞻仰皇华者攘攘熙熙，无不肃恭致敬云。

（1885 年 9 月 27 日，第 3 版）

上海招商总局收解直赈棉衣启

启者：顷接直隶筹赈总局函开，各属水灾已据二十余州县禀报到局，业奉恩旨截留苏漕十万石。惟御寒无具，拟乞就近筹募棉衣数万件等因。如蒙好善君子慨助直省棉衣，即请于十月内交至四马路协赈公所，由敝局轮船起解天津，水脚一概捐免。如须请坊等事，仍照旧章，每新衣一套作银一两。谨此布闻，即乞公鉴。

（1885 年 10 月 26 日，第 4 版）

法界公堂琐案

（前略）包探在“江裕”轮船上获到窃贼周同元、周同福二人，解案请讯。并禀称前曾获到年老窃贼，搜出押票二十五张，即是伊等之父子三人，实皆积窃。两周俱供认，曾窃茶肆鞋子、洋伞等物，此次实未犯窃。太守着交捕带回，管押候比。（下略）

（1885 年 11 月 11 日，第 11 版）

告　白

启者：周茂□船从江北丁公盛行装运鲜猪一百三十二只、白米六十四担，往宁波广大行销售。讵今初七夜二点半钟停泊川沙洋面，离塔十里，船头桅梢照例挂灯，徒遇招商局“江天”轮船由宁回申，碰撞沉溺。在船水手七人均蒙拯救，船货及衣物小货共值洋二千二百元不及捞救，全无着落。现已陈明总局，俟货主到申，当向理赔。今先登报声明。船主朱安庆具。

（1885 年 11 月 16 日，第 4 版）

太守回申

新任松江府姚少读太守由松莅沪，情形已详前报。嗣太守乘轮前赴金陵谒见制宪，前日复附招商局“江裕”轮船回沪，印委各员赴小东门外金利源码头恭迓。太守即命驾入城，先赴道辕禀见邵观察，然后次第赴各署谢步。闻太守即须换坐民船晋省云。

（1885 年 11 月 26 日，第 3 版）

旌节过沪

吴清卿副宪由苏来沪，船泊招商局金利源码头，不日乘轮北上。徐颂阁少宗伯由皖来沪，不日回嘉定原籍。

（1885 年 12 月 1 日，第 3 版）

霓旌北上

龚仰蘧观察前经曾爵帅保奏，奉旨送部引见。兹观察于二十五日乘“丰顺”轮船北上，将见纶音下锡，即庆真除，可为观察预贺也矣。

（1885 年 12 月 3 日，第 2 版）

使节将临

出使美日秘三国大臣张樵野京卿陛见出都，将次莅沪。本埠官场接有消息，即饬办差人等在天后宫预备行辕，并在招商局金利源码头照料一切。

（1885 年 12 月 6 日，第 2 版）

不准给土

法捕房西捕在太古码头见一人肩掮铺盖一个，细视又非铺盖，其人见捕至颇有惊惶之状。西捕着其放下观看，内系川土三十三块，当将其人并土拘进捕房。经捕头诘问，据云，土从招商局“江裕”轮船载来，客人唤杉板驳至太古码头送到洋药局盖印者。诘其客人何在，答称见巡捕来已自走脱〈备〉，捕头着将其人管押，于今日解案。旋有洋药局西人惠尔生带一华人到捕房称，前月二十七日有人到局报捐土七十块，其三十七块已盖印，今之三十三块亦在七十块内者，请为发还，并将人开释。各捕头以既系报捐之货，何以客人见捕逃逸，又何以土在铺盖之内，况金利源长江码头与洋药局近在咫尺，何以再雇杉板，实属可疑，不准即给，着投公堂伸诉。西人怏怏而去。

（1885年12月8日，第3版）

轮船浅阻

前闻招商局“江宽”轮船驶至湖口浅搁江滩，后请“北京”、“安庆”两轮设法拖拽。头屋虽经活动，船腰终苦阻滞难行，目下江水有减无增，诚有如《赤壁赋》所云“山高月小，水落石出”者。以故初九日“江裕”下水止装浔阳各货，一俟卸清，即赴湖口将“江宽”之货驳运一空，然后拖带“江宽”出险，重赴汉皋，再行赴沪。“江宽”则须至船坞察看应修与否，再定行期。日前有某号伙至招商局争吵，谓号东附轮，因阻滞数天，中途病故，经人理劝再三，该伙始默然而止。

（1885年12月21日，第2、3版）

星轺赴粤

昨晨出使美日秘大臣张樵野星使由沪上行辕起节，道营厅县各官次第亲诣送行。星使乘舆排道至招商局金利源码头，乘坐小火轮船，驶抵吴淞口，换坐英公司轮船，前往岭南度岁，至明春在香港会齐参赞、随员、翻译等官，择吉出洋，先赴美国。

（1885年12月31日，第3版）

宁关道示

出示谕禁事：照得镇海至宁波港面为轮船行驶要道，每有山东、福建等帆船当中停泊，一遇碰撞必遭沉没，历经各前道出示谕令，各该船以五只一排挨泊两岸，中留三分之一为轮船往来之路，仍听候本关理船厅及派驻镇海之洋人指泊处所，不得散乱中流，如违罚惩；并禁止商船无故放炮，（违）者罚银百两，抛弃泥石者罚银五十两，一律晓示严禁各在案。今乃日久玩忽，该帆船等竟忘利害，视为具文，任意散泊，不遵指示，可悯可恨。兹准本关税务司照请查禁在案，示禁前来。为此，示仰帆船各商舵工、水手人等一体知悉，尔等须知轮船直驶，浪□［大］力猛，避让不及，帆船必有碰沉惨事，非特人船两危，且受违章之咎。本道为尔等资财性命起见，不惮谆谆告诫，嗣后务须照章，听候理船厅及派驻洋人指示，依岸排泊。如敢抗违，将船散泊中流，即由理船厅将该船户等人拿送本关，交地方官惩办；或由税务司查照总理衙门颁发章程，从重罚办，以昭儆戒。其有无故放炮及抛弃泥石者，亦照旧章示罚。除将示稿刊发山东、福建各会馆绅董，于每船各发一张，永远遵守外，其各□［懔］遵毋违，切切！特示。

（1886 年 1 月 3 日，第 2 版）

禁革拐风

法公廨谳员翁子文太守以迩来匪人诱拐小孩，附轮至闽广等处价卖者层见叠出，悉数难终，因详请江海关道邵小村观察移咨新关税务司，严饬中西各役，凡遇轮、船出口格外留神，见有挈带孩子之人务宜根究来源，设有可疑立即扣留解讯；再行文轮船招商局知照各船主随时加察，毋任拐犯携带孩子出口，免致失孩之家无从寻访等因，业已札饬上海县及英界会审公廨一体遵行。并闻怡和、太古两洋行主人洞悉此等情形，亦已关照各船主设法稽查矣。

（1886 年 1 月 13 日，第 3 版）

禁革拐风续述

前报海关道邵观察照会新关税务司，并咨招商局，凡轮船出口见有孩子必须查问一节，闻是举实由英界会审员罗太守会同法界会审员翁太守禀道施行。近日英、法两界失孩之事时有所闻，海关及轮船上人果能仰体宪意，遇事留心，拐风当可稍息也。

（1886 年 1 月 15 日，第 4 版）

兵勇过沪

招商局之“美富”轮船由福建装载兵勇千余名，前晚抵沪，即在下海浦招商局北栈门前下碇。此项兵勇皆系湖南、湖北人，近由台湾遣撤者，过沪小泊，即当载赴汉皋，各回原□［籍］。上海县莫邑尊恐有滋扰情事，于昨晨督同通班差役前往弹压。□□轮船泊在江心，兵勇皆不上岸，间有乘杉板船购物及探同乡亲友者，皆禀明营官，毫无滋闹，邑尊遂命驾回署。

（1886 年 1 月 16 日，第 3 版）

兵勇过沪续述

招商局之“美富”轮船由闽载勇过沪，已列昨报。兹悉此项勇丁共有二千名，尚未缴出号褂，本拟载到汉口资遣回籍，因船中另有棺木三具，并搭客书信等件必须登岸送交，是以驶进吴淞暂泊下海浦。既抵码头，搭客次第上岸，而该勇亦禀明营官以探友买物为词，咸欲登岸，营官难拂□［其］请，准其登岸，限以时刻。各勇闻之群相哗□［噪］，船主急将船移泊江心，营官则至城中面禀道宪，即委上海县莫邑尊督同通班□［差］役前往□［弹］压，并移请提右营陈参戎会同傅守戎、朱千戎并驻扎南门之萧统领前往押令登岸之勇逐一回船，各官又到船中向各勇再三婉谕，该轮船随于下午展轮出口，各□［官］始各回署。

（1886 年 1 月 17 日，第 3 版）

索诈送官

镇江人周子仁向“丰顺”轮船买办陆某架词索诈，由陆禀明招商局总办，函送英会审公廨请办。

（1886 年 1 月 27 日，第 3 版）

沪城官报

福建船政大臣裴星使由金陵来沪，暂住英租界长发客栈，已列前报。兹闻星使已乘坐招商局轮船遄返闽中矣。

（1886 年 3 月 3 日，第 2 版）

移船待发

升任鄂抚谭序初中丞莅沪情形已列昨报。兹悉中丞之坐船于昨晨八点钟时移泊小东门外招商局金利源码头，昨晨命家丁持片往各衙门请辞送行，一面登“海晏”轮船，以待展轮北上。闻须入都陛见后再赴新任云。

（1886 年 3 月 6 日，第 3 版）

序帅起节

升任湖北巡抚谭序初中丞换坐招商局之“海晏”轮船以待启轮，已纪前报。兹悉宪驾于前晚登舟时，本埠各官仍有赴江干送行者，序帅命家丁一概辞谢云。

（1886 年 3 月 7 日，第 3 版）

装运大炮

招商局“利运”轮船前在船厂修理，现已竣工。前日在浦内试行，旋即移泊顺泰码头，装载大炮多尊，将驶往旅顺口交卸云。

（1886 年 4 月 3 日，第 3 版）

道宪启行

正任海关道邵小村观察于昨晚十点钟时，乘坐招商局之“丰顺”轮船赴津，再行晋京。各营管带本拟率队至江干恭送行旌，因邵观察预行辞谢，故未到码头。登轮时惟印委各员及陈参戎、吴淞营参将等到码头送行。

（1886 年 4 月 6 日，第 3 版）

灵柩南旋

去冬张子腾侍郎家骧因病殁于京邸，前日招商局“保大”轮船自天津抵埠，侍郎灵柩附之而来，以便送回鄞县原籍。正任苏松太兵备道邵小村观察、代理道汤小秋观察闻报，即先后至船吊奠。昨晨，上海县莫善征大令亦往奠醊，旋将灵柩舁上“江天”轮船，载回甬上。

（1886 年 4 月 7 日，第 2、3 版）

法界公堂琐案

（前略）积窃孙步洲至“江裕”轮船上偷小摆钟一只，当经该船主函致法捕头饬法包探严颂眉往逐家押店查看，及至城河浜德隆押店，查到原赃。正在盘诘，适孙又来押挂钟一只，该店中当即指明，法包探即将孙拘住，昨解公堂。包探禀称，此人逢船到，携剃头家伙上船揽生意，乘间窃物。孙则供认挂钟正月分在大古洋行“上海”轮船所窃，早经押去，现拟赎出翻押。太守着将孙暂押候讯。

（1886 年 4 月 7 日，第 3 版）

瀛眷回籍

正任苏松太兵备道邵小村观察赴都陛见情形，已登前报，前日观察瀛眷附坐“江天”轮船遄回绍兴原籍矣。

（1886 年 4 月 10 日，第 3 版）

鄂抚莅申

新简湖北巡抚谭序初中丞请训出都，由津乘招商局“海晏”轮船南下，昨日清晨六点钟时船抵金利源码头下碇。苏松太道汤观察暨厅县各官、各局总办、各段委员并提右营陈参戎均亲诣江干迎迓。松江府姚少读太守因公在沪，亦至船投递手版。至钟鸣十二下，中丞登岸，坐绿呢大轿排导入城，赴道署及各衙门拜会。闻中丞须由苏出江阴口，再赴鄂州新任，故即雇定民船用小火船拖傍“海晏”船边，发下行李箱笼，即开至观音阁码头停泊，大约今晨当开放矣。

（1886 年 4 月 12 日，第 3 版）

窃案摭言

（前略）前报列“江裕”轮船上所获窃贼孙步洲，吊到原赃，并另一挂钟，孙供质票被押店主取去后，罗美郎携洋二元并质票至押店取赎，店主将人票及洋送入捕房。罗供在宝善街酒酿作内为伙，票由同伙嘱赎。包探带罗往问同伙潘云三，称质票于本月初五日傍晚在法马路拾得，查系自鸣钟，故托罗往赎。另有小钟一只、元布皮褂一件，亦已赎得，包探遂将罗、潘带到捕房。捕头着交保，昨日将孙解案，罗、潘亦由保交出。包探将孙寄在客寓之质票两张呈案，罗、潘称与孙素昧平生，孙称质票并非己物，太守着将罗、潘仍交原保，孙交捕带回。（中略）

积窃王吉章在押，释出无几时，又窃“江裕”轮船上马褂一件，质洋二元、钱二十文，获到送案。翁太守以其怙恶不悛，着责二百板，不准逗遛海上。

（1886 年 4 月 18 日，第 3 版）

法界公堂琐案

（前略）捕房又解专窃轮船物件之孙步洲，兹据包探吊到衣服呈案，声称孙前窃“江裕”轮船钟表，获到后又查到挂钟一架，均经失主领去。后有酒酿店伙往德隆押店赎钟，扭押解案，查出押票十五张，称是拾得者，孙现称有病。太守问孙在何轮船窃物？孙茫然不答。太守判责一百板，枷一月示众，先送仁济医馆看有何病。

（1886 年 4 月 23 日，第 3 版）

方伯过沪

新简江苏藩宪易方伯佩绅由湖北乘坐“江裕”轮船于昨午抵沪，泊□［舟］招商局金利源码头。本埠各官咸往迎接，方伯即登岸驻节广肇公所，小住数日即当入都陛见，再赴苏藩。新任英会审员罗太守昨因恭迓宪旌□［停］讯一天。

（1886 年 4 月 25 日，第 3 版）

京江渔唱

日前招商局轮船在京口装货毕，方欲展轮，忽有日本商人手携行李忽促登船，偶一失足堕入江中，其头为倒轮触破。轮船上人急唤水手用篙搭救上船，见其气息仅属，遂遣人舁至西医处诊视，生死未可知也。(下略)

（1886 年 4 月 26 日，第 3 版）

苏藩拜客

新简苏藩司易笏山方伯乘轮抵沪，已登昨日报章。兹悉方伯于昨日拜客，拟俟招商局“海晏”轮船抵埠，乘之北上。

（1886 年 4 月 26 日，第 3 版）

美员来沪

美国前在上海为领事官之达尼君前赴高丽，业经登报。兹悉高廷以达尼君为外政大臣之副。达君现坐中国之“镇东”轮船回津，再换招商局“丰顺”轮船，已于前日抵沪，不知有何要公也。

（1886 年 5 月 7 日，第 3 版）

拐孩已到

启者：昨承招商局轮船带来福建厦门厘捐总局截留之拐孩二名，一名姚福连，系苏州口音；一名王阿三，口语尚听不清楚，蒙厘局宪给两孩英洋二十元，交敝所代收。及查问该孩住居何处并父母姓名，俱因年幼茫然不知。倘有家属得信来认，须确凿可据，方可给领，特此布闻。

三马路陈与昌启

（1886 年 5 月 10 日，第 3 版）

预拟赛船

礼拜六即十九日系英国皇诞辰，本埠西商赛船会中拟以是日倘天气晴明，当于下午举行赛船之戏，以相庆乐。招商局之“普济”轮船现泊浦中，闻将借与该会，以便会中人请客观玩。想桂桨兰桡，争先竞渡，浦中又有一番乐事也。

（1886 年 5 月 18 日，第 3 版）

赛船纪略

前报列四月十九日即西历五月二十二日为英皇诞辰，本埠西商拟赛船以伸敬贺，并假招商局“普济”轮船观阅云云。兹悉英皇实系华本月二十一日诞生，因礼拜一事多未便，遂先于昨日举行。时“普济”修理将竣，抛泊虹口招商局中栈码头，即现在禅臣洋行轮船新码头对面浦中，船上悬挂各色彩旗；怡和洋行有小轮船一艘，亦悬五色旗帜。其所赛之船系白壳杉板五艘，悬挂布帆，迎风飞驶，华人罕有往观者。西商则间或乘兴而来，凭舷远眺。怡和之“福和”轮船适泊码头，有西商男妇十数人在舱面遥瞩云。

(1886 年 5 月 23 日，第 3 版)

法界公堂琐案

（前略）前日招商局“海定”轮船抵埠时，包探伙见一年约二十余岁之人，身穿湖色绉纱夹衫、蜜色线绉马甲、京鞋、白袜，貌亦秀美，惟脸上两颊肿起，似曾逮案掌颊，疑而向诘。其人自言家在江西，意欲附船回去，甫经公廨判责，是以脸上坟起。探伙见言语支离，拘入捕房，搜出押票二三十纸，内有一纸系金物质钱三十三千五百文，捕头着押候解案。

(1886 年 5 月 24 日，第 3 版)

详述“新南升”轮船被撞事

航海之便莫便于洋轮，即有触礁被撞之事，恒在大雾之中，司船者遇此果加意小心，放气筒，缓轮轴，探水徐行，亦必无患。故危险之遭，数年常不一见。况北海号称太平洋，失事尤少。忆招商局前此曾有“福星”轮船被撞沉没之祸，计押运官绅二十余员、搭客数十人均罹浩劫。然时方大雾，又在黑水洋中，猝不及防，尚可委之天数。未有不风不雾，时仅初更，竟至两船各不相让，一撞几沉，如四月二十五晚“新南升”轮船为“海琛”触裂之奇者。请为贵馆详述之，并祈登报，俾航海者知警焉。

仆下第出都，于二十四日登舟，次日午刻展轮，申刻至大沽口停轮，将暮驶行出口。约八点钟时，正与客据榻纵谈，蓦闻前舱巨震一声，几于石破天惊，心胆俱裂。急遣仆探访，回称闻之舟中人，前舱已为来船撞破，海水透入，急请予加衣至船顶逃命。仆斯时早料有变，自念世宦循良，严君复多阴德，不肖虽未能为善，亦未尝为恶，且舟中搭客二百五十余位，岂无善士贵人或尚可邀神佑，即使不免，亦属大数，予独何尤？以是收束心神，自觉天君有主，乃从容整衣，将安坐听之。而主客者已促客尽登船尾上层。斯时四顾茫茫，数百人互相凌践，轰成一片，挤作一堆，呼号之声、惨怛之象，有非笔墨所能罄者。所幸机轮未坏，向口驶回，渐见沽口灯光，约半时许，得至近口胶浅，众始共庆更生。询之相撞者，乃“海琛”轮船，其首触入前偏右边大餐空房，适无客位，若从左撞入，则有华客在，已成齑粉矣。且触处如略后，非坏买办房，即坏客房，最后则坏机器舱，抑距口稍远亦不能驶回，其不堕“福星”覆辙者几希。维时船身虽住而全欹向左，洋人复禁客不令窥视损坏之处，客心仍各忧疑，竟夕不寐，守至天明，始乘朝入口，至船厂泊岸，邀匠估修。闻稍弥缺裂，索价七百金，大修索价九千金，因议定六百金姑行小修，放空回沪大修，可省一二千金云云。于时，椎凿兴工，洋人不复能掩人耳目。审视之，则自上至下近水数寸，止对开一缝，上阔处大于双扉，私询工匠，宽长几何，则云上口宽四尺余，至下渐锐，上下长丈八尺有奇，若再下数寸，有不立时沉没者乎？是日众客争向买办问讯，作何处置？买办汪君人颇笃实，贴一告白，俟“高升”船到口过载，二十七日复出告白，约次日五点钟束装等待。讵至半夜，小工等忽促客尽起，令搬行李至上层过船，而“高升”既远泊□影，又未见□驳船，客或执告白为词，则称系外国人之意，于是阖舟惶惶结束。旋闻有与侍者争辩许久者，谓时当黑夜，我不能担此沉重，众始得赖以安，未知即是汪君否。□天明后九点钟，“高升”始至，过船之危险，几如追兵在后，冲锋向前，白日间尚几乎肇事，况在黑夜乎！窃思洋人素尚勤慎、敦信义，此次两船相撞，谁曲谁直，自有公法，我辈原未深知，惟既非大雾，深宵则明灯照耀，岂有不见？纵使出口未远，水深处仅此一线之程，断无两舟尚不容交济之理，则是疏防之咎，彼此均然。乃不知自悔，而复迁怒搭客，欲使数百幸免之余生，大半公车之文士，无故爽信，黑夜而驱之危地，是何心哉？仆与汪君素昧平生，又不知洋人是何执事、姓名？德此而怨彼，非一人之私心，实同舟之公论也。抵沪后，知此事未有传闻，用信笔书此，以志吾痛定思痛之情，并望司船者从此慎益加慎，勿令人视航海为畏途。谓予不信，请问之与斯难者。至“海琛”船首不过小有损伤，其搭客情形若何，非仆所知，姑直勿论。春明下第人稿。

（1886 年 6 月 6 日，第 3 版）

召领失孩

前纪厦门厘捐局宪托招商局轮船载来拐孩二口，请善堂留养，以待家属领归一事，事隔多时无人认领。陈竹坪大善士遂将两孩拍成小照，黏贴牌上，请人掮赴城厢内外鸣锣招认。牌上大书："如有该孩亲族人等，指明确实，即赴与昌栈中说明被拐缘由，并何日何时走失，复将该孩领出，两相认识无误即可觅保领回"云。行善不倦，其陈大善士之谓欤。

（1886 年 6 月 9 日，第 3 版）

方伯行程

昨报列藩宪将临一节，兹闻易笏山方伯之公子先临沪上，在广肇公所行辕，伺候方伯于初七日晚间由津乘招商局"海定"轮船，初八日黎明启轮，节麾戾止当□［在］指顾间矣。

（1886 年 6 月 13 日，第 3 版）

法员来沪

上海法总领事恺自迩君前奉法廷派往北京，代理驻华钦差，而以汉口法领事于雅乐君为总翻译官，此已列报。昨晨招商局之"江孚"轮船抵埠，于君即乘之来沪小驻，闻定于明后日会同恺君乘轮北上云。

（1886 年 6 月 13 日，第 3 版）

方伯莅申

前晚十点三刻时，新简江苏藩宪易笏山方伯乘招商局"海定"轮船抵沪，下碇下海浦码头，宪驾即于十一点钟登岸，至广肇公所行辕。昨晨汤小秋观察以下印委各员及各局总办齐至行辕投递手版，方伯次第接见叙谈，间有未得望见颜色者。方伯即于昨午后乘坐民船，用小火轮拖赴苏垣履任云。

（1886 年 6 月 14 日，第 3 版）

美使赴津

昨晚招商局之“海晏”轮船由沪开往天津，美国钦差田贝君即乘此船北上云。

（1886 年 6 月 22 日，第 2 版）

尽心筹赈

金苕人观察奉傅相委办子牙河堤工并往山东赈抚灾民，经列前报。兹悉招商局、怡和、太古、麦边等轮船公司于轮船舱位每客加银五钱，招商局督办盛杏荪观察等先行筹垫银三万两，禀请傅相委派大员往东散放。傅相因饬天津筹赈局添拨银五千两，札委金苕人观察一同带往散放。苕人观察业经首途，傅相亦附片出奏，片折照录左方□。

李鸿章片，再，据上海筹赈公所绅董盛宣怀、谢家福等禀称，山东济阳、惠民、章邱、齐东、滨州、蒲台、利津等处黄水为灾，百姓荡析离居，情形极苦，屡接先往办赈之南绅严作霖来函告急。现经盛宣怀等就招商局与怡和、太古、麦边各洋行轮船公司商议，于搭客略增水脚俾助赈济，先行筹垫银三万两，请派大员前往办理，以期功归实济等情。臣查直隶候补道金福曾历办各省赈务，情形熟悉，贤惠及民，应即派令酌带司事前往，并饬天津筹赈局□［于］拮据万难之中添拨银五千两，一并带往，妥为查放，以资救急。除檄饬遵照外，理合附片陈明，伏乞圣鉴，谨奏。

（1886 年 6 月 25 日，第 2 版）

浔阳近信

（前略）新简江西按察使司瑞茀侯廉访陛见出都，于初二日乘“江宽”轮船抵九江，驻节招商局内，随于初五日起程赴任。

前江南提督李质堂军门解组回籍，挈同瀛眷乘坐长龙船数艘，于初四日泊九江码头，阖城文武各员均诣舟次呈递手版。

（1886 年 7 月 11 日，第 3 版）

方伯起节

前江宁藩宪梁檀圃方伯于前晚乘坐招商局之“丰顺”轮船北上，本埠各官咸至金利源码头送行。

（1886 年 7 月 12 日，第 3 版）

煤色甚佳

昨日招商局之“拱北”轮船由天津抵沪，装有开平煤矿之煤，闻此煤系从新矿挖出，比前所出者为佳，即比东洋煤成色亦胜。观此而见矿务之日有生色矣。

（1886 年 7 月 13 日，第 3 版）

津郡要闻

（前略）武备学堂总办杨贻芳观察禀请傅相委派大员到堂考试，傅相派定海关道周玉山观察、军械所总办张次韩观察、招商局督办盛杏荪观察、亲兵前营王少卿都戎，及水师学堂严君又陵，每两员轮日分考，卷面弥封，俟取定分数，然后拆开。盖此举实为国家育才起见，不得不以郑重出之也。

（1886 年 7 月 18 日，第 2 版）

文旌莅沪

新任广东学宪汪柳门宗师于昨午一点钟时乘坐招商局“海晏”轮船抵沪，暂驻金利源栈房，不日即赴粤海履新云。

（1886 年 7 月 31 日，第 2 版）

物归旧主

招商局之“美富”轮船前归福建，为装载兵士之用，一切情形曾经列报。兹阅《字林西字报》知，该船刻下仍归招商局管理矣。

（1886 年 8 月 4 日，第 1 版）

北通述要

（前略）六月下旬霪雨连绵，自津至通之货船中多被潮侵，甚有霉烂者。天津招商局由汉口承运西客红茶五百余箱，行至通州河西务遇雨，又因船漏，湿坏红茶七十余箱，西客驳回津局，令其估价赔偿。（下略）

（1886 年 8 月 8 日，第 2 版）

沙船失事

昨早招商局之“普济”轮船由天津来沪，据船上人言，初七日午后一点钟时，该船行至大戢山洋面，见有沙船一艘失事，尚未全沉，船主急令鼓轮，驶近沙船，将系绳拖带。第一次绳忽中断，第二次绳又断，船主知沙船已不可救，乃设法将沙船中二十三人救至轮船，载回上海。轮船因救沙船之故，轮叶亦有损坏，现已驶入船坞修理。闻放小火轮至沙船失事处，察看船中货物尚可搬运否，又闻沙船失事处在黑水洋，及“普济”轮船救人时，见其船中仅存米三升，若不遇该轮船，则船中诸人势必饿死矣。

（1886 年 8 月 8 日，第 2 版）

感恩致谢

吴字金安顺沙船，本届海运奉装漕米赴津交卸，放空来南，于六月廿九日驶抵五条沙洋面，遭风致损水关，不能行驶。迨漂至畲山相近，下锚停泊呼救，适遇武昌“普济”□［轮］船路过，幸荷招商局“普济”船垂怜，允为拖带，当将洋棕大缆前来施救，苦于无水关，难以自主，致将大缆断裂两次；复蒙“普济”船主及司账先生垂念，船既难救，在船二十三人命亦难保，况船身损坏，米已无，因放杉板五次，将人众尽救至“普济”船中载回上海，获免葬于鱼腹，皆出“普济”船主及司账先生之力。恩同再造，每饭不忘。谨叙数言，用彰大德。船主陆惠卿及司舵手水人等公启。

（1886 年 8 月 17 日，第 5 版）

轮船失事

怡和洋行之“大沽”轮船昨日由福州驶抵上海，途中救起□［别］轮船上漂失之七人。据七人言，同坐“麦得剌斯”轮船，该船系由长崎装煤开赴香港，行至台州海面失事。“大沽”船行经是处，见七人已诞登彼岸，遂载以来沪。其余各人经招商局之“镇东”轮船及他轮船救起，并无损失，亦不幸中之幸也。

（1886 年 8 月 18 日，第 2 版）

温州杂录

永嘉某生于十四日附搭“永宁”轮船归里，述及该船自宁郡展轮后，倏遇飓风大作，其船行驶于洪涛巨浪之中，欹侧异常；及抵招宝山洋面，船复格格作响，不特搭客各形战栗，即管驾西人亦有戒心。抵温后各人咸谓该船驾驶过久，将来深恐贻误。倘招商局易一坚固轮船往来申瓯，则商民之所深愿也。（下略）

（1886 年 8 月 27 日，第 3 版）

江藩过沪

前江苏臬宪升任江西藩宪李显之方伯于前晚抵沪，昨晨移驻小东门外金利源码头，本埠各官咸往谒见，方伯定于午刻换坐招商局之“普济”轮船赴津，闻须入都陛见后再赴江西新任云。

（1886 年 9 月 4 日，第 3 版）

暂缓起程

前江宁藩宪梁檀圃方伯本定于昨日乘招商局之“富顺”轮船赴粤，现闻方伯因有要事，昨日并未起程，大约日内当另乘他船开行也。

（1886 年 9 月 7 日，第 3 版）

双送行旌

前任苏松太兵备道升任河南臬司邵小村廉访，自香港回沪请假锦旋[①]，于昨日午后三点钟乘招商局“江表”轮船至宁波换船回籍。沪上厅县以下各印官、各局员、各营弁兵齐集江干恭送；新道宪龚观察、制造局总办聂观察、松沪捐厘局督办苏观察亦皆亲自至船叙别。至四点钟后“江表”展轮，各营兵勇施放排枪，然后整队而返。（下略）

（1886 年 9 月 22 日，第 3 版）

法界公堂□案

金利源管码头人张寿兴诉称，“海晏”轮船抵埠时，被窃水烟袋、锡茶壶、火腿各一，当经报捕缉到窃犯王雅琴，解案求讯。翁太守诘讯之下，该犯认窃不讳。太守问失主何不到来？张称船急展轮，不及投到。太守着□赃物暂留捕房，该窃责八十板以儆。（中略）前日招商局“海晏”轮船出口，搭客某甲带有食盐，被无赖徐金荣等攫去两包，当即获徐解送公廨。翁太守研诘之下，徐供作工度日，并不攫盐。太守谓既不攫盐，彼等为何将尔送案？徐供出外小遗，见伊等追拿攫盐人，我操本地音，伊等诬我有分，是以被拘。太守谓尔既知攫盐者为本地人，说出名姓，即可从宽。徐仍游移不认，太守判责一百板。

（1886 年 10 月 1 日，第 10 版）

① 锦旋：荣归故里。

善士寻人

陈君竹坪热心古道，乐善好施，自今春代谭士元寻获幼孩，凡远近失孩者无不□［吁］求寻访，陈君则无漠视，无怠心，劳瘁不辞，泉刀不惜，务必遂其所请，而后得安于心，殆深得古人为善最乐之意者乎。兹有山阴福来地方人阿庚者素患疯癫，于八月十八日由天津附“保大”轮船来沪，在招商局码头走失。又朱胡氏家在老闸南首宝丰里，孀独可怜，侧室生子福全六岁时随生母逸去，至本年七月间思欲归宗。问之潘聚恭南货店店伙，辞以不知，福全遂怏怏而去。现二家皆哀恳陈君，缕述详细缘由，登诸本报告白。世间不乏好善士，倘或得知下落，尚其明告陈君，俾二家皆得骨肉团聚也。

（1886 年 10 月 3 日，第 3 版）

帆船失事

赉赐洋行帆船名“哈马尼亚”者于上月廿六日由沪装货开赴烟台，昨日招商局之“海琛”轮船抵沪，据言该□［帆］船已于本月十五日在烟台失事，船中货物悉付波臣，惟人口则均得逃免云。

（1886 年 10 月 15 日，第 3 版）

轮船招商总局筹劝直隶赈捐启

启者：前接津友来函据称，直隶省之宝坻、香河、武清、三河、蓟州、卢龙、滦州等州县地方，自今年六月□后霪雨为灾，河流漫决，势如倒海排山，顷刻之间尽成泽国，田庐、牲畜、资粮、器皿均行冲没，家有木盆、斗筏幸而不遭淹毙者，亦皆露居枵腹，残喘仅存，实为数十年来所仅见。灾区既广，普济尤难，转瞬冬令，乏术御寒，而来春为日方长，更属不堪设想。昨接傅相来电以灾重□绌，饬在封河前筹解银衣接济，惟叠次筹捐，搜罗殆尽，竭蹶之情势如弩末，兼以封河期迫，若非从早从速，更恐缓不济急。倘蒙各省仁人君子大发慈悲，不分畛域交相劝免，慨解义囊，惠交敝局汇总起解，则各埠招商分局及各轮船均可交托转寄，款到之日即托协赈公所代掣收据，登报为凭。灾民人生之日皆出仁人之赐，行道有福，祷祝无穷。敬修短启，伏乞公鉴。

（1886 年 10 月 15 日，第 3 版）

劝助直隶山东棉衣赈银启

谨启者：叠奉直隶爵阁督部堂李、山东抚宪张两省电报劝助棉衣赈银，封河之前迅速解往查放云云。因本年直隶被灾綦重，山东迭次决口，北地寒讯甚早，日前官款支绌，两省亿万生灵咸引领望南中大善士不分畛域，积德累仁，解囊乐助。窃思南五省善士频年解款接济，救活灾命于无算，本年南五省五谷丰登，上苍厚报，善人洵不爽也。敝公所除逐日解运赈银外，现承各省诸大善士乐助棉衣赈银，委制新大棉衣袴［裤］，核计不到万件。昨招商局“海晏”轮船开驶，预装直隶新大棉衣二十大包；即日有“烟台”船开，捆成新大棉衣五十大包；“天津”船开，直隶棉衣四十大包，约计两省灾户十不得一。西风渐紧，流离之子得衣则暖，得赈则生。善昌万不得已，再作无厌之求，倘蒙各省大善士乐助棉衣，务请从早惠赐，方可汇解。闻牛庄、营口陡被水灾不为轻矣，敝同乡童小桥大善士亦来公函乞赐棉衣赈银，倘各典商满当货中提助原布、棉衣、棉袴［裤］，亦可同解，凄凉蓬牖，受惠实深。各省大善士乐助新棉衣，设或不及自制，请速示知敝公所督理代办，每日赶成千件，尽可效劳，仍行照章，禀请核奖建坊。善举之中，拯饥救命最大，获福最捷，富厚之家为子孙栽培德泽，此其时矣。状元宰相胥从阴骘[①]中得来者，历稽简册，信而有征。无衣无褐，何以卒岁？诵诗至《豳风》，当亦仁人所太息，而修德不遑焉。

上海北市丝业会馆筹赈公所少钦施善昌谨志

（1886 年 10 月 23 日，第 3 版）

---

① 阴骘：yīnzhì，阴德。

臬宪过沪

新任江苏臬宪张屺堂廉访，陛辞出京，乘坐招商局之“海晏”轮船南下，昨午抵埠。上海厅县既英、法会审各官均至金利源码头迎接。臬宪即坐马车至二洋泾桥西首长发栈暂驻襜帷，各官复往谒见，脚靴手版络绎不绝。

（1886 年 10 月 30 日，第 3 版）

沙船失事

招商局之“江表”轮船于前日抵沪，述及由瓯开行之时风浪颇大，中途见有竹排浮沉海面，坐有八人，知系先事待救者，赶即援之以上，询系沙船失事。该沙船由厦门装载糖货欲赴烟台，遭风倾覆，船上共有三十人，其二十二人当事急之时，争上一大舟，不知漂向何处，八人者幸遇竹排获全性命，现经“江表”船带往宁波，故里重归，不啻更生矣。

（1886 年 11 月 2 日，第 1、2 版）

霓旌待发

新任江苏按察使张屺堂廉访，拟于今晨乘招商局之“江宽”轮船前往金陵，晋谒曾制军，再履新任。

前任粤海关监督海榷使定于日内坐招商局之“保大”轮船赴津，随即入都陛见。

（1886 年 11 月 2 日，第 3 版）

定期北上

升任豫臬邵筱村廉访，闻择于本月二十六日，奉其太夫人，坐招商局之“保大”轮船北上津门，再行取道进京，想七十二沽间定有福星照耀也。

（1886 年 11 月 20 日，第 3 版）

上海文报局内协赈公所报解东省棉衣公启

启者：敝所前奉东海关道盛杏荪观察委代办东省灾民新大棉衣、裤一万套，当经依限匀作两批，扫数由轮运交天津，转解山东德州，分运灾区散给。嗣又续奉委令代收棉衣捐款，一面由东省各宪刊布公启，分投劝募。匝月以来，叠蒙各省大宪大宗签助，由敝所附收捐款数逾万金以外，复经托由沪上各公所分办新大棉衣、棉裤五千套，业已捆成二百大包，由昨日招商局“普济”轮船全数运往烟台查收，分运散给。现仍雇工赶制棉衣三千件，于三日内可以竣工，即行续批装解。除俟尾批棉衣扫数运出，再将附收动支款目详晰报销外，合先登布公启，尚求衣被天下之仁人君子速赐慨助，或衣银并惠，以便飞速赶运，功德无量。

粤闽江浙同人王松森等谨启

（1886 年 11 月 20 日，第 4 版）

廉访行期

升任豫臬邵小村廉访，本择十月二十六日起节，嗣因有事未行。兹闻今日如有招商局轮船开行，即须附之北上云。

（1886 年 11 月 26 日，第 3 版）

津事纪要

云南巡抚张钺卿中丞凯嵩疾终任所，公子次珊太史仲炘于上月二十八日奔丧至津，即乘轮至申，由湖北原籍赴滇运柩。

新任广东肇阳罗道孔观察宪□、惠潮嘉道德观察泰于十月二十五六日先后到津，二十七日同乘“丰顺”轮船到申，赴粤履任。

前任长芦运宪学士周都转以礼去官，于十月二十八日乘“海晏”轮船南下回籍守制。

（1886 年 12 月 1 日，第 2 版）

候宪起节

曾袭侯定于昨日乘轮船北上，已列昨报。兹悉袭侯于昨午后二点半钟时，排道由天后宫行辕至小东门外招商局金利源码头，登“海晏”轮船，其时该船上遍扯五色旗帜，其船头、船梢、头桅、二桅则扯龙旗，临风飘飐[①]。道营厅县、英法会审印委各员及制造局总办聂观察等，均先在轮船送行。忠信两营、苏松太道亲兵护军营、提右营各队□旗，自新开河桥起至天津码头，均在马路两面排班伺候，宪节到时均□迎；其各营洋枪队均排列江干，袭侯登船时，施放排枪三次。各官先后呈递手版，一概免见。众官告辞，惟龚观察往英领事署，复到船会晤袭侯，不知何事也。观察旋亦□别乘舆回署。“海晏”轮船即于三点半钟时起轮，枪队放枪恭送，浦中各国兵船亦升炮以送，各营队伍一律跪送。至袭侯之瀛眷，闻改于十三日迁入新屋云。

（1886 年 12 月 3 日，第 3 版）

栖流公所来函照登

昨据沪北栖流公所来函云：敝所募筹经费，收养流民，近以天气严寒，来者益众，曾蒙沪上绅商铺号月助若干，除按年刊布征信录分送外，合将近日捐数请登贵报，以志谢忱。计招商局“保大”、“丰顺”、“普济”、“海晏”、“江永”、“富顺”各轮船于十月份起，按月各助洋二元，业已掣收。又承“江裕”、“江孚”、“永清”、“美富”、“富有”、“致远”、“江宽”、“拱北”、“图南”各轮船于十一月份起，亦各按月助洋二元，其余俟劝到再请登报。又蒙石镳相善士常年捐助白米十五石，已于月初送到，又承张月仙助洋三元。

（1886 年 12 月 17 日，第 4 版）

---

① 飐：zhǎn，风吹飘动。

商局被毁

温州招商局总办蔡君如松接奉广东赈局来函，令购米三千数百石以赈饥民。蔡君随白诸瓯海关税务司，并具情禀明关道宪苑观察，旋经观察批示云："据禀已悉，该商所买之米系凭照报运，与私贩漏海不同，既经买定在先，自可照办。惟本境产米无多，以后容当酌定限制。已备文照会税务司矣。此批。"又出示云："为晓谕事，照得温属产米无多，因有私贩漏海，深恐民间乏食，已出示禁止在案。其商局所买之米系中关领照报运，与私贩不同，且买定在先，准其凭照出口。嗣后仍商定限制，以顾民食，为此示仰军民人等知悉，务须体仰本道爱民之苦心，各安本分，毋得藉端生事，自干重咎，特示。"蔡君奉批之下，即向上海雇定"美富"轮船□［输］运。本月十四日"美富"既抵瓯，蔡君即将装袋之白米二千石，饬脚班驳运至双门外瓯海关前，过秤稽查。其时有各烟馆内游手好闲之徒，俗名罗汉脚者，纠党二三十人拥至码头，声称招商局贩运米石偷漏出口，以致米价骤昂，今有我等在此，若敢恃势装船，定将袋米抢夺。一时声势汹涌，无可抵拦。永嘉县恩绰亭邑尊闻信，立带亲兵、差役前往弹压。罗汉脚见之，各以石块乱掷，致邑尊轿上玻璃为之粉碎，邑尊耳后亦被石块击伤。罗汉脚乘机拥出，将码头堆积之米抢去数十袋，吆喝之声无殊鼎沸。又有把守城门之各流氓从而和之，由大街沿途喊叫，令各店一律闭门，若敢稍迟，即以石块掷进。迨午后三点钟时，罗汉脚与流氓拥至招商瓯局门前，齐声喝打。中有一人以石块掷进局中，将蔡君之弟额前击破，满面血流。局中人怒拾石还击，罗汉脚与流氓遂愈形猖獗，或执门闩或举板凳齐向局中打进，所有广茂祥［广祥茂］柜上之宝笼及店柜玻璃灯、洋灯等物顷刻之间均成齑粉。正在骚扰之时，恩邑尊、戴都戎已进城弹压，因见人山人海，深恐酿成大祸，遂将招商局寄存永宁堂之米加贴封条，并谕以业已将米截留，不许运出，尔等各安生业，飞速散回。而罗汉脚与流氓正在兴高采烈、意气扬扬，不特置若罔闻，且藉此尽情抢夺。初在楼下将广祥茂店中货物扫荡无遗。俟邑尊与都戎去后，复飞步上楼，将招商局各物并伙友竹箱、铺盖、桌椅等物齐从楼上抛下。自傍晚至三鼓时，上自椽瓦、下至地板搬取一空，甚至地板下泥沙亦遭扫荡。次日过此，惟剩屋柱数株空中矗立，似路亭然。广祥茂主蔡月轩遂开单具呈，赴县喊报，计赃六千余金。蔡如松为□于十五日附“美富”轮船赶回广东，诉诸赈局后，转至上海禀诉招商总办。

十六午后邑尊升坐堂皇，饬传广祥茂主讯问，蔡月轩供：“职员到温开张洋广货店，并卖同文局、点石斋各书及大土、洋油、洋铁等货将近三十年矣。招商局实系堂弟如松所办，与职员毫无干涉。况招商局所办赈米系有友人托购，即使实是偷漏，亦不能将职员店货搬抢一空。”邑尊谕以“蔡如松此次办米过多，以致穷民因米价骤昂，各怀忿恨，尔店中各货并非搬抢，委系捣毁，并用火焚烧，尔可交保出外，着如松来见。况尔供如松已回广东，尔若再赴上海，则本县凭何人讯问乎?”旋有振大烟店主某甲为之具保，邑尊允之。

夫购米赈饥亦系当务之急，而该地痞等恃众作恶，毁局劫财，并累及局楼下之广祥茂店，实属目无法纪。刻下此案尚未谳定，不敢未议妄参，惟历将情节叙明，附以局董禀词、道宪告示，以供阅者先睹为快而已。

具禀：招商局委员蔡如松为商局遭匪乘机洗抢，应请饬县严缉查，追究办事。切照卑局向赁郡城望江门内广祥茂楼上开设分局，经理轮船招商兼办仁济和保险公司事务。缘本年十月初九日接广东爱育善堂函托，代办米谷数十石，雇轮迅运粤省公厚和号收储，以资赈济急需。当经晤商瓯关白税务司，许照夏间粤商吴理卿在温办米旧章，报关完税，具保领照，准予运往等语，函复该堂。旋准陆续汇到洋银八千元，转发各米户承领，按照时价定米三千余石，已请沪局雇轮运粤。不意近日米价骤涨，道宪关心民食，于本月初五日示禁私贩漏海。卑局即将先请关示办定米石候轮运粤各情请示放行。本月初七日禀蒙道宪批准照办，饬关放行，并出示晓谕各在案。岂料本城恶匪意图乘机抢劫，造言惑众，因此道宪于十三日谕饬卑局暂缓报运。因“江表”先于初十到瓯，知沪局已派“美富”轮船准于十四日到温载米，实难中止，即请道宪饬差弹压。候至十四未见批示，而“美富”已抵状元桥，缘船重水浅，次日即须趁潮出口，缓恐胶舟，只得将办就之米二千包，每包计重一百五十斤，赴关报明，分投搬米七百九十六包到关验讫，正午搬下驳艇。突见恶匪二十余人在关前，抢去米二百二十二包，幸蒙管县亲诣弹压，余存米石由县封储，赖以保全。讵匪等未厌所欲，乘机进城，捣破局门，立将局内银钱、衣物、账簿、图章并仁济和保险公司保单、账簿、图记、银两及楼下广祥茂店中银钱、货物、账簿、图章抄抢尽净。自申至亥四时之久，连门窗、墙壁拆毁无存；并伤局伙蔡如槐额门，登时走避，幸免戕生。文武兵差、街邻人等目睹凶横，莫撄其势。是晚见道宪批出，仍应遵照缓运，以免生事。卑局当即遵批知照"美富"轮船于十六日早开去，所办米石颗粒在郡。惟思卑局照章办米，先后禀奉关示，自与私贩漏海不同；即不准出境，亦应由官饬局变价，别埠采买，急救邻灾，岂容匪恶当关抢夺，复又乘机毁局行劫店铺财物多赃。为首恶匪二十余名，白日从容往还，抢掠数时之久，人所共见，何难识认捕拿，查起真赃确犯，重究起意造言鸣锣集众之人。理合抄列失单，亟请饬县严拘此案确犯，查起真赃给领，按律惩办，以儆凶横；并将封存米石酌量变价归款，以免霉蚀，保全商旅，感德靡涯。为此具禀道宪大人，察夺遵示施行。

具禀：商人蔡月轩，年四十六岁，广东香山县人，为土恶乘机白昼抄抢，求恩迅赐檄饬，严拘究追按办，以全商血事。切商向在温郡治下望江门内大街开张广祥茂字号，售卖洋广杂货生理廿有余年。情因温州轮船通商，于光绪四年间有上海招商总局委员蔡如松到温设局，租赁商店楼上居住分局，在事人等历年相安。因该局于本年十月初间代办米石运粤济饥，兹于本月十四日运米报关，当被匪徒二十余人借口偷漏，聚众拦抢，立蒙县主会营弹压。讵匪等乘机捣破店门，以毁局为名，不分皂白，立将商店内银钱、货物抄抢尽净，自申至亥四时之久，墙壁、门窗肆行拆毁一光，文武兵差、邻店人等，目睹凶横，莫撄其势。泣思商挟资本数千，经商异省，陡遭洗抢，冤惨海深，只得抄列失单，黏电求乞仁宪，迅赐饬差查缉追赃给领，庶匪类知儆，商血有归，则感德无涯矣。府宪晋省，除叩道宪外，不得已叩乞大老爷恩鉴商艰，俯赐作主，施行上禀。

钦加二品衔分巡温处海防兵备道兼管瓯海关事务苑，为出示晓谕事：照得温郡产米□［无］多，如有私贩出运，民间即有乏食之虞。今商局所办米石系由关给领报运，实与私贩不同；况所办在先，仍应照领出运。并嗣后商定限制，以顾民食，合再出示，云云。此本月初七日发贴双门之告示也。

为晓谕事，照得温郡米价连日腾贵，贫民受累无穷，乃蔡商囤米至数千石之多，本道体念民间，已饬蔡商暂缓出运，并明白批示各在案。蔡商不遵谕饬，胆敢私雇驳船，陆续偷运，直与漏海同科，殊为可恨。除将所囤米石尽数封储，并将蔡商另行查办外，合再出示晓谕。十一月十五日发招商局前实贴。

（1886 年 12 月 22 日，第 2 版）

冒领洋蚨

香港西字报云，上海某号有英洋五千元，由招商局之“广利”轮船运至香港某号收纳，及“广利”船至香港时已薄暮，香港某号知其已至，即遣伙至招商局领洋，局中答以此洋已有人领去，提货单上图印宛然。某号伙细辨知系伪印，而洋已被人冒领去矣。其时该船已驶往广东省城，某号伙乃将此事告诸捕房请为查缉，冒领洋蚨之人未知能弋获否。

（1886 年 12 月 29 日，第 2 版）

上海三马路与昌协赈公所起解山东棉衣启

前蒙江西德中丞发到山东棉衣款规银二千三百四十两，当即代制棉衣一千五百件、棉裤一千五百条，付出规银一千一百七十两，已装招商局“江天”轮船，解呈登莱青道宪盛观察验收，其余规银一千一百七十两当于敝所第廿一批解款内一并汇出散放。

（1886 年 12 月 29 日，第 3 版）

管栈被拘

前报列招商局北栈少铁八百十三担，管栈人徐炳斋避匿无踪，徐系法界春和茶栈阮麟玉担保，因请法会审员翁文子（子文）太守传阮着追。昨据阮投法捕房称，曾往嘉兴见徐父，置之不理。现悉徐炳斋避于法界八仙桥姘妇处，业□［已］查到。捕头着捕将徐拘押，以待解案。

（1887 年 1 月 4 日，第 3 版）

溺毙可怜

招商局“永宁”轮船上之大车某甲，于前夜赴友人家用膳，及归时已有十二点钟，在舢板船上不知如何失脚落水。舢板船上人见之，当即高声喊救，其时泊在金利源码头附近之各轮船均闻声出视，业已毫无踪影，及至昨日始得将尸身捞起，亦惨矣哉。

（1887 年 1 月 14 日，第 3 版）

情节支离

昨报列招商局“富有”轮船获到□［窃］贼一节，法捕房昨将所获之董泰珠，及搜出之英洋、本洋共三十七元，闽海关银锭两颗，金箔一小匣，袱包一个，内有枕箱一只，藏锥钻数十个、蓝布搭连［裢］袋一个，亦藏锥钻，外有藏青羽毛单外套一件、白布短衫裤一套，售［旧］元色布棉背心一件呈案。“富有”船买办欧阳镜秋投案称：“我船于前晚抵埠，查检之下失去蓝绉棉袍、皮背心各一件，因之徧［遍］处查搜，在董衣包内搜出棉袍背心，被伊穿在里面，所有银洋等物，不知伊从何得来。当伊来搭船时，只付洋八元，然福州到沪每客船资须十五元七角五分。董自以无铺盖箱子求请从减，且言身畔实无余洋，倘逗留福州更难过活等语，其言殊觉可怜，只好权准从减。今既有洋，自应找还船价，至所失之衣已经取回。”翁太守□［谓］衣服既领，所有洋元且待讯明有无失主再核，着欧阳先退。诘之董泰珠，据供：“安徽人，有兄在福州唱戏，银洋是兄托我带回，锥钻是买来送人，共一百三十二个，外套等亦均是己物。”太守诘：“寄洋回家可有信函？汝可识字？”答称：“不识字，我兄无信交我。”太守谓：“汝无铺盖行李，只带一件羽毛单套，不买别物，反买一百多个锥钻送人，情节实属支离，究竟银洋从何处偷来？”董仍执前语。太守着将银洋暂存捕房，董带回管押。

（1887 年 1 月 19 日，第 3 版）

海运述闻

上年冬漕仍由海运，封雇各沙船装载，其略已登前报。按，江苏省漕白粮米共计八十二万石，内除河运十万石，折价六万石外，应承运六十六万石。浙江省应解五十一万石，除雇沙船装运外，由招商局轮船配搭装载，以免偏怙。至各州县解米丁胥，已于去腊陆续到沪，随到随验，尚有腊底不及验者，闻定于新正初九日开验上兑，庶免办米人役及船户有羁滞之虞，亦以见局宪之体恤下情、认真公事也。所有轮船一俟北洋水泮即须放洋，闻粮储宪于元宵后即当来沪，料量一切也。

（1887 年 1 月 29 日，第 4 版）

宪节将临

昨日本埠官场接到金陵来电，悉江宁藩宪许方伯乘招商局轮船来沪，已于初六日启行。是以上海县莫邑尊即饬办差人等预备一切，并在小东门外长江码头伺候。据闻许方伯因有公事赴苏商办，顺道而至沪上也。

（1887 年 1 月 31 日，第 4 版）

鸠兹丛话

芜湖关道双锡五观察于新正初十日乘招商局“江宽”轮船晋省，拜贺抚宪年禧，并禀陈关务。

皖南总镇崔镇军万清月初由芜往金陵叩贺督宪新禧，旋自下关乘“安庆”轮船于十二日过芜湖，转往皖城拜贺陈六舟中丞新禧，标下防营咸排队鸣炮，以申诚敬。（下略）

（1887 年 2 月 8 日，第 3 版）

普天同庆

昨系皇上亲政之期，苏松太道龚仰蘧观察、松海防刘司马、上海县莫邑尊、英会审员蔡太守、法会审员翁太守、厘捐局督办朱廉访、洋药局总办裴大令及其余印委各员，并陈参戎以下武员，咸于黎明时穿朝服至西门内万寿宫行朝贺礼。现任诸官回时往各庙拈香，本营及驻扎本埠之各营均各升炮，其声隆隆，不绝于耳。停泊沪江之各国兵轮商船与招商局之各轮船，皆扯五色彩旗，以表敬贺之忱。化行鹣鲽，德被垓埏[①]，诚煌煌乎大一统之盛轨也。

（1887 年 2 月 8 日，第 3 版）

粤抚起节

新简粤东巡抚吴清卿中丞来沪后，即在天后宫旁暂驻行旌。兹悉清帅已于前日黎明时乘舆出辕，坐“拱北”轮船赴粤履新，迨本埠各官齐至江干送行，则轮船早已出口矣。

（1887 年 3 月 1 日，第 3 版）

皇孙回沪

德国皇侄孙前往宁波游历，已列前报。兹悉皇侄孙已乘坐招商局之“江天”轮船由宁回沪，已于昨日抵埠矣。

（1887 年 3 月 11 日，第 2 版）

庆贺志盛

德国皇九十岁大庆，银行停公致贺，已登前报。昨日届期，德领事公廨高升国旗，旁缀五色彩旗，披拂至地。浦内停泊之各兵船及招商局轮船，均以五色旗遍挂船中，自首至尾，灿烂夺目。鸦片趸船亦升旗致敬，浦中所有游船亦皆遍饰彩旗。浦滩小立，翘首遐观，几同孔雀开屏、鸳鸯戏水，辉煌璀璨，直欲耀花人眼睛，亦盛矣哉。

（1887 年 3 月 23 日，第 3 版）

---

① 垓埏：gāishān，极远的地区。

法界捕琐案

（前略）浦滩一带野鸡挑夫每遇轮船抵埠时，纷纷上船兜揽挑物，客苟一不谨慎，彼乘间□［攫］物而逃。前日包探严颂眉巡至城河沿，见一挑夫手携包裹中衣服求售，随即扣住盘问。该挑夫初尚饰词唐突，后在身畔搜出质票，彼始供认三十五天之前某日，招商局“江天”轮船到沪，有客嘱挑行李，乘其不备，窃得衣包，内有衣十一件，已经质去若干矣。遂将人赃一并拘入捕房，捕头着押候解讯。

（1887 年 5 月 5 日，第 3 版）

中丞起节

江西巡抚德晓峰中丞抵沪后，驻节英租界同庆公栈。兹悉中丞于前日将晚时，乘坐招商局之“海晏”轮船赴津，即当入都陛见。临行，本埠各官均至江干恭送云。

（1887 年 5 月 8 日，第 2 版）

津事纪要

江西巡抚德晓峰中丞晋京陛见，乘“海晏”轮船于十八日到津，阖城文武各官均在招商局码头恭迓。天津县预备行台于吴楚公所，中丞并不登岸，即日换坐太平船二艘、艕船十艘，开赴三岔河口保昌行前停泊，拜会傅相后，即行解维由北运河径达通州取道晋京。（下略）

（1887 年 5 月 19 日，第 3 版）

圌山苏迹

前月三十日傍晚，招商局某轮船上水既抵镇江，搭客争先上落，而各行栈亦不无饬夫运货，喧阗拥挤，头绪全无，以致协兴昌信局伙取到信袋及零物，方欲一跃登岸，竟被众人挤堕江心。犹幸该伙素日善泅，未即沉下，为水手所见，赶速设法救起，不致随波逐流与鱼鳖为伍云。

（1887 年 6 月 4 日，第 10 版）

意使来沪

意大利国钦差罗大臣，于昨日乘坐招商局之“海定”轮船，由天津来沪云。

（1887 年 6 月 9 日，第 3 版）

助赈可风

管秉忠先生系扬州人，年六十六岁，在镇江开宝珍斋玉器铺。于十二日搭招商局“江孚”轮船来申，带玉镯六只、烟管嘴大小共十只，价值百金，忽于十三日清晨失去，遍觅无踪。搭客悯其年老单寒，相为佽助。招商局及电报局搭客，暨轮船账房合助洋三十元，众搭客助洋十七元。而管秉翁素来介节自持，以却之未免不情，故将该洋四十七元一并移赈，为诸君子造福。搭客之行仁，秉翁之守义，求诸古今人不可多得，谨志之，以伸钦佩之诚。闰四月十五日，三马路与昌协赈公所陈煦元谨启。

（1887 年 6 月 9 日，第 10 版）

湖督来沪

昨报列湖督将临一节，兹悉裕寿山制军乘坐“测海”兵船于昨日午前抵吴淞口，登岸阅视炮台，旋即乘舟进口，下午二点半钟时至小东门外招商局金利源码头。海关道龚观察、松海防刘司马、上海县蒯邑尊、英法会审员蔡太守、王司马及印委各员咸赴舟次迎接。制军即乘绿呢大轿，排列仪仗，至沪北天后宫左旁之行台小驻宪旌。

（1887 年 6 月 13 日，第 2 版）

宪驾将行

湖广总督裕寿帅乘“测海”兵船莅申，即在兵船暂驻襜帷，拟俟招商局“海晏”轮船来申，即行乘之北上，已登前报。今悉“海晏”船于昨晨十点钟时进浦，停泊招商局宁波码头。寿帅即拟过船，俟起节后“测海”船当护□［送］出口云。

（1887 年 6 月 16 日，第 3 版）

江头送别

昨报列宪驾将行一则，兹悉招商局“海晏”轮船由津回沪，将货卸齐后，即移泊“测海”兵船之旁，裕寿帅即于是日九点钟时过船。本埠道宪以下各官暨提右营陈参戎均至舟次送行，寿帅辞谢，各官始退出。当人多拥挤时，有妙手空空儿乘间混入官船，窃去金表一只，经人当场拘获。适法界谳员王雁臣司马亦在送行，随饬将偷表者送法捕房解讯。其详见“窃案类志”条内。

（1887 年 6 月 17 日，第 2 版）

窃案类志

“海晏”轮船送偷窃金表之李得胜请讯，李供是金陵人，前日来沪，住小客栈。王司马谓：“尔之口音不是金陵，此次来沪何事？几人同来？”答称：“幼时在湖南，故口音稍变；此次实从金陵来，只一人，并无行李，将找营勇王殿卿谋生意。”司马谓：“尔好胆大，窃取金表，可见尔行窃轮船物件已非一次。”着将李得胜交捕管押，以便比究。（下略）

（1887 年 6 月 17 日，第 2 版）

冠盖如云

天津访事人来信云，杭州织造恒尚衣秀于上月二十五日乘船溯北运河到津，旋于二十八日附“丰顺”轮船至上海，前往履新。

镇守广州等处地方满洲副都统兴统制存于上月二十六日由京到津，就紫竹林春元客邸暂驻行旌，定于二十八日附“高升”轮船赴申，然后往粤东履任。

（下略）

（1887 年 6 月 24 日，第 2 版）

陈与昌栈来信

谨启者：江西抚州金鸡县黄家墩人易友云，年十八岁，前月廿三日同伊友李鸿宾来申，搭定“宜昌”轮船至宁，拟由宁至福建，已将行李等物运至该船。其时船尚未开，故复上岸晚餐，讵赶至码头，该船业已开往。兼之身畔不名一钱，左思右想无计可施。旁人见其可怜，即送至本栈。昨已托招商局“江裕”轮船送往汉口，因伊戚系在汉阳县小河口开设许远德堂草药铺故也，恐伊友李君无从寻觅，特此奉闻。

（1887 年 6 月 25 日，第 3 版）

天津纪实

（前略）江广漕粮陆续到津，以便运通交兑，督办招商局东海关道盛杏荪观察，札委候补知府张戟门太守振棨办理一切。太守在直需次有年，历办要差，兼任繁剧，区区漕务自能措置裕如也。（下略）

（1887 年 7 月 6 日，第 2 版）

扶柩回旗

新简杭州织造恒尚衣道经沪上，殁于泰安栈，由公子备棺成殓，于前日出殡，至小东门外招商局码头，扶上“海晏”轮船，昨日启轮回北，本埠道营厅县各员均至江干吊奠。

（1887 年 7 月 7 日，第 3 版）

行旌小驻

新简台藩邵筱村方伯进京陛见，出都抵津等因，已列昨报。昨日午刻，方伯乘招商局某轮船抵沪，上海县蒯大令先期已备行辕于沪北天后宫旁，到时本埠各员均往拜会。闻方伯在沪小作勾留，拟即渡台履任云。

（1887 年 7 月 14 日，第 3 版）

查拿水手

招商局“保大”轮船在离烟台二百里之成山洋面触礁情形，曾登前报。闻当时船中搭客慌乱异常，水手等人即乘间攫取金银贵重之物。事为船主察知，告诸津局总办，将各水手交“海琛”轮船带回沪上，一面电致沪局备文移请英廨谳员蔡二源太守，派通班捕役至虹口招商局码头登“江孚”轮静候，倘见“海琛”船进口停在江心，急傍上过船逐一搜检，手中有赃者即行拿案。又经招商局函至法会审员王雁臣司马，以“海琛”船抵埠在金利源码头停泊，请知照法捕房派包探人等在码头守候，王司马亦即据情知照备捕头矣。

（1887 年 7 月 31 日，第 3 版）

失窃甚巨

招商局“富顺”轮船于初十日晚自沪开往香港，广东有某大员附轮前往。将行李箱笼下船之后，查见其中有一箱被窃儿割开，偷去珠玉、翡翠、金银首饰等，皆系贵重之物，约值银二三千两之谱。业经报各捕房，请为帮同查缉，不知能珠还合浦否。

（1887 年 8 月 2 日，第 3 版）

拘获水手

前报列，招商总局函致英会审员蔡太守、法会审员王司马，以“保大”轮船失事，在船水手有攫物情事，该水手等现趁招商局“海昌”轮船来沪，请为知照捕房会同拘拿等情。“海昌”轮船于前日进口，当夜十二点钟时，法捕房先拘到水手四人，并红白洋布十二匹，暂押捕房，尚未解案。前晚“海定”轮船进口，于夜半抵埠，该船中有犯事水手十七人。经“海定”船主将该水手等捆缚装于小火轮船中，抵小东门法捕房后面之小火船码头，将十七人送入捕房，并在该水手等身畔及行李中，查到大小物件共四十七件，如扇子、鞋子等亦算一物，法捕头着将十七人暂押以候解案。又前日“海昌”轮船抵浦时，载有“保大”船账房中人五名，由英界水巡捕拘拿四人。昨解英公堂请讯，严少怀称在“保大”船账房经营货物，下船记数；林安道称在账房帮忙，陈子连称是副买办，陶阿金称在船为茶房。蔡太守问：“‘保大’船如何失事？水手人等抢劫搭客财物，尔等见否？”陈子连供：“此次由沪往津，于前月三十日夜间二点半钟抵离烟台二百里之成山洋面忽然触礁，船中人均慌乱，在船水手及火夫抢劫搭客及账房中之衣物，其时船尾入水渐渐沉下，俄有该处之山东人蜂拥上船抢劫物件，未几即有‘拱北’、‘海昌’两船到来。我等上‘海昌’船，开轮时见‘保大’船尾已沉下，船头搁起。现有‘拱北’船在彼看守至‘保大’水手等皆先上‘拱北’船，然后来沪，我等不知何故被拘。”原差张福禀：“前日奉饬，协同捕房中西包探及水巡捕守候‘海昌’船抵沪时，查拿水手。及‘海昌’船抵沪，水巡捕即将陈子连等拘拿，交我时有四小包，一包内有钱千余文，一包有衣服，余二包未看，均存‘海昌’船上。陈以我不应拘，伊向我索取四包，然小的奉派协捕往查，既由水巡捕拘交小的，不能擅释，且包在‘海昌’船上。”太守向陈曰：“此系尔局总办请本分府派差稽查，差捕等初不知尔等不是水手，今既讯明尔等是账房中人，则误在尔局。”又问：“尔包中何物？”答称乃替换之衣服。太守谓“海昌”亦是招商局之船，尽可往取，随［遂］饬差张福将严少怀、林安道、陈子连、陶阿金等均送交招商局，俟水手抵沪再行传案质讯。太守将情告知贾副领事，贾君深以为然。

（1887年8月2日，第3版）

研讯水手

昨报列招商局“海定”轮船抵埠，拘送“保大”轮船上人十七名，暂押小巡捕房。昨由该捕房解送公堂，王司马研问之下，刘子卿称为“保大”船司账，“账房中共四人，我与沈锡荣、徐耀亭、周逸清也。此外，茶房四人，细崽七人，厨司二人。”司马问十三人名姓，据李金瑞、李云福、褚金才、王味清、李松子、董友元、许宝来、周殿荣、施小全、李阿龙、张鹤鸣、李阿林、包失财一一供明。司马诘问“保大”船失事后情由，刘称当日并未伤人，船上搭客三十余人，连接客者共四十余人，三十日晚二点半，行至成山触礁，船主急令放三板并系绳肃山上。客人由三板渡至山麓，有胆大者缘绳而上，该山在成山之旁。此系初一日早上之事。后于初二日遇太古行“通州”船，将客载往天津。当未往时，有多人见船尚未沉，复往船中取物，“我等十七人则并未上船，有李大人带箱八十口，曾取到二十余箱。至初五日，‘丰顺’船来，将我等载至烟台。今于初九日由‘海定’轮船载回上每。”司马诘其船可保险？答称：“此是本行所保。”司马又将招商局所开之单逐一诘问，其中有王味清等五人所取，因着将五人带回暂押。旋有马公馆账房张梅生至案保刘，司马准予保去，随将李阿林等四人交刘带去。又有“威靖”兵船王松生投案，保徐耀亭，后又有人愿保一人，只有五人未经保出，连携带物件一并带回捕房。

（1887年8月3日，第2、3版）

搭轮来沪

“保大”轮船失事情形，业已屡纪于报。兹闻“保大”轮船主及大副、二副人等已于昨日乘坐招商局之“拱北”轮船来沪矣。

（1887年8月5日，第2版）

查问失事

招商局“保大”轮船失事一节，屡详前报。兹闻定于今日上午十点钟，在海关上查问失事情由云。

（1887 年 8 月 6 日，第 3 版）

水手送案

前日招商局“海晏”轮船抵埠，送到“保大”轮船水手共十九人。昨日解讯，据林祥更、徐小招、张保庭、张六、徐家贞、陈阿二、徐寅与张阿荣、张阿发、张阿门、姚富隆、陈本、王用生、李阿潘、陈阿贵、罗阿瑞、郭凡其、凭阿弟、耿阿姜等供称，在该船或作小工，或作水手，或司生火等事。王司马诘其搭何船至申，所有对象从何得来？答称搭“海晏”船至申，所有物件均亦系己物。王司马谓招商局现开单来将物件查封，着将十九人暂押候再核办。

（1887 年 8 月 7 日，第 3 版）

关提不易

招商局“海晏”轮船买办陆雨生将代寄之金条一匣，计十条，交司账人杨馥顺携回家内，次晨再携到船，凭人提取。杨偶不小心将金条遗在东洋车，车夫逃逸。陆以疑杨图吞，控案断令赔偿。旋以无力，邀亲友凑资，劝陆折收银五百两，始得释出。旋有江北人为眼线，报知包探陈阿九禀明铅捕头，请英会审员蔡太守备文派差协同该包探带线前往查拿。以上各情已详十九日报内。日内包探差后已回，据云，至通州吕泗场署投文派差，由眼线引领前往，先向该处地保言明情节，知得金之车夫朱某已经病故，所有田房及余下之金条均由胞弟经管，其弟现住堂兄家内。及同往，朱弟已闻风脱逃，因将其堂兄带住。又经人具保交人，及释去，即延约无期。不得已，一面禀官饬提保人管押着交，一面返沪禀明蔡太守定夺；并闻法捕房包探严颂眉将此案禀明王司马，用会捕局钤记，备文派探伙往通州投递，旋知得金之家在吕泗场，复投吕泗场，署场官以文牍系咨通州，未便拆阅为辞，因亦同英包探返沪矣。

（1887 年 8 月 16 日，第 3 版）

出殡志盛

荆州驻防、前广东都统裕军宪锡臣前以晋京陛见，在安庆得病，于四月初一日道出沪江，暂住英租界石路吉升客栈，旋因病势沉重，遽赴仙游。其灵榇于昨日午刻发引，至招商局金利源长江码头，由“江宽”轮船载至湖北省城，以便入城治丧。所有仪仗一律排齐，由公馆起，行经法大马路，往东至浦滩，折而南过天后宫桥，至码头，前导有擎灯、清道、飞虎、金锣大伞、军健、遮头、掌扇等件；衔牌十数对，系“广东都统”、“荆州笔政”、“两广机器局总办”、“钦赐荷包”、“奉天诰命”、“遵例入城”、“诰授武显将军”、“晋封振威将军”、诰命亭、香亭、像亭、彩亭、铭旌亭、銮驾、灵轿，轿前有三人扮福禄寿三星，大袍阔服，戴相貂国公帽等，如戏剧中所演；轿后有八人扮作八仙，相随而行。此外有清音，全部奏蒿里之歌，僧道各有八人，铙钹声喧，幢幡影飐。又有顶马、提炉、金瓜、亚牌、功布，柩前有元色遮棺，用大红金线材罩，以十六人舁之。惟送丧者寥落如晨星，孝子在柩前执一长杆纸幡，柩后有跟马一人，并女轿数乘而已。

（1887 年 8 月 19 日，第 3 版）

闻风兔脱

招商局“海晏”轮船买办陆雨生嘱司账人杨馥顺携金条共十根，装成一盒，遗忘在东洋车上。嗣有人为眼线报知英包探陈阿九，言明得金之车夫朱某已经病故，现由其弟朱麻子收管。该包探告知铅捕头，禀请蔡二源太守备文派差，协同包探眼线前往江北吕泗场署，投文添差往拘，讵朱麻子已知风逃遁，惟将其堂兄拘拿，又经人具保交朱麻子未果。又请场官押令着交，一面返沪，法捕房包探亦派伙赍王雁臣司马会捕局钤记文书投通州署，该探伙等又至吕泗场等情曾见前报。兹悉该包探回禀捕头，又禀太守，详请道宪札饬通州牧转札吕泗场官，赶紧严缉着交。闻吕泗场官已有覆文到公廨，内开：“奉文之下，不动声色，派差协同来差，并传地保前往密拿，本可期于必获。适法界包探亦至，即同盐差、地保草率从事，径往该处，致被知风遁逃。旋据法探呈有文凭，系投通州署者，未便拆阅，已经责斥盐差、地保擅自同去之罪，并将朱麻子之堂兄、保人押令着交朱麻子外，再行饬差严缉。然贵署差役同英□［探］既来，又有法探，谅必伊等因争功起见，以致如斯，一俟敝署缉获，即行移送”云云。未知日后果能缉获否也。

（1887 年 8 月 22 日，第 2 版）

解钱北上

前报载“解钱过沪”一节，昨日皖省委员胡君饬夫役将制钱二万串运上招商局“丰顺”轮船，北上交纳，所有上海县蒯大令所派差役、汛兵遂回署禀销差使矣。

（1887 年 8 月 24 日，第 3 版）

储宪过申

江苏督粮道成月坪观察随漕北上，曾纪报端。兹已事毕，由天津乘招商局轮船于昨日午前十点钟时抵沪，停泊小东门外金利源码头，乘轿往沪南海运局暂驻襜帷。闻不日即须赴苏省云。

（1887 年 9 月 12 日，第 3 版）

官场电音

湖督裕寿帅奉旨署理两江总督，本馆早接电传录报。兹得苏省官场来信，谓已接有电音，寿帅于二十二日出京由通州至天津，换坐招商局“海晏”轮船南下，想在沪各官又当脚靴手版，恭迓宪旌也。

（1887 年 9 月 15 日，第 2 版）

棨戟将临

两湖督宪裕寿帅闻已陛辞出京，由津沽乘招商局轮船南下，宪驾约于日内即可抵沪。上海县蒯大令于昨日已饬办差家丁在铁路天后宫旁预备行辕，供张一切矣。

（1887 年 9 月 17 日，第 2 版）

沪上官场纪事

出使德意奥等国大臣洪文卿阁学由津乘招商局“海定”船来沪等因，昨已据电音登报。兹闻阁学约于明后日可抵沪，到时并不登岸，即换坐民船，用小火轮拖带赴苏，大约重阳时再行来沪，乘法公司轮船出洋云。（下略）

（1887 年 9 月 19 日，第 3 版）

星使抵沪

出使德意奥等国洪文卿星使将次莅沪，上海县蒯大令预饬办差家丁在金利源码头搭盖彩棚，预备一切。该家丁在沪多年，办事甚为周到，因得电报，悉洪星使抵沪后，急欲回苏州，并不登岸拜客，故先备小火轮一艘，“满江红”二艘，“关快”一艘，停泊天津码头，船桅高悬“出使大臣”旗号，一切布置停妥，以备应用。一面仍备旗锣伞扇、“肃静”、“回避”及“钦差出使大臣”衔牌，并六执事、顶马、绿呢大轿等。上海县蒯虎臣大令先出码头伺候。于昨十一点三刻招商局“海定”轮船抵埠，摆傍码头浦中停泊之，“南瑞”兵船及“钧和”兵船先后掌号，升炮恭□［迎］，码头吹鼓手鼓乐齐鸣，升炮迎接。苏松太道龚仰蘧观察、松江府恩诗农太守、制造局总办聂仲芳观察、松海防同知刘乙笙司马、法廨谳员王雁臣司马、松沪厘捐局总办吴广涵观察等陆续齐登“海定”船，各递手版，星使接见之后，随即坐民船，用小火船拖带赴苏，候潮来即行开放。未停歇浦之骖，遽泛吴门之棹，此足见星使之情殷桑梓，而古人所谓衣锦之荣富亦不是过矣。又闻，昨午后有驻扎沪南日晖桥及徽州会馆之督辕思信两营，江苏抚标沪军营，并驻九亩地之苏松太道亲兵营，一律出队排列于浦滩，自天后宫桥起，迤南至金方东码头为止，鹄立江干。星使于四点半钟起节，浦中兵船仍升炮掌号，岸上各勇列队放排枪恭送，俟星使座船开放始止。兵勇等尚须恭迎裕寿帅，因未即散，后于六点余钟得悉“海晏”船于明日来沪，始各回营。

（1887 年 9 月 21 日，第 2 版）

制宪拜客

新任两江总督裕寿帅乘招商局“海晏”轮船莅沪，进天后宫旁行辕，旋于昨日下午进城，往各衙署拜客等情，均已详列昨报。闻寿帅于昨日拜客毕，由新北门出城，有□［某］甲竟预候在月城中，俟宪舆至，攀住轿扛大声呼冤，高呈状纸，经护卫戈什哈立时喝退，旋即排导出城而回行辕。闻寿帅择于近日，乘“测海”兵船赴金陵履新。“测海”船已于昨日同“威靖”兵船分泊在金利源天津码头，而长江水师提督李军门坐“南瑞”兵船停泊下海浦。昨晨十点半钟时，裕寿帅出辕乘绿呢大轿，前导仍有督辕忠字营、抚标军营、苏松太道亲兵营五梅花等至金利源码头上，“测海”船过小火轮船，前往李军门座船拜会，“威靖”、“测海”两船咸升炮示敬，“南瑞”船亦升炮恭迎。寿帅与军门略谈片刻，即由原船登岸，乘舆至南市制造局拜客后即回行辕。又闻寿帅于铁厂拜客回辕时，有妇人程杨氏拦舆喊控占媳，并呈禀词。制军收阅禀词，以牵涉兵船上人，因将原告发地方官收管候示。至下午，有英工部局总事吴德君，奥国兼瑞典、瑙［挪］威等国总领事夏君及瑞生洋货主某君等先后至行辕拜会，寿帅接见片刻□［辞］出。宪节于昨日下午六点钟时，由行辕起程至金利源码头，乘招商局“江裕”轮船于今晨前往金陵。或又谓宪节改乘“威靖”兵船，定于今晨赴轮进发沪地，各员设筵公请宪驾赴宴，制帅辞谢未往。嗣于傍晚经驻沪各国领事，申请暂驻行旌，以待谒见，寿帅允之，改于初八日启节展轮赴白下履任。

（1887 年 9 月 23 日，第 2、3 版）

英界公堂琐案

（前略）前报纪招商局小工控杨阿昭、戎林宝、沈观风私自敛钱。宋二尹讯供之下，着押候再行复讯。查是案之缘起，有怡和洋行小工头颜三，向招商局言："杨、戎、沈等向我云，已充局中工头，给有谕单，须交洋二千元方能接手"云云。总办以若辈招谣撞骗有坏本局声名，函请蔡二源太守饬提讯究。及宋二尹权理公堂各案时提齐庭讯，杨、戎、沈均不承认。招商局将颜三送案作为证人，二尹向之讯问。颜供："扬州人，现充怡和洋行工头，戎、沈言及业已揽得招商局工头之缺，惟须敛洋二千元，既又至公义局，向何兆增言及，并有谕单交阅。小的既知此事，即往招商局问诸许师爷，许师爷言并无其事。今由总办传小的到案为证人。"二尹问："此事由戎、沈二人向尔言，抑向别人言，尔仅得诸传闻?"答称："为小工者皆知此语。"二尹谓："尔不得混供，究向何人说?"答称："向小的说，惟他人亦知之。"二尹问："何是何等人？公义局系何局?"答称："何亦是怡和行工头，公义局乃众小工所公立。"二尹问："戎、沈向何言及交看谕单，尔何得而知？是否由何告尔?"答称："何向小的言。"二尹问："谕单曾见否?"答称："据何言曾见过。"二尹问："究属如何敛钱?"答称："小的不知底细，惟据戎、沈言欲充招商局工头之事。"二尹谓是案因控戎、沈敛钱起见，何谓此事不知。因饬将戎、沈带案研诘。戎、沈同供："在怡和行为工头，颜之兄长现在三菱公司为工头，颜为帮办。小的等与颜各务经营，不相闻问，并未向之言及欲充招商局工头及敛钱之事。"供毕，与颜争执不休。二尹喝令停止，向颜曰："敛钱无据，尔等或为嫉妒起见。"颜称不敢诬指，二尹饬将颜送回招商局，俟传何质讯核办，戎、沈二人暂押。

（1887 年 9 月 23 日，第 3 版）

使星过沪

前日招商局"广利"轮船抵埠，勘界大臣邓铁香星使即乘轮至沪，在潮州会馆暂驻襜帷，道宪以下各官咸往谒见，不日闻当乘轮赴津也。

（1887 年 9 月 30 日，第 3 版）

直刺启行

正任太仓州莫善征直刺自苏抵申，已登前报。前日直刺诣各署辞行，至昨晚乘招商局某轮船，赴金陵谒见裕寿山制宪。

（1887 年 9 月 30 日，第 3 版）

星夜登程

前代上海县蒯虎臣大令于昨日奉到省垣排单，遂于晚间乘招商局某轮船赴金陵。

（1887 年 10 月 1 日，第 3 版）

恭迎江抚

江西巡抚德晓峰中丞请训出都，由天津乘招商局“海晏”轮船南下云云，已登前报。昨晨，沪上官场接得电报，谓该船本日定可抵埠，是以驻扎沪南之督辕忠信两营、抚标沪军一营、城内九亩地所驻苏松太道亲兵营各队兵勇，皆由统带官督令齐至小东门外金利源天津码头，鹄列江干，持械迎接。上海县署办差人等亦已预备一切，其行辕则在天后宫云。

（1887 年 10 月 3 日，第 3 版）

行期已定

勘界大臣邓铁香星使，由粤东乘招商局“广利”轮船莅沪等情，曾登前报。兹闻星使已择定乘“海晏”轮船前赴天津，以便晋京复命，并预饬地方官无须送行，一俟该船动轮，即须起节云。

（1887 年 10 月 3 日，第 3 版）

江抚来甲

江西巡抚德晓峰中丞乘招商局“海晏”轮船莅沪等情曾登昨报。兹悉“海晏”船于前晚十一点钟时始行抵埠，即在金利源天津码头下碇，因为时较晚，中丞即命备轿登岸，前赴望平街同庆公栈暂驻。行旌轿前，兵勇数人为之护卫。道宪龚观察适在金陵贺裕寿帅莅任之喜，新任上海县裴大令请假在原籍，前上海县蒯大令亦往苏垣公干，未得□接。此外如松海防刘乙笙司马以及制造局总办聂仲芳部郎、松沪厘捐总局总办吴广涵观察、法会审谳员王雁臣司马、货捐局会办□［翁］子文太守、洋务委员陈宝渠太守、葛蕃甫同转及各局委员等，均于昨晨齐至行辕呈递手版。闻德中丞小作勾留，即当起节回任也。

（1887年10月4日，第3版）

宪旌北上

昨报列勘界大臣鸿胪寺卿邓铁香星使，拟乘招商局“海晏”轮船北上等情。“海晏”船于前□抵沪，定于今日开放，邓星使即乘之北上。本埠印委各员齐至行辕，恭送行旌，星使概不接见。行辕近在浦滩，该船动轮即行登舟，颇为顺便也。

（1887年10月4日，第3版）

汇录东海关道盛告示二道

为剀切晓谕事：照得招商局“保大”轮船，因雾迷在成山头触礁损坏。该处本设有拯救局，乃董事及居民人等并不照章保护，率敢乘危捞抢，县令募勇弹压，复敢聚众凶殴，致毙人命，并窘勒县令写立印结，实属胆大妄为，情同化外。现奉北洋大臣李、山东抚宪张电谕，成山居民辱官行凶，此风断不可长。先将荣成县李令撤任，并由统领山东海防各军孙军门督率精队乘坐兵船来荣，会同本道严拿，务获惩办。等因。查成山共计三十六村，其聚众行凶抢货，本道派员明查暗访，只有大西庄等十村，其余都属安分良民。兹者本道亲自到境，亟应出示晓谕，分别良莠而安居民。凡该村民不与捞抢、行凶之事者，具各安居守业，毋得惊慌迁徙，若能确知凶手姓名及捞抢脏据者，即行捆送，或来营报信，必当立予重赏；如有藏匿□［凶］手、寄顿脏物情事，一经访实，亦必一体严拿，不稍宽贷。其各懔遵切切，特谕。六月廿九日为□［晓］谕事：照得荣成县东山八村乘危抢劫“保大”轮船，并聚众拒捕，勒官出结一案，本道奉北洋大臣李、巡抚部院张饬令，会同统领海防各军孙军门，于六月二十九日带领精队前来勒令缴脏交凶，以儆刁风。乃顽民悯不畏法，三日之内仍不交凶缴赃，殊堪痛恨。访查此案，实系大西庄、小西庄为首抢劫拒捕，东沟村亦抗不遵缴，当即饬令荣成县督率勇役，将此三庄所获赃物搜捕，至数百挑之多，其一月之内预先出售搬匿者，佥谓不计其数。是抢劫货物已有实在赃据。其余瓦房庄、沟西崖、侯家庄、泊南崖、卧龙村五村，据贡生李秉京、□［廪］生鞠俊升等具结，将所抢赃物变价之钱二千二百五十千缴案，求免搜查，已经照准。除饬县严缉正凶，并将已获未获从犯，按名分别拿讯归案办理外，此案情节重大，不得已遵饬稍示兵威。现在人赃俱获，本道姑念边海愚民无知，一时为周仁丰、王永祥等所煽惑，宽其已往，不复追诘。该村民务当从此洗心，勉为良民，如果再有乘危抢劫、拒捕、抗官等事，本道必当尽法严惩，决不宽恕，勿谓言之不早也。凛之毋违，特示。七月初二日

（1887 年 10 月 6 日，第 2 版）

山东巡抚张奏稿

奏为招商局“保大”轮船在荣成县海面迷雾触礁，村民乘危捞抢货物，抗官拒捕，先将获犯审讯大概情形恭折仰祈圣鉴事。窃招商局“保大”轮船自上海装运湖北解部制钱，□［并］客商货物赴津。光绪十三年六月初一日，行至山东荣成县成山头地方，因迷雾触礁，船只损坏。该县知县李文炳闻报，驰往查勘保护。因见村民乘机捞抢货物，人多势众，遂调团勇同往弹压。旋经北洋大臣、直隶督臣李鸿章咨会“保大”船救出客商，佥称船初□时，本船水手抢客银物，继则渔船民划昼夜登船搜抢，荣成县知县喝禁，致受窘迫等情。当电示东海关道盛宣怀，分饬严拿重办，以儆将来等□。臣即飞饬盛宣怀，转派知府焦宗良，酌带勇队就近前赴荣成，会同该县李文炳，设法拿办。盛宣怀接到李鸿章电信，即先电知上海及饬烟台招商局，将“保大”船水手悉数扣留搜检，发县审讯，并遴委直隶候补知州冯庆镛、山东候补知县徐立言乘“泰安”轮船前往成山，会同该县究追。旋据冯庆镛等赴关

面禀，“保大”轮船业于十一日沉没，仅露桅梢可辨，明查暗访附近□□之大西庄、小西庄、东沟村、瓦房庄、沟西崖、侯家庄、卧龙村、泊南崖等八村庄，确有捞抢“保大”船湿水布匹货物。八村董事周仁风具结，情愿缴钱五千串。因该处居民先有聚众殴毙勇丁，逼令该县李文炳出给印结情事，不敢操切，致激他变。并据李文炳赴关面禀，该县自“保大”船失事后，即亲诣成山头设法保护，□保董事等因见差役人少，情势汹涌，不服弹压，遂调团总武举于廷诰带领团勇二百名前赴成山帮同保护。十一日行至距成王庙五里许之龙须岛，突有村民一千余人围住逞凶。于廷诰先被刃伤，乡勇受伤者二十余名，内有毕□成一名被殴推入海内淹毙。事后查点，尚有张维周、孙三两名并无下落。该县被困于龙须岛万顺渔店，村民逼令出给乡勇滋闹印结，始释回城，自请撤任查办。盛宣怀一面遴委文登县知县裘祖谔驰往，确查勒拿滋事首要各犯，一面电禀。臣即将李文炳撤任，由府就近委员代理，切实查办。裘祖谔驰抵成山，会同李文炳，邀集绅董晓以利害，反复开导。而该村居民依旧抗违，毫无畏法之意。凶手贼款概不肯交，沉溺船只亦不让捞取。裘祖谔当将海保王永祥、拯救局董事周仁风、村首袁可符、说事人贡生李秉京诱至船上，押解回关提讯。王永祥供认纠众拒捕不讳，周仁风、袁可符供尚游移，李秉京仅出为说事，并无不合，当先保释。盛宣怀电禀李鸿章暨臣，因该处居民于轮船迷雾触礁，胆敢乘危枪夺，拒捕伤人，逼令该县出结，实属目无法纪，此风断不可长，自应认真惩办，以弭后患。臣当添派记名提督孙金彪，就近酌带勇丁二百名，会同盛宣怀前往，严切晓谕，虚示兵威，勒令交出滋事各犯，相机妥办。李鸿章亦饬“超勇”、“杨威”两师船，赴烟听候调用。盛宣怀带练军枪队百名，督同知府焦宗良，带广武副中营勇丁三百名，分坐“超勇”、“杨威”、“泰安”各兵轮，于二十九日未刻驶抵龙须岛，登岸将队伍分扎庄外，缮贴简明告示，令八村交凶缴赃，其余二十余村均不追问。相持两日之久，仅据交出该县所给印结，而人赃抗不送缴。盛宣怀等访查实系大西庄、小西庄为首捞抢拒捕，东沟村抗拒最坚。今见兵轮到岸，三处庄民自知罪重，即行逃避，遂饬荣成县亲率人役进庄搜捕，其捞抢洋布各货埋藏地窖十余处，搜出至千余件之多，内有海保王永祥家搜出红白洋布大小八十匹，佥谓各村于一月之中预先运出变卖者不计其数，是捞抢已有实在赃据。其余瓦房庄、沟西崖、侯家庄、泊南崖、卧龙村五村，据贡生李秉京、□［廪］生鞠俊升等环求，愿将捞抢布匹等物变价制钱二千二百五十千一并呈缴，并称实无另有藏匿赃物。盛宣怀等派发员弁密查属实，准予免搜。并督县拿获王永山等三十一名，暂留枪队三十名随同该县弹压。其余村庄，安堵如常。该道等于七月初三日带队押犯，仍由海道回烟，所获各犯应俟讯明，另行拟办。据盛宣怀先将查办情形禀报前来，臣查荣成县成山头黑□［驴］岛，为南北往来商船必由之路，其间暗礁林立，波涛汹涌，夙称险恶，备详志乘暨洋文海道图说；船只遭风迷雾、触礁失事，无岁无之，向来沿海居民凡遇遭险船只，不问曾否损坏，即千百成群将货物抢掠一室，拆船灭迹，名曰抢滩。地方官因无事主呈报，遂不深究，相习成风，肆无忌惮。此次招商局"保大"轮船失事，该处居民始则乘危捞抢，迨经县令弹压，复敢拒捕伤人，逼官出结，愚蠢玩藐，莫此为甚。若不认真整顿，按律惩办，其何以安商旅而儆将来？现饬盛宣怀提犯研讯，确切供□，按律详办，一面妥善拟保护沿海失事船只章程，禀候咨商南北洋大臣核示饬遵，以杜后患。所有招商局轮船迷雾触礁，村民乘危捞抢、拒捕抗官，获犯审讯大概情形，谨先会同北洋大臣、大学士直隶督臣李鸿章合词恭折具陈，伏祈皇太后、皇上圣鉴。谨奏。

（1887 年 10 月 7 日，第 1 版）

道宪回辕

昨报列苏松太兵备道龚仰蘧观察，在金陵于二十日送曾沅圃爵帅登轮，亦即乘轮回沪云云。兹悉观察乘"祥云"兵舰，于前晚十下钟时抵申，道署护勇差役人等预在招商局金利源码头伺候，兵舰下碇后，观察遂乘舆登岸，排道入城回署。昨晨英公廨谳员蔡二源太守、法界谳员王雁臣司马、总巡冯莲士直刺暨属下文武员弁均诣道辕谒见。

（1887 年 10 月 9 日，第 3 版）

双凫遄返

新任上海县裴浩亭大令，因夫人仙逝赴无锡料理丧事，曾列前报。兹悉大令抵锡，料理丧事毕，即赴金陵贺裕制军履任之喜，随于昨晨乘轮抵申。县署差役于黎明时，在招商局金利源码头伺候大令，旋即乘舆回署。日前有书籍数箱、佳卉十余盆，自□溪运载来申，由夫役挑入署中，亦见贤令尹于案牍之余，颇以琴书花木自娱也。

（1887 年 10 月 9 日，第 3 版）

又往关提

招商局“海晏”轮船买办陆雨生，命司账人杨馥盛［顺］持金条一匣至家。杨雇坐东洋车，将金遗在车上后。经眼线指点，知车夫某甲已持金回北［南］通州属吕泗场，患病逝世，金条交胞弟收存。包探陈阿九遂禀明麦捕头，请蔡二源太守备文派差协包探前往通州，添差往提归案。而甲弟已知风遁逃，嗣由县署捕役柴樛禀称，有信托恳情愿还金条一半。陆不允，申请究追，种种细情节登前报。兹太守复禀请龚仰蘧观察，备文派差同该包探及柴樛前往通州投递，请再提甲之弟，昨已雇舟前往。想此事已有端倪，不致徒劳往返矣。

（1887 年 10 月 9 日，第 3 版）

起节有期

江南巡抚德晓峰中丞由天津乘招商局“海晏”轮船莅沪，暂驻襜帷，旋择于今日午后登招商局“江裕”轮船赴江西任所。上海道龚观察于前晚设筵公饯，衣冠毕集，水陆并陈，宾主尽欢，其乐无极。

（1887 年 10 月 13 日，第 3 版）

徒劳往返

招商局之“海晏”轮船所失金条十根，由捕房包探陈阿九禀明捕头，转请英会审员派差，协同包探及县捕柴樛续□江北吕泗场查缉等因，早列前报。兹悉该包探等此次仍□蔡太守文书至扬州盐运司署，请为札饬吕泗盐场官赶紧查提吞没金条已故朱元遂之弟朱洪遂。及该包探到吕泗，而盐运司之文书未经发到，该包探等在吕泗场守候多日，并无动静，惟有人交贿洋百元不受；又有人调停折还洋五百元，亦未允。并查朱元遂已将金条兑去二根，置办田产，起造房屋，故后有八条交与胞弟朱洪遂，自有人为眼线禀官，奉文派差去后，朱洪遂又将二条抵与卢彭川，一条抵与强四木使用，尚有五条存在某贡生处，霸吞不还。至朱洪遂之叔父朱新堂，前曾为洪遂作保者，亦避匿不出。该包探等依然徒劳往返，回沪后行将据情禀复蔡太守云。

(1887 年 10 月 18 日，第 3 版)

江抚抵省

江西巡抚德晓峰中丞陛辞出都，道出沪江，已列前报。兹闻德化县钟明府，连日督率干役在九江招商局前，搭盖五色彩棚及东西辕门、左右吹鼓亭，行台内官厅、寝室张灯结彩，陈设一新，光怪陆离，璀璨夺目。至八月三十日早四点钟时，“江裕”轮船抵埠，九江镇道府县游守印委各员，均至趸船恭迓节麾。选锋、新劲、开化等营兵弁均列队江干，施放排枪并燃巨炮多门，以申敬意。朱春山镇军、李亦青观察率同文武官跪请圣安毕，中丞随乘绿呢大轿，用全副仪仗，挈同瀛眷进招商局行台，各员均投递手版禀安。中丞换坐大红船数艘，用“紫电”官轮拖行晋省。闻中丞此次节抵浔阳，属下文武各员之送酒席者，中丞格外体恤，一概婉辞璧谢，清风亮节，洵堪表率群僚也。现闻中丞定于九月初四日入城，初六接印云。

(1887 年 10 月 22 日，第 2 版)

沪上官场纪事

调署碣石镇总兵刘渊亭军门，偕广东水师提督方照轩军门，乘招商局“富顺”轮船来沪，小驻行辕，以待乘轮北上，此皆已登前报者也。兹闻有泰西寓沪巨商久慕刘军门威名，□［以］次赴行辕求见云。(下略)

(1887 年 10 月 27 日，第 3 版)

搭船遇骗

江北人某甲本在泰州某杂货店为伙，月前因与店主口角，遂彼辞歇。甲忆有友在镇江，不如前去一访，或有机缘为糊口计，随搭轮船而往。比至中途撞遇乙丙丁三人，言谈之间甚为投契，所谓同舟共济，虽吴越如一家矣。乙见甲箱笼中稍有积蓄，遂设计赚之。谓甲曰：“汝至镇江谋事成否未可知，盍随我等同到上海谋一洋行生意，每月可得二三十金，彼此又得常聚，不诚计之得耶?”甲闻言喜□。既至镇江，不复访其友人，船泊码头时而招商局之下水轮船已至，甲、乙等遂未登岸，由小舟搬运行李过船。及将展轮，乙谓甲曰：“现有大钱一百，汝可携以登岸，略买饭菜而回。”甲未惯出门，不知轮船将开也，携钱登岸而去。少顷，买菜回至江干，则轮船早已开去，始知被乙等三人所骗。据言箱内有洋八元、钱四串及衣□［履］等物，均已入他人之手矣。欲进不得，欲退不能，对此茫茫，中心如割，遂□身跃入江中，幸经该处小划船见而捞起，置于江岸。而甲已饱饮清波，嗣经众人设法救苏，得以不死。招商局诸人赠以衣履，又有某□［西］人夫妇经过，询悉始末，怜之，复赠洋数元，甲方称谢而去。噫嘻，行路多艰，世情如鬼，远游者可不慎哉!

（1887年10月27日，第2版）

洋商助赈第三次续募招商局巨款助赈

敬启者：今日登门募赈，悉如昨式，计募得旗昌洋行洋五百元，丰裕洋三百元，协隆洋三百元，招商局洋一千元，履和洋五百元，仁记洋一百元，公平洋一百元，鲁麟洋一百元，惇信洋一百元，三井洋一百元，泰隆规银五十两，统共收洋三千一百元、规银五十两，录登报章申谢，并呈公鉴。

上海三马路与昌协赈公所竹坪陈煦元谨志

（1887年11月9日，第3版）

星使行程

出使日本大臣黎莼斋星使于前日乘招商局之“江裕”轮船，赴金陵谒见曾制军，顺道回籍，再行来沪，出洋之期约在十一月初旬云。

（1887 年 11 月 27 日，第 2 版）

京江谈助

（前略）上月廿六日某洋行轮船由沪上开行，驶至通州口门外江心，适有某姓大船装载豆麦数百石、猪羊数百头、客十一人方出通州口，突与之碰，卵石不相敌，霎时间沉入江中，船上共十有五人，均载沉载浮[①]，顺流而去。该船竟置之不理，鼓轮上驶。正在生死呼吸之间，幸有招商局某轮船驶至该处，望见情形，立放洋划数艘，救起十一人，内有搭客母子及舟伙各二人已不知去向。该船见招商局船放划救人，方驶回帮同援救，及见众人已被招商局船救起，仍复鼓浪而去。招商局船遂将舟子与客带至京口，与该船主评理，船主仍置诸不理。招商局船主大怒，先行发电信至申江，继使救起之十一人赴申江总领事衙门控告，并愿为证人。至十一人性命虽得保全，衣履尽行濡湿，有好善者出资备办给伊更换，随附招商局下水船到沪，未悉以后如何也。

（1887 年 12 月 18 日，第 2 版）

匿箱送捕

招商局“普济”轮船厨司某乙，有兄某甲在天津开信局，有衣箱两只托乙带至沪上。乙见有大方栈接客某丙在船，旋将衣箱两只托丙带回暂放栈内。日前乙往取箱，某丙只交一只，因之争论。但箱系甲物，乙不知其中何物，因作书与兄询问情形。旋接回信称内有纹银四十两、洋十元、皮统子三

① 载沉载浮：水中上下沉浮。《诗经 · 小雅 · 菁菁者莪》：“泛泛杨舟，载沉载浮，既见君子，我心则休。”

件、茶晶眼镜坯二包值价数十两、衣服数件。乙遂将丙拉入英捕房，捕头着投英公堂控告。丙经释出，乙复将丙扭入法捕房，法捕头着暂押候讯。

（1887 年 12 月 20 日，第 2 版）

提到金条

招商“海晏”轮船买办陆雨生，嘱司账人杨馥盛［顺］持金条一匣，计共十枝，偶因遗失，被车夫拾得，携回江北吕泗场地方，旋即病故，交其胞弟，叠经英公廨派差协同包探陈阿九往提未果。兹再派包探陈阿九与县捕柴樛前往关提，该包探等昨已返沪，提到原金英洋。闻当时陆疑杨昧良吞没，送官请办，即使遗失属实，亦应着令赔偿。如不赔偿，则请发捕房管押三年。杨因此受累难堪，经其同乡人王某、金某等凑银五百两偿陆，请将杨释放。现在事已明白，当由杨向陆索还前偿之银云。

（1888 年 1 月 6 日，第 3 版）

法界公堂琐案

（前略）招商局“广利”轮船送到图窃之湖南人王友德请讯，据称王已将箱上铰链撬下，又在身畔搜出剃刀一把、剪刀一把，一并解案。王司马诘讯，据王供，昨日趁上海轮船到沪，窃物者是刘得胜。司马谓：“尔上次犯事尚记得否？”答称二年前递籍，在后未曾来过。王司马着暂押候办。（下略）

（1888 年 1 月 11 日，第 3 版）

法界捕房琐案

（前略）招商局“广利”轮船获解图窃之湖南人王友德，研讯等情曾详昨报。昨日王司马提案究诘，谓：“尔已于前年递籍，何得复来？”着责三百板，枷号码头示众。

（1888 年 1 月 12 日，第 3 版）

捕役回沪

“海晏”轮船失去金条一节，由英会审员蔡太守派捕役包探往吕泗场吊赃，该包探陈阿九先将金条三条、英洋六百三十六元回沪，捕役柴樛则在彼处守候回文再行来沪，已见前报。兹间柴樛已于昨日持回文到沪，即可销差矣。

（1888 年 1 月 13 日，第 3 版）

霓旌遄发

出使日本大臣徐孙麒星使，定于今日乘坐招商局轮船回金陵度岁，俟北洋开冻，即拟北上复命。

前任出使德、意、奥等国大臣许竹筼星使，已坐民船，用小火船拖驶回嘉兴原籍守制。

（1888 年 1 月 28 日，第 3 版）

武汉摭言

（前略）江苏候补道某观察开复原衔，乐助棉衣，以赈豫省灾民，上月初旬由招商局“江裕”轮船运到汉口，再由电局总办李仲平别驾转解豫中。时适别驾清恙未除，因禀请鄂宪饬汉阳县发审委员魏倬云刺史押解前往，计二百八十六包，二万一十二件，于本月初二黎明雇车百余辆出通济门，由黄孝应山一路星驰前去，约旬日左右即可抵豫矣。

“江孚”轮船上驶时，有金陵赴汉之病客于初六晚在途病故，年仅二十余。当未死时，聆其音，似系汉口下游转口人。买办某君恻然悯之，在九江买棺成殓，盖不加钉，装运来汉，函请汉阳县钟邑尊安置。翌日，邑尊带同仵作①人等亲来相验，确是病故，即命发交善堂安厝。

---

① 仵作：旧时官府中检验命案死尸者。

“广济”轮船搁浅一事，已列报章。兹悉上月廿三四日，是船行至宜都县境忽然搁浅，宜局总办请派兵役弹压后，有“江通”轮船驶至，即将货物尽行驳去，带之出浅。不料，驶至天星洲，忽又搁住。此处无电报可通，只得安心以待。直至“江通”下驶始行带出；行至上车湾又搁，又经“江通”带出。虽曰船主、领港人咎有应得，亦可见江水之枯涸太甚矣。

（1888 年 2 月 2 日，第 2、3 版）

传问原告

前有洪发郎之崇明船一艘，遭招商局“海琛”轮船撞沉，由洪投上海县呈求核办。经裴邑尊函询招商局，刻接该局复函，请将该船户饬令到局，由总办面询情由。邑尊于昨日饬原差带洪等到局候核。

（1888 年 2 月 4 日，第 3 版）

酌给恤洋

洪发郎崇明船遭招商局“海琛”轮船撞沉一案，前报迭纪情由，兹悉洪等由县差带至招商局，总办面询情由，酌赔洋一百十元，两尸亲各给抚恤洋亦一百十元；再有薛小郎等九人每人给洋十元，由招商局备齐，送请上海县，于昨日照数给发，洪等领洋具结而去。

（1888 年 2 月 6 日，第 3 版）

法界公堂琐案

（前略）日前招商局“江天”轮船失去铺盖等物，曾报捕房。包探王荣培查得有著名窃犯兴化阿三曾将是物付质，前日在城河浜见之拘获解案。据阿三供，姓朱，福建人，现住十六铺洽兴街陈阿大剃头店中，有铺盖行李。王司马着将朱带往该处查问明白，再行核断。（下略）

（1888 年 2 月 22 日，第 3 版）

皖省官场纪事

安庆协刘军门焕章于十二日晚，乘招商局“江宽”轮船赴金陵贺拜曾制军新禧。各州县纷纷赴省，诣各宪署拜贺新年，冠盖往还，络绎不绝。

督办运漕厘金总局边太守保樫、巢县厘金总局彭受臣太守禄、大通厘金总局松秀峰太守峻均于十三日行抵省城，贺拜抚藩、臬道各宪及同寅新禧，各官咸往答拜。

芜湖关道双锡五观察于十四日赴各宪衙门禀辞，十五日乘招商局“江孚”轮船返芜，各官赴南门外趸船上恭送如礼。

(1888 年 3 月 3 日，第 2 版)

沪上官场纪事

署理江苏臬宪陈少希廉访于前日抵沪，即于晚间乘招商局轮船赴金陵，谒见曾沅圃爵帅面禀要公。

黄浦司某少尹于前日来沪，诣县署，谒见裴邑尊，面禀地方公事，旋即乘舆遄返。

江海关道龚观察定于明日乘“钧和”兵轮往金陵。

(1888 年 3 月 7 日，第 2 版)

运炮纪闻

昨日有天祥洋行之轮船名“低砵搭里”从外洋来沪，内装大炮二十二尊，起入招商局北栈。闻此项炮位将来当运至基隆、淡水二处，以为防御之用云。

(1888 年 3 月 13 日，第 2 版)

皖省官场纪事

（前略）安庆协刘焕章协戎，日前赴金陵谒见曾沅圃爵帅，小住两日，即乘招商局之“江裕”轮船于十九日回皖。

统领山东练军防营李星甫军门，请假回里展视松楸。军门籍隶湖南，由沪乘招商局之“江裕”轮船于十九日行抵皖省，小住司门口福隆栈房，不日启行。（下略）

（1888年3月20日，第9版）

星使行旌

前出使日本大臣徐孙麒星使中［由］秣陵来沪，暂驻新闸金陵公所，拟于今日乘招商局轮船北上。

（1888年3月27日，第3版）

星使启行

前出使日本大臣徐孙麒星使，于前晚乘招商局轮船入都陛见，道宪以下各员咸至金利源码头恭送。

（1888年3月29日，第2版）

苏藩抵沪

新简江苏藩宪黄方伯彭年请训出都，由津沽乘招商局“丰顺”轮船于昨晨莅沪，江海关道龚仰蘧、松沪捐厘局总办吴广庵二观察，松海防同知刘乙笙司马，货捐局会办翁子文、英界谳员蔡二源二太守，法界谳员王雁臣司马、上海县裴浩亭邑尊、总巡冯莲士直刺，及文武印委各员，咸诣舟次谒见。上海县办差人先期已预备大号官舫，俟方伯起程赴苏。

（1888年4月6日，第2版）

法捕房琐事

日前招商局“图南”轮船抵沪，有安徽学政贵文宗之家丁乘之而来，失窃物件，报由法包探侦缉，当将“图南”船上之茶房、水手王阿富、王阿金、叶观生等三人管押解案，曾经用刑，不肯招认。昨晨王司马又临捕房，饬将三人解案，仍用拶指[①]，另跪旁边，冀其改过，而叶等三人熬刑至三点钟之久，仍供实不知情，王司马与法捕头睹此情形，着仍管押候再研问。

（1888 年 4 月 7 日，第 3 版）

石船沉没

有装石头船一艘，泊洋泾浜北首趸船旁。昨早四点钟时，招商局“广济”轮船在金利源码头动轮向北行驶，其时天尚未明，石头船上并未点灯，适为轮船所撞，石船立即沉下。舟子三人亦皆落水，闻已救起矣。“广济”船即鼓轮出吴淞口而去，闻此系管码头西人得诸海关值夜班西人所云者，石船沉在该处，谅当设法打捞，免碍行船也。

（1888 年 4 月 14 日，第 3 版）

藩宪过沪

新简江苏藩宪黄方伯彭年，于昨日四下钟时，乘坐招商局轮船自金陵抵沪。上海县办差人等预备官舫并小火轮船，方伯并不登岸，随即换船赴苏履新，本埠道厅营县以及文武印委各员咸迎送如礼。

（1888 年 4 月 15 日，第 2 版）

英界公堂琐案

（前略）包探江阿三称，积窃张阿狗又名张阿扣、邵阿和时常移姓改名，在法界犯窃五次，案下亦到过二次，被我缉获后，搜出许多押票，吊得蓝绉纱皮袍，是“广利”轮船上窃来；元绉女皮马甲是“丰顺”轮船上

① 拶指：zǎzhǐ，旧时酷刑之一，用拶子夹受刑人手指。

窃来。尚有棉袄羔皮大襟、马褂、金戒指等件，系在四马路妓院中窃来。当问轮船买办，皆称是搭客所失，妓院亦已闭歇，故无人来领赃，今将人赃送案。该窃犯张阿狗供，通州人。蔡太守判张阿狗笞责二百板，再发捕房管押六月，满期递籍；起案之赃既无人认领，概行发还各押铺。

一百十二号华捕冯阿信称，昨夜在虹口广东街一带梭巡，见现归招商局经管之空屋内有异，入内察看，见有棉花、松柴、自来火，并有点火之线香，状似放火者，当即将香拔去。查问管房人沈才生，言语支吾，且空屋无人可入，只管房人可以出入，即非沈纵火，亦应究问情形。今特送案请究，引火各物呈验。包探陆阿祥禀称，亦往看过。沈供："绍兴人，该处房屋向系宝源祥之产，现归招商局，小的虽管房，并不住在门楼。因小的在左近开老虎灶，兼之自己挑水，不过常到空房察看。昨日下午五点钟未曾到房查看，谅被匪人从后挖窗而入，意图纵火。"又有某甲投案称，沈为人诚实，不致有纵火情事。蔡太守谓是案情节较重，饬将沈交捕房带回，查明实在情形再核。

（1888 年 4 月 25 日，第 3 版）

法界公堂琐案

（前略）昨日捕房解顾桂春、杨阿富两人到案。法包探禀称，此两人是招商局"海琛"轮船送来，云是图窃，共有四人，逃去其半。王司马诘之，顾、杨两人同供是本地人，驾码头船泊轮船边，昨晚我等已睡，为有小儿等在码头轮船边见有划子船妇登轮，与该船巴得买四成奸，小儿嘲笑，船中人怒其吵扰，当时追赶。该妇逃至我船，解缆逃去。我等起看，旋被拘到。王司马诘问原告到否，包探答称未到。司马将顾、杨两人斥释。

前报列有安徽学署差官趁"图南"轮船被窃，小箱内有金银表、翠玉等件，疑该船茶房剃头王阿金等三人所窃，报捕送押法捕房。经王司马将三人严比，三人坚不认窃，在押已将匝月。前日该轮船回沪，船中买办到案具保，王司马于昨日准将三人保去。（下略）

（1888 年 4 月 27 日，第 3 版）

丁沽杂缀

（前略）新授云南府伦孟臣太守五常由京领凭赴任，于初十日过津，拟于十二三日附“丰顺”轮船到申，回粤东原籍，再由粤西入滇履新。闻偕新任广东潮州府某太守遵海而南，同舟共济。

西洋钦差罗沙君率同领事华德师君、翻译博德禄君于初九日乘“重庆”轮船到津，闻因去岁中国与伊订立澳门稽查洋药章程，现将约章盖印画押，来津互换，俾昭信守。（下略）

（1888 年 4 月 28 日，第 2 版）

津门琐记

（前略）天津总镇郑一峰军门于正月下旬作古。按，军门从征数十载，身经百战，功施烂然，开吊之期，衣冠毕集。旋于三月十五日举襄，至二十二日由公子扶柩附“丰顺”轮船至上海，然后换船回安徽原籍安葬。（下略）

（1888 年 5 月 10 日，第 2 版）

津门纪要

（前略）邓铁香大鸿胪告病旋乡，仰蒙恩准陛辞南下，于十二夜由津附“丰顺”轮船赴沪，再趁使轮回粤东原籍，从此优游岁月，颐养林泉。恩重乞身难，正不必为大鸿胪咏也。惟鸿胪曾官御史，不惮权贵，忠言谠论，时见于奏牍，现在因病乞休，足令人惋惜者。（下略）

（1888 年 5 月 30 日，第 2 版）

法捕房琐事

前报列招商局“江天”轮船送窃千里镜之严佑生，据称曾借电报局方先生衣服质洋。王司马着寄信出外，邀方来案。昨晨据方恺卿诉称，曾借衣服与严佑生，因阅《申报》知有此事，为此投案。司马着将严佑生提案，谓抄出之洋果是借衣质得，但千里镜总携在手，本应笞责，今姑从宽。

（1888 年 6 月 2 日，第 3 版）

旌麾移驻

新简湖南巡抚王夔石中丞来沪，行辕本在法租界吉星公栈。现闻已移在南市泉漳会馆南首之同乡汤绅住宅内。俟招商局“海晏”轮船抵沪，即当乘之赴津，入都陛见，再履新任。

（1888 年 6 月 22 日，第 2 版）

湘抚启行

新简湖南巡抚王夔石中丞，自坷里奉命入都，于前日抵沪，昨日午后登招商局“海晏”轮船起程北上。道宪龚观察、提右管陈参戎、松海防同知刘司马、上海县裴邑尊、松沪厘捐总局督办吴观察、总巡冯直刺、英界谳员蔡太守、法界谳员王司马、西门外督辕忠信营统带陈军门、南门外统带沪军营勇萧军门、九亩地管带沪军营勇娄参戎，以及文武各员，咸诣河干恭送。各营勇均吹号出队，站立浦滩。至傍晚时，“海晏”启轮，各营勇升炮致敬，文武各官旋鸣驺[①]回署。

（1888 年 6 月 26 日，第 3 版）

小工跌毙

昨日傍晚时招商局金利源码头某轮船有小工失足坠落船舱，立时伤重毙命。当由小工头禀明总办，函请上海县裴邑尊带同仵作人等诣验明确，委系跌伤身死，并无别故。随即饬殓，将各差役饭食钱照数给发，排道回署，已黄昏时矣。

（1888 年 7 月 20 日，第 2 版）

---

① 鸣驺：míngzōu，指由骑卒护送行进。

水厄三志

镇江来信云：某孀妇，江北人，僦居京口有年矣。夫虽早故，遗有一子某甲，年约十三四岁。妇为人洗衣糊口，子则日俟轮船抵沪，唤卖水饺以觅蝇头。一日，招商局之某轮船下水，缆未系定，各栈接客伙及搭客已争先恐后，挤拥喧嚣。甲□［亦］惕他人之我先，一跃而上，站立未稳，坠入江心。当经划船赶急救援，而巨浸茫茫，早已葬身鱼腹矣。少顷，孩母至，惟有抢地呼天，望洋痛哭而已。哀哉！是夜，招商局某轮船由沪至镇，方靠趸船，即有六吉园楼客伙某乙一跃登船，稍涉大意，被人挤坠江中，划船及各洋划帮同捞救，奈甲［乙］沉于江底不复上浮，次日方能捞获尸身，送信其家，俟亲属到时，方能收殓。又某号义渡船主某丙，年逾不惑，膝下仅有一孩，一日挈同上船头玩要，移时即扬帆过江，驶至中流，风伯骤然为虐，甲［丙］急转篷脚掉转，其子立于船首被篷脚绳绊住，一转侧跌入波中，甲［丙］骇极，赶急捩舵捞救，已无济矣。哀痛欲绝，跃入大江，幸船伙手快心灵，将衣挽住。

（1888 年 7 月 21 日，第 2 版）

皇侄游华

俄罗斯皇之犹子某君由俄京圣彼得罗堡乘兵轮来华，游历各直省郡县。既抵上海，即改坐商轮溯长江而上，游遍镇江、金陵、芜湖诸口。旋乘招商局“江永”轮船抵九江，带有水师提督、医生及护从者数人。九江英、俄领事官暨各洋商，次第诣招商局码头恭□［迎］，旋命驾登岸，暂寓领事公署。次日，各西人陪往庐山游览，至上月二十六日复乘“江永”船至汉皋，驻汉俄领事率同诸商站班迎接，时洋街口已预备马车六乘，既登岸，领事等皆脱帽为礼，导以徐行，乘车至公廨。

（1888 年 8 月 9 日，第 2 版）

军宪过鄂

荆州将军祥军宪晋京陛见，奉旨回任。当节麾南下时，先请幕友抵鄂小作勾留，即附“彝陵”轮船前往。至上月十九日，招商局“江裕”轮船抵汉，军宪挈同官眷及一切扈从人员附之而至，地方文武员弁均在码头如礼恭迎。军宪驻节电报局，次晨渡江赴省拜会督抚，各宪旋饬电报局代订“江通”轮船，于二十四日抵埠乘之而赴任所。

（1888 年 8 月 9 日，第 2 版）

鸿客来宾

俄罗斯之皇侄由其国都携带水师提督、医生人等坐本国兵轮来华，游历抵沪后，即改坐招商局轮船诉［溯］长江而上，均列前报。兹皇侄已于本月初一日折回金陵，先是洋务总局接上海道署传电，知有鸿客来宾，早由稽查下关分局曹别驾在彼料理。既抵埠，问明来意，次日即陪游朝阳门外之明故陵与聚宝门外之机器局。是日，洋务总办刘观察觞之于本局，有加礼，向来英、法各人之观光上国者，刘观察必尽地主之情。惟樽俎之间，各用其本国之礼仪，揖让进退，未能尽如人意，至言语则尤赖舌人彼此译递，客不过既酒既饱而已。今皇侄颇能通中国京语，其随员曾有在四译馆读王会之书者，故宾主弥征欢洽，比于吴公子季扎之遨游齐鲁焉。说者谓其医生实圣彼得罗堡之选列为侍从，凡寒暑之不时、风雨之不节，以及出入起居之失度、朝夕饮食之失调，皆可随时顾问，无太过不及之虞，其视以嘲风弄月为等差，以范山模水为骖乘者，各有用意之不同矣。

（1888 年 8 月 18 日，第 2 版）

粤臬过沪

新简广东按察司王芍棠廉访之春，于前日乘坐招商局轮船赴粤省履新。本埠道宪以下各员咸诣码头恭送宪旌。

（1888 年 8 月 24 日，第 3 版）

难民回国

前报列暹罗遭风难民十一名，裴邑尊日给饭食，候便船送回故土云云。前日邑尊饬原差将暹罗难民送到招商局“广利”轮船上，送往粤省，再行送回故国，每人给发船票一纸，暹民虽遭颠沛，仍得生还，岂非贤父母之所赐欤？

（1888 年 8 月 29 日，第 3 版）

河督启节

昨报列河督来沪一节，兹悉吴清卿中丞乘坐招商局“美富”轮船抵沪，停泊金利源码头，换坐广甲兵舰，于昨晨启轮，上驶履新，本埠诸官员均至江干送行。

（1888 年 8 月 31 日，第 2 版）

搭客落水

前日招商局之上水轮船抵镇江码头时，尚未泊定，船中搭客争先上岸，拥挤非常。有某客欲登跳板，忽被身后一人一挤，客遂堕入江中。当放划船捞救，客已随波逐浪而去矣。跋涉之险如是，可不慎哉！

（1888 年 9 月 19 日，第 3 版）

英界公堂琐案

（前略）水巡捕头报称，招商局之“江天”轮船进口，有杉板船不待轮船停泊，上前兜揽生意，为此拘案。谢西安、萧阿顺同供，皆是栈伙，各雇杉板到轮船接客；何阿仁、余阿五同供，摇杉板船由栈伙雇唤，嘱我赶上，不知定章，以致违犯。蔡太守判谢西安、萧阿顺及船户何阿仁等，每名各罚洋一元。余阿五称无力罚洋。太守谓，既称无力，改为管押三天。（下略）

（1888 年 10 月 5 日，第 3 版）

岂有此理

甬江装运茶箱，向由招商局与太古轮船两处载运。因去年太古栈房失慎也，来同帮议定统归招商局一家载运，故同业则一律装与招商轮船，其事未为不可。不料日前因落货扦字时争先恐后，彼此怆遑；适因局执事者他出，惟写字人李庆澜理其各事，与之相商，彼以为奇货可居，竟出言不逊，胆敢与客商“滚蛋”相呼，旁观诸人亦代为之不平。若李庆澜者岂不思命名之意，名曰“招商”而实则“拒商”。噫，是何言欤？圣人有言，既往不咎，是所望于将来。

(1888 年 10 月 5 日，第 6 版)

粤藩过沪

新简广东藩司王方伯自津沽乘“丰顺”轮船南下，于前晚抵申，就洋泾浜长发栈暂驻宪旌，道宪以下文武各员咸往拜谒，闻小作勾留，即须赴五羊履任云。

(1888 年 11 月 2 日，第 3 版)

客死他乡

日前怡和洋行“福和”轮船由汉口至镇江，甫抵码头，尚未泊定，上下搭客争先恐后，拥挤非常，时有某客失足落水，船主急放洋划往救客，已随波逐浪而去矣。又前日招商局之“江孚”轮船由沪启行，有某甲搭往十二圩，中途得疾死于舟中，及轮船行抵镇江，旋将该客舁出，由招商局备棺收殓，以俟亲属前来认领。仓茫巨浸，捞骨无从；落拓半生，他乡作鬼，可哀也夫。

(1888 年 11 月 5 日，第 2 版)

英界公堂琐案

（前略）水巡捕禀称，今晨招商局“江天”轮船进口，尚未下碇，即

有驳船户康阿五违章驶上，拘案请罚。康供不知误犯，尚乞施恩。蔡太守判罚洋一元；如再违犯，定干重罚。（下略）

（1888 年 11 月 7 日，第 3 版）

客官过境

新任常镇道杨观察于昨午乘轮来沪，船抵小东门外招商局金利源码头，松海防刘司马、上海县裴邑尊、英会审员蔡太守均往舟次谒见。

（1888 年 11 月 8 日，第 3 版）

沪上官场纪事

常镇道升任江苏臬宪陈少希廉访，于前日将晚时由镇江乘坐“钧和”轮船来沪。上海县裴邑尊在沪北天后宫旁预备行辕。廉访乘坐绿呢大轿，排道进辕。本埠道营厅县及英、法会审员等均至行辕谒见。

江苏粮道成月坪观察，扶太夫人灵榇来沪，停泊观音阁码头。本埠各官均往祭奠，已列前报。兹闻已于前日发引，一切仪仗殊为热闹。观察扶榇至小东门外招商局金利源码头，下“海晏”轮船北上，本埠各官员均往送行。

江宁副都统姚统制田，日前由金陵乘招商局长江轮船来沪，暂驻法马路天主堂街口协和泰栈内，旋乘怡和行之“高升”轮船赴津，闻该船定于今晨开放云。

（1888 年 11 月 19 日，第 2 版）

储宪抵申

新简江苏粮储道景储宪星请训出都，由津沽乘招商局某轮船南下，于昨晚抵沪，道营厅县各官次第诣金利源码头迎迓。

（1888 年 11 月 27 日，第 3 版）

赭岭霜痕

调署芜湖严笠樵明府组璋有事在省，先令瀛眷来芜，于十月二十一日抵岸。署中书役借上水门城内青石街旧镇台衙为公馆。明府公竣后，于二十三日乘招商局“江裕”轮船抵埠，书役咸往恭迎。明府随乘舆入公馆，少选诣道辕禀到，并拜谒各官绅。事毕，旋发红谕，择吉二十四日未时接印，届时钱孟超刺史派家丁将印信送交明府接受，明府恭设香案朝服，向北行三跪九叩首礼，望阙谢恩。既升座，各书役纷纷参贺如仪。（下略）

（1888 年 12 月 4 日，第 2 版）

法界公堂琐案

无锡人吴子帆诉称：“小的在老义和栈接客，上月二十七日至珊记码头，有某老爷挈眷往天津，当即招揽，说有‘丰顺’轮船即日放洋。至二十八日清晨七下钟时，老爷遣家丁到栈，嘱放舟前去，因于十一点钟时偕轿班孙阿千，去将行李驳运，老爷、太太、小姐等亦即随船驳至‘丰顺’船上。后闻知‘丰顺’于初二日启碇，老爷嫌太迟。招商局‘日新’轮船与‘丰顺’衔尾而泊，‘日新’即日启行，因复将行李搬至‘日新’船上。惟‘日新’无上下舱，只有大舱，后梢有一房舱，随即定下，将行李物件搬进房舱内。搬至一半，尚有箱子等大件，老爷说我住外面，可将洋布遮盖。当时小的将船票三张交与老爷，老爷即交下洋五十一元，小的随上岸回栈。嗣忽称失去黄皮箱子。”王司马谓：“尔既经手招揽，为何不将行李尽行搬至舱中，所有黄皮箱一只放在何处？”答称：“早已搬进，太太小姐均在舱内。”孙供三林塘人，在老义和为轿班，同在搬物，眼见黄皮箱搬进舱内。陈品山供徽州人，在佛照楼接客，某客因有眷属，□定房舱，“小的遂至‘日新’轮船将情由向买办说明，买办言如有女眷，必须早些下船，当即将房舱定下，后客眷看戏回船，见房舱有女客在，询以何人？据云太太吸烟，外边有风，故暂借此房一吸，及吸完即搬出。小的曾带轿班两名，前去将伊等之物搬在一堆，搬后当面交明太太，并请至房舱看过后，将小的送去客人之物搬进，蒙客赏洋二元，又赏妻子洋二元。”司马问：“为何又赏尔妻？”陈称客眷年只二十岁，闲时妻去服事，临行一同送往，故又赏洋。包探王荣培禀称，闻查究失箱之后，陈又请该客不必赴津，因之重复搬至栈内，不知是何意见。司马问陈可是该客仍回栈内？答称：“未回，现住小的家内。”司马讯其住在何处？王包探禀称陈住英界潮阳楼对面披屋一间，何能住客？司马问到案之赵某其时可见黄皮箱搬进房舱，答称未知，惟据吴说已搬进。司马谓吴曰：“老太太肯让出，足见尔未定房间，现在只问尔既已经手，为何不将物搬完？”遂着将吴、孙、陈三人一并管押，并着王包探至陈住处查明再核。

（1888 年 12 月 5 日，第 3 版）

皖事述余

新任直隶按察使周玉山廉访，月前请假回皖，展视松楸。兹于初六日赴各衙门辞行，初七日乘招商局“江永”轮船鼓浪初下，前赴新任。（下略）

（1888 年 12 月 16 日，第 2 版）

皖省新谈

河南候补道魏温云观察纶先由扬城至京口，乘招商局“江永”轮船于十四日抵皖，小住仁和典铺，连日拜会各官。各官亦往答拜，舆马络绎于途。起节之期尚未定也。（下略）

（1888 年 12 月 26 日，第 2 版）

储宪来沪

江苏督粮道景月汀观察由苏乘坐官舫，于前日下午抵沪，泊舟英租界观音阁码头。海关道龚观察、松海防刘司马、上海县裴邑尊、英会审员蔡太守、法会审员王司马、江苏海运局总办等均往舟次拜会。景观察于昨午前登岸，赴各衙署拜客，即于午后四点钟移舟小东门外金利源码头，换坐招商局“江永”轮船，赴金陵谒见曾制军，面陈要公。

（1889年1月9日，第3版）

轮船失事

昨日外洋发来电报云，太古公司之蓝烟囱轮船名“白来恩”，已在大西洋海面失事。闻有一西女，由英国起程搭坐该轮船来华，将嫁与招商局“海晏”轮船上之西人为妇，竟致中途淹没，未获成就姻缘，呜呼，惨矣！

（1889年1月16日，第3版）

法界捕房琐案

（前略）赵宦在“日新”轮船失箱一案，曾记报章。事缘赵从姑苏来沪，欲往天津，义和栈接客人吴子渭①，在苏州河接至栈中，先为代写太古某轮船票后，又搬至招商局“丰顺”轮船。闻“丰顺”船须迟两日出洋，因复将行李搬上“日新”轮船，以致皮箱失去。当时王司马恶其身为接客，岂有不知轮船开放日期，因之将送物到船之轿班沈阿千，一并管押捕房，谕以皮箱一日查不到，则尔等一日不能释出。昨晨葛同转莅捕房，将吴、沈两人提案研诘，两人仍照前供。同转谓尔等须设法将箱查到，方可无事，遂着仍还押所。旋谕王包探曰：“尔且往义和栈问之栈主，目今箱亦不查，事亦不理，将人挺押，岂可了事乎?”该包探遵谕而去。(下略)

（1889年2月11日，第3版）

法界捕房琐案

前日某甲附招商局“海定”轮船回宁波，友人某乙托带家信一封，内

---

① 吴子渭：前者报道为“吴子帆”。

贮洋银六元。甲置诸衣袋中，下船时偶不留心，被妙手空空儿攫去。甲初犹未之知也，嗣检衣袋，始悉情形，急登岸复投捕房，捕头着包探王荣培、李云发等为之查缉。随在烟馆内查到剪绺老贼陈金和，随将原信搜出，尚未启封，因即拘陈，押候解案。（后略）

（1889 年 2 月 21 日，第 4 版）

鸠江春汛

安庆府联仙蘅太守因公来芜，并视双锡五观察病势，勾留二日，于廿一日乘招商局“江裕”轮船旋省，各员均至江干恭送。

（1889 年 2 月 27 日，第 2 版）

普天同庆

昨日恭逢皇太后归政之期，黎明时，江海关道龚观察、松海防同知刘司马、上海县裴邑尊、英界谳员蔡太守、提右营陈参戎以及文武印委各员恭诣万寿宫行朝贺礼。适黄漱兰大银台因事来申，亦与其列。浦江各兵船及招商局轮船均高揭龙旗，遍悬五色旗帜，以志庆贺。

（1889 年 3 月 5 日，第 4 版）

军麾指沪

新简福州将军希赞臣军帅将次来沪，上海县裴邑尊在四马路招商局比邻洋房内预备行辕，结彩悬灯，颇为华美。闻军帅于今日可莅沪云。

（1889 年 3 月 7 日，第 3 版）

军麾□莅

昨日午后一点钟时，新简福州将军希赞臣军帅，乘招商局“海晏”轮船抵埠，停泊小东门外金利源码头。江海关道龚观察、松海防同知刘司马、上海县裴邑尊、英廨谳员蔡太守、法廨谳员葛同转、提右营陈参戎及文武各员齐集舟次拜谒。军帅随乘轿入行辕，诸员又投手版谒见如仪，军帅接见有差，旋于四点钟时出辕拜客。

（1889 年 3 月 8 日，第 3 版）

储宪赴津

江苏粮储道景月汀储宪，于前晚乘坐招商局某轮船北上，本埠道厅营县咸恭送如礼。

（1889 年 3 月 9 日，第 3 版）

军宪启行

新简福州将军希赞臣军宪，于昨日四下钟乘招商局“海琛”轮船赴闽履新。江海关道龚仰蘧观察、提右营陈□卿参戎、松海防同知刘乙笙司马、上海县裴浩亭邑尊、英界谳员蔡二源太守、法界谳员葛蕃甫同转，松沪厘捐局总办吴广涵、轮船支应局总办陈延洙、制造局总办聂仲芳三观察，督辕忠信营统带陈宇山、沪军营统带萧云卿二军门，九亩地亲兵营管带娄参戎及文武各员，齐集舟次恭送节麾，巡捕包探为之伺应。时则细雨如丝，沾衣欲湿，而各营勇齐向江干列队，干旌孑孑，掩映于柳烟漠漠中，古时细柳营当亦无此天然图画也。迨军宪渡升轮舶，各官先后兴辞，管勇亦角声呜呜然，整队而返。至钟鸣六下，军宪瀛眷亦乘舆而至。洎双轮船破浪驶出江心，则十里洋场早已灯光万点矣。

（1889 年 3 月 13 日，第 3 版）

蜀中人语

汉口立德洋行西商将“彝陵”轮船租与招商局，行驶宜昌，盖有年矣。迩来，立德行禀诸各大宪，意欲收回，往来重庆川中。大宪闻有此举，即委干员在沿江各处察看情形，委员以川河之水湍急飞流，倘触华船，容易滋生事故，遂据实电禀当轴诸巨公，欲令中止其事，议给船价等银若干，立限若干年不准再议此事云。

（1889 年 3 月 28 日，第 2 版）

安省官场纪事

龙山营统领萧军门泰来于上月二十四日由金陵因公赴皖，向抚宪面禀要公，并与营务处商议事件，小住湖南会馆，不日即束装返营。

□［委］办芜湖洋务局祺子麟太守厚因公晋省，旋于上月二十五日向上宪禀辞，阅日乘招商局“江裕”轮船回局视事。

（1889 年 4 月 3 日，第 2 版）

统制来申

福州都统容统制交卸篆务后，即乘坐招商局“海琛”轮船来申。昨晨抵埠，道宪以下文武各员咸诣码头迎迓。统制乘舆登岸，入万安楼栈暂驻节麾。闻小作勾留，即须北上也。

（1889 年 4 月 3 日，第 3 版）

营口邮音

营河自二月初八日开冻后，招商局及各市商均电达上海，令于十二三日开放轮舶到营，以赶头帮利市。不料初八夜，东北风骤起，气候转寒，次日河水又合。招商局急电致上海止住轮船。至十七日开冻后，由营局发电至沪令放轮船。廿二日始，有“美富”“牛庄”“财生”三船到营；廿三日，又有“吴淞”等三船到营。然至二月杪，头帮轮船到营者尚不满十艘，可见市面之萧条矣。刻下营市惟油、豆、饼三项日见提昂，存货亦缺，其余南北货依然不动。

今春头帮轮船到营，惟招商局之“美富”独获厚利，载赴上海丝包杂货，共有万余件之多，可得水脚银万数千两，此外各船皆不能及。

庆军宪因念奉属水灾甚重，粮食昂贵，禁止红粮出口，以济民食。近来粮价仍见加涨，惟开河后，上海轮船载来白米不少，因之白粮稍贱。说者谓山东、直隶两省出粮素少，历年全仗关东红粮接济，所以营口红粮每年出口甚多。今既禁止红粮出口，直、东两省未免顿失所恃，似不若禁止奉属各烧锅行之为愈也。此说也，姑照所闻录之，未知有当事理否。(下略)

(1889 年 4 月 5 日，第 2 版)

沉船遇救

前晚招商局之“江天”轮船由宁来沪，将进口时，遥见装石之宁波钓船沉下，露出桅杆，船主用远镜观之，杆上紧抱二人，急命停轮，放杉板船往救，二人则衣裤均湿透，盖在船浸水后抱桅杆图救者。据言在镇海装石运往上海，不料驶至此间，遇浪船漏沉下，在船共六人，已毙四人，伊等二人幸得遇救，云云。及扶□［登］杉板，沉船之桅杆亦没不不见形迹矣。该二人既到轮船，买办分给衣服，换去湿衣，并给酒饭与食，业已带到上海矣。

(1889 年 5 月 2 日，第 3 版)

藩宪莅浔

新任江西布政使方佑民方伯于初三日一点钟坐“江孚”轮船驶抵九江，选锋、新劲等营兵弁均列队江干，燃枪申敬。九江道府县官以及印委各员均诣招商码头迎迓，一时脚靴手版，纷纷投刺。方伯分班传见后，即登岸进行台小憩，随乘绿呢大轿呵殿①入城，往各衙门拜客。闻初四日换坐大红船，用“紫电”官轮拖行晋省履新云。

(1889 年 5 月 7 日，第 2 版)

马戏将到

本报后幅登有车利尼马戏告白，已阅多日。现闻该班坐招商局“致

---

① 呵殿：古代官员出行之时，仪卫前呵后殿，喝令行人让道。

远”轮船，由厦门来沪，约礼拜三早间可到。闻此次该班中所添各色人物，比前更胜。其告白内载明礼拜四，即本月十七日晚，在虹口开演，想海滨士女必当乘兴往观。按，前次该戏班到沪时，各兽由公和祥码头上岸，观者甚多，此次既搭招商局船，当由金利源码头上岸，一路观者自必异常热闹。其中各兽不噬人者皆步行，惟噬人者皆有［在］笼中，正不必望而色变。惟狨一头，重一千五百斤，不知放在笼中，抑竟在地牵之以走，俟到时便知。

（1889 年 5 月 14 日，第 3 版）

星轺移沪

昨日本埠官场接得天津电信云，出使美日秘大臣崔惠人星使于十六日清晨乘招商局“海晏”轮船来沪，皇华四牡，将命不遑，攘外侮而壮国威，不禁于星使望之已。

（1889 年 5 月 16 日，第 3 版）

马戏已到

车利尼马戏班于昨晨附招商局“致远”轮船抵沪，停泊金利源码头。当登岸时，观者人海人山，正不止万人空巷。有一乳虎，生仅五十日，然已猛鸷非常，一人走近笼旁，思一睹山君气概，不提防虎蓦伸爪，抓其面，血肉狼藉，惨不忍观。后经西人以药敷之，恐愈后相君之面不复能团团似富家翁矣。二人欲上轮船，被挤堕浦，一象见之，以鼻入水欲卷之起，而先已有人援登彼岸。嘻，同一畜类也，一则意在伤人，一则意在救人，无怪人类不齐良莠，显分霄壤，君子观此盖不能无感于怀焉。此外，有马数十匹，及熊、虎、牛、羊、猩猩、袋鼠等奇兽，其驯良者牵之以行，桀骜者则贮诸铁笼中，下置车轮令人挽以就道。说者谓“致远”此行专为装运戏班，并不附人载货，然则班中人物之繁盛，亦可窥见一斑已。

（1889 年 5 月 17 日，第 3 版）

贝叶南来

前次招商局“海晏”轮船抵埠时，由津载来藏经十六箱，暂存金利源栈房中。据云，此项藏经系由粤绅徐某之妹、法名道源者所请。缘其自幼茹素诵经，迄今三十载如一日焉；入都请经，曾蒙召见，应对如流，钦赐敕建报德禅院。今在沪北白大桥北首，昨晨由金利源码头请经回山，预备一切仪仗，高脚牌数对，圣旨牌一对，奉旨回山一对，钦赐报德庵、钦赐龙、万寿无疆等牌各一对，日月牌一对，銮驾十二对，苻［符］节黄缎伞二柄，黄缎尖角绣龙旗一对，掌扇一柄（系绿缎盘金龙镶嵌，扇之上边装一金龙，扇柄装有金珠合龙抢珠式，光彩夺目）；并有清音一班、缁衣十八人、讽诵经忏，顶马一乘。码头上预设香案，高烧黄烛，系黄桌帏。经箱十六箱，各以四人舁之，箱上贴有“钦命管理僧录司印务正堂”封条，十点钟后逶迤沿浦滩往虹口报德庵尊藏，沿途观者颇众。

（1889 年 5 月 19 日，第 3 版）

暂回珂里

出使美日秘钦差崔惠人星使抵沪，在天后宫旁暂驻行旌，曾列前报。兹悉星使于前夜乘坐招商局“江孚”轮船回安徽原籍，本埠各官均至江干送行。闻星使回里后，即须来沪，乘轮出洋云。

（1889 年 5 月 22 日，第 3 版）

上海四马路文报局山东赈捐收解处会同各公所起解第六批赈款

谨启者：本月二十一日解出第五批后，接杏荪观察书，极陈灾广款绌。昨又接到惠民谢佩孜大令三等急电云，所带之款万分不敷，灾民命在呼吸，乞速接济等语。当晚会商同人，赶即凑□［垫］库平银一万一千两，又药丸十二箱，于今日由招商局“拱北”轮船运烟转解，惠民散放。此批内丝业会馆规银三千两、药丸三箱，与昌公所规银二千两，高易公所规银一千两，文报公所规银六千零五十六两、药丸九箱。现值灾区五六路分头查放，需款多而且急，伏望海内善长志切救灾、心存济急者，厚惠源源，以速为贵，无任叩祷之至。

同人施善昌、陈德熏、葛缕孝、王松林、谢家福、经元善、杨廷杲谨启。四月二十九日

（1889 年 6 月 1 日，第 4 版）

机船妙制

新任常镇道黄观察前办湖北督销局时，有周守戎德标及其兄德明绘呈八桨炮船式，其船内装暗轮机器，烟从船旁喷出，被水冲去，略不眯目。观察转呈裕制军，制军深为嘉许，随由观察给守戎银五千两，溯江来沪，托南市陆家浜广德昌机器造船行宁人何德顺购料制造，业已竣工出坞，取名“先锋”，暂泊小东门外金利源码头。观察得禀，即移请江海关道龚观察定于十四日亲临察看。招商局各轮船主见之，均极口称佳，升炮志贺。昨日比船移泊三马路口招商总局码头，友人前往详观，见此船有篷有桨，乍看几不知其用；机轮长西尺六丈五尺，阔一丈三尺，中舱内装设机轮气筒，则如西人所用铁火炉之烟囱，由中舱转从船边，通至后梢，其口向水，俾水得以冲去，其烟入水三尺半，每一点钟时行三十余里，用煤不满百斤，后梢会客厅一□西式。其时适招商局总办沈子枚观察及总船主某西人往阅各种机器，询问一切情形。及去，又有祥生船厂西人，及某船主、某制造师，相继到来观览，莫不言华人仿造轮船以来，此船实为首屈一指。当客至时，守戎备有香饼、酒、雪茄烟款留，谈及轮船每有乏煤之虞，此若无煤则既可使风，又可打桨，船上约可容兵丁二十余人，设或驻泊，何方有事可立时调往。每船可拖带炮船五艘，惟经费浩繁，八桨炮船一时不能尽改此式云。

（1889 年 6 月 20 日，第 3 版）

宪眷抵申

原任广西巡抚调任安徽巡抚沈仲复中丞之瀛眷，乘招商局“江孚”轮船，

于前日下午抵沪，暂驻天后宫侧行台，道署及护军营均派勇丁为之护卫。

（1889年6月20日，第3版）

瀛眷来沪

沪上官场昨晨接到电信，悉曾袭侯之女公子乘“钧和”兵轮船来沪，当由招商局总办嘱金利源管码头西人预备一切，并饬各巡丁届时妥为照料。傍晚六点钟“钧和”船已冲风破浪而至矣。

（1889年6月22日，第3版）

并非窃贼

昨报纪徽州人汪文卿在招商局某轮船上行走，法包探见其情节可疑，送案讯问一节。昨由包探王荣培禀称：“小的曾至长泰栈，查得汪并非窃贼，来时曾带铺陈行李，后因染病，典质一空矣。”葛同转饬提汪讯问，汪称向来读书，曾在汉口经办厘捐，此次前往粤东，由粤回沪，一病至今，行囊罄尽，不得已学茂陵刘郎作秋风客耳。同转问因何不到公馆，却至船上？答称公馆中阍人不肯通报，故思至轮船上见面。问家在徽州何处，答称徽州府黟县北乡，距省城约四百二十里。同转深为悯恻，嘱其暂住捕房，以候资遣回籍。

（1889年7月1日，第3版）

上海四马路文报局山东赈捐收解处会同各公所起解第八批赈款，补登第七批赈款公启

谨启者：敝处自解出第七批后，迭接盛杏翁、严佑翁诸君函电，均谓必须接放二赈，并拟将黄河洼地饥民迁徙，亟须速筹巨款解济等语。会商同人凑集第八批库平银三万两，并附解苏垣安节局收赎子女专款规元一千两，又药丸三十二箱、洋铁药罐三大罐，即于今晚由招商局“丰顺”轮船运烟东海关验收，转解灾区散放。此批内丝业会馆规元八千两、药丸五箱

三罐，高易公所规元三千两、药丸二十箱，文报公所规元二万一千八百八十两、药丸七箱。又，第七批库平银一万五千两，系于五月初六日由招商局“新盛”轮船运烟，是批内丝业会馆规元五千两、灵符一千道、红灵丹一千服，文报公所规元一万一千四百四十两。又于五月二十日由太古“通州”轮船运烟粮食五百石，内□［新］元麦四百七十石，曰［白］粞米三十石，甘露茶二万□。□［其］粮食系南市德隆彰汤君少谷募购，托为附解，药茶系文报公所制备，亦归入此次第八批数内，承招商、太古两公司捐免水脚，合并声明。同人拜启。

（1889 年 7 月 2 日，第 4 版）

温郡官场纪事

新任永嘉县宁冠轩明府本瑜奉委署理，于初五日乘招商局“海昌”轮船抵瓯，择初十日巳刻接印。恩绰亭明府拟俟桂秋乘轮赴甬，小住数日，然后晋省，约初冬时入都引见。

温州镇周静山镇军初二日由八闽公干回，在江山一览亭起岸，旋即入城，各营弁纷纷禀安。

（1889 年 7 月 7 日，第 2 版）

一览亭道暑记

新授芜湖关道成观察章赴金陵谒见曾沅圃宫保，乘招商局“江裕”轮船于初九日午刻抵芜。旋乘原轮晋省，谒见陈中丞，然后至芜履新，有本月十七日接印之说。（下略）

（1889 年 7 月 17 日，第 2 版）

敬谢“丰顺”轮船账房

敝同事吴式如舍亲于五月十七日乘招商局“丰顺”轮船由津南下，不料十八日病殁在船。蒙该船执事陆雨生先生照料周妥，殓入太平棺，将行李衣物检点缕记，到申后致信敝申号领棺及行李各件，运至杭州，交伊家属，据云一无缺失，不胜感激。谨登报申谢。

同泰京号薛汝舟敬启

（1889年7月20日，第5版）

观察起程

新任芜湖关道成端甫观察章日前莅省，已纪报章。兹闻观察于十八日乘舆赴各衙门禀辞，二十一日束装乘招商局“江孚”轮船鼓浪下驶，诹吉二十五日接篆任事，想观察到任后定有一番整顿也。

（1889年7月24日，第2版）

万寿无疆

昨日恭遇皇上万寿圣节，黎明时海关道龚观察、松海防刘司马、上海县裴邑尊、英会审员蔡太守、法会审员葛同转、提右营陈参戎及守府城汛各员均至西门内万寿宫行朝贺礼。出使美日秘大臣崔惠人宫允，亦至万寿宫行礼；驻沪各领事署及浦江停泊之各国兵轮、招商局各轮船皆扯五色龙旗，以伸庆贺。

（1889年7月24日，第3版）

臬宪抵申

新简江苏臬宪刘景韩廉访陛见出都，由天津乘轮南下，已列前报。兹悉廉访乘招商局之“海晏”轮船于昨午前抵沪，停泊小东门外金利源码头。关道宪龚观察、松海防刘司马、上海县裴邑尊、英会审员蔡太守、法会审员葛同转及各局总办、委员咸至舟次关见，廉访旋即乘舆至英租界三马路南首之同庆公栈暂驻襜帷。

（1889年7月24日，第3版）

严防漏税

天津九河派别支分，由海河而入海，每年伏汛，各河盛涨，而海河亦继长增高。此河系津沪轮船来往必经之路，轮船吃水由八尺零至十一尺不等，春、秋两季水无大汛，每于大沽口外驳轻货物，或不驳货，守候潮汐，仍可乘流而入，径抵码头。一至夏令，水满平堤，轮船之入津，转形窒碍，循序渐进，行驶无一定之时，停泊无一定之地，其入津也听之，其不入津也听之。在轮船虽出于无可如何，而随处停泊，关吏之查察难周，偷漏或多，关税当因而减色。现在豫河长水四尺，南北运河亦长二三尺不等，水中杂以沙石、泥淤，异常重浊，均由海河汇注于海，以致海河水势面上虽似盛涨，而河身泥淤，日积日多，较之平时似深而实浅。轮船于去津二三十里或十余里即行停顿，情形与历届相同。津海新关税务司德璀璘心窃忧之，厘定章程，谕知航船轮船人等，于月之十六日起，如轮船入口，偶因水涸不前，即就去津三十二里之摆渡口停泊，否则径抵码头。此外，节节只准寄碇，不准开舱，不得如前此之不拘地段，起落客货，庶便稽查而免偷漏，刻已一律奉行矣。

（1889 年 7 月 25 日，第 2 版）

远迎新抚

迩日，安庆官场接到邻省来文，谓新任安徽巡抚沈仲复中丞于六月十八日由桂林起节赴皖履新。抚署各差官暨各房科吏役即于廿三日乘招商局“江永”轮船赴汉口，更换民船至湘中迎迓。大约旌节戾止须俟七月中旬云。

（1889 年 7 月 30 日，第 3 版）

感谢“丰顺”轮船

“丰顺”轮船于七月初五早开，初六六点钟至成山触礁，吾等惊慌异常，承该轮执事陆雨生先生十分安慰，匆忙之际安排各客妥洽，不使遗失一物；账房吴、陈两君亦均和平安顿妇孺，尽心竭力。至初七，又招“日新”轮来驳去津客，照料出力。吾等均在生死关头，实属感恩不浅。特此鸣谢。

乡试众士公启

（1889年8月8日，第5版）

瓯海凉涛

本年恭承恩诏，庆榜特开，温属士子之赋槐黄而踏省门者，约共五六百人之谱。招商局“海昌”轮船戾止，争先斗捷，拥挤不开，局员遂饬“美富”轮船从广东迂道来瓯，代为装载，船身宽大，可容千人。当本月十七日二点钟，该轮抵埠时，恐瓯江潮水涨落不时，特请“海昌”引带入港，约十九日六点钟开行。该轮并无货物搭装，盖专送应试士子云。

（1889年8月21日，第2版）

司农过沪

正任户部尚书翁叔平大司农请假回籍修墓，陛辞出都，由津沽乘招商局某轮船南下。昨晨驶抵申江，道宪以下文武各员咸诣舟次投递手版请安，大司农依次接见，旋乘舆登岸拜客。午后即挈同瀛眷，换坐官舫，径向珂里遄发，各员复恭送如仪。

（1889年8月21日，第3版）

司空[①]行期

翁叔平大司空告假回籍修墓，乘坐招商局“海晏”轮船抵沪，换坐官舫，用小火轮船拖带赴苏，再回常熟珂里等因，已列昨报。兹悉大司空之

① 关于翁叔平的职务，上一篇报道为“大司农”。

官舫及小火轮船尚停在观音阁码头，预命地方官毋庸办差，约于今晨启轮云。

（1889 年 8 月 22 日，第 3 版）

湘抚启行

新简湖南巡抚邵筱村中丞抵沪后，于昨日下午乘招商局“海晏”轮船北上。本邑印委各官咸诣码头恭送。法捕头派出探捕，□捕局员亦饬线勇分投巡缉，以防宵小乘间行窃；副捕头谢尔诺则安步当车，亲临浦边弹压。并闻制造局总办聂仲芳观察，已将所有事宜清理交代，即偕中丞同日启行云。

（1889 年 8 月 22 日，第 4 版）

谳词照录

招商局“丰顺”轮船行过烟台洋面，误搁海岛及驶回沪上修理等因，前已详登于报。七月二十四日，在本埠江海新关集讯，以海关税务司为谳员，并延兵船统领二人、船主一人及海关经理、轮船进口入海关写字人到堂会审，辩论多时，始得定谳。所有谳词七则，兹特译成华字，备录左方：

一、查得“丰顺”轮船可载重八百六十三吨，系招商局之业产，船主名安纳司华而脱天士地罗，于华七月初五日由上海开往烟台、天津，船中除装货外，共有搭客九十五人，是日船行甚稳，至次日下午触遇暗礁，系在鸭儿敲司岛东北。船主一闻船遭搁漏，立即定计驶行傍岸，约离该岛西南三里搁于沙滩，得未损伤人命。

二、听讯诸人公查得该船所触之礁在船右边，系行船图册所未载，惟按中国行海簿籍内载明，船只行驶不得近该岛在一里以内，现在该船行驶太近。

三、查该船所以行近该岛之故，系因船主虑为潮水所制、不能自由起见，遂致触礁。

四、公断得该船主确有错失，因其驾驶时并无应近该岛之理。

五、查得该船触礁后，船主及大副、二副等人所行诸事甚为合宜，用能保全船货并救人命，此皆得力于船主之镇定，颇可嘉尚。

六、船中大副名密可得勿来姆，应加责备，因伊既知管舵人之不妥与船行之离岛太近，并不用心照料之故。

七、按照船主及大副、二副所供，全□在平日不知慎择管舵人，此事关系紧要，应告知招商局定立章程，嗣后所有各轮船管舵人务须一律选用熟手，不可使将就滥竽。

（1889 年 8 月 28 日，第 1、2 版）

襜帷暂驻

安徽巡抚沈大中丞于上月二十一日由轮船拖至下关，次早旌旆入城，驻节四象桥之浙江会馆内，连日各处拜客与客之往返瞻拜者，冠盖交错，非常热闹。道狭处来者不得来、去者不及去，舆夫各争捷足，以先入为快，第未知舆中人能不为滕□之争长否耳。中丞于粤西交卸日，即奏明先至金陵，因此皖中之官者、幕者及似官非官、似幕非幕者，咸荟萃于金陵，以冀贱名之早达钧听。闻中丞将公事与宫太保商榷后，即遄回皖省，前报称八月初六日即行接篆，当不诬也。

（1889 年 8 月 30 日，第 3 版）

堕江两志

某日招商局某轮船由沪上驶过京江，甫抵码头未经系缆，有二客欲附之赴白下，从趸船楼上跃过轮舟，不提防，船忽离开，以致堕入江内。船主急放洋划援救，则二客已随波逐浪，踪影杳然矣。

又某日太古公司上海轮船从汉皋抵镇，请小工挑运货物，每人给以竹筹一枝，事毕持筹取钱，此向章也。时有江北小工某甲，年甫二十余，争接竹筹，稍一大意，经人拥挤，跌入江心，当经小划船救援，早已从白马素车而去。嗣经家属闻信奔至，望江痛哭，哀动路人，然尸身久已葬诸鱼腹中，无从为之棺殓矣，惨哉。

（1889 年 8 月 30 日，第 3 版）

脚夫惨毙

某日招商局“江永”轮船驶抵镇江，尚未停轮，脚夫魏某即奋力跃登，以冀招徕生意，不虞扁担绳将足绊住，站立不稳，堕入江心。适轮船拢近趸船，将魏轧在中间，以致头为之碎，腹为之裂，淋漓鲜血，江水皆红，亦惨矣哉。船主知觉，急饬人放三板，将魏尸捞放江干。少顷，母妻子女痛哭而来，哀动路人，泪珠籁籁［簌簌］而下。招商局司事等恻□［然］怜悯，捐助棺木一具，洋蚨数头，俄而轮船搭客中有某巨宦之女公子，助给洋银十一元，在船诸客亦凑集若干，统共约得四十元，一并交尸属收领。尸属再三称谢，领柩而归。

（1889 年 9 月 8 日，第 2 版）

英界公堂琐案

包探王阿二禀称：“本月十二日晚，东洋车夫胡云纪在虹口天堂路载客，至招商局码头上轮船，客有白纺绸长衫，用白洋布手巾包裹，遗在车上，被胡持向衍大质铺，质钱四千六百文。小的访知，拘胡吊赃送案。”麦捕头称租界章程，凡车夫拾得坐客遗忘之物，合即交存捕房，俟失主来领时酌量给赏。如果匿不交出，查获送惩。胡身上衣衫几同乞丐，持此长衫付质质铺，岂不知其来历不明，请判罚锾，以为之儆。胡供称：“江北人，客似粤人又似土著，雇车至码头上轮船，忘下衣包，小的质钱，付寓资及洋烟值，今已用罄，只乞施恩。”蔡太守问衍大质铺伙某甲曰：“尔视此种车夫何来长衫付质?”答称：“伊说是包车夫主人命伊付质。”太守问胡曰：“甲之所供尔闻之乎?”答称：“小的并未说主人嘱为付质，质铺伙亦未问以来历。”甲称谅车夫所质必是主人之衣，实则未经问过。易副领事谓该质铺既不问来源，又到公堂饰词朦混，殊属不是，请除质本不追外，罚洋二元。太守允之，并判将胡管押廿一天，长衫存，俟失主认领。甲坚称监生实系请追质本而来，既不追还，又欲科罚，何以回复主人。太守谓：“捕房之意以质押铺只图取利，不察衣物之来源，致使窃贼易于销赃，是以必须判罚。尔将此意回告主人可也。”甲乃唯唯而退。

（1889 年 9 月 13 日，第 3 版）

临歧祖饯

前任永嘉县恩绰亭大令交代清楚，于廿三日搭招商局“海昌”轮船赴申，入都陛见。廿二日午后出城，沿途祖饯者多至五十五起，送万名［民］伞、德政牌者纷纷不绝。使君虽去，遗爱仍留，握手临歧，当有同深怅惘者矣。

（1889 年 9 月 23 日，第 2 版）

皖省官场纪事

（前略）督办皖南牙厘总局孙树人观察振铨，由芜起节，乘招商局“江裕”轮船于初一夜四更时行抵皖省。当即乘舆晋城，小□［住］府经厅，次晨赴院禀安，并拜会各寅谊。闻观察此次莅省，□有厘务要公面禀中丞，并叩祝仲帅寿辰，小作勾留，即回芜局视事。（下略）

（1889 年 10 月 4 日，第 3 版）

储宪来申

江苏□［粮］诸道景月汀观察，自津沽乘坐招商局轮船南下，于前日傍晚抵申，本埠道营厅县以及印委各（员）咸诣码头迎迓。观察乘舆登岸，在江苏海运沪局暂驻襜帷。昨日午后，上海道龚观察、松海防同知刘司马、上海县裴邑尊设宴于豫园内之萃秀堂，公请邵中丞、景观察，冠盖如云，颇极一时之盛。

（1889 年 10 月 5 日，第 3 版）

告　白

启者：本港仁隆匹头店东主林景云，前于壬午年倒盘，欠到本号揭项本银三千圆，适有轮船招商局股份十股，系“公”字第六百六十号。经本号延伊尹士讼师追控，曾于壬午年十二月十一日蒙臬宪堂讯批准代还活状师之数，赎回股票。该股份判归本号抵偿，惟该股份只有股票而无息折，未知遗失何处。兹本号拟向上海轮船招商总局补给息折，例应刊登告白，如拾得该息折者，须于一个月之内与本号理妥，逾期则视为废纸。特此布闻。光绪己丑年七月二十日，恒和号、益隆号谨启。

（1889 年 10 月 5 日，第 5 版）

关道晋省

芜湖关道成端甫观察于本月初六日乘招商局“江孚”轮船晋省，谒见抚宪，禀陈要公，并申祝嘏之忱，所有署中日行公事循例委芜湖县代拆代行。宪驾启行时，僚属咸至洋码头恭送。

（1889 年 10 月 7 日，第 2 版）

会讯失箱

候选知县沈宝瑜系安徽合肥县人，于去年十月间引见出都，由天津乘招商局“丰顺”轮船来沪，暂寓英租界长发栈。因失窃白皮箱，内有绸绉纱单夹棉等衣服三十七件，并有拜帖；小箱放在箱内，有金镯、翠镯、纹银，开单报捕，由包探秦少卿查无实据，解由蔡太守讯问栈伙及轮船司账，均无确证。又饬捕役赵金细查，亦无凭证。沈又赴直隶总督李傅相辕下控告，傅相札饬江海关道讯究。龚观察奉札后，即委上海县裴邑尊、法会审员葛同转会同英会审员蔡太守讯究。蔡太守会同裴邑尊、葛同转订于昨日下午四点钟时庭讯，太守饬原差传到“丰顺”轮船账房周锡山、长发栈伙张兆文候讯，沈宝瑜同家丁秦升到案绝。届时升堂，邑尊命秦升上堂，沈宝瑜头戴晶顶到案叩头，然后站立。邑尊谓：“本县命尔家丁投质，全尔体面，何必亲自到案耶?”答称：“家丁恐有未尽周知之处，不得不亲自投案。职员于去年十月初，由天津搭‘丰顺’轮船随带家丁秦升并衣箱行李，二人船价须洋三十二元，当付洋二十元，余付银两，嫌次色不收。旋□［于］初七日抵沪，所有箱子衣包物件尽交账房周锡山，原要登岸以银兑洋交付，旋遇长发栈接客之张兆文愿为担保，箱子物件由张兆文雇驳船并雇挑夫运到该栈三十号房间。当少白皮箱一只，内有小箱金翠等镯及纹银、衣服三十余件，理合向账房周锡山理追。”周锡山供：“职员在‘丰顺’轮船为正账房，去年十月初晚间，沈宝瑜同家丁秦升下船，向我言带银三千两进京引见，用去四千两，致将衣物质尽，现要到上海，主、仆二人水脚价洋可否便宜。我答以水脚有一定之价，且由西人经营，账房不能作主，言明二人水脚洋三十二元。及开至黑水洋，西人向各客收水脚，沈付下英洋二十元，内有铜洋一元退还，应找十三元，俟抵沪找足。及抵沪，言要存箱一只为质，嗣由长发栈接客张兆文向副账房蒋抑峰言，愿担保到栈向收，听凭将箱笼物件尽行搬去。及往，收取找洋，伊约俟兑洋。及第三日向收，则言失去箱子。事奉传讯，早经供明。况沈先已言明典尽衣物，致欠水脚，如何有许多值价之物？”张兆文供：“在长发栈为接客，去年十月初七日‘丰顺’轮船抵沪，有沈老爷言要到道署，又问有好栈房否，我告以即是长发栈伙，旋为代保欠找水脚，雇好驳船，将行李搬运，沈与家丁秦升均经眼见。及驳船傍岸，沈坐东洋车而去，秦升同我押运箱子衣物等件到栈，放在三十号房间，检点之下共有十七件。秦升言已齐全。后据沈言共有十八件，内箱子八只，缺少一只，嘱沈开单报明捕房，由包探秦少卿查究，并无踪迹。”秦升供与主人同。邑尊曰：“是案最要关键，须问箱子在船面时如何点交，沈及家丁究竟在场否？”周锡山称：“欠找水脚，既有张兆文担保，衣箱物件听其搬去，并未点交，以非我分内事也。”张兆文又称沈及家丁均在场，眼同搬运下船。沈宝瑜又称：“我与家丁均不在场，且以前点交与周锡山，应向周锡山追问。”邑尊谓初时欠找水脚，轮船或者扣留物件，旋有张兆文担保，听凭将物搬去，均在情理之内，安有主、仆二人均不在场，听凭搬上驳船之理？又问张兆文搬运下船时，周锡山在场否，答称：“周不在场，小的亦系安徽人，沈老爷是同乡，总要放□良心，不能妄供害人”。沈又称，当时将衣箱等件交周时，有副账房蒋抑峰，言“没有人吃去”，今既失去，如何不向账房究追？邑尊又究诘秦升，供执如前；又问：“尔主人究竟点交与周否？”答称点交。据周言“没有人吃去”，太守问此言究属何人所说，秦升供系周说。邑尊谓沈言蒋抑峰说，何也？秦升又称周、蒋均说。邑尊又问失箱究在轮船，抑在栈房？沈称：“我交与轮船账房。”邑尊谓，然则当时即应向周追究，何必嘱栈伙张兆文报捕。太守问沈曰：“尔嘱张兆文报捕，曾开失单乎？”答称据张言，上海失物须报捕房，因此照办。周锡山又称招商局开设以来，各轮船未有此等事。太守命包探秦少卿上堂。据称去年十月初七日，张兆文代沈宝瑜报失白皮箱一只，长一尺八寸，高八寸半，阔一尺二寸三分，内有小箱，长一尺一二寸，高三四寸，阔七寸，大箱内有绸绉衣三十七件，小箱内有金翠镯及纹银。当往问沈，说在栈房□［失］去。“丰顺”船泊在法租界金利源码头，如果在船失窃，应由法捕房办理。当时报在栈房失窃，栈房在英租界，由英捕房查得，并无踪迹。邑尊又问秦升：“尔主人之箱究在何处失去？”答称：“如在轮船，应问周；如在栈房，应问张。”邑尊谓：“主人坚指交与周，尔又混说，何也？”讯至此时已将晚，邑尊商之太守，向沈再四开道，并谓审案须问情节，照此情形殊，难向周追究，本县与会审官须详道宪候示，遂退堂。

（1889 年 10 月 7 日，第 2、3 版）

皖省官场纪要

十［升］任顺天府府尹陈六舟大京兆，交卸安徽巡抚篆务后，即率同瀛眷暂返珂乡怀宁县。陈云溪明府以抚署颓坏甚多，饬匠鸠工修师□，以便沈仲复中丞于初十由行台迁入。初八日，芜湖关道成端甫观察乘招商局“江孚”轮船抵省谒见中丞，小作勾留，即辞回鸠江供职。

（1889 年 10 月 9 日，第 9 版）

雨中送别

湖南巡抚邵筱村中丞本拟乘招商局之“江裕”轮船启行，兹已改乘“祥云”兵舰。昨日下午二点钟时，中丞由天后宫旁行台起节，至法租界招商局金利源码头下船。上海县裴邑尊于午刻至英公廨，会同蔡太守先到行辕谒见，然后送至江干。海关道龚观察、松海防刘司马、提右营陈参戎、苏松太沪军营均在舟次恭送，雨丝风片，烟波画船，当不胜离别之感矣。

（1889 年 10 月 16 日，第 3 版）

共适乐土

浙绍灾荒情形叠经列报，兹闻招商局之“江天”轮船、太古行之“宜昌”轮船往返宁沪，自本月下旬起，每船抵埠，有绍兴府属民人搬家来者甚为拥挤，箱笼物件甚多。因该处田畴荒歉，米珠薪桂，贫民无以糊口，纷纷向富户借贷，稍不遂意，即肆抢劫，绅富不得安居，故作移家之计云。

（1889 年 10 月 23 日，第 3 版）

法界窃案汇登

窃贼某甲闯至招商局金利源码头“江孚”轮船上船主写字房，窃取自鸣□［钟］，当经拘获，连赃送入捕房，押候解送公堂讯办。（下略）

（1889 年 11 月 12 日，第 3 版）

芜湖官报

本月十七日，芜湖关道成端甫观察乘招商局“江裕”轮船，赴省谒见沈仲复中丞，禀陈公事，僚属咸送之洋码头而返。

（1889 年 11 月 21 日，第 10 版）

鸠江晴浪

（前略）芜湖关道成端甫观察晋省公干，于上月廿三日乘招商局“江裕”轮船回芜，各官在码头迎接，旋赴道署投刺请安。（下略）

（1889 年 11 月 23 日，第 2、3 版）

皖省官场杂记

芜关道成端甫观察及皖南牙厘总办孙树人、大通厘局总办松秀峰两观察，先后因公赴省，旋于十月廿一日同乘招商局“江裕”轮船鼓浪遄回。(下略)

(1889 年 11 月 27 日，第 2 版)

假冒图章

启者：近闻有人私刻“丰顺”图章在各号支取货物，然本轮取物务必送至船上，盖取回单，方能作数，维［唯］恐各号受愚，特此布告。

“丰顺”轮船账房启

(1889 年 12 月 2 日，第 5 版)

行辕纪事

前日下午，调任两湖总督张香涛制军答拜驻沪各领事，今晚登招商局轮船，明晨展轮出口，前赴新任。

(1889 年 12 月 12 日，第 3 版)

宪节过镇

新任两湖总督张香涛制军，自沪乘坐招商局之“江宽”轮船起程，前已登报。兹闻制军于二十一日夜四点钟时行抵镇江，文武□［官］员均在江干迎接，弁兵列队恭迎，枪炮声如连珠。各员均登宪舟呈递手版，以次接见。二十二日黎明，制军乘坐绿呢大轿，穿黄马褂，排道随带夫人、公子及女公子等前往金山，游览毕方回招商局，复坐大红船，用火轮拖带前往焦山。文武各员俱至焦山迎接，王邑尊备办满汉筵席，制军用午膳毕，游览各处胜境，仍回“江宽”轮船。于是日下午，鼓轮上驶，各官恭送如礼。

(1889 年 12 月 18 日，第 2 版)

楚督行程

新任两湖总督张香涛制军由沪乘招商局“江宽”轮船溯江上驶，本月二十三日更定后旌节抵皖，省中文武印委各员均诣趸船迎迓。制军命船主鼓轮上驶，并不停轮，仰见廉介自侍，不欲累沿途供账也。至二十四日辰刻驶过九江镇，道府县游守等员均在招商码头投呈手版，香帅传见之下，略叙寒温，随即展轮上驶云。

(1889 年 12 月 20 日，第 1 版)

皖垣纪事

上月二十七日午后一点钟时，招商局“江永”轮船上驶，内有芜湖客人某甲携带纹银二百两，藏于铺盖中。绺手见之，意图行窃，略一转晌，已将行李互相掉换。甲情状慌张，面如土色。船中司事梁君知悉，咨照各客不准乱动。一面饬水手带甲一一搜寻，搜至舱门边见一客，年甫而立，衣服丽都而形迹离奇，大有坐立不安之势。水手等将其铺盖拆视，则内有宝银四锭，呼甲辨认，的系失赃，因将其人扭送保甲总局。当经丁潜生观察升座诘讯，其人直承不讳，并供出同伙四人，观察遂饬差一一拘获，鞭责数百下，送交有司衙门再行治罪。(下略)

(1889 年 12 月 27 日，第 1、2 版)

上海文报局浙赈收解处会同各公所起解宁波棉衣启

谨启者：敝处自解出第七批浙赈后，接到甬江电报局盛朴人刺史来函，谓宁属之慈溪、象山等县，灾后无衣无褐者不少，代乞筹备棉衣二千件，以资御寒等云。适丝业公所尚有各善士捐助棉衣，陆续积存一千六百三十五件，于廿一日由招商局“海定”轮船运往甬江，交盛刺史，转解宁绅散放。承招商局捐免水脚，理合声明。

(1890 年 1 月 14 日，第 4 版)

皖中纪事

（前略）初六日，芜湖关道成端甫观察乘招商局“江孚”轮船抵省，谒见沈中丞，恭贺新□［禧］，旋即小驻八旗会馆，各官纷纷答拜，车马喧阗。（下略）

（1890 年 2 月 4 日，第 2 版）

法界公堂琐案

“丰顺”轮船西人马肯诉称，船上机器房内失去铁四块，请将经管人张阿虎讯究。葛同转问张曰：“机器房锁匙是否尔管？”答称：“由两人轮管，每晨七点钟时领取，至晚五点钟时交还，盖夜间并无人经管故也。”同转谓：“据洋人称失铁之事，尔知之否？”答：“小的未知。”同转谓所失之铁值价若干？马肯称约值洋银四十元。同转谓令着张在薪工内扣出赔偿。马肯称情愿不偿，惟不能再用张经管矣。同转遂判令将张笞责一百板，枷号一月。（下略）

（1890 年 2 月 9 日，第 2 版）

芜湖官场纪事

芜湖关道成端甫观察晋省贺年，于十四日乘招商局“江永”轮船回芜，各官均在码头迎接，旋赴道辕投刺请安。

（1890 年 2 月 10 日，第 2 版）

英廨琐纪

“海定”轮船水手方正丰、傅阿二、余阿连、何阿魁、徐才甫等因藏匿搭客，私收船资，由招商局函送英公堂请为讯办，蔡太守饬将方正丰等管押候讯。（下略）

（1890 年 2 月 10 日，第 3 版）

宪示照登

钦加二品衔监督江南海关分巡苏松太兵备道兼管铜务加十级纪录十次龚，为重申例禁剀切晓谕事：案查光绪十一年二月间奉宪行准总理各国事务衙门咨颁发《小火轮船行驶内河章程》，内载华人制造小轮船，只准在通商海口行驶，不准载货搭客，驶入内港江河，及沿海不通商地方贸易。违者罚办，并将船货入官。如有华洋商人暂时雇用前往内地游历，报关另给执照，经过关卡，停轮候验，不准私带货物，违者截留究办等因。奉经分别咨行晓谕在案。惟近来每有华洋商人所置小火轮船，请给关照后，驶入内河，经过关卡，间有不肯停轮候验，且有拖带货船情事，实与定章不符。除分饬闵行、黄渡两卡稽查委员，此后遇有华洋小轮船经过，即令停轮验照放行；如无照闯卡，及领照拖带货船驶入内河违章贸易者，立即截留，禀候究办。诚恐未尽周知，合再查案晓谕。为此示仰商民人等一体知悉，嗣后小火轮船驶入内地，务遵定章，随时请领执照，经过内河各关卡，一律停轮候验，不准拖带货船，违章贸易，如有偷漏税厘情事，即由沿途关卡将船货扣留，禀道照章办理，慎毋自误，均各凛遵毋违。切切！特示。光绪十六年正月十七日示

（1890 年 2 月 10 日，第 3 版）

法捕房琐事

（前略）昨报“丰顺”轮船西人控被船伙张阿虎窃去机器房中铁四块一案，昨晨葛同转将张带案研诘，张坚执前词，同转着照原断枷号一个月，笞责一百板。旋据阿虎之兄君兰投案称，情愿赔洋二十元，求免枷责。同转谓：“尔须求招商局写信前来，方可免责。”君兰称：“小的即往招商局恳求，务请大老爷暂缓枷责。”同转谓：“尔既为弟恳求，姑格外从宽，先行枷示，暂缓笞责，候招商局信来再核。”

（1890 年 2 月 10 日，第 3 版）

皂旌已发

昨报纪上海县裴邑尊会同葛、袁、钱、王四大令晋省云云。兹悉，已于前晚二下钟时乘坐招商局某轮船赴金陵，谒见曾沅圃爵帅，并禀要公云。

(1890 年 2 月 12 日，第 2 版)

灾民过境

谨启者：本埠于初十日申刻，有江北灾民三百余人，由敝堂门前经过，扶老携幼，充塞街衢。蒙会审宪蔡太守恐其□［人］多滋事，当即饬差派勇弹压。随后捕房麦总巡亦到，督率中西捕伙，押至南门。复以暂假敝堂洋蚨五元，分给灾民，于昨日交还前来。如此急公好义，不分畛域，福我华民，不胜钦感。十二日适有招商局“江孚”轮船开行，裴邑尊商之招商局总办，由“江孚”轮舟押送徐州原籍，仰瞻一视同仁，加惠灾黎，谨登报章，藉颂大德。

(1890 年 2 月 12 日，第 4 版)

芜湖官报

（前略）芜关道成端甫观蔡［察］于正月廿五日乘招商局“江永”轮船赴金陵，谒见曾爵帅，拜贺新禧。(下略)

(1890 年 2 月 20 日，第 2 版)

安庆官场纪事

委办保甲局兼抚宪营务处刘子干观察，于客秋请假回珂里，展视松楸。正月二十日乘招商局“江孚”轮船抵皖。按，观察籍隶湘中，系刘毅斋[①]中丞之堂弟，筮仕[②]皖水，盖已多年云。(下略)

(1890 年 2 月 24 日，第 2 版)

---

① 刘毅斋：即刘锦棠，湘军将领，1884 年出任第一任新疆巡抚。

② 筮仕：shìshì，做官。

储宪赴通

前晚，江苏粮道景月汀储宪乘招商局某轮船北上，赴通仓交纳南漕，道厅营县各官恭送如礼。

（1890 年 3 月 19 日，第 2 版）

英界公堂琐案

（上略）招商局往来宁沪之“富有”轮船因收搭客船资，以致争闹，随呼巡捕，将各搭客送案请讯。康勤甫、陈祥云、张厚安、倪天安、王新辉、王宝山、吕松茂、俞四观同供称，附坐该轮船，每人欲收船资洋半元，告以现在野鸡轮船往来宁沪，只收二角半，买办定欲收足五角，有已经照付者，不料仍被报捕拘案。捕头称，该船买办收取船资，被伊等辱骂，因之拘送捕房。蔡太守饬暂行管押，俟该船买办投质再行核办。（下略）

（1890 年 3 月 27 日，第 3 版）

彝陵渔唱

某甲在川中购办土药多件，装在箱内，日前由宜昌搭“宝华”轮船开往汉口，被夜巡之人查出。甲自言有土四十斤，杜仲一捆约百余斤。关上意欲充公，甲以货物尽丧，不能往汉，遂往宜关求情，不知若何了结。

招商局“江通”轮船搭客装货，今年跌价一半。兹闻于一半之中又减去一成，客位价银约只一两二钱有零，货物照扣。说者谓以后更有减落，商旅往来诚大得便宜矣。

（1890 年 4 月 14 日，第 3 版）

上海文报局东赈收解处会同各公所起解第十九批赈款启

谨启者：敝处自二月初九日解出第十八批后，迭接东省放赈诸君来电，佥谓东灾未澹[1]，春赈待款亟亟等语。兹各所同人竭力摒凑第十九批库平银一万五千两，捆装现宝，于闰月廿七日交招商局“拱北”轮船运往烟台东海关兑收，转解灾区散放。此批内计丝业公所规银五千两，高易公所规银二千五百两，仁济善□［堂］规银一千两，文报局规银七千九百四十两，并蒙招商局捐免水脚。合并声明。

（1890 年 4 月 19 日，第 4 版）

彝陵橹唱

（前略）“宝华”轮船于上月十三日抵宜，搭客百余位，货物千余件，宜昌税关不准纳税，令其在荆沙地方向荆宜施道衙门自纳税钞，并完落地厘金。而“宝华”定要在宜完纳，以免在沙耽延。而宜昌税关委员以未奉道宪明文，不敢擅收，且“宝华”运来货物上川者，必须在厘金局酌量加厘，方准运川，该轮船亦照招商局船例，酌加船厘多两。不知“宝华”□［船］主如何办理。（下略）

（1890 年 4 月 20 日，第 2 版）

小工溺毙

本月二十晚有江北小工甲、乙两人在招商局金利源码头“致远”轮船工作，偶一不慎，失足堕入浦中，甲本善泅，由水底攀缘而上，乙则已一命呜呼。经人报知其妻，请人打捞，全无踪影。至昨日午时方浮至“江裕”轮船之侧，经小工所见，雇麻雀杉板船捞起，告知乙妻，至码头号啕痛哭。随经小工头集得棺资，为之成殓，俾某妻扶送回籍掩埋。

（1890 年 5 月 16 日，第 3 版）

东瓯杂志

（前略）乐清内戌庶常余筱泉太史读礼居家，现已服阕，拟于三月二

① 澹：缓解。

十一日搭“海琛”轮船赴沪，换船晋京。时亲朋祖饯，踵接于门，应酬繁琐，以致稽延时刻，及抵江干，而“海琛”早已鼓轮开驶，可望而不可即，急雇划船，尾追莫及。闻其家人行李均在轮船上，两地盼望，未免空费周折矣。（下略）

（1890 年 5 月 30 日，第 1 版）

桐城小录

（前略）管带抚标练兵左营吴德甫副戎云韶，日前奉抚宪沈仲帅[①]札饬，调带宁国练军，已纪报章。按副戎管带左营迄今十有余载，恩威并用，德被军民。现在该营兵卒及省垣居民得知更调之信，颇觉黯然。月之十八日，副戎乘招商局“江孚”轮船东下，赴防接事，届时合营弁兵及地方官绅董，率同士庶数百人，衣冠整肃，恭送行旌。自营门燃放鞭炮，直达趸船，数里之遥，其声不绝。羊叔子去襄阳之景色，不图今日复于副戎见之。

某夜四鼓，招商局“江永”轮船抵埠，有扒手两人装作搭客，俟该轮船至趸船，各客纷纷上下，便动手窃得某客皮箱一口，不料被人看破。该窃见势不佳，即由外栏连箱并人跃入江心，船上人无如之何，只得罢论。而该窃等游行江面二里之遥，携箱登岸，得意而归，其计实狡，其技亦神矣哉。

（1890 年 6 月 13 日，第 2 版）

本埠官场纪事

（前略）裴浩亭直刺于前晚十一点钟时，乘招商局“江永”轮船赴金陵公干，其瀛眷暂赁沪北民房居住，已于昨日迁移出署云。

（1890 年 6 月 14 日，第 3 版）

---

① 沈仲帅：即沈秉成（1823～1895），咸丰六年（1856）进士，历任苏松太道、河南按察使、四川按察使、广西巡抚、安徽巡抚、两江总督等职。

灵榇来申

原任户部侍郎曾劼刚袭侯在京仙逝，其灵榇由家属扶之南下，附乘招商局“新裕”轮船，于前晚八点钟时抵沪。时适天津码头另有他船下碇，遂寄碇下海浦附近。昨晨钟鸣六下，始得驶傍码头。其时本邑忠、信两营，沪军营、水师营、制造局炮队营、提标右营各统领营官先在浦滩列队，江海关道聂仲芳观察、提右营陈钰卿参戎、松海防同知刘乙笙司马、上海县陆春江明府、英廨谳员蔡二源太守、法廨谳员葛蕃甫同转及制造、招商、电报、厘捐、货捐、水利、保甲各局员，纷纷诣码头祭奠。法捕房捕头督同包探王荣培、李云发、郁庭湘及中西巡捕在租界中各段巡缉，驱逐闲人。会捕局包探严颂眉，线勇孙宝生、顾荣、郑光成、陶子卿、王琴伯等，则在码头上分投弹压。至九下三十分时，灵榇登岸，斯时彩棚内另设祭筵，各官挨次叩奠。礼毕，时交巳正，即升炮举襄，各官亦皆恭送。榇前除旗锣、“肃静”、“回避”等牌外，有苏松太道亲兵、抚标兵、鼓手、枪队及督标忠、信两营，大旗、大刀、洋枪等队，共数百名；制造局炮队营、枪队亦不下百数十名。随后铭旌及“诰授光禄大夫建威将军”、“一等毅勇侯”、“总理各国事务衙门大臣”、“海军衙门大臣”、“管理三库事务大臣”、“管理同文馆事务兼管钱法堂事务”、“钦差出使英法俄三国”、“特派承修西陵工程大臣”、“戊午科顺天乡试搜检大臣”、“吏部左堂”、“兵部右堂”、“刑部右堂”、“都察院副都御史”、“宗人府府丞”、“大理寺少堂”、“太常寺少堂”、“正二品荫生加一云骑尉世职、骑都尉世职”、“光禄寺署正”、“诰授光禄寺大夫”、“国史馆立传”、“奉旨入城”、“特恩予谥”等衔牌；并黄亭三座，内供上谕各一道；另有诰命亭、香亭、容亭、清音鼓手、魂轿。聂观察在柩前素服步行，随以孝子两人。灵榇用独龙杠红缎绣花罩，殿以亲属人等，分乘小轿数十肩，沿浦滩向北，过外洋泾桥，至英大马路，转向西，由石路向南，过陈家木桥，复折至法大马路，向西南，过西门外湖南会馆，赴制造局，以备设位开吊。闻事毕，须暂停湖南会馆数月，然后回原籍云。

（1890 年 6 月 20 日，第 3 版）

沪江宦迹

昨报“豸节双辉”一则，兹悉龚仰蘧廉访因别有公务，尚未启行，闻择于今日乘招商局之“海晏”轮船北上。

（1890年7月7日，第3版）

皖省官场纪事

（前略）本任庐州府黄冰臣太守云月前交卸篆务，回省请咨赴部引见，于十七日乘招商局“江裕”轮船启行矣。

（1890年7月9日，第3版）

豸节过申

新简福建督粮道陈观察由京来沪，暂以英租界同庆公栈为行辕，定于昨午乘坐招商局之“海琛”轮船赴闽履新云。

（1890年7月11日，第3版）

皖省官场纪事

分宁□［差］遣委用江苏候补道胡观察长亨于十五日乘招商“江裕”轮船来皖，谒沈中丞，并拜会司道各官。闻观察此次莅皖，因有要公面商，小作勾留，即当遄返金陵。（中略）芜湖关道成端甫观察章乘招商局“江孚”船于十七日抵省，谒见抚宪，面禀地方公事。

（1890年8月9日，第2版）

彝陵樵唱

张制军札饬宜昌镇招募勇丁二三百名，派弁统率，分巡野三关及鹤峰新设之土药局卡，以防偷漏。宜昌镇已于本月十五日在校厂挑选矣。

前有云南省解运京铜委员道出宜昌，寓大南门外汇丰客栈，闻铜铅船约有六七艘，俟轮船到来，即当搭轮下汉，转运入京。

“固陵”轮船前此租与招商局，来往数次，自经“立德”售与中国后，已由张制军索去供应差事，不复在招商局运货搭客矣。（下略）

（1890 年 8 月 9 日，第 2 版）

桧轩杂志

（前略）本月十七日成端甫观察乘招商局“江孚”轮船赴省□［垣］，各官均至江干恭送。

月初某日，招商局某轮船由上海抵埠，洋关西巡丁在船查获漏税之蜜溅［饯］、荔枝数坛，权之重九十六斤，乃即充公拍卖。后有湖广总督来文，谓此物由闽省购得，请即给还，然早已变钱，无从璧返矣。（后略）

（1890 年 8 月 14 日，第 9 版）

拘拿水手

招商局之“富有”轮船在成山洋面失事，统带庆军营之张统领在船，见有水手乘危夺取搭客衣物，禀明北洋大臣李傅相，札饬江海关道聂观察及招商局总办查办。聂观察已知“富有”船壳由招商局派“普济”轮船前往拖带，约于昨日下午进口，水手人等亦乘“普济”船来沪，遂密札英会审员蔡太守派差赵金、张福协同水巡捕前往，并由招商局派司事及管栈人等，于昨晨乘坐小火轮船驶至下海浦守候。及下午五点钟时，见“普济”船驶来，小火轮即行迎上，两船相并，“普济”船上已将水手头目宁人胡贤庚及水手卞先宝等十七名看管交差，并有铺盖衣包、木匠家伙等三十七件点交。小火轮船驶至大马路码头登岸。据水手等言，所有铺盖、箱子、衣物、家伙皆伊等之物，该差解到招商局以待总办查检有无搭客物件；胡贤庚等十七名带归公廨，禀明蔡太守饬候讯供核办。旋据姚正、朱宝、贺阿彩等言，伊等并非“富有”船水手，实系由局向耶松船厂所雇之木匠，前在失事处拆卸坏船，俄而由局派人到廨声明，姚、朱、贺三人确系雇去之木匠，并非水手，请先开释。太守即将木匠三人释放，胡贤庚等十四名押候讯供核办。

（1890年8月17日，第2版）

遇险三志

镇江访事人云，船主某甲，江北人，素日专走内河，并未谙长江之险。前月之杪，揽装某客米数百石，至京江求售，虽有售其主，价尚未收清，遂将船移泊新河小港中，以避风浪。甫行数武，水起旋涡，甲握舵不牢，横向太古码头浮桥上撞去。事为划船主某乙所见，竭力相助，方保无虞。客见乙系老于江湖者，恳其帮同撑往新河。乙允之，持篙立船头，甲则在船梢扶舵。忽太古洋行“北京”轮船下水，飞驶而来，甲急落蓬，意欲退让，不提防颠簸不定，以致撞坏船身。甲及伙客共四人，见势不佳，即扒上“北京”船，以全性命。洎乙欲扒上，而大桅忽折，腿被擦伤，皮破血流，骨寸寸断，幸经轮船水手救上，安置趸船中，延镇江关西医诊治，医金药资均出自太古行。阅数日，腿渐变黑色，西医谓受伤过重，须将腿锯下，装以木腿。否则，恐难告痊。乙无法，只得允从，遂于某日午后经西医熏以迷蒙药，为之奏刀，俟皮肉复生再为之装配木腿，并由太古行给以资本，俾得小本营生云。

招商局“江永”轮船相碰等情，前已译登大略。兹悉前月三十傍晚时，“江永”轮船抵镇，装卸客货毕，随即开行。甫过焦山下，正值“江裕”下水，迎面相遇，避让不遑，蓦地撞来，船身成一大洞，幸急向沙滩驶去，方保无虞。次日，招商局即雇驳船三四十艘，前往驳货。所幸人口均不受伤云。

泰生源客栈凡遇轮船抵埠，接客伙必一跃先登，接取客人以多为贵。一日，太古洋行某轮船到埠，诸伙各纵身跳上，有某甲者携有洋伞站于船边，立足不牢遂跌入水内，当经众人所见，急唤小划船打捞。至次日，尸身方浮起，随经栈主备棺收殓，一面报信其家。幸甲与栈主至亲，故得免于涉讼云。

(1890 年 8 月 23 日，第 2 版)

定期北上

新授广东巡抚、前出使英法等国大臣刘芝田星使持节来沪，已登前报。兹悉星使定于十七日乘招商局“新裕”轮船赴都陛见，前、昨两日星使乘舆入城，至各衙门辞行。

(1890 年 8 月 31 日，第 3 版)

粤抚启行

新任广东巡抚刘芝田中丞择于昨日旁［傍］晚由行辕排导，至金利源码头乘招商局“新裕”轮船北上。其夫人日前因事赴金陵，先期乘“测海”兵轮船来沪，昨亦过“新裕”船同往。启行之际，文由道厅县督率属下印委各员，武由忠信等营统领督率营官弁兵，咸诣浦滩恭送。法界会捕局预饬包探严颂眉协同各线勇分投照料，是以闲杂人暨绺手、偷儿均不敢混迹其际云。

(1890 年 9 月 2 日，第 3 版)

皖省杂言

月前委办支应局安徽候补道彭受臣观察禄请咨赴部引见，事毕回南，道出申江，乘招商局“江天”轮船，于十五夜抵省，次晨赴院禀安，呈缴文凭，到局供职。(下略)

(1890 年 9 月 9 日，第 2 版)

豸节莅申

江苏按察使张筠臣廉访已于昨日上午十点二刻时乘招商局“新裕”轮船来

沪，停泊金利源码头，旋换坐小火轮船驶至四马路浦滩登岸，以平和洋行对面广森昌号为行辕。道□［营］厅县以次文武各员咸投递职名，衣冠入谒。

（1890 年 9 月 11 日，第 3 版）

双旌焕彩

四川臬宪德廉访携眷乘招商局“海晏”轮船由津南下，苏州府魁太守亦附之而至，昨日下午一点二刻下碇小东门外金利源码头，道营厅县各员均至舟次请见，廉访饬家丁挡驾。俄乘舆入虹口天后宫畔星使行台，各员复往拜谒，太守则登岸遍拜诸客，又至江苏臬宪张廉访行辕投递手版，随雇官舫定于今晨解维赴省。

（1890 年 9 月 15 日，第 3 版）

骗窃类志

拐骗之徒伪装搭客在轮船上诓取别人物件，偶不提防即堕其计，正不独扒手之多足为商客之累也。有一僧人，忘其法名，于七月二十五日早至汉口董家巷厕所结绳梁间，欲图自尽，经人瞥见，上前解救，扶至巷内，席地而坐，叩其何故？则云：自湘赴京，募得洋银数十圆，此次附搭“北京”轮船赴汉，在船遇一游勇，彼此叙□［谈］，知伊籍隶湘中，可以同归。及抵埠，伊代为荷担，倏尔上岸，不知去向。现我身无分文，衣食莫给，生不如死，说罢滚地哀号，捶胸跌足，不知者以为急□［痧］，送药与服，僧不受。延至晚间，状若癫狂，仍思自尽。经好善者给以川资二三串，僧始叩谢而去，此一事也。又，招商局轮船获到积窃两人，送官惩办。讯鞫[①]之余，官恶其党类繁多，商客受累已非一日，笞责之余，每人各赏独桌酒，并于颊上刺成“扒手”两字，书牌一面，游示洋街码头，以为炯戒。说者谓长江一带码头官府若能处处严办，拐窃之风庶几稍戢也。

（1890 年 9 月 16 日，第 2 版）

① 讯鞫：xùnjū，审问。

廉访启行

新简四川臬宪德静山廉访由津乘坐招商局之“海晏”轮船来沪，暂驻沪北天后宫旁行台，已列前报。兹悉廉访之官眷于昨日下午乘舆至小东门外招商局金利源码头，先下“钧和”官轮船，廉访于将晚时排道出辕，登舟起程，本埠各宫恭送如礼。

（1890 年 9 月 22 日，第 3 版）

津门秋眺

（前略）秋瘟未已，患河鱼之疾者，大率不及廷［延］医服药便已溘然长逝，如西关之旅客、粥厂之难民、梁家园之山东人，病者固多，死人亦不少。山东人多力耐苦，怡和、太古、招商局各轮船公司均乐用之，其住处系在梁家园一带，搭盖窝铺，矮仅及肩，小堪容膝，每遇同侪病笃，即舁[①]置路隅，一面掘坑，一面待其气绝，裹以苇席，草草掩埋。竟有余气未绝而亦弃置穴中，填土了事者，伤心害理莫此为甚。月初某日，有人于梁家园营门外掘土成穴，旋见一病□［人］偃卧柳阴下，奄奄欲毙，穴即掘放［成］，约深三尺，有水溢出。掘者未遑顾虑，急举病者投之。病者挣扎，似不欲前。守门勇丁诧为异事，趋往谛视[②]，见病者将死未死，蜿蜒水际，作攀援状，勇丁恻然，负之以出，遍体淋漓，病愈加剧，仍置柳阴卜［下］，逾时而死。死者长已矣，其未死者如遇病危，断不可妄动，以速具［其］死，更勿带气掩埋，草菅人命，致造无穷罪孽。疮痍满目，尽是苍生，解倒悬而拯贫苦，是在乘时得位者。（下略）

（1890 年 9 月 27 日，第 2 版）

买办吞骗

招商局“美富”轮船正买办李谷波，乃我粤之东莞人也。去年武进士闱姓

① 舁：yú，抬。

② 谛视：dìshì，仔细查看。

当场时，仆等于八月间有洋十五元、闱姓字十二条，共封一缄，声明是投闱姓银两，托该买办带交粤省油步巷广发金箔店戚君，手收代投。旋该船转申，并不见其回文，因向询及如何。据云，经已亲照交妥等说。窃闱姓一事，倘有中式，关系非轻，若无票根在手，此心不免介及，遂即咨问戚君。据回函云，并未见该买办带到银洋及闱姓等件。迨该船下次抵步，复向谷波问信，乃谓此银函实已交妥，随检出收条与仆为据，是时则信之弗疑。然不见票根寄还，且又试期已促，不免终怀疑异，爰即据情再向戚君催问，讵其回函仍谓谷波概无银洋、闱姓字票带到，伊亦并无收条给出，乃另盖伊广发号图章寄来，使仆比认，免受人愚等语。仆查悉之下，不禁骇然，乃将谷波所交收条与该号图章相比，种种不符，是时始知谷波作弊。然累月迁延，期及发榜，乃谷波又往来不常，以故从缓追问。嗣阅登榜姓名，计仆托谷波所带此票，得中十一姓者一条，本洋一元；又中十姓者六条，本洋九元，按共得彩银一千余元之多，因无票根为凭，以故付之绝望。乃谷波居心歹险，预蓄奸谋，私将托带银洋拆去，以闱姓字暗照投之，但有中式，据为己有，若无好处，始将票根掷还，不料其绰绰场面，如是居心，想伪造图章以取信，假冒收条而搪塞，种种会［伎］俩，行同诓骗，此尚可为，凡有何弊不作？所谓徒具人形，实与人类不齿。仆等以其鬼蜮为心，吞骗巨款，明受所欺，何甘哑忍？因于去腊初八日，据情投请广肇绅董调处，当蒙公断，责令李谷波谅照赔还仆等洋六百元以作了事。讵伊支吾答应，推诿无期，至今几及一年，分文不付。仆等素与知识，只得谅情展限，岂伊终不自省，是诚咎由自取，如日内不即清偿，必诉公庭追究，其稍有人心者宜自爱焉。邓醇甫、张溢乎仝布。

（1890 年 9 月 27 日，第 5 版）

妄言宜辨

——“美富”轮船李菊坡具

仆乃招商局遴派“美富”轮船之坐舱，历年以来公事无不的［得］当，差堪自信。犹忆前在“拱北”船之时，充当副手，历数年来，所有银两、公文信件及各等要件经手无不妥当，荷蒙诸位总办垂青见任①；委充

① 见任：因受到信赖而被任用。

“美富”轮船坐舱之职，亦有数年，应办各事无不亲自料理，以冀仰副总办培育人才之意。不谓昨观《申报》，录有“买办吞骗”一则，细审其中词意，大都不实不尽，今特详述自去年八月间寄信以来之事，表而出之，以明心迹之无私，而妄人之谬论也。

溯查去年八月间由张溢乎托本船伙伴李远文，带交广东省城油步巷广发金箔店戚姓银信一封，当时由敝伴交仆。及到粤时，饬价周建勋送往广发，实已交妥，当由该店给回收条，盖有图章为据。随后本船返沪，并未见人来问，船又启行，至第二次本船回沪，闻敝伴言曾有张姓到说前托寄粤之银信前途未曾收到。仆即检出广发盖有图章之收条一纸，仍饬该伴送去，以为经手此事大可了结。不料该张姓与邓醇甫二人又于十一月初旬前来，声称接到粤省广发来信，仍谓该银信并未收到，亦未出有收条，更未盖过图章，而仆所交之收条竟尔混赖本船伪造，实堪骇异。查此信所寄不过区区十五洋元，仆何人斯，乃至缘此小事伪造图记，问之大众，有谁信之？即谓图章有异，亦应自问广发，本船不得而知也。更可笑者，谬谓信内寄有闱姓字底，开榜后竟中洋一千余元之多，遂并诬仆私自拆信，暗照投□云云。不知本船所带信函每次不计其数，从无私拆之事，试问历来托本船带信诸友便可明白。该张等之信自行固封，信内所言何事，仆安得而知，何可谎语以入人罪？至《申报》所言去腊初八日投广肇公所调处，由□［绅］董饬令赔偿云云，则绅董今皆具在，当时虽经询及，不过着自行料理，何曾责令赔偿？且各绅董皆明白之人，岂肯因此胡涂之语，而勒令赔偿乎？今更任意诬捏，以登《申报》，荒唐已极，用特直陈委曲，愿诸君子垂听焉。

（1890 年 9 月 28 日，第 4 版）

致招商局“美富”轮船买办李菊坡书

——乾昌裕戚述之沥

前昨沪、申两报阁下所刊《妄言宜辨》，此则果如兄言，实与我广发号名器有玷，弟不详言之则泾渭难分也。窃去秋进士闱姓当场时，八月杪邓君醇甫等有洋十五元、闱姓字十二条托兄带交我广发，委豚儿养卿代投。九月初六截卷，兄于初三抵省矣，迨尔船旋申，邓等向兄问信，兄云广发在油步巷，初不知去处，因唤粤本局之管店引路，已经亲手交妥等语，概无道及转着送去之言。下次尔船□［拢］岸，邓等仍不见票根寄还，再向兄问故，是时兄有广发收条与之，以示无异。然邓等终以票根未到为念，当即函催豚儿并告收条已接等故，而豚儿不知此事原委，殊深诧异，遂原情布复，谓概不见菊坡带到投闱姓银（两）之事，亦无收条给出，虑及其中情弊，即将广发各图章另盖一纸，俾邓等比认。邓等得与收条一较，迥不相侔，始悉收条伪造，以兄踪行不常，逼得从缓根究。后查知此票得彩千金之多，争论随炽。闱姓一款，弟本局外，概弗之理，惟据兄刊报，谓此银函系饬周价带往，由广发给回收条，盖有图章为据一说，但此收条图章俱皆假冒，非我广发作弊，则兄之作弊明矣。然去冬广发寄来之图章尚在，兄缴之收条犹存，前经较出，是伪可见，弊由兄作，而兄始则矢口不移，自谓亲手交妥，继□［乃］转称周价送去，先后言出两歧，此中无弊，其谁之信？回忆去腊初六日，邓等与兄同在万长春争论此事，弟也在场，曾约兄到我广发证明，免滋轇轕，兄经许之，讵弟粤旋三月之久，兄绝迹不到，兄果问心无愧，何妨一往证明耶？言犹在耳，兄岂忘之？二月时，兄在广肇公所签据取还收条，谓持去广发查问，乃久逾半载，兄竟不肯枉顾，借此掩饰，是何故耶？前数天始将收条缴回，言语支离，惟愿赔还十五元则去，兄若自洁其身，即此十五元亦不应赔偿。现今广发依然，我儿尚在，兄谓周价经手，何不同与查明，庶可清白也。据兄所谓收条上有广发图章，而不问是否广发所出，所带银洋求其送去□了，并不管是否广发所收，一切虚妄，情见乎词，仍自颂办事妥当，抑何谬也？至着邓等向广发查之，此为事理之常，但邓等即已究出伪情，方始向兄追究，兄尚何辞？窃兄伪造图章，冒立假据，事同棍骗，法所不容，且与我广发有碍，弟情敦桑梓，是故忍而不发，兄果复吞邓等闱姓巨款，其罪益著矣！张溢乎者，与兄同袍，兄虽无吞骗情弊，伊决不肯干戈内向，毁誉褒贬岂无公论耶？

（1890 年 9 月 30 日，第 4 版）

共击招商局“美富”轮船买办李菊坡棍骗公论

昨阅《申报》“妄言再辨”一则，据李菊坡犹不知愧悔，反指仆等串同舞弊，借端向伊勒索，此诚以小人之心度君子之腹，种种诞妄，原欲自掩其恶，然伊强词背理，不但不能蔽恶，无乃益扬其臭。伊云收条图章不屑伪做，前又云区区十五元弗在眼内，自颂阔佬，抑何可笑。凡作贼之人，虽当妻子之前亦未有自认者。试问伊代带之银何去？此伪收条又何来？殊令识伊道行者喷饭也。伊倘不幸赌阵败北，则不管他人之东西，今尚如此，是耶？否耶？伊谓广发收到银函而给还（收条），图章真伪惟广发众伴始知，不思四海之大、商贾之众，其伪图章、假票据止有自外伪入，未有自内伪出者，不独广发为然。而究竟广发谁手所收，此收条又谁手所立？伊既非亲带，何不着经手者当即证明？伊前后言出两歧，实我数人共听，岂能平空相捏乎？二月间伊取回收条，声称向广发查明，久逾半载绝迹不到；去腊约伊同去查之，既许之又不到，此可见伊有愧于心，以故不敢向前矣。今辨云前着周价等两人曾到广发面质，谓付之不理，竟推无干，既称图章伪造，当将此两人细送公堂。又谓接周价信，催取收条比对，而邓等延匿不交。似此颠犬狂吠，不知其何所而云？窃此伪收条伊在公所取回，尚须签据，岂容轻给，任伊自作自灭耶？今伊无可盖丑，索性放厚面吼，指东话西，希冀侥幸卸罪。不思钱银事小，棍骗事大，此为众所共恨之事，岂广发独肯相容？想广发预备绳子，候驾久矣，一但见面，捆究公堂，锄恶安良，谁曰不可？奈伊始终不到，实莫奈何。我述之情敦乡谊，不忍发其劣迹，原冀伊等通融了事，但伊所刊“妄言宜辨”一则若不驳明，实与广发有碍。岂知我不罪之，伊反谓我广发收到银函、给出图章，诬伊不洁；今复谓我串同勒索，此尚可忍，孰不可忍？逼得同声其罪，共讨其恶，必□水落石出，决不留情。伊谓周价经手，我等不识其人，即如系周经手，伊为其主，当日不即理妥，咎所应归也。《春秋》责备贤者赵穿弑其君，赵盾蒙其罪，以其亡不出境，归不讨贼故也。据菊坡无论是否亲手，不能及早调停，明白其咎，若不归之，又归于谁乎？至吞骗闱姓银两一款，若谓绅董等未经断定，莫非该绅董等着伊拆人银函、吞骗巨款、伪造图章、冒立假据？此为伊应做之事欤？伊前数天缴洋十五元，托公所与［马］君转致了事，与君推其自行投送，伊置弗理，谅仆等无奈伊何，以故愤火中烧，逼与为难。今复谓我砌词欺饰，意在勒索伊之六百元，何其不伦之甚！今者不但复到公所评理，即上诉公庭，质诸神前，我等无不乐从，伊见此报，宜即示期何［同］往，余不赘辩。邓醇甫、乾昌裕戚述之同布。

（1890 年 10 月 2 日，第 4 版）

再击招商局“美富”轮船买办李菊坡棍［骗］公论

昨阅《申报》，李菊坡昧心灭理，反指仆等串同勒索一论，竟谓我等污及绅董等各语，何其不伦不类，一至于此。昨仆等所报谓赔款一节，未经绅董断定，莫非诸绅董等着伊拆银函、吞巨款、伪做图章、冒立假据，此为伊应做之事欤？此我反问之言，伊遂指为污及，试问“莫非”二字是何意义？伊无知无识，一味放烂[①]，即欲希图盖丑，亦不应在眼前共□［见］之事妄加泼赖也。今竟如此，则其余可知矣。昨伊又谓我等毁去真收条，另造伪者诬之，以致不侔，乃串同舞弊，向伊勒索等句，此诚盗贼所为，亦非盗贼不能出此言也。想□［此］事于去腊时，争论不已，然后投请绅董□［调］处，此伪条仆等即经声明在先，至今几及一年，况伊又持去查问，在手半年之久，今月初方始缴回公所，又愿赔洋十五元，托马君转致了事，伊不于当日声明我等毁真替假，预为勒索地步，至今乃肆意妄辨，何其晚也；又愿赔洋十五元，此何故也？伊若清白自许，且又谓该银函已经交于广发矣，似此，虽一文亦不应赔偿，既愿赔偿，则此中情弊不审而自明矣。闸姓银两一款，原系邓、张等几人所为，伊赔与否实与我述之无干，惟伊前布“妄言宜辨”一则此与我广发名器有玷，且与我儿前程有碍，是故逼得详而言之。伊实先来犯我，教我默受枉抑，任伊颠犬狂吠，侥幸脱卸棍骗之罪耶？今不但证伊棍骗之事，无论在粤在申，仍要究伊棍骗之罪，我述之则因此而出头也。至伊吞骗闸姓银两，原系我醇甫等五六人追究，据菊坡只知吞骗而不知善后，伊当日若推着人送去，纵有不妥之处，伊原易于卸肩，邓等又何敢要

---

① 放烂：耍赖。

伊赔偿？奈伊始称央其粤局管店引路，亲手□［交］到，继称乃委周价送去，前后言出两歧，伊谓舞弊，其谁之信？今伊不独尽推周价经手，且谓周价曾到广发面质，既指为伪造棍骗，何不将其捆送公堂？种种诞妄，殊令识者鄙笑。伊不妄言盖丑，实无面目见人，难怪伊拚烂也。伊昨云何不再到所证明一说，我等着伊示期，无所不往，今伊悔而不去，此布众之言出乎尔，反乎尔，伊之曲直当为众之所谅也。我等如果串同勒索，法所不容，且难免冥诛显戮；伊若系伪造棍骗，王章具在，亦难逃阳罚阴□［谴］，皇天后土实鉴斯言！伊之劣迹诚多，自有人明白布告，我等不屑齿之。邓醇甫、乾昌裕戚述之仝布。

（1890 年 10 月 4 日，第 4 版）

挟纩铭恩

初十日平湖沈赓贤大善士捐助东省新棉衣一千件，由电报总局收支所交到敝所，拜登之下，即于是日托“海定”轮船如数运津，交招商局黄花农观察查收，转解灾区散放。当此风霜凛冽之时，亿万哀鸿号寒不辍，一旦章身有具，卒岁无虞，吾知蒙其泽者当必怀挟纩之恩矣。为志数言，藉彰盛德。上海文报局协赈同人谨识

（1890 年 10 月 27 日，第 4 版）

粮道来沪

江苏粮道景月汀观察于昨晨乘招商局“海晏”轮船由津来沪，舟抵金利源码头，本埠印委各员均往迎接如礼。

（1890 年 10 月 28 日，第 3 版）

轮船失事

昨日本埠接有牛庄来电，谓太古行之“温州”轮船与招商局之“图南”轮船均装货物，于日昨早间开驶南来，尚未出口，不知如何，“温州”

船与“图南”船两相碰撞。闻“图南”船尾有损，其后舱水即汩汩，其来势甚危险，船随搁浅，幸船上人口均称无恙，所有货物赶即起卸，以冀船身稍轻，俾得拖□修理；至“温州”船于相碰后，闻即沉没云。

（1890 年 11 月 7 日，第 1 版）

使星过沪

出使日本大臣李伯行[1]星使由津乘坐招商局“新裕”轮船来沪，于昨日午前十点钟时抵埠，停泊法租界金利源码头，本埠道营厅县及英、法两公廨会审官均往迎接。闻星使并不登岸，即拟换坐轮船往芜湖一行，盖其令叔稚荃[2]观察在芜湖仙逝，星使前去祭奠，以展哀思，然后复至沪渎，筮期东发云。

（1890 年 11 月 29 日，第 3 版）

挟纩恩深

爵宫太保曾忠襄公开捐助直、顺两属棉衣裤三十万套，以二十万套归顺天，十万套归直隶，咨请傅相汇给委员散赈，俾灾余男妇藉御严寒。计有五万套，已经起解附装招商局轮船来津，其余二十五万套一律于封河以前全数解到，俾斯民免号寒之苦，铭挟纩之恩。此真非常之功德也，故预纪之，为灾民喜，并为灾民谢。

（1890 年 12 月 1 日，第 2 版）

星使行期

出使日本大臣李伯行星使来沪情形，已登本报。兹悉李星使于前日下午四点钟换坐招商局之“江永”轮船，定于今日开赴芜湖，并悉星使来沪

---

① 李伯行：即李经方（1855～1934），字伯行，号端甫，李鸿章长子，历任出使日本大臣、出使英国大臣、邮传部左侍郎等。

② 稚荃：即李凤章（1833～1890），字桂山，号稚荃，安徽合肥人，李鸿章的五弟。

时与广东潘［藩］宪蒯方伯德标同来，此次即与方伯同往芜湖云。

（1890 年 12 月 1 日，第 3 版）

英界公堂琐案

（前略）包探秦少卿称，浦东人姚丽生自称在招商局为二十七号账房，今调往汉口，愿荐其友人贺庆生、姚云生自代，惟须付押俸洋一百五十元，贺、姚二人信以为真，措办洋三十元，姚丽生伪为垫付二十元，给以招商局收到押俸洋五十元之中西文字据，盖有图章。在后，二人始知受骗，向索前洋，姚丽生遂窃仇少甫之皮□［襕］元绉棉褂、棉马甲等件，质洋十三元付与贺、姚，二人以不满数报捕，将姚丽□［生］拘去；又有陈裕顺报被姚丽生骗去珠皮外套等件。为此，分别吊赃送案，搜出各种西文纸，皆系装船空白票，并伪造之招商局押俸及"江永"轮船图章，一并呈案。贺庆生、姚云生同供："我等皆在浦东生理，因失业来沪，另有友人与姚丽生相识，言及伊在招商局为二十七号账房，现在升调汉口为正账房，招商局总办即是伊母舅，可以代荐我等，惟须押俸洋一百五十元，至少百元，嘱我二人凑洋合做。我等回乡措洋三十元，姚言三十元太少，不能付出，愿代向伊之表兄在'江永'轮船为买办者借洋二十元，合成五十元付出，即有收条等语。遂将三十元交彼，次日即有中西文收据，且有招商局押俸图章。据言，设有急用，可将收票向银行抵用银洋。我等执此收票，问其何日到局。姚言二十元必须先还，再候信息。我等将票托人观看，知是装货空白单，图章亦系伪造，慌即找寻，无着。岂知伊又来索洋二十元，始与言明被骗各情，定要索还银洋，伊将衣质洋十三元交我，我尚不允，报捕拘案。"仇少甫遣戴某上堂请领赃物，陈裕顺未到。又有陈茂高称，在浦东客栈为伙，姚丽生耽搁在栈，出外看戏、饮酒皆托名我栈赊欠，现皆到来索取，请向姚究办。姚丽生供，向为京货生理，父亲在浦东为董事，小的作事不端，原是该死，尚求施恩。至向陈裕顺所借之外套，已经料理明白，必不到案，请追质铺伙呈票，请追质本。蔡太守问："装船空白票何来？"答称："在故纸堆中检出。"又问："图章在何处刊刻？"答称："嘱托盘刻字人刊刻。"太守判笞姚丽生二百板，枷号一个月以儆；银洋十三元先交贺庆生、姚云生领去，皮□［褂］等件交戴某代领，须偿质本一半；贺、姚二人缺少之十七元，及尚有一半质本，着姚丽生缴偿；伪图章及空白装船票，送招商局查覆。

（1890 年 12 月 16 日，第 3 版）

瓯东寒籁

（前略）新任乐清县恽植卿□［大］令于本月初二晨乘招商局“海昌”轮船，抵郡禀见道府宪后，即解缆赴乐清，择吉初九日吉时接印。

（中略）总捕府屠子厚司马汉章殁于任所，瀛眷择于本月初六日乘招商局“海昌”轮船之便，扶柩至申江转抵汉口，以便归里安葬云。（后略）

（1891 年 1 月 19 日，第 1 版）

镇江新语

招商局某轮船由沪上开至京口，甫经靠定，趸船搭客即争先上下，拥挤异常。箫仁和汉货店以宝纹十二锭装入木箱，扛送至船上，交管银之某甲查收，一转瞬间忽失所在，赶急四处查缉，并传江快追寻。江快见有一人未携行李，面［而］身畔有布包一个，颇为沉重，疑即妙手空空儿。因近前询曰：“尔包中系何物，何若是之重耶?”其人曰：“钱也。”江快不信，意欲将包开视，其人坚不肯，及强开视之，则累累者皆不动尊，数之，恰符所失之数。嗣见原箱浮于江面，因亦捞起，将贼扭送招商局，经局董送县究办。（下略）

（1891 年 2 月 15 日，第 2 版）

白门鼓棹

江南提督谭青崖军门由松来申，已纪昨报。昨日军门至文武各衙门答拜，旋于晚间乘招商局“江永”轮船赴金陵谒见制宪，并贺新禧。

（1891 年 2 月 17 日，第 3 版）

海运述闻

本埠各沙船装载粮米将次告竣，粮道景月汀观察已于本月初十日会同关道宪聂观察行祭海礼，各沙船头帮将于日内开放。并悉景观察俟招商局之“新裕”轮船来申，即须乘之赴津云。

（1891 年 3 月 21 日，第 3 版）

附轮宜慎

轮船自太古失事之后，涉江海者已视乘风破浪为畏途，业此者宜何如优其往而厚其来，使之有恃而无恐，安其居而时其食，使之宾至而如归。刻下惟招商局各船尚知以中国之人为中国之事，以中国之礼待中国之人，故人亦乐附其舟，官场尤喜其不失上下之体面，争克□倚装以俟其至；船上买办又能约束水手，于上下货物从容运付，不至随意抛弃，凭空飞掷。间有荏弱[①]妇女上下迟钝，必使其同伴徐徐扶持，毋令仓皇失措，并不架西人威福而折磨食毛践土之俦，故招商生意犹胜于昔。乃昨有自汉上来者，谓正月间在汉臬附某洋行之火船东下，即俗所谓野鸡轮船也。既夜，收票者至，伊同□四人票皆在仆身上，适仆下船小解，收票者见其吸烟，似理不理，便以脚踢其行李，厉声曰：“票来?”伊仍不起，但应曰：“俟底下人来!”收票者更大怒，突提其领而起，又推之使倒。于是，同行之人齐声喝打，收票者即□挞伊面而逸。迨天明向买办告以殴辱斯文，则此人终匿不出，无可知何。翌日，行至安庆时，正夜半，天大雨，一男子携一妇、一女、一妪。妇以爱女故，令男子另雇一划船，抱女先下，己以伶俜[②]纤步，欲前反却，又苦淋漓满面，怨恨不已，船上已既讪且笑，愈催愈急。妇犹欲妪站划船上，扶己而过，讵船上不知何人，竟一掌将此妇用力一推，跌仆划船舱内，而船已转轮而驶矣。此妇长号痛骂，同下者二十余人，愈为不平，议诉其事于领事署

---

① 荏弱：rěnruò，柔弱。屈原：《九章・哀郢》：“谌荏弱而难持。”

② 伶俜：língpīng，飘零孤单。

中。既抵芜湖，则又以忙迫之际，硬分货与客为两划船，使之抵岸，各认有行李两件。已抵下关，犹无受主，想必是芜客所遗失者。夫轮船无趸船，已属不便，然苟船上人认真料理，细心查点，加意防护，安知取法乎上，未必不得其中。乃在船□［则］逞其凶，下船则肆其虐，开船则行其窃，谁为终身不出门之客？而顾令荆棘满天地，一至于是乎！敢告倚装者当审度其为何如船而后赋《行路难》，虽不登仙亦庶几矣。

以上系金陵访事人函述，顾亦道听途说，曾未知其确否，姑援有闻必录之例，以冀轮船上人有则改之，无则加勉而已。

（1891 年 3 月 22 日，第 2 版）

粮道启行

江苏粮道景月汀观察于昨晚乘招商局之“新裕”轮船前赴天津，上海县陆邑尊等预至宪舟送行礼也。

（1891 年 3 月 22 日，第 3 版）

鸠江春泛

（前略）招商局某轮船前次由沪往汉，船中带有《图书集成》一部，被芜湖洋关查抄提去。嗣经书主在汉得信，函托招商芜局代诉原委，请予给领，当奉税务司谕以偌大箱件在沪并不报关，殊属非是，着缴税银二十五两以示薄罚，书交原主领去。（下略）

（1891 年 4 月 1 日，第 2 版）

温州官报

新任永嘉县县丞詹栗农二尹大章于上月十六日乘招商局“海昌”轮船抵郡，十七日晨禀见道府，筮吉十九日巳刻接钤。（下略）

（1891 年 5 月 8 日，第 3 版）

沪上官场纪事

江苏藩宪邓小赤方伯由省垣来沪，乘轮舶赴金陵谒见刘岘帅，事毕，乘招商局“江孚”轮船折回，于昨日一点钟时抵小东门外金利源码头。江海关道聂观察、松海防同知刘司马、提右营刘参戎、上海县袁明府及印委各员均至码头迎迓。（下略）

（1891 年 5 月 13 日，第 3 版）

鱼轩北上

江西巡抚德大中丞之夫人亲送女公子入都探亲，于初三日乘坐大红船二艘，用“紫电”官轮拖行，午刻行抵九江，换坐招商局“江孚”轮船赴沪，航海北上，九江道府县游守等员以及选锋、新劲营队伍迎送如礼。

（1891 年 5 月 18 日，第 2 版）

彝陵近事

（1891 年 5 月 28 日，第 2 版，文见“产业与经营”）

浔阳官报

九江关道李亦青观察往景德镇巡阅窑厂，于上月二十一日回浔，属下各员均出大东门迎迓。湖口总镇丁燕山镇军前往金陵，禀见刘岘帅，旋附招商局“江裕”轮船至九江，小作勾留，定期二十二日乘“长龙”船回湖口。

（1891 年 6 月 10 日，第 2 版）

鸠水澄波

芜湖县王明府于四月二十九日乘招商局之“江裕”轮船，往金陵谒见

刘岘庄制军，禀陈教堂办理情形。（下略）

（1891 年 6 月 15 日，第 2 版）

皖省官场纪事

芜湖关道成端甫观察由鸠兹乘招商局之“江通”轮船，于初十日清晨抵皖，谒见沈仲复中丞，商办要案，暂驻八旗会馆，连日冠盖往还，极形热闹。委办皖南牙厘总局刘子干观察接到家书，惊悉太夫人在籍仙逝，即遣家丁赴院呈报丁忧，所遗之差经沈仲帅札委袁雨生观察接办。观察即于十二日乘招商局之“江永”轮船东下，先赴金陵谒见刘岘帅，然后到局接办。（下略）

（1891 年 6 月 25 日，第 2 版）

灵輀过沪

原任浙江布政使许星台方伯病殁通州旅次，其灵柩附招商局之“新盛”轮船南下，于前晚抵沪。上海县袁海观大令预饬办差家丁在招商局栈房内铺陈一切，择于昨日开吊，本埠道营厅县，英、法两界谳员及各局委员皆往吊奠，素车白马，络绎于途。闻灵柩不日即当乘轮回粤云。

（1891 年 7 月 20 日，第 3 版）

法界捕房琐案

上月廿三日积窃左明德在“海定”轮船上窃取搭客周汉臣之衣物，经招商局码头九号巡丁朱庆扭送公堂。葛同转一再讯问，知左惯窃轮船物件，日前曾在“丰顺”轮船账房中窃取某大员□□之绣花梅边等物，典于英界九福押店，得洋三十五元，曾由包探王荣培将原赃吊到。至昨晨同转莅八仙桥捕房，“丰顺”轮船茶房夏根寿投案诉称吊案之赃，由电报局嘱带，求准具领。同转命带左至案问：“花边等物是否窃自轮船账房中？尔共有伙友若干人同作此种生意？”左直认不讳，供称：“小的于三月二十后循巨窃许春兰、杨汉卿等来治下，寓居小东门外老春记客寓，因□窃被英捕房查获，解送英公堂，经蔡大老爷惩办开释后，复往轮船窃物，意欲将资回去。”同转问杨、许两贼现在何处？质得之洋曾否用完？供称：“杨、许两人均往九江，小的质得洋廿五元，悉数输□［于］虹口大赌台上，早已罄尽无余矣。”谓：“尔上海必有余党，务须从直供来。”左坚执前词，同转喝令笞责二百板，照前断枷号一月，吊到之赃给夏领去。复谕令包探吊取左之铺盖，再行核断。

（1891 年 8 月 6 日，第 3 版）

芜道撤任

芜湖道成端甫观察近因教堂一案头绪棼［纷］繁，特于月之初六日清晨乘坐招商局之“江永”轮船赴金陵，谒见刘岘帅，禀商机宜。甫上轮船，适省中递到加紧公文一件，观察就船启视，乃抚宪檄文，内开：“芜湖道成着调省差委，遗缺委候补道彭禄代理。”又有白折一扣，所开不知何事。外间传闻谓即总理衙门所咨南洋大臣电信，抄与阅看者。读毕，不免黯然，即命家丁将行李起岸，回署料理交代事宜。少顷，官场又接省中来信，探知彭受臣观察定于十二日莅芜诹吉履新。按，英官曾以三事向总署诘问，其一谓闹教时芜湖地方官颇能出力，不应撤任，而居其上者间［意］存膜视，反得安然无事。西字报曾载其说，此即芜湖道撤任之所由来欤？

（1891 年 8 月 15 日，第 1、2 版）

黔抚抵鄂

四川藩台崧方伯升任贵抚，昨乘招商局轮船来汉，地方文武各官照例燃炮迎迓，呈递手版外，即由关宪派“洞庭春”轮船迎接中丞宪节渡江至皇华馆。省垣各大宪迎请圣安后，相与排道入城，以申地主之谊云。

（1891 年 8 月 19 日，第 2 版）

军麾过沪

广州将军继述堂军宪入觐龙光，由京南下，乘坐招商局之“海晏”轮船于昨晨六点钟时抵沪，在小东门外天津码头下碇。本埠官场早接电信，预饬办差家丁在码头上扎就彩棚，以备迎迓。黎明时，道营厅县以及英、法两界谳员，各局委员、沪军营、制造局、炮队营，忠、信两营兵勇列帜荷枪，齐集江干恭迓，屹如山立。军宪接见各员，旋即登岸坐绿呢大轿至英界泰安栈暂驻襜帷，风尘下吏望见颜色者，舆马盈门，路为之塞。

（1891 年 8 月 28 日，第 3 版）

鸠江秋啸

本任芜湖关道成端甫观察卸篆后，于月之廿二日乘坐招商局“江永”轮船晋省，属下文武印委先期齐集江干，并派练军排队恭送，以申敬意。

本任芜湖县王玉如大令因案撤任，遗缺由藩辕牌示详委候补县王宇春大令接署，未到任以前，暂由芜湖关税厅俸静山大令代理。刻下王宇春大令在省交代已清，随奉饬知于本月廿四日乘坐“江裕”轮船抵芜，当即入署卸装，禀谒道宪，涓吉廿六日接篆。按，大令前署斯缺一载有余，今日竹马重临，治下吏民自必更为欢忭矣。

（1891 年 8 月 31 日，第 2 版）

平地生波

昨早将近八点钟时经过黄浦滩，见招商局、旗昌洋行一带有多人拥挤，闻说招商局欠旗昌洋行房租不肯付给，旗昌即遣西人数名将门封闭。初闻此说甚以为异，后见英捕、印捕纷纷驰至，约有三十名，浦中兵船亦拨小艇渡兵，将为登岸弹压之计，尚疑积欠房租无甚关系，何致大起波澜，后知西人数名系奉律师威金生之命而来封闭房屋。招商局遂报知捕房派捕前来驱逐，巡捕告以入室驱人力有未逮。招商局中人告以汝不能干，我当自干。遂遣人至金利源栈房招集扛棒夫约三百名蜂拥而来，由电报局夹道而入，撞开后门，在内看守之数西人遂由前门而出。旁人或告巡捕曰，人多拥挤，何不拘拿？副捕头答以彼等不闹事，我亦何必动手。及渡兵小艇将近岸时，旁有西官嘱其不必上岸，小艇略待片时，渡兵回船。有顷，扛棒夫散归，巡捕亦回，观者各鸟兽散，招商局办事如常。按此事不知孰曲孰值［直］，旗昌之遣人闭门不知合例与否；招商局之招集扛棒夫前来驱逐，亦不知合例与否；惟照西例，凡租货房屋必有契纸载明一切，此项契纸不知如何写法。惟闻此房不是旗昌之产，系他人□［房］屋由旗昌出面代收房租。旗昌未倒之前与招商局往来，旗昌亏欠招商局之账有两款，旗昌倒闭后并未向招商局告知房租付与何人，招商局因此遂将房租汇交华官。在后，道宪派兵多名看守。招商局又闻道宪遣人告知，威金生谓招商局房租存在我处，如欲收取我可付给云。

（1891 年 9 月 19 日，第 3 版）

公论在人

十六日招商局与律师威金生争竞一事，已见十七日本报，所谓平地生波者是也。嗣后投函西字报馆者甚多，各抒意见，议论纷如，而尚未深知此案缘起。近由陈君辉庭致书《文汇》、《字林》两西字报馆，述明启□［事］缘由，其略云：招商局所执租契系旗昌洋行出□□立，每遇收租时，亦系旗昌洋行签字来收。旗昌洋行倒闭后，有信与招商局，谓以后房租房付与旗昌洋行东，名威拉，缘此屋系伍垣□、伍祐农之产，由威拉经收故也。在后伍姓亦有信□照招商局。至八月初九日，忽据威金生信至局中，但言房租可付与威金生，并未说出证据。至十四日，招商局所请律师高易有信致威金生，谓房租已交与道宪留存，威金生置诸不理，谓如不付租即欲前来闭门，十六日清晨遂酿此事。按，此案总以房契为紧要关键，招商局租契既由旗昌洋行出名缮立，房租亦交与旗昌洋行收执；及旗昌洋行倒闭，经伍姓关照，经威拉代收，亦既确凿有据。乃忽有素不干涉之人贸然出面欲收房租，宜招商局之中心疑惑也，其将房租汇交道宪以凭转给办理，不可谓不合。十七日本报因尚未知有此中原委，不敢决其孰曲孰直，今阅陈君信而始恍然于是非不并立，公论固自在人心也。

（1891 年 9 月 23 日，第 2、3 版）

鸠江琐志

（前略）八月廿四日招商局“江永”轮船上水，船中带有军装一大箱，封条系北洋大臣饬寄□［往］湖总督辕门查收者。海关西人查见，恐系假冒，立即提上。讵未三日，道署果接张香帅来电，饬查迅即寄还。彭观察立即照会税务司，将原箱封固，改□［交］“江孚”轮船飞速递鄂。

（1891 年 10 月 5 日，第 2 版）

东瓯杂志

（前略）永嘉县邵补堂、乐清县恽□卿二大令均附招商局“海昌”轮船赴沪，晋省谒见大宪，面禀要公。（下略）

（1891 年 11 月 26 日，第 9 版）

方伯启行

四川藩宪龚仰蘧方伯由杭州交卸来沪，燕［宴］饮、观剧、辞行等事逐日略记报端。旋择定昨日乘招商局“丰顺”轮船北上，关道宪聂仲芳观察、提若营周参戎、海防厅刘乙笙司马、上海县袁海观大令以及城厢内外各局文武总办、委员咸诣轮舟恭送，法廨朱森庭明府复饬知法捕房会捕局派出通班探捕、线勇等人，预在码头弹压。说者谓方伯此行也，瞻皇居之壮丽，睹帝里之繁华，试一念及沪上光风，当有恋恋于旧时驻节之区，低徊不置者矣。

（1891 年 12 月 3 日，第 3 版）

津沽寒色

新任天河兵备道周子瑜观察乘“丰顺”轮船赴任，于上月廿四日抵天津，是日并未入口，直至廿六日始由小轮船迎迓至码头。观察于今夏出京，曾假紫竹林春元栈暂驻襜帷。此次地方有司已备行辕，而观察不欲重烦属吏供张，仍于春元栈小驻，即日谒见李傅相，并拜会各寅僚。(下略)

(1891 年 12 月 6 日，第 2 版)

津门佳话

新任天河兵备道周子瑜观察懋琦于上月廿四日乘“丰顺”轮船抵津，属下各员手版脚靴趋前恭迓，观察随谒见李傅相，然后晋京陛见，诹吉履新。前任胡云楣观察交卸有期，属下绅商送牌伞以颂德政者络绎不绝。盖亦俗例使然，未必有心趋附也。并闻卸篆后当入觐天颜，然后赴粤西臬任云。

(1891 年 12 月 8 日，第 2 版)

法捕房琐事

(前略) 偷儿某甲前日混入招商局“江天”轮船，行窃搭客绸洋伞一柄，该客雇人四处追寻，毫无影响，继经包探将甲拘获。盘问之下，甲供伞已付诸长生库①，当将质票检出。包探禀明捕头，昨晨将原赃吊到，着候有堂期解讯。(下略)

(1891 年 12 月 22 日，第 4 版)

方伯行程

前任广西臬宪汤幼□方伯升任山东潘［藩］宪，由陆路行至汉口，稍停高躅，遂于十九日坐招商局“江裕”轮船至安庆，晋谒沈仲帅，且与亲朋道故；复至金陵拜谒刘岘帅，小作勾留，即由镇江、清江遵陆前赴新任。

(1891 年 12 月 26 日，第 9 版)

---

① 长生库：宋代寺院开设之典当库。

神山鹤语

（前略）署芜湖县王宇春明府于上月十一日因公赴金陵谒见督宪，禀商公事，旋于十九日乘坐招商局“江裕”轮船回芜。（下略）

（1892 年 1 月 1 日，第 2 版）

法界捕房纪事

（前略）前晚十二点钟时，积窃王阿海至金利源码头，潜入招商局“江孚”轮船，窃得某伶烟膏、烟灰、烟枪、眼镜、布匹，挟之登岸，迤逦往兴圣街，将烟枪、眼镜寄存公兴烟馆客寓内，余赃则窝囤新北门外杨树弄惯窝窃贼之协记烟馆，复持布三匹赴永元押店质钱。伶失物后立即报知捕房，请为查缉。昨日，包探将王拿获，向公兴、协记两烟馆及永元吊到原赃，送入捕房管押。（下略）

（1892 年 1 月 3 日，第 4 版）

瓯江冻鲤

“超武”兵轮巡历洋面，于上月廿三日驶抵瓯江，下碇朔门。至廿六日展轮而去。温州招商局“海昌”轮船于上月二十四日七点钟鼓轮出口，行抵七都杨府山外搁浅，幸“超武”船闻信立即往救，须臾出险，客货均得安然无恙，诚大幸也。（下略）

（1892 年 1 月 10 日，第 2 版）

贩运小钱

贩卖私钱，本干例禁。兹宁波人某甲由甬携带小钱约有一百千，藏于竹筐中，以食物放在上面，意图掩盖。昨晨乘招商局“江天”轮船抵沪，将登岸时，适被捕房包探查知，将人钱一并拘入捕房押候，解案请究。

（1892 年 1 月 13 日，第 3 版）

查私启衅

客腊醉司命日①，安徽庐江县杨忍庵大令赴皖公干，道出金陵，坐招商局“江孚”轮船上驶，中途失去小皮箱一口，内贮汇票、洋银等件，立即告知船中司事。迨抵芜湖，禁客上下，闭舱冥搜，查轮勇丁亦即过船弹压。适一客急欲登岸，不肯听搜，口角间勇丁胡姓不知何意出言左袒，以致开罪于大令。大令怒，谓：“何物鼠辈敢阻我搜查？是必与匪串窃。”语毕，亲扭其衣不放，旁有数勇上前排解，亦汹汹然扭作一团。盖勇初不识银髯道貌者即大令也，幸有人言明，勇始一齐释手，然起首之勇已指交船主锁去矣。查轮委员阳湰之少尹在岸闻信，急至船向大令叩头赔罪，恳将勇丁释回，大令掉头不顾。适轮船已将开驶，少尹只得至保甲总局，缕诉情形。旋即省中来信云，大令已面禀抚宪，将勇丁交发审局严刑比究，殊难置身事外。保甲总局饶大令暨少尹即附某轮船赴省。二十八日，“江孚”轮船由汉口下驶，中丞又饬将船中买办某甲扣留质讯。保甲督办袁观察时已选派弁兵押同眼线四出缉查。除日②，果在金陵拿获二贼，解回芜湖严行讯鞫，供出同党五名，“此箱系三人合窃，小的仅分得微赃”。时夜已过半，观察饬将二贼一押芜湖，一留本局看管，拟待新正解省办理。初四日清晨，押在本局之贼因逻者偶疏，飞步逃逸。初五日，招商局“江永”轮船上水，观察饬将押县之贼钉上足镣，派弁押解上省，所有在逃之三贼亦即购线严拿，想不难指日成擒也。

（1892 年 2 月 10 日，第 2 版）

解犯登程

积窃刘玉山在镇江偷窃神父法衣、洋银等物来申，匿迹法界，由镇江差官周德明千戎带同眼线左明德来申查缉，遂由法包探在小东门外日新盛烟馆内将刘拿获。不料周等亦奔至，两造均至捕房伸诉，移送公堂。代理谳员朱明府饬

---

① 醉司命日：指农历十二月二十四日。（宋）孟元老《东京梦华录·十二月》：“二十四日交年，都人至夜请僧道看经……帖灶马于灶上，以酒糟涂抹灶门，谓之醉司命。”

② 除日：阴历十二月的最后一天。

将刘等移解到县，已见前报。昨经上海县袁大令备文，派差饬将刘玉山交周千戎解往镇江道辕归案讯办，千戎遂于昨日乘招商局“江永”轮船起程矣。

（1892 年 2 月 13 日，第 3 版）

储宪启行

江苏粮道景月汀观察于前、昨两日至本埠诸官署辞行，定期今日下午四点钟时乘招商局某轮船北上。

（1892 年 2 月 18 日，第 3 版）

启行再志

储宪启行已登昨报，窃意北河尚未开冻，轮船万不能直指天津。正在疑讶间，访事人又报称景观察实乘招商局“江裕”轮船赴镇江，易舟至清江谒见漕宪，大约事毕，然后押漕北抵津通也。

（1892 年 2 月 19 日，第 3 版）

法界捕房纪事

前日有粤东各客栈接客之甲、乙、丙、丁等人与本邑各客栈接客之戊、已、庚、辛等人争揽主顾，以致互詈不休。适招商局“江裕”轮船开行，诸客纷纷附载。旋有长春、长发、中和三栈接客者专占客房，各以老拳奉敬。甲等力不能敌，致被戊等所伤，互扭入大自鸣钟捕房。捕头将受伤人一并舁送仁济医院疗治，戊等交人保出，候伤愈后到案质讯。既出，甲乙丙三人伤痊出院，又在各码头接客，戊等恐再行凶，遂于昨晨投捕房声诉，捕头着各守本分，免启争端。

（1892 年 3 月 22 日，第 4 版）

皖中杂事

（前略）十二日定更后，招商局“江永”船抵埠，有搭客某甲由汉来皖，即将箱笼移过趸船。未几，甲反复点检，失去皮箱一口，见某乙袖手往来，疑非善类，不问皂白，向前扭住，勒令交出皮箱。乙厉声呵斥，谓双瞳未瞎，何得诬良作贼？于是脚去拳来，两不相让。适有某丙在侧，解之曰："彼系送客人，非扒手也。"甲尚不服，船中人亦谓甲无礼已甚，交口詈骂，甲自知干犯众怒，始默尔而息。（下略）

（1892 年 3 月 24 日，第 2 版）

津沽人语

（前略）二月初十日前后，河冰渐泮，轮路疏通。招商局"普济"、"广济"等船均于十一二日驶傍码头停泊；十三四日风雪连天，北豫各河冰凌复合，致截断一舿子船，淹毙二人；十五六日冰块排山倒海，只就附津而计，摇船、镖船、枣船、舿子船共被撞沉九艘；十七八日封家姨稍稍敛迹，赵衰之日亦渐温和，浮家泛宅者流，方免栗栗危惧；十九日又风利于刃，午后雪花漫空，随风飞舞，寒威骤至，又似三冬，北河舿子船率不敢截流而过，以致诸孝廉之应礼部试者，率遵陆而行。双套之车向年每辆津钱十三千者，今陡增至十六千，每日开车二三百辆，车行客邸，获利无涯。

（1892 年 4 月 1 日，第 2 版）

轮船被撞

顷间传说禅臣洋行之"北京"轮船被"富顺"碰沉，亟为探问。据"北京"船主及各人俱称，"北京"船由镇江启行，初十下午抵吴淞，四点钟时忽起大雾，即于四下半钟停轮下锚。"富顺"由港来申，直驶入口。"北京"停轮时，每一点钟摇铃六十次，由四下半钟摇起，约五下钟，忽闻放号声，即知有船驶来，当即尽力摇铃，而"富顺"已向北京船旁驶来。当时"北京"船主及各人高声喝其转舵，然"富顺"已不及转，就向"北京"船中间碰来，船头吃紧，"北京"即喝令"富顺"勿使倒车，命各人急趋至"富顺"船头，陆续沿上船面，船主则最后沿上。不到十分时候，"富顺"轮车一动，"北京"即从船头入海矣，全船人命无伤，尚属幸事。至各货物，则均沉没。所闻大略如此，其细情容俟续闻再录。

（1892 年 5 月 9 日，第 3 版）

宁波官报

上月十二日宁波府胡练溪太守因有公务赴杭州省会，向大宪禀陈事毕，于本月初五日折至申江，乘招商局“江天”轮船回署。

（1892 年 5 月 11 日，第 2 版）

碰船续纪

招商局之“富顺”轮船与禅臣洋行之“北京”轮船相碰，前报已纪之矣。兹闻“北京”轮船沉下之处，正当水路之冲，江海关已派灯船停泊在彼，俾来往船只咸知趋避。禅臣洋行已派人赴失事处，勘视沉船，以便设法援救。至“富顺”轮船亦有数处受伤，现已入坞修理，约需数千金云。

（1892 年 5 月 11 日，第 3 版）

浙抚启行

浙江巡抚崧振青中丞赴京陛见，道经沪渎，在天后宫旁出使行台暂驻襜帷，择吉启行，迭纪前报。兹悉中丞乘招商局之“海晏”轮船北上，于昨日午后两点钟时由行辕乘坐绿呢大轿进［迤］逦向南，轿前有驻扎沪上之抚标沪军营、洋枪队及浙江巡抚部院亲兵数十名列队护送，军容整肃。及宪驾行抵码头，沪上文武各官均在舟次鹄候，及中丞登舟，各官呈递手版，恭送行旌。斯时车马喧阗，簪裾[①]骈集，极一时之盛事。

（1892 年 5 月 11 日，第 3 版）

法界捕房纪事

昨晨招商局“江天”轮船由宁波开行来沪，将抵码头，有一小偷儿潜

① 簪裾：zānjú，古代显贵者的服饰，借指显贵。

入舟中，窃取某客洋伞一柄，小流氓某甲见之，阻而讹诈，经某包探侦知其事，将两人一并拘入捕房。

（1892 年 5 月 31 日，第 4 版）

中丞莅申

新任江苏巡抚奎大中丞将临申，浦官场预备迎迓，此已详列报端。兹悉中丞乘招商局之“海晏”轮船，于前晚行抵吴淞，至东方欲曙时，展轮进口，清晨五点钟时下碇法界天津码头。其时本埠道营厅县以及文武印委各官，提右营兵丁、督标忠信两营、沪军营均至江干迎接；法界谳员葛同转预饬会捕局通班探勇，捕房中亦派包探巡捕在码头伺候。上海县办差家丁已备绿呢大轿，中丞旋即登岸，排列仪仗，前呼后拥至天后宫旁行辕暂驻襜帷。各官又递职名入谒，闻中丞即当赴苏履任云。

（1892 年 6 月 28 日，第 3 版）

沪上官场纪事

前河道总督吴清帅由原藉［籍］抵申，已登前报。兹悉清帅已于昨晚乘招商局“丰顺”轮船北上矣。英廨谳员蔡二源太守因迎迓奎中丞，手版脚靴异常栗六[①]，遂饬知各捕房停公一日。

（1892 年 6 月 28 日，第 3 版）

救人功大

招商局之“新盛”轮船在成山洋面遇雾触礁，已详前报。其时幸有和兴公司之“飞马”轮船接踵而至，一见“新盛”失事，立即停轮放杉板，竭力救人。凡救起华人一百五十余名，西人六名，“新盛”船上诸人悉数救出。比诸人援出之后，未几而“新盛”船即分而为二，设或少缓须臾，

① 栗六：忙碌。

则有不堪设想者矣。“飞马”船上诸公见义勇为，厥功不亦伟哉！至于详细情形，则俟“飞马”船回沪，当有确音，容俟续录。

（1892 年 7 月 1 日，第 2 版）

鸠江夏汛

（前略）署理凤阳府孙词臣太尊廷林卸篆后，由镇江乘坐招商局“江孚”轮船赴皖，谒见大宪。闻太守在任半载，舆情爱戴，郡中利弊因革悉如民之所欲，而于词讼尤判决如神，不使属县稍有稽延；甚至数年积案得太守片言折断，两造无不折服以去，是亦近今之良二千石也。（后略）

（1892 年 7 月 13 日，第 2 版）

庆贺万寿

昨日恭逢皇上万寿圣节，本埠文武各□［员］均至西门内万寿宫行庆贺礼，停泊浦中之招商局轮船咸于桅上高扯龙旗，迎风招展，映日辉腾，诚巨观也。

（1892 年 7 月 20 日，第 4 版）

奇案难断

昨报纪有《奇人奇事》一则，一时哄传，远近好事者于昨晨十点钟时往法租界观看，自大自鸣钟起，至法公廨止马路，两旁骈肩接踵。俄而捕房将阿三解送到案，尾随其后，争先探望者尚如潮涌一般。法廨谳员葛蕃甫同转与祁翻译先后莅止，饬将阿三带案。先据包探郁庭湘禀称，阿三于前日下午三点余钟时乔扮女妆，宛然妓院中之大姐，偕同乡三人上招商局“江天”轮船欲往宁波，船中有人见阿三小便时形状与男子无异，疑为男扮女妆，报知小的，立即前往拘拿。验视之下，果具阴阳二体，所谓雌雄人也。今解案下，求请讯究。同转问阿三曰：“尔因何扮作女妆？”供称：“自幼生成异体，经父母作主，于五岁时缠成小脚，十三岁时留发作妇女看待，至今不娶不嫁，终成废物，自恨生不逢辰，在人家佣工。”问：“尔在荣锦里第四家妓院内为大姐，可知该妓院鸨妇为谁？尔所随之妓女是何名字？迄今二载余，何以竟肯容留？”供称：“本家妇系张翠云，我乃本家娘姨，妓女文卿等三个房间，均归我一人当值，伊等亦知我具阴阳二体，不以为异，故能容留至二年之久。今因家中有信来，说有要事，前日随同乡人搭轮欲去，不料为包探所拘，务求施恩开释。”同转谓：“尔既为妓家佣，何以管押数日无人来保？恐有别情。”着暂押再候复讯。

（1892 年 7 月 24 日，第 3 版）

九江官报

前九江关道升任山东盐运使李亦青都转希莲于上月二十八日午时乘招商局“江裕”轮船东下，德化县罗明府预饬公差在招商局码头搭盖彩棚，以便肆筵祖饯。新任关道徐观察、总兵何镇军、知府崇太守以及所属文武印委各员俱趋送江干，送别如礼。

（1892 年 7 月 26 日，第 3 版）

法界公堂琐案

（前略）何探郁庭湘禀称：“小窃管天顺潜入招商局‘江永’轮船，窃取鞋子一双，经小的拘案请究。”葛同转饬提讯鞫，管供称：“小的现在本邑英租界三马路马公馆当茶房，鞋由旧货摊上购得，并非窃赃，乞赐开恩，曲全体面。”同转谓：“马公馆中何用尔当茶房？”着押候饬查。（下略）

（1892 年 8 月 3 日，第 4 版）

提宪回署

浙江提督冯煜康军门于日前乘轮赴沪，迎接新任闽浙总督谭制军。俟制军赴闽后，军门于十九早乘“江天”轮船回宁波，六营将弁及鄞县杨邑尊均往江北岸招商局码头恭迎如礼，时则戈矛耀日，旌旆连云，殊觉异常热闹也。

（1892 年 8 月 17 日，第 3 版）

方伯启行

安徽沈司德方伯抵沪，迄今已有数日。昨日乘招商局“新裕”轮船启行，本邑诸员均至江干送别。

（1892 年 8 月 28 日，第 3 版）

皖中杂录

（前略）江苏候补道欧阳观察霖月前因公赴皖，谒见沈仲帅，面陈一切，小作勾留，即于上月二十六日乘招商局“江永”轮船东下。（下略）

（1892 年 8 月 29 日，第 3 版）

中丞莅沪

新任湖南巡抚吴大中丞于昨午后乘招商局之“新裕”轮船抵埠，当即命驾入广肇公所行辕，本埠道营厅县以及各委员咸往禀见。闻中丞勾留数日，即行启节赴任也。又闻中丞之瀛眷由苏州原籍雇坐大号官舫于昨午来沪，停泊观音阁码头，上海县办差人等预备绿呢大轿迎入广肇公所行辕也。

（1892 年 9 月 14 日，第 3 版）

上海北市丝业会馆筹办顺直赈捐，沪局起解第二批直赈银两启

启者：则敬前奉直隶阁爵督宪札饬到申劝办赈捐，仰蒙厚德堂善长等慨助巨款，业经刊登日报，藉志感忱。兹于本月二十三日起解第二批规银六千两，即装招商局“新丰”轮船运解到津，呈请筹赈局宪照数验收拨用，以彰盛德而济赈需。惟是顺、直各属被灾至三十余县之多，值此赶办

急抚之时，续解不容稍缓，务祈仁人君子大发慈悲，源源赐助，俾畿境灾黎得起沟壑而登衽席，心香一瓣，感祷莫名。至此次轮船水脚仍蒙招商局宪照章捐免，合并声明。七月二十三日，钱塘施则敬子英甫谨启。

（1892 年 9 月 15 日，第 4 版）

棨戟遥临

新简湖南巡抚吴清帅由天津乘坐招商局“新裕”轮船，于昨晨八点钟抵沪，停泊金利源码头。清帅旋即登岸，乘坐绿呢大轿，在英租界广肇公所暂驻襜帷。本埠道营厅县及印委各员均往上谒，清帅接见有差。

（1892 年 9 月 16 日，第 3 版）

神山秋梦

太平府王子范太守调署颍州，于月之廿二日交卸篆务，委粮厅丁慰农别驾代理，遂即起程。廿三日道出鸠江，文武各员均至江干迎迓。片帆小泊，即于廿四日改乘招商局“江永”轮船赴省。（下略）

（1892 年 9 月 17 日，第 2 版）

伺候节临

浙江巡抚崧振青中丞于上月二十八日之晚，由天津乘招商局“海晏”一轮船南下，已列报端。□［上］海县黄爱棠大令饬办差家丁在法租界金利源码头伺候，闻以美租界北河南路天后宫为行辕。

（1892 年 9 月 22 日，第 3 版）

浙抚过申

浙江巡抚崧振青中丞陛见出都，由天津乘招商局“海晏”轮船南下，上海县黄大令在美租界天后宫畔预备行辕。前夜“海晏”抵沪，昨晨钟鸣十下，中丞在小东门外金利源码头换乘官舫，用小火轮船带赴杭州。本邑道营厅县及英、法两谳员均往恭送，浙江水师统领苏军门亦来沪远迎；中丞接见之余，即启棹遄返。

（1892 年 9 月 23 日，第 3 版）

浔江秋眺

江西巡抚德晓峰中丞以湖口炮台焚毁后亟须兴筑，因饬藩司方佑民方伯估勘工程，本馆已纪其大略矣。某日方伯查勘已毕，仍乘官舫，用“紫电”官轮船带返省垣，各官弁送别江干，甚形肃穆。署九江道涂仲昉观察因公至江宁谒见刘岘帅，事毕，于上月二十八日附招商局“江孚”轮船回九江，各官俱至江干迎迓。（后略）

（1892 年 9 月 26 日，第 2 版）

厦门琐记

由泉州至厦门，除同安一县外，余均由郡城外安海口附渡船，船少人多，时虞挤拥。兹有某某等人纠股数十份，创设小轮船公司，倩招商局某君为首，禀请盛杏荪观察详请李傅相咨移闽督准行。闻已在香港赁定小火轮船两艘，而省宪尚檄道饬厅查明究竟有无关碍地方，须俟禀复后核夺办理也。（下略）

（1892 年 10 月 5 日，第 2 版）

浔江枫荻

特授江西吉安府许清臣太守道培俸满[①]请咨引见，道出浔阳，拜会镇、道各官，俄而各官亦以礼答拜，冠盖如云。太守即于初九日乘招商局“江裕”轮船东下。（下略）

（1892 年 10 月 5 日，第 3 版）

---

① 俸满：旧时官吏任职满一定年限后，得依例升。

津电译登

昨接析津来电云，新简长江水师提督黄昌岐军门于今早十点钟时乘招商局“新裕”轮船开行来沪。津电又云，顺天学政李芍农宗师定于廿四日按临天津，举行岁试。

（1892 年 10 月 14 日，第 1 版）

上海官场纪要

长江水师提督黄昌岐爵军门入京陛见后，由天津乘招商局“新裕”轮船南下，沪上官场闻信即码头上预备供张。

出使日本大臣李伯行星使因丁艰回华，将莅沪上，上海县黄大令预饬办差家丁在三菱公司码头迎迓。

糖捐局总办沈赓虞太守凤韶之夫人疾终沪上，择于昨日出殡，用小火轮船带往苏州。本埠城厢内外路祭甚多，道营厅县及各局员咸往舟次恭送。

（1892 年 10 月 18 日，第 3 版）

安庆官场纪事

前总理抚提营务处候补道彭受臣观察，因阿中丞案中查明私拜门生，夤缘仕路，以致斥革，功名自应解组，归田闭门思过。遂于本月二十四日交卸差使，诣各僚友处辞行。翌日，即挈眷乘招商局“江永”轮船取道沪江，回苏州原藉［籍］。（下略）

（1892 年 10 月 20 日，第 2 版）

军麾莅沪

新授长江水师提督黄昌岐爵军门陛见出都，由天津乘招商局“新裕”轮船南下，上海县黄大令预饬办差人等在码头伺候。昨日下午，“新裕”

驶入浦江，在金利源码头停泊。江海关道聂观察、提右营傅参戎、松海防同知刘司马、上海县黄大令以及印委各员均往江干迎迓。军门次第接见，茗话片时，各官即兴辞而退。

（1892 年 10 月 20 日，第 3 版）

上海六马路仁济善堂汇解顺直九月初五日第二批赈款启

谨启者：顺直灾区待赈孔亟，敝堂前奉李傅相电示，筹款急赈，解过第一批义赈银一万两，以补官赈之不足，仍以地广不敷散放，需款接济，刻不待缓。今续筹汇解第二批规银六千两，计三箱，由招商局“普济”轮船运往天津筹赈局，即派义赈友查放。是批，《申报》馆一千五百两，丝业会馆二千五百两、药丸五大箱，敝堂二千两。叨免关税水脚，合并声明。时局多艰，筹捐弩末，发棠之请，诚知其难。又，山东、河南连来告急，求款接济，叩求随缘乐助，以济其急。惟愿诸大善士悯念灾黎，体天好生，以救命为重，凭仗功德迓召天和。望云百叩，敬盼鸿慈。施善昌等谨志。

（1892 年 10 月 26 日，第 4 版）

饷船过境

前日由内河驶到饷船一艘，内有饷银若干，停泊沪城大东门外大码头。上海县黄爱棠大令得信后，立饬值差督同伙役前往照料。昨日午后，由押解委员将银运上招商局“新丰”轮船，遂于翌晚开往天津。

（1892 年 10 月 27 日，第 3 版）

出殡志盛

天津来信云，唐景星观察仙逝，已见报章。本月初六日上午十下钟时，李傅相亲临题主，文武各员俱于天明时伺候。及傅相至，有长芦盐运司、津海关道及新旧天河兵备道陪侍。题主时，一切规模极为体面。傅相知观察素日清贫，预告以不必设筵款待，及礼毕即回辕。当傅相戾止及回辕时，枪炮之声隆隆不绝。至僧道之来讽经礼忏者，其资皆有友人佽助。吊奠之人来往天津、开平二处，火车并不取值。昨日又得津电云：出殡之期定于本月十一日，其柩由开平矿务局过桥，经海关道署附近入英租界。西国官商五十余人并在傅相所设医院前鹄候，至时柩暂停，让开道路，使五十余人列在其中陪送。计陪送之中西客不下千人，俱送上轮船。十一、十二两日，开平矿中停办工作，以表哀思。当柩至英租界时，街上自来火一律燃点，所有各作、各店悉数停工，开平矿中预备火车装运工人、耆老共三百余人至津送殡。招商局派“新丰”轮船装灵柩及眷口，于十二日早上开行，大约本月十五日早上十下钟时可到上海。商民所送万民伞数十把，俱张于轮船之上。诸友在上海大为布置，以便灵柩到时送入广肇山庄，暂行安顿，择于月之廿四日开吊云。

又闻观察于八月十七日午后一点钟逝世。在十点钟时，开平局内之同事十余人及工头等均到津问疾，观察尚能与之拱手，并将年结账目通统交付；又请张燕谋观察入室，告以：“我死后，局务惟君主之，君之来实天赐也。惟局中诸同事大半由生手而至熟手，辛苦备尝，异日如有更调，务须随时斟酌。我虽经营数十年，家无长物，后裔年幼无能，一切尚祈照拂。”张观察闻之凄然，答以：“诸请放心，自当率循旧章，以无负君之谆托也。”言毕，张观察退出，复命亲属进，将家务逐一处分，然后呼鬀工剃头，又令近侍为之沐浴，趋令舁至厅，事穿衣，及将朝冠戴上，观察乃长叹一声而逝。盛杏荪观察闻信赶至，见已无可挽回，遂抱头痛哭约两刻许，盖数十年旧交一朝永诀，宜其悲从中来也。一切饰终典礼均如制，天津、开平两处官绅商民每日来吊者必有数起；徐雨之观察在建平金矿得信，亦于廿七日赶回津沽，其建平局中之司事、工匠等以相距太遥，未能均来叩奠，遂向喇嘛赁得一椽，诵经三日，所以尽哀忱也。然则如观察者，即不名一钱，亦可谓生荣死哀也已。

（1892 年 11 月 3 日，第 2 版）

浔阳秋雁

江西吉南赣宁道恒介眉观察寿现丁外艰，扶柩回旗，乘坐官舫，用“紫电”官轮拖带，于初十日未刻抵浔。镇军何军门、关道涂观察均具生刍一束，诣舟次祭奠，恒观察于□次答礼。十四日，招商局“江孚”轮船东下，观察即换船就道，各官恭送如仪。（下略）

（1892 年 11 月 7 日，第 3 版）

举襄志盛

唐景星观察灵柩由天津来沪，暂就广肇山庄开吊情形已详前报。昨日下午二点钟时发引，经英大马路入法租界公馆马路，登招商局金利源码头“富顺”轮船回粤。柩前衔牌执事，已详前报不再赘言，惟添设沪军营亲兵，沿途呜呜然奏西乐；继以洋枪队、提右营大旗队，然后清音八拍，香亭、魂轿、诰命亭、銮驾、油画、容亭，“保民”、“南瑞”、“海琛”各兵舰水师队遵西制，将洋枪倒擎；僧道若干人，女尼十六口，矿中各工人所献万名伞二十四顶，顶马、铭旌、幡幢二十四对，翣牌掌扇。孝帏中孝子麻衣如雪，发长寸许，并未唤整容匠剃除。执绋者翎顶辉煌，约二十余辈。妇女则乘肩轿及马车，往送者亦实繁有徒，赫赫丧仪，可谓盛已。

（1892 年 11 月 16 日，第 3 版）

宜昌鱼素

（1892 年 11 月 18 日，第 2 版，文见“产业与经营”）

大令启行

上海县黄爱棠大令赴江宁公干，已列昨报。兹闻前日傍晚时，大令饬家丁等将行李运上招商局“江宽”轮船，至夜半，大令乘舆出城，至金利源码头登舟。夜色迷蒙，双轮展动，向金陵进发。

（1892 年 11 月 19 日，第 3 版）

皖藩过沪

新授安徽藩宪德静山方伯将次来沪，已纪昨报。兹悉方伯由天津乘坐招商局之“新济”轮船，于昨日十一点半钟抵埠，停泊金利源码头。关道宪聂观察、提右营傅参戎、松海防同知刘司马以及印委各员均至江干迎接。俄而，方伯登岸乘绿呢大轿入美租界天后宫侧行辕，下午三点钟，复入城向各衙门答拜。至县署时，适黄大令因公赴省，即由家丁挡驾。

（1892 年 11 月 22 日，第 3 版）

骗子就擒

宁波人徐佩记前月二十七日欲乘招商局“江天”轮船回里，被其亲戚唐阿宝串通陆阿桂，冒充轮船伙，将徐铺盖箱笼设计骗去。经徐投报法捕房，将陆拘获，旋准交保，限期交唐到案，此已详列前报。兹闻唐自骗物后，即雇一叶扁舟往姑苏台畔，恣意流连，挥金如土，将洋银悉数用罄，又将衣服数十件付诸长生库。日前匿迹沪上，与流妓某氏结欢喜因缘，在英租界某客栈比翼双栖，为法包探侦知，会同英捕房探役将唐查获，并将物件搜交捕房。检点之下，尚有他人托徐携带家信数封，内有汇票，计洋千余元。此票早经失主发电止付，遂成废物。捕头讯明原委，着将唐押候解案请究。

（1892 年 11 月 22 日，第 3 版）

阳春普被

敝堂接奉甬上香雪居士大善士乐助原棉衣五百件，由招商局“江天”轮船运申，免收水脚，嘱解顺直灾区。北方早寒，转瞬风雪凄其，中泽哀鸿，何堪设想。蒙大善士一视同仁，一袭黄棉可救一人之命，活人功德岂有涯哉？谨代灾黎望风叩谢，请登报章，以志盛德。上海六马路仁济善堂筹赈公所施善昌等谨志

（1892 年 11 月 26 日，第 4 版）

凫舄已回

上海县黄大令赴金陵后，至前日，署中人探悉已乘招商局“江宽”轮船来沪，因往小东门外金利源码头伺候。晚间，“江宽”驶入浦江，大令即乘舆回署。

（1892 年 11 月 28 日，第 3 版）

上海六马路仁济善堂汇解山东第三批赈银启

谨启者：山东赈款，敝堂前经汇解两批，合计规银一万六千两。今又连接潘振声翁来电，以东省被灾甚重，房屋冲尽，哀鸿遍野，饥寒交迫，刻不聊生，急求设法续解保全，云云。敝堂不得已，竭力凑解第三批规银六千两，由招商局轮船运往山东查收济用。是批计申报馆五百两，丝业会馆三千五百两，敝堂二千两，合并声明。目下天气骤寒，北方尤甚，兹值招商局“普济”轮船开往天津，敝堂附解顺直棉衣一千一百件，叨免水脚。刻下筹捐弩末，惟冀仁人君子悯念时艰，急解倒悬，共持大局，亿万生灵何幸如之！谨代灾黎九顿百叩，铸金事之瓣香祝之。

施善昌等谨启

（1892 年 11 月 30 日，第 4 版）

方伯行程

安徽藩宪德静山方伯陛见出京，道出金陵，谒见刘制军，面商要公，初八日坐“钧和”轮船，行抵下关，府县各官登舟呈递手版，并派人伺候，入城铺设行台，以便暂驻襜帷。前数年，方伯任江南盐巡道时，凡听

鼓铃辕者，无不感恩戴德。今见宪节遥临，争欲一见颜色，□［门］前车马络绎如梭，想方伯接见之余，旧雨谈心，当有一番枨触[①]也。又接皖中信云，安徽藩署自阿啸山中丞去任后，署任嵩书农方伯并未移节，仍住柏台。近日，首县包伯琴明府闻新任德静山方伯莅皖有期，遂饬丁役鸠集工匠，将署中栋宇修饰一新，以待戾止。招商局“江裕”轮船于初八夜抵皖，方伯之行李箱笼附之而到。闻方伯于十二日可莅皖垣，诹吉十三日接篆任事。

（1892 年 12 月 4 日，第 2 版）

皖事撷要

新授宁国府林少眉太守载亨由都门航海南下，道出沪江，小住旬日，即乘招商局“江宽”轮船于十三日抵皖，旋即登岸，在湖南会馆小憩，即赴大宪衙门禀安。按，太守籍隶湘省，由军功起家，洊保今职，昔年曾出守南康，政声载道，今者捧檄皖江，定有一番措置也。

（1892 年 12 月 12 日，第 2 版）

鹿城葭管

温处道赵展如观察于十月二十七晨乘招商局之“海昌”轮船至沪，旋赴省垣谒见崧振帅，面商要公，约在梅花香里可以回辕。

（1892 年 12 月 22 日，第 2 版）

英界公堂琐案

（前略）包探唐宝荣禀称，招商局“丰顺”轮船上失去水龙头等物，疑是工人所窃，责令工头照价赔偿。现在查获行窃之应华宝、夏小洪二人，起到原赃，送案请判。应、夏同供称：“小的等贪小，拾取废铅，不知其为水龙头，乞恩宽免。”蔡太守以工头未到，饬将应、夏开释，赃存

① 枨触：chéngchù，感触。

捕房，以待认领。

（1893年1月12日，第4版）

黔驴技穷

十一月廿二日，有客从大通附搭招商局之“江孚”轮船至芜湖，中途失去竹箱一口，内有本洋一百元，急急找寻，见箱尚在扶梯边，锁钥已去，洋亦不翼而飞。回顾梯边，有甲、乙二男子挈一妇人，形迹可疑，向之搜赃，在身畔仔细摸索，踪影全无。甲遂不服，与客大肆咆哮，乙伪为排解，客终不依。船抵芜湖，喧哗之声犹未息也。查轮委员宋兰生少尉当即过船查询，见甲、乙似非良善，即与妇一并拘至保甲总局。经吴太守升堂研讯，供称素不相识，赃物亦无着落。太守见其神色不定，细加究诘，坚不肯认，薄笞三百下，饬送县押惩。乙与妇忽禀称，愿代赔赃，求恩觅保出外，限日缴呈。太守准之，本日即缴洋银六十元，越日又缴六十元，声称但免二人受押，已属万幸。时失主在旁，见银饼粲然陈列，殊觉喜出望外，遂代乙及妇乞恩，免其惩办。太守俯如所请，令具不再犯事结，麾［挥］之使出，一面将赃交失主当堂领去。惟甲则仍系庭柱，行将重办。堂下观者如蚁，咸谓此案既无丝毫赃证，三人又称各不相识，非太守胸有智珠，五官并用，何能东击西应，俾得珠还合浦耶？

（1893年1月23日，第2版）

浔上官场纪事

（前略）长江水师提督黄昌岐爵军门巡阅长江后，由汉皋乘招商局“江永”轮船东下，本月初五日酉刻前驱抵浔，道镇府县文武各员俱至江干迎迓，镇、标各营勇及炮船水手均列队鸣枪放炮，以致敬忱。军门暂驻一宵，次晨即展轮东下。

（1893年1月29日，第2版）

节麾过鄂

长江水师提督黄昌岐爵军门于本月初四日辰刻由湖南返鄂，鄂垣文武各官及汉阳府县、汉阳协镇暨汉口印委各官咸至江干迎迓。江中炮船数十号遍悬旗帜，枪炮齐鸣。爵军门拜会督抚大员，随乘招商局□［某］轮船下驶，各官复赴江干，恭送如仪。

（1893 年 2 月 3 日，第 3 版）

霓旌就道

苏松太道聂观察将赴金陵，叩贺刘岘帅新禧，已列前报。兹悉观察已于昨晨饬家丁将行李箱笼运上招商局“江永”轮船，晚间观察乘坐绿呢大轿出城登舟，印委各员均至江干恭送。

（1893 年 2 月 24 日，第 3 版）

九江官报

新正初八日九点钟时，九江府崇济川太守由水路赴省，叩贺上台年禧。启行之际，德化县罗明府偕印委各员弁赴江干，叩送如仪。记名简放提督署九江后营游府邱雨亭军门因公至金陵，于新正初七日附招商局“江裕”轮船东下，标下中军杨、熊两守戎暨千把诸弁均送至江干。特授瑞昌县吴慕臣明府念慈于初三日来郡谒见道镇府各宪，拜会各同寅，小作勾留，随于初六日叩辞回署。

（1893 年 3 月 1 日，第 3 版）

霓旌已发

广西巡抚张丹叔中丞于前晚乘招商局之“新丰”轮船起程北上，关道宪聂观察、提右营傅参戎、松海防刘司马及其余印委各员均往江干恭送。

沪渎烟波甫闻离唱，津门柳色又绾行旌，王事贤劳，可为中丞咏矣。

（1893 年 3 月 29 日，第 3 版）

淞南琐录

宁波人某甲自称在招商局“新裕”轮船为水手，平时喜与刘伶辈为伍。前晚与同乡人某乙赴南市探友，迨回时，业已酩酊，步履欹斜，东歪西倒。后至陆家石桥堍某糖果店购买糖食，以为解醉之需，偶不经心，误将糖盘上之玻璃击破，并不回顾，扬长而去。该店学徒某丙飞步上前扭住衣服，欲令赔偿。甲仗□［曲］秀才[①]势，将丙殴击，店伙见而勃然群起攻之。甲见势不佳，央友人出为调停，情愿赔偿，始寝其事。（下略）

（1893 年 4 月 2 日，第 3 版）

覆舟记

船户某甲由常熟载粮米来申，前日亭午时系缆小东门外金利源码头。正欲向招商局交卸，忽有“普济”轮船拢岸，双轮激浪，波涌如山，致将甲船冲至南首吴淞码头，载沉载浮，旋即沉没。其时甲方因事登岸，迨闻而驰至，则已不及救援矣。

（1893 年 4 月 18 日，第 3 版）

灵輀抵沪

原任福建藩宪潘彬卿方伯在任仙逝，由其公子芸生观察扶柩回籍，将次来沪。上海县黄大令预饬办差人等在金利源码头搭盖东西辕门，素色彩棚，并派执事人等伺候。昨日下午四点半钟，灵柩乘招商局之“海琛”轮船驶进浦江，即在金利源码头停泊，关道宪聂观察、提右营廖参戎率同文武各官至舟次吊奠。观察一一叩谢，灵柩当时并未起岸，今日

① 曲秀才：酒的别称之一。（明）冯时化《酒史·酒考》：“世称酒曰曲生，亦曰曲秀才。”

又逢礼拜，闻俟明日排齐全副仪仗，绕行英法租界，想夹道纵观者当不乏人也。

（1893 年 5 月 7 日，第 3 版）

学宪启行

福建学宪王季樵宗师由津来沪，已纪本报。昨日亭午时，宗帅乘绿呢大轿，前导有五梅花及戈什哈四名，入城至道厅营县及各局总办处辞行，旋回行辕，于［晚］间乘招商局之“海□［琛］”轮船赴闽。关道宪聂观察、提右营廖参戎、松海防刘司马、上海县黄大令及印委各员恭送如礼。

（1893 年 5 月 10 日，第 3 版）

监司启节

新任徽宁池太广道兼芜湖关监督袁爽秋观察莅沪情形早登报牍。昨日，乘招商局“江永”轮船赴金陵谒见制宪，上海县黄大令饬办差人等在码头照料。

（1893 年 5 月 16 日，第 3 版）

闽电译登

昨得福州电报云，盐巡道龙观察于本月十一日乘“海琛”轮船到沪，盖迎亲也。

（1893 年 5 月 30 日，第 1 版）

星使启行

出使美日秘大臣杨子通星使前莅镇江，已将情形登诸前报。兹悉星使于十八晚八点钟时乘招商局“江宽”轮船溯江而上，赴金陵谒见刘岘帅，面商要公。在城文武各官均往江干恭送；镇标各营亦在义渡码头排列队伍，旌旗风卷，枪炮雷轰，极一时之盛。

（1893年6月6日，第2版）

桂抚启行

广西巡抚张丹叔中丞莅沪后，在英界长发栈暂驻行旌，已见前报。兹悉中丞定于昨晚乘招商局“广利”轮船起程赴任。

（1893年6月9日，第3版）

灵輀南下

左文襄公之长孙承袭侯爵，讳念谦，于去年病殁京邸。又，文襄公第三公子灵輀同乘招商局“致远”轮船南下，停泊金利源码头。本埠道营厅县及英法二廨谳员并印委各员均在码头设筵致祭。闻灵輀不日换坐轮船回湖南湘阴珂里。

（1893年6月16日，第2版）

宪眷回京

出使美、日、秘大臣杨子通星使之宪眷定于今晨由招商局“新济”轮船送至天津，遵陆回京师府第，盖并不携带出洋也。

（1893年6月29日，第3版）

招商局来信照登

新安吴寿生世鋆致函招商局云：仆壮不如人，叹劳形于行役；老之将及抱虚愿于知非。猥以五十初度，蒙闽中诸友隆情稠迭，厚贶宠嘉，拜德之余既感且愧，理合备筵酬谢。因念晋省灾黎待拯甚亟，谨具筵资鹰洋八十元移助振济，为诸君子增福增寿，并伸区区感谢之忱。

本馆承局中诿属，因为之附登报章。

（1893年6月30日，第9版）

法界公堂琐案

（前略）招商局“江天”轮船水手施仰之控王阿福、胡阿荣、李阿根通同讹诈，葛同转向施诘问，施诉称：“小的在‘江天’轮船当水手，昨日由宁波抵埠，带得咸鱼两包，王纠党三人，假缉私为名，向小的恐吓，声称须出洋银若干。”同转问：“尔从前曾受过伊等吓诈否?”答称：“吓诈已不止一次矣。前因□鞋之事曾被诈去钱文。”王供称：“小的并未诈过伊钱。”胡供称：“小的向当出店，并未诈钱。”李供称：“小的□西国庖丁，并不图诈。”同转饬将王押候，笞责一百板，枷号一月，期满责释；胡、李各笞责一百板，枷号半月。（下略）

（1893 年 6 月 30 日，第 9 版）

军麾过镇

皖南总镇统领督标新兵全军李军门占椿日前有校阅宝盖山营兵之信，是以各兵弁咸摩厉以须。兹悉军门于上月二十七日午刻由金陵起节，乘招商局之“江宽”轮船东下，即于是日五点钟时行抵镇江，城中文武各官均至趸船恭迓。俄而宝盖山新兵营列队而出，直抵六吉园码头鹄候。迨轮船下碇，各队中枪炮齐鸣，声如雷震。关道宪黄幼农观察及各营官先后登船呈递手版，军门接见后，复以礼答拜。直至薄暮，展轮下驶。因六月初四日为苏抚奎乐峰中丞太夫人八秩寿辰，故特泛棹吴江，一听琅璈清曲也。约初八日左右，当可莅镇校阅。闻统领南洋兵船郭宝昌军门同往姑苏祝嘏，万旆风骞，双轮雷激，临歧相送，宛如李郭同舟也。

（1893 年 7 月 17 日，第 3 版）

皖省官场纪事

升授贵州藩宪嵩书农[①]方伯于四月廿六日交卸安徽臬司篆务，即于廿

① 嵩书农：即嵩昆（1834～?），镶红旗人，历任吏部员外郎、惠陵工程监修、文选司掌印、江西督粮道，山西等省布政使，以及云贵总督、贵州巡抚等职。

八日具折谢恩，或陛见，或赴任，请旨遵行。及五月廿八日，差弁赍回原折，奉朱批：“贵州布政司嵩昆，着来京陛见。”方伯即整备行装，于廿九日赴文武各衙门辞行，携带家丁二三人，于六月初一日乘招商局“江裕”轮船东下，航海入都。沈仲帅以下各员均恭送如仪。(下略)

(1893 年 7 月 21 日，第 2 版)

法界公堂琐案

(前略)某包探拿获在招商局“江天”轮船窃取洋伞、洋布衣之贼犯陈青茂，解案请讯。陈供称：“小的初次到沪，洋伞等皆自己之物，昨往轮船访友，致被拘拿。”葛同转饬包探送至轮船，问明住址，禀复候核。(下略)

(1893 年 7 月 26 日，第 3 版)

法界捕房纪事

昨晨七点钟时，招商局“新裕”轮船由天津抵埠，附载孩子十一口，年均十二三岁，捕房中某包探恐系匪人拐贩，向之盘诘情由。据称天津某局派往上海机器纺织局肄业者，包探乃不复稽查。(下略)

(1893 年 8 月 17 日，第 9 版)

上海六马路仁济善堂接解山西第九批赈款启

谨启者：敝堂于六月底接解第九批赈银一万两，托由招商局汇解山西，以应接济。是批丝业会馆银五千两，敝堂银五千两，合并声明。按，山西目下情形，正青黄不接之秋，所幸连次得雨，播种可望转机。讵料天未厌灾，山东、顺直河水先后决口，一片汪洋，浸成泽国。去岁被灾尚未复元，此次雪上加霜，较光绪十六年之水高逾五尺，较道光二十九年之水则又高逾三尺，真是罕有奇灾。自津通以至京师，城乡村落冲刷殆遍，淹毙人口无算，孑遗黎庶，流离荡析。畿辅禁近之地，赈抚尤难稍缓，伏望普天义士、薄海仁人宏施济于艰难，发慈悲之大愿，下苏民困，上慰宸衷。功德以救命为先，福寿享无疆之报。敬祈公鉴，盼切祷切。施善昌等九顿百叩。

（1893 年 8 月 18 日，第 4 版）

上海北市丝业会馆筹办顺直新灾赈捐沪局琐记四

顺直各属被灾极重，待赈孔殷，则敬奉饬接办赈捐，自应赶筹解济。兹于七月初五日凑集规银四千两，交招商局“新裕”轮船运解天津，禀恳局宪照数拨发武清，交南绅谢啸谷诸君查户散放，俾济赈需。惟灾区宽广，户口众多，杯水车薪，其何能济？诸君子有乐善好施、不分畛域者乎？请乘此救急之时，一解善囊何如？初五日，钱塘施则敬子英甫谨启。

（1893 年 8 月 18 日，第 4 版）

牌夫闹事

上月二十八日之晚，有木牌夫役十余人自镇江附招商局“江裕”轮船往汉口。晚间□鼓时，驶抵安庆，检点之下，见皮箱内所贮银数百两、衣物若干化为乌有，遂互相喧嚷，将通船搭客一一搜查。有旁观者，谓轮船水手往往与扒儿手通同一气，窃得银洋照股俵分。于是，木牌夫役益肆咆哮，拥入各水手住房，争相搜检。搜至储信袋处，管袋水手不服，以致互相斗殴，旗鼓各张，拳脚交下，买办竭力排解，置若罔闻，两造各有一二受伤者。其时轮船已傍趸船，买办遂商请趸船司事梁姓乘舆至洋务局禀陈，俄而某公子飞骑至趸船，查询情由，多方劝散。继又查出有八人为首滋事，即送交有司讯究；买办亦未便轻纵，在此候质。直至二十九日午刻始行展轮上驶，未识以后如何也。

（1893 年 8 月 21 日，第 2、3 版）

霓旌遄发

新简福建藩司黄方伯来沪后，小住英界长发栈，为前报所已记。兹悉方伯定于七月廿九晚乘招商局之“高升”轮船起程履新。昨日，上海县办差人等在码头整备一切。至晚方伯命驾登舟，本埠道营厅县等官次第相送，离歌唱彻，当有黯然销魂者矣。

（1893年9月10日，第2版）

方伯登程

前山东布政使司王方伯毓藻由金陵乘轮来甲，在英界大方栈暂驻行旌，已纪前报。兹悉方伯于前晚乘招商局之“新裕”轮船赴都陛见，关道宪聂观察、提右营廖参戎、松海防刘司马、上海县黄大令及印委各员均恭送如仪。

（1893年9月10日，第2版）

押解伶人

沪北天仙戏园伶人小穆向在内务府当差，此次请假一月，私自来沪，早逾假期，由内务府备文至沪，饬江海关道提解。聂观察接文后，立饬英廨谳员蔡太守派差往提，旋由太守拘获，转送到县。黄大令立饬差役押上招商局“新裕”轮船，起程北上。

（1893年9月15日，第2版）

尚衣抵沪

新简苏州织造庆尚衣多由天津起节南下，前晚乘招商局之“新裕”轮船抵沪，当即登岸，假英界长发栈小驻襜帷。昨晨□［关］道宪聂观察、□［松］海防刘司马、上海县黄大令等均至行辕上谒，午后尚衣命驾入城，诣各衙门答拜。

（1893年9月26日，第3版）

观察行期

前苏州府升任广东督粮道魁观察在苏交卸篆务，乘舟来沪，在沪北观音阁码头停泊，为前□［报］所已纪。兹悉魁观察拟俟招商局之“广利”轮船来沪，即当赴粤履新云。

（1893 年 10 月 11 日，第 3 版）

行旌待发

前苏州府升任广东督粮道魁观察在沪小住，将次起行，本报已屡纪之矣。兹悉招商局之“广利”轮船业已到沪，观察遂定于今日起程赴粤，前昨等日已至各当道处辞行矣。

（1893 年 10 月 14 日，第 3 版）

江干送别

前任苏州府升任广东督粮道魁文农太守过沪小住，不日赴任，已登前报。观察坐舟停泊沪北观音阁码头，昨日下午一点钟移至小东门外金利源码头，换坐招商局“广利”轮船赴粤履新。上海县黄大令预饬办差家丁伺候，本埠道营厅县均诣舟次送行。法谳员葛同转饬会捕局线勇六名、法捕房亦饬包探同往码头照料。

（1893 年 10 月 15 日，第 3 版）

琵琶亭载笔

（前略）招商局码头每届轮船抵埠，提篮卖磁器者恒麇集于此，上船招揽生意。昨有一人向卖磁者选得帽筒一对、茶壶一把、饭碗五个，论价则哑不能言，惟以手作数而已。价定，在怀内取出钱票一贯与之，卖磁者见系本街钱票，深信不疑，纳诸囊中。迨持往取钱，知系赝鼎，赶寻原主，而哑人已不知去向矣。

（1893 年 10 月 16 日，第 3 版）

法捕房琐事

礼和洋行买办之亲戚某甲乘招商局“江天”轮船回甬，将次鼓轮，被偷儿乘间窃去衣包一个，内有被头三条。适法捕房包探在彼巡缉，将偷儿拘获，与衣包一并解送捕房。讯据供认不讳，饬探通知。因失主已往宁波，即由礼和买办代领原赃。窃贼陈仲甫又名回善，供称在乌山船帮为水手。捕头命押候，询问明确再核；如果无人具保，当解公堂请究。（下略）

（1893 年 10 月 16 日，第 9 版）

误撞小船

招商局“图南”轮船此次于月之下浣到津，在双港河中误碰小船一艘，坐客薛某落水身死。“图南”捞救无着，尸亲遂同船户投关道署控告矣。

（1893 年 10 月 18 日，第 2 版）

星使起节

出使英、法等国大臣龚仰蘧星使道经沪上，暂驻铁马路天后宫畔出使行辕，迭纪前报。兹悉星使定于今日乘招商局“新裕”轮船起行北上。

（1893 年 10 月 28 日，第 3 版）

储宪过镇

江安督粮道马植轩观察由天津南下，行抵沪江，及回衙署，已登前报。兹悉观察于本月二十日下午时乘招商局“江宽”轮船溯江而上，即于二十一日傍晚驶抵镇江，在城文武各□［官］齐集六吉园码头伺候。迨轮船下碇，各官登船呈递手版，观察接见之下，款以茶点，互叙寒暄，直至钟鸣六下，始各兴辞而出。观察并不登岸，即于是晚启轮上驶，赴金陵谒见刘岘帅，□［面］禀事宜。濒行时，宝盖山新兵各营因天色已晚，未及整队出郊，在山上连升三炮，燃放排枪砰訇之声，山谷为之震动。

（1893 年 12 月 6 日，第 2 版）

津道抵申

津海关道盛杏荪观察捧檄南下，查办上海机器织布局火焚一事，于昨晨乘招商局“海晏”轮船抵埠，以三马路西首马眉叔观察旧居作行辕。

（1893 年 12 月 9 日，第 3 版）

棣萼同舟

四川藩宪王香如方伯毓藻与其介弟江苏候补知府印毓藩由津来沪，暂驻法大马路名利栈，已纪前报。前日上午，方伯乘坐绿呢大轿，往各当道处辞行。午后由招商局总办盛杏荪观察、帮办郑陶斋观察等假沪北泥城外张氏花园肆筵设席，为方伯饯行，至傍晚始各分散。晚间八点钟，上海县黄爱棠大令设席于后马路日升昌汇票号中，请方伯饮宴，一时水陆纷陈，至十点钟始尽欢而散。方伯命驾至金利源码头，登招商局“江永”轮船起程赴任，本邑道营厅县等官均至江干恭送，方伯仍与介弟同行，棣萼联辉，簪裾生色，诚宦海中之佳话也。

（1893 年 12 月 16 日，第 3 版）

观察回里

安徽候补道彭受臣观察月前莅皖，已纪报章。兹悉观察于月之初六日向各当道辞行，初七日乘招商局“江宽”轮船东下，言旋珂里，颐养林泉，将来如有机会，再作出山之计。

（1893 年 12 月 24 日，第 2 版）

迎经归山

“秃子”化闻向在沪上与诸优伶结纳，日前由京师请得《大藏经》全部，乘招商局“新丰”轮船来沪，迎至西门圆通庵，此已列报。昨日下午四点钟仍由圆通庵用全副仪仗迎至招商局码头，乘“江天”轮船赴普陀山后院法雨禅寺安置，经过之处，观者塞途。（下略）

（1893 年 12 月 24 日，第 3 版）

“秃奴”抵甬

“秃子”化闻赴京，请得藏经，乘轮南下，由沪赴甬，为前报所已纪。兹接宁波信，知化闻已于十七日清晨乘招商局“海定”轮船到甬，当即换坐海船回普陀山。此僧一路招摇，佛如有知，必当摈诸山门之外。

（1894 年 1 月 1 日，第 3 版）

法界琐闻

（前略）招商局“海定”轮船停泊码头，扒手某乙上船，窃取搭客搭连［褡裢］袋一只，携之而遁。追客知觉，追入马路，经巡街捕所阻，拘获人赃，问明原委，将袋给还失主，乙则拘送捕房。翌晨，经克捕头讯问，以其初犯，命押候觅保。（后略）

（1894 年 1 月 1 日，第 4 版）

古董杂言

本馆派赴宁波访事人云：前任宁波府胡练溪太守交卸篆务后，于上月某日回宁波接瀛眷至省，旋于本月初二日乘招商局“海定”轮船往上海综理海运事宜。是日，新任钱太守以下印委各员均至招商局码头恭送。前任宁波府经厅汪参军因丁外艰，交卸定期，本月初三日开吊，寅僚绅士往拜者络绎于途。

招商局“江天”轮船水手梁阿高殴毙锦盛绸庄栈伙丁得富，经鄞县杨大令钉镣收禁，兹已拟定军罪。解府勘讯后，仍发县狱收禁，不日即当派差押解省垣矣。

（1894 年 1 月 14 日，第 2 版）

法界捕房纪事

（前略）今春三月有积窃某丁窃取招商局“江天”轮船某客之衣，经包探拘送捕房，解请葛同转笞责之余，驱逐出境。前晚二点钟时又在公馆马路某里内用铁铲撬开大门，失主在睡梦中惊醒，追至里口，适为巡捕所见，拘送捕房，捕头命押候解讯。（下略）

（1894 年 1 月 16 日，第 9 版）

道宪赴宁

关道宪聂仲芳观察定于本月十二日赴江宁谒见两江督宪刘岘庄制军，已纪前报。前晚观察命驾出城，诣招商局金利源码头，登“江孚”轮船，向江宁进发，本埠印委各员均至江干恭送。

（1894 年 1 月 20 日，第 2 版）

法捕房琐事

小窃某甲在小东门外大街窃取交菜，为包探所见，拘入捕房，转解大自鸣钟捕房。捕头命押候堂期解讯。

积窃某乙在招商局金利源码头窃取某轮船搭客之轿盆一只及油纸伞两柄，为巡丁瞥见，送入捕房。克捕头讯问之下，命押候堂期，解请谳员讯究。

（1894 年 1 月 22 日，第 9 版）

瀛眷先行

出使英法义比等国大臣龚仰蘧星使之瀛眷已由宜昌乘招商局之“快利”轮船抵汉，暂驻万福楼客栈。俟招商局之“江孚”轮船于十八日开驶，即附该轮赴沪。

（1894 年 1 月 27 日，第 2 版）

法捕房发落案

（前略）招商局“图南”轮船水手头目某甲与瓜德买司某乙在船因工作起衅，各邀党羽至法界玉露春茶馆评理。前晚九点钟，短衣窄袖者数十人蜂拥至该茶馆，纷纷扰扰，始则唇枪舌剑，继则足踢拳殴，喧嚷之声达于户外。巡街捕见之，上前拘拿，两造见势不佳，分驰而散，仅拘获三人，送入捕房。旋经同乡人愿为具保，捕头饬传茶馆主，询问曾否打毁物件，该店主声称并不打毁，遂俯如所请，交将保去。

（1894 年 2 月 20 日，第 9 版）

瓯城宦辙

温处道蒋干臣观察于新正十六日，乘招商局“普济”轮船取道申江，换船晋省，面商要公，并贺新禧。属下印委各员均赴双门安澜亭码头恭送如仪。

温州镇张奎垣军门于元宵后一日附坐“元凯”兵船由申晋省，拜贺各大宪新禧，兼有要公面陈，约在花朝前后即可回辕。

防营统领黄绮亭镇戎因客腊冬防严密，彻夜梭巡，未便擅离防次。现届新春，防务稍松，遂附“元凯”兵船由沪晋省恭贺新禧。

温州卫关虎臣守戎于十六日乘“普济”轮船由申晋省，别有要公，便道拜贺春禧。

（1894 年 2 月 26 日，第 3 版）

上海官场纪事

江南提督谭青崖军门由松江节署来申，随于昨晚乘招商局“江裕”轮船赴金陵，拜贺两江总督刘岘庄制军新禧。临行时，提标右营各兵弁恭送如仪。

（1894 年 2 月 27 日，第 3 版）

仙侣同舟

上海县黄爱棠大令本定于今日前赴江宁，兹以松江府恩太守择于廿四日由沪赴宁，大令遂改于前晚，与太守同行。二鼓后，太守率同宝山县马明府、青浦县钱大令、上海县黄大令等命驾至金利源码头，登招商局“江宽”轮船向白下进发。又，松沪厘捐总局督办朱竹石廉访，亦于前晚乘舆出城，登“江宽”轮船同赴金陵。

（1894 年 3 月 3 日，第 3 版）

京口官场纪事

本馆在镇江访事人云，江南提督谭青崖军门由上海赴金陵，叩贺刘制军年禧。事毕，于上月二十八日午刻自金陵乘招商局“江裕”轮船顺流而下，金乌西坠，驶抵镇江。先是宝盖山城守营各勇丁已在风神庙码头排列队伍，迨轮下碇，一齐升炮鸣枪，砰訇之声震动山谷。俄而在城文武各员弁均诣趸船，恭迎军门。接见之余，互叙寒暄，各官即兴辞而出，直至钟鸣八点，即启轮下驶，直抵申江。

松江府恩诗农太守于上月二十五日薄暮乘招商局“江宽”轮船抵埠，少选即溯江而上，径赴金陵谒见刘制军，面禀事宜，兼货年禧。（中略）

常镇通海道黄幼农观察署理江苏臬篆，于上月二十二日往姑苏谢委，二十七日自姑苏起程，翌日傍晚由上海乘招商局“江孚”轮船溯江而上，二十九日下午七点钟时抵镇江，交卸之期尚未择定也。

（1894 年 3 月 10 日，第 2 版）

廉访回沪

厘捐局总办朱竹石廉访日前因公赴江宁拜贺各大宪新禧。兹悉已乘招商局之长江轮船于昨日行抵沪滨，回局视事。

（1894年3月11日，第3版）

瓯江春浪

新任温州府平阳县典史俞定斋少尉广润，于二月初六日午刻附招商局“普济”轮船抵瓯，筮吉十二日接钤，已于初八日禀辞前往矣。

卸任双穗场大使彭筱畬鹾尹来郡贺年，旋于初九日附“普济”轮船至上海，然后赴省会交代。

本届恩科会试之年，温郡之公车北上者共有十八人，均于此次附“普济”轮船至上海，然后换船往天津。

（1894年3月20日，第2版）

窃金败露

数年前招商局“丰顺”轮船抵沪，船中失去赤金三箱，约值银一万数千两，当时查无踪迹，惟司灯之某甲忽一去不回，然亦不疑其行窃也。甲得赃后即潜赴宁波，经营华屋，翚飞鸟革，气象一新。且出则怒马，入则轻裘，广购田园，居然面团团作富家翁模样。邻人某乙心焉疑之，然不敢问其来历。迩者甲见赤金大贵，复出其所有易银，于是乙疑更甚，暗中赴诉，捕房捕头饬捕拘拿诘之，历历不讳，想须解归沪上，尽法以惩也。

（1894年3月22日，第3版）

灵輀北上

原任浙江巡抚崧振青中丞灵柩来沪，在小东门外吴淞码头暂泊，定于今日乘招商局之“新丰”轮船回京，已纪昨报。兹悉中丞之介弟崧观察及其公子等于昨日午后将灵柩扶上“新丰”轮船。本埠官场文自关道宪聂仲芳观察以下、武自提右营廖楚材参戎以下咸诣码头恭送。沪南之忠信营、炮队营、督标沪军等营莫不整队而来，大旗队、大刀队、刚义队、长枪队、腰刀队、洋枪队，共约数十起，动若风翻，静如山立。继以西乐一班悠扬入听，恍奏铙歌，排列小东门外不下二三里之长。迨灵柩上船时，各放排枪以表敬忱。法界捕房派包探及中西捕在途照料，会捕局亦派局勇数名临场弹压。至夕阳西下，各营兵始各散归。回望江干，惟见烟水苍茫，素旗飘飐而已。

（1894 年 3 月 22 日，第 3 版）

栈伙被捆

前日招商局“江孚”轮船抵埠，各栈接客伙纷纷上船，找寻主顾。适蔡二源太守之犹子[1]携带棺木一具来沪，拟即雇船载至杭州。宝善街天宝栈接客伙某甲向之兜揽，蔡君答以并不住栈后，他家接客伙又来兜揽，蔡君恶之，请账房中人派茶房将行李搬入。甲向茶房曰：“搬运行李是尔所司乎？”遂邀同党类数十人蜂拥上船，欲将茶房拽至岸上。正在纷纷扰扰，为船上大副所见，立饬水手将甲拘获，闭诸房舱，阅片时始释出。不意甲异常蛮横，纠合同事某乙将舱门击碎。大副勃然大怒，用麻绳捆缚，饬人咨照小东门外捕房请捕头派捕带回，转解大自鸣钟捕房。捕头命押候堂期，解请葛同转研讯。招商局金利源买办亦函致同转，请尽法以惩。

（1894 年 4 月 4 日，第 4 版）

沪上官场记事

江苏巡抚奎大中丞定于今日出辕，乘舟莅上海。黄大令闻信，即饬办差家丁在招商局金利源码头预备一切，并在沪南制造局陈设一新，以便旌

① 犹子：侄子。

麾暂驻。(下略)

(1894年4月6日，第3版)

法使北上

法廷新简驻京钦使在拉而君莅沪各情，叠纪前报。昨午十二点钟，钦使乘招商局“新裕”轮船北上赴京供职。当启行时，关道宪聂观察、法谳员葛同转及法总领事吕班、翻译官祁理恒咸诣招商局天津码头送行。法捕房克捕头命各西捕擎枪致敬，并饬郁、孙、朱三包探在码头伺候。是日本系法公廨讯期，因此停讯一日。

(1894年4月8日，第3版)

皖省官场纪事

委办舒城中梅河厘务候补通判王珊原别驾德寿，现奉德静山方伯调办皖北土药局提调，所遗中梅河厘局差委候补知县刘时斋明府承祖接办，不日带领家丁莅局接事。

前署安庐道特用道萧小虞观察于上月十五日赴各当道处辞行，十六日坐招商局“江孚”轮船鼓浪东下。

统领安庆抚标练军马步各营宋佩珍军门月前赴金陵谒见督宪，勾留数日，旋乘招商局“江永”轮船于二月十六日清晨抵皖。

(1894年4月11日，第2版)

旌麾遥莅

江苏巡抚奎大中丞阅视塘工将次莅沪，上海县黄大令预饬办差家丁在招商局金利源码头搭盖彩棚，雇大号官舫七艘，停泊码头伺应。昨日松海防刘司马、上海县黄大令乘小火轮船往吴淞迎接，督标忠、信两营暨抚标沪军营、苏松太道亲兵咸列队江干，戈矛雪亮，剑戟霜凝。至六下钟时，中丞乘“威靖”兵轮船由吴淞口驶入浦江，直达金利源码头下碇，以为时已晚，暂驻舟中，各员均诣舟次呈递职名，中丞一一接见。

（1894 年 4 月 13 日，第 3 版）

浔水春光

九江访事人云，江西淮盐总局江苏候补道程雨生观察仪洛赴金陵谒见刘制军，道出浔江受寒小极［疾］，现已霍然而愈，遂于初七日附“江宽”轮船东下。

九江招商局总办黄梅西太守、史锡之司马会同趸船委员廖鹤轩司马，招集工匠，就沿江码头一带添设木栏，并将江岸一律填平，夜间遍置路灯，以照往来估客。

初七日午前十一点钟时，招商局“江永”轮船上驶，适“江宽”下水，同时抵埠，以致人多于蚁，拥挤喧哗。有提篮卖磁器者约伴十余人，雇坐小划船攀援而上，不提防被巨浪所激，俱堕水中，幸众划船户极力救援，得不丧命。

（1894 年 4 月 21 日，第 2 版）

鹄候旌麾

新简浙江巡抚廖縠似中丞陛辞南下，将次莅沪，各情已纪前报。上海县黄大令预饬办差家丁在金利源天津码头预备供张，驻扎沪南徽州会馆之督标忠、信两营及抚标沪军营、苏松太道亲兵各整队而出，排列江干；浙江巡抚部院亲兵二十名由刘哨官带领来沪，恭迓节麾。至钟鸣二下，招商局“丰盛”轮船抵埠，询悉中丞乘“新裕”轮船，当待晚间一二点钟方可抵埠，各营兵闻信之下咸整队而归，俟宪驾到时再行迎迓。

（1894 年 4 月 25 日，第 3 版）

浙抚来申

新任浙江巡抚廖大中丞请训出都，乘招商局某轮船南下，昨晨行抵沪渎，下碇法租界招商局金利源码头。道营厅县及英、法两谳员均往江干迎谒。接见后，即命驾至北河南路天后宫旁星使行台暂驻，诸官又前往请安。闻今日拟假钱江会馆设筵，公请中丞赴宴、观剧云。

（1894年4月26日，第3版）

蜃江新燕

（前略）新选永嘉县学训导张六谦广文恩杰于十八（日）辰刻附“普济”轮船来瓯，随禀见道府，诹吉履新。

调署泰顺县苏建卿大令交卸□篆后，晋省交代，现于十八日附坐招商局“普济”轮船回郡矣。

平阳县王润甫大令因公晋省，已列前报。兹亦于十八日附“普济”轮船到郡，约在二十日左右言旋。

（1894年5月3日，第3版）

大帅行期

北洋大臣直隶总督李傅相奏定于四月初三日出省，会同定军宪阅视旅顺坞澳炮台，以及大连湾、威海卫各处操演，已列前报。兹闻派张观察翼、潘观察志俊负弩前驱，预往旅顺候迎。定军宪所带随员计有东海关道刘观察含芳、山东候补道李观察正荣、津海关道行营翼长盛观察宣怀、直隶补用道傅观察云龙、旅顺坞澳总办龚观察照玙、军械所总办张观察士珩、招商局总办黄观察建莞、水师营务处罗观察丰禄、分省补用府罗太守臻禄、营务处湖南永州镇贾军门起胜、翻译官曾君恒忠、西医伊尔文施、医院副医官林刺史联，此系营台局所派。至于戟辕以内，随带于部郎晦若、张部郎久齐、文巡捕周君世铭、武巡捕杨君福同、倪君芳、戈什哈邱荣等七员，旗牌梁嘉祥一员，签押阎钦、文案黄正两员，号房杨斌、董某，当内差之吴锡宝、田锡珍、柴振邦、李学海等，此又署内随节之有名姓可查者也。此外尚有海军房三人，管厨一人，茶房一人，剃发匠一人，厨役五名，勤勇五名，轿班十五名，以及管理电报柏斌，皆随宪节出巡。傅相于初三日乘“海晏”轮船次咸水沽登岸，遵陆赴小站，夜宿行台。初四五日，阅小站盛军马步各操；初六日，阅大沽炮台防营各操；初七日阅操毕，即回坐船；初八日趁潮出海，初九日抵旅顺口；初十、十一、十二等日会同定军宪阅坞澳炮台及操；十三日赴大连湾，十四五日阅铭军操，十六日阅水师鱼雷打靶。晚间九点钟，展轮赴威海卫，十七日晨约六点钟，当抵威海。当日及十八九日均同定军宪阅操。二十日午展轮同赴山东之胶州，二十一日晨抵胶州阅炮台基址，二十二日晨展轮赴烟台，二十三日抵烟台，晚间六点钟展轮赴山海关，二十四日晨九点钟抵山海关。二十五六日阅操毕，军宪节旋东三省，傅相坐火车过滦州，查勘铁桥回津。统计行程共二十五日合预纪之。

（1894 年 5 月 10 日，第 2 版）

瓯江宦辙

署永嘉县沈子縠大令于月前因公抵省，旋于廿九日辰刻搭趁招商局“普济”轮船回瓯，照常供职。

（1894 年 5 月 10 日，第 2 版）

函催失主

前“丰顺”轮船主某西人失去标金六百两，后查系该船水手葛象纬行窃后匿迹鄞县，日前由包探陈阿九往查，已由鄞县杨樨虹大令将葛解送英廨等情，已登前报。兹由代理总捕头好商请宋别驾，知照招商局速即函催该西人来沪，以便质讯核夺。

（1894 年 5 月 14 日，第 4 版）

密讯窃金

昔年“丰顺”轮船失去金六百两，近由眼线周甲投英捕方报称，此金为宁波人葛象纬所窃，捕头饬包探陈阿九往查。鄞县杨樨虹大令饬差将葛移送前来，捕头禀请英谳员宋通刺知照招商总局函催船主某西人来案。昨日午后三点钟时，会同英领事在内堂研讯此案，事甚密秘，外人不得而知。讯毕，着将葛交陈探带回捕房，定于礼拜五解案复讯。

（1894 年 5 月 17 日，第 3 版）

失金案谳词

“丰顺”轮船失金一事，前日在内堂讯问，已将大略录登，兹将供词补录于左。

见证周士林供：“宁波人，前在招商局之‘丰顺’轮船为水手头目，凡水手俱由小的一人经管，曾记当时小的手下却有葛象纬其人。后小的别有枝栖，遂将‘丰顺’船水手头目自行辞歇，葛仍在船作工，至如何失金，小的皆不知情。”宋通刺问：“尔为头目时，约在光绪几年?”答：“约在光绪十年。”问：“尔为头目，必有水手账目，可将此账呈出。”答：“为时已久，现已失去。”问：“葛之面貌尔认识否?”答称：“认识。”旋命值日差将葛带案，通刺指葛问周曰：“此系何人?”答：“葛象纬。”又指周问葛曰：“此人尔可认识?”答：“不认识。”问：“尔向为何事? 从实供来。”供：“年三十六岁，宁波鄞县人，曾捐监生，前在信局充走信之役，后来稍有积蓄，即于二十三岁时与正大信局拼股，继于光绪十二年拆股，与人合贩海参、鱼翅等货往来甬沪。”问：“上海与谁家交易?”答：“沪北与棋盘街北首之某洋行，沪南与公大、万泰等行交易。”问：“此数家当时与尔交易之人今尚在否?”答：“尚有数人，仍为执事，后在宁波之东家楼地方开设万隆海味行，因放出之账不能收取，故于去年十二月二十八日闭歇，至今在外收账。今年二月初六日忽有素不相识之童箴规、范载芝二人来寻监生，即同至厢房絮语。忽又有孙贞桂、徐载章二人造门相访。晤对之顷，亦不认识。问伊有何事，伊言从上海带信至此，尔是否葛象纬监生? 答是。孙、徐又言既是葛象纬，可知‘丰顺’轮船所失之标金六百两? 监生闻言不能对。即有先来之童、范二人出为解劝，命监生出洋五百元即可了事。监生以应出之钱自当取出，不应出之钱即五文亦不能轻掷，况五百元乎? 当与争执，监生之母闻声出问，竟被范推倒在地，经人劝散。至十二日孙等偕县役来拘，适监生因母舅患病，下乡探问，故不在家，竟将监生之兄象甫拘去，押入候审公所。象甫性情固执，以此为辱，竟图自尽，监生一闻此事立即自行投县，遂由杨大老爷移送来案。”通刺问：“尔可曾在‘丰顺’轮船为水手？“答：“并未充过水手。”又与周对质，仍不认为水手，且言监生一生所为之事广历可查，实未充过水手。问：“尔可有在轮船做生意之友人？”答：“无。”通刺命将葛还押，周交包探陈阿九带回捕房，交保听候复讯。

昨日通刺正在判案时，好捕头又带前在“丰顺”轮船为大餐司务之广东人李阿三至案。据供广东澄海县人，年五十六岁，前在“丰顺”轮船为大餐司务。问：“在何年？”答：“在光绪十年，至十一年停歇。”问：“船上之人皆认识否？”答：“认识者上等人，至于水手等虽不与言语，而面貌则可以辨认。”通刺命将葛象纬带案，再命多带数人将葛混入其中，排立一旁，命李细辨，李逐一看视，并无认识之人。问其中可有曾在船上做过生意之人？答：“无。”通刺命将葛等还押，李阿三交捕房带回。

(1894 年 5 月 18 日，第 3 版)

法界捕房纪事

(前略)某署幕友某君乘招商局“新裕”轮船来沪，侨寓长发栈，途中失去枕箱一口，疑水手某甲所窃，报诸招商局，将甲送入捕房。捕头令押候堂期解讯。(下略)

(1894 年 5 月 23 日，第 4 版)

覆舟小志

昨晨招商局“拱北”轮船进口，驶至杨树浦，误碰一装运砖瓦之船，立时沉入波心，船户诸人纷纷堕水。“拱北”执事西人见势不佳，停轮施救，旋将诸人援起，尚无性命之忧，然砖瓦已悉被波臣攫去矣。

(1894 年 5 月 26 日，第 3 版)

上海县署琐案

(前略)“金源顺”船户顾春郎装通和、正和、瑞裕等家货物驶至杨树浦，被招商局“江天”轮船撞沉，溺毙若干人。既控诸县署，黄大令即函请救生局捞获尸身四具。各尸属时时向顾吵闹，求给抚恤银，俾得扶柩回籍。顾无可奈何，赴县呈控，大令于批示后，函咨招商局。昨日，招商局绘图函覆大略，谓向章两船相遇，华船应避洋船，顾船既不先避让，喊叫又置之不理，实由自不谨慎所致。大令遂谕以“顾船既被撞沉，溺毙四命，虽不谨慎，究属可怜，能否酌给恤银，候再据函商办可也”。（下略）

（1894 年 5 月 30 日，第 4 版）

续讯失金

“丰顺”轮船失金一案，疑系宁波人葛象纬行窃，屡经同船之周士林、李阿三、水嘉佑等辨认，早登本报。昨日宋通刺升堂讯鞫，由招商局邀前在“丰顺”轮船营生之施增寿、宣阿兰二人到案。施供宁波鄞县人，向在轮船上为管事，先在别轮船营生，后至“丰顺”轮船，约有五年。问在何年份？答：“上船年份记不清楚，停歇之时约在光绪十一年七月间。”问：“失金时尔知否？”答：“知之，当时曾因此事与同船之某某等同被管押三礼拜，后由招商局具保出外。”问：“尔知金由何处载来？”答：“在天津载来，当时曾因船身损坏在大沽口停泊修理，金共五箱，由船主交与买办苏葆生。先失一箱，至次日又失一箱。”问：“失金在何处？”答：“船至上海始行知觉。”通刺命仍照前法将葛象纬杂在众押犯之中带出，命施辨认，施戴上眼镜将各人面貌逐细辨认，答称其中并无认识之人。问：“尔之眼光竟若是不济乎？”答：“小的素来近视，所以同业人俱呼小的为‘瞎子先生’。”问：“尔系何人唤来？”答：“前由招商局保出，即至别船营生。近日招商局来唤，称由捕房关照，因失金一事，船上大副命我前来。”通刺谓既不认识，着站立一旁。又问宣阿兰，供称年二十三岁，系宁波人。先在“致远”轮船学业，未及一年即调至“丰顺”轮船，依然学业，比学成后即至“黄埔”轮船。问：“失金时尔在何处？”答：“在‘丰顺’轮船，失金之后遂至‘黄埔’等轮船，后又至牛庄轮船。”问：“尔如何来此？”答：“因失金时小的亦在‘丰顺’轮船，故由招商局唤来。”问：“金如何失去？”答：“小的其时年幼，惟记船由天津来，既到上海忽闻船中失金一箱，及至次日又失一箱。”通刺命将葛照前法带出，令宣指认，当由宣阿兰指出葛象纬无讹。问：“尔既认识此人，可知此人在船为何事?”答：“为水手。”问：“船上所失之金二箱是否此人所窃?”答：“不知。”通刺遂谓葛象纬曰：“尔为水手已由多人认出，尔亦不必抵赖。”葛曰：“欲认小的面貌，只须包探陈阿九预先关照，断无认不出之理。况小的又系两颊鬑鬑，使人一望而知。”通刺着将葛等还押。又谓施曰：“尔既不认识葛象纬，可不必到堂，惟宣尚须候质，着交捕房，仍交原保再候复讯。”又闻昨日津海关道盛杏荪观察电知招商局，由局抄录电文转呈苏松太道黄幼农观察函，饬上海县黄大令移提讯究。电文略谓：偷金之葛象纬久押新署尚未移县究办，但案关重大，未便宽松，请转饬上海县移提讯究，勿任狡延。

(1894 年 6 月 1 日，第 3 版)

法捕房琐事

前日“江宽”轮船抵埠，搭客纷纷上岸搬运行李，有著名扒窃王聋子之党某甲，混入轮船，窃取衣包一个，经包探当场拘获，解送捕房。翌晨克捕头讯问，供出同党一人，住南市十六铺，遂饬探密拿，并案究办。

积窃小春泉屡经公堂惩办，昨又往招商局金利源栈房窃取牛皮，为十一号巡丁邵云芳所见，即呼三号巡丁帮同拘获，饱以老拳。嗣经巡街捕一并解入捕房，克捕头以窃贼犯案，应送公堂惩责，不得擅自毒殴，着一并押候堂期，解请谳员究惩。(下略)

(1894 年 6 月 4 日，第 9 版)

不准吵扰

顾春郎撑驾“金源顺”货船被招商局“江天”轮船撞沉，屡纪前报。兹有已死王胜忠之母王陈氏、陆荣根之妻陆陈氏、蔡邦进之母蔡黄氏，向顾缠扰，顾屡次具词，求请抚恤。黄大令函商招商局，尚未议允，故不能断给。昨日，又据原差禀明，尸属王陈氏等吵扰不堪，黄大令饬令带候堂讯，先令传谕，毋得吵扰。

（1894 年 6 月 6 日，第 3 版）

安庆官场纪事

（前略）本任安徽寿春镇任谨斋镇军祖文由金陵乘招商局“江宽”轮船莅皖，于本月十一日清晨抵埠。随命驾入城，拜会沈仲复、德静山两中丞，员梧冈方伯、丁潜生廉访、联仙蘅观察及文武营务处各员，小住同乡蒋云樵少尉公馆中。闻此次奉命入京祝嘏，特与仲帅面商要公，小作勾留，即须辞返白下。（下略）

（1894 年 6 月 23 日，第 2 版）

蜃海潮声

（1894 年 6 月 27 日，第 3 版，文见“产业与经营”）

使星照沪

出使英、法、义、比四国大臣薛叔芸星使任满回华，乘法公司某轮船抵吴淞口。昨日午后五下钟时，登“钧和”兵轮船莅沪，下碇招商局金利源码头，印委各员迎迓如礼。星使登岸后，即驻节美租界北河南路天后宫行辕。

（1894 年 7 月 2 日，第 3 版）

温州宦辙

（前略）新任永嘉县县丞周鸿仪二尹国宾，于十二日辰刻附趁招商局“海定”轮船来瓯，暂驻公馆，约俟望后接钤任事。

新任城守营都司王阘戎士贵现于十二辰刻搭招商局“海定”轮船来瓯，暂假木杓巷江提塘屋作公馆，筮吉十六日辰刻接印任事。前任傅郁廷

都戎文材即于是日交卸。（中略）

温处道蒋干臣观察因公晋省，已缀前报。兹于本月十二辰刻附坐招商局“海定”轮船回瓯，属下印委各员咸诣双门码头恭迎宪节。

温州厘局总办彭仁环太守现于十二日搭招商局“海定”轮船由省公旋。

（1894 年 7 月 23 日，第 2 版）

烟台信阻

（1894 年 7 月 26 日，第 2 版，文见“产业与经营”）

局轮遄返

（1894 年 7 月 29 日，第 2 版，文见“产业与经营”）

装线已回

招商局“江永”轮船前者载添设电线之一切材料赴狼山、江阴。既至，由营中统领饬兵数千名为之搬运。阅时搬竣，随即开行，刻已抵沪，定于昨晚泝［溯］江至汉口。

（1894 年 7 月 29 日，第 2 版）

酌给恤银

船户顾春郎驾驶金源顺货船驶至下海浦，被招商局某轮船撞沉，溺毙蔡邦进、黄德胜、陆根荣等四名，前已迭记其详。兹悉顾春郎被各尸属缠扰难堪，赴县沥诉代求抚恤。黄大令阅禀之余，深加悯恻，函致招商局代请抚恤。（该局）初时绘图函复，以顾春郎失事之时自不小心，闻喊不避，照章不能抚恤。黄大令将情示知各尸属，（彼等）又赴道辕呈求抚恤，诉称远在他乡无力扶棺归里。黄观察亦深怜悯，转商招商局。日前由招商局总办沈子枚观察传各尸属到局，每名给发恤银一百二十元，速行扶棺归葬，各尸属欢欣叩谢而退。惟顾春郎因自不小心以致撞坏船只、沉失货物，照章不能抚恤，置之不理。

（1894 年 7 月 30 日，第 3 版）

军麾将莅

上海县黄大令探悉，荆州将军祥军宪亨乘轮北上，约本月廿九日可以抵沪。因饬办差人役在招商局码头预备迎迓，并以泰和栈为行辕。

（1894 年 7 月 30 日，第 3 版）

日船游弋

沪上传言台湾等处海面时有日本兵船游弋，招商局“广利”轮船本欲驶赴香港，闻此即暂尔停轮。“江天”轮船于礼拜六开往宁波，日内未经回沪，盖亦防日人之劫取也。

（1894 年 8 月 1 日，第 2 版）

烟台西友函告战事

六月二十九日，烟台友人来信云，中国执政大臣传谕招商局各轮船西人，谓国家将用各轮船备战，所有薪水加倍支给；倘有殁于此役者，恤以银一万两，战而获胜，则事定后每人赏银二千两。其或不愿供职，则另由兵船上调一人至船，代为办事。并闻中国尚拟添轮船数号，以应军需云。又云，烟台各领事已向本国民人谕以“刻下中日交战，凡受雇于中国者，应照例告辞。如不告辞，则以后本领事不能照管。”又云，“操江”轮船被日人劫去时，船上有银三十万两。又云，六月二十七日“海定”、“广甲”二船载兵赴牙山，二十八日“美富”、“济远”、“新裕”、“镇东”、“利远”、“拱北”、“图南”各船皆在大沽载兵，大沽一带驳船昕夕不能稍息。军士中有脱逃者，统带立饬拘回正法，亦足见军令之严森也。

（1894 年 8 月 3 日，第 3 版）

道达谢忱

北洋大臣李傅相以招商局总管各轮船西人此次调派各船装兵赴朝鲜，毫无贻误，深为喜悦，遂向道达谢忱，并令传谕各轮船主咸知此意。

（1894 年 8 月 10 日，第 2 版）

格致书院癸巳冬季课卷出案

格致书院癸巳冬课共题三道，由招商局总办郑陶斋观察所命。其一，考泰西于近百十年间各国皆设立上下议院，藉以通君民之情，其风几同于皇古书有之，曰："民惟邦本，本固邦宁"；又曰："众心成城。"设使堂廉高远，则下情或不能上达。故说者谓中国亦宜设议院，以达舆情、采清议，有若古者乡校之遗意。苟或行之，其果有利益欤？或有谓行之既久，不无流弊，究未悉其间利害若何，能一一敷陈之欤？其二，外国之富在讲求技艺，日新月异，所以制造多、商务盛，藉养穷民无算。未悉泰西技艺书院分几门，学几年，艺乃可成？我中土何以尚未设技艺书院？各省所设西学馆、制造局多且久矣，未识有精通技艺、机器之华人能独出心裁，自造一新奇之物否？必如何振兴其事，斯不借材异域？请剖析论之。其三，泰西善举甚多，除育婴、施医、禁酒、自新、恤孤、□和、训哑、教聋等会外，又有恤贫院，凡丐食街市，及无业贫民，收入院中，教以浅近手艺，至期艺成得以自养。诸院有设自国家者，有捐自官绅者，每岁所集经费自十万、数十万不等，窃思古者发政施仁，凡有鳏寡孤独穷民之无告者，皆在所矜恤。然则恤贫院亦当今急务，不悉当道与富绅能立此功德否？应若何筹款？其章程如何始能悉臻美善？请切实指陈，以备采择。

所有各卷早经汇齐，呈陶斋观察鉴阅甄别优劣，评定甲乙。今已出案，计取超等十名、特等十五名、一等二十三名。（下略）

（1894 年 8 月 19 日，第 2、3 版）

法界捕房纪事

（前略）前日招商局“江裕”轮船由长江抵埠时，搭客纷纷登岸，有胠箧中之老斫轮手从窗外伸手而入，窃取各赃。茶房见之，突捘其腕，交包探伙带入捕房。不料此贼力大如牛，向探伙赠以老拳，乘间免脱，幸别伙帮同拘获，送入小东门外捕房。及解至大自鸣钟捕房时，此贼诈称受伤痛剧，哭喊不休，捕头命送仁济医馆请医生验视，并无伤损，遂仍带回管押，候堂期，解请葛同转讯惩。

（1894 年 8 月 27 日，第 9 版）

英廨晚堂琐案

（前略）日前招商局函称，“新丰”轮船执事人禀称，有童长卿得担保张子芳等四人水脚银四十三两有奇，请为追给。通刺饬差将童等提案讯究，童供称：“原籍金陵，有张子芳、王凤山、张小奎等四雏伶由天津乘‘新丰’轮船来沪，计水脚银四十三两有奇，小的代为作保，原拟收回料理，不料张一时无就，以致耽延。今凤山、小奎经福建人林姓荐至福建演戏，计水脚银二十一两六钱，须向林索。”张供称：“小的系天津人，本年四月由童至天津纠之来沪，据云可包荐至戏园糊口。讵到沪数月生理，无人雇用，惟凤山等由林姓荐至福建，小的所有行李业已典质一空，现在实因无力归还，求恩鉴察。”林供称：“小的系福建人，因王等一时无处安身，经小的荐至福建，求准函追照付，如竟不付，则可将王等交案求追。”闵纪衡诉称：“小的在‘新丰’轮船管舱，童向小的担保张等水脚银四十三两有奇，迄今数月分文不付，奈何?”通刺判令将童押缴，张、林均交的实人保出，赶紧向童料理。

（1894 年 9 月 7 日，第 3 版）

买办被缠

倭奴无端肇衅，毁我“高升”运船，凡在船谋生者，莫不惨遭是厄。

于是各家属均至该轮船买办某甲家，请给抚恤银两。甲以此事须待行东向倭奴索偿赔款后方能料理。无如倭奴迁延时日，至今尚无允赔确信。甲只得向各家属婉言开导，谓须略缓时日，必当善为处置，必不使尔等向隅。各家属翘盼多日，不能再待，日前纠约龙钟老妇数人至甲家缠扰不休。甲深恐贻累，遂于前日缮就禀词，遣人至英公廨呈请立案。

（1894 年 10 月 1 日，第 3 版）

不认窃金

光绪十一年招商局“丰顺”轮船失去金六百两，本年在宁波拘获形迹可疑之葛象纬，由英公堂移送上海县黄大令。讯供之下，供称并未行窃，实缘沈正奎赌输怀恨，以致被诬。大令饬收入所中，候传沈质讯。前日傍晚，招商局司事甘日初带沈及周长林、施春照、阿来并英包探陈阿九到县候质。大令请叶司马升坐花厅判决。甘诉称：“此事职员未悉实情，皆由沈等所指，一切细情请讯沈等可也。”沈供称：“小的系宁波人，年三十二岁，前在‘丰顺’轮船当茶房，光绪十一年失金时，周、施、葛及阿来皆当水手，金装入箱中，放在洋人房内，失去后由司账之苏先生查知少一施姓细崽，于是大家都疑此人所窃。后到伊家搜检，未获真赃。既而小的等先后告辞，与葛从不晤面。今年二月初六日至宁波，访知葛近况颇佳，闻伊亲戚家所延塾师童真观秀才说‘丰顺’船之金是葛所窃，旋即开设海味号，并闻其金兑与某银楼。小的闻知，即返上海，告知陈包探，带同伙计，与小的至葛家查问，被葛逐出。”周供称：“小的亦宁波人，光绪十年至‘丰顺’轮船当水手头目，十一年失金后至即停歇，后至太古公司某轮船当水手。今由招商局甘师爷传至局中。□［问］葛可曾在‘丰顺’轮船执役？小的记得确有是事。甘师爷因遣小的至英公堂指认的确无讹。惟金是否伊窃？小的未敢确指。”陈探禀称：“本年二月十二日小的奉宋老爷之命，往宁波鄞县衙门投文，由县主大老爷派差协提葛到案，县主大老爷亦曾至葛家踏勘房屋。”施及阿来同供称：“小的等均在‘丰顺’轮船当水手，经甘师爷传去，问窃金之事是否葛所为，小的等实不知悉。”司马挥令退下，提葛至案，问：“沈指尔取金虽无实据，然既已到案可将情从直供明，免受拖延之苦。”葛供称：“青天在上，监生实被冤诬，监生从前并未当过轮船水手，当十六岁时学为木匠，二十三岁开设信局，牌号‘正大’。至光绪十三年，由五人股开海味店，长本一千千，短本二千千，不过糊口而已。沈素与监生相识，今年正月因赌输积怨，后与童至监生家借洋银五百元，监生不允，伊即云闻‘丰顺’轮船之金是监生所窃。监生与之辩论，并欲扭伊至鄞县署喊控。沈等遂奔逃，监生亦不在意。不料二月望后忽有鄞县差役并陈包探至监生家提人，兄长以蓦地被诬，持刀自刎，幸即救护，未至殒命，□［现］尚未痊。监生昆季三人，一在杭州开设笔店，一在宁波开设烛店，并无当过水手者。光绪十一年，监生正在开设信局，焉能再到轮船?”司马曰：“尔开信局，可以雇伙办事，自己不妨在轮船当水手。”答称：“此时监生亲到各码头收发信件，如公祖不信，可赴各码头访查。”司马令押候再讯，甘遂将沈等带回。

（1894 年 10 月 19 日，第 3、4 版）

沪上官场纪事

金陵洋务局总办蔡和甫观察于上月下旬来沪，暂驻天后宫畔出使行辕，前晚乘招商局某轮船返金陵，闻上宪拟将洋务总局移设沪江云。明日，江海关道刘康侯观察在制造局祝曾文正公生日，上海县黄大令预饬差役传谕礼生及乐工，届时往局中伺候。

（1894 年 11 月 7 日，第 3 版）

瓯郡官场纪事

温州府徐乃秋太尊办理防务，昕夕勤劳，近因郑芝岩储宪莅任，例应回避，赶于上月二十三日挈同瀛眷趁招商局“普济”轮船由申晋省，自请回避。约俟庚岭梅开，即可返瓯。统领防营黄绮亭镇军近因海防吃紧，移驻状元桥海口，积劳成疾，其女公子乘舆前往，亲侍汤药，想吉人天相，当可占勿药也。前署温州海防同知杨雨金别驾铭鼎殁于差次，停榇在瓯，筮吉上月二十二日未刻发引，由其长公子扶柩，出朔门至城外招商局码头，趁“普济”轮船，由沪送回珂里，俾正首

邱。（下略）

（1894 年 11 月 11 日，第 3 版）

皖江霜信

（前略）安庆抚标练军左右前后四营奉调赴防，本月初四日先乘招商局“江永”轮船东下，初七日宋佩珍军门复督率前后两营乘“江宽”轮船就道，盖皆前赴山海关也。（后略）

（1894 年 11 月 14 日，第 3 版）

劲旅如云

边氛不靖，各省劲旅奉调北上者络绎于道。日前，安徽抚标水陆马步全军统领宋佩珍军门亦奉京檄，随带马步练军四营星夜北上。先锋前队劲旅八百名于初七日附搭招商局轮船装至镇江，遵陆□［趱］程；其余三营由军门亲自督队，于初九日行过芜湖，星驰前进。桓桓赳赳，所向无前，区区倭奴不足平矣。

（1894 年 11 月 16 日，第 2 版）

柴桑晚菊

九江访事人云，裕、廖两星使奉旨赴四川查案，事毕回京复命，本月十一日十点二刻乘招商局“江孚”轮船抵浔，道镇府厅营县各官俱往江干谒见。（下略）

（1894 年 11 月 16 日，第 2 版）

录高丽访事人函述中日近事

朝鲜来信云，西历六月十号有华兵四百名，陆续由仁川入韩京，尚有三千名于十六、七两号入京，屯于南别宫外。传闻商务大臣袁观察特发急电，请再发兵三千名。先是八号，招商局“海晏”、“图南”、“海定”三轮船载到华兵二千五百名，用军舰一艘为之护卫，至夜由釜山登岸。至十二号，“图南”所载一千名声言赴公州进发，余均入韩京，守卫海军则有军舰数艘入仁川港，全罗洋面亦有五艘，其中一艘其身甚巨云。十二号由中国运来枪炮弹药甚多，用车五十余辆，运至韩京备用。有一武弁乘高丽“汉阳”轮船往来递信，韩京及仁川所寓中国妇稚皆于十八号附日本邮船会社“肥后丸”回国，华商同顺泰由上海运到米一万三千余包，积存仁川码头上，华官悉数购充兵饷，不准出售。平壤所驻韩兵五百名，已由“苍龙”轮船载入韩京防守。廿四号午后日本外务省大臣书记官加藤增雄出京，乘某轮船往高丽与大鸟公使商议一切。

（1894 年 11 月 23 日，第 12 版）

湓浦潮声

九江访事人云，两江总督札委督销江西淮盐总局江苏候补道李艺苑观察维翰，于十月二十三日附“福和”轮船抵九江，暂就招商局驻节。次日入城拜客，二十五日买棹赴省，谒见中丞。（下略）

（1894 年 11 月 29 日，第 3 版）

北固山访碑记

镇江访事人云，统领两江督标果胜全军皖南镇总兵李镇军占桩由镇江赴金陵，谒见两江总督张香帅，禀请将所部果胜数营移驻象山各口。香帅谕令悉数调赴南通州防堵。镇军因于本月十三日午刻乘怡和洋行“泰和”轮船驰抵镇江，阖郡文武各官及新湘各营管带官均在趸船迎迓。镇军命驾登岸回营，将营中各事料理清楚，旋于十四日清晨亲诣各署辞行。十五日午刻文武各官在北固山设筵祖饯，筵坐者为京口副都统保颐庵统制、统领新湘等营陈宇山军门、瓜州营游击戴游戎华贵、督标新兵前营吴养吾管带、新湘后营赵管带镇国等人，雅歌投壶，风流照耀，直至虞渊[1]日堕，始各兴尽而归。十六日上午十点钟时，镇军统率虎旅乘招商局“江永”轮船东下，文武各官咸诣江干送别，新湘各营勇站队东码头，旌旗耀日，剑

① 虞渊：传说的日落之处。

戟凝霜，枪炮之声隆隆不绝。（下略）

（1894 年 12 月 20 日，第 9 版）

调兵运械

镇江信云，倭奴肇衅以来，各省劲旅奉调北上者，均由长江进瓜洲口直趋清淮。数月间，常有兵差过境，约计已不下数十百营。本月十八日上午，又到湖北“铁”字左右前后营共计四营，由湘省新募而成，其统带为前任广东高州镇总兵方镇军有升，自汉口乘舟东下，行抵瓜洲，并不停泊，径循运河北上。各勇咸于河东岸帮同舟子拉纤，鱼贯而行，一望无际。各兵勇皆如熊如罴，俱属三湘壮士，英姿飒爽，大有气吞东海之概。闻至津后即当调往旅顺，协力剿倭。海氛不□［靖］，各处防营军装、火药必须多备。日前招商局“江宽”轮船由申江载运军装，于十六日薄暮抵镇，就趸船下碇。船中并未装货，亦未载客，舱门口有勇丁数名，不准闲人上船，倘敢故违，定即送官究办。十八日，常镇道吕镜宇[①]观察饬丹徒县王大令赶紧备舟，以便载赴津沽。大令遂饬役协同江河各快四处封雇船只，约计封有大船二十余号。十九日将军装过船，由扬河运解赴津，沿途派兵弹压，以昭慎重。

（1894 年 12 月 21 日，第 2 版）

豸旌过镇

镇江官场接到电音悉，署理江苏臬宪韩古农廉访日前由姑苏起节，乘坐官舫于十四日行抵申江，十五日晚七点钟乘招商局“江裕”轮船溯江而上，赴金陵谒见两江制宪张香帅，面禀要公。丹徒县王伯芳大令接电之余，以宪旌赴宁，道出镇江，预饬办差人等将六吉园码头扫除洁净，备办接官厅并一切供张，以待棨戟遥临。十六日上午，水陆各营均振旅而出，或执大旗，或执洋枪，赴江干列队鹄候。俄而，道府县以次印委各官齐集

---

① 吕镜宇：即吕海寰（1842～1927），字镜宇，又字镜如，号敬舆，晚年自号惺斋，山东省莱州人，曾任清朝出使德国兼荷兰钦差大臣，回国后先后任外务部尚书、改订商约大臣、会办税务大臣、督办津镇铁路大臣等职。

招商局伺迓，冠裳星集，舆马云屯。直至下午四点钟，始见焦山门蛤渚烟横，鲛宫浪涌，知宪节已临，各队中燃炮鸣枪，砰訇之声一时震耳。迨轮船下碇，各官旋即登船投刺，廉访接见之下，互叙寒暄，有顷辞出，即命启轮上驶，径赴白门，文武各官及各营兵丁仍在江干鸣枪致敬。

（1894 年 12 月 21 日，第 2 版）

滇督过汉

云贵总督王夔石制军奉旨北上，业于上月廿五日五点钟时到汉口。江汉关道宪及汉阳县李大令抵汉镇，预备行馆，暂驻襜帷。夔帅于是日渡江，拜会谭大中丞，旋即返汉，于二十八日乘坐太古公司之“鄱阳”轮船至镇江瓜步，遵陆①北上。

（1895 年 1 月 1 日，第 3 版）

镇江官场纪事

（前略）新简出使俄国大臣前任湖北布政使王爵堂星使，日前由汉口起节，乘招商局“江裕”轮船于初一日行抵白门②，谒见张香帅，即于是日薄暮驶抵镇江。迨轮船下碇，道宪以次各官齐赴江干恭迓，呈递手版。星使接见后，亦以礼答拜。钟鸣八下，始启轮下驶，向申江进发。新湘前营兵丁在德胜门列队，刀光耀日，剑影干云，枪炮之声远震山谷。

（1895 年 1 月 2 日，第 3 版）

上海县署琐案

沙船户顾水山扭船伙周德仁、周永和、刘池至县署，以盗卖货物为词，控求追缴。前晚翁明府升堂提讯，顾诉称：“原籍海州，在‘周兴隆’

① 遵陆：走陆路。《诗·豳风·九罭》：“鸿飞遵陆，公归不復。”

② 白门：即南京。

小沙船上当舵工，船主周永裕亦海州人。小的前者开船赴山东贩运胶菜六千棵，腌猪四十五头。十一月初五日，回上海进吴淞口致与招商局某轮船相撞，以船头损坏，随驶至小东门外浦中停泊。蒙局中总办大人给洋银一百五十圆赔偿修理之费，小的急雇驳船将胶菜驳去售与和昌盛水果店，计三千一百棵，又腌猪二十六头，由小的求售。不料周等私将驳船内所存胶菜三千棵，腌猪十九头，售与北市顾同丰。小的得悉，急赴同丰查问，据云所买胶菜一千七百八十棵，腌猪十九头，付出洋银一百九十余圆，尚有胶菜一千余棵不知售于何处。迨小的向和昌盛算账，据司账人朱先生云，已被周等取去九十七圆，叩求追缴。"周德仁供称："小的亦海州人，年三十四岁，在'周兴隆'船上当工役，船上共十一人，顾出洋银五十圆，小的等九人每人出钱二十圆，共计二百三十圆，合本贩运胶菜、腌猪；周永裕虽系船主并无资本，言定如有赢余，船主得七成半，众人得二成半。"明府曰："尔等虽是合股营生，凡事须归顾主持，即使卖货收钱亦必统归伊处，候销售已毕，计算赢余，照股均分方是正理，何得私行出售，并不向伊告知？试问将来如何结账乎？"供称："所收钱款均交顾收。顾称并未收到，且向伊讨取发票亦不肯交出。"周永和供称："小的是船主之从弟，在船司账，招商局所赔洋银一百五十圆原为修理之用，乃船主至今不修，殊出情理之外。至收取售货洋银，小的并不与闻其事。"顾称："和昌盛朱先生言明，伊等三人同去收取。"刘池供称："小的亦海州人。"明府曰："周永裕船既交顾管驾，顾如不修理，周永裕自能向伊理论，与尔等有何交涉耶！"顾声称："本欲赶紧修理，因账款被伊等取去，连日争论是以暂延，如伊等将款交清，小的自能修理。"明府谕令：周等速将银洋缴出，如顾不修船，自当重办。周等一味推诿，明府喝令各笞责二百板，押候缴清开释，一面派差押顾赶紧修船。（下略）

（1895 年 1 月 9 日，第 3 版）

南徐寒月

镇江来信云，广州将军继军帅述堂遵旨入都，随班祝嘏，刻已奉饬回任，由济宁乘坐头号官船于本月初六日驶抵京口，舟□［泊］招商局码头。先是八旗营兵在德胜门站队，旌旗耀日，剑戟凝霜，迨旌麾遥临，齐燃炮鸣枪，声震山谷。俄而，镇城文武印委各官均至舟次寄请圣安。行礼毕，投手版晋谒，军帅一一接见，互叙寒暄，旋即兴辞。次日清晨，命□［驾］登岸，端坐绿呢大轿，前导有顶马二员，广东广州将军小队十六名，戈什哈十数员，由小闸迤逦过新河街入城，诣文武各衙答拜。午刻，副都统保统制、道宪吕观察以次各官创议，在六吉园盛筵设席，以伸东道之情。一点钟时，军帅鸣驺遥莅，各官献茶毕，遂入席，山珍海错，杂陈于前，主宾酬酢，欢洽逾恒。洎乎夕照衔山，始撤席而散。初八日晚七点钟，乘招商局轮船顺流而下，径赴申江，然后乘轮往粤东。军帅动身时，文武各官及各管勇丁均在江干，燃放排枪，恭送如礼。（下略）

（1895 年 1 月 12 日，第 2 版）

格致书院冬季课题

今年冬季格致书院正课由招商局总办郑陶斋观察命题，共题四道。

其一，三代以上，党庠学校，以教以养，统隶于官。故人才之盛衰，关国家之兴废。自秦始皇焚书坑儒，以愚黔首；汉初崇尚黄老，私家传习，各守专经。东汉以迄唐宋，虽设学官，有同旒赘，朝廷以科目取士，士亦竭毕生精力沉溺于诗赋、时文、帖括之中。书院介乎官私之间，虽亦能作养人才，而其所传习亦不离乎三者。近是泰西诸国学校林立，无人不学，无事非学，大学小学，教无躐等，绰有三古遗风。其经费皆出于官欤？抑多由私家捐办欤？其章程之不同者安在？中国将统古今合中外使积习丕变，而民听不疑，设学将以何地为先？取法富于何国？最善科考与取士于学校之法孰优？可详悉言之欤？昔年资遣出洋学生所费颇巨，中途而废，说者谓年岁太小，中学未通，故为人所诟病。不悉日本历派出洋肄业诸生有无成效？应如何变通尽利，使之事半功倍欤？其悉抒谠论毋隐。

其二，伊古黄帝分疆画井，禹平水土，主名山川，烝民乃粒。后稷播时百谷成，周遂以穑事开基。今所传区田之法，出于伊尹行之，或效或不甚效。孟子所谓上农夫食九人，其次食七人，最下食五人者，知上古农书必有专学，洊经兵火浸至失传，其散见于经史者，能略举之否？今《齐民要术》、《农桑辑要》诸书间存什一，或未能通俗，或情形不同，应如何准古宜今、家喻户晓？泰西近日讲求化学，植物之最不可少者何质？试详言之。西人耘田用海岛鸟粪，中国不易致，能以他物代之否？古者沟渠畎浍，树艺有经。今北方水利若何修复，开渠，筑塘，浚井，何者宜先？英人治北印度，在高地蓄水，售与农民，可参用之否？泰西农部，种树有专官，以为树多致雨，瘠地可变膏腴，规制若何？愿闻其略。南北各省，寒暖迥殊，五土之宜应如何肇兴大利，立富强之本？中国农民太愿弗厌详求，以开风气，宜推广言之。

其三，古时劝百工之法，日省月试，既禀称事曲台，记著于九经，自《周礼·冬官》经乱而逸，以“考工”一记补之。自汉以来，渐亡古制。百工居肆，间有传习。高曾规矩，日敝日窳。聪明才智之人，夷诸贱隶，亦遂无能克自振拔者，皆国家无以劝之故也。今泰西巧思奇器，日异月新。窃思名物象数，授受必有渊源，其由何时、何人、何法，能不使各国仿造，能约略言之否？华人才智岂皆远逊西人？惟用志不纷，乃凝于神，非童而习之，终身行之，子孙世守之，不能精进不已也。宜如何设艺塾以教之，立艺科以奖之，赐金牌、给凭照以维持之？试参酌中西详言规制。美国外部考察船炮，物美价廉，官厂不如商厂，商厂费省而成功速，非出新意不能销售故也。中国尚无商厂，应若何逐渐振兴，劝商民设立？请试言之。

其四，中国古者众建诸侯，各有分土，恶民之轻去其乡，故有崇本抑末之说。然官山府海，齐用富强，服贾牵车，卫隆孝养，日中为市，货殖成书，陶朱计然，古有专术。维时国家赋税取于农民，恶商之操奇计赢以剥之，故抑之耳。自汉以来，土宇益廓，盐茶转运亦国计所关。迨此次军兴及五口通商而后，厘金、洋税数埒地丁，中国度支，农与商遂各居其半，商务盛衰隐关国本，安可侈言旧制，坐受困穷？惟中外商情，西巧而华拙，西大而华小，西富而华贫，必若何而后能维持补救欤？说者谓中国官商隔阂，剥商之政太多，以至于此。近日华商创设公司，阴图专利，不公不溥，适以病商，应如何参用西法，尽祛其弊？泰西商部规制若何？商律之保护商民者何在？商学之开，益神智者何方？现在之商务若何保全？将来之利源若何开浚？北省出产益少若何振兴？诸生关怀时局，留意有年，望条举所知，以资商榷。

夫天下之民不过士农工商四者而已，今陶斋观察以此四者命题，盖已握其大纲，综其全局，为我中国筹富强之本，培人才、旺物产、精制造、裕货财，胥于是出焉。观察学贯中西，识超今古，无物我之见，泯畛域之分，专心致志于洋务者已数十年，所著有《盛世危言》一书，早已风行于二十年前，海内之谈洋务者所当取则焉。今自出题之日为始，限至明年二月十五日止截，逾期一概不收。凡院中肄业诸生，所有各卷仍交于三马路格致书室可也。所有今年秋季特课题目业已禀请南洋大臣、两江制军张香帅命题。香帅素以爱重多士、鼓舞人才为己任，所至设立书院规模远大，拔擢真材，况乎当今首重洋务，格致一门所包者广，实与洋务相表里。今香帅莅任观风，当先兴起格致之学，俾得与泰西并驾齐驱，不禁引领以望焉。

（1895 年 1 月 14 日，第 3 版）

鹄候旌麾

张樵野星使奉命赴日本议和，已见前报。兹闻上海县黄大令探悉星使出京后，遵陆南下，由清江浦至镇江，乘招商局轮船启行，将次抵沪，遂饬办差家丁在招商局金利源码头预备供张，恭迎宪节。

（1895 年 1 月 14 日，第 4 版）

鄂臬过镇

升调湖北臬司龙廉访仁陔，日前自闽省起节，于月之十一日行抵申江，已纪前报。兹悉廉访择于十二日傍晚由申乘招商局“江永”轮船溯江而上，即于十三日晚八点钟时驶抵京口。其时丹徒县王大令特饬办差家丁在小闸口码头搭盖彩棚，鹄迓旌帆；水陆营勇因天色已晚，不便列队恭迓，迨宪旌戾止东码头，象山炮台升炮三响。镇城文武官员均出城诣趸船迎接，旋登船投手版晋谒，廉访接见后，亦以礼□［答］拜。直至钟鸣九点，始启轮上驶，赴鄂履新，各官仍在江干恭送。

（1895 年 1 月 16 日，第 3 版）

温州官场纪事

新任温处道宗湘文观察源瀚已于初十日巳刻乘坐招商局“普济”轮船抵瓯下碇朔门，马□各炮台炮艇均各燃炮致敬，温标练军弁兵以及防营勇丁俱站队江干，燃放排枪，如贯珠之累累。文自徐乃秋太尊，武自刘吉园镇军以下印委员弁皆齐集码头，恭迎宪节。宗观察登岸，在洋广局官厅少憩片时，随乘绿呢大轿由东门进城，先在考棚行台暂驻襜帷，筮吉十三［日］辰刻接印任事云。

（1895 年 1 月 20 日，第 4 版）

龟［鸠］兹淑景

（前略）时值新年，外府州县各官例得乘黄绫裹篆时赴省贺岁。芜湖县王邑尊、南陵县赵邑尊、宣城县章邑尊、当涂县汤邑尊及皖南镇任总戎、督办宁国垦务、保甲孙太守均于初五日乘招商局“江孚”轮船赴皖垣，叩贺各大宪新禧。芜湖为轮船碇泊之处，迎来送往，几于昕夕不遑。（后略）

（1895 年 2 月 7 日，第 2 版）

浔江春色

（前略）九江关道诚果泉观察赴金陵谒见张香帅，于十三日附招商局“江裕”轮船遄返，各官俱赴招商局码头远迎。（下略）

（1895 年 2 月 11 日，第 3 版）

守提逃官

昨日上午，江海关道刘观察接到登莱青道由烟台发来要电云，有“礼裕”轮船自烟台开往上海，船中所载各员或临阵脱逃，或失守城池，皆被议人员，将次莅沪，待其来时，毋许登岸。观察得信，立饬某武弁带领护勇数十名，乘小火轮至吴淞迎候，一面札饬英、法两谳员，并咨照招商局总办勿令该轮船停泊码头；同转立饬会捕局线勇头目严颂眉，及法包探郁廷湘，带领通班探伙、线勇人等在金利源码头照料。商局总办沈子梅观察，及英廨谳员宋通刺、法界谳员葛同转均在金利源栈房守候。

（1895 年 2 月 12 日，第 3 版）

使星回沪

出使日本大臣张、邵两星使以和议不成，率同参赞、随员、翻译人等由长崎乘法公司轮船回沪。屈指行期，本可早到，只以雾气四塞，海道难行，直至昨日天明始抵吴淞。本埠官场本派“钧和”轮船迎接所有办差人等，均在招商局北栈码头伺候。嗣以二星使不坐“钧和”而坐小火轮进口，于十一点二刻时抵埠，停泊法公司码头。二星使即登岸乘坐轿式马车，于十二下钟时至美界，张星使仍在同文书局小驻行旌，邵星使则在天后宫侧行辕暂息。征尘海水迢遥，空劳跋涉，所幸节旄无恙，尚堪告慰亲朋耳。

（1895 年 2 月 16 日，第 3 版）

羊城仙迹

广州访事人云，冯萃亭宫保奉命统率旧部防堵南洋，由长次两公子在广西招募齐全，督率至广东省会。某日，有千余名驰至，即附招商局“富顺”轮船就道，闻宫保尚带数万人，有遵陆者，有航海者，征调纷纭，神机莫测，粮饷器械则一律由陆路输挽，以免倭奴要截，老成谋划，诚哉，计出万全。惟自正月以来，西北两江各渡船均被封雇，客商来往欲渡无梁，未免望洋兴叹云。（下略）

（1895 年 2 月 23 日，第 2 版）

京口官场纪事

镇江来信云，统领新湘等营陈基湘军门，于二十二日下午三点钟时乘坐官舫，用小火轮拖带，□［溯］江上驶，径赴金陵叩贺各大宪年禧。兹军门已于二十四日金乌西坠时，乘原舟抵镇。其时，各营管带督率麾下健儿在东码头列队，迨棨戟遥临，咸升炮鸣枪，隆隆之声江水为之震动。军门遂乘舆登岸，遄回营中。闻军门此次奉张制军面谕，派员赴仪征招募勇丁一营，俾得训练成军，驻扎焦山，以资防守。军门现于二十六日特派张哨官赴仪招募。

镇江城守营守备焦安邦守戎于二十三日乘舟赴白门，谒见张香帅，面禀要公。兹悉守戎在省事毕，即于二十五日乘怡和洋行“元和”轮船驶抵京口，标下千百把总均在趸船迎接如仪。

江宁布政使瑞茀侯方伯去冬奉召祝嘏，刻已事竣，陛辞出都，于日前行抵金陵。兹方伯择于二十四日上午自省起程，乘招商局“江裕”轮船东下，即于是晚钟鸣八下行抵京江。先是镇江关道吕观察、副都统保统制以及府县中官齐集六吉园栈，恭迓旌麾。城守营、新湘□［营］□［弁］兵闻信之余，即赴江干排列队伍，旗帜连云，戈矛亮雪。迨宪节戾止，各队中咸燃放排枪，砰訇之声震动山谷。钟鸣九点，吕观察率领各官先后登船呈递手版，方伯接见之下互叙寒暄，始各兴辞而出，旋命启轮下驶向申江进发。（下略）

（1895 年 2 月 23 日，第 2 版）

使星北指

出使日本大臣张樵野星使定于昨晚离申北上，昨午十一点三刻钟江海关道宪刘康侯观察排导，至同文书局行辕送行。星使款以盛筵，饮至二点余钟，始尽欢而散。星使乘招商局之“新裕”轮船北上，即在美界顺泰码头登舟，随员仆从人等均于昨午将行李运上轮船，约须晚间三下钟，鼓轮就道。

（1895 年 3 月 5 日，第 3 版）

使旌北指

前出使日本议和大臣张樵野星使于前晚秉节北上。先是午后随员仆从人等纷纷运行李至美租界顺泰码头，登小舟向南驳去。至九下钟后，星使由同文书局乘四轮马车至法租界招商局金利源码头，上“礼裕”轮船，迨机轮北指时，东方已将日出矣。按，“礼裕”即“新裕”，向为招商局所置，改属礼和洋行云。

（1895 年 3 月 6 日，第 2 版）

皖省官场纪事

（前略）升任贵州巡抚德静山中丞于二月十九日诣各当道处辞行，二十日十一点钟时赴东门外寅宾馆，福少农中丞、员梧冈方伯、丁潜生廉访、联仙蘅观察均寄请圣安，二十二日午后两点钟时乘招商局“江孚”轮船东下，在省文武各员弁均诣南门外趸船送行。

（1895 年 4 月 4 日，第 3 版）

安庆官场纪事

皖垣访事人云，日来官场接南洋大臣来文，内开倭奴犯顺，沿海一带均奉朝廷密谕，饬令守口将弁督率兵勇务宜严加防堵，以免敌人乘隐窥窜等情。中丞奉文后，即札饬管理军械所吴春农司马发出子药数箱，于初六日由招商局“江永”轮船装运东下。（下略）

（1895 年 4 月 15 日，第 3 版）

格致书院甲午年冬季课题出案

去年冬季格致书院课题由招商局总办郑陶斋观察所命，其题四道，士农工商各自为题，所有课卷早经汇齐，呈陶斋观察鉴阅甄别优劣，详定甲乙。今已出案，计取超等八名、特等二十名、一等二十五名。（下略）

（1895 年 5 月 8 日，第 2 版）

霓旌小驻

李伯行观察日前乘招商局“明义”轮船来沪，假寓法界密采里西馆，先托某木商购买巨木十根，大可合抱，寄碇金利源码头。已由“江宽”轮船寄往安徽，据称为建造庙宇之用。惟何时赴台，尚无确信，容俟续录。

（1895 年 5 月 25 日，第 3 版）

名医回沪

青浦陈莲舫比部为芜湖官场敦请，媵理政躬，已纪前报。比部到芜后，谒蟂矶之祠，打鸠水之浆，登临未竟，遐迩闻风，求治者已接踵而来。是处诸巨公本欲投辖坚留，俟看过龙舟竞渡再赋骊歌。比部因恐故乡就诊者望眼欲穿，谆辞至再，于昨晚坐招商局轮船来沪。闻归计颇急，拟即返棹珠溪，未识能少驻行旌，俾本埠诸君得分饮上池一杯水否？

（1895 年 5 月 29 日，第 3 版）

灵輀回里

制造局总办□芸孙观察之叔原任山东盐运使，予［预］告赴京殁于旅邸。其灵柩附某轮船南下，扶归珂里安葬。既抵沪上，即于昨日附招商局“江孚”轮船溯江上驶。清晨九点钟时，法谳员郑大令特派会捕局线勇至金利源码头伺候。

（1895 年 6 月 14 日，第 3 版）

芜米琐志

芜湖访事人云，广商在芜湖购办平粜米七万六千石，遵谕缴捐银五千两。五月十四日，由“坤埃夺来夺”轮船装运出口，所请弛禁后，愿每石另捐银四分，弥补江省厘金之缺等情。袁观察据情申详后，张香帅似嫌四分尚属不敷，遴派罗小春太守前来与观察会商酌订。某日太守捧檄抵埠，因兼奉驰往皖南查案之札，是以小泊一宵，即向宛陵进发，所有弛禁与否，并如何酌捐，尚均缓论。广商并本地绅商因又屡赴道辕沥请，略称芜米一日不弛禁，即民生一日不能舒，加之皖南北数十州县产米之区农夫困顿尤甚。观察阅禀，深以为忧。盖新、常两关征税向以米为大宗，京饷、部拨洋债赔款，及本省筹防善后各项津贴，无一不恃米捐为度支，封禁既久，实难支持。因一再电禀香帅为民请命，星驰羽檄，络绎如飞。旋得回电，似可转机，但须商人酌贴江省厘金，即不难如愿以偿；继又顾及江省筹防善后费用浩繁，又念自去秋芜湖遏籴、镇江开禁以来，江省厘金每月即多出二三万两，镇江新关又月多数万金，一旦芜地准用轮船照常转运，则他处多出之税即不免骤然减色，因之转欲令芜禁常遏、镇关常弛。然芜地数十万商民生计又不容稍存膜视，观察遂续再电请，并沥陈官商种种为难之处，想香帅智珠在握，当不使芜民独抱向隅也。

又闻驻芜英领事福格林君亦曾备文申陈香帅，引咸丰八年《中英和约》第十一款谓，通商即所以许中外商人船货往来。今若常禁，何以克符斯约？惟回文如何，外人不得而知耳。以上皆初十至十六七等日消息。至天津所办之军米数万石已于初十左右由怡和洋行“杭州”轮船装运，因阻于捐务，连候四日，依旧空回。盖以北洋大臣钦奉四月二十四日上谕，特给护照，令商人来购者计共三十万石。维时南洋未接移咨，且正欲汇销路于镇江，不使稍有旁溢，以故初未准行，旋与北洋往返函商，即有电信递至，饬芜关速即放行。惟“杭州”放空后，已由镇江载米北上，一时无船续到，即改交招商局十八日下水之某轮船附载至沪，转运天津。闻仅运去八千石，此后陆续购办，为日正长，广商所请弛禁之事虽尚无头绪，而芜米暂时亦可不乏销路，志之以慰远近之望，且请静观其后。

（1895 年 6 月 19 日，第 2 版）

县案二则

（前略）宁波人葛象伟被范正观等指称，前在招商局“丰顺”轮船行窃表金六百两一案，由英包探赴宁波鄞县关提来沪英公廨，移送上海县讯明办理。黄大令屡次讯鞫，始终不认，收押在案。现经葛母陈氏赴道辕上控，声称伊子葛象伟从未在“丰顺”轮船充当水手，亦未行窃表金，无辜被诬，久押县署，冤屈莫伸，冒昧投辕诉冤，求查察恩宥等词。奉刘观察批示：“尔子究竟是否行窃表金，只须讯明实系曾否在船充过水手，案情即可明晰矣。

如果在船即系行窃无疑，姑候仰上海县将此一节讯明禀复核夺。”

（1895 年 6 月 20 日，第 3 版）

公堂琐案

（前略）朱理生诉称：某日乘招商局“江永”轮船来沪，途中被贼窃去烟枪二枝、水烟袋一枝。业已拘获人赃，求即惩究。贼供称：“小的姓王名关荣，诸物由乞儿偷得，小的已而追及，攘为己有。”大令着押候枷号一个月，期满笞责一百板，赃给失主领去。（下略）

（1895 年 6 月 21 日，第 9 版）

瓯东宦迹

新委温州厘局总办杨云巢太守晋笙，籍隶山东，官声鹊起。五月二十一日，附坐招商局“普济”轮船来瓯，各局员均赴江干恭迎宪节，大约本月朔日即须进局接办。

新任温州中衡游击沈秋亭游戎馥，已于上月廿一日巳刻乘招商局“普济”轮船抵瓯。在城四营将弁齐赴招商码头恭迓，手版脚靴，一时称盛。游戎上年曾任温标守备，柳营惠普，蔀屋欢腾，筮吉二十六日任事。

（1895 年 6 月 25 日，第 2 版）

灵輀过沪

原任粤海关监督德榷使去冬殁于任所，前日下午四点钟时，其灵柩由招商局“广利”轮船载至上海，随行官眷暂住英租界泰安栈，旋由公子等人将灵柩扶之登岸，暂寄金利源栈房，择日附轮船至天津，回旗安厝。

（1895 年 6 月 26 日，第 3 版）

节旄暂驻

京口副都统升任广州将军保颐庵军宪晋京陛见，将次莅沪，各情已纪前报。兹悉军宪由苏州乘坐大号官舫二艘，用小火轮拖带来沪，停泊天后宫码头，于前日十一点钟登岸，乘马车至法大马路名利栈暂驻。关道宪刘观察以下文武官员，均诣行辕禀见，军宪遣家丁逐一挡驾，并闻日内拟乘招商局“新丰”轮船北上晋京陛见。

（1895 年 7 月 1 日，第 3 版）

浔阳九派

（前略）新简江西臬司翁小山廉访乘坐招商局“江孚”轮船，于初五日酉刻抵浔，浔城文武各官俱至码头迎接。（下略）

（1895 年 7 月 2 日，第 2 版）

北固山消夏录

镇江来信云，本月初四日，镇郡官场接到上海电音悉，卸任两广总督李小荃制军定于初五日由申江起节，乘招商局“江裕”轮船溯江上驶，遄回鸠兹府第。各官接电之下，谓制军赴芜必道经京口，于是丹徒县王大令饬办差人等在六吉园码头预备迎迓。初六日上午一十点钟，道宪以次印委各官齐集招商局，恭候宪节。新湘各营暨常胜、萃字等营皆振旅而出，至德胜门甘露港列队鹄伺，直至花梢日过，始见焦山门轮烟一缕，上接霄汉，知宪节已临，惟闻江干站立各队枪声震地。迨轮船下碇，冯萃亭宫保率领文武各官登船呈递手版，制军一一接见，略谈片时，然后兴辞。各员议在金山设筵以伸敬忱，制军辞之。至钟鸣九点，即命鼓轮而上，径赴金陵拜会张香帅。然后遄回珂乡，从此杜门谢客，弹琴赋诗，饲鹤种花，优游林下，当不啻韩蕲王之骑驴湖上矣。（下略）

（1895 年 7 月 4 日，第 2 版）

霞山绚彩

（前略）前署中衡游府胡星贵游戎交卸旬日，于本月初六日申刻排导出城，附趁招商局“马嘉利”轮船前赴镇海履新，祖饯沿途，殊形热闹。

前防营统领黄绮亭军门殁于防次，兹其少公子扶榇奔葬，筮期初六未刻发引出城，搭趁招商局“马加［嘉］利”轮船运回珂里云。（下略）

（1895 年 7 月 7 日，第 3 版）

携资回籍

厦门访事人云，台湾中路彰化一带所驻义字前后左右正副八营，归杨道汝义统带。五月初旬，杨亲至台北向抚辕领得两月饷银，遄回中路，行至大甲笨港，闻有台抚避地抚辕火焚、藩库被劫之信。即不动声色，暗遣家丁至营中搬取衣箱等物，由鹿港雇本地帆船渡至泉州，给以船价洋银二百圆。既而辗转至厦门，寓于某客馆，将所领饷银三万数千两汇至湖南家内。旋附招商局“永清”轮船赴上海折回湘中，而置所部义军八营于不顾。义军各营哨均疑其被乱军所杀，殊不知已回籍作面团团富家翁矣。所幸义字各营勇经署台湾府黎伯鄂司马妥为安插资遣，否则必致滋生事故，棼乱不堪矣。

（1895 年 7 月 11 日，第 2 版）

京口官场纪事

镇江访事人云，广东候补府尹恭保太守前经冯萃亭宫保奏，调至京口办理军营事务。日前请咨赴粤，依旧听鼓应官。十一日午前冯相荣观察饯之于甘露寺，钟鸣二点始散盛筵。迨三下钟时，太守命驾出西门，诣六吉园码头，乘招商局“江永”轮船下驶。（下略）

（1895 年 7 月 13 日，第 2 版）

豸旌过镇

署理江苏按察使正任苏松太道黄幼农廉访祖络日前由苏垣起节，乘舟莅沪。即于十六日傍晚，乘招商局“江裕”轮船上驶，旋于十七日玉兔东升时，驶抵润州。先是水陆各营勇丁咸荟萃于江皋，鹄候旌麾。迨轮船下碇，惟闻枪声震地，炮火亘天，道宪以次印委各官闻信后皆排导出城，诣趸船恭迎，旋投刺晋谒。廉访接见之下，晤谈片时，随即兴辞。至钟鸣九点，始启轮向金陵进发，谒见督宪张制军，面禀事宜，各官恭送如仪，各营兵丁亦燃枪志敬。

（1895年7月16日，第1、2版）

乌衣巷语

江宁府属试期将至，下江考棚已由差役人等打扫干净，辕门外搭盖芦席棚盖，恐点名之时或遇风雨也。闻龙大宗师拟于秋节时案临考试，想各士子摩砺以须，已预盼锦标之夺得矣。

署理江苏臬宪黄幼农廉访，由申乘坐招商局“江裕”轮船于十八日清晨驶抵金陵，在城文武各员均往江干迎迓。廉访即命驾入城，往行辕驻扎。闻廉访来陵，因有要公与香帅面商，是以在沪滨时未曾耽搁一日也。（下略）

（1895年7月18日，第2版）

灵榇过沪

江西布政使方佑民方伯殁于任所，其灵柩由公子辈挈同瀛眷附招商局“江裕”轮船于前日傍晚时抵埠登岸，即假金利源栈房暂寄，择日扶榇回籍安葬。

（1895年7月29日，第3版）

使星双照

出使俄国大臣王芍棠星使，自俄回国，告假养疴，刻已就痊。遂于昨日午后五点钟时，由天后宫侧行辕命驾至法租界金利源码头，附招商局“江孚”轮船溯江上驶，各当道咸鸣驺而往，送别江干。闻星使先往金陵见张制军，然后回申北上。

出使日本大臣裕朗西观察，乘招商局“新裕”轮船于昨日午后二点钟抵沪。本埠各官员均往迎迓，法谳员郑大令拨派线勇，法捕房克捕头亦派包探至金利源码头伺候。观察登岸后，即往天后宫旁钦使行辕驻节。

(1895 年 8 月 27 日，第 3 版)

暂缓赴东

出使日本大臣裕朗西观察于前日午后二点钟乘招商局“新裕”轮船抵埠，已纪昨报。观察于四下钟时命驾至天后宫侧行辕驻节，俄而江海关道黄幼农观察以及文武印委各员先后诣行辕拜会，观察以礼接见。迨各官辞去后，观察亦即乘舆往各当道谢步。并闻观察拟于今明日往扬州公干，然后回沪乘轮东去。

(1895 年 8 月 28 日，第 3 版)

剃匠狡狯

有名学富者在法界新街开设剃发店，因债台百级［积］，无可支持，经同业中之长发栈整容匠丁三为之居间，将店盘顶与店伙矮子，计价洋一百廿四元。矮子另请扬州人某甲作中，向法界某钱庄主告贷，从此居然作老板矣。惟内雇无人，时常系念。适有陈某乃故家子也，向为商船之耆民，赋闲在家，饔飧不给，挈其梅鹤[①]赁屋于矮子剃头店楼上，日渐稔熟，其妇与矮子有染，而陈犹未之知也。前日招商局“新裕”轮船买办以茶房人等通班调至“富顺”，适少一整容匠，该茶房以学富举荐，而矮子将陈桃僵李代，伪为荐作账房，陈不胜感激。及船已出口，账房中呼唤整容，茶房以陈应，陈云我向为耆民，矮子荐我为账房，剃头一业非予素习，逊谢不敏。然船已开行，只得载至天津。前日折回本埠，陈呼矮子至法界某烟馆理论，旁人咸谓矮子所为恐酿事端。某庄主闻之，立遣人将居间人邀至，即令将店收回，另行出售云。

(1895 年 9 月 2 日，第 3 版)

---

① 梅鹤：指妻与子。

灵辆就道

前粤东将军继述堂留守之灵驾，于本月初三日未时出署。亭宇仪仗备极辉煌，由惠爱街转入双门底，出大南门直往天字码头下船。沿途设路祭者凡十余起，官绅执绋多至数百人，皆送至河干，始分道而散，故长堤一带车填马溢，热闹异常，颇极一时之盛。灵驾下船后，仍泊在码头，专候招商局之“广利”轮船到省，即附之往申，再由申江取道天津回京旗安葬。

（1895 年 9 月 3 日，第 2 版）

星使将临

出使俄国大臣王芍棠星使，于本月初七日由上海乘某轮船往白门谒见两江总督张香帅。兹已事毕，乘招商局轮船来沪。昨日上海县黄爱棠大令探知使节约于晚间可到，特饬办差丁役将天后宫侧行辕扫除洁净，恭候节麾。

（1895 年 9 月 3 日，第 3 版）

使星双照

出使日本大臣裕朗西观察，于前日午后三点钟抵沪，驻节天后宫侧行辕，已登昨报。既至行辕，本埠文自关道黄观察以下印委各员均诣拜会。昨日午后一点钟，观察乘坐绿呢大轿，命驾入城往各当道谢步，探知观察约于十八日往东海云。

出使俄国大臣王芍棠星使，于初七日赴白门谒见张香帅，于前日乘招商局某轮船抵沪，至四下余钟，命驾至天后宫侧行辕，驻节文武各员咸诣行辕拜会。并闻星使欲于十九日启节晋京复命。

（1895 年 9 月 5 日，第 3 版）

灵辆过沪

原任广州将军继述堂军帅因病出缺，灵柩由公子辈扶之南下。昨日乘招商局“广利”轮船抵沪，将灵柩暂寄法租界招商局金利源栈房，瀛眷则假英租界泰安栈暂住。

（1895 年 9 月 5 日，第 3 版）

使节赴津

昨晚出使俄国大臣王芍棠星使之春，由天后宫侧行辕命驾至法租界金利源码头，登招商局“新裕”轮船赴天津，以便入京复命。道宪黄观察以下文武各员均诣江干恭送。

（1895 年 9 月 11 日，第 3 版）

英廨晚堂琐案

去年五月施文潮等控日商东兴行买办刘味三串同招商局北栈司事孙望宝盗卖煤五十吨，擅将栈单涂销。其时宋莘乐通□［刺］方权谳篆，迭次庭讯，着将刘等交人保去，向原告料理。今春施又赴道辕上控，前署道刘康侯观察批饬原审委员秉公讯结详报。通刺因交卸在即，未及讯供，移交新任谳员屠兴之别驾。前日别驾稽查接管卷，饬差役吉升将一干人提案复讯。施诉称：“监生系宁波人，卜居治下有年，向业西法牙科。前年腊月邻人张瑞成纠合，向日商东兴行购买煤五十吨，价银如数付讫，执有招商局北栈栈单一纸。迨上年春间，瑞成因病弃世，家属将煤并归监生。然而监生因有急需，将栈单向昔存今故之黄锡记抵借银五十两。迨四月煤价大涨，经监生商同黄出售归银。及持栈单至北栈出货，孙忽称此项栈单早经刘报失货，已出去三十五吨。遂不问情由，擅将栈单涂销。向之理论，一味推诿。旋向东兴执事之东洋人理论，惟称令刘前来料理。乃刘竟置若罔闻，及与栈中司账人张楚生理说，亦一味延约。监生不得已，将刘等扭控案下，迭奉宋老爷讯供，着刘交保料理。乃刘等保出后，逍遥法外，置此事于不问。监生无奈，赴道辕控诉。今奉复讯，惟乞恩断。”刘供称：“职员系绍兴人，向在本埠杨树浦纺织厂司账，曾与东兴行执事之东洋人合伙，向东洋购煤一千数百吨，运沪销售，暂存招商局北栈，栈单一纸在东兴行内失去，计煤五十吨，已于前年十一月初三日登《申报》告白，并向招商局北栈管事洋人处挂失，说明此项栈单作为废纸，故孙将单涂销。况职员所出之三十五吨，系余煤，并非报失之五十吨。”孙供称：“小的系宁波人，在招商局北栈司事，所有涂销之栈单，由栈中管事洋人作主，并非小的所为。惟小的曾经理劝，因两造固执未妥，以致延宕迄今。”别驾向两造曰：“尔等系生意中人，未便吁讼不休。”遂判令刘等仍自向施理处，毋得固执。如理处不明，禀候核断可也。

（1895年9月18日，第9版）

裁减縻费余闻

芜湖访事人云，牙厘总局奉大吏裁撤，并归藩司总理，局中各员薪水截至六月杪为止。一面派委省城牙厘提调杨慧峰太守、袁石浦别驾、邵梅斋少尹来芜核算报销，清厘交代；继又委巡检王聘侯少尹提办报销各款。兹者报销已扫数清理，计共一万七八千金，除总局解剩尾款数千两，备就候提外，余皆皖南各分卡所欠。局总朱观察奉撤后，即加紧四路分催，至七月十六七日，各卡已次第解到，汇齐如数。杨太守与各委员遂于十九日乘招商局“江永”轮船回省销差。至此，而芜湖裁撤事宜已一律完竣，局中房屋及公家所制器皿俟观察荣行后，即交土药局王珊元别驾派人看管。（下略）

（1895年9月19日，第2版）

南徐揽胜

（前略）前办金陵洋务局蔡和甫观察，日前由申起程，乘招商局“江宽”轮船上驶，即于二十四日薄暮驶抵京口。府县以次各官均登船投刺晋谒，观察接见之下，略叙寒暄，然后兴辞。至钟鸣九下，始启轮向石头城进发。（下略）

（1895年9月21日，第2版）

素舆就道

前任苏抚奎大中丞之太夫人在沪上行辕开吊，已登前报。兹悉奎中丞择于今日午前恭奉灵輀，由行辕发引，向东过石路向南，绕四马路，经棋盘街，过山茅阁桥，入法界大马路，经外黄浦滩，至金利源码头，乘招商局之“新裕”轮船，由天津回旗。想寅僚故旧之执绋送行者必形济济也。

（1895 年 9 月 21 日，第 3 版）

上海官场纪事

前日福山镇总兵韩镇军晋昌因事来沪，午后乘舆入城，往文武各衙门拜会，驾至县署时，黄大令饬丁挡驾。

某日，常镇通海道吕镜宇观察海寰由姑苏绕道至申，吊奠奎中丞太夫人之丧，旋入城拜会各当道，昨晚附招商局“江裕”轮船回署。（下略）

（1895 年 9 月 24 日，第 3 版）

甬守去任

宁波访事人云，府尊钱甘卿太守交卸篆务后，择吉本月十九日挈眷附招商局“江天”轮船赴沪，小作勾留，再回杭省。启行之际，新任程稻村太守、分府萧勉夫别驾、经历程参军、鄞县杨大令暨县丞、典史齐至江北岸招商码头恭送如礼。

（1895 年 10 月 10 日，第 2 版）

鸠江渔唱

（1895 年 10 月 14 日，第 2、3 版，文见“产业与经营”）

润州秋雁

（前略）苏松太道黄幼农观察，奉两江总督张香帅密札，饬赴江宁公干。遂于本月十九日，由沪上乘招商局“江永”轮船上驶，次日薄暮行抵京江。地方官先饬家丁搭盖彩棚恭申迎迓。迨宪旌戾止，道府印委各员弁依次进谒。观察茗谈片刻，随排导入城，赴各衙门谢步。至九点钟时，遂启轮向金陵进发。

（1895 年 10 月 14 日，第 3 版）

中丞北上

前任江西巡抚德晓峰中丞交卸来沪，寓假泰来洋行暂驻骖幄等情，已纪前报。兹悉中丞移驻名利栈，将附招商局“海晏”轮船北上矣。

（1895 年 10 月 16 日，第 3 版）

京口官场纪事

镇江访事人云，调署上元县、正任丹徒县王伯芳明府，于前月二十二日傍晚，乘招商局“江裕”轮船溯江而上，赴金陵谒见两江总督张香帅，大约耽延数日，即当重返润州，将任内各事交清，再赴上元新任云。（下略）

（1895 年 11 月 19 日，第 3 版）

法界案牍

（前略）招商局“美富”轮船停泊金利源码头，被偷儿乘间窃去千里镜一枚，船主遂饬人投报捕房，请为查缉。

（1895 年 11 月 28 日，第 9 版）

上海官场杂纪

（前略）制造局总办刘康侯观察入都陛见，昨日午前十下钟时，乘招商局“新济”轮船抵埠，印委各员均诣码头恭迓。

法谳员郑大令探悉招商局“丰顺”轮船在天津装撤勇一百数十名，将次抵埠，因咨照捕房，并饬会捕局线勇，协同包探分投弹压。（下略）

（1895 年 12 月 8 日，第 3 版）

法界公堂琐案

（前略）包探禀称，窃贼陈贵在招商局“江天”轮船窃取某客所携铺盖，刻虽拿获，而失主已去，无可交还，特将人赃解案请讯。陈供称：“小的系扬州府属江都县人，不至沪上者五年矣，此次独自来游，并无同伴。”大令着押候笞责一百板，赃存捕房，待失主认领。

（1896 年 1 月 1 日，第 3 版）

法界捕房琐案

（前略）偷儿陈桂在招商局“江宽”轮船上窃取某客所携铺盖，经包探拘获人赃解案。大令讯供之下，判令笞责一百板。昨日毕责，即勒令回籍，不准逗留。（下略）

（1896 年 1 月 7 日，第 4 版）

京江寒浪

（前略）新简四川镇总兵闪镇军殿魁入都陛见，日前由陆路南下，行抵袁公浦，改乘官舫，带以小火轮船，于本月十七日午刻驶抵京口，系缆蒜山码头，郡中印委各官咸往江干恭迓。有顷，镇军命驾登岸，就佛照楼暂驻襜帷。翌晨，躬往文武各衙投刺。至参署时，郑参戎迎入花厅，晤谈片刻，旋就署中盛设筵席，以伸东道之情，夕照衔山，始尽欢而散。十九日，镇军命舟赴焦山游览，次日薄暮，乘“德兴”轮船溯江上驶，取道汉皋，然后换舟赴川中任所。

今夏，上宪委江南盐巡道胡芸台观察署理江苏按察使，兹者正任臬司吴广涵廉访已履任，柏［芸］台观察遂于交卸后，由苏垣赴沪小住数日，筮吉本月十八日，乘招商局“江裕”轮船溯江上驶。十九日，舟过镇江，各官齐集江滨迎迓，水陆防营勇连施枪炮，以致敬忱。至四下钟时，观察乘舆登岸，遍向各署谢步。迨至明星万点，始鸣驺而返，旋即启轮向金陵进发。（下略）

（1896 年 1 月 10 日，第 2 版）

法捕房琐事

候补县某君因公来沪，附招商局“江孚”轮船抵埠，为长江著名扒窃刘正元窥伺，欲试其胠箧探囊之技，为家丁当场拿获，拟送捕房惩办。适有泰昌栈接客伙钱阿林在旁，伪称系法包探伙某君，即交伊带回。其时，通班探伙均在码头巡缉，钱恐干未便，即雇杉板一艘，从外挡摇出，将献俘于英探事。为法探所闻，立派探伙至洋泾浜守候，待其登岸，将刘拘获解入捕房。钱阿林见势不佳，当即逃逸。捕房略加研诘，命押候解送公堂，请问官究惩。

（1896 年 1 月 20 日，第 9 版）

湓浦寒涛

九江道诚果泉观察，因公晋省禀商要公，于初三日午刻，由水路启程，各官皆至江干趋送。

电报局委员兼办常关洋务事务盛菊孙司马富怀，因病出缺，已迭登报。兹于初四日开帏设奠，文武各官咸往吊唁。初五日巳刻，殡至趸船，仪仗甚盛，有“署理樟树分防府”、“峡江县正堂”、“九江江防”、“清军府”、“九江府”正堂等牌，附招商局轮船，回常州武进原籍。（下略）

（1896 年 1 月 25 日，第 2 版）

灵榇过沪

广东藩司成竹铭方伯升署巡抚后，即殁于任所，其灵柩附招商局“新济”轮船，由广东抵埠。昨午后二点钟，用独龙大杠，以三十二人舁之，由法大马路往西，假某会馆暂厝，俟明年开河，附轮北上，回旗安葬。

（1896年2月2日，第3版）

京口官场纪事

（前略）统领广东常胜、萃字、左军各营冯观察相荣，乘某轮船赴金陵。事毕，于本月十三日午刻，乘招商局“江永”轮船东下。钟鸣七点，驶抵润州，印委各官均诣趸船恭迓。俄而，萃军勇丁亦列队江浒，次第鸣枪。有顷，观察赴文武各衙谢步，然后遄返公馆。

（1896年2月9日，第3版）

星轺行期

出使俄国钦差大臣李傅相，本拟于月望时乘法公司轮船就道。兹缘傅相欲俟瀛眷至申，大约届期不及取道，因更乘德国公司，约于二十一二日前往。昨晨傅相之女公子乘招商局某轮船安抵沪江，午刻一点钟，乘坐绿呢大轿至天后宫行辕。

（1896年3月20日，第3版）

法界捕房纪事

（前略）前日某甲雇小车载行李至招商局金利源码头，附某轮船回籍，卸车之际，人多手杂，失去零物若干。及向车夫索赔，车夫不允，乃将车及车夫扭送捕房。昨日捕头询知一切，令将车夫押候赔偿。旋有车寓主某

乙投捕房声称，现已在外向失主理明，请将车夫开释，捕头允之。(下略)

(1896年4月5日，第4版)

军麾戾止

日前，上海县黄大令以新简福州将军裕军帅禄将次莅沪，饬办差丁役在金利源码头预备供张。前晚钟鸣八下，军帅由天津附招商局“海晏”轮船抵埠，即往美租界北河南路天后宫侧行辕驻节。当登岸时，法界谳员郑大令派会捕局线勇在码头照料。昨日午后四点半钟，军宪坐绿呢大轿进城，分赴各衙门谢步，至道辕，黄观察迎入花厅，茗谈片刻而出；至县署，黄大令预命家丁在署前挡驾，辞不敢当。

(1896年4月14日，第3版)

法捕房琐案

安徽人丁注龙由天津附招商局“海晏”轮船来沪，假寓法界名利栈。当轮船进口时，在途中失去帐箱一只，外用蓝布包裹，内储宝纹八锭，碎银二包，计九十两，存天津某庄银三百五十两折子一扣，及零星账目等项，投报捕房请为查缉，捕头准之。(下略)

(1896年4月27日，第3版)

上海官场纪事

广东按察司魁廉访元由粤来沪，行辕在天后宫侧。前日午后五点钟，乘坐绿呢大轿至法界金利源码头，附招商局“新裕”轮船北上，本埠文武各员咸往恭送如仪。(下略)

(1896年4月29日，第3版)

法界捕房琐案

(前略)窃犯姜来富在招商局“江天”轮船窃取某客衣服，经包探拘获解讯，大令着押候笞责，送县递籍。昨日命提研究，供：“小的等在杭州某营当勇，目下请假回籍。”大令着押候过堂，送县递回徽州府原籍。

（1896 年 5 月 5 日，第 12 版）

上海官场纪事

淞沪厘捐总局督办福和笙观察之金昆安徽候补道福观察康，向在安院当差，近忽在差次仙逝，观察因前往治丧，刻已事毕，昨日附招商局“江裕”轮船返申。（下略）

（1896 年 5 月 6 日，第 3 版）

灵榇南来

前署津海关道黄花农观察之太夫人殁于任所，现闻灵柩附招商局“新裕”轮船南下，将次抵埠，金利源天津码头搭盖彩棚，预备迎迓。

（1896 年 5 月 10 日，第 3 版）

鸠江琐缀

芜湖采访友人云：日前，皖南镇总兵任谨斋镇军因事至芜，小驻数日，随取道赴省垣谒见福大中丞，禀陈一切。事毕，即乘招商局“江裕”轮船赴白门谒见刘岘帅。二十二日回抵芜湖，标下练军各营勇丁咸排队江干，燃枪致敬，诸属弁则纷纷诣舟投刺禀见。（下略）

（1896 年 5 月 11 日，第 2 版）

灵輀抵沪

前署津海关道黄花农观察之太夫人灵柩将次抵沪，已纪前报。昨午十点钟，招商局“新裕”轮船由津抵埠。查悉观察业已扶榇由此船南旋，在金利源十一号栈房暂寄，择期开吊，然后回里永安窀穸[①]。法捕头特派包探带同伙役多名分投照料。

（1896年5月12日，第3版）

皖省近事

据访事人函云，皖省向例二炮关城，惟南关有招商局轮船码头，每次商轮过埠，夜静更深，城虽已闭，可以叫开。然必官绅或当道名片方可出入，该委员以其大有来历，不得不稍徇情面。今年三月朔，全省保甲归臬宪赵廉访尔巽督办，首申门禁，现特出示晓谕，悬挂五门。示云：二品顶戴安徽等处提刑按察使司、按察使统辖驿传事、督办全省保甲、奏充总理通省营务处赵为示禁事：照得省城为五万杂处之区、商贾辐辏之地，所有五城门关系非浅，向派文武员弁随时稽查，原为盘诘奸宄而设。乃近来因有轮船往来，上下之人夜间多有不肯守候，辄行叫开城门，任意出入，实属显违例禁，更恐宵小乘机混杂，难于稽查。现奉抚宪札饬，实力整顿保甲，自应格外严密认真，除饬各城门委员随时认真稽查外，合特出示晓谕。为此，示仰诸色人等一体知悉：嗣后上船之人趁未关城之先出城；下船之人待天明开城后进城。凡送行接客，无论官绅军民人等，均不准半夜开城出入自便。自此示谕后，倘有违抗不遵者，该城门委员据实禀请核办。如委员擅自徇放，定行撤究，其各凛遵。光绪二十二年三月十三日示。讵是月之某日，招商局某轮船上水，二鼓时，城门已闭，有甲等五六人楚产也，到门欲出，照常喊叫。司城者告以现奉宪示不准开城，甲云典东某绅，由金陵来皖，昨有信嘱我等出城伺接，因有事来迟，再四请开。委员未敢擅徇，甲等竟倚东势咆哮如雷，并胆敢扭月城栅栏上之锁。该委员遂饬勇丁将甲获住，余者脱逃，当送至保甲公所。局宪定欲照律重办，旋忽从轻，枷责游街，以为恃蛮倚势者戒。

皖省春分以前，晴多雨少，以致井涸塘干；且气候不匀，时寒时燥，或重棉犹缩，或单夹汗流。三月之朔，雨师税驾，昼夜滂沱，直至半月之久未稍间断，街市泥泞路滑，闻屐齿声咸有厌心。然田舍翁得此盈沟满浍，无不

① 窀穸：zhūnxī，墓穴

喜上眉梢。既望之次日，因又倾盆，自旦迄宵，几如银河倒泻。立夏前一日，微漏晴光，时山建瓴而下，汇入大江，连日江水陡涨，湍急异常，加以飞廉怒吼，泊岸船只多费纤挽之劳。是日，有石灰船一只，舟子四五人，将近招商局之趸船，狂流激入船内，石灰见水登时炸裂，一鼓白气腾空，全船沉没，幸救生船赶急救得二人，余则与波臣为伍矣。

（1896 年 5 月 16 日，第 2 版）

金焦黛色

镇江友人来函云，金陵洋务局蔡和甫观察于月之初三日，自省起节，乘招商局“江裕”轮船下驶。薄暮行抵京口，镇郡文武各官咸赴江干恭迓，脚靴手版络绎于途。观察旋即登岸，往各衙答拜。继至道署，吕观察设筵留饮，直至十点钟时始散。观察即命驾出城，在佛照楼栈房暂驻襜帷。

新简江西布政使陈访仙方伯，在津沽忽发旧恙，于上月初旬电致介弟陈宇山军门赴津省视，已纪前报。兹闻方伯喜占勿药，军门遂于日前由津南下，乘轮至沪。月之初一日，附招商局“江永”轮船溯江上驶。次日傍晚，行抵润州，斯时镇城各官暨新湘各营管带均在趸船恭迎，军门即乘舆回营，时已钟鸣九下矣。（下略）

（1896 年 5 月 22 日，第 2 版）

碰船肇祸

前日，有英国轮船名“勿令喜”者，行至铜沙外灯船左近，与一引港船名“西仑”者相碰，“西仑”立时沉下，约在水底二丈半之深。船中有一华水手溺毙，余人经招商局“图南”轮船救起。日昨，江海新关出有告示，表明沉船之处，俾各船知所趋避。

（1896 年 5 月 22 日，第 3 版）

凤辅还乡

前署津海关道黄花农观察太夫人灵榇暂安在金利源十一号栈房内，本埠官场设筵公祭等情，已纪前报。昨上午十点钟，观察扶柩附招商局“广利”轮船回粤东顺德县珂乡安厝，本埠各官及招商局总办、司事等皆躬诣码头，恭送如礼。

（1896 年 5 月 25 日，第 3 版）

芜湖杂闻

（前略）湖南北上年旱魃成灾之处，当此青黄不接，四野哀鸿，咸赖官绅之赈抚兼施。两省疆臣迭经委员来芜采办米谷，运往平粜，计先后所运已不下数十万石。兹又由汉招商局派走宜昌之“快利”轮船来芜运米数万石，前往鄂、湘接济，装满后，本月初七日已展轮上驶矣。（下略）

（1896 年 5 月 27 日，第 2 版）

上海官场纪事

上海县黄大令于日前赴省，昨日午后四点钟时乘舟返沪，署中执事人由南市大码头迎迓入城。大令先诣道辕禀见，然后回署。

前任松江府恩诗农太守于前日过沪，入都陛见，昨日挈眷附招商局“新裕”轮船北上。临行时，遣介入城，投刺各衙辞别。

（1896 年 6 月 9 日，第 3 版）

古董客谈

宁波采访友人云，鄞县杨稚虹大令因事赴省，旋于本月二十五日清晨从申江乘招商局“江天”轮船回署。（下略）

（1896 年 7 月 8 日，第 2 版）

北固山延凉

镇江采访友人云，前统带江靖马步全军、新授广州协镇李协戎先义，由白门乘招商局“江裕”轮船东下。前日午后五点钟时，行抵京口，常镇通海道吕观察、镇江府彦太守，以及文武印委各官均诣江干迎迓。协戎命驾登岸，躬往各衙谢步，至八点钟时，即展轮下驶，径赴申江。（下略）

（1896 年 7 月 15 日，第 2 版）

石船被撞

（1896 年 7 月 19 日，第 2 版，文见“产业与经营”）

奥员溺毙

本月十五日，奥斯地亚国总领事夏士君，携其德配[①]及意大利国领事祁君等数西友，并管事华人傅瑞臣，乘招商局“江天”轮船，赴浙之普陀山避暑。至十七日，沪上忽得电音云，夏士君已被水淹死，因之各领事署皆下半旗以志哀悼。传闻是日，夏士君与祁君既抵普陀山，适与宁波海关西人掰来君遇，旋即入海澡身。普陀山四面大海回环，而其水或浅或深，原不一致，夏士君未经深悉，贸贸然与祁君入水深处，兼之水中碎石多有螺蚌缘延，正当立足不牢，忽又巨浪滔天，疾风骤至，以致逐浪随波而去，不能以泳以游。祁君则凫水逃生，适为某寺僧所见，急将绳索抛下，得以缘之登岸，然头颅已稍稍受伤矣。至于夏士君尸骸，急切不能捞获，爰移请地方官设法打捞，以便载回沪上盛殓，并出赏格云，有能捞得尸身者，赏银三百两正。至其德配，则已于昨日清晨五点二刻时，仍附“江天”轮船回沪矣。

（1896 年 7 月 29 日，第 2 版）

观察过申

前署津海关道黄花农观察，扶太夫人灵柩回广东原籍安葬，讫前日由

① 德配：对他人妻子的敬称。

珂乡附招商局“广利”轮船抵埠，假沪北泰安栈暂驻行旌，拜会各当道，拟附“新裕”轮船赴津，仍回招商局督办。

（1896 年 8 月 1 日，第 3 版）

清辉阁佚事

芜湖采访友人云，六月二十六日，袁爽秋观察乘招商局“江宽”轮船赴省，属下诸员弁咸至趸船恭送宪旌。闻观察此行，盖以备本月初二日祝福少农中丞太夫人帨诞[①]也。

（1896 年 8 月 22 日，第 3 版）

灵辆将到

前日报登，前江苏按察升调山西布政司陈舫仙方伯之灵榇将次抵沪，本县黄大令饬办差人役在虹口怡和码头整备迎接祭奠等情。兹悉灵榇由天津起节，非附招商局之“新济”轮船，即让均轮船来沪，今明定可抵埠，并闻须在法界登岸云。

（1896 年 8 月 26 日，第 3 版）

赴船公祭

升任江西布政司陈舫仙方伯灵榇，由天津附招商局“新济”轮船抵埠后，于前日过“威靖”兵轮，停泊招商局金利源码头。昨日钟鸣九下，本埠关道宪黄观察，提右营廖参戎以次文武印委各员，后先莅止，齐集“威靖”兵轮设筵公祭，一时冠盖纷纭。法廨员郑大令咨照捕房特派各包探带领通班探伙，会同会捕局线勇到场弹压，至十一点钟始分驰而散。

（1896 年 8 月 31 日，第 3 版）

① 帨诞：专指女性寿诞。

备迎相节

李傅相游历美国后，拟取道日本横滨埠，以返津门。上海招商局预备“广利”轮船至横滨远迓，日内已髹漆一新，并拟装设电气灯，为照夜之用。

（1896 年 9 月 1 日，第 3 版）

上海官场

新任松江府娄县葛豫斋大令祥熊，昨由茸城来沪，船抵大码头，即入城至道辕禀见。旋到县署，黄大令延入花厅，茗谈良久送出。

管解云南京铜委员时明府鸿文莅申拜会，已由黄大令饬差拨护，现已订定招商局“新裕”轮船将铜装运齐全，择于八月初一鼓轮开赴天津，盘运入京，投部交解。时明府爰于昨日赴县辞行。

（1896 年 9 月 5 日，第 2 版）

润州雁字

（前略）初一晚，招商局“江裕”轮船由沪开来，载有天津散勇二三百名，大半三湘子弟。行至江阴，有甲、乙二勇因借钱口角，乙持利刃向甲连砍数下，鲜血淋漓，大呼救命，幸有人劝解，始得无事。初二晚，更鱼二跃，该船行抵京口，就趸船下碇，斯时地方官及城守营、新兵营、水陆总巡暨保甲局员，均各亲带差勇在江干梭巡，不准散勇登岸，直至三鼓时，始启轮进发。（下略）

（1896 年 9 月 18 日，第 3 版）

法界公堂琐案

（前略）包探禀称，贼犯钟连生在招商局“江天”轮船上窃取洋伞一柄，当场拘获，解案请讯。钟供称：“小的系浦东高桥镇人，初次犯窃，叩乞恩宽。”大令判令押候笞责一百板，赃存，□失主具领。

包探禀称，偷儿包立发在招商局“江孚”轮船上窃取对时表一枚，交与同党，经失主扭获，解案请惩。包供称：“小的在吴淞某营当勇，是日来沪送友登轮船，实被误拘，叩求明鉴。”大令着押，候本营营官来案具领。(后略)

(1896年9月30日，第9版)

上海官场

升授安徽巡抚邓中丞于昨日午后四点钟由天后宫行辕起节，至招商局金利源码头，附“新济”轮船北上陛见。本埠文武印委各员亲诣码头恭送如礼。法谳员郑大令咨照捕房特派包探带同伙役，会同会捕局线勇分投弹压。(下略)

(1896年10月3日，第3版)

信洋被骗

招商局“图南”轮船由闽驶回上海，带有全盛福信局所寄包封，内有洋蚨一百十余元，信件数封。局中遣人往取，账房以未付水脚，未便照付。回局取洋一元七角复往，账房查检号簿，告以被人取去，有全盛福收条为凭，水脚已如数付讫。及验收条图章，并非局中所出，互相争论，即投小东门外捕房控诉。捕头以此事可疑，未便准理，大约不免赴公堂具词控诉矣。

(1896年10月5日，第4版)

远迎相节

天津采访友人云，李傅相奉旨赴俄，并聘问欧美二洲各国，现由美利坚遄返中华，电饬招商局派“广利”轮船驶赴横滨迎迓。月初某日，四公子及北洋医院林丽棠官医，洋务委员毕君德格，美副领事某君，同赴申江，乘“广利”东去。日内津郡接得电信，悉相节于八月二十一日乘金山公司“中国皇后”轮船抵横滨。既下碇，日医佐藤氏及各员即登舟谒见，“广利”随拢傍公司轮船，支板为桥，俾傅相乘肩舆而度。傅相精神康健，大约九月初三日，当可到津，属下暨旧部各员向之曾沐恩施者，已延颈跂足以待矣。

（1896 年 10 月 6 日，第 1 版）

四明霜雁

宁波采访友人云，日前有琉球失事难民十三人，由石浦厅押送至宁波。宁绍台道吴观察饬鄞县妥为抚恤，旋备文派役附招商局“江天”轮船载至上海，移请苏松太道护送回国。

（1896 年 10 月 28 日，第 2 版）

名医返沪

前报纪，青浦名医陈莲舫比部，应秣陵某大员之聘约，有半月勾留。兹悉比部察得病，系不治之症，是以并不羁留，即于昨日乘招商局某轮船回沪，尚须小住数日，然后遄返珂乡。想踵门乞刀圭者，又将如郑尚书之门前车马如市矣。

（1896 年 11 月 4 日，第 3 版）

法界捕房纪事

前晚跑滩贼某甲，混入招商局行驶宁波之“江天”轮船，窃取某客所带衣包。旋经包探获住，带入捕房，捕头问悉情由，令押候解送公堂，禀请郑大令讯究。

（1896 年 11 月 4 日，第 4 版）

鹿城宦辙

（前略）新任乐清典史张少尉廷藻，于初三日附招商局“普济”轮船来瓯，俟新太守履新后，面禀一切，赴乐接钤。左营守府林莲波守戎因公晋省，已附招商局“普济”轮船，由申回郡。

（1896年11月16日，第2版）

备迎宪节

昨日本埠官场接到津电悉，新任安徽巡抚邓大中丞由京陛见出都，乘招商局“新裕”轮船将次抵埠，郑大令咨照捕房特派包探会同各线勇等至金利源码头伺候照料。

（1896年11月19日，第3版）

北固寒云

（前略）新简苏松太道刘康侯观察，于十六晚由申乘招商局“江孚”轮船上驶，至十八辰刻抵镇。观察乘坐绿呢大轿进城拜客，既而镇城各官亦诣轮舟晋谒，观察接见后，互叙寒暄，各官兴辞而出。钟鸣十点，宪舟启轮前往白门谒见制宪，面陈回制造局后一切要公，郡城文武官员咸在江干恭送。（下略）

（1896年11月27日，第3版）

法捕房事

前日，招商局“江宽”轮船抵埠搭客，正在搬运行李，宵小乘间窃得鞋篮一只，登岸雇车，飞奔而逸。失主觉察，随后狂呼，经巡街捕帮同将人赃一并拘解，捕房捕头命押候堂期解讯。（下略）

（1896年11月30日，第4版）

上海官场纪事

江苏巡抚赵展如中丞之太夫人，由金陵乘招商局“江孚”轮船来沪。上海县黄爱棠大令闻之，即饬办差家丁在码头准备供张。

新任江苏藩司聂仲芳方伯，约于本月二十八日抵沪。（下略）

（1896 年 12 月 30 日，第 2 版）

上海官场纪事

昨日清晨，江苏巡抚赵展如中丞之太夫人，由江宁乘招商局“江裕”[①]轮船安抵沪江，换坐官舫，暂泊吴淞江北岸天后宫前。上海县黄大令、松海防同知刘司马，及文武印委各员咸趋诣舟次禀安，闻太夫人勾留二三日，即当前赴苏垣。（下略）

（1897 年 1 月 7 日，第 2 版）

北固山寻春记

镇江访事友人来函云，金陵邮政局于日前被各信局聚众滋闹，镇江关税务司李华逵君闻信，于正月十六日躬赴金陵履勘情形，并谒见南洋大臣刘岘帅，请饬地方官查办。李君即于廿一日乘招商局“江裕”轮船东下，是晚七点钟驶抵润州，洋关水手均诣趸船迎接。（下略）

（1897 年 2 月 28 日，第 2 版）

美界捕房纪事

杨得胜、张阿三两偷儿，专在轮船上偷窃物件。某日，至招商局某轮船上，窃取指南针盘一具，并绒毯衣服等物，计赃无数。昨经包探洪阿宝

① 前篇报道为“江孚”轮船。

扭获，拘入捕房，捕头令押候吊赃，送廨讯究。（下略）

（1897 年 3 月 3 日，第 4 版）

梦草亭选胜记

（前略）正月十六日辰刻永嘉县叶咏霓大令设柜开征，十七日附招商局“普济”轮船赴省贺年，约花朝后回署。（下略）

（1897 年 3 月 5 日，第 3 版）

略受虚惊

招商局中之“江裕”轮船，昨日停泊码头，不知何故，厨房中忽然失慎。时在辰刻，众水手均已起身急即扑救，仅焚去板壁一块，然在船各人已饱受虚惊矣！

（1897 年 3 月 11 日，第 3 版）

扶榇回籍

前署淮扬镇总兵统带，南洋兵轮船吴征三军门，殁于沪寓，寄榇某会馆中。昨日，由公子辈扶榇回籍，钟鸣十下，挑齐全副仪仗，自四马路胡家宅公馆启行，绕道法界，经三茅阁桥入公馆马路，迤逦至浦滩金利源码头，登招商局“江永”轮船。法界鸿运楼酒馆门首及首善里口，均由同乡各寅僚设筵路祭，捕房特派包探及中西各捕分赴码头照料。

（1897 年 3 月 16 日，第 3 版）

英界公堂琐案

（前略）包探张阿五禀称：“贼犯云小齐专窃往来长江之各轮船上客人行李。前晚，潜上招商局某轮船，窃取陈蔡生所携绸衣数件及铺盖，适经小的查见，拘入捕房，兹由捕头派令解案请究。”陈投案诉称：“昨晚欲往金陵公干，所有行李被云窃去，今由包探查获，请准领归。”云供称：“小的系湖北某邑人，流落异乡，苦难存活，虽经犯法，尚乞原情。”别驾判令笞责二百板，管押两月，期满之后，递解回籍。（下略）

（1897 年 3 月 16 日，第 9 版）

九派江声

九江采访友人云，江九镇宋佩珍镇军前赴金陵叩贺刘岘帅年禧。本月初五日，乘招商局“江永”轮船遄返，麾下各员弁俱赴码头迎迓。督办江西淮盐总局松秀峰观察，事毕过浔，旋于本月初五日，附招商局“江孚”轮船赴江宁。（下略）

（1897 年 3 月 18 日，第 2 版）

上海官场纪事

江苏藩宪聂仲芳方伯，由金陵谒见制宪，附坐招商局“江孚”轮船，于昨日十二点钟抵埠沪上，印委各员皆躬诣舟次□［迎］迓如礼。方伯旋即登岸，命驾进城，至关道署拜会刘康侯观察，晤谈良久，然后兴辞而出，并悉方伯之太夫人等亦已莅沪矣。（下略）

（1897 年 3 月 21 日，第 3 版）

鄮山湿翠

宁波采访友人云，镇海县属招宝山香市繁盛，善男信女围集如云。本月十九日清晨，有一船满载妇女十九人，从镇海小港中翦波而至，适遇招商局“江天”轮船进口，舟子不谙避让之法，行驶自如。突一巨浪卷来，舟子捩舵不灵，船被冲没，旋经“江天”各水手捞获十五人，尚有四人想已汆出口外矣。惨哉！

（1897 年 3 月 30 日，第 3 版）

请改军制

芜湖采访友人云，皖南镇总兵李寿亭镇军，于本年元宵节前赴金陵公干，至本月二十二日始赋言旋。初由刘岘帅专派鱼雷船恭送，继因是日招商局“江孚”轮船上水舱位颇宽，遂改而乘之。夜间四下钟时，行抵芜上，芜采、城守、练军各营俱列队恭迓，精健、保卫等营亦旌旗掩映，鹄伺江皋；并备有红船两艘，准备棨戟遥临时，载运行李。既而镇军命转柁，赴接官厅前，以次接见僚属，旋命驾至各署谢步，事毕，复移泊内河石桥港。二十五日，扬舲向宁国府镇辕进发。传闻镇军所以久滞白门者，因岘帅拟仿北洋成案，将南洋各劲旅统行裁并，归为三大支，分布江海各关塞，一其号令，百度维新，使与北洋分驻榆关、盛京、北直之宋、依、聂三大帅麾下各营遥相连络；所有南洋总统须选老成出众之提镇大员三人，兹已选定镇军及皖北寿春镇郭善臣、镇军江阴老湘营统领刘军门光才，业已专摺入奏，约计春末夏初之候，即可奉到批折，遵旨施行矣。又闻，皖南镇总兵一缺，岘帅之意初拟以督标中军王协戎有垚请署，后因协戎别有巨任，爰改定金陵城守协杨镜岩协戎金龙承其乏，此事芜地探悉已经数日。日来，又见镇军随辕差弁，与同营往来之尺，一皆改称镇军，为寿帅益信传言之果信而有征也。

（1897 年 4 月 1 日，第 1 版）

湓城纪胜

（前略）新简江西袁州府曹太守陛辞南下，赴江宁谒见刘制军。上月十九日，瀛眷先附招商局“江宽”轮船抵浔。（下略）

（1897 年 4 月 4 日，第 3 版）

使星照沪

专使英国庆贺大臣张樵野星使，附“新济”轮船南下，昨日午前十点钟，抵招商局金利源码头。上海县署丁役悬灯结彩，预备整齐，文武各员均诣舟次，恭迓如礼。星使旋至天后宫行辕驻节。江海关道刘康侯观察、松海防同知刘乙笙司马、上海县黄爱棠大令、铁路督办盛杏荪京卿、招商局总办沈子眉观察、英、法两界谳员屠兴之别驾、郑景溪大令复乘舆而往，呈递手版请安。星使接见之余，寒暄互叙，迨各官鸣驺而返时，已钟鸣三下余矣。

（1897 年 4 月 4 日，第 3 版）

法界捕房纪

（前略）前日，招商局“江天”轮船将次起碇，偷儿某甲乘间窃取某客所携铺盖。船上茶房某乙见之，当场拿获，送入捕房，捕头令押候堂期解讯。

偷儿某丙在某处窃得夏布一卷，计数十匹，持至招商局金利源码头，经某号巡街捕拘解捕房，捕头令押候堂期解讯。（后略）

（1897 年 4 月 19 日，第 9 版）

滴翠轩读画记

芜湖访事人云，芜地自互市以来，华洋商务皆麇集洋码头一带，其迤北之鸡窝街直接弋矶，则仍一片荒郊，日惟樵夫牧监相与踏歌其间而已。近因传闻东西各商将于是处开辟租界，其地价遂陡涨三倍。陶家沟北首煤滩已售归皖省李巨绅管业，拟即就地建造楼房数十幢，俾成一大市，刻已鸠工庀材大兴土木矣。惟其地向设新关北卡，系由官借民间之地营建房屋，刻已商妥拆屋让基，将卡房迁建于沟之南岸，所需工料由李绅独认。惟沟南亦系民基，现已挽出江西帮首事向业主订租，一俟议就，即可旦晚兴工。缘江口年来市面日渐向北，西商每以洋码头新涨沙洲，不便于轮舟停泊，不若陶家沟之江空岸阔，他日接造码头轮船，亦可傍岸之为妙。李绅独能默窥时势，捷足先登，将来楼宇落成，商贾辐辏，利权独擅，诚不能不推倒一时矣。

盛杏荪京卿近因铁路开工需用铁轨，特乘招商局之“江宽”轮船赴鄂，谒见张制军，商办一切，襜帷过芜时，招商电报各局总办俱至轮船晋谒。(下略)

(1897年4月28日，第2版)

邮政宪示

钦加二品衔署浙江分巡温处道宗，为出示晓谕事，照得邮政局寄带银洋一事，尚未奉总局核定明文。惟民局收发信包，第二条内本有“各项小包可交轮船行代寄，照旧给与水脚，听民局自便”之语，已经瓯关税务司邮政局那出示，各项包裹尽可交轮船代寄，除附知照该物之信外，不得夹带他项信件。本道亦接准上海道刘印封抄送兼办上海邮政局葛税务司原函内开：银洋各物，及银物之信，均可照旧交轮船行代寄。查税务司所谓轮船行，即指招商局，应由该局饬令本埠招商轮船遵办，合亟出示。为此，示仰本埠商轮暨信局人等知悉，凡有银物包裹信件，邮政局不寄者，尽可照旧代寄，其无银物包裹信件，概应送交邮政局转发，轮船不得私自接收，干咎毋违，特示。

(1897年5月1日，第2版)

俄员将至

去岁，俄皇行加冕大礼时，中朝特简李傅相前往旧京木斯哥庆贺。兹者，俄廷以礼无不答，专使异姓王爵二人来华报谒，并携盛仪，以表敬忱。月前乘德国公司某轮船就道，日内大约可抵申江矣。总理各国事务衙门闻之，饬知招商局预备两轮船，俟到时送之北上。

(1897年5月5日，第2版)

法界公堂琐案

(前略)杨九如诉称：“小的在招商局当粮米工头，无赖张阿四屡向各小工讹诈。某日，适为委员何老爷所见，饬小的拘拿，致被张撕破衣服，今特送案请惩。”张供称：“小的浼杨举荐作小工，杨不允，以致口角，扭殴小的，亦被众小工所击。”大令判令押候枷号，一礼拜期满后，复笞责一百板。谕令杨亦不得恃众凌人，致干究办。

包探禀称，某日偷儿张大窃取某姓家马蹄铁数十斤，经招商局某号巡丁拘获，扭入捕房。兹者捕头令送案请讯。张供称；“此项马蹄铁，小的在公和祥码头拾来。”招商局所雇印度人禀称，伊实窃自“新丰”轮船上。大令判令押候，笞二百板，赃给还失主。(中略)

包探禀称，眼线周高琪前因缉获窃贼，恐遭不测，求准留沪当差，大老爷已俯允所请。不图伊贼心未改，近又至招商局“新裕”轮船，击碎玻璃窗图窃，经茶房拘获，送入捕房，捕头令解案请讯。周供称：“小的上船巡缉，见舱门虚掩，故代为关上，不料竟被误疑。”大令申斥一番，从宽开释。

(1897 年 5 月 5 日，第 3、4 版)

上海官场纪事

江苏督粮道兼办苏州关监督陆春江观察来沪后，于昨日午前十下钟时乘招商局“新裕”轮船望天津进发。各员咸至宪舟送别。(下略)

(1897 年 5 月 14 日，第 2 版)

祖饯俄使

招商局总办沈子梅观察，昨日假法界密采里西国酒馆恭设盛筵，柬请俄国亲王吴克氏赴宴，并邀驻沪俄国正、副两领事，及蔡和甫观察，法界谳员郑景溪大令陪座。钟鸣十一点二刻，亲王偕随员、翻译暨俄领事，各乘马车先后莅止，由沈观察、郑大令迎入内厅，茗谈片刻，既而烹龙炙凤，肴核纷陈，宾主极形欢洽。自十二点入座，至二点三刻宴毕，俄亲王即登招商局“海晏”轮船北上。临行时，本埠印委各员及各防营管带、督率营兵，咸至码头恭送，法捕房包探会同会捕局线勇，各带副役在沿途照料。

(1897 年 5 月 15 日，第 3 版)

法界公堂琐案

（前略）包探禀称，偷儿陈连生潜入招商局“江天”轮船窃取某甲女客所携衣服三件，当场拘获，带入捕房，捕头令解案请讯。陈供称：“小的在码头上拾得衣服，并非窃赃。”大令判令着押候，笞责一百板，赃存，候失主具领。（下略）

（1897 年 5 月 16 日，第 9 版）

彭蠡烟涛

九江访事人函云，江西盐道裕竹村观察骑箕①而去，已登前报。兹观察之公子挈同眷属扶柩回旗，初八日，由省解缆带，以祥临官轮船于初十日抵浔，文武各官均往迎接，并奠生刍，以尽寅谊。关道宪诚果泉观察派人妥为照料，并饬招商局预备房舱，准于十二日附“江孚”轮船东下。（下略）

（1897 年 5 月 23 日，第 2 版）

俄使抵津

俄国异姓王爵吴克氏，由沪上取道津门，入都报聘，本报已屡记之矣。昨日，天津采访友人来书云，本月十七日，吴克氏乘招商局特备之“海晏”轮船抵塘沽，六下二刻，乘火车至津。北洋大臣王夔石制军率同属下各官迎于车站。既接见，即导以督辕亲兵小队入水师营务处行台。河之两岸，陆军站队鸣虔；水师炮艇数艘则泊于老龙头，以次升炮，渡口及水师营务处大门外，伶人奏西乐，其声呜呜然，诚可谓迎之致敬，以有礼矣。次日辰刻，吴克氏报谒制军及各司道，十九日制军宴于北洋医学堂，二十日即遵陆入都，总署饬宛平县预备各差，由火车站直至南西门外，绵

① 骑箕：指大臣死亡。语出《庄子·大宗师》。

长十数里，锦天绣地，务极辉煌。

（1897 年 5 月 25 日，第 1 版）

英界公堂琐案

包探何瑞福解贼犯林荣生至案，禀称："此人积案累累，屡经大老爷惩办递解，今又在招商局'江天'轮船上窃取陈阿三所携皮靴、布衣及零星器物，适经小的缉获，带入捕房，捕头令送案请究。"陈投案申诉前情，林供认行窃，叩首求恩。别驾判令笞责一百板，管押一月，期满后递解回籍。

（1897 年 6 月 8 日，第 9 版）

方伯回旗

镇江访事人函云，前任江宁藩司瑞苇侯方伯解组后，慕平山风月之胜，于客冬携眷到扬小住数月。兹闻方伯□［摒］挡一切，于日前由扬起程，挈眷回旗。初三日上午，宪舟驶抵京口，停泊六吉园码头。镇城文武各官闻宪节遥临，咸赴江干恭迓。旋方伯命驾登岸，往文武各衙答拜。钟鸣七点，即附招商局"江宽"轮船顺流而下，取道沪渎，然后换轮航海北上。

（1897 年 7 月 10 日，第 2 版）

法界公堂琐案

计小渔诉称，某日由宁波附招商局"江天"轮船来沪，既抵埠，雇小车装运行李。野鸡挑夫张心才出而阻挠，强将行李挑至小东门外泰和客栈。中途失去一衣包，因之开单诉请追究。张供称："计唤小的挑运行李，行至中途，有伊所挈之十余龄孩子将衣包接去。"计称并无其事，实系张设心吞没，务请严追。大令着将张押候，交人保出，限三日内将衣包缴案。

招商局金利源栈房所雇印度人口操华音，诉称某日偷儿陈阿大纠同李阿仁、周正甫、徐阿三等割开麻布包，窃去檀香数枝，当场获住人赃，送请讯办。陈、周、徐同供称，檀香遗弃于地，小的等见而拾获，交还管栈之广东人。李供称："小的袖手旁观，误被拘押。"大令与何翻译官会商之下，着将陈、李各枷号半月，期满后笞责二百板；周、徐各枷号十日，发码头示众。

（1897年7月11日，第3版）

法界捕房纪事

（前略）昨晨招商局"江天"轮船由宁波来沪，停泊金利源码头。诸客纷纷搬运行李，偷儿某甲乘间窃取网篮，经物主当场拘获，交与巡捕带回捕房。捕头令押候解送公堂，禀请惩究。

（1897年7月30日，第4版）

上海官场类志

江苏督粮道陆春江储宪，由津乘坐招商局"新裕"轮船南下，于前日抵沪等情，曾志昨报。兹悉，陆储宪因省中尚有要公，是以并不停留，即于前晚换乘官舫，雇小火轮船拖带向苏垣进发。本埠文武各员咸至河干恭送如礼。（后略）

（1897年8月22日，第3版）

京饷过沪

浙江补用同知海司马龄，押解浙江第五批京饷银五万两，道经沪上，舟泊铁马路码头，候乘招商局轮船北上。昨日，海司马命驾入城，至上海县拜会黄大令，即拨将丁差役至码头照料，以备不虞。

（1897年9月9日，第3版）

观察抵瓯

新任署理温处道王心斋观察祖光，已于本月初九日午刻，附坐招商局

“普济”轮船抵瓯。温州府王雪庐太尊，暨总捕府水利分府永嘉县，均先后驰赴轮船码头，呈递手版，恭迎宪节。王观察接见之下，随至官厅，小憩须臾，即乘轿进城，仪仗鲜明，衔牌林立，由大街直入考棚行辕，暂驻襜帷，筮吉于十二日辰刻接印。

（1897 年 9 月 12 日，第 2 版）

贷款已定

西字报云，前者中国向英国长生胡利公司商借英金十六兆，刻由铁路总办盛杏荪京卿于本月二十二日与之议定。以九十四磅为一百磅，并准其在中国承造铁路数条，及开煤矿等事，所立合同极为公允，两面均有利益可沾。现有英金九兆，可以即时领取，其余七兆约冬至以前可领。昨晚，公司中人已乘招商局“安平”轮船北上面见京师各当道，以便说定一切云。

（1897 年 9 月 21 日，第 1 版）

生荣死哀

前署温处道宗湘文观察殁于任所，本报已略纪之。兹悉于月之十八日在署开吊，新署道王心斋观察、温州府王雪庐太尊、永嘉县叶泳霓大令，均往吊奠。武自刘吉泉军门以及参游都守各将弁，咸趋赴铃辕叩奠，一时白马素车，殊形热闹。嗣于二十二日申刻，扶榇出辕，搭趁招商局“普济”轮船赴申，再由申换船直抵珂乡，筮期安葬。温属之绅耆士庶咸设路祭恭送。盖因观察之德政在民，故能生荣死哀如此也。

（1897 年 9 月 23 日，第 2 版）

恭送灵輀

署永嘉县叶咏霓大令，拟于本月二十三日附趁招商局“普济”轮船恭送宗观察灵柩至沪，然后雇坐快船赴省公干。大约篱菊黄时，即须遄回任所云。

（1897 年 9 月 23 日，第 2 版）

抚军莅沪

新简江苏巡抚奎乐峰中丞陛辞出京，由天津附招商局“海晏”轮船南下，本邑文武印委各员以及驻防各营勇闻信后，咸列队江干迎迓。至昨日午后钟鸣五下，“海晏”鼓轮抵埠，就金利源码头下碇。各官弁纷纷呈递职名，中丞接见之余，即赴泥城外北洋务局驻节。

（1897 年 9 月 27 日，第 3 版）

启节有期

新授江苏巡抚奎乐峰中丞陛辞出都，由天津乘招商局“海晏”轮船莅沪，因即欲赴苏接篆，故于昨晨雇定官舫，北市停泊观音阁码头。沪上官场以及各处州县之来谒者，江干一带脚靴手版忙乱异常。闻中丞定于昨今两日乘舆往各署谢步，旋用小火轮船带赴苏垣。

（1897 年 9 月 28 日，第 3 版）

宪节过申

升任刑部侍郎江苏巡抚赵展如大中丞，由苏乘坐官舫，用小火轮船拖带，于昨日至沪。本埠关道宪以下文武印委各员，及驻沪各营兵咸赴观音阁码头恭迎宪节。中丞并未登岸，径赴金利源码头，登招商局“丰顺”轮船入都供职。

（1897 年 10 月 3 日，第 3 版）

中丞北上

卸任江苏巡抚赵展如中丞由苏州乘官舫来沪，停泊观音阁码头。昨日上午十一点三刻时中丞排导，至法界招商局金利源码头，乘“新裕”轮船北上。濒行时，在沪各官及各营弁勇咸赴江干恭送。

（1897 年 10 月 6 日，第 3 版）

法界公堂琐案

昨日，郑景溪大令会同何翻译官升坐公堂。王阿大诉称：“小的在招商局翁老爷处服役，某日，主人出外，命小的看守房门，贼犯王正芳假访友为名，潜入房中，窃去马褂及各衣，今特奉主人之命，开单呈请究追。”王一味支吾不肯直认，大令判令押候，笞责一百板。

包探禀称：“贼犯张桂泉混入招商局行驶宁波之‘江天’轮船，窃取马褂一件，当场拘获，交小的带入捕房。诘知此贼曾于二礼拜前，窃取‘江天’轮船某客所带考篮内储洋银二十圆，拘获后，中途逃逸，是以告知捕头解案请办。”大令判令押候，从重笞责二百板。

龚纪昌诉称：“小的在治下某姓家服役，本月初八夜，忘未关门，贼犯王德发蛇行入内室，窃去茶壶、水烟袋等物，洎拘获送入捕房，已将水烟袋交同党携去。兹特由捕头遣包探解案，叩请究追。”王供称：“小的既经窃物，不敢隐瞒，只求大老爷汤网宏开，原情曲贷。”大令判令押候，笞责一百板，赃给还失主。

包探禀称：“贼犯刘长福曾在某轮船上窃取某客所携长短衫各一件，又至招商局行驶长江之‘江裕’轮船图窃，经船中执事人拘获，扭入捕房，捕头令解请讯办。”刘供称：“小的由镇江来沪，饥寒交迫，无计可施，初犯不端，叩求宽宥。”大令判令着押候，笞责一百板。（下略）

（1897 年 10 月 8 日，第 9 版）

星使行辕纪事

出使英国钦差大臣张樵野星使前日抵沪情形，已登昨报。兹悉关道宪蔡和甫观察定于昨晚恭请星使饮宴，昨日午后上海县黄爱棠大令诣行辕禀安，并知星使已筮吉于本月二十日乘招商局“新裕”轮船晋京复命。

（1897 年 10 月 14 日，第 3 版）

法界捕房琐案

（前略）窃取招商局“江天”轮船衣包之贼犯王和尚、窃水烟袋之贼犯王三宝、窃衣包之贼犯张阿三、扭去门锁窃取衣服之贼犯吴桂林、窃取天成客栈蚊帐夹被之贼犯陈光裕，均于前日经大令讯明，昨日着各照原断笞责一百板。

（1897 年 10 月 22 日，第 9 版）

法界捕房发落

昨礼拜五为法捕房发落之期，郑大令莅捕房，会同钮副捕头发落各案，命提窃太古栈水烟袋之沈阿宝、“江孚”轮船窃衣包之林大年，照原断各责五十板，从宽斥释。

又提金利源栈窃取靛青之蔡阿庆，以屡次犯窃，怙恶不悛，着枷号半月，发码头示众，期满笞责二百板，再行发落。

又提“丰顺”轮船窃取螺丝钉之殷金富，照原断笞责二百板斥释。

（1897 年 10 月 30 日，第 9 版）

接客丧身

全安客栈接客伙沈某，年方二十有四，本年三月间完姻。前日招商局“海琛”轮船驶抵本埠，尚未傍岸，沈思捷足先登，爰雇驳船迎至陆家嘴左近，在轮船后梢，以手攀绳，猱升而上。讵至中间，绳忽中断，随即坠下时，在转轮之际，为轮激射，身随轮转，欲救无从。幸其父亦在接客，在船目击，立即咨照船主停轮，设法援起，早已魂归地府矣。其妻一闻凶耗，奔至浦江，抚尸大恸，经亲友再三劝慰，始含泪而返。尸身由其父舁归，备棺成殓。

（1897 年 11 月 6 日，第 4 版）

贡铜过汉

云南每岁贡铜着为成例，兹由该省总督拣选上品贡铜若干斤，装订成箱，委廖大令运解进京。日前道经汉口，由地方官验明件数，旋附招商局轮船运行东下，不日即可解交户部，以供天府之需矣。

（1897 年 11 月 14 日，第 1 版）

灵輀过沪

新简浙江提督学政陆大宗师宝忠籍隶太仓，其太夫人在京就养。某日因病仙游，宗师立即呈报丁艰，扶柩回里。前日傍晚时，招商局“新裕”轮船抵沪，本邑文武各员及钦命出使德国大臣吕镜宇星使、宝山县沈大令咸诣舟次吊奠。至晚，宗师请上海县黄大令封雇南湾子船若干号，驶至白大桥暂泊，至昨日黎明时用小火轮船带往娄江进发。

（1897 年 11 月 15 日，第 3 版）

谳员公出

英界公廨谳员张赓三直刺因有公务面禀刘岘庄制宪，定于今晚附乘招商局某轮船赴省。

（1897 年 11 月 16 日，第 3 版）

学生到堂

天津访事人来函云，山海关铁路学堂去岁吴调卿观察总办津榆铁路时，曾经考取四十人送堂肄业，俾得学成以资臂助。但铁路方兴未艾，除津榆而外，现在京芦之路已筑而成，芦汉之路未成待筑，以后复有枝路四通八达，在在需人，断非学生四十人足供差遣。盛杏荪京卿有见于此，派员赴闽考取曾经肄习西学各生，送堂学业，以为他日分派之用。十月廿九日“丰顺”轮船到埠，附来新生十名，即饬入塾，学成致用，不禁为诸生拭目俟之。

（1897 年 12 月 6 日，第 2 版）

瓯郡官场纪事

温州采访友人云，新委温州状元桥厘局吴守之二尹保生，于本月初六日未刻，附乘招商局“丰顺”轮船来郡，下榻道署前连升栈。定于初十日禀见道府及局宪，十一日进局任事。（中略）前署玉环厅同知徐菊生司马，于上月杪交卸篆务，本月初八日携眷附招商局“丰顺”轮船至沪，以便取道赴省垣。（后略）

（1897 年 12 月 8 日，第 2 版）

瓯海官场纪事

温州采访友人云，温州镇总兵刘吉泉镇军，示期十一月初十日黎明，亲临大校场简阅各阵。事毕，出钱七十余贯犒之，迨鸣驺入城，已崦嵫日下矣。

新任乐清县赵乐耕大令协莘，于本月十六日辰刻，附乘招商局“丰顺”轮船至温州，侨寓乘凉桥畔东阳春客邸。随禀见道府各上，游至十七日，即赴乐清任所，箴吉十九日辰刻接篆。

温台土药局总办李谷宜观察，以明伦里马姓家为公馆，其瀛眷于本月十六日附乘招商局“丰顺”轮船抵瓯，在城印委各嗣，咸禀安道贺。

（1897 年 12 月 16 日，第 3 版）

局道改委

芜湖访事友椽笔云，轮船运米之有厘金，始自前年中日罢兵以后，当时米市商贩咸联樯接舶，驶赴镇江交易，中间所经之大胜关、大河口、泗源沟各厘税陡然畅旺，时值海防竭蹶，得此挹注，殊足裨益饷源。嗣南洋大臣拟长此蝉联办理，业经奏准在案。惟芜地出产向以米粮为大宗，今米厘既加，商务自必减色。于是芜之官若商一再渎禀，始蒙转圜，谕令轮运商人于芜米出口时，即将下游应完之厘税三处合共百数十文，就芜预缴，准以百五十斤为一石，完纳漕平银一钱，一切由芜关道袁观察议定章程，委江苏候补道方启南观察来芜驻收。计是年冬季及次春收厘果极畅旺，未及半载即已征解二三十万金。惜自后即不能再接再厉，盖粤中食米向恃暹罗与芜湖为来源，芜米既加厘金，自不能不量为增价，而暹米连年丰稔，转可廉价出售，相形之下未免见绌，以是米商亏耗殊多。幸方观察体恤商艰，凡事撙节，是以数年来舆论颇佳。兹因督宪檄调回宁，遗缺改委候补道陈观察寿庚前来接办，于上月廿八日莅芜，即于本月朔日接事。方观察本拟即日荣行，因地方寅僚祖道情殷，不免稍稽数日，再往白门云。

（1898 年 1 月 1 日，第 2 版）

观察赴瓯

温处盐厘局新委总办李友梅观察辅耀，已于上月二十六日，附坐招商局“丰顺”轮船来瓯。随员候补县金二尹国栋、熊二尹岳钟亦附舟而至。温郡印委各员均赴招商码头恭迓如仪。李观察小憩官厅，随乘绿呢大轿抵五马街，所赁陈姓公馆暂驻襜帷。大约略缓数日，即可接钤任事。

（1898 年 1 月 1 日，第 2 版）

方伯过镇

新任陕西布政使李希莲方伯，陛辞出都，遵陆至袁公浦，乘舟南下，月之十八日行抵京口，系缆六吉园码头。丹徒县王大令，预饬办差人等，在彼搭盖彩棚，陈设一切。迨宪旌遥莅，镇城文武各官咸往恭迓，旋即登舟晋谒，互叙寒暄。有顷，方伯命驾登岸，躬往各衙署答拜。十九晚，附招商局“江裕”轮船上驶。

（1898 年 1 月 18 日，第 2 版）

监司回镇

常镇通海道长久山观察，去腊赴金陵，恭祝南洋大臣刘岘帅寿辰，兼禀要公，已纪前报。嗣悉观察于二十五日乘招商局“江裕”轮船顺流而下，是晚钟鸣七下，驶抵京口。新兵前营健儿在江干排列队伍，鸣枪志敬。彦太守、郑参戎、周都戎、王大令亦均诣招商局码头恭迎宪节。

（1898 年 1 月 25 日，第 2 版）

偷儿自缢

去年十二月十八日，招商局“江裕”轮船由沪驶赴长江各埠，十九日傍晚，行抵镇江甫下碇，即由船中执事人在大舱内搜获一贼。诘之自言姓王，江北某邑人，向当小工。是日侦知张宦有衣箱寄存货舱，遂背人开取，窃得狐皮衣服，白玉班指等物。执事人即将情告知张宦家丁，辨认原赃无误，适张宦在安庆公干，爰将此贼带之而往。及行抵芜湖，贼忽乘人不及提防，就舱内雉经而死。船中买办乃照章报请，芜湖县主亲临相验，棺殓发坛。

（1898 年 1 月 26 日，第 2、3 版）

榷使行旌

江海关道蔡和甫观察，赴苏州谒见各大宪，叩贺年禧。昨日午前九点钟时，回抵新闸大王庙码头，乘马车至北洋务局小憩。迨午后四点钟时，复乘马车至大马路，其时署中差役已在彼恭迎，观察乃乘舆排导回辕。至晚十点钟时，又附招商局“江永”轮船，赴金陵谒见刘岘帅。

（1898 年 1 月 28 日，第 3 版）

津沽杂述

天津采访友人云，新任杭州织造诚尚衣全，于客腊二十三日行抵津门，就佛照楼暂驻。旋于二十六日附招商局“新裕”轮船至沪江，然后前赴之江任所。（下略）

（1898 年 2 月 2 日，第 9 版）

鸠水官场纪事

芜湖采访友人云，桃符影里斗柄南旋，爆竹声喧又是一年景象。省外道府州县例得乘黄绫裹篆之暇，赴省贺年。正月初四日，芜湖县吴大令乘舆赴郡治，贺陈太守年禧。既而太守亦命驾来芜，谒见关道袁爽秋观察，旋于初九日，附某轮船赴皖垣。此外当涂县谢大令、宣城县陈大令、南陵县孙大令，及徽宁各长官亦先后道出鸠兹，望省垣进发。观察则于初八日乘招商局某轮船上驶，旋于元宵前一日事毕，顺道再往金陵禀见刘岘庄制军，藉伸贺悃。

（1898 年 2 月 10 日，第 3 版）

薇旌已返

江苏藩司聂仲芳方伯，前由上海赴金陵。昨日午后二下钟时，由金陵乘招商局“江裕”轮船返旆。既抵小东门外金利源码头下碇，在沪文武印委各员弁，咸呈递手版禀安，方伯饬家丁挡驾，旋即命驾入行辕。

（1898 年 2 月 13 日，第 3 版）

瓯郡官场纪事

温州访事人来函云，新任永嘉县周竹卿大令炳麟，于正月十八日坐招商局“普济”轮船来瓯，先在行台暂驻，筮吉十九日卯时接印任事。按大令籍隶广东南海县，由丙子举人大挑，知县历任安吉、孝丰、余姚等县，兹膺是缺定有一番新政矣。（中略）前盐厘总办沈子縠司马交卸局务，已于二十一日带同瀛眷，附招商局“普济”轮船由沪赴省销差矣。玉环参将王雨亭参戎，于二十一日附轮船赴甬，恭贺陈军门新禧，并由宁赴省贺年。

（1898 年 2 月 16 日，第 2 版）

温郡官场纪事

温州访事人云，温州府牙厘局总办戴子开太守启文，已于正月二十八日辰刻，附招商局“普济”轮船来瓯。永嘉县周大令暨印委各员，均赴招商局码头恭迓。闻太守箴吉二月初一日进局接办。

新任永嘉县周竹卿明府之瀛眷，于正月二十八日辰刻，附招商局“普济”轮船来瓯。周明府饬丁在招商局码头照料，迨轮船到埠，即鸣钲排导，迎入考棚暂驻，俟旧令尹起程，当再迁移进署。

前办牙厘总局杨晋笙太守瓜期已届，定于本月某日交卸局务，小作勾留，大约百花生日先后，即须附轮船赴沪，然后诣杭省销差。前署永嘉县叶咏霓大令昭敦，已卸县篆，交代算清。正月杪，附招商局“普济”轮船至沪江，换船赴省，绅耆咸制万民衣伞、德政牌公送。

（中略）温州府王雪楼太守，于正月三十日附招商局“普济”轮船由沪赴省，恭贺各大宪新禧。温处盐厘总局李友梅观察，于正月三十日附招商局某轮船由沪赴省，面陈局务，并叩春禧。（下略）

（1898年2月25日，第3版）

瓯江春暖

（前略）玉环参将王雨亭参戎因公赴甬，二月十一日附招商局“丰顺”轮船至郡小作勾留，即须言旋视事。

周竹卿明府之瀛眷箴吉三月初一日迁移入署，缘前任叶大令成于前月杪赴省也。

前温州牙厘局总办杨晋笙太守交卸局务，已于二月十四日附招商局“丰顺”轮船至沪，然后赴省销差。

（1898年3月14日，第3版）

□［瓯］江春汛

温州访事人云，温州府王雪庐太尊琛晋省贺年，已缀前报。上月二十一日趁“丰顺”轮船公旋，印委各员均赴招商局码头恭迓如仪。

永嘉县周竹卿大令之夫人于上月二十一日趁“丰顺”轮船来瓯，办差丁役随即齐备，执事预在朔门马道伺候鱼轩。迨十二点钟，夫人端坐□，轿前导有衔牌十余对，德政牌三十余对，万名伞十七柄，以及仪仗全副，迤逦入城，从大街直进县署。观者称羡不已，咸谓较前如夫人至署时辉煌十倍云。

（1898 年 3 月 26 日，第 3 版）

豸旌已发

江苏臬宪吴□涵廉访，因须赴金陵省垣，道出沪上，襜帷暂驻于天后宫，已纪本报。兹悉廉访以急须谒见制军刘岘帅，面商要公，故于前晚，即乘招商局某轮船驶往白门，沪上各官咸往恭送。

（1898 年 3 月 30 日，第 3 版）

温郡官场纪事

温州访事人云，温台土药局总办李谷宜观察，因温郡办有端倪，遂札委大关委员秦大令乐平兼办，拟于本月初六日附招商局“丰顺”轮船抵甬。（下略）

（1898 年 3 月 31 日，第 2 版）

法使已行

法国新简驻京钦使毕勋君莅沪，驻节法总领事署，择期北上，各情已纪前报。昨晚，附招商局“泰顺”轮船北上，晋京供职，随带瀛眷及文案等六人，先令傔从预定官舱三间，临行时，各西员咸诣码头，恭送如礼。

（1898 年 4 月 17 日，第 3 版）

恭送法使

法使启行，已纪昨报。兹悉招商局“泰顺”轮船于昨晨九点钟起碇，法国总领事、副领事暨翻译文案各员，皆登舟送别。先是前晚十点钟，江苏巡抚奎中丞、江苏藩司聂方伯、江海关道蔡观察，各乘马车至法总领事署拜会法使，由西官迎入内厅，与毕君晤谈片刻，及兴辞而出，法兵舰鸣炮三门，以申敬意。

（1898 年 4 月 18 日，第 3 版）

劝领股票

芜湖访事人云，劝办皖南昭信股票委员张曼农观察，上月廿五日，由芜湖渡江前往合肥，谒见李筱泉制军，旋于月之初十日回芜。闻制军已认定一百股，计银万两。外此，又劝得前使日本伯行观察，现任湖南臬司仲仙廉访等，合认五十股，计五千金，均即缴出现银。而皖南四府一州二十二县，并诸左贰诸广文认捐银两，亦各集有成数。观察遂于望日乘招商局“江孚”轮船暂返皖垣，面禀办理情形，大约小作勾留，须再莅芜湖，以候各县商贾绅富认定数目云。

（1898 年 5 月 9 日，第 1 版）

候迎宪节

两湖制宪张香帅由鄂秉节赴都，道出沪上，将次抵埠。法界谳员郑景溪大令特饬会捕局线勇，并咨照捕房派探协同，至招商局金利源码头伺候。

（1898 年 5 月 12 日，第 3 版）

军麾莅沪

新简福州将军增军帅祺，陛见出都，至天津，附招商局“新裕”轮船南下。昨日午前十点钟时抵埠，假法界名利栈为行辕。闻军帅小作勾留，即附轮船赴闽秉节履新。

（1898 年 5 月 14 日，第 3 版）

总办回省

江苏海运沪局总办舒太守体元，以漕务竣事，择吉昨日赴省销差。先期雇就官舫，停泊南市丰记码头亭。午时，太守偕帮办各员赴舟中传令解维，由招商局小火轮船带往。本邑印委各员齐至码头，恭送如仪。

（1898 年 5 月 16 日，第 3 版）

上海官场纪事

新简湖南布政司俞方伯廉三，由京陛见出都，附轮船来沪，假法界万安楼客栈为行辕。兹悉方伯于前晚附招商局“江宽”轮船前往湘省履新。

（1898 年 5 月 28 日，第 3 版）

上海官场纪事

前福州将军裕寿山军帅，交卸篆务，赴都陛见，招商局特派“新裕”轮船前往迎接。昨日午后四点钟，本埠文武各员知宪节将临，遂诣码头迎迓。

（1898 年 6 月 2 日，第 3 版）

军宪莅沪

前福州将军裕寿山军宪于前晚八点半钟时乘招商局“新裕”轮船驶抵本埠，文武印委员均诣江干呈递手版，军宪接见有差，逾时即排齐全局仪仗，乘绿呢大轿至美租界北河南路天后宫侧行辕暂驻襜帷。昨午自道宪以下各员戚至行辕禀见，马龙车水络绎于途。

（1898 年 6 月 3 日，第 2 版）

法界捕房纪事

瑞福里及自来火行东街，有甲、乙两姓，因前晚招人聚赌，巡街捕以其有违租界章程，将赌具及赌徒一作解送捕房。捕头命将甲乙各罚洋二元，从宽释出。

招商局“普济”轮船停泊码头，有偷儿混入大餐房内，窃取刀叉等物事，为茶房所见，立即拘获送入捕房。捕头命押候堂期解讯。

（1898 年 6 月 6 日，第 9 版）

制宪启行

四川总督裕寿帅，定于昨日起节，入川江。海关道蔡和甫观察，知照捕房略谓，清晨有奇兵等营勇丁往浦滨站队，经过租界时，须派巡捕妥为照料，免滋事端。英界公廨谳员张赓三直刺，先期赴天后宫行辕伺候。上午十一下钟时，寿帅端坐绿呢大轿，排齐全副仪仗，安抵法界金利源码头，乘招商局“江宽”轮船上驶。文武各官咸至码头，恭送如礼。

（1898 年 6 月 7 日，第 3 版）

川督过皖

安庆采访友人致书本馆云，前福州将军裕寿山军帅奉旨升任四川总督，由沪溯江上驶。本月二十日午前九下钟许，乘招商局“江宽”轮船行过芜湖省垣。既得电音，抚宪以下各员即预备郊迎之礼。并闻寿春镇郭善臣镇军同船来省，故各营将弁均率勇列队江干。

（1898 年 6 月 12 日，第 1 版）

观察赴瓯

温州访事友来函云，浙江候补道时莲山观察庆莱，现奉省宪委，查温州民变情形。本月十七日，率同候补县金墨臣大令、陈次耕大令香□、叶咏霓大令昭□，乘招商局“普济”轮船来瓯，查勘一切。瓯郡文武员弁，均飞舆出城，在招商局码头呈递手版。观察小憩官厅，即偕随员入城。永嘉县秦大令饬办差丁役，假谢池巷周姓花园为观察行台，三大令则另寓东阳春客邸，连日提集朱源和张森茂，及续获之各犯，详细研讯。

（1898 年 6 月 14 日，第 2 版）

失银求缉

云南候补直隶州许直刺，由京引见出都，附招商局“丰顺”轮船来沪，失去皮箱一口，内储现银汇票约值数千金，开单函致法界谳员郑大令，请咨照捕房，饬探严缉。

（1898 年 7 月 3 日，第 9 版）

学士归田

户部尚书、协办大学士翁叔平协揆奉旨开缺回籍，由天津附招商局“新裕”轮船南下。昨晨七点钟抵埠，即换坐官舫，移泊苏州河观音阁码头。江海关道宪蔡观察以下文武印委各员，咸诣舟次呈递手版，协揆一概挡驾，当日即常熟珂乡。

（1898 年 7 月 7 日，第 2 版）

法界捕房纪事

昨礼拜五，为法捕房发落之期，郑大令于清晨莅捕房，会同副捕头讯判各案。昨晨，招商局“新济”轮船正欲起碇出口，有巨窃杨镜芝附搭该轮船，意欲试其胠箧手段。适为法包探严颂眉所见，上前盘问，即行拘获，送入捕房。副捕头着押候堂期解讯。（下略）

（1898 年 7 月 30 日，第 9 版）

督办赴津

昨晚，铁路督办盛杏荪京卿，附招商局“新裕”轮船赴天津，谒见直督荣制军，商办铁路事宜。本邑文武各官咸赴江干，恭送如仪。

（1898 年 8 月 14 日，第 3 版）

赣抚起程

新简江西巡抚松鹤龄中丞入都陛见，道经沪上，并赴苏垣，与奎中丞面商要公。回沪后，暂驻行旌，迭详前报。兹悉中丞已于昨晚乘招商局“新裕”轮船起程北上。本邑文武印委各员咸诣码头，恭送如礼。

（1898 年 8 月 23 日，第 3 版）

灵輀北上

原任松江府恩诗农太守灵輀过沪等情，曾登前报。兹悉，昨晚由公子辈附乘招商局“新济”轮船扶回珂里，本邑文武各官均往恭送。

（1898 年 8 月 23 日，第 3 版）

籼米过沪

江苏巡抚奎中丞，以省垣米价昂贵，小民生计维艰，特饬候补知州赵刺史锦琪，赴湖北购米五万石，回省平粜。兹赵刺史已购办籼米一千石，由招商局“江裕”轮船装运至沪，暂置金利源十五号栈房，俟雇驳船装回苏省。昨日，遣丁将汉黄德道护照呈递法界公廨，请谳员朱森庭明府派差照料。

（1898 年 8 月 23 日，第 3 版）

撞沉盐船案结

扬州访事友人云，□前两淮鄂岸商人裕丰厚，由十二圩运盐赴鄂，驶至长江上游，被轮船撞沉，盐既淹没，人亦伤毙，当经就近禀控。迄今多日，始由南洋大臣刘岘帅札饬上海道与轮船招商局一再筹商，妥为议结。刻下运宪江都转接奉督宪行知略称，据上海道详案，奉宪批职道议复裕丰厚盐船被“江裕”轮船撞沉一案，现经议结，给恤完案，奉批此案既据一再函商，由局酌给抚恤银一千六百两，该运商亦情愿遵断具领，应准如详销案。所请此后禁止各岸盐船及别项船只夜行，自是正办，仰即会商妥议章程，禀候复核，通饬遵照。至淹消盐一百八十引，候饬淮运司及湖北督销局，谕饬该商照章补运等因，奉经会局妥议章程去后。兹由招商局议定章程八条前来，合另录折呈送各情到本部堂。据此，除将所议章程核准通饬遵照外，合行札司云云。后附章程一纸，特将大旨摘录于左：

一、自此次议章后，凡长江各岸盐船及别项船只，每日日落即须停泊，不得乘风夜行；

二、盐船往往自恃船大载重，每于江心抛锚，设遇阴雾，对面不见，即恐有碰撞之虞，此后不得再行抛锚江心；

三、各船照章日落停泊，务择乡村镇集击缆，如未到村镇，务各联帮停泊，不得随意散泊，致碍轮船应行之道；

四、盐船及别项船只停泊后，晚间桅上务各悬点明灯，此系江行免碰章程内本有，仍应照行；

五、此次议章后，应请札饬淮运司，暨通行沿江各防营一体出示晓谕；

六、沿江乡镇窎远，告示恐未能遍及，应请转饬长江各处水师炮船，遇有盐船及别项船只，日落尚不照章停泊，即请阻止；

七、以上章程，各盐船及别项船只如不遵照，设有碰撞，轮船局不能任咎；

八、各船如于未日落以前行驶，偶或互碰，仍应照行江不碰章程秉公办理，轮船不得借口违章等语①。

都转接阅后，即饬淮南总局转谕各商盐船遵照，一面出示晓谕，俾众周知矣。

（1898 年 8 月 25 日，第 2 版）

皖省官场纪事

安庆访事友人云，新简出使高丽大臣徐星使寿朋，由金陵乘招商局“江孚”轮船上驶。本月初五日莅皖，阖城文武各官咸赴江干迎迓。星使由南关入城，驻即龙门内，旋赴抚藩臬各当道处拜谒如仪。是日，为道宪

① 原文未排序，序列号为编者所改。

李观察接署藩篆、府尊方太守兼署道篆之期，是以冠盖如云，往来晋接，宦途中尤异常忙碌也。

（1898 年 8 月 27 日，第 2 版）

星轺莅沪

昨日午后三点钟，新简出使朝鲜大臣徐晋斋星使，乘招商局“江裕”轮船莅沪。本邑文武印委各员咸往江干迎迓，星使旋即登岸，乘绿呢大轿迤逦至沪北天后宫侧行辕驻节，闻俟“新裕”轮船到埠，即当启程北上，入觐龙光也。

（1898 年 9 月 7 日，第 3 版）

廉访起程

安庆访事友人云，调补陕西臬司赵廉访，自交卸皖臬后，择于本月二十二日起程。午后四点钟时，排导而出，行经御碑亭三四牌楼，由南大街过府城隍庙，直抵南关招商局码头，乘“江宽”轮船上驶。当出署时，沿途香烛鞭爆，络绎如梭，各绅士亦皆衣冠恭送，廉访停兴，拱手慰劳有加，惟商民制送万民伞、德政牌，则一概谢却。

（1898 年 9 月 13 日，第 2 版）

芜湖官场纪事

芜湖道张曼农观察近因要公，于七月二十七日乘招商局“江裕”轮船赴皖，谒见邓大中丞。并闻事竣，尚拟顺道赴金陵，晋谒两江督宪，盖为筹拨饷项，及所奉迭次谕旨开办学堂一切新政事宜。约八月初十前后始赋言旋云。（下略）

（1898 年 9 月 17 日，第 3 版）

法界失慎

昨晚九点一刻钟，法界小东门北首沿浦滩招商局金利源“江天”轮船码头九号栈房因吸纸烟不戒于火，一时烈焰飞腾，冒穿屋顶。捕房急即鸣钟报警，英、法、美三界洋龙疾驰而至，竭力浇灌，无如火势猛烈，难以救息，以致焚去房屋若干。如何起火，尚未访明，容俟明日续录。

（1898 年 9 月 18 日，第 3 版）

日相将来

日本相臣伊藤博文游历京都，现已事毕，将次乘轮南来。上海县黄大令接到电音，知伊侯已至天津，附招商局“新济”轮船，约在二十一二日可抵沪江，是以特饬办差丁役在金利源码头预备供张，并函致法界谳员朱森庭明府届时派差照料。

（1898 年 10 月 4 日，第 3 版）

日相莅沪

日本旧相伊藤博文将次来沪，已纪前报。现闻伊相抵沪后，尚须游历长江各处，已由两江督宪刘岘帅电饬江海关道蔡观察选派译员偕同前往。观察当即遵札，委道署东文翻译任院仙二尹出境恭迎。昨日下午五点钟时，伊相乘招商局“新济”轮船抵埠，二尹即登舟恭迓，并达来意。上海县黄大令，及英、法两界谳员郑大令、朱明府亦均至码头迎接，日总领事诸井君偕日商三十余人先后齐集舟次。俄而，伊侯登岸，乘马车至日领事署，旋赴日商三井洋行驻节。

（1898 年 10 月 6 日，第 3 版）

温郡官场纪事

温州访事人云，前任温州府王雪庐太守琛交卸后，尚居府署，清理交盘。题糕日始携同瀛眷，附乘招商局“普济”轮船由沪换船赴省，都人士之设筵祖饯者，络绎不绝。

新任永嘉县县丞丁二尹，于本月初七日附招商局“普济”轮船至瓯，禀见道府两宪。大约重阳节后，即须择吉接钤。惟前任章二尹分驻楠溪，建有衙署，未悉新二尹在郡接任耶，抑须仍赴防次履新？想须俟禀请道府宪示遵也。（下略）

（1898年11月3日，第2版）

星使行辕纪事

昨日午后二点半钟，驻沪日本总领事小田切君乘四轮马车，至出使行辕拜会前任出使日本大臣裕朗西星使，茗谈良久，始兴辞而出。

出使日本大臣裕星使定于今日傍晚五点钟时，由天后宫行辕起节，至招商局金利源码头，乘“江孚”轮船赴镇江，换坐民船赴扬州公干，大约勾留数日即可回申。

（1898年11月8日，第2版）

瓯郡官场纪事

温州访事友来函云，温处道王心斋观察莅任后，其瀛眷尚留省垣。九月初五日，为夫人六旬设帨良辰，因预饬亲信家丁赴省迎接。官场中一闻此信，皆预期准备祝仪。二十七日辰刻，号声呜呜然，练军营整队出城，排列江干鹄俟，及至日堕崦嵫，轮舟未见上驶，始各散回。迨二十八日清晨，招商局“普济”轮船抵埠，夫人端坐官舱，办差丁役随请登岸，乘绿呢大轿，导以全副仪仗，迤逦进署，夫荣妻贵，令人艳羡不已。（中略）

盐厘总局李友海观察因公赴省，旋于九月二十八日辰刻，附招商局“普济”轮船遄回差次。

前永嘉县县丞章晓楼二尹台驻防楠溪，已有年所。兹以瓜代，有人将次来郡交卸，居民数百人群将二尹乘舆拥护回衙。二尹不果于行，万分焦急，只得密遣亲信家丁于上月十六日将钤记送郡，赍交新任丁二尹，一面婉谕绅衿，宣示上宪黜陟之意，旋于某日附招商局某轮船就道。

温州通判吕叔良别驾因公赴省，上月二十七日辰刻，附招商局“普济”轮船回衙视事。

前西关厘局黄逢仙大令夫妇相继殁于差次，其灵柩寄顿九山禅寺，宦囊萧索异常。兹由公子双扶灵榇，附招商局“普济”轮船言旋珂里，俾正首邱。宦海苍茫，能毋感慨！

（1898 年 11 月 17 日，第 2 版）

板舆迎养

英界公廨署理谳员郑瀚生大令原籍粤东香山县，自莅申后，尚未将太夫人迎养署中，日前念切乌私，遣丁赴粤迎迓太夫人，即乘招商局“广利”轮船起程，昨晚当可抵埠。是以大令饬丁备舆至金利源码头鹄候。

（1898 年 11 月 18 日，第 3 版）

芜湖官场纪事

芜湖访事人云，新任芜湖关道吴季卿观察景祺，上月二十一日行抵白门，晋谒制宪，并令瀛眷先行莅芜。兹悉观察由金陵禀辞督宪后，附坐招商局“江孚”轮船溯江上驶，径赴皖江，禀见抚宪。二十五日豸节过芜，属下印委各官俱赴轮船迎迓。观察因双轮飚举，仅接见芜湖县钞关、税务魏、吴二大令，咨询政治、关榷各情，旋即展轮而上。兹于孟冬初一日，由皖垣公干毕，仍乘“江孚”轮船荣莅鸠江，发贴红谕，定于初五日子时，在中江书院行台接篆。新猷丕焕，恺泽覃敷，彼都人士不禁引领望之。（下略）

（1898 年 11 月 21 日，第 2 版）

上海官场纪事

新简江宁藩司裕方伯昨日由京南下，道出沪江，本城各官均往迎谒，方伯至下午命驾进城，遍往各衙门答拜礼也。

升任江苏臬宪陆春江廉访由京陛见出都，附招商局“新裕”轮船南下，昨日上午八点钟抵埠，沪上印委各员亲诣码头恭迓。廉访以急于赴任，即换坐官舫，用小火轮船拖带至苏。（下略）

（1898 年 11 月 22 日，第 3 版）

浔郡官场纪事

九江访事友来函云，督办铁路大臣盛杏荪京卿因公赴鄂，乘招商局“江孚”轮船，于本月初九日过境，电报局委员汪芑孙明府、盛景屏中翰均登舟谒见。（下略）

（1898 年 11 月 29 日，第 3 版）

医员回沪

青浦名医陈莲舫比部，自八月下旬奉召入都，每日进内廷请脉开方，颇合上意，迩来圣躬日见康强。比部以太夫人年逾八旬，久违侍奉，爰特乞假省亲，奉旨允准。兹附招商局“新济”轮船南下，于昨日抵沪，小作勾留，即须锦旋珂里，从此庭闱爱日，色笑亲承，而远近之抱恙求诊者，亦无不欣喜欲狂，冀得一试回春手段也。

（1898 年 12 月 1 日，第 3 版）

观察还乡

前任苏松太道黄幼农观察丁艰开缺后，因事来沪江。昨日，附招商局“江永”轮船至九江，以便换船回珂里。濒行时，本埠印委各员咸往恭送。

（1898 年 12 月 6 日，第 3 版）

制军莅沪

新简闽浙总督许筠庵制军陛辞出都，由天津附招商局“安平”轮船南下。昨日午后四点钟时抵埠，下碇小东门外金利源码头。本邑文武各员，及驻沪各防营统带咸赴江干恭迓。制军接见之下，即乘马车至英界后马路广肇公所暂驻行旌。

（1898 年 12 月 7 日，第 2 版）

粤抚莅申

新任广东巡抚鹿芝泉大中丞陛辞出京，由天津乘招商局“新济”轮船南下。昨日午前十点钟时抵埠，命驾赴广肇公所暂驻行旌。本邑印委各员恭迓如礼。

（1898 年 12 月 14 日，第 3 版）

粤抚启行

新任广东巡抚鹿芝泉大中丞秉节到申后，昨日午前，乘绿呢大轿入城，遍往各衙门答拜，至县署时，王欣甫大令饬家丁挡驾。至晚间，即附招商局“江裕”轮船至汉口，以便赴湖北公干，俟回沪后，择日赴广东履任。

（1898 年 12 月 15 日，第 3 版）

储宪莅鄂

武昌采访友人云，新授湖北督粮道谭伯诚观察启宇，由京至沪，附招商局某轮船溯江上驶。本月初七日行抵汉口，所属府县各官恭迓如礼。观察随雇“满江红”船渡江，命驾至公馆暂驻。次日即具手版，赴督辕禀见，并遍谒司道各寅僚。按，观察为前湖北巡抚谭序初中丞之哲嗣①，其介弟本以知府听鼓鄂垣，现方奉檄办理樊口厘捐局事宜。今兹观察荣莅是邦，想介弟例应回避矣。

（1898 年 12 月 27 日，第 2 版）

---

① 哲嗣：zhésì，敬称他人之子。（明）张居正《答司成姜凤阿》：“儿曹寡学，幸与哲嗣同登，奕世之交，殆亦非偶。”（清）赵翼《六哀诗·汪文端公》：“尚喜哲嗣贤，曳履云霄上。”

粤抚莅鄂

湖北访事友人贻书本馆云，本月十一日，新简广东巡抚鹿芝轩中丞，乘招商局“江宽”轮船行抵汉皋，府县各官皆恭迎如礼。中丞与湖广总督张香涛制军谊笃葭莩，登岸后即命驾入城，至督辕暂驻襜帷。连日司道各员咸往请谒，中丞接见有差。闻小作勾留，即取道上海，航海赴粤履新。

（1899 年 1 月 1 日，第 2 版）

瓯郡官场纪事

温州访事友人云，新委青田盐局朱明西少尹炳朗，于本月十三日附招商局“海琛”轮船抵瓯，禀见总办黄子畲观察，随命驾赴局，约在下旬接办局务。

新委瑞安双穗场后垟盐局陈远江大令永昌，于本月十三日附招商局“海琛”轮船抵瓯，筮吉望日接办。（下略）

（1899 年 1 月 2 日，第 2 版）

星使启行

前晚，出使高丽大臣徐晋斋星使，由美租界北河南路天后宫侧行辕驾至金利源码头，乘招商局某轮船赴金陵，谒见南洋大臣刘岘帅，面商要公。

（1899 年 1 月 5 日，第 3 版）

法界捕房纪事

（前略）招商局金利源栈房前日被骗子捏造栈单，骗去白糖三十包。迨觉察后，立即找寻，当在某驳船上起获原赃二十包，尚少十包，知售与法大马路稻香村茶食店。经该栈司事投报捕房，将稻香村店主拘入捕房。据供由泰记糖行买来，捕头命押候着交泰记行伙一并解送公堂讯究。

（1899 年 1 月 7 日，第 3 版）

上海官场纪事

出使高丽大臣徐晋斋星使，赴金陵谒见南洋大臣刘岘帅，商议要公，现已事毕。前晚，乘招商局“江永”轮船回沪，登岸后，仍在美界北河南路天后宫侧行辕驻节。闻拟在申度岁，俟明春秉节赴高丽。

（1899 年 1 月 11 日，第 3 版）

鹿城腊鼓

（前略）本月初六日，候补府照磨余佐甫少尹庆邦，由杭省至上海，乘招商局“海琛”轮船抵温，小作勾留，即须返旆。（下略）

（1899 年 1 月 25 日，第 2 版）

日官祝嘏

前晚，驻沪日本总领事小田切君万寿之助，乘招商局“江裕”轮船至金陵，恭祝两江总督刘岘帅悬弧令诞，乘便游历长江一带，定于西历二月六号返沪。

（1899 年 1 月 29 日，第 2 版）

南市捕房纪事

（前略）昨日，源吉夹板船司账人高芝荪投南市捕房，报称隔昨有一相识友人，由宁波附招商局“江天”轮船来沪，登岸时，失去搭连［褡裢］袋，中储金簪一枝，计值洋银四十元，又现洋四元九角，钱百余文，请为查缉。捕头允之。

（1899 年 2 月 5 日，第 9 版）

鸠兹纪胜

芜湖采访友人云，徽宁池太广兵备道芜湖关监督吴季卿观察整顿吏治，培植民生，措置咸宜，口碑载道。客腊乘黄绫裹篆之际，附招商局“江永”轮船赴金陵，谒见刘岘帅，叩祝期颐，旋于祀灶日还辕。所属文武官僚咸集趸船迎迓。

（1899 年 2 月 17 日，第 9 版）

蜃江春浪

（前略）正月二十五日，温州府潘祝年太尊，附招商局“普济”轮船赴杭垣，叩贺各大宪年喜，并禀见新抚宪刘中丞，盖官场之体例宜然也。（后略）

（1899 年 4 月 1 日，第 3 版）

瓯郡官场纪事

温州采访友人云，本月某日，温州府潘菊岩太守因公赴杭州省会，谒见上峰。事毕，即折赴上海勾当一切，迨十六日晚间，由上海附招商局“普济”轮船遄回视事。

温处盐厘总局总办黄子畲观察乘舟诣省，禀见刘景韩中丞。本月十六日戌刻，由上海附招商局“普济”轮船遄回差次。

本月十六日之夜，新委平阳县古鳌头厘局朱大令其珣，由省垣取道上海，附招商局“普济”轮船来瓯，禀见道府及总局宪，拟于十九日赴平阳，二十一日接任局务。

（1899 年 4 月 4 日，第 2 版）

英界晚堂琐案

曹春煦即根梅扭程鸣岐至公廨，控称串骗洋银。前晚，谳员翁笠渔直刺提讯之下，曹供：“苏州府属元和县人，年五十五岁，在治下大马路集贤里西弄第一家开设曹万丰绸缎庄，与程相识。上月某日，程来言及招商局‘江永’轮船买办黄吉云欲用一司账人，须垫银一千五百两。小的因生意清寥，本图改业，闻之心动，遂与程商妥，允如数垫银。至次日，即往黄处叙谈良久，先付银一千两，言定三月初一日上船。至二月二十八日，又将洋银七百元交程收去，程称须办台凳杂物，故复付洋银一百三十元。约至二十九日，在法界金利源左近某茶肆中相会，以便赴招商局领到信函，然后登舟。是日，小的与程在聚丰园饮毕，同至法界某茶馆守候。至五点钟后，不见黄至，向程盘问，一味含糊，始知被骗。后与程四处找寻，绝无踪迹，不得已，于本月初一日扭程至案。此事实由程与黄串骗，致小的失此巨款，情实不甘，叩乞究追。”程鸣岐即景初供：“徽州人，年五十七岁，曹与黄相交已久，小的本不相识。黄前在‘和生’轮船当买办，上月间，忽称（被）招商局总办沈观察委为‘江永’轮船买办，持有文凭，并谓目下缺少银三千两，必用一司账人能垫此款者，汝盍为我筹之？事为同居之陈铁云所闻，因以告曹。曹大喜，即偕陈至小的家，邀令领往黄□□□□□一千两，然只收□六百三十七两，黄旋与曹订立合同，请小的过付，并为见议，尚有洋银七百元在三元同庆茶楼交黄收取，择定三月初一日上船办事，并约届期在招商局相会。二十九日，小的与曹先至聚丰园小酌，旋往金利源码头某茶馆守候，至晚不来。及向招商局查问，则称并无此人，方知被骗。初一日，同曹访寻不获后，往新闸福源里访黄之旧居，则早已迁徙一空，问诸邻人，称于二十九晚挈眷登舟，逃往苏州。初二日，遂被曹扭案，实则小的并不与黄串通，叩求明察。”翁直刺着将程交差管押，一面备文至苏州，提黄到案，候讯核夺。（下略）

（1899 年 4 月 17 日，第 9 版）

温郡官场纪事

温州访事友人云，本月初六日，温处盐厘局总办黄子畲观察、府尊潘掬颜太守、牙厘局总办戴子开太守、督办温台土药局金墨臣大令、温州卫关虎臣守戎皆由省垣禀见抚宪刘景韩中丞。事毕，同乘招商局“丰顺”轮船，命驾言旋，分道回署。（后略）

（1899 年 4 月 29 日，第 2 版）

英界晚堂琐案

周克明扭控王福泉骗取洋银。前日之晚，谳员翁笠渔直刺请张司马提讯。周诉称："小的原籍苏州府属某邑，年三十有一，向在某洋行当细崽，（与）福泉即妙吉曾有一面之缘。上月某日，向小的言及招商局'江永'轮船买办黄吉云需用茶房，惟须先付押柜洋银五百圆。小的信以为真，贷之亲友，如数付与福泉，嘱其转付与黄，既而福泉称黄令小的于三月初一日上船执役。不料二月杪，忽避匿不见，至本月某日始遇诸中途，盘诘情由，佯称黄已逃避。小的谓洋银付与尔手，黄既逃避，尔须照赔。福泉一味迟延至今，分文未付，不得已控请大老爷究追。"福泉供称："小的素与周相识，上月某日，周偕黄至小的家，骗去田单一纸，小的并未骗伊洋银，况与黄素昧平生，安有荐伊当茶房之事。目下，周时至小的家滋扰，求恩讯究，并着交还所骗田单。"司马着将两造一并交人保释，候传黄到案，质讯察夺。（下略）

（1899 年 5 月 3 日，第 9 版）

英界公堂琐案

包探张阿五禀称："贼犯王三元、陈阿二案发之后，曾解经郑大老爷讯惩。今又串同陆金氏，混入招商局往来宁沪之'江天'轮船上，窃取某客所携绸布衣服八件，金镶铁珊瑚臂钏一双。报捕后，捕头令小的拘获，吊出赃衣，解请究办。"王、陈同供称："小的等确曾串窃，所有臂钏现存陆金氏处，请大老爷向氏严追可也。"陆金氏供称："伊等行窃，得赃者，存小妇人处，惟臂钏由丈夫收管，俟丈夫到案，当可缴呈。"襄□［理］谳政之张司马商诸白翻译官，然后判令将陈、王各笞责四百板，递解回籍，陆金氏押候其夫到案再讯。

（1899 年 5 月 3 日，第 9 版）

湓城笛语

九江采访友人云，江西丁忧藩司翁筱山方伯，既送太夫人灵柩至申江开吊后，即扶回常熟珂里。旋又由南昌挈眷东下，三月十一日行至九江，十五日附招商局“江孚”轮船就道，各官恭送如仪。(下略)

(1899 年 5 月 11 日，第 3 版)

法界捕房纪事

昨日十一点钟时，招商局“江裕”轮船抵埠，采市街六十一号门牌某蛋行呈命出店人三名，前往取货，眼见小工偷蛋，喝阻不理。迨登岸后，又被众流氓将蛋抢劫一空，与之争夺，致被殴伤，其一伤势甚重。巡街捕闻声而至，各流氓纷纷逃逸，只将受伤之人带回捕房，捕头命送仁济医馆疗治，一面饬探拘拿行凶人严办。

(1899 年 5 月 15 日，第 3 版)

浔上官场纪事

九江采访友人云，关道宪诚果泉观察，于三月二十一日赴金陵，谒见两江总督刘岘庄制军。二十八日，即附招商局“江裕”轮船遄返。(下略)

(1899 年 5 月 21 日，第 2 版)

上海巡局纪事

(前略) 前日英界谳员翁笠渔直刺饬差持名片至二十三七铺巡防局，禀称：“吴芴□控黄吉云冒充招商局买办骗银一案，查得黄家居二十三七铺境内，是以本官大老爷□［差］小的前来，禀请派差协提。”局员邱友龄二尹饬地甲勇丁协同来差，至陆家浜西弄将黄提获，归案讯办。

(1899 年 5 月 29 日，第 3 版)

使节过淞

刚子良中堂奉命赴江南查案，上海地方官闻信，即就英界广肇公所预备行辕。前日中堂由天津乘招商局“新裕”轮船至吴淞，即渡登某兵船，展轮赴白下。

（1899 年 6 月 2 日，第 2 版）

浔上官场纪事

九江采访友人云，卸任九江关道诚果泉观察，定于四月二十六日附招商局“江宽”轮船赴上海，以便航海入京，浔城文武印委各官皆往江干，恭送如礼。

湖口水师镇标左哨都司王彩庭都戎兴明，大计卓异，入京引见。四月二十八日，道出九江，旋即附乘“瑞和”轮船东下。

（1899 年 6 月 14 日，第 2 版）

军麾北上

前晚十点钟时，广西提督苏子熙宫保元春，由洋泾浜泰安栈起节，附招商局“新裕”轮船入京陛见。濒行，本邑各官皆赴码头，恭送如礼。

（1899 年 6 月 28 日，第 3 版）

温郡官场纪事

温州访事友人云，城守营王敬廷都戎士贵赴省领饷，本月十四日，附招商局“普济”轮船回署，随赴镇辕禀请销差。

本月十四日清晨，温州镇刘吉园镇军祥胜，乘“永靖”小轮船赴平阳镇下关，与福宁镇会哨。本月十二日为温处道王心斋观察悬弧令旦，广征菊部，大启芝筵，裙屐骈阗，颇极介眉之盛事。

（1899 年 6 月 29 日，第 2 版）

瓯郡官场纪事

温州访事友来函云，本月初四日，温州府潘菊颜太守之夫人附招商局“普济”轮船抵埠，太守预派家丁在码头伺候。迨鱼轩[①]戾止，即排齐全副仪仗，迤逦进署，阖郡僚属均具手版禀安。

上月二十八日，温州镇刘吉园镇军，乘“永靖”小轮船诣各处验视炮台，至日落虞渊，始鼓轮而返。（下略）

（1899 年 6 月 30 日，第 2 版）

方伯抵宁

金陵访事友人云，新简江宁布政使司恩方伯寿，自前月某日请训出京，将次莅任。署藩司胡芸台方伯闻之，立派某少尉赴上海迎迓。本月二十一日，官场接到上海来电，知方伯定于二十二日附招商局“江裕”轮船至省，江宁府刘嘉树太守因饬上元、江宁两县主将藩辕内外铺设整齐。二十三日，署中吏役及办差人等齐赴下关伺候。二十四日清晨，司道府县先后诣接官厅鹄候。迨□睛转午，“江裕”抵埠，各官均登舟禀安，方伯饬巡捕官传谕，期于署中相见，各官遂纷纷命驾入城。既而方伯乘舆登陆，排齐仪仗，径莅藩辕，各官呈递手版，方伯接见有差。少顷，即诣督辕禀见刘岘帅，殷勤款接，垂询良久，及辞别而回，颁发红谕，示期六月初二日接受关防。

（1899 年 7 月 5 日，第 2 版）

委办军米

天津访事人云，北洋军米缺乏，经裕寿帅札委，丁参戎功烈赴芜湖采办，发给护照，由招商局各轮船载运。日来，已电咨皖抚验照，免税放行矣。

（1899 年 7 月 12 日，第 2 版）

---

① 鱼轩：古时妇人坐的车，用鱼皮做装饰，故名。

星轺莅沪

昨日清晨九点钟时，新简法国出使大臣裕朗西星使乘招商局“海晏”轮船抵沪，换乘绿呢大轿，往北河南路天后宫侧出使行辕暂驻。本埠苏松太兵备道曾经郛观察，松海防同知刘乙笙司马，上海县王欣甫大令，英、法两界谳员翁笠渔直刺、朱森庭明府，及提标右营参将廖楚材参戎，均往禀见。闻星使小作勾留，即乘法公司轮船，持节出洋云。

（1899年8月2日，第3版）

小轮失事

美界北河南路泳记船局“申湖”小轮船，由湖州拖带蒲鞋头船一艘，载客十六人，于昨日黎明时驶至南市久大码头北首。正值波流湍急时，适有招商局之黑皮小轮船拖一巨舰鼓浪而至，“申湖”小轮船上舵工张银桂瞭见之下，急放气筒，俾知趋避。不料仓猝间，黑皮小轮船业已驶近，迎头猛撞，立将船尾击成两孔，船即登时沉没，搭客均堕水中。幸经杨家渡救生局小轮船瞥见，急即驶往，救起九人，有三人已腹大如五石瓠，无可救治，其余七人尚无下落。内有陆树屏孝廉，曾在沪北开设丝厂，纳职知县分发某省，此次由浙省购办丝料，附斯船来沪，竟罹是厄。昨日已将尸身捞获，带至丝厂，知照家属棺殓。当失事之后，新马路二十七号巡街捕见之，即据情告知捕头，派水巡丁驾舟往查。刻下被撞之船，系缆浦东老白渡浦滩，未知如何料理也。

（1899年8月3日，第3版）

捞获尸身

美界北河南路泳记船局之“申湖”小轮船，二十六日由湖州至沪，载客十六人，驶至南市久大码头，突被招商局之黑皮小轮船猛撞一下，以致沉没，搭客尽遭灭顶。幸经杨家渡救生局巡船救起九人，有三人已腹大如瓠，魂归泉壤，其余七人尚无下落。昨日复由救生局某号巡船捞获尸身三具，有一尸无人认领，余二尸则已由家属报明救生局备棺收殓矣。

（1899 年 8 月 5 日，第 3 版）

相节莅申

前日，钦差查办江南事件大臣刚子良中堂，由苏垣乘官舫带以小轮船鼓浪至沪江，海关道宪曾经郛观察、上海县王欣甫大令、英界公廨谳员翁笠渔直刺、法界公廨谳员朱森庭明府，咸乘舟出境恭迎。昨日清晨七点钟时，宪舟行抵新闸大王庙码头暂泊。闻相节须暂驻广肇公所行辕，以便部署行装，乘招商局“新裕”轮船至天津，入都复命。

（1899 年 8 月 10 日，第 2 版）

上海县署琐案

“申湖”小火轮船所带之蒲鞋头船被招商局黑皮小轮船撞沉后，船主沈阿美投县禀报，县主王欣甫大令饬差提黑皮小轮船管驾陈小安、火夫周义兴研讯。沈供：“小的系浦［蒲］鞋头船主，由‘申湖’小轮船拖带来沪。上月二十六日黎明，行至南市黄浦江，突有招商局黑皮小轮船迎面驶来，‘申湖’小轮船急放气悬灯，黑皮小轮船不睬，致将小的之船撞沉，搭客、水手尽行落水。黑皮小轮船并不停轮施救，公然飞驶而去，致在船十余人溺毙其七。情急投案，叩求伸雪，并追赔漂失之物。”陈小安供：“宁波人，在黑皮小轮船为管驾，其时拖带夹板船一艘，天黑风狂，未见前船驶来，致肇此祸，实由无心，求恩宽宥。”周义兴供：“在船管火舱，当时未见前船，叩求恩鉴。”大令谓陈曰：“尔不鸣气管悬灯，致肇此祸，迨肇祸后又不停轮施救，实属可恶。”判责五百板，钉镣收禁；周责四百板，押候核办。

（1899 年 8 月 10 日，第 3 版）

上海县署琐案

（前略）前者，江海关巡丁在招商局“广平”轮船大舱内搜获私盐二十二包，循例充公。该船水手不服，拒捕。报由捕房立派探捕拘获水手沈云龙、许英明、萧孟九、计相松、浦钦生、徐光裕、金万龙、李木观八人，经税务司函解道辕札发到县，饬讯核办。前晚，马明府提讯，沈等同供：“小的等原籍俱系山东、天津两处，不敢私带食盐，船中共有五十余人，再加搭客一百余人，共有厨房六处，此系各厨房买作食盐，求察。”明府核供不实，食盐断无如许之多，且何以俱在火舱。谕曰：“尔等从实供明，即可禀复，如若狡不承认，定须逐日研诘刑责。”开导再三，供仍含糊。明府判沈、萧两人各责三百板，计、俞［金］各责一百板，徐、许、浦三人各责二百板，李木观掌颊一百下，一并还押，再行复讯。

（1899年8月12日，第9版）

星使行辕纪事

昨日午前，江海关监督苏松太兵备道曾经郛观察、轮船招商局总办顾缉庭观察、江南制造局总办林志道观察、松海防同知刘乙笙司马、上海县王欣甫大令，先后乘马车赴美界北河南路迤西山西汇业公所，禀见钦差查办江南事件大臣刚子良中堂。中堂谕令一概免见，遂回至天后宫侧星使行辕，拜会出使法国大臣裕朗西星使。

（1899年8月16日，第3版）

南市捕房纪事

上月某日，美租界北河南路泳记船局之“申湖”小轮船，由湖州带蒲鞋头船来沪，驶至南市浦江，被招商局之黑皮小轮船撞沉，淹毙搭客多人，曾涉讼于上海县署，由县主王欣甫大令屡次提讯在案。兹由救生局总办陈明府查知，此船失事后有客船户蒋阿四、何阿三、宋永奇等乘机捞取

货物，实属贪小可恶，因一并拘送捕房。捕头押候解工程局，禀请会办委员司徒司马讯究。（下略）

（1899 年 8 月 16 日，第 9 版）

马路工程局纪事

上月二十八日黎明时，“申湖”小火轮船由湖州带蒲鞋头船鼓浪至沪，行经南市久大码头，被招商局黑皮小轮船撞沉，淹毙搭客多人，遂赴上海县署控诉。嗣由救生局总办陈明府查得船户蒋阿四、何金三、宋永奇等胆敢于失事后打捞杂物，私行藏匿，因即拘解工程局。迭经会办委员司徒贻芬司马研讯。蒋等供出，当时尚有马郎当者，打捞各物。司马饬差提马到案，质讯之下，供称所捞物件，均交与救生船户收领。司马爰将各人管押捕房，一面函致救生局，查明实情，再行复核。前日，复提研鞫，蒋供所捞之物实已交与救生船上，惟有压断之象牙扇骨，因已无用，信手抛弃。何供：“小的捞得各物，均交救生局收存，不敢私匿。”宋供：“小的见‘申湖’轮船失事，即驶舟往救，得将四人救起，至杂物未曾捞取。”管帮人沈阿三供：“近日小的细加查察，蒋等当时虽曾捞物，然皆已交与救生局，实未私藏。”司马饬将蒋等交沈保出，俟查明再核。

（1899 年 8 月 21 日，第 9 版）

叩送行旌

刚子良中堂驻沪月余，拟即旋京复命，旋奉廷寄，着往粤东查办事宜。因于昨日午前十一点钟时由美界北河南路迤西山西汇业公所行辕，命驾赴法界招商局金利源码头，乘“安平”轮船赴粤。本邑江海关道曾经郛观察以下文武员弁，及狼山、福山两镇军，宝山县沈大令咸赴码头恭送如仪。并闻沈大令由中堂调往粤东，听候差遣云。

（1899 年 9 月 6 日，第 2 版）

马路工程局琐案

前者，南市万隆米行执事人请杨家渡驳船户钱聚生承装小麦八十八包，至小东门外金利源码头招商局“新裕”轮船交卸。适值来往宁波之“江天”轮船机轮转动，□中浪涌如山，舟子力不能支，船遂倾覆。行伙沈贤卿急雇人打捞，一面请招商局暨救生局派人帮同捞取。当时江北人沈春山曾驾划船至，而捞得小麦十四包，万隆佣人陆雨田见之，扭入救生局。局中人不理，遂扭至新马路，交一号印度捕协同五号华捕拘入捕房。捕头令解送马路工程局，禀请会办委员司徒贻芬司马升堂研讯。沈贤卿投案供诉前情，陆供：“小的在万隆行中执役，当日闻驳船失事，立即驰往打捞货物，除捞得小麦四十四包外，尚少十四包，目睹沈春山驾舟捞获，飞桨逃逸。小的急乘渡船，追至浦东彭家码头得以拘住，盘问不服，反敢行凶，是以解入捕房，送案请究。”沈供：“小的系盐城县人，向习湾钩术，凡遇行船失事，均由小的下水代捞，此次仅捞得小麦一包，并无十四包之多。当时同乡人小怀子等确亦在场捞取，尚求查访。”司马谓：“尔此次无人招雇，何得乘机攫取货物？所供显见刁狡。”命带回捕房管押，候派差探查明，以便复讯核办。（下略）

（1899 年 9 月 11 日，第 9 版）

粤抚起节

昨日午后四点钟时，调任广东巡抚德静山中丞由行辕起节，乘招商局“广利”轮船赴粤东履新，本埠文武印委各员均诣码头恭送如仪。

（1899 年 9 月 24 日，第 3 版）

赣臬起节

简江西臬宪陈廉访泽霖，由京南下，道出沪江，假法租界万安楼客栈暂驻行旌。前日，附招商局“江孚”轮船赴赣省履新。

（1899 年 9 月 24 日，第 3 版）

覆舟汇志

南市新马路祥记码头左近威士轮船局，设有小轮船，往来崇明、川沙等处。前日午后，行抵沪上，下碇浦中，用驳船将客渡至码头，以便诞登彼岸。时适潮涨，白浪如山，舟子力不能支，船遂倾覆，诸搭客纷纷入水。当由邻船驶往援救，仅将舟子及搭客数人救起，闻尚有十余人杳无踪迹，想已入鲛宫深处矣。同时，余杭船户徐掌全，由南市某米行执事人陈某雇装南货油饼等物，适遇浦潮湍急，覆入波心，所载货物尽付东流，想不免有一番赔累矣。又，招商局“江裕”轮船抵埠时，船未泊定，波流湍急，有代各客栈驳运搭客行李之驳船一艘不及避让，横搁锚链，登时覆没，船中货物漂泊无存，当经救生局援起四人，某余二十四人悉与波臣为伍。事后查悉，永安栈万安楼接客伙浦云山、黄坤山二人同占灭顶，余人尚无下落，容俟查明续录。

（1899 年 9 月 25 日，第 4 版）

中丞赴省

日前，调任江苏巡抚鹿芝轩中丞赴金陵谒见两江总督刘岘帅，晤商要公。事毕，乘某兵轮船回沪。昨日午前十点钟时抵埠，法界公廨谳员朱森庭明府预期咨照捕头，令包探会同会捕局线勇，至小东门外招商局金利源码头照料。中丞登岸后，即赴观音阁码头，登舟赴苏。

（1899 年 9 月 26 日，第 3 版）

名医赴鄂

湖北巡抚于次棠中丞，近以政躬抱恙，电致江海关道曾经郛观察，请礼延青浦陈莲舫征君往诊，并派弁由鄂来申迎迓。观察探悉征君方应武林顾宦之招，叠次发电劝驾。昨日，征君由浙省抵沪，闻次帅求治甚急，因即于间晚，乘招商局“江裕”轮船赴鄂。屈指归期，大约在重阳时节也。

（1899 年 9 月 26 日，第 3 版）

捞获尸骸

本月十九日午后，招商局“江裕”轮船抵埠，时有各客栈为客装运行李之驳船二艘，挂于锚链，登时倾覆，溺毙多人。当时即由救生局巡船设法打捞，至前日午后，在南市杨家渡相近获尸五具，内有二尸由家属认领，局员陈明府饬将三尸照相留存，候尸属往认，意至美法至良也。

（1899年9月27日，第3版）

虎节莅申

广西提督苏子熙宫保，奉命往勘广州湾。因于本月某日，陛辞出都，至天津，附招商局“新丰”轮船南下。昨日午前十点钟时抵埠，旋于午后乘舆登岸，假英界二摆渡广肇公所为行辕，沪上文武各员均往谒见。闻宫保定于今日率同随员，乘某兵船赴金陵，与两江总督刘岘帅密议一切事宜。然后，折赴苏州，拜会新任江苏巡抚鹿芝帅，缘芝帅自东粤量移至此，熟悉广州湾一切情形，故宫保欲虚衷咨访也。

（1899年10月1日，第3版）

上海官场纪事

昨日午前，招商局总办顾缉庭观察、源通官银号主严筱舫观察，先后命驾至北河南路天后宫侧出使行辕，拜会江苏藩司聂仲芳方伯。闻方伯定于今日乘招商局“新裕”轮船至天津，以便入京陛见。(下略)

（1899年10月9日，第3版）

相节莅申

钦命查办事件大臣刚子良中堂由粤省至香港，乘招商局“广利”轮船来沪。昨晨八点三刻时抵埠，停泊小东门外招商局金利源码头。道宪以次文武印委各官，及驻沪各防营管带，齐集江干，恭迎宪驾，各勇更鸣枪升炮，以表敬忱。中堂接见各官后，旋即登岸，命驾至行辕。

（1899 年 11 月 13 日，第 3 版）

宪节莅申

前任山西巡抚胡中丞带同瀛眷由天津附招商局“新裕”轮船南下，当由大沽口启行时，其三少夫人房舱内失去首饰箱一口，内储金珠首饰，价值甚巨。因即报知地方官饬捕查缉，一面电致上海官场，待“新裕”轮船抵沪，亟派差捕严加踩缉。昨晨船抵吴淞口，英界包探及县署捕役闻信，即同往严缉。迨午前钟鸣十下，轮船抵埠，中丞命驾登岸，假法界万安楼客栈暂驻行旌，然后择日回湖北珂里。至原赃缉获与否，尚未有闻也。

（1899 年 11 月 16 日，第 3 版）

薇旌赴粤

广西藩司李勉林方伯来沪，假高昌庙宝顺里暂驻襜帷，择日附轮赴任，各情已纪前报。兹悉方伯于昨日清晨，附招商局“广利”轮船赴东粤，然后遵陆履新。濒行时，本埠印委各员均赴码头恭送。

（1899 年 12 月 4 日，第 2 版）

浔郡官场纪事

九江访事友来函云，本月二十日，江西赣南道卸署臬司周翰如观察，因事道出浔城，文武各官均往迎迓。次日，观察附招商局“江宽”轮船东下，频行时，各官又恭送如仪。（下略）

（1899 年 12 月 31 日，第 2 版）

瓯郡官场纪事

温州访事友来函云，新委温郡西门厘局候补县赵大令联元于十一月十四日附招商局“丰顺”轮船来温，适前委员徐皖生大令赴乐清查案未旋，

约须腊月初旬始能接办也。（下略）

（1900 年 1 月 2 日，第 3 版）

失物请缉

前日招商局某轮船由外洋抵埠，船中人纷纷搬运行李，某客失去白皮箱一口，箱中诸物所值不赀，遂于昨日开单，投报法界捕房，请为查缉。捕头允之。

（1900 年 1 月 4 日，第 9 版）

傅相行程

合肥李傅相方奉督办商务之命，旋又简任两广总督，叠次谕旨皆已恭录报端。兹得京师采访友人手书云，十一月之杪，傅相陛辞请训，旋电饬招商局放“新裕”轮船至秦王岛，以便出都后乘之南下。盖迩者大沽口早经冰阻，故须绕道遄行也。

（1900 年 1 月 7 日，第 2 版）

筹添军械

金陵访事友来函云，南洋大臣刘岘帅以近来外侮迭乘，亟宜严加防堵，爰于上月下旬亲莅沿江各要隘，查得各炮台虽尚布置妥善，而军械、子药等项未能加倍储蓄，恐难预备不虞，因飞饬上海制造局林观察志道前至行辕，面谕添造一切军火。观察奉饬后，即于上月二十七日附招商局“江孚”轮船至江宁，趋诣宪辕禀到，大约俟领得款行，然后返沪兴工也。

（1900 年 1 月 9 日，第 2 版）

傅相行期

天津访事友人云，合肥相国自拜两广总督之命，于十一月二十八日请训，十二月初八日由京乘火车抵天津，在水师营务处小驻。电饬招商局总办酌派“新裕”或“海晏”轮船在北带河伺候。所有奏带文武各员计：开复直隶候补道袁观察大化、已革广东高雷廉琼道杨观察文俊、旧时淮军统领郑军门崇义、盛字营管带郭镇戎学海、前北洋管驾吕游戎文经，其札调者为通永镇练军翼长叚镇戎有恒；并闻有奏调广东已革道员王存善之说，则尚未知确否也。初南洋各埠商民遥闻圣躬不豫，迭次由电请安，并电禀总理衙门代乞皇太后归政，总署初尚不敢上闻。嗣以迭次吁求，始由刚中堂据情代奏，皇太后随以商务大臣属之傅相，使之顺道驰赴南洋，宣布德意，俾知圣母慈和，天子纯孝，深宫和好，并无闲言。傅相请发关防，拟于春初就道。适广州湾事起，土民不肯改隶异国版图，与法人竭力抗拒。法人不能取胜，转向政府要求于拓地恤银而外，复请褫粤督之职。而粤督谭文卿制军已先以年老倦勤、耳目不聪，迭求解组，值此时艰孔亟，非得斫轮老手，终难安反侧而免觊觎，乃命傅相重莅是邦。盖以东粤与南洋一水盈盈，傅相既为商务大臣，赴粤后当能联络商情，传宣圣德也。

（1900 年 1 月 11 日，第 2 版）

傅相过津

天津访事友人云，李傅相自奉署理两广总督之命，原定于本月初六日出京，是以津郡水师营务处预备供张，以便襜帷暂驻。不意是日忽接来电，知改迟至初七日到津。及相节既□［到］，接见印委各员后，并不勾留，即乘火车往唐山止宿。翌日由唐山至汤河，乘小轮船至秦王岛，附招商局某轮船赴粤履新。

（1900 年 1 月 15 日，第 1 版）

法租界捕房纪事

粤督谭文卿制军由沪上附招商局“江孚”轮船回珂里，家丁雇某甲搬运行李，检点之下，件数不符，向之盘诘，言语支吾，遂令某号巡街捕拘入捕房。捕头令押候解送公堂，禀请谳员朱森庭明府讯办。

（1900 年 1 月 16 日，第 9 版）

相节抵港

香港《循环日报》云，本月十四日午前十点钟时，新任两广总督李傅相附法国公司“禅门”轮船莅香港，拟逗留二日，乘招商局“新裕”轮船赴鹅潭。港督罗制军与傅相系旧相知，此次邂逅重逢，情深旧雨，周旋坛坫，樽酒往还，当必更形辑睦也。

（1900 年 1 月 21 日，第 1 版）

芜渚江声

芜湖访事人云，芜湖关道吴季卿观察于本月十九日清晨乘招商局“江永”轮船往金陵，谒见两江督宪刘岘帅，晋祝寿辰，定于黄羊祀灶[①]前还辕，属下文武各员咸赴码头恭送。（下略）

（1900 年 1 月 25 日，第 2 版）

皖抚抵申

去岁除夕，新简安徽巡抚王芍棠中丞由蜀交卸至鄂，乘某轮船抵沪，暂驻美界北河南路天后宫侧出使行辕。献岁以来，本邑文武各官咸往道贺。江海关道宪余晋珊观察特于昨日午后四点钟设筵于徐氏双清别墅，为中丞洗尘。闻中丞定于初七日乘招商局某轮船至天津，以便入都陛见。

（1900 年 2 月 4 日，第 3 版）

鄂省官场纪事

武昌访事友人云，前任两广总督谭文卿制军奉召入都，因途中偶感风寒，奏请赏假两月，回籍养疴。去年嘉平月[②]二十日，制军由上海乘招商

---

① 黄羊祀灶：即农历十二月初八，俗以黄羊祀灶。

② 嘉平月：农历对十二月的别称。

局“江孚”轮船泝［溯］江至汉，旋渡江诣省城，司道以次咸往迎迓。制军因久离珂里，急于返湘，未几即改乘民船，解维就道。（下略）

（1900 年 2 月 5 日，第 2 版）

会讯撞船毙命案

去夏某日招商局“飞渡”小轮船撞沉“申湖”小轮船所带无锡快船，淹毙舟子七人，控经前署上海县篆之王欣甫大令验明提讯，将“飞渡”小轮船舵工陈小安收禁在狱。前日署江苏臬司朱竹石廉访委候补同知吴秀芝司马，会同代理县篆之戴子迈明府提讯。陈供称：“小的系浙江府属鄞县人，在‘飞渡’船上当舵工，此外尚有司机器人周意兴，及水手某某诸人。去年六月二十五日之夜，有一鸭屁股船被风走锚，央小的用小轮船带往彼岸，小的允之，由北岸带至南岸。忽‘申湖’小轮船迎面驶来，小的急放气筒使避，势已不及，致被鸭屁股船将‘申湖’小轮船所带无锡快船撞沉。小的停轮援救，得以救起三人。”周供称：“小的亦浙江府属鄞县人，‘飞渡’开行，由陈专主。”余语相同。司马曰：“据尔等所供，既已受雇带船，并不悬灯放气，肇祸后又不停轮救援，致毙七命之多，殊为可恶。”张银桂供：“小的年二十六岁，本邑人，在‘申湖’小火轮船当舵工，其时由湖州带孙阿美之无锡快船来此，载有搭客十余人，行至杨家渡，遇‘飞渡’小轮船并不悬灯放气，且不照定章在东边行驶，小的之船顺水而下，‘飞渡’逆水而上，致肇此祸。”司马谓：“尔既带伊船，何安置人命于不顾，且更割断缆绳，追赶‘飞渡’，亦属不合。”遂判将陈小安掌颊八十下还禁，周掌颊二十下，与张银桂一并收押再讯。

（1900 年 2 月 20 日，第 3 版）

京口官场纪事

（前略）江苏督粮道兼苏州关监督罗少耕观察由苏莅沪，小作勾留，旋附招商局“江宽”轮船溯江上驶。本月十六日傍晚道经京口，文武各官咸登舟晋谒。观察以礼接见，顷之即展轮赴江宁，恭贺署理两江总督鹿芝阃制军年禧，兼陈公事。

（1900 年 2 月 22 日，第 3 版）

上海县署会讯案

（前略）前者招商局“飞渡”小轮船撞沉“申湖”小轮船所带孙阿美之无锡快船，以致溺毙六人①。前日臬宪委员吴司马命提至案，前先诘舵工陈小安当时船首桅上何不悬灯？答称：“夜间本悬有一灯，迨时近黎明，灯中油尽，火遂熄灭，实非小的有意违章。”叩求恩典。司马着收入外监，听候申详上宪核办。（下略）

（1900 年 2 月 26 日，第 3 版）

甬上官场纪事

宁波访事人云，原任浙江按察使司督办海防李健斋爵廉访殁于防次，公子择期正月二十四日开吊。是日，宁郡文武各官咸往祭奠，惟定海、镇海各官因有意舰游弋，戒备维严，未能出境。迨二十六日午后，灵輀由察院行辕发引，至江北岸招商局码头，登“江天”轮船赴沪，然后换船回湖南珂乡安葬。

（1900 年 3 月 1 日，第 2 版）

美租界捕房纪事

宁波女郎方阿凤年甫及笄，前日由原籍附招商局“江天”轮船来沪，只以人地生疏，踯躅里虹口一带，嘤嘤啜泣。小流氓见之，争向煽诱，图逞狡谋。适为三百八十号华捕所见，送入捕房。捕头令查明有无亲属，再行核夺。

（1900 年 3 月 1 日，第 3 版）

---

① 前篇报道为七人。

谳员赴省

昨日清晨英美租界公廨谳员翁笠渔直刺命驾至招商局金利源码头，附某轮船赴金陵，禀见署理两江总督鹿滋帅。所有日行公务请襄谳委员张柄枢司马代理。

（1900 年 3 月 9 日，第 3 版）

穷途奄化

有客致书本馆云，蜀人张润生薄宦京华，归思甚切，去冬由京南下，暂寓唐沽某客栈。时北洋尚未冰阻，阅数日即附招商局“新裕”轮船赴申江。中途检点行囊，则箱中洋银三百圆已被歹人易铜钱二串，其时船已飞行二百余里，无计折回，惟有付之浩叹而已。及抵沪上，函致栈主，置之不理，不得已附某轮船至汉口，取道入川。旋以气忿交加，抱病月余，奄然而逝。噫，惨哉。今者北洋业已开冻，轮船络绎，附客尤多，幸各鉴及前车，切勿受人之愚，以致客途丧命乎。

（1900 年 3 月 11 日，第 3 版）

瓯郡官场纪事

温州访事友来函云，新任温州府知府王雪庐太守琛于上月二十四日巳刻，乘招商局“丰顺”轮船抵瓯，随由大桥乘舆入城，小驻府学巷金姓家公馆，筮吉二十七日辰时接篆。

温州镇总兵白海山镇戎近因镇海口又有意舰游弋，特于上月二十三日清晨乘“永靖”小火轮船诣龙湾盘石一带巡视炮台，是亦未雨绸缪之意也。（中略）前者管带瓯江水师炮船汤副戎福祥因公诣省，上月二十四日携同瀛眷取道甬上，附招商局某轮船来瓯。

瓯海新关税务司那威勇君莅任以来，体贴商情，闾阎无不悦服。现将交卸，瓯宁各绅商公制匾额一方、万民伞二顶，择吉上月二十二日衣冠鼓吹，送至赤帝庙公馆。那君旋定于二十七日附招商局某轮船赴申。惟新任税务司昏君刻下尚未抵瓯，关上一切事宜谅须派人兼摄也。

新委平阳县厘局委员、候补县方子松大令宝麟已于上月二十四日由宁波附招商局“丰顺”轮船来瓯，择吉三月朔日任事。

新委瑞安厘局委员、候补县丞印爵侯二尹瑞梁于上月二十四日由宁波乘“丰顺”轮船抵瓯，禀见各大宪后，随命驾赴瑞安，定于三月初一日视事。

（1900 年 4 月 2 日，第 2 版）

皖抚抵申

新简安徽巡抚王芍棠中丞于昨日午后一点二刻钟时由天津乘招商局“景星”轮船来沪，既下碇，即乘四轮马车，至美租界北河南路天后宫侧出使行辕暂驻。苏松太兵备道兼江海关监督余晋珊观察以下文武印委各官，先后至行辕晋谒。中丞以次迎入，茗谈片刻而散。

（1900 年 4 月 17 日，第 3 版）

皖抚启行

昨日午后一点钟时，新任安徽巡抚王芍棠中丞由美界北河南路天后宫侧出使行辕，命驾至外虹口招商局北栈码头，登小轮船至吴淞口，乘“南瑞”兵轮船赴任。

（1900 年 4 月 26 日，第 3 版）

宪节过淞

前日苏松太兵备道兼江海关监督余晋珊观察，偕署理上海县戴子迈明府，前赴吴淞恭迎正任两江总督刘岘庄制军，至昨日午后四点钟时，制军乘招商局“海晏”轮船安抵淞口。观察及署理江苏藩司吴仲怿方伯、江苏督粮道罗少耕观察、江南提督李寿亭军门登舟，恭请圣安，旋与制军晤谈片刻，洎叩别后。制军即命展轮赴白下，并不来沪停骖[①]。

（1900 年 4 月 29 日，第 3 版）

彝陵琐志

宜昌访事人云，荆宜施道奭观察于本月初一日午后乘“固陵”轮船抵埠。文武各官均赴南门外招商局码头迎迓，操防营弁勇更就江干列队擎枪。少选[②]观察呵殿[③]往行台，各官呈递手版入谒。迨初二日，观察牌示，初三日九点钟时在行台鞫犯，是日共讯某某两案，各犯画押后发交东湖县暂行收禁，以便派差解赴省垣。翌日得荆州来电，知有要公，遂仍乘“固陵”轮船回署。（下略）

（1900 年 5 月 9 日，第 2 版）

□节双辉

武昌访事友云，云贵总督崧锡侯制军入都陛见，道出鄂垣，定期本月初七日附招商局“江裕”轮船东下。是日辰刻，湖广总督张香涛制军、湖北巡抚于次棠中丞，率同文武各官诣皇华馆寄请圣安。锡帅旋命解维渡江，展轮下驶。迨次日午刻，正任两广总督谭文卿制军，由湘戾止，泊舟皇华馆码头，府县各官咸往迎迓。制军前奉上谕迅即来京陛见，嗣因偶患目疾，请假两月。现在目疾已痊，假期届满，急欲入觐天颜。是以并不登岸，初九日即附“元和”轮船东下。

（1900 年 5 月 12 日，第 2 版）

鸠兹火警

（1900 年 5 月 14 日，第 2 版，见“产业与经营”）

---

① 骖：cān，古代驾在车前两侧的马。

② 少选：一会儿，不多久。

③ 呵殿：谓古代官员出行，仪卫前呵后殿，喝令行人让道。

宪旌待发

新任贵州巡抚邓筱赤中丞莅沪后，驻节美租界北河南路天后宫侧出使行辕已将旬日。传闻中丞拟俟招商局“新裕”轮船至沪，然后起节赴天津，乘火车入都陛见。

（1900 年 5 月 14 日，第 2 版）

灵輀过沪

原任黑龙江将军恩军帅泽殁于任所，由公子扶柩至营口，附招商局“新济”轮船南下，前日抵沪，即换某轮船北上回旗安厝。

（1900 年 6 月 21 日，第 3 版）

商舶入川

宜昌访事友来函云，立德洋行“肇通”轮船由沪载运货物，溯江而上，上月十四日夜间十点钟时驶抵宜昌，轮船公司及各商号均放爆竹以迎。至十六日十点钟时，即展轮入蜀。

（1900 年 7 月 1 日，第 2 版）

灵榇过营

营口访事友人云，原任黑龙江将军恩留守泽因病卒于任所，近由公子扶灵輀就道，上月某日道经营口，专雇招商局“兴济”轮船装运至沪，然后换船回湖北荆州驻防，妥谋窀穸。

（1900 年 7 月 1 日，第 2 版）

甬江警耗述闻

前日，“江天”轮船由宁波回沪，载客三百余人，据言甬地人心皇皇，颇不安靖，及询其有何变端？则皆言人人殊，莫衷一是。或者甬江士女浮动性成，前此纷纷由沪迁回，一若目前即有变乱，今此警耗殆亦出于轻信谣传乎？姑纪之以观其后。

（1900 年 7 月 14 日，第 1 版）

西士迁居

西字报云，西人士之旅居浙省温州者前日均乘招商局“普济”轮船回沪，约共数十人，温州一埠刻下已无西人踪迹矣。惟言地方则初无变故，或者恐国人属目，故徙至申江，以免多事乎。

（1900 年 7 月 14 日，第 1 版）

温州安谧

昨日宁波来电云，一昨招商局“普济”轮船由瓯东来此，载有西商及男女传教士共三十九名口，言及目今温郡尚幸平安，并无匪人滋扰情事，惟各国驻温领事深恐日后祸机猝发，不及提防，因令襆被[①]暂离，适彼乐土，所有房屋物产暂交中国官吏收存。

（1900 年 7 月 15 日，第 1 版）

傅相简授直督确音

昨闻官场传述云，两广总督李傅相已奉补授直隶总督之命，招商局特派“安平”、“富顺”两轮船至粤东恭迓。傅相随定于今日在粤起程，秉节北上，其护从兵士则仅小队二百名云。

（1900 年 7 月 17 日，第 1 版）

轮船回沪

前日之晚招商局“海晏”轮船、怡和洋行“广生”轮船皆由天津开行

---

① 襆被：púbèi，用包袱裹束衣被，意为整理行装。

回沪，所载中西避难之人多至数百名，口［皆］鸠形鹄面，狼狈堪怜。

（1900 年 7 月 17 日，第 3 版）

相节将临

两广总督李傅相奉命调补直隶总督，即于本月二十一日乘招商局“安平”轮船起节北上，日内将次来申。上海县汪瑶庭大令特饬办差丁役在金利源码头搭盖彩棚，预备迎接。法界公廨谳员朱森庭明府亦派会捕局线勇，会同法界包探，带领通班伙役至码头弹压。

（1900 年 7 月 21 日，第 2 版）

瓯郡官场纪事

温州访事人云，新任浙江永嘉县李孝甡大令登云，由省饬丁附招商局“普济”轮船至温发贴红谕①，大约中元节后即当抵瓯履新矣。

新委温州府属洋广货捐局员、浙江候补县戈幼山大令石麟于本月初五日附招商局“普济”轮船抵瓯，在大吉祥客栈暂驻。因前办局务之何黼廷大令先于六月杪禀请交卸，业由总局宪暂委某员代庖，故接办之期尚须稍缓云。（下略）

（1900 年 8 月 9 日，第 2 版）

教士避地

温州访事人致书本馆云，处州松阳县土民扬言欲与教民为难，邑宰恐偶一疏虞，酿成巨祸，因劝各教士暂谋乐郊之适，教士允之。本月某日，已有男女教士八人，带一佣人，至温郡时，适招商局“普济”轮船抵埠，县主查大令爰即会商王都戎送登“普济”，载至甬江，免遭意外之祸。

（1900 年 8 月 17 日，第 2 版）

---

① 红谕：旧时官吏上任时，其接任布告用红纸缮写，故名。

巡勇酿命

安庆访事友人云，本月初五日之晚，招商局“江宽”轮船抵埠，船上水手带有私盐数包，有钱某者回教中人也，向购一包，携至趸船，转瞬即被偷儿窃去。适全泰盛信局伙某甲持盐而至，钱疑即己物，向之诘责，甲力辩其诬，并扭至水手处质证。正喧扰间，不虞为稽查轮船勇丁所见，一并拘获，任意鞭笞，系诸一隅，历久不释。钱忿甚，跃入江心，时已夜深，无人援救。次日家属闻耗奔至，临流痛哭，旋向委员索人。似此假公济私，横行不法，非独居民被祸，抑亦地方之忧也。不知委员将何以处之。

（1900 年 9 月 10 日，第 2 版）

法租界捕房纪事

（前略）前晚小窃陈某在招商局金利源码头所泊某轮船上窃取某客衣服一包，携之登岸，适被某包探所见，拘入捕房，捕头令押候解送公堂，禀请讯办。

（1900 年 9 月 12 日，第 3 版）

相节起程

钦命议和全权大臣直隶总督李傅相于昨晨九点逾四十分钟时，由行辕起节，先至各领事署辞行，然后迤逦至招商局金利源码头，乘“安平”轮船北上。本埠文武印委各员均至码头恭送，法捕头亦戎服佩刀，带领通班西捕擎枪致敬，宪舟至下午二点钟时始鼓轮出口，驶赴津沽。

（1900 年 9 月 15 日，第 3 版）

美租界捕房纪事

前晚十一点钟时，外虹招商局码头所泊某公司轮船水手多人，不知为何，将扛货各小工肆行殴击，有李阿元者殴伤两目，血肉模糊，适为巡街华捕所见，奔返捕房，据情报告。捕头立遣中西探捕，驰往弹压，各水手见势不佳，相率遁去，只将受伤之李阿元雇车送入捕房，捕头令转送同仁医院疗治。（下略）

（1900 年 9 月 22 日，第 9 版）

法租界公堂琐案

前日奉省中俄道胜银行执事人孙某附招商局“新济”轮船来沪，雇孙毛団驳船装运行李，孙转雇扛夫戴丫头、朱阿狗、徐金生等三人将行李运至船中，忙乱中失去小皮箱一口，内储纹银五十两、人参三枝、珠押发一枝。仆人王阿豪向孙等盘结，反被凶殴，遂投报捕房。捕头令包探将孙等四人一并拘获。昨日礼拜六堂期解案，谳员杜枝园大令讯究之下，仆人王阿豪禀诉情由。孙毛団供称：“小的为孙客装载行李，由主仆亲自押运，因何遗失，实不知情。”王称：“小的主人与孙讲定船资小银钱八角，及驶至浦中硬索洋银一元八角，主人无奈应允，反敢串同扛夫吞没小皮箱，求恩严究。”大令商之费翻译，着将孙等四人一并押候严比。

（1900 年 10 月 21 日，第 9 版）

逆旅施仁

启者：顷接招商局郑陶斋观察函，开敝局袁仲蔚、唐韶笙两君已与长发、泰安、名利、长春、全安、晋升、鼎升、天保各客栈主商定，将来北省被难绅商来沪投栈，不计房钱，只收饭金，每口每日钱一百二十文，即凭济急善会凭条住宿五天为限等因。祗遵之余，仰见陶斋观察暨各宝栈主顾全乡谊，宏济时艰，曷深感荷。谨请登报，奉扬仁风。

上海救济善会丁绍芬等、济急善会庞元济施则敬谨志

（1900 年 10 月 25 日，第 3 版）

禀请赔银

本月十七日清晨招商局“江天”轮船由甬抵埠，有鱼船三艘停泊码头，不及避让，致被撞沉，货物均付东流。船户钟阿庆、杨士明、王佩芝同投招商局，诉请赔偿，局中人置之不理，遂于昨日投法界公廨具禀。谳员杜枝园大令与费翻译官会商，候函致招商局总办，请示核夺。

（1900 年 11 月 16 日，第 3 版）

法租界公堂琐案

（前略）上月二十四日，招商局“江天”轮船抵埠时撞沉鱼船三艘，向索赔偿不理，船户王渭三、钟老庆、杨士明等三人投法公廨，递禀申诉。大令谕候函致招商局请示，迄今尚无回音。昨日王等投案求追，大令与费翻译会商，候再函致招商局，下期来案候示。

（1900 年 12 月 7 日，第 9 版）

慈航普渡

昨接济急、救济二会来函，悉招商局“新裕”轮船于昨日抵埠，载回北省被难官民八百余人，虎口余生，珂乡安返，是诚诸君子之福与天齐矣。

（1900 年 12 月 7 日，第 3 版）

筹办陕赈九志

启者：陕省被灾奇重，需赈甚殷，非设法分筹，诚恐集数无多，未克源源□［接］济；且各埠好善绅商邮寄亦多不便，除皖省已蒙吕信孚、同康两钱宝庄代为收解，业经钞乞登报外，兹又商请镇江托招商局朱煦庭兄，并函恳向子振太尊，派袁县丞湘驰赴金坛、□□［溧阳］等（处）劝办。芜湖托大成祥朱器之姻长暨朱筱庄亲家，汉口托恒发油行邱维显兄暨招商局紫卿家兄，沙市托招商局谢友梅兄，宜昌托傅弼卿军门、陈云仲太尊，暨招商局金雅泉亲家，烟台托福山县李畹民明府，南通州托陈南琴、徐秋谷两兄，高邮州托丁玉轩兄，扬州托叶翰甫兄，高淳托李肖鹤明府暨保婴堂诸君，如皋托孙尧钦谱［诸］兄，江阴托泰生衣庄苏静卿，杭州托鼎记庄潘赤文兄，暨协德堂姚用孚诸君，湖州托仁济堂姚本泉兄，苏州托恒孚银楼诸君，嘉定托徐颂畦谱［诸］兄，分别代收汇解，以期妥便。特此布闻。祈乐善诸君就近赐助为幸。

上海六马路仁济善堂盆汤弄丝业会馆奏办陕西赈总局施则敬谨志

（1901 年 1 月 5 日，第 3 版）

瓯郡官场纪事

温州访事友人云，本月初八日新任温标中衡游击徐树棠游戎富春，由沪附招商局“普济”轮船抵埠，暂驻瓦市殿巷中营守备署，择吉十七日接篆视事。

（中略）本月初八日新任温州府通判李古余别驾滨，由沪乘招商局“普济”轮船来郡，择吉初九日接印履新。

候补知府廖碧堂太守雄瀚前因患病请假就医，近已告痊，由抚宪恽菘耘大中丞委带定字营勇，本月初八日乘招商局“普济”轮船来瓯，莅营视事。

状元桥厘局委员康绳武二尹继祖于本月初八日由沪附某轮船到温，择吉十一日进局视事。（下略）

（1901 年 1 月 7 日，第 2 版）

方伯行期

升任湖南布政使余晋珊方伯交卸苏松太兵备道兼江海关监督篆务后，定于本月二十七日乘招商局某轮船至汉皋，前赴新任。

（1901 年 1 月 16 日，第 2 版）

温郡官场纪事

温州访事人云，新任双穗场大使王槎生鹾尹俭由杭省禀辞赴沪，上月二十九日附招商局“普济”轮船抵温，暂寓东阳春客栈，本月初一日禀见道府各宪，择吉初八日履新。

正任温州府王雪庐太守之瀛眷由闽省航海抵沪，上月二十九日附招商局“普济”轮船至瓯，假试院暂驻。太守现办温台营务处，闻有仍回本任之说，然尚未见明文也。（下略）

（1901 年 1 月 30 日，第 2 版）

恤银移助

前者，招商局“飞渡”轮船撞沉“申湖”小轮船所带无锡快船，致溺毙陆仲翔等六人，控由上海县汪瑶庭大令商请招商局给发恤银六百两，除出示晓谕外，并派差传谕各尸属到案具领。救济善会董事陆纯伯部郎闻之，以仲翔系其介弟，函致大令，请将此款移助会中，以赈北方被难士民，是亦锡类推仁之道也。

（1901 年 2 月 10 日，第 3 版）

温郡官场纪事

温州招商局总办谢仲笙司马于去腊遄返珂乡勾当，岁除家务，大约日内即须莅局也。前任双穗场大使张用霖鹾尹锡九病故出缺，去年嘉平望日其长公子扶榇晋郡，旋于二十六日搭招商局“普济”轮船至沪，然后唤民船回籍。

（1901 年 2 月 26 日，第 2 版）

瓯郡官场纪事

温州采访友人云，正任浙江温州府王雪庐太守奉藩宪荣伯衡方伯札

饬，仍回本任，已于本月十九日由杭赴沪乘招商局“普济”轮船抵瓯，涓吉二十一日子刻接印。（下略）

（1901 年 4 月 14 日，第 2 版）

浔阳琐纪

九江访事友人云，上月二十六日招商局“江裕”轮船溯江而上，有一福建客登岸时，被挑夫遗失皮箱一口，上贴闽县封条，内贮文凭要件，客无以为计，投水自尽，经人救起，为之遍粘招帖，四处购求。（下略）

（1901 年 5 月 6 日，第 3 版）

闽臬启行

前晚简任福建按察使吴仲怿廉访由天后宫侧出使行辕命驾至法界招商局金利源码头，乘“海琛”轮船赴八闽履任。临行，各员恭送如仪。

（1901 年 6 月 6 日，第 3 版）

瓯郡官场纪事

（前略）前任温处道王心斋观察于本月十五日交卸篆务，翌日携眷附招商局“普济”轮船赴沪，折返省垣，官绅皆设筵祖饯。（下略）

新任道宪童观察所带随员金咏莪二尹、王抟九少尹均于本月十三日由上海附招商局“普济”轮船到瓯，观察旋委二尹办理东门外海关事务，少尹办理海防事务，不日即可捧檄到差矣。

土药局总办唐寿臣大令择吉本月十一日进局任事，尹澄甫大令交卸局务后，于十六日附招商局“普济”轮船由沪赴省销差，然后赴建德县新任。（下略）

（1901 年 6 月 11 日，第 2 版）

总办赴省

日前本邑江南机器制造局总办毛实君观察，接两江总督兼南洋通商大臣刘岘帅来电，着即赴省面商公务，然后赴行在引见。观察接电后已于前晚乘招商局某轮船径赴金陵，俟返沪后再行趋赴西安。

（1901 年 6 月 22 日，第 3 版）

上海官场纪事

日前署两浙盐运司许豫生都转遴委候补盐经历易鹾尹德谦、蔡鹾尹继勋管解盐课银五万两赴行在交纳，两鹾尹抵沪后，拜会上海县汪瑶庭大令，请即派差照料。前日复同诣县署辞行，至晚乘招商局“江永”轮船往汉口，以便折赴秦中。

（1901 年 6 月 27 日，第 3 版）

法租界捕房琐案

某宦由温州附招商局“普济”轮船来沪，失去绸绉衣服，报捕后经包探拘获窃犯岳荣江，起出原赃，解经谳员杜枝园大令讯供，因赃未齐，全狡不承认。昨日某宦浼招商局总办顾缉庭观察，函致大令，声称除起案各赃外，尚少金沙若干、折子二扣，关系紧要，务请严追。大令命提岳研诘，矢口不承，遂叱令重责一百五十板，还押再比。（下略）

（1901 年 7 月 4 日，第 9 版）

崇晋头衔

宁波访事友人云，鄞县徐蓉斋大令现已捐升道员，例应过班候补，爰于日前晋省禀请开缺。本月初六日事毕，绕道申江，乘招商局“江天”轮船回甬，文武各官咸往拜贺。

（1901 年 7 月 29 日，第 2 版）

优恤废人

法界小东门外招商局金利源栈房小工余信国，于光绪二十五年在“江裕”轮船工作被货压伤其腿，舁送某医院疗治，医生验得骨已折断，无术可医。爰即设法锯去，另装假足，以代步履，旋于上月某日送回捕房。上月某日捕头令某包探解送公堂，禀请谳员杜枝园大令核示，大令见而慨然函致招商局总办，请酌给抚恤银，俾得遄归故里。昨日接招商局总办顾缉庭观察复函賸以洋银五十元，旋即传余给领，饬具领状存查。

（1901 年 8 月 5 日，第 3 版）

镇郡官场纪事

镇江访事友人云，月之某日招商局“江裕”轮船由沪赴汉，行至通州，船中某西人拘获窃匪四名，迨抵京口，即送请水陆总巡周锦堂游戎讯究，随禀由常镇通海道长久山观察发交署丹徒县莫屿香大令收押惩治。

本月十七日，新简出使日本大臣蔡和甫星使乘某轮船过润州，润城印委各官均往江干迎迓，未几即展轮驶赴金陵。闻星使因有要公与两江总督刘岘帅面商也。（中略）

统领江胜全军杜云秋观察于本月十九日乘招商局“江孚”轮船赴金陵，谒见两江总督、南洋通商大臣刘岘帅，禀陈要公。（中略）

统领安徽武卫楚军兼巡缉长江会匪事宜李军门，于月之十七日由邗江防次乘官舫至京口，拜会地方文武各官。十八日乘招商局“江永”轮船赴沪巡缉匪徒。濒行，江胜全军总巡周锦堂游戎及新湘江胜各营官均赴江干恭送。

（1901 年 8 月 12 日，第 3 版）

美租界捕房纪事

（前略）前晚著名积窃刘金标闯入法租界招商局金利源码头某轮船上，行窃某甲所佩银质对时表一枚及布衣三件，携至虹口天潼路某押铺质钱，适为包探刘光震所见，拘入捕房。捕头令押候解送公堂，禀请谳员张柄枢司马讯办。

（1901 年 9 月 11 日，第 3 版）

瓯郡官场纪事

温州访事人云，温州左营游击李西园游戎于光绪二十一年四月任事，至二十二年另有要差，将篆务交卸，现由上宪饬知回任。遂于中秋节后附招商局“丰顺”轮船抵瓯，择吉本月十九日接篆。

委办状元桥厘局余二尹麟书于本月十六日附招商局“丰顺”轮船抵瓯，大约日内可进局视事矣。

永嘉县秦鹿苹大令于本月初九日由上海乘招商局“丰顺”轮船赴省，禀见抚宪任筱沅大中丞回署之期约在重阳时节。

双穗场大使王槎生鹾尹于上月因病出之杪缺，本月十九日由嗣君扶柩附招商局某轮船回上海珂里。

（1901 年 10 月 7 日，第 2 版）

醇王行邸纪事

昨晨本埠文武印委各员均赴行邸请安，江南提督李军门占椎、北洋水师提督叶军门祖珪、张观察彬、铨观察林、毛观察庆蕃、赵观察有伦、沈观察佺、苏松太兵备道袁观察树勋均谒见。日商三井行主及海格司君等均谒见，日本陆军步兵少佐队长今井直治君往谒未见。税务司斐式楷君奉醇邸传见。十一点钟，醇王带同参赞张燕谋阁学、随员麦君及蔡和甫星使，袁、沈、赵三观察，上海县汪大令同赴英总领事署庆贺英皇诞辰，至十二点钟返邸。闻定于今日八点钟至招商局金利源码头乘“安平”轮船北上。昨日下午汪大令派通班差役在邸押运行李至船上，法总领事预饬捕头，届时督率中西各探捕分投照料。

（1901 年 11 月 10 日，第 3 版）

温郡官场纪事

温州访事友人云，浙江大宪委全省营务处颜穀生太守查阅各处营伍炮台，上月十九日由沪上附招商局“丰顺”轮船来瓯，就镇辕左近刘公生祠暂驻。

新任乐清县钱冠瀛大令于上月十九日附招商局“丰顺”轮船抵温，禀见道府各宪后即束装赴乐，涓吉十月初二日接印任事。

温州府王雪庐太守于上月二十一日之晚附招商局“丰顺”轮船赴沪上，折赴杭州谒见任筱沅中丞，诚果泉方伯大约岭梅破萼后方可公旋。

上月某日永嘉县秦鹿苹大令因公赴省，至十九日由沪上附某轮船遄回。

（1901 年 11 月 19 日，第 2 版）

瓯郡官场纪事

温州访事人云，新任浙江永嘉县典史柯硕卿少尉于前月二十七日由沪上附招商局“普济”轮船来温，择吉本月初二日接钤任事。

月前温州府王雪庐太守因公赴省，兹已事毕，于本月初七日□［由］省赴沪附招商局“普济”轮船公旋。属下各员均诣码头恭迓，练军防营各勇则列队江干燃枪志敬，盖因太守兼摄营务处也。

候补县潘璞亭大令现奉藩宪诚果泉方伯委催温属地丁银，已于本月初七日由沪上附招商局“普济”轮船来温。

新任乐清县钱冠英大令择吉本月初二日接印任事。

温州海防同知吴建候司马、土药局委员唐寿山大令均于月前因公赴省，兹已事毕，于本月初七日由省赴沪附招商局“普济”轮船回瓯。

海防委员王搏九二尹于本月初十日附招商局“普济”轮船赴沪，折赴省垣，未悉有何要公也。

永嘉县秦鹿苹大令于本月初三日带同刑件前诣五十二都相验命案，旋顺道至东皋、田详等处查拿土匪，并由楠溪山僻小路径达西溪、梧溪缉获凶犯二名。至初八夜三鼓时，始公毕回署。

（1901 年 11 月 26 日，第 2 版）

“富顺”被焚续述

招商局“富顺”轮船在广州被焚，前已迭登本报。兹得广州访事人来函云，十月十一日之晚一点二刻时，“富顺”轮船二层舱内忽然火发，幸各小艇争先施救，船中人得次第逃生。迨十二日清晨洋关上水龙两架及招商局各街坊水龙四架，均用船载往，竭力喷救，阅两昼夜始烟消火灭，时煤舱尚有余烬，因留洋关水龙喷激。至十六日，西人威霞氏由上海抵省，断验一周，旋借用“广利”船上吸水机将舱底之水吸尽，凿穿屯煤处，死灰始不至复燃。是役也，被火焚毙者计一人，随又从水中捞起一尸，认系船上火夫。入口货中尚有芝麻二百五十包未经起岸，出口货约八百八十件共保火险洋银四万余元。有唐宦者挈其眷属，唤一小船泊轮船旁，拟挨开行时附之至沪，洎火起小船急驶以避，故未及于难。惟行李均已上船，由甲乙丙三爰丁看管，甲乙附小艇逃去，丙则堕入水中，后得经人救起，诚幸事也。

（1901 年 12 月 13 日，第 2 版）

润郡官场纪事

镇江访事友人云，月之初十日南洋常备江胜右军统领杜云秋观察，乘招商局“江永”轮船赴沪江，折赴苏垣谒见抚宪聂仲芳中丞，禀陈公务。濒行，江胜全军总巡周游戎及各营员弁均赴江干恭送。

（1901 年 12 月 25 日，第 2 版）

观察省亲

香港《循环日报》云，广东抚宪德静山中丞之第四公子延季山观察，由京师行抵申江，附招商局“广利”轮船来粤省亲。现已由中丞派拨“伏波”兵轮船往香港迎迓矣。

（1902 年 1 月 3 日，第 2 版）

还我使君

芜湖访事人云，调署安徽安庐滁和道吴季卿观察经大宪饬回本任，因于上月十七日乘招商局某轮船回芜，合埠文武官僚均赴江口迎迓。

（1902 年 1 月 13 日，第 2 版）

监司赴省

苏松太兵备道袁海观观察于昨日之晚乘招商局“江裕”轮船赴金陵，禀见两江总督刘岘庄宫太保，临行上海县汪瑶庭大令恭送如仪。

（1902 年 1 月 20 日，第 3 版）

皖抚履新

安庆访事友人云，本月初九日午后四点钟时，新任安徽巡抚聂仲帅乘某轮船至皖，就招商局码头下碇。文武各员纷纷呈递手版，仲帅以太夫人春秋已高，禁放巨炮，各兵因只举枪申敬。前抚宪王芍帅闻之，急命驾出迎，仲帅殷勤延入，茗话片时，随乘舆偕至抚辕畅论时局，至八点二刻始回舟。次日清晨，进银圆局行台，至十点钟时接受关防。十二日排齐仪仗，诣文武二圣庙拈香，然后赴各署谢步，并拜会在籍绅宦。闻芍帅定于十七日起程赴沪，俟度岁后入京陛见。

（1902 年 2 月 3 日，第 2 版）

瓯郡官场纪事

温州访事人云，新任浙江泰顺县张雨人大令树德，于本月初六日由沪上附招商局“普济”轮船抵温，禀见道府宪，旋即赴泰履新。

新任景宁县萧励川大令逢源于本月初六日，由沪上附招商局“普济”轮船抵温，旋即折赴任所。

（1902 年 3 月 26 日，第 2 版）

统领启行

镇江访事友人云，本月十六日南洋常备右军统领杜云秋观察，命驾登招商局“江裕”轮船，溯江赴金陵，谒见两江总督兼南洋通商大臣刘岘庄宫太保，禀陈要务。濒行，常备右军总巡周锦堂游戎及麾下各营员弁均往江干恭送。

（1902 年 4 月 4 日，第 2 版）

润郡官场纪事

镇江访事人云，新任镇江府祥太守福由京赴姑苏，谒见各大宪，旋于二月二十三日至沪乘招商局“江孚”轮船抵京口，镇城各官均往江干迎迓。有顷，太守命展轮赴金陵，谒见两江总督刘岘庄宫太保，然后回润履新。（下略）

（1902 年 4 月 7 日，第 2 版）

北固春云

镇江访事人云，二月十九日两江营务处陶榘林观察由白门乘招商局“江永”轮船东下，道出京口，下碇后，阖城官吏及新湘、江胜各营员弁咸往江干迎迓。观察接见之下，即命鼓轮出口，径往申江。

（1902 年 4 月 8 日，第 2 版）

示禁滋事

钦加三品衔，赏戴花翎，在任候选道，特授江苏松江府上海县正堂汪为出示严禁事奉粮道宪罗札，开照得苏省海运冬漕向归招商局轮船与沙船四六分运。今届苏、松、常、镇、太四府一州属认运交仓本色漕白二粮六十万石，除循案由招商局承运四成，其向归沙船分装之六成米石。现经本道援照光绪十年分运成案，派员赴沪与太古洋行议立合同，由该洋行装轮运赴塘沽，以便换装火车径运京仓，业已会司详奉抚督、漕宪，会同附片具奏，暨咨明户部仓宪查照。一面由道饬据海运省局将各属应行起运交仓，本色漕白二粮照案验分沙船与招商局轮船应装米数抄单通饬各属分别交兑，并札海运沪局遵照办理各在案。兹太古洋行承运沙船应装之六成漕粮，现已议立章程，定于三月初四日就于上海十六铺大关码头赁屋设立苏漕处，即于是日开兑所有该处应办事宜，已由道札委沈令翊清、颜令□督饬司事人等妥为经理，并札海运沪局总会办督率各员认真验兑。惟查各属运沪漕船水手人等良莠不齐，聚集一处，诚恐易于滋事，合亟札饬札到该县立即遵照，克日出示严禁各属运漕船户、水手人等务须各安本分，静候次第验兑，毋计藉端滋扰，致干重咎，切速此札等因到县。奉此合行出示严禁为此示，仰各属运漕船户、水手人等知悉，尔等运米抵沪务须各安本分，静候验兑，毋许聚众滋争，倘敢做违，定即提案严惩，决不宽贷，凛之切切特示。

（1902 年 4 月 15 日，第 3 版）

瓯郡官场纪事

温州访事人云，调署归安县朱厚斋大令懋清交卸泰顺县篆务后，涓吉本月初三日携眷附招商局“普济”轮船赴沪，以便折往归安履新。

瓯海关委员金咏莪大令国栋暨顾参军绶珊，现奉道宪委赴江苏采办米粮，已于本月初三日附“普济”轮船起程矣。

（1902 年 4 月 22 日，第 3 版）

贝子启行

昨日上午十一点钟时，江苏巡抚恩艺棠中丞诣振贝子行邸拜谒。午后贝子遣参赞梁观察赴各处投刺辞行。二点钟时，沪军营勇道辕亲兵、奇［骑］兵营勇、提标右营兵、炮队营勇皆由统带率同列队，自北洋务局迤逦达泥城桥。钟鸣三点，参随各员先至法界招商局金利源码头，乘“钧和”兵舰，往吴淞口外。越三刻，英弁某君派马队十三名，总巡捕头派印度马捕九名，齐集行邸外，中丞及苏松太兵备道袁海观观察以下文武各员，先往英国邮船公司码头伺候。英美租界各捕头派出中西巡捕约四五百名，由北洋务局排列至浦滩捕头，则戎服佩刀，在码头上鹄立。贝子于四点钟时由行邸乘紫缰双马车至码头，登开办小轮船。前出使日本大臣李木斋星使、商税大臣盛杏荪宫保、吕镜宇大司空，及在沪众绅商均以礼恭送。逾二十五分，展轮出口。观察偕上海县汪瑶庭大令及江海关裴税司送至吴淞。

（1902 年 4 月 22 日，第 3 版）

温郡官场纪事

温州访事人云，上月某日东关海防局委员王摶九少尹鹏因公赴省，旋于二十四日由上海附招商局“普济”轮船返旆。

温州镇总兵刘吉垣镇军于上月二十七日附招商局“普济”轮船由沪赴省，麾下弁兵均赴码头恭送。

（1902 年 5 月 11 日，第 2 版）

法租界捕房纪事

匪棍某甲潜入招商局往返宁波之“江天”轮船，劫取某客所带洋银，适为包探所获，连赃解入捕房，捕头命押候堂期，解请谳员杜枝园大令讯明惩治。（下略）

（1902 年 6 月 11 日，第 9 版）

镇郡官场纪事

镇江访事友人云，简任新疆藩司潘少泉方伯效苏由沪乘招商局“江裕”轮船溯江上驶，本月十四日道出润州，道府县各官均登舟谒见。方伯旋乘舆赴各署谢步，翌晨即鼓轮而去。

镇郡下游厘局总办许东畬太守经理各洲赈务近已告竣，月之十五日乘招商局“江永”轮船至沪江，折赴苏垣，谒见抚宪恩艺棠中丞，禀陈一切。

月之十五日，新任镇江关税务司雷乐石君命驾诣常镇通海道辕，谒见道宪长久山观察。观察迎入花厅，款以西式茶点，畅谈良久而别。

（1902 年 6 月 30 日，第 3 版）

双旌过润

镇江访事友人云，钦命商约大臣吕镜宇大司空、盛杏荪宫保偕英国使臣马凯君，由沪乘招商局“新裕”轮船赴江、鄂二处，与刘、张两制军商议要公，五月二十六日午时道出京江，常备、续备各防营均列队江干迎迓。俄而常镇通海道长久山观察、南洋常备右军统领杜云秋观察、南洋续备全军统领陈宇山军门、水陆总巡周锦堂游戎、丹徒县洪鹭汀大令以及各防营官弁咸具手版禀安。未几，“江裕”即鼓轮上驶，象山东码头、都天庙各炮台复鸣炮志敬。

（1902 年 7 月 10 日，第 2 版）

启行在即

汉口采访友人云，本月初旬某日钦命商约大臣吕镜宇尚书、盛杏荪宫保及英国专使马凯君、参赞斐、贺二君，先后行抵鄂中，在纺纱局行辕驻节。刻闻已与湖广督宪张香涛宫保议有端绪，因令招商局“新裕”轮船暂泊汉上，大约稍缓一礼拜，即须相约驰返沪江矣。

（1902 年 7 月 23 日，第 2 版）

镇郡官场纪事

镇江访事友人云，五月二十九日晚八点钟时江苏督粮道罗少耕观察乘招商局“江永”轮船抵润州。下碇后，府县印委各官均登舟投刺。观察接见之余，即命鼓轮驶赴金陵，谒见两江总督兼南洋通商大臣刘岘庄宫太保。

（1902 年 7 月 23 日，第 2 版）

镇郡官场纪事

镇江访事人云，前者商约大官吕镜宇大司空、盛杏荪宫保及英使马凯君同赴金陵、武昌两处与刘、张两制军商议一切，近已事毕。马君因于月之一十日乘太古洋行“鄱阳”轮船东下，道出润州，小泊片时，即启轮回沪。迨二十一日之晚九点钟时，大司空及宫保由汉皋乘招商局“江孚”轮船驰抵京口，下碇后，镇城文武各员均赴江干迎谒。

（1902 年 8 月 1 日，第 3 版）

瓯郡官场纪事

温州访事人云，浙江温处道童绍甫观察于上月某日因公晋省，六月初六日由沪上附招商局“普济”轮船旋温。属下各员弁俱呈递手版禀安，观察一一接见，旋即乘舆入城。

新任瑞安县林皞农大令于本月初六日，由沪上附招商局“普济”轮船来温，禀见道府后，随于初七晚赴瑞，示期六月十一日接印任事。

青田厘局员邓芝轩大令、署大荆县丞蒯友侨二尹均于本月初六日由沪上附招商局“普济”轮船抵瓯，在东阳春客邸暂驻。大令禀见盐厘总办邹观察后，筮吉六月十一日赴青接钤任事。二尹则于初七日禀见道府各宪后，即乘舟赴乐，择吉履新。（下略）

（1902 年 8 月 4 日，第 2 版）

戎旌过润

镇江访事友人云，七月二十五日新任四川重庆镇总兵章鼎臣镇军，乘招商局“江永”轮船驶抵京口。驻防镇郡之常备、续备各营员均诣江干迎谒。有顷，即鼓轮上驶，闻须绕道汉口，然后入蜀履新。

（1902 年 9 月 3 日，第 2 版）

使星移照

昨日钦命出使比国大臣杨诚之星使，由美界天后宫侧出使行辕，乘马车至法界招商局金利源码头，乘“江裕”轮船赴金陵，与两江总督南洋大臣刘岘庄宫太保面商机要。

（1902 年 9 月 5 日，第 3 版）

粤抚启行

昨日调任广东巡抚李勉林大中丞，乘招商局“安平”轮船赴粤履新。濒行时，本邑文武各员均诣码头恭送，并由法界捕头派包探分投照料。

（1902 年 9 月 10 日，第 3 版）

瓯江秋浪

温州访事人云，永嘉县秦乐平大令于上月十七日附招商局“普济”轮船由沪晋省，大约黄菊开时即可遄返也。

（1902 年 10 月 14 日，第 3 版）

总办赴省

前晚江南机器制造局总办毛实君观察命驾至金利源码头，乘招商局某轮船驶赴白下，盖因原任两江总督刘忠诚公薨逝，故亲往吊奠也。

（1902 年 10 月 14 日，第 3 版）

瓯江双鲤

温州访事人云，新委平阳厘局浙江候补县吴问潮大令曾涛于本月初五日附招商局“普济”轮船来温，就东阳春客邸暂驻，择吉十一日进局视事，至前办平阳厘局之茹雪樵大令震模交卸后，大约即须赴省。

城守营都司王敬廷阃戎因军政之期在迩，于本月初五日附招商局“普济”轮船遄回瓯郡。

（1902 年 10 月 25 日，第 9 版）

总办启行

前晚江南机器制造局总办毛实君观察命驾至小东门外金利源码头，乘招商局某轮船赴金陵，贺署理两江总督张香涛宫保任禧。

（1902 年 11 月 14 日，第 3 版）

温郡官场纪事

温州访事人云，温州府王雪庐太守于本月十一日附趁招商局“普济”轮船由沪赴省，公毕言旋，大约须在下月矣。

洋广局委员陈鉴沤大令允豫前日因公晋省，兹于初八日辰刻附趁招商局“普济”轮船回温。

（1902 年 11 月 15 日，第 3 版）

慎重正供

本年四月沪上米价飞腾，民心惶急，苏松太兵备道袁海观观察、上海县汪瑶庭大令商之商务局董拨借苏省漕米十九万石，由招商局领出，减价平籴以济贫民。现在秋稼登场，收成颇稔，所有前借漕米经招商局总办顾缉庭观察派人在南市各米行采购归还，以重正供而免罣误。

（1902 年 11 月 16 日，第 3 版）

制府登程

昨日上午十一点钟时，卸任四川总督奎乐峰制军乘舆至招商局金利源码头，附“新裕”轮船北上。本邑文武各员咸赴江干恭送，驻沪各防营弁勇亦皆列队以表敬忱，法界捕头特派探捕在码头上照料一切。至午后一点钟时，“新裕”即起碇出口，法界谳员孙建臣大令，因恭送宪旌，先期咨照捕房，暂停谳政一日。

（1902 年 11 月 19 日，第 3 版）

上海县署琐案

招商局浦东栈房司事某君查获行窃麻袋之王果云、袁炳荣，指交十二图地保顾桂荣解县。前晚县主汪瑶庭大令升堂研讯，王供称：“小的日驾小船在浦江中卖酒酿以博蝇头微利。前日驳船户袁炳荣请装麻袋七捆至薛家浜，许给洋银五角，到时仅付二角。小的乃将麻袋置诸平安街永顺米店对门小的家门外，旋被招商局中人查见，唤地保解送至案。”袁供称：“小的之船及某驳船承装招商局麻袋四百捆至浦东交卸，忽多七捆，每捆五十口，因雇王船装至薛家浜，尚未售去已被招商局中人查获，叩乞施恩。”顾保禀称：“袁欲将麻袋卖与永顺米店，尚未成交，即由已为招商局中人唤小的拘获。”大令判令将袁责二百板枷号，十六铺王交人保出，麻袋饬差送交招商局栈房收受。

前者张廷芳控苏秉钧积欠洋银。前晚大令提案比追，苏供称：“小的无力筹措，叩求宽限。”大令饬掌颊五十下，收所严追。

赵吉生控周昭福霸屋不迁，大令升堂研讯。赵供称：“周租小的楼屋一幢，平房一间，每月租钱四千三百文。光绪二十一年七月，小的因有急需，浼许兰亭、汪子云将屋抵与周处，得洋银二百元，每月一分五厘起息，后又加借洋银七十元。至今七载除去利息外尚应找付金钱，周坚不肯付，今小的将屋出售，屡次令周迁让，置之不理，求即讯理。”许兰亭、汪子云所供与赵相同。周供称：“赵将房屋两次抵去洋银二百七十元，言明以租抵利，今忽欲小的找付租钱，是以不允迁出。”大令察阅契据，并无以租抵息字样，谕以照七年计算，周应找出洋银三十元。周称尚有顶首及代付房捐可以抵算，大令着划算明白，即行迁去。

（1902 年 11 月 19 日，第 3 版）

直督启行

昨日上午十一点钟时，直隶总督袁慰庭宫保乘马车至招商局金利源码头，登“快利”轮船，鼓轮至吴淞，乘“海天”兵轮船，驶往天津任所。濒行，在沪文武印委各员及驻沪各防营官均至码头恭送。

（1902 年 12 月 2 日，第 3 版）

鹭岛寒云

厦门访事人云，拐匪某甲前由长江各埠诱得小孩九口，附乘招商局某

轮船来厦匿迹马柱某姓家，事被厦防厅同知某司马访悉，即饬捕役将甲拿获，并起出小孩二口，押候讯惩。（下略）

（1902 年 12 月 9 日，第 2 版）

星轺赴省

出使美国大臣梁震东星使于昨日傍晚五点钟时由美界北河南路天后宫侧出使行辕，乘舆至法界招商局金利源码头，乘某轮船前往江宁，与署理两江总督兼南洋通商大臣张香涛宫保晤商机要。

（1902 年 12 月 9 日，第 3 版）

上海巡局纪事

日前，南市祥顺麻袋店伙陆仁友雇挑夫杨三兆至北市某轮船运回麻袋四百五十口，中途被招商局司事所见，以此袋系局中所失，遂禀请总办翁缉甫观察函致十六铺巡防北局，请责令祥顺店主将袋交出，以便领回。局员陈二尹饬提一干人研讯，判将杨责五十下，赃给招商局中人具领□。

（1902 年 12 月 10 日，第 9 版）

浔郡官场纪事

九江访事人云，九江关道瑞华儒观察办就上用磁器二百二十五桶，委刘秋岩都戎附招商局轮船押运赴沪，再行转运北上。（下略）

（1902 年 12 月 13 日，第 2 版）

厦岛官场纪事

（前略）福建陆路提督黄芍岩宫保之瀛眷，于本月十四日由申江乘“美富”轮船抵厦门，暂寓三兴客栈，至十六日乘某小轮船赴任。

（1902 年 12 月 28 日，第 3 版）

镇郡官场纪事

镇江采访友人云，新任江宁将军信立民留守秉节出都，由沪乘招商局“江宽”轮船，溯江而上。十一月二十四日道出京口，驻防旗员以及地方文武各官均往江干迎迓。翌晨即展轮赴白下履新，濒行，水陆各营勇丁均列队鸣枪志敬。

（1903 年 1 月 4 日，第 2 版）

体恤工人

浙江海运沪局向章筛兑漕粮在浦东杨家渡码头招商局栈前，现拟迁至虹口招商局北栈前。附近各工人相持不允，几致纠众为难。事为总办林少筠太守所闻，因与招商局总办沈子梅观察筹议良久，仍在浦东照常办理。

（1903 年 1 月 24 日，第 3 版）

法租界公堂琐案

迩来招商局行驶长江之各轮船搭客时时失物，诚恐茶房人等照料不周，爰雇用沈阿宝充当包探，在船侦巡。前日有萧太守印荣涛者，由汉口附“江永”轮船来沪，途中被贼窃去皮箱一口，内储紧要公文及洋银衣服，迨抵埠，万分惶急，跃入水中。幸经船上人救援，不致凶占灭顶。未几沈探查获窃贼刘金山，诘知原赃窝顿韩金生所开小烟馆内，因即带往起出，送入捕房。昨日捕头令传同太守家丁解案请讯，刘认窃不讳，谳员孙建臣大令判枷一个月，责五百板；韩重责三百板，罚洋银二十元，赃给家丁领回。沈探酌酬若干，以示奖励。

（1903 年 3 月 4 日，第 9 版）

润郡官场纪事

（前略）南洋常备右军统领杜云秋观察，于月之初十日乘招商局“江裕”轮船赴白门，谒见署两江总督张香涛宫保，禀陈公务。濒行，麾下各营员弁咸赴江干恭送。

（1903 年 3 月 17 日，第 3 版）

南市琐谭

前本邑南市马路工程局总办叶盂纪司马于去岁捐升道员，入都引见，迨事毕南下，侨寓生义码头。迩者因事赴金陵，定于昨日乘招商局某轮船溯江上驶。（下略）

（1903 年 4 月 17 日，第 3 版）

皖臬登程

新任安徽臬司濮紫泉廉访抵沪后，小驻行旌，闻已定于今日午后乘招商局“新济”轮船北上。

（1903 年 5 月 11 日，第 3 版）

亲王回京

蒙古喀喇沁亲王自杭州回沪后，小住数日，兹悉亲王传谕，择于今日附招商局“新丰”轮船回京，文武印委各官均诣码头恭送。

（1903 年 5 月 23 日，第 3 版）

军麾莅沪

广西提督军门兼钦命边防大臣苏子熙宫保，于前晚由粤东乘招商局某轮船到沪，假英界泰安栈暂驻军麾，在沪印委各员咸往行辕晋谒。

（1903 年 6 月 10 日，第 3 版）

督办回申

督办铁路大臣盛杏荪宫保入京陛见，日前由天津附招商局“新裕”轮船东下，昨日午前九点钟时抵埠，即乘马车回斜桥左近行辕。

（1903 年 6 月 10 日，第 3 版）

汴抚起节

新任河南巡抚陈小石中丞莅沪后，驻节美租界北河南路天后宫侧出使行辕，定于今日附招商局某轮船往津沽，换乘火车入京陛见。

（1903 年 6 月 28 日，第 3 版）

筹兴水利

金陵访事友人云，省垣创兴自来水，道谋筑室，日久无成，白下士民咸以为从此无望饮和食德矣。不意两江总督魏午帅近闻属下绅富交陈其利，意颇忻然，拟饬仿照招商局轮船集股章程，鸠资办理。先由官场拨款以为之倡，然后筹及民间。上月二十六日遍传司道到辕一再商议，随饬江宁藩司李芗垣方伯在藩库拨银十万两，江安粮道胡砚荪观察在道库拨银五万两，江宁巡道兼金陵关监督徐叔鸿观察在关库拨银五万两，善后、筹防、支应、银元四局所各于公款项下拨银十万两，此外听商民附股，以冀水利大兴。似此实力图谋，谅不致再成画饼矣。

（1903 年 7 月 27 日，第 3 版）

润州官场纪事

镇江访事人云，前者镇江下游厘局总办胡志云太守命驾赴金阊晋谒上宪，禀陈厘务事毕后，于月之十九日乘舟回润。

新任江宁藩司黄花农方伯命驾赴姑苏，谒见江苏巡抚恩艺棠中丞，事毕过沪，小作勾留，即乘招商局“江孚”轮船上驶，于十九日道出镇江。镇城文武各员均赴江干迎谒，有顷，鼓轮而上，赴宁履新。

（1903 年 8 月 15 日，第 3 版）

京口官场纪事

镇江访事人云，迩者上宪檄调现办盐厘总局之沈期仲观察办理苏浙铁路事宜，观察奉调后于月之十二日乘舟南下，道出润州，拜会各当道。是晚钟鸣九下，即乘招商局“江裕”轮船溯江赴金陵，谒见两江总督魏午帅，禀陈要公，然后回至五河料理交卸。（下略）

（1903 年 10 月 9 日，第 3 版）

瓯海秋涛

温州访事人云，新任浙江永嘉县知县程子良大令云骥由杭省禀辞至沪，于八月十七日之晚附招商局“普济”轮船来瓯，十八日清晨乘舆进城，假陈姓花园暂驻，随示期接印任事。（下略）

（1903 年 10 月 16 日，第 9 版）

使旌东渡

香港《循环日报》云，出使日本大臣杨星垣星使于八月十五日午后由羊城附金山轮船行抵香港，在招商局暂驻襜帷，是晚议政局员韦君宝珊柬邀畅叙，筵开玳瑁，酒泛葡萄，宾主联欢，殊形款洽。星使随于翌日附日本“春日丸”东渡，拜恩命于九重，展长才于三岛，鹏程万里，壮何如也。

（1903 年 10 月 21 日，第 2 版）

留守过申

本任江宁将军信留守恪交卸篆务后，于前日由金陵携其瀛眷，附招商局“江孚”轮船来申。传闻小作勾留，即须赴都入觐。

（1903 年 10 月 22 日，第 3 版）

润郡官场纪事

镇江访事人云，前任江宁将军信立民留守恪因病奏请开缺，业经奉旨允准，随即交卸起程。上月二十九日乘招商局“江永”轮船过京口，镇城文武及八旗官员咸诣江干迎谒。有顷，展轮东下，取道沪江，航海北上。（中略）

本年九月日本举行大操，两江总督兼南洋通商大臣魏午帅，遴派江苏候补道徐观察乃光、朱观察恩绶及魏总戎荣斌往观，以资考镜。上月二十九日由金陵乘招商局“江永”轮船下驶，道出镇江，拜会各当道，于翌晨鼓轮赴沪江，以便航海东渡。

（1903 年 10 月 25 日，第 2 版）

备迎粤抚

昨日上海县汪瑶庭大令接金陵来电，知简任广东巡抚张安□［圃］中丞已于前晚乘招商局“江永”轮船起程，□［将］于今晨抵埠，因即派令差役至码头伺候。

（1903 年 10 月 28 日，第 3 版）

粤抚来沪

新任广东巡抚张安圃大中丞，于昨晨七下钟时由汉口乘招商局“江永”轮船来沪，下碇小东门外金利源码头，道县各官均往江干迎谒，中丞以次接见。随命驾入美界北河南路天后宫后出使行辕。午后，命公子季才孝廉赴各署谢步①。少选，钦命商约大臣吕镜宇大司空亲诣行辕拜会，中丞延入厅事，茗谈移晷，一楫兴辞。

（1903 年 10 月 29 日，第 3 版）

① 谢步：亲友前来拜访或庆吊，事后赴其家回拜，以示感谢。

法租界捕房纪事

选授广西某县知县周少达大令由都领凭，至津附招商局某轮船来沪，被贼窃去枕箱、衣箱各一口，报经某包探缉获贼犯陈阿东、李福斋，称系同党某甲所窃，因之管押捕房。昨日甲已被英界某包探拘获，送入捕房勒令。法界大约即须禀请谳员魏莼坞大令讯办矣。（下略）

（1903 年 10 月 30 日，第 9 版）

领事赴闽

前日上午十点钟时，驻沪法总领事巨籁达君由公署乘马车至小东门外招商局金利源码头，附“海琛”轮船往福州，盖将勾当公事也。

（1903 年 11 月 20 日，第 3 版）

瓯郡官场纪事

温州访事人云，新任温州镇余鼎臣镇军下车伊始，暂驻考棚，迨前任刘吉泉镇军交卸事毕，附招商局“普济”轮船起程，余镇军即迁移入署。

（前略）前西关厘局委员吴文之大令喜孙瓜期已届，即于上月二十四日挈同瀛眷附招商局“普济”轮船绕道沪江，然后回省销差。（下略）

（1903 年 11 月 21 日，第 9 版）

瓯江寒汛

温州访事人云新建艺文学堂落成后，各学生已于上月十四日莺迁[①]入内，苏牧师则于二十四日附招商局某轮船赴沪，然后换船回国，所遗一切事务由格致教习蔡君博敏代理。（下略）

（1903 年 11 月 21 日，第 9 版）

① 莺迁：迁居（含恭贺之意）。

温州官场纪事

温郡访事人云，新任浙江平阳县知县胡绂生大令裔麟于本月初二日之晨由沪上附招商局“普济”轮船来瓯，择吉初六日辰刻赴平接印。

委办大荆土药分局浙江候补县丞黄辅娄二尹道奎于本月初二日由沪上附招商局“普济”轮船抵瓯，禀见各当道，随择吉十一日进局视事，前药局委员王荫斋二尹一俟交卸清楚，即须回郡销差。

新委平阳土药分局浙江候补县丞马竹书二尹建勋于本月初二日由沪上附招商局“普济”轮船来温，择吉十一日进局视事。(中略)

前西门厘局委员吴福芝大令喜孙于本月初四日附招商局“普济”轮船赴沪，以便回省销差。

(1903年11月28日，第2版)

瓯郡官场纪事

温州访事人云，本月十一日新任玉环营参将郑铭芳参戎祖荫乘招商局“普济”轮船抵温，随策骑至道镇各辕禀见，闻已定于十四日赴任接印。

瑞安县王斗槎大令自九月二十二日赴省垣谒见各大宪，禀陈要公，本月十一日乘招商局“普济”轮船遄返，道经郡城小作勾留，至十三日始行回署。

(1903年12月12日，第2版)

监司赴省

苏松太兵备道兼江海关监督袁海观观察，因有要务，须向两江总督、南洋大臣魏午帅密陈，定于今日乘招商局“江永”轮船驶赴金陵省会。

(1903年12月14日，第3版)

润郡官场纪事

镇江访事人云，南洋常备左军总统张兰陔军门，于上月二十三日由清江防次乘舟南下，道出京口，暂泊六吉园码头。有顷，登岸拜会各当道，旋于二十五日乘某轮船赴金陵公干。

上月二十四日江南全省提督兼总统南洋兵轮船李寿亭军门，由江阴防次乘“策电”兵舰抵京江，下碇洋码头。镇城文武各官均登舟谒军门，略叙寒暄，即于翌晨展轮西上。盖恭祝两江总督兼南洋通商大臣魏午帅寿辰也。

前者驻防镇郡之南洋续备新湘全军统领钱琴斋观察赴沪公干，旋于上月二十四日附招商局“江宽”轮船遄回。麾下各营员均往江干恭迓。

（1903 年 12 月 21 日，第 2 版）

提宪巡洋

宁波访事人云，本月初七日浙江提督吕道生军门排导□“超武”兵轮船出巡洋面。标下各员弁咸赴招商局码头恭送节麾。

（1903 年 12 月 29 日，第 2 版）

赣学北上

九江访事人云，江西提督学政吴绸斋大宗师交卸篆务后，即由南昌起节，本月初四日道出浔阳，襜帷小驻。初六日附招商局“江宽”轮船赴沪江，然后航海北上。其太夫人则于初五日登官舫由“龙骧”兵船带回湘省珂乡。

（1903 年 12 月 29 日，第 2 版）

九郡官场纪事

九江访事人云，江西广饶九南兵备道兼九江关监督瑞莘儒观察，于十月二十六日附招商局“江宽”轮船赴金陵，谒见两江总督魏午庄制军。（中略）

十月某日江西广饶九南兵备道兼九江关监督瑞莘儒观察，因公赴金陵谒见两江总督魏午帅，刻已事竣，于本月初六日附招商局“江裕”轮船遄回。

（1903 年 12 月 30 日，第 2 版）

瓯郡官场纪事

温州访事人云，浙江温州镇总兵余鼎臣镇军因公赴省，随于十一月二十三日由杭至沪，乘招商局“普济”轮船返瓯，属下弁兵恭迎如礼。（中略）

试用府经历程星辅参军傅组为永嘉县知县程子良大令之嗣君，上月二十三日由沪附招商局“普济”轮船抵温。

（1904 年 1 月 26 日，第 3 版）

海运沪局纪事

前日江苏粮道陆申甫观察偕江苏海运沪局总办孙述亭太守命驾诣招商局，会同总办某观察筹商今届收兑冬漕事宜，良久始返。

浙江海运沪局总办宗子戴太守□［示］期十二月十三日，开兑各州县所解冬漕。清晨即督率委员、司事至招商局码头验看米色，如有搀杂糠粞□［等］弊，立即退回，以重正供，而免贻误。

（1904 年 2 月 1 日，第 3 版）

温郡官场纪事

温州访事人云，浙江温州镇总兵余鼎臣镇军于去岁十二月十六日命驾莅西门外大教场考校将弁，传令中军以下一律开枪打靶，择技之娴熟者赏赉有差。

新委平阳厘局委员郝芗衫大令于去岁十二月初五日由沪上附招商局“普济”轮船抵温，暂驻东阳春客邸。初八日禀见道府及局宪，拜会各寅僚，随于是晚买棹赴平，择吉十一日入局办事。

新任玉环厅巡检吴世德少尹于去岁十二月十五日，由沪上附招商局

“普济”轮船抵瓯，择吉十九日接钤视事。

徐班侯侍御作宦京华历二十余载，去岁十二月十五日辰刻由沪上附招商局“普济”轮船抵郡，暂寓东门潘墨侯主政家。旋于十七日买棹回珂里间，俟明春冰泮即须航海还京。

（1904 年 2 月 19 日，第 3 版）

谳员赴宁

前日法租界谳员魏莼坞大令乘招商局某轮船赴金陵，谒见两江总督兼南洋通商大臣魏午庄制军，面陈公事，并恭贺年禧。

（1904 年 2 月 21 日，第 4 版）

验收漕米

前日江苏海运沪局总办孙述亭太守偕会办各员命驾至招商局，会同总办顾缉庭观察及松海防同知黄小霁司马，验兑各县粮米，遇有米色不纯者，立饬停兑，以重正供。

（1904 年 3 月 1 日，第 3 版）

蜀聘教习

去年四川总督锡制军函聘本埠法文书馆总教习张君文彬，至成都大学堂为法文总教习兼洋务译官，至岁杪接制军电音，知已派蔡伯浩观察来沪敦请就道。张君遂定于正月十七日附招商局“江孚”轮船至汉口，然后换乘浅水小轮船上驶至四川万县，遵陆赴成都省垣。

（1904 年 3 月 1 日，第 3 版）

瓯郡官场纪事

温州访事人云，去岁嘉平月二十七日新委浙江温处盐厘总局总办郭馥斋观察集芬由沪乘“永福”小轮船来瓯，在窦妇桥公馆暂驻襜帷，随筮吉今正元旦莅局从公。适接抚盐宪聂仲芳中丞来电，着将官盐每斤加税二文，各盐商闻之纷纷向观察求减，未悉能邀允准否。

本月十四日新任松阳县陈香雪大令海梅由沪附招商局“普济”轮船来瓯，暂驻东阳春客栈，十五日禀见温处道童观察，随赴括苍履任。

青田厘局委员李少笙大令登云于本月十四日由沪附招商局“普济”轮船抵温，定于二十一日莅局任事。

新任龙泉县叶咏霓大令昭敦于本月十四日由沪乘“普济”轮船来温，禀见道府，随即赴处择吉履新。

（1904 年 3 月 8 日，第 9 版）

瓯郡官场纪事

温州访事人云，上月下旬某日新授浙江泰顺县知县韦益山大令，由杭领凭，至沪附招商局“普济”轮船来瓯，小驻东阳春客栈，俟禀见道府宪，然后赴泰。闻定于二月初二日履新。

日前乐清县知县张颂元大令附招商局“普济”轮船起程，由沪赴杭，谒见抚宪聂大中丞，面陈要务。（下略）

（1904 年 3 月 18 日，第 2 版）

万国红十字会设立金陵烟台分会

启者：本会前经邀请邓笠□通守驰赴金陵，禀商江南善后局总办何诗孙观察设立金陵分会。现得来书略云，何观察业已慨允，并邀姜蘅浦兄为帮办，日内拟即上院回明午帅，请饬文武各差缺酌量捐助，府厅州县与各厘卡、各武职，由江宁首府厘捐总局杨镜严军门分别致函各寄捐册一分，即假金陵省城门帘桥和静书屋姜公馆为收捐处。刻因捐册不敷，请再添寄等因，除备函酌寄捐册外，如蒙金陵乐善官绅捐助经费，请即就近送往掣取收照，俟转解到日，即由本会汇列清单乞登各报。至烟台去旅顺青泥洼、牛庄等埠不远，亦应添设分会，已会同招商总局杨京卿诸公电请烟台招商局李君载之转邀中西董次第开办。谨将往来两电一并钞乞，登报惟祈公鉴。

二月二十二日致烟台招商局李君电：烟台商局李载之：沪设中西合办万国红十字会，闻有东三省难民乘民船潜渡，又闻太古、四川等轮船载难民三千数百人均到烟，流离可悯。拟请邀中西商数人为董事合办分会，遇有此种难民查明酌量接济资遣款，由沪会拨还，各董举定电示姓名，事关善举，乞速办，先电复总局暨会董公电。

二月二十四日烟台招商局李君回电：招商总局列宪暨红十字会诸善长钧鉴：电谕敬悉。查四川等船载来搭客均系山东人在东三省一带贸易，刻已回籍，以后遇有难民流离可悯者，自当遵谕资遣。此间分会中西董事，俟举定后由电禀报，同叩。

上海万国红十字会同人谨启

（1904 年 4 月 12 日，第 3 版）

法租界公堂琐案

（前略）流氓任连生纠同羽党多人，冒充江海关巡丁，向往来长江各轮船藉端讹诈，受其害者偻指难终。前日招商局“江孚”轮船启碇时，见新其昌洋行伙朱子生及某客携带手摇铁车一部及洋伞三顶，复向之多方恐吓，经朱贿以洋银二元，得即了事。招商局巡探沈阿宝知之，向任查问，被将眼珠挖出，后经人将任扭获，并在身畔搜出洋银二元，送入捕房。昨日解案请讯，大令判将任枷号十日，发金利源码头示众，期满重笞四百板。沈伤着自行医治。（下略）

（1904 年 5 月 21 日，第 9 版）

示遵旗式

前日苏松太兵备道袁海观观察出示晓谕南市江海关前，略谓：照得中国商民公司、行栈旗式拟用红地黄月、月中加一青龙，以示识别一案，业经照绘图式，分别呈报照会，移行晓谕在案。嗣因招商局轮船悬挂红地黄月旗式，行用已久，未便纷更，而各公司均请自设旗号，复经本道与中国公正绅董及平日考究商务者详加酌核，除招商局官督商办者已定有旗式，应毋庸议外，拟以前定之黄月中一龙者为商民个人事业寻常通用之旗，另定一黄月二龙者为商民合众公司事业特别之旗。凡经奏准及禀定有案者方准悬用，亦不得另定别样旗式。由道禀蒙南洋大臣咨请外部，分咨照会。除将前两种旗式各绘四十分，呈请南洋大臣核咨，并移各海关道一体晓谕，暨照会各国总领事查照外，合绘续定旗式，出示晓谕。为此示仰各华商一体遵照毋违，特示。计粘中国续定商旗图式一纸。

（1904 年 5 月 28 日，第 3 版）

湘抚过皖

安庆访事人云，月初某日怀宁县郑大令探悉本任湖南巡抚赵次珊中丞奉命入都，陛见交卸赴鄂，乘招商局“江永”轮船东下，将次抵皖，因饬差在江岸高搭彩棚，以申迎迓。至初六日午后四点钟许，“江永”轮船抵埠，中丞并未登岸，即鼓轮向申江进发。

（1904 年 6 月 27 日，第 2 版）

恭迎新抚

昨日本埠官场接到江阴来电，知新任抚宪端午帅于二十四日辰刻由江阴乘兵轮船起节来申，道宪袁海观观察即率同属下文武各官登“钧和”兵轮船赴淞口迎迓。

（1904 年 7 月 9 日，第 3 版）

军宪来申

新简荆州将军清军帅由京至天津，附招商局“新裕”轮船南下，昨晨八点钟时抵埠，登岸后假英界洋泾浜长发栈为行辕。

（1904 年 7 月 9 日，第 3 版）

总办宁波招商局顾大善士经手红十字会捐款

顾元琛助洋一百零一元，又代募晋源士行严康翁合助洋十元，□［新］顺号洋二元，瑞丰号洋二元，陈敦甫洋五角，周□皋洋五角，严志巨洋五角，范□馨洋五角，董利房洋一元，隐名氏洋一元，沈中房洋四元，隐名氏洋一元，戎慈房洋五角，陈杏甫洋五角，张铭记洋五角，张安记洋五角，方仁也洋五角，董渔记洋五角，永洋昶二元，隐名氏洋二元，绪新号洋一元，晋丰行洋二元，老仁昌洋一元，公兴号洋一元，火昌号洋一元，时生行洋一元，□永行洋一元，□泰号洋一元，晋利行洋一元，晋丰行洋二元，元记行洋一元，周文□洋十元，周宇记洋一元，茂昌号洋一元，邵静山洋一元，永□号洋一元，裕全号洋一元，顺康号洋一元，福号洋一元，和源洋一元，元昌和洋一元，合记洋一元，□兴成洋一元，泳□洋一元，余景尧洋一元，谷御房洋一元，周逢翁洋一元，周信房洋一元，"江天"轮船洋十元，鄞县周大令洋二十元。上海万国红十字会同人谨启

（1904 年 7 月 22 日，第 10 版）

瓯郡官场纪事

温州访事人云，新任乐清协朱礼存副戎必成于本月十四日乘闽商帆船来温，翌晨禀见道镇及营务处，并拜会各寅僚，旋筮吉十九日赴乐履新。

新任瑞安县张愚若大合学者于本月十九日附招商局"普济"轮船抵温，在东阳春客邸暂驻襜帷，翌晨禀见道府各宪，是晚即乘官舫赴瑞，筮吉二十二日接印任事。

新任永嘉场大使刘静之鹾尹绪景于本月十九日附招商局"普济"轮船来温，筮吉二十五日履新。

新任瑞安大□司巡检杨谷堂少尹淦于本月十九晚附招商局"普济"轮船抵瓯，筮吉二十五日赴瑞接钤任事。（下略）

（1904 年 8 月 7 日，第 9 版）

远迓天潢

昨日苏松太兵备道袁海观观察探悉伦贝子由美回华，约于初五日可抵吴淞。因率同上海县主汪瑶庭大令，随侍钦命商约大臣吕镜宇尚书、会办电政大臣吴仲怿侍郎，乘“钧和”兵轮船往迓。一面由大令饬役在小东门外招商局金利源码头预备供张，并咨会法界谳员陈楚生大令，转谕法界内居民店铺悬灯结彩，高揭龙旗，以申敬意。

（1904 年 8 月 15 日，第 3 版）

备迎使节

钦差大臣铁葆臣侍郎奉旨出京，由天津乘“安平”轮船南下，约计今日可抵沪江。驻扎南市之抚标沪军续备右旗管带龙葆珊游戎、南洋续备右旗管带罗楚材游戎各饬哨弁，督率勇丁，赴招商局金利源码头恭申迎迓。

（1904 年 8 月 29 日，第 3 版）

京口官场纪事

镇江访事人云，驻防镇郡之江南武威全军统领魏镇军荣斌以俄、日交兵，江防吃紧，爰七月二十七日之晚附招商局“江永”轮船赴金陵，谒见简署闽浙总督、正任两江总督魏午庄制军，禀商防务。

（1904 年 9 月 14 日，第 9 版）

大帅将临

金陵访事友人云，南洋大臣两江督宪魏午庄制军自闻新任李勉帅遵奉上谕迅速赴任，即饬江宁藩司黄花农方伯派员备办供张，并委候补知府谭太守传赞星夜驰赴闽省恭迓节麾。本月初三日省垣官场接到勉帅来电，大致谓已定于初二日交卸督篆，初四日由闽乘“海晏”轮船起程取道申江，换乘南洋兵轮船来省，本署部堂无多仆从，亦无门签、稿案等项名目，如有假冒官亲幕友家丁人等在外招摇需索、供应情事，准地方官拘拿究办等因。日来办差人员颇觉异常忙碌云。

（1904 年 9 月 17 日，第 2 版）

招商总局交来重庆招商局经募红十字会捐款清单

全诚堂章助渝平银九两一钱，思效堂助渝平银二十五两，马梓藩助渝平银五两，马耀庭助渝平银五两〈百〉，□棠助渝平银五两，马燮氏助渝平银三两，马凌氏助渝平二两，仁义永助渝平银一百两，聚福隆助偷平银一百两，源吉祥助渝平银一百两，恒当堂助渝平银一百两，最乐堂助渝平银五十两，茂昌助洋十元合渝平银七两一钱，罗诚说助渝平银十两。以上十四户共助平银五百二十一两二钱，合来规元五百四十七两四钱八分，除于七月十四日掣寄□照外，合并声明，以昭核实。

附启者：本会昨承章存德堂助□［洋］一百元，隐名氏助洋五元，商务总刘经会交来吴子猷翁助洋三十元，吴季穆翁助洋十元，（□）翁助洋十元，安平居助洋二十元，大四□中同助洋二十元，黄敬之助洋十元，高郁贤助洋一元，陈瑞文助洋五十元，又续助龙洋十三元，各省□印洋十二元，除分掣收照，并函复外，谨乞登报，伏希公鉴。上海万国红十字会同人启

（1904 年 9 月 18 日，第 10 版）

温郡官场纪事

温州访事人云，新任浙江处州府云和县知县李葵轩大令向庭，于本月初三日由沪上附招商局“普济”轮船至温，禀见温处道童韶甫观察，拜会各寅僚，小作勾留，随于初七日赴云视事。

分温委员王荫斋二尹来金，奉浙江藩宪翁方伯委署长兴县主簿，本月初六日挈同瀛眷附招商局“普济”轮船赴沪，以便前往苕上履新。（下略）

（1904 年 9 月 28 日，第 9 版）

恭送节麾

正任两江总督、调署闽浙总督魏午庄制军由苏莅沪，在闽省来迎之福安兵舰暂驻节麾。昨日清晨九点钟时度登招商局“海晏”轮船，鼓轮出口。苏松太兵备道袁海观观察、江南提标右营参将周子安参戎以次文武各员均诣码头恭送。

（1904 年 10 月 12 日，第 3 版）

商船遇险

中国招商局“新裕”轮船前日从天津抵沪，言本月十九日下午四点钟三十分在大沽口起锚，开驶南下。二十一日黎明时途经北纬线三十四度十四分、东经线一百二十二度三十六分，遥睹轮船一艘，高悬被难旗，遂驶近其旁，始知乃瑙［挪］威公司轮船名“道特”者，满载粮米，自台湾开往天津，于十二小时前已将轮叶失落，故不能行驶自如。我船当即往前援助，无如时值北风怒吼，海浪滔天，该船又在波心，前后播［搏］击，我船费尽方法，始克以缆系之。讵知一击复断，直至午间，方得系住，而持至两小时之久，仍又脱落。迨傍晚六点钟，始克系稳，径曳至吴淞，于本月二十三日晨抵埠。途次并无他险，惟天气颇晦，风涛怒作，驶抵北运河口，始获平安。

（1904 年 11 月 2 日，第 2 版）

制军莅沪

昨日午前九下钟时，署两江总督周玉山制军，由山东烟台乘招商局“新济”轮船莅沪。苏松太兵备道袁海观观察以及在沪文武各官，齐集法界金利源码头，呈递手版。制军只传见观察及上海县知县汪瑶庭大令、正任江南提督李寿亭军门，旋乘马车赴泥城外斜桥左近北洋务局行辕驻节。当登岸时，法界捕房谢捕头督率中西各捕擎枪站立，并派马巡捕送至外洋泾桥南畔。迨午后二十下钟时，制军命驾出辕，赴各官衙各局所谢步，旋诣江南机器制造局晚餐，定于翼晨往拜驻沪各国领事。闻美总领事官枘君拟于晚间盛设西筵款之。

（1904 年 11 月 25 日，第 3 版）

派船载勇

日前两广总督岑云帅电致护理两江总督、南洋通商大臣端午帅，请转饬苏松太兵备道袁海观观察派拨官轮船，前赴粤省装载某管弁勇。遵即电札道辕，饬袁观察移会轮船招商局总办杨杏城京卿，前日已派令“仁和”轮船航海赴粤矣。

（1904 年 11 月 28 日，第 3 版）

示遵旗式

镇江访事人云，前者苏松太兵备道袁海观观察移行各处，以中国商民公司、行栈旗式拟用红地黄月、月中如加一青龙，以示识别，业经照绘图式，分别呈报照会，移行晓谕在案。嗣因招商局轮船悬挂红地黄月旗行用已久，未便纷更，而各公司均请自设旗号，复经本道与中国公正绅董及平日考究商务者详加酌核，除招商局官督商办者已定有旗式，应无庸议外，拟以前定之黄月中一龙者为商民个人事业寻常通用之旗，另定一黄月二龙者为商民合众公司事业特别之旗，凡经奏准及禀定有案者，方准悬用，亦不得另定别样旗式，由道禀蒙南洋大臣，咨请外部分咨照会。除将两种旗式各绘四十分呈请南洋大臣核咨，并移各海关道一体晓谕，暨照会各国总领事查照等因。刻下常镇通海道郭月楼观察已奉到此札，遵即出示晓谕，着各华商一体遵行矣。

（1904 年 12 月 1 日，第 2、3 版）

法租界公堂琐案

（前略）船户陈金福窃取招商局金利源所储棉花二包，被控到案，供出船户陈和尚与闻其事。大令着将金福枷号十日，发码头示众，期满责二百板；和尚交人保去。

招商局金利源码头巡丁吴某控小工王少卿行窃胡椒十余斤，大令着笞责一百板，赃给吴领回。

（1904 年 12 月 20 日，第 9 版）

恭送戎旌

前任江南全省提督李寿亭军门业奉上谕开缺，因于昨日乘某轮船返江西原籍。驻扎沪南之江苏抚标沪军续备右旗管带龙葆珊游戎、南洋续备右旗管带罗楚材游戎，均饬哨弁督率兵丁排队至小东门外招商局金利源码头恭送。

（1904 年 12 月 27 日，第 3 版）

皖抚出辕

安庆访事人云，皖抚诚果泉中丞前拟赴芜湖校阅各防营，继因钦差大臣铁宝臣星使莅皖，遂暂缓行旌。刻下星使已事毕赴鄂，中丞遂于十一月二十三日清晨十点钟时出辕，乘“吉安”轮船前往鸠江，校阅皖南各营，并赴东西梁山查勘炮台及机器厂。大约回辕之期须在腊月初三四日矣。

（1905 年 1 月 4 日，第 3 版）

上海官场纪事

本邑南市验棉局员何吉生明府因有要公，特于前日附招商局某轮船至金陵禀见两江总督、南洋大臣周玉山制军，小作勾留，即须回沪。（下略）

（1905 年 1 月 4 日，第 3 版）

星轺莅沪

前晚九下点钟时，简任出使朝鲜国大臣曾经诒星使广銮［铨］，由金陵乘“江宽”轮船抵沪，在法界招商局金利源码头登岸，驻节泥城外行辕。

（1905 年 1 月 9 日，第 3 版）

法租界公堂琐案

（前略）拐匪曾凤三诱拐西门外方浜桥左近叶玉生煤炭店内四岁男孩，领至招商局金利源码头，附“致远”轮船往广东，被巡丁缉获，送入捕房。昨日解案请办，大令判枷三月，发码头示众，期满之后，重笞五百板，孩给叶领回。（下略）

（1905 年 1 月 12 日，第 9 版）

温郡官场纪事

温州访事人云，本月初一日，新任浙江永嘉县知县沈炯甫大令德宽，饬丁告知初十日由沪上乘招商局“普济”轮船抵埠，接印之期当不远矣。

新任瑞安县双穗场大使黄鹾尹有筠，于本月初一日由沪上乘招商局“普济”轮船抵瓯，禀见道府宪后，择吉十一日赴瑞履新。

新委温郡小南茶捐局余彝伯二尹家鼎，于本月初一日由沪上附招商局“普济”轮船来温，就乘凉桥下东阳春客栈暂驻襜帷，择吉月之中旬某日入局视事。

日前温处道童韶甫观察偶尔违和，电请上宪委员接署，上游以观察才具优长，深资臂助，再三慰留。

（1905 年 1 月 17 日，第 9 版）

星使登程

出使韩国大臣曾敬诒星使广铨于日前秉节莅沪，暂驻泥城外行辕，前晚遣丁投苏松太兵备道辕及上海县署辞行，随即乘招商局“丰顺”轮船就道。

（1905 年 1 月 25 日，第 3 版）

整顿漕务

江苏海运局自开办以来，曾经总办吴子佩太守会同各员诣浦滨驳兑处监兑，务将米石扦样验看，如有潮杂，立命驳换干圆洁净者，方解交招商局存储。倘遇船户中途舞弊，一经察出即行重办。

（1905 年 1 月 25 日，第 3 版）

拿获拐匪

日前有拐匪乘“海定”轮船出口，经济良所华董曾少卿、沈仲礼、施子英、汪汉溪诸君派人查知，报知税务司、招商局、巡捕房，分电汕头，请为查缉。昨日接到回电，知共拿获拐匪六人，女拐匪四口，并被拐之男女小孩二十八人。当即复电，请将拐匪及被拐男女一并押回上海，禀请严办。闻被拐男女当登轮船时，纷纷啼哭，轮船管事人竟不究问，以致出口，是诚何心？殊不可解。苟非济良所各董实心办事，则此男女孩二十六人皆将有性命之虑矣。

（1905 年 1 月 25 日，第 3 版）

疏通漕船

江苏海运漕粮驳船前经沪局定章，每船插一白旗，上盖戳记，俾停泊之处一概免捐；其归粮则在法租界招商局金利源码头。数年前因法公部局向各驳船收捐，经招商局知照捕房暨法总领事立案豁免，迨漕米运竣，将旗收回，以免影射。近日丰记码头一带各粮船竟被马路工程局承收船捐人藉端需索，多方为难，甚至搬取船上应用物件。由经办漕粮之涌记、广记、仁记等商联名递禀海运局，请为整顿。总办吴子佩太守移请马路工程局总办翁子文太守查照，并将从前法租界免捐情由一并声明，谕令各船户照常收兑，不得在浦中与收捐人滋闹，以待工程局将所搬各物吊齐发还。

（1905 年 1 月 28 日，第 3 版）

江浙漕务汇记

（前略）江浙各属新漕历届粮船停泊招商局金利源码头，以待驳验，其搬运上岸向归船户经理。嗣以各船水手较少，转雇小工代搬，费由船主发给。近年来各小工往往逼令船户多雇，甚致捏报虚名，并立包空舱等名目，任情婪索，稍拂其意，即藉端逞凶。今届招商局总办杨杏城京卿访悉情形，爰于前日出示严禁，亦整顿漕务之道也。

（1905 年 2 月 13 日，第 10 版）

招领小孩

兹据“安平”船账房来云，有小孩王福泽乳名临清，年十岁，不知何处籍贯。据云公名王墨君，祖父名王之春，在上海三洋泾桥被拐匪拐至广东省新宁县荻海地方，为该处官局查获，拐匪逃逸。该小孩现在荻海局留养，日盼家属到局领回团聚。特登报布知。

招商总局告白

（1905 年 2 月 23 日，第 5 版）

汉局改良铁路章程

〔汉口〕铁路汉局总办钱铭伯观察因铁路章程诸多未协，每为洋工程师所牵制，因于前日乘坐招商局快轮赴□而谒盛杏荪宫保，禀陈改良一切事宜。至去岁进出各款亦造册呈核矣。

（1905 年 3 月 2 日，第 3、4 版）

瓯江官事

（前略）前办盐厘总局郭馥生观察集芬交卸局务，于正月下旬附招商局“普济”轮船出沪，晋省销差。（下略）

（1905 年 3 月 8 日，第 9 版）

镇江官事

正任海州知州恩楚芗刺史近奉江淮巡抚恩艺棠中丞檄饬，调署通州直隶州篆务。正月二十七日刺史乘舟莅润，翌日附某轮船赴金陵，谒见各大宪，然后重回海州料理交卸，以便赴通履新。

署镇江府知府德干一太守于正月二十六日晚，乘招商局“江宽”轮船东下，由沪赴姑苏谒见各大宪。

（1905 年 3 月 8 日，第 9 版）

新任谳员来沪

新任松海防同知兼理公共租界会审公廨事务屠兴之司马，于昨日正午十一点钟乘“江裕”轮船抵申，新署差役齐赴金利源码头恭迎。司马即假画锦里鼎升栈为公馆。闻此次瀛眷尚未偕来，须俟女公子出阁后方可来沪也。

（1905 年 3 月 22 日，第 10 版）

巨骗远扬

昨有冯子田偕某西人投帕克路捕房称，有住居南帕克路之沈少亭，以伊兄在招商局为买办，代人推荐轮船买办为名，到处骗钱，受骗者共有念［廿］八人。冯被骗去银五百两，其余念［廿］八人共骗去银六千两，同请究办。捕头准之，即密派徐阿华、徐荣珊两包探，及二十号西探从拘，沈已逃逸。中西探遂禀请谳员关司马，派差先将沈之住屋发封，派捕看管，候缉获沈少亭再行解办。

（1905 年 3 月 22 日，第 10 版）

镇江官事

江淮分省江宁布政使改归淮抚管辖，藩宪黄花农方伯因于二月二十六日由省乘招商局“江永”轮船至润小住行旌，旋于二十七日换坐民船径赴袁公浦。闻方伯此行因改省事宜，须面谒淮抚，禀商一切。

（1905 年 4 月 11 日，第 17 版）

方伯回宁

〔镇江〕江宁布政使黄花农方伯前赴袁公浦谒见江淮巡抚恩艺棠中丞，事毕后乘舟南下，于三月初二日道出镇江，文武各官咸往江干迎迓。傍晚方伯换乘招商局“江永”轮船西上，遄回金陵。（观）

（1905 年 4 月 17 日，第 9 版）

县令到任

〔镇江〕调署丹徒县知县、正任奉贤县知县郭子华大令奉饬赴任，遂于本月初一日乘招商局“新裕”轮船驶抵镇江，即以贡院暂驻襜帷，旋择于初二日接印视事。（观）

（1905 年 4 月 17 日，第 9 版）

灵輀回旗

〔镇江〕原任京口副都统奇克伸布病殁任所，筮期三月初二日出殡，乘招商局“江宽”轮船至沪，再行航海北上，回旗安葬。（观）

（1905 年 4 月 25 日，第 17 版）

会议冬漕

江苏海运沪局经办去年冬漕曾经验明，陆续收兑过筛、打包，堆存招商局栈房。现在粮道来沪，须将漕白二粮察看高下，如有米色低潮仍宜驳换，故由总办吴观察会同松海防及各委员诣招商局会验。（土）

（1905 年 4 月 29 日，第 17 版）

盛宫保依赖南皮

〔武昌〕盛宫保于三月二十五日乘招商局“江裕”轮船到汉，驻节铁路汉局各情，已迭纪本报。慈悉二十六日鄂督张宫保宴之于武昌曾公祠，连日盛宫保日必渡江晤商一次。闻以粤汉铁路废约事为最要，整顿汉阳铁厂事为次要。惟宫保近来圣眷颇衰，不无有依赖南皮之意，故一切办法不外乎惟命是听。洋员福开森现亦在鄂备张、盛两公之顾问云。(师)

(1905 年 5 月 7 日，第 2 版)

租界招商码头不能争回

(1905 年 6 月 23 日，第 3 版，文见“产业与经营”)

磋商租界建设招商码头

(1905 年 7 月 3 日，第 3 版，文见“产业与经营”)

裁抚抵申

已裁江淮巡抚恩艺棠中丞由清江至镇江，附招商局“江孚”轮船昨日十点钟抵埠，本埠文武各官均诣舟次迎迓。中丞登岸后驻即天后宫侧出使行辕。(斥)

(1905 年 7 月 23 日，第 9 版)

皖抚电陈芜湖招商局租地情形

(1905 年 9 月 12 日，第 3 版，文见“产业与经营”)

晋抚启程

裁缺广东巡抚、调任山西巡抚张安圃中丞因公来沪，驻节天后宫侧行

辕。现悉中丞业已公毕，于前晚乘招商局轮船赴晋履新。（求）

（1905 年 9 月 28 日，第 10 版）

宫保返沪

盛杏荪宫保由京乘招商局“新裕”轮船南下，于昨晨八点钟抵埠，停泊金利源码头，旋乘马车至洋务局。商约大臣吕尚书、电政大臣吴侍郎、道宪袁观察、县尊汪大令等均至局恭请圣安，由宫保宣读上谕一道毕，与吕尚书茗谈片刻始散。宫保即赴行辕驻节。（林）

（1905 年 10 月 2 日，第 10 版）

皖抚札芜湖关道文

——为饬划留新关以南地段给招商芜局应用事

（1905 年 10 月 22 日，第 3 版，文见“产业与经营”）

直督电令招商局放轮救难

直督近以海参威乱事，特电致上海招商总局驶轮至海参威装载被难人民。招商局以商轮北驶从未穿过对马海峡，航线生疏，且该处水雷未起，恐遭不测为辞。直督袁宫保旋即复电至沪，谓救人重要，不能托故规避。（望）

（1905 年 11 月 15 日，第 4 版）

沪江官事

盛杏荪宫保前日乘招商局“江永”轮船回沪，即赴行辕驻节。

三品衔浙江补用府、福州招商局兼闽省文报局总办汪太守叔蕃，因公来沪，昨到道辕辞行回闽。（下略）

（1905 年 12 月 6 日，第 10 版）

小轮互撞

〔镇江〕镇郡招商局“恒泰”小轮船去腊某日由镇载客，开往扬州，行经三汊河左近，撞伤某洋行小轮，恐又多一交涉案件矣。(想)

(1906年1月29日，第10版)

本馆接到驻京英使要求洋商厘税与招商局一律办理专电

(十八日申刻到）北京专电云，驻京英公使照会外务部以招商局厘税较洋商独轻，援法国《天津条约》十四款要索华洋一律。(仁)

(1906年4月12日，第2版)

米业禀复商会借漕平价办法

截漕平价，瑞道台接奉极峰电谕，照会商会筹商办法，已载前报。连日商会，一再与米业统筹拟定办法六条，呈由商会移复关道。大致谓近日米价因到货接续，市已能平，截借漕米不必二十万，拟借十万石以之平价，即无虑青黄不接。所有办法六条录后：

一、由商会承借江苏漕粮十万石，至本年秋后仍由商会招商买进，照数兑还招商漕务处。

二、所借漕粮分发机器米厂碾白，就近请总工程局备三联单，随时明填石数，以五石起码，由米行领卖现洋，不收行用，买米人持赴机厂领米。愿买糙米者，以原包漕粮出售五十石起码，亦由工程局填给三联单，竟赴招商局领取原包漕粮，每包洋四元二角净盘。

三、现在适中定价，海斛白米每石五元八角，倘后市价增涨，白米以六元，原包漕粮以四元四角为限；如市价再廉，随时酌减，米董随时报市，就近商准工程局总董定价，所定价目标示局前，便人咸知，以昭划一。

四、卖出价洋，逐日缴呈总工程局收存，分发殷实钱庄生息，以备本年冬季照数买进漕粮之用。总核亏蚀若干，拟请禀准在出口米石义捐项内提出拨补，倘秋成丰稔，粮价平减，核有盈余，拟归工程局充作地方公益经费。

五、此项漕粮系向招商局漕务处陆续请领，雇船驳赴机厂碾白，其随船押运、在厂监察以及稽核升合，如需人手，米行愿尽义务，轮流派友帮同照料，逐日报告工程局志账，惟请商会或工程局派人督同办理，以昭核实。

六、卸去麻袋拟陆续缴还招商局，其送厂驳力碾白机工、办事人在工午膳车费，应请工程局在米捐项下开支。（助）

（1906 年 6 月 9 日，第 17 版）

泽、尚二钦使起节有期

泽、尚二钦使昨日谕饬北洋海军总统萨镇冰军门预备“海圻”快舰，准念八日起程，所有行李预饬差弁于昨日乘招商局“新丰”轮船先行赴津。（力）

（1906 年 7 月 18 日，第 17 版）

提宪因公赴宁

〔镇江〕江南全省提督徐吉云军门于月之十九日乘招商局“江孚”轮船过镇小住戎旌，旋于午后启轮赴宁。闻军门此行须与江督周玉帅筹商防务机宜云。（再）

（1906 年 8 月 10 日，第 9 版）

京兆来申

顺天府府尹袁海观大京兆于前晚乘招商局“新济”轮船来沪，其行辕在公共租界黄家库左近。（力）

（1906 年 8 月 18 日，第 17 版）

苏省铁路公司复汉口招商局陶君忍百函

敬复者：承询红股情形，查原定简章载明“招满千股者给红股五十股，作为一切开销汇费等项，其愿酌给入股人若干，亦听其便”等语，明明系“酌给”二字，原指认股诸公或近上海，或为数不多，便道带沪，无须开销汇费等项者而言。盖股数既有多寡，道路亦有远近，断难一律给与入股之人。诚如来谕云云，致多妨碍。至上海报载，每一股即给红股一股之告白，亦系热诚诸君就沪招徕，既无汇费亦省开销，故有此特别办法，内地决难仿照，此即本公司原定简章“酌给”二字之意也。四期并交之股，八月以前照章九扣作为预领十五个月之息，过此即不能为例，并闻。

苏路总公司谨白

（1906 年 8 月 26 日，第 10 版）

法租界公堂案

住居洋行街源太栈号客源顺祥之伙金玉亭因栈主沈康元被债户逼迫，即劝沈暂将源太牌号更名天成，沈不知是计，贸然更改，金即□洋人勒沈迁移。沈据情投控捕房，金亦□禀，公堂准词，拘沈到案。金称：“该栈房屋系招商局之产，已向说明，允另租与小的。”沈供：“商人租此屋已十六年，从不亏欠房租，请致招商局查问，不难水落石出。”陈大令商之爱翻译官，判沈交保，候得招商局函后正讯。

（1906 年 9 月 14 日，第 11 版）

新任滇督由粤起程消息

《文汇报》云，卸任两广总督岑制军偕其眷属，于昨日乘招商局“广利”轮船由广东省城起程，取道香港赴沪，抵申后小住数日，即须取道汉口赴云贵总督新任。

（1906 年 10 月 14 日，第 3 版）

周督乘轮赴粤

卸任江督周玉帅昨午前乘车至制造局及北洋船坞，察看一周，并检核账目。总办张楚宝、宁局总办李芑南、会办张介臣各观察等均随同察看。招商局“安平”轮船昨由天津进口，现即派该轮送周玉帅赴粤履任。闻玉帅准于今日下午登轮起程，捕房麦总巡派马巡、探捕人等已预备照料。（合）

（1906 年 11 月 4 日，第 4 版）

新任粤督已抵香港

二十五日香港电云，新任两广总督周玉山制军，乘坐招商局“安平”轮船于今日抵港，因天气不佳，致迟三日，未能准期。当该轮进口时，英国海军旗舰鸣炮致敬，旋有寓港有名中国绅商恭请制军宴饮。（译《字林报》）

（1906 年 11 月 13 日，第 4 版）

杨左丞移交电报招商铁路

〔天津〕杨杏城左丞于二十六日随同振贝子来津，系因新设邮传部所有电报、招商两局及京张铁路各事宜，凡向归杨左丞办理者，皆须料理移交，以备邮传部接收。故此次来津，与袁宫保商酌移交各事云。（兄）

（1906 年 11 月 23 日，第 2 版）

局轮冲突

朱家角向有“惠通”、“惠济”轮船开往上海，今秋内河招商局亦开两轮争夺生意，以致滋闹之事数见不鲜。乃现在招商局用铁甲巨轮将“惠济”轮拖两船尽行撞坏，不日将赴河泊司控诉，未知若何了结也。（谓）

（1906 年 12 月 7 日，第 17 版）

温州官事

新任永嘉县丁象明大令惟晋现饬家丁赍送红谕，已于前月［廿］九辰

刻搭乘招商局“广济”轮船来温，暂寓连升客邸，大约长至节后即可荣莅新任矣。（中略）

温州镇萧莘耕总戎因公晋省，兹于前月念九日附坐招商局“广济”轮船回辕。（中略）

右营守备刘雨卿守戎震祥现于初一日搭趁招商局“广济”轮船赴省领饷，大约来月杪即须遄回云。

前署右营游府夏鸣如游戎金镳因案被控，已于前月念二日撤任交卸，调省察看，兹已附轮抵申，换船晋省矣。（即）

（1906 年 12 月 26 日，第 9 版）

英教士赈物转运

〔清江〕英国传教士以淮徐海水灾，倡捐巨款，在沪购办美国面粉一万五千包、牛奶三百二十五箱、咸火腿一百只，均托招商局“江裕”轮船于二十日运抵镇江。镇道荣观察饬总巡周锦堂协戎照料，当将该面粉等搬卸民船，用小火轮拖带转运清江浦，并咨请淮扬海道杨俊卿观察核实散放。惟牛奶、火腿两物系给与被灾产妇所食。（再）

（1907 年 1 月 7 日，第 4 版）

袁京兆来沪消息

前任上海道升任顺天府府尹袁大京兆于今日乘招商局长江轮船莅沪，其行辕预备在慎裕号云。（力）

（1907 年 1 月 21 日，第 9 版）

内河招商局小轮劫人肇祸

〔嘉定〕十一日内河招商局“永清”小轮由青浦之朱家角镇开至上海，中经黄渡，乡民因该局轮船屡次肇祸，初七日又撞翻砖瓦船，货没人伤，疾驶不救，以致激动众怒，乱掷泥块，击碎拖船玻璃。讵该小轮司事水手人等均系太仓、青浦两属著名无赖，恃局为护，上岸拿人。有一乡民在田间掘菜，讵被劫至船中肆行殴打。于是乡人大愤，四处鸣锣，聚众数百人与之格斗，幸被劫殴伤之乡民乘乱凫水逸出，得即解散，惟已遍体鳞伤，命在呼（吸）。翼日[①]，乡民聚众图报，而该局已易轮行驶矣。

（1907 年 1 月 27 日，第 4 版）

考查铜币大臣起节赴粤

考查各省铜币大臣陈玉苍侍郎定期赴粤，已纪本报。昨晨八点钟，侍郎由泥城外洋务局起节，乘坐招商局“广大”轮船径赴粤东。（该）

（1907 年 3 月 10 日，第 4 版）

京兆莅沪

顺天府尹袁海观大京兆于前日下午乘招商局“江新”轮船抵沪，公共公廨谳员关䌹之太守偕同襄谳王肇之明府往码头迎迓。现袁京兆假洋务局为行辕。（舟）

（1907 年 3 月 25 日，第 17 版）

招商局小轮装回饥民被罚

〔镇江〕上月东宇公司小轮装回饥民，认罚载送饥民二千名，不收水脚等情，已详前报。讵日前招商小轮装载饥民□［三］百余名至清江浦，亦于数日后悉数装回。关道荣观察得悉大怒，以该轮只图水脚，不顾大局，殊为可恨，因罚令于本月内，凡有饥民过境须遣回原籍者，悉由该局派轮运送，不准领取船价。（子）

（1907 年 3 月 29 日，第 4 版）

① 翼日：次日。

招商轮船留难搭客

〔温州〕招商瓯局“普济”轮船于初二日由局悬牌，定初四早开沪，是以各商货均于初三日赶紧装舱，各搭客亦于初三晚次第上船。讵该局总办因欲添装瓯柑，骤议改期，各搭客候至初五早晨，不能再待，遂纷纷上岸向局理论，几至肇事。嗣经税务司竭力调停，议令该局不得添装瓯柑，并由局丁将客商起岸行李一律装好。然一时忙碌异常，待至初七早晨始得展轮行驶云。(世)

(1907年3月30日，第12版)

招商局小轮水手凶殴营弁

〔嘉定〕黄渡营于二十四日续获抢米匪徒一名，派高弁搭招商局“骏云”小轮押赴青浦归案讯办。当日该轮船价每客八十文，另酒资二十文，次日高弁仍搭原轮回营，下船后即将船价酒资一并付讫。讵行过白鹤江镇，水手取票，又索酒资，高弁答以早已并付，水手不睬，以致口角。该轮司事李某不问情由，喝令水手吴炳、王阿鹅、龚阿香等肆行乱殴，将高弁右眼打肿。迨至黄渡，又不令登岸，意欲带回上海，送捕诬陷。后经旁人解劝，始于黄渡迤东二十余里之纪王庙地方将高弁释放。至念六日午间，该轮又由申开至黄渡，营主即片请李司事到营问话，李托故不到，而水手吴、王、龚等多人反到营吵闹，仗势要挟。现营主已函致招商总局，请将司事、水手一并革换，以安行旅矣。(了)

(1907年4月12日，第12版)

公共公廨纪事

(前略)招商局“海定”轮船买办柳玉堂昨投捕房，告控被茶房徐好子窃去现洋二百五十元及零星各物，约共五六百元，请为查缉。捕头以金利源码头在法界，着先至法捕房具报请缉。(车)

(1907年4月22日，第19版)

法总领事赴津

驻沪法总领事巨籁达君定于十八日乘招商局“新裕”轮船赴天津。

（1907 年 5 月 1 日，第 19 版）

新道查阅炮台

〔九江〕新任九江道文卓峰观察接印后，连日赴彭泽、马当等六处阅看炮台，并查点军火，十五日府县及各委员等设席招商局，公请筵宴。（寂）

（1907 年 5 月 5 日，第 12 版）

卸任粤督过镇

〔镇江〕卸任两广总督周玉山制军由粤莅沪，换坐招商局“江新”轮船于五月二十九日行经镇江，文武各官均诣江干迎迓。（退）

（1907 年 7 月 12 日，第 12 版）

沪道复张殿撰函

——为商船学校经费事

接奉惠函，以现在筹建商船学校经费不敷，属为筹议，以便拟办等因。惟查渔业公司附设水产、商船两校，经袁前监督咨呈商部，请由沿江海各省合筹银两，仍就吴淞建设，力求进益，并未议及商船学校，是以各省筹解是款亦均指明为水产学校经费之用，今将此款移建商船学校，核之原案究有未符。鄙意商船学校既与航业、海军均有密切关系，袁前监督咨筹水产经费，既未尝提议及此，似不如另为一事，另备公牍，核定各项用款，移由敝处咨详南北洋及邮传部，就南北洋海防经费及招商局合筹凑济，较为名实相副。纵南北洋海军本有专设学堂，未易协助，而招商局为中国商船首领，此校成立，于商船前途得有最大希望，当亦必乐于赞成。彼时倘不敷若干，再行设筹，或暂借用水产校费，亦不致碍手。祈酌示，以便照办。(列)

(1907 年 7 月 18 日，第 4 版)

乡民与招商局小轮为难

内河招商局行驶黄渡、青浦、珠［朱］家角等处之“永清”小轮，前日行至华韶港口，有一老妪乘划船赶至轮旁趁船。该轮水手急以竹篙将划船撑住。讵用力过猛，船即倾覆，将老妪溺毙。昨日该轮回沪驶至港口，该处乡民已聚集数百人，群与为难。谓老妪之死实由水手有心陷害，若非厚加抚恤，必不干休。并将该轮阻不放行，声势甚厉，纷纷扰扰，不知若何了结也。(敏)

(1907 年 9 月 14 日，第 19 版)

请收招商局栈保险费

〔镇江〕招商货栈堆货极多。昨岁，商会总理吴泽民曾请招商委员李丙君按照货之粗细，分别由局抽收保险银两，一则保险归招商办理，可免利权外溢；一则遇有火灾，商人血本可以保全。当时朱委员会［答］禀商总局再为答复，讵其议迁延无成。果于初十日，招商栈间壁同裕米行失慎，虽未殃及，然已受惊不浅。是以商会吴总理再申前请，闻万一招商局置诸不顾，则惟有另筹保险之法云。(八)

(1907 年 9 月 24 日，第 12 版)

湘藩行程

〔镇江〕新任湖南布政使吴福茨方伯于十八日由扬州原籍乘舟过镇，十九日午后即改座［坐］招商局“江宽”轮船溯江而上，赴湘履新。(退)

(1907 年 9 月 29 日，第 12 版)

巡警总办赴宁

巡警总局总办汪颉荀观察因有要公，于昨晚附搭招商局“江宽”轮船前往南京，谒见端午帅，面禀一切。（衣）

（1907 年 10 月 7 日，第 19 版）

代理沪道来沪确音

上海县李大令昨接南京来电，得悉新委代理沪道王绍延观察于十六日由宁乘招商局“江孚”轮船下驶，定今日午前到沪，并嘱不必预备公馆，抵埠后即至□［行］辕驻节，定二十日受篆云。（车）

（1907 年 10 月 24 日，第 4 版）

招商总局复沪道文

——为股票纠葛停息事

查光绪十七年、廿九年两次禀定章程内载，“凡有股票息折真被水火、盗贼意外之事实，未遗失在外，方准凭保报失，一面登报，并请地方官立案，俟三个月后央保投局补给。又如因借押抵偿，自生纠葛，饰词诬报者，查出即停发股息五年，以儆效尤”各等语。均奉前北洋大臣批饬准行，并刊入历届账略各在案。原所以严立报失之条，并杜绝谎报之弊。兹准前因，该董鲍焜等固非谎报，亦非真正遗失，而与罗伟堂等自生纠葛情节，显然应责令自向清理，局章查无此项停支股息之条，本未便即行照准。惟事关华侨善产，既准移会到局，自当照文开各户股数，于明春下届发息之期暂行扣停，仍俟责令两造赶速清理，再凭移销案，照旧支息。除分饬一体遵照外，咨复查照转移施行。（毒）

（1907 年 11 月 2 日，第 19 版）

军门因公赴宁

〔镇江〕淮北缉私营总统李定明军门十八日由徐莅镇，翌晨换坐招商

局“江永”轮船赴宁，谒见江督端午帅，筹商缉匪之策云。（射）

（1907 年 11 月 27 日，第 11 版）

赣臬晋省

〔九江〕升任江西臬台瑞莘儒廉访由宁乘坐招商局“江宽”轮船于二十四日晨抵浔。二十六日乘坐官舫，由“敦智”、“康济”两小火轮拖带晋省。（页）

（1907 年 12 月 6 日，第 11 版）

法租界公堂案

招商局驳船户沈新裕、周亚堂，因船伙方德清、李全卿窃煤一百余斤，被管码头印人控奉提究。周同认失察，方、李均求宽宥，聂司马商之西官判，四人各枷七天。（下略）

（1908 年 1 月 11 日，第 20 版）

青浦县详沪道文

——为限制行驶小轮事

（前略）查裕青轮船公司总协理蔡承烈等招集股本，初置“惠通”、“惠济”两轮，按日由角镇开往上海，经营擘画，固已煞费苦心。始而被杜怡昌轮船寻衅索贴，继而被招商局轮船跌价揽夺，以致费尽唇舌，亏折甚巨。且轮船彼此因争夺生意起见，水手人等互相左袒，往往藉端滋事。在本地轮船雇用本地土著之人，情意相通，尚能自行约束；若外来轮船水手素性凶暴者居其多数，每恃势凌人，不可理喻。民船常被其损害，搭客亦屡蹈危险，非惟该公司受其影响，抑且于地方大有关碍。前经知县查案，谕催该公司赶［速］与内河招商局和平商办，设法改良妥定章程，以期彼此有益。现经该公司与招商局一再集议，允洽订立合同，逐日各开一轮，由公司改造“源源”、“溪溪”两船，一往一来，永免争竞，办理甚为妥善。查朱家角系青邑一乡镇，地居腹里，风气初开，非通商码头可比，生意无多，航路亦应示以限制，嗣后杜怡昌固不能再收贴费，妄生觊觎。即此外亦不得再有人请设申角轮班，复起衅端，以杜后患，而靖地方。理合抄粘合同，详祈鉴核，并移咨税务司一并立案。（企）

（1908 年 1 月 13 日，第 18 版）

福州将军履新

新简福州将军朴寿定于二十一日由沪乘招商局“海晏“轮船赴闽，所有随带行李由沪道函请税关免验云。（车）

（1908 年 1 月 24 日，第 18 版）

杭班小轮遇盗三志

补述当时被劫情形。二十二日九句钟，戴生昌、大东两公司杭班小轮带拖船四只由杭回沪。道出娄县辖境之五库左近白牛港地方，忽闻吹号声呜呜然，起于港汊中，俄而此接彼应，衔成一片。小轮执事人知必有异，正拟鼓轮飞驶，忽两旁港汊中驶出匪船二十余号，燃放排枪击中船员日本人一名，并毙年老搭客一人，遂纷纷跃上肆劫。除银洋货物外，搭客所穿之皮袍褂等一并褫夺。有仁和相国之外孙带洋数千元亦被劫去，浙江定海厅高子勋明府亦大受窘辱。该盗临行，故遣下营中号褂两件，并大声谓我辈均某军门部下人，不妨唤凌秉忠、沈葆义来，当与决一胜负云云。同时尚有米船亦被劫伤三人，两人受伤过重，即行毙命。

沪道派兵巡缉盗踪。前日沪道梁孟亭观察为大东、戴生昌小轮被劫案，与□［日］本领□［事］永泷君会商，回辕后立饬本城提右营万棣华参戎带浅水快轮数艘，并派营兵多名，由救生局头号小轮星夜拖往白鹤港余来庙一带梭巡有无匪党踪迹，禀复核办。昨午又传巡防四、五二营管带章都司豹文、萧明府振□等亲率营兵帮往兜拿。现观察已接浙抚冯中丞来电，谓该处是否浙界，除另派员往查外，祈迅赐派营督队驰剿云。

上海县李大令禀抚藩臬电。廿二日早六点钟后，招商局“利亨”小轮拖带安利公司船由杭回沪，行至浙江嘉善廿里，在陈王村外遇匪二百余、船数十只喝停，该轮老大急鼓轮逃避，匪众放枪环击，立毙搭客三人，伤五人，轮未被劫。迨八点钟，日本大东公司船至白鹤港，又被拦劫，枪毙搭客一人。适戴生昌轮踵□，亦同被搜劫，银洋衣物均经抢罄。匪遗号衣一件，且商因指为官兵，各轮酉刻到沪，函报到县，立往验讯，察看号衣，似匪嫁祸。惟日人大有违言，已请本道派轮带同炮船巡缉，往来保护，否恐蹈西江捕权之害。

上海道禀督抚电。大东“蓬莱”、戴生昌“顺泰”等小轮暨拖船自杭来沪，廿二晨过华亭白鹤港又名白庙堂，突遇枭匪二百余人，有穿飞划营号衣者，有穿巡警军水师前营右哨正勇号衣者，两岸放枪，以枪船二三十艘拦劫，枪毙一人。又闻招商局“利亨”轮拖安利公司船早晨六点三□过松江上廿余里、浙嘉善下廿余里之陈王村，被匪船五六十只围住放枪，伤五人死三人，幸未被抢。并闻日领事有派兵船自行保护之说。现飞电刘军门速派师船巡缉保护，能否拨鱼雷前往协同办理，以壮声威。并电商萨军门查酌，仍商提右营抽调划船，另由职道特派小轮拖往查办，一面函告日领，以免干预。理合电陈，伏乞电饬水陆各营严行堵截，并电浙省会剿，地方幸甚。

（1908 年 1 月 28 日，第 18、19 版）

杭班小轮遇盗余闻

苏抚严饬追剿内河招商局暨大东、戴生昌两公司杭班小轮被枭匪枪毙多人并抢劫钱洋、衣物等情，迭志去腊本报。兹悉此事经沪道梁观察电禀苏抚后，陈中丞即将营务处杜云秋观察、统领飞划全军徐锦堂副戎一并先行摘去顶戴，责令赶紧勒限分投追剿，倘再疏忽误事，定即严行参处云。

（1908 年 2 月 5 日，第 26 版）

杭班小轮遇盗后之布置

杭班小轮被劫后，曾由浙抚电请沪道代雇小轮五艘赴杭，以便转饬统带分往各处缉拿盗党。兹悉梁观察接电后，即于除夕向招商局雇就小轮两艘，先令开行；又于前日续雇三艘，同时赴浙。现闻冯星帅已将先到之二艘拨归嘉防统领李振标率领，分投巡缉。至续到三艘，其一归拱宸桥庄管带，其二归嘉防营李统领接收备用云。（泳）

（1908 年 2 月 7 日，第 19 版）

资遣华工回籍

华工梁海山由美国逃回，昨由上海县李大令饬丁向招商局购就船票，送往天津原籍，俾免流落。

（1908 年 2 月 9 日，第 18 版）

粮道来沪验米

江苏粮道惠观察昨由省垣乘坐火车来申，先至海运局，继往招商局，验看漕米，闻不日即须回省。

（1908 年 3 月 2 日，第 18 版）

姜军过汉纪闻

〔安庆〕姜军二千八百三十五员名已于廿六、廿七两日分起到汉，其曹防军队尚不在此数之内（曹防军须俟姜军本部抵防后陆续南下）。上海招商局已预派“爱仁”、“公平”、“新昌”三江轮来汉装载军士。鄂督于廿七日午刻亲至刘家庙火车站，督率武汉文武地方各官代该军照料一切，并在车站设筵宴，为姜军门洗尘。闻该军需用过山炮、枪弹等件，赵督已饬兵工厂如数照发，送至姜军门坐轮，以备应用。其行营营务处为道员杨镛，全军总稽官为道员李绂绶。该军纪律颇严，惟军服甚陋，在汉停泊一夜，准廿八日晨下驶安庆。

（1908 年 3 月 4 日，第 4 版）

杨钦使由皖来沪

巡视南洋华侨大臣杨士琦于前晚由皖乘轮来申，假招商局为行辕，定于明晚乘“新铭”轮船北上，回京复命。

（1908 年 3 月 4 日，第 19 版）

招商舵工凶横

〔常州〕常州招商宜溧班某小轮，上月廿八午后一句钟由常开溧，道过石龙嘴，因河窄船挤，致一小舟强被挤破。船主向理，该舵工转肆口丑诋，并举铁头巨篙用力猛击船主头额，血流被体，即鼓轮直驶。伤者勉力追及，扳篙登舟，该舵工复猛力举巨篙拦头重击，致伤者脑额破裂，倒入舟中，命仅一丝。当时两岸观者如堵，众怒不可抑，几有欲将该轮碎击之势。现将该轮饬留，向该局理论。讵总理反庇舵工，甚欲令赔偿停轮水脚等费，当地商人愤欲罢市，现尚未了。(川)

（1908 年 3 月 6 日，第 12 版）

芜关道复讯禀复江督文

——为防范轮船劫夺事

敬禀者：职道在宁禀辞后，奉督宪辰电谏电，饬于长江上下商轮严密防护，毋任匪类潜踪，聚集酿事等因。职道回芜，遵即传集驻芜缉捕营官及巡防两营管带，谆谆面谕，责成缉捕营及李参将振标所带侦探队选派得力弁勇，于上下各商轮充作暗捕，附轮上下梭巡。并于搭客上船时留心稽察，如有匪徒混迹，或私运军火等事，立即知会地方文武各官兜拿；一面严饬巡防营队随时赴各轮船码头逻察，以便在轮船侦探，知会协捕，藉壮声威。并录电谕备函密会巡警总局道，严饬原派轮船抵埠，巡警弁勇认真查察，勿稍疏懈。其滨江之大通、内河之运漕地方，均属轮商航路，札行各该处巡防营队一体遵照防护，并由职道遴派文武员弁不时附轮上下巡察稽查，警怠励勤，以昭激劝在案。

职道伏查长江上下水大轮船自三四只、七八只不等，而中外商人小轮船行驶金陵抵芜，及由芜抵安庆，抵内河庐州、宁国等处，数亦不少。招商局轮船价稍昂，搭客较为整齐，其余各船贬价招徕，人迹为最□［淆］杂。以数十亡命，手持利器，即可胁制全船，徒手良懦任其劫夺，最为可虑。职道辗转筹思，惟有由沿江各省该段派拨弁勇，持械附轮上下，每次或数十名，或一二十名，或仅派暗捕数名，不必日日船船均有大队随行，多寡出没不拘定程，忽紧忽松，务张声势，庶足消萌而资镇慑。一面议定妥章，密造暗号旗灯，分有警、次警、最警三项，以便白昼黑夜随时就船扯挂通行。沿江水陆各营各备望远镜，一见轮船号旗、号灯，立即聚集船勇，驶赴该轮船策应，并即知会上下游各营汛①，层递知照，议定号炮，务使相闻，如古烽燧之法，立就各港口堵截兜拿；一处有警，而数百里随时响应，如网之张，自难免脱。在船之人究属无多，全赖在陆之人蚁聚赴援，此节最关紧要。无事之时，饬令不时举旗、举灯练习，以免临时贻误。长江大轮船皆系由沪上□［驶］赴汉，分段办理之法，请由沪至镇江为一段，由镇江至金陵为一段，由金陵至芜湖为一段，由芜湖至安庆为一段，由安庆抵九江为一段，以上各处照此类推。金陵至芜湖，责成金陵关道会同金陵洋务局办理，芜湖至安庆责成芜湖关道，安庆至九江责成安庆洋务局办理，由上而下之船即由各埠原派员弁勇役护送而下，遂段交替，各专责成，虽往来劳费计数不赀，而此中收效良非浅鲜。

职道更有请者，在轮船明捕、暗捕弁员船价、饭食，可否仰乞宪台札行沪道饬与行驶长江中外各轮船行局妥商，就搭客水脚中酌增代收。遇有在船保护明捕、暗捕多或百人，少或数名、数十名，概免船价，供其饭食，由各埠明捕暗捕员弁各与印照，于上船时知照轮船账房，查明人数照行。至员弁勇线差盘犒赏之费，由各关道禀商本省督抚宪定章拨款饬遵，其由通商口岸行驶长江及内河各小轮，由各关道就近援照此章与商埠各小轮船公司妥商办理。愚昧之见是否有当，理合具禀，驰陈仰祈大人禀核批示饬遵。

（1908 年 3 月 7 日，第 4 版）

---

① 营汛：戍防军队。

窃芝麻

杨金生窃招商局栈房芝麻，售于倪顺如，由探一并拘廨，判杨押一月，倪罚洋一元充公。

（1908 年 3 月 15 日，第 19 版）

窃煤斤

朱顺嘉窃招商局煤斤，由巡丁拘获送廨，判枷号七天。

（1908 年 3 月 15 日，第 19 版）

窃案汇志

招商局司事许兰生失窃灰鼠皮马褂一件，昨由包探潘玉山将窃贼王德泉缉获，解入捕房押办。（下略）

（1908 年 3 月 16 日，第 19 版）

那右丞由汉赴宁

〔汉口〕邮传部右丞那西侯丞堂，由京乘坐快车，已于十一日下午两点五十分钟抵埠，即在关署暂驻行旌，准十二晚附乘招商局之“江新“轮船东下，先往江宁会晤端督，然后再赴上海调查铁路事宜。（今）

（1908 年 3 月 19 日，第 10 版）

梁参议定期入京

升任外务部右参议梁孟庭参议如浩，定于今晚乘招商局“新铭”轮船起节赴京，昨至各署辞行。

（1908 年 4 月 20 日，第 19 版）

黑龙江移民问题

（前略）东督又奏，黑龙江边备空虚，非移民实边不足以固吾圉，拟招内地人民赴黑龙江屯垦，所有轮船、铁路应请饬邮传部发给免票等语。刻经邮部议定京奉、京汉铁路俱借款建筑，与外人订有合同，免费一节殊多窒碍，惟轮船可与招商局从长计议，每名拟折半收取水脚。

（1908 年 6 月 7 日，第 4 版）

收赃拒捕

归化城都统三统制前乘招商局“新铭”轮船进京引见，遗失行李各物，报请县局查缉在案。兹由法廨派探带同窃贼阿三至总工程局，声称该贼窃取篮内眼镜、金线圈等卖于洽兴街殷炳年小货行，得洋三十二元。旋由局派探协吊原赃去后，殷及其妻陈氏出面拒捕，被拘到案，判氏戒责五十下，殷押候法廨，移提究办。

（1908 年 6 月 26 日，第 19 版）

新任浙抚将次到沪

新任浙抚增子帅①昨有电报到申，已乘招商局“新铭”轮船南下，准二十六日抵沪，暂借海军局驻节。

（1908 年 7 月 23 日，第 18 版）

禀控厘卡扰害商旅

绸业盛泾公所众商禀呈沪道略谓，本月二十四日据船户金七官奔诉，该船于二十三日由盛泽装货八十八件，附拖招商局“恒升”小轮来沪。三

① 增子帅：即增韫，字子固，蒙古镶黄旗人，清朝最后一任浙江巡抚。

更时行抵离沪一百二十里之塔港地方，突来快船一艘，将货船截住。有匪徒十余人，各执利刃上船，将刀搁诸该船户颈上，穷诘有无银洋，船上水手大声呼救，该匪即将缆绳砍断，致货船随潮而退。迨“恒升”小轮退回保护，匪党又以查舱为名，将货船轧至五库厘卡，将船扣留。此时小轮未便久稽，只得弃置货船，令该船户检同断缆二支，趁回上海。经过分关南卡，先行呈明原委，一支留存招商局，一支送公所呈验。窃思商等捐运绸货，向有捐单为凭，乃船户呈验捐单，该卡犹勒令停候，天明始予查看，似此情形是否匪徒行劫不成，串丁图诈，抑系卡丁病商故技，实难揣测。现货船尚被扣留，非求派员勘办，何以儆不法而安商旅？除禀知税务司外，吁求迅赐委员诣勘，释回货船，并彻究惩办，实为恩便。

（1908 年 7 月 25 日，第 18 版）

禀控厘卡扰累商船三志

绸业盛泾公所众商禀控五库厘卡扰害货船，已两志前报。兹悉该卡万委员先曾禀陈沪道，谓往来上海、平湖之小轮多拖船只，偷漏税厘，请转致新关税司传谕遵章行驶，不得偷漏厘税等情。嗣经税司饬据平湖小轮船局庆记、华新禀复，以该卡员所称偷漏等情并未指明船名，至平湖班“恒裕”等小轮拖船，每次只有二三只，多则四五只，所装货物亦均报关纳税；且由沪至平湖，非由该卡经过，请为转复。经税司据情函复沪道，转饬该委员知照在案。兹万委员续又禀陈谓，查得“恒裕”等小轮由沪赴平湖，必由泖港卡佘来庙经过，已迭次查出装有生姜等货、漏完厘税情事，勒令补捐。盖因该小轮等之拖船所装漏税各货，如由平湖赴沪，驶至高昌庙之南，先行起岸，以致经过南关，无从验出；且该小轮去年因装瓜子漏税，查获之后曾已捐罚有案，并未误指。嗣后关卡查验小轮，只有遵照镇江关所定两头查验办法，该小轮等以后如由沪驶往平湖，一由闵行卡查验，一由泖港卡稽查，方无偷漏之弊，云云。昨蔡观察又函致税司，饬令各小轮经过关卡，仍须照章停轮候验，毋得闯越。按以上所纪系卡员一面之言，另有盛泾公所众绸商禀请松沪厘局彻查究办，亦已奉批附录如左：

昨据该卡禀，以六月念三日三更时招商局“恒升”轮船拖带盛泽绸船过卡，扣留查验，由船户金福元呈验，单货相符，惟盛泽绸船向在龙嘴分卡报完船捐一道，当饬完船捐钱八百文，掣票盖戳，即于念三夜登时放行等情到局。当以事甚寻常，正在批示间。兹阅该商等所禀各节，核与该卡原禀大相径庭，果系途次匪劫，焉敢轧至该卡查验？其中情节种种离奇，事难深信。惟控关卡丁病商，货船未放，究竟是否属实，均应分别彻究核办。据禀前情，仰候札饬五厍厘卡作速按照控情，刻日确查，据实禀候察夺；并候巡道衙门批示。此批。

（1908 年 8 月 1 日，第 19 版）

江苏粮道由京回沪

江苏粮道惠观察由京乘坐招商局“新铭“轮船回沪，暂寓海运局，闻今晨即须乘车回省。

（1908 年 9 月 10 日，第 19 版）

收赃罚洋

招商局栈房前日失窃冰糖一大包，经巡丁吴卜在正兴南货店寻获，即将店主吴元醴送廨请究，判罚四十元充公。

（1908 年 9 月 15 日，第 20 版）

卸任藩司赴宁

〔九江〕赣藩沈爱苍方伯卸任后，携眷乘轮，于二十三晚抵浔，次晨附招商局“江新”轮船赴宁，谒见江督，再行入京。

（1908 年 10 月 26 日，第 12 版）

江督贡物过汉

〔汉口〕江督端午帅[①]委李千戎丙寅管解石榴一百二十四蔀、酱菜十七

① 端午帅：即端方。

坛、双黄蛋八坛、桥尾（即猪尾）四篓计六十对，又玻璃瓶四十二篓，共计一百九十五件，于初二日由招商局“江宽”轮船装运到汉。初三日即转装快车晋京，恭呈上用。

（1908 年 11 月 2 日，第 12 版）

江督札饬验放秋操输送轮船

〔镇江〕江督端午帅以本届秋操所有宁、镇各军队一切输送，已由转运局向招商局租用江海轮船，分期运送。惟该项江海各船往返宁庆，输送各军，经过各关，自宜验放，不得阻滞，致误事机，业已札行镇、芜等关道转致税司一体验放。

（1908 年 11 月 4 日，第 11 版）

江北秋操军队过镇

〔镇江〕江北提督王聘帅现派江北陆军二十五标步队、辎重队各营，计一千数百人，赴安徽与江、鄂各军会同秋操。于初八日由浦到镇，初十日午后分乘招商局“新康”、“新昌”两轮船赴皖，并由巡防队统领周锦堂协戎、丹徒县王令暨驻镇递运局各员亲率差勇，在江干照料一切。

（1908 年 11 月 7 日，第 11 版）

函请严办拐匪

招商局“新丰”轮船初一日抵沪时，查获拐匪一名，又被拐妇人一口，送请法公堂讯办在案。兹该局总办沈观察以近来各轮船屡见匪徒诱拐人口，昨特函请沪道札行法廨谳员，迅将此次所获拐匪从严讯办，以儆其余。

（1908 年 12 月 3 日，第 20 版）

老妪拐孩

此次招商局“美富”轮船开往香港时，船中有广东老妪一人，带有五六岁之男孩两口。舟抵广东时，经船中茶房阿金诘知两孩一名云璋，系法马路协祥洋货店主东生之子；一系江北小孩，未详其名，俱由该妪拐去图卖。遂即扣住，发电来申，通知协祥店主，俟“美富”船十五六日带回给领。

（1909 年 1 月 3 日，第 20 版）

开兑漕米

江苏漕运沪局昨日开兑，会办张咏霓太守当即会同招商局总、会办在码头验看，各属所运漕米次第收兑。

（1909 年 1 月 11 日，第 19 版）

累及家属

招商局“江宽”轮船管舱人毛广甫在船上窃取金条二百两，由九江登岸脱逃。昨日发电来沪，局中查悉毛广甫向住南市郎家桥堍，遂即遣人将其母王氏、妻杨氏一并□［提］□［送］总工程局，押候核办。

（1909 年 1 月 11 日，第 19 版）

不知下落

招商局“江宽”轮船管舱人毛广甫窃取金条逃逸一案，昨由工程局提毛母王氏、妻杨氏等盘诘，据称不知下落，判两氏还押限交，所有毛之亲戚王干坤、庄荣宝着各交保候示。

（1909 年 1 月 12 日，第 19 版）

华商倚仗洋势

江督前据厦门道电称：兹有入籍日斯巴尼亚之华商现充厦门招商局总办曹玛甘者，在该处中国界内开设天仙戏馆，雇用女伶唱演，谕令停止，违抗不遵，并称彼已奉到日斯钦差来电准予开演，请为查禁等语。

端午帅以该商究系何等人物，胆敢倚仗洋势，违禁抗官，殊属形同无赖，惟究竟是否厦门招商局总办，自应彻查。爰于日前电饬沪道详细查询，现据蔡观察查复谓，询据上海招商局复称，厦门局董原派黄惠臣经理，前三年病故后，由其父瑞曲接办，并无总办名目，且曹玛甘亦非该局所派，实与局中无涉。现既抗违禁令，应请饬令厦门道查办云云。此事已见昨报“交涉栏”。

（1909 年 2 月 4 日，第 18 版）

殴伤庖丁

招商局马夫费长庚昨与庖丁马文臣因争论饭菜起衅，将马殴伤，由捕一并拘入捕房，捕头饬将受伤人送往仁济医馆医治，费押候解办。

（1909 年 2 月 5 日，第 19 版）

陈璧出京赴沪

〔北京〕已革邮传部尚书陈璧，已于二十六日上午九点钟携眷乘京汉铁路专车出京。是日至车站送行者约有三十余名，并有日本之驻京仕绅九人相送，铁路局派警兵十名在车站照料。闻其出京原因，系接沪上来电，谓其太夫人逝世，旅次故迅往奔丧。又闻陈璧抵汉后，即乘招商局“江永”轮船南下，昨日上午业已抵沪。

又一访函云，陈璧自革职后，拟定暂不回籍，意将经手事务办理清晰，再行归里。兹闻某御史复上章奏，谓其罪仅革职不足以儆效尤，且援引道光年间上谕某巡抚受贿三千两之处治，故陈因此大惧，而其旧交亦劝其速行出京，以避后祸。

（1909 年 2 月 25 日，第 4 版）

禀请禁止冒挂商旗

〔镇江〕镇江近有华商小轮冒挂招商局旗号，经该局总办朱君查悉，特具禀镇道，谓招商所定旗式本系独树一帜，以示区别，若他商挂用，不但鱼目混珠，且恐遇有事故，淆混影射，应请禁止，以维商务；且华商旗式，农工商部早有定章，个人有个人之旗，公司有公司之旗，不难遵式挂用。刘观察据禀，函请镇关税司查禁矣。

（1909 年 3 月 9 日，第 12 版）

禁烟会专员晋京

万国禁烟会中国专员唐介臣观察，昨因会事告竣，偕其夫人乘招商局“新铭”轮船北上。

（1909 年 3 月 11 日，第 19 版）

拐孩一

粤人黄庆桂与黄陈氏拐带男孩四口乘坐“飞鲸”轮船往粤，旋被该船买办察知，饬令招商局巡丁拘回捕房，解廨研讯。小孩郭裕生、郭王生供是弟兄，俱汉口人，一九岁，一七岁，由父亲价卖，得洋十五元。又问一孩，供姓吴，名伯海，系广东人，黄陈氏是伊之母。另有一孩供，名顺德，系湖北人，由伯父价卖，父母俱亡。余供含糊。聂司马判黄与氏还押，四孩一并送堂，候查明再核。

（1909 年 3 月 14 日，第 20 版）

公求减租

去年法界市面届清淡，亏倒频闻，房租昂贵，商力难支，欲维危市，公禀中西宪台，求劝房主减租。荷蒙备文商劝，始得老沙逊、陈与昌、孙直记、裕记等均于十月起减收租金；今正又蒙招商局、庚兴、永安□［等］各公司实行减租。仰见深明大义，已减租户同深感激。无如今庚市面仍然衰败，尚有未减房主数家，除再公禀求请给发谕单，商劝一例照减外，特再奉恳谭同兴、同茂元、程谨记、精益、精勤等公司，求照大市减租，以苏商困而保大局。

法界全界商界租户居民公启

（1909 年 3 月 15 日，第 6 版）

窝赃获咎

法捕房昨日派探至总工程局，禀称招商局失窃油鱼二百余斤，已将窃贼解廨，讯明原赃寄在南市顺安里林丁氏处，业已吊获五十斤，请协提该氏归案候讯等语。局中准即派探将氏拘获，来探带去。

（1909 年 3 月 18 日，第 20 版）

冒认妻子

招商局巡丁头目吴卜在“飞鲸”轮船拘获拐匪黄庆桂、黄陈氏及小孩两口，送廨收押在案。后有粤人陈世旺禀称在火车站营生，陈氏是伊之妻子，孩亦系亲生，求恩给领等情。聂司马即于前日提陈氏鞫讯，氏称丈夫已故多年，并无后夫。司马得供，不胜诧异，判氏还押，候再查办。

（1909 年 3 月 21 日，第 20 版）

商务总会递推议董

商务总会选举总协理已志昨报。兹悉新举议董王子展君因轮船招商局及中国通商银行事务繁剧，或须出门稽察，不能兼顾，函辞议董之职。是以前日选举总协理之时，未经到会，该会于开筒后，当将来函宣布，照章以八十四权之丁钦斋君递推为议董。

（1909 年 3 月 23 日，第 19 版）

补录宁绍商轮公司呈请立案文

宁绍商轮公司呈请上海商务总会禀奉邮传部、农工商部核准立案批词均载前报，兹将原呈补录如左：

具呈上海宁绍商轮股份有限公司总理虞和德、协理严义彬、方舜年呈为筹集股份，创办商轮，以保航业而挽利权，恳请转呈立案事。窃和德等隶籍宁波，经商海上，深知商务之发达，端赖交通之利便，而航业盛衰尤觇国势。吾海岸延长，江湖纷岐，四通八达，轮舶是赖。上海为中国商业中心点，而尤为宁波工商根据地。诚以宁波地少人众，非奔走谋食，万难自养。沪甬航路一夕可达，故联袂携眷，纷至沓来，侨寓之数几占全埠人口之半。惟距离近则往返愈数，人数多则乘客愈挤，航业发达久推此线。乃因循已久，利源外溢，奚止千万？虽有招商局鼎峙其间，究不足杜斯漏卮。若不设法组织，别树一帜，以挽已失之利权，而扩未来之航业，则何以仰体朝廷殷殷提倡商业之至意？兹经和德等筹集股本洋银一百万元，谨遵农工商部奏定有限公司律，创办宁波商轮股份有限公司。就上海为总公司，宁波为分公司，购船规埠，往来上海、宁波，大致业有端绪，俟股本收足，即行开办。谨将详细章程另折缮呈，敬乞邮传部、农工商部鉴核，准予批示立案。一面分咨两江督宪、江苏抚宪、浙江抚宪饬属一体保护，俟开办有期，再当呈报注册。再，公司自去年六月间创议招股起，截至八月底止，实收第一期股份洋银二十五万元，以每股先缴两元计之，集股已达资本之过半，而实收又占定额四分之一。九月十七日开股东正式会，公举和德为总理，义彬、舜年为协理，代表全体股东经理倡办以前一切之事，合并声明。

（1909 年 5 月 3 日，第 18 版）

轮船撞损沙船问题

〔南京〕镇江李玉魁沙船被招商局“江永”轮船撞沉一案，前日由镇江粮捕通判饶别驾督仵验明徐永才尸身，填格通详，奉江督端午帅批示：此案徐春礼自制沙船，装有货款，停泊镇江铁路码头江边，既系离岸不远，且前桅后梢均有悬灯，何以招商局“江永”轮船竟将该沙船撞为两截，以致船户徐永才落水淹毙？案经府委该倅勘验属实，仰常镇道分饬丹徒县、镇江招商局会同查勘该沙船沉没货款，雇人设法打捞，并传尸属领棺归葬。至此项应给该沙船损失及徐永才身死偿恤各款，并饬该县确查情形，会商招商局酌议定数，由局筹给，以示矜恤。

（1909 年 5 月 24 日，第 12 版）

安插妇女

招商局“安平”轮船前日由天津带来无可依靠之妇人屈氏等六口，于昨日一并送至济良所，请西女董妥为安插。

（1909 年 6 月 21 日，第 19 版）

招领小孩

招商局“图南”轮船于四月廿三早开往厦门，途中见有形迹可疑男女三人，携带男孩三口：一胡梁元，南京人，年十三岁，面略有麻子；一汪小福子，南京人，年十岁，面黄瘦；一江媛，江苏人，年七岁，面圆白。现经厦防厅备文，由本轮带交上海县发落，失孩者急往认领勿误为盼。五月初三日，“图南”账房启

（1909 年 6 月 22 日，第 6 版）

“丰顺”商轮乘客石铎等函

——为买办李星泉纵凶辱客事

“丰顺”商轮胡关庆持刀杀人，已登贵报。究其行凶原因，皆系买办李星泉所纵。查买办与胡关庆有密切交情，故关庆得狐假虎威，始敢出此。船抵宁波，同人等恐其逃遁，嘱该买办严加看管，讵买办不惟不理，反为胡关庆辩护，谓持刀尚未杀人，已放之上陆矣。旋查关庆尚匿在密室，该买办说已上陆，显系纵恶行凶。诘问之下，该买办无辞以对，遂变羞成怒，顿生狡计，突来洋人五六人，将易、吴二君行李与人一并扣留，不许上岸，种种恐吓情形不堪殚述。同人公愤，欲与力争，奈船尚离埠，水手群集，谁敢与

抗？即欲与抗，将来酿成国际问题，祸非浅鲜。故同人只得饮恨吞声，暂避其锋，俟船抵埠时再与理争。三时，船泊埠，该买办先行上陆矣。试问招商局之船为何国之船乎？温州海湾为何国领海乎？纵易、吴两君有开罪买办处，该买办尽可向地方官或警局赴诉，待其理处，何遽假西人势力拘留吾辈乎？且易君等系卒业生，奉有驻日钦差出洋大臣护照回国，若洋关不取信于外交官，或可扣留检查，岂容买办与船主私行扣留船客乎？总之，此事系买办个人交涉，本与洋人无涉，若谓航海规则，船主应出而干预，何以胡关庆于持刀行凶时反置若罔闻，而于与李星泉区区口角之争，即行出头干预乎？是非李星泉假西人势力鱼肉同胞而何？盖此系李星泉□妓，吾辈受此等洋奴屈辱已非一二人矣。揆厥由来，均系洋奴卖国、凌辱主权所致，凡吾同人应图良策，以伸国权而卫行旅。

石铎、林卓、钱钺、沈复、曹树等同启

（1909 年 7 月 4 日，第 27 版）

剖明持刀杀人事

石铎前有函登“丰顺”搭客持刀杀人，为买办所纵一节，查报载多非事实，不得不辩明白也。石铎、易碧卿等温州人，日本留学生也。初六晚十余人先后落船，已置房舱，迨后胡关庆一人均置房舱，客稀少，舱宽阔，因睡炕床，为易、吴不允，撤其被落地。关初口角，继而殴打，关畏迁下舱，网篮有剑刀被易看见，詈其持刀杀人，再打，有大伙劝解，亟将送入捕房。买办止之，不欲多事，帮同调停。旋碧以此凶犯要买办看管，待到温送入永嘉县，而买办即有劝释之责无收管之权，碧坚执詈为偏护。次日又索开凶犯姓名，登《申报》，复要使其谢罪，方得休当。姓名已开说，陪罪均不却，由庆恳陈姓水手头陪行向诸学生叩首谢罪。时易、吴二人犹迁怒账房偏护，随时肆口辱骂，擅行毁打，在学界中人野蛮若此，实所罕睹。船主亦知其情，初九日二点钟船将抵温码头，以旗召船政司、海关上船，告知毁辱事，扣留易、吴二客，在船评理。海关封其衣箱，李买办上岸将情告知温局，并府署吴太尊得知。旋蒙太守商知学界黄孝廉式□，请英文稳蕴教员陈守翁、绅界王子亭、林粹廷翁先后秉公落船调处，诸君素慷慨有才志者，询知曲在易姓，慰以杯酒，花烛和结，立使吴、易二人上岸，然其时已在夜半二点钟矣。窃惟买办年将六旬，航业阅历有素，凡有客人以招徕为主，不敢稍涉怠慢，况于留学生而敢欺辱乎？胡关庆素昧平生，无所用其偏护，只以年轻无知，劝其服礼寝事，而易碧卿等以不允其看管，怒□［骂］不已，继以毁辱。照航海章程，船主本有管束全船之权，当易、吴二人争闹之时，以其有背规则，初欲送至上海巡捕房，继复欲送至宁波巡捕房，买办不欲多事，均力劝而止。嗣经黄绅暨陈守翁诸君出场调处，亦即听劝了结，何有个人之私依恃洋势之事？今乃于和息之后，造言登报，恣意诬蔑，事关名誉，难为缄默，用将始末实在情形登诸报纸，藉供众览，惟希亮察。

招商局“丰顺”轮船买办李星衢[①]谨启

（1909 年 7 月 22 日，第 7 版）

招商轮船撞沉沙船之结局

〔镇江〕镇江沙船舵工李玉魁报称，徐顺礼沙船泊在镇江铁路码头，被招商局“江永”轮船撞为两截，淹毙船主之侄徐永才一案，前经上宪批饬，讯明责令赔恤在案。现经镇江招商局朱刺史秉钧会同镇江关洋务委员李大令及丹徒县王大令等提讯明确，议定照章给恤银一百两，并另给棺殓川资一百五十元，其被撞沙船及舵工船伙衣物共赔给洋一千二百元，业已给发尸亲船主分别具领。其原报沉失货款洋一千六百元，打捞无着，无凭追赔等情，日前报明各宪完案。

（1909 年 7 月 30 日，第 12 版）

商轮撞沉货船

〔镇江〕招商局“江孚”轮船日前夜半行经镇江焦山左近，适上游有货船一只迎面驶来，不及避让，竟被该轮撞成两截，所装各货均付诸东

① 前为李星泉。

流，并溺毙船伙二人。现由船主凌序福据情禀求地方官，商请招商镇局酌给赔偿抚恤银两。

（1909 年 9 月 14 日，第 12 版）

招商局失窃之奇闻

英租界福州路口招商局内，前晚被贼击碎玻璃窗闯入关、甘二司事卧室，窃去钞票洋一百七十元、白丝巾一打，墙上大书："关、甘二位览：此洋系浙江第一山王小幺所取，前某银行谢姓之洋亦王所取"等字样。昨晨察觉，当即投报总巡捕房，请为查缉。

（1909 年 11 月 22 日，第 19 版）

包探获贼

张寿富昨窃招商局北栈之铁器，被探缉获送入捕房，押候解廨讯办。

（1909 年 12 月 13 日，第 20 版）

浙抚电奏漕米改由车运

〔杭州〕北京军机处王爷中堂钧鉴：浙省起运冬漕向由州县雇船运沪交兑，中经浦江二百余里，风潮险阻，动延时日；揽头船户搀杂偷漏，百弊丛生。查苏漕于光绪三十三年起改由无锡验收，交沪宁铁路装车运沪，转输便利，成效昭然。现在杭沪通车，嘉兴为适中要道，浙西各属仓米运嘉验兑，装车运沪，程期较速，实可扫除积弊，乘此转移，于漕政大有裨益。当饬督粮道派员会同苏浙铁路公司及招商局妥筹办法，嗣后由两公司备置转运车辆，修筑验收场栈，招商局亦以既有苏漕成案，均无异议。本届冬漕开办在即，拟即援照苏省车运成案，改由嘉兴设局试办，并由海运局、招商局、苏浙两公司分派员司，在嘉验收各属仓米，交铁路公司装运到沪，仍由招商局、铁路公司会同过磅上栈，以昭核实。除饬会订章程，咨部立案外，理合电请代奏。增韫叩，马印。

增中丞于本月二十三日发电后，已通饬各司道会同妥议详细章程矣。

（1910 年 1 月 11 日，第 10 版）

官　事

上海招商局总办前任四川川东道陈遹声，昨日到道，拜会绸缎北卡委员。（下略）

（1910 年 1 月 28 日，第 19 版）

对于今岁内政外交之希望（续）

醒

（前略）

（十二）扩张交通机关。邮传部有扩张交通机关之责，数年来极力经营，规模宏远，如收回电报局、管理招商局等，均为统一事权之谋。去年报载，更有收回邮政、增辟海外航路、举办公债、赎回外人经管铁路之说。在今年必有伟大之举动，以耸人之听闻者。（下略）

（1910 年 2 月 14 日，第 5 版）

新鄂督起程赴任

新任鄂督瑞孝儒制军于昨日午后四时，由小沙陀行辕乘坐双马车起节，前导有闸北骑巡队及捕房所派之警卫队，护卫至法租界招商局码头，乘坐“江宽”轮船赴鄂履新。本埠官绅学界均赴江干送行。闻制军定二十三日接印，所调之公共公廨李襄谳即随节同往，前襄谳王肇之大令则绕道淮扬，请鲍名医赴鄂诊治。

（1910 年 3 月 29 日，第 18 版）

印人失窃

招商局中栈管门印人某甲昨至捕房报称，清晨出外大便时，被贼乘间窃去大衣一件，内有银行存银簿一本及钞票二十五元，捕头允饬包探查缉。

（1910 年 3 月 31 日，第 20 版）

轮船撞沉沙船

（1910 年 4 月 6 日，第 19 版，文见“产业与经营”）

新鄂督抵任情形

〔湖北〕新鄂督瑞制军于二十二日巳刻乘“江宽”轮船抵汉。鄂省藩学臬三司、各道、首府县及提镇、统制、协、标统各员，暨汉上关道、汉阳镇府厅县、各局所印委，均预先至招商局码头恭迎。制军惟择差缺紧要者延见十余人，旋即换乘“楚材”兵轮渡江。沿江岸上均有陆军擎枪鹄立迎迓，制军坐兵轮舱面，观之颇有喜色。抵省后由文昌门纱局码头登岸，即乘马车入城进署。是日制军因新恙初痊，又以途中过劳，官绅请见者一概辞却。

（1910 年 4 月 7 日，第 10 版）

遣散铁路小工回籍

〔芜湖〕芜湖前有外来谋充皖路小工一千余人，聚集小河口一带。近因苦雨天寒，无从谋食，售卖锹锄。经皖路公司函请芜湖县彭星庵大令预为防范，以免别生事端。江口铁路车站亦有外来小工千余人，连日由巡警铁路弹压委员王怡仰参军商同彭邑令，设法次第遣散。小河口一处近日业已散去数百人，现尚有三百余名，悉江苏盐城、阜宁等处产［人］，实无资回籍。关道李梅坡观察拟商诸招商局免收水脚，载送镇江，以便遣回原籍。

（1910 年 4 月 8 日，第 12 版）

又获一贼

招商局“江宽”轮船日前失去大土三只，经该局□目缉获窃贼张正荣，并吊到原赃大土一只，送廨枷押在案。前日又获党羽唐三一名，吊到大土一枚，送至公廨。判枷号一月，赃给沈领去，尚少大土一枚，候再查缉。

（1910 年 6 月 5 日，第 20 版）

轮船撞沉米船近闻

本月十九夜四更时，招商局“新康”轮船在浦东招商局码头开行时，适有停泊该处之粮米船不及避让，竟被轧坏一艘，并沉没一艘。事后查得元益米栈派令各船承装之米二百三十石，已悉数漂失，源兴米栈派装之米二百八十石则仅捞获百余石，尚有振新米栈之装米船已被轧损。现经该三栈公同具禀浙江海运沪局请为核示。昨奉总办李时泉观察批云，已据情转移招商局查明核办矣，仰各遵照。

（1910 年 6 月 6 日，第 19 版）

电　六

〔汉口〕日本实业团于四月二十九日午后五时由京来汉，鄂督及劝业道之代表、商务总会会长会员、招商局总办、京汉铁路总局总办之代表、中国新闻记者数名，及在武昌、汉口之日本人多名，均至大智门车站欢迎。《中正报》、《公论新报》等并著论欢迎。初一日午前，该团先访东亚制粉会社，后又至水电公司，由总办郑重款待。午后一时，在汉阳伯牙台铁政局飨以午餐。席上总办李君演说，盛赞日本实业之进步，并自谦中国实业之幼稚，且说明两国实业家互相提携之必要。团长近藤则引用伯牙台操琴之故事，以比两国人民之和亲敦睦。散席后，参观铁政局。午后七时，商务总会、招商局公请晚餐，中国新闻记者亦列席。商务总会会长读欢迎辞，团长近藤答辞致谢，并希望中日实业家之亲睦，切盼将来中国实业家亦往日本游览，至十一时散席。初二日午前十一时，该团至武昌督署，蒙瑞制台厚犒远来之劳，并表满足之意。午后一时，制台率司道以下各大官请宴，寓鄂日本人中之主要者亦列席。坐席后，制台起立，述欢迎辞，团长近藤答辞致谢，宾主应酬颇为诚恳。午后七时，日本总领事松村在日本俱乐部开晚餐会，制台代表及以下各大官、中国实业家、新闻记者皆来会，寓鄂日本人亦列席，主客谈笑之间，深得两国商民和亲之机会。初三日午前七时，该团乘铁政局小火轮船，开往大冶视察铁矿。

（1910 年 6 月 10 日，第 4 版）

保卫行旅

招商局、立大、太古等专走宁波之“江天”、“北京”、“立大”轮船近俱转往普陀，来往客商甚为拥挤。每逢该轮抵埠时，码头匪徒俱纷纷混入，肆其偷窃手段。因此该行等公同集议，禀请捕房加派包探缉捕。闻捕房业已允每日专派包探一名，前往巡缉，以六点钟为限，即在大自鸣钟值差，包探六人中挨次轮流。

（1910 年 7 月 18 日，第 20 版）

敲诈包探

招商局码头探目沈阿宝前晚行经东新桥街，突被流氓徐阿天上前拦住，硬欲借洋一枚。沈不允付，遽被抛掷石块，并将纱衫撕碎，夺去牙扇一柄。事后，沈即投报捕房，派探将徐拘获，押候解办。

（1910 年 7 月 18 日，第 20 版）

电　二

〔北京〕邮部徐尚书因粤汉借款暨招商局事颇多为难，坚请让归盛宫保接任，庆邸已允代恳。

（1910 年 8 月 17 日，第 3 版）

惩办巨贼

宋虞氏前日被贼张裕庭窃去绸衣两件，报由包探缉获后，经捕头诘知张系长江巨窃，曾于去年行窃“美富”轮船某宦珍珠及公文执照等物，昨日解廨请究。张供：“‘美富’船某宦之物系范金亭所窃，小的只分得洋二十元，所有公文执照，当时撕毁弃诸江中是实。”聂司马商之顾副领事，判枷号一月示众，期满再押半年，驱逐出境。

（1910年8月18日，第20版）

阻挠公益

（1910年8月31日，第1版，文见“产业与经营”）

李裕妙即日解回

某轮船买办李裕妙串拐小孩，避匿香港，屡纪前报。兹由道署派去之侦探长程品山发信到申，谓已奉港官谕准将李带回讯办，业已乘坐招商局“致远”轮船即日到沪。

（1910年9月21日，第19版）

唐尚书启行赴京

邮传部唐少川尚书绍怡前由广东来申，即以客利西旅馆为行辕，已纪本报。兹悉唐尚书已于前晚乘坐招商局“江裕”轮船至汉口，再换乘京汉铁路火车晋京陛见云。

（1910年10月1日，第18版）

度支部奏驳漕粮改折

（北京）本年七月间御史叶芾棠奏漕运漏卮甚巨，请改折价，由商包运一折，奉旨：“着度支部知道。”现经该部议复略云，据原片内称每年漕运共计一百万石，闻自江浙起运至京，每石连运费及一切杂耗须银十五六两，在京购米石不过六七两，若包与招商局或殷实商人转运，年可省数百万金等语。伏查光绪二十七年臣部议复前漕督张人骏奏漕粮改折一折，其招商采买各条，均经议准试办，旋以京师米价陡涨，采买转恐多费，复由臣部电令江浙督抚酌留本色漕粮一百万石，由海运京，余仍改折在案。良以京仓关系紧要，未敢轻议变更。计海运经费苏漕石支银七钱五分，浙漕石支银八钱，其折价一项，近年因南米日昂，较前加增，江浙两省每石折银自二两至三两零不等，平均计算，每石约合银三两左右；上年复经臣部电饬江苏监理官将漕运费用确数逐细调查，旋据呈报综计司道衙门支款八十三万两，州县衙门支款二十七万两，共一百一十万两，以苏漕六十万石计之，每石运费银一两八钱三分三厘有奇等语。盖苏省历年奏报运费七钱五分，系指由沪至京而言，此则合各属办漕杂费及解部、解仓银米等项并计，加以三两折价，每石亦不过四两八钱零。浙漕岁运四十万石，据该省监理官报告，如办理改折，合计米折漕项节省归公之款当在二百万元以上，每石仅合银三两五钱零，视苏省尤为减少。本年二月浙抚增韫电奏，有漕州县办理豫算拟每石折价解部定为银四元，并提解运费一元等语，奉旨："天庾正供，关系重要，所请着毋庸议。"是折价之无裨国计，有碍仓储，早在圣明洞鉴之中。该御史谓每石运费及一切杂耗须银十五六两，盖犹踵嘉庆年间协办大学士刘权之每石十八两之旧说。臣部于光绪二十四年会议侍讲学士瑞洵请折南漕折内，即已据实指驳。现值试办预算，但使有可节省，亟应量为变通。无如江浙漕粮每石仅合银四两数钱，或三两数钱，较原奏所称在京购米石值六七两者所差已多，若率议更张，改办商运，亏折则损在公帑，抑勒又累及商民，把握毫无，缓急奚恃？尤可虑者，比年东南各省米缺价昂，商贾居奇，是其惯技，彼见官运既停，势必高抬价值，京师为根本重地，现因南漕迭请缓运，仓储已觉奇绌，一旦粮价腾踊，兵民交困，其何以有备无患？该御史所请包与招商局或殷实商人转运之处，臣等再三筹议，实属窒碍难行。八月二十七日奉旨："依议。"

（1910 年 10 月 10 日，第 5 版）

奎留守由沪入京

前任镇江都统升署乌里雅苏台将军奎芳前日来沪，假名利栈暂驻襜帷，现已公毕，乘招商局“安平”轮船北上。

（1910年11月29日，第19版）

巡丁获贼

王得胜、杨阿法先后行窃招商局栈房食米各物，由巡丁查获送捕解廨讯办，判各押七天。

（1910年12月4日，第20版）

研究轮船窃案

上月二十七日，招商局“江新”轮船由沪开行，于二十九日早晨行抵南京，讵大飧［餐］间内之张姓客人忽然失窃金表八只及猫儿眼珠宝等贵重物件，约值三万余金。当时遍查无着，现在该轮业已回沪，当由船主饬将副买办奚定邦及管厨人毛小宝与细崽等人送请公堂讯究。中西官以此事乃系窃案，应由捕房先行调查，再行移廨讯办，遂饬一并退去，着于午后自投捕房，听候盘查，送案核夺。

（1910年12月12日，第19版）

江轮失窃案续志

招商局“江新”轮船搭客失窃巨赃，已志昨报。昨由捕房将该船司事、细崽、水手等人解送法公堂研讯。奚定宝①供，是日因副买办由船主唤去，通译始知有人失窃，余情不知。毛小宝供，在该轮管厨，二十八晚船离镇江一百余里，有值更之细崽戴才顺报告三号房间内失窃，旋即诉知船主。李全福供，是晚三时送咖啡、茶于船主，见大餐间房门内有皮夹两口，一已打开，一仍关好。戴才顺供：“是时小的已睡，由李全福唤醒，始悉其事。后由船主在前船头上各人处抄查，并无赃迹。大

① 前篇报道为奚定邦。

餐间内另有搭客王姓一人，亦已搜查无据。且当时失主张太太亦并无责言，只谓我等太不当心而已。至张太太所带二从人、一婢女及二位小少爷闻由美国到申，趁船往汉。”王金桂、王连子、傅昌喜、张阿宝同供：“房间内之事，小的等不得而知。”聂司马得供后，即商之顾副领事，判各交妥保，候再传讯。

（1910 年 12 月 13 日，第 19 版）

增将军独肯当此重任耶

〔广州〕广州将军增留守昨接京电，有简放东三省总督之耗。各当道及属员得此消息，即纷纷赴署道贺。现闻增将军定于本月二十日启程，乘坐招商局轮船先行晋京陛见，至将军一缺，闻系左都孚琦兼署云。

（1911 年 1 月 22 日，第 11 版）

京师近事

（前略）上海轮船招商局向设有总船主洋员一人，统管各轮事务，其人名蔚霞，在局有年，遇事颇能尽职。近该洋员已向局中辞职，经总办等禀请邮传、农工商两部奏奖宝星，以资鼓励，想可邀准。

（1911 年 2 月 7 日，第 6 版）

官　事

招商局总办候补道唐德熙昨日到道，拜会上海县田宝荣，禀知由宁回申。绸捐局委员补用知县张运万昨日饬丁到道，禀请感冒假三天。

（1911 年 2 月 14 日，第 20 版）

杨侍郎起程入都

南洋劝业会审查长杨杏城侍郎士琦，公毕来沪，驻节洋务局，业已屡志前报。兹悉侍郎昨已乘坐招商局“江新”轮船赴汉，换乘京汉火车入都复命。

（1911 年 2 月 25 日，第 19 版）

杨侍郎过汉晋京

〔汉口〕南洋劝业会审查总长杨侍郎士琦刻因会事已竣，由沪乘坐招商局“江新”轮船，于上月二十九日抵汉。当由总商会总理蔡文会君、交通银行总办卢鸿沧君率同各界在码头欢迎，并敦请燕饮，以尽东道之谊。闻侍郎于次日即附火车北上复命，武汉官场均在车站恭送如仪。

（1911 年 3 月 6 日，第 12 版）

浙粮道由沪返杭

浙江粮道曲江晏观察于月初来申，假寓北市大方栈，业将各属运来冬漕次第验兑，旋因别有要公，即与招商局总会办筹商补解截漕，及装轮赶运赴津各事宜，定于今晨七时乘车返省。

（1911 年 3 月 10 日，第 19 版）

慎食卫生会来函

启者：月之二十六日为本会第十三次常会之期。适是日下午招商局亦同时开会，伍会长须前去会议，不克分身，会员中亦多该局股东，届时定必适彼，故本会会议暂停一期，以后仍照前例，特此布告。

（1911 年 3 月 17 日，第 27 版）

驻芜招商分局捷足先得之规划

（1911 年 4 月 15 日，第 12 版，文见“产业与经营”）

“广利”撞沉“美富”续志

昨日招商局门前围聚妇女小孩多人，群相啼哭，大约均系死于“美富”轮船者之眷属，来求抚恤，其情形极为可悯。又闻海关巡舰“流星”号现已奉命驶往“美富”轮船失事之处。因该船桅杆现尚露出海面，殊与航路有碍，故拟设法将该船移往他处，或用炸药轰毁之。

（1911 年 4 月 26 日，第 18 版）

“美富”轮船失事余闻

——龙宫新到超等名角

招商局“美富”轮船遇雾被撞，溺毙搭客及水手多人，迄尚未知确数。兹闻髦儿戏班女伶十七人亦由汕头附搭该轮返沪，同罹斯厄，大半遇救得生，惟最著名之万桂芬、万翠娟两女伶至今未知下落，想已往龙宫献技矣。

（1911 年 4 月 30 日，第 19 版）

并非拐贩

姚阿金由汕头带领四岁小孩乘招商局某轮来沪，该轮中人见其形迹可疑，即将姚与小孩并送捕房。昨解公堂讯，无拐贩实据，判姚开释，并着觅保领孩。

（1911 年 5 月 7 日，第 21 版）

陈崇澂等致招商局函

（1911 年 5 月 7 日，第 27 版，文见“产业与经营”）

关于“江天”轮船受损之问答

（1911 年 5 月 15 日，第 19 版，文见“产业与经营”）

“德兴”轮船幸未沉没

鸿安公司“德兴”轮船满载搭客货物，由汉口开来上海。于十八日晚间十点半钟在泰兴口岸暂停之后，启轮来沪，未几在定星桥地方遇一来船，于月光中望见来船灯火，知系招商局之“公平”轮船由沪开往芜湖、运米赴津者。“德兴”即发汽号，“公平”未答。迨复发汽号，两船相距已仅仅二百尺左右。是时见“公平”船身旋动绿灯之光，映于眼帘，乃急设法以避碰撞，奈时已不及，“公平”船首已撞于“德兴”船首之后。“公平”慌乱之际，急行旋转，复撞及“德兴”船之中央，甲板皆毁，桥上之领港人及舵手几堕江中。两船相撞之后，“德兴”搭客闻声惊起，一时纷乱异常，幸船员竭力安慰，始克稍静。一面并准备逃生之计。设法填补伤洞，幸伤处均在水线之上，未致进水。“公平”肇祸之后，即停轮审视撞伤情形，后知“德兴”并未沉没，始复启碇开往芜湖。“德兴”亦于十九日下午驶抵上海，一俟将货卸清，即当入坞修理。闻须六星期之久，方可修竣。并闻“德兴”驶抵浦江时，沿江之人见其破坏情形，皆为危惧，幸“德兴”船身坚固，支持下层甲板之角铁亦未折断，不然恐已为“美富”船之第二矣。又闻“德兴”回沪后内有陆姓搭客之妻尚不知下落，现正派人查访云。

（1911年5月19日，第18版）

巡目截留女匪

招商局近因出口轮船时有人拐带妇女、小孩出洋价卖，特饬巡丁头目凡遇开往南洋之船，均须加意搜查。讵前日又有粤妇王李氏率同年轻妇人王陈氏带领男女孩大小四口，拟乘某轮往粤。当被该巡目查知，立即鸣捕，一并送廨请究。王李氏称年轻者系娶为媳妇，所有各孩，一名彩英，一名桂英，一名小意仔，俱在上海江湾等处买来，价洋五六十元不等，余语含混。判一并拘留捕房，候查明再讯。

（1911年6月13日，第19版）

洋商索偿损失

英商罗乐山前由香港乘招商局“美孚［富］”轮船来沪，因在洋面与该局“广利”轮船互撞，全船沉没，致该商所带值洋二千七百余元之行李各物悉归乌有。兹悉该洋商已开单呈请英总领事照会公共公廨，转请招商局如数追赔，不识局能允认否。

（1911 年 6 月 14 日，第 19 版）

托词行骗

甬人范□生控水耀明，以荐至招商局“安平”轮船上充当工头为由，骗取洋三十元一案，前晚由廨讯明，判水与经手人王粹甫各还洋十元完案。

（1911 年 6 月 17 日，第 21 版）

邮部创设商船学校之规划

邮尚盛宫保对于交通机关欲力求完备，以海员之养成为现今急务，特拟创立商船学校。其上奏创设学校内容，谓中国之海外通商贸易毫无进步者，盖皆为外国汽船会社所压倒。欧美各国凡一汽船营业，必组成一大会社，中国沿岸、内河、内海仅一招商局，故各港出入船舶值既揭外国旗者十居八九。且中国招商局所有汽船，其组成之上级船员概用外人；又关于管船、航行事务皆归总海关管理，邮传部欲期统一，颇为困难。去年臣部筹备宪政折中，有创设商船学校之明文，现今计划拟仍先就上海、宁波二处分设二所。其学校地址，上海则即以上海之高等实业学堂量加扩充，为商船学校之基础。该校除铁道、电信二科以外，其高等船政专科拟即并入商船学校，并再另外招生，以扩规模。至创设经费，原预算创立二十万两，每年经费十三万两，去年提出资政院讨议，核减为开办经费十万两，常年经费六万两，当由臣部自行筹划，从速开办。其宁波一处，容俟规划定妥，再行办理。

（1911 年 6 月 19 日，第 5 版）

浙省铜元旧机拆运奉天

〔杭州〕浙省铜元新、旧两局自奉饬停铸后，各种机器大半锈烂，间被夫役零星盗卖者，亦复不可数计。上年某职商组织电灯，倡议官商合办，拟将该两局机械酌量改用。奉饬会同核估，计需银五十三万零，即使抵作股款，商人已不胜负累，此议遂无效果。现在造币归并度部，浙抚已两次奉到泽大臣特电，饬将此项机器一律运赴奉天造币厂，以便分别良窳，修改选用等因。即经增中丞札饬藩司派委妥员，先将报国寺废置各机督匠拆卸，于本月二十六日商请浙路公司用起重机车专车装载，运交上海招商局，转运赴奉。闻此次运费，撙节估计，亦须银七千两有奇，可谓巨矣。

（1911 年 8 月 23 日，第 11 版）

“鄱阳”船在九江搁浅

招商局之“江新”轮船于日前由上游开抵上海，该船于星期日三点钟离九江时，曾见“鄱阳”轮船搁浅稻田之畔，“江新”轮船乃泊于其旁，直至翌日清晨，将该船邮件、搭客、船员等尽行划登船上，始行开驶。“鄱阳”轮船共有中国搭客约二百五十人至三百人之间，今正由拖船设法拖令出险云。

（1911 年 9 月 1 日，第 18 版）

邮部扩充航业

邮部以沿海岸及长江一带航业英商占十分四，招商局不过数十艇而已，且汉宜一带亦以外人船为多，利益外溢，实非本部提倡航业、发达交通之道；近宜逾［渝］间航线又有英、日、法等国商人造船航行，不宜坐视，以失事机。拟造船八只，大者行长江下游，小者行长江上游，造船处以投标廉者为准。闻经费或出诸借款，或出诸商股，尚未定局。

（1911 年 9 月 4 日，第 5 版）

捕头出游

美捕房盘副捕头因往烟台避暑，请假一月，已于昨日乘招商局轮船北上，遗缺奉卜总巡谕饬二号三道西捕暂行代理。

（1911 年 9 月 10 日，第 20 版）

岑宫保节麾过镇

岑云阶宫保奉命赴川平乱，于初五夜十二句钟由沪乘招商局“江宽”轮船过镇，并未停轮，即溯江上驶，当舟过焦山时，象山、雩山各炮台均鸣炮志敬。

（1911 年 9 月 29 日，第 12 版）

鄂乱影响

本埠招商局前日接□军咨府电谕，迅调大号商轮五艘，即日驰赴秦皇岛，预备装兵赴鄂剿抚等情。兹悉招商局已派定“新济”、“公平”、“新昌”、“图南”、“泰顺”五船，原定昨日（二十九日）起陆续由沪开赴秦皇岛，听候装载兵弁赴鄂；惟粮食为军中之胆，必须预为备足，且别埠购办非易，故特在沪购米五百石，每船一百石，备作兵粮。而沪关曾因灾荒米贵，禁止出洋，是以招商局总办前日函致沪道刘观察，请速转致新关税司，告明所派以上五轮系奉政府命令前往载兵，所带粮食乃系军需，请即验明放行。想其时尚未得邮部止开之电也。公共公堂宝明府以鄂军兵变，沪埠市面震动，各银行钞票不通用，庄家周转不灵，市面可危。而公廨每月开支各项用费向奉道宪掣给庄票，藉资往来汇划，迩自武昌事变之后，买卖均须现洋，以致庄票难以作用；加之米价昂贵，人犯口粮亦须现洋交易，故于昨日禀陈沪道请将八月份应给公廨经费等款改发现洋，再请预给九月分各项用费，务于月初发廨，藉资周转。未知刘观察允准否。（下略）

（1911 年 10 月 21 日，第 18 版）

红十字会医队定期启行

顷闻上海红十字会总董沈仲礼君昨接汉阳由某国兵轮递来无线电报，以两军死伤过多，请即亲率红十字会中西医队迅速前来战地，普救同胞等语。沈君当用洋文电复云，当率甲、乙、丙、丁四医队，备足药品、棚帐，初四启行，招商局特派江轮专送汉口。本会慈善性质，两军伤兵一视同仁。（此电系托英国兵舰用无线电递去）

（1911 年 10 月 24 日，第 18 版）

专　电

（前略）

初一日有革军数人诣汉口招商局，见总办施子卿，请其改挂星旗（即革命军旗），撤去龙旗，否则须将来汉各船扣留。施谓容电总局商办，明日即可得覆，革军信之，乃去。施嘱“江孚”连夜驶出，一面电告总局，汉口一埠暂勿开行。现江轮仅至九江为止，施总办已行，船局遂为革党所据。（下略）

（1911 年 10 月 25 日，第 3 版）

专　电

（前略）招商局“快利”轮船已为革军扣留，充作运兵之用。按，本报昨日曾载革军请撤龙旗之电，大约此事即为此而起。又按，“快利”系走宜昌、汉口间者。

（1911 年 10 月 26 日，第 3 版）

鄂乱影响

江南制造局现已加倍戒严，星期日复由松江派来兵士二百五十名，保护火药局，综计驻扎该处之兵共有一千名。招商局“广济”轮船现停泊江南船坞，拟载军火运往天津，其已装入船中及待装之数，有来福枪三千枝、子弹三千六百箱，每箱装弹千枚。闻除制造局接有上海革党警告外，招商局亦接有同式之警告，谓该局如承运此项军械，则惟该总办是问云。闻制造局现将制造子弹之机器卸去，防为革军取得。

（1911 年 11 月 1 日，第 18 版）

招商局仍插龙旗

昨日午后六时，民国军二人至金利源招商局，诘问仍插龙旗是何意见？经该局执事答以“此处分局一切均候四马路总局总办命令，方能照办，且向例每逢礼拜插龙旗，余者均悬商旗。贵军若欲敝局换插白旗，须请与总办接洽”云云。闻民军二人已向总局交涉。

（1911 年 11 月 7 日，第 20 版）

本埠特别纪事

（前略）招商局各船于星期日下午三点半钟撤下龙旗，前日各董事会议后，已谕各船悬挂民国军旗，总局屋顶亦有白旗飞扬。（下略）

（1911 年 11 月 8 日，第 18 版）

绅富因龙旗得祸

新会大灶乡富绅朱恩浦因畏省垣乱事，偕其兄及家人特雇轮船拖带返江门。行至顺德地方，其船上悬挂招商局龙旗，党人误会为官船，喝其停轮，不应，遂驶轮船两艘，放炮截击，登将该船轰沉，船内大小男妇淹溺、中弹者共毙十四人。闻朱恩浦一妾、其兄及兄妾三人、侄女一人、佣仆九人，皆同时毙命，朱恩浦幸凫水遇救云。

（1911 年 11 月 12 日，第 12 版）

译　电

（前略）闻招商局“江宽”、“江永”、“江孚”三船已由民军租定，运送上海及浙省所募之军队赴汉。

（1911 年 12 月 17 日，第 5 版）

武汉最近之闻见（特别通信）

（前略）汉口招商局毁剩各栈内之货物，悉被北军偷出变卖，各商家甚为焦急。计自北军到汉已历两月，其余各栈皆有账房、栈司妥为管理，招商局自总办以至栈司竟无人影，将来事平之后，该局应负赔偿，不知若何清理也。

（1911 年 12 月 18 日，第 6 版）

沪滨义师之举动

近数日内上海民军因和议迁延，势不足恃，已将各军队开赴南京，致制造局及周围之营内均已空虚。二日前，有招商局轮船数艘，满载兵士，开离上海；复有轮船一艘，满载大炮、军火随后开出。前日又有大军二千，行过租界，前往火车站，内有广东及宁波兵并杭州第八十一、八十三两标兵士，新招之兵仅有百名，其队伍甚长，自首至尾约行一刻钟之久；其军械用小船三十六只运抵某处，搬至车上。

数日前有鲁人五十名由烟台抵此，附入民军。彼等携有巨款，系由山东内地绅商处捐集，抵沪后已交与管理财政之人；并谓尚有鲁人一千名或一千五百名，亦将来此，为民军效力。此五十人力劝民军兴师北伐，彼等均熟悉北方地理，愿为向导云。

闻招商局尚有轮船数艘赴粤运兵，下星期可以抵此，其兵数约五千名，一俟驶抵吴淞，即将奉命开往南京或汉口云。

（1911 年 12 月 29 日，第 18 版）

纪念招商局创立一百四十五周年

《申报》招商局史料选辑

晚清卷

III 综合评论

Selected Historical Materials of China Merchants Steam Navigation Co. in Shen Pao, 1872-1911

李玉／主编

招商局文库·文献丛刊

目录

绪　言

晚清《申报》的一大特色就在于注重评论，该报“一年三百六旬日，日日千言录报章”[①]。这些评论文辞雅深，议论精辟，既属政论体裁，亦具文学特色。

本册选录了晚清时期《申报》有关招商局的190余篇评论，意在了解时人与媒体对于轮船招商局的“现场感受”，这是我们进行“历史还原”的重要途径。

这些评论多不署名（少量署名也均为笔名或化名），半数为专门针对轮船招商局而写。其中既有全局性评价，诸如《论中华轮船招商事》、《论设立火轮商船事》、《招商轮船局事》、《论招商轮船局事》、《闻招商局将收归国有感言》等；也有关于招商局的专题性评价，例如《招商局“江宽”新船游吴淞记》、《观招商局“新裕”轮船记》、《论轮船碰沉事》、《书英人论铁甲船碰沉事后》、《“保大”轮船失事情形后》、《论“美富”轮船遣勇滋事情形》、《论“江孚”轮船匪劫物伤人事》等。

而更多的则是以招商局或该局轮船为中心而讨论相关问题，其中讨论轮船安全措施的较为多见，诸如《论轮船遭患事》、《论轮船碰沉事》、《论置用轮船宜练水手事》、《论轮船亟宜设法防范》、《论轮船雇用水手不可不慎》、《论轮船窃案之多亟宜善后》、《论轮船接客》、《论轮船失事救人之法》、《轮船宜多备小划救急说》、《论轮船防盗之法》、《论轮船失火》、《与客论轮船致火之由》、《论轮船须设医士》、《论轮船防匪之法》、《论轮船窃贼之可恶》等。

招商局轮船的特许业务之一就是运输漕粮，《申报》评论漕运改革的

① 顾柄权编著《上海洋场竹枝词》，上海书店出版社，1996，第82页。

社评也与该局有较大关系，诸如《论海运》、《再论海运》、《筹改海运后议》、《书招商轮船运漕局告示后》、《运务将有改议说》、《招商轮船运漕沪局咨江苏海运局稿》、《复河运议》等。

招商局轮船与内河及外洋航运业发展关系是晚清社会各界关注的话题之一，《申报》在这方面的评论主要有《设法以五日由汉口达四川说》、《论轮船禁入内港》、《论苏杭行驶轮船》、《各省内河宜通行小轮船议》、《川江行驶轮船说》、《中国亟宜经营海运说》等。

招商局的设立，除了标志着中国新式轮船航运业的开创之外，还对中国近代公司制、股票市场的兴起产生了重要影响，《申报》刊发的与招商局相关的中国公司制及上海股市评论文章主要有《论合股经营》、《劝华人集股说》、《公司多则市面旺论》、《股份长跌无常说》、《中国股份极宜整顿说》、《论买卖股票之弊》、《论中国公司之难》等。

《申报》关于轮船招商局的评论，或者将其作为洋务事业的重要案例，或者将其视为清政府商业政策实施对象之一，或者叙述招商局对洋务运动的带动、引领与示范效应，或者检讨由招商局引发的官商关系，或者强调招商局对于中外商战的重要意义，或者感叹招商局在挽回利权、堵塞漏卮方面的努力与成效，总体而言，赞赏多于批评，呵护多于督责，体现了对于招商局担当振兴民族航运业重任、实现“强国富民”目标的坚定支持。

轮船论

舟楫之利至轮船为已极矣，大则重洋巨海可以浮游而自如，小则长江内河可以行走而无滞，其运载重物也为至便，其传递紧信也为至速，其护送急客也为至妥且捷。西人尝有言曰：中国既已设局自造轮船，何为只造缉捕兵船？曷不筹款多造？无论大小总求敷用，宜于海者造若干号，宜于江者造若干号，宜于河者造若干号，则百货不忧其不通，万商不患其不至；早晚物价、紧急音书虽不能如电报之速，然较之急足快船已十倍矣。以国家大事而论，去岁直隶水灾，倘有轮船运米，既便且速，何至令老弱饿毙、强壮流亡？以商贾贸易而论，前岁湖北木绵[①]歉收，江南木绵丰熟，倘用轮船，即运木绵驰至汉口，当时各处贩商云集，绵价日涨；乃用江船运载，迟迟其行，迨木绵至汉口，各贩因先时货少大半已回，或已另办他货，而木棉之□日落矣。

夫有轮船之利如此，无轮船之弊如彼，有心世事者当亦可以恍然知所悟矣。方今苏州河道业已浚深，如能置造轮船数号，运送客商货物、信件，岂不甚善？计沪至苏水路几及三百里，轮船行走至迟每时可以五十里，三百里程途一日可到；若用内地民船，迟则三日，速亦二日，倘遭石尤[②]阻滞，尚不能以日计。他如汉口以上沿江之地，以及九江以内各处镇市码头可以通行轮船者，何妨添置次大轮船，以便行旅耶？

或曰：改用轮船，恐其滋事。曰：现在轮船日赴汉口，并未闻其滋事。或曰：轮船行至内河，恐其误伤民船。曰：轮船若令驶驰，方至招祸，若限定日行夜泊，且限以不准欲速，每时只行五十里路，可以沿路照应，亦断不至碰坏民船。或曰：轮船虽便而速，但水脚未免太昂，于穷民不甚相宜。曰：君盖未之思耳，譬如上海搭到汉口，其价每人不过七金，

---

① 木绵：即棉花。

② 石尤：即石尤风，传说古代有尤姓商人某娶石氏女，情好甚笃。尤远行不归，石思念成疾，临死叹曰："吾恨不能阻其行，以至于此。今凡有商旅远行，吾当作大风为天下妇人阻之。"见（元）伊世珍《琅嬛记》引《江湖纪闻》。后称逆风、顶头风为"石尤风"。（南朝宋）孝武帝《丁督护歌》之一："愿作石尤风，四面断行旅。"

计钱十二千余，为期不过三日；若改搭民船，由上海而苏州，由苏州而镇江，由镇江而金陵、安庆、九江，以至汉口，虽船价火食稍可减省一半，而为期至速，总在二旬以外，其途间之累坠阻滞，较之轮船已可往返三次矣。或曰：轮船造费既重，用度又多，驾船之人恐难措办巨资，奈何？曰：轮船费用虽大，而所入亦不轻，曷不凑集数人，各派若干以成其事，虽创始稍觉为难，然获利亦必不菲。试观现在行江轮船，不得厚利，安能日增月益？其为不至损本明甚。尝考西洋未有轮船之先尽用帆舶，其行走迟滞，诸多不便。及至造成轮船，往来各国，不须等候顺风，其运货诸事，帆舶行走一次，而轮船已可三四次。故万商获利，百货流行，数十年来业已富加百倍。愿中国亦仿其事，无徒尽造兵船，即商船一项亦宜多造，至数十年之后，必能日见殷富，不忧空乏矣。何不于苏州河道浚成之始，先造轮船，以试端倪？若苏河行走既便，其它各处亦可仿造办理，未始非致富之一法也。

刻闻西洋各商会议，有欲以制造轮船试行苏河之事禀恳上海道宪允行者，若于和约无碍，谅道宪亦必乐于成全，转督、抚二宪允从也。

（1872 年 5 月 30 日，第 1 版）

论西人电信保险拍卖诸事

西洋诸国皆专心于制造，而注意于营谋。制造之精，莫巧于机器，而可夺天工；营谋之善，莫美于流通而必须人力。此西洋诸国之所以日见殷富强壮也。吾于其奇技异能之间，深加选择，而得其法之最便于用者有三焉：

一曰电报。夫世之至捷至速，倏去倏来者，莫如电。天上人间，无有出其上者。报而名之以电，则其来去捷速也可知。故西洋凡安置电线之处，虽越国过都、隔山阻海之地，数万里之遥，由电线以传报，片刻即知。上而国家政事、军务，下而商贾货物时价早晚情形，用电报而传递之，真视万里如在堂阶矣。传信之速无有逾于此线。第安置电线之法，在地面则稍易，故其费较轻；在海底则更难，故其价亦重。虽一时之初创，少觉为难，而万事之攸关，实受其益。初犹用外国字样，中国若须传信，尚待翻译，今制有电报书，均改用中国文法，较之外国字样更为妥便；且有秘密要事，即令传信者尚且不知，何况他人。是传信之秘密捷速，实开宇宙所未有之奇。既无漏泄之弊，又无延搁之虞，外国行之久有成效，更望中国仿其法而试行之，则中外皆享其利矣。

一曰保险。亦犹中国保镖之法，特中国之保镖不过仅为运银之用耳。若外国之保险更推广而行之，居家者则防火防盗，行路者则防盗防风。自保险之法行，则居者获守望相助之益，行者无疏失可虞之忧。惟外国现设保险之局，其保外国诸人之险，仍照外国之例，若保中国诸人之险，则价不止加倍，未免存歧视中外之见。如能中外一律，则用其保险者当必更多。否则，中国或仿外国之例，自设公司，以为保险之事，人受其保险之利，己得其保险之资，岂不两获其益乎？

一曰拍卖。洋商贩入中国之货一时滞销，为日既久，未免停搁可虞。或洋商欲回本国，而所余之货、所置之物一时难以急售，故有拍卖之行，则货物之销售较易，且用人无多，只须一二人已能敷用。又往往货高价廉，人鬻得者每沾余润，并有各货较全、人多合用之时。故人闻有拍卖之事，众皆乐于往观。观者既众，各货物较易卖出，此外国之法也。中国诸商遇有货物难售之日，何妨亦仿此法而试行焉？亦非甚难事也。

此三者皆西洋诸国所屡试而屡验者也，中国特畏难惜费，而耽安逸，是以不能行也。诚能行之，则音信不患其不迅急，商贾不患其不平安，货物不患其不流行。不惟贸易之事实获利赖，即富强之道亦不外乎此矣！

虽然，吾闻西洋诸人若能新造一器，及创立各项公司者，即令身殁之后，所余寡鹄①弱雏如有人效其事承其业者，皆分资以养其妻孥，必待其子之能自立而后已。故人皆乐为奇技异能之事，是以日新而日盛也。观乎此，当无背师之举、忘本之行，而忠厚之俗亦当可以风，岂仅夸奇技异能而已哉！

（1872 年 6 月 1 日，第 1 版）

---

① 寡鹄：guǎhú，丧偶的天鹅，用以比喻寡妇或不能婚嫁的女子。唐李商隐《圣女祠》诗：“寡鹄迷苍壑，羁凰怨翠梧。”

论轮船来往沪汉事宜

火轮船之上海、汉口两处往来者，近数年来皆为旗昌与公正两家所垄断，别家之船不敢向此途问津，做此生理。如有行此两处者，彼两家必暂减水脚、客位等价目，必使人大亏本而后已。故两家历数年之久，常独擅其利。今其势已小变矣，约半年前，马立师洋行有一火船名“汉洋”，伊初立意将此船往来沪、汉各埠，同业者无不讶马立师之胆大，而嗤其无识见。亦有议之者谓，彼旗昌与公正行之已久，数年来厚利均沾，今别人尤而效之，虽与客商大为有益，而其自为谋，必不能为两家敌。乃此船至今已行六月余，且闻渠所取水脚虽廉，该船所获之利仍不薄，故该行今又添一船名“富沙白里”。甚至别家又有一洋行名美记者，亦以一火船名“洞庭”，常往汉口。如此可见世事之未可逆料，而强御之不足畏也已。

现在英国又有欲设一大火轮公司，拟置造铁轮船六只，轮流往来沪汉两途，议设一新公司，而令太古洋行总理其事。此六船大约明年五月可到，或迟数月亦未可知。如此六号铁船既到后，吾恐各家必大抢生理，而水脚、客位亦当因之大落焉。今为旗昌与公正计，莫若听马立师之往来，三家一心一德，若然犹可获一年厚利；否则，此时与马立师斗，则必减价，明年与太古之新公司斗，则又减价，此一年之内一减二减，必至得不补失矣。

故以今有轮船来往止有两家而论，为生理计，固有所不利，以各仕商之搭货、搭客而论，方大有裨益。夫人谁不欲富贵，独至垄断一道，每为人所议论。然为搭货、搭客者，慎毋议旗昌、公正之垄断也。从前未有两家之时，人客往来何等不便，今旗昌与公正各码头如此便当，几于无美不臻，宾至咸有如归之乐，现各人之望而生羡者，不过利其财耳。第利之所在，人尽趋之。惟旗昌与公正两家虽已共获大利，论其得财之故，其取而享之也亦宜。试观历年众商所出之巨水脚，人皆乐从，毫无怨语，使非其办法出于尽美，何人人之心悦诚服若此乎？但如今以后，其水脚倘能稍廉，生理亦当更广，生财之道正为方兴未艾矣。今予闻各路水脚之贱，与各卡厘金之减，二者均有关于生理之流通与否，故亟登之以见公私之两便焉。凡为坐贾行商者，可以踊跃争先矣。

（1872 年 7 月 17 日，第 1 版）

论中华轮船招商事

轮舟之驶行中国也，已数十年于兹矣，即轮舟之通行于中国也，亦已十数年于兹矣，是华人既已深知其有利矣。然既深知其利而必使西人独专其利，则何哉？本馆昨录轮船招商局之举，则真能留意富强而使中国之利不致为西人所专，是可喜也。其设局则在浦东二十四保地方，所以便装运、盘驳之往来也；其隙地则有二十余亩，所以便将添设栈房之安顿也；其经理则以官而不以商，所以为裕财足国之道也；其经费则仍招商以助官，所以便操奇计赢之局也。此固国家一大政事之所为关系、一大局面之所为转移也。夫机器制造局之设，所以尽西人之技能也；轮船招商局之设，所以保中土之利源也。官造夫轮船，而仅仅乎为兵船、为炮舰，则其用既不广，其资既可惜，且兵事平靖，将遂无所用之，必听其废弃而后已，则仍与制造轮船之初意不大相剌谬乎哉？自设招商局，而凡所已成之轮船，既可通行江海，以为附货搭客之用，即凡未成之轮船亦举可加选工料，以为尽进风逐电之能，岂不美哉！

夫轮船之初驶行也，华人尚不知其创造之法，又何由知其驾驶之法乎？既不知其便捷之法，又何由知其揽载之法乎？今则耳濡目染，渐已习惯自然矣；且渐知为时局之宜变、气运之宜新，与利权之宜归矣。故曾文正、李节相皆加意于此，非好为新奇也，非好矜便捷也，盖实知为利之所在，有不得竟为西商所专，故事宜急办也。至该局中将欲添置轮船几何只、驶行口岸几何处，则尚未知其详也，然闻其已托人前赴英国购办轮舟二艘，又于数日之前已购办英公司之轮船名“亚夫”者，其价则五万五千七百两，以是可见中华官宪实有深意，以成此大举也。华商咸当踊跃输银入股，以尽取火船之利益，不必专仰赖于西人，岂不美哉！且该公局之设，吾决其获利也必矣。比如同往天津，一时有中西两船并开，吾知中人之附搭华船，而不附搭西船，此自然之理也。且西人之辛［薪］俸、工食皆为殊贵，吾计华人于此举也，初或用一二西人，以为教习，嗣后可以全用华人，不用西人矣。则其使费开销必当大省，此又自然之理也。以是理揆度之，华船则使费轻而客货多，西船则使费重而客货少，数年之后，其利有不专归于华人者未之有也。然则华人之通行轮舟也，定见日新月盛矣。此特其嚆矢耳。西人之于各通商岸口驶行轮舟，以与华人争贸易之利、拥贸易之权者，必将渐衰矣。此殆其强弩之末耳。吾所尤愿望者，则中华此局必当坚持其后，而勿为人言所摇惑，至废于半途也。

（1872 年 11 月 30 日，第 1、2 版）

论内地通行轮船事宜

中国之设立轮船通商局也，亦既有端倪而可望成事矣。今备论其利害以著于篇，使世之揣测此事者有可考焉。按和约，西商轮船只准其来往各通商口岸之间，此外未尝广其踪迹也。则华人自造船只，驶行内地，固华人自有之利云尔，固华人当为之事云尔，岂有疑议于其间而虑其窒碍也哉？今之火船则华人既自行制造，自行购办矣，想官宪于日后必许驶行内地，或江或河，或湖或溪之间，皆有轮船往来。如此则华商火船之生业可以无所限止矣。且独不闻东洋之事乎？西船之得以任意经由者，仅在各通商口岸而已，其余各处则皆东洋人自行购办，自行制造，以收夫驾驶之便、装载之利者也。此事已行之数年矣。而以东洋人之每年必添造火船，每月必添买火船而观之，可见司船者生意之广、利益之深矣。司船者既大有利益，而民间市肆亦必大获利益矣。该火船载货搭客既便且捷，而国内所为贸易之道、货殖之理宁不较溢百倍乎哉？此诚万世之利也。

或送难于余曰：中国内地有火船，则在官之厘捐势必大有所窒碍矣。予应之曰：非此之谓也，抽厘输税等事概不必更改旧制，一火轮船之过一卡，其验货报捐亦犹之民间船只也，其一报二验亦犹之民间船只也，何必虑其有所纷更致多窒碍耶？其可以预知者，则以贸易之道、货殖之理将有必日增月盛，而凡所为税银厘饷必将有加无已矣。

或又送难于余曰：火船诚通行于内地，则民间船只必将废而无用，以致船主失业，舵工水手诸人亦无以为生计矣。予则应之曰：亦非此之谓也。火轮船之驶行也，只在阔大河道之中，以达于大市镇、大码头而已矣；凡支流小港之中，则打桨摇橹者仍可自安其业，仍可自乐其生也。况大市镇、大码头既有轮船来往，则货物必格外流通，贸易必格外广大，则凡出乎支流、小港之中，以达于小市镇、小码头者，其船只必当十分闹忙，岂尚虑民间船只之遂废而无用，与夫船主之失业、舵工水手之无以为生哉？故曰：轮船之通行内地，诚有利而无害者也，惟当思所以扩其规模、广其流通而已矣。

（1872 年 12 月 18 日，第 1 版）

论船主控招商局朱太守案了结事

天下事慎之于始，尚有不善厥终者矣；若不能慎之于始，而反望其克善厥终，宁有是理乎？凡事皆然，惟交涉钱财之事为尤甚。凡交涉钱财之事皆然，而中外之人交涉钱财之事为更甚。如本馆前次详列招商局“伊敦”船主康纳之事是为可鉴矣。初，招商局宪朱云甫太守之购成“伊敦”轮船也，以洋人康纳为船主，凡一船之事，皆令主管之。往来天津几次，装客载货之水脚，经康纳开销，煤值、工资之外，毫无所余，而康纳几若据此船为己有，不复知有招商局之主人矣。但屡屡如此，始则尚敷支销，终恐又有垫用，日积月累，恐将“伊敦”轮船尽付伊有，尚不能足其赔累之数。朱云甫因见其人之不可信任也，又复无词以解说于众口也，故力辞却之。康纳变羞为怒，因怒肇讼，当经会审衙门陈司马会同美国夏翻译酌偿康纳洋七百五十员［元］，以了此事。不意康纳大怒，恳领事转行文道宪，欲将朱云甫锁拿到案，管押追银，以泄其愤，若不知朱云甫为何如人也者，亦奇矣。夫朱云甫，招商局之总办也，康纳招商局之船主也，岂有总办以价值将十万金之船交与船主，而不一见其人之理？即或初次有事，未能谋面，以后至沪，何妨一见，以观其人之可信任与否。乃彼此竟若无一面之缘者，亦何怪构讼之后，尚不知云甫为何如人，而竟欲逞快以泄怒，此诚不可解者一也。势利之见，千古皆然，四海同辙，余尝数见外国之人见中国之客，必先询其顶戴之有无、顶子之颜色，可知其深重中国之仕宦。云甫，沪人岂不知之？使云甫于初见康纳之时，正其衣冠，令其见戴蓝顶花翎，少加畏敬，或能戢其狂逞之气，敛其贪婪之念，亦未可知。

云甫计不及此，而令视为寻常商贾，此诚不可解者二也。而且，局总者关系最重者也，局之成败听之，局之兴衰由之，其最要之事，莫过于任人、理财。然理财又在于任人，亲友僚属之中岂无一可信之人，令司船之银钱出入之数，而令康纳专司外事，何至出入之□［数］仅足敷衍？乃计不出此，而使一船诸事尽听命于康纳一人，初何相信之过深，继何相疑之太甚，此诚不可解者三也。且闻其辞复之时，曾补偿伊辛［薪］工数百金矣，而今复行构讼，意欲何为？今幸道宪为之主持，陈司马、夏翻译为之调停，始以七百五十洋为之了结，不然，吾正恐其讼之无已也。观康纳因道宪诸公言语，居然允服息案，可见吾“正其衣冠”诸语亦不为诬。吾故曰：“事慎于始，尚恐无终；不慎于始，安望有终？”愿天下任事之人，无以余言为河汉也。

（1873年7月22日，第1版）

运煤说

煤之有益于人也，其利溥哉！大之可以镕铸钢铁、转动机器、行走轮船，小之亦可以制造饮食，供给日用，举抗冬寒；倘煤有不敷，则诸事必窒碍而难成。人可不思所以裕煤之法乎？裕之之法云何？惟有广求取煤之方、运煤之术而已。前报录载江宁有开辟煤矿之说，闻者无不以为善举焉。是已有取煤之机也，盖己既有煤不愿仍买于人，此自然之理也。兹者既有开矿之议，所开系于国计民生者实非浅鲜，安可不将运煤之事而详论之？吾尝阅中国之税章，于煤一事而深以为奇焉。外国运来之煤，其税银每吨只纳五分，一吨之数，即中国一千六百八十斤也；乃查本地所产之煤，司税银甚至百斤即纳四分，复加厘税而算，则每吨殆有一两零矣，而产煤之地所抽之厘犹在外也。按上海系用煤最多之地，若用此税章，分别中西各煤之完纳，实不啻官府示吾民曰土煤不可用，惟洋煤方可用也。

夫中国之台湾，与东洋之长崎，其相隔之洋面相同，其相离之水程相若，所异者中外之分耳。乃台湾煤矿林立，所产煤既佳且多，其实更胜于长崎，惟因东洋运来之煤列于洋煤税章完银，故上海多赴长崎以办煤，而在台湾采买者反日鲜矣。现闻新设招商轮船局，拟将“伊敦”轮船往来长崎，购煤来沪，使供诸船之用。西人之深达于治国理财之学者，闻此一事未免旁观而冷笑也。今虽闻金陵有开煤矿之事，然东洋煤税既廉至九钱有零，而东洋煤仍可赛来矣，是中国于此一事似深恐外国贸易之有损、中国商民之获益，不亦慎乎！

夫煤，粗重贱物也，若运价稍廉，方可略沾余润；使矿山离码头有数十里之远，而运费已多，再加之以税银厘金，则所获更为无几。惟能于各处产煤之山造设火车铁路，以达附近船水码头，运费既廉，火车所用之煤购买自矿，其价亦必极廉。若言火车铁路制造少难，即今《中西闻见录》所载外国新造铁索运物之法，亦可暂行试用，然究不如铁路之坚久也。日前有一外国船主告予曰："距天津二三百里有煤矿一区，其煤颇佳于东洋，且更合于烧用，其所出亦难限量，惜乎水路不通，煤皆用驴骡骆驼驮至津门，以致价贵，每吨需银十两内外。"予曰："此煤若行，不但开矿之人得利益也，即各项用煤之事无一不得便宜，而且有一利焉。吾闻招商轮船局之船往往由津门返沪，苦无回货，以致空载出洋者，若使此煤合用，则诸船之回沪者皆有煤可载矣。既不须常遣一船赴东洋以购煤，更不须使中国银日漏泄以利外国也。惟须造一火车单小铁路，而诸务毕举矣。况乎中国近日制造水师轮船日多一日，招商局公司轮船亦年胜一年，需煤必多，苟有可以开矿之处，总须开成，令商民运至上海，以成为中国自擅之利，不使大项之银日入于外国，惟恃在上者设法以图成耳。至于洋煤之税似乎太廉，似可少增；若不能增，而土煤之税亦似宜少减，以恤商耳。说者谓出洋之银，惟洋药为大宗，然洋药为物，犹曰中土所产不能相及，洋人是以独擅其利，至于煤之用至广，而中土所产较洋更多且胜，或惑于风水之说，不准开矿；或累于运费之重，不能贩卖，遂使中国有限之银，无论贵贱之物俱购自洋，而银日流于外国，而不少惜，哀哉！"

（1873 年 8 月 4 日，第 1 版）

书华商买用洋商火轮夹板等项船只章程后

昨阅新定《华商买用洋商火轮夹板等项船只章程》，而知中国贸易之将兴也。夫火轮、夹板等船之有益于贸易也久矣，驶行迅速，货物不至于滞留，信息不迟于来往，而且不畏重洋之远阻，不忧外海之风波。彼长江之内能有日行千里之船否乎？又况一船能载数船之货客、一路毫无片刻之稽延，孰有更便于此者耶？初曾文正公之督两江，李伯相之抚江苏，两公同心合德，奏买外国造成之小号火轮船数只，以运粮饷、军装，试行数年，有益无损，然犹仅在长江行走；厥后奏请开局自造，局中所造成者数船，大于向所购买外国造成之火轮船数倍，于是令其出洋捕盗，护米赴津，并往返津门以运送军火。兹又见其行走大海，亦如长江，毫无阻滞，李伯相因其有利无害，复奏派委员在沪设局，创立招商局轮船公司。现又议定《华商买用洋商火船夹板等项船只章程》，将见日益日多，数年之后，中国之轮船、夹板不亦如泰西之盛哉？所议章程尽美尽善，无可置喙，惟第三款之首条云："凡有华商夹板等船，请领牌照者，准赴外国贸易，并准在中国通商各口来往，不得私赴沿海别口，亦不得任意进泊内地湖河各口，致有碰坏船只。"在中国未雨绸缪，思患预防，可谓无微不至。乃西商则曰："是议也，非仅为碰坏船只而设也，诚恐此端一开，中国轮船自行驶走，吾辈亦将从而效尤，不能禁止，是通商各口之外又加口岸，所以不令往来停泊也。惟是现在既以西人轮船、帆船代中国之船，是知西国诸船更便利于中国之船也。既知其便与利，似宜任其行走，不复限以口岸，不愈使商人便且利哉？惟于纳税、完厘二项不令照洋船章程，仿照淮引，先于开行之处报明现往何处口岸，共计税课若干，厘金若干，统行纳完，即于税厘二项亦无亏损，是于裕国便商之道更为两得。若仅于洋商轮、帆各船可到之地方，准华商轮、帆各船驶行，似尚未尽利便之道也。"是说也，亦未可厚非也。虽然，尚非深知中国之河路者矣。以中国内地之河路而论，苏杭诸河，节节石桥，水窄而浅，中船之大者尚不能行，何况轮船？扬州、芜湖各河，水涨则深，水退则浅，亦不能行；江西则鄱阳一湖，无论水之大小，均有浅淤之处，中船尚往往搁浅；汉口之襄河，水陡而流急，行走亦不方便。惟长江一带，尚能上至荆州、岳州而已，再上则荆州大似襄河，岳州有如鄱阳也。至于沿海各口，除通商各大口外，其余小口亦非贸易聚会之地，货物不多，又安用此大船？且恐少见多怪，骇人听闻，不如禁止之为愈也，岂有他意乎？是举也，中国之轮船日新月盛，虽不能如泰西各国之多如林木，大似岛屿，然是处皆有贸易之事，亦将见日新而月盛也。不徒此也，天庾正供，亦将藉此以输运，何必每岁糜千余万之库帑以修黄、运诸河哉？诚如《中外闻见录》所谓，“火轮船告成，通行四海，实为万世之利”，良不诬也。自今以往，京师之食南粮，商贾之得余利，亦皆归功于轮船，而深感泰西诸公之制造利器，又深德曾、李二公之奏办驶行也。呜呼，人亦何乐而不为此裕国便民之事？俾得歌颂于弗衰也。

（1873 年 8 月 25 日，第 1 版）

再书论西人不秘密制造船炮后

闻去岁上海设立招商轮船局，仿照西式，招集众商，创立公司，制办轮船，装载客坐[1]货物，行走外海长江，现已著有成效，从此可渐推广，大为中国利益。然西商向以轮船为业者啧有烦言，咸谓中商分其运载，夺其重利，均有不悦之意。然此就买置轮船以为营运者而言，并非制造轮船以为生计者之志，盖制造轮船者，未有不欲人多买以为快也。日前所论谓西人不秘密制造轮船一事，吾揣西人之意，以为始创轮船非成就于一国一人之手，盖经数国、数人之心思而后成此利器也。凡曾经改易之人、制作之国均能知其奥妙，何所用其秘密？而且卖与人用，其机器一切人皆望而知之，何难效法，安能复行秘密？此非可以藏而不露之物，何必行此秘而不宣之事？亦可见其居心之直、行事之公矣。不但此也，昔日皆言华煤不如洋煤合用，故中国之机器局、火轮船皆购用洋煤，论其价值，洋煤几倍蓰[2]于华煤，此亦西人之利也。而西人不欲独擅其利，凡于中国有煤之山，屡劝开挖，产煤之地，必为辨别，现已著书立说，详陈煤之高下，何处煤尚胜洋煤，何处可敌洋煤，何处不如洋煤，听任中国人采取候用，是果何利于彼？而必为此勤勤恳恳，无异于为己谋事者。华人往往不肯听其谋画，则为之太息吁嗟者累日。

中国制造轮船，需用厚薄铁片、大小铁条，亦尚不能自制，必须购于

---

① 客坐：同“客座”。

② 倍蓰：数倍。蓰，五倍。《孟子·滕文公上》：“夫物之不齐，物之情也。或相倍蓰，或相什百，或相千万。”

外洋，此亦西人之利也。而西人亦欲中国开未开产铁之矿，于已开产铁之山，又欲中国用彼机器，仿彼制造铁片、铁条，以为果能自行造作，不必向人购买，使人居奇，受人挟制，亦如谋为中国取煤之法。其他诸事亦多类此。吾尝赞其能存推己及人、大公无我之心，不愧圣贤学问。

西人答曰："此言何敢当也？吾等之意，深见国之富强，常由于此。吾英国昔年未知煤铁之利国，亦未能兴旺，近今深获煤铁之利，故能日新月盛，雄峙于泰西也。吾见中国不患寡而患贫，尽将有用之物置之无用之地，深负天地生材之意，故欲尽开煤铁诸矿，使人可以谋生，可以利用，未始非裕国便民之一道也。若中国日进富强，吾等通商各国于贸易之事亦可大沾余利，且各国均尚富足，独中国反不能及，吾等亦无袖手旁观之理。故屡贡刍荛，常欲听纳，于煤、铁二矿加意开采，其物虽微，其用至广，并可随处皆有，不至如金银之难得，其利益反在金银之上。若照英国办理，十年之后，中国若不改观，吾决不信，此吾等素志也。至于金银之矿，求之亦颇难得，开之亦易滋弊，即令广有金银，人有所恃，反至稼穑不事、贸易不知，又有何益？皮鲁国非前鉴耶？吾于煤铁深知其利，故不惮为此再三之渎也。夫以天下之物供天下之用，又何秘密之有哉？"

西人之言如此，吾愿当局者熟思而审处焉。

（1873 年 9 月 17 日，第 1、2 版）

译报论李伯相议事

前录李伯相从长计议黄、运两河情形，据实详细复奏一折，其折稿经西报详为译出，且加之以议论，于黄河一事无不仰慕其高见硕画，深服其文词之详且明也。若漕运一事，《字林西报》之论，今姑译述，以供众观焉。其言曰：

华人以拘古制为今例，然国内复有一人，不必谨守古人成法，而又能援古人之意以迁就当今之事者。古人有言，"势逼而改先辙可也，改则必见利矣"。今李伯相高明，竟能援依此言以改就今局者，是实能体先人垂训后世之实意也。除议黄、运两河之外，其于漕米一事，畅言改运之利，犹足动人听闻。意谓旧制虽美，反不如今日之大改更善也。折中有曰：

"当今数千里洋舶骈集，为千古以来创局，已不能闭关自治，正不妨借海道转输之便，逐渐推广，以扩商路而实军储。苏浙漕粮现既统由海运，臣前招致华商构造轮船搭运，颇有成效。"吾揣其意，以为禁止洋舶往来，势既不能，因变一计，惟有劝励华商，渐自购设轮船，且以泛海之便施之于漕运也。此招商轮船局之所由设也。该局之船，今在外洋、长江常常行走。李伯相之意，谓轮船之在今日既不可废，不如因势而利导，认真以照行，亦犹流水不能使之登山，华船之与轮船，颇相符也；轮船必代华船，势已显然。华人欲与西人争拦［揽］载运之业，惟有仍以西人之法争之，故仍以西式轮船而敌西人之轮船也。遂召华商数人，令其自购轮船，且以漕运之役托之，运米一石，付水脚钱四银，以贴补创设之费，使克以敌西人也。其意且不徒在上海、天津二处争业，并誓志欲在中国沿海各处以及长江、东洋诸路，亦一例以相赛，使招商局各船在各处争业也。故现各船水脚为之大落。夫国家之大益，火轮船公司也，即他公司欲与相争，亦为难事也。在中国而论，李伯相已忽得其法；在西人而论，亦不能不深服其得裕国便民之大意也。吾西人早识李伯相殊无偏袒西人之心，然心虽疏西人，而于西国各法亦深知其利也。如取之不能如意而得利，则仍欲华人自用自法，以自益而已。

观此奏稿，实嘉谟也，所议除舍运河、废华船、设招华人轮船公司三大事外，内又有议及漕米改折交银之事，是漕虽留其名，而已变其实，民人不必交米，此法若在他国，早已成为古制，中国似亦早知其不便，而因循未改，近尽以银抵米，则旧制概行改变，亦犹废用旧船等也。今录其疏，略曰"江、广等省自军兴后，奏改减价折漕，民心大定，若复征解本色，苦于运费无措，加之于民，则必滋事变，取之于公，又无此闲款，似应暂准照章折解，仍由各督抚体察情形，如可酌提本色若干石，即运沪由海船解津，较为便速。如京仓尚有不足，更随时指拨漕折银两，由南省采买解津；或派员在天津招商采办，亦尚合算"等语，故各省仍照样一例改折，势所必至也。所奇者，今适有一他国，名叔师米阿者亦甫行一例，以更改课制。先年该国之官皆亲赴田内，自行秤征产物，除为国库所征外，另为地库而又征之，是以地方官多有舞弊勒索者，国君悉其弊，故改其制，下令以后惟有核定银课之制，以除其弊也。夫京都所实需诸外省者，米也，是以漕制久而不废，乃纳粮米易生勒索、隐瞒诸弊，反不如折银之得计也。今经其娓娓陈明，国家惟征银而不征米，亦未始非长国家之一道也。

西报之言如此，亦足见西人之信服李伯相也，故译出之。

（1873 年 9 月 18 日，第 1、2 版）

论冤莫能伸事

宇宙独行，创立一事，必须定有规矩，章程尽善尽美，有利于己，□［无］害于人，然后可以望通行而垂永久；至于仿照他人之事，则他人之能通行永久，亦必定有尽善尽美之规矩、章程，而后可以有利无害，人己两得也。今中国之有火轮船也，制造局□［所］造以供巡海捕盗之用，招商局所购以供载客运货之用，皆非中国所创行，均仿泰西之成法。然既仿泰西成法，则一切泛海行江均当照泰西规矩章程，而后可期通行永久，不得以船同一例，而行船之法又各分中西也。

兹阅福建淡水庄荣顺鸟船驾长所具“冤莫能伸”一事，据言伊船于上年十二月在永龟外洋，半夜时与招商局“伊敦”轮船相遇，伊船出火喊叫，该轮船涌驾而来，致将伊船碰坏沉没。伊拉住轮船铁链上船呼救，船主、水手均各不应，遂致船货并客人及水手等共十六人皆付波臣。旋至湄州洋面，该轮船船主将舢板放下，赶伊上岸。伊回家后，报明东人及十六人家属，随即患病，至今来沪往诉于招商局，蒙局主唐、徐二君许给数百金。第船货及十六人家属岂数百金所能了结？不得已刊报陈情云云。若果如该驾长所言，则船主、水手等之忍心害理，真可谓毫无人心者矣。夫同是泛海营生，见他船之遭事将沉，苟可以施搭救之术，亦当设法往救，方可为人。况伊船实系为所碰坏，且又有人求救，岂仍可置之不理乎？兔死狐悲，物伤其类，况同为人乎？又非若禽兽、鱼鳖，利人之死，可以饱其肉而餍其欲，吾甚不解若等是何居心也。岂欲尽溺其人，以图灭口乎？抑恐留有多人以致受累乎？不意天心仁爱，竟留一驾长，以彰明此事，为十六家之孤儿寡妇以请命求救也。兹唐、徐二君慰以好辞，许以多金，可见公道自在人心矣。特是西例，凡火轮船不论泛海行江，倘有碰坏他船者

□［例］须赔偿。故同治四年“湖广”轮船撞沉焦体贞盐船盐一千包，并溺毙女命三口，当蒙前两江督宪曾追赔盐船各价银一千四百两零，又偿恤银三百两；今年六月，“湖北”轮船撞沉同人和盐船盐一千四百十二包，经轮船司事谢益斋告知旗昌行主，议赔半值，共银二千一百两；并撞沉徐祖松柴船一只，计船并货共值洋四十元，谢益斋因其人苦资少，全行赔偿，一时无论贤愚，均称赞旗昌行主及谢益斋之慷慨。今既仿照西人制用轮船，而赔偿之事亦当仿照西法，方为美善。唐、徐二君曷不援引“湖广”、“湖北”两轮船之例，禀明总主招商局者，定为成法，庶免鸟船驾长含冤莫诉、十六家之寡妇孤儿苦衷无告。谅总主断无不允之理，此亦仁人君子济困扶危之一道也。否则，任听驾长各处鸣冤，以致贻笑外国，遗害他船，谓我中国设法之不善也。更□［有］甚者，此例不定，事难预必，倘日后中国轮船碰坏西船，西人则执伊撞沉盐船之例以索赔，外国轮船碰坏华船，外国人则又执招商局轮船撞沉鸟船之例以狡展，彼时招商局其将何法以处之？其将何辞以御之？是亦不可不虑也。

总之，中国既已制用轮船，断非三年五年即行停止之理，必欲百年千年以为永远之计，天长地久，岂能保无意外之虞？若不目前预定规条，必致日后多费唇舌。予杞人也，每怀杞忧。然古人有言：“有备无患。”孔子亦言：“人无远虑，必有近忧。”未识唐、徐二君以为然否？

（1873 年 11 月 1 日，第 1、2 版）

设法以五日由汉口达四川说

入川之路，无论水陆，均皆危险，古人所以有“蜀道难”之叹也。但四川一省，实中国富饶之地，土产百物甲于天下，皆非他省所能及。惜乎，道途险阻，陆则峻岭迭嶂，水则急流险滩，亦非他省所能及。故虽彼此往来贸易、载运货物者不少，若使易于行走，则商旅之获利，更能倍蓰矣。今由汉口以至川省而论，必须四五十日方能到，比之中国往泰西时日尤久。若论两路之平险安危，而入川水路亦更危险于往泰西者数倍，故各货往泰西者水脚银每吨在十两、十二两之间，而船货遭难者仅属百中之一；汉口赴川省者，水脚银每吨在十五两、十八两左右，而货船失事者乃有十分之一，由此而揆，则中国东方各省逼近泰西，而远阻四川也，岂非奇而又奇之事乎？果能设法将入川之路使之便捷，易于行走，是亦当今第一急务，事倘能成，不但贸易渐增广大，即于税厘亦加利益矣。查汉口至四川，其中最危险者，宜昌至归州一带，为程仅三百里之遥，江之两岸，悬崖峭壁，势甚巍峨。上滩诸船皆赖牵拉，纤路紧靠江边，船大者用夫不下五十人，江边皆山，难择平地，拉纤者常穷于术。江中巨石最多，滩水又复汹涌，诸船所由失事者皆因纤绳之中断也。纤绳与船中隔巨石，其绳不免擦磨石上，倘被石棱锋利者割断，船即漂流急湍之内，其不碰坏者几希。而且三百里内，船之上滩者节节难行，故行半日仅能上数十丈，忽因小失，而半日之功尽废，船已流回原处矣。统而计之，欲上是三百里险路，共须半月，或至廿日。船户见他船被患，以为常事，倘已船得平安上完各险滩，皆备牲谢神，不敢怠忽也。近有西商由此以达川省者，据言此路轮船亦皆可行，倘有十二丈长之轮船，须水三四尺，载货数千担者，均能往来迅利。盖上水船之多遭患难者，因皆傍岸而行，若河之中流，概系疏通无碍，下水船皆从中流而下，故不至遭患难也。惟小轮船上下往来，均可由中流行走矣。滩水之流，每一时不过三十里，若其最狭最急之处，亦不过至六□［十］里之速，小轮船每一时可行八十里之遥，又能由中流上下，故诸患难皆可以免。西商之言如此，实于中国贸易之局大有关系。

夫泛海行江，轮船已著成效，而川河之改用轮船，尤为紧要。盖他处纵无轮船，而帆船亦可行走，所差者早晚迟速之区别耳，惟川河帆船既属难行，若能以轮船代之，则四五十日之程途，陡然可变为四五日之捷径也，岂不快哉！闻美国滩河亦多，小轮船久已合用。今中国李伯相既创设招商轮船局，以利天下，与其仅效西人泛海行江，何如添设此种轮船，行走川河之滩，不徒往来川楚贸易者大沾恩惠，而且该局另开生面，□运载货物之利擅为独得，实为生财之大道矣。奚啻此也，蜀道之难，昔人所畏，今使数千年至险□［至］危之路，一旦尽化为平坦之途，其功不在黄帝作舟楫、大禹平水土下也。至于此种小火轮船，为费不巨，请即购买而试行之，事果能成，行川河者，定当履险如夷，转危为安，不至视为畏途。即太白复生，亦应无“蜀道难”之咏也，岂非川楚行旅之大幸哉！

（1874 年 1 月 17 日，第 1 版）

论轮船遭患事

谚有云，世上三般最险事：行船、骑马、打秋千。极言世上之事，莫过于行船为最险也。又于人生万无把握、万难倚恃之事，俗比之曰飘海。盖飘海之事，亦属世间至险之事也。于以见行船险、飘海险，行船而至飘海，更为险中之尤险者也。吾尝闻诸父老曰：行船之险，其失事常由于狂风恶浪；至飘海之险，又不尽然。盖飘海之失事，其失在狂风恶浪之时者甚鲜，或误触于礁石，或偶搁于泥沙，或因两船之互相碰撞者，比比皆是，然未有奇于英公司邮信所言“微勒得夏拉”轮船之失事者也。其轮船由美国经过大洋，至英国，忽于夜间被帆船所撞，帆船之头穿入轮船一丈数□［尺］之深，至□刻光景，而轮船始行全身沉溺，此固泛海各船绝无仅有之事，险莫险于此船矣，奇亦莫奇于此船矣。

夫泛海之事，固西人所最谙练，而轮船之行，尤西人所最精熟，尚且至有此失，何况他人？此其中殆有天焉，非人力所能及，使成此创见创闻之举，殊堪为可惊可骇之谈也。此事虽属仅见，然近日泛海轮船每至失事，推求其故，多由于争先斗捷之行。前闻英国已议厉禁，其禁定必可行，从此当无此患矣。

至于海中礁石，早经泛海者所测度，均已缮成图说，泛海者皆奉为指南，亦可谓详慎之极矣。乃昔所未有，今竟另生，事虽新奇，殆亦麻姑所谓□见沧海变桑田、桑田变沧海之遗意与。若海口之暗沙消长转移、有无变迁，更不足奇矣。此皆泛海者之大忌也。近闻中西各大宪议于各海最为险要之地，立救生局，则此等之患皆可消弭矣。至泛海各船均宜相避，西人早有条约，然犹至于相犯者，帆船或因巨风而驾船者无所措手，轮船或因大雾而驾船者难以窥测也。夫西人之泛海，其防患之心可谓无微不至，然犹不免于失事者，或由于相争，或由于相撞故也。相争之失，搁沙常在内洋，触石常在外洋；相撞之失，则内外洋皆有之。今西人既立旧规，又增新禁，复设救生之局，将见泛海之船皆有履险如夷，化危为安之庆矣。夫泛海创用轮船，几同海不扬波、轮皆顺轨之休，然从前各船所遭之患尚皆在人意中，而今日此船所遭之患实属出人意外。意中之患人尚能防，意外之患人岂能避？岂非天欲成此至巧之祸，以成为至奇之闻哉？泛海者更当加意谨慎，留心防避可也。

（1874年2月2日，第1版）

吴淞口建造火车铁路以达上说

泰西诸国火轮舟车，创设有历年所，分道而驰，并行不背，凡于世上人事无不称便，尤为便于商旅。盖货物之流通更速，贸易之来往较易，故银钱之利息愈厚矣。咸丰初年，火轮船始入中国，而中国之人亦莫不乐其便捷，所以日多一日。今则中国亦效西法，设立机器制造局，以造火轮兵船；设立公司招商局，以创火轮客船。虽不能敌于泰西，然亦欲比于泰西。盖深见轮船之有益也。惟于火轮车则不然，缘轮船仅泛于江海，无碍于民间，始能畅行而不滞，若轮车需设于陆藉，有碍于民间，必至阻止而不成也。故火轮车并铁路一事，前经西人屡劝频催，早欲中国创设建造，乃至今日，而通商各口皆尚未之从。曩者，英国众商凑集银两，欲购置火轮车及铁路，自献于中国，而中国朝廷仍然退辞弗受。然西人专心致志亦不肯顿息前意，今有另出一计，拟由上海至吴淞一路筑设。此议从前仅属传闻，亦尚未果，刻闻志意已决，筹谋已妥，开工之期已可指计矣。此路为程途既不甚远，故需资亦不甚奢，其费用之银，闻半由在国英商备办，半由在沪英商凑足，亦公司之举也。所铺铁路仅为单路一条，亦不甚宽大也。或问：华官其将许之否乎？曰：似乎无禁止之理。盖问者实依条约，在租界之外若干皆准买地。今地□［已］早□［买］，就应可随意置用，亦且重无铁路之特禁也。故此事想亦无不准之理矣。

夫火车之路在东洋已创设年余，初仅一条，今又增设一路，故知此举实亦有利于国。东洋利之，而于中国亦当有利，故吾闻此事将成，竟至喜而不寐。盖轮船早已得见，而火车虽屡闻之，亦尚未得一睹。今先在沪渎吴淞一路试设，既不至有碍于国计民生，且足以为后式，是于上海又增壮观之举，四方客商源源来游者，当更无虚日矣。虽然，兹之设此火车亦仅足为悦目骋怀之计耳，除是之外，而此火车想亦无大利于时用。盖往来之客商虽多，而小船之搭费甚廉，彼火车亦断难同俭矣。惟外洋所至之客，不耐烦于候潮，或将舍舟取车，以速其行而已。外此，或上海诸人搭车一试，聊以广见博闻，以为赏心乐事耳。故吾谓此车似亦非求利之举，将来不至亏折，则为万幸矣。前闻《香港日报》论及火车之利害，谓利在各商之贸易，害在两国之构兵。吾则以为不然。盖利于客商，固不待言；若计其害，平时虽禁不设铁路，至两相构兵，又安能禁止敌人不设铁路哉？固不若先收其利，再计其害之为愈也。使此事如果能成，是吾不徒得见轮船，而且又得见火车，不必亲往泰西诸国，而泰西诸利器俱已日呈于吾目中矣，岂非快心之事哉？

（1874 年 2 月 26 日，第 1 版）

论新闻日报馆事

新闻日报之馆，盛于泰西，而不行于中国。盖泰西各国，上下一体，不但官与民不甚悬殊，即君与民亦不相睽隔。故每遇事，可以尽情议论，直陈无隐，言虽出自民间，意可达于君上；君既不以直言为逆耳，民自不因直言生戒心，至于官吏无论矣。中国则不然，君尊于官，官尊于民，君尚有纳谏之心，官则有禁谤之意。故得罪于君犹可逃，得罪于官不可逭也。夫民间创设新闻一事，其中难免无干犯君官之语，君隔九重，或尚不知，官则未有不知者，一旦大肆威虐，重则惩办，轻亦封闭，故民间亦不敢冒罪而开设也。近因通商开市，于香港开设华字新闻三馆，于上海开设华字新闻一处，主笔虽系华人，而馆主实为西人也。至于汉口新闻馆，内无西人，甫开即闭矣。现闻粤人将在上海另开新闻馆一所，首先倡捐者，上海令叶邑侯也；倡议开馆者，唐君景星诸人也；倡立馆规者，容君纯甫也；主笔诸君，皆延请粤中名宿也；机器铅字，皆容君所承办也。馆则设立于招商局侧，并闻另延西人，代为出名。但赫赫县尹，堂堂粤绅，办此小事，尚不敢出头，反请西人露面，未免心欲大而胆欲小矣。初议各人股份，捐凑办理，后又议用广所公项，凑补不足。兹闻粤人有不愿者，以为向捐公项，特为帮助同乡落魄于上海者而设，今动用于新报，殆非前人劝捐之意。因此，其创议开馆者虽多，其愿与股份者反少矣。盖畏新报，倘有偶涉得罪官长之处，与股份者照律必一例不免受累。缘仅究股份开馆之人，并不问代为出名之人，故也。观于此，则凑集股份之事，与动用公项之说，恐一时难于成就，仍不过叶、唐诸君数人，集资而成也。夫在今日，叶君则上海邑侯，唐君则招商局总办，其余亦皆有财有势，开设之后，即有得罪他人之处，谁敢与官长为难。但谚有云：“花无百日红。”倘叶君一旦升迁去任，另易他省之人，无事则已，不幸有事，吾亦将为主笔之人危矣。前车已覆，后车当鉴。有心世事者，当不河汉予言。

（1874 年 3 月 12 日，第 1 版）

华友来书

伏读贵馆烺烺炳炳，揆时论事，有弊必搜，无美不备。昨述旗昌火船公司聚议，将一年清章［账］，俾与股份人共览，伏读之下，而叹西人之立心、处事至公无私也。夫西人之合众设立公司，要在事无隐饰，所以能取信于人，而人亦乐于捐资以买股份耳。今招商轮船公局则效西法创立大举，亦意在广集众商，捐资入股耳。西人能以一年之盈亏布知大庭广众，招商公局于西法亦步亦趋，于此独缄默而不言乎？成败事难逆料，生意之盈绌岂不足为外人道也？旗昌轮船公司既以一年之折本三十余万布告于众，招商公局亦华人之轮船公司耳，何不亦以一年之贸易获益与否，如西人聚议以清章［账］示与有股份者，俾人尽周知该公局之虚实也。伏祈贵馆登报以闻。

度量时势人启

（1874 年 3 月 21 日，第 2 版）

论设立火轮商船事

天下利之所在，人竞趋之。何况利本为吾之所当有，一旦忽为他人所夺去，其不处心积虑，设法以求夺还者，有是理乎？此招商轮船局之所由起也。初中西各国之通商也，泰西各国尽用轮船，将其国所有之物，载运至中国通商各海口，较之帆船泛海，其速而且稳，奚啻倍蓰。然由仅供泛海之役耳。既而发逆陷踞金陵，江路既多阻隔，华船难以通行，惟有轮船可以来往自如。于是西人遂以轮船行走长江，而客商与货物，皆赖之懋迁。自是而后，燕齐吴越闽广之货，可以上达汉镇；秦晋川楚滇之货，可以下达申江，轮船之有益于世用也如此。先惟西商旗昌一家，独行其事，是以载运日见其增益，水脚日见其丰盈，统计所获，不下千万。继而公正、同孚两洋行与之争，今则两行虽停，而太古公司又起。惟是天下之利，合之则见其多，分之则见其少，此一定之理也。

发捻既平，论者谓轮船行走长江，人皆喜其便而且速，乐于趋附；而华人帆船生理因之日蹙。与其仅令西商轮船来往，而使利尽归于西人，不如华人亦置轮船，庶令利仍留于中国。李伯相闻而悦之，遂发制钱二十万串，委员创设招商火轮船局，令效西法，设立公司。当局者扬扬得意，大开局面，广购轮船，方且谓运载之利皆归于我，而旗昌、太古、禅臣、怡和诸洋行，以及他洋行之有轮船者，均莫予若，指日之间可以富迈诸洋商矣。不知事近于是，而实则大非也。当旗昌独行之时，获利之厚，人皆见之，而太古与争之后，有亏无盈，人独不闻之乎？仅一太古与争，而旗昌业已耗折，即太古亦未见有益无损。况又加之以招商局，而欲其有利无害乎？此不待智者而始知也。故本馆前报有谓中国欲行轮船，曷不先行于西商轮船不到之地。若果如此，既可以独擅其利，又不至与西船相争；即不然，先以一二船试行，虽利不能多得，而害亦可少有。行之一二年后，果能有利无害，然后再行推广，虽加至数十船，占尽各口岸，西人亦无如何也。此至圣所以诏子夏“无欲速，无见小利也”。岂徒治民宜尔乎？即治事亦何莫不然也？又况孔子有言“苟有用我者，期月而已可也，三年有成”。圣如孔子，而致治尚难旦夕见功，犹须待至三年，其他贤如子路、冉有，皆俟三年始能奏效。今之人，自觉才能过于圣贤，每行一事，动则曰“何须如此濡滞，使我为之，必能如太公之治齐，三月即可报政也”。果欺人乎？抑自欺乎？然吾终信圣贤之言，俟至三年，再观其成败利钝可也。至于其中之底细，或局外人不能深知，故至妄谈，而局中人自有把握，亦未可必。但人人所共见共悉者如此，故尔姑妄言之，并不求人姑妄听之也。盖世之伤心人，必各别有怀抱耳，噫。

（1874年3月27日，第1版）

中西轮船利弊论

抱杞子稿

或有问于杞子曰："方今中华励精图治，有如设立机器、制造轮船，可夺西人通商之利，为富国强兵计者，子意见以为如何？"杞子应曰："是殆如孩提之童，方饮乳哺糜之不暇，而遽进以肥甘之味，未有不因噎废食者；譬诸疾病之后，将清心寡欲之不遑，乃竟使联床第之欢，未有不沉疴难起者。盖逆发倡乱，十有余年，回匪蜂兹，又经数载。今虽各师仰承庙算[①]，就次荡平，然东南民困未苏，田庐未复，加以迩年北遭水患，南多旱灾，各口生意寂寥，群商艰于行运。当局者未深计较，意将为远大之图，固已迟矣，抑尚早焉。盖此举行之于各口未通商以前，固不为迟；而行之于各口既通商以后，则尚以为早，何则？因时有未至也。所谓知之非艰，行之惟艰也。泰西诸国，自开港通商以来，西人华人兼用，中国之人仰给于西国者不少，即如曩者剿平发逆，如在水陆可达之地，西人亦从而助顺焉，虽为保护通商，颇能睦邻敦好。嗣如中国所制机器，仍须西人指点，所造轮船仍用西人驾驭，其费用浩繁，旷日持久，又无论矣。即使将来竟能不用西人，不须再购西船，而中华之民困不苏，生意日蹙，船多货少，亦属力有未逮，势属不支耳。诚以利之所在，利亦不常。试验去岁之西船，不及往年之获利，而中国设船自谋之始，正在西船强弩之末，良可慨也。"

或曰："然则何为而后可？"杞人曰："裁减厘捐，所以招徕商贾也；慎选牧令，所以绥靖商旅也；坚敦和好，所以辅助通商也；严治倒账，所以惩禁奸商也。夫然先制浅水火船，于西人未曾往来之地，而通达贸易焉。更俟船多利便之后，再谋各口之通商装运，竟与西船有过之无不及焉，庶为富国强兵，一举而三善皆备耳。若行之于群商裹足不前之际，夺之于民船容身无所之时，吾恐自相戕贼，所谓'枝叶未有害，本实先拨'[②]。三

---

① 庙算：庙堂的策算，指执政者制定的克敌策略。

② 《诗·大雅·荡》："枝叶未有害，本实先拨。"《韩诗外传》："传曰：骄溢之君寡忠，口惠之人鲜信。故盈把之木无合拱之枝，荣泽之水无吞舟之鱼，根浅则枝叶短，本绝则枝叶枯。《诗》曰：'枝叶未有害，本实先拨。'祸福自己出也。"

复[1]斯言，尤可深长思矣。”或人唯唯，悚然而退。

（1874 年 4 月 9 日，第 1 版）

议《申报》中招商轮船事后

夏时居士稿

贵馆《申报》中前数次屡言招商轮船之利，昨日报中又复大为讥评。若前此之不知是不智也，知而不言是无公道也，何昌以前恭而后倨哉？上次《瀛寰琐纪》所刻《轮船进止议》，其中大主脑以中国轮船非不可行，特宜商人一手经理而可，参之以官，此则丑轮矣。即如外国之太古、旗昌，皆商也，所以附股之人多至数百万，□［即］旗昌起手，亦湖州丝客即附有六十万。而招商局开已三年，除官发二十万串、粤帮以轮船抵入十数万，此外罕有问津者。贵馆前以其不能如旗（昌）之开明，实账示人，试问彼局从何处开账乎？一经开账，便须和盘托出，官款更须着追，此亦彼局万不得已之苦情〈不〉也。连年湖丝生意淡薄，江浙典业亦复减色，凡大商之资，高阁者不下千万，无可谋生。使招商局乃殷实之人开张，则二三百万之本可附，附本多，则太古、旗昌知此局力大可以持久，皆不能跌价争夺矣。俗语长袖善舞者是也。今有官在局，则商情望而生畏，莫肯附本，所望海运二十万石，十一万之水脚而已。十一万水脚只可敷两只轮船之终年用度，若三船、四船即不足矣。此非中国之不可辞轮船，实下手章程之未尽善也。差之毫厘，失以千里，贵馆何不于此等远大处细考之，但忽美忽刺，仍不足以服其心也。

（1874 年 4 月 10 日，第 3 版）

中西船论

夫识时务者为俊杰，《记》有之曰“能执干戈，以卫社稷”[2]，诚以卫

① 三复：再三反复。

② 语出《礼记·檀弓下》。

社稷必先御外侮也。然须与时偕行，不可乘机观变。故彼国既精其器，我国亦不可不精，其势然也。庶其力可敌也。方今中国创设制造局，已成西式战船，络绎竣工，法良意美，诚御外侮之大端也。然以本国水师船衡之他国，固仍有大不相及者，虽多尚不能敷用，况犹有不足之患乎？

夫以木船较之铁甲船，其势不敌，固不烦言而解者矣。虽不至如石之于卵，然亦如羊驱虎队耳。诚以木船不能为害于铁船，而铁船足以为害于木船也，此尽人而知之也。

今东洋一小国耳，已置有铁甲船只，且泰西各国亦多有带至者，此所称坚固之船是也。船既坚固，又可多载兵士，驾驶既属迅速，游行自无窒碍；加以利炮排列，有若水陆炮台，布设要隘、湾泊口岸，真所谓一将当关，万人莫敌，此理之固然，亦事之或有欤！

且夫强陵弱，众暴寡，自古皆然矣。不思转弱为强，而仅以寡敌众，此岂卫社稷、御外侮者之所为乎？况国之战船，使竟亚于他国，倘遇有兴动干戈之警，则敌国得以巡海为名，假道为袭取之权，封口绝贸易之势耳。今中国海面西华各式船只不为不多，岂有不设尽善尽美之法，为却敌致果之备乎？倘日后遇有不测之事，而予言其将有征矣！惟望操政柄者其不河汉斯言，所谓识时务者为俊杰尔！

（1874 年 5 月 22 日，第 1 版）

招商轮船局事

《字林西报》作论云：今中国已设立招商轮船局，虽取名“招商”，而此局实系直督及总理衙门内诸大臣所掌理者，诚人所共知，华商实鲜有与其内焉。中国官宪于此事实有远虑，明知不能逐除西船，故特出此计以谋之，使华人火船同道并行以相争，其不克当西船焉必矣。所以中国许以昂价，托以运粮往北，其实不异帮以帑银也，而犹百端向装运之大华商勉于必舍西船以就招商局船；又恐不及，则今复相议欲将开矿运煤之事托诸该局承办云。又曰：中官欲振兴本船之业，其意亦不可尽非，然昂价而支出水脚，国帑必因之被绌；国帑觉其绌，则必多收于民，民困已极，而犹可加乎？西报之所论如是，不知民间之有火船，于大局实大相维系，即支银亦不可不为也。观于诸国中有不许异国之船在本境各海口载运商货之制，则我国独以官货为别，实非西人所可訾议也。且计所出官粮、水脚，亦不可称为过昂，盖其载运粮米不过一年内之数月事耳，载毕后，其船须历半年多之余闲，惟靠他路之业以抵费。若数月舍一路而复迁就之，此非行船之利矣。故吾所深望于国家者，准火船于国之遍处而行，华船既不惧西船与争，则必日臻繁盛，国家欲图振兴船业，不将速见其效乎？

（1874 年 8 月 10 日，第 1、2 版）

论轮船招商局章程账略事宜

轮船招商局第一年账略，本馆已备列前报，阅者自可细心察核，无俟赘言。然此局为华人自办轮舶与西商争利之创举，亦为华人合股鸠银，以兴立大业之初桄[①]，此局若能兴旺，则将来效西式设公司者，将必接踵而起矣。赀愈集而愈厚，业愈拓而愈宏，以上裨富强之政，而下操赢缩之权，岂非盛事之深可庆幸哉！故该局虚实情形，实与大局维系，而为众所翘首跂踵愿闻其详者也。

况为公司之道，本宜胪列各情，宣示中外，使有股份者信其经营之有法，无股份者亦羡其账目之清厘，则不必劝募而暗寓招来［徕］矣。招商局深明此法，刊印上年账略□［一］书，本馆略为考核数端，以质众览。

据其一年总结账目，除颁给股份息银一分外，尚有溢钱一万四千余两，合之支办船栈各事成本银六十六万九千余两，计之实又加余溢每百两二两，统共一年内得利一分二厘。特凡火船公司之算利，应先除虚衰之项，去年招商章程内亦曾议及此事，一年修理需银四万两，以赔补云。□［兹］闻此项必须拨存至少则每百两八两，盖以备后日大修，更换水镬、汽筒、船身等费，而该账内未曾扣算。按该局火船成本银五十二万余，若除八厘虚衰，得四万一千，合之该局所用计为六厘，应于算利先前［前先］行扣拨者。又火船常修、岁修之费亦宜在各船利失账下扣算，不

① 桄：guàng，织机或梯子上横木。

可加上各火船成本，想招商局必已审悉[1]此理焉。

但查“永清”、“福星”、“利运”三船，共加上成本银有六万三千余两之多，律以去年所刊章程，共估计每船装修只须五六千两□，既透用甚巨，亦应声说其故。其“永清”、“福星”两船已言明如何添修，用银虽过于估计之外，于所添造应用尚未大相悬殊。至“利运”一船，虽曾在津失事，来沪后入坞修理，然未闻有添造情节，而竟费至二万三千金，则何以绝不声叙，使人蓄此疑团耶？

又查该局于股份本银外，另行告贷者已十九万余金。夫大公司之常例，原不宜越用于所收股本之外。虽曰各股主照初议原可再征股银五百，然银未收齐，宁弗广拓基业？盖以大公司负此逋债，殊非事体也。然此公司系属创举，故不必以他公司相较，第能计及将来，即为妙矣。至于银项借自何人？是否以火船或一栈房为质？照公司常例，亦宜胪陈，使人共见共闻，得自为计云。

又查《账略》所得余溢，与前刊章程不一，本馆稽核之余，亦未免为之失望。局中人谓曰因水脚跌落过甚之故，然以其章程内估列至低水脚，与现在《账略》内实得之水脚计之，究亦相去不远，前算余溢之时，广东、香港每担估扯一钱二，回申一钱八；照现章，则水脚实在，往汕头一钱至一钱二，回申二角五，往来广东一角半至一钱五，汉口先扯每吨二两，今则实有二两，惟长崎一处，水脚自二两五落至二元及一元半耳。观于此，不觉失望之意更甚。盖其先必有计算所不及者故也。至于“伊敦”火船，初估谓往返长崎一年可溢三万余，即已疑其太多，乃今反亏折至一万四千金，则亦非意料之所及也。

又有一端，船局初开时，原意招商，以所有火船搭附局中，为之经理往来，且见实有二船附托焉。然股份人亦似宜共分其利，而不得独为总理者揽去。且该局在汉口已办有三万余金之栈房，及设趸船，而除“和众”、“海镜”两船往彼数次外，余皆附托“洞庭”等火船所用。乃查彩结账，则附局火船付给该局埠头费仅六百余两，共用上海码头栈房亦并在内，此中似不无可议。

---

① 审悉：详细了解。

本馆今切究此事者，其意有二：一则经此番驳诘，则凡创立公司者，皆必慎于估计后利，而无冒昧尝试之失；一则又欲该局谨慎于继事，而不遽议增益火船，另开口岸也。

查国家所给漕米水脚实为丰厚，足见扶助该局之至，若照运糟所恰需火船而仅办用也，则局中积利可保无疑。盖本馆曾细为核算，若照去年所定载米之数，仅用轮船四只，历三月以供载米、搭客等事，漕运既毕，停泊不行，则犹可获大利，较去年按股份息，当可过半矣。故设局另办火船，多开口岸之说，以为利不在此，当俟有余积后，缓以图之，而不必骛兴旺之名，急于从事也。又查该局所藉口以为善敌西人者，经费较洋商撙节也。吾乃不见其所减何款，使其实在撙节，则股份人亦恐未得其益。盖章程言明总办得水脚每百中五两，以备总局使费，凡西商之经理火船者有少取于此者矣，从无多取于此者也。且该局言明若能溢银，则各董事分二成，此西商所从未得过者。故招商局经理之费实大于西人云。又阅所刊诸事，则董等今年未与分漕折及别项润利，姑俟后年再分，此事亦有未尽善者。盖公司事逐年利失应逐年结清，而不以今年牵累他年也。若股份利息一分，则不如分给，公司之规莫要于此。盖入股者每乐见有利使之入耳，不若使之到手之为快也，此则招徕他股份人之法也。然查公局之实在情形，非另行告贷于人，或新招股份银，则此利息银定无以分给，此其现在难也。而皆由于未收足股份之前，增买船栈所致也。该局今年之受累者，在“伊敦”一船，然其所以大折阅者，抑岂以不载漕米之故耶？抑岂竟不堪于用耶？然则或变卖，或置不用，则轮船局究为大利所在矣，吾仍有后望焉。

按，轮船招商为中国创举。《书》曰：“若生子，罔不在厥初生”①，此其所以为难也。然自去年唐司马景星、徐□［侍］郎雨之接办以来，其章程已较为恢阔，年结账略居然□［得］彩，一时虽不能坐得厚利，然照此整顿精神，为之不懈，未有不可与西商争胜者也。是在坚心志，任劳怨，公好恶，节用度，慎□［驾］驶，守章程，以期利可尽收，而害可尽去也，则尤众华人之所深望者矣。

（1874 年 9 月 18 日，第 1、2 版）

---

① 语出《书·召诰》。

劝办铁甲战船说

昨有友人来馆，述及粤有绅某者曾官别驾，现已致事归田，来沪遨游，询沪上诸人曰：“余在粤时传闻两江督宪、江苏抚宪已向外国购买铁甲战船一艘，停泊吴淞海口，辅助炮台，以为防堵之计。昨由吴淞经过，并未见有铁甲战船；即所谓吴淞炮台，亦未之见何。其与古人所言大相剌谬，竟耳闻是实，眼见是虚，若是之相反，与吾粤诸人前见日本侵犯台湾，恐其追踪有明倭寇，凡绅富之具卓识有远虑者业已会商聚资，禀知各宪，欲向外国购买铁甲战船，以为报效朝廷、保卫闾阎之具，不须官为筹款，情愿民自捐资”等语。呜呼，粤都人士真可谓既能报国，又善保家者矣。察其何以均知先事预防之故？盖缘粤人贸易于外洋者众，亲历海岛诸国之地，深知铁甲战船之利；若非有铁甲战船，则海岛诸国万难使海疆无患，国家均安长享承平之福也。出而亲见于海外，归而详言于里中，是因见之多始能言之切，所以闻之熟，信之深，故均知先事预防也。夫铁甲战船之有益于海防也，濒海之国皆知之，且皆用之。故英法两国各有六十二只，美则有四十八只，意则有二十二只，荷则有二十只，其余则有十数只与有数只不等。丹之为国幅员最小，亦有七只。俄虽疆域极广，而濒海之地不多于中国，亦有二十五只。余皆视其疆界之濒海者多少，故其铁船之数亦各有众寡也。

中国之所谓海防者，惟有明一代常苦倭患，故极力讲求。至本朝则戡定台湾后无闻焉。嘉庆年间，因蔡牵滋事，始有防海之举。彼时欧洲各国尚未全来，虽高丽、琉球、暹罗常由海口出入，然皆藩服之国，亦无事于防也。蔡牵虽扰各省海疆，然亦中国海盗，其船舰炮械亦不能坚固精利于官军所用也。即泰西各国所用之战船，亦尚无火轮铁甲之迅捷坚固也；其所用之枪炮，亦尚无后开门及用弹至数十磅、数百磅者也。

今则不然，泰西之战船、枪炮日新一日，亦日胜一日。即东洋诸国虽不能自造，亦可向泰西各国购而用之。故日本今犯台湾，所谓火轮铁甲诸战船以及泰西至精至利之枪炮均已备齐。中国今日即行购齐备用，亦仅能与之相敌，尚不能过之，又况乎尚未购备也。设使各省海疆一旦有事，真有令人不堪设想者矣。

说者曰：中国谨遵圣贤遗训，但知文教，不尚武功，亦当如大禹征苗，班师振旅，舞干羽于两阶，七旬有苗格。诚如是言，道德果可以化寇乱，则弓矢干戈兵革之属前圣皆可以不制矣。何以神圣如黄帝尚有蚩尤之征哉？可知文教之不能治者，必仍赖武功以补之也。故为中国今日计，亟宜多购铁甲战船，多造火轮战船，并多购造至精至利之枪炮，置各省海口，以为自守之计。自守既足，夫然后遵圣人不为戎首，老子不为祸先之言。俟日本苟侵犯我国各处海疆之后，亦遣各省战舰水师以临其境，再调高丽等国与之有仇者之兵船以助剿，中国但声其罪，以示天讨，以彰天威，令高丽诸国诛其君，以分其地，则诸国岂有不愿从我者乎？中国疆域已广，不必再据海外之地多事筹画也。夫如是，则得地之国无不感激，即不得地之国亦无不悦服，五洲之国当无不景仰中国矣。

不然，事事无备，倘一旦有失又必须赔补兵费矣。与其俟事有失而后筹款以赔兵费，曷若先将赔费以置办各物，而使有备无患乎？此举固中国最要之关键。此日乃中国吃紧之时候，少疏计算，徒悔无及，安得沿海各省皆如粤省绅富捐资购买铁甲战船均存报国保家之心，先行报国保家之事，以为报国保家之计，则区区日本诚何足忌惮哉？吁，人特未之思耳。绅富者人人所垂涎也，不幸有警，则绅富必先受其害矣。与其毁家于有事之秋，而报国不及，何如毁家于无事之日，而报国皆知乎？况此时量力输将，尚不至于毁家乎！为绅富者亦当知所择处矣。《左传》言令尹子文自毁其家以纾楚国之难，彼子文者亦不过能知楚难不纾，其家亦必毁也，何如先自毁以纾之哉？此夫子所以深许其忠也。今之家于海疆者，曷不以子文为法哉？

（1874 年 10 月 12 日，第 1、2 版）

论世务

客有告于余曰："子亦知李伯相可谓救时宰相乎？"余曰："此固人所皆知也。盖自伯相与同朝诸公同心协力，削平发捻，肃清关内，厥功伟矣。后又普秩阁臣，出督畿辅，且兼摄北洋通商大臣印务，凡有益于国事者，知无不奏，奏则必行，上既得君，下又得民，一时声称赫然，所以人皆称其为救时宰相也。”客曰：“子仅见其所已著之功勋，而未知其所未彰之事业也。”余曰：“子意云何？何不详以告我？”客曰：“西人之学、西国之器，皆中国老成宿儒之所唾弃而以为不然者，惟李伯相深知其有用，排众议而行之，大有举世非之而不顾之意也。自发逆构乱之时，购用西国枪炮、轮船，知其有合于用，遂奏请设局以自造，既而左伯相、沈中丞开局于福州，瑞节相、张中丞开局于广府，相继制造，然创始者实李伯相也。又知轮船载客运货之有益也，故创设招商公司以行之。前阅《汇报》所论招商局大获利益，若如《汇报》所言，再延数年，而西商轮船之大利能尽归于招商局，亦未可知。此犹已著之效也。近因日本之事，又知铁甲战船之合用于防海也，上商同事之人，下采僚属之议，将来议定，必谓□□购用，分布各省海口，此亦必行之事也。至于开挖煤、铁各矿，不但已行于直隶，又将推广于东南，此又已行之务也。上则为国如此兴利，下则为民如此丰财，李伯相真不愧为救时宰相也。第余犹有歉然者，铁路、电线两事尚未有举动之机耳。电线虽前经闽督宪举行，旋又停止，铁路前经西商议欲进呈，先设于天津，又欲创造于吴淞，以示火车铁路之有益，欲使华人见而知之，亦必照办。至今尚未兴工者，大约因中国不喜此事，是以未行耳。虽然，此二事者实为裕国便民之要务，不欲富强则已，苟欲富强，此二事必须先事举行，不能偏废也。电线传信之便捷，于商贾极为利益，然犹其小焉者也，至于为国传报紧要重大之事，较之八百里加紧之驿递，其速不止十倍；若有军务，尤为要需。试观普法之战，普有电线，则诸事之举办皆速；法之电线为普所断，则合国之音问皆阻，故至于大败也。铁路火车之利在平时则易于懋迁，在战事则便于征调。若电线、铁路两事皆已举行，请以一事先论之，倘海疆有事，传电线以报邻省，用火车以运救援，千里之远，数日可到，何至如中国向来之濡滞，千里之隔至速亦须一月也。中国若能统造铁路，并关外之新疆一概造成，则喀什噶尔虽远，亦能使之不啻如腹内各省也，其故何哉？现在回酋所以屡叛不服者，因其地仅有中国之兵，尚少中国之民故也。其所以少者，由于与中国相去窎远[①]，

① 窎远：diàoyuǎn，遥远。

民非富商巨贾，则无此川费以往也；一旦设有铁路火车，往来为日无几，不须大费川资，既可以携眷同行，又可以广带农家器具、籽种并往，则中国无业代人耕种之辈，均可前赴新疆，凡有水泉之地尽令开垦，成田数年之后稼穑广兴，禾黍富有，其富庶也必矣。然后再设校兴学，不但使中国遣往之人皆知礼义，而且令回疆土著之人亦知教化，如是而回酋亦皆变其犷野、好乱之行，同享丰亨承平之福，恐使之叛而尚不愿叛也。虽荒野沙漠之外不啻如腹内各省之俗，且使中国无业之人皆为有业，边外难行之路亦均易行矣。至于关内各省，设有铁路，其利便更不待言矣。特是此二字者，开创甚难，费用亦大，且事属新奇，骇人闻见，未免有难于下手、艰于使人之处。前《汇报》所论中国难用铁路情形，实属见到之言。故吾谓此二事既成之后，无不称其利益，未设之先，无不欲为阻止；非徒李伯相一人不能举办，即合中国数十年内亦难望其有成。但气运所关，天若欲便天下，五大洲同风一俗，必有一旦出人意外而忽成此举者。天下事往往拒之愈久，而迎之愈骤，行之弥难，而成之弥易，有不期然而然者矣。譬如士人读书数十年，用尽苦功，毫无头绪，一旦豁然贯通，竟至无所不知、无所不能者，亦其理也。盖凡事每必难于创始，而易于照行。今铁路、电线二事各大国均已行之有年，所尚未行者惟中国一处而已，吾知日后中国亦必有一旦忽行者。煤铁之利一经广大，则诸务必举，而二事亦必行，特目下尚非其时耳。于何见之？于呢羽、轮船诸物见之。昔年中国前辈谓呢羽、洋布为外国之物，不甚穿着，今则不服用呢羽、洋布者鲜矣。昔年谓浮海为险事，自有轮船之后，其不欲浮海者亦鲜矣。何也？皆取其便易也。铁路、电线二事，特未创行耳，倘有一省创行，则世人皆知其便利，亦必效行矣。故谓凡事皆气运所关，气运未至，虽圣贤不能行；气运既至，虽圣贤亦不止也。”

客论如此，余姑录而存之，以俟日后再观其事果验与不验，而定其言为智与不智可也。

（1874 年 12 月 12 日，第 1 版）

论海运

甚矣，天下之事成例之难改，积习之难移，大抵皆然。然运会所至迫，至无可如何万不得已之时而改其成例，移其积习以行之，亦未见其不如前法，并能有过前法者。无如其未改未移之先，而有人劝其改之移之，当局者未有不勃然而怒，旁观者未有不哑然而笑，而责其变乱旧章，定遭巨祸也。何也？盖皆拘于成例，囿于积习也。如海运之事是其一端也，南漕运京一事，自明平江伯陈瑄创行河运以后，即行停止海运，佥谓河运之法胜于海运者数端，不惧风涛，不畏盗贼，不逾程限，不忧损失，是以办理黄、运两河之工，制造大小千号之船，设立文武两项之官，派充运粮各卫之军，免征粮艘带货之税，岁费总以数千万计，所为者仅运南漕至京而已，相沿成习，已四百年未之改移。至道光初年，南河高堰之工未竣，粮船不能行走，而京仓望米孔亟，时英煦斋枢相当国，力主海运之事，遂商之前后两江总督琦静庵通候、蒋砺堂节相、江苏巡抚陶云汀中丞，志同道合，协力齐心，遂将东南六省之漕粮尽行雇用沙、卫等船，全由海运，亦均如限抵通，毫无一失，可谓行之有效矣。乃行仅一年，而京外诸公终以此事为冒险之举，无一人敢再主海运之局者，是以仍行河运也。余昔年常见河工之耗费、漕运之弊窦，以为南漕若由海运，每年可省无数耗费，可免无数弊窦，曾问之于主漕诸公，诸公皆以为然。然谓此等大事，岂敢轻议改移？海运之险，人所共知，且废粮船停河运，而每岁藉此营生者数十万人，果将何法以处置乎？是以无人敢言改移也。岂非成例之难改、积习之难移乎？夫粮由河运，不能不用粮船，然粮船一经开行之后，在内河则旨添□之费，至塘子则有灌塘之费，渡黄河则有出塘之费，行运河则有过闸之费，至天津则有剥船之费，抵通仓则有缴仓之费，在沿途则有催趱之费，而且督运各官无事不取给于运丁，运丁诸费果从何出？故不得不取足于有漕州县之兑费，州县若照例收米，则兑费又从何出？故不得不取足于纳粮之业户，又况州县收漕尚不止于运丁之兑费乎？此州县浮收之弊，所以各省一辙也。咸丰年间，发逆肆扰东南，粮船均行焚毁，即各省有漕州县亦遭兵乱，粮米无从征解，惟江苏之苏松常三府、太仓一州及浙省各州县尚能照旧征米，但镇江、扬州均有贼踞，粮米不能河运，始皆在沪办由海运，初仍雇用沙、卫等船，今则兼用招商局火轮船矣。惟是东南肃清之后，各省漕米均尚折色征收，仅苏、浙二省征有本色，是以海运之米尚不能多，将来海运若能照此平安无险，则各省亦可照旧征米，一律海运，诸费均可减省，则州县亦可少有浮收之弊，此固上益于国、下利于民之善举。其中殆有天意存焉，固非人力之所能强也。故曰运会所至，而成例始能改，积习始能移也夫，岂漫然已哉？惟望后之人，无复阻挠海运之事也。

（1875 年 1 月 9 日，第 1 版）

再论海运

昔年有漕州县办理漕务，均系收米平斛交仓，后因漕规兑费日增日多，州县无力赔用。遂有浮收之事。初犹不过收米一石，浮收数升及斗余；后则日甚一日，有收米及七八成，已敷兑交粮船之数；甚至有收米方半，业已封仓不收，其余均令改折银钱完纳，以供漕规兑费之用。米均敷兑，可以毋须采买。然米收本色，丰稔之年，尚属有便于民，歉收之岁，一经完漕之后，已少盖藏，及至青黄不接之时，必须往邻近丰收之处买运接济，而居民皆不免食贵之虞矣。自发逆滋扰之后，东南之漕半改折色完纳，民间称便者，均系一律征收，毫无轩轾；其不便者，米须变钱方能完纳，而民又难免谷多价贱之忧。其故何哉？由于粮船尽毁，不便转输，均行征银解银故也。然银至京都，惟在畿辅附近之区采买米石，以补京仓之不足。而北地丰收之岁亦不能多，反有买贵之虑，亦非法之至善者也。方今连年海运，均属平安无事，是海运之可行已有效验。愚意以为，招商局轮船日多，不徒可以海运，且可推广以行江运。轮船所至，上已可至汉口；若船身较小者，再上而至洞庭湖内亦非难事。东南有漕之地六省，江浙现已均办海运，江安粮道所管之漕尚由河运，江西、湖广之漕现均停止。第轮船可以畅行，长江则江西、湖广以及江安之漕均可用轮船之小者，先由江运到申，如江西之漕可用民船运至九江，湖南之漕先用民船运至洞庭湖上游，再交轮船接运。若江安、湖北之漕，均可沿江兑交轮船，扬淮徐等处之漕均用民船运至瓜洲，再交轮船统行运申，抵申之后，兑交出海大火轮船运津，岂不甚便？惟是东南各省之漕，均已改折收银，其事甚善，似可仍旧征银，不必又改征米。缘折银征收尚属一律，可无畸轻畸重之患，虽有米多价贱之忧，然较诸从前收米时之浮收勒折，奚啻天渊，故民似尚乐从也。各省均有聚会米粮之处，如江南之仙女庙者，官既征得银钱，可赴此等处所采买兑漕，其价必廉，自不至于赔累。且可包与米商、米行运交轮船，更不至于轇轕。又况利之所在，人争趋之，即如江西一省，民知官在九江兑漕，必有运米至彼，以待各官之采买者；倘或无之，官亦可以示谕晓劝，吾知诸商亦必乐于趋附也。一省如此，他省均能仿照办理，则漕政可复矣。果能如是，民可无浮收勒折之累，官可无赔累轇轕之忧，南方之米可无积滞之虞，北京之米可无短缺之虑，将见各省之米商可以岁获其利，招商局之轮船可以年广其业，京通仓之漕米可以日见其盈矣。岂非海运之法有益于国，有益于民之明效哉？未知为国筹漕者，肯俯从其计否也。

（1875 年 1 月 12 日，第 1 版）

论旗昌轮船公司事

旗昌火轮船公司虽属旗昌洋行所经理，而华商入股份者已实繁有徒矣，是故本馆今将斯公司去年生理节略之报章刊呈众览。查两年以来，旗昌与太古公司及招商局互相斗业，以致装货、搭客水脚极其公道，而旗昌仍能于去年分给七厘利息，与众股份主者尤可庆幸。现在既与太古讲和，欲平行其业，则此后斯公司与［于］扬子江载运之业更可望有加色。况近来内地各省均归升平，渐复元气，而往来货物势必年胜一年。□［即］以今年开市以来揆之，则货物之上往长江各埠者，已源源不止，实非往年可比。兹细阅报章内之生财账，知斯公司又经从新估计各轮船之价值，其所估之价以公论言之，则其所估者实属过廉，惟斯公司行走长江之各船既多属木料所成，似较易于敝坏，故与其奢估之，不如廉估之为智，各股份主可因而更加心安矣。盖此公司也，其向来大坐失计者，由于舍铁，而执意必扭用木船之一端。夫木船也，每年至修葺之不遑，故每年敝坏必百中之十，且更易于失火，此敝坏之失，又加上可以大失之由也。而太古之能特擅其胜者，即在于此一事耳。其船既尽属铁料所成，则敝坏之失既可大省，贻火之失又可免矣。此铁、木两船于失火免火之易难，已有明证可据。一则往来英国、印度、中国之火轮船公司，及往来英美之古那得公司，合计其铁火船不止百五十只，而开创以来，均未尝一次因火失船也；

一则万昌公司，其船皆木料所作，每因火而致失，实该公司之大难。即近来所失者，有名“亚麦利加”一大只估值殆有一百五十万元；又名“日本”一只值银亦一百二十五万元，并先后来往美国沿海者，亦已经失多只。若统计旗昌各失火之船，则有“浙江”、“湖广”、“婺源”共三只，而该公司不以先辙为后车之鉴，反必执意仍蹈先轨，必仍购用木船，在不知者必以为奇异而不能解之一事也。以敝坏耐久之事论之，即敦信一铁船而已，可知此船之辗转中国河海之内，历经十有一年，而船身之完固至今日仍皆与初来无异，除惟须油漆之外，未尝一次有待入坞以修理之处，俟中国目今一切木船皆已敝废莫能再用，此船大约仍可依然如今日也。即如旗昌所独办往来湖北一走（长）江大铁之船［之大铁船］亦复如是。兹据旗昌章内统计，各船先估之值，现在拨除银三十九万两有余，以筹抵敝坏，想亦良可谓足有余矣。再将码头、楼房、地基之值增至银七十六万二千六百两，此新估之数似亦不逾其实值。盖金利源一码头，河面之位甚长，而又坐落上海最繁盛之处，其往宁波等处各码头，及船坞一切，当今之值实皆倍于前五六年也，俟年后火船生业更兴，则势又必增其值矣。查旗昌公司为上海合股所初立之公司也，两年以来，以与太古等相斗，故诸事不顺，现和局既定，若仍肯极其能、节其费，则此后可大望起色。今闻诸董事于木、铁之优劣，业经省悟，已往之事虽不能挽回，而日后之事亦可以一新。所更□［可］庆者，斯公司旧日之首董事坤宁安为人能干，无不信服，近已回申，仍旧掌操诸务，以故各股份人无不拭目以望其立效，则旗昌火船之兴旺，亦必计日而可待也，岂非各股份人之庆幸哉？

（1875 年 3 月 13 日，第 1 版）

论旗昌轮船公司欲代运漕事

招商轮□［船］局开设以来，为国运漕往北，每担计得水脚规银六钱，该局藉为自立之地，而国家亦称沾便，较之曩昔，由运河载去，每年糜费几何，甚至每担须水脚银十两者，不啻霄壤也。又较之全雇沙、卫等船，米受潮湿，船遭风险者，尤大为得手也。此亦良谋，大局之善计也。乃不意上下无不皆称其事，而顷间风闻旗昌公司之主人坤宁安径禀明驻京之美国饮差，请专知照总理衙门，伊公司情愿具结包载漕米，仅收运费每担银一钱。此事惊闻之下，未免太觉其减价，但国家如何处置，犹未得悉知也。

夫招商局之设，全仗官宪许以运漕之业，若陡然他顾，而忽废初许，是必贻大害于该局也。且此局之设，岂仅以便运漕事而已乎？盖李伯相于此举远谋尤深一层，欲图在中国树立华人自办火船一事，以冀国偶有事，难假手于外船之际，尚可取用于本民，以供辗转调兵之用。即如去岁台湾一役，已可知其于国家大计所关系，实不浅鲜矣。至旗昌公司，非今设招商局以敌该公司，大抵亦不肯价廉如此。顾查招商局今年当运漕至六十万担之多，计一钱与人，钱两价相较，则有三十万银之异。当我国银库现在告紧，迫于向西人押税告贷之际，务必谋一节用之道，每年三十万两，大数所系，未必总理衙门全置之于度外也。近日向丽如、怡和两行告贷之三百万银，如省水脚一款，亦正足以抵其利息，谋国计者亦不得不念及此也。愚谓西商于行走火船一事，（业）经熟悉其道，华人一旦倡公司，以冀敌之者，盖恃国家格外扶助也。既设之后，犹必仰赖上泽以允行而扩大乃业，若今将漕米委诸西船，则未免太舍己而偏袒西人也，即将水脚价银裁减，仍归于招商局载运，则该局未免仍然大失所望。惟有代为设计一法，□可使此局无向隅之失，兼可于国库紧急之际，得省斯每年三十万之数，未始非有益而无损之道也。此道也亦似易易，在反掌之间耳。查自火船初行于中境，华民每藉以装货、搭客，皆大悟火船之便，国家亦因之舍沙、卫等船，而就用火船，是更大肯其利；然上下均悟其便，觉其利，至今日而国家犹必拘泥，仅以各通商口之间限为火船往来藩篱者，何为设此严禁乎？既欲鼓励华民，使自购火船，乃仍以西人不能到江河海埠亦为华人火船之禁地，而于华人使用火船未熟之初，必使撞头在西人已开之路，与西人争锋，此又何故与？设使准招商局火船自汉口上至宜昌，自宜昌另置浅船以达重庆，又大江之旁如镇江、芜湖之口、汉阳、岳阳诸汊河，并经纬阖国一切水路，均任行走，是此船局既无西船为敌，自可大擅其利，各地方贸易自必扩大，民人为之振兴，而国收又能渐丰，较之按年糜费三十万银两，以冀撑扶该船局，岂不胜乎？倘筹国计者能不以予言为计利之郛说，而以予言为刍尧［荛］之可采，则幸甚。

（1875 年 3 月 16 日，第 1 版）

来　书

谨启者：前阅贵报论运漕米及招商局先后二篇，侃侃而谈，直抒所见，不胜钦佩，足增高见远识，卓越一时。顾仆一江浙之庸人也，在上海坐商以来，计已多历年所，凡装货上长江及往北洋各埠经历已多，故运载大局亦略悉其梗概，用敢抒其管见，呈于执事之前；并祈列之报中，以供众览。

窃计我国家今年运北之漕米计统一百二十七万石，合之权衡，约一万万八千万斤；所拟拨与招商局船者，计四十四万八十石，合之权衡，约六千二百七十万斤。其余五十四万石，则仍令沙船，或由运河，或由沿海载往津门，赴通交兑。故仆未闻贵报辩论以前，亦经闻各友人论及，谓果经西国火船公司投禀于总理衙门，愿代承办运漕云云。惟所闻之运价与贵报所述者似不相符，盖约略较招商局船之取价而仅廉一半耳。然此价虽较贵报所述者较昂，而国家于每年究可藉此而省银约十万两之谱。犹忆昔年某洋行亦早经谋及运漕之利，想每担出价银二钱，而国家当时情愿出重价与沙船，而不欲令西船代运者，无非以沙船上倚此为业者众多，若一旦将运漕事托诸西人，则沙船户未免有啼饥号寒之苦耳。乃现在既令招商局船载运，则沙船户仍不免于向隅，而国家之运费又不见减省，□揆之情理，不亦左乎？

按招商局平日所言，谓国家特任以运漕一役者，盖欲使沾大利，俾得于沿海遍江各埠往来载货取价较廉于西船，庶几各西船不能相竞，逐渐迁于他处，以谋生业。然仆既忝为商人，则于载运之大局，似亦微有干涉，故不得不直言之。盖凡□便商计者，须事事价廉，时以惠商为心者也。乃今招商局内之执事者，尽系粤人，他省外府者未闻有一人与于其内。虽仆亦久与粤人为友，且中精明强干固亦不之，然于外国火船一事，恐尚未能纯熟。否则，各船上何以尚用西国船主及大副司器各人耶？至于西商之管船业于今历有多年，自必熟而加熟。试观于上海各公司所置之□悉臻精到，即其所置码头、栈房亦皆宏敞适用，故其互相争业，惟船快、客便是图耳。至若换船、转装及资借银项各事，又无不大利于诸商。想普天下之未有一国之商人，更沾利于我华商也。是以粤人特欲我各省商人将诸货惟托之招商局，而仆则曰：吾等各省之人又何必如是耶？

夫各火船公司互相争业，我商人遂坐沾其利，并固一定不易之理。设今招商局如尽得运漕米，而即以所尚之巨利，果能逐去西船，试问□［于］我等装货各北商其势又将何若乎？将见中国仅一招商公司为粤人所管驾，为官宪所主使而已。夫国内既仅有一公司，则水脚势必大昂，而于惠商之道亦将置诸度外。由是欲装货者，又势必恳情于纳货者而后已。盖一公司既堪垄断，亦事所必致也。且不特此也，官宪欲增税加收，固尚易于从事，而甚□［或］使船局付以重科，亦未可料也。于是商货既重其税饷，又昂其水脚，而招商局复被征以重科，不将货物减色，而或难于支持乎？从此船只不能精，管办不能善，而航海一举或□［者］视之为畏途矣。迨至大势如是，则我等商人其所谓利者又何在乎？又按通商各口之间生理所以日见与旺者，多赖西船之奏效，及国收有定制也。如竟舍却西船，仆深恐其未必有利于我华商也。前因见汇报列论，劝勉各华商务须将货尽托招商局船装运，故援笔而论及如此。词句鄙俚，所不计焉。而正未知有当于高明否。专肃布臆，敬请著安。不一。

曾经沧海客拜启

按，此书所言固亦极是自然，国内公司多则商曾受益，公司少则商或吃亏，但所说粤人与外省人则似无庸区别。盖普天之下，莫非王土；率土之滨，莫非王臣。同化子民，则又何分轩轾耶？

本馆附识

（1875 年 3 月 31 日，第 2 版）

论轮船碰沉事

昨将英水师讯究“澳顺”轮船碰沉“福星”船一事，陈写要略，今各供词既皆备列，更请将此役之实在情形评说焉。

“澳顺”船未闻“福星”船哨声，走向则南偏西半度，驶海约每点钟二十一里。“福星”船走向北偏东度四分之一，走海每点钟约十八里。所谓度者，罗盘共分三十二度，譬如西至南分八度焉。故两船几乎正对之面而走，盖不过有共一度之区别。“澳顺”船言曰，先听“福星”哨响，系在船前斜左，“福星”船听声则在船前斜右，“澳顺”船爰即扳舵偏右，及碰时则船向已转至南偏西五度。“福星”船言曰，船向未改，惟及瞥见“澳顺”船，即在相碰先半分时，始推船向左也。是则即两供而观，其所陈之势，实若画图以明之，则“澳顺”船竟致正横相碰，且碰“福星”船于右边，似觉有船不行，而难解之处也。盖彼听于左，此听于右，则两船走向既南北几乎正相对，而其辗位又似几乎相迎，然“澳顺”船向西南斜转，而又必横碰在往北不致走向之“福星”船之右边，究何说乎？

此事也不过有两解耳，一“澳顺”船失听“福星”船哨声，似在左而船实坐于右，乃水师拨谳所言，“福星”船既挂有帆，似可将哨声拦转、挂射，其此之谓乎？一“福星”船果经早已推舵而偏左欤？查“福星”船主供曰，设使“澳顺”船未扳舵，则两船必远开以过，而可无误。然“澳顺”船所以扳舵者，遵航海例，有船于前，两船应扳舵，庶几各可向右以经过也。然此例亦有权变之道。两船正相迎，自必守例，若些小斜于左右，仍当守例以行。第彼走在前而大斜右，则我固然无须转右以迎之也。是则航海难有周全规例，务须各船主酌情照一己之见而量行焉。而此役设使“福星”船主果曾如“澳顺”船扳舵右走，势似亦可免矣。若“澳顺”船听声实在右边，则其扳舵不走右，亦为免事之道。

虽然，航海既危如是，则遇有云雾似不如不走为妙。盖如是，二船者虽可猜彼此之躔位，而无所揣定各船之走向，两船均如暗中摸索而已。“澳顺”船主供曰，以为此处真非舟楫来往之道，故仍走每点钟二十一里，但闻其处似实为北船往来之途也。水师谕其本应再缓以走，似非过于苛也。而吾所特不能解者，两船既相听初次之哨声，此后及于相碰，已历三分时，不过再哨一声，倘如连次发哨，又曷当不较易于各自探悉彼此之走向也？而本馆于论此事，欲引一端，为后日司船者之鉴。系各放海之船，应备有分舱隔障，即如“澳顺”船，设非有头舱，则亦必沉下。“福星”船被碰，虽在头舱之后，然有头舱以扶船头，犹不致沉下如彼之捷，客人又可乘时以为逃避之计。故船若有数处之隔舱，水虽浸入，不过一舱而已。至于“澳顺”船设法救人，亦可为不遗余力。两船布置诸法，亦似无疏忽可指，惟所可疑者，亦不过隔舱一事耳。吾故将此事详论，亦欲为航海者进一箴规，但愿置船者精益求精，行船者慎之又慎，俾百年无一失事之轮船，岂非航海仕商之大幸哉！

（1875年4月16日，第1版）

答“日日读报者”书

昨有人名“日日读报者”致书本馆曰，“‘福星’船被‘澳顺’船碰沉一事最关紧要，漂没漕粮七千余石，溺毙官民五十余人，被碰后计时四分而全船俱没，贵报有此大题目，何不为论一篇，以评其曲直乎”等语。查此案也，所特可惜者，已结果多人性命是也。至若国家漕粮之失，犹属些微小事，不足齿及。商贾既辄罹此等挫失，惟有忍耐受之而已。况国家数千石之料，尤为不觉其失乎？但死者各留有老母、寡妻，顿失所依，致无生计，则良为可怜。顾“日日读报”之友欲本馆决两船之是非，是则特难听命，缘事之艰于悬断者，未有如两船相碰之案，即熟于航海者，犹辄难于决定，况一生居岸，几于不辨扳艄、推艄两句之意者乎？

查本馆经于本月十一日将各情节就证陈述论及，但所尤难者在审定两船初次相听哨声之时其各所走地位，相值者究在何处，此事既明，则他事较易矣。盖航海复有定规以处之也。现在经“澳顺”船主自请英水师官讯查，断定是否有坐于错误之处，则中国家究亦何不自行讯究“福星”船之事，而于是始有所对质乎？设如两船各无错误，则事出意料之外，惟以天命处之而已矣。

虽然或有人以为此船碰沉彼船，则此船当坐其咎，必令其赔偿也。不知此意并无其理，盖应公道质究，而被沉之船坐有错失者，亦往往有其事也。即如现停泊上海之大船名“汉口”者，去年在英海隘内碰沉法船一只，法船二三分之时遂即沉下，势与“福星”无异，死者亦三四十人。水师官讯之，断定“汉口”船无错矣。故未闻法船控告“汉口”船也。今招商局欲控“澳顺”船，其如何了结，尚未可知。但英水师既讯定“澳顺”船经守海例，并无错误，则招商局之得胜自属较难。然招商局或另有证可引，则其得胜亦未始不可。今“日日读报者”欲本馆评断，则在新报规则，亦宜延缓而论决是非也。

（1875 年 4 月 29 日，第 1、2 版）

论置用轮船宜练水手事

中国仿照西法设立机□［器］局，制造火船，以供水师之用；设立招商局，购买西船，以供客商之用，其法可谓良矣。第船虽精，而行船之水手人等技艺未精，正孔子所谓“尽美矣，未尽善也”。当夫平安无事之时，亦能浮泛重洋，而水手等之技艺精与不精，无从察考，一旦有事，方能辨别，然而已无及矣。故置用轮船，更应（自）选择水手等始。夫行海之水手人等，须能上观风候，下识礁沙，尤贵胆识兼优，临事不乱；至于行走之纯熟、运动之灵敏，犹其下焉者也。然苟非平时操练诸务全谙，岂□以听其充当仅备人数哉？大抵中国之人赋性均非愚钝，学习一事往往易于明悉，而难于精通，故粗观之觉其事事皆能，细案之觉其事事未工。而用人者又往往察其大概，不其详求，故无事常觉人人可用，至有事方知人人皆非也。然泛海一事，岂寻常之事哉？无论战船有关国家大政，即使商船亦系财命相连，若水手等技艺未精，则军旅之事、载运之业岂可轻于一掷哉？故既已置用轮船，则水手等之技艺万不可不格外讲求也。

然此犹为海疆无事时言耳，设使海疆有事，则战船应供战阵之处，而商船应备转输之役，其水手等更为紧要之人矣。查西国之例，凡两国有战争之事，不能雇用他国各船之时，其战阵之事则专责之战船，转输之事则借力于商船，其所雇用之商船即令该船水手等技艺尚精，亦须战船代为保护。盖两国交争，其陆路之物不能夺取，至海面转运之船皆可掳掠，故国家雇用其船，例应为之保护。否则，不仅商船有害无利，即国家转运之粮饷、器械亦均归于损己益人之列，岂不深可危哉？

今中国置用轮船，而不选择水手等时加训练，亦岂计之得乎？故说者谓去岁中东之事，幸而未至于交兵，倘使兵连必至祸结，无论机器局所造之船、其所用之水手等不能操必胜之权，即使招商局所买之船，若无兵船为之保护，又安能无意外之失乎？又如月前“福星”轮船之事，若水手等皆技艺最精之人，而猝遭事变，亦何至救命小艇尚不能全放，其他事更无论矣。故吾谓中国不欲常用轮船则已，若欲常用轮船，各船之水手等岂可视为无足重轻之辈乎？且即令日日出洋均幸无事，然以一船无数人命皆付之技艺不精之水手等，不尽人事，但邀天眷，一旦有事全船皆覆，岂不冤哉？搭载之人若能知其底细，恐将裹足不前。至管带大员以及阖舟弁兵，朝夕在船，奈何亦将性命交付于技艺不精之水手等乎？请操持船政者子［仔］细一思，其以子言为是耶否耶？

（1875 年 5 月 11 日，第 1 版）

拯溺刍言

骑鹤吹笙客来稿

自“福星”轮船失事后，上海一隅视航海为畏途，人人裹足，盖因上海至天津一路自设轮舶以来，未闻有失，今事出目击，即有要务赴都，亦必舍舟就陆，虽劳逸迟速甚悬，谁肯以性命轻于一掷？不特招商局船，人必视为不吉，即旗昌、太古之船恐亦生意减色。屡读贵报中论及拯溺之良法，愚以为杉板小船万不可靠，非特变生仓卒，解缆不及，即船小人多，拥挤必翻，反不如死于舱内，犹不致葬骨于鱼腹也。试观历年轮船失事，不及解放杉板□［者］有之，放而挤溺者有之，满载而沉者有之，浪大倾覆者有之，核之全船人数，百不救一，而犹不思变计，实为误人之具。鄙见杉板虽不可废，而救生带万不可不备，两者相辅而行，庶或有□［济］。然必人人携□［戴］，非特累坠，抑更寒心，愚因思得一法，酌定人数，由船主置备救生带，人给一条，每位收取租费银九钱，临行按名给发，坐卧挟之与俱，临危庶不争抢，致强者倍取，而弱者空手。若安行到埠，仍各缴回。合装各百位每次可收租银□［九］十两，约计统年往返二十次，即收银一千两，虽万金置本，亦有利息分矣。而揆之搭客，心中有不踊跃乎？即有一二吝惜小费者，听之勿强，譬如数船同开，而一船独能预备，有不趋之□［若］骛乎？如此则水脚日旺，贸易愈盛，岂非名利两全之策？吾知创行之者积福无穷，子孙必然食报，较之仪征阮氏创设救生红船，尤为功德无量也。所望沪上诸善士行之。

（1875 年 5 月 25 日，第 1 版）

论讯定“福星”轮船案

“福星”轮船一案，细阅英官先后讯究判断各语，不禁深觉英臬司秉公明鉴，以剖案情，不分畛域，以断中外维系之事。□［进］又忆英水师先经提究“澳顺”船主，断以未涉错误，并还与航海执照，则更叹臬司惟认慎以结案，而不为旁言移动也。本馆经将谳语录其大略，今姑再推其最要数端，以补之于后可也。臬司始将“福星”船情形谕曰：“据‘福星’船所供，未下雾之先，‘福星’船航海每点钟行至八海里半。海里者，即中国三里有小零焉。是日晨六点钟时，因雾而始减至每点钟海里五半至六里云。但质之所另供，则该晨八点钟至十点钟逾四十分，其航海共□十一海里，合之每点钟约得八海里也，与先供为不符焉。又或供此船眺望之人向有二名，今质得只有一名；又审得‘福星’船□［主］听‘澳顺’船哨声并未顿，即将船轮反转，仅不过使或停或缓其行。及至船主已目辨‘澳顺’船，于是始急令极力反轮，但及于此际，虽有此行，已迟，故弗能济于事矣。以故‘福星’船审得有三端，一即曰‘福星’船仅走每点钟五海里半至六里，而此行质之当时被雾所迷，眺望前途仅能辨一只半船之远，则已属太速也；一既有大雾，则仅有眺望人一名，系属疏怠也；一‘福星’船一听‘澳顺’船哨声，早应亟行极力反转船轮，若‘澳顺’船供得未下雾时行海每点钟八海里半，继因有顶风逆浪走海，仅六海里半至七里，但甫听‘福星’哨声之先，而船轮业已极力并转；且观于‘澳顺’船撞碰‘福星’船之冲力，则以可揆其走海并不缓也。”以故讯官审得当有雾之时，其走海太速，至如派人眺望及听哨声亟行极力反轮，其布置可谓备无遗力。至于听声而立即扳舵，此行讯官不能决定其是非。但有雾之时，来船不能揣其走向，而我遂不改走向者，是道似为更妥矣。讯官欲细为画定两船听哨声时彼此相对之正位，无如因各供不细，故难于决定。但揆其情，似乎“澳顺”船竟至误碰，实由于扳舵所至。

或有辨曰：海面下雾，则每点钟仅走五海里半，并不算过速，各船亦日［且］往往如是，但讯官意反不然。以常理揆之，似应有定例也。盖彼此既各无所揆测彼之走向，则惟有以反轮停走为周全免误之道，是以当有雾之际，应各船以所能眺辨之远近为率，而以定走海之缓速。至若前面忽而迷辨，他船尚未走及，而可停住我船之行也。又两船听哨声尚不知彼此之走向，似亦不应我改我之走向，且应两船当即极力反轮，断断不应俟至可以相辨而后反焉。兹因先端审得两船涉于错，故判定将两船及其货被坏与失去之物统算若干，而两船均补云云。

臬司定案如是，各船均涉冒险速走之咎，“福星”船初听哨声又不即行极力反轮，则又更坐于咎也。“澳顺”船尚不知“福星”走向而先行扳舵，亦似乎不宜。故两船各坐错误，而各均任其失，亦似为极公之道。按此判也，闻已出各西人航海人意料之外。盖先是水师定以“澳顺”船主无错，且皆曰两船对头逆来，应各船扳舵，而“澳顺”船竟如此也，但此例究于两船可相辨而所仅系耳。夫航海一事，船主每借口言曰，其至失事不过百万之一，不值防备也。每念及海洋之苍茫、片船之微渺，而两船之相碰，似亦果为万一之险，然数时之缓速，而竟至与数十生灵相关，其犹可不计及乎？果于泛海之时偶遇旋风大作，怒浪山起，而船被罹害者，此犹可诿为天命使然，尚可无怨，乃两船主欲冒雾仅争数时之缓速，而水手与坐客致陷其患，是既非天命，而反为人之自为也。愿各船主以臬司之言为后鉴可也。

（1875 年 6 月 1 日，第 1 版）

论开煤矿

中国人之行事，往往议论多而成功少，龃龉易而和衷难，不徒开煤一事为然也。而开煤一事，已足征一斑矣。夫中国昔日之煤仅用之以代炭薪，故有之不足为重，无之不足为轻，是在可有可无之列，自不必劳心经画也。至通商以后，用兵之时，仿照西法，设立机□［器］制造局，制造枪炮；旋又购用火轮船，以运军需。肃清之后，又行仿造轮船，以供巡海捕盗之用；复设招商局，购用西国轮船，以为载客运货之资。其用煤之事，日甚一日，早宜开挖煤矿，以应用矣。乃复迁延日久，日向西人出重价购买各煤，以供各项之用，使中国之银又日流出于外洋，岂不可惜？初则犹可诿为不知中国亦产好煤，实可以敌西国者。今经延请西士踏勘清楚，不但能敌西国所产，而且有胜于西国者。乃又今日言开，明日言止，仍使岁用巨款以供购煤之费，是诚何心哉？

前岁闻江宁之煤矿言明开将有日矣，旋闻官与商争而止；又闻乐平之煤矿言明绅民均愿开矣，旋闻委员与地方官不合而止。今岁又闻镇江之煤矿言明商民均愿开矣，旋闻邻县之绅士不愿而止；又闻广济之煤矿言明本地之民愿开矣，旋闻武穴之商民不愿而止。故吾谓其议论多而成功少，龃龉易而和衷难也。现在惟直隶一省有煤数处，均系西人勘定，谅李伯相以大力主持大局，自必官愿之、绅愿之、商民亦皆愿之。一俟开挖之机□到日，定能起手。其他处想仍系空谈，而无实事也。

夫中国之人尽皆惑于地理之说，故已开者犹欲设法以阻止；其未开者又安能望其肯开乎？不知两汉以前并无地理之说，彼时圣贤代兴，政治隆美，风俗纯良。魏晋以后，创为地理之说，何事能及两汉以前？无论其他，即国祚久长亦无一代能及两汉以上者。奈之何？世犹惑之，而不能悟也。今中国若办他事，则又言人人殊，惟至地理之说则群然共信，而且牢不可破。若有一二高明之士，力辟其谬，世不以为狂，而必以为痴矣。故至有用之物藏于地中者，皆任其埋没而不取，不亦深可惜乎？而且开煤之事，固非创自今时，昔人已有为之者，犹复如是阻挠，何况其他？至于以有用之物弃置地中、有用之银流出海外，反无有一人爱惜之者。是诚令人不可解者也。

或曰：西国利权工商操之，国家均愿信而从之，故国能致富也；中国则人人皆讳言利，推其所极，故反皆置美利于不言矣。既无言者，更无行者，任其日贫一日，当局者亦无一人计及之，又安望有能富之时哉？至开煤一事，犹其末焉者也。

（1875 年 6 月 16 日，第 1 版）

招商局聚议账略

（1875 年 9 月 2 日，第 2 版，文见“产业与经营”）

阅轮船招商局第二年账略书后

从来贸易至善之法，莫善于设立公司。盖富人以本求利之术，除置买田亩房屋之外，余如当业、盐业、钱业以及各项生意，均非一人所能办，必待众力而后成也。用人少有不当，非徒利不能得，而且本因以亏。至于设立公司，从未闻有此失也。

夫贸易可以设立公司者，其需本总在数百万与数十万也，故无论至富之家可以与分，即中下之产亦可以与分。盖每股份出银，多则千两，少则百两，必须数百十人以共集成。人至若此之众，其中必有能公正不阿、精明办事者，众遂共举以司公司之事，则账目必清，诸事皆理。如今日中国所设立之轮船招商局公司是也。

此局为中国公司创始之举，今观其第二年账略，所论情节透彻，条例显明，可为该公司得人之庆。而与该公司股份者业已大获其利，其未与者亦可渐次附入，岂非民间以本求利之一大有益事哉？若使以后年年每股份无忧无虑、不问不闻，常得一分五厘之利，则民间之得利既厚，而国家之兴旺可待矣。现在欧洲公司之举，业已大盛；而中国始创有此一公司，但愿自今以往，再创煤矿公司、五金公司、江海船只公司、各项制造公司，人所独力难成，皆集公司以举办可也。

兹查该局账略，一年之中可算得手，尚有美中不足者，赔贴“福星”轮船所失漕米与赔“九江”趸船所失货物；且照例原可不赔，然赔亦是招徕生意之计。现除赔项及每股份分利银一分五厘外，尚余九八规银二万七千多两，利亦可谓之厚矣。但以本馆愚见论之，宁□［可］利银少付，少留余存，以为船本折扣之费。盖因船多用一年，其价值银必减若干，若付利过多，恐年余之利，拨抵船价似不能敷。惟该公司司事之人均系精明强干之才，谅已早见及此也。

现在国家以每年装运漕米之利贴补该局，自系可久可大之利；若国家偶遇不虞，而载送兵勇，转运军需，方有船可恃，无须借助也。是以国家些须助银于该局，值有事需用之时，较备船而不常用者更为便宜。如他国欲开通商口岸，必有船只往来，常助以带信等事，银两大同小异。中国则国家公信尽归驿递，民间私信尽归信行，无事借力于该局，故仅能以海运之利归之也。惟是该局轮船所到之地，亦只在外国所开往来之口岸，其外国轮船未到之江河，而该局轮船亦不行走，此中实可大有一区处也。春间本欲论及，以俟该局采□［择］，后因《汇报》痛诋，故尔不再绕舌。兹因睹其账略，不禁又为冯妇[①]矣。查泰西各国轮船之例，凡己国有轮船者，其他国轮船仅能行走往来于各通商海口，至腹内之江河惟己国轮船可以行走，他国轮船不得往来。惟间有一二国己无轮船，而又欲货物载运迅便，故准他国轮船行走。（此稿未完）

（1875 年 9 月 7 日，第 1 版）

接续昨论

即以东洋而论，现已自有轮船，而他国轮船不复行走于其国腹内之江河矣。该局之轮船仅与西船争业于通商各处，终未见其大得利也。独不闻“宁为鸡口，不为牛□［后］”之语乎？中国腹内之地，可以行走轮船之江河尚复不少。若虑轮船重大，须水必深，则美国已有行走浅滩之轮船，须水仅三四尺也，该局若能购办此种轮船，试行于中国腹内之江河，大江以北可以至袁浦；少南，可以由镇江以至杭州，又可以由芜湖以至庐州，又可以由九江以至江西各处，又可以由汉口以至襄阳，又可以由岳州以至湖南各处，又可以由荆州以至重庆等地，皆为外国轮船所不到者，而后获利更厚，此鸡口之说也。

或者曰，中国轮船若开诸路，将来外国轮船必效行，其将何法以止之？余则以为不然。一则，有外国行走轮船之例，在该局账略业已援引及之矣；再则，昔年江路不通，故中国商旅皆愿乘坐外国轮船，货物方能往来，且他国公使曾催中国开通各路，仍为利益中国起见。今中国自开行走轮船之路，可向他国公使言明，本国内地现有自己民人轮船，载运内地客货，外国各公使不能勉强中国亦准外国轮船进出内地，不循各国之例。据本馆意见，若向日中国力足自能开通各路，他国亦不用催办此事。但现虽有此论，亦不劝中国禁止外国轮船进出内地各处地方，何也？轮船愈多，则贸易愈盛；若无贸易，则轮船不禁自少也。乃该账略所云，外国当日用轮船夹板夺我国民船揽载，大获中华之利，抑何其所见之小也！不知载运迅便，仍为有益于本国生意之事；受其利者，原是中国。若外国人，只博

① 冯妇：战国时人名。通常“再作冯妇”、“又为冯妇”，喻指重操旧业。

本银之息、佣工之资而已。是船只愈众多，水脚愈公道，愈有益于中国。盖一国之富，总在于货物之能运动也。譬如彼处出产米价每石一两，麦价每石二两；此处出产米价每石二两，麦价每石一两。均匀其值，是皆合一两五钱一石。若可船运仅用水脚每石银一钱，则两处米、麦皆可得利银九钱一石。倘须挑运使费，或加厘金，每石须银一两，则两处虽皆运动，而两处均无利息，此固人所易见者也。其最要紧者在各处出产之美物，尤贵于运动。□非谚所谓“船多不碍河”与？

又有谓若使该局多造轮船，可以有水之地，即能行走，将置民船于何地乎？不知此亦□［易］处也。大凡民船可以多载货物，行走江湖者，大者每船须银数千两，小者亦须银数百两。倘该局各处设有分局，凡民间以船为业者，皆可令其舍民船，而与股份于该局，其股份之大者可用其家数人为水手；小者，亦可用其一二人。是其本银仍有利息，而其人亦有啖饭之所，人何为而不愿哉？即有不愿者，而人亦有不愿坐轮船，其民船亦可仍有生意也。

春间“福星”轮船失事之后，人皆谓中国轮船不可以坐。本馆亦尝与人言他国轮船岂无失事之时乎？奈何因噎而废食也。今主持此局者李伯相也，方今伯相之得君①，固言无不听，计无不从矣。该局不乘此时扩充而广大之，更何待乎？余所以深望该局禀商于伯相，而伯相奏请于朝廷也，不此之图，而区区仅守旧规，行走往来于西船所能至之处，岂非甘为牛后，不为鸡口乎？非余所望于该局也。兴衰之机在此一举，愿局中诸君子其图之。

况且账略又云，现拟添招股份将及四千，股份既众，集银必多。惟有添购轮船，方能日益兴隆。但轮船日多，而口岸照旧。即无西船相争，亦不过己船平分其利，而生意仍无增益，况尚有西船乎？故该局若能另加口岸，则生意必能大有起色，该公司定可成中国第一大公司也。以后即添至千万股、万万股亦可也。然即以目前而论，每岁每股份分得利银分半，已属公司中之至平稳利益者也。有银者何不往与分焉？以博一己之厚利，并襄成该公司之盛举也。不但此也，倘日后利息果能年年如此，则股份转卖

① 得君：得到君主的重用。

尚可加增也，岂非该公司之大庆哉？岂非与该公司股份者之大幸哉？中国初设公司已能如此，可谓盛矣，亦可谓能矣。愈以见中国何事不能如人，但苦于自限而不为也，岂不深为惜哉？

（1875 年 9 月 8 日，第 1 版）

论银流外宜设法杜绝事

中国之银日流出于外国者，岂徒购买印度鸦片一物，以供吸食而已哉？盖昔时服用之物又有洋呢、羽毛、哔叽、洋布等件，今则日更增益矣；见西国火轮船便于载运，迅于行走也，遂仿西法，设招商轮船局，以分西人之利，而轮船又不能自造，仍须向西国购用之，大者每艘数十万，小者每艘亦至十万上下，且须年年购买。然此项银两虽云岁岁流出外洋，而每年所获之利犹曰水脚银两，不至全归外洋，尚可仍留中国，犹属损中之益也。至于昔年发逆作乱，中国用兵之时，各营所用之枪炮、火药、炸弹、铜帽等物均须购买于外洋，而且长江阻绝，道路不通，复向西人购买轮船，以供长江转运军需之用，其连年所费之银两，当以巨万计矣。后虽自能设局制造，而延请西国教习，备办西国机器，采买西国物料，其费用之银两，又复以巨万计矣。如是则十数年以来，其银两之流出外洋者，岂能以数计哉？虽连年新海关所收之洋税，每岁亦在千万两以外，然彼此相较，其数恐尚不能相抵也。

吾尝为中国筹计，中国之人既皆喜用西国所产之洋呢、羽毛、哔叽、洋布等物，何不自行制造，而必须购自外洋乎？查西国诸物所由成，不过毛货、丝斤、苎麻、棉花等物耳。毛货、苎麻中西皆有，若丝斤、棉花大半由中国贩往也，今若不惜一次重资，往西国购办机器，兼延西国素日织造诸物之人来中教授，则诸物所需之料皆能购买，而丝斤、棉花二物既可不需贩往外洋，由外洋织成诸物又贩来中国①也。若虑独力难办如此重资，何不先由出产棉花之地集成公司，先往外洋购办织造洋布机器，延请西人善织洋布者以教授诸人；俟洋布已有成效，然后再学织造洋呢诸物之事，

① 综核上下文，此处之意当为中国做到“进口替代”，无需自外洋贩进各洋货也。

虽此次需用重资，而以后之获利亦不菲也。且此数物□［为］民间日用所必需，断不至于织成而无销售之处也。

至于制造轮船、枪炮等件，而煤、铁与木三物皆需购自外洋，其费仍属不鲜，方今开辟台湾生番之地，闻木料颇多，均能合用，何不自行往采？虽需运费，然较之购买外国木料之价，谅必减省。若煤、铁二物，尝闻西人有言，中国二物其美于西国所产者颇多，今李伯相既已欲开煤矿，何妨再延西士往勘产铁之山，若有佳于西国之处，购买西国鼓铸铁物各项机器，自行鼓铸，俾日后铁板、铁条诸物，不须再购。此皆一劳永逸、一费永省之计，要责乎有人创始耳。夫汉之吴王濞与卓王孙等皆由鼓铸以致大富，彼之所为犹冶铁为器而已，况今之所为，其值价奚啻倍蓰哉？盖现在国家制造，则煤铁诸物必不可少，民间服用则布呢等物亦不能无，然均非中国不能出产、不能造作者也，何为不举而行之，庶使中国之银不至日流出于外洋也，岂非计之得哉！

（1875年9月10日，第1版）

论贫民谋生事

昨因旧金山银行相传之事，而叹中国贫民谋生之苦，为之感慨咨嗟者久之，故为论及。复接香港来信，知旧金山银行现已加本，凡华人在彼所买银票，仍可照数兑付，不至亏缺。闻信之下，又为华人深加欣幸，几至喜而不寐云。但以予□度之，与其向行买票，若至闭歇，人则归家，银则无着，惟有两手空空，数呼负负而已，何如自行买金，携带回籍，无事则人银俱到，有事则人银皆空，不至于人到银空也。但所虑者，船上误搭盗贼，亦恐劫银留人，仍与银行闭歇一班苦况。代筹及此，真有进退失据，无一善法之情形。惟有自今以后，不复远游，在籍糊口，或可安然无事。昔王右丞有云："不行无可养，行矣百忧新。"[①] 善哉，此诗实将贫民谋生

① 语出王维《观别者》诗，原句为："不行无可养，行去百忧新"。全诗为："青青杨柳陌，陌上别离人。爱子游燕赵，高堂有老亲。不行无可养，行去百忧新。切切委兄弟，依依向四邻。都门帐饮毕，从此谢亲宾。挥涕逐前侣，含凄动征轮。车徒望不见，时见起行尘。吾亦辞家久，看之泪满巾。"

于远方之苦衷，尽行描出矣。

夫中国之人民，聪明才力不逊于他国也；中国之土地，宽广肥饶不减于他国也；中国之物产、五金、百货，不少于他国也。然而，中国之贫困，不及欧洲各大国之富足，何也？惟在于地中之物不肯开采，地上之物不善流通而已。吾尝子［仔］细静观中国之弊，其行事也务美观瞻，其立言也务求冠冕；其在上之为政，则曰当效帝王之治，汉唐以下不足去也；其在下之择业，则曰当务耕读之事，工商诸人不足为也。故至谓勤耕桑则为务本，作工商则为逐末。吁，遵是说也，则懋迁有无之训，何以亦载于虞书？日省月试之经，何以亦传于鲁论哉？可见古之圣贤，四民并重，实无所谓本末也。

方今之世人有子弟既不能读，又不能耕，而后使为工商、习技艺之术，逐什一之利。不知工商之事，岂可厚非哉！即以盐之一物论之，若使皆不为工，则海潮、井水、山石而已，乌能成盐？若使皆不为商，谁司转运？则与盐附近者方能食咸，与盐窎远者皆须食淡也。以此观之，则工商岂可缺一哉？又况今之读者，仕宦拥挤矣；今之耕者，田亩虽有荒芜，十年生聚之后，农亦必多于田矣，人安能不为工商哉？但今之工商人亦众多，故中国无业可营，不得不求之于海外也。

夫中国之富户，何尝不及西国？惟生财之法则不及西国多矣。中国富户往往银一到家，不愿轻易放出，而西国遇一可以致富之事，则集众资为公司，故其事易举，其业易成，而藉以为生者不知凡几。即如中国现用轮船，招商局所用仍购之于西国；制造局虽能自造，而所用之大小铁条、厚薄铁板、铜、木、煤等物亦仍须购之于西国，又何怪西国佣工不足，必须雇用华人也？倘中国果能破除昔日一切成见，开矿自造一切铜铁等件，赴台湾以采木，令各省以取煤，合制造、招商两局以自造轮船，与一切有用之机器，不但所用之人须多，即每岁买办各物之银亦省，而中国之贫民何至尚须谋生于外洋哉？此皆西法之有益者，何妨效之，集公司以举行，俾令贫富之人均可沾利，是亦培植工商之一道也。天下所最难得者莫如民，何为听往他国，以供人用，且所得之资能否到家尚未可知乎？吾所以感慨咨嗟，而复为此论也。

（1875 年 9 月 27 日，第 1 版）

论日本三菱轮船公司事

前闻日本三菱轮船公司原与国家通力合作，第外人未能深知其详细，现闻又欲更改章程，令该公司亦与他国轮船公司一样办理，其国家已将前所买造轮船十三艘，尽归三菱公司掌管，每年另给洋二十五万元津贴其经费，窥测其意，以为国家蓄有轮船而后可以开通本国内地以及往来他国海沪之生意，其每年助银如许之多者，并非仅为与有股份之人可以每年多分利银起见，实为助以厚资，可以令本国之商民容易得最便宜之水脚，以创行各处从前未有之生意，不但有益于民，而且有益于国，此其中实有远大见识存焉。目前虽舍小利以益该公司与商民，日后必获大利以益国家之帑项，其所益不亦多乎！于此亦足见日本君相才干出众，励精图治，为国为民之一端也。除使令该公司勉力开通生意之外，又虑各轮船自船主，以至火夫等人，尚不敷用，每年再付该公司洋一万五千元，使之立一书院，教育各项等人〈人等〉多名，以备择能录用，因材器使，其代该公司之筹划，真可谓周密无遗矣。夫日本国家之设立三菱轮船公司，与中国李伯相之设立招商轮船局相较，命意相同，但三菱公司日本国家既给以现成轮船十三艘，又每岁另助诸船经费洋二十五万元、书院经费洋一万五千元，以固其本根，其主意之最要紧处在令该公司减轻水脚，以便商民，可以开通本国内地以及往来他国海滨自古未有之生意。至中国之招商局设立之时，李伯相仅给以公款钱一十万串，但能买造轮船一艘，其余各船均系与股份人集资所买造者也；每年许其代运漕米六十万石，每石给水脚银六钱，较用他处轮船每石多给四钱，统计多给银二十四万两，以期该局兴旺，然局中船既不多，且又未能另行新开码头，并不能行走外国，仅与西船一律往返于中国可走轮船各埠，其水脚银两每岁所得不多，是以断难议减，且每岁所得水脚除开销费用之外，而与股份者所分利银亦不过一分有零而已。惟是水脚能减而后有益于乘载之人，是有轮船而天下皆沾其利；水脚不减，其所得利者不过与有股份之人，虽有轮船而与他人何益焉？是仍在可有可无之间而已。故本馆愚意屡劝招商局多造各船，另开新路，每年所得水脚自必日增月益，而后始能议减，由名言之，每岁多得运漕之银两，由实核之，仍均分于乘载之众人，是该局既可获利三倍，而众人亦可分利无穷，岂非至美之事哉？无如甫一启口，即有人谓其为西船地步。日本小国近日自有轮船，即禁西船，不令至其内地，日前所有西官轮船，至伊内地，彼巡海者尚能阻止，不令行走，中国岂至日本之不若哉？兹因三菱公司改章，故论及此，望招商局诸君采取刍荛，以广大其事业，勿仍以狭小而自囿。是不徒招商局独利其利，即凡乘载轮船者，亦可共利其利，方不负李伯相设立此局之初心也已。

（1875 年 10 月 4 日，第 1 版）

通商平论

前日登来稿，自署曰“不识时务人”，具见危撝谦，不胜钦仰。所论滇省通商亦深知通商一事无大利于中国，既无兵衅不必概从英人之请，意诚是也。但朝廷许之，大臣韪之，亦岂惧英人哉？前此五口通商、天津换约两事，兵祸岌岌，固为中人之所惧，今岂其时耶？方今李伯相、沈制军、丁中丞诸公皆深知通商之利，而尽心谋画，以几利权之常在中国，而不使自西人操之。凡事务其大者、远者，若小在一端，近在旦夕，虽有所利亦无多也。即如通商以后始知西人武备之精，于是仿效其法，易购买为制造，假令一造便精，可以远胜他国，事固不若是之易；虽造不精，必不能与他国敌，则事又不若是之难。中国之事类皆虚縻帑项，绝无实济，若河工、海塘最为漏卮，而今日之制造各事业已破除积习，实事求是，船政局非已有明效乎？即各处制造枪炮虽不骤臻美善，然愈习愈精，亦可计日而待。图大事者，不惜小费，当代伟人岂毫无见地，而为此不急之务哉？

若夫贸易场中，以中人而与西人处，往往智计过于西人，出身平常而数年之后即拥厚资者，通商之地往往有之。而向来身家殷实者，与西人交易，即熟悉洋务，可以为国家兴办大事，如轮船招商局，非以商董为之哉？此通商之利于中国也。至于民间日用，以多购洋货，即少销土货为忧，则与通商口岸相距较远之处，吾仍见其衣中国之布、造中国之器也，其夺利者几何哉？如以高丽不通商为例，无论堂堂大国未便与藩服比伦；

即可比伦，亦非所论于今日。盖欲不通商，则在五口未议之时，使林文忠事权终假，坚主战事，聚天下兵力而力拒西人，使之只轮不返而后已，则事至今日不过三十年，犹可闭关绝使也。而又未可保此三十年中无变局也。今既五口通商矣，天□［津］换约矣，长江上轮舶往来矣，悔前非则已不及，图今是则犹可为。就通商而整顿之，务使银流外洋者返归中国，其尚可以补前此之缺。故当代巨公无不以通商为要务，而允云南开路之请也，岂以有兵衅无兵衅为衡耶？如必待兵衅而始允之，则西人志在必为，或者无端肇隙，务使中国允之，必终出于通商，而已先议赔兵费，此又计及将来，不如谋之今日者也。惟云南通商诸事，可照海口，独鸦片由印度而来，其势较便，必先与英人议定鸦片只准进海口，不准由陆路，而后通商可以利中国。盖诚恐多销鸦片，又岁加几倍银以奉西人也。本馆前论滇省通商要务，即指此端不识高明以为然否。

（1875 年 11 月 4 日，第 1 版）

英人论铁甲船碰沉事

英人大铁甲船名“万加”者被同帮铁公铁甲船碰沉，其情形曾列前报。兹闻英国人大为置论，盖以审讯原由，查知为水师官员太自急急所致，缘是时天方迷雾，提督带领一帮船疾行海面，殆非慎重国财之道；又雾时所习互相传儆，其法亦未臻于周妥。至于“万加”船，官断定帮内各船既分队相随以行，则虽重雾弥漫，非有传音，其在后之船究不应遽缓其驶。况既碰后，各事亦多张皇失措，全无调度，如设法驶近岸沿，俾得搁浅以求船身，皆失于计及也。再，此船如何不设分舱之固板，以冀一处撞破，未必通船受水，并亦众人之所同问也。总之，英人久夸长于水师，兹竟出此一事，则猛觉尚有多端未臻周到，所谓临危而始形其隙也。是以国民多失望于水师，大臣皆以为有极应整顿之处。本馆按，招商局船“福星”前遭碰沉，亦由于彼此迷雾驶船过迅，一闻告儆，又无善法以济之。今“万加”船之被陷，固与之大同小异也。夫缓行一事，本易于奉行，若临时告儆，正不知英人尚能创新法否耳。

（1875 年 12 月 10 日，第 1、2 版）

书英人论铁甲船碰沉事后

天下之技艺，习之不精，不足以为人事之益；习之太精，又足以招造物之忌。惟有习之既精之后，而复能广求善法，以期有备无患，庶可以不招造物之忌，反可以大为人事之益。此方为万全之计也。即如泛海一事，海面虽宽，而往来各船所常行者仅有一线之路耳。否则，差之毫厘，失之千里也。故海船中任大责重者，莫过于看盘把柁之人。盖非盘，船无以知所向，非柁船不能定所行也。昔日中国沙、卫各海船，恃帆行风，一经出海，虽各弊常生，至于来往两船相碰遭沉者，未之前闻，大约看盘把柁者之技艺尚未能登峰造极耳。西人行海，其技艺甲于各洲，初时帆船尚凭风力，业已应心得手，自造成火轮船后，更能任意如愿，尤非他国之船所能及。然而彼此往来，行走反至常相碰沉，岂非看盘把柁之人技艺极精，全无毫厘之差，力能若此，得无因此反招造物之忌，故常示小惩而为大戒与？今岁招商局“福星”轮船之沉，犹谓船系中国所有，而船上所用之人西人少而华人多，西人不能专主，故有雾未曾缓行，遇祸未能补救，以致遭此大患。若日前“万加”铁船之沉，彼固英人所主持，而驶行者何以有雾亦行，遇祸难救，仍如“福星”一辙乎？亦无怪英人大为置论，而谓水师提督与“万加”官之不慎也。

夫行海之事，英人最精，故其法亦极全备，有雾则传音以告警，遇祸则驶岸以待救，此一定不易之良法也。何为竟昧昧于此乎？且“福星”之事犹谓一往一来，行至中途，忽遭大雾，出于无意，而猝不及防，故至如此，尚属迫于不得已耳。今“万加”之事，天方大雾，即当不开，既开行，尤宜从缓，乃竟同帮同行之船至于碰沉，难比中途忽遇之船不能提防者，岂非得已而不已者与？又况传音告警，彼此缓行，此不徒立法之尽善，抑亦善法之易从者，何以皆不遵照与？岂海中大雾之时，风涛声丽，至使彼此不相闻音与？

兹既两遭碰沉之患，更宜设法以避此危，或者探明海中相隔不远可以另为行走之路，此后往来各船便可分道而驰往者，就左来者就右，庶可以杜相碰之虞。即或不能，则传音之法或改为往者鸣炮几声，来者鸣炮几声，不令相同，彼此闻炮，即行缓驶。炮声较厉，或不至为风涛声所掩，较之传音，似更易闻。如当大雾迷天之时，或延一刻，顺风之舟即鸣炮几声，以为传警。倘有来船，即鸣炮几声以相应，两处之炮声俱作，则舟行更宜缓愈加缓。似此，则相碰之患可免矣。夫每岁大雾不能相见之日，为数无多，即令缓缓相行，不过彼此到埠少迟一二日而已，何必不遵，以致沉舟丧命之祸与？务望行海船者有以鉴前车，不蹈覆辙也。至英国遭此事后亦必另议良法，愚见所及，不过刍荛，望勿笑其无识也。

（1875 年 12 月 15 日，第 1 版）

中西学宜并重说

中华自开海禁，南北洋十四口概准通商，于是京都粤东设同文馆，上海设方言馆、出洋局，天津、闽、粤、上海均设制造局、轮船局、招商局，皆所以效法西学，为保守海疆、内修外御、富国强兵之深谋至计也。前阅各报有偏重西学请废文章、诗赋者，有偏重中学谓礼义可为干橹、忠信可为甲胄，毋庸以堂堂天朝俯就泰西末艺者。凡此二说，虽各有见解，然皆有所偏，无济于时务也。识时务者，莫若两利而并重之。盖中国文章、诗赋、策论所以使人究心经籍，必读书明理，变化气质，始能就范，此根本之学，所以造就人才，使为忠臣孝子，参天地而争光日月者也。古今名臣，皆由此出，若废中学而专习西学，傎矣。况西学非寒士所能为，惟轮船、铁甲船、枪炮、火药、水雷等物与及兵制、官制，用人忠信重禄、认真办事等法则宜通饬各直省效法之。夫中国之兵岂果弱哉？无如饷薄，安能训练得精？中国之官吏书差岂生而甘心剥民哉？无如官俸既薄，书差之工食更薄，又授以牧民之权，既不能枵腹从公，安得不逼而为剥民之事？夫忠信重禄所以劝士，孔子言之，今西学用人与孔子忠信重禄之言暗合，是西人能行孔子之言，则重西学仍是重中学耳。择其善者而从之，此则诸葛武侯集思广益之意也；亦即孔圣人善事利器、事贤友仁之教也。诚能中西学并重，将见根本之学既茂，技艺之学益精，读书养气之士，与格物致知之士，并行不悖，相得益彰，陆兵壮，水师强，武备修，文教

昌，大法小廉，风清弊绝，我国家中兴盛业行且驾万国而上之也。猗欤[①]休哉！中西学安可偏废哉？（富文书舍稿）

（1875 年 12 月 27 日，第 3 版）

论中国渐改西法

中国之仿西法也日新月盛，然皆工商之辈，至于士夫之家，不但不欲学西人之学，而且不欲与西人相交焉。初犹以为言语不通也，今之西人能操华语者多矣，而士夫仍然如故也，实由于中国崇尚仪文，而西人概从简略，犹有中国三代以上之质朴。即中国三代以上之人，置之今日冠裳之间，亦皆谓为野人，不愿与之交接，犹如今之村夫野老，而士夫亦不愿与不［之］往还，不徒西人之毫无仪文，不愿与之过从也。其不愿学西人之学也，亦有故焉。

盖士夫之子弟，其父兄未有不欲其登上第、作高官者，故当其入学之后，惟勉之以习制艺、为试帖，以图可以博取科名而已；其它经史子集等书，尚不欲其分心泛览，玩日愒时，又何肯令其以有限之光阴而为不急之西学哉？此中国之士夫所以不愿交西人、为西学之实情也。

不然，如高丽使臣，京师士夫与之交游者甚众，何独于西人格格不相入哉？盖高丽之举动行为多与中国相同，故虽语言不通，彼此笔谈亦颇气味相投也。若夫工商之辈，所欲得者利耳，一学西法即目前已可得大利矣，不比文人格致之学，其得利尚在日后也。试观各省开设西法制造局以来，中国工匠能造西法之物者，其工资较大、月得百金者，其常事也。自设招商局之后，华人之学驾轮船者日多，至今春局中“丰顺”轮船行走往来，均赶在西人轮船之前，得蒙海关金鹰之赏，不诚如前英相所著之书，谓华人之聪明才力不减西人，若肯改用西法，必能过乎西人之上乎！此犹华人之习西法、用之于中国者也。

日前香港邮来新报谓，华商今议开设一生意公司，以图与英国通商，取名宏远，计资本三十万两，每股银一千两，先设行于伦敦城，日后再设

① 猗欤：yīyú，同“猗与”，表示赞美之叹词。

行于美之牛约城，以便代华商经理生意焉。是华人改学西法，又用之于西国矣。自今以往，非徒西商能来中国，即华商亦至西国；非徒华商改从西法，恐西人亦将改从中法矣。岂非合中西为一家乎？

说者谓往年华人之为工商于新加坡、旧金山等处者已属不少，然彼皆各自谋生耳。今之所为直合数百股份之资而为之，其局面又自不同，此实中国历来未有之事也。将来日胜一日，则贸易之能事，中国当亦不逊于西国矣。然此皆工商所为，非士夫之为也；且为之者粤人居多，亦由西人至粤最久，而濡染最深也。吾所更望于华人者，为工者必求其精良，为商者必求其诚信，断不可少杂以作伪之念，以至功堕于垂成，为西人所笑也。倘能由此而推之，工商之事改用西法，日善一日，而士夫亦肯常与西人交好，日分数刻之功，究心格致之学，其有益于人事者更非浅鲜，万勿先存一西法不足学之意于其间也。

（1876 年 3 月 11 日，第 1 版）

再论铁路事

日昨本报所列，京师相传在上者闻上海西人开设火车铁路由上海至吴淞口一事，现有允准消息，可见天下之事总不外乎“情理”二字，而人之料事者若能揆情度理亦当能得其半也。兹如总理衙门允准开设，亦仍据乎情理而已。盖西人之欲为此事也已数年矣，所惜者先未能与中国之官相议耳。及至事成，必待冯观察往询，而后言明其事，此西人之短也。至于上海各官，除一会审委员同往勘地，曾经询及之外，余并无人提及，任西商买成造设铁路之地，本馆屡次论及，皆若罔闻，此华人之短也。何以西人办事如此其密，华人办事如此其疏乎？大约总理衙门已知贻误于前，若欲补苴于后，未免大费唇舌，且西人买地仅能在通商口岸，他处亦难买置；即令通商他处口岸，西人亦不能置买数十里之地，是铁路之设仅能设之于上海，断不能设之于他处。倘日后又欲他处再设铁路，亦不能援上海之例，可以不告而造，是以不妨姑为允准于上海，再定议约于他处。此固总理衙门通情达理之举，中西之人所当感激者也。又况上海铁路一成，驶行火车之后，中国之人可以知其果便与否，是否亦可行于中国。若果亦能便于中国，纵他事不须火车，而各省开煤之处亦可仿造铁路，以省载运之费与力，亦属有益于中国者也。

夫西国之设火车铁路也，原以便于军旅之事与商旅之事也。盖西国所重者商旅之事，所喜者军旅之事也。中国则异是，军旅之事中国断不轻行，缘中国用兵于外夷，无论胜败，并无取偿军费之例，惟有耗费财力，故不乐于用兵也；至商旅之事，外国之至中国者多，中国之至外国者少，以中国常往外国之货言之，丝茶为最，均系土产，至于人力所成之物，中国工用甚于西国，盖机器之分也。故西国之布能行于中国，而中国之布不行于西国，亦因此也。若中国各省自行懋迁有无之事，习久为常，亦不在于迟速，故火车铁路之举均无须也。

夫中国自为贸易之物固不必用火车，至与西国通商之货又皆尽用轮船，故即招商局之轮船亦仅能行之于西船所至之地，其余西船所未至者亦皆不行。轮船之便中国均已知之，尚且如此，何况于火车铁路乎！总理衙门深知此中情理，所以允准也。而且火车铁路之举，其费甚巨，谁人能办此费。况中国之人若欲其买路而行，未免骇人听闻。再泥于风水，阻于民人，故知火车铁路之举，断难行之于中国也。即今日上海火车铁路虽成，想中国亦无人肯见异思迁而能仿行于他处；即西人再欲他处增益非通商口岸，又无买地之处，此火车铁路一事殆终始于上海一隅与！

（1876 年 3 月 28 日，第 1 版）

论轮船须设医士

月之十二日，本报所刊船政局“扬武”轮船出洋情形一则，深喜中国自造之轮船其物料之坚固、制作之精工、机器之灵敏，固不待言。至法度之整齐、规模之严肃，亦已能与西国之兵船相颉颃，真令人有观止之叹。可见事在人为，有志者必能竟成也。然美则美矣，亦尚有美中不足者。愚昧既已见及，不妨姑妄言之，聊为刍荛之献，以俟司其事者之采择焉。

即以“扬武”一船言之，上自管带船主，下及水手、厨夫，共有二百五十人，开行出海之后，岂能即日可到口岸停泊，当其在海中央之日，人既众多，难保无疾病、损伤等事，安能不借力于医乐？人命至重，倘遇危急之症，当局者岂肯束手待毙？旁观者岂忍安心坐视，以俟到岸之时再行延医用药乎？日前在船细询情形，各事以备，惟医生一项尚属阙如，此未免疏略也。

查西国各项兵船，国家例设内外科医官数员，分其等第，给以俸禄，并将内外科应用药材携带齐全，出洋之后，遇有感冒之病、跌碰之伤，即令调治。至用兵之日，若受重伤，命在呼吸，而医药更不可缓。倘使医药均未周全，一旦有事，何以调治，岂不视人命为草菅乎？此非在上者体恤下情之道也。

今轮船如此之大，用人如此之多，而医药未备，似尚非美善之法也。回忆前岁台湾之役，中东两国官弁兵勇死亡相继，大约无疾之时，医药均无，及至有疾之后，始行觅医购药，其势已无及矣。况又有上有其名，而下无其实者乎。恐督办大臣尚未周知也，故撤回之勇行至上海，其强健者尚不及半，阅之代为酸鼻。夫用兵之时，水师须备医药固已，而陆军之医药尤为急需。盖水师少觉安逸，而陆军更为劳苦，无论受伤之兵勇急须调治，方可保全，即未开仗之先，寒暑风霜，雨淋日炙，奔走道途，饮食冷暖难以调和，能保不患病乎？此医药亦不可无也。不但内外科之医士不可无也，即兽医亦不可少。

方今关外之役，而载运兵饷、军器，马骡、骆驼结队成群，一匹倒毙，多者费银数十，少者亦费银数两，岂不可惜？至于兵勇自召募以至出关，其口粮已经不菲，一旦病故，非徒性命宜重，即费用亦属不轻，岂可不筹计乎？

夫用兵之事至危险也，充勇之人至困苦也，若死于锋镝之间尚属无可奈何之事，若死之于疾病之际，亦岂万不得已之为乎？既足以伤天地之和，又足以耗国家之费，故各项医药之用，实属断不可少者也。但自兵兴以来，各省带兵之员亦有携带医药者，然亦视其营官之存心行事耳。其中之无医药者，谅亦不乏其人。盖现在之营制，一切公费均行包与营官，故诸事实难一律也。惟是生命当重，此项医药之费总统大臣似不妨格外施恩也。余因阅“扬武”轮船未设医士，故复推广言之，谅总统大臣必不责余饶舌也。

（1876年4月12日，第1版）

论轮船亟宜设法防范

中国之人行一事、创一业，其立法也但求周密，不嫌累坠；西国之人行一事、创一业其立法也但求简便，不嫌疏略。如创船之业、行船之事是也。中国之船，其立法也，设有船行，客有全雇其船，或附搭其船者，必先经手船行而后可以雇搭，无论客坐、货物均当如此。至船行之荐举此船，必先其帮船主人认识，船行代为推毂作保，而后船行方敢代客雇搭，无论客坐、货物，船行均有船票，并有号簿，倘有疏失，客可问行，行亦可查客也。惟各处之航船无须乎此，因其所离仅百里、数十里之间耳。若行远之船，均须如法办理，故失误少也。是以人宁累坠，必求周密也。

至于西船则不然，无论轮帆等船，仅搭客坐，可以毋须经行，客可自至，并无过而问之者。开行之后，司事者方查点客坐数目，某人系往何处，亦不详问；其客果何为者，而中途之或上或下，亦仅收其船资，不细查其来历，故致屡搭强盗，在海劫杀，常搭匪人，沿江偷窃也。若夫搭货上船，亦但凭货客一纸之据，不详查箱中所存何物。即船中保险之人，亦复如是。故致搭载机器火药之箱，俾令全船轰沉也。事虽简便，未免疏略也。

本报从前所录香港往来之轮船被搭船之盗劫杀一事，日前又列新加坡往来之轮船又被所搭之盗劫杀一事，至长江往来之轮船被所搭之匪人偷窃等事，不一而足。然此等盗匪均属华人，并非西人，尚得谓西国之船所不及料也。而从前所列火药轰沉轮船一事，讯明之后，始知此外国人专以此等之事为生涯，初将木箱数只搭寄他国，并与保险之人议明中皆贵重货物，愿出重资保险，讵知箱中所有皆机器与火药等件，并装好机关，俟船开至海中，再行发作，致令轰沉，然后再与保险人索赔，伊可大获其利。岂料船尚停泊，方将此箱下舱，触动机关，遽尔将船轰沉，并将傍海房屋亦均轰倒，此人亦受重伤，当经讯明此人作此等事已非一次。后各船主方悟海中常有踪迹全无之船，大抵皆遇此等毒手，意欲从今以后设法防范，然亦未闻另议新章。

此事乃西人所为，并非华人，何以西国之船亦未尽悉也。即如日前法会审公堂定昌仁绸缎庄所控李葆林赊货潜逃一案，据言现往汉口，想亦系附搭轮船而去，以致不能查考。若无轮船之先，李葆林如欲逃走，必须经手船行，雇搭船只，抵汉之后，船户亦必送伊到寓，可以知其下落，尚能遣人查究，不似此如黄鹤之去，渺无影响。他如船有重载，船户亦不敢另搭盗匪，以致劫杀偷窃等事。至搭寄货物，中途必须报税报厘，船户亦应详查箱中货物，断不致收搭机器火药之箱，令船轰沉。此等办法皆中船之善于西船者也。嗟乎，轮船美物也，立法未备，百弊随之，岂不可惜？彼驾驶轮船者，尚其善立诸法，以善其后哉。

（1876年4月29日，第1版）

论近日物力艰难

天下之事，往往有似是□［而］实非者，于财利一途为尤甚，在与之者以为计筹尽善，定能名利兼收；在受之者似乎常为所愚，然非愚也。实近岁以来，物力艰难，故世之人每至视钱如命、必较锱铢，若能省一钱即能获一钱之益。而在旁观者视之，上海一区实为近日销金之窝。凡在上海谋生之人，苟能平日少事节俭，即能□［遇］事周济他人，亦能不求他人周济，断不至令与者愚人，受者为人所愚。无如世之人能如此者，实难多得，为可慨矣。

近来洋场地面，效西人之法开设拍卖诸物之□者层见叠出。人皆谓，拍卖之店必能购得便宜之物，故皆贪往购买。及买回诸物，仔细详察，尝至较买于洋货店者，物低价昂，然见他人在店所叫买者，又多货真价廉。推求其故，始知凡叫买得便宜物者，皆系店中党羽，店外人实不能得。然既如此，似乎无人中计矣。第[①]［洋］场一地，此往彼来，常有新至者不知底细，故仍然中计者不少。然此犹谓为市侩之所为，无足怪也。不料官场所为，亦有似乎此者。

昨阅上海关道告示："今届丙子科乡试，所有上海应试诸生现经拟照□案，派拨'惠吉'轮船送往金陵，各人饭食由轮船备办。俟到金陵起

① 第：但是，表转折。

岸，每人给轮船饭食及水手赏项，共洋一元以资津贴”等语。众人阅后议论纷纭，或曰此新章也，或曰此旧例也。中有一老叟云，姑无论其为新章为旧例也，第如此办法，则诸生之受惠于关道者无几矣。刻下，搭洋人轮船至金陵者，仅须规银一两三钱，合之不及二洋；若搭招商局船，仅须洋一元三角。若是，则诸生之受惠于关道者，不及一洋之数。而且搭者又须先期赴学报名，届期又须由该教官率同登舟。登舟之后，若□［果］人多，无安眠之地者有之，无茶水之供者亦有之。若谓为旧例，施之于昔日则可，施之于今日则不便。盖昔日之搭轮船赴金陵者，须洋将及四元，又无招商局船之改银为洋，则诸生每人之受惠于关道者，尚有将及三元之数。故昔日则众皆感德，今日则啧有烦言。然诸生亦尚有愿搭前往者，可见能省一钱即受一钱之益，愈足征物力之艰难矣。

夫以关道具广厦千万之愿，而且新设书院每月奖赏膏火[①]至数百金之多，待诸生者不可谓不厚矣。乃于此等三年一举之事，上海之诸生为数又属不多，而道宪决科[②]每人领赠数元，亦尚无损于事。今乃费此大力，仅为诸生每人省数角之费，又何怪人之多言也。况从□［前］沈观察之设此举，但送上海诸生，而他邑诸生尚有谓其惠不遍及者。兹上海诸生沾光无几，谅他邑诸生可以无言矣。但吾详细思之，关道事兼中外，日不暇给，岂能算计及此？不然，断不作此有名无实之事也。惟是世道日艰，一至于此，而世之视黄金如粪土者，亦当惜有用之财，为有益之事。无仍然醉生梦死，任其消耗而不知惜之也。吁，可慨也哉！

（1876 年 8 月 28 日，第 1 版）

招商局“江宽”新船游吴淞记

月之二十六日十一点钟逾二十分，“江宽”火船由招商局码头开行，中外各客及外洋巾帼数位，共四十余人，计自华官沈司马、莫邑尊、法界会审委员谢刺史外，及西官英领事、美总领事、上海税务司、大洋行商人

---

① 膏火：指供学习用的津贴。

② 决科：指参加射策，决定科第。后泛指科举考试。

等毕集。时适天晴气和，诸客无不各带喜色。初则众客在船面闲谈，赏览风景。少久则由招商局诸君相邀就宴。只见船之上等舱房肴馔罗列，宴照西式陈设，桌盖以白布，中间则花果各具，每位各有玻璃杯二只，皆精雅非常。计房内长桌一张，一头则徐君雨之与陈君茇南①，一头则唐君茂之与薛君明谷。盖四君坐主位也。桌之两边各坐九客，英领事与美领事在徐君一头之左右，司马与邑尊在唐君一头之左右，另有小桌四张，各坐五位。

先是惟专意餍饫②牛羊鸡豕，及诸野味咸备。酒及数巡，唐君起立，向众位作英语，是申酬贺之意。又曰："唐君景星现不在沪为主席者，徐君也。特以徐君不敢身居众先，故将意抒之于纸，现由不佞转请薛君将文宣讲于众前也。"于是薛君手接徐君纸宣曰："今唐君景星外出，由不佞暂为总理局务，不胜惭悚，但今日贵客咸临，尤为感激。按西国新火船延客试行出游，原系常事，但敝国之人自行定造走江大火船，旋为试行之会，兹实创举。故今日之事，或当传诸后世，亦未可知。追查华人自行经理西式火船至今不过三年有余，既见有利国便民之实效，故立志必由渐推行。兹视本局所购现成火船十余只，并另行定造往来天津两船，及走江二船，则以知立志非虚矣。窃念贵西人之论敝国，往往以图振兴太缓，然语虽如此，而敝国必坚守而垂之久远者，想众无不以为然也。现在本局仍不过创造其基，将图垂远，以遵坚守垂久之志者，是不佞各董事之重望也。今日所试之船，系在贵境所造，后日所试行者。将有华人所自制，然本局火船虽在长江得利，而各贵国之船亦仍然财源茂盛，是更为所重望也。"

讲毕众客拍案声赞。继而麦领事亦立作复辞，税务司及美总理事亦挨序立讲，总领事之言甚为殷恳，又曰，今见招商局之振兴，不免有大望于中国，日后势必帆樯林立，蔽塞江海云。此时众客高兴之至，及回至码头时，或出席或就席，复以酒相劝饮，中外各客相间笑谈，甚为得意。计是

---

① 陈君茇南：即陈树棠，广东人，曾为二品衔候选道，由出使美国大臣陈兰彬奏派金山总领事，在任三年，后由李鸿章派往朝鲜游历，于该国地势民情亦颇谙悉，遂于光绪九年由李鸿章奏派为总办朝鲜商务委员。

② 餍饫：yànyù，尽量满足口腹之需。（金）王琢《雨夕感寓》诗："餍饫贪夫腹，翻腾乐岁谣。"形容食品极丰盛。（晋）葛洪《抱朴子·论仙》："人君烹肥宰腯，屠割群生，八珍百和，方丈于前，煎熬勺药，旨嘉餍饫。"

船行路至吴淞外二十余里，回至上海时已三点半钟，火轮每一分转旋三十七周，其快每点钟有十二海里，合中里约四十里光景。开船驶行比所约定更速，故局中人甚为欣悦。用煤亦省，计一昼夜仅十七吨，而器机亦特为精美，各器机家无不夸赞。此役也，余既幸与斯游，故归而笔诸记。

（1876 年 11 月 13 日，第 2 版）

论招商轮船局事

天下行一事、立一法，但当问其事与法之是否利弊，不必问其事与法之是否中西。故以周公之元圣尚取用朝鲜之楛矢，收录越裳[①]之白雉；前代如元世祖亦效铸红衣之大炮，学种印度之木棉；明末历法舛错，亦用西人汤若望、南怀仁诸君在京师推算历法。盖均遵商汤立贤无方[②]之意也。

近年中外通商以来，于发、捻各逆之乱则购用西国军火，召募西国兵勇，以助中国之不逮。并延西国教师以训练各营之兵勇，西国工匠以制造各局之军火，以供各省之所用。又于京师、江苏、广东设立天文、储才、方言、同文诸馆，聘中西之师儒[③]，选满汉之俊秀聚集其中，翻译泰西格致书籍，教习泰西文字语言。复于苏之上海建机器厂，闽之福州开船政局，招中西匠人仿造轮船，以供载运饷需、缉捕盗贼之役。骎骎乎，中西各务已有同文共轨之体矣！而李伯相犹曰：“未也。凡若此者皆有益于国，非有益于民也。吾观夫西国火轮船之至中国者，以之载客运货，其行走之迅速，其装囤之广大、便益无过于此。若仿照其法以行之，则四民皆受其益。”于是筹巨款、择干员，仿西法以集公司，购轮船以行江海，遂创设招商轮船局焉。而在局之人亦能仰体李伯相之意，善为经理，初则不过二三船耳，今则日增月盛，其生意之兴隆几将与西船并驾齐驱。若非李伯相创始于上，局中人善承于下，乌能及此哉？其尚逊一筹者，惟无往返泰西

---

① 越裳：yuècháng，亦作“越常”、“越尝”。古南海国名。（汉）王充《论衡·恢国》：“成王之时，越常献雉。”

② 孟子曰：“禹恶旨酒而好善言。汤执中，立贤无方。”（《孟子·离娄下》）

③ 师儒：古代指教官或学官。《周礼·地官·大司徒》：“四曰联师儒，五曰联朋友。”郑玄注：“师儒，乡里教以道艺者。”（宋）叶适《送陈彦群》诗：“大郡得师儒，高文兴孝秀。”

之船耳。若东洋及中国各海口如汉口与宁波，均有数号来往，未及十年已能如此，实非易易矣！其尤可贵者，万国规例，凡两国构兵，一经议封海口，即不准雇用他国之船；今有招商局之船，中外或有不睦，仍可行走，以供载兵运饷之用，此尤为最大便益之事也。所望者，刻下重庆将开通商口岸，若能预备行走浅滩之船为西人先，则为尤妙；再能将此种之船行走洞庭、鄱阳、太、焦等湖，其生意之兴隆更不可量。现闻又购江宽、江汉两船，均系船身坚固、机器灵活，足为西国有名之船，以为往来汉口之用，将来之贸易更必日多一日。且闻宁绍诸人谋生于此间者实属不少，彼出此归，习以为常，其往来皆须浮海，昔日均附帆船，自有轮船便益于帆船，均已改附轮船。因往来者甚众，故招商局之轮船亦如西船，无次不皆满载，是其局之获利较之昔日之帆船不啻三倍。然说者犹谓招商局之船日盛一日，惜尚无西国铁甲之船以防海口，无西国上等兵船以练水师，此尤为中国美中不足之事也。但招商局之船已能如此，且近日欲附之人既多，则异日生意之隆可待，日后其船必能林立于江海之间，定可为之预庆。观乎此，亦足见李伯相益国益民之一端矣！

（1876 年 11 月 25 日，第 1 版）

书本报乐善可风后

恻隐之心，人皆有之，故孟子于今人乍见孺子一事，反复详论，以明此心之具于人者。固不以地间，不以时隔也。于一孺子之将就死境遇之者，尚且不忍，必欲施其拯救之方。何况目见耳闻，亿兆生灵皆将至于死境，置若罔知而不为筹周济之法，任其皆至于死乎？此不但仁人君子之不忍为，即使妇人孺子亦不忍出也。何以俨然为民父母者，尽如老僧入定不见不闻，木偶同形，无声无臭？□［岂］孟子恻隐之说尽属欺人之语乎？是诚令人不解也，或者曰煦煦为仁，此妇女姑息之爱也。君子当图其大者远者，又况博施济众？尧舜犹病，大灾流行，国家代有。若使一遇偏灾，即行移民移粟，此不过梁惠王之惠。孟子谓之以五十步笑百步，又何足取？而且当此帑藏支绌之时，乃以地方偏灾即行奏报，上致圣主宵旰忧劳，下令司农仰屋兴叹，实非臣子爱君之道。是以迟之又久，无可挽回，始行筹款赈济也。吁！抑亦未思民为邦本、食为民天之意，故尔如此乎？今岁山东青、莱所属之十三县，自去冬至今夏，皆苦无雨。得雨之后，又致生虫，春麦、秋禾均属无收。现仍不能种麦，山东之民，本无蓄藏，如此旱虫交迫，自去秋收成之后，须至明秋始可望收。两年之中将食何物？又何怪死亡不绝？青、莱二府离省较远，各大吏非闻而不能见，不甚观关心，尚属常事。所可怪者，府县乃亲民之官，故称为民之父母，于丰稔之年则坐享供给，尽饱己之私囊；于灾荒之岁则瘼［漠］视闾阎，不顾人之饿毙。延至冬令，始有放粥之议。而以前之饥饿载道，果真毫无所知乎？此与《孟子》所记"邹与鲁哄"一章情形不尽若合符节乎！昔年设官之时，府县之上加一"知"字者，其命义果何居也？何以青、莱之府县，但学邹之有司尽薄梁惠王为不足法，且置今人乍见孺子一事为不足取也。昔赵普有言："吾以半部《论语》佐艺祖取天下，以半部《论语》佐太宗治天下。"普之为人尚非纯正，而犹知以一部《论语》平天下，乃今之青、莱诸守今竟仅以《孟子》一章为为守令者之要道乎？若谓传言未免过甚，恐难尽信。何以中外诸人曾至其地者，无不皆言其困苦饥饿之形？日前有西国教士由彼至沪者，业已历历言之，故麦家园之英教士慕先生①与其门人劝捐往赈。现闻招商局总唐景星观察由彼回沪，又复历历言之，亦拟与英国麦领事商劝中西各富商捐资，赴彼救其死亡。即如此则所言，前次出洋局翻译官曾兰生之女、［儿］子二人邀同数闺友，遍请西国女眷，劝捐银米，寄彼助赈。是见者闻者，无论中西，不分男女，皆知彼处灾黎，日就死亡，故始有此举也。否则相隔数千里外，纵令见者动心，而闻者亦未必兴起也。惟所可奇者，朝廷宽大之恩，爱民如子，一经奏请赈恤，发帑留粮，均已奉旨允，即丁中丞此次奏请，亦皆奉旨，允从各省州县禀报偏灾，各大吏或有听候查办之谕。若如此奇灾，各大吏断无不行转奏之理。何以青、莱之守令，必至此时始行？请赈一年之久，如此灾荒岂尽毫无见闻、不动恻隐耶？阳虎有言，为仁不富，为富不仁。岂至今日而贵者亦同一例耶？不然，何为中西男女见闻之余，均已动念？而彼处之为民父母者，反致漠不关心耶？是孟子所谓"恻隐之心，人皆有之者"，今竟以地

① 即李提摩太，英国传教士。

间、以时隔耶？此真不可解也。吾于是又恍然于孟子“尽信书则不如无书”一语矣噫。

（1876年12月16日，第1版）

论贩米赈晋

昨有湖湘宦客邮致一函，内称，由都返籍，小住申江，见各绅商鼎力捐资，办米施赈，均至江苏购买谷米。以一省之所出供数省之所需，深虑不给，恐江苏之民有惩于荒歉，必将闭籴。且闻香港米价不甚踊贵，宜将捐款由港贩运。又云，道出津门，遇有山西省人同搭轮船，备述其省荒灾之惨。现赖朝廷许截留漕米，筹拨帑项，源源接济，以免饥民成为饿殍。而各省绅商又皆急公仗义，慨解囊资，诚起死人而肉白骨矣。惟邻省如河南、山东亦同被灾，直隶又非丰稔，数百万生灵胥赖招商局轮船，以资挹注，究恐时交冬令，朔风骤起，雨雪纷霏，水泽腹坚，河道冻结，青黄不接，终难免于一死也。惟望趁此河冰未合，船艘尚便于往返，仰恳好善诸公多运米石，俾得延残喘于来春，是为要着。客所云如此，是亦素具热肠、亟思援手者也。惟是晋省之饥，较诸各处，原属惨不可言，而就道路所传说，则似哀鸿载道，所急者不在粮米而在钱文，故赈饥之士统观大势，维持全局，特由沪上以银易钱，运往晋省。所以近日沪市中钱价骤昂，而银价反贱。是则晋省非无囤积，特以饥馑洊臻，可以居奇，冀获三倍利耳。夫晋省素号银窟，汇兑银号，遍于天下，际此荒灾，反苦无钱，是真事理之不可解者也。以臆见测之，大抵其民贫富相悬特甚，富者粟红贯朽，拥以自私，贫者身外别无长物，平时亦朝不谋夕，故遇此奇荒，道殣相望也。以客之所述，参诸沪中近日钱价，则晋省情形了如指掌。贩米往赈固为急务，而敛钱以施舍，似又胞与，为怀者所宜各尽乃心者矣。本馆曾因港中绅商接到招商总局劝赈之耗，倡议佽助，特抒鄙见，欲好善者各倡一文钱会，积少成多，勉成义举。今若各合同志，就地举行，则无论负贩贫民、妇人孺子，皆可导之为善，既可济晋省饥民之急，又可免沪上钱价之昂，而劝捐绅董倍易为力，是一举而各慰其愿事之最便而易集者也。现已时届三冬，被灾之民，不惟饥不得食，又且寒不得衣，则浮屠合尖必又有不容或缓者，是输粟运钱而外御寒之具，更宜亟为筹及也。窃谓，为善何常？亦各就其力之所可至，而勉为之焉耳。在劝赈绅商既稔悉晋省之情形，故钱米兼筹，运往恐后，苟有人慕义而兴，当仁不让，又何妨纠合同志，制造棉衣，附搭轮船前往，散给以作绨袍之赠乎？夫解衣衣我，推食食我，豪杰所以感激而图报也。不得食则饥，不得衣则寒，仁人所以恻然而博施也。晋民之颠连困苦久已，闻之酸鼻矣。特因客之所言，与沪上钱价之所以贵，而申以鄙见，用质诸仗义、各善士，至谓港中米多价平，宜在此贩运，事更速而益更大，则自有能辨之者，固不暇效丰于饶舌也。（选录香港《循环日报》）

（1877 年 12 月 17 日，第 3 版）

李爵相试办平粜奏折书后

阅邸报，李爵相以京城设厂平粜防范难周，拟请变通办理，或仍照前届成案，交粮铺承买出粜，请饬地面各衙门会议，督饬委员办理一折，而知大臣体国经野，宏济艰难，欲泽必下究，先防患于未然，实统全局以兼筹，而期章程尽善，可以奉行无弊也。爵相之意，盖虑各省阻饥灾民四出趁食，辇毂之下良莠易于混迹，其地方稍僻远者，匪徒尤易生觊觎。若有意外，不独酿成巨案，而招商局所筹贩运米石之资本亦归乌有。是官吏之获戾匪轻，而米商因此裹足不前，粮食终将不继，其关系于根本民食者更甚巨也。然发交米店自行出粜，经官为之酌定价值，民之购买者可无远涉之虞，铺之承卖者亦沾分润之利，其事似属两便。即青黄不接，仍可察看情形，饬招商局贩运接济。惟米既抵通先行发与粮铺，应交买价须俟陆续卖出，随时缴纳，仍归官汇收解交招商局，以期归款。窃虑多一番经手，即易滋一重弊端，仍于体恤远商之道，或未尽妥善也。夫世不乏廉干之官，而恒难得清谨之胥吏，守法之门阍。今自衙署以至各局厂，凡供使令掌书记、司出纳、任查稽，□［名］职虽殊，总非印委人员一己所能兼摄。其环伺于旁，以奔走为恭、以承顺市诈者，与接为构莫非此辈。即或上人明鉴秋毫，时加训饬，固不能使其革面洗心，遇事而不思染指也。故凡官府所购之物，其价恒倍于平民者，非其物之几经拣选，乃得此上品也，亦非商人之习惯，欺罔欲于此取盈也，经手既多，则彼扣此折，凡物之值十者，恒不能取其七。故当发售之时，先为通盘筹算，稍昂其价乃不虞折阅亏本也，而其赴官领价，又复成数归款，苟能领取七八成之间，无或拖欠，则于愿已足矣。是售物于官与售物于民孰能获利？固不待智者而始有可立决也。然则平粜一事，既有成案可遵，仍归商民办理，则求所以变通尽善者。其运到之价，宜官先行筹款，照数给与，俾得往来贩运，以资接济，发交粮铺之后，则随卖随缴，以归于官。如是，则吏胥不能上下其手，故意留难，致远商或因资本不继坐候需时，或因粮铺推延诸形窒碍，致远方逖听之下，不无疑虑潜滋，徘徊不进。夫时事艰难，非破除成见不足以收速效，非预防流弊不足以资鼓舞。阻饥之省所藉以延灾民残喘者，计惟招徕商贾贩运米石而已矣。国帑之筹拨已有难继之形，漕米之截留又有将滞之势，储积无存，劝捐鲜应，而天时之旱潦仍不可知，内地之稔丰几难兼顾，若非贩诸重洋，终虑不给。然自前岁直东告灾，以迄去年山陕河南禾麦无收，全赖招商局轮船以资转运。虽经地方各官加意招徕，而远方商贾曾不闻运米，以至中国较多于往时者，则其故不诚有可思耶。利之所在，争共人趋，诚能设立善章布告远迩。凡有米商到境，则官为承买一文之值，亦必立刻清交，倘虑盗贼生心欲谋抢掠，则遇有米船经过所辖管泛，力为保护，如有意外，责成地方官如数赔偿。如是，则诚信相争，情谊交浃，有不闻风响应，帆樯并进，固势所必无也。或曰：如此，则巨款难筹，且责任綦重，谁职其咎？不知朝廷轸念民依，既已简派大臣遍历灾区，无使一夫失所，而开捐例设赈局，又已奏请举行，则何难入告彤廷饬官妥议，务使远方闻知，相率而至争先恐后哉。盖招商之法，必先令其不虑耗折，然后乃能使之辐辏也。爵相此奏计深虑远，诚万家之生，佛然山陕各区哀鸿遍野，仍望米商为之转输，当道诸公似宜更思有以变通其法也。（选录香港《循环日报》）

（1878 年 3 月 8 日，第 4、5 版）

论近日内外臣工陈奏各事

方今豫晋大旱，直陕遍灾，去冬至今，雪未深透，雨不均沾。故至灾民仍然饿毙，逃在他乡者，不能遽归身回故里者，依旧无法，此诚无可奈何之时势也。虽蒙恩谕，发银给米，刻又加拨米银，此又从来未有之旷典也。第因灾区太广，灾黎太多，而银米仍难遍及，赈济恐有未敷，故虽京外大小臣工设法筹款，尽心散施，而死者仍浮于生者之数。目前难料及日后之情，然仅接济资粮，但能补救此日之艰难，若不计划久远，何以弥缝他时之支绌。去岁，京员胡侍御、疆臣李伯相条陈请禁烧锅一事，实为裕足民食起见，乃竟格于部议，未能照行。今春二月十八日，邸抄恭奉上谕数件中，有宝司业奏陈免抽米谷厘税，卡员藉词滥抽，私行勒索，以致商贩畏其留难，贩运无多，又言豆饼一项，足济穷黎，请饬淮安关监督暂弛豆饼北上之禁，又言开捐济赈，银捐不如粮捐，官运不如商运，请饬山西、河南大吏择地设局，广招捐生，运米报捐，兼收杂粮，核给优奖，又言北省运米过多，南省米价因之日昂，请饬采买洋米，又言京城现已设局平粜，而米价仍未平减，请于南漕到津，饬食场侍郎速行验放，酌提若干米石运至京师，暂缓入仓，发交户部，会同顺天府五城直隶总督，于内外城增设数局，减价发粜，所收粜价发交招商局，如数采买，运归京仓等语。又田侍御奏陈，直豫晋秦各省灾民四出就食，现值春耕，有业之民久羁于外，深恐荒芜田地。请饬仿照上年江南成案，资遣回籍，庶不至有误耕期，其无力者，并着各州县所有仓谷，酌给籽种，俾资耕作等语，均已奉旨着令所司议行矣。四公所言，皆系为民筹划前后，统顾大局，可谓仁人之言，其利溥矣。第吾所不解者，各省当此大灾之日，既已无米以供食，何能有钱以沽酒？而且高粱价昂，酒价亦必日增，想耽酒者亦必日减，何以高粱之酒犹复源源不绝？岂真能以饮代食乎？然则，晋惠帝何不食肉糜之说，亦非痴言也。至于卡员，如此行为，亦真可谓毫无心肝者矣。官场如此，为之一叹。若各大吏再不整顿，仍包庇其私人，则饥民岂犹有孑还哉？豆饼一物，牛庄最多，南省所用多有由彼贩夹者，何不由直隶委员就近采买耶？粮捐一事，若非尽收粮捐，恐不能行。盖将来捐生，南省必加多与北省，倘使捐粮必多窒碍也，采买洋米尤为今时要务。本馆早已屡次论及，今司业亦论及，此实南北诸人之大幸也。提漕平粜，此亦惠而不费之仁政也。资遣回籍，酌给籽种，使力耕作，此亦治本于农之王道也。故曰：是皆当今之先务也。若使各省大小诸官均能实力奉行，庶几今岁，四省灾民或可不至死亡也。特未识各官以为然否？

（1878 年 4 月 12 日，第 1 版）

书本报照录李穆堂先生与云南李参政论铜务书后

铜斤空乏，虽见于云南钱法疲敝，实始于日下。余于道光年间适在京师，尝闻当时之谣曰：仓虚库无制钱缺。余询其说，人告予曰：南漕年短，通仓日空。故曰“仓虚”。库案既兴，库项已少，故曰“库无”。至制钱之缺，则更难言矣！

予曰：何妨亦竟其言。

曰：“吾尝问诸故老言，顺治年间，矿床甫启，滇黔各处又属吴逆藩封，铜斤之解京师者，寥寥无几。至康熙时，吴逆既平，铜矿亦旺，铜斤之解京师及各省者，源源不绝。是以康熙制钱，鼓铸最多，武英殿所铸铜字，费铜亦属不少。及雍正时，铜斤又不敷用，故将铜字毁，供铸钱之用。大约实因改土归流，各处用兵，铜矿停开，运道梗塞耳。乾嘉以后，至道光初年间，云南五金各矿尽开，矿税极繁，藩司入款亦多，故将铜矿钱局让臬司管理，以为津贴。然东南各省铜斤常少，故令海舶每年二次赴日本采买铜斤。及至于今，滇铜虽仍年年解京，而民间铜制之器皿，每斤值钱四五百文不等，即铜每斤亦可值钱三百余文，故有奏请禁用铜器者，又有奏请收买各铜者。现宝源、宝泉二局，闻其每铸制钱一千，领铜六斤，其余尚有工值、炭火、煤、铅、铁砂等物，大约合钱总在二千以外。二局意图节省，每卯铸钱仅供进呈钱样与大内应用之钱外，余应缴钱法堂之钱，俱系买市肆旧钱，以足其数。此事大约亦不止京师一局而已，况闻外省钱店又将顺、康、雍、乾四朝极重之钱选出销毁，改制器皿，故制钱愈缺，此犹道光时事也。至咸、同以后更不必言矣。其说得闻已久，此钱法之所以日坏也。至于滇铜之弊，官厂官店均不可设，盖余闻诸故老，昔年有官自设厂、募民开矿采铜者，凡属厂中日用诸物，皆系官之私人设肆卖与厂中工役。于是，百物昂贵，工役辛苦所得，尚不敷其剥削，大则滋事，小则逃亡，此官厂之弊也。官店之弊，诚如此君信中所言者。吾则以为二弊不除，滇省铜斤终不能旺，即如此书所言，无本矿民领本开采，每铜百五十斤，仅得银四两五钱，是每铜一斤止约银三分而已；有本矿民虽每百五十斤给银五两，较可多得五钱，然运省脚费及守候发银，恐尚不止折耗五钱也。故矿民皆困，托言硐老山空，尽行逃脱耳。由此观之，滇铜每斤仅银三分，落于有铜之地，令守令动用正款，就矿采买，解赴省城及泸州二处，大约有银五钱，亦敷用费，俾矿民均沾实惠，而矿断无不开矣。特不可硬派民夫，以致骚扰耳。再由泸运至汉口，交招商局轮船运津，由津运京，每铜百斤用银五两足矣，而京师何至缺铜哉？铜斤既贱，每斤仅值钱数十文，则经理鼓铸者，亦断不愿停铸新钱，再买旧钱矣。此制钱必能日多一日也。

夫日本一国仅有中华五分之一，其所出铜斤，除铸宽永钱运用中国外，尚有余铜可供中国采买；中国地加四倍，何以反不如哉？其故亦可思矣！果能变通办理，则铜斤何至不敷，钱法何至不复？是在内外操此权者，设良法以整顿也。

（1878 年 4 月 19 日，第 2 版）

筹民食说

凡有国者，所重民食，无人而不知之。自古迄今，世代相嬗，各有因革之政。独民食则皆尚焉。国以民为本，民以食为天，无民不能为国。故王者，以养民为急务。而以一人统天下，势不能周，即利不易给。于是设官以治之。内则综理其成，外则专属各地方官。守牧令不能独理，又设丞倅、簿尉以分其任。内外相隔太远，不能亲考守牧令之贤否，与地方之治否。乃建置三四品以上等官，分司稽察立法，不可谓不详。顾其不惮烦者，何也？为朝廷壮声势乎？实为民谋乐利也。为国家敛财用乎？实为民保生计也。盖民不得食，即君上之安富尊荣无由而致。故历代设官，虽有异制，而其意无不从同。顾治民者皆若不知设官之本意。凡与民生关系之事，辄惮烦难而不知为之。大小溺职，上下相蒙，一似无所事事。徒以禄位显赫，自偿其欲富贵之心。呜呼！官固若是易为哉？夫民生所系，水旱之灾地势限之多。水则防水，多旱则防旱而已。统某地之民，莅某地之事，一意专营，预先布置可也。若北数省之旱灾事之易见者也。先事防之或使水有蓄储，田多沟洫，设值亢旱司以挽救一二，不至全荒。又患如挽回不能为力，则日后补苴之策宜先预筹。或屯积仓谷劝民倡建社仓，或招徕客商接济米石，如何转运此亦皆分内事也。先时踌躇，岂为过虑？乃北省灾荒竟至于此。旱干之际，未有救之之法，必使赤地千里而后已。既灾之后，亦未有救之之法，必使有赈无粮，有粮难运而后已。而且两年以□，旱有荒歉，而有司之征收如故也。神灵显应，事本无稽，雨泽虽沾，农田尚荒而奏牍之粉饰如故也。绝未闻议创一事，与通省水利有益，与客商运贩有关。使以后数省遗黎，得以保全种类，不致再罹鞠凶，是岂所以为民事者不在是耶？夫天变无定，人事有济。当此创巨痛深，为民上者尚不思自振作，力挽颓废之习，设再亢旱一年，不仍死亡殆尽耶？泰西人旁观之见，谓运河苟能修复，改用轮船于赈务，大有裨益。深惜中官不计及此。且李相奏言黄水浅及一尺不能达于运河，赈米悉由陆运，以致费重时迟。与某制造局员所云，黄水有浅处现已开深至一丈有奇者，语不相合，不知是何意见。昨日《字林报》中载此一论。然则中国之事中人尚不计之，而西人反深悉利弊，为中国叹惜，宁不愧耶？夫泰西人论事往往拘泥。止知其国之好尚，与其国人之性情，而不遑揣度他人之心，与平日行事之迹。故辄相凿枘，但真有见到处，切中时弊深悉事理者。其言亦非一偏之论。如此报中所言，明知轮车不能，复议兴筑，苟黄运能循故道，轮船可以试行，助赈之人必不至叹及无粮，分给钱文塞责了事，全活饥民当有亿万。其所见如此。盖黄、运两河，中国之故道也。以轮舟转运米石，亦有长江为之先声，同在因势利导之列者也。中人事事泥古，而开浚黄运，独因创改海运之后，弃而勿讲，何泥古之见忽变耶！长江可用轮舟先允十三口通商之请，任西人开驶，继而设立招商局，遂与西人争揽载之利。长江与河同在腹地之内，何以宜于江而不宜于河乎？似此两意，其所以不解中人之意。向而深为中国叹惜者，皆就中国之事势言之。何尝以其国之好尚与其人之性情，例我中国而强作解人乎？夫两河之废自海运以来，亦已久矣。岁而修之，止以便行旅往来，堵伏秋泛溢。若糜费大宗款项，即使浅者皆深，塞者可通，于现时曾无大利，故岁修不过虚应故事，而为国节用者，顿有裁撤此费之议也。然通盘计之，凡事之有成迹者，与其废之，不若因之。且惜无多之费，而费者仍有大半，不若多费之，而收其利于将来。目前河运虽停，河官固犹建也。河工虽少，河功亦犹叙也。一年之中，河督以下因河工而设之同通佐杂若干员、卫所领运之弁若干人，养廉津贴之费若干两，固不能一并裁撤，则莫如因其旧制，循其故道，益加工费，而使其胜于曩时。吾知不特赈粮之速济也。由南而北径路二千里，横分水道，不知凡几。假令轮帆络绎，则山东、河南、直隶等府州县，亦有长江一带之各小码头矣。清贫萧索之区变而繁盛，商民交易，百货流通，其利可胜计哉！江河虽有异势，而商民情性率土皆同。但使地变繁华，民间好尚亦渐趋时。百货销场无忧壅滞，而利且日增，民亦易富，水旱之灾何至束手待毙哉？如谓习俗不尚奢华，民风端贵朴素，一经通商必改旧日之俗，则今日饥民，岂非平日穷约自奉者哉？余窃揣之，长江可以通商行轮船，黄、运两岸亦未始竟不可为，但必如长江各码头之为西人所请，则亦毅然行之，而黄、运两岸固从前立约之所未及也。是以有识见、有权力诸君尚不敢为天下先耳。然观今日北数省民食之艰，亦可恍然大悟，翻然变计矣。如以筹款为忧，则借泰西之债以充西陲军饷，何妨重贷于泰西，以筹国中民食乎？

（1878 年 7 月 24 日，第 1、2 版）

劝华人速赴外洋经商说

海禁之设，所以别中外也。历代严之，实因海外诸邦政教文物之兴，略后于中华，不敢与中华并列，而华人亦因而绝之也。迨外邦日新月盛，大有美备之观，于是思以其百物与华人往来，以其教学与华人切磋，乃始有通商之谓。风土既殊，性情亦异，外邦人每有驰情域外、纵观宇内之想，而华人辄喜自善其谋，国政民事皆守成规、循旧例，无非分之想。向使外洋不愿通商，则中国君民虽明知他国之政教文物日新月盛，亦止传闻笑谈而已，断不倡言与外洋通商，海禁至今，不弛可也。惟外洋以通商为要务，而后顿成今日之局。

虽然，通商已二十余年矣，华人之见见闻闻者，已不能仍执往日之见，而谓通商无所利益，乃犹信者半疑者半，未能一律破惑，以期中外交利。何也？其信者，如仿造等事、学习等事，至简派钦使，往驻他国，分设领事，以理庶务，则已极矣；其疑者，华人之商贾一等人尚未有挟巨资而出洋贸易者，徒见无业游民，受人诱骗，佣作于外洋而已。在未弛海禁以前，初不知有外国，亦不知有通商，士、农两途辄守故业，不肯轻弃其乡；即商贩一流，亦不过数千里之远，揣其性情，似无足怪。而今之久居海口者，宁不与西人习处，略得其性情之似，而不惮远游乎？夫西人之商于他国，不远数万里而至，皆有资本之商人，其贫贱无赖者不多见焉。若中华人家资数十万已为巨富，一郡之大尚不数觏，假而商于外国，不及中国之洋商多多，或虑为外邦窃笑。

然西商倡设公司，一业之兴，本金辄千百万，亦非一人之力能任之。吾意华人而往海外，亦将援此例以集公司，庶不嫌其小也。何以卒未闻也？近年朝廷特派钦使，出驻各国，随员每数十人，将于有华人居处、有中西交涉之地，分设领事官，独念华人之在彼者皆受佣以去者也，或优给工资以恩信相待，则情形犹可。若如前次古巴、皮［秘］鲁之华佣，限满不归，辛工不给，且苛刻凌虐，几无人理，则以领事官处之，直有不堪设想者。即使驻官以后，举和约而示之，俾华佣顿忘苦恼，而按日计工，食用昂贵，其生计亦不过如中国肩贩贸易之小经营人，官所经理之事、所会审之案亦觉龌龊鄙陋，仍不免贻诮于诸邦，将奈何哉？朝廷破除成见，特派华官，而民间拘执成见，终惮远行，且仅驱无业游民，日得工资于海外，而不使巨本商贾岁获赢余于异邦，将来利权中西人仍不能持平，则通商一事亦无甚裨益于我中国矣。

夫人情大抵惮远，然同一海外，日本不过稍近，趋之者已斯不少，假如挟资巨万，或□合股份，开设公司，于英、法、普、美诸国之各大埠，轮船往来，亦自与日本无大异处。且电信可以传递消息，朝夕之况何难使家人闻知，较之从前以海船飘洋，不知路径，任风潮而遗失者，其苦乐已可概见，何以无人念及也？有领事而即有商人为其管辖，何如设领事而仅有佣工受其约束也，使其会审处所逐日坐堂，皇［呈］讼者满前绝不见衣冠，或与西人讼又皆西人之奴隶，俯视堂下为何如人？仰企堂上又为何如人？吾知华官必愗焉不安矣。

人谓派员出使为示外洋以中朝体统之尊，窃虑有官无商为示外洋以中朝贫苦之状矣。在久旅中国之西人，固不谓然，而从未出门之士人宁不谓我中国无富商大贾耶？且西人之来中国者，商人而外犹多艺术之士、教师、医生，通格致、精制造、授方言文字之士，若香港、上海等处皆有之，或为诸局所延请，或自设馆以教人济人，而中国正学杂技、百艺专家岂不可与为敌，而独惮于远行，竟为足迹之所不到，不将令其国中谓我中国实无人焉也哉？此又于商贾之外所当设法以使之往者也。使节遥临，从员颇众，其亦有人焉一为筹及否也？

（1878 年 11 月 12 日，第 1、2 版）

论轮船雇用水手不可不慎

天下之事不能一人自为之，故舆台、皂隶各有所任，若皆蔑视其上，又谁能统而率之？而近来轮船上水手之闹事者日见于报，有□［杀］船主者矣，有弃船而逃者矣。夫既同在船中，谚所云同船合一命，亦谁不欲共济也者？至于偶遭风浪，猝逢碛碰，竞下小艇以图活命，此犹属人情中事，不若杀害船主之为甚也。然既属同舟，休戚与共，即猝然之间不能相顾，而前则悉皆入舱，呼之不应，后则自己保全，不肯回救，此其居心尚可问哉？夫杀害船主，此则盗贼之所为。如江船毙客劫财沉尸之类，律有明条，昭昭王法，自不待言，而叶苏轮船①之水手则其迹虽非盗贼，而其心实无异于盗贼矣。

或曰水手之在轮船也，不过月得数金，非如为官者之有名分也。古今来君国有难，其臣下弃之而去，托于避世以自全其要领者，不知凡几。即近而一家之中，父兄有难而为子弟者视为事不干己，逍遥不管者，又不知凡几。必以是责轮船之水手，不已甚乎？且同舟本期共济，今既不能济矣，则各顾性命，情尚可原，即其后之不肯回救，安知非风浪之险有以阻之，使不得前者？是又何以苛求为也？然既受雇而为之用，则必以其事为己事，内地以一二洋雇一仆，适主人仓卒有事，亦必赤胆忠心，力为救护，不因辛［薪］资之多寡而异其情也；推而至于数百文雇一老妪，亦尚有能护其主者；更推而至于养一猫、饲一犬，尚且为主人除害，为主人防

① 叶苏轮船：该轮船于 1879 年 3 月 17 日，在从香港开往福州途中失事。

贼，此水手者即不能责之以官理，岂真畜之不如乎？

夫轮船搁于礁石，至历一点钟时尚未漏水，则船身虽损，似尚有可救之势。苟水手呼唤克灵，并力搜寻损处，速为堵塞，或者不至遽沉，亦未可知也。轮船一遇损伤，明知非船上众人所能救，然果损伤过甚，势必立即沉下，断无有历一点钟又过数分而后入水，历六七点钟而后水与船平者。则此船之至于不能救援，未始非水手误之也。至小艇已登彼岸，性命克全，而目视船主等伏于轮盖，命在呼吸，而彼乃忍心害理，不肯回救，是尚得谓有人心乎哉？揣其意，以船主不肯先上小艇，其咎盖由自取，我等既得性命，岂肯再弃小艇，以犯不测之风涛，而救取数人之命；且海中遭变，各顾性命，亦不为过，谁复有以大义责之者？而此日波涛之险，风雨雷电，夜半长潮，人心汹汹，又何足怪？殊不知夜间之事，果属无能措手，而天既大明，潮亦渐退，风雷之势亦必渐缓，观于渔船尚能救起数人，“懈里克”轮船又救起数人，则当时小艇之不肯回救，非不能也，是不为也。而水手之罪不容逃矣。

至小艇进水之后，幸而获全水手，又不肯驶至汕头，欲于黄号角地方即行上岸，哀恳不允，震以空枪，而始应命，则水手之桀傲不驯盖可知矣。向来轮船水手皆以西人为之，华人不与斯役。至近来则华人十居六七，而华人心思不一，各顾其私，不如西人之忠直。窃议欲仍前统用西人，然杀毙船主者则又是西人非华人也。用西人则防其激变伤身，用华人则防其违命误事，用人之法不于是两穷哉？

然而人穷则思通，事穷则思变，水手不能不用，用人又不能多疑，则其法又安在乎？因思中国内地之船户所以不致有意外之变者，以船行有包票之故也。轮船雇用水手，何不亦用此法，凡有愿为水手者，必有的当保人，并开明其住址家口，存以备查。倘有变端，仍着原根，延及家属，则彼有内顾之忧，势不能再萌异志，不特杀人之事有所不敢，即欲弃船主而不顾，亦将有所顾虑而不敢肆然恣意至于如此矣。第为水手之人，多系无家无室，若有家室者又不屑为水手，则欲杜此弊者，又将何法治之哉？嗟乎！人固不易用，而用人亦不易，小人难养，自古为然。恩以结之，威以畏之，是在用之者之神而明之也夫。

（1879 年 4 月 5 日，第 1 版）

论轮船窃案之多亟宜善后

近来轮船窃案层见叠出，中西各搭客往往被失物件。昨日英界会审处讯究尤锦荣一案，至所窃贵重之物如此其多，按物估价，足值一千余元。该窃贼志在脱售，不暇争论价值，押卖止得百余元，而各钟表铺、玉器店竟以贱价获此宝物，利市何止三倍？大抵收买时明知其为贼赃，是以从贱收之耳。审思其情，实无异于通同行窃，俵分得赃也。抑何殊于窝顿窃贼乎？

假令贼踪远扬，旬［包］探无能，此案人赃竟不能破，则该店安然享傥来之利矣。窃谓讯定判结之日，该店亦应薄示惩儆，不得与寻常收买窃贼者同论，平捕头所请，殊为公允也。但就案论案，自应如此，而近来轮船到埠，往往有窃贼乘机上船行窃，并有自出水脚，搭坐轮船，在船中行窃者。花样愈翻愈新，在轮船上人固不能遽辨（谁）为小偷，即搭客与之联坐亦难识认，防不胜防，患无底止。若非严定章程，预为善后，恐行役者将视轮船为畏途，而将来窃贼愈多，其胆愈大，其术愈巧，直有缉不胜缉、办不胜办之势。是非保卫商旅之道也。

夫此案今已破获，赃可全追，亦幸事也。包探之功，实非寻常可比。盖沈阿德之忆及尤锦荣，因其惯窃轮船物件，而忽然避匿在苏，以是疑之，不图雇舟往捕，居然遇见，逐一诘问，顿已承认也，其因疑而得真贼，□［亦］幸中之事耳。所难者，在平日之留心记其名氏，审其年纪，悉其状貌，识其衣服，于未获案时，熟揣其人，即能于缉案时默定其人也。缘尤锦荣之行窃轮船，已是熟手，而此案各船并发，物皆珍宝，情事相同，其必一人之行径可知，且必惯于行窃而后能此，又可知。逆亿而得之，殆所谓心灵手敏者耶。然而轮船往来，靡日不有，小窃伎俩随地可施，非设法以防将来，则便行旅者反害行旅矣。安得以上海之有包探，与包探之能善破案。谓即有失窃，原赃可追，遂听之耶。

窃谓窃贼之溷入轮船，其故有二：第一在抵埠之时，凡轮船抵埠，轮声甫止，浪花未平，驳船已缘槛而系，及跳板搭住，则挑担者负绳索而上，车夫亦杂乎其间，各客栈接客者又踵而至，舱中人几塞满。尝有搭客抵埠后，甫行收拾铺陈者，但觉左右前后人皆拥挤，曾无一隙之地可任转侧，因而顾此失彼，遗落物件。而人声嘈杂之际，安能细觅遍查？在担夫、车夫、接客等人各顾生意，不相为谋，设有宵小溷迹其中，乘搬载行李之时，即携箱掇笼、明抢显夺，亦殊易易，而况在零星物件哉。此失窃之所以多也。其次，则现在客栈接客，如长江轮船，有搭坐至汉口、九江，在埠上招呼到船；有在船中攀谈招接，先行约定抵埠，即为雇驳上岸，不必由客人自理者。在客栈略费客位之价，而巧于酬接，善于承迎，竟可招得十数人、数十人。因而各栈相效，搭客中皆有此等人混迹，而冒为接客者亦杂入其间。彼身居船中，周视上下内外各舱之客，乘便窃取，但稍贵重之物，即值银洋数十元不等，区区客位之价以为弋利之本，宁不便宜？此又失窃之由也。所愿各轮船于船甫抵埠之时，明立章程，如何而后窃贼之徒不随担夫、车夫接客等人混入于舱中；或船到之后，不即放板，将担车、接客之人概行阻止，勿令入船，俾诸搭客得以从容收拾，先自上岸雇定，而后到船携取；或于码头派人管守，但准自船登岸，不准自岸落船，而凡行李概由搭客自携到岸，然后雇夫，亦未始不可。开船之日，众客陆续登舟，未及开行，自［上］上下下，往来如织，亦宜如何设法使船上有稽本之人，码头有巡察之责，务令窃贼无间可乘而后已。至于各栈接客，虽为生意起见，而究之行人投辖，听客自择馆舍，不可相强；附船往接，亦觉无谓，不若请于官而禁之。庶几船中诸客罗罗清疏，即查察亦较便易也。若再无以善其后，则窃贼愈多，行人却步而不敢前矣，虽有包探，亦安保其必能破案、可以起获原贼乎哉？

（1879 年 9 月 18 日，第 1 版）

论轮船接客

上海一隅之地，为中外通商码头，自入京者改旱站，而轮船又为南北往来孔道，仕商过此，不能无客栈以便栖止，日出二百余文，寝食于兹；而且上酒楼、进戏园、宿妓馆，及一切行乐之事，凡听书、吸烟、吃茶、饮酒，每至深夜之中，而房间有人看管也，门户有人守候也，出入自由，迟早惟命，较之投辖于亲友家尤觉毫无拘束，故莅止者咸乐就之。轮船到埠之顷，各栈司伙之人上船招呼，谓之接客。约略五年之前，此风始盛行焉。盖大客栈房饭价钱每日二百四十文，多中取利，所获已不为少。而栈司、茶房等人向无工钱，食主人之饭，而分众客之酒资，其利甚微，因而立一章程，令司伙等往轮船接客，每一客到栈，于房饭价内提其零数四十文以归之；如客住一月，即可得千二百文，加以酒钱，一客可至二千，是以接客者踊跃争先也。近二三年来，客栈之踵起者更觉排场体面，置房必大，用人必多，如万安□［楼］、吉星公诸家，皆新创之处也。其接客又倡行一法，专雇多人，分道于各埠招接，一路伴送，并乘轮船而来，到埠则经理行李、帮同上岸，而致客于栈主人。客亦喜其中途照管，颇有愿其来接者，以故各栈相率而效其为。除各老招牌开张已久，其向有坐庄字号，及久住之人包房计月，无须招接诸客者，则不遑效尤，其他盖无不然。然而便行旅，亦所以累行旅也。栈司等人类多粗蠢，况以扣头之故，贪念一萌，徒知己而不知人，往往客无定见，被此辈东拉西扯，因有争殴落河者，亦有口角成讼者，上年本报曾不一书。而最甚者，莫如同船之人多，而船中客位不多，行李不能贴身，卧坐不能适意，则船甫近岸，客有各顾行李之意，接客者又各有自揽生意之心，哄然群起，手忙脚乱之际，彼抢我夺，客反不得自主；一落驳船，即难指认，抵岸以后，分道扬镳，往往某多一篮，某少一箱，而睨于旁者又有顺手牵羊之智，乘间以攫取之。于是以失物控查者，案积于山，或获或不获，未可知矣。因而思此皆接客之贻累也。

船抵岸而接者甫至，则轮船未停之先，将近进口之顷，船中司事人令开大舱，俾众客检取行李，势必搬置一堆。迨船停而驳船人上船携物，客可从容点交，即有遗失错误，亦止零件杂具而已。今接客者先在船中，栈凡数十家，人凡数十名，客又若干帮，物又若干件，开船之时接客者故意讨好，必赶先助搬，而人虽谋面，物非亲交，此客之箱、彼客之笼，搬移错杂，堆满于前。即使客能逐一认换，而所接固非一客，不能听使唤而任取携。船至岸，方检认未清，而彼已搬掷驳去，倘有遗漏，则故物难归矣。责之接客而不任咎，稽之驳船而不知名，设有紧要物件，从何赔偿，从何抵补，岂非有接客之人而取其便者反受其累乎？

前日本报后登告白，有户部潘失去竹箱，内藏诗文各稿；又有陆敬修堂失去竹篮，内贮部照二纸，物不值钱，恰为无价之宝。其余念三日同乘“丰顺”轮船抵沪者，大率会试下第之人，传闻登岸失物者不少，皆以无关紧要、不值重价，置之不问，然如此二君者，岂不懊丧欲绝乎？幸潘之竹箱，旋有人送还耳。☐［设］令终不退璧，则人琴俱失之感，为之弟者其何以堪。闻此船人极众多，以会试下第者十之四五故也。舱中无可位置，至于水舱坐满，而中途又遭大风，船身欹侧，舱下水注，板为之浮，诸公既苦拥挤，复虑淪溺，船中大乱。司事者先将各客行李搬移一次，及到岸，而接客者又复东挪西置，驳船载物先后不齐，以致无可点检，而失者多也。

窃意出门接客，殊属多事，欲便反苦，欲省转累，不若俟船已抵埠，然后下船招接，俾客于进口之时自将行李认明，庶几不罹此悔气也。噫，贪夫垄断，市道之常，然有船必坐客，有客必住栈，但使各栈无出门接客之风，则充我之力能招几人者，亦不至因此而少，何必若是之扰扰哉？

（1880 年 6 月 6 日，第 1 版）

书招商局账略后

中国自创设招商轮船局于今已越七年，所获利益日盛一日。事缘中国从未倡办轮船，自五口通商以来，洋商以轮船揽载中国各口货物、客位，其水脚银两为各洋行赚去者何止百万。而同治初元，东南遍地皆贼，数省人财悉聚上海，往来宁波、香港，人则蚁聚，货则云屯，其时每开一船，获利巨万，尤为轮船最好之生意焉。迨和约更定，十三口悉弛海禁，于是轮船又添出长江一带数省码头，而洋商愈获其利，中国人始思有以分之，购船造屋，载客揽货，一惟洋商规矩是遵。然以初次试办之故，人无熟手，事尽新章，尚不能遽操其胜。即各商究亦恐招商之船不善驾驶，不敢附载。故旗昌生意未归局内之前，搭客货物皆知有旗昌而不知有招商局，此其明验也。盖事莫贵于图始，功莫大于渐进，试办之初，无怪人之不深信也。

迨旗昌全行顶出，招商局规模愈廓，然后客货之附载者大半归于局内，以无旗昌之招揽，而并有旗昌之根底也。从前深信旗昌者，一闻全归于局，则船亦犹是，码头亦犹是，栈房亦犹是，岂不寻其所先熟者而趋之？故旗昌已歇，而招商局乃日兴也。当时并计各轮船、各码头栈房，合成规银二百万两。或有谓其价银太大，所余之船大半朽败，所剩之屋将及坍塌，断不值此巨款，思有所以阻之。而当事者乃深信不疑，毅然成约。盖诚有见于有旗昌而招商之利终薄，无旗昌而招商之利独擅也。譬如市中一铺，其招牌远近驰名，年代久而生意大，其子孙不能守，全顶于同业中人，而店中生财十不值一，乃欲以重价售之，而受者毫无吝啬，以其所买者不仅此生财，而其招牌为大值钱也。招商局之受旗昌，亦犹是耳。

今又三四年矣，核计每岁生意果大于前，而结彩盈余亦倍于昔。人谓此局中办理诸事比前精进之故，然使旗昌至今尚未歇手，虽局中人才磨练而出，诸事认真，取信众商，亦止能得旗昌之半，而不能驾乎旗昌以上也。犹谓非归并旗昌之明效也乎？惟归并旗昌，而使旗昌生意全入于局，故虽有怡和、太古诸洋行，而招商局无所妨也。复于天津、宁波、长江各口之外，又添出南洋、闽、广等埠，一例任载，夫此数处往来向惟禅臣专收其利，而今局中亦以轮船往来，则虽不能尽夺禅臣之利，而亦无不可稍分禅臣之利矣。似此扩充，则招商局之利益此后正未可量。

近闻旧金山等处，尝有局中轮船每年载运客货一二次，海程安稳，轮轴奔飞，初不下于外洋公司之船。议将此后常川往来，并于该处设立栈房、码头，如内地分局之例，充[①]斯举也，将见凡有华民所居海外各埠口，皆可以中国轮船通之；且不惟是，四洲之上各国通商都会亦皆得以中国轮船通之，由是而轮船之利以之全归中国而不难矣。独是此时正在奋兴之际，当其事者与司事之人，尚当有利必兴，有弊必除，无以浅尝辄止之心，蹈半途而废之病。是固中国人所翘首而深望者也。

（1880 年 10 月 1 日，第 1 版）

科税不公

本报前记招商局“和众”轮船出洋一事，今知刻下已至旧金山，中西

---

① 充：充实。《孟子·梁惠王下》：“君之仓廪实，府库充。”

搭客各七，美廷见华船入口，未许与各国一律获益，除照关例科税外，另科每百之十，船钞每吨加科洋一元，该船无奈照付，以后尚须理论。窃思中美互市以来，美国来华船只一切利益皆与各国均沾，中国并无歧视，虽约内并无华船至美应如何获益明文，而美乃不公至此，独不畏他国议其后耶？

（1880 年 10 月 7 日，第 1、2 版）

书科税不公事

通商之利彼此均沾，各国各埠事同一律，岂容有所轩轻哉？昨日报录科税不公一事，因华船初入旧金山口，美国未许均沾利益，于照章收税之外，另科百分之十，而船钞每吨亦将加科洋一元，华船无奈，止得照纳，闻须在后向美廷理论，云云。然则以船钞计之，譬如“和众”，重有一千余吨，亦加科一千余元，而船中所载之货尚不在是，假如“和众”每次开抵旧金山均如是科派，则平空耗费一千余元，而在华揽载客位、货物水脚价银大有不敷之虑。且如上海一埠，各轮船公司之开往该处者不一而足，其水脚价银自有一定，倘以加科于美国者，还而取盈于客货，则招商局之船价显昂于别家，人亦孰乐坐招商之船？岂非通商之利中国将一律均沾者，转为美人所尼阻之哉？

窃谓此事关系非小，一时之弊，百年之例，设令招商局安然忍受，则于通商之道出入綦重，吾知中国之人必有群起而为不平之鸣者。即他国知之，非恶美政之偏苛，即嗤华人之巽①懦矣。故此次暂行遵缴，将来回华之后，整顿再往，必将禀诸南洋大臣，咨行总理衙门，照会美国外务大臣，除此偏苛之弊，而后足以彰公道也。即或不然，美国近有中国派驻钦差，旧金山为亚墨利加之大埠，已设立华领事等官，该船遵缴后，就近禀请领事申诉钦使，与其外务署争辨，或者较易于转圜，吾故知此事之必将理论也。

虽然，美国亦有所藉词耳。彼以为中国从无轮船出洋抵他国通商埠头

① 巽：恭顺。

之事，现在一船偶入，事属创见，并无成例可援，将惊而异之，则不宜同列于他国之船，将欺而制之，亦不妨歧视乎他国之船。且彼亦料中国之船纵能熟识大西洋海道，竟至于旧金山，亦不过偶有所见，此后不知何时再来，重以科之，谅华人亦不暇计及于此，故不妨任意取盈也。此固美人所私心揣测之见，然吾窃谓此非美人之歧视乎华船、鄙夷乎华人也，华人实先歧视乎己、鄙夷乎己，而授美人以隙耳。何也？当年立约通商，虽不料通商之利竟有今日，然既立通商之约，亦宜玩“通商”之字义，而预为计及于数十年之后之局为何如，而一一审处之耳。盖通商者，不仅彼之客与货至我之地，而操贸易之权，我亦将有客与货至彼之境，而获赢余之益也。当时中国未有轮船，安知终不能有轮船？当时中国之人无有至旧金山，安知终不得至旧金山？既有彼之轮船、客货入我海口如何科税之例，即宜预计我之轮船客货入彼海口如何科税之法，此正两国敌体、公平正直之事。乃当时自谓通商乃外国之大欲，华人必不作是想，即亦不有是事，遂将彼之获利于我者一一注载，如盟书之不可违，而于我之获利于彼者反至不赘一词，视为往古所无、来今未有之事。于是，美人乃得据和约而以意为轩轾，不使我列于同盟之国。呜呼，此当时中国之失计也。

夫美船入华，科税若干，华船至美，科税亦若干。约内即仅书美船税章，而华船所应遵纳之数即此例彼，岂有难知？然而洋人最尚信义，官之案牍、商之信函，苟无凭据，即不遵行。约中既不载华船入美作何科征，则安肯以两国情事相同遽行比例乎？此西国人拘执之性情，举和约以相示，而“和众”竟无词以对者也，吾故谓立约时之失算也。方今轮船之利，周遍四洲，招商局趋步后尘，方且无国不到，无口不入，乃初至旧金山而即为美人歧视，将来各国效尤，其奈之何？甚矣，辨之不可不早辨也。

（1880 年 10 月 9 日，第 1 版）

论招商保险之利

中国未设招商局以前，利源皆归西人。自开创招商局以后，华人乃渐得自擅其利。然在开创之初，犹恐有其利者必有其害，不得不兢兢业业，一以小心行之。盖肩此任者，固非可轻易也。近年以来，根基渐固，获利较丰，观于每年所缮之清单登诸本馆告白者，颇有蒸蒸日上之象焉。即如仁和保险公司，由轮船招商局兼办，昨观其光绪六年份彩结一纸，有不禁令人眉飞色舞者。盖自中国开创以来，其利益之显可见者，胥当以是为嚆矢已。仁和保险公司计股本银三十五万两，其逐年余利，则定章除按年给息一分五厘外，余俱存为公积，本拟俟积至七十万或一百万然后再议另派余利。本届以生意平顺，获利较丰，即开拓新加坡、旧金山等处保险生意，亦既利益渐多，故复公同商议，除照本给息之外，另派余利一分五厘。而经理者亦照章提二成，以为酬劳。查自光绪元年十二月起至六年年底止，已共给息二十五万三千余两，而本届所派之余息，尚不在此数内。由此观之，其获利亦可谓厚矣。

夫中国自通泰西以来，凡有可以获利之事，往往皆为西人所占，中国虽明知之，而不能与之争。何则？无胆，无力，无才，无识，则亦徒唤奈何耳。凡人欲建非常之功，“胆”、“力”、“才”、“识”四字缺一不可。顾或四字皆全矣，而时有未至，机有难乘，设或开创之初事多生手，而偶然或有耗折之处，从此因噎废食，而半途辄止者有之矣。西人之举一事，制一器也，殚其心力，竭其资财，专心致志而为之，有至二世、三世而不已者，而人亦绝不从旁笑之。且君民有通财之道，己资既竭，可以假之于君□，或告助于友君，若友又莫不乐为佽助①，以期聿观厥成，故西人之举其成也易。中国则不然，创一自来未见之事，旁人已窃窃焉视之，一有不成则莫不笑而讪之；当其将成，又或且妒而忌之。至于财则无可通，力则无可假，即使功成九仞，偶亏一篑，竟有袖手冷眼、坐观其败于垂成者，此中国人情之大较也。故中国人之举事，视西人为难。而乃仁和保险公司不畏其难，以克底有成，其效已彰彰可据。若此，不但收中国之利，且以夺西人之真利。虽曰由于众股份之合力赞成，而经理其事者则亦可谓胆力兼全、才识俱备矣。他如香港之泰安保险公司，开设数年，继复添设常安公司，亦俱无行不利，现又议设万安公司，指日可成。保险之利其可见者

① 佽助：cìzhù，资助；帮助。《二十年目睹之怪现状》：“明日我上衙门去，当面求藩台佽助些。”

如此，则轮船招商之益，不可自此而推哉？

夫轮船与保险事属两歧，而实则归于一本，有如许保险生意，则必有如许轮船生意。第轮船所获者为水脚，与保险之所获不同耳。近年招商局之轮船愈行愈远，“和众”一船曾有米利坚之行，“海琛”一船又有伦敦之行，将来愈推愈广，凡泰西各国轮船所到之处，中国轮船将无不可到，西人所取于中国者，中国即可取之于西人，且西人之所取于中国者各国分而有之，中国所取于西人者一国之所独得，则其获益有不倍于西人者哉？天下之事创始则难，守成则易，中国之有轮船招商于今若干年，固非创始可比，以驷马驾轻车就熟路，此其时矣。但得遵守成法，无紊旧章，而因时以制宜，化裁以尽利，吾知梯山航海，广开利源，所以富国者在此，所以富民者在此，西人正不得专美于前耳。吾因阅保险仁和公司本届派分彩结，而纵论及此，正所以为中国幸。尤愿当其事者慎终如始，知人而善任，量入以为出，已成之效精益求精，未竟之功广而又广，是则末议妄参者所弥殷望幸者尔。

（1881 年 3 月 12 日，第 1 版）

铁路有益于民俗说

上年刘省三爵帅晋都陛见，传闻以中国宜造铁路上陈于天听，本报深韪其议，窃喜中国积习畏难苟安，凡事知其利而不能行者，一旦可以破除成见。所惜者，择地之难，苦于无从下手；筹款之艰，又苦于无从出银。恐仍因循玩愒，徒废议论，而不得见诸实事也。故曾一再著论择地则务得其要，筹款则不惮其费，此外用人选材以及督理经事如何责成，如何分派，略举所见，以冀歆动当事者之心，庶几大功可以坐待其成。前日得都中消息，知此事之举行，已有十之七八，不特省三爵帅倡建是谋，即李伯相亦曾缕述其利；而左侯相入赞枢廷，首先拟议此事，已定于天津至北京一路先行造筑，不日即将兴工。噫，此万世之利也。何期今日竟能破除成见，汲汲焉仿效泰西至于此极哉！

闻前日“北藉利”轮船北上，已载有造筑铁路应用之器具多件，然则此事之成可以决矣。夫轮船驶行北洋甫十余年，自十三口换约之后，旗昌首先开驶，获利甚巨；南北经商，藉此往来，颇称利便。从来以进京为畏途，三千里风尘、十八站蹄辙，劳顿不堪，一旦航海至津，由津达京，减三十余日之程而为七八日，亦可谓开中国未有之奇矣。继而招商局兴办轮船，谋夺西人之利。又四五年，而旗昌让之专利。现除怡和、太古数船来去之外，几乎北洋揽载之利独归招商局。以中国之利归诸中国，此正国家盛衰之一大转机。若再造成铁路，使由津至京半日可达，则便利岂不更大乎？

夫行路之难，人生同慨。帝都所在，率土来归。说者谓北京地处沙漠，出产甚稀，故旅食京华者恒有薪桂米珠之苦。设非建都，则四方商旅行将裹足不前矣。乃自有轮船达乎天津，而行者便之，南方物产四五日可致，已不如前日之难。所惜由津至都尚须三日，陆程轮辕捆载，不及舟行之安耳。今此举果成，则不过半日，而火车往返，物之能致于津者即不难致于京，是何异吾侪之居上海者，当今春分前后得食粤中豆荚、瓜茄之类，岂不快哉！盖中国南北风气判然不同，正以民间之起居、饮食各有异趣耳。泰西欧洲全境止及中国小半，而列国分疆而治，政令各殊，惟民间风气大致相同者，无他，火船火车往来便利，此方之民出入于彼国之间，无异中国百里、数十里之邻封，以其所见闻者相合而化，不觉其风俗之同也。中国若盛开铁路，先试办于京津之间，然后由京而东达奉天，西通甘肃，再由清江而至北京，由陕西而至汉口，将此四路照议兴办，渐而各省自择其陆道可通者次第为之，使每一省之中郡至省、县至郡，纵横灿列，脉络贯通，一日之中，凡易数车而可以周历十数处，久之穷乡僻壤，亦不难舒壮游之志。而见闻开拓，则蠢陋之习可除，道路不遐则扞格之势自化，又何至南人自南，北人自北，一国之中而风气大相悬绝乎？

区区起居饮食之便利，尤其小焉者也。李伯相谓铁路之利有九，一便于商贾。夫懋迁有无，水陆并进，从此无难致之物固也。然使推广既久，其利正不止在商，而在于民。在商者不过获利倍蓰，在民者正可一道同风，数十年之后尚有不肯轻弃其乡，而安土重迁者乎？吾知于彼于此之畛域不分矣。所最可幸者，中国人情拘墟，南方生齿繁衍，常有地不足耕之势，而惮于远行，宁终贫而老死故乡，不冒险而谋生异地。若版图之内新疆广漠之地人居稀少，地利不兴，虽欲设法招募，而无人肯往。今能以铁路通甘肃，而内地次第举行，道里相接，则将来西北旷土，开辟不患无人，而南方人浮于地之处可无游手无业之民。渐至市井滋事、闾巷小窃之风，不禁而自绝矣。近来闽粤一带习见外洋情形者，往他国各埠佣工实繁有徒，而于本国荒漠之地反无人去者，以海滨之民见航海如履坦途，而又皆有轮船以济之，而西北一带动须一岁数月之程也。若内地皆设铁路，以火车往来，吾知断不以关外沙漠为远行，见版图以内尽成富庶之邦矣。所虑者中外济济臣工，容有起而梗是议者，则成否犹待踌躇也。

（1881 年 3 月 25 日，第 1 版）

论修旧船

前报载福州船政局所制第一号“万年清”轮船自从造成之后，业经修理三次，去年又请验修，经黎星使批驳不准；今岁因铁胁厂无工可作，姑将“万年清”试修。刻下修船工程尚无人管理，胁铁［铁胁］厂工匠藉此迁延，计须俟秋冬方可告竣。且水缸、轮机各件尚未商安合拢，而船面工程必以五六十计，其料件值价几何，无从计算，约须五六万元，云云。阅竟不禁怃然以兴焉。

中国自设局造船以来，日新月异，蒸蒸日上，船只日渐加多，规模日渐宏远。自招商局归并旗昌，自造新船，以为行商揽载之利，而轮船之利几夺西人之半；自船政局特简大员督理其事，而兵舶战舰岁有所增，近年以来日盛一日矣。其间或遭风触冰，以及搁浅等类，小有损伤，即行修理，其款尚不至甚大。若船身既旧，历年既久，则虽修之亦不适于用，且修费过大，不啻与制造新船同价，则亦何必恋恋于敝旧之物，而犹修之不已也？泰西各国常有拍卖旧船之举，无论轮船、帆船，如已敝坏而不堪适用，则不再耗修理之费，即不限价拍卖，此法最为简便。盖船至于修旧，不异于制新，则至少亦必行驶十余年之久，所赚水脚之费亦不赀。拍卖得价虽曰不多，然以之贴作新造之费，究亦不无小补。如犹恋此鸡肋，则无论修价太巨，直与新制不相上下，即曰不惜工本，修理复旧，然木质究有损伤，行驶未必稳妥；设或糜若干之费，修完之后，驶行失利，则所丧实多。故西人情愿拍卖，而不愿大修也。

夫内地之船质料轻薄，故须每年修理一次，或二三年中大修一次，然用之十余年，修之十数次，名曰修旧，实则已皆易以新料。盖去其朽蠹者而挖补之，即其霉烂者而更易之，随修随换，尚属易于为力。若轮船则质重料厚，更易颇难，如所伤不大，则尚可随时兴修，一或偶遭大损，修之甚为费手，经费亦属甚巨。若其船历年不多，物料皆新，则虽旷日费财，亦必不肯弃置；如其行驶已久，物料已旧，虽经修治，终不能脱底换傍，即估价不多，尚虑不甚合算，而况估价如此之大，何必费巨款以修此旧物焉？

夫“万年清”轮船自同治八年造成，屈指十二年中，已修理三次，去年又欲请修，则是约计三年必修一次。以前修费不知几何，如以今年所估之价相准，则已费过十余万。一船如是，他船倘亦如是，则是中国之漏卮矣。制造愈多，修理费益巨，将来必至尽弃前功而后已，是不亦大可惜哉。善为室者购楼房旧料，改作平房，费小而工省，最为妥便。今已敝之轮船如欲拍卖与人，人亦未必不乐购之，以备改造小船之用。试观昨报载麦边洋行之轮船名“发财”者刻已卖与华人，以为往来淞沪之计，诚知“发财”一船麦边行驶已久，不足致远，而往来吴淞、上海则力尚足以胜之，故华人毅然购之而不疑。然则此“万年清”一船倘或转售于人，亦未必竟无售主。然后以拍卖之价另造一船，不足则补之；即曰所补颇巨，然核以修价五六万元而仍属旧船者，其相去则远矣。中国作事固不能与泰西各国强同，然此时中国制造轮船，购用机器，以及枪炮、电线等事，何一不颉颃乎西人，而独于此等处反拘守成见，不能变通，坐令耗此有用之钱，以成此不甚适用之物，实有令人不胜咄咄者。故发为此言，以当刍荛之献。窃愿当轴者统筹详核，以定行止可耳。

（1881 年 5 月 23 日，第 1 版）

论创办电线本意

电线之利，微特军兴时可以传递警报，使一处有信，而各处皆可预备，调兵筹饷策应临时，庶无贻误也；即平日官场传报消息，千万里之相阻，瞬息可以直达，朝野内外如在庭阈之间，岂不声气相通，而下情又不至上雍焉？至于商旅之赖此者，尤觉便利无穷也。是故欧罗巴人既得此法，又深知其利益，而不惮抛重资以为之。本朝廷出帑银若干，发交股商经理，而商民之资亦踊跃乐输，以助成其事，竟有数百万之资本而开电信行者。泰西各国仿中国古今官制，酌设六部衙门，而增之以内部、外部、商部、印部，亦有特设信部者，以为人寄信，亦可藉取信资，积少成多，为理财之一宗也。然其信资之大，如英国每年竟至五六百万元者，此犹电信外之进款。若一年内电信之资，又不知几许也。电信之法妙在以紧要数字，达之于他处，而并无笔札纸墨之累，故推其理则奇而难测，极其用则轻而易为。藉电气之力而印其形影，以彼证此，所谓不疾而速，不行而至者欤！然则办理固属费事，而其利益实为无穷也。中国民间之寄信自有信局为之附带私开，而非官设者。若官场之传递公文，则有驿站。而驿站又迟于民间之信局，何也？以官办之事，久则废弛，而所私设者，有生意之见存，无不以争先为能事也。今塘驿稽延时日，亦已极矣。有紧要公文附轮船以来往者，未必非废公就私之机也。盖轮船虽通，而驿站未裁，极限未改，即使快到，犹曰此从权之计也。如曰电线，则更奇于轮船矣。此所以议之数年而未敢决行也。然何为而竟有今日哉？或曰电线之设，资本甚巨，而中国民间向由信局寄信，其费綦微，谁肯以数字之传递而出银十数两至数两者？若仅以递官场信息，而不使民间共沾其益，则更无由归其资本矣。盖电信止能传语，而不能携物，中国习俗凡办公者未有明文，而遽欲凭一语以为信，无论以上行下，以下达上，皆窒碍而不行，曰无案可稽，无例可援。然则承平之世，无有军情之万变，亦何取乎先期得信也？

至于民间，则惟生意一道为有需乎此。第中国贸易之人势处其分，不若泰西为官商君民合股之生意势处其并也。并者，易于为力，一市价之报知，预为地步，则免于折阅，与多所赚获，其数在千万之间，即出信资几十金，而亦无所吝也；分则出入无几，不堪有此浮费矣。故电信之在中国，决不能如泰西之大利也。前年上海创设书信馆，经事者谓现在兴办，将来于国家之邮政大有裨益，而民间信局之利不患其不归于总，直可与泰西之信部相颉颃；乃今已行之三年，殊未见其大效，且间常有格而不行之势。盖中外之人情事势判然不同，不可强而致也。

虽然，中国理财之道在乎务本而不逐末。自通商以来，仿西法已非一端，而要不皆为牟利起见。譬如造船制炮，何尝欲其技艺之日进，而使将来他国争相购买乎？目前创设电信之议，不过以官场消息迟滞，欲令中外上下声息相通，庶一切举动随时异宜者有所依据，而不至拘而鲜当已耳。盖为公事者重，而为民间者轻，夫岂收取信资之谓也哉？

（1881年6月15日，第1版）

书派员驻津验兑漕粮谕旨后

恭读七月十二日谕旨，仓场衙门奏，招商局协运漕粮，搀杂破碎过多等语，特饬直隶总督饬令招商局于协运时酌分道员，常川驻津，认真验兑，并着江苏、浙江巡抚责成粮道严督办漕委员，在上海、天津于招商局兑米时加意查察，务令米色一律，干圆洁净等谕。因思海运之法，原所以济河运之穷，元世八十余年，以海运为常。明既迁都，乃定河运之策，诚以漕粮自南而北，为京师支给官俸、散放兵饷之要需，由江淮而入汶济，故道可循；若舍内河而航外海，于政体究有未宜，故嘉靖中尝因河决而改海运，不久旋复其旧。国朝因之，至道光季年，始又有海运之议。然使咸同不经兵乱，旧日粮艘百未失一，则海运亦止暂行数年，断不至相沿而至今日。盖亦嘉靖偶然一改之意也。东南多故，旧制尽湮，既以海运为便，而又以轮船招商、海道平安之故，几以为时局变迁，不必拘拘于复古矣。然所以执海运为长策者，岂非谓通商之局，中外维持，海疆乂安，轮帆顺利，若必复河运，则事废已久，粮船杳无遗迹。今制造船只，招募运丁，既费且烦，何从措手？故不若以目前之成效为经久之远图也。且河运动需时日，待水放闸，逗留中途，即使时可畅行，而船户以夹带客货、偷漏关税为出息，逐程舞弊，虽欲趱赶而不能。每岁自春徂秋，必至九十月而通仓始可竣事，而米色之□朽，无从责成赔换。自改海运，则每岁三月放洋，五月蒇事，期既紧速，成色又佳。从前漕米上仓，船中结成垒块，起以铁叉而不能量以升斗者，今则无是也。然则海运之可以久行，不亟亟议复河运者，良以其成效实有过于昔耳。乃今何以有搀杂破碎之弊乎？窃意漕粮一项，上则漕督总其成，中则粮道专其任，下则卫所分其司，起运有监视，沿途有押护，交兑有查验；若海运则委员更多，省局若干人，沪局若干人，岂犹不足以供使令者，而顾令船中之舞弊，至于搀杂破碎而不知之乎？且继毕二公所奏，明言招商局协运之米，则自沪装载出洋，安得不拣选圆净之粒，而肯杂以坏米也耶？每届海运放洋，苏、浙两局委员分班到船监视，而谓所装之米若是，将无［操］办此米者先已舞弊自肥，抑各委员实与通同，得受陋规而后若弗闻见欤？吾是以奇之也。况夫委员众多，在沪局者至装船而事已毕，惟粮道及津局各员则在沪装船之后，陆续赴津，候米到而公同监兑。假如监兑之时，察出米色之次坏，何以为情也？夫监兑者以船在路中，虑有偷窃短缺也，若言米色，则由沪达津，加以由津口拨入小河，总计极迟不过七八日，以七八日之程，而谓米色即至朽坏，诚欺人之语也。既不至于朽坏搀杂破碎，是明明有人偷换矣。在沪装船而即已破碎，其咎在买米者；到津交仓而始见破碎，其弊在承运者，此最易知之事。惟粮道在沪、在津，均系亲历其事，弊由谁作，夫岂不明？吾意招商局酌分一道员驻津验兑，仍无益于事也。盖常川驻津，安能知在沪装船之米其成色果为何若？即令察出破碎，亦徒见其彼此推诿而已，且恐因此而转以卸粮道之责也。窃谓轮船协运漕粮，昔年以商货减少，水脚价银以支开销无有盈余，甚赖漕粮贴费，以为获利之大宗，即以之抵拨存局之官本。既以运费为津贴，则米色之低昂，即该局之责成。但使粮道在沪，于装船之时验定米色若何，到津监兑即取之以相比较，如有破碎等弊，惟委员是问；其沙船承运者亦令商家具结，监兑之日一律查察可也，何必使该局自派道员哉？总之，海运所以不遽复河运者，以其省而速也。省则可免糜费，而速更不至朽坏。苟如所奏，是与不复河运之意相刺谬矣。虽然，圣恩宽大，但令补救，将来自不追求既往，所以不即查办本届搀杂之弊者，岂故纵也？窃愿当斯任者以实心事处之可矣。

（1881 年 9 月 6 日，第 1 版）

书轮船招商局账略后

中国自同治十一年创设轮船招商局，往来长江及沿海各口，冀以维商务而握利源。其明年，复奉李傅相札委唐景星、徐雨之两观察接办，迄今计已八年，每年刊有细账分送之供众览。本届“和众”“汉广”两船失事，方以为无甚余利，乃昨阅招商局本届账略，殊足为有股诸君称贺者。查上届各船余银六十一万两有零，今届各船余银有六十一万八千余两。上届栈租杂项，除支销外余银六万二千余两，今届栈租杂项除支销外，余银有十二万六千余两。上届各项利息支出银有二十五万余两，今只有二十二万余两。两相比较，则此届实余银有十万余两，兼之前两届已折除船旧银八十三万余两，兹又折价四十五万余两，按照三年以前成本折算，共已折价三分之一，似此年胜一年，局中商务大有起色，不第为有股份者道贺，即凡为中国人闻之，谅亦色喜也。本馆谬司记载，诚乐得而志之。

（1881 年 9 月 23 日，第 2 版）

论轮船禁入内港

昨报述轮船禁入夹江一事，系本埠关道奉南洋通商大臣刘制军札知，据救生局禀称等情，转饬照会各国领事，谕饬洋商轮船一体遵照，勿驶夹江，以免洲岸被浪冲突，与民船往来停泊之险。关道业经遵奉照会矣。盖夹江者，江之里港也，本与江水同源合流，因江潮汹涌，藉此障蔽杀外港之水势，而奠沿江之民居，胥于是乎在焉。内地河道亦皆有之，或谓之避□，以避风浪也；又曰官塘，则舟行于此，可以拉纤者也。或竟谓之堤。大抵称名各随方言而异。金陵下关草鞋夹及救济洲，亦即堤与塘之类，故曰夹江，犹之拦江也。其名为洲，则水中可居之谓也。既以风潮之险，而欲杀其势，于是有洲，于是有夹江，则其水虽为江之所分，即不啻内地之小河矣。

轮船之行海也，凡进口以后，皆有一定停泊之处，其旁支港犹不能入。长江之能行轮船也，以轮船自江出海之口，直驶而入，在《禹贡》扬、荆二州域内，数千里绝无阻隔故耳。然始则至汉阳而止，继又扩充至于宜昌。而自汉阳而西北，达于襄郧，为汉之上流；自宜昌而西达于□岷，为江之发源，则轮船不能更往。此非特通商之约有所限制也，亦以水道天险不可通者，不能强之通也。襄、郧以下，水势溜急[①]，至汉阳则江

① 溜急：湍急。

汉合流，其力最猛，而岷江东趋，至汉阳乃为汉水一激，水性拂逆不得顺东流之路，力又转大，故汉阳以上之水道为极险，平时民船失事往往于此。

第汉之上流，较江之上流又高，直奔而下，江水至为所激，则两者并衡，汉实雄于江百倍。故轮船于江尚可抵宜昌，于汉则竟不得抵襄阳也。顾江汉之限轮船，由于地势，而江海内港之限轮船，则由于人为。地势固不可强，人为亦不可不施也。盖水性直趋其流，自觉安缓，惟有所以束之者，则转而冲突，势猛力强，易于为患。然滨海滨江之处，又不能不设堤防，以杀全水之势者，则水盛之时锐不可当，民居有漂溺之忧，不能无此一束以拥蔽之也。缘水太盛时，不能直出，或致涌及近岸，有此障蔽，则外趋而不能内注耳。然则江之有夹江，与海之有内港，无以异也。地势半由生成，而每朝治水者以疏泄为常久之功，亦以障蔽救目前之急。其时中国本无轮船之利，故汲汲焉筑堤设防，以奠民居也。既有此保卫民居之事，则岂得因轮船而废之？

夫轮船之激浪虽不甚高，而水经鼓动，力大于潮。尝于寻常快船内候之轮船驶近时，至过去以后约十余分时而始定。又尝见浦江一带揽渡之小船，浪头一撞，全身掀起，若有继至之浪，则船在浪中，必俟水定而后人力可施。浦江尚阔，无风之时，小船颠播，操舟者习惯不怪，其于轮船过时，犹难施力，而况夹江内之民船乎？大抵轮船之入夹江，只为揽载起见，然船不抵埠，有洋棚，有趸船，原为客货候船而设，似又不必驶入夹江也。故不得谓非轮船之违章，而不亟行谕禁也。

夫洲名救济，知滨东一带之水性最溜急，常有覆船溺人之事矣。救生局之设于此也，实得其宜。今禀请谕禁之举，即出于该局，又可知自有轮船驶入之后，覆溺愈多，该局船捞岸拯日不暇给；且恐失事之后，有不及施救，则于上宪之诘责与众人之诽议，故亟陈是情，而请饬照会谕禁也。洋商体此情，原属不难遵奉，况洋船既经照会，则中国轮船之奉有宪行札谕，尤不敢不遵矣。而今而后该处民船可免失事之忧，岂非一大善政乎！

独是推此意于内河，近来小火轮船有因公事驶往苏杭一带者，又有内地商人在洋行雇令挖船者，一路居民固已习见不怪；而且小火船吃水不深，轮机之力不过抵得十数匹马，鼓浪不高，傍民船而来坐者，略觉欹侧，无浦江驳船之险，似可无虞失事。但内何之有轮船，或半月一过，或经旬一见，民船不设准备，无可堤防，若乡村赶集，月夜抛罾，一叶中流，荡桨而行者，则每举手之顷，船移不及尺许，倘蓦地而来，虽有气筒轮叶为之先声，而忽焉回顾，即在目前，纵不撞翻，亦惊颠簸，乡民何知而受此累。是更在驾船之人随时留意，勿使屡次失事，致迂拘之人归咎于轮船可也。

（1881年12月31日，第1版）

劝开银行

有西友致函于本馆云，中国每逢年底，钱庄、铺户银钱每多短绌，此等短绌之事一年必有二三次，须向外国人借银以为弥补之计。其所以然之故，因开设铺户日多，而终无良法，故致有此弊。其在他处素无洋人，或遇年节银钱短绌，仍向本地人告借，独至上海则多向西人告借，合计约有数十万之多，此事殊不雅于观听。

四洲之内凡有大卖买之处，皆无此风气，上海为中国生意之冠，顾何以若此？前者曾有人议及钱庄拟筹立新章，必求美备，实于商务有裨，而迄今未见举行。华人曾言，欲在上海仿照西法开一大银行，然有此言无此事。其实亦非甚难，但须纠集股份，即可集事。即如招商局亦系股份，开平煤矿亦系股份，香港之安泰保险公司亦系股份，而皆有蒸蒸日上之势。如有创议兴办，股份必可集成。即西人亦愿入股，并肯襄助其事。倘能办理得法，股中人当无难大获其利也。

华人在上海尽可开一大银行，广帮商人之富裕者皆可纠以入股，其银皆聚在上海，其有开张、铺户及小钱庄者均可向银行通挪。华人开此银行，专门借银与人，不仅买卖汇票，并可相助远处经商之人。如果开设成功，将来必与伦敦大银行无异。伦敦、孟买及架拉吉打地方之大银行，亦相助各小银行，华人不妨步武，庶几商人及钱庄或逢短绌之时，可以告借，不至向外人借贷，以至多出重利。

上海生意日盛，倘无银行，终多不便。至于小钱庄，则断不至因开设大银行而有损于生意。不特无损，而且有益。盖他处有大银行之地，亦有小银行，皆能获益。可见钱店之生意亦必不至减色矣。西人之寓居上海，有久欲在上海开一总银行，而于例未合，以此中止。今闻此例可以变通，故华人乘此时可以合股开办。西人不开，而华人自开，则所谓不便者，无所不便矣。西友来函所述如此。

按，华人向西商借银，其息甚重，自是实情。闻去年某华人借西商银两约借七天，出息不赀。华人苟不别图善法，流弊伊于胡底？西友所言殊属近理，因录而存之。

（1882 年 3 月 3 日，第 1 版）

商股获利

前报开平煤矿股份单价值步涨，兹悉该局创始每股收本银一百两，分息后现已贵至三百余两。轮船招商局当时亦每股百两，现亦增至二百卅两。回忆数年前招商股份曾跌至数十金，而尚无人顾问，今乃获利若此，足征公司气运大开；行见织布局、电报局将来招徕股份不独易如反掌，而大利所在，亦堪操券，是可贺也。

（1882 年 3 月 15 日，第 2 版）

推广拯溺良法说

本馆前以本埠公和祥码头置备救命圈十余条，分布码头，以为拯溺之具，叹其法良意美，亟录登于报，并著为论说，以推阐其援溺之苦心，固欲冀阅者有所激劝而善为推暨也。夫中国各省地面辽阔，沿江滨海之处极多，往往易致覆溺之祸。即如浙之钱塘江自兵燹以后，仁人君子创为义渡，凡东西往来皆不取分文，此法之利民殊为不少。然江潮涨落不定，有时潮水盛涨，船之离岸甚近，下船上船尚为便易；设遇潮退之时，则以木编簰垫以高凳，衔□不断，或竟至于半里一里，往来行人有乘舆者，有徒行者，有挑担者，皆由跳板取道，板下之水或尺余，或数尺不等，人多拥挤，不无磕碰之虞，一或不慎，辄被撞下水，其浅处尚可攀援而上，深处则随波去矣。即在上船下船之际，人数有定，不得多载，而人多争先恐后，间有因抢先下上，以致失足落水者。江流湍急，其水通海，一经失足，决无生理，此亦极险之事也。又如汉皋渡船，截流横渡，江水湍激，狂澜势大，适有倾覆之时，则施救殊不甚易，凡此犹人所共知者也。其他沿海地方，各有码头，疑其不烦顾虑矣。然如本埠之太古、招商局各码头，与夫苏州河下海浦等处，客货上下甚多，而偶一不慎，或在夜深月黑之际，或当风潇雨晦之时，亦每闻有失足落水之事。

即在内河，如苏州阊门外之渡船，荡乎中流，一篙可以直达，掌驾者或以妇女当其任，客以二文钱付之，一转盼而即已飞渡，似乎不必防范矣。然或以争渡之故，而被挤落水；或以人数过多，而致遭汩沉；或以行舟偶撞，而致遭倾覆。若此者，亦往往而有，风雨晦冥之时则尤甚。且如越中多行脚浆船，船阔仅二尺余，首尾长不及丈，船板薄止数分而不及寸，以麻皮、油灰填具缝上，置竹篷高约三尺，人则席船板，促膝而坐，船后以一人手楫而足桨，桨长丈余，横搁于船舷，而以坚木为桩以拦之，双足踏桨，桨尾入水，而激船使行，其行极速；欲其更快，则于船首又加一人倒坐，而另扳一桨焉。此等船灵便无比，而上重下轻，船身脆薄，其倾覆也亦易。越多大湖，而此等小船多鼓棹于苍茫烟波之间，故遭溺者最多。乡间载车运稻，亦常有以此等小船从事者，一经覆溺，人货俱亡，殊为可慨。然习俗相沿，欲其易小为大，决乎不能。

凡若此者，皆可推广救命圈之法，随地捐置，或置于船上，或置于岸边，总期多多益善。码头有此圈而落水者可以不至灭顶，江干有此圈而遭覆者可以重庆回生。摆渡船虽或汩沉，而渡客攀圈可登彼岸；小船虽易倾覆，而坐客附圈免伍波臣。大抵船之大者则可置于船上，否则分置岸边，见有落水者，随时施救，或令善水之人持圈往救。倘得仁人君子以及救生各局明定规条，救得一人赏钱若干，则必皆踊跃赴救，而人之获生者多矣。是则推广之说也。

至于渡船中之有碍行旅者，亦有数端，其他未能周知，而钱塘江之渡船则余所时常上下者也。船中多装有小轿，人则坐于轿中，而轿之两旁则皆徒步肩挑之辈分坐其间，顺水驶行，原无所妨；倘或转风掉篷，则船势忽然欹侧，轿中之人易致仆出，即分坐两旁者，亦易倾跌入水，仓猝之间，最难救取，此一弊也。倘能于船之两旁拦以铁绠或用大篾索使人得有所攀援，不致蓦然遭跌，则其益非浅矣。又或船未拢岸，而舟子急欲催客登岸，以便再渡他客，其舟尚未泊定，而诸客纷纷窜上，或致有失坠之虞。倘能严切禁止，必须俟船泊定而后上岸，则此祸可免，是亦防溺之良法也。

总之，能存救人之心，则人溺不啻已溺，而熟思审处，必求得其心之所安而后已。如以救命圈为拯溺之具，此亦眼前之善举，并非百思不到者，特非有心人则不能见及之耳。余故更为推广，以畅其意，所愿怀施济之志者采而行之。

（1882 年 4 月 24 日，第 1 版）

论合股经营

招股经营为中国从来所未有，市道中有合本贸易者，或系各财东本自相识，因独力不能胜任，彼此谊合情深，各出资本，公举伙友，以理店务，执合同为信据。其店务兴旺，每届结算之期，余利均沾，而各东家道又复日盛一日，无昨是今非之慨，则合力经营亦至数十年之久。其次，则有善于经纪之伙，素为财东所信任，同业所推举，欲于贸易中独树一帜，邀约数富户，各出若干资本，以开设店铺，则以伙友之声名，博财东之运气，虽数东不相识认，亦但凭经理者之纠合而出资，一无所吝。凡此二者，皆合股之常情。然要不过数人合创一业，无有多至数十人、百人者。盖股份太多，则获利綦微，巨富之商不甚贪此小利，而资本微薄者又辄自愧力棉［绵］，不敢希图附骥。至于人地生疏之处，则尤有畏首畏尾之心。即经理其事者，亦不肯广为招致。盖股东过多，或有意见不合，难于投契；或作事有所顾忌，是非不能一致，故甚不愿也。且中国之俗，大率轻视商贾、市侩之所为，世家巨室不屑焉。孳孳为利之徒，无有卓见，不能远图，往往狃于小利，以故创事之始，必权其出资之多寡，与获利之迟速，而后定议以行。若利不可知，必迟至十年、五年之后，而生意始甫能兴旺，场面始可推广者，则已顾前虑后，疑不能决；而况人情变诈，事故万端，合股之人与经事之伙，固难保其初终一辙也乎。

自泰西通商以来，西人经营之法，久为华人所知。然二三十年来，内地商贾犹觉拘执成见，不能变通，每有图创一业为长久计者，曰此事需本若干万，必几年而后通行，又几年而获利，则闻者却走，以为迂远难行；且祖宗积累之财，半生勤俭所获，一旦置诸不可知之数，岂不可惜？若仿西人招股之例，资本十万者，分作千股，五万者作五百股，自一股、二股以至百股、十股，皆可附本，以公其利，则又疑虑百出，以为股多则利钝仍不可知，设有翻覆，岂不轻于一掷？股少则虽获利倍蓰，而分润终属有限，此所以观望不前也。譬如建筑铁路，开采矿务，纠设银行，以今日事势言之，何者不可举办？而无如人情之不能善变也。

各帮商人惟广帮最富，亦惟广帮最与西人相习，熟悉西商谋利之法，故凡议此等生意者，大都粤人为多。然以中国之大，生意之多，而尽望诸一隅之人，可乎？目前仿西法之事，若招商局者最著矣，顾其初若非有国家存项，附股诸人亦尚不免存疑。然则为此议者，亦惟仿照西国官商合本之例，如银行等事，皆有国家存项，而后可以餍附股者之心，而其事庶无不举。然以中国之政体言之，则自有万难仿行者。盖西俗国家之财可以与商人合本谋利者，缘国家所岁需之款，皆出自生意盈余之中，以所入抵所出，而本银仍不动分毫。若中国则每年所入之款，或钱粮或关税，以及盐课等项，各有专司，即各有专款支销，本无盈余可计，必有支用节省及额外溢收之银，而后可应意外之需；若骤使国家提出若干本银，以与商民同谋利益，则一切编支之款必至不敷，故其势断不能尽仿西例。惟有令商人知一切生意之有利与合伙之可大可久，破其成见，而思所变计，庶几凡事可以渐举，即铁路、矿务之重大，亦得集众力以成之，而中国之富，乃直驾泰西之上矣。本报昨述电灯公司股份价涨及前日丰泰洋行催收点铜矿股份告白，与某商创设造纸公司等事，数日之间，而此数项之股份竟有不谋而合者，虽其事实自西人主之，议买股份者亦半系西人，然而华商之踊跃，能破素来之成见，以合做生意为得计，即此可见其概。将来习以为常，凡重大之事，一经倡议，无不乐从，其获利诚非浅鲜。吾意再阅数十年，而泰西各国之所以为利者，以中国地面之大、富商之多，处处仿行，事事具举，安知不令西人转羡华人而以为不可及哉？

（1882 年 6 月 6 日，第 1 版）

股价须知

西商贸易，每多创设公司，纠集股份；中国则向来无之，其合股开张店铺者，不过共出资本，以图分享余利而已。其有投入西人股份者，亦不过洋行买办以及与西人往来诸人，熟知情形，或有附股，此外则绝无所有也。至今日而风气日开，华人皆知股份之益，不但愿附西人之股，且多自设公司，自纠股份，大有蒸蒸日上之势。招商轮船局为之创，自是而后，保险、织布、电线、煤矿以及采铜、采锡，莫不踊跃争先。除竞附股份而外，又以股份票互相卖买，其行情亦时有涨跌，逐日不同。本报深知此事为时尚所宜，故特日为探访真实行情，排录于本报附张内，以供众览，庶卖买股票者皆得以先睹为快也。

（1882 年 6 月 9 日，第 1、2 版）

劝华人集股说[①]

古人有言："千金之裘，非一狐之腋。"斯言虽小，可以喻大。譬诸列国兵争，搂伐[②]之师所以称霸者，以合与国之力以为力也。斯说也，中国人亦未尝不知，而独至经营贸易，则往往各出资本，各树旗鼓，初无合众力而成者。即有之，亦不过合开一铺，合创一行，股东皆须在场，以资稽察；或有不亲到场者，亦必令亲信人为之监察，断未有从未谋面，而亦可以入股者。有之，则自泰西诸国始。

泰西之俗，以经商为重，国家为之保护，非若中国之所谓商者，列于士农工之下。其国家大事，商人亦得与议，事有不便于商者，可以据理争之。故商人之权，亦不亚于官。而凡为商者，莫不以信义为尚，故股份易集，而合众人之力以为力。于是资本充足，经营得法。而华人曾未知其所以然也。

---

① 另见邵之棠编《皇朝经世文统编》卷六十三，理财部八 · 公司。

② 搂伐：拉拢、挟持他国一起征伐。《孟子 · 告子下》："五霸者，搂诸侯以伐诸侯者也。"

近来自各国通商以后，风气渐开，亦有仿西人之法者，然犹不概见也。自招商局开之于先，招集商股，创成大业，各商人亦踊跃争先，竞投股份。自是而后，百废俱兴，仁和保险公司即相继而起，获利亦颇不赀，投股益加众多。至今日，而开平煤矿、平泉铜矿、济和保险、机器织布，与夫纸作、牛乳、长乐之铜矿、津沪之电线、点铜矿，无不竞为举办，蒸蒸然有日上之势。即西人创开之公司，华人亦有投入股份，并有因不得投入而心滋不悦者。如自来水公司、电灯公司，华人皆愿入股。去年怡和洋行之新设保海险公司，华人以投股而不见收入，颇有后言，可知华人近来亦知此事之大有裨益。

且不仅投股而已，又有以股份票互相买卖者。其行情时有涨跌。查招商局原价每股一百两，今则已涨至二百五十两矣；平泉铜矿原价每股一百两，今已涨至二百两及二百零五两矣；长乐铜矿原价每股一百两，今已涨至一百六十两矣；开平煤矿原价一百两，今已涨至二百三十七两五钱矣；仁和保险公司原价一百两，今涨至二百二十两矣。其他如济和保险公司原价一百两先收五十两，今涨至七十二两；织布公司原价一百两先收五十两，今涨至一百十二两五钱及一百十五两；点铜原价一百元先收五十元，今涨至七十五元，核算皆有增无减。即西人之自来水公司原价二十磅，今涨至三十二磅五；电灯公司原价一百两，今涨至一百四十五两。其余华人之投入西商股份者尚多，因未能详悉，故不及备录。本馆但就所知者或逐日市价不同，故取而登诸附张，以供众览。即此所登数项观之，亦可见华人风会之变矣。

夫欲以一人之力而举大事，力或稍有不及，即其事不成。若一人创之，而众人从而和之，则其事举矣。假如有万金之家，欲出之以作经营之费，则必有所瞻顾迟疑而不能自决。今行纠股之法，则每股百金，集百股即可成事，分之不见其多，合之乃不觉其少。此法本属甚妙，而且最为便捷，特华人向来未行，故无人为之创耳。泰西以有此一法，而诸事易于开办，是以握致富之原，中国未知此法，因而无致富之术。此其所关甚大，非特为商局起见，即国家气运所系焉。

今者风会渐开，咸知趋向，由招商轮船、仁和保险开其先，而诸务为之继。招商、仁和阅时已久，其股份日见增涨，不必言矣。开平、平泉、电线等则皆近年始行创办，而一经举事，遂觉日有生色，不但投股者多，而且卖买股票者亦不胜踊跃。此法既行，吾知中国之各商人无论大小，必皆不难获利，而且中国之美利亦将日事开拓，易见兴行。以视前此之拘守成见、不知变通，盖有判然不同者矣。本馆既取股份票逐日市价登诸报后，而又阐发其说如此，深愿此法之愈推愈广，而华人致富之术无异于泰西诸国，则由富而强，又何外侮之足虞乎哉？

（1882 年 6 月 13 日，第 1 版）

论机器织布事

有友人问余曰：中国兴办机器织布一事，前者曾见诸报，而今则久已无闻，究竟其事之成否何如乎？

余曰：乌得而不成？

友人曰：此事创议已数年于兹矣，前者骎骎乎已有将成之势，而卒未克成，于是又改弦更张，从新整顿。今日则股份已集，布样已到，西人已请，而房屋犹未动工，工程尚未创始。即其股份之票原价每股百两，今不过涨至一百十五两，其无乃犹有所疑阻乎？

余曰：不然。大凡举大事者必不可以草率从事，中国人虽间多因循苟且之习，而近来风气日开，殊大□［异］乎曩日，集股纠分视为故常，凡西人之股份皆竞愿投附，岂有中国自创公司而反不愿附股者哉？或者以为西人信义素著，创设公司必无欺罔之弊，故华人乐为附股。若华人自创，则人反有所疑阻，恐贻后日之悔，故裹足不前者有之，夫是以难于集事。然机器织布一节则创议已久，人亦信之。现在股份早经满额，所云股份票价涨至一百十五两者，盖此项股份虽原价一百两，仅取五十两，以五十两之原价涨至一百十五两，则合之一百两之数已增至二百三十两，较之招商局之原价百两照数收足，今增至二百四五十两；开平煤矿原价百两照数取足，今增至二百二三十两者，殆亦不相上下，何得谓其所涨无几耶？况西人业经聘来，机器大样亦已运到，其房屋之所以尚未建造者，此正当事者慎重之意。盖恐房屋大小尺寸或有未尽合宜之处，故必待机图寄到，准其高低、长短、阔狭，而后鸠工庀材，照式建造。庶几机器一到，即可装入局中，以便开工。古云：“闭户造车，出门合辙。”倘或不照机器之大小以造房屋，一有不合于用之处则徒□［费］无益，夫是以迟迟耳。说者谓中国机器织布则大有害于女工，业抱布者恐不无怨咨之处。机器之用愈广，不但女工无所觅食，而且不啻教人以游惰，是亦虑之过者也。用机器或致碍女工是诚有之，然所成者不过洋布，而服大布之衣者，仍不得不藉手于女工也。且机器之用，初亦不分男女，如中国妇女能知机器之用，仿而效之，则是纺织之工必益加捷，出布必益加多，又得余工以为妇女职所应为之事。吾知民家将愈见殷富，又何害焉？且中国之取法于泰西者，固不特织布一端而已，特织布则尤属利源之在握者耳。制造枪炮、轮船所省者，公中之财耳，于民间无与也。海外洋布之贩入内地者，华人莫不争购之，西人获利而去，财源即流入外洋。今若在中国织成，则中国之财仍留于中国。各处开矿其利固属无穷，其股份亦日增月盛，然地中自然之利虽曰取之无禁、用之不竭，然千百年后必有开尽之时。若木棉之种于地者，岁有所出，年有所收，断无告罄之时。而况煤铁等物，或有民间无需乎此者，而衣被之资，则无地无人不能或缺，其用尤为广阔，则其利必更丰厚，此其故，不待烛照数计而后知也。故先时股份不能遽集，尚且有人焉创议兴办，但苦力有未逮，故中止耳。今则股份既已集成，股份票又复增长，直与招商、开平股份之最高者无异，则织布局之兴旺，亦有无难预卜者矣。子乃犹以为疑乎？抑更有进者，中国举事每每患于迁延，其有血气用事者，则又坏于卤莽，今该局既能奋然有为，不以因循苟且自隳志气，而又小心慎重，必期有利无弊而后已，而当事者之胆识智力已可概见。以是为华人创，吾知踵其后者必且胆识并壮，事易举而功易成，于中国有厚望焉。子顾尚有所不足于彼耶？

友人瞿然而起，废然而返，曰：子之见卓矣，远矣，鄙人不敏，不敢复言天下事矣。

友既返，遂即当时纵论所及，笔而存之。

（1882年7月3日，第1版）

来稿照登

内河轮船，六七年前绅商屡禀未定，而雇用洋行小轮船至苏杭等处，或乘坐，或拖带，不惜重价。习见而日多，泰西人每笑华人有此利，便法得专主而弃置不用，且言洋商必不违约仿行，亦非虚语。近闻江楚绅商禀请于九江、汉口等处试行，苏省亦遂有踵请者。昨阅《申报》谓李、郑两观察主持其事，仆适来游，试详访之，乃知扬沪各商以此商榷拟设公司，两君固未之许也。且知郑君现方管理招商局轮船，例不得别谋局外行船之事，即使商局请行，亦恐无一人专主之理。李君则于轮船事宜素不谙悉，亦非能创议独任者。揆情度势，似皆未必办此。闻苏扬士绅以此举有妨民船生业，请即阻止，自是体恤民业德意。第就水陆廛市通计，而互权之内河果行轮船，所到码头，如驳船、挑脚、茶酒饭馆、担头、车尾各生计必且增盛，于民生亦不无少裨。平日民船迟滞，间阻风水，彼此往来得已，即已若果迅速而能克期，搭客乃较常倍众。且千金之子坐不垂堂，小轮船舱少客多，终日机轮震耳，极不舒适，养尊处优者及稍有体面内眷断不能坐，或因拖带迅速而买棹更频，亦意中事也。更以行船一号计之，搭客似不满百人，此中非轮船不行者当居强半，亦可知也。从来百业生机，莫不因人与人交际而生，来往频则交际繁，交际繁则百事相因而益繁，泰西生业之盛，皆由此道。此无形之机而实必至之势，不待深察远瞩而后知之，虽然行之之利未形，不行则不过安常袭故，而民船无所用。其疑虑苏扬诸公似是切近正论，未可以为迂也。仆结习不除，辄喜纵论，愿与有道君子平议之。浙江萣叩散人偶谈。

（1882 年 8 月 10 日，第 4 版）

论苏杭行驶轮船

华人之于西法，其先多不尽信，迨小试其端，见其果属有益无损，然后兴办。如轮船招商等事，当其初兴之时，莫不疑谤交乘，纷纷聚讼，直至今日始觉习惯自然，无复退有后言者。而独于轮船行驶内地一节，迄今仍未举办，前者闻有议设小轮船行驶苏杭之说，载于本报，旋复有停止不行之信。盖以内河民船聚集，藉此食力者实繁有徒，一旦改用轮船，则必夺若辈之生涯，俾无谋生之路，故以为有碍民生。此言亦属深谋远虑，念切痌瘝，固不可以厚非也。

然窃以为是亦虑之过者也，内河港汊纷歧，不若江海之宽阔，故仅能用小轮船，而轮船之中能容几人，其势必仍用民船，而但以小火轮拖带，取其便捷。而且载人而不装货，凡有货物装运，仍当雇用民船，是不过以轮船助民船之用，初非以轮船夺民船之利也。或者乃以为轮船一经驶行，民船必至尽废，甚至有谓船户、舵工失业无藉，恐致流为盗贼。此则所谓危词悚听，诚知其一而不知其二者也。机器织布则以为有害于布业，机器缫丝则以为有害于女红，大都皆此等见解耳。

有轮船以行驶内河，则苏杭生意必且日见生色，外货之运进、内货之运出，较为快便，则必益加踊跃，贩运愈多，用船愈众，又何虑民船之失业乎？轮船通行之后，华人之沙船号家皆由此失业，是可谓前车之鉴。殊不知海船与内河之船不同，海中轮船大而能容，人货皆可装载，而又神速稳妥，故贸易者皆愿附轮舟，而沙船之生路遂绝。然业沙船者舍船而另谋生理，或改而与洋商往来，其获利亦有不赀者，初非沙船失业，竟无谋生之路也。若内河行驶轮船，则船必不若外洋之巨，不过藉以拖带而已，且苟明定章程，轮船往来止准载人，而不准载货，则苏、杭等处商人之往来既多，货物之贩运益广，民船反可因此以得利，又何失业之有。

或又谓内地厘卡林立，抽厘助饷，亦属国课攸关，民船往来，局卡可以稽查，不致有漏捐之弊，尚且奸商诡计百出，时有偷漏之事；若改用轮船，则行驶极速，厘局捐卡该船皆可径直驶过，风利不得泊，局员巡丁等皆不能截留查验，倘其准行，厘捐必至减色。顾但载人而不载货，则亦并无此弊。即或有奸商舞弊，而货捐断难混免，倘照西人之法，在出口处收捐之后付以提货单，逐地须验单取货，则捐厘亦不虞其漏。厘局愈多，縻费愈甚，实则于国家饷源所益殊鲜，适足以饱司事巡丁之私橐，并调剂候补各员而已；若照西法，则事归简便，有收厘之利，而无厘卡之害，裕正课而免私肥，商民当必有同声感戴者。是则内河行驶轮船不特无碍于厘捐，而且大有益于捐务也。

总之，中国人之作事，往往议论多而成功少，而又疑阻者众，迂拘之见固执不化。目下竞尚西法，轮船、制造、电报、煤矿纷纷兴办，穷乡僻壤，浅见寡闻之流，或尚有因而骇怪者，而通都大邑以及各处码头，则已视为固然，无足深异。而独于内河行驶轮船一节，终不免于胶执成见，是亦可异之甚矣。惟内河桥梁甚多，逼窄不免，或轮船往来之时与民船偶有碰撞之事，以致滋生事端，酿成命案，此则在所不免，司其事者必须详定章程，妥为设法，勿使以此贻人口实，而转以轮船必不可行于内河之实征，以致因噎废食，此则所不胜盼幸者尔。

(1882 年 8 月 13 日，第 1 版)

公司多则市面旺论

泰西各国，凡经营贸易，往往资本巨万，夫岂一人一家之财力哉？大都皆集成股份，纠约同志，共为襄助，而后可以相与有成。而凡公司中之章程、条款，无不协议佥同，斟酌尽善，以故泰西生意日兴日盛。其法国之巴黎斯，英国之伦敦，兹两处尤为外国生意之冠，制造各物以出与他国贸易。制造愈多，贸易愈盛，而地方亦愈见兴旺，此固理之彰明较著者也。

中国向来未开风气，并不知有公司之说，而从前虽亦有繁□［华］之地，决不能若近日之盛。先时，中国有谚云："上有天堂，下有苏杭"。苏、杭两处为中国称繁华之地，商贾云集，货物星罗。虽然，当时苏杭全盛之时，与现在之上海相较，犹不如远甚。至兵燹之后，则苏、杭两处等诸自郐以下矣[①]。

现在中国生意则必于上海首屈一指，顾前日之上海与今日之上海则又不同。何则？前日之上海不过因系通商码头，洋舶所荟萃，故华人竞至沪上与西人为交易，其利大半归于西人。即有一二华人因此获利者，然亦非自立场面，不过分西人之余利而已。至于今日则风气大开，公司众多，自招商局开其先声，而后竞相学步，仁和保险公司继之。人见公司之利如此其稳而且便，遂莫不幡然改图，一扫从前拘墟之成见。于是济和保险、开平煤矿、平泉铜矿、机器缫丝、长乐铜矿、池州煤矿，与夫自来水、电气

① 自郐以下：郐为西周时的诸侯国名，《左传》记载，吴国季札在鲁国观赏各诸侯国之诗，谓自郐国以下，其诗降而愈下，无足观者。后来用以比喻，自某处或某时开始就不值得一谈。

灯、赛兰格之锡矿、鹤峰之铜矿，莫不争先恐后踊跃投股[①]；近日又有玻璃公司登诸本报告白后，凡此皆中国从前所素不相信者也，而今乃深信不疑，骎骎乎日见扩充，如此独非中国之幸哉？

查玻璃公司专为制造玻璃起见，中国之用玻璃近来日见繁盛，与前时琉璃屏七尺即为富贵气象者大相悬殊，而所用玻璃类皆由外洋贩运而来。其广东所造之玻璃不若外洋之净，故洋料玻璃与广料大有不同。然购之外洋则无论水脚装运所费不赀，而其利均为外洋所独擅，今若在中国自行制造，必有较便于远购者。吾有以知其利之必厚也。烧料货之白土，中国向惟山东之博山有之，博山之土，人取而烧之，然不知洗炼之法，故其质粗而不净；京都工匠复取博山之料货碎而重烧，其所制之器精于博山者数倍，故京料尤为著名，然初未以制造玻璃也。粤东烧造玻璃，则多取外国玻璃之碎者，重为烧制。刻下，该公司纠股烧造，其取土闻随处皆有。昨有友人言及江西广信府之玉山县，其土洁白，柔而且细，用以烧制玻璃，最为得法。想该公司广搜博采，亦必不致或遗也。

大凡天下事，创始为难，继起则易，中国之有公司不过近数年之事耳。顾招商局一经开创，而继武[②]者竟尔纷纷。目下，则咸以购买股份票为市面生意之时派。有西友言及中国之股份不若外国之认真，若外国纠集公司，必有实效可呈；中国之纠公司则竟有所创之事绝无眉目，而股份票已日见增涨者。善于经营者，俟其价贱而购之，待其价贵而售之于人，不啻如银洋之空盘者然，是亦中国之一弊也。然仆以为此言固亦灼有所见，但华人既纠股份创公司，则亦必有以取信于人而后人争信之，如竟胸无成竹，绝少把握，而为脱空之事，则亦孰从而后信之？况究系银钱交易，华人虽信义不足，亦决不肯自丧其资。故凡公司之集，必非全然无因，特创始之初，未知将来成败若何，而先已哄动市面，此则华人之情性向来如

① 当时在上海发行股票的中国洋务企业主要有轮船招商局、仁和保险公司、济和保险公司、平泉铜矿、长乐铜矿、鹤峰铜矿、池州煤矿、电报局、施宜铜矿、开平煤矿、上海机器织布局、顺德铜矿、金州煤矿、荆门煤铁矿、承德三山银矿等十余家。“机器缫丝”究竟指哪个企业，尚等详考。“自来水”、“电气灯”、“赛兰格”均为在上海发行股票的外国公司名称。

② 继武：足迹相接，喻事物相继而至。《礼记·玉藻》：“大夫继武。”孔颖达疏：“继武者，谓两足迹相接继也。”（宋）苏轼《次韵刘景文路分上元》：“嘉辰可屈指，乐事相继武。”

此，有不可变易者也。然正惟有此哄动，而市面即可从此增盛。巴黎斯、伦敦两处，其生意之兴旺，甲于天下，正为此也。上海近来公司之多如此，则将来隆隆日上，夫岂让于泰西哉？

（1882 年 8 月 24 日，第 1 版）

论轮船失事救人之法

浮海危事也，至今日而轮船往来，履险如夷，似乎不足为危矣。然或遇台飓，或逢大雾，或触暗礁，亦尝有失事之处。于此时也，变生仓猝，施救极难，权其轻重缓急，则以救人为第一要务，而货物行李皆其所轻焉者已。故外国行船规矩，命曰船主，船中之安危即系于船主之一身，设有偾事而船上诸人性命因而尽丧，则船主之罪最重；倘能全船诸人一一救起，无一死亡，则为有功而无过，而失误货物、沦陷船只之咎亦可以稍减也。为船主者一遇此等不虞之祸，必不容先自逃生，须先将在船诸人急为救援，或下之小艇，或送之他船，或移往岸上；如船中人数较多，小艇不敷装载，又须跋来报往，载行数次，而后尽迨诸人皆逃，船主犹且与大副、水手人等竭力救船，或尚冀其不至全沉，直至无可如何，然后遣散水手等人，而船主方可孑身远害；一人不去，即船主一刻不能离船。盖虽不至船存与存，船亡与亡，而其责任所在，固有不能自便者也。

或谓救人固属要务，然或令空身逃出，行李什物一毫不准携带，则逃出之后无以为生，不亦仍归于死乎？不知小艇之中容人无几，多载一人即多救一人之命，如准其携取衣物，则或一人携一小包，分之不见为多，合之殊觉其重，小艇恐复致失事；且多携一包，即少救一人，在携包者自为计则得矣，其如他人之性命何？故凡由小艇逃命者，例不许携取包裹等物，见则夺物，投之水中，非故忍［意］也，诚恐因物而误人之命也。夫人之情，当性命呼吸之间，自必诸事不顾，但求逃命，迨至既经得命，痛定思痛，举目自顾，止余一身，回思上船之时，衣服几何、银钱若干，现在皆空无所有，于是思前想后，每归罪于船主，以为稍予一二件行李，尚可苟延残喘。今乃就手中夺去，以至生机断绝，无可为计，遂因恨成仇，而怨毒之心渐生，恨船主至于入骨，此俗语所谓落水要命，上岸要钱，人情大抵如此，是亦无足深怪者。抑知船主之行船，必求其安然无事，而后可告无罪，断不肯使有失事。即使疏忽性成，诸事大意，然亦当风平浪静之时、平安无事之日，而后可以稍肆其志。设遇吃紧之际，亦必不敢怠忽从事。若谓故意欲将其船倾覆，此则必无之事。谚有之曰："医生有割股之心。"医生医人，不过欲医治得痊，可以获重名而得厚酬，病人之性命究与医生无与，犹且必尽心力若此，而况船主之于船，实以船之安危为己责，同船合一命，岂有自坏其船，以害人之理？故船主而不救人，则咎无可辞；船主而既救人，即责有可谢。即或货物沦陷，不无愆尤，然既能尽心以救人，则其情尚有可原矣。禅臣洋行之"香港"轮船行至厦门海面，触礁失事，其船上搭客一百余人，幸皆获救，喜庆更生。本报后登有告白，胪列各客姓名，颂扬船主之德，言该船主于该船失事之后，于救人一节颇为尽心，一百余人无一不庆再生，故以此言谓船主颂。或谓船主固勇于救人，在诸人亦深知感德，盖当风涛汹涌之际，固以得全性命为幸。而当出死入生之后，则又以身无长物为悲，且并有以船主不先事预防，以致诸人尽丧所有，因以是为船主罪者。即使有人劝之导之，甚而抑勒之，亦必不肯面从心违，更为船主道扬德意。今该船诸搭客则多系赴试士子，或官或商，大半明礼者居多，故虽受虚惊而仍不忘实惠，置身外物于不顾，而犹以幸得全活为恩，是亦难得而可贵者矣。船主自顾前以不能小心将事，几误诸人性命，临事施救亦属分所当然，无足感颂。而诸人乃反不生怨意，称颂不置，则必恧然[①]内惭，慨然心恻。凡诸搭客既全其命，尤当代谋其生，或设法措资，每稍助以衣食之资，弗使海面余生仍填沟壑，此则尤为思周虑密、惠及同舟。吾知诸人之衔感，当更有不置者矣。救人救彻，窃愿为该船主更进一筹焉。

（1882年9月5日，第1版）

矿煤畅销

京东过客有心人稿

昨过开平，历览矿局规模宏大，布置精详，于讲求西法之中，寓参考

① 恧然：nǜrán，惭愧貌。

中国之制，开四方风气，敌外国利源，富强之成效已收，创办之经营不易，叹为通商来中国所未有一大局也。并闻该局于煤务极究精微，除块煤烟盛，极合轮船之用外，其余煤油、焦炭、火砖各色皆定画一价值，货美而价平，鬯［畅］销可操左券。该矿每日已出有二百数十吨，在胥各庄屯煤如山，刻已运出一千吨存大沽，数百吨存烟台，数百吨存天津招商局栈房。闻登州东渡水陆各军现奉大宪行知，以开平煤好价廉，通饬水师统带各官皆于烟台、天津招商局两处领煤，毋庸外购，即照矿局定价核算。并札知招商局多备，源源续运川济军需。先闻该局煤斤旺出，本拟秋间运至上海，刻有此举，则现虽不即出口，而利用溥矣。值此边防多事，方知矿局之益处甚大。轮船招商局虽收回中国利权，然生意盈亏犹关人事，且有长落，不时仍有洋商时与争衡。若开平一局采天地自然之利，取之不竭，用之无穷，凡生意以销畅为难，而矿煤则北方兵轮各船制造机器等局皆取用于斯。现今每月加工，年内总可出五百吨一日，虽运上海亦陆续不穷，似较招商尤有把握。平泉之铜矿将来旺出固好，现今开井做地工尚未出铜，亦犹之乎？煤矿前两年蹊径与矿局已熟果实、已成金丹不同，吾于是艳羡领袖之人大有心计，立此大业，有关于国计民生实非浅鲜，四方人能前事是师，天下名山殊多宝藏，曷不继美以踵兴焉。

（1882 年 9 月 7 日，第 3 版）

论轮船往美被阻

嗟乎，器量之狭，未有如美民者也。时至今日，天地之精华愈久而辟，生人之识见愈扩而愈宏，四大洲之人物可以互相往来，尔无我诈，我无尔虞，俾生其际者咸得驰域外之观、化拘墟之习，此诚千载一时之会也。泰西人识见开展、局量宏通，远胜中国，故其与邻国相交，率皆推诚布公，而无嫉忌、猜嫌之意。君主则彼此结为婚姻，公使领事等官则彼此互设，驻扎京外；士则彼此观摩，学习语言文字；商则彼此来往，任其贸易有无。是以各色人等，无不远涉万里之外，以扩其见闻，沾其利益，盖未闻下逐客令、广绝交书也。是则器量之大，当首推泰西也明矣。若狭小之习，则惟数十年前之中国曾蹈此弊。当时风气未开，私见未化，搢绅先生雍容岩廊之上，指挥疆埸之外，谓他国人之入我境者，将不利于我也。于是兢兢焉，惕惕焉，闭关谢客，而不敢与他国交。一二腐儒又复以管窥天，以蠡测海，称己国则曰华，称他国则曰夷；海滨居民见洋舶之来，则目不敢正视，手不敢正指，见人则窃窃私语曰："洋人来矣。"则皆扶老携幼，相率而走避之。噫，狭小如此，何怪泰西人之相非相笑耶？不谓中国从前之陋习，今美人乃反蹈之，知前日东洋西字报载有轮船一只，名"西底亚西利"，从新金山驶往美国，船内用有华人数名，方欲进口，而美国以该船载有华人，干犯禁止华佣新例，不准泊岸，该船遂将华人寄于趸船，方得拢岸运货。然所用华人亦皆自美雇定，立有合同，船主遂赴美国衙门控告，吾不知美官如何判断也。

夫美国曩日所颁禁止华佣新例，纤悉周详，密于文网，其所以妒恨华人、遏阻华人者，亦可谓无微不至矣。然新例所载，亦惟美国自行禁止，而不闻强使他国共行禁止。既不能强使他国共行禁止，则他国之雇用华人，亦奚烦美国顾问哉？若以该船雇用华人之故，而即不许其傍岸停泊，则货物装运，一切有所不便，各国商人必至裹足不前，恐日后不免生衅，即美人之所以自为计者亦不为得也。且美人之意，不过因华人在彼佣工，价廉工倍，恐夺土人之生业耳。若他国之雇华人，固于美人无损也；即使他国轮船载华人往彼，船已近岸矣，人亦上岸矣，而该华人既为他国雇定，岂得再佣工于美国乎？此亦显而易见之事，又何必窃窃然疑之，以恶华人而恶及该船，以恐华人上岸，而并不许该船拢岸，因噎而废食，与竖子之见何异？各船雇用他国人则来往无阻，而独于雇用华人之船则多方为难，此岂合于理、协于情乎？

且美人何不易地以观也？中美互市以来，美人之居中土者，中国待之有加礼①，与英法德诸大国毫无区别，任其或往或来中国，不过而问焉，可谓廓然大公矣。而美人之待华人，非特不许其佣工，抑且不许其上岸，合观两国之交际，孰公孰私，孰广孰狭，在旁观必有能辨之者。吾想此等狭小之见，美总统当不至出此，为此计者大都美国之民逞其私智，腾其簧鼓，以怂恿美官，而美官为其所胁，以致作此举动，贻笑大方，岂非办理

① 加礼：是厚于常规的礼仪，也指以礼相待。

不善之故？然则美总统何不向美民剀切晓谕，使之晓然于大义，而不复自逞其私衷。庶内则保卫民生，不使他人夺其利；外则善待与国，不致他人议其私，二者并行而不悖。固自有大中至正之规，何必守坐井之见，弃万国公法而不顾耶？愿美廷一再思之。

（1882 年 9 月 26 日，第 1 版）

论吴淞淤浅太甚

前日仆乘“犀照”小火轮至吴淞，中途见招商局之“江天”轮船由长江进口，停泊吴淞口内，未能驶进。询其故，知因潮水未涨，船身搁浅而不能行，以是停轮不进，因叹吴淞之淤浅何日甚一日也。

夫吴淞一口为中国通商码头之冠，商贾辐辏，帆樯荟萃，货物进出是为要途，而顾听其淤浅如此耶？其有迂拘者流，以为吴淞本属天险，只以险不能守，故洋舶得以往来无忌。今若日渐淤塞，则将来洋人视为畏途，而所谓设险以守者，于是乎在，又何患焉？噫！此直妇稚之见耳。古人云因时制宜，今何时乎？各口通商由来已久，其势断不能再拘从前闭关自守之成见，则为此时计，亦惟扩充商务，以求中西共享通商之利益而已。欲共享其利益，则必使洋舶往来无所阻滞，俾远人有宾至如归之乐，而后商务益以振兴，利源可以不竭；且彼于此来，我于此往，外洋货物进口之处即中国货物出口之处。如外洋之货来濡滞，以为可以阻洋人之来，独不计中国之货物阻滞而不能出，所丧不更多乎？故本馆前曾屡为论及，言吴淞之淤必须设法开掘而后可。

前闻关道宪有议购外洋挖泥大机器，以浚吴淞泥淤之说，然未见认真举办。说者以为吴淞系属船货往来之孔道，如大举挑浚，必将旷日持久，有碍各船进出之路；凡货物转运必由吴淞口外设法驳进，不得径抵口内，诸举尤多不便，因此而有所迟疑不决，未可知也。然为此说者，虽属虑之甚周，独不思吴淞之淤本由逐渐积滞而来，及今而早为之所，或者尚易为力。虽船货进出不便于一时，实一劳永逸之计。设此时再不修浚，日积日多，此时重船不能进出，将来则轻船亦不能往来矣；此时尚可待潮之涨，将来则虽涨潮而亦无济矣。若是则咽喉要隘抑塞殊甚，而谓于通商诸举尚得有以振兴乎？

吴淞一口即上海之咽喉也，譬如人之一身，正在壮盛年富力强之时，其志气亦急于奋兴，其手足亦不敢懈惰，而忽于喉内作梗，其气壅塞而不得通，则四肢五官皆归无用，而其死亡可立而待。今上海之有吴淞口实与人身之有咽喉无异，吴淞口一经淤塞，而谓上海之商务犹能蒸蒸日上者哉？

且中国人最信风水，请即以风水言之。上海向来多以沙船为业，其中缘此发财者殊亦不少，皆由于吴淞口之水流浩渺宽广，故财源之旺如此耳。以前上海皆以沙船发财，今则因轮船盛行，沙船遂渐失其业，然因与洋商轮舶交易而获利者又不知何限。然则就风水而论，吴淞之宜深而不宜浅，宜通而不宜塞，亦可知矣。况此时上海生意渐有不如从前之势，安知非吴淞口淤浅之故，有以塞风水之冲。窃以为即就风水而言，吴淞亦在所当浚也。

且不但此也，吴淞一口进出之船只固不仅华船而已，西人船货既由此进口，则必亦求其便利，而不愿其阻滞。现在该处壅塞至于如此之甚，或有西人中之好为义举者起而议浚，纠集股份，裒[1]聚经费，请于华官而代为设法浚治，华官度亦不能止之。如该处而经西人为之浚治，则其地不啻为西人所有；即不至为西人有，而中国地方上事乃归西人为之代谋，为之主政，不亦贻中国羞而大失体统乎？即如宁波之新江桥为西人所置，华人往来须人给资数文，数年以来收钱无算。夫一人而出数文，其数固属有限，而以中国之地行中国之人，竟使西人得以坐收其利，其将何说之辞？若吴淞而为西人设法浚治，则亦必以江桥为例，而取资于进出之华船，此其贻羞者更大矣。

夫浚治吴淞需工自巨，然窃计近来营勇裁撤正复不少，地方游手亦颇繁多，曷不招集若辈使之任此工役，则不但吴淞有渐通之利，而且游手无滋事之端，亦属一举两便。否则，命各营兵力任其事，仿左侯相浚治津河之法，事速费省，于计亦得。总之，此事决不可缓图之，此其时矣。窃愿与当轴者婉约商之。

（1882年10月13日，第1版）

---

① 裒：póu，聚集。

阅光绪八年招商局账略书后

余闻光绪八年招商局账略，而不禁慨然有感焉曰：中国举事与泰西不同，泰西人作一事必有众人为之襄助，中国人作一事则必有众人为之阻挠，夫是以西人之事易集，而华人之功难成也。中国之有招商局，创从古未有之奇。其先亦借资于官款，目下则官款逐次拨还，股份票日见涨价，有轮船三十余艘，用之往来于津海长江间，亦远至外洋，其势蒸蒸日上，是固为中国第一可喜之事。中国之人宜如何协力襄助以资其成，即不烦众人襄助之力，亦应如何欣喜赞赏以慰创办诸君之心。而无如中国之人心实有不可解者，即如账略后称，有人误会招商系官局，有欲来谋事者，有欲受乾修者，有欲叨免水脚者，有欲乞借盘川者，未遂所欲则布散谣言；而当道者或受人所愚，徇情泄怨，竟以为办理局务者可藉此以发财。噫！是何见之陋也！夫中国之见弱于外洋也久矣，外洋之所有皆中国之所无，中国之所利皆外洋之所钝，得有人焉为之振兴，不惜劳瘁，殚心竭虑以与外洋诸国相颉颃。合计现在招商局所有诸船，较之外洋合之则尚见少，分之则殊见多。外洋之所以近来不敢轻视中国者，实招商之力居多，是招商一局其有益于国家者大也。即在商贾诸人向来止有外洋轮船行海行江，利源独擅，而中国商贾莫不仰洋人鼻息，附搭轮船，颇受欺辱。自招商局创设以来，中国轮船日多，不但足以分西人之利，而且有以便华商之用，往来于江海间莫不称便，是招商局之有益于商贾者亦多也。边陲有事，载兵前往，迅速便利，不难争捷足之登。即如台湾、山海关及目前高丽一役，明效具在。海运漕粮，上以备天庾之正供者，亦较便于河运，速而且稳，漕米无潮湿熏蒸之患。即仕宦行旌，以及计偕公车，现皆舍陆从舟，以接轸连樯，迅捷无比。其所益实有不胜指屈者，而众人乃犹欲妒之忌之毁之谤之，是诚何心哉！至于所云有一等假充京官之人，间见局中有友入京辄捏称折稿出示，并云现有人欲参商局，并有假充官场之人，每到上海寄居客寓，暗中使人播散谣言，云系大宪派来密查招商局事。若此者，则实系诓骗者流假充官场，招摇撞骗，其实则不妨指控地方从严讯办，以儆其余。盖此等招摇撞骗，本属有干例禁，即非有关于招商局，亦当送官惩办，以靖地方，况其折稿等件皆可据以为招摇之证，其又将何所逞辨乎？至于实系官场，或怀忌心，竟恣簧鼓，虽于局务未必有妨，而实足令主其事者心灰意懒。若辈盖不知其中曲折，未识其中底蕴，而逞其臆说以自快于一时。主局务者心意坦然，虽有萋菲①，何足为虑？特悠悠之口入于耳，不能不愤于心耳。华人之所为，其不顾大局往往如是，实不免为外邦人所笑。若此者盖不仅招商一局而已也。先年董子珊司马创造气［汽］船，赴金陵验收，曾有人从旁毁之，遂不能见收于大宪。夫气［汽］船之成，不但开中国之奇，实足新西人之目。中国有此人，宜如何策励而襄助，使得竟其所长，以出奇而制胜。而乃反从中谤毁而阻挠，此何故耶？故吾以为中国人之举事，殊难于外洋。外洋之心一，中国之心散，是岂国家之福也哉？招商局之被谤，其害犹小；人心之不能齐一，其害实大。苟能使中国之人亦以外洋之心为心，必欲使本国有振兴之机，而绝无嫉忌妨害之意，岂不美哉？是在有以感而化之矣！

（1882 年 10 月 21 日，第 1 版）

轮船宜多备小划救急说

从来涉江渡海，凡商旅行客无不视为畏途者，以其多风浪之险，而有性命之虞也。自有轮船以来，行江则风浪不惊，稳如平地；行海或遇大风，不免颠簸，而只须船无他故，仍属履险如夷，兼之宽敞迅速，坐卧自如，一日千里，克期可至，是以商旅行客搭坐者多，而轮船之生意亦因之而日盛。然而轮船之失事亦所常有，或迷道而触礁，或两船之相碰，或炸烟囱，或惊失慎，往往坏船伤人。即如前数年"福星"轮船遭碰于海，伤百数十人；"汉阳"与"公和"两船相碰于江，亦伤数百人。其他失事者，多则一年而数见，少亦一年而一见。是轮船可支风浪之险，而仍有性命之虞。虽船主暨船中执事诸公救济为怀，急于拯溺，但临时仓猝，小划不过二三只，仅能自顾，盖救人之念维殷，而救人之具未备也。故鄙意宜多备

---

① 萋菲：同"萋斐"，比喻谗言。《宋史·刘黻传》："茇（蔡茇）身居言责，闻其风声，自当愧死，尚敢妄肆萋菲，略无人心乎？"

小划以救急，再多备浮水圈一二百个，安设两旁或板或柱之上，遇有危险，船主、执事诸公仍驾各人认定之小划开驶，使各水手分驾小划救人，即各客亦可自驾小划以分救；其不及登划者，亦可用浮水圈以自救，俾商客不至尽葬鱼腹，是亦轮船救急之善务也。此举不过稍费小划、浮圈之资，并非窒碍难行。且此举即行，则搭客必日多，生意当更盛，所得亦必能偿所费也。倘蒙贵局行总事诸公俯采谬论，公议举行，则商旅幸甚，救济之事功莫大焉。或一局一行首先创行，则各局各行谅无不乐于踵行者。此则亿万商旅所翘首企之也。（海滨渔隐稿）

（1882 年 11 月 12 日，第 3 版）

论居官经商

泰西国俗迥异中华，政体亦因之而殊。自道光季年西人求互市于各海口，其时中外之情未洽，动相龃龉。迨同治之初，粤、捻次第荡平，秉国钧者始知通商之局不惟有益于西人，实亦有利于吾国，然后锐意讲求，仿西法而习西学，其势且蒸蒸日上。顾自通商各处观之，现在中外之情似已辑洽，当事者成见不拘，凡利国便民之事，泰西所恃为切近之图者，莫不渐就兴办。譬如开公司、集商股，始于轮船招商一局。而近则大兴矿务，继而起者未可限量。

说者谓此等事务，非熟于生意情形者不能经办，是以创为官督商办之法，不以官局之规矩律之；而经事诸君固皆头衔显赫，自捐保之道府以下，不闻有白丁土富之人为某公司之商董者，然则中国将使官商一体，无异乎泰西国俗矣。盖同是职官，既无分乎商不商，而且亦有曾当别差、委某缺者，则虽欲区别其间，而其势有所不能，观于此而知近来身列仕途者，不可不兼明经商之道也。然朝廷之视商人犹难与官并重，尝见台谏劾某官者辄曰“交结市侩”；又或职官身家殷富，出其资以开张店铺，苟其财势太重，招摇于都市之间，则言官风闻，必曰“身为大员，与民争利”。即是以论，则职官固不宜兼习经商，何为于此则然，于彼则否，无乃自相矛盾，而使天下人之好尚靡所适从乎？此国俗之变而未变者，诚不可解也。

夫国家设官以治民，民有四端，农工商贾是也。官则俨然居四民之上，使在民上，而下侪于民之所为则亵尊[①]矣。故居官而兼习经商，例所不许。若服官之处，而开设店铺，更属非是。推而至于置买田房，无不明立之罚。官自官，而商自商，风俗之所以异于泰西也。然吾谓此风之□［变］渐已久，降之今日，存其名而不知其实矣。盖古者官有世职，即有世禄，其下则士亦恒为士，农亦恒为农，工商亦恒为工商，而四民之中惟农受田而耕，不食公田之禄；若士工商亦分列六官之属，而世受公田之禄。盖以其事代耕属于官，以别于农也，而业则子孙世守，所谓高曾规矩[②]旧德先畴者，历世不改。惟士以下有世业，故大夫以上亦有世官，子孙相承，苟无大故，不逐不戮，则世食其禄，自不必舍而之他下，伍齐民以谋生业。

洎战国之世，井田既废，世禄不行，则此风已不能如三代。秦汉以下，更无论矣。或曰后世虽无世禄之法，而勋戚贵胄与国共休戚者，亦何代无之？顾此为国家推崇故旧，贵异天潢之典，方之古之世禄绝不相同。盖自选举之法行，而世家之泽替，科第之名立，而用人之途宽，设着一令曰，官之子恒为官，民之子恒为民，则天下无进取之路，而人才不出矣。其故何也？曰古为封建之天下，诸侯各自治其国，地狭而事简，在朝在官在野，世守其业，无余望也。今为一统之天下，将以天下之人治天下之事，故官不可以世禄限也。今之为官者由士起家，是其常例，而士未入官以前，其所以为生业者则农工商贾皆有之，出而为官，处还为民，其祖宗所遗之业、父兄所理之事不敢废也。或有家世式微，崛起于寒素者，将为子孙之计营田园谋衣食，其孰能外农工商贾之业哉？惟其官不世守，一朝罢职，无异齐民，是以各视其子孙之才以豫为之计耳。疏广以赐金散族曰：吾岂老悖[③]不念子孙？可见居官而营生业，人情之常，汉世去古未远，习俗已然，何怪今之富贵者耶？由是而言，苟职官而兼经商未足以云罪

① 亵尊：亵渎尊严。

② 高曾规矩：祖宗留下来的成法。《后汉书·班固传》：“商修族世之所鬻，工用高曾之规矩。”

③ 老悖：年老昏乱，不通事理。

也，所以有此习者，乃朝廷澄叙官方、廉隅[①]自饬之意，而亦由三代以来贵重世禄之遗风也。若按时势以立言，似不宜有此禁矣。

蒙则谓，贪夫近利，事有相因，居官府之中，而操市井之算，如其权之所得行，则垄断以罔民利，易如反掌，天下实受其害，故不得不严为之防。至近时以商务任职官者，为其所营之利在国家与民生，将以利天下，而非以利一己也。为私为公，君子小人之分，而盛衰理乱之由，安得以官经商务之故，置与民争利者于不问耶！

（1883 年 1 月 25 日，第 1 版）

股份长跌无常说

风气之转移其捷如响，而其中实有不可解者，如中国目前之股份票是已。夫公司之设，集众股而成，此风始于泰西，为中国□［向］来所未有。自招商局开风气之先，闻而兴起者遂日增月盛，其中公司各色皆有，而矿务为最多。其股份票辗转售卖，并有掮客□［兜］揽股票生意者，买卖由是益盛。然正惟其开之也骤，故其弊亦多。去年至今因股票而获利者固□［不］乏人，因股票而亏耗者亦所在多有，此皆由于股票长跌之不常故也。

夫外国之纠公司专以公司为事，公司而认真办理有利可获，则人皆以为奇货之可居，股票因此长价；公司折阅，则股票因之而跌价，此自然之势，固无足怪。若中国之股票，则其意专在乎卖买股票，而初无意于公司，公司之盛衰（与）股票之长跌（无）关焉。乃或有公司并未开办，而股票骤然变动，无端而长价，无端而跌价，问之旁观，旁观不知，问之当局，当局不解，纷纷焉，攘攘焉，行乎不得不行，止乎不得不止，不诚为骇人听闻者哉？

中国各股票之骤然长价，其或因办有成效，有利可分，或众论佥同，利可操券，若此则其长犹有说也。乃创办之为日未多，兴衰尚无把握，甚或公司中办事诸人尚未一至其地，而股票乃日见其增价，殊有不期然而然

① 廉隅：品行。

者，此其不可解者一也。中国股票之骤然跌价，其或因公司之集已久，而无开办之期，或兴办之后实见有不足获利之端，又或以公司之中尚有轇轕之处，抑章程未尽妥善，不足以服人，如此而骤然跌价，则其跌犹可言也。乃公司初集，黑白未分，章程尽善毫无遗议，耳闻目见莫不指为利券可操，而亦日渐跌价，并不能为一年、半年之耐，此其不可解者又一也。

夫今年各股票之跌价，实以市上银根太紧之故，初不全关乎公司之兴衰。然专以卖买股票为重，则其视公司也反轻。此其事似乎效法西国，而其实则与西国之法大相剌谬，华人岂真不知其中之原委哉？见小欲速之见中之故也。见小则长跌一两二两，莫不纷纭扰动，而市面行情遂随之为轩轾；欲速则迫不及待，公可初集，数日之间便求其长价，苟股票不长，则即皇皇焉，以为必至于跌，而急欲转售于他人、期以邻国为壑，而弄巧成拙者有之矣。噫！中国难得开此纠股集资、创办公司之风气。倘以专事股票之故，而至贻累于公司，鉴于前车者遽因噎而废食，不亦大可惜耶？

中国之地广大深厚，货之蕴于地者不知凡几。其矿之佳者，苟其许西人开采，则西人颇有不惜重费以相购者，以为将来可操利券。而西人之开矿亦不过用机器焉耳，西人用机器开采而可以得利，安知华人仿照西人，亦用机器开采，而必不能获利乎？同一佳矿，同一机器，同一开采，安得谓华人远逊于西人？以故知华人之动言矿不可开者，非惑于风水之成见，则亦妒人之成功而已。现在华人之中多有深明理势、破除成见之人，力排群议而主开矿，但一人之力不能当众口之吠，创之者费无限心力，费无限口舌，并费无限资财，略有端倪之可见，人始肯信而从之。而彼众口之吠，一言而辄可以尽废前功，创之也难，毁之也易，此又大可惜之事也。

西国之耽耽于中国者，彼岂真有仇于中国哉？亦利其地之所有而已。西人知中国地中之利，华人亦何尝不自知其地中之利？我知其利而先自取之，则旁人见以为无所复得，亦废然而返；若明知有利而锢于成见，弃而不限，俾他人垂涎，默伺于其旁，一旦骎骎渐进，始悔前此之甘于自弃其宝，嗟何及矣？

吾谓中国之矿务不可不开，中国之公司不可不集，而独股份票之价决不可之骤有长跌，以股票为市面行情，此正中国之大害。盖欲效法泰西，而仍但得其半也。泰西诸人在外营运，满载而归，则择最稳最妥之股份购得若干，岁收其利，以为娱乐之计，此其所见者远也。华人于股份初集，后来者或耻其不得，因增价以购之，数日之间买者既定，而价无出入，则急不及待，而跌价以售脱，此则非徒无益，而又害之。目下卖买股票，诸公其亦知此理也否耶？

（1883 年 6 月 3 日，第 1 版）

论中国兵船仅足自守海口

目前中国之势所以不及他国者，以练兵未久，仿效西法诸事初有端倪，可以自卫而不可以出海。故安法之事，识时务者恒惴惴焉，以为因安南而与法人交战，殊无必胜之策也。试观近日情形，可以知中国之置安南于不问，一任法人之得尺得寸，而不早为之计者，固非有意迁延，而实度德量力，有不得不慎重者在也。

泰西船械之利先于中国者数百年，自荷兰泛舟寻地，西、葡、英、法接踵东来，南洋诸岛向受中国之封者，忽焉为泰西所攘踞。嘉靖以后贡舟不入，册使不通，番酋之权尽成守府。而欧人埠市无处不有，其时夹板船通行于数万里之外，不畏风涛，不虞剽窃。迨火轮船既兴，而往来更觉便捷，四大洲之土近接户庭，而诸国本根全在商贾，货财所聚，保护弥勤，于是兵船又梭织于重洋之上。

中国以道光季年之变，始翻然改图，讲求商务，渐而仿习西法，购买军械，定造火船，思自致于富强，以与诸国并立。然首尾不过三十年，凡事正在学习，功效未臻，出洋之使与领事等官所以保护出洋之佣工，经当事者屡议屡请，而后决计遣发，此无非五六年间事，由是交涉诸务，可就近与其国外务大臣商办。而华人之出洋者，亦得隶华官之治。顾船械未即精利，以西法练兵仅足戍守海口，而华人之在他国大抵佣工为多，不如他国之尽属富商大贾也。因而西国以兵船保商贾，中国尚未能仿行之。

近年招商局轮船间或一至欧洲，然商船而非兵船也。故西国使臣来华则乘其国之船，而华官之往驻外洋辄附各国公司船，从未有以己船往者。盖中国不以商贾为本务，幅员广长，地利蕴结，穷数百年之取求而未能尽，不必寻新地于海外，如欧洲驾驭之势。故兵船之驶行外洋，一则仿学未久，功效不能遽收；一则志不在此，有意视作缓图也。然使中外相交各有保泰持盈之念，坚守约章，不开隙端，则虽目前兵力仅能自守口岸，而未尝涉历外洋。而华人风气日开，近年出洋者亦颇有挟巨资以经营，或创设公司，纠合股份，思成久大之业。招商局获利渐旺，势可扩充，业已放船西去，周历各国，察其地方之形势，惴其生意之兴衰，为分设外洋埠头准绳。当事诸公志定谋决，通商之事方兴未艾，将来华商到处成市，财货充牣，税饷攸关。虽中国根本未必全在乎此，而既与泰西各国并驾齐驱，则以兵卫商之意亦不可不竭力讲求。

内地海口防兵整治多年，渐觉绰然有余，学堂生徒技艺习熟，统领驾弁，皆识海道之方向、路程之远近与夫枪炮水雷之用法，然后派拨若干船，梭巡外洋，分驻各国以卫商民，以张国势，安见彼常有余而我恒处于不足哉？无事则已，若有违言，不能免于以兵相见，彼或骤增兵船以捣海口之虚，我何难先发兵船以制敌军之来，势均力敌，成败利钝之数正未可知也。

乃目前则大不然，安法固已交绥，而中国未尝举动，属国与否，争论不定，哀的美敦之书①未必竟发也，公司、使馆之旗不见遽下也。乃法廷阴谋诡算，行将拨遣兵船，伺我于海口之外，见有中国船往南洋，则中途截击之，勿令我接济安南也。前日西报所传，有戒华船勿往南洋之说，固相符合。然则中国海口凡有兵船之处，法人已早知之，彼果随处阻截，是我之船直有寸步不能移之势，至船不能移，犹得曰我将以救安南耶？当安事初有变动之日，他国之西人有深明中国之时局者，以中国虽有船械而无能用船械之将帅，窃恐未与法战，而船为法兵所夺。斯言也或以为过虑，乃观近日法廷之号令，则竟以此为先着，吁可畏也！

夫主战、主和，众论哗然，未可以一言决。独不思中国目前之势，正如乡邻赴斗，乙可率众登门，甲止杜门不出，盖时有未至而操术又不同也，为此言者，岂徒自贬也耶？

（1883年6月26日，第1版）

---

① 哀的美敦之书：拉丁文 ultimatum 的音译，即“最后通牒”。

电线当有以辅其不逮论

电线传报创自泰西，中国向来所未曾见。近来则由津达沪，而后渐推渐广，江浙闽粤皆将云布木杆，星罗铁线，由是以传消递息，速且百倍于置□［邮］。识者犹恨由京至津二百余里之间，独未置线，以为缺陷。当此军报紧急之际，由津达都，极速亦须尽一日之奔驰，殊觉深费周折，故目下当道诸公力请于朝，决计置线以通消息。此路一通，则居中驭外尤为利便，二百余里之地，既呼吸可通，则由是以分布于江浙闽粤，无不捷于影响，固不仅商贾中之传递信息而已焉。

顾军报之传递，固以电线为最灵，但电线仅能传递军报而已，至于调兵遣将则仍不能从速也。假如某处有警信，则早已由电传来，当轴者亟调某处之兵以御之，其信亦由电传去，而兵之到则不得不需时日，于是闻警之处转觉人心惶惶。前时发逆之乱，两湖、安徽已遭蹂躏，而浙江尚寂然无知，安然如故。倘在今日则早有电音，正不知惶骇作何情状矣。故无电音则怜燕雀之处堂，有电报则□风鹤之交警，苟但恃电线而不思所以辅其不逮，则仍不足恃也。所以辅电报之不足者安在？曰在铁路而已。

铁路之创，中国惟上海至吴淞，西商曾经小试，其速较轮船尤甚。厥后中国之当道者疑于有害，向西人购回拆而去之，此事最为可惜。本馆已屡言及之。现在则开平煤矿略启其端，尚未有显然开办、如电线之四通八达者，此则甚可惜之事也。

夫铁路之说，前者刘省三爵帅曾以入告，奉命交南北洋大臣会议妥筹。北洋大臣李傅相复陈折中备言其便利之处，推勘尽致；南洋大臣亦深言其利，而惟患经费浩大，一时恐难举行，以是因循未果。而电线之举办则已毅然决然，目下江浙闽粤电报通行，津京亦将联属，内外文报亦既瞬息可通。即去年高丽之役，中国军务从古未有若此之速者，因而克建大功，其端皆由于电报通行，得信快便，故得以早为预备，以底于成。

第高丽一水之隔，轮舟直达，兵行迅速。若安南之路，则法人既以船巡行海面，意在截击华船，中国而欲助安南，当舍舟而从陆。陆行不若舟行之逸而且捷，是固非铁路不为功。中国海军视法国为逊，而陆军则远胜于法。安南道路狭窄，多箐深林密之处，亦宜于陆战，而不宜于水战，倘有铁路，则载华兵以赴安南，较法国之水师尤为迅便。吾知铁路一成，而法人且将闻而丧胆矣。何则？法人之所以欲图安南，以中国之未必与抗故也。若建筑铁路以济军士，则法人知中国志在必战，或将有所严惮，一也；法人虽或防中国之助安南以抗法，而明欺中国之兵不长于海战，故以兵舰巡海而欲截华船，若筑铁路以济师，则非法人之所能御，二也；军务以速为妙，所谓疾雷不及掩耳也，若既有铁路，则千里程途朝发夕到，兵无滞机，士有锐志，三也；知何处有警，即发兵至何处，不必处处设防，则兵费可以从省，四也；铁路四达，则策应亦可四面周到，无顾此失彼之患，五也；师行所至，粮食接济极为迅速，可省无数运载夫役之劳费，六也；电信朝来，应兵夕至，而仍不患奔命之疲，俾兵士有以自养其全力，七也；安南此时尚不免于犹豫者，以中国鞭长莫及故也，若既成铁路则知中国大有可恃，而不必复以强暴为畏，心既定而力亦固，必将专意于拒法以自固其边圉，八也；即中国不自用兵，但令安南并力拒法，而中国之所以接济安南军火粮食，皆得从速，安南一意拒法更无他虑，九也。

有此九利，而奈何不亟举行乎？说者又谓铁路之建费实不赀，恐难筹措，然既有铁路，则假如防兵须用一二十万以分防各处者，今可专顾一处，但得数万足矣。军行必须四五十日，行粮必应多备者，今则四五日可至，则所费又省矣。即以所省之数兴办铁路，约略核计，所短有限。况现在集股一举华人亦既盛行，倘亦仿招商局之法行之，吾知众商亦必有踊跃乐从者，然则此事之举办当正在此时矣。至于铁路之利便有不仅在军政者，前刘爵帅及李傅相皆已论之极详，故不赘。

(1883 年 7 月 4 日，第 1 版)

中国股份极宜整顿说①

仆前论上海市面减色之故，以为股份票之卖买实职其咎。此其说非谓股份之不可集，而公司之不可兴也。中国人情向来未能齐一，假如设一店

① 另见邵之棠编《皇朝经世文统编》卷六十三，理财部八·公司。

创一业，或多独力经营，或父子兄弟叔侄以及亲戚朋友相与襄助，若是者则有之，至于招股集赀之说则未之前闻也。所以从前中国生意从无极大者，以视泰西之生意，不啻小巫见大巫，瞠乎后矣。

自通商以后，渐见西人经营事业皆极广大，自顾不免赧然，于是试学其法，亦为股份之集。招商局开其端，一人倡之，众人和之，不数年间风气为之大开，公司因之云集。虽其中亦有成不成之分，然其一变从前狭隘之规，则固有可喜者矣。

顾中国之股份较之泰西则仍同而不同，何则？西人之集公司也，专志于公司，其股份亦有涨跌之时，而全以公司之盛衰为转移。故西人在外贸易多年，所获既丰，倦游而返，则择公司之稳妥者，购取股份若干，什袭珍藏，以为娱老之资，初不闻其互相卖买；即有之，亦不多见也。中国则不然，一公司甫集，不问其事业成否何如，一鼓作气，争投股挂号，俄而号额已满，欲购不得则先放盘以求必得，一人增价步其后者更不乏人。风声一出，而股票因之而飞涨。还问该公司，则固本曾动手也。其有股份虽已集成，而公司一时未能遽开，或购办需时，或缔造不易，或数月或年余尚无开办获利信息，则又深恐该公司之或有不妙，而急欲推而出之，情愿减价以售于人。一人减价则又以为该股份跌矣，遂致减价而亦无人承受。又有以此为业从中取利者，则又上下其手，稍有不知市面信息之人，无不为所朦蔽。即问以行情，倘其意中某股份欲购者多，本可以增价，彼乃故减其数；某股份出售者多，本当跌价，彼乃故增其数。然故增者不概见，而故减者则往往而然，彼盖为自己余润起见，而其实则于大局殊为大患。故仆以为有害于市面者，缘其以股份为卖买也。

虽然卖买股票固属有害市面，而彼创设公司纠集股份之人，亦不可不认真整顿也。目下公司之多可谓极盛，大抵矿务为最。当其创议集股之时，自必先为察看，核计成本，并将来获利之数谅已算无遗策，而后举事。然开办之后，时事变迁，亦或有不能如意之处，其资本所集固不能藏而不用，或购机器，或置房屋用人，一切在在需用，其有业属可图，而资本未足，即增招友续收股资，亦不为过。或有因该公司一经举办，资本不敷，即须续招，因而疑为事无成效，遂纷纷谣诼，而股份遽尔跌价者。此其所见者未远也。若既经试办，或果无可取之利，即开办成功所获亦不甚生色，则与其支撑场面，以至成本销磨，不若知难而退，舍此图他，即将所集股本照数交还原股友。倘其略有折耗，亦不妨照核折成。彼股友仍得收回原银，又可另图别业，其银不至搁起，是亦疏通市面之一大关要。倘开办既久，利则无可贪图，本则全然搁住，彼各股友有欲另寻生计者，苦于妙手空空，无可方计①，则其咨怨必且更甚。《书》云："思其艰，以图其易，功乃成。"若明知其艰，而恋兹鸡肋，食之无味弃之不甘，则其为害将益滋大。彼各股友本欲附骥尾，以成大业，今则蝇头难觅，马足先僵，大有羝羊触藩，不能退不能遂②之势。其在殷实之家尚不至十分竭蹶，而已觉心绪不安；若仅有此区区之数，且系摒挡③而得之，一旦搁起，则直有欲哭不能、欲笑不得者。此种情事，仆所亲见者，已不止一二十人。而彼主持其事者，方且高车骏马，宴客寻花，但顾己之乐，而不念人之苦，是尚得为有人心乎哉？谁则为若辈大声而呼之也噫？

（1883 年 10 月 21 日，第 1 版）

论买卖股票之弊

矿务之兴，不过近二三年间事。论者谓中国从无纠合公司之举，自招商局创办股份以来，风气竟至大开，凡属公司自刊发章程设局招股之后，不须一两月，而股份全行卖完，亦可见人情之善变，而中国富强之效殆即基此矣。不谓今日市面之衰乃亦为此，有心世道者方不解其何故，抑思此不难知也。盖纠合股份，集小成大，在经事者原为各处富商家资虽巨，而如开矿等事往往需资百十万，以独力任之，固觉不胜；且事非经过，以现成之资本，而用之于不可预期之事，即挥霍豪爽者亦将见而有难色，而况辛苦积累、祖父留贻，其肯轻于尝试耶？以一人之力则不足，合众人之力则有余，故招股最为谋大兴作之善法也。在买股者以为矿务等事经久结实，利不甚厚，而稳当殊甚。或服官多年，囊资充牣，思权子母，无如子

---

① 方计：谋划，计策。（唐）韩愈《柳子厚墓志铭》："子厚与设方计，悉令赎归。"

② 语出《周易·大壮》。

③ 摒挡：bìngdàng，筹措。（清）和邦额《夜谭随录·汪越》："（母）见越意不可回，不得已摒挡数十金，涕泣而嘱之。"

孙不习经营；请托伙友，则又虑人心叵测，久必为黠者所算，于是购股票以收其利，庶免坐食山空之病。或又向来经商，老而倦游，半生辛苦，为急流勇退之计，意惟购买股份为无甚大起落，庶几保守余资，免遭颠踬耳。

舍此二者，即非真欲买股之人也。盖真买股者既不愿股份之跌，亦不愿股份之涨，年年如此，届期分利，并不问价值几何；但知本银百两为百两之家私，本银五十两为五十两之家私，五股十股可也，千金万金亦可也。其市上争哄，日探价值，买卖纷纷，涨落无定者，皆不以股票为事，而以股票之价为事，其用意不同也。真买股者少而非真买股者多，此大弊也。

通计内地官商家有余资、可以出而附股历十年、二十年而不动者，偻指可数；平常殷户，盈绌无定，无此耐久之气象也。试思各公司、各矿局每创一处，其纠资必在二十万、四十万，少亦十万，今乃不下三四十万，而谓凡是股票必有人买，凡卖股票数日即完，吾不信中国内地之广竟有如许富户也。然则股份虽易招集，而其实十之八九皆非真欲买股之人也，非真欲分该公司、该矿之利也。

夫至不欲分利，而惟当前股价之涨落是务则宜，其不察事之确否、人之能否、利之稳否，而每一事出，人皆争买股票以去；而创办公司、矿务者因得大售其术，而纷纷踵起也。事愈出而愈多，股愈卖而愈易，价亦愈涨落而不定，而股份从此大坏，市面亦从此大衰。

尝谓各公司惟开矿关系最重，目前已办者，事皆禀准批委而后行，虽其间亦有空搭场面、专意营私、不顾大局、毫无实际者，然认真办理、已有成效可观者亦复不少。要在附股诸君之有主意，有识见，择善而从。庶股票可以藏之箧笥①，传之子孙。而最要者莫如严绝买卖之弊，使非真买股者不得参杂其间。以至价值纷纭，赚者赚，而耗者耗，亏空逃亡，为害市面，中国矿务就有兴旺之日，不至历久转为西人所笑。

夫买卖之弊百出不穷。近来股票有单填号数、不注姓名者，展转相

① 箧笥：qièsì，藏物的竹器。《礼记·内则》："男女不同椸枷，不敢县于夫之楎椸，不敢藏于夫之箧笥。"（汉）班婕妤《怨歌行》："常恐秋节至，凉风夺炎热。弃捐箧笥中，恩情中道绝。"

授，但以一纸为凭，此不过印板之票，而加以经办者之戳记，或再加西人之签字，亲自画押耳。

人情多伪，晚近之风更非昔比。自捐输减成，空白部照发出外省填注，而假照之案时有所闻。彼则例禁綦严，苟经破案，罪罹大辟，尚不惜以身试法；而况区区股票，巧而黠者有不念及卖买之纷，而伪造描摹以欺人乎？捐例减成，若从九不过十数元，监生不过念余元，为科几何？而有人肯造假照；此则动辄百金，转无人为鬼蜮之谋乎？西人之股份既无不签名于上，如有抵债转卖情事，以我之股归彼收执，必向公司验明，改签新户之名，三面过割，如此郑重。乃今仿效西人徒藉其名，而不师其意，保无伪票之弊乎？且即不防伪票，而或有偷窃等事，又将何从根究乎？蒙谓此等处必须妥筹善法，以绝其弊。

然使仍旧买卖，则弊终不绝。或者严禁代客买卖，凡欲退股者仍以原票还之公司，期以一月或半月为之另招新户，给运原本，此外概无私相买卖之人。则一切刁猾之徒无计可施，而股份市面不敢明目张胆，如从前空盘之纷纷；且退归公司，股价必不大涨落，彼非真买股者无所希冀，亦将束手。特恐于诸股中去真买股者十九，而仅存真股之十一，则退还者踵接趾错，不数月间，而股号销尽，更无另买之人，矿可不举，而无如银已乌有，彼哄哄然称某观察、某大人者，将何以为情哉？

（1883年11月1日，第1版）

论中国公司之难①

中国之创为公司，不过近年来有之，前此未之闻也。然自创有公司，而中国之场面愈阔，中国之市面愈疲。即如上海一区，目下倒账之多，连年迭见。论者莫不纷纷然，咸以为公司、股份之为害。窃谓其所以为害者，在乎股份票之各相卖买，无异空盘。因之而贪多务得者，皆视为可居之奇货，迨一旦变动涨跌不常，而涨者不肯即卖，跌者又不肯贱售，以至银根不出，生意不能活动；及久之而无一项不跌价，则又

① 又载邵之棠编《皇朝经世文统编》卷六十三，理财部八·公司。

汲汲欲图售出。欲出售者愈众，则股票之在市面者愈多，而价亦愈贱。于是盈千累万之倒账即从此出矣。此其患在股票之得以辗转卖买，而不在公司也。

泰西之生意莫不出以公司，一人之财、一家之力，即曰积累多年，又岂得以数千百万之局面而以独力撑持之？自创为公司，而后集腋成裘，众擎易举，以一人而出资千，十人即合成万，百人即合成亿，千人即合成兆，其数巨，其力雄，其势可以有为而无所畏葸[1]。设使不幸而生意不顺，或有亏耗之处，举公司所有而悉行折尽，而每人所丧不过千金而已。合则见多，分则见少，经营则有可凭恃，折阅则所出有限。此其法之良而意之美，有不可以殚述[2]者，安得谓公司之为害于市面也？如曰公司资本较巨，恐不免于垄断，以害小本之经营，然泰西之公司从未有此，即中国公司亦初不患此。

其所以中国之公司不能及乎泰西者，盖别有故也。泰西之人创立公司，其资本虽由纠集而成，其经营则以经手为主。一公司中主其事者止有一人，以一人之心思运量而出，再以数人襄助其事，如是而已足。故无一国三公，吾谁适从之虑。中国则一公司中或以数人主其事，彼以为既有股份即不妨出主。而孰知筑室道旁，议论多而成功少，其弊窭有不赀。第中国近来渐学泰西，亦有以一人为公司之主而大众皆听其指挥者，惟所用之人则中国之杂，不若西人之专。旗昌、怡和皆为泰西公司之大者，而旗昌所用仅有四西人，怡和亦止四西人，初无冗人参杂乎其间。所谓情面、势分皆不之顾也。若中国之公司，则凡创一公司，主其事者莫不有宗族、亲戚、朋友，或求为司账，或求为杂差。彼以为既创大业，何靳此区区一二人之费。而不知积少可以成多，费少而害实大。试观今日中国各公司中，其大者或养冗人数百，小者亦不下数十。并有情势所迫，或其人并不在公司作事，而每月量送数金，名曰干修。挂名姓于公司中而月支薪水，究于该公司何补？其所以然者，不过以公司用人有限，而情面、势分实无穷

① 畏葸：wèixǐ，畏惧；胆怯。（清）王韬《重刻〈徐忠烈公遗集〉序》："畏葸退缩，坐失事机。"《清史稿·高宗纪四》："〔乾隆三十六年五月〕乙巳，阿桂以畏葸褫职，降兵丁效力。"

② 殚述：详尽叙述。多用于否定。

期，一人有一人之情面，不能不权其轻重；一人有一人之势分，不得不量予变通。于是乎，宗族若而人明知其不能办事，不得不准情以给资斧；亲戚若而人明知其不足有为，不能不酌给辛俸；朋友若而人明知其无所裨助，不能不稍为赒恤。加以场面愈大，应酬愈多。某督抚偶荐一人，虽人浮于事而不容有所推阻；某大僚复荐一人，虽才无可取，而不敢显为拒绝。则惟有委曲迁就，或假之以馆，或授之以餐，甚且有其人本有所事，苦于所入不敷，因假当道之势，乞一尺书，求附一名，坐支修脯者。若此者皆糜费也，合计其数，则或以千计，或以百计，或以十计，总之皆非公司所应出之款，而牵于情，迫于势，不能不用。如此而公司纵可获利，亦微乎其微矣。

说者以为倘能破除情面，不趋势分，一视乎西人之所为，或者尚可为桑榆之收。不知西人之情形与华人不同：西人挟资来华，其亲族故旧固不能挟与俱来；华人则创立公司仍在中国，虽相距千里万里，亦且闻风而来，断不能一概拒绝。设十百之中拒其一二人，即已怨声载道，谓为无情。若以势分相胁，则尤不敢稍拒。其举动实有难焉者。然则中国虽仿西人之创立公司，除非远至外洋，另图事业则可，若仍在中国而欲与泰西人所创公司齐驱并驾，吾恐虽有良法美意，亦未必足以济事也。官场中动辄曰破除情面，认真整顿，而卒未闻有一情面之破除，有一认真之整顿，况其为公司也哉！有徒深扼腕已耳。

（1883 年 11 月 4 日，第 1 版）

论官商相维之道

雍乾之际，事事皆臻极盛。国家岁入之数不过常额，而盈余之多直不知其何自而来。盖当日部库存银动辄二三千万，外省理财衙门库储亦大都数百万。虽巡守频行以及一切覃恩赏赉额外之用，几于无岁不有，而库藏充实，正有取之不竭、用之靡穷者。自嘉庆初年川湖教匪之乱起，首尾七年，大兵征剿，军饷浩繁，咸取给库。迨事平，而向之充牣[①]者亏耗大半，

① 牣：满。司马相如《子虚赋》："充牣其中，不可胜纪"。

嗣后遂不能复旧，然犹未伤元气也。至道光季年，粤事龃龉，始则兵饷，继而赔款，搜括派拨不禁，罄所有而出之。而各处库款从此空虚，例放之银大加裁减，一应陋规禁革殆尽。其时以为清查蠹弊之后，涓滴归公，内外政令自此清肃，匮于目前者不难补于将来。而孰知元气之剥丧，实在于此。及咸丰初元，发逆一起，而兵饷至于无从设措，于是大开捐输，创行厘金，挹彼注兹，聊为补苴之计，而天下事遂不可问。同治以来，通商之局日新月盛，气象改观，而国俗为之一变，其大要则在乎重商。盖中国官商不相融洽，商虽富饶，无与国家，且往往见轻于时。自西人请弛海禁，南北海口遍立埠头，辄须中国之富商与之交易。西俗重商，有因西人之请而其势不得不略示重者，因而渐有官商一体之意。然非各路剿荡发匪，饷项支绌，借重殷商捐垫巨款，则商人尚不免市侩之羞，终不敢与大员抗礼。故商人之见重，当自东南收复之日始也。从前公项之银纵存积百十万，不出库门之外，同治以后则库中现存无几，而大半皆兑付庄号。此因富商于兵需紧急之时，垫发巨款，得以济事，当事者推表其功，倍加信任，以公款与之出入，凡库中应收者饬兑交于铺号，设有放给，亦令铺号解入，然后兑发，或垫或存，听其妥便。而其后遂援以为例，不特外省也，凡解京中之款，无论交部库，交内府，督抚委员起解皆改现银为汇票。到京之后，实银上兑或嫌不便，或银未备足，亦止以汇票交纳，几令商人掌库藏之盈虚矣。夫使商人而皆公正殷实也，则存银于库与存银于市，亦无以异。存银于库，而或用银太多，不能放给，必有减缓之事。若存银于市，则可令商人垫发。从前兵饷已有明效，自此以为常例，未始不可。然以国家之财而出入于商人，则官商一体矣，商之盈绌，即国用之虚实也。此而无以保护之，设商有不利，国家将安恃乎？夫官商一体而必有以保护商人者，盖有事之时以商本济国家之用，无事之时以国帑济商本之虚，其势然也。商人以经营为事，权衡子母，岁有余利则足以资其一岁之用，本愈大者，其利愈多，设有余资而不知谋利，天下亦无此憨人。且商人之性情大都贪妒，彼之本一万而我之资仅五千，则退然居于人后，若彼一万而我倍之，无有不存争胜之心者，所谓长袖善舞，多财善贾者，人情大抵然耳。况商之所重在乎信义，苟家道殷实而又涉世公正，交结广阔，虽以本资十万，而有数百万之经营可也。汇票往来，不特通市之财可以转移，即天下之财亦可流通。所难者自国家重商之后，凡关殷富皆经大臣保举，小而丞倅，大至监司，由商而入官，不禁居移气而养移体。一身之享俸虽侈，而犹有限也，而家人亲族岁费浩繁矣。一铺之开销虽大，而尚可算也，而官场酬应之事无所底止矣。而况资本愈大生意愈阔，获利固不必言。设有折阅，人一而我百，人什而我千，几番覆辙，力已不支。大抵生意盈亏，关乎时局，而亦因人情之贪有以致其颠踬。近年以来场面之大莫如上海，而以民穷财尽之故，各业均不得利。从前巨本商人获利万千，即时退手，尚能保其余资，安然坐享。独至声名显赫，联络官场、主持市面，处不能遽退之势者，则犹以智计力量角逐于货利之场。然而如今年者，竟至数一数二之人相继而倒。夫以彼之名誉势分，苟稍可支持，亦岂愿数十年之功夫隳[①]于一旦者，亦甚有不得不然者在也。噫，时局变迁，每下愈况，当此官商一体之日，谈时务者咸曰国家富强之效将于是乎在，而抑知败坏决裂乃至于此则甚矣，官商相维之道不可不亟讲也。

（1883 年 12 月 3 日，第 1 版）

中西公司异同说

中国自创行公司以来，于今数年之间风气大开，骎骎乎有日增月盛之势，而忽如凫起，忽如鹘落，至今年而无一股份不跌价。说者以为市面之坏、银根之紧、倒闭之亏、负欠之巨，佥由于此。余尝论及此事，以为创公司，纠股份，择其业之善者而从事焉，泰西之商务罔不由此而兴。中国向者不知此法，故商人无极大营运之业。盖一人一家之力，其资本虽巨，而有限也。若以众股纠成，所谓"千金之裘，非一狐之腋"。在投股者所出不巨，而积少成多，规模闳富，扩而充之，慎而持之，则中国之经营必日见其式廓[②]，可渐分西商之利权，于中国大局大有裨益，何足深咎！特以卖买股份之风亦从此渐开，以至正经公司生意则不之顾，而但以原价若干买进者，一俟略有余利可获，即以出售。其买进之时本非自己本钱，或抵或

---

① 隳：huī，毁坏。

② 式廓：规模，范围。《诗·大雅·皇矣》："上帝耆之，憎其式廓。"

借，以俟得价而售，然后归还。设买进之价已贵，欲售出而无人承受，则无从周转，而亏逃随之。甚至有一边买进，一边卖出，不须一文本钱，冀获此中余利者，则更与空盘无异。市面之坏实由于此，故纵论及之。

乃有西友谓余曰："先生此论可谓深切明著矣，然犹竟其委[①]而未穷其源，论其末而未及其本也。以卖买股份为有害于市面，殆以贪多务得，不问公司之盛衰。迨公司信息不甚出色，竞欲退出股份，情愿贱售，而卒无人顾问，因而银根搁起，无可周转，以至亏闭者多，大为市道之害，不如从而禁之。然此说也，为中国人之说法则可矣，而于公司股份之情形，犹有所未尽也。泰西创为公司，中国人仿而行之，然泰西股份何尝不互相卖买。譬如前者中朝国债，外洋亦集股份以应借。其后，该股份时有涨价之信登于日报，苟无卖买，价何由涨？不过，西人之购股份必择其公司之稳妥可靠者而有之，非若华人之不顾公司情形若何，见股即购，以至不分清浊载胥及溺[②]耳。且子言市面之害，由卖买股份，而不知中国股份之竞相卖买，而不问公司情形之若何，正以公司之不可恃，而但以股份为居奇之故也。中国人初仿泰西而为公司，其招股份、立董事、拟章程，一切亦皆与泰西仿佛，而独于公司中之用场，即大有不同。其何处开矿，何处采金，事无征兆，先自张扬者，姑无论矣；即使其地、其事、其人率皆切实可信，而公司局面必先开也：房屋则或租或造，伙食则或包或供，门前则轿马联翩，室内则宾朋燕笑；其他琐屑姑置勿论。即如议事之时，在泰西规例，则不过约定时日，约定地方，届期毕集，取公司应办之事与众共议，可者可，否者否，一一登诸簿上，议毕而散，并一茶亦不备，无论他矣。中国则不然，凡遇议事，先期发帖，届时众至，相待如客，公事未说，先排筵席，更有雅兴召妓侍侧，拇战[③]喧呶[④]，杯盘狼藉，主宾欢然，

---

① 委：水的下流，指事情的本末或原委。《礼记》："三王之祭川也，皆先河而后海，或源也，或委也，此之谓务本。"

② 载胥及溺：载，句首语助词，无义；胥，相；及，与；溺，落水。相继沉没。《诗·大雅·桑柔》："其何能淑，载胥及溺。"

③ 拇战：猜拳，酒令的一种：两人同时出一手，各猜两人所伸手指合计的数目，以决胜负。（清）江藩《汉学师承记·朱笥河先生》："拇战分曹，杂以谐笑。"

④ 喧呶：闹嚷，嘈杂。（唐）柳宗元《游朝阳岩遂登西亭》诗："逍遥屏幽昧，澹薄辞喧呶。"

其乐无极。迨至既醉既饱，然后以所议之事出以相示，其实则所议早已拟定，笔之于书，特令众人略一过目而已。原拟以为可者，无人焉否之；原拟为否者，无人焉可之。此一会也，殊属可有可无，于公司之事绝无裨益。而如许排场何等热闹，以视西人之落落数言、议毕即散者，一边华贵，一边寒俭，似乎判若天渊矣。而不知一会之费，其用几何，实皆无益之花费，西人公司之所无也，此其一端耳。其余浮费之多于西人者，不知凡几。或开创数月，或张扬半年，问其章程若何，则茫然竟无以对，如此则公司何由能兴？又何怪买股份者之但求股票之涨，以期获利，而于公司之情形不屑问也乎！中国公司目下情形大有江湖日下之势，窃恐中国之财源因此而愈形竭蹶。其已经集成之各公司必有盘顶于人者，华人不能承受，则必有西人起而承之，去华人之弊政，照泰西之良法，则公司必将日有生色；虽华人所已见为无可收拾者，西人亦能为之补救，则将来数年之后，华人所创之公司将悉成为西人所有之公司矣，讵不大可惜哉？"

余闻其言，怃然①曰："是可为中国新创各公司之砭言，幸而垂听，则中国之利权不至终让于西人。"是不可以不书。

（1883 年 12 月 25 日，第 1 版）

中西公司异同续说

中国本无所谓公司也，自泰西通商以来，华人见西人数万里而来，道路之远，风涛之险，皆所不顾，而挟巨资以往来营运，规模气象与中国判若天渊。于是乎□［亟］思其故，而知西人之经营恢廓、资本巨万者，大都皆系集公司、纠股份而成。以千万之财力聚于一处，经之营之，自与一人一家之力大相径庭。华人见而羡之，遂从而效法之，一人为倡，众人为和。至近年以来，则此风大开，公司众多，市面之卖买股份票者，至成为一宗生意，而买空卖空之辈，亦□［层］出乎其中。因而日见疲敝，弊端百出。迄于今日，且群归咎于公司。其实则非公司之足以为害，创为公司

① 怃然：怅然失意之貌。《论语·微子》："夫子怃然曰：'鸟兽不可与同群，吾非斯人之徒与而谁与？'"

者不善于办理之足以为害也。本馆前著为《中西公司异同说》，已略言之。然其中同异之分，盖尚有在焉。

夫既效西人之所为而开设公司，则凡公司一切诸事，皆当以西法行之。盖西人于此为三折肱，其所定之规例、章程，精益求精，自必有利无弊；仿而行之，循而守之，其有不便于华人者，稍稍斟酌而损益之，固其所也。乃中国各公司虽日起有人，然止有一二家仿佛西法，其余则皆以华例行之，虽于账目亦莫不皆然。夫公司之有账，此通例耳，中与西似本无所异。不知泰西公司之账公而显，中国公司之账私而隐，此其所以异也。

何以言之？泰西各公司无论已成未成、已开办未开办，或开办一半，或已有成效可见，自集公司之日起，一收一支备载于簿。其为购机器、买地皮、造房屋等大用，固一一记之，即毫厘之间，凡为有关乎公司者，莫不咸在。其有公司已集、股份已齐，而开办尚需时日者，当其未经开手之时，亦必有收支之处，或月一结算焉，或季一稽查焉，每至半年无不通盘核算，开具清单，录供众览。旧公司之缮为册籍，装潢成书，以分送各股友者，不必言矣。即新公司之尚未开手者，亦必开一清单以示各股友。如此则有股诸人心无不安，一以见该公司董事诸君之大公无我，一以见该公司之并无丝毫妄用，庶各股友亦无闲言，而众志咸孚，斯众擎易举，此所以为公而显也。

若中国之公司则不然，除数家大公司按照西法而外，其余各公司则有业已开办者，有未经开办者，有开至一半而中止者，有开至一半而扩充者，有集股已成而一时未便开办、尚有所待者，有先行开办小试其端，以俟将来有成效可睹然后大举者，而其收支各账，则惟公司之司事诸人知之，各股友皆懵然不知也。惟其不知，而外人遂不免疑议。因外人有所疑，而有股诸人亦将斤斤焉不敢自安。疑以传疑，讹以传讹，而该公司诸事乃不免于掣肘。即使不至掣肘，而物议滋腾，又将何以谢之？即股中人仍无闲言，而揆诸情理，究亦不得其平矣。设公司中用人不当，则账无可交，而害乎公司之局面者大。即公司诸人皆各勤其事，一秉至公，而各股友但知其集股所收之数，不知其支用之数，亦非所以示信实也。

尝有友人问余曰："中国近来创为纠集公司之举，集腋成裘，固属美事，然资已集成，而未即开办，其本银悉存于公司，或存于银行，不能行用周转，故市面银根如是之紧。向使无此数十家之公司银根搁起，则市面或尚不至于此极乎。”余曰：“不然，既集公司，既纠资本，此所纠之资本何为也哉？将以图大业也，买地造屋，购机器，用人工，何一可以不用？故当集股之时，此所集之资本银若干万两，固已安排支用，而非但以存储者也。其有一时未即开办，则存银待用。此次［些］银原不算在市面者。目下市面之坏，银根之紧，岂专职此之由？徒以买卖股份之人本无己资，由借贷而得之。购得之后，股价而涨则即售去，以还借款；股价而跌则折耗既多，势必亏累，而借款无从归还，因此而受其累者不一而足。此市面之所由衰，银根之所由紧也。若创设之公司之人悉仿泰西之法，于收支各账丝毫不苟，量入为出，眉目清朗，或半年，或一年，缮具清单，明白昭示，当此岁聿云暮①之时，俾各股友咸知公司之核实，一无苟且，则公司不但无害于中国之市面，而且有益于中国之商务，中西人情又岂真大不相同也哉？”

（1883年12月31日，第1版）

市面可望转机说

市面之疲敝至今日而可谓极矣。中国固倒账时闻，外国亦亏闭屡见。贸易场中至皆视为畏途，此岂细故哉？上海自前年金嘉记倒闭以来，著名殷实之大庄巨号莫不连排崩溃，如堤之决，一扫千里，如火之烈，一炬万间。泰来之亏欠犹小也，阜康雪记为中国巨商中首屈一指，不但中国人羡而慕之，即外洋人亦震而惊之，而乃忽焉倒闭，无可弥缝。他如谦吉升等之票号，素来驰名远近，牌号之卓卓②超越寻常。初闻其有亏闭之信，人犹未敢信以为真，或疑为诬谤之辞。直至目下其倒闭之事昭然若揭，即爱之者亦不能为之讳矣。山西票号本来殷实，且诚信素著，而犹有如此之事，则其他之交易有不望而却步者乎？外洋各报亦常载有倒账等信息，即如近日所载丽如银行停付之信，而知外洋之市面亦有不如从前者焉。该银

① 岁聿云暮：指一年将尽。《魏书·乐志》：“既岁聿云暮，三朝无远，请共本曹尚书及郎中部率呈试。”

② 卓卓：突出之貌。《世说新语·容止》：“嵇延祖卓卓如野鹤之在鸡群。”

行历年已久，前数年本有亏本之说，闻已亏资本之半数，犹欲收之桑榆，力图善后。乃至目下，而伦敦总行来电，令各路分行一律停付，于是始知其实难支持。推原中外市面之紧所以至于如此其甚，则以现银不多、银根太紧之故。银根之所以如此其紧，外洋之情形不得而知，中国则其故约有数端。

或谓丝、茶销场近年太疲，此两项实为生意之大宗，大宗一经减色，市面亦随之而减。或谓股份公司风气盛于中国，而变而加厉，甫开风气，即已卖买股票，不啻如钱庄之空盘，并有工于居奇者，竟欲为此专门之生意，期将各钱行、各掮客之经手交易一网打尽。讵知棋差一着，计其利而不计其害，遂致以所集巨资悉变而为股票，欲罢不能，进退维谷，而彼卖买股票者又忽起忽落大有出入。卒之各公司跌价者多，增长者少，而朱提[①]□［一］去不可复回，因此而市面无可松动。或又谓中国购办机器、开矿、缫丝等事，即或公司未经开办，将来好否不可预定，而先将雇洋匠、购机器等资本流于外洋，假如购一机器先付定银若干，日后届期公司尚未开办，或竟至不克举行，而不复如期取货，则定银照例作罚，若此者，统计已属不少，夫是以银根短缺若是也。

以上数端固皆切中情弊矣，然吾则以为大半由于法越之事。中法和战未定，人心惶惶，无暇注情于贸易，其胆小者早将现银陆续收进，谨以收藏。即明明有可乘之机、可创之业，而深恐中法衅隙[②]一成，兵连祸结，害及商民，故即有大腹之贾，亦莫不钳口结舌，袖手裹足，而不敢有所作为。况招商局本欲在越南开埠通商，而法人遽有异志，毁其码头，据其局屋，截留其船只，劫夺其米石，此等凶横之情形，令彼商贾中人闻之，有不胆寒而心怯者乎？又何怪有钱者之不肯轻易放出也。即如徐州之利国铁矿业已见煤，中西人啧啧称道，不绝于口，而今招股未齐；云南铜矿历年素久，向来美名甲于天下，而目今集股改用洋法开采，其事半功倍之效可以坐收，而迄今投股亦未甚旺。说者谓实缘银根太紧之故，而不知银根之

① 朱提：山名。在今云南省昭通县境。盛产白银，世称朱提银。亦用作银的代称。《汉书·地理志上》："朱提，山出银。"《警世通言·桂员外途穷忏悔》："谊高矜厄且怜贫，三百朱提贱似尘。"

② 衅隙：不融洽。

所由紧，其故实由于此。

试观前年法越之事未急，虽白土、思南等矿之毫无眉目者，犹且投股若水趋壑，不数日而其额已盈。去年越事紧急，虽以利国、东川之佳矿凿凿可称者，而亦顾问寥寥，其故不从可知与？今日者，幸而天心悔祸，人事转机，以德理固、宝海两使臣所不能成议者，一福尼儿而居然克建厥勋，如天之福。中国仍以大度涵之，法人亦即见几［机］而作，不俟终日，汲汲议成和约五款，即昨本馆所接电音取以录报者。观其所订五款，两边尚不大伤和气，亦未显有偏袒，虽此系简明大旨，其后尚须由使臣会议详细条目，然总不越乎此五款之外，从此商民之心可以定矣。约款之外，又闻法国愿赔招商局六十余万金，若此则可知法人虽逞其强，亦不得逃出乎情理之外。自此，时有可乘，势有可为，因其利以乘其便，故招商、济和等股份价已略涨。此外各公司股份当必有日见起色者，况际此茶已开市、丝将登场之时，正懋迁者有为之会。市道之转机不于此乎？是望也哉。

（1884 年 5 月 17 日，第 1 版）

扣货抵欠书后

经营之道，相通以财，而相交以信。若殷实商号历年久远，生意阔大，交易烦数，则彼此以银钱相往来，不能无所拖欠，诚以生意首重招徕，日中为市，各存垄断之心，古时风气且然，而况于近世倾轧者乎？或慕其声望之隆而故为结纳，或贪其往来之多而偕作周旋，要皆招徕之法有应如是者。惟欠者亦当稍存体谅，知银钱之于市面最为吃重之物，大小贸易皆恃此为流通，暂时蒂欠，无非事出仓猝，势值两难，彼此信义不渝，则藉以便利耳。倘为胶柱鼓瑟之□［见］，则于经营道中有所不通，即己亦无甚利市也。是故开店者至端秋、年节必有收账之伙，肩袋携筐，街衢蹀躞，不为劳也。夫以货物易钱者，犹不能无赊账，况乎本非货物买卖，而为转运货物之事，舟车揽载之资，于此而谓交易有年，素无舛误者，必斤斤焉责其以如许之钱作如许钱之事，能乎不能？且货物交易业不一店，我与客初不相识，无自知其浅深虚实，彼不以银钱来，我自可以辞之，然亦安知无人与之相识，信义交孚，虽盈千累万，而不惧其倒累者乎？谚云，“一个贪多，一个贪拕”。经营之道固应如此。

至于揽载之水脚则本无货物相交易，尤易于欠也。昨日本馆登有扣货抵欠一则，言汕头华商欠太古洋行水脚费者不少，索之弗得，洋行乃于各商家豆饼上栈之后封栈扣货，并使人言于各商不还前欠，不准提货。各商集议于会馆，相约嗣后不与太古交易往来，货物不装太古轮船。太古闻之，谓无论此后交易与否，此次总须清还前欠。本馆因而归咎华商，谓此举不可为训。夫太古本系西人所开，西人之重信义甚于华商，生意往来事事从实，毫无虚浮习气。虽人心不同，不敢谓西人竟无轻诺寡信者流，自通商以来，洋商短欠华人银钱之案不一而足，其洋商之自相欠者更所在多有，然究之能知大体、顾大局者决不轻弃信义，迹邻诳骗也。从前洋行之以轮船往来中国各口者不过一二家，旗昌、怡和最早，厥后太古、禅臣等相继而起，彼时客位水脚价值昂贵，各行一律，并无畸轻畸重之弊，而争揽客载亦不十分认真。迨中国创设招商局，洋商思轮船一业将为中国所自擅，于是有贬价招徕之意，而招商局深恐声望未著，生意不见日隆，因亦互相争揽。嗣经彼此商允，酌中定价，不许涨落。然揽夺生意仍各视其操术之能，自此洋行之利归于招商局者十之三四，而洋行亦不觉其减色。但争揽之余未免见好，商家不择其殷实与否，而概行赊欠，因之年久不结，为数渐巨，而行中生意有名无实，至于必不得已，而为此扣货抵欠之举也。盖骤出此论似乎洋行过激，各商不平集议，嗣后不与交易，洋行亦无可置辩。然细思之，水脚本无可欠之理，其至于欠者暂时不便，从缓结算而已，乃恃其可欠而永不清还，是有意图赖也。本报后有告白，标题水脚银期，乃怡和、招商局、禅臣、太古四家出名，言会议定章，所有出口水脚以按月，由初一至十五装货者归下月初一日收清；由十六日至月底装货者归下月十五日收清，仍可行用十天期庄票，无论开往何埠一律办理云云。观此定章，是各行揽载收银之法，自是体贴人情，仁至义尽。盖各路客货装往他口，各洋行必取现银，深恐客商或有不便；且运货到地，往往本客不亲押，运税项、水脚均须卖货收银算结，此固客帮之常情。若概用现银，微特客为他行揽去，于招徕之意似乎有妨，且如此谨慎，亦非经营能事人之手面矣。第定章既已妥贴，于洋行不至托累，即于客商不觉烦重，彼此遵守两不吃亏，岂非尽善？乃各商户之疲敝竟至于此。嘻！生意之道亦诚难矣。

近年倒账纷纷，大半由于托累，然托欠之户果使生理已绝，无有偿还之望尚可言也，而乃旧欠不清，新欠又积，落货卸货，买卖纷纷，犹是绝大场面，绝阔气象，然则被累者其肯甘心否耶？吾以是知太古扣抵之举，真有必不得已者在焉耳。

（1884 年 6 月 7 日，第 1 版）

论中国富强之策轮船不如铁路

泰西各国无不日谋富强，而其所以致富强者，则曰制轮船以通懋迁之利，创铁路以便转运之方。此二者，其大端也。至于开矿、抽税等事，则皆由此二事而来，而泰西之富强遂甲于天下。轮船之利所以致富于外，铁路之利所以致富于内，二者不可偏废也。

而中国情形则又不同。中国自未通商以前，本有自然之利，原不以通商为利也。所虑者中国有自然之利而不能取之耳；且即有以取之，而转运之道有所不便，则又不能尽利耳。自与泰西各国通商以来，西人洋舶来中国者日益众。不但以外洋之货运入中国者，足以泄中国之财源，以中国之货运往外洋者，止以增西人之利益。即以中国之货往来营运，与夫旅客去来，皆□［由］西人独擅其利。自有轮船，而中国之帆船、沙船几于尽废，有心者慨然忧之。于是创为招商局，以分西人之利，此其用意亦可谓深矣。

招商局购得旗昌码头、轮船，所有旗昌之利，悉□［归］于中国，津海长江攸往咸宜，而西人之利始失。然所分者，只旗昌一家洋行之利而已。他若怡和、太古，与夫各洋行之轮船往返于津港、江汉之间者，仍不得不听其所便。况旗昌之轮船、码头虽为中国所购，而旗昌停止不行，但曾立有年限，刻下限期将满，则旗昌苟仍□［欲］置备轮船，另设码头，与招商局齐驱并驾，中国恐不得而禁之。然则所以购轮船设招商局，以冀分西人之利者，其道犹有所未尽也。

为中国计，非开铁路不足以尽夺西人之利。盖铁路所开，皆非洋轮所得行之地，载货往来，其捷过于轮船，而西人不得与我争此大利。彼西商以轮船运货，我以铁路运货，其迅速大相悬殊。即曰轮船广大，装货为多，铁路火车所装有限，然苟以中国之货运至中国，则亦不必务取其大者。吾知一有铁路，轮船之利必将日减，西人见轮船之便不及铁路，则亦必有就铁路以运物者，而后乃可日扩其利焉。

说者谓，西人若见铁路之利胜于轮船，则必欲争中国之铁路，是亦不可不虑。然各国皆遵公法办理，必不能独逃于法外，各国境内之铁路无论何地，皆本国自主，从未闻有某国之铁路为他国所主持，则中国之铁路又安得而为西人所觊觎？所谓利益均沾者，一国得此利则所有通商各国皆当一视同仁，不得有所偏倚，非谓本国之利必出而与他国共之也。特恐中国有此独擅之利，而不能自取，亟图兴办铁路以快着先鞭。设因循日久，而或有西人出为创议，代中国兴筑铁路，或购地一区先行试办，日后渐推渐广，则中国自不能阻止者矣。自是而中国不能自有其利；而向之欲分西人之利者，至是而西人转得以分我之利。且不但分我之利而已，直将举中国之利而悉为西人所有，是则大可虑耳。

夫开办铁路谈何容易。中国固明知大利之所在，而顾迟迟不果行者，实以款无所出故也。自刘省三爵帅一奏之后，发交南、北洋会议，其后议得事实可行。而款终过巨，以是中止。然招商局当前此初议之时，亦未尝不病其经费之巨，而招股集商通力合作，迄今遂成此大业。苟于铁路一举亦照此仿行，必有无难纠集者。虽近年以来，商贾疲敝，一时未必遽能筹措。然疲敝者不过一时一地，将来必有转机。各省讵无殷户？苟知兴此大利，当必有踊跃从事者。尝有友人言及，此事实为中国至要之务，必不容于再缓。倘虑近日市面衰疲，不妨暂揭洋债，将来一处既成，必有见以为便者，而投股必然众多，用以还洋债，无虞不足。为此言者不仅能言之，而实能行之，或者其人而得所藉手，则此举当不难奏功。然既知大利所在，又何必专待此人哉？总之，中国之患在乎因循。近年，宵旰忧勤，未尝不力图富强之策，而老成谋国，不乏伟人，殚忠竭诚，求以远跨乎泰西各国，而顾不能自收其利权，以贻笑于邻国，是大可惜之事也。轮船之利为人所共得，铁路之利乃己所独得，此理甚明，不待智者而后知也。而谓中国无人焉知之乎？知之而不实行之，吁，可慨也夫。

（1884 年 6 月 16 日，第 1 版）

论保护商局之难

前数日法舰纷来，人心惶扰，哀的美敦书已上于北京，限期未展其时，中法骎骎乎即欲以兵戈相见，大有朝不及夕之势。上海各国领事官皆以保护商局为心，日前曾经集议。据闻各领事颇觉为难，英美两界，各国不难派兵船驻泊租界中，调兵分段弹压。独至法界，则其势局不同，法人顾自有兵舶守护，俾无骚动之虞。而各国若置而不顾，以一听法人自为之防，则疑乎于保护商局之理有所未安。若亦一律照护，则又有疑于有违局外之例，以是迟疑，会商终日而仍不能决。

今幸而哀的美敦书业已展限，曾沅圃爵帅已膺全权之命，不日将至沪与法使商定详细条约，大局可以不出于战。以故招商局开往各处船只，亦俱照常开行，人心于是大定。而各国保护商局之议亦可姑为缓图。否则蓦地开兵，商务不能无碍。彼有保护之责者，不且左右为难也乎？夫上海为通商码头，各国商贾之所荟粹。两国设有兵事，两国之兵原不至扰及于此。前者简明五约未定之先，中法已有几欲交兵之势。而中朝先期明降谕旨，谓即使中法构兵，而我中国必须顾全商局，凡于各国商船、货物均需力为保护，虽法国与我为难，而商人则固无与，仍当设法保全。煌煌天语，宽仁之度早已薄海同钦。可知我中国虽与法兵角胜于疆场之间，驰逐于波涛之内，而兵自相仇，商自相睦，初不因有憾于法兵，而并迁怒于法商也。至于法人，若与中国交兵，或者袭吴淞炮台，据制造局，此等举动亦难决其必无。然租界为各国商民杂处之地，亦未必遽以兵相扰。若在法租界，则尤属法人商务所荟萃，即使他国之人无有居于法界者，而中国人民亦皆与法人交易，居其地，萃其货。少一华人，即法人少一交易，彼其意亦岂肯致憾于华兵之故而并移祸于华民华商，度必尽心保护不使纷扰。所患者，流民、土匪之乘间窃发耳。上海之地，五方杂处，流氓之多，莫此为甚。通商大埠，百货荟聚，地方素称繁富。若辈夙所垂涎，平日之间无隙可乘，日夜有巡捕逡巡、包探密侦，有一作奸犯科，立被捕获，轻则枷责，重则监禁，故有所忌惮，而不敢逞。一有变故，则若辈将乘机肆毒，呼群引类，纷纭不靖，且将以义民自居，谓为国家杀敌，致果而盗其名者，实无其实，不过杀人放火，掠货劫银，以日肆其强暴而已。见法人，彼不知何者是兵、何者是商，一概逞其焚掠之毒。见他国人，彼亦不知何者为英、俄，何者为德、美，一律肆其劫夺之心。即遇华人，彼亦不顾何者为富商，何者为贵介，但一切供其取求之便。平时所蓄而不敢发者，至此将尽数发泄之。此时而各国之兵助法人以相剿除，则大有似乎助法人而仇华人，如竟不一襄助，则法人意中似乎各国不恤其难，故商及此事而殊为棘手也。

然其所以致此者，则皆以先事纷乱之故。如前数日之中，一闻招商局轮船不开，其势岌岌，似有立时开战之象，城厢内外，诸人皆有纷纷谋迁避者耶。西人中亦间有此等举动。如此而人心愈形惶惧，若辈益为得计。近日以来烟馆茶寮，三五聚谈，有言及法事而故为张皇，劝人迁避者，此其人皆若辈个中人，其居心皆不堪问者也。

本馆曾著论说，谓中国官长宜先出示晓谕，禁止华人，不得轻举妄动，以启他国之衅。此言虽属正理，目下粤中官长亦既有行之者，然细思之亦不过具文而已。民间之明理安分者方且自忧不暇，安肯开罪于西人？若此辈匪徒，则正以有事可乐，孰肯惟官谕是听。窃以为此其道，第一在静以镇之而已。流氓匪徒不可以一纸示谕使之惟惟听命，而安分良民不难化喻也。中西诸官剀切晓谕，使知中法相争为疆场之事，于民实无所怨，但各安生业，勿事张皇，即使军兵在前亦不为害，切勿先事迁移纷扰，授匪人以隙。如此则民心皆定，而匪徒无间可乘，以是为保护不难矣。忆昔赭寇之乱，多有闻警移家而中途遭劫者，其故园者则故无恙也。若此者实不乏人，前车具在，所当引以为戒也夫。

（1884 年 7 月 24 日，第 1 版）

论招商局出售

中国轮船招商局创于同治季年，迄今已十一年。于兹中国商民无不欣欣然望该局之日新月盛，足以夺西国之利而归诸中国。观其每年开具账略，类多有盈无绌，今一旦忽以全局及各码头与夫轮船、栈房悉举而售之于旗昌，于昨六月初十日十一点钟过割，转瞬之间易中国之牌号为美国之旗帜，闻者无不骇怪。不特中国人民所不信，且亦泰西各国所不料，无怪议者之纷然矣！按去年该局所开第十次账略结算，资本、官项、存积等款共计五百六十六万四千六百二十七两五钱二分三厘，今售诸旗昌得价银五百二十五万，则其价尚不甚吃亏。而适当此时，中法龃龉，和战交持两不相下之际，而忽有此事，人遂疑为恐法人开衅，占据招商局，劫夺该局船只，故驾名于美商，俾法人无从下手。因此而人心愈加疑惧，谓招商局尚且若此，我等安得不赶筹免祸之方？故因此一事，而纷纷搬移者愈多。

然本馆查得该局此举，实非因中法之事而然也。今年商务萧索，懋迁者大都不能得利，即外国之著名公司洋行，其轮船往来每每无可获之利。招商局有如许之码头、栈房，一切开销实为不赀，当此所获者少，所费者巨，殊有不能支持之势。夫是以决计售之于人，盖亦通盘筹算，非仓猝而为此。特计议秘密，先时外人未由知之，以为出于意外耳。

虽然，该局之兴颇费经营，一旦遽弃，究亦可惜。泰西各国前此闻中国兴办招商局，咸以为富强之基胥在乎此。虽我中国不若西人之重利，商局盛衰无关乎国本，无系乎大局，然自西人言之，则固以此为重轻。即中国之商民言之，亦若以此为荣辱。今创之数年，废之一日，言之者孰不深为扼腕。第揆之该局，当必有万不得已之苦情，乃始出此一策，此其事诚属无可如何者也。

顾仆于去年时闻倒闭、市面大衰之时，曾著为论说，谓中国此时非复昔比，于商务一层必宜实力整顿，妥为保护；即如东洋公司未尝无时形竭蹶，而日本国家时加保护，代为筹措，必勿使该公司有所支绌，以至贻羞于大局。当此商务衰靡之日，轮船载运无所赢余，其势岌岌不可终日，苟国家力为设措，或借予帑金，令其力持大局，无稍惊惶，则彼主持其事者亦有恃而可以不恐，又何至以多年之经营而弃之为他人有哉？若云恐为法人所劫夺，此则尤属国家局面所关。当两国兵争，商局轮船足以为载兵运粮之用，无事则归商，有事则归官，或仍由官给以经费，而国家可赖其用。若为敌人所乘，则必与之力争，虽失而必思复得，非专为商局起见，实则大局理应如此也。若国家不为保护，而一听该局之自为，则有利可获，无害可怵，自当乐于从事；一遇利源渐竭，害在目前，即舍而他图，以趋利避害，而国家之大局固有不遑计及者矣！

前者闻美前总统格兰脱有告穷之举，以贸易失利，家资消耗，迫而出此。窃以为此事于美国家似有所碍：以前总统之威名，海外共仰，一旦时运不齐［济］，无可设法，至于告穷，前总统之不幸，亦美国家之耻也。继而知□［美］廷优给廪禄以养其天年，以为此则差强人意。然与其既告穷之后而优恤之，何如未告穷以前而保护之。

今此招商局固未可以相提并论，然设于未经出售之时，国家力与扶持，善为保护，则招商局之幸，未始非中国之荣也。保护之道奈何？中国内河可行轮船之处，悉用招商局轮船驶行，以通利源，此则他国所不能与我争者，而该局轮船不难独擅其利。江海之利与他国共之，内河之利惟招商局专之，如此则该局生意尚有可观，决不至一朝尽废。此策不行，是亦该局之不幸也。夫成事不说，遂事不谏，既往不咎，刻下木已成舟，更无挽回之术。言之明知无益，惟愿此后中国究心富强，振兴商务，智必周于几先，功不隳于末路。以自利者利天下，而他人无得与争，庶几其有豸乎[①]。见兔而顾犬，亡羊而补牢，未为晚也已。

（1884 年 8 月 2 日，第 1 版）

招商局众商公启

窃谓天下事有道不议，不平则鸣。近招商船局骤售与美国旗昌洋行，势难禁人之不议，势难使人之不鸣也。

夫招商船局创始于同治十二年，曾经李傅相专折奏明，招商办理，由官维持。所谓维持者，盖虑商人资本不足，故拨运漕米、拨借官帑，极力助之，其官帑分年缴还，生意盈亏与官无涉，均奏准在案，其为商办之局明矣。是以合数百辈之力，醵[②]数百万之金，制造轮船三十余号，建置码头二十余处，近通闽、粤、楚、皖、吴、越、燕、齐各省，远达日本、吕宋、新加坡各国，转运漕粮、装载军火、传递公文、迎送官商、包揽货物，实开中国五千余年未有之创局，不独仅分洋人利权已也。办理已逾十

① 豸：zhì，通“解”，解决之意，《左传・宣公十七年》：“使郤子逞其志，庶有豸乎！”

② 醵：jù，集资。

载，官帑已缴还百万有奇，除一切动用及每年分派官利一分外，尚余数十万金，办理未为不善，我众商咸谓此局当与国家垂亿万之久，而奠磐石之安矣。孰料变生，仓猝于本年闰月初十日，陡将全局售与美国旗昌洋行，得价五百二十五万，迅雷不及掩耳，我众商惟有徒唤奈何耳。其初疑为中法交涉一案，和战未定，要启兵戎，各轮船虑有疏虞，暂行押与洋人，故为此举，未尝不可奉行。迨探得确音，乃系和盘托出，并订约二十年，又云二十五年不准中国重立招商名目。嗟嗟，经营十余年、资财数百万，一旦委而弃之，有如敝屣。

按该局曩定章程，原系商办，奏明在案，何得独行独断，一手把持，骤将全局败坏！若售与我中国之人，尚属楚弓楚得，乃竟售与外国洋人，复是当时售于我之旗昌，将国体之谓何？言之令人发指。况所立之约，其价款五百二十五万，议分六年摊交，绝不言息，眼见数百万血资、六年中子金丝毫俱无，本银亦恐难全璧以归。查当日归并旗昌之时，亦属分年摊交，立约之日即定子金，何以前后事出两歧，不如法炮制？至保险公司所存七十万之数亦虚悬无着，以至各商连日踵局鼓噪，实属不成事体。谋人家国者乃如是乎！当事者不知是何肺肝，即不恤众商之失望，独不虑外洋之腾笑耶。试思从此转售洋人后，凡转运漕米、装载军火等件，在在动形掣肘，又将何以处之？至我众商中贫富不齐，有力之家值此变动虽属悲愤，尚无大害；惟有无力之家，全仗每年所得，藉此为饘粥[①]之费者有之，抑挹彼注兹者有之，忽自有而无，诸多窒碍，诚恐有性命之虞，则所关匪细矣。逼得将一切情形痛切缕陈，伏祈登入报中，使中外共闻共见，俾咸知局总作事之乖谬、众商失业之彷徨，且待公评，不胜私祷。

（1884 年 8 月 20 日，第 3、4 版）

论专售商局之非

招商局之卖于旗昌也，事出仓猝，迹涉擅专。有股份之人一闻是信，无不心惊发指，各抱不平。然事已至此，无可挽回，亦惟存木已成舟之

① 饘粥：zhānzhōu，稀饭。

想，徒为叹息痛恨而已。顾本馆以为虽经售出，而按之设局时所定章程，倘有股诸君真欲设法挽回，则不特擅定此议者难逃悖违之咎，即旗昌之承买斯局亦属非理，正可执局规以相辨［辩］论，而使之还归故主也。盖招商局创始于同治十一年之冬，其时由李爵相奏明办理，初委朱云甫观察为总办，至十二年六月乃以唐君廷枢为商总，专管局事，而朱君其莼、徐君润则为商董，其余他口分栈亦派宋君缙等为商董。自此以往，唐君之为商总迄未改换，商董虽有更动，以及后来分设他口，局务扩充，添举数人，不无交接，而要不得谓其事权不一也。乃至今而忽有售出之举，且不闻专主于唐君，而为马观察眉叔之意，岂不异乎？

夫马观察之入局也，并未有代唐君为商总之说。唐君贤劳，经办之事不止一端，即未能躬亲局事之琐屑，而商总之名依然未改。然则如马君者，不过若盛君杏荪、张君叔和在后委入局内、同为商董而已，至局事之兴废，马君不能操纵之，而况乎委而弃之他人哉？本馆细阅原定章程与局规所载，窃叹当时创制实有取乎泰西各项公司之通例，而参酌以行，顾后虑前，可谓无毫发之憾矣。以今日之事证之，无乃有令人不满于心者乎？查章程内第一条云，“商总之外，再将股份较大之人公举入局，作为商董，协同办理”；第二条云，“事属商办，似宜仿照买卖常规，庶易遵守”。是所谓商董，即系有股之人，既照买卖规矩，则与凡百店栈之股东拼合者无所悬异。店栈中苟有大事，必邀集股东公同商议，各东允洽，然后经手可以遵办，至于关歇、盘顶之大，自不待言。今闻议售者并未商及股东，此越分擅权之甚者也。

又查局规内云“生意畅行，船只须加，或按股添资，或另招新股，届时再行集众商办”；又云“选举董事，每百股举一商董，于众董之中推一总董，分派总局、各局办事，三年为期，期满之日，公议或请留，或另举”；又云“商董若不称职，许商总禀请裁撤，另行选举；商总倘不胜任，亦由各董联名请换”；又云“紧要事件有关局务以及□［修］改定章，或添置船只、兴造码头、栈房诸大端，须邀在股众人集议”；又云“如有将股让出，必须先尽本局，本局无人，方惟卖与外人。设遇股票、息折遗失，到局挂号，一面刊入日报，庶使大众咸知”；又云“本局结账，凡有股份者，定于八月初一日午刻到总局会议”；又云“将来生意畅旺，添购轮船，增立栈房、码头，除官利股息，其余溢之项，公同会议，酌量提留。若生意平常，按股多招，或另招新股；倘仍清淡，不敷缴费，势将停歇，邀集有股者会议”。以上章程、局规所云，总无商总、商董可以擅主之理。而末后一条“不敷缴费”、“势将停歇”等语，尤为不能擅行出售之比例。当时呈诸傅相，原属尽善尽美之法，大旨与泰西公司通例不甚相悬。

卖者既无专主之权，即买者亦难辞私受之咎。天下事体不同，而事理则一。假如三五股商合出资本，创设行店，其一人坐店经事，余人皆各就他业，不闻店务，然店中大事，经事者尚须会同股东商议；设或召盘，更宜公允。试思承受之人知其店有股东，乃仅据一人之意，而彼数人者并未在场，能坦然受之不虑各股东之后言否也？现在招商局亦犹是耳。为旗昌计，无乃亦失之冒昧矣。且商总尚是唐君，马为商董，不过因商总不常在局，凡事代为谋主。而旗昌竟不之察，吾知有股诸人，现在可与商总辩论马君之无权，而不认卖出之事，群向旗昌索回也。虽有美领事之允准，李傅相之许可，亦无如各股份人之不肯，何矣？本馆初无干涉，因翻阅该局章程、局规，而知今日之卒然一卖，实与开创时之良法美意，举不相合。窃幸有股诸君尚可执此规章，力求挽回，微特大宪不能为擅卖者饰非文过，即旗昌亦当屈于事理，而拱手让还也。历年以来，局中有事率皆邀约数总办到局一议，事近虚文，从无招集各股份人，如西人之公司议事质朴而切实者。此番马观察之擅卖，盖有由来。然平时股份诸君可以不问，今兴废成败所关非浅，即使商总、商董不与会议，而或诸有股者自联一会，亦无阻挠之嫌也。

（1884年8月22日，第1版）

筹改海运后议

海运一事，自招商局售与旗昌之后，江浙两省往年曾充津、沪差使人员，仍复有谋斡之意，建言于上宪之前以资采择，条陈禀帖不下数十，事非不各摅所见，有谓宜复河运者，有谓宜筹陆运者。河运船只废坏，不堪任载，旧质全无，修筑之功既无所施，若云新造，则期远费大，尤属万难措手，是宜暂用民船包运，以俟将来再筹良法。陆运之举事属创始，如由江浙水路展转以达清河，登陆运京，一遵曩时官商入都之故道，恐车辆笨重、米石又系粗货，而中途沿山几站势难安行，既需时日又劳民力殊不稳便。是宜别择大道建筑铁路，或由清江筑起；直隶通仓，或由江北一带筑起。内地驳运之船并不必至清江，创古今未有之事，通南北往来之程，一举而备数善。宜若可行，而或者又恐费帑太巨，非三五年不能蒇事，而漕粮则每岁不能缺乏，难以姑待。且铁路既成，当筹经久出息，漕米只在一时，通年□［闲］空，尤须招徕商货、设立章程，诸多未妥。然则有以先筑马路之说进者，马路不比铁路之费，车辆则北道皆有，自火轮船通□，津门商宦行程改蹄辙而就轮帆，价廉日少，南北十八站，几于无人往来。若有坦平直捷之路装运南漕，则东、直两省业车之户顿有生路，岂非损此益彼之道？诸人议论纷纷，皆不失藏富于民之意，以中国之利益中国之民。虽无招商局而漕米安然抵仓，都中官兵俸饷赖以裕如，乃诸说均不见行而独闻与洋商轮船公司订立合同，包运到津，并闻有减省水脚银三十万两之说。夫水脚减省诚属便宜，而以天庾之正供、官兵之禄米，区区计及于三十万，揆之政体亦觉非宜。况中国自有轮船之时，尚不尽夺沙卫船之生活，今招商局出售而转使洋商包运，致沙卫帮领载之几成亦并夺之，可乎？当事之意谓目下法人肇衅，战事方殷，轮船迅速，自上海放洋，四五日即到，若沙船则须十日半月，深虑法船阻截，故暂时归洋商包运，日后法事敉定再行通筹全局，别事良图。本馆初三日载有趋筹海运一节，津门信称江浙漕粮□经徐京卿奏复河运，奉旨交部，并令江浙督抚妥议，由部行文北洋大臣详核奏复。现在部议，酌照历届章程，由招商局员酌派旗昌洋轮装运。沙船生计则仅于白粮中派拨几成，甚属有限。本馆曾著一论，以为沙宁各船历届与招商局船分领运津，从无失事，不过稍迟时日。现在招商轮船既无可用，自应全归沙船，如虑法人阻截，可赶早装载，将及开河，南边先行放洋，迨至津沽涣然冰释，衔尾入口，米已上仓，法人如有北向之志，必在此时，不及截夺矣。今舍沙船而用洋轮，乃招商局内人承值此事以荐与洋商，只知自便不知大体之所为，而当事者惑其说也。本馆窃思法人构兵，他国必守局外，如欲北犯更觉严密。尔时他国或以局外为嫌，抑法人阻止，他国将如之何？故以为不如全交沙宁各船领运之为愈也，抑河运亦未始不可行也。沙宁各船大小与从前粮船不相上下，而沿江沿海各州县均可湾泊。假令暂准各船入河运粮，则沿江沿海之处，其米可径下于船，若内地支河小港，止须用民船驳运数百里，至泊船之处交纳或仍在上海买米兑交。船户驶入江口至镇江，渡江达淮以入运河，惟此一转移间而粮船不患其无，沙宁各船生计亦不至绝。倘一二年权宜之后，国帑充裕或岁收丰稔、粮额十足，就漕运项下尚可筹款造船。更有说焉，以中国地大物博，苟有兴作，数百万之费用，但使当事之人悉心竭力，何尝不可筹划？所惜者，内外臣工泄沓成风，上司下僚朦蔽瞻徇，每创一事弊窦百出，公款报销百不及十，是则不办难办亦难矣。鄙人不敢参预机务，或自有暂救目前再图久远者在，固未可知。然则越明年春漕之后再进刍言可也。

（1884 年 10 月 27 日，第 1 版）

再论漕粮停运事

吴下老农稿

洋行轮船包运漕粮，以法使巴德诺脱一纸照会皆束手而不敢动，事经两旬尚未定议，殊足令人盼望。昨阅浦上信息，谓大宪拟将白粮改装河运，其余漕米静待妥商定夺。近接漕宪来咨，以现在桃汛将近，如欲装运，须令各州县赶紧□解齐集宝应一带，驳载开行，因江北河运早经预备，若再濡滞，恐致贻误等因。然则各大宪果有变通办理之意，但白粮为数无多，江、浙两省漕米至有一百余万，倘洋行不敢承运，英、美两国终无善法，以与法廷商妥办理，则各州县米石均已办齐，既难启建仓厫，而现在已经运到未经验收者更属难于安置，即使旗昌、太古、怡和三行收储栈房，然当此春和时节，雨旸倏变，不必搁至黄梅，已有霉烂朽败之虑，将来亏耗，孰肯认赔？故此事最难，而亦最亟。

贵报前论京通仓储甚富，不妨稍缓时日，篇末又谓不如改行河运，今知上宪之意亦深以河运为是，不过虑河水浅涸，船只稀少，姑将白粮试办而已。盖河运本为漕粮正道，河水之来全赖山陕积雪及春融化，顺流而下，故桃汛最大，而河中向有混江龙之船，往来疏通，沙土随之挟水出海。迨道光季年，梁中丞宝常创行海运，裁撤镇江水师，混江龙渐至绝迹，沙积河底，历久愈坚，每值桃汛大时，水掠河面而过，其去益速，可通运道者不及一月。故现惟江北州县漕粮尚可就近乘涨开运，苏浙之米断不能再舍海而就河也。又，粮船自南至北，及回空时，往往水已涸竭，船行濡滞，船户苦无资粮，枯守过年，辄拆船售板木以归，以是运漕之船年少一年，额缺不补。况今已越四十年，更无漕船踪影耶！如谓以沙、卫各船入江渡淮，以达于河，似可代漕船之用，然河身淤塞，泛虽大发，水不久留，连樯衔尾者挨次而上，止此一月期内，窃恐船未过半，而水已立竭，此尤宜先浚河身而后可以兴办者，旷日持久，必非目前救急之策也。故改用沙、卫船与价雇民船，均不可行。如为后来计，则规复河运之说，正不必于此时亟亟也。

贵报又著一论，谓改征折色，最为省便。不特现在洋行、商号、县官、米行、驳船、斛手无一不在为难之际，得此简捷之法可免一番纷扰，即国家经制章程行之二百数十年者，亦可删烦就简，果能行之，岂不大有裨益。然无如漕粮一事，自上而下，赖此沾利者不止数万人，圣人玉食万方，维正之供；百职庶司或任莞榷，或供奔走，或司收放，正以见政体之所在，岂必区区计粮价之贵贱，如小民之谋升斗哉？去年刘仲良中丞曾上斯议，格而不行。诚以一改折角，则诸事尽废，各官可裁，殊不成体统也。

顾目前内外悬望，议论纷如，迄无成见，若再延宕，受虚者无可申诉，亦非办理要公之所宜。鄙人窃有一筹焉。去年承运议起，有识者早逆知临时法人阻挠，不幸言之而中。然尔时号商与粮道、海运总办商立条规，亦早计及于此，故合同中于保险一层指明，兵险亦在其内。盖必洋商应允，而后可以。此语载诸合同之内。夫所谓兵险者，即法国向我中国海口骚扰，船只货物虑有阻挠也。非谓载此粮米之船，在海面遇见法船与之打仗，而被其轰毁损坏也。既保兵险，则运米出口之后，幸而不遇法船，安抵津门，交纳收仓，此固包运者之利；不幸而遇法船，被其阻截，尽夺米石以去，此亦包运者之不利，其于国家无与也。今法人一有阻夺之照会，即已观望徘徊，停斛以待，然则巴德诺脱而不施此恶毒之计，则亦尚有何国之为难，而设此二字于风险火险等项之内一概具保哉？吾谓洋商最重字据，通商信义四洲皆然，设今日大宪执合同以为凭，吾知既保兵险，必不能推诿不运，或者尚须与法国争曲直是非；稍缓装船，改四月内运竣之限犹之可也。洵如此言，然则验收上栈，勿令解米者进退维谷是正办，又何为而停斛以待也哉？

（1885 年 3 月 17 日，第 1 版）

书招商轮船运漕局告示后

日前招商轮船运漕局出有告示，本馆录以入报，示内言局中备有栈房可以装储米石，其应用麻袋绳索一切皆系局中置备，不费各州县一毫外用云云。此举真可谓体贴人情之至者矣。夫江浙漕米自去年各大宪飞催提解，意欲赶先运北，各州县知事关军国，奉檄之下不敢懈弛，陆续催缴、次第批解，至目下而解至沪江者计已不下数千船，其中又有经商人包办者亦皆汇聚于沪，满拟开河之后即行起运，乃法人不顾理义，指漕粮为兵米，宣言阻截，不准各国商人承运。而于是前此太古、怡和、旗昌等三洋行业已承揽包运之米保过兵险，米已装入船者，一旦皆□戒心，悉行卸出，其细情叠次登录报章，漕务至此殊形棘手。盖并非惧法人阻截北方，致有乏食之虞，实则如许漕粮群萃浦江，无从安顿，此事最难设法也。夫米之为物性不耐久，积聚数月即防霉烂。而上海一隅之地，安得骤然有此若干空屋以为屯积之地？若不使上栈，则米在船内，船泛水中，其潮湿之气尤易蒸入米色，更易霉变。既不能即时起运，洋商虽有电达各国朝廷与法人理商之举，而往复商办需时几何。苟非有栈房以储之，恐漕粮之坏愈速。在各州县则以为奉命提先赶解，今则既经解到而吾之责可以谢矣。然粮道在沪尚未验收，是各州县仍未能全卸仔肩于此，而不有以体恤之各州县及包办之商人，其苦有不可胜言者矣。今招商局出有此示，是亦思深虑远、曲体人情，殊足令人钦佩。第招商局承运之米，大都不过十中之四，其六成则另有他人承运。现闻太古等行，仍行照收栈租以及麻袋绳索等一切费用，皆须照算，以视招商局不亦有上下床之别乎。夫洋商前者承揽漕运原以求利也，今既不能如约承运，则利已一无所获，若必责以上栈而免取费，其势固有不能，然仅恃招商局一家之栈房，则又何足以容到沪如许之漕米，此其事当亟为筹策矣。且米之恐有霉变犹其一端耳。各处解米来沪皆以船只装载，合江浙两省有漕州县所批解之米，应用船只几何？屈□刻下停在沪江之米船其数当以千计，一船之中舵工水手若而人[①]，此辈每系粗鄙蛮野之流，久聚于上海，安保其不生事端？即如前此已有两船户滋闹涉讼情事，此不过其见端耳。沙船帮以漕米分运，迄今尚未定议，若辈守候日久日用不赀。日前沙船公局遂至有闹事之举，不但该公局门窗什物悉被打毁，而且邑尊偕海防分府至彼弹压，竟被喧哗滋闹，甚至将笋舆击碎，官长大受窘迫。直至调到沪军营勇拿获为首肇事者六人，始得解散，即此可见若辈情性素来蛮野，日日在此守候而无所事事，必致滋生事端，此一役也实无理取闹之尤者也。各处解粮之船户固不与其事，而日久在沪难保其终于太平。虽曰情形不同，而人聚既众，良莠不齐，则终防易于肇事。为今之计，所亟当筹良法以处之。顾漕粮则不能起运，上宪则未即验收，若辈实有进退维谷之势，欲筹良法殊苦无从计。不如将已来之米悉予验收，上岸落栈。如招商局之不取栈租，固为最妙，即太古等行之仍欲照收栈租，亦止得暂时租用，庶几漕米不至立时霉变，而船户水手诸人亦得以概行遣散，不至群聚日久，滋生事端。至于上栈之米，倘一二月中各洋商与法人商议停妥，可以仍前起运，固属美事，如其不能，则与其耽搁日久，致成红朽，计不如发往他处销售，或即在沪令人贩运他往，而以其所售之价归入官库，即以作漕粮之折价。如此则虽不无耗折，尚不至于全归乌有。至其所耗若干，则苟得督抚为之详细委曲拜折陈明，朝廷深悉其中万不得已之苦心，亦必曲加原谅，量予减免，断不至令各州县毁家以赔补，夫然后法人之计虽毒，而尚无所大损于我中国。当亦有闻而气沮者，已非然者，中国之事往往误于因循、害于延缓，目今米在船上不早为计，而听其潮蒸，如许船户水手群萃沪滨而不早令散归，将来倘有肇事则严办之而不免冤及无辜，轻纵之而不免有伤政体，漕米不能运北，坐令数百万粮米渐成朽腐，岂不大可惜哉！呜呼，使人人皆如招商局之曲体人情，吾知此事当有不难设法者矣。其如能曲体人情者仅有一招商局，何此论！甫脱稿，闻太古亦有让去栈租之说，见义勇为，曷胜钦仰！

（1885 年 3 月 21 日，第 1 版）

① 若而：若干。

运务将有改议说

洋商包运漕粮一事，去冬经江浙粮道与海运□［局］总办，招得号商承揽，分派旗昌、太古、怡和三洋行之船装运北上，所有水脚费银较往年津贴招商局轮船可省三十万两，而一切兵舰风险、碰撞渗漏之虞皆由洋商包定赔偿。定议之后，论者皆谓此举极妥尽善，既省水脚又减局用。而海面之上虽使法船北向，不虞阻截，俾京师俸饷克期上仓，不至偶尔缺之。以视往年华船装运，稳而且速，该号商之居间说合不为无功；且所收水脚既减一半，尽足开销，毫无赢余，仅有加收之耗米每石八升，苟得安渡重洋，不为敌船拦截，始获贴补，否则兵险难防，中途或被法人阻挠，不免损失，洋商自当照约赔偿，故为国家计则大占便宜，而为洋行计则殊有干系。该号商周旋其间，居然定约兴办，此固有心报□［效］，共济时艰，一举而数善备焉者，诚足称难得也。

乃甫过新年，春融冬泮，正思装船，以待各州县买定之米趋催解沪，浦江□［船］驳亦每日拥挤，千余号按班验兑，该号伙友拔来报往，忙不开交，而巴特纳以一纸照会揭明阻运之意，行中、号中皆仓猝不知所为，议论纷纷，莫衷一是。然大要谓法船果肆截击，则亦无可如何，只得停运，再看机会。斯时有为持平之说者曰：合同既经书明，并保兵险，则目下兵险即指法人北洋游弋，掳夺行船，本在意中，以其为洋商之船，法人必不敢与他国失和，故可保赔。如因此停运，何有于保？更何有于赔？此则信约在前，不能藉词于后者也。乃经办者犹□［鳃］鳃焉，曲为之解，□［谓］合同虽已签定，而逐条分载末后，有“如遇封禁天津口岸，米未运竣，已放洋者□［暂］时折回，与未放洋者一律上栈，俟弛禁之日再行补运”等语。今法使有此照会，即援此条，以待补运亦不为过。故旗昌首先上栈，并免栈租，太古、怡和亦先后□允。正月间拥挤浦江之驳船遂得陆续卸除，而诸米行与州县顿免蒸□［变］赔累之苦。既而京中即有许和之说，于是翘□［首］□［跷］足以待和局之成，安然装运，而揽运之号商与包运之洋行皆坦然无所干系，此事沪上议已久决。乃前日复闻京中简派锡席卿、邓铁香二星使持节赴津，与李中堂会商海运事□［宜］，传言圣意，俟详约议成即须起运，但不知既与法人言和，海道通达，运漕亦诚易易，将如去年之议，交洋商包□［运］乎？抑不必责成洋商，而沙船亦可装运乎？窃谓合同末缀一条，原谓起运之后，或有因禁口岸情事，其势不能停顿洋面，故折回上栈，以俟补运，此盖于防不胜防之中，作万一或然之想，以仅防法人封天津口岸。而洋船自沪开行，载有米石，法人以为违禁不许出口，正不暇计及也。去冬定议之时，方在冰河，默计法人北犯必届春深，苟封津沽，则米石虽难入口，而洋船固已抵津，是以预拟如此办法，以为临时□［应］变之准。若一石未载、一粒未运，□文而未绎其意。且和为今日之转计，苟法人北犯封禁津沽数月之内，中朝备战之意未尝少懈，即令米尽储栈，栈租自洋行贴出，原定水脚之外略无所加，于漕粮何损？然转眼黄梅，栈屋阴闷，易生潮湿，摊晾之具既未预备，又于何处择此旷区可容暴日？吾知阴晴屡易，霉朽不堪，将责赔于洋行欤？抑严罚夫号商欤？故吾以为停运之后即值和议，此揽者之大幸也。夫□琴帅所部哗溃，敌踞谅山，与援台兵舰沉溺两艘，镇海口外法船丛集，此□［宜］亟于和者。乃今日之忽然言和，又在克复谅山、镇海退敌之日，以为法人请和也，抑我与赫税使言之而许法人也，两者皆无明文。而定计如此之速，或有谓因漕米阻运，上栈太久，必至损坏，赔补之资国家与州县举不肯认，号商与洋行又不能承，将来推诿脱卸，百余万之米价至于无着，故不如速成和局，而使漕粮安然放洋，不至久储蒸变之为愈也。

虽然，漕粮为天庾正供，官俸兵粮于斯取给，固亦不为不重，而谓和局之成，必因此而迁就焉，则轻重巨细未免有倒置之嫌，吾知其必不然矣。窃□近日简放钦差之意，详参而慎度之意者，运米必待既和之后，东南万三千里洋面，平时各省海口商民货船懋□［迁］有无不知几千万号，而浦江沙船十当二三尤为航海之大帮，何况往年招商局承运本有分□，苟法船尽退，沙船何所惧哉？所□［难］者运期蹇缓，经费太多，即水脚已加一倍，终不如洋商包运之妙。然至今日而包者果何如耶？故吾以为钦差到津，而运务将有改议也。

（1885 年 4 月 29 日，第 1 版）

招商轮船运漕沪局咨江苏海运局稿

为咨商事：窃照敝局荷承贵局暨浙局拨交已经兑验糙白粮米四十余万石，当因海运艰阻，敝局暂贴栈租，交存旗昌洋栈。今据驻栈司事报称米色蒸变、积久变甚等语。查今届漕粮虽因秋潦日久，米不坚实，然各州县所解米石，无不加意剔选，故赔累数倍于往年。验兑之际又经贵局格外顶真，故米色转胜于历届。不意稽运存留如此其久，虽经先事预防于上栈之际，加厚糠垫、多留空隙、广开风窗，无如下水上腾，已届季春之月令，涂泥厥土本属《禹贡》之扬州，天不易夏而冬，地不易南而北，糙米至立夏后无不全行蒸变者，色既黄黑相间，质亦空松无实。故俗谚有“四糙黄米”之说，妇稚皆知。谓糙米至四月黄变不可舂白也，敝委等生长吴越处，自田间上冬即虑及此，曾于十月十一等日电商盛道宪，接奉电开，只管旗昌所装四成并无百廿万石，并已回明傅相。如竟甫开即封，停运蒸变，人力难回，亦不干咎。院札已五百里排递，辞即误漕等因。又于本年正月二十三日禀奉北洋大臣批开，据禀江浙糙白粮米现在斛收寄栈，自应如此办理，以免船户守候滋事。惟南方地湿，虽令加厚糠垫，多开风窗，恐交三月渐有蒸变，仰仍设法防备，如果人力难挽只有听之。届时起运应察看成色，与粮道议明妥办，仍将情形随时具报等因。是米色蒸变本属意中，早邀各宪明鉴，惟事势既极其艰难，人力务期其殚尽，遍询老于诸米者云，每交立夏将米包翻出架空装储，则蒸变之患略可稍弭。惟洋栈规例，每石翻出重装须费一分五厘，四十万石即须六千元。又栈租十万石外，四月分起均须照算。上栈之际又留空隙，占地五十万石之多，每石栈租袋租共计四分，已按月贴银一万六千两，若再翻空，占地益多，栈租益重，水脚本无可余，此费又将谁属？转辗踌躇，拟请贵总办委员到栈分别察看，将已经蒸变之米先行翻腾，其余应否全翻稍弭蒸变之患，听候贵局酌量情形，封呈米样详请饬遵。如果所费无多，敝局仍愿赔贴，稍酬我国家通商惠工之恩。如其力所难任，拟请另行核议。至本届漕米虽经蒸变，然州县已穷于赔累，局栈亦困于收藏，朝廷以大局为重，非急转输，京仓又储米甚多，同此陈朽，应否将天时所限、人力难施各实情详请先行奏咨，以恤漕困之处，悉惟恩便。须至咨者。

（1885 年 5 月 14 日，第 2 版）

书招商局咨文后

本届南漕自法人骚扰以来，各洋行前曾包定载运者且不敢复行揽载，以至历时既久。上兑无期，储［诸］宪体恤各州县下情，逐渐验收，俾装粮船户得以回空，稍苏涸辙。然自验收以迄于今，则又忽经月余，而法事虽经停战，详约未有眉目，粮米仍不能畅行北上，其上栈之糙、白各粮多有日久变色者。近日招商轮船运漕沪局，咨会海运局，请其设法，阅之不禁深为扼腕。

夫去年开办□［海］运之时，大宪行文催提，雷厉风行，不遗余力，原恐法人猖獗，致北海口有阻，不得径运津沽，故急急赶办，飞催速解。殊不料法人无情无理，竟有中途截劫之计。及既知此信，洋行卸载，海运暂停，而漕米则早已毕集沪上。彼时粮皆存船，未经起岸者约已经旬累月，较前届之随到随卸者情形不同。船在水中，潮气所蒸，亦较往年为多。幸而招商局创议不收栈租，太古、怡和等行亦闻风慕义，愿让栈租，乃得陆续兑收储栈。当验收之时，各委员亦明知今年漕粮启运无期，不免霉变，因于验米时加意挑选，必求其干圆洁净而后收，此亦非验收者之过于认真，实势所不得不然也。验收上栈，亦恐有他变，于栈中多留空隙，地上高垫糠粃①，其先事预防者曾不可谓不至矣。无如米之为物，本不可以久停，一交清和②，其色先变；若过黄梅时节，且将臭味俱坏，米之白者黑矣，干者□［湿］矣，此非人力之所能为也。

故前此有识之士，即有请复河运之议。特以河运之停已数十年于兹，其间河道之淤塞者固多，一时未能修浚；粮船之蠹朽③者尤甚，竟无可用

---

① 糠粃：kāngbǐ，同“糠秕”。指谷皮和瘪谷。《管子 · 禁藏》：“果蓏素食当十石，糠粃六畜当十石。”《后汉书 · 安帝纪》：“虽有糜粥，糠粃相半。”

② 清和：农历四月的俗称。

③ 蠹朽：dùxiǔ，木材被蛀腐烂。（清）唐甄《潜书 · 匪更》：“盖礼之既坏，如美木积久而有蠹朽，不可以为宫室。”

之船只；即运丁水手，在在多缺。试观江安十府粮道[1]所承运之漕，不过十余万，而运到通仓，往往旷日持久，此时而欲举江、浙两省百余万漕粮悉数归于河运，不特时有不及，而且力有未能；不但今年断不能举办，即来年亦尚恐未能兴行，此其缓不济急，可无言矣。

至于创造铁路，则又系非常之举，其工程之浩大固不待言，筹款之艰难更不必论。即曰有此巨款，兴此大工，而此时法人尚在和议未定，安得有此闲暇之时、闲暇之人以为之？然则铁路火车之举，虽明知其利无穷，而中国之目下断难兴办，亦可逆料。

由是以言，则南漕之运，仍非轮船不可。历年沙船亦有承运者，然沙船究不若轮船之速。沙船六成，轮船四成，此向年之定例。缘大宪知沙船近来绝无生意，藉此漕米一项以为调剂之策，而注意则实在于轮船。但去年招商局轮船归旗昌收管，似乎不若往年之便，而苟无法人以为之梗，则此项漕米启运已久，何至耽延[2]多日，至于霉变？故仆前者曾著一论，谓不如将漕米悉数出售，而以折色解京，且可以明定章程，令历年南漕均改折色。盖一则京仓积米尚多，北人向多麦食，米之用不若麦之多；即使北人有需米之处，而商船苟闻北方缺米，必且争先购办，设法运往，以觅厚利，则于国计商务两有裨益。然此说要徒托空言，未必果能见于实事。而目前则米既不售，又不能即行启运，不但栈租以四月算起其费不赀，即使不计此费，而启运之期尚在遥遥莫定，现在米□［色］已变，将来何堪设想？于此而不急于设法，将来更复如何？而欲为之设法，实苦于无法可施。

说者谓，此时招商、海运两局禀请大宪，求为善策，而大宪亦无如之何，不过曰但当慎加防范；苟为日果多，全漕皆变，亦惟付之无可奈何已耳。顾仆尚有一策于此：此时江、浙两省防营星罗棋布，各营食米想必不少，何不即移此项漕米，解往各处防营，准折兵饷，解运俱由内地，法人

---

① 江安十府粮道：即督理江安徽宁池太庐凤淮扬十府粮储道，清初设，驻江宁。后所领区域有所变化。安徽建省以后，驻徽州府，全盛时督理安庆府、徽州府、宁国府、池州府、太平府、庐州府、凤阳府、滁州直隶州、和州直隶州、广德直隶州。http：//baike. baidu. com/view/3752279. htm。

② 耽延：dānyán，耽搁，延误。明·张居正：《陈六事疏》："若事理了然，明白易见者，即宜据理剖断，毋但诿之抚按议处，以致耽延。"

无从阻截。即台湾、闽疆，海中载运，恐有不便，亦可由内地转运。但闽峤①路远，未免运费太巨。然与其置之沪地，听出栈租，仍任其霉变，而归于无用，将来诸事平定，不复可以启运，即运到亦无所用之，何如先为筹措，折偿军粮，犹得以济实用。况江、浙各防营，则需饷本属不赀，若有此一项巨饷，以敷分拨，即可省寻常若干饷银，是亦与出售之策相为表里，于必无设法之中作此补救万一之计。刍荛之见，未识有当于目前之急务否也？若夫公牍往来，仅作纸上之空谈，绝无丝毫之实用，而曰“吾以谢吾责焉”。吁，何为也哉！

（1885 年 5 月 16 日，第 1 版）

书本报电报总局告白后

电报之法，创自泰西，消息灵通，瞬息万里，其为利益也大矣。中国自与各西国通商以来，至近年而亦仿其制，在中国广设电线，江浙闽广、东西南北各省布置殆遍。近者离京数百里，远者离京或数千里，而一时传消递息极为灵便。自前年高丽之乱，因有电报警信得以早传，立即命将出师，克期戡定，其效最著。即前此法事方亟，滇粤关外去京城甚远，若在未设电报以前，则军书往复，动辄数月，运筹决策每患其不能迅速。今因有电报之故，相隔万里，不啻晤言一室。军情千变，瞬息可通，庙算宸谟，随时默运，用是军务得以从速底定。迨法愿议和，各派全权大臣而犹以意见不能允洽，仍由电报自京师至巴黎斯，往复商権。两国虽重洋远隔，无异面谈，和议遂早获蒇事，此皆电信灵便之功效所大彰明较著者也。乃昨阅本报后登有《电报总局告白》一则，谓本年五月十三日奉北洋大臣札开：“准总理衙门五月十一日电开：‘嗣后非军务及紧要事件，各处俱不准率行发电，遵旨电达，希转电沿海各督抚及出使各国大臣’，等因。”阅之不禁愕然，说者或以为此一举也，殆恐各处电局有漏泄之处，故欲秘密其事，而不轻传电。

然此一说也，鄙意则不以为然。何则？中国自创设电报以来，总局而

① 闽峤：mǐnqiáo，闽境山地。

外，分置各局，人手虽多，而一切章程则悉仿泰西之法，严密简要，一无弊窦，各处电传，虽以军机重务，亦从无漏师多鱼之事。试观前者法事未定，军务方兴，各处电音往来传报，皆不之禁，今则军务已竣，乃反虞有漏泄而不轻传电乎？是以知其不准率行发电者，实非防有漏泄也。盖中国各处奏报本有驿站，每站备有夫马，以便投递公文，其寻常公事则由三百里投递，紧要事件则由六百里按站传递，计日可达。今若动辄由电传发，则驿站将成虚设。且电传不过撮其大要，先行达到，其后仍当缮折由驿传达。若有紧要事件以及军务，自不得不飞速电传，若其事属平常，何必多此一举。故当此军务既平之后，自当仍照旧章由驿投递，不得率行发电，盖为此也。

抑又有一说于此：中国电报一局，系官督商办，其间有商人股本在内，其事当以体恤商情为重，官电之传照例视商电为要。故前此军务紧急之际，各处电局皆疲于官电，而商家电信每多稽压，是于商情颇有所不便矣。商家传电每计字数之多寡，盖为惜费起见也；官场电信则往往非一二言所能尽，即曰撮其大要，亦且多至数百字不等。故官电一多则商电必有所碍，彼商家之欲传电者或以稽延之故而裹足不前，则是商情之有所不便，实于局务亦有所妨。况官场于电报之后仍须以明文为据，不啻多此一举，何如稍抑官电，专传商电，庶电务起色而商情甚便，此所谓一举而数善备焉。于以见朝廷之顾念商务，曲体人情，为无微不至矣。

方今中国仿行西法，亦既次第举行，如制造各局、同文诸馆皆仿西法为之。顾制造船械等物或旷日持久，需费浩繁，而所成诸器仍不及西人之制；同文方言诸馆与夫水师水雷诸学堂，造就人才不无裨益，然其功效之速未有如电线一事者。窃尝私议中国仿行西法诸事，最要者莫如电报、铁路两端。有电报则信息迅速，骨节灵通；有铁路则运道便捷，往来神速，此二事当在轮船招商之上。今铁路一事迟迟尚未举行，虽近来都中已闻有将可兴办之信，而办理尚费时日。惟电线则沿江、沿海布置已周，管理得人，办理得法，是为中国仿行西法以来第一得力之事，而朝廷复能俯念商情，不欲使官电纷繁，致占商电地步，饬总理衙门电达北洋大臣转电沿海各省督抚及中国出使大臣凛遵恪守。吾知自是厥后，各处除军务及紧要事件而外，官必不能发电，仍复旧规，由驿奏报；其出使各国大臣亦必遵旧章，如常陈奏，不复率意发电，以为商电之碍。从此商有事欲发电信者较前更为便捷，无积压稽延之虑，而局务之兴旺有可预卜者矣。谓非圣明在上洞烛下情，宸谟周密，不遗巨细之明征也哉？

（1885 年 7 月 8 日，第 1 版）

论中国收回招商局事

近闻中国仍将售与旗昌之招商局收回，自七月初一日起归中国自行管理，此说也得之官场，据称接有电信，殆已□［信］而有征。余闻之喜而不寐，于以叹中国之大有人在；法人闻之，当亦有不胜心折者焉。

自去年招商局易主，统归美商旗昌洋行管理，外人无不闻而色变，以为中国之创设此局，经营缔造何等艰难，办理以来，已阅十余年，各处开辟码头，载运客货，往来称便。前此江海之利悉将为西人所擅，自向旗昌购买轮船，订定期限，归我中国自行管理，自是而后，日加扩充，规模渐备，于是江海之利虽不能全为我华商所独据，而西人之利权究亦为我华人所分，甚盛举也。

夫以我中国地大物博，苟能认真整顿，则行之既久，西人之利且将尽归于华人。即曰初创之时，规制或有未能□［尽］善之处，然殚心竭虑，务求其妥当稳固。有利者兴之，有弊者除之；人之得用者留之，其不得用者去之，不徇私情，不存偏见；应独断者遇事不妨立决，应公议者有事必期和衷、顾全大局，专为中国兴其利源，用是[①]以富国者为强兵之本。是局之开设，所关岂浅鲜哉？去年忽有售与旗昌之举，论者遂不禁哗然，有谓殆系恐法人有截夺中国船艘之事，而姑为此说以欺法人者；有谓招商局实多积弊，难于整顿，因乘此推出与人者，众口铄金，纷纭不靖。惟有识之士，默然不置一喙，静俟以观其后。盖此事出入所关甚巨，秉轴诸公宏谟默运，必有一至当不易之理，其中关键固不可以浅见测，亦不可以率意言也。至于今日而愈恍然矣。

① 用是：因此。

观于法人披猖之时，出口轮船无不恣意搜查，无端截劫，如“平安”火船之装有军士，则被掳以至西贡矣；“汇利”轮船之载有白铅，则被拘以至澎湖矣；其他如怡和之轮船亦被扣留，日本之轮船亦遭搜查。我中国既不能禁之使不敢逞其志，则苟招商局各轮船高竖龙旗，鼓轮来往，被法人见之，其有不截留以去者乎？虽曰万国公法，凡两国兵争，不得害其商务，我中国并未邀截法国商船，而且于法国之商人、教士等奉有仍加保护之旨，然当彼此愤不相下之际，又岂能凡事皆以口舌相争？我中国虽存宽厚之心，而法人仍不免有疑忌之意，以故一经开战，法公司船即不至上海，但在香港，而以信件托他国商船转递。彼既虑己之公司船为中国所拘，则见中国之船其有□［不］横肆劫夺者乎？掠其船、掳其人、劫其货，可以大有益于法国，大有损于中国，此事法人优为之矣。倘恐其截留，而竟将各轮船停泊内地，不复驶出，使彼无从劫夺，为一时之计则得矣。然而兵连祸结，不知相持至于何日，如相持半年，轮船即停泊半年，相持一年，轮船即停泊一年，则无论轮船久停不用，渐将朽蠹，即各处分局一切开销、各船人工一切用度，何一可以从省？吾知彼此坚持无须多日，但数月之间，而招商局一无进项，但有出项，资本且将渐罄。幸而战事获息，江海仍可通行，而其势已将不支矣。今以售与美商之故，而改换旗帜，通行江海，法人见之而无可如何，轮船可以不停，既无朽敝之虞，复有揽载之用，此其计出于万全为何如者！而况前时积弊亦可藉此而一为彻底清查，应收者收、应解者解，其所用之人应减者减、应易者易，乘此机会，得以破除情面，改弦更张，是固运用之妙。所谓随机应变，因利乘便者也。迨和局大定，然后仍由中国收回，一转移间而举措咸宜，斟酌尽善，向非有成竹在胸、智珠①在握，曷克与语于斯哉？

或谓此一举也，似乎美国有暗助中国之意，而不知非也。美商以价购中国之招商局，彼亦安能预料战务之即日停止，商局之立时收回？设或中国不幸，而法祸一日未弭，则该局一日归旗昌经管，所有利权自统归于美商，美商利中国之利，固非专以利中国。迨兵祸既息，而中国仍向之收

① 智珠：形容智慧圆妙，明达事理。（唐）张祜《题赠志凝上人》：“愿为尘外契，一就智珠明。”

回，则美国与我中国睦谊素敦，安有不可通融之理？前可以旗昌码头轮船悉数售与中国，即今日何不可以所购之商局让还中国？故此事始终办理皆不使人有所借口，大局毫无所碍，而招商局历年之积弊则自此而痛加扫除矣。不避嫌怨，不动声色，于以措置而裕如，法人知之，其有不气沮心折者哉？惟愿此次收回商局之后，大加整顿，益为扩充，从前之弊弗使其再有遗留，将来之利必使其日更丰盛。庶几所以富商者在此，所以富民者亦在此，即所以富国者亦莫不在此。此其道在于节用，此其要在于得人。

（1885 年 7 月 22 日，第 1 版）

论轮船防盗之法

前曾著一论，谓轮船开行之时，宜专派一人，先为稽查，恐有轮叶损伤，以及机器等件偶有不慎，以致误人性命，工部局当有其权。然此仅所以防船身机器之有损与否，而于盗贼之混迹其中，则仍不能防也。上海各轮船之往来天津、闽广、长江各口者，不时有小窃、扒手杂处其间，搭客什物一或不慎，便破箧飞去，报捕缉获，严加责惩，卒亦不能少减。然类皆小件零物，大件则未之闻也。最大者莫如近来“丰顺”轮船失金一事，其数为最巨，其事为最奇，其案至今仍不之结。说者咸藉藉然议其后，以为前者某船失银，因锁匙在买办处，故令买办赔偿。今此次锁匙则不在买办处，将来令何人赔偿？若竟令船主赔出，则该西人一年所得辛资，恐尚不足以偿此巨款，数万里外来此，受雇于人，劳劳终岁何为也哉？然此说也亦旁人拟议之词，而其后之果否能获真盗，则亦未可定。倘其弋获，则终不难追比原赃。总之，此事虽所失者如此其巨，究亦不过窃贼所为，初非大盗之显操戈矛者也。

乃近日香港天祥洋行之“格来红”轮船被盗一事，则尤为骇然矣。该船素来往来香港北海，盗忽于此次起心动手，度必侦探该船此次有银可掠，而下此毒手。观其在船，自言“早知仅此区区之数，何必小题大做？”即此而知，彼党必其闻所闻而来，而不意其见所见而去也。顾其来时，则冒充搭客固俨然，搭客莫辨其为盗也。迨入船以后，犹复照数付交水脚，尚未露出盗之真面目。至去港既远，而后一声暗号，拔刀相向，一齐攻击，时则船主以下各司其职，人皆散处，猝不及防，而遂得以逞彼之志。一举手而船主殒命，二副等人亦均受重伤，而且禁吓司机，仍令行驶，使过往船只见之莫测其中有变。布置既周，而后肆行搜括，盖其处心积虑已非一日，故措之也从容不迫。如此所谓大做者，曾非虚语也。若此等大盗实系积匪，统计三十余人无不能操各西语，及其去也，又复绝其后路，攫取吸水机器以去，使之不得吸水入锅，无能行驶，其思虑固周且密矣。特不料船中尚有另备吸水机器，故俟盗踪去远，而船尚得以驶回香港耳。

或者谓该船有此几多盗党，搭入船中，而不能先事觉察，未免疏忽。吾以为为此言者未尝身历其境者也。夫轮船规例有先至行中买票而后下船者，亦有先下船而后在船中付水脚者。彼盗匪面目亦犹人耳，未尝一露凶横之形迹，又安能未卜先知，而禁之使不上船，以此为责不亦过为苛刻也乎？然则欲有以防之，将用何法？余因思前人安不忘危、思患预防之法之大妙也。

查该船失事之处，系去港二百十里之万山海面，该处名曰万山者，缘小岛林立其间而得名，如大豆山、大绿山等处皆在此一带地方。先时本多盗贼，无异绿林渊薮，前此有船行经其地，一名“斯伯克”，一名“君”，曾经遭劫，嗣经英之香港、葡之澳门派兵船剿捕，使盗无立足之处，始各鸟兽散。当初甫经敉平，防其尚有余孽，故于轮帆各船往来其地，皆派水手等持械戒严，鹄立船面，以备不虞。至今由港至澳之船尚复如此，而独于此一带未经失事，于是众心渐懈，防备渐松；又久之则以为水手等一无所事，徒耗辛资，不如节而去之，以省糜费。如是者行之数年，而幸无事，遂以此处为太平之地矣。而孰意此次被劫之竟在是处也。盖盗亦有道，彼前者之绝迹于此，初非真能改过迁善也，盖以防之既严，无隙可乘，则不得不潜伏而不敢动，而眈眈者固如故也。一旦防者既懈，至于撤去戍卒，悉无戒心，而乃突然披猖，以攻人之不备。然则自此以后，仍当自严其防也可矣。且不独该处应防也，凡轮船所行之地，处处应防，刻刻应防，不特防大盗，亦当防小窃。大抵人之行事，能处处留心，则自不致于误事，一或大意，祸即随之。无论该船之被劫也，即“丰顺”船失金之事，贼之能获与否、金之应赔与否，姑不之论，而金则明明先后失去两箱，典守者终不能逃疏忽之咎，何如慎之于先，防之于早，不至贻悔于后日、贻累于他人之为愈也哉？

（1885 年 10 月 30 日，第 1 版）

论“横海”兵轮失事

国家岁縻□［数］百万银钱，派钦使、招工匠、购机器、开船厂，以成轮舶，其坚且大者仍复购自外洋。操船政者必当慎之又慎，熟察其人之曾否学习，于海道之经行、风云之起止、该舟之可进可退一一试之，皆有把握，而后付以管驾之任。彼称管驾者，亦当自量其才力，果能胜任而愉快，始无愧此管驾之名。

若“横海”兵轮之失事，厥咎将安归乎？昨据厦门访事人邮寄谓，署台湾道陈展堂观察于正月某日乘此兵轮前往澎湖淡水，然后驶赴榕垣。船上管驾官于南洋海面不甚了了，以至在澎湖延阁数天，始至淡水，由淡水驶行数日，方抵马江。时杨石泉制军已坐“美富”轮船莅厦。观察进省公干后，次日即回罗星塔，乘坐原船，令速鼓轮出口，甫至五虎门，随即搁浅，待潮水大上，始克动轮。初十日两点钟驶到厦门，制军已将赴澎湖，观察即过船禀见，面陈一切，至四点半钟，“美富”鼓浪出口，观察亦即开行，水师提督彭纪南军门本拟随制军赴澎阅视炮台，至此亦附坐“横海”前往。不意“美富”轮船于十一日晨已安抵澎湖妈宫岛，而“横海”竟误认海程，直驶至台湾之鹿港，方始折回，忙迫中驶上山坡，猛触石礁，碰伤龙骨，以致全船皆坏。军门及观察幸登彼岸，其余官弁、兵丁亦经陆续出险，然已受惊不小矣。

夫轮而曰兵，则其能冲风破浪也。可知使委诸善于操纵之人，驾轻就熟，断不至猝然偾事。且寻常来往，又非临阵之时，何所匆忙，致于沉没。将来盘起修理，复需数万金钱，或并全船竟无所用，谁为为之？孰令致之漫付此愦愦不晓事者哉？原管驾之所以不得其人，一曰循资格耳，一曰徇情面耳。水师将弁循序渐进，幸至十余年之久，便谓其熟悉洋面，轻为倚畀，实则不知许事养尊处优，徒转恃乎大副、二副，而又偶经险要，强作解人，不肯虚心详审，俾黾勉以图功，试问鲸波鳄浪之中，尚得以官样文章谓安坐而必邀神助哉？仕宦之途，钻营奔竞，今古皆然，破除情面

□言亦只为官场门面语。承平无事，更以轮船管带为优差，其真能习知沙线者，或置散而投闲，求一有气力人，居间缓颊，辄不加甄别，几以朝廷之公物作酬酢之私情，而于成此兵轮时，如何郑重、如何迟回，竟置之不顾，若秦人视越人之肥瘠焉，不亦偵乎？且由台湾而至闽省，尚在内洋，又无大风猝难把握，何至身为管驾，全船之命系于一人，平时既漫不经心，临事又毫无主见，俄焉决裂，径送水晶宫。设一旦大敌当前，互相攻击，将何以取胜夫人耶？又使此等兵轮驶往欧洲诸国，周历七万余里，其尚能帆随湘转，独往而独来耶？

自削平发捻后，讲求西学，渐有端倪，迨法国违盟，益加精审。唯有治人者无治法，有治法者无治人。向尝谓事事争西人之先，着着落西人之后，今观“横海”兵轮而益信。且昔者“福星”轮船尝失事矣，然犹曰此商舶耳，本属不甚坚固，加以重雾迷漫，因之贻误；“扬武”轮船亦尝失事矣，然犹曰此临敌耳，虽经约战，彼仍先发制人，仓猝以迎，宜其倾覆。兹则既非商船，亦非临敌，徒以管驾之员不甚了了，致监司提宪几占灭顶之凶，不能为管驾宽其责，且不能为使之管驾者宽其责也。嗟乎，往者不可谏，来者犹可追。中国铁甲兵轮日多一日，所冀精益求精，慎之又慎，其派充管驾者勿循资格，勿徇情面，庶一船可得一船之用，亦不必请外国人与闻船政，乃为可大可久耳。

（1886 年 4 月 9 日，第 1 版）

论“美富”轮船遣勇滋事情形

甚矣，勇丁遣散之难也！以鲍爵帅之声威，其部下尚有金口闹饷一节，迄今犹挂人齿颊间。况自中法违盟，仓皇召募，半皆从前遣散之徒，郁郁久居，自伤寥落。一旦某省招若干名，某营招若干名，克日成军，不啻水之趋壑。迨至重寻和约，各路解严，而招之唯恐不来者，又挥之唯恐不去矣。前文汇报载，“美富”轮船由福州装遣勇二百余人至钦州，复装二千二百人自沪赴汉口，船中肇衅，先窃某大宪外孙行李，甫抵镇江，幸即觉察，知照带队武员暗与搜查，当于福州上船之勇处得有原赃，并悉暗中纠约，拟将在船洋人尽行杀劫，掳船他往。其首恶已搭该船往来三次，竟敢明目张胆谓船主：我系三四品职官，因有行装被抛落水，值银逾万，必须赔偿，否则定与在船各洋人为难云云。该统带不动声色驶过金陵，潜往督辕请示，随即动轮向汉口进发，密传号令本部诸人发际系一红绳以为区别，遂堵住舱门饬令逐一出舱查看，见无红绳者当即剁杀十余人，旋命将匪缚柱，然后行刑。于是有不系红绳而为同伴指名得全首领者一人，复有一人已受重伤二处，开释后经大副用线缝伤，可期医好。及至芜湖暂泊传谕，各匪乘机速遁，一面故懈具防，乃均凫水潜逃，昏夜中不无淹毙者。又于舱内查出尸身三具，皆兵勇模样，大约为同党所仇杀耳。后闻匪党二十五人附招商局轮船由芜至汉，悉为道辕擒讯，解往武昌正法，仅留自称四品衔者一名以待查核。文汇之言颇详细，特节其大略如此。西人以匪徒之将加害也，甚德夫该统领官，谓其成竹在胸，不移时而祸机尽散，倘遇一不更事者，当断不断，必至反受其殃。事后追思，不惜一一描摹，以志感激。

顾吾谓勇丁之遣散宜分不宜合，宜少不宜多，聚千百虎狼驱归山窟，一任其成群结队，游行过市，其不咆哮而吞噬也者吾未之闻。正今日遣一队，明日遣一篷，请其饷糈，给其船票，亲督登舟，每舟无过数十人，度有变故，该船众足以抵御，自不敢妄生异志，出万死不顾一生之计，以侥幸为尝试。兹非其上策欤？

或曰“美富”轮船之转危而安，赖钦州所装二千二百人耳，假使当日只有福州散勇二百余人盘踞在船，协力同心起而发难，恐此船无噍类矣。乃转欲以分为贵，以少为贵，毋乃迂远而不切事情。不知吾所言者，方为正办。二千二百人之由钦州附搭此系偶尔相遭，且有统领以镇慑之，宜其先发制人，彼二百余人微特寡不敌众，势必束手待毙，即愍不畏死，铤而走险，亦断难抗此十倍之多。抑为“美富”轮船不应骤逢此劫，致冥冥中命，彼二千余人自钦州以解其厄，此一役也谓为恰好则可，谓为遣勇必当如此则不可。各省虽多散遣，断不皆动以千计。莫若分船分起，使之无从勾结，安隐归乡之为愈也。夫兵犹火也，不戢则焚；兵犹水也，不流则腐。承平之世，水陆诸屯营操练非不精，赏罚非不严，然阅一二十年即有用者皆归无用，久疏战阵，其筋力精神尤易柔脆涣散，以之打仗冲锋，虽节制而终难必胜。况此旋招旋散者，欲勉令分防，饷项既虞支绌，驱使归豊［里］回籍，中途多意外忧，又或无家无室厕于其间，难保不为□［啸］聚计。若辈但专顾目前，何知利害，□［诸］巨公职司兵柄，宜何如毖后惩前哉？

总之，创始难，善后更难，而兵事尤难之又难。日前有长江水师改隶海军之议，此则消患于未形，收功于垂后，实属老谋深算。至今尚未见施行，亦可知改弦而更张之颇非易易也。

（1886 年 6 月 27 日，第 1 版）

论通商之有益于中国

今试执迂儒而语之曰：我中国自通商以后贸易日繁，见闻日广，流民地痞皆得有所依赖，而不致为匪，若是乎西人之贶我实多也，彼必拂然于心，悖悖然现于其面曰：尔何丧心病狂欤！何若是之是非颠倒也？

我则应之曰：是实有说，西人之初来通商也，西人岂欲利中国哉？实欲自为己利耳。始则胁之以兵，继则要之以约，后遂舳舻相接，源源而来，以有易无，暗中牟利。其转运也速，其计算也工，其资本也多，其心思也细，约计金资之流出者，每年总核，不下千百万金。由是以观，西日以富，即华日以贫，安所得见其有利而不知非也。西人之贩运来华者，以洋布、羽毛、哆呢等货为大宗，而中国出口之丝、茶数足与之相匹，其可以获利者惟鸦片烟一项，消耗我资财，颓废我筋力，不特华人以为诟病，即西人之能知大局者，亦谓为理所不容、法所当禁，徒以利之所在，故人争趋之耳。近则中国各省皆能种植收浆，而关税所征，较前不止惟倍。度西人之贩运者，利亦不似从前之丰矣。而西人来华，则无一不华人之是赖。洋行也，轮船也，公馆也，自买办以迄出店、水手，罔不优以薪水，借其指臂。向时之为店伙者终岁勤动，只得数十金，今则数百金、数千金不难立致，身家温饱，衣服辉煌，乘坚策肥，颐指气使，其获益于通商者岂浅鲜哉？等而下之，一庖人也，一缝工也，一车夫也，当其服役于□［华］人家，日惟求百文钱，尚虑无人雇用，一经西人所雇，则每月总不下十余元、数十元。其他扛夫、舟子、通事、细崽之类赖西人以养活者，就各通商口岸而计，何止数千万人？而西人卒岁经营，心力俱瘁，亦惟供其挥霍，恣其奢华。其得白手起家，铜山高积，满载回国，乐此余年者，千百人中曾不闻二三辈。然则通商之利果在西人乎？抑在华人乎？

且不但此也，儒者埋头励志，除八股五言之外，有能讲考据、工词章者向已称为淹博，语以六合之寥廓、五洲之广远，非瞠目不能答，即斥为谰语无稽耳。自与泰西通商，而弦诵之余，时得与彼都人士通款曲，披其图籍，习其语言，天文、地舆、化学、光学、算学、医学无不可深窥秘奥，尽得心传；其有志出洋者又得在其大书塾中从名师友，朝夕讲论行伍之规、战守之法，炮台若何而巩固，兵舰若何而坚精，御敌攻城若何而操胜算，学有成效则归而导其子弟，或教习武备、水师诸学生，使咸得革除陋习，改换新机，以与泰西诸大邦齐驱并驾。至山川之形势、民俗之醇疵、律例之简烦、政教之得失，向惟西人能深悉我朝之底蕴，近则华人之游欧洲者于泰西掌故亦无不了如指掌，且各译成华字，著为成书，家置一编，便于翻阅。一旦有事，断不复受其欺蒙，非道光季年办理洋务诸大臣如在漆室之中寸步不能移动者比，其通商之益又如此。

或有送难者曰：子言通商之益，诚若是矣，所最可患者惟招工一事耳。从前古巴一埠急需华人工作，于是粤中诸地痞勾引乡愚以之为货，更贱其名曰“猪仔”，一到其处，非鞭笞即冻馁，受尽磨折，无复生还。自中朝特简陈星使兰彬出洋查阅，与之定约，除其虐政，始得困苦稍苏。近时美国旧金山各埠又有戕虐华工之事，焚其屋宇，戮其妻孥，华民迭受欺凌，几至暗无天日，虽经驻美星使极意保护，而美廷即允抚恤土人，终不相容。使非通商则千万亿小民万不能冒险而去，安居乐业，何致见侮于外人，是非通商之一害乎？愚则以为，事虽有害而利实隐寓于中，不观昔年赭寇之事乎？起事在金田村，初惟穷苦小民无衣无食，谋生乏术，聚而咨嗟。有一二桀黠者出妖言煽惑，设会诱人，授以兵戈，四出为乱，以致涓涓不塞，酿成江河，十八省幅员几无一片干净土，几费心力，始得歼除。今之佣于外洋者，非无衣无食穷苦小民哉？迹［即］其被鬻为“猪仔”者，未必皆桀骜不驯之辈。然被鬻者十之三，愿往者十之七，苟非性情强悍、愍不畏死之徒，即曰迫于饥寒，亦未必肯轻身而临不测，使无此出洋一路，则中国民日以繁，地不能日以广，即利不能日以多，穷蹙无聊，势必鸠聚为患，铤而走险，其不滋生事故也几希。

昔世宗朝尝募天下勇士，命史文靖公统率以实巴里坤，亦以釜底抽薪，预杜燎原之势耳。今得自辟其途，俾生路可寻，免致穷极思变，倘能勤劬奋勉，则日积月累尚可获利而归，即见恶于美人亦可舍之他适。幞被而出，何处不可栖身？是则开海外之利源，即以弭域中之隐患。如是言利，利斯大矣。彼迂儒动以闭关自守，不与通道为言者，井蛙之见，乌足以语于斯？

（1886 年 11 月 27 日，第 1 版）

录户部复陈维持招商局疏

户部谨奏，为核复大学士李鸿章等遵议维持招商局事宜，并议令将前后出入款项分别报部，恭折仰祈圣鉴事。北洋通商大臣大学士李鸿章等奏遵议招商局事宜以保中国权利一折，光绪十二年正月二十四日军机大臣奉旨："户部知道，钦此。"由军机处抄交到部，据原奏内称，钦奉光绪十一年九月十二日寄谕："顺天府代递道员叶廷眷条陈扶持商局一条等因，钦此。"窃谓轮船招商局之设，原因各口通商以来中国江海之利尽为外国商轮侵占，故设法招集华股，特创此局，以与洋商争衡。惟船栈码头成本甚重，分揽客货所得水脚无多，洋商屡次跌价倾挤；上年又遭法兵之扰，海船难行，遂致局本层折，不得不暂借洋债以应急需。当此局势岌岌之际，必须官为维持乃可日就起色。叶廷眷所陈各节装运鄂盐、展缓运漕期限两条不无窒碍，应毋庸议。其运漕局船回空照沙船免税一条，查运漕沙宁船回空，凡在北洋三口装载豆货杂粮等项，向准全免出口税，嗣后商局轮船运漕回空，请免北洋三口出口税二成，如原来装米一千石，回空时免出口货税二百石，较沙宁船少免八成以示区别。又湖北帽合茶一条向由鄂豫内地运赴张家口、蒙古地方，粗枝大叶价值甚轻。嗣后华商由鄂附搭商局轮船出口，请照砖茶之例每百斤减为出口税银六钱并免复出口半税；其由津北运张家口外，仍照完沿途内地税厘。以上两条，应请自本年开办起。另将执照保单及稽核章程，核定分饬遵照，惟总计所沾利益，每年不过核银二万两左右，局累既深，实不足以资补救。查该局奏定章程，原藉运漕水脚以补揽载客货之不足，每石实银五钱六分零，上年美商英商承运漕粮减为三钱五分，实则支用不敷。现在沙宁船运漕每石应支银四钱三分一厘零，所有本届商局轮船运漕应请照沙宁船现领之款支给，不再区分扣减，亦不扣海运局公费以资津贴。又该局原存官本及光绪二年买并旗昌船栈案内奏拨官本未还银一百七十八万余两，由运漕水脚项下分年扣还，并湖北军需扣款尚应还银七十七万余两，应请暂缓拔还、免扣水脚各项，以示体恤。俟商局洋债归结后即责令筹缴官本不准短少，该局商困藉可少纾。至该局自去秋向旗昌收回后，遴派道员盛宣怀等认真整顿经理，严定章程、力除弊窦等语。臣等伏查轮船招商局之设创始于同治十一年，当时如何招商集股，有无借拨官款，部中无案可稽。光绪二年，前两江总督沈葆桢奏美国旗昌公司归并招商局，请拨浙江等省官款通力合作，是为招商局报部之初。案此后行之十年，官本之盈亏、商情之衰旺，该局从未报部，部中均无从查悉。惟据沈葆桢原议奏称不可失者时也，有可凭者理也。论时则人谋务尽，适赴借宾定主之机；论理则天道好还，是真转弱为强之始等语。是招商局一举，实通商以来之要务。今据李鸿章等奏称，当此局势岌岌之际，必须官为维持乃可日就起色，自系实在情形。查原奏回空免税一条，臣部查历届海运章程，内开沙船领运官粮至津交清后回南贩运北地货物，并准循照奏案全行免税。如往天津、牛庄、奉天、山东各口贩运，仍由津局查明。承运米石全清后，方准填给免税印照，持赴各关呈验放行。倘有交米不清之船，一概不准给照。如在各口带有洋药，应令查照新章完税等因。今该督请嗣后商局轮船运漕回空，请免北洋三口出口税二成，原来装米一千石回空时免收出口货税二百石，系援照沙宁船成案办理，仍较沙宁船少免八成，应议准行。该船如带有洋药仍应照章纳税字样，以防包私偷漏。又原奏湖北帽合茶一条，臣部查俄国条约内载砖茶每百斤收正税银六钱，半税银三钱等因。今该督请嗣后如华商附搭商局轮船运帽合茶出口，请照砖茶之例每百斤减为出口正税六钱，并免复进口半税，系为商船多得水脚起见，且称减税甚微，亦应准行。惟帽合茶一项原运张家口各处每百斤收正税若干半税若干，部中无案可稽，应由该大臣转饬查明报部。又原奏漕运水脚一条，臣部查本年二月间两江总督曾国荃等奏，苏省海运章程内开上届加给沙轮各船修舱每石银一钱五分，上年经户部奏准沙船减去一钱，每石准给五分，轮船永远停给，今届自应遵办。又沙船每石应支正项水脚四钱之内扣发三分，轮船招商局业已收回，仍归华商经理，似与洋商有间，是否循照向来华轮之数支给，抑照上年暂雇洋轮数目核给？请敕部核复遵办等因。（此稿未完）

（1887年2月28日，第1版）

接录户部复陈维持招商局疏

经臣部议复本届招商局承运江浙漕粮，除每石修艌一钱五分照案永远停给，其应领水脚、神福等项，准其循照向来招商局华轮之数支给，以示体恤；其应扣回一分及三分等银，照章提扣，行知直隶、两江总督查照在案。查向来华轮之数，较之上届雇运外国轮船水脚，每石多支银三分零，已足以示体恤，应令仍照臣部前议办理。湖北、湖南采办漕米，如由该局承运，亦即援照江、浙现支之数支给，以昭画一。俟该局官本清还，运脚应否议减，再由臣部酌核办理。

又，原奏官本暂缓拨还一条，臣部查光绪二年两江总督沈葆桢奏归并旗昌轮船，请拨官本银一百万两，内江藩司十万两，江安粮道二十万两，江海关道二十万两，浙江省二十万两，江西省二十万两，湖北省十万两；光绪三年直隶总督李鸿章□［着］拨济招商局生息银十万两内，天津道五万两，津海关五万两，此招商局官款之报部有案者也。光绪六年三月，李鸿章奏各省拨存该局官款，自光绪六年起匀作五年拨还，由承运漕粮水脚按年抵扣；六年六月，又据李鸿章奏，定购美国铁甲船二只，提用招商局三届漕脚还款一百万两，此招商局拨还官款之报部有案者也。复查二年沈葆桢折内，有本年北洋又酌拨官帑以济之语；六年三月，李鸿章折内有存官本原平银一百九十万八千两，除拨还东海关十二万六千五百两，尚存一百七十八万一千五百两之语。是招商局官本不止部中有案之一百一十万两，拨还官本亦不止□［部］中有案之一百万两。又查光绪三年，南北洋大臣李鸿章等会奏整顿招商局折内称，历年拨存该局官帑一百九十万八千两，均与缓息三年，俟光绪六年起缓息拨本，均分五期，每年缴还一期，无论如何为难，不得再求展缓，统计八年官本全清，其缓收息款，以后或作官股，或陆续带缴，届期察看情形，再议等因。今据该督奏称，该局官本计历年扣还，并湖北军需扣款，业已过半外，尚应还银七十七万余两等语。前后奏案，颇有参差，且历年所缓息银作何结算，亦未声叙。臣部职司度支，既为官帑攸关，即无论正款闲款，均应详细稽核，以慎出入。相应请旨，饬下北洋大臣李鸿章、南洋大臣曾国荃，将招商局拨借官款某年由某省某项动拨银若干，某年于某案内拨还抵还某省银若干，现在未还系欠某省银若干，并查明前后八年所缓息银共计若干，曾否陆续缴还，抑系作为官股生息，应于某年起息，每年息银若干，详细开单奏报，以备考核。至所请应还官本七十七万余两，俟洋债归结后，分年筹缴，未免漫无限制，所有招商局未还官本，除本年免与拨还，应自光绪十三年起，分作五年清缴，每年只责令缴还十余万两，商力亦不至竭蹶，所缴银两即令提解部库以备饷需。

抑臣等更有请者，三代之治法，贵本而抑末，重农而贱商，从古商务未尝议于朝廷。海上互市以来，论者乃竞言商政，窃谓商者逐什一之利，以厚居积、权子母为事者也。厚居积必月计之有余，权子母必求倍入之息，若计成本则日亏，问子母则无着，甚且称贷乞假，以补不足，犹号于众曰“此吾致富之术也”，有是理乎？尝见富商大贾必□［择］忠信之人以主会计，其入有经，其出有节，守余三余一之法，核实厚积，乃能久远。若主计不得人，生之者寡，食之者众，取之无度，用之无节，不旋踵而终窭。

用人理财之道，与政通矣。前者李鸿章、沈葆桢创立此局，谋深虑远，实为经国宏谟，固为收江海之利，以与洋商争衡，转贫为富、转弱为强之机，尽在此举。洋人之通商中国，断不为折阅而来。乃招商局十余年来，不特本息不增，而官款洋债欠负累累，岂谋之不臧哉？臣等稽之案牍，证之人言，知所谓利权，上不在国，下不在商，尽归于中饱之员绅。如唐廷枢、朱其昂之被参于前，徐润、张鸿禄之败露于后，皆其明证。主计之不得其人，出入之经不能讲求撙节，又安得以局本亏折诿之于海上用兵耶？臣等公同商酌，该局既拨有官款，又津贴以漕运水脚，减免其货税，其岁入岁出之款即应官为稽察，拟请旨饬下南北洋大臣钦遵光绪十一年八月十七日谕旨，彻底清查，认真经理，并将该局现存行海轮船几只、行江轮船几只、码头几处、船只名号、码头处所及总局分局委员、商董衔名，详造细册，送部备考；其每年承运官漕、民货所得运脚若干，开支员董薪水、轮船经费若干，自本年起每届年终，核造四柱清册，报部存案。该局总办由该大臣会商遴派，嗣后派办之员，如有如徐润、张鸿禄之亏欠局款，其原保及失察之大臣，即应请旨交部议处，以昭慎重。所有臣等核复维持招商局事宜缘由，恭折具陈，伏乞皇太后、皇上圣鉴。谨奏。光绪十二年三月十四日具奏。本日奉旨："依议。钦此！"

（1887 年 3 月 1 日，第 1 版）

书户部复陈维持招商局疏后

局外冷眼旁观人稿

轮船招商局之设，原欲收外洋之权利，归诸中国。十余年来，洋商之待华人渐有不同，装货搭客，皆愿自减水脚，动多迁就，而不敢如从前之傲慢形于颜色。盖欲与招商局互相倾轧，冀广招徕，此其失利之情形，显然可见。而华商于中，已阴受其益而不知。且也，同一装货搭客，以其半归诸招商局中。局中虽不即有嬴余，而其利自不外溢。招商局既设，不独便于商，亦便于官。洋人行船载货，皆持定例，届期起程，一准晷刻，毫不稍示通融，而于显宦贵官动多藐视；自有招商局船，送往迎来，悉遵指示，体统自尊。近年国家海疆有事，载兵士，装器械，运饷需，皆由招商局船，以供驱遣，便利不可尽述。诚使招商局日盛一日，富强之效未尝不根乎此。何以言之？英人之至东南洋也，未立领事，先设东方贸易公司，其通中国实自此始。今招商局船所至，虽止尽中国江海之利，而不及外洋，然安知后日不渐及乎外洋？则全在乎国家有以实力维持之也。

窃尝论之，泰西立国首重商务，商富即国富，商之所至，兵亦至焉。凡国中一切大工役，如开掘诸矿、兴筑铁路，其始皆由商办以开其端，纠众集资，通力合作，成则国家共享其利；如有折阅及倾跌者，则国家遣官核察，捐帑项以助之，务使著有成效而后已。凡民间有以新法制器，而因以毁家失业者，国家亦必加以资助，俾其器得臻成，备以利民生，以供国用。如火车、轮舶、电标等，其初皆由民间创造，而后归之于官者也。盖西国于商民皆官为之调剂翼助，故其利溥而用无不足；我皆听商民之自为，而时且遏抑剥损之，否则动拘成例，辄掣其肘，故上下交失其利。

今欲收泰西之利权，而归之于我，则莫如自维持招商局始。招商局自乙酉夏间向旗昌洋行收回后，李傅相派员督办，兴利除弊，蒸蒸日上，倘能如从前运漕不减水脚，公帑不计利息，竭力扶持，必有起色。畀以运漕所以广转输之益，助以公帑所以冀资本之雄，长袖善舞，多财善贾，而招商局之利薮可以独擅也。今读户部复奏南北洋维持招商局一折，而窃有不能已于言者。

一曰于运漕则减水脚也。运漕水脚每石比向章减去一钱五分，又扣回银一分及三分，较之从前，每年少给漕脚银十万两左右。按，近年泰西各国通商中土，轮船日多，行驶于天津、广东两处者尚有赢余，自余他处已难操券，通盘筹算，全在运漕一节藉资补苴。今既若此，虽装载客货，尚可勉力与怡和、太古两洋行抗衡，而运漕则并无利益矣。试思一岁中骤减水脚银十万两，则欲藉他事以为之弥缝者不甚费力乎哉？

一曰以已缓之息银作官股，而仍欲征息也。部议应还官本七十七万余两，由光绪十三年起分作五年清缴，并饬查明前后八年所缓息银共计若干，作为官股，应于某年起息。查阅历年局账，公款一百九十万两，未见提存丝毫利息，前既未尝提存，则后又从何追扣，将当局者代为之偿乎？查前还之官本，实系改借洋债，然则挹彼注兹，本尚未拔，利将安在？户部欲于责令归本之外，将前八年所缓息银一并作为官股，并征其息。诚如是，利上加利，追算何止一百余万两？曾见招商局总账，实在股本只有二百万两，除旧日总办缴回三十万，开平搭入二十万，实剩股本一百五十万两而已。今若欲算还官息八年，则商本仅敷充公。法人滋扰，航海者事介两难，旗昌一出一入，均属商人认亏，商人无利可沾已三年矣。今一难甫脱，一难又逢，商人亦綦苦矣哉。况股票辗转售卖，今日之商人并非昔日之商人，若欲令以后之新商代以前之旧商赔缴八年官息，此冤从何处伸诉乎哉？

一曰每岁造册报部，将商事变为官事也。部议每年所得运脚若干，开支员董薪水、轮船经费若干，造册报部，如是则以后商人资本变为官事，一切驳诘更张将官持其权，而商人不得预闻乎。以视怡和、太古两行商之难易，又何啻霄壤乎哉？夫所谓“维持”之者，乃官为之助，而非官为之主也。局中督办、总办皆系道员，则官也，而非商也。然其办事接众，与商周旋，未尝以官之面目向人，未尝以官之事例绳人，则仍商也，而非官也。盖介于商与官之间，而通其隔阂也。且夫贸易场中持筹握算，操奇致赢，固系乎人事之克尽，然有时亦非人事之所能主也。洋商思深虑远，推为杰出，而近年来致叹折阅者，所在多有，诚以赢绌无一定也。

要之，轮船招商局之规模，即英之铁行公司、日之三菱公司也，虽由民办、商办，而必赖官以力为维持，其大旨毋使以利权授人而已。如谓欲收利权，而反借资于外，则在欲广远其规模，势不得不扩充其资本也。倘以后遵是成规，而益加撙节焉；毋好大而喜功，毋慎始而怠终；毋徇情面，毋多冗费，毋涉更张，毋矜意气，上下一心，和衷共济，兢兢焉，勉勉焉，实事求是，各勤其职，各守其业，行之十年，招商局不驾西人公司而上者，吾弗信也。

（1887年3月5日，第1、2版）

中国宜就外洋设立轮船公司议

公司者何？即洋行之别名也。既曰洋行矣，曷为而别之曰公司？曰洋行由巨贾独开，若公司则资本敛诸众人。顾同一公司，而其中又别有由商人自为经理者，如福利公司、太古公司、自来水公司、电气灯公司之类是也。至若行驶轮船往来中外各埠，捎书搭客，无所不宜，如英、法、德、日本各公司，则股份虽签自众商，而必先由国家允准。盖西人喜经商异域，往往重洋远涉，不惮数万里之遥，苟非有常川来往之船，则货物何以流通？音问何以传达？由此国抵彼国，由彼岸至此岸，何以能约期无误、晷刻不差？故必设有公司船，往来络绎，以便商旅而利遄征。公司船英语曰昧①，而法语曰马，而译为信袋之义，若曰此船以传递音问为重云尔。中国向不与外洋通，道光季年始开口岸，然亦只有来无往，从未有一介之使奉简书而赴欧墨诸洲者；即大腹贾贸迁有无，亦惟在本国谋利源，素不

---

① 即mail。

知遄往他国。越同治朝削平赭寇，各兵轮废而不用，未免徒费百千万金资，遂由李傅相奏请改为商轮，而设招商之局。盖虽不曰轮船公司，其实则与轮船公司无异矣。特是各轮船虽雇西人以主驾驭，而局自总办以下俱未深悉外洋风俗，未便驶赴外洋，故定章只北至津沽，南至闽粤，拆［溯］长江而上，则以汉口为尽头。其有商于外洋者但附洋船以去，即遣往各邦之星使，虽曰简书郑重，深恩陨越以贻羞，然英法诸国公司船既开驶有定期，风波无震撼，则附之以去，颇觉履险如夷。所以外洋多在中国设公司，而中国则不闻于外洋有是举。

岁癸酉，招商局总办香山唐景星观察，始奉李傅相之命，前赴欧墨各洲，相度商情，拟为扩充商局，而辅之以泉唐袁翔甫大令，历半年而返，终以事多窒碍，尚未举行。然说者谓傅相既有此心，观察既经相度，则外洋公司之设或者渐有端倪乎。顾蒙以为，居今日而议设公司船，其不容已者有数端：

英、俄、德、法、日、奥、美诸国，朝廷各简星使驻札其都，以保远民，以观异俗，以敦睦谊，以宣国威。其出也，握节遄征，皇华著，美轺车，威望何等尊严。乃相隔数万里重洋，仅藉他国之船以附往，毋乃亵体统而失威严？即曰兵轮可坐，而素未一至外国，更觉冒险堪虞。惟既有中国公司船，乘之而往，堂皇天使奉命遄征，冠冕堂皇，庶不启外人之笑矣。此其宜设者一。

美国诸属地及日、秘各邦，皆有中国民人在彼工作，而从前猪仔之受其虐害，已属罄竹难书。自经陈荔秋副宪前往稽查，始得拨云雾而见天日。迩年来，美国虐待华人之举，益觉苛如猛虎，毒甚长蛇。现虽有张樵野星使申辩再三，请为查办，而华佣数十万流离困苦，如坐针毡。此邦人既不能容，自当束装返国，而彼公司船及商船所装立有限制，不能一概附装；且彼既有意苛求，则即欲附彼船，彼必多方□［拦］阻。苟有中国公司船，彼国华佣皆可附之就道，免致受彼欺凌。即欲择乐土以营生，亦不难鼓轮他往，出水火而登衽席，不且惟（中国）公司船是赖哉？此其宜设者二。

自开埠通商而后，华人见洋货之五光十色，光怪陆离，无不厌故喜新，争相购用。计由外洋轮船运至者，岁不可以亿兆计。其大宗尤在洋布，每岁由外洋运至中国，其中水脚核算之，必大有可观。三十年来，坐令外洋各公司船独得其利，外洋日富即中国日贫，徒以利权授之他人，非谋国之道也。何若中国自设公司船以装运，庶利虽为外洋所得，而中国获收水脚，每岁当顿增无数金资，国计民生不且两有所益哉？此其宜者三。

或者谓中国向无此举，一旦而欲夺外洋之利，外洋必起而为难，其中或有未便。不知此固不必虑也。中国向有英、法两公司，继则日本人又设三菱公司，去岁德人亦踵而行之。昨报译美国太平铁路公司购置轮船往来东洋、中国各埠。盖虽不名为公司船，而实亦公司船之流亚。彼既可设公司于我国，我何不可设公司于他邦？核之和约中利益均沾，及公法平等相视之义，适相符合，诚何患其起而为难耶？

或又谓公司船必与书信馆相附而行，既设公司船，必设书信馆。彼公司船只至海口，仅就各大埠分设船局，事尚简而不繁；若书信则城乡村镇无所不通，必处处设馆分收，则其馆如棋布星罗，不特经理为难，且其费亦必形浩大。经商以求利耳，费既浩大，折阅且堪虞矣，何利之有？嘻，此特未明公法者之言也。考公法，几通商口岸行铺，则不论何国人皆可开设，惟书信馆则必让本国独握利权。中国本无书信馆，故他国可以开设外洋书信馆，几如中国信局。然到处有人开设，则自有本国人经理，我中国乌能越俎代谋？是公司船可迳达外洋装人运货，而书信则一至香港，即须交英国书信馆置邮，更何虞其繁琐乎？凡事守成易，谋始难，勿畏难而苟安，是所望于当轴者也。

（1887 年 4 月 18 日，第 1 版）

书“保大”轮船失事情形后

“保大”轮船搁礁失事，其详细情形备书在报。至于今日则已风激浪涌，全船俱碎矣。吾不禁深有所感焉。今夫一物之成败，或亦有数存乎其间。今年中外轮船之失事致坏者已屡有所闻，是岂华人所谓太岁之不利耶？抑仍由于人事之咎也？查“保大”轮船与“丰顺”、“江永”、“江宽”同年购造，“保大”、“丰顺”则专备行海，“江永”、“江宽”则专备行江。“保大”、“丰顺”舱位一切俱各从同，而船身之坚固、行驶之迅速，亦皆不相上下。凡每年开河之际，各轮船初次赴津，将到之时例以先抵埠者得上赏，□［而］“保大”获赏已非一次，搭客诸人莫不耳其名，乐其客位之宽大、来往之迅疾、船身之稳固，来往津沪者无论官商，无不愿坐“保大”之船。盖此四船者皆在招商局初开之时、未经归并旗昌而先赴外洋购办，工坚料实，较外洋之公司船相去不远，固为中国各轮船中首屈一指者也。约计近二十年，而遽遭此浩劫，讵不大可惜哉？

有该船搭客之与难得脱者致函于西字报，述其失事时之情形，殊甚仓皇。据云该船新易船主，其人本系往来南洋者，于北道水线、沙礁或有未谙；此次遄行，又值雾气迷漫，茫茫前路中依然加力速驶，以致触于成山之礁，船身搁起，而船尾尚在水中。其时满船之人莫不惊惶无措，船上水手宁人居多，其司火、司煤者则多系粤人，此辈见大势不佳，旋即乱抢客位中之银洋、货物，群解小艇一艘，下水而逸，船主无如之何。其尚有一艇，则有华人男妇坐以下水，而不知驶行，但危坐于小艇中，以待救而已。右边所悬之小艇，则不能即时放下，以右边已在礁上，水浅不能浮艇也。其一艇则装有废旧蓬索，及各种器具，众手纷纷，悉数搬出，然后可以入水，则为时已后矣。幸而船身不即入水，次日有太古公司之“通州”轮船过此，立即施救，众客性命得以保全。行李货物虽不无失少，尚属身外物，犹可自解。设或所伤过重，水竟汩汩而入，全船霎时沉下，则彼水手、火夫之类惟知抢先放船，掠物而遁，不复顾众客之死活，船主号令不行，威权不足，一时无所措手，能不全船俱殉也乎？

然该船主虽当时不能阻止各水手人等之纷乱，而事后立即发电，知照招商局预为布置，遂得以告知捕房、公廨派差协捕，在江干守候，“海昌”、“海定”两船前后到埠，将该水手等悉数获案，解送公堂会审，以伸官法，而惩贪残，尚为措置得宜。而于“保大”轮船则终无所补救，正不知此次途逢大雾，仍复照常遄行者，何人执其咎也？

中国之人惟不知管驾之法，故各船船主多系西人，而总管众船主者更无论矣。凡各船主调动更易，华人绝不预闻，虽总办亦不与知焉。盖以此事既非熟谙，所谓不知其理，不谋其事，既用西人为之管理，此事则固事有专责，何必参预于其间？以致西人或有掣肘之处。□［此］其□［立］意非不佳也，然而行船出海，船中之性命与为存亡。即曰船身货物均有保险行家赔偿，而该局名声则亦不能无小损，局中资本恐亦不能无小耗，上司问及又将何词以对？此其事为何如事，而可轻心以掉之耶？

现在船已失事，无可挽回，幸而搭客无伤，全数救出，全船上性命俱无所丧。将来必经公庭对簿，询及致祸之由，罪应何属，孰是孰非，谁轻谁重，自必有水落石出、昭然若揭之一日，固亦无烦局外人妄为臆度。而独念夫招商局以如许之资本、如许之局面、如许之生意，而不能自行培植一二管驾之华人，以为船主，事事仍须仰给于西人，此则最所不解者已。或曰先生之论亦空言无补已耳。试观福建之船政学堂、天津之武备学堂，其开设也亦既有年，凡所习者大都行船管驾之法，而曾闻其中出一人物否？兵船诸管驾，其问以行船若何，沙线若何，经纬若何，而能历历指陈不爽，吾所知仅数人耳。其余则皆询以机力而不知，问以沙礁而莫对，惟月领薪水，以及浮支修理、虚开兵额，此则为其长技。今而曰招商局亦当自行培植人才，俾将来可以归华人管驾，是岂有实效可见也乎？余曰：譬之家有子弟，使之略涉医书，稍知脉理，即非欲以医为业，而家人有疾，或不至为庸医所误。若事事仰给于医，而任其颠倒变置，则许世子不尝药之罪乌能逃哉。

（1887年8月4日，第1版）

中国宜增商轮说

客有过余而问者曰，中国之与泰西通商也，事事皆欲驾乎泰西，而独于商务一道似乎相去甚远，此其故何也？余曰，泰西重商，商人之权□官并，故商人多而商务盛；中国不重商，商人初不与官相通，且往往商人为官所抑制，夫是以商人少而商务不能兴旺。夫所谓商人少者，非商人之果少也，以中国之地广人稠，士农工而外，大约商居十之三四，何得言少？而较之西商则未免瞠乎其后。此其故，由于道路通而往来便。试即泰西各国而论之，英国之商务甲于他国，英国之富亦甲于他国，岂果英人皆长袖善舞者乎？统计欧洲各国驶行之商轮，十分之中英人居其七八，凡有英国所属各地无不节节联络，可以呼吸相通，以故商船遄行有恃不恐，而船日益多，生意亦日益旺。他国虽亦有商船终不能望英国之项背。由此言之，中国之商务所以不及外洋之故，盖可知矣。

客曰，中国之设招商局置办轮船以行于南北闽广各洋面，装运客货行长江者若干艘，行天津者若干艘，行闽广者虽少于长江天津，而亦有数艘以便往来，轮船亦不可谓不多矣，而商务依然不见甚旺。然则为今之计，将议减乎？抑议增乎？

余曰，此则视乎当轴者识见之远近何如耳。拘于目前者谓现在招商局已有如许轮船驶行于各处，与怡和、太古两洋行并驾齐驱，亦足以自豪矣。且与怡和、太古两洋行互相联络，通为一气，凡有外人而欲与怡和、太古、招商争利，三公司合力以御之，是皆所以揽利权而不使外溢也。不知怡和、太古两洋行虽曰资本浩大、规模宏远，然究不过一商家而已。若以中国之招商局而仅足与外洋两商家相颉颃，已不免于贻笑，若再自定限制，谓额设商轮外不得再增一二艘以分利权，则局量偏浅，岂设立招商局之本意也哉？况三公司既有所约，外人不得搀入，而麦边洋行另有轮船行驶各国，又有所谓野鸡轮船者，或一二艘，或三五艘，别树一帜，遄行无忌，诚以外洋之人见利所在，趋之若鹜，有非势力所可御止者。然要亦以中国地大物博，有可图之利，故时有新增之轮船，招商局所欲收外洋之利权而归之中国者，仍不免收之不尽而卒有所溢。

今招商局而果欲收外洋之利权，则莫如多添轮船。近年以来华人皆知中国能自造轮船，即其购自外洋者，亦莫不坚稳可恃，故搭船装货亦多愿坐中国所开之轮船。盖一则顾全大局，二则中国之船招呼者皆中国人，言语可通、饮食亦便，以故乐于乘坐。苟能于此时而再增一二艘，则中国多一轮船，外洋即少来一轮船，此固理势所必然者也。然为招商局计，目前亦未必遽能增置船舶，坐视利源为麦边等行及野鸡轮船所获，岂不大可惜耶！愚以为中国之大，岂少材能之士，设有高瞻远瞩、殚精竭思（之人），而欲为中国收西人之利权，另设轮船，以追随乎招商局之后，则招商局未有不深为嘉许，以乐观厥成，此又情事所必然者也。

或以为三公司既互为约章，不听外人搀入，则中国苟有人另开商轮，不免予人以口实。然三公司之所约者，不过曰倘有外人欲来争利，则三公司当约会减价以窘之，不能禁其船之往来也。窃谓若华人而另增商轮以往来于天津、长江以及闽、广各洋者，不妨附于招商局载运，生意则各不相蒙，而假其牌号，以杜外人之口，如此则于理既顺、于情亦得，而于大局之所关诚非浅鲜矣。

近来中国佥议铁路之当开，惟苦于经费过巨，故一时尚未能举行。夫铁路所以补轮船之不足也，轮船所不能行之处，则以铁路补之；轮船所能行之处，而反不得尽轮船之用，又焉取此？且子之为此问也，亦有所闻见否耶？

客曰：仆前数日偶阅西字报，见其中载有一事，谓台湾现拟添设轮船，往来闽广、长江、天津，而有人焉意欲阻之，其能阻与否，则语焉而不详，故疑而问之。今得子言，斯豁然矣。请书之以观其后何如？

余曰可，遂录之。

（1887 年 9 月 10 日，第 1 版）

铁路自利说

中国之于铁路一节，近年以来稍有端倪，然究未见其决计广行。外洋各国无不有之，而其利非外人所能夺，中国明明有此大利，而至今不克自取，良可惜矣。且其可惜者，不自今日始也。前者上海之西人创造铁路，自上海直达吴淞，此不过偶尔试行，半杂游戏。往来乘坐之诸客，亦大都争先快睹，聊广识见。初无货物之装运，而自初起以至于拆卸，其间获利即已不少。诚以车行之速，较之轮船约可三倍。火车之一日可抵轮船之三日，火车之一刻可抵轮船之三刻，一日之中多行几次，即获利几次，虽不过游客之往来，而其利已如此其厚也。自中国购回之后，即行拆卸，本云拆至台湾，以便装运基隆煤斤，乃一拆之后，不复再装，以至铁条锈坏，前功尽弃。当其时无人不为之扼腕若嗟，及今思之，殊不知其忽焉而购回，忽焉而拆去，忽焉而听其废弃而不顾，是诚何心？

或者以为上海火车铁路倘不禁止，则洋人将来必将扩而充之，推而广之，渐至于行入内地，而其势骎骎乎不可止遏，故不若于其试行时先为阻之。夫阻之，诚是也，顾既为中国所购回，则即为中国之物，中国何不自行管理，自行扩充？以中国之火车行于中国之内地，谁得而议其非？倘往时即由吴淞已成铁路逐节开拓，岁有所增，月有所继，将见不数年间，而沿长江一带悉为铁路所联络，由吴淞至镇江，由镇江而南京；用是迤逦溯江而上，可以至于汉口，再上而可以至于荆、宜、夔、万，以接乎四川；由川而上通黔、滇，内地货物向来不能外运者，至此而皆可以贩运于外，则云贵川鄂之货无不可以四处通行。地不爱宝，货且日出而不穷，人亦取之而无禁，其利之自然生出者，当不可以偻指计。即由汉往来之人货，前以乘轮船为速者，至此而反嫌轮船之缓。盖轮船虽速，而自汉达沪非三日不可，或稍稍耽搁，有至四日而后至者；更或倘有风雾，则其日期尤难预定。而火车则悉无虑此，沪汉往来约计不过一昼夜，而中间绝无阻隔，人情喜速而恶缓，必将群附火车，而不乐于搭轮船，从此而太古、怡和、招商局轮船之利，一网打尽矣。

夫招商局虽失轮船之利，而中国实获火车之利，或者招商局之资本悉数改入铁路，则失之东隅者收之桑榆，不足为病也。若怡和、太古则既不能深入中国内地，以分中国火车之利，而长江一带轮船之利尽为中国火车所收。吾知西人于此，必且知难而退，断不能与中国争此利权。若此，则火车一行，而西人未收之利固油然而自生，即西人所共收之利亦不夺而自夺，中国之利孰有大于此者乎？

或以为中国向有厘捐局卡，货物之往来，必逐处停顿，稽查捐纳而后可行，若改舟而车，则遄行迅速，恐沿途局卡皆不能阻查，而于厘捐不无所损此，亦不可不虑。然亦路之局卡，固不免于向隅，而火车所过地方未尝不可沿途停止，就□［便］稽查。况人货所经，沿途亦必有当卸、当装、当登、当下之处，约计何处为便，即以局卡置设于何处，则仍不至有偷漏之弊，而于课税一无所碍。

或又谓轮船宽大，装货为宜，火车安能有如许之大，或恐运货有所不宜。而不知铁路火车本有数等，除上等车位以及二、三等搭客所坐而外，货车不下数种，盖以货有粗细，故预备装运之车亦有不同，大都外洋货物往来莫不由火车而来，其火车所不及者，则以轮船辅之。中国若行火车未始不可照办，则又何忧货物之不能装运也哉？此一意也。先时中国之人，竟未念及，故吴淞铁路一经购回即便拆卸，一似从此之后中国永不议及兴办铁路也者。至今日而重为议及于台湾，则由基隆推广以联络乎台南、台北；在天津，则从开平接长以达于大沽，此议已见明文，势在必行。则吴淞一路亦必有追思回忆而不胜叹息者。盖从新创始，固不若因其旧基之为易也。前者中国铁路之议创自刘省三爵帅，厥后南北洋大臣会议复奏，各言其利，而卒以经费不易、筹办欲行而止者再，而其所言之利独不及此。而不知铁路之设，其所以收外人之利者，固有如此之大且易也夫！内地之利，外人既不能与我争，而火车一经通行，轮船自难生色，此其理显而易见，不必智者而后知之。而况中原之地若齐、若豫、若秦晋，向非轮船所能达者，一有火车而可以无远弗届，其便利更有不止于沿江一带者哉！今日中国即未必有此快事，亦不妨存此快论，以为他日之左验。因书之。

（1887 年 9 月 29 日，第 1 版）

裕关税当先恤商说

孟子之言曰："古之为关也，将以御暴；今之为关也，将以为暴。"呜呼，御暴为暴之间，岂可以道里计哉？夫人之所畏于暴者，猛虎也，长蛇也，盗贼与水火也，杀人于无罪之地，祸人于不测之间，瞬息之顷，身家性命皆归荡然，所以畏之若是其甚也。而关皆无有，然则何为而畏其暴哉？而天下之行商者独畏之，不啻如水火，如盗贼，甚而至于如猛虎、□［长］蛇，其故何欤？关之政，往来有稽也，启闭有时也，户与工有别也。税则之定有常征，督理之司有专责也。其上则有委员，曰税务，曰查船，曰便商，层层钳制，其下又有签量、书算、巡丁诸人役，供其奔走之劳，权其会计之当，所以辅委员之不足，而严奸商之偷漏也。一船之来，必先之以画稍，使其不能搀越也；继之以报号，使其不能抽移也；然后签量，持筹以量之，委员凭其所报以查之，复查既确，即抽单上税，给票放行。凡巨船大舶，自数千石以至百十石者皆是也。至于船小不满二十石以□［下］者，则使之报完便商。便商者，其税较大关为轻，盖于上裕国课之中隐寓恤商之意，其立法非不善，其立意非不仁且厚也，又乌在其能为暴者？凡彼商民宜如何踊跃输将，望关投止，方且感奋之不暇，何为而畏之如冰之深，如火之热，如□兽凶徒，磨牙吮血、杀人如□［麻］者，视为畏途，望望然去之哉？而今之为□［关］者异矣，有□［关］政之责者堂高□［廉］远，深居简出，则讯腹心于委员。即有□然奋迅，雷厉风行，新法屡更，严罚必峻，而究之所凭者高，所处者远，势不能不仍假手于委员。而委员大都皆席□［丰］履厚，惮于飞涛，则耳目寄之签量，签量不能独肥也，于是布爪牙于白役包揽。往往有委员之不肖者，甚且与若辈通同一气，上下蒙蔽，而商人之畏首畏尾者，身其余几矣。每见商船之报税也，不先到关而先投签量，以视其手之高下而定税之多寡，谓之讲盘，百端需索，不饱其欲不止。如此则抽单纳税，给票放行等事，皆可稍速；否则，任其顶关停泊，甚至十日半月，而不予查量，若不知有此一船之到关者，而漂失之可危、衣食之难周不问焉。即幸而开□［舱］查量，亦必多方搜索，故意挑剔，因之而勒罚，自三五倍至十余倍者，比比皆是。彼富商巨贾无论矣，小本贸易横罹此祸，倾其货不足，则乞贷以济之；乞贷无门，则有不忍卒言者，亦时有闻。噫，此其为暴何如者？不且如水益深，如火益热，如猛虎长蛇之噬人为更毒，如剧盗猾贼之劫财为更险哉？宜竞趋洋关而不可换回也。

洋商自通商以后，专设以征洋商进出口之货，而招商局之轮船亦与焉，其税较之大关奚止倍蓰，然则商人何为舍轻就重，而趋之如骛若此夫？商人岂甘心就重哉？亦畏暴耳。盖洋关税虽重，而随到随验，随验随行，无片时之留难，其货不至因留难而朽败，因朽败而亏耗，以视彼之签量需索、停泊旅食核计之，未必彼善于此，而迟速难易何止天渊之别？然则商人亦何为而不趋之如骛哉！

或曰华商挂用洋旗，长江上下水关部，方将以常税之奇绌，由于洋旗洋票之多，彼此互商，设法禁止。呜呼，是直不自知其为丛驱爵，为渊驱鱼，而欲加之厉耳。况洋商雇用民船，小民犹得藉赁资以谋生，长江数千里尚不致为风逢夹板等船尽夺其利，一旦而欲设法禁绝，举而驱之于水火盗贼长蛇猛虎之区，杀人于无罪，祸人于不测，则虽刀锯在前，鞭策在后，亦必不可得者。则为之奈何？曰裁革冗役则蠹去矣，慎选委员则弊清矣，仿洋关之法而变通之则无留难之患矣，出水火而蒙衽席，举盗贼、蛇虎而廓清之，易暴为仁，以轻□［当］重，虽驱而至于洋关，亦必不可得矣。又何必纷纷然议禁洋旗洋票为哉？是在今之为关者。

（1887 年 12 月 10 日，第 1 版）

资遣华人说

中国之地广矣，中国之人稠矣，欲人人而觅糊口之方，其难实不可以言喻。上焉者或舌耕，或游幕，终岁所入虽甚瘠薄，犹得供衣食，而畜妻孥；降而下之，为伙友，为仆从，所入即寥寥无几，苟不溺情于嫖赌烟酒，亦不致果腹无资；至于农圃之流，终岁勤劬，课晴问雨，但得佃资有着，国课早完，则毕世优游，几如世外桃源，不知尘中是何甲子。盖较之舌耕、游幕、伙友、仆从，尤觉逍遥自得，与世无争焉。独此不尴不尬之流，文不能握管，武不能弯弓，地无立锥，身无短褐，东飘西荡，食宿无常，一或见诱于匪人，即不免揭竿滋事，白莲、清水之教，红巾、长发之寇，苟无若辈，乌能霎时乌合，到处蔓延乎？幸也，中外通商，局势大变，海外各国咸欲招华人前往作工，若辈既无家室之萦心，又无田园之世守，一动以目前之利，遂即轻身而往，远涉重洋。

初时英俄二国次第招工，其资尚属从丰，款待亦为不薄，其有期满回国者腰缠充裕，人皆羡之，遂不以出洋为畏途，而以为乐事。其后卑鲁、古巴在澳门设招工馆，澳中无赖诱人售诸馆中，名曰贩猪仔，于是多方凌虐，惨酷无人理，生灵数十万委诸海外，或被伤而死，或染瘴而亡，或以饥寒毙，或以疾病殂，怨气弥天，哭声动地。该国人视之，曾不殊于犬豕，摧之挫之，日夜不息。幸为太史所闻，悉奏之朝廷，特遣陈荔秋星使前往查明，载之回国。复与卑廷立约，此后即用华人工作，款待亦当与他国从同，而人皆视为棘地荆天，不敢贸然而往，相约至旧金山力作糊口。

旧金山者，西语曰三法兰悉士哥，在撒克喇缅都之外，滨海之区，向为美利坚属地，地初开辟，广野肥饶；土人工值既昂，性情又懒，是故华人初至，美人皆喜用之，以致愈聚愈多，力食之徒源源而至。土人恶其攘夺生意也，无不恨深切齿，欲得甘心而戕害之风起矣。初惟工作之辈稍稍寻仇，至前年而竟结党成群，公然上呈政府，以致洛士丙冷一案，戕害十百人，焚毁资财至巨万。华官向美政府诘责，政府对以其事起于土人，国家亦不能禁遏。夫美为民主之国，其不能独行独断，犹可言也。顾何以政府亦顺土人之心，下令禁止华人，不许再行前往？岂土人之势焰，朝廷亦不敢与之抗衡耶？抑美廷果见恶华人，故任土人之戕害耶？

查美与中朝立约事在咸丰八年，迄今三十一年中，从未有所龃龉，何以于华人作工之事，而竟有所见恶于心欤？特是华人既不相容，在中朝断不能漠然置之，任其琐尾流离于海外。今观美日报登，中朝总理事官设法资遣回华，而后叹数万贫民皆可免其虐害矣。顾或谓华人之在彼者甚众，每船只附载五十人，即一二年亦不能载尽，倘前者既返，而后者以势孤力弱，益见侮于土人可奈何？何若禀求星使，奏请饬下招商局，专阁［发］数轮船至彼，悉数载回。不知土人之恶华人，恶其攘夺生理耳，今既将载之回国，则此后生理自当悉属之土人，土人方且喜之不遑，尚何有所见恶乎？彼招商局轮船未习重洋，设遇风涛，反形不美，固不若逐渐附公司船遄返，免致沿路担忧也。

或又曰，中国向以人满为患，自有出洋之路，人得有所谋生，始不致聚而为患，此次载之回国，彼其人既见惯外洋之华美，又皆愍不畏死之流，岂甘局促田庐，苦苦度日？万一啸聚日众，勾引教匪、会匪，煽惑愚民，潜谋不轨，腹心之患不可不防。则曷若弃置重洋，任其自生自灭乎？不知若辈虽久在外邦，究属中朝之赤子，坐视其颠连困苦，将父母斯民之谓何？且载回亦尽可善为安置也。目前台湾方渐渐开辟，山林之利取之无穷，西北新疆亦多旷土，招人开垦势不容迟，则以中国之民收中国之利，但得衣租食税，冻馁无忧，更何致自外生成，相与肇事乎？

总之，载回云者非徒载回已也，必审慎于载回之先，筹谋于载回之后，使若辈既免外人之苛待，又得欢乐以终年，而后保我蒸黎无微不至矣。理事，真民之父母哉！

（1888 年 4 月 17 日，第 1 版）

争利说

今日之天下，一言“利”之天下也。上至公卿大夫，下至舆台、仆隶与夫士农工商、医卜星相之各事其事，各业其业，莫不唯利焉是图。当今之世，为今之人，“利”之一字不可讳，亦不能讳，且不必讳。今夫利也者，非犹是戋戋者货贿钱币之谓也。利于家，利于国，利遍于天下，利及于后世，是之谓大利。自利以利人，有功于人而人利用之，有德于人而人利赖之，是之谓小利。问能识一“丁”字乎，不能也；问能挽五石弓乎，不能也；而唯是宫室之美、妻妾之奉，所识穷乏者之得我以诩诩然，自鸣得意，是之谓不利。

利之为道大矣哉。是故，古者言利必对以义，今则以利为义，利归之斯，义归之矣。古者言利必副以名，今则以利为名，利归之斯，名归之矣。善于为利者，有时却货贿而不受，弃钱币而不顾，若以为戋戋者，不足以污吾操也。窥其微，探其蕴，盖亦有所利而为之，非贸贸然甘为是大不利也。而吾窃笑夫今之人，不详其义，不求其解，辄相与轻之、藐之、诋之、丑之，何怪乎孳孳焉沉溺于利之中，而不知利之所在，日操其不利之术以求利于天下，而利遂愈亲而愈疏、愈迎而愈距也。

然则为利之术，将奈何？曰莫善于人同利，莫不善于与人争利。夫利者天下之公器，当与天下共之，非一人之所得而私也。与人同利者，人与己皆得其利而利无穷；与人争利者，将自利而不利于人，不知人不利焉，则己又何利之有？此不必纵论古今，旷观世宙而后知之也。言小而可以喻大，方近而可以明远，试即沪上觇之，如轮船招商局俾人有行旅之利，而已亦与有利焉；自来水公司俾人有挹注之利，而已亦与有利焉；电报局有邮寄之利，保险局有安谧［谧］之利，其他类推，不胜枚举。其利也，取之无尽，用之不竭，夫亦尽人而知之，是非与人同利也乎？

若夫与人争利之事，尤不可以更仆数。有事虽细而害则深者，如昔之吕宋小票，今之分送彩票是已。夫吕宋小票，其事差类于拐骗之端，其行几同于攘窃之盗，一时风行租界，举国若狂，凡小本经营、食力工作之辈，举平日一丝半粟、铢积寸累竭蹶输将，以侥幸于万一。迨夫书成咄咄，手已空空，贫无所归，废时失业，穷而为乞丐，陷而为流氓。为民上者烛其害之至于此极也，为之严惩厉禁，而租界始肃然清。彼开设吕宋小票店者或对号而胡赖，或开彩而卷逃，捐其资而丧其本者比比皆是，而创业置产者无闻焉，是争利者之不利也明甚。乃不意今复有分送彩票事，分送彩票之害，昔者尝论及之，以为当严惩厉禁，如昔年之小票，既而裴邑尊逮面馆送票之俞梧庭，庭讯笞责，且面谕铺甲，出示禁止，而租界之送票者则依然如故也。顾或谓不加分文，情愿自送，在上者有所不能禁，不知禁与不禁视乎其害与否，安有所不能者哉？送票四害，既详前论，而浃辰①之间，有初已送而后行再送者，有不愿送而不得不送者，有暗减成色而借口为送者，有明加价值而冒名为送者，他日之踵事增华、变本加厉，虽欲不禁而有所不能，夫亦事有固然，势所必至者矣。

吾思创始送票者，不过欲人皆清淡而已，独兴隆为争利起见耳。己固利矣，其如人之不利何；人为其不利也，亦送票而争利，于是人与己皆有所不利焉，不益见争利之不利也哉？虽然，此犹其小焉者也，往往见齐行会，议定规制，立章程，违者有罚，其同业中守之弗失，虽无分外之利，而其利已源源无穷焉。至于与人同利之业而存与人争利之心，一人倡之，百十人从，而利之一家作之百十家，从而效之，利以抑而犹轻，利以分而愈薄，卒至一败涂地、两败俱伤而后已。试质诸主持市面者，又何乐乎争利？

（1888 年 5 月 4 日，第 1 版）

复河运议

国家定鼎燕京，仰给南漕，二百年来悉由河运。至道光中叶高家堰一役溃败，至不可收拾，时陶文毅公总制两江，主议舍河就海，朝廷韪之，五十余年未之改也。其节费省工姑不具论，即发捻之乱，黄河南北半为贼薮，而全漕无阻，成效昭然。讵前年漕运因法船横截海面，承办各员束手无策，至四五月间始行北上，恭读上谕："江浙漕粮概由海运，殊非经久之策，嗣后漕粮运通，虽不能遽行全复河运，必应设法增添，为逐渐推广之计。惟转漕必先治河，且雇用民船等事，必须预为绸缪，着切实筹划，奏明办理等因。钦此。"仰见圣谟周详，规画久远之意。

夫河运之弊尽人所知，海运之利今亦难恃，然窃以为海运必不可常行，河运必不可不复也。海运始于元，一时虽获其利，而人船飘没，无岁不有，至其季世卒以不给，海运之效亦可睹矣。以明祖之深谋远虑，岂不知海运速而河运迟，海运费而河运省，河海并运可以无咽喉之变，然卒舍

① 浃辰：指自子至亥一周十二日。

海就河者，盖亲见元世之利害，而不欲以民生国计试之波涛也。厥后永乐之朝、隆庆之间，旋行旋止，非皆以海运不可恃耶？今虽海氛无警，然“福星”轮船之撞沉，沙、卫各船之飘失，亦有所闻。况外情叵测，万一如前年故事，计将安出？此海运之必不可久行者也。

案，运河绵长三千里，其间自陶城埠至临清州，一片干河，藉黄济运，他如鱼台、济宁、寿张、巨野等处，河身节节淤垫，堤闸在在倾圮。邳宿运河专恃微山湖一线来源，从前由沛县至夏镇，东西湖面相隔三四十里，水小之年尚隔十余里不等，今则存水告涸，济运无资，江北漕船经过，动辄阻滞，一旦骤复河运，船只更多，举凡培堤、筑坝、修闸、挑河、浚泉、蓄水等事，尤难措手。诚如圣谕，转漕必先治河。窃维河运停止一日，即河工日弛一日，亦即河道日淤一日，若不及早大修，年复一年，淤废更甚，恐并江北十余万石漕米亦难浮送也。为今日计，宜于朱姬减闸迤下筑拦河大坝，以资收蓄，将运属南旺湖所蓄之水启芒生闸，放入牛头河，下注南阳、昭阳，转达微湖；并将彭口山河上游距河二百里之分水岭及修永［水］闸，上柏山一带泉渠案图寻考，凡可引水入河者，逐一疏浚，俾益水源，而资接济。再将东省运河一律疏通，则河道无虞涸竭，而河运可逐渐增添矣。

夫河运之所以愆期者，以沿途之留滞也。欲沿途无留滞，当先责之治河诸臣。河之害漕者，在牵漕河诸水尽泻入海也。故河决之世，陆则病水，水则病涸；发则病水，去则病涸；齐鲁病水，运河病涸。治河之法，以运避河，不若以河避运。盖河之势合则易溃，分则自杀，诚于河之南北相其地势，析其支流，条分而派，别之大者为川浍，小者为沟洫，则势分而河安，河安而运利，而沿河之民亦得沾其水利矣。

议者谓运河非淤即泛，屡修屡坏，岁糜数百万，与黄河同一漏卮，若欲全身浚治，工费浩大，再以岁修、飞挽之资，计之数尤不赀，较之海运糜省天渊。然以国家之财散之闾阎，是犹取之中府，而藏之外府也。且康雍乾嘉之际，并行河运，何不闻以经费之繁而改河就海耶？议海运者曰费省时速，议河运者曰彼险此夷，不知河之害在壅滞，在溃决，海之害在敌扰，在风涛，二者利病相当。今鉴前年之被阻，议复河运，则何如乘军务休息时，试添数万石河运，余则姑再沿办海运一二届，而以筹购军械之资，移诸河工，以添募防营之兵，使之力作，不特人多易于从事，且免游勇骚扰之患，一俟全河告成，徐图遣撤，彼兵则既习作苦，散而归农，亦易安业。承运之余，实兼数利，转漕之法，无便于此。

顾此特就河运言耳，裕国之本实不在是。陆清献公曰，裕国之本其必垦西北之闲田，而宽东南之输挽乎。垦田之所以无成效者，非垦田之难，而未得其人、未得其法也。天下之大，岂无能罢骑兵、列屯田如赵充国其人者乎？岂无能大治诸陂、穿渠溉田如邓艾其人者乎？诚能尊以爵位，畀以事权，久于其任，必有竭忠尽力者出，为之清其疆理，治其沟浍，如前怡亲王兴畿辅水利，开千顷腴田。但古人水利随时修理，不觉其烦，今以久湮久塞之河道，一旦欲疏其壅，而防其溃，经费难筹，势难猝办；又当公私交困之时，民间十室九空，正供钱粮尚虞不足，安有余力成艰巨之事？若不量时势，骤然兴举，贻害非浅。窃见直东晋豫四省饥馑荐臻，圣朝议赈议蠲，所费帑项不可胜计，与其蠲赈于已荒之后，何若讲求垦田水利于未荒之前，欲求久远之业莫大于是矣。是在封疆大吏饬查所属州县，水道何处宜堤防，何处宜疏浚，约长阔若干，工费若干，咨商部臣，度钱粮之赢绌，以次分年举行，永成万世之利，而不扰于民。以一时言之，虽若不免于费，以久远言之，较蠲赈省必百倍。夫而后南漕可议改折，朝野上下皆省无数耗费，又何虑海运之万一不虞、河运之愆期伤财，规规焉议筑铁道为利运漕料地步哉？天下事非知之艰，行之惟艰，所望当轴者探源务本，以实心行实事，勿蹈苟且因循之习，长治久安之策将于今日见之矣。

（1888 年 5 月 14 日，第 1 版）

沪北铁路议（上）

我中国自创设轮船招商局以来，滨海各省、通商各埠，商贾亦既云集矣，货财亦既麇聚矣，而内地诸省分，崇山峻岭、旷□［野］平原，为轮船所不能至，商贾之往来者犹惮于跋涉也，货财之出入者犹艰于流通也。其有一省之偏灾，一岁之不登，而至于人民流离、道殣相望者，皆以商贾之惮于跋涉、货财之艰于流通，虽当事者欲移民以就粟，移粟以就民，而且格于势、穷于力，扼腕太息，无可如何也。然则，轮船所不能至者，其可不思所以济之也哉？何以济之？曰有铁路在。

原夫铁路之行，火轮车也，创始泰西，盛行今世，人力所至，无远弗届，电掣飙驰，千里一瞬，凿山开路，驾水成梁。其高也梯于岩壑之上，其泽也穿于渊泉之下，其捷也如禽隼之飞翔于太空，其稳也如马牛之踯躅于平陆，其机括之灵、行旅之便，商贾货□［财］之所裨益，夫亦尽人而知之矣。我中国行轮船而初不及铁路者，非形格而势禁也，非方殊而俗异也，盖谋利之计疏而虑害之心深也。何以言之？火车奔驶，尤速于船，鼓轮而行，朝发夕至。西北边境强邻接壤，一旦龃龉□［用］兵，□［轮］船赴救不及，征调不至，乘机抵隙如无人门焉者，是非不利于国乎。轮□［车］既行，装货搭客，程期迅速，脚费便宜，行李往来，趋之如鹜。其有骡马脚夫以载客驳货为营业者，无计谋生，无所得食，散而为流丐，聚而为强梁，滋扰地方，势所必至，是非不利于民乎？夫于国不利，于民不利，则商贾货财之为利□寡矣。利不十，政虽善而不兴；害不十，法虽敝而不变。

铁路之利害如此，当事者所以屡议而屡辍也乎，不知此二害者，皆臆度也，皆过计也。铁路横亘千万里，而千万里中有尺寸寻丈之不相连续者，则火轮车不能飞渡矣；举尺寸寻丈之铁路拆毁而损坏之，不过一反掌一转瞬间事耳。两车相见，我可以乘我之火车以赴敌，而敌不敢借我之铁路以攻我。自我举之，自我废之，其于国也何害焉？铁路一线绵延，无所间断，有横路以逾越之，有旁门以启闭之，或一二里，或三四里，节次相连，远近相望，皆必有人焉以司其事。彼载客驳员之辈虽愚戆冥顽，断无他技，而令之守铁路，则不失其业，不去其乡。无一夫不获其所，其于民也何害焉？铁路之有利而无害也，不亦彰明较著乎哉夫？

然而天津之铁路公司□矣，维光绪十二年天津立铁路公司，官稽其弊，商总其成，一切章程俱臻妥善，先以价银十万两购回开平旧铁路。此路为十一年开平煤矿局所筑，由唐山接至胥各庄，计长二十里，专运煤石各料，公司即由胥各庄接造至芦台附近之阎庄，计长七十里，需银十五万两，筹集股份，一律造成。每一火车可带客货车二三十辆，每日分行四次，往返八次，搭客日有四五百人，计搭客、装煤、运货等项，每月可收银四千数百两。除养路费二千两外，每月可得余利二千两左右，核之成本二十五万两，确有七八厘利息。自客岁四月开行迄今，已历期月，而成效已昭然可睹矣。按当时奏请，有将来京外各省，均须次第推行等语。故去春海军衙门又奏请，由阎庄接造铁路至芦台、北塘、唐沽以抵天津，约长一百八十里，需银一百二十万两，并由铁路公司一手经理。现经查期测量，想此项工程即当开办，而年终可以告竣矣。

夫自唐山以至阎庄，商贾之往来、货财之出入，犹不及沪上之盛，火车生意仅恃运煤为大宗，加以搭客装货，竟有七八厘利息。而自阎庄以至天津，筑路之费至需百二十万两，犹毅然为之，而无少踌躇焉。吾不解沪上一隅，为我中国通商最大埠，商贾如此其云集也，货财如此其麇聚也，而商民闻各省推行之语，终未尝于轮船外一议及于铁路者何哉？今试有沪上之拥厚资、居奇货者，具禀呈请招股集款，承办沪北江湾、吴淞等处铁路，当事者必奖许之、鼓励之，以树次第推行之先声，而劝京外各省之后起者。及铁路成，而子若孙万世之业、□［不］朽之功，胥于是乎基焉，享美名、获重利，又何惮而不为乎？且夫沪北铁路之工程，有较易于京外各省者，而沪北铁路之利息，有较厚于天津等处者，请进而毕其说。

（1888 年 5 月 30 日，第 1、2 版）

沪北铁路议（下）

我中国京外各省、天津等处之铁路，皆戛戛独造，耳目一新，无成例之可援也，无前功之可溯也。独至沪北则不为创而为，因度其工程，则按图索之，而无烦测量矣；揣其利息，则操券致之，而无事筹维矣。吾故曰：较诸京外各省、天津等处工程易，而利息厚者此耳。昔光绪二年，有沪上吴淞路洋商有限公司呈禀，请于冯卓如道宪，开办铁路，通行火车，自沪北之二摆渡桥起，十八里至江湾之张洪浜；自江湾而北，至吴淞之升旗处及蕴草浜，价买基地，造筑车路，编排离落，开浚水沟。各工报竣，火车遂行，只搭客而不载货物，每日上午三次，往返六次，下午四次，往返八次。计车价上座收洋一元，来回一元五角；中座收洋半元，来回七角半；下座收钱二百文，来回三百六十文。一时长老叹异，妇孺称奇，相与手舞足蹈，于车路之旁莫不欲躬亲尝试以为快。迨当事者闻其事，以为倏忽往来，捷于风雨，甚非所以谨慎海防之至意。且江湾、吴淞等处铁路并非租界以内之基地，虽由公司价买，而火车所经过者，仍与官道、官河逼近毗连，按诸公法，准诸和约，理当与国家先行讲明，允则准行，否则废议，不当径行，直遂如此。遂以此说质之英国威公使，愿给银两，立即拆毁。威公使自知失检，力劝该公司暂时停止，议定再行。经冯道宪与官董会同英国汉文正使，在江宁省城酌议条款，由中国给价银二十六万两买回拆断。惟所给之银并未清讫，三月一付，一年期满，自二年九月十五日起至三年九月十五日止，应听该洋商公司行车如故，出示晓谕，无许滋扰。比期满付清，遂将全段铁路收回拆毁，运往台湾。数年来，雨淋日炙，不无损坏。至天津开平创筑铁路，始择可用者用之，而自沪北至吴淞铁路之基地则几如废壤荒田，无复有过而问焉者矣。

夫创于始者，事倍而功半；因于后者，事半而功倍。天下事大抵皆然，而于铁路为尤甚，固不独购置轮车之数、建造房屋之式、招夫守路之费、搭客定价之规可以稽其簿籍，仿其章程，寻其基址，仍其条例已也。铁路工程莫难于买地一端，琐碎零星，纵横拉杂，牵连并凑，不胜其劳。有沿路之庐舍须折毁者，有当道之坟茔须迁徙者，挨延日月，迄无成功。兹则往迹未湮，故基犹在，变通办理，或租或售，其时之迟速、其事之繁简、其价之贵贱，与先我着鞭者相去不啻天壤，谓非工程之较易乎？铁路利息视商埠之盛衰□［为］盈歉，沪上口岸市廛鳞栉，梯航辐辏，中外各埠罕与比伦，如英国三岛孤悬海中，火车之多至有一万数千辆，客货车几至四十万辆，车路之长几至五万里，而一年所收搭客载货钱计银二百兆有零。按英本国不过抵中国三四省，而铁路之盛既如彼，铁路之利又如此，中国之沪上犹英国之伦敦，当未盛之时，收无穷之利，则其利必有倍蓰于英国者，更无论天津等处矣。况当时公司只搭客而不载货，若客货并行，税捐不漏，则其利又可知谓非利息之独厚乎？

且泰西通商之局将与宇宙相终始焉，则沪北铁路之举意必有创而行之者，既创而莫敢废，既行而莫能止者势也。方今沪上之大有力者，曷不树不朽之功，立万世之业，为子若孙计乎？唯是斯举也，必定识以持之，定力以赴之，而后可以成厥功。盖沪北风土与天津等处异，车路两旁田园屋舍棋布星罗，其长老妇孺寻常出入，不时往来，以铁路横亘于其中，出入有常，往来以时，将以为大不便焉，其群起而阻挠者情也，亦理也。虽任大事者，必不以阻挠而隳其志、废其功，然篱落水沟、旁门横路，必堤防谨慎，看守周详，无使酿祸肇事，为阻挠者口实。当公司行火车时，尝有辗倒兵勇一案，当事者与公司议允提管车洋人治以误杀人之罪，嗣因商订保护章程。今路上所开之门，派人在门外昼夜看守，行车有一定时刻，未开行前将门关闭，车过方开；若看守之人偶不小心，并未关门，以致闯事，责成公司；既已关门，而行人来此，强要闯进，即将此人扭送公署。其篱落水沟以内，均不准行人闯进，所以为郑重人命者，计至深，法至密矣。铁路其有成议乎？请于此加之意焉可。

（1888 年 6 月 1 日，第 1 版）

论沙船转机

轮船未行以前，船之行于海者，有“三闽”、“广海”船名，龙骨底圆面高，下有大木三段贴于船底，一遇浅沙，龙骨陷于沙中，风潮不顺，便有疏虞。浙江海船名“蛋船”，又名“三不像”，虽能过沙，然船身太重，不敢贴近浅处也。江南海船名“沙船”，其式最良，其法最善，船底平阔，沙面可行可泊，稍搁无碍，常由沙港以至淮安，贩蟹为业。沙港者，沙间之深沟也。是以沙脉浅深，最为娴熟，但□明海运之海船皆造之于官，从无雇之于商者，故沙船仅自载货，未尝转□。道光六年，黄河断流，河运中阻，疆臣奏请试行海运，议者以沙船式良法善，遂有但雇江南沙船足可敷用之说。水脚既轻，耗费又省，计稳时速，较胜河运。□中堂力主是议，乃由沪上雇用沙船，由大洋往来关东，顺风扬帆，一岁数次，更番无失，为驶得宜，于是海运粮米，以沙船为有大功，而沙船之利亦倍蓰于往日，故当时以沙船为恒产者蒸蒸日上，获利无算，有富至百十万者：或闻其富不曰田亩，不曰庐舍，不曰店铺，而以沙船对。迨夫粤寇落平，通商开埠，始设招商局，专行轮船。夫轮船习驰电掣，一瞬千里，履风涛如平地，观海洋如衽席，其计之隐，时之速，水脚之□［轻］、耗费之省，尤过于沙船，遂用轮船，分载粮米，而一切海首商货，亦皆为轮船所揽载，沙船之利大损。十余年来，江浙两省海运粮米，沙船与轮船并载，粮米卸载之后，至牛庄载运油、豆饼等货，其利息甚微，有不敷水脚而遂至亏本者。盖沙船之不振也久矣，乃不谓时势之迁流、人事之丕变，至今日而竟有转机也。从来海运粮米，沙船、轮船除水脚之外，每石加耗米八升，乃轮船之行速，而沙船之行迟，故轮船所耗轻而沙船所耗重，惟丁亥戊子两年，因江浙丰收，秋成以后，雨泽稀少，所出米色极为干洁，不独轮船所载，并无所耗，即沙船亦有全耗赢余。凡为沙船生意者，固已欣喜过望矣。洎乎天津卸载，绕道牛庄，所载油、豆、饼等货又皆有利息，如迩□［来］沪上市面，油每担四两有零，豆每石一两八钱，饼每片五钱五分左右，较牛庄市价，油与豆皆有数分余利，而饼之余利尤厚，每片约赢一钱二三分，如此厚利为近年所罕睹。溯创设轮船招商局以来，沙船之不振者已历十有余年，以沙船为恒产者，皆扼腕太息，无可如何，幸而两年之间，得获如此厚利，谓非沙船之一转机乎？吾于是有厚望焉。上以颂国家年岁之屡丰，下以卜沪上生意之复盛，又不独为沙船（之）幸也。自山西奇荒，各有水旱偏灾，曾无宁岁，东南诸善士设法劝□，尽心竭力，虽妇人孺子皆倒箧倾囊无吝色。善气所蒸，兆此丰稔，江浙两省无岁不登。方今善士之募赈者源源而来，不厌不倦，则此后之丰年如操左券，无待蓍龟矣。夫国之富在于民，民之富在于岁，凡坐贾行商，通功易事，皆由此而□□［推算］焉。行见家给人足，各业俱旺，而沙船其一端也。自沪上通商，生意之盛，无与比伦，由渐而衰，以至今日，虽著名字号、多年店家，竟有难于获利者。夫生意之盛衰，不在囤积，而在转输，转输利，则囤积亦利。沙船转输之利如此其厚，则因是而获利者正不特沙船为然，行见字号店家皆有起色。往年气象复见于今，而沙船其先声也。虽然沙船与轮船并行，则所获利息已不如当时之厚。轮船通江海，而不准入内河，盖恐内河商船生意为轮船所攙夺也。自沪至苏，间有航船往来，昔有禀官请用小轮船通行苏沪，未经批允而罢。近又有以小轮船搭客载货往来苏沪等处者。夫利之所在，孰不争趋，他日接踵禀请当不乏人。海道沙船生意既为轮船所攙夺，至十有余年而始有转机，则内河航船必不愿与小轮船并行。一旦小轮船通行内河，则航船生意必至大坏，欲如沙船两年之连获厚利不可得矣，因论沙船而并及之。

（1888 年 7 月 20 日，第 1 版）

论招商局能得人

夫有非常之人，必有非常之才，而后有非常之功。人但见声名烜赫①，功业彪炳，以为钻营之捷也、际遇之隆也，而不知天降大任于是人，必确乎有一二大端超出寻常万万者。何谓一二大端？合言之曰才，分言之曰识、曰力。无识何以料事？无力何以任事？识与力兼到而后可以成大事。从来成大事者，其平居闲暇时，碌碌未有奇节，一若客无好，客无能，断断兮无他技；一旦诿［委］之以重任，临之以大节，人方震惊悚惧，束手无策，莫敢赞一辞于其间。而是人也综观古往今来之全局，默揣天时人事之相乘，毅然断之，毅然行之，力排众议，别出心裁，虽有艰难无所逃避，虽有危急无可推让。在袖手旁观者或且非笑之，讥讪之，彼惟是奋往无前，实事求是，有无暇顾其他者。洎乎有志者事竟成，晚成者器必大，声名归之，勋业归之，烜赫彪炳，杰出冠时，而后叹其功为非常之功，其才为非常之才，其人为非常之人。其所以毅然断之，毅然行之，而无一毫可疑可虑者，皆识与力两字有以裕之也。

试以沪上一隅创业守成之最艰、最大者证之。自泰西通商以来，振兴洋务，仿效西法，可谓巨细靡遗、小大具举矣。其开设轮船招商局也，朱观察云甫实始基之。其初成本仅二十万两，十余年来充扩规模，恢宏事业，蒸蒸日上，以至于今遂为我中国振兴洋务、仿效西法之第一商业，莫为之先，虽美不彰，莫为之后，虽盛弗传。继朱云甫而督办局务者为盛君杏［荪］，而马君眉叔相助为理，或挽或推。用是局无废事，人无旷职，是不独萧规曹随，恪守成法，行所无事已也。盖其识与力实有大过人者焉。当夫越南肇事，法国失和，虏劫我海疆，肆扰我行旅，时以兵轮数艘巡徼②海洋，亟肆多方，忽出忽没，遇有中国商船往来则击沉之、抢劫之。

---

① 烜赫：形容声名或气势很盛。（唐）李白《侠客行》：“千秋二壮士，烜赫大梁城。”

② 徼：jiǎo，巡察。

尝有沙船二艘自沪□［出］洋，一载米石，一载布匹，途遇法国兵轮燃炮轰击，船为齑粉，货皆沉没，船中客商死者惨不忍睹。维时马君知招商轮船设遇法国兵轮亦必受其害而无所控告也，一时集议以招商局暂抵与旗昌洋行，得银五百万两，由是招商轮船之往来于中国洋面者，未尝为法国兵轮轰击，搭客载货安如泰山。此其暗中保全客商货物为功甚大。乃当时有昧于时务者，以为中国虽有轮船不能夺外洋之生意，今复以中国洋面之轮船尽归诸外国，则是外国独擅利权，中国甚为失计。不知出抵旗昌固一时权宜之计，故其后不及半年，法事既定，和好复敦，仍由马君向旗昌赎归，中国利权何尝为外国夺乎？

自是以来，整顿章程，变通规例，凡当日积习相沿、情面难却种种弊窦一扫而空。其立法之最善者有二：一则各埠生意皆有包揽，一则各船伙友皆须考试。夫招商分局散处各埠，虽料事精明，用人干练，终有鞭长莫及之患，今既为包揽生意，则包揽者既可以随时剔弊，逐事搜根，而局中历岁进益盈余皆有一定之数，一转移间彼此均沾其利，谓非法之最善者乎？各轮船伙友众多，有司事已历数年而总办从无一面者，始既凭荐剡者之言而见录，继又徇荐剡者之情而见留，岂无冗员滥职厕于其间？今有考试一法，则无论荐剡为何人，皆一一考其技能，试其知识，凡轮船中装载之重轻、行驶之迟速，与夫一切章程规例，详求细问。苟能条对明悉，则其人虽未必精能强干，已与无知无能者有间，况安知精能强干者不即出于其中乎？谓非法之最善者乎？自招商局整顿变通，迄今数年，所赢余进费者以百万计，则此后之章程规例精益求精，善必尽善，其兴隆市面日长炎炎，不又可引领而望、翘足而待乎？然吾独谓所以维持招商局务者，必在乎“识”“力”二字。

（1888 年 7 月 27 日，第 1 版）

阅本报纪电局丰盈事抒鄙见以引申之

昨报纪电报总局今年第六届结账，每股派付息洋七元，并刊有清单，自七月初十起，有股诸君均可持折向沪上总局支洋取单云云。宾红阁外史阅至此，不禁奋然而兴曰：有是哉，中国富强之机，何若是之蒸蒸日上哉！今之谈时务者，辄谓中国而欲致富强，非亟亟焉仿效西法不可。顾西法亦头绪纷繁矣，曰化学，曰光学，曰电学，曰医学，曰量学，曰植物学，此虽有裨于国家，然草野之儒自有专门名家、穷研精究者，诚不必由官兴创设塾以扶植人材，所宜由国家举行者，为轮船，为武备，为铁路，为电线。轮船由招商局为之兴□，阅二十载，愈推愈广，诚足收回西人之权利，俾中华商务日渐振兴；武备自各省设立制造局，铸造枪炮外，福州又有船政局，制造兵轮，由一号以至数十号，铁木坚巩，机捩较灵，驾驶之人又皆熟识海洋，精于操舟之术；各口险要之处，则悉仿西式筑就炮台，更以重币，聘泰西之熟于用兵者在营教练卒徒，使其步武整齐，操纵如意，一进一退，无不与泰西兵士并驾齐驱。说者谓，再阅数十年，中国富强当必超出泰西诸邦之上，所未逮者其惟铁路轮车乎。顾铁路一事实与电线相辅而行，无铁路则电线几于虚设，无电线则铁路亦不可行。大宪知其然也，爰先即电线而创行之，招集股银，渐推渐广，自沪上以迄各处，南至闽粤，北达直隶，以迄盛京，消息流通，一瞬千里。初时官虽创办，民间未知其利，咸谓有碍风水，时时与局员及洋匠为仇。近数年来，渐除成见，所寄电信日渐加多，是以局中有利可沾，得将利银分派。窃谓电线之利确有数端，然皆赖有铁路以为之辅助，何则？中国袤延万数千里，水道陆道，舟马为劳，一旦衅起，疆□羽檄之驰，必待数日或数旬而始到，有电线以通信息，而飞行绝迹，不半日而音问已通。然使音问既通而转饷调兵仍需时日，前军已疲劳于境上，后军尚糯［蠕］滞于途中，变起苍黄，乃何而可？此有电线而必不可无铁路者一也。

水旱之凶无时蔑有，告灾乞籴，每致稽延，既有电线以达他邦，则消息传来，顷刻可到，哀鸿涸鲋可望赈款之至，早日得庆来苏。然必有铁路以便转输，斯移粟移民无虞稽阻；否则，雁信已传于俄顷，鸠氓莫疗，夫饥寒虽有电音，终归无济，此有电线而必不可无铁路者二也。

天涯游子，惘惘出门，野店风霜，荒村雨露，长途感受，疾疠易生，居人方盼天使音，客路竟愁夫小极，此中情况苦何可言，有电线以代鱼书，庶几两地相悬不致徒萦□梦寐。然使得信而不能省视，则家中之望远有更苦于客子之思乡者。故必得铁路，以便行程，始得免涉水跋山，动稽□［时］日，此有电线而不可无铁路者三也。

行商坐贾，利觅蝇头，何货加昂，何物贬价，专恃置书邮之传递，则行市瞬息变动，虽即多钱善贾，未免惕他人之我先矣。惟用电线以报行情，庶乎何货加昂，即可从速置办，何物贬价，即可相机售销，以有易无胥于电线乎是赖。然苛无铁路，则欲购而需舟车之转运，欲售而苦水陆之迢遥，纵有奇货可居，亦惟坐视他人之得利而已，此有电线而不可无铁路者四也。

以上四事，惟撮其至要者言之，此外之有需铁路者甚多，正不必缕缕详陈，以取词费之咎。今者电线既已四通八达，推广靡遗，而铁路北自开平以达津通，南则台湾一隅亦已布置尽善，当务之急已能握要而持原，特恐藏富于民，股份颇难招致，则虽知其利，未能一一兴工耳。然电线既日加兴旺，股友可得利银，则欲兴铁路以辅之，当必有踊跃入股者。堂堂中国，苟得有人提鸣，自不难骤致富强。海曲鲰生会当拭目以俟已。

（1888 年 8 月 20 日，第 1 版）

论考试

我朝人才出于制科，大比三年，春秋乡会，策名委质，是谓正途。前辈有议之者，以为制艺一道，既不足以见其才能，又不能以施诸政事，迨夫出身加民，则又尽弃其学，而学焉所习非所用，所用非所习，迂执鲜通，拘泥不化，其弊百出，尽人而知。然而制科之法始于前明，历久不变者，何也？盖制科虽不足以得真才，然究其弊，极其流，止于不得真才已耳。而真才则左宜右有，豁然贯通，其崛起于制科中者，同时辈出，旷代挺生，循吏名臣不可胜数，若必以制科为无益，则试问舍制科而别求一有益之法，其可得乎？吾恐其弊愈滋，其流愈下，不独真才之屈抑者如故，摈弃者如故，将见飞龙之潜无从利见，尺蠖之屈无自求伸，并有不如制科者矣。

尝思圣门之教人也，德行、言语、政事、文学四科，专门名家各有千古，况乎劳心劳力，大小攸殊，使诈使贪，纯疵迥判，泥一法以求之不得也，易一法以求之不得也。或循古法而袭敷奏明试之名，或参西法而仿乡举里选之意，其异于制科之无益也几希。虽真才之左宜右有，豁然贯通者，皆有以表见于当世，制度不得而囿之，而奇技异能操刀待试，微长末艺抱器求沽，不中程序，不合时宜，屈抑摈弃不知凡几矣。是必宽其式、广其途，擅班马者命之以词林，慕龚黄者授之以牧令，善萧管者付之以钱谷，攻申韩者责之以刑名，蒙孙吴者寄之以疆场，企伊周者任之以梁栋，人各有能有不能，因人而使，实事求是，而后各称其职，各尽其才，绰绰乎有余裕焉。夫如是，不又虑散而无纪，繁而无绪也乎？曰无虑也。夫类别群分似乎散，兼收并录似乎繁，而不知取士之道有天下所佥同、古今所不易者，一言以蔽之，曰“考试”。

考试者非犹是八股之时文、五言之试帖、大廷之对策、翰苑之楷书已也。考者，考其言，考其行也；试者试其能，试其功也。今之制科所以考试士子也，然而无益者，徒以八股之时文、五言之试帖、大廷之对策、翰苑之楷书为考试也。姑举迩年细事以验其效，例其余。昔年丙子各省会之考试委缺官员也，扃门领卷，伏案构思，满口咿唔，连篇挥洒，较量文词之优劣，品评笔法之工拙，如考官之试士子然。夫目不识一丁字、胸不存半点黑，固不可以临民，然世固有日试万言，翘足可待，使宰百里，措手维艰者，则即五千文字，拄腹撑肠，于临民乎何与？王安石博学多能，岂可多得，使为县令则治，使为宰相则乱，不益见文学之无关于政事乎？是非官员之难得其才，抑考试官员之未得其法也。

今年夏秋招商局之考试轮船买办也，或问以吃水若干尺、载货若干吨，或问以行海若干里需煤若干吨，或示以英文账目而令其翻译，或诘以西商土音而令其对答，以至机器之如何制造、船厂之如何修理，一一详审而区别之，文词不论其优劣，笔法不论其工拙，虽意义纰缪，点画乖讹，而进退去留不系乎是。诚以买办者，责任虽轻，非历久者不办；事务虽细，非熟悉者不知。与士子之呫哔[①]为业者有间。是非买办之能得其才，抑考试买办之先得其法也。向使以考试买办之法推之考试官员，不独现任

① 呫哔：tièbì，同“呫毕”，指诵读。（明）李贽《王龙溪先生告文》：“先生以言教天下，而学者每呫哔其语言，以为先生之妙若斯也，而不知其糟粕也，先生不贵也。”（清）乐宫谱《毛生》：“公等穷年呫毕，足迹不出三里外，宁知世路之崄巇哉。”

之员，地方之利弊如何兴除、风俗之乘除[①]如何因革、田亩之荒芜如何开垦、萑付[②]之啸聚如向缉捕，皆当稽其功过，辨其贤愚。即在差委之员，亦宜秉公察核，逐事评衡，俾司保甲者不敢纵奸，司厘卡者不敢舞弊，将见官无旷职，政无废事，素餐尸位无地容身，宦途不致拥挤，流品不致参杂，苦差不致观望，官常不致卑污，又何事汲汲于文词笔法为哉？彼考试买办，其细已甚卑之，无甚高论矣，而功有可验，效有可征，用之以考试官员，其功效当何如；用之以考试士子，其功效又何如夫！苟考试士子矣，则因人而使，实事求是，各称其职，各尽其才，其于制科之法孰得孰失，必有能辨之者。虽然，难言之矣，武场乡会两试，关防典制亚于文场，且武士以出身行伍为正途，而武场尤不足重，然人知其不足重也，而不敢终废，则文场制科之法又曷敢率尔议废也哉。

（1889 年 1 月 2 日，第 1 版）

整顿趸船说

昨有金陵邮友人来一稿，署白“上下江士子”，启其言曰：金陵下关趸船之设始于己卯秋闱，左文襄相国洞察弊窦、体恤士子，可谓法至周、恩至溥也。伏思轮船抵埠每遇昏夜风雨，上下维艰，受制于洋篷渡船，不仅每人索渡资二百，亦且颠簸于洪涛巨浪间，衣囊遗失、失足溺毙者伙矣。洋篷中人袖手不顾，且索资偶有短少，恃蛮用武，殴辱致伤者亦伙矣。旅人急欲到寓隐忍不校，比比然矣。自有趸船以来已历数科，岂止上下江士子身受其福，即如平日之客商、妇女得获安全者十余年，明知不利于洋篷渡船，要之持大体、顾大局，遑能人人而悦？况利害轻重不待智者而知也。至洋篷渡船虽无招商局上下拨载，把持垄断，尚有怡和、太古等船搭客，仍可照常挟制，每年计取资亦不菲矣。不观其起华庑列鼎□者若而人乎？惜乎！日久法弛弊又从而生之。近日所谓趸船者仅存水码头，以供招商局船上下停泊片时之用，跳板仅有一块，阔仅尺余，争先恐后，闻

---

① 乘除：比喻消长盛衰。（宋）陆游《遣兴》诗：“寄语莺花休入梦，世间万事有乘除。”

② 萑苻：huánfú，指寇盗。《明史·李俊传》：“尸骸枕籍，流亡日多，萑苻可虑。”

又有失足落江者。风雨昏夜危险可知，纵加跳板二三块，岂能遮蔽风雨？等于无用也。呜呼！不徒文襄公流风善政至于今而歇绝，良可慨焉。上海水码头轮船久停可以鱼贯而下，金陵船到多则一点钟，上者下者拥挤非常，遗失物件犹其小者，性命之忧在在可虑。试问争名乎？夺利乎？远父母、别妻子设有不幸惨尔如乎？转瞬间秋闱在迩，上下江士子无不思趁轮船，无不思趁招商局轮船，其所以然者，皆以趸船妥于上下，此亦人之恒情，无足怪者。设仍用此水码头，其害有不堪设想者，势必仍堕洋篷等彀中受其挟制而已。逆揣夫洋篷等居心，虽使其用巨款撤趸船，必乐于从事也。士等鉴于既往，冀其将来，不揣冒渎，不避怨嫌，惟有沥陈情形，仰恳招商局宪俯察舆情早为筹及，拨一废船于此，其事甚易，即或缺少，纵使制造新船一只所费几何？得失判然，利害昭著。上体文襄之善法，下收济人之实效，关系非轻，造福无量，企予望之乞施行焉，商民幸甚，士子幸甚。

来稿中所言如此，此未知其曾否递呈，又不知局宪如何批答，但其所言亦可谓切中时弊者矣。夫长江轮船往来旅客每有不便之处，盖其上船下船之际有有埠头者、有无埠头者，其有埠头者固为便当，若在无埠头之处则客货上下均赖洋篷，而人或倾跌，货或遗失，在所不免。非洋篷中人之不良也，轮船既不停泊，不过其行稍缓，而行李下上纷纭如织，其船旁用铁梯以上下诸客，客之斯文一脉者无有不视为畏途，即使尚能自顾一身，而衣箱行李则必不能兼顾。以故如去年秋试，各士子有失去书箱者，有不见帐篮者，其失少行李者尤不可以指屈。夫赴试士子岂尽大家世族，随身皆有纪纲之仆？彼寒士之一肩行李袱被而来者，其数当不止十倍于巨室之子；其生平手无缚鸡之力而又无人焉为之相助，则遇此等处，其窘奚啻万状。去年有故交自上江来访余话旧，谈次述及途中辛苦下上之不便，尚有谈而色变者，为扼腕者久之。而不知左文襄乃早鉴及于此，而先为之备也。夫法日久而大备，文襄之法或尚有不尽周到之处，后人且将起而继之补之，以求其一无遗漏而后已。孰意日虽久而法仍不备，且日既久而弊乃渐生，如来稿所言，则是左文襄之流泽直等诸有名无实，不亦大可惜哉！上海关道宪体恤寒畯，每逢大比之年，辄赠诸士子以船票，俾有志观光者不至阻于长途，历任以来莫不皆然。以故各士子无不歌功颂德，而独于沿江上下之际未定良法为一缺陷，此事固不能责之于道宪，当责之于招商局，盖其政操之于彼也。上海有水码头随时可以上下，尚且有时拥挤失足落水者常有所闻。南京则轮船停轮不过一点钟，其纷乱为尤甚，不为之设法，则不几令左文襄之美意渐即湮没也乎！彼欲请招商局宪俯顺舆情，拨废船于此，以便上下，此亦实在情形不得不然之势。吾知局中各总办皆能采及葑菲，矜恤文人，当必能妥筹良法，无论拨废船、造新船，总期于上下诸人有益，不特士子感恩，即揆之招商命名之义亦于是乎尽矣。爰录其稿而附缀数语于其后。

（1889 年 5 月 11 日，第 1 版）

论海运宜改用兵轮船

每岁春间，运米北驶，上供天庾。江浙之粮改由海道，迄今三十余年矣。第所承运者多系沙船，经海运局于年底封港时先事截留，旋即招雇各艘分兑出运，由官价给，由民装运，此固历年来往海运之章程也。同治年间曾文正公以军需支绌，拟汰兵籍中之老羸者隶作粮丁，仍由河运。其为撤兵减饷计已非不善，而卒未见施行者，诚以运河积久失修，沙涨淤浅、闸坝坍圮，非集金数十万，不克蒇其功；况旧时粮艘经久都朽，至今并其板片有荡然无存者，是则补造粮艘厥费不资，重浚运河为功甚巨，而徒然縻国帑、疲民生，吾未见其可也。

或谓河运由内地舳舻相接，无意外之虞，较稳于海道。为是说者，特就今之沙船言耳。若仿西人之式，鸠工饬匠制造轮船，不减料不惜费，一船告竣，博大精坚，将见承运装载视沙船当不止倍蓰。惟放洋之后所宜慎者，遇迷雾天气急须停泊，间有来轮船驶至，宜两边放气，各打响钟，以防冲击。若天气旷朗，则一任巨涛之怒撼，而轮帆所指坦坦焉履险如夷，岂犹有意外之虞而不适于用耶？至每船兵各有定额，额各有常俸，派管带一员，督其操练，无事则巡海，届运则护粮，以船为家，而无地无时不勤捍御，行之日久，水师之训练自精，国家之转输日便，海疆之防堵自严，不必裁兵而即寓裁兵之术，一举数得，法莫善于此也。

彼沙船开放须候风潮，少驶多停，虚延时日，不能克期以待；即使顺流拽驶，而沙船行一朝之路，不及轮船走片刻之程。况遇风潮阻滞操纵，不能自如，延搁着潮，致米粒未入神仓早经红朽，虽有委员押运催解，至是亦无可如何。轮船则非惟无害，而且有益，其装米北运，干者不虑着潮，潮者转形干燥。盖一凭水势，一赖火功，水曰润下，得润者潮；火曰炎上，得炎者燥，理固然也。夫水势无定时，火功则操之自我，当其双轮飙举，不问风潮之顺逆，信宿可抵京师。早到一日，即省一日之口粮，可节省经费无算，亦何惮而不为哉？

今若改而用之，一岁之中除运解正供外，复于空闲时挨班派定一二艘巡察，为保护洋商、防御盗贼之需，余则准令载货装人，往来各口，照西国公司例，取回水脚银两，按日汇解总局，局中按季造具清册，申详督抚，俟年终达部存查，除去各项开销，尽为置备器械、修造轮船之用。如是则既有以裕国，又有以便民，较之补粮艘、开运河有出无入，其得失固悬殊。即视招雇沙船，时止时行、纡回贻误者，其优绌亦未可以同日语也。他如意计所不及者，在局司事须择诚朴勤能者，优其薪水，俾得实心任事，涓滴归公，丝毫无侵蚀，量材器使；其责成当在总办，然总办苟非廉明公正，一得差委，但知利己，于下则朘削，于上则冒销，一味贪婪，成何政体？平时旌别淑慝，尤在督抚之遴选得人。爰著斯论，以冀留心国是者采择焉。

右论一篇乃元和陈君南陔所拟，国家运粮北上，于招商局轮舶之外兼用沙船，原以为兴旺市面，扶持贸易起见。昔轮船未行之先，江苏濒海富商专恃沙船，前赴燕、齐、辽东贩运油豆诸物，每岁连樯北驶往来，悉有定准，获利倍蓰，得之有若操券。故上海一邑之富甲于各处。自轮船行而沙船日见其衰，近且寥落如晨星，使无运粮一款，则沙船之废久矣。当轴者知其然，一切悉循曾文正公奏定成法，不稍更张，亦以为调剂地也。否则，招商局北上之轮船尽可全行装载，又何必假手于他人哉？惟是今日专设海军，则制造轮船不可不多，有事则备战攻，无事则供转运，国威于以张，国用于以节，计莫便于此矣。陈君所言，自非无见，故乐得而书之。本馆附识。

（1889 年 5 月 19 日，第 1 版）

闻趸船将驶往金陵埠头喜志

日前本报登有上下江士子公启，以金陵趸船废弛一节，拟请招商局复设，以冀无负湘阴左侯相培成士子之余意，并著整顿趸船之说，欲使留心时务者采而行之，然未敢必其果能行也。溯自通商以来轮船之设迅速异常，无论驰赴何方，朝发夕至，均可克期，鲜有羁滞，而长江各埠尤为便捷，故人人咸乐附之。加以上海、汉口两埠码头之宽阔、跳板之平坦，登船如履平地，竟有飘然凌云之势，惟所患者沿江各埠往来上下均用洋划，每于昏夜之中装卸搭客往往失事，不但抛弃衣物且有性命之虞，美中不足良可慨也。金陵一埠系属省会之区，往来尤觉人众，更兼乡试之岁，士子纷纭莫不从事于轮船，停卸虽在夹江，而浪激湍溜，承事洋划者诸多草率，以致历科失物伤人层见迭出。自壬午科左文襄即制两江，俯体士情，札饬招商局拨立趸船命名“功德船”，其功德在民，诚不虚也。该处自设趸船之后不但士子受惠良多，即平昔搭客亦获益匪浅。此十年中虽加收水脚于客商，而附搭之人莫不颂左公之遗爱，至今永矢弗忘。今正趸船忽焉损坏，即由下关洋篷执事人经理，另立水柜木板，上无以蔽风雨，下无以立寸足。该处码头名为水柜离岸较远，实与跳板相同。而燕子矶头与黄歇浦边形势迥异，非申江码头逼近驳岸者可比，潮涨潮落，慄慄危惧，行人视为畏途，客商因之裹足。且趸船上下两舱共立门户四重，上下装卸井井有条，既无拥挤之虞，又无疏忽之患，商民称便咸赖此焉。今秋又值恩科，乡试者更众，在有仆从者尚可照料免致误学，其贫寒之士考费维艰，半担琴书、一肩行李，遇此危途实难厕足，所以趁轮赴试者，多半资斧不充，图轮船迅速可以节旅费之开消，冀往还之便益。寒士功名，场闱困苦，非彀中人不得而知。以故各士子近日又以函来，嘱为登录，以冀从速赶办，在士子畏风波而虑失物，固亦无怪其然商而不知，招商局各宪则早已深体士情，预为布置也。官场传闻宫太保曾计及此事，颇费踌躇，招商局现已办到夹板船一艘，拟即驶在该处作为趸船，以便各士子赴试者之下上，而纾宫太保体恤寒士、轸念商旅之至意，招商局此举诚不愧“爱士便商”四字。夫金陵一埠本非通商码头，是以太古、怡和等行欲设趸船而未果，独招商局能设者，盖因该处为南洋大臣驻节之区，出入必经之地，虽巡阅每坐兵轮，而往来大宪，乘坐招商局轮船者颇多，若不设立趸船，不足以振宪纲。前经左文襄创设，亦有深意存焉，招商局宪以左文襄之心为心，不肯使数年之兴废于一旦，特办此夹板船以继前业。不过夹板船尚须修理，近日闻已修竣，即可移至该处。然后知正月间之废趸船者非废之也，趸船而既有损坏，则决乎不可将就，以风激湍溜之地而以坏船勉强支持，设有他虞此心何安，其不得不废之者理也。趸船既废，新者一时不能遽来，则轮船上下一切事宜，自当暂托人以办理，所以不得不交下关洋篷执事人经理者，势也。其另立之水柜，本属权宜之计，初非久远之图，故稍有未足于商旅之意，盖商宪原欲另办趸船，以继前武，而副宫太保便商恤士之深心，缵左文襄深谋远虑之遗绪，于是办此夹板船。然此夹板船固非新造之船可比，必须详慎阅视，有当修者修之，有当葺者葺之，揩磨髹漆虽并日而作，一时亦未能遽竣厥工，当此前者甫坏、后者未续之际，暂立水柜以代之，一面赶紧修葺以继其后，则其水柜之不得不稍事草率者，情也。外人不察，以耳为目，遂疑商宪之无意于再置趸船。噫，是殆所谓夏虫不可以语冰，井蛙不可与观海，渊渊者又岂可以妄测乎哉。从兹以后，趸船下上与前无异，不但有以餍赴试各士子之愿，而且有以便贸迁各商贾之行，功在一时，誉隆百世，不禁为招商局各宪心香祝之矣。

（1889 年 6 月 18 日，第 1 版）

与西友论“济川”小轮船失事

“济川”小轮船失事之故，本报已载之甚详，昨又著一论，谓为贪小失大。有西友见之，谓余曰：子之所论可谓确中情弊矣，然犹有所未尽者在也。余乃殷然请教。

西友曰：仆之处中国也久矣，中国人之性情风俗无不默识而熟记之，即如子□［所］谓贪小失大，此则为华人之通病，以是责华人固有无从置辩者。至所云机器轮船以及一切西法诸事，凡西人之所创皆为华人之所造，斯言亦属不诬。华工勤于作事，而廉于取值，以故外洋各国且有招雇华人者，虽此时若有甚恶于华工，而其所以恶之之故，实由妒忌而起，则可知华人之于西法诸事能者殊不少也。况以西人而在中国，则一切工匠更不得不取给于华人，由是西人所创各业皆有华人以为之用，执斤者趋而左，执斧者趋而右，长者截之，短者接之，大者削之，小者析之，无论其为金工、石工、木工、土工、水工、草工，西人但发纵指使而已，其成事者皆华工也。然而西人之所以异于华人者，则不在此而在彼。盖西人凡为一物，莫不由格致而来。格致者格物而穷其理也，此说本出于中国，《大学》云“致知在格物”是已。无如中国之人无此细心，无此精诣，更无此坚忍之力，久之而遂失其传，以致其法流入外洋，至今西人转得以此傲中国。故西人于制造轮船等事，必先以格致之学穷究其理，火力几何，可抵几马力，则其船可容重若干，可行速若干，可食本若干，皆有一定之权量，不易之分寸，增一分而有所不能，减一分而有所不可。如是审慎周详，夫是以所制之机器绝少偾事。盖彼指示工人者，皆其身所亲试，由格物以穷其理，由阅历以通其变故，得以十中不失一二。中国之人虽能动手而实则并无会心，其听西人指使而成一轮船，知其然而不知其所以然。若照此法而自行试造，则所谓依样画葫芦，但得形似，已足称罕，求其匠心独运、妙手通神，盖戛戛乎难之。今“济川”一船全系华人自造，即使并不偷盐偷醋，省工减料，尚恐不能妥稳，而况未学其本领，先学其弊端。而彼命之营造者又明知其弊端，而但以贪小为事，不顾后来之害，铸六州铁成此大错，彼殃及者真有冤无处诉矣。且中国之弊固不仅此一事而已也。凡中国而执一业，类皆成于他人，而己则一无所能。即如置一轮船，其为船之主人者询以如何而引绳，如何而削墨，如何则负重，如何则行速，而彼茫然也；即管理制造之事者，是即外洋各炮厂、船厂之主人及经手也。西人各厂之主人以及经手之人□于机轮一切事宜，无不一一周知，不但知之而且能亲自动手，若以此问中国人，则全然不知矣。夫己则不能，而全凭乎他人，此则最为大弊。不特他人设或居心不良，势将太阿倒持，授人以柄，即曰形格势禁，无虑乎此，而问以所业而不知，独非大可耻之事乎？窃不解中国此弊何竟无人焉指而出之也。

余曰：天下之事无论中外，总归一理。中国人有上等、下等之分，外国人亦何独不然？《礼》曰：“德成而上，艺成而下。”所谓德成者，即明其理者也；所谓艺成者，即为其事者也。譬如天子治天下，其能事事躬亲乎？必也任其责于内外臣工，而彼内外臣工层层相制，节节相压，所谓择能而使之，任贤而用之，则为天子者直可以端拱垂裳，无为而天下大治。若必以大人亲细事，则亦未免近亵，且必至劳而无功。西国亦然，试观各洋行之主人，则不过发号施令也，其挡手则不过登高而呼也，行主有行主之执业，大写有大写之职事，小写有小写之身分。推而至于康伯度，则但知账目而已，萨拉夫则但知收银而已，如必以小工出店之事而责之于康伯度，则格格不能行矣；如必以大写小写之事而责之行主，则亦太觉其劳矣。军营之中其为大帅者，或多由行伍出身，小卒所为皆能为之，然至为大将时则亦不必亲为小卒之事，此则中外一体之理，所不能更易者也。特是外国人即不必亲为其事，而皆能亲知其法，中国人则竟有不但不能亲为其事，直不能亲知其法，此则所以不及西人之故。为“济川”小轮船者倘知格致之理，则必不肯以旧料之水锅，勉强装用，亦决不肯锐意加煤，使火力过足，以致偾事。以此责之，当亦无可置辩。愿中国人之效西法、制西器者咸三复斯言焉。

（1889 年 8 月 24 日，第 1 版）

述沪上商务之获利者

沪上为天下通商第一大埠，天下之民出于四，沪上之民出于一。天下非无诵诗读书之士也，而士之游学于沪上者，莫不捐巾箱[①]而载囊橐[②]矣；天下非无居肆成事之工也，而工之择业于沪上者，莫不弃斧斤而操筹荚矣；天下非无胼手胝足之农也，而农之辍耕于沪上者，莫不舍耒耜而计泉刀矣。举天下之为士，为农，为工，而驱而之商，操奇计赢，居货善价，先鞭快着，捷足争趋，宜乎其蒸蒸日上，月异而岁不同矣。乃起而游于六街，观于三市，万商云集，百货霞蒸，问有能利市什倍者乎？无有也；问有能利市三倍者乎？无有也；问有能利市倍蓰者乎？无有也。其间折阅架本者有之，亏欠负债者有之，闭歇店铺者有之，捐弃行业者有之。极天下之智虑巧思、精能干练，尽心计算，竭力经营，欲求利于沪上，而不可

① 巾箱：用于放书的小箱子。

② 囊橐：贮物之口袋。

得，岂天下之商皆智而沪上之商独愚，天下之商皆贪而沪上之商独廉乎？间尝征诸事而得其故焉。

天下省会名城、通都大邑间，大都择一术，创一业，设一铺，孜孜矻矻而为之，初不计利市几何。迨夫世远年深，功成业就，而后月计岁计，源源而来，无待他求，安坐而得，其为计也稳，其为谋也远，故其为利也虽微而实厚。尝见远年老店，有创自前明者，有始于国初者，其招贴牌匾金漆剥落，字画模糊，郁郁葱葱，气脉深厚，虽有顶冒以图蒙混者，亦无能夺其利而瓜分之也。今沪上则不然，设店铺者或春开而秋闭，或夏开而冬闭；□［销］货物者或朝入而暮出，或昼入而夜出。物价之若涨若跌，决之于须臾；市面之若起若落，争之于俄顷。数十年间，事不知几更，主不知几易，城郭如故，风景顿殊，屈指计之，曷胜浩叹。其为计也险，其为谋也近，故其为利也虽厚而实微，甚而有无利者，尤甚而有失利者。虽有远年老店，其能致丰盈而垂久远者不过数家，大抵撑架支持，得过且过已耳，安所得厚利重息而邀之？此沪上商务之异于天下也。

然则言商务于沪上，其竟无获利之道乎？曰：有。沪上商务之所以失利者，患在争利，惟其争利也，故业以日增而日盛，利以愈分而愈微。惟其盛也，故欲图兼并而自坏其规；惟其微也，故欲广招徕而自贬其值。往往有钩心斗角、出奇制胜，而欲择一术，创一业，设一铺，其利市与否，犹不可知，而踵其后者不待其世远年深、功成业就，而从而效之、仿而行之者已数十百家，相与分门别户，并驾齐驱，出人胯下而不为羞，拾人牙慧而不知耻。不知行用之货止有此数，销售之路亦止有此数，宜数十百家之纷纷者束诸高阁，困于穷途，理有固然，势所必至。卒之一败涂地，两败俱伤，又何利之有焉？

由此观之，欲求获利之道者，必使毋争利而后可。顾泰西之法，凡国中人制器创业呈之于议院，上之于政府，给凭存案，定限数年，俾独擅其利，毋许他人与之相争。此所以杜争利之风也。我中国垄断有禁，立法之意与泰西相反，又安得禁人之争利乎？争利之不能禁，宜乎获利之不可必也。然则言商务于沪上，其终无获利之道乎？曰：有。夫争利之风既不可熄，则不若使人不及争；且使人不能争，又不若从而争之；争人之所争，且争人之所不争，夫亦可以获利。其争之奈何？曰：心欲其敏，机欲其捷，事欲其速，志欲其决。或实事求是，或力争上游，或稍增花样，俾顿易奇观；或稍变章程，俾迴殊旧制。此固非一端之所能赅，亦非一言之所能明也。今沪上之熙熙而来、攘攘而往者，孰不欲利市什倍乎？请举一二事以为例焉。（此稿未完）

（1889 年 10 月 5 日，第 1 版）

述沪上商务之获利者

我中国自通商以来，沪上生意以丝茶为大宗。顾丝茶两业之日就衰颓而不振也，一在外洋之出产过旺，一在中国之掺杂太多，非计算之有所未精、经营之有所未善也。丝茶以外，首推洋货。通商以前之运货于沪上者为沙船，问世家巨族之富，则以沙船对，沙船之生意可知也。通商以后之运货于沪上者为轮船，轮船之生意日盛，沙船之生意日衰。招商局者，中国公司之所自始也。其与招商局并驾齐驱者，惟怡和、太古而已。招商、怡和、太古以外，未有能抗衡而争揽者。然船只日多，水脚日贱，非复若前此之获利矣。初时华商之为洋货生意者，仰西商之鼻息，承西商之眉睫，洋货之来路未尽周知，洋货之销场可以预决，故其为利也独厚。今则华商皆能自运诸外洋，西商既不能擅专，又从而争竞，苟非榷算精明，心机灵捷，往往至于失利。此外，沪上生意之大，莫如钱庄，南北两市汇划字号多至百十家。然习是业者，大都场面宽洪，手头阔绰，膏粱文绣，奢靡成风；所获之利不敷所用，于是不得不作意外之想，求非分之财，如霸做拆息、卖空买空之类。究之，垄断罔利，例禁维严，终不能逞其志而偿其愿。故今日之钱业反不如典业之计稳而业盛矣。设当铺于租界者虽止五家，而质铺之多几于鳞次栉比。其实质铺之架本有更重于当铺者，盖以质铺费省而息重，非若当铺之须领官帖，须准店规。故租界质铺之增添分设犹未已也。

沪上商务中有一时盛行难乎为继者，一则为开矿股份，一则为石印书籍。夫招股开矿未始非生意之一道，乃有假开矿为名，以招股为利，矿苗之旺盛与否犹未可知，而股票已遍行于沪上，指一矿地，延一矿师，乌有子虚，毫无实际，虽甚慧黠，亦多有受其欺而被其害者。卒至一败涂地，不可收拾，而公司股份之法遂不复行。不知泰西公司股份之法尽善尽美，中国所当仿而行之者。无如售股之人忽买忽卖，股票之价倏涨倏跌，不以为传家之永业，而以为欺世之借端，使天下轻视股份不复相信，虽铁路、织布之股票确有把握，真实不虚，而购之者反觉观望不前，未能踊跃，此有心人所为浩叹也。至于石印书籍，自前年纷纷□局时，识者已早知其虽盛弗传，难于持久。贫乃士之常，往往抱残守缺，风雨一编，其能以重价购书者能有几人？以各局机器逐日运动，印出之书不知凡几，销场呆滞，不言可知。吾不知书籍之汗牛充栋、束诸高阁者，将来作何计议也。此沪上商务之坏而获利之不可必也。犹忆同治初元，粤逆既殄，有友人侨寓沪上，手中有千余金，随时□［揁］货，不拘一格，贱入贵出，循环无端，以是供其饮食日用绰乎有余裕焉。尝闻其言曰："识见不必过高，志愿不可太奢，源源不绝之利可以安坐而得，虽无什倍之获，亦无折阅之理。"斯言也，在当时则然，非所论于今日矣。处今日而欲获利于沪上，非精明干练不为功。试即小以喻大焉，书肆中有镜影箫声之刻，延请画师，精镌铜板，其费非细，其值稍昂。不意出书后为石印所翻，其价不及原价之半。购书者不暇审其为铜板，为石印，择其贱者而购之，铜板未行，而石印反获利焉。去年烟间送票之法，实始于绅园，一时风行租界。其后因送票而生意较旺者，惟生泰成，绅园创始而生泰成反获利焉。由是推之，无论行业之高下、架本之重轻，皆须随时审察，逐处图维，有可以获利者则奋袖而起，无待踌躇。昔人云"守如处子，出如脱兔"，言为将者当然也，吾于商务亦云。

（1889 年 10 月 9 日，第 1 版）

商务论略（中）

吾观通商以来华商之失利者不可胜数，间有获利者皆为中国固有之利，而非取利于外洋，名曰通商，实则西商既通于中国矣，而华商未通于泰西也。当今日而欲通力合作，殚思竭精，整顿商务，创兴商业，以与西人抗，非数十年不为功。试举华商之所不及西商者胪陈其略，以例其余。

中国出洋之货以丝茶为大宗，今外洋宜桑之地皆能养蚕，印度土性宜茶，遂皆能种茶，其地气之厚、物产之美，既不亚于中国，而选择必严，制造必精，则过中国远甚。西人皆愿用外洋之丝，饮印度之茶，泰西之丝茶日盛，而中国丝茶之销于泰西者日衰，业丝茶者因之不振。其所以不振者，盖以选择、制造之未得其法也。

鸦片之流毒我中国非不知之，顾吸鸦片者日盛一日，虽知其毒而不能禁，既不能禁从而征之可也。既从而征之矣，则吸鸦片者为无罪，而又禁民间不许私种莺粟，宁令瘠土荒壤芜秽不治，必不破除成例，听民自种，是使印度独擅鸦片之利也。

洋布销场于今极盛，今人之施于身者，无论文绣蓝缕，有绝不用洋布者乎？机器织布局虽已开设，恐所织之布不敷所用，则泰西之布未能绝之使不复来，而利权未能全还于中国也。

轮船招商局固已驾怡和、太古而上之矣。顾船主仍聘请西人，未有华人而能为船主者。且怡和、太古以西人之船行于中国之长江洋面，未有中国之船能行于泰西各国，以运载货物、招揽行旅者。即招商局轮船，从未一至泰西。各国钦使出洋，亦必搭西人之船以去，则轮船之利犹未推广也。

铁路大有裨益于国家，不特费轻行速，行旅称便已也。信息灵而转轮捷，取资各足，物价常平，偶值偏荒，无虞乏食，垄断罔利之徒无所施其伎俩。然必四通八达，节节相衔，繁盛名区，无远弗届，而后可以获益。天津已成之铁路计费二百数十万，汉口未成之铁路核价三千万，此皆官为主持，商为经理，非寻常事业可比。民间仰望大工，自顾草莽不敢率尔陈请开办别处之铁路，以推广而踵行之，故铁路虽兴而未盛也。沪上至江湾吴淞口三十六里，前有西人筑成铁路，著有成效，所费数十余万，若以此项工程，令民自办，豪商富贾中当有能当其任者。火车既行以后，旁观者见其获利，必将仿而效之，推而广之，姑苏、金陵相继并起矣。

轮船、铁路、船厂、制造各局既开，则煤铁两项应用甚多，为费甚巨，若购之于外洋，则西人仍操其利权，一至多事之秋，并多窒碍之处，此以知开矿之不可缓也。七八年前其有以开矿为名，指矿地、延矿师、招客商、售股份者，不可胜数。巨资既集，矿工未兴，徒托空言，未求实际，卒之一败涂地，不可收拾，盈千累万，尽付东流。迨漠河、开平等矿实事求是，刻日开工，而与股诸君反觉畏缩不前，猜疑不决。后之人虽明知矿苗旺盛，矿产精美，鉴于前车，终不敢议及开矿。中国之矿所在多有，委而弃之，诚可惜也。方今当事者亦尝孜孜焉讲求西学矣，夫西学者，商务之权舆也。开矿、铁路、船厂、制造等大工必开办之人精于其学，而后确有把握、确有主见，创始善后，有条不紊，以迄于成功；否则，董其事而昧其法，茫然无所措手足，虽经详谘博访，互考参观，究未能即始见终，因此测彼。加以坚僻之志、胶执之见，或乖误而弃其前功，或挂碍而废于半途，即成功矣，而所获有限，所费不赀，种种害事，皆不精西学之所致也。乃观同文馆、方言馆、船厂局与遣赴美都之各学生，徒为洋行公司添多少买办，求其堪为钦使随员者已难其选，未闻有俊伟秀异、超轶群伦、克自振拔，有所表见者，何也？盖学之而不精也。其踵门请业者，本非士大夫家聪颖子弟，为之师者虽诲之谆谆，而一切化学、电学、机器学、应用器械，略而不备，又何以使之心得手应，身体力行？如是而欲求其精也，得乎？

（1889 年 12 月 28 日，第 1 版）

观招商局“新裕”轮船记

同乡俞小坡司马造皋庑而问曰：“招商局近日新增一船，名曰‘新裕’，亦闻之乎？”余曰：“此早见诸日报，乌得不闻？”俞君曰：“其船乃购自英国，颇极精美，亦曾见之否？”余曰：“未也。中国自设招商之局，轮船之往来于南北洋日益加多，必欲每轮而见之，则即招商局中人亦未必能之，况我辈哉？”俞君曰：“某日当泊码头，其船中买办为陆君雨生，为吾浙之湖州南浔人，与仆有金兰谊，前在‘海晏’轮船曾与醇邸差使，供奉颇称周到，嗣在‘丰顺’，诸事亦措置裕如。今主理‘新裕’船，如欲往观，则亦陆君之所愿也。”余曰唯唯。

庚寅新正二十有三日，其船已泊金利源码头，船中收拾大致楚楚，俞君以马车至邀余偕行，曰陆君已候于船矣。登车遂发，驰至新开河桥，适在修垫，乃迂道由城河浜桥上绕出金利源码头，见所泊招商局各轮船皆焕然一新，齐臻臻寄碇于码头，颇为壮观。盖应修者修，应漆者漆，以待开河之时争驰而北也。既而遥见一船，较他船尤巨，俞君指谓余曰：“此即

‘新裕’船也。”车行渐近，但见旗帜高扬，船身雄壮，气象与众不同。既至，俞君前导，余从之而登。陆君一见，握手喜甚，揖至官舱稍坐。所坐处设炕列椅，如花厅，而爽亢明亮则过之。时来观新船者，中西人出入甚伙，陆君一一酬应，几如山阴道上应接不暇。旋招总管机器西人导余周历上下前后，上至舱面，则亦与他船不相上下，惟风管较他船为多，计自鹢首以至舵尾，长英尺二百五十尺，左舷至右舷宽英尺三十六尺，其大已可想见。船中约有中国官船六间，皆精洁无比，上舱之房则二十四间，大舱之房十八间，每间皆有风筒，故尤为爽气；散铺百数十处，共可搭客四五百人，装货约可一千余吨，可谓大之极矣。而每点钟可以行十四诺脱，约中国海里五十里左右，则又速之至也。近来大沽口水势颇浅，淤泥日积，未闻有浚治之举，轮船抵沽，往往不能径入口内，必须驳货盘人，诸多周折。今“新裕”船空船吃水仅八尺有奇，即使满载亦不难鼓轮直入，初无濡滞之虑，是亦一快事也。

周视既毕，导入机器舱，历铁梯四层，西人以棉纱一块分给同往之人，恐新船栏杆等处不免油污客手，因随之行至一处，一一指示，余游轮船已屡，而机器舱则从未畅游，惟先时董紫珊太守所制混初船曾一见之，他未之见也，因详阅而细问之。其机乃单轮，极为坚固，而更灵巧，询有马力一千五百匹，其力可谓巨矣。机上悬表颇多，皆所以验火力、水力、风力，以及上下关照之用，其式大小不一。机器之旁又有小机器一座，询之则云用以吸水者。一旁则有如铁箱者，上连舱面箱之旁，折铁叶如帆，询之知系风箱，名之曰“自来风”。盖船上各房间所设之风筒，所以使之爽气者，皆此物为之，其风正从此而出也。陆君云，此系新式，为此船所独步，他船未之见也。西人见余详问，亦颇乐为之告。有黑暗处则燃灯以照之，复以手捩轮使之旋转者数四，又欲导余入司火之处，则衣服太厚，不得轻身而进，遂止不行，辞西人仍由铁梯而上。每至梯辄侧其身始可行，乃叹华服之不宜于此等处，而西人之益形便利也。陆君引余至大餐房进茶点，是处尤为亮爽精洁，余顾而乐之，举瓯谓陆君曰：“此船之佳处，在乎吃水浅而装载多，以此行于北洋，吾知招商局之生意必更蒸蒸日上，吾子先时在‘海晏’、‘丰顺’，于北洋事宜久已熟谙，今复管理此船，则所谓驾轻就熟，自然无往不利，不待鄙人祝颂。乃余所尤为心服者，则招商局总办之调度有方，知人善任也。夫知大沽水浅，他船不得径入，而特购此等浅水轮船，以往来北洋，行旅闻之，未有不深为欣喜者。而又以有其船必更得其人，于是举吾子以当其任，若网在纲，有条不紊，总办之善于调度如此，而谓招商局有不日新月异、获利无疆者乎？是则中国一大可喜之事，当为秉笔以记之。”陆君犹谦让未遑，而余与俞君行矣。驰至静安寺，一转回寓，而作此记。光绪十六年正月下澣高昌寒食生识。

（1890年2月15日，第1版）

综纪中国去年购用洋煤价值之数

煤铁二项为军国所必需，而煤尤为日用不可少之物。中国自通商以来，垂五十年，风气渐开，亦知破除成见，讲明西法而切究之。故交涉之事虽繁，办理较有把握，谋国者知其然也。于西法视为当务之急，汲汲孳孳，惟日不足。船政机厂，各省林立，实握自强之基。而煤铁之用亟焉。轮船招商局为收回利权之计，日用煤斤厥数甚巨。近复有开办铁路之议，虽未立见施行，然天津、开平业经小试其端，颇著成效，数年之后，安知不毅然决然有举办之一日乎？是则将来需用煤铁之处正未可以数计也。

然以此时机厂、商局需用煤铁计之，实岌岌有不可终日之势。窃查光绪十五年一年内英吉利、奥斯的呀、日本三国之煤售至中国者共二十六万八千趸［吨］，价共二百余万元，而办用铁机、枪炮之价，数尚不止于此。嗟乎，银钱之流出域外者，亦甚多矣。即以煤铁二项之价值而论，曷怪富强之遽难收效乎？外洋各国咸以矿务为急，如比利时国壤地最小，与中国立约通商亦最后，其国中已开之矿共一百三十三处，野世城设有矿务学堂，讲求不遗余力，建立矿部，各官勘办矿务。通计比利时全国中，每年共出煤二千万趸［吨］，海罗城可出一千四百万趸［吨］，聂司城可出五百万趸［吨］，其余各城出煤多少不等，以此两城为最夥，所出之煤，共值英金二千三百万余元。以煤二分供本国之用，以一分售与法兰西、德意志两国，矿务工作之人共十万三千人，付工价计英金二千二百四十七万余元，每人一年内得工价二百十四元，君民上下悉受开矿之益。故国虽小而不忧贫，得与英、法诸大邦齐驱并驾也。

中国开矿一事为前明弊政之尤，矿使、税阉毒流海内，著之史册，永为鉴戒。迨通商日久，习知开矿利益，渐事开采，而又坏于纠集股份之辈，绅富至今引为口实。噫嘻！然则矿务终不可行乎？特办理未得要领耳。

夫以各省机厂、船局需用煤铁之多，矿务未能畅兴，诚不能不取资于购办。然太平无事，常守和局，原可有无相通，交易而退。设遇一国偶有争战之事，则各国遵守局外之例，又将从何处取办？且兵轮无煤，立成废器，不可不重虑也。谋国者长顾却虑，莫不以矿务为要图。基隆、开平后先开采，成效昭然，于是各省竞相仿办。而两湖自张香涛制军移节以来，殷殷然尤着意于开矿，属员之奉檄查勘矿务者时有所闻。前由李傅相委招商局盛观察等不惜重资，与比利时驻沪总领事古贝尔订立合同，延请比国矿部矿师白乃富来华勘办矿务。兹闻白乃富已至湖北，办理开矿之事。张制军又另请德国矿师数人，俸钱较廉，但未知本领与白乃富何如耳。白乃富乃比国有名矿师，历办矿务，得有给奖凭据，于查勘矿苗地脉各条，确有见地，非粗具皮毛者可比。比领事古贝尔向充野世城矿务总办，于矿务知之甚悉，尝云中国此时既以开矿为要，宜不惜重聘，延请有名矿师，以襄矿务，不宜存欲速见小之心，转致勘办无成，贻误矿务全局也。耕当问奴，织当问婢，举荐矿师之人须取深悉矿务之人，斯举荐得当，勘办亦得有成矣。不然者，采用虚声，徒糜重聘，甚且意存惜费，仅取滥竽，于矿务毫无实济，反令拘迂之辈得议其后，而矿遂终不可开，则购洋煤之费亦岁岁无已，又岂谋国之良策耶？

（1890 年 3 月 19 日，第 1 版）

论小火轮通行内河之利

定海贡生谷凤年等因见往来宁波、定海航船前被海盗劫掠，商客咸有戒心，爰拟捐资置备轮船，以保护□［往］来宁、定之航船为名，实欲搭客装货，收取水脚，联名禀请道宪，乞给谕准行。嗣吴观察批示不准，大略谓光绪十年间商人彭成丰等禀请，以兆昌小轮往来宁波、定海，搭客不装货物，经薛升道禀奉南洋商宪严切批驳。嗣于十三年间有职员韩山曦等拟置小火轮，拖带航船，往来宁、定，禀明决不揽载客货，又经薛升道批斥不准，各在案。至同治元年卫海船局之事，时值兵燹，本道衙门无案可稽，且今昔情形不同，而招商局船与商民自置自驾，尤难并论。前以宁、定拖船搭客以为不可，若再装货，势必流弊滋多，本道既未便擅准给谕，即据情转禀，明违宪示，亦于驳斥，所禀各节碍准行，应毋庸议。着即知照，粘抄章程揭还。

大一山人曰，小火轮通行内河之议非一人矣，然而终不行者，非不便于行旅也，非不利于地方也，盖有把持阻挠之者也。前年苏州某绅禀请大宪，自苏至沪通行小火轮，既经造成一艘，计费数千金，事虽创始，功已垂成，后为苏、沪各信局各航□环请禁止，坚持不可，竟因此而罢。杭城、松江两处亦尝有以通行小火轮禀请者，皆不准行。夫小火轮通行内河之利，地方官非不知之，然使一旦通行，则信息之灵、往来之速、行客之便、水脚之省，事事皆利，为航船信局所万万不及，向来航船信局之生意必皆为小火轮所包揽搀夺，彼开设航船信局者不过为生意觅利计耳。若有人创一信局、添一航船，与航船信局并驾齐驱，稍分余利，而航船信局之利犹在也？虽为航船信局之所忌，而地方官固不得而禁之，若用小火轮，则航船信局无利可图，折阅倒闭，束手无策，其废事失业不必智者而后知。此不独航船信局为生意起见，霸阻争持，势不两立也，即地方官通筹大局，量度事宜，既不忍使航船信局皆因此一举而废事失业，且恐其废事失业之后又必衔愤蓄怨，肇端滋事，以为患于地方，不若批斥不准之为得也。此其所以终不行也。

顾吾计之，凡事当择其尤利者，而为之徇私者非，执偏者亦非。通商以前，往来海洋之商船惟沙船、蛋船、龙骨船三种耳，沪上擅沙船之利以致富者，屈指可数。自有轮船通行，而沙船之利浸削浸薄，然则为沙船计，固不愿有轮船，而招商局断不以沙船之故，遂废轮船而不行也。何也？盖轮船虽不利于沙船，而轮船之利不可胜言也。若小火轮通行内河之利亦有不可胜言者，非灵速省便四端之所能尽也。自沪至苏，至杭，四五日程，至松江一日程，寻常船只携带行李，皆须料量而后行，若一时不及周思，途中缺乏，其累非浅；沿途所至镇市，食物杂用，在所不免，水脚之外，旅费滋多；会有急事，即欲早达，力不从心，因迟致误；或偶尔感冒，因致时症，未便求医，耽搁加重，其患尤大。若用小火轮，近者四五点钟，远者不过一日，风雨寒暖，可以预决，长驱直抵，无庸闲费；有事不致迟误，有病不致耽搁，且又可以免盗劫。夫区区一船固不足以抵御，行驶虽快，未必遂能逃逸，但防盗于四五日者难，防盗于一日者易，则其遭强［抢］劫者鲜矣。

小火轮之利有如此，虽有不利于航船信局之处，犹将毅然行之，不得存偏私之见，徇乎人而执乎己也。况乎航船信局之所不利，亦可以使之利，何不即令开设航船信局者定议改章，以小火轮通行内河，凡搭客载货、赍物寄信，悉听其便，而不准他人仿照踵行，以遮要其生意，则航船信局皆无废事失业之患，且兼有小火轮，而事愈隆业愈盛，又何不利之有焉？不宁惟是，天下熙熙惟利是视，利之所在，孰不争趋？断非把持阻挠之所能止也。今虽绌于势力，格于禁令，竟不得逞其志，他日必有大力者起而创之，造端宏大，建议唐皇，直遂经行，无所顾忌，震以疾雷而耳不及掩，压以泰山而卵不敢敌，使航船信局屏足侧目，敢怒而不敢言，虽欲稍沾余利而不可得，势所必至，理有固然。试思天津之铁路、各直省之电线，以搭客载货、赍物寄信为生意，无异于航船信局，彼航船信局或亦有所不利者乎？而开设航船信局者又安能把持阻挠之乎？为航船信局计，不若径自禀请以小火轮通行内河，虽有他人仿照踵行，不过稍沾余利，而此中之利则既已竭尽而无余，使渔利者无所希冀，不亦可乎？请自三思毋贻后悔。

（1890 年 4 月 25 日，第 1 版）

论轮船失火

俗语云：行船走马三分险。窃以为，论行船于今日直有九分之险，岂但三分而已哉？盖古时之船，其险不过覆溺，操舟不慎，死于水已耳；今日之船，则其险且有数端：轮船之载重而行速，其船底削，不若帆橹诸船之底平，则轮行偶搁于浅，即易倾侧，此其一险也；其船身既重，轮行又速，则偶不留心，触于礁石，立成齑粉，或断而为两，或洞穿数孔，水入船沉，又一险也；轮行皆以机器，机器之运动全赖煤火之力，又全赖水锅蒸汽激动各机，使之转运迅速，而有时煤力过猛，烟囱有炸碎之虞，水锅有崩裂之患，铁片横飞，四面激射，触着身体无不糜烂，此又一险也。况机器一坏，船身或因之而损；即使不损，亦必不能行动，必待有他船拖带而后可庆生全，此又一险也。其尤险而又险者，则为船上起火。

夫以船行水上，□［四］面波涛，渺无边际，而突然火发于舱，烟气喷溢，毒焰飞空，纵有小艇，亦每苦人多艇小，不足以容；而况小艇悬之船上，解下亦费时刻，多有抢上小艇而遭沉溺者。且系艇之处，或已烧着，即不能用；船上凡遇需用小艇救人，往往本船水手、执事等人争先上艇，而搭客恒致落后。故搭客一上轮船，其性命即付之船上，船存与存，船亡与亡，生死付之天命。由是言之，行船之险岂止三分而已哉？然而泰西各国，驶行轮船以通商务，行之多年，而获利无穷，不因其险而废之者，盖西国行轮船虽亦不无失事之处，而其先事预防，则固无微不至。各国公司船规矩最重，船中一至傍晚，即各熄灯绝火，客人不得吸烟，虽星星之火亦必灭息净尽，盖深恐稍有不慎，致兆焚如也。招商局及怡和、太古等三公司江海各轮不肯装运自来火，盖恐此物性烈易燃，不可扑救也。此外引火之物，其不肯揽载也可知。乃前者“宝清”轮船被焚，货舱失慎，而舱面载有自来火，以致一经火起，不可收拾，伤毙人口不下二百余人，其尸首之不能捞获者数十具，其惨不可名状。而昨日太古之“上海”轮船闻又全船被焚矣。其失火也，闻在大河口，其时闻在晨七点钟，其船上闻共有五六百人，而伤毙几何，则此时尚未知其详。其如何起火，亦传闻不一。夫太古亦系老公司，其办理诸人皆属老手，谨慎有余，必不至装有自来火与洋油等引火之物，或者疑其为装载棉花，偶然遗火，要亦臆度之词。吾思“上海”船身最大，为行驶长江诸船之冠，其买办、船主等人皆极为精细，决不至粗心贻误，而竟遭此劫，岂非异事？然船上五六百人之中，难保无一粗疏之人，偶尔大意，遗一星之火，初不为意，迨渐渐延开，蓄极而发，则一发不能复制，而其害巨、其祸烈矣。

前“宝清”船遗火在货舱，当始遗之时，并无知者，而后渐闻煤气，渐见烟缕，开舱一看，火即随风猛发，不多一刻，即已船面尽燃。今“上海”失火情形虽尚未悉其详，惟闻十五分时即已全船俱烬，则其迅捷亦不减于“宝清”，其火势之猛烈，亦可想而知也。

夫近来轮船之难□［亦］甚矣，闽广商轮常有强盗，假扮搭客，中途突然齐起，肆行抢劫；长江轮船又以一年之中遭焚者两艘，而且今年轮船坏事者实多于往年，如禅臣之“扬子”，英、法、日各国之公司皆在劫中，若中途碰撞、偶然搁浅，犹其小焉者也。然则言及轮船之行，不将令人咸有戒心乎？说者或以为此皆各船主不遵定章之故。夫定章船上傍晚即须熄火，而或星星之火由日间所遗，则又奈何？夫触礁、搁浅、碰撞等事其咎皆在驾驶之人，船上执事人不得辞其咎也。若船上失火，则船上诸人即曰不免失察，要不得全归咎于彼，盖遗火多由于搭客也。夫彼搭坐轮船者，其性命固已付之船上，安可粗心大意，害人而即以害己？窃愿各鉴前车，互相诏勉，勿致遗火。而船上亦须照定章程，吸烟有一定之地，熄火有一定之时；凡有易于引火之物，概弗收载；船上诸人认真稽查，不时检点，庶几有备者可以无患。如其不然，人将视轮船为畏途矣，讵不大可虑哉？

（1890 年 12 月 28 日，第 1 版）

与客论轮船致火之由

长江轮船今年因失火被焚者计两艘矣，而卒不得其所以致火之由。上半年“宝清”失事，论者纷纷，有谓因舱上装有自来火，船中偶或不慎，遗下星星之火，燃及自来火，以致一发不可收拾，然究竟是否，仍不可必。盖仓猝之中，各顾性命，其侥幸逃出者，又谁能留意当时起火之故；而其身当其处、亲见其起火者，则又多已不及奔避，葬身火窟，不能起死者而问之。夫是以纷纷议论者，大都揣摩臆度之词居多。惟闻“宝清”船上实装有自来火，此则非臆说也。

乃太古之“上海”轮船竟于一年之中继“宝清”轮船而付焚如，其失事之时刻较“宝清”为尤速，其伤人之数较“宝清”为尤多，刻下船壳业已拖回沪上，而毕竟死于水者几人、死于火者几人，尚未得其实数。而其所以致火者，其说又复纷如，有谓搭客吸烟遗火煤纸于舱板上，觅之不见，以茶就落处浇之，以为灭矣，而孰知仍以此起火；或者谓有吸鸦片者，吸毕置灯于鞋篮中，忘未吹息，迨有人见之鞋篮已燃着，即将篮掷之河中，而余火已旁及棉花包，以至顿成燎原之势。然其说皆得之传闻，初无目睹之者，则以目睹者已葬身火中也。夫“上海”系太古之船，三公司咸照章行船，决无装载引火之物之理，此次失火，要亦劫数使然。然窃以为近来轮船贪于多载，致大舱中亦人货并陈，彼搭客既多，品类不齐，便不能一律遵章，设有一二不守规例之人，即全船皆受其祸，此则近来轮船之一病也。

昨有友人过余斋次，谈及是事，友人曰：“仆生长沪上四十余年矣，犹忆岁在丙寅旗昌洋行之‘湖广’轮船在长江失火被焚，闻其事者直视为惊天动地，厥后江行安谧，至戊寅则有‘江长’轮船之坏，系坏于触礁，非失火也。以故人多生全。今年为庚寅年，上下半年两次失事，其祸与‘湖广’无异。丙寅岁上海止有旗昌洋行一家，至今日则中国既有招商局，外国又有怡和、太古，此三家最为巨擘。此外如和兴、麦边等，又不可以□举。轮船愈多，生意愈难，故所以款接搭客者，规例愈变而愈宽，宜约束之不能划一也。屈指由丙寅至庚寅二十四年，虽纪两周，焚轮三度，是尚得不归之于数乎？外洋轮船今年□［伤］坏者颇亦不少，然多系风礁诸患，全船被焚者甚少。诚以外洋行船规例极为严密，不若长江各船之宽，故也。至于装载货物，如三公司持盈保泰，凡引火之物，如洋油、自来火等类绝不装载，所以防患于未然者，可谓至矣。顾货物之中，有自能出火者，如油纸压之太实，自能燃着，此则中国人皆所共知。此外如棉花一物，倘沾着水气，积压既多，亦能因湿而生热，其热气蕴于包内，设偶被风引，立即生火，其势甚烈。又□［如］煤块一物，轮船所必需，然煤亦不可着湿，苟煤堆高积，而其中偶有着水之煤，设闷不出气，为时既久，亦能因湿生热，因热生火。此外可以致火之物，想精于格致家必尚可以指出数端，而以仆所知则惟此数种。然即此数种，轮船悉能屏去不载乎？则所以防火者又焉得而不格外加谨也。或者又谓，‘上海’轮船之火为匪徒所纵，盖缘船上缉捕扒手极为认真，有则获之立即严办，以故该船绝少失窃之事。顾搭客固受其惠，而匪徒则殊深其恨。闻镇江、九江等处之小窃匪徒结党成群，不下数千人，怨毒所积，遂行此毒手云。此说也，亦近于臆度。夫彼宵小之辈，虽以不能下手，或遭严办之故，而致恨于该船，所谓盗憎主人，是诚有之，然彼欲至船上放火，则必自己先在船上，设种火之后，立即烈焰飞腾，全船尽着，而一时无从逃避，必将同归于尽，彼匪党中人又岂肯舍此一身以报积怨也乎？故此说也，仆不敢信，先生以为如何？”

余曰：“夫□［客］既上船，则与船共命矣，彼匪徒固未必挟嫌纵火，以自甘同尽；即彼搭客诸人，亦必知火之祸烈，即有任情纵恣者，亦未尝不可以理说而情喻。故轮船而欲免此患，惟有装货则格外小心，巡缉则格外勤谨，而于船上规例一律从严，悉照外洋各公司船之法吸烟有地、熄火有时，有不遵规例告之，不听者则请其上岸，勿再容留，毋贪生意而故意迁就，此则犹属亡羊补牢之计也夫。”

（1891 年 1 月 3 日，第 1 版）

论轮船有利亦有害

自英人华德始造火轮船至今，历百有余年，其为体也巧而固，其为用也大而速，其制度宏敞，规模壮丽，有如杰阁层楼，危樯高耸，粉牖旁穿，栉比鳞排，绵亘数十丈。其行船也，矫若游龙之赴海，□如大鹄之凌霄，但见烟波渺茫，海浪汹涌，瞻之在前，忽焉在后；其停埠也，商民辐辏，钱贝喧阗，冠盖如云，驶行刻日，虽数万里之遥，可如期而至。故作商者，乐其便捷；装货者，喜其宽宏，人心皆同，一倡百随，几至舱无容膝，坐莫横肱，凡沿海都会商旅、客货皆舍帆船而就轮舶，破巨浪，乘长风，顷刻千里，无不谓出危地、登乐土矣。

然而有一物必有一弊，有一利必有一害，用其物者难杜其弊，贪其利者或罹其害。盖以大海之中，碧津黑水之汪洋，析木扶桑之渊浩，蛟龙聚窟，蛇鲨跳梁，益之台飓狂荡，雾雨溟漫，涛回红海，潮起紫澜，视彼轮船不过仓［沧］中一粟耳。波浪之颠簸、礁石之触撞，在所不免焉，而安保其无虞乎？我国家仿效泰西创设招商局，购办轮船，筑埠停泊，驶行各省海口，因之轮船日多，可以分西商之利权，而夺西国之利薮，不知利之所在，害即随之。中国自有轮船以来，失事者非一，如“福星”轮船遭倾覆之祸，数十人尽葬鱼腹，不及十年，又有“怀远”轮船自沪赴粤，丧于甬洋。然犹曰迷于雾也，触于礁也，掀于风也，覆于水也，驶舟者难防其灾，乘舟者难免其厄。若今年“宝清”轮船遭毁于狼山洋面，上海轮船被焚于维扬江口，一岁之间，两见巨灾，续咸阳之余火，遭赤壁之烈焰，逆旅行商，竟作龙宫宾客，艨艟巨舰顿成蜃市楼台。当其祝融张帜，列子驭轮，烈火逼于上，迅浪起于下，吁天乏路，抢地无门，悲号涕零，展转就毙，数百生命顿成焦骨，惨目伤心，至此已极。谁无父母？谁无妻子？谁无兄弟？闻之痛心悔也何及！

说者谓水火所以养人也；孟子曰：“民非水火不生活。”[①] 故天生人即生水火以养之，列于五行，缺一不可。轮船又专取水火之功，合水火以成。既济，乃利占；既济，祸起无妄。以水火之养人者，反以害人，或毙于水，或毙于火，同时交逼，无路逃生。夫就其常而论，火之伤人也，断无水以逼之；水之伤人也，亦无火以驱之。今则就火乎？就水乎？请择于斯二者。

嗟乎！天地以好生为德，至此惨毒殆无可比，岂以其人尽在劫数之中，特聚而置之于一船？虽造物以仁心，慈念为本，而亦不能出之于浩劫，援之于定数，以挽回之欤？况乎轮船之防患也，亦可谓周且至矣。凡遇海中有礁石者，皆设塔灯；一遇雾迷，立行停轮；船中备有水龙、杉板、救命圈，若火油、火柴例禁装载；船面又有西人日夜更代巡行，用远镜瞭望礁山、来船。而其害卒有过于帆船者，其故何欤？盖帆船之在内河不过乌杉、百官、江杉等小船而已，至驶出海外，远涉重洋者，则有大贾舶，其船师、水手皆熟识洋面，精习驾驶，虽风暴肆虐，时有可虞，而一遇风顺帆利，舟行之捷有不可言喻者。况台风之起，老于船师者，测量日期，望辨云色，亦能预避，人皆履危若安，习以为常。统计一岁之中，帆船之被害虽屡有所闻，不过万之一二；其罹害之人，大船三四十人，小船一二十人，或及其半，或不及其半，人亦归咎于数无可逃而已。至轮船往来迅速，千里之遥一日可至，船舱广阔，可容搭客千百人，装货千万金，苟有所变，何能尽行救援，覆巢之下安有完卵？被害之巨，盖有若此者。“宝清”轮船被焚，接踵罹害者，复有“上海”轮船，前数月有“扬子”轮船触礁于浙江洋面，人虽登山，船已沉海。

---

① 见《孟子·尽心上》。

自目前言之，轮船之不利如此，而后之乘轮船者孰不怀履薄临深之惧哉？不知轮船之有利而无害者其常也，或一时无利而有害者其暂也，不能以一时之害而遽没其平日之利；或因此而遂谓轮船之不适于用，是因噎而废食也。今“上海”轮船之失事，以搭客中有吸烟者，因遗爝火遂兆焚如。设使后□思患预防，无论何烟，不许吸食，安知其患不有出于所备之外者哉？

夫惟忠信可涉波涛，既历险危，益臻谨慎；人之处世，要在尽人事以听天命而已。天下事岂有有利而无害者哉？如因一事之失，而即鳃鳃过虑，适见其愚耳。轮船虽捷妙无比，足以人巧而夺天工，泄造化之机缄，辟阴阳之元奥，而必用煤火，犹嫌其重滞，设使中途断煤，即不能行，是犹有所缺陷也。设使后日能不用煤而用气，岂非毫发无遗憾也哉？然而不能也，有利必有害，天下事大抵皆然。呜呼！岂独轮船而已哉？

（1891 年 1 月 18 日，第 1 版）

兵船游历外洋议

自与泰西通道以来，凡华民之襆被出洋藉图糊口者，合欧美者国计之，大约不止数十万人。其上者设肆经营以权子母；次者持筹握□［算］作□依人；等而下之，则有所谓华佣者，或种烟，或制糖，或操各项工业，此其人恃一手一足之烈，供人役使，受人鞭笞，辛苦频年，所得无几，甚至鄙□［而］薄之曰“猪仔”，几至不齿于人。嗟乎！远适异国，昔人所悲，况乎身受拘羁，无从自主，日遭凌虐，渐类鬼薪[①]，同是我国子民，有不一念及之，恻然怜悯者乎？我皇上民胞特与一视同仁，不忍以无数苍生委诸异域，特简星使以为之保护，更于各埠派设领事，就近抚绥，海外羁民同沾圣泽，莫不熙熙攘攘，遥祝圣□［天］子容保无疆焉。

不料近数年来，美国土人渐渐将华佣厌恶，劫之，夺之，焚杀之，俾

① 鬼薪：秦汉时强制男性罪犯服劳役的刑罚，包括从事土木工程或制作器物等。

华佣无地可以托足，而外部又特颁苛例，阻遏来源。虽星使洋洋千万言向之申辩，而不特美国断不肯通融迁就，且檀香山诸处又效其尤，致华人无可容身，流离转徙。其稍有积蓄者尚可附轮舶湍回，否则既乏川资，又难久住，日受外人之虐待，具［其］将何以身存乎？

或曰宜在外洋设立公司，令招商局派出各轮船常川来往，凡华人之旅居各埠者，一律使往公司及各船中工作，不复受役于外人，而凡洋货之入中华、土货之在外国者，俱可由中国之船载运，不特华人不致受苦，且所失权利亦可渐次收回，岂不一举而两得乎？予曰：唯唯否否，西人既至中华贸易，我国何不可至海外经商？按之约章，诚不纰缪。然试问公司中及各轮船上乌能容如许华人？即能容矣，而各轮船来往本国海洋尚时虞其碰撞，一旦远涉重洋，数万里风涛沙线俱所未谙，虽船主例用西人，安保其□［经］年[①]浪静风平，一无阻滞乎？欲图利而反以致祸，岂计之得者？鄙意宜先派兵船出洋以□［资］□□［历练］，无事则常年驻扎，藉壮声威；有事则保卫我民，不致受彼之惨酷。如前年洛士丙冷一事，苟我国有兵船在彼，则土人虽横，何致将各华人焚杀多多？然则派□［兵］船游历一端，谓非当今之急务欤？

或送难曰：开设公司则有利可牟，无须支动公费，至欲派兵船驻泊［泊］，则煤火有需，口粮有需，修理有需，火食有需，岂非多出，无所开销，令中国益形支绌乎？曰：是亦有道，今出使英法等国大臣薛叔耘星使已先我言之矣。其言曰："泰西各国通例，即二三等之国莫不有兵船巡历外埠，保护商人。曩者，中国'扬武'练船游阅东南洋各岛，吕宋旅居华人喜色相庆，至于感泣，以为百年来未有之光宠。一埠如此，他埠可知。查吕宋及槟榔屿、新旧金山、越南、西贡、古巴、秘鲁、日本、火奴鲁鲁诸处，凡有华人流寓者，莫不有会馆，有董事，引领而望华官久矣，兵船抑无论焉。约计每岁养一兵船所费不过一万两，其中必有殷实商人，首为之倡，筹□以资接济。在彼略有所费，而藉此稍张声势，使足与诸洋人齿[②]，偶

---

① 经年：全年，或若干年。

② 齿：并列，次列。《左传·隐公十一年》："不敢与诸任齿。"《庄子·天下》："百官以此相齿。"

有交涉，阴受无穷之益，夫亦何惮而不为耶?"① 星使之言如此，然则派商船与派兵船孰失孰得，诚有不烦蓍蔡②者矣。今宜由海部调拨兵舰，更番前住游历，或半年而瓜代，或一年而瓜代，其费皆酌量取诸华商。倘遇小埠，所捐或有不足，则合数埠以共养一船，星使往还即由此船迎送，不必另附公司船。设有意外之虞，如前年洛士丙冷者，虽不欲与之启衅，亦可将华人载送回华。夫如是，则华人既可免见侮于外人，而南北洋各兵船养费亦有所出，一年数百万之经费，不必支自海关。有此利益数端，岂非当今之先务欤？非然者，将数十万无辜赤子白白委诸异域，受尽折磨，而频年购制艟艨③，坐耗无数有用之款，谓为得计？诚非鲰生所敢知也。

(1891 年 1 月 19 日，第 1 版)

论行路之难

自轮舶通行以后，乘风破浪者久已视险如夷矣。江海行船向惟视风色为迟速，风色而顺，一日亦可驶至百里或数百里不等；风色不顺，则有守至经旬累月而不得行数里者，且或风色过大，则虽值顺风犹虞倾覆。□［操］海船者谓之“飘者”，性命存亡难以自决，其险也如是。自有轮船，而昔日之所谓险者，一无是畏，千里万里刻日可期，南北东西惟我所欲，风雨晦冥、巨浪洪涛均不能阻其遄往；而且驶行迅速，一日千里，宜乎人占利涉，不复有歌《行路难》者矣。乃昨报载《附轮宜慎》一则，船中人相待之苛虐，与下船、上船之危险，有不若昔日之迟滞者，往来过客又将何所适从乎？虽所述情形未知确否，然细揣之，附轮诸客此种苦处实亦难免。盖各洋行轮船沿江一带多有无码头可泊，而但凭驳船以运载者，附轮之客货均聚于岸，以待轮船。轮船既来，则驳船群集，以运客货，常有因驳船狭隘、装载过多以至客货行李全然覆溺，或值风狂浪急之候则倾覆之祸尤为可虑。即幸而无恙，而驳船贴近轮船，人货皆从小梯上落，或

---

① 见薛福成《筹洋刍议 · 船政》，文字有异。

② 蓍蔡：shīcài，本指蓍龟，因大龟出蔡地，故称为“蓍蔡”，古人用以占卜吉凶。

③ 艟艨：chōngméng，即“艨艟”，古代战船。郑观应：《盛世危言 · 海防上》：“昔日之艟艨楼船，不敌今日之铁甲飞轮冲风破浪也。”

人先已上船，而行李未能即起；或行李已经驳上，而人则未及同登。偶一相左，即多周折。匪徒混迹其中，乘隙抵间，探囊取物，真易事耳。又有此客误接彼客行李，彼客误接此客衣箱者，种种情弊，笔难尽述。即有老于行旅者不惜微资，或多给轮船茶房、夫役数百酒资，令其照应，而夫役不多，难于周遍。虽多予以钱，而此客百文，彼客亦给百文，数客兼收，不得不分头照顾，而役少客多，终有不能遍给之势。于是，有客已下船，而略一迟延，驳船已开行，而行李犹在轮船上者。有行李在一驳船，而人又在另一驳船者，赶即追踪，幸而寻获，已属万分之喜。或竟有寻之不得者，苍茫四顾，投诉无门，孑然一身，路隅坐泣。倘或不惯出门及妇女幼稚之辈，当此无可如何之际，激而起轻生觅死之心，此亦意中事矣。

犹忆有友人某赴试金陵，附轮而往，一肩琴剑，行李无多，而瘦怯书生左挈右提，已不啻百钧之重，及将抵南京，由驳船上岸，当其下驳船铁梯，一道攀援而下，已觉心惊目眩，神魂顿消。既至驳船，检视行李，尚缺一篮一箱，无从追讯，犹冀另一驳船先已开行，或者业先上岸，亦未可知。迨既上岸之后，见同行诸友皆在江干守候，行李亦在其侧，而己之箱篮竟同蕉鹿，遍询诸驳船，皆云不见。有谓从梯上吊下时，曾见其掉入江心干，而滚滚长江何从捉摸。友人无计可施，偕诸同人快快而去，而篮中皆平日窗作，半生心血尽付东流，箱中之衣服等物尚不足惜也。凡若此者，当已不止一人、一事。至若因梯中失足堕入江心，而与波臣为伍者，亦时有所闻。是自有轮船而江行，反视从前为尤险，是岂创行之初意乎？

夫轮船沿江上下，必欲处处各设码头，不但所费不赀，其势亦有不可。然竟不妥为筹划，而令搭客受诸苦恼，则亦有所不安。且轮船抵埠不能定期，或在昏黄，或在夜半，倘星月交辉尚不难从容上下，设当晦朔之日，或逢风雨之交，则昏黑之中、匆促之际，其害何堪设想？夫长江一带各洋行固未备码头，然其所以可危者，由于为时太促，非由于不设码头。苟于到埠之时多停数刻，客货上下即可从容从事。既可从容，则不致有争先恐后、拥挤散失之患矣。

轮船原以迅速为贵，然所贵乎迅速者，以其轮行之迅速，非客□［货］上下之迅速也，则多停数时，使得从容上下，亦何害于轮船之迅速而必若是匆促乎？至于船中诸人之苛虐，则不过总理之人略为整顿即可更革。夫华人既在轮船，不妨效洋人之作用，而洋人既在中国，亦当体中国之人情。若必欲我行我法，不知因地以制宜，中国之人见各洋行之船皆裹足不至，则各洋行之长江轮船将何求乎？今幸招商局船只无多，诸洋行尚得分其余利，倘日后江轮日众，因人情之所乐以与诸洋行争利，诸洋行其能敌乎？吾愿诸洋行早为整顿，以擅利权，固不仅过客之称便已焉。

（1891 年 3 月 25 日，第 1 版）

论轮船防匪之法

中国会匪出没不定，今年屡次闹教，大都出于若辈之诡计为多。且其踪迹以长江一带地方为聚处之所，而江行者尤大受其累。不特宵小之潜为胠箧探囊计，足以为行旅之害也，匪党众多，又加以刻下轮船水脚极廉，匪党中人不吝小费，观其私购军火，其价不赀，而尚无所惜，则可知若辈之中亦必有大力者。于是乎布散其党，以附搭轮船，而生其歹心，长江轮船此辈已小试其技，虽尚未见大害，而防之则实不胜其防。中国固不克处处稽察，即英领事官煌煌示谕，令行驶长江之英国轮船各自为防，有则拘获，以凭随地交英领事署讯办，然而言之甚易，行之亦难。彼会党既有此意，则必机密之至，当其附舟之时，必不肯露出破绽，俨然搭客，行李铺盖一无所异，而忽焉猝发于途，设或正值驶行之际，船中诸人各有执事，不能放手，则即欲抵御，而以我之半御彼之全，势不均即力不敌，恐有不足深恃者矣。且彼匪党既能勾通西人，以置办军火，如炸药等类亦均有之，则设或铤而走险恐被□获，而竟出阿奴下策，不更可危之甚乎！窃以为与其防之于既登舟之后，曷若防之于未登舟之前。前论谓三公司宜和衷共济，勿专为招□［揽］生意起见，不顾大局，而竞自减取水脚；且船上用人仍当选用谙练精壮之人，而汰其老弱无能之□［辈］，此固所以为整顿轮船商务起见，而实阴寓防匪之法。然犹未足以尽防之之术也。

夫长江行驶诸轮船，其搭客多系沿途附上，到一处则有去者、有来者，其去焉者不待言矣，其来焉者大半绝不查察，任其登轮，迨至开行，向收水脚，但身边带有川资、携有行囊者无不可以附轮，以故会匪中人得以惟所欲为，而莫之谁何。若于其登舟之时，先为之计，则彼等鬼蜮伎俩又何能施？其上船之时人多手杂，纷纷扰扰，最足坏事，当以保甲之法行乎其间。其法当于各处停船载客之地，设立公所一处，或三公司合办，或各家自办，凡欲搭船者先在公所购票以俟，而凡来购票者必须有连环保结，始听其购票，否则不得任意附上。此法虽似于行客稍有不便，然为轮船防患计，实莫妙于此。

或者谓彼真正客商，往来已惯，忽焉而欲其持结购票，则必以为不便。夫苟其人而为舟中之人所素识，则亦不妨通融，然苟有可通融，即弊端由此而起，不若一概取结，或由地方官给发公文，方可取信，非此则概不滥收，如此则匪党之狡计无所施矣。夫彼搭客有此周折，以为不便者自不乏人，然彼搭附轮船者亦各愿轮行平安无事，设一不慎而堕匪人之术中，则全船皆受其害，搭客焉得无惊？则何如恪遵章程，俾同舟共济者皆为尔无我诈，我无尔虞，则可以放心适意，高枕而卧。故初行之时，或有以为不便者，渐而习焉，则亦必无后言。防匪之法计莫善于此矣。

夫会党中人近来日见其盛，昔日犹幸其无火器，今则火药、炸药、洋枪、手枪暗中接济者，当不止一人，且不止一西人，则其势益炽矣。所幸者，匪党中无轮船，官兵有铁舰，匪徒之志尚不得逞，今该匪显然欲为患于轮船，此何故哉？意者该匪党非尽为劫夺银货之计，而欲劫取轮船以为己用，未可知也。若该会匪再有轮船，以傅之翼，则长江一带悉成荆棘之区，而匪势愈不可制，不特中国受其祸，即西人亦不得安享其利，此其防御之计，不得不筹之于早。今英领事已晓谕本国各轮船矣，而中国主持商务者尚寂无所闻也，请以此为刍荛之献何如？

（1891 年 9 月 29 日，第 1 版）

中国宜仿造洋货议

道光季年，中外通商，而后凡西人之以货物运至中国者，陆离光怪，几于莫可名言。华人争先购归，以供日用。初只行于通商各口岸，久之而各省内地，亦皆争相爱慕，无不以改用洋货为奢豪，厌故喜新，人情大抵如此也。独是洋货之价较土货倍之，且数倍之，外观虽五色迷离，用之实易于窳败。在老成拘谨者谓，我堂堂中国自有朴而耐久之物，足供人之取求，何必忘其本原，转以银钱易此瑰奇之货？而少年喜事者，往往侈耳目之新奇，一衣服也，绸缎绫罗非不华美，而偏欲以重价购洋绸；一饮馔也，山珍海错非不鲜肥，而必欲以番菜为适口；围棋象戏亦足消闲，而独以打弹为娱乐；水烟旱烟素所呼吸，独以昔加为新奇，甚且衣袜、眼镜、手巾、胰脂，大凡来自外洋者，无不以为珍贵，以至漏卮难塞，银钱之流出良多。尝阅去年海关所印清单，计一年中入口之货多至银一万三千七百九万余两，似此年复一年，将何底止？岂不令中国有限之膏血，渐至衰败不堪耶？

愚以为欲禁民人不用洋货，势所不能，则莫如中国自行筹资，逐一仿造，庶几将中国之货易中国之钱，富者可使于购求，贫者更开无数谋生之路。按之和约，亦所准行，而来华之洋货日稀，即银钱之流出日少矣。不观夫日本乎？日本自行维新之政，迄今只阅二十四年，而事事效法泰西，不遗余力，不特兵舰、兵械制造精良，即民间日用所需，无一不能仿西法，其大者如织绒，如制纸，如陶器，如玻璃器，如铜铁器，如镀金银器，无一不可与西人媲美，且精雅更复过之。即小而饮食，必资戏玩之具，亦皆具备，无所取资于西人。行之有年，西人亦皆钦佩，近且购日本之物，转贩至外邦，出口报关，岁以数百万计，用能使其国蒸蒸日上，渐致富强。

今中国诚能不惮研求，务臻美善，所制之物不亚于泰西，而工值既廉，定价可逊泰西倍蓰，人亦何乐而不购用，而必以泰西运至者为良哉？或曰：我中国招商局、织布局、制造局皆西法也，君子务其大者、远者，但就此数项用心整顿，不让西人之我先，即可独揽利权，为足国足民之计，其余皆细故也。细故则尽可听民自便，何必官为主持？殊不知细大不涓，方可由渐以致富。即如入口之货每年多至一万三千七百九万余两，苟能自行仿制，则此每年一万三千七百九万余两皆为我华人之利源，积少成多，其款岂犹不巨欤？

抑更有进者，各国皆有商务衙门，设官以主持商务，其有商力之不足者，官必为之保护，俾底于成，用能使商人踊跃乐从，悉心从事。今中国既欲仿造洋货，亦必特设商署，为之维持，庶商人得所凭依，不致漫无归宿；或有疑商署为向所未设，揆之国家制度，未可骤添，则应之曰：昔时亦并无海部，今既以海军为急务，新设衙门，即沪上会审公堂亦为近二十年所奏设，则兹之商署岂不可援此例以增添耶？

总之，凡事守经而不能行权，未免邻于胶柱鼓瑟。谓洋货之必不可用者，经也，谓既欲用之，即可制之者，权也。苟达权而仍不离经，亦何失国家之体统？特不必效日本之诸事悉以西人为则，举文字、衣服、兵刑、政教悉改而从西耳。质之衮衮诸公，其不以斯言为谬妄否？

或有善戏者曰：中国之仿造洋货无适于鸦片烟，昔年烟俱来自外洋，大为中国之隐患，不料华人觅得罂粟之种，到处遍栽，妖草淫葩，一望无际，近则如江苏之砀山、邳州，浙江之象山，以及粤东、粤西、山左、山右、四川、云贵，至东三省，无处不出土药，以敌洋药来源，熬煮成膏，同一可以过瘾，岂非仿造洋货之至精者耶？则笑语之曰：此特齐客之滑稽，无足与言民生国计者也。

客退，乃走笔成此议。

（1892 年 1 月 18 日，第 1 版）

行钞议

行钞古制也，非西法也。然古昔行之而多弊，西国行之而无弊者，此无他，信与不信之分也。夫授利权于商而使商得垄断之利，何如操利权于国而使国有盈余之利。有时部属颁钞，未克流行无滞，商家使票，反得攸往咸宜，则以商有信而国无信也。无信非朝令夕更之谓，部属之颁此钞也，原谓携此以往，固不异于银钱也，乃至纳正供，完货税，解杂款，或未免于折耗，则携钞者已窃窃然议国之寡信，而况蠹胥劣吏因缘为奸，贻误滋多，诈伪百出，无怪乎旋行旋罢，终不能收实效也。

若欲行钞，必也变通古制，参用西法，详酌时宜，庶可行之无弊。综其大要，厥有数端：

一、利权宜独揽也。欲行钞币，非设银行不可。西国银行有由国家设立者，有由商人合办者。国家设立之银行权操自上，利亦归之；商人合办之银行，则由国家抽取票捐以济国用，此大较也。中国若欲行钞，为济贫拯乏计，自应由国家设立银行，若振衣然，必挈其领；若取水然，必浚其源，庶几权不旁落，利不外溢。

一、局名宜仍旧也。户部向有宝钞局，为圜法之总汇，此时若设银行，事取乎创，而名取乎因，新法之与古制固可并行不悖也。

一、枝叶宜分布也。京师既有总局，此外通商口岸尤须添设分局，则声气广而运掉灵，推之香港、新加坡、旧金山等处为华人所荟萃者，皆设分局于其地，俾收多财善贾之益。

一、资本宜筹集也。欲设宝钞局必先多筹资本，方可以一纸取信于天下。官款万万不敷，不得不招商集股，宜援轮船招商局、电报局成例，集腋为裘，聚金成塔，每年按股派利，俾附骥者同受其福。至于一切出纳，则由官为主持而商不得过问，以免纷争。

一、开报宜核实也。一岁之间，获利若干，存银若干，开销若干，一一稽核，罗罗清疏，刊印清册，分给股商阅看，事事务求核实，力扫粉饰欺侵之弊，而后可以持久。

一、造币宜防弊也。古币之朴陋不若西币之精致，其法以钢板镂绝细花纹文字，用机器刷印，每一纸必经数手、数器而始成。所用工人女多于男，各闭一室，禁勿往来。纸不甚厚而坚韧，映日作碎冰纹，有户部图书、花押，银行花押，防弊之法至周且密，为中国所宜仿行。

一、多少有区别也。凡一角及二角五分者，纸宽二寸五分，长一寸五分；一圆至一千圆者，纸宽五寸，长二寸，多少从心，取携悉便，为中国所宜采用者也。

一、文字宜参用也，币之长短、广狭固宜仿照西式，以便流行，而正面字迹须以汉文书年号、数目及“某省制造”字样，仍以西文并列，俾别国之人亦可一览了然，乐于行使。

一、诈伪宜严防也。西国行币昔时亦有奸徒伪造，鱼目混珠，为害最烈，政府申明厉禁，凡作伪者，一经发觉，或从重判罚，或永远监禁，由是作伪之风始绝。中国亦宜严定新章，凡私造钞币者，按照私铸例加等治罪，庶奸徒知所畏惧，不敢以身试法矣。

一、出入宜一律也。英法等国以钞易银，并无折耗，惟美国稍有参差，议者咸以为憾。中国行钞伊始，非进出画一，无以示信于天下。况总局、分局一气相生，尤不容稍涉歧异，致授人以口实也。

一、钞镪①必相等也。昔年俄国设立银行，会计资本共有十三兆七十四万八千六百二磅，后以出钞过多，藏镪不能相抵，疑者日众，钞币十罗比仅易现银一罗比，理财者于是收回旧钞易以新钞，数年之后，钞与银之价始渐相等，是可见钞币之不可虚出矣。

一、首尾宜联络也。西国银行彼此互相策应，遇有缓急无不竭力维持，以故倒闭者少。中国创设各局，既无此疆尔界之分，当念同舟共济之谊，有无可以相通，斯彼此均沾利益矣。溯自通商以来，银钱之流出外洋日甚一日，若欲富国而裕民非行钞不为功。索居有感纵笔书此，以当刍荛之献，可乎？

（1892年6月3日，第1版）

补录唐景星方伯祝嘏事并书其后

官场三节两寿常例也，夫何足奇，即或时值大庆，或双寿，寅僚戚族奔走趋祝，相与颂南山之诗、晋西池之觞，亦不过十年一举，照例文章，更何足奇。所奇者，同一祝嘏，而中外人民咸欢欣鼓舞，绝无间言，同申颂祷，此则非可以强致，非可以幸邀。苟其平日不足以服中外人之心，副中外人之望，曷克臻此？则景星方伯祝嘏之事有足志焉。

方伯以四月二十日六十大庆，与其德配陈夫人，齐眉双寿，中外官商争欲为公介祝，而公撝谦②不敢当，在津诸西人上自领事，下迄各行商人，皆预备陈设于戈登堂，宏开寿宇，而公辞不至。二十一日发电信往请，而回电仍固辞。于是李傅相特以所御之火车，于二十三日遣派前往，必欲迓之以来，公重违其命，乃不复辞，乘坐火车而至。惟时车上悬旗，车栈结彩，中西人士之前往车栈敬迓者计数十人，鸣炮致词，殷勤拜祝后，乃相随至公邸第，款以茶酒，始各散。至二十五日戈登堂之祝嘏，则尤为煊赫无比，泰西各官商为之主，以公为客，而以李勉林、黄花农、盛杏荪、罗稷臣诸方伯为之陪，大门悬挂彩球，一路香花排列，堂中悬挂各国彩旗，

---

① 镪：qiǎng，本指钱串，也指银锭。

② 撝谦：huīqiān，谦逊。

并以前此李傅相所惠寿幛、屏幅，高揭四隅，并中西各官祝颂公之寿屏、寿幔若干幅。其中，颂词无非“德隆望重”、“体国安民”、“远来近悦”、“利物济人”、“望重泰西”、“恩深北阙”等语，皆足以名副其实，非寻常泛泛者可比。

宜乎！许少司徒所撰寿序，历举唐氏古来才德兼优、声名卓荦之士，而于公叹观止焉。夫公弃举业，专务有用之学，凡于西国语言文字，无不精且博，而一意为国家大局计，其平日之所建树，皆为他人所不敢为，亦皆为中国所从来未为。即如招商一局，得公创始，而中外之商情以洽，至今咸啧啧不去口。轮船之利，向惟归之西人，而自有招商局以来，分西人之利几半，中国风气为之大开；又如开平煤矿所以收天地自然之利，而自得公整理，有条不紊，出煤日旺，凡津沪来往各轮船之煤，皆可取给于此，是又所以夺西人之利，而开中国之利源者也；中国向无铁路，有之自我公始，厥后陆续推广，迄今至有数百里之长。去岁，会匪蠢动，热河朝阳告警，倘非有铁路以装军士、运粮饷，收功安得如此之速，未百日而匪已敉□［平］，则铁路之明效也。此三大端已足见公之事业。

至若厦门以电线一事几启衅端，得公一言而事遂寝；西班牙帆船□劫于台湾，缠讼未了，得公之往，八日而涣然冰释，此皆人之所难能，而公处之裕如，则其才之有足多矣。他如开平之外，添设林西煤矿，接办热河、承平银矿，于胥各庄开通河道长百余里；又于唐山创造细棉土厂，细棉土者即所谓塞们得土也，炼土坚硬如铁，用以治黄河，可以永固金汤，为中国从来所未有，此又于格致工夫中试验而出，然此皆其余事也。

观于轮船招商及煤矿，皆足以夺西人之利权，而西人并无所怨，且不特不怨，咸以公能公忠体国，上以裕国，下以利民，无不佩之钦之，以至于心悦诚服，念兹在兹，即于祝嘏之时观之，已可见公之所以取信于西人者深且至焉。

夫西人之恭敬其人也，不以其势，不以其力，不以其官，不以其利，必其人之品行、名望、才德并隆，众情咸服，然后尊之敬之，终无异言。公之得此于西人，夫岂易哉？其平生初无志于高官大秩，所以出而用世者，实欲使中国克自振兴，有可兴之利公为兴之，有当除之害公为除之，必欲使中国舍其所短，以用西人之所长，久之而中国之所长且不减于西人，而西人不得以其所长傲我之所短，如此而后快然于心。即此意也，已足以格天人而感中外，以故西人之敬公，较之华人尤觉真切。旁观之人莫不艳之、羡之，以为公果何修而得此，而不知其生平积诚，所以入人者深也。闻各国大员及政府中有电贺者，有函祝者，以是益见公之德望无远弗届。惜余以关山远隔，未得躬与其盛，以斗酒为公寿，徒于逖听之余，执笔为公记此盛事，以为翰墨之光，并祝公之子若侄继起有人，与公后先相辉映。此则区区之意，想公见之，当必哑然而失笑也已。

（1892 年 6 月 28 日，第 1 版）

书唐景星观察事略后

自古名臣硕彦，建功业于当时，垂声名于后世，非独具大过人之才，盖必有坚忍不拔之志、至公无我之心，不以艰难生畏缩，不以华膴[①]生歆羡，举自私自利之见一洗而空之，兢兢焉惟急公奉上之是念，然后能百折不挠，以徐至于成功。迨夫事业灿乎昭著，世之人无论识与不识，咸相与交口称颂，以为斯人不可多得，而不知其志虑固已裕定于未事之先，有加人一等而未易几及者。则吾于唐景星观察深有感焉。公少负大志，读书颖悟异常儿。中外通市，交涉日繁，公以为识时务者为俊杰，男儿当学为有用之学，沾沾章句无益国家事，遂弃举子业，习泰西学，不数年洞晓其国语言文字，间更究心于商务，于利害得失了然如指诸掌。光绪初年，西班牙洋船于台湾失事，为土人劫杀；又云南土民戕害洋人，一时几开兵衅，大吏知公能檄，公往剖辨昭雪，得庆转圜。盖公之力居多。公生平事业甚伙，若沪上之果育、清节等堂、洋药局、茶业公所都由公创举襄赞而成。公性轻财，好施于戚族，有贫乏者借贷无吝色。然此皆不足为公重，盖公之事业昭昭在人耳目，而足垂不朽者，则为办理招商局与开平之煤矿局。

---

① 华膴：huáwǔ，美衣丰食，华贵。

方互市之初，华人于通商一道诸未谙悉，江海利权尽为洋商所夺，于是李傅相始命创设轮船招商局，集股招商，公实董理之，规划措置，秩然不紊，一时官民咸称利便，迄于今二十余年，转输之利得挽一二于千万者，招商局之功也。然商局之设，尚有今津海关道盛杏荪观察、浙江补用道徐雨之观察，暨前候补道朱云甫、朱翼甫数观察，协谋共济，尚不足以尽公之长，独开平煤矿则系公一人手创。通商之道以有易无，善为之则足以致利，不善为之则足以致弊。自海禁大开之后，中国金钱日流注于外洋，在上者挽得一分利权，即保得一分元气。乃自汽机盛行，凡商轮兵舰，以及机器制造各局，无不需煤，苟在在仰给于外洋，漏卮伊于何底？公独有鉴于此，不辞劳瘁，亲至开平勘视矿苗，延聘矿师，禀请开办，公之志遂一意于矿务，凿河道，开铁路，经营布置，不遗余力。凡所以利益开矿者，靡不急起而立行，竭十余年之心思才力，然后规模焕然大备，而四方赖其利用者称道勿绝口。方其试办之初，未始无耗折之虑，惟公负坚忍不拔之志，存至公无我之心，不畏难，不贪利，用能再蹶再振，卒告成功。而天不假年，甫周花甲，遽行长逝，凡在中外人士，莫不同深悼惜。而公身后囊橐萧然，无储蓄以遗子孙，尤见两袖清风，深符古人之亮节。盖公于开平矿局，非独无一毫自私自利之见存于胸中，且不惜毁家以成就其事，此其高谊尤为人所难能。嗟乎！公之志如此，而才复足以济之，傥更得藉手以展布其功业，诚何难与古名臣后先颉颃，要岂仅以开矿见哉？而吾重有感者，当今通商之局必将长此终古，中国致富自强之道，必先于商务力加整顿，始克有后效可收，顾转移补救，首在得人。中国之大，不乏殊尤英敏、奇材异能之士，足以胜任而愉快，然所以不克振兴，以循至于委靡成风者，良由在事者大概各怀自利，先私图而后公家耳。苟尽能如公之存心国尔忘家，公尔忘私，为事必要其成，任职不辞其劳，则不独中国商务可期蒸蒸日上，即凡利国便民诸大端，无不可以次第施行，岂非海内苍生之福哉？夫大行受大名，细行受细名，公论自在天壤。自公之没，凡属相知，无不众口一辞，以公为惜，苟非公有以深服于人，何以能致人之感叹爱慕若斯乎？昔人有言："实至名归。"夫岂诬哉？吾愿世之君子以公为法，濯磨砥砺，有以自立于不朽也。于是乎书。

（1892年11月13日，第1版）

轮船招商局务节略

本局自光绪十九年正月起至年底止为第二十届结账之期，本年江海各船所得水脚除开销船用外，结余船利八十万三千余两，加以运漕栈产等利二十一万五千两，除地租修理等费、利息酬劳各款四十二万九千余两，船栈折轻成本三十一万三千余两，净余二十七万五千余两，乃以历年归还汇丰借款，至本年为止，亏贴磅价二十万余两，除拨存汇丰为自保船险信押之款，历年收来息银十一万余两，即以弥补磅价外，尚不敷九万余两，应在公积项下支销，统计前后实存公积八十七万六千余两，此利项大略也。至本项内尚存汇丰原本二十三万七千余两，现值磅价更贵，届期归还亏耗更巨，惟有按届支销。又往来账三十四万五千余两，本局轮船添造“快利”一号，拆卸“日新”“江平”改作趸船二号，实存二十六号，连码头栈产今年折旧后结存成本三百八十万五千两，此本项大略也。屈指轮船招商局开办已二十年矣，长江大海往来运货约计每年二百万，统计中国之利少入洋船已四千万，其因有华轮船彼此跌价，华商便宜之数尚不在内。然则今之时势商务能不讲求欤？所盼以后利日益进、弊日益除，为中国立商务不隳之基，此为首务也。

（1894 年 4 月 14 日，第 4 版）

拟设鸦片总司议

鸦片产于印度而总汇于香港。近年吸食者日众，偷漏者愈多，不独为通商全局中一大漏卮，而于国家厘税所关亦非浅鲜。今欲杜其弊，清其源，绝其流，正其本，莫如设立鸦片总司，以其权归之于朝廷，盖榷烟之中隐寓禁烟之意焉！何谓鸦片总司？先由总理衙门移文于英国驻京公使，并我国驻英钦差使与英之印度总督外部大臣商在印度、香港两处由中国简放榷烟大臣，驻札其地，专理稽查烟务。每年所有鸦片入中国者或十万余箱不等，由印度商人报明印督，由印督行咨驻印大臣，按期运载至华，听由招商局轮船代装驶往各处通商埠头，以香港为总汇之区，存储栈房以待分运。盖走漏之弊，杜之于中国则难，而杜之于印度则易。何则？印度英商自行运载来华，既至香港之后，中国海面港□［汊］纷歧，各处皆可绕越，奸商诡计百出，冒险影射，势实无从稽查，且有并不至香港，而即与中国奸商私相授受者。今于印度出口之始，一报之于印督，再报之于驻印大臣，其来数已昭然有据，又经招商局船承运，虽欲偷漏，势必不能。印度栽植鸦片，岁有定额，皆由官为限制，不得多种，至中国十余万箱之外，不得再有所加，违者有罚。英廷设法之初，示以裁节，毋越范围，其意本为至善，无奈一经出口，分运各处，即已难稽其报之英官原有总数，而所经中国关厂报税抽厘，每于总数不符，两两相较相悬甚巨，非由偷漏，胡为至此？今于印度载至香港之后，若英商欲分运中国通商各埠销售，悉听其便，惟装载之船，存储之栈，皆由招商局代为经理，其费一秉公平，何日出口，何日进口，各处通商口岸悉行注簿存案。其出口也，先请驻港大臣报明销售之后，然后纳缴正税及子口半税，此于印度官商皆有益而无损。诚如是，中国所设一切缉私巡船、驻厂委员皆可裁撤，课则涓滴归公，费则悉行节减所省者大，何惮而不为，此一法也。否则，印度鸦片其至中国者，悉由中国承运销售，而官给以值熬膏，以行于各省，亦惟官握其权况乎！榷烟原可与禁烟并行而不悖，所入中国若干万箱，每年为期额制，从其官定本，可随时递减，正不妨与之悉心，以筹和衷共济，以期数十年之后其来愈少，可以永绝烟患。至于内地种烟，原属权宜末策，英商之栽植罂粟，以毒痛我中国而不顾者，亦以利所在耳，苟中国栽植者愈多，则印度销售者必日少，而其利亦必日微，将来必至不禁而自绝。

夫泰西各国与我通商贩卖鸦片者，惟有英国一国耳，久为正人端士之所不许，我以丝、茶、大黄益彼，而彼乃以鸦片损我，孰害孰利，自有公论。诸国早已忌之，特我不自言，各国自无从置喙耳！英国教士特创禁烟公会为之先声，第禁者自禁，种者自种，言之谆谆，听之藐藐，十数年来于烟事曾何少补？论者谓英国教士禁烟之说，特借以杜泰西各国之口，而先自立于不败之地，不然欲禁则竟自禁耳，而必欲中国先禁种罂粟，拔绝根株，然后信我国之真欲禁烟。如是，岂非欲独擅其利薮，而为渊殴鱼，为丛驱雀也哉！余谓此意，或不若是殆言者揣度之词也，要之教士之议禁欲救中国之民也，执政之不能禁，实为印度财赋起见，势有所难行也。今莫若先设鸦片总司，即以榷烟渐寓其禁烟，而于印度大局无关，仍可恃鸦片财赋之所入，藉以设官养兵，至以何物可以补苴鸦片之缺，亦可徐为之图。是则于英无损而于我有益，必与之反复辩论，务行之而后已。

总之，我所以待远人者，总不外乎开诚布公，实事求是，绝不参以一毫私意粉饰于其间，可行与否，在乎能直告之而已，栽烟之理曲，禁烟之理直，当合各国以与之周旋，秉之正，持之严，彼亦有所惮也。此议已成于十七八年前，今复有欲行其说者，故申论之谨议。

（1895 年 8 月 19 日，第 1 版）

辟界续谈

前者本馆因日本各官在苏州议论开辟租界事宜，因著为辟界闲谈，列诸报首。其意盖以日官坚索阊门外各地，华官则谓租界宜设在盘门、胥门，互议多时，事倘未决，故为此持平之论，俾两国皆得尽释嫌疑也。今者日本总领事珍田君率同翻译官速水、楢原二君，及《日日新闻》社执笔员村川君乘舟赴杭州会议通商开埠，意者先在杭州商定，然后商及苏州乎？仆则以为苏、杭二处本系我大清腹地，向不容他国来此经商，所列肆而操奇计赀者皆我大清之氓庶。今者商埠既设，不特日本人可来贸易，即各国之多财善贾者亦无不欲祖鞭先着，以博蝇头，我中国自有之利源日后恐不免为外人所夺。无已，则有数策焉，外人既已通道，若用内河船来往，势必以濡滞为嫌，日后行驶小轮船在所难免，我当先设轮船之局，资购小轮船数十号，仿外洋邮船公司及中国招商局之例，依期开发，除载客外，复驳运货物，使得流通苏、杭；另设税司，以榷税饷。上海则附于江海新关各卡，厘金概不征取，庶几在我自操权利，外人不致搀越乎其间。犹恐外人或跌价招徕，致我所设官轮船转觉生涯冷淡，则铁路之设尤不可迟。由上海以达苏、杭，数百里中无高山大川之阻隔，所需筑路经费宜较他处为廉，而又电掣风驰，瞬息可达，运费既省，为时又迅速逾常，远近商人自必争先愿附。好在沿途经历皆不在通商之地，外人决不能另筑一路，以夺我生涯，此尤计之得者也。

江、浙各处土产以蚕丝、木棉为大宗，销售外洋为数甚巨。今者既已开为口岸，并准用机器仿造土货，外人势必就苏、杭二处设立缫丝、纺纱各厂，以缫成、纺成之货还而售诸华人，而厚利又从兹外溢矣。然苏、杭等处不乏富商大贾，百万、千万之巨款何难纠集而成？计惟有先创公司，设局制造，就锡、金、嘉、湖等处收茧缫丝；至木棉则收集尤觉非难，大可兴办纺织之事。若是则利虽不能尽归之我，亦可免悉付于外人，亦何惮而不为耶？

而其中尤要者，则在开设邮局。考万国通例，邮局惟本国人可以开设，外人不得与闻。然上海自互市以来，我中国虽有信局多家，而国家除各海关外，并未有邮局之设，是以英、法日本等国皆设有书信馆，藉以邮寄音书。英工部局书信馆则本地之函亦可代递。今者内地既有通商之事，安见外人不援上海为例，广开书信馆，以争华人自有之利权？则何若我先将邮政举行，使彼无从借口。至恐各信局或因而失业，则邮局亦可雇用若辈作事，以资熟手，而免掣肘之虞。

以上数端皆今日之要图，而可藉以保我国家固有之利。鲰生愚见，敢献刍荛。侧闻南洋所派在苏商定辟界之员若罗少畊、陆春江、黄公度、杨星垣四观察皆熟精洋务，肆应咸宜。而刘子贞都转更久在日本，曾任译员、参赞，且前充箱馆理事，于通商诸事尤能了然于胸中。此次自能先事图维，扩张商业，绸缪未雨，逐渐以兴。至于铁路事宜，则张香帅已委熟于洋务、曾□外洋各国之沈仲礼太守，测路绘图，以次兴筑，各处内地事必有成，他日者由苏杭以迄宜昌、沙市诸埠头，及各处向日通商之口岸，由渐整顿，俾得收回数十年来溢出之银钱，不将于诸公重有望哉！鄙人无状，时事关怀，会当磨墨吮毫，以纪我国家勃焉振兴之盛事云尔。

（1895 年 11 月 24 日，第 1 版）

论轮船装勇宜预防火患

天下之物有利必有害，利愈大者害愈重。论其利，惟水火为最宏，论其害亦惟水火为最酷。二者之间，而火之害则较水为尤多，亦较水为尤酷焉。何以言之？水之为害，除自尽失足而外，或遇天灾，或遭风险，究非常有之事，而火则一不自慎，即成燎原，片刻之间家室顿成灰烬，须臾之顷瓦砾无异沧桑。幸而入口可逃，已为贫汉；不幸而焦头烂额，竟至焚身。然陆居之灾究易奔逃，尚不至全遭大劫，若舟行之际，祝融肆虐，荡漾中流，停无可停，避无可避，其害不且较陆居为更甚哉？然在内河小港之中，尚不难凫水而逃，且亦易于撩救，若乘风破浪于江海之间，不死于火，即死于水，偶遭不测，能生还者曾不数数觏也。然中国之船虽行江海者，货不过数千担，人不过数十辈，其遭害犹寡，若轮船则装货既多，载客□［亦］众，倘有不测，则所丧奚止倍蓰于中国之船？故西人行舟谨慎，火烛倍严于风浪，恐有燃火之物，舱盖必密益加密，使无一隙之可乘；恐有忽略之人，熄灯必查之又查，使无一时之或懈。故中国自行轮船以来，鲜有闻遭火蹈险之事，有之则自“拱北”轮船始。

前报纪“拱北”轮船于八月廿六日由辽东锦州载勇回南遣散，共装兵士八百余名，因待潮尚未开行，忽船首有火药炸裂声，全船震动，船面已有四洞，火自洞中出，到处飞扬。西人急用水龙施救，仓卒中开花炮更纷纷飞扬，几如石破天惊。船主指挥各人避入小艇，众兵争先逃避，致悬绳中断，皆坠入海中。蓦又轰然一声，前半船身已不知去向，而人更不可问矣。该勇等不死于兵，而死于火，数百人罹此大劫，虽咎由自取，亦为骇见骇闻之事。后之轮船载勇者是当以此为殷鉴矣。

乃昨日本报又纪火药生灾一节，云“公平”轮船由东沽装勇一千五百名至湖口，既入长江，统带官忽改令在九江下碇，而九江未经预备，兵勇不克登岸，爰仍赴湖口，各勇陆续渡登。忽舱中火药齐燃，声若山崩地裂，满船烟焰，自不能开。西人急取水龙救护，得以熄灭，其失事情形与“拱北”无异，幸各勇已陆续登岸，尚无损伤，并无开花炮弹，船亦得以无恙。然惊心骇魄，与“拱北”之幸不幸仅一间①矣。自来轮船装载军火，严闭舱中，未闻有失，故揣其肇祸之由，必系兵勇随身所带火药，于人多扰攘之时，或吸烟不慎，或□□所□致，一发而不可收拾，虽为意外之飞灾，究属人谋之未善。在为兵勇者性非驯良，人尤卤莽，但求小利之贪，

① 一间：相去不远。

不顾私藏之禁，固惜之不足惜，责之无足责者也。而□□［管带］之人既有管束军士之责，宜有查察军士之心，岂不知火药之猛？然舟行之利害、军士之粗□，而竟漠不加察，致□□数百人之性命，伤毁数千吨之火船，其咎亦有不能辞者矣。夫当载勇赴敌之时，军火一切自宜随军载往，然亦当归并舱中，严加防守，到时给发，尚未为迟，亦不致肇此祸端。况"拱北"、"公平"二船所载皆系遣散之军，安得带有火药？未遣之先，例须将军械火药一律缴齐，然后运载，此固夫人而知之者也。乃夫人而知之者，今竟忽之，是谁之过欤？兵士若带火药，即不在船肇祸，将来遣散之后必为济恶之具，其害更何可胜言耶？如火药系轮船自运之物，非兵勇所带，则必成箱成桶，严闭舱中，断非遗火所能及，兹二船所□［载］皆系遣散之勇，二船肇祸皆系火药所致，故不能无疑于兵勇之私带，亦不能无责于统带收缴之未能净尽、查察之未能严密也。

现在尚有遣散之勇，非轮船不能多装，亦非轮船不能从速，若如此连连失事，轮船不将视装勇为畏途，而兵士不将视坐轮为畏途耶？然前车之□［覆］，后车之鉴，未为迟也。遣散之时，务必将军火搜查缴齐，不使稍有私藏夹带；登船之后，尤必格外防闲巡察，则此种祸患决无再蹈之理。言者无罪，闻者足戒，是所望于拥高牙建大纛①者。

（1895 年 11 月 27 日，第 1 版）

论有铁路必先求有养路之法

敝居在沪南制造局之东，栅外竹篱茅舍，炊烟缕缕，出环堵间屋角一小陂，吐纳潮汐，朔风怒吼，檐际许由瓢挟，败箨震荡有声，未能去也。时余方围炉，有操新安音者，披鹤氅款扉而入，则崇山故人也。引坐炉侧，谭［谈］时事因及铁路。

余曰：铁路与轮船相辅而行者也。中国已知轮船之利，设招商局，长江自宜昌下，迄吴淞海外，则环粤闽，绕江浙，趋成山，而东极之高丽之

① 高牙大纛：纛，dào，意指居高位者的仪杖旗帜，形容声势显赫。（宋）欧阳修《相州昼锦堂记》："然则高牙大纛，不足为公荣。"

仁川、釜山以外，靡不鼓轮直驶，克期往返，如履户庭。独铁路议之者有年，倡之者有年，既兴而复废者又有年。今始奉旨兴办，迭见邸抄，而两江总督张香帅又申举办自鄂达京干路之议，此南北铁路有可办之先机也。上月间，张香帅又委候补知府沈笛伊太守前来上海，与地方官查勘由沪至苏之地段，以备举办铁路行驶火车，此苏沪铁路之先机也。子其拭目观成，何疑焉？

故人曰：日前贵报不载有某大臣奏阻铁路之事乎！中国作事往往议论多而成功少，贻误因循，后先一辙。今日者，正不知几经审度，几费踌躇。当创深痛巨之余，朝廷有鉴于前失，不得不幡然变计，首以铁路为自强之要，图诚千古一时之一大转机也。然愚犹有说焉，从来谋事者图终于始，浚利者穷委于源。泰西章程铁路最重亦最密要，有路必先筹养路之费。有路而无费，不可也。然筹费不筹之于有路之先，尤不可也。譬如有一人焉，其乃积乃仓，陈陈相因者，菽粟也，其取诸宫中，不知其几千万亿者，布帛也，此其人不可谓不富厚矣。然使不以所有易其所无，则有菽粟者无布帛，有布帛者无菽粟，纵彼各拥赢余，而究之冻者自冻，馁者自馁。于是为陆谋者劝备车马，为水谋者劝备帆樯，其初未尝不虑其车马、帆樯之过费也。然而报往跋来，通融交易，不数年间，富者日益富，厚者日益厚，即彼之依车马、帆樯，藉沾其余润，以赡身家，以长子孙者。近则三五年，远则千万里，居然亦若为紫标，若为黄标焉！无他，交相养焉，故也。且子不闻津沽、开平之铁路乎，就二者而较之，津路官与商画疆而治，其赢亏非局外所能知，若商则每年需费三十一二万，而所得脚价仅二十七八万，故每年折阅至四五万。开平则有盈无绌，推原其故，一则先有煤而后有路，故坐享其利；一则并无大宗货物运载，专恃落成后揽载搭客与小商贩焉，得不频年折阅？为今之计，宜先于未安铁轨之先，一面通饬各省振兴商务，一面派人查勘舆地，估计工程，令精于测量者，率聪颖子弟自南而北，或自北而南，或南者南，北者北，分别远近绘图贴说，一路山川险要、道里广狭，靡不详尽无遗，计至速亦须一二年方得明晰。及至安轨行车，则已三年光景。此三年中，一意倡明商务，如南省则于武汉上游、淮扬下游，北省则于天津或山西、河南酌设商务部，钦派商务大臣总理一应经商之事；署内承乏奔走，官商并用，不拘资格，惟官场习气不准羼杂于生意之中，致挠生意人按部就班、勤慎耐劳本色。查中国各行省出产仍以丝茶为大宗，棉花、煤铁次之，木、麦、豆、麻、铅、锡、碱又次之，而可补印度鸦片之漏卮者，莫如砀浆、台浆、川土、云土，目下遍地皆是，虽系自戕生命，然载之赋税则例，既不能禁人之不贩，又何必禁我之不种乎？不如广收其税，如烟酒之加重，犹不至于立法自毙。此外如生物、植物、动物与夫工匠艺成之物，皆由官设法督劝，如古者劝农之官，分门别类以所习课其优劣，辨其等差，上是好物，下必甚焉。行见此省之货运之于彼者而合宜，彼省之货售之于此省而适用，货无留滞，即费有常经。总之，西北各省所产，其朴实可垂永久，东南各省所产，其奇巧可悦耳目。利之所在，人必争之，不必官为之教习也，不必官为之创造也，只须百姓知有此铁路之可恃。而中国之物，走中国之铁路而有余，中国铁路载中国之货物无不足，而养路之费裕如矣！不特此也，天下事盛则必衰，极则必复。近年泰西人占我内地之利权者，几乎无巨细、无精粗，一网打尽，锱铢不遗，内地商民敢怒而不敢言。今闻我国家注意商务，铁路纵横，吾知东南则粤，西北则晋，多有拥厚资求垄断以左右望者，安知其不凑集殷户、英豪，出而为商家之领袖也乎？

论至此，快甚天寒，儿辈索行酒，余欹枕相与对酌，欢尽而散。既去，次其语刊之报端，以质当铁路事者。

(1896 年 1 月 3 日，第 1 版)

论目下安置散勇无善策

溯今上龙飞之十有五年，湘乡曾忠襄公总督两江时，延今安徽凤颍六泗观察使东湖王鼎丞先生纂《湘军记》，余从之游，一日语余曰：招兵难，散兵更难。盖指李次青方伯散平江勇一事而言之也。当其时用兵日久，士卒枕戈待旦，甲胄生虮虱，人人有释甲言归之思，一旦底走凯还，如水赴壑，而桀骜者犹藉哗饷为名，妄思煽惑。何况迩者东方之役距成军才数阅月，闾阎子弟方舍室家、弃乡井以属将军，跋涉千里，喘息未定，而逐客之令遽下，虽朝廷为撙节饷需起见，不得不首言去兵，究竟急则用之，缓则弃之，寒志士之心，灰壮夫之气，乌乎可耶？乌乎可耶？

客有问于余曰：今而知招兵之难，不若散兵之尤为难也。招兵其权在我，挑选取舍，虽悍戾如泛驾之马，来入伍籍即不敢不恪遵军令，俛首而就我范围，居然有子弟之事父兄焉！若散兵，则其心已涣，其貌亦漓，上下之分，名为同袍，实则视同陌路，其挟嫌怨而图报复者，挺刃相向，甚于仇雠，间或血溅五步之内，干名犯义，至不敢问攘臂一呼者之为谁何？夫兵犹水也，防之犹恐其或决，所以五人为伍，伍皆有长，推而至于二千五百人为师，五百人为旅，莫不各有将领，以相统率，而钳制其暴戾恣睢，此无他，虑其众焉，故也！今者，疆场之事止戈为武，岂聚之犹虑其或众者，散之遂不虑其为众乎哉？况去岁中日龃龉，征调遍天下，论者疑天下从此多事，即贵馆亦著为论说，谓中国大患不在今日之倭，而在后日之兵，其灼见一似预知有今日者。故无论牙山一溃，敌兵势如破竹，迎刃而解，无复有着手处，此时官军非不盛也，然而边关洞启，任敌长驱，不逾月而沿海数千里，如九连、凤凰、金州、复州蹂躏殆遍；即天险若旅顺金汤，若威海，海军精华所萃，经营且三十年，枪炮药械委如山积，至不可以数计，悉皆拱手媚敌，资其俘献，春秋城下之盟，后之视今，犹今视昔斯时也。添募之诏书犹交驰也，调拨之军符犹旁午也，各省劲旅由老成宿将率之北上者，犹相望也。我已举天下之全力，专注辽东一隅，兵力甚厚，何不可背城借一试我师干。乃未几而和议告成矣！又未几而榆关内外、环畿辅而连营数百里者，奉旨裁撤矣！乌合之众，寻不欲拉杂于枪林弹雨之中，况既生入玉门，若不还之故土，又非仁人君子之用心，此督师刘岘帅所以一奉撤防之旨，而亟为筹安置之方者也。原议无论散兵溃勇，一律分别其籍贯，由招商局轮船按起资送到沪，一面咨请南洋张香帅预派官轮在沪泊，候此项兵勇一到，即押令过船，不使一人上岸，亦不使片刻逗留。其籍隶江西者，则湖口下船；籍隶湘楚者，径送汉口、岳州。数月以来，天津如“丰顺”等船，厦门如“驾时”等船，长江如“威靖”等船，各往返五六次不等，迄今犹有奉载兵之命，而见于日报者。此外零星，或十数人，或数十人诣上海县，禀求给票附轮回籍者不一而足。海口以江苏为最密，故防营最多，而撤亦最众，屈指起海州，以迄柘林、金山卫等处，所撤不下二三十营，虽资遣如法，而大半无籍可归，此逃彼窜，现在游荡者已日久无资，饥寒交迫，流而为盗，窃发已不止一处。其狗偷鼠窃之案，各州县层见迭出，而沿江繁盛之埠头，宵小尤甚。然则此项匪类既诛之不胜诛，亦纵之无可纵，彼既不能束手待毙，则其为患势必伊于胡底。此时大府既有意设法安置，则何如为之筹一善策，使彼各得其所，各遂其生，不尤贻吾民以无穷之福也乎！否则，为虺为蛇，噬脐何及？

余应之曰：子之言是也。然以目下之时势，度之三万万之兵费尚不知清偿于何日，而子顾虑及于遣散之兵勇，而欲为之请命以善其后也，不亦戛戛乎难哉！天下事，有四顾彷徨徒增太息者，此类是也。质之吾师，当亦曰，如其礼乐以俟君子。

（1896 年 1 月 17 日，第 1 版）

书招商局账略后[①]

前日承本埠轮船招商总局送来光绪二十年暨二十一年第二十一届、二十二届账略一书，纸白板新，眉自清朗，条款井然，若合符节，因限于篇幅，故分登前、昨本报正张，以供众览，俾知商务，从此可望振兴，且使商情从此可以踊跃焉。

泰西立法，以商务为□□。商务必立公司，公司者以众人之财合而为贸易者也，只能取息，不能拔本，故其基业巩固，可垂久远，不第为众擎易举已也。泰西行之，而国日富；中国不行，而国日贫固，不待智者而知者矣。然华人非不羡公司之可以获利，可以久远，故未尝不仿而行之。当日沪上矿务迭兴，售卖股票者纷至沓来，禀请上宪或数万或数十万皆以沪上为总汇之区。而买股之人，亦几如蚁之附膻蝇之逐臭，无论富商大贾，皆不惜倾囊以博倍蓰之利；且或有变产而购之者，或有典质而购之者，甚至有向亲朋摒挡到处挪移者，以为获利在指顾间耳。不料一蹶不振，如浮云之过眼，不一二年或致荡产，或致轻身，当时视如左券者，旋乃废纸之不如。于是华人一闻公司股票，皆视为畏途，未始非当时办矿诸人不能实心办理、因循卤莽之举贻之害也。今虽金银煤铁诸矿渐有起色，然亦十不

① 又载邵之棠编《皇朝经世文统编》卷四十七，外交部二·通商。

得一，百不得一，统前计之，已得不偿失矣。惟招商、电报两局为中国公司中之巨擘，规模愈扩而愈充，余利愈积而愈厚。去年电报除官利一分之外，再加余利一分，近今贸易获利之丰，亦可谓首屈一指矣。而轮船招商集资愈大，费用愈繁，一船之费多至十万金，一栈之建多至八十万金，所集股本不过二百万金，苟办理不善，必至亏折。乃观综结，所置长江、外海轮船共有二十五艘，自十万至五千，资本已一百十二万两矣。各埠局产及本埠栈房、屋产存本有二百四十万两之多。此皆众目共睹，断不能虚饰。即此二项而论，除股本外，已余银一百数十万两矣。

照账所该之款虽巨，而所存足以相抵，且其中备置新船之款四十万余，及现存银洋十九万余，此皆显然赢余之款也。且从前所借洋款均已还清，历年磅价亦已在公积余利内支销清楚，则现在所存公积之银皆为实在赢余之款矣。将来继长增高，更何可限量！如节略所云，迭经患难，深固不摇，诚非当局者之夸语也。

其中自保船险一款，分外洋之利权尤为算无遗策。自泰西各国来沪开设保险各行，华人皆趋之若鹜，虽有利无弊，而其利外溢究属不少。阅账略有该自保船险规银一百六十余万两，及保趸船险四万两，如此巨款，若非自保，必为他人所有，虽账略中为所该之款，其实即为本局之赢余。且既归自保，行船一切自能格外留意，岂非一举面两善备哉！

现在朝廷欲振兴商务，尚未睹商务之效；民人欲纠合公司，尚未悉公司之益，故不无徘徊观望，欲发仍留。乃自此账刊布，吾知富商大贾有接踵而起者矣；纱厂、丝厂之奋兴，未始非商局开其渐也。

观于今日商务之蒸蒸日上，不禁回溯开创之始，处处为难，苟非有胆识者不能创此基业，亦非有继起者不能扩此鸿图，所以凡为天下之事，有治法尤贵有治人也。窃意商局现虽积利之厚、置产之多、购船之盛，然不过在本国外海、大江行驶，虽分太古、怡和各洋商之利权，而所得者究为本国之利，若能将来积利较多，购办大公司轮船，仿照泰西各国驶往外洋，自行运货，不亦更可得外洋之利哉？本国若置外洋公司船，吾知商贾之赴外洋者必多。如华商能亲赴外洋，信息既灵，人情熟识，欲开风气，我往自较易于彼来，商务之兴有不期然而然者矣。不特商贾易于往来，而皇华使者瓜代往来亦易于迎送，不亦一举而两得耶？因论账略情形，而推及之，是尚有望于在局之领袖诸公焉。

（1896 年 4 月 9 日，第 1 版）

论轮船窃贼之可恶

大江绵亘，东西数千里，古称天堑，为各省往来孔道，当时帆樯往返，必须守风；且江面之阔、水性之急，一有风浪，咸有戒心，虽往来不能不由此道，而断不能克期，亦断不能时时平稳。故人不独以涉海为险，而江亦无不以为险也。自泰西通商以后，兴尚轮舶，在大洋尚行所无事，而江更无论矣。西人以江中樯帆上下，华人运货维艰，于是设立公司，置备轮舶，华人运载之利皆为西人所有。幸当道悉之尚早奏立商局，以分其利，三公司遂成鼎足之势，轮流开往，无少间日。

在轮舶初设之时，人之少见多怪者尚以坐轮为险事，皆裹足而不前，而今则风气大开，皆趋之若鹜。夫轮舶之于帆樯，其便固不可以道里计，而江中往来，更非外洋可比，无风浪之恶，无颠簸之患。而沿江口岸皆设有码头，既有码头即有客栈，旅客之便莫便于此；即无码头之处，皆有划船守候，随早随晚，可上可下，船轮之设可谓尽善尽美，有利而无弊矣。

余频年江海奔驰，其间况瘁固已备尝，而此中利弊亦皆稍悉。人惟仅计其利之大者，故琐屑之弊可不计矣。凡事有利必有弊，轮舶之利在大而能容，快而无阻耳。其弊则在搭客之良莠不齐，大则诳骗，小则鼠窃，殊为行旅之患。在行海者自此达彼，中无停顿，行旅之患尚少，若江中往还，沿途码头多至一二十处，自沪达汉，中间之上而下、下而上者，几如山阴道上，应接不暇，而其间诳骗鼠窃之流遂得以施其伎俩，且有藉之为生活者。搭客若行李稍多，防维稍懈，则无不遭其毒手；若孤客则虽刻刻防维，而终有顾此失彼之时，则若辈则更易于下手。

说者谓，语云船不漏针，既在一船，当易查察。不知若辈所窃必择要件，断非重笲易见之物；每船搭客少则百余人，多至数百人，安能尽合船人倾筐倒箧而查之哉？即使查察，而沿江码头既如此之多，该贼窃后早已登岸，则更向何处搜索耶？是以川资稍裕者，必競［竞］包舱位。夫客舱、官舱究非散舱可比，失事尚少，散舱则防之无可防者也。

日前有同馆友人赴江宁，匆促束装，已无舱位之可包，余窃为虑，然犹幸行李无多，且有小奚童①随之而去，不无稍有招呼。讵接来函悉，下船后船不即开，至天明时所带小箱已忽失所在，虽其中无甚要件，而所带川资及鸦芙蓉一匣均为乌有，既有阮囊羞涩之虞，复蹈孔子在陈之厄。幸船未开行，即上岸措资，购烟而去，否则必一筹莫展矣。船至中途被窃者，尚无从查察。若在码头未开之时，则人更嘈杂；及到埠之时，挑物者、接客者、车夫、舟子忙乱一时，不特小物之易失，即大件之物不翼而非［飞］亦易易耳。曾纪丁丑冬赴镇江，船抵码头，时将二鼓，人多于鲫，有三义公接客者，余即以行李交付之。及至趸船发挑，则少书箱一具，川资要件均在其中，当着水巡察查无着。接客者谓并未接着，余固明明尽数点交，论理该栈须赔，余因急于赴扬，不及与之相较，作为罢论。

夫在船中失物犹得谓自不小心，若已点交栈司，则栈司宜如何郑重，而乃以未曾接到推却，强辞夺理，更为可恶。当时曾有谓余忠厚，应将栈司送交官办，则自不难水落石出。余因当时无暇与较，至今思之，尚滋疑窦总总。作客之苦、行路之难，偶不经心，则平坦之途即成荆棘。所愿有巡察之职者，凡轮船停泊之处，宜加意严查，匪类务必缉获，获之务必痛惩，庶若辈知所戒惧，而行旅可免戒心。因接友人函，而推广言之，以质诸涉江航海者。

（1896年12月31日，第1版）

论小火轮拖带行船之险

中国自开海禁以来，凡洋商之至华贸易者，皆以轮船载运货物，附搭行客，行驶既速，水脚又轻，商旅咸乐其便，中国恐其利之独擅，爰特创设招商局，自备轮船，往来于江海各埠，以分洋商之利，二十年来获利甚厚。顾轮船身大载重，吃水尤深，只能于江海之间运行无滞，若中国内地水势缭曲，江道浅狭，断非轮船之所能行，于是创为小轮船，专在内地一带按期开行，或有专载行人者，或有兼运各货者，分别其类，开往繁盛各

① 奚童：未成年的男仆。

城镇，生意之隆，日新月异。沪上本为环地球通商大埠之一，轮船麇聚于此，无论货物之来自外洋者云屯山积，即如闽、广各省之货亦皆取道于海，以上洋［海］为总会之区，官绅商旅于于而来，轨辙所经，接踪错武，故小轮船之驶行内地者亦独多。若苏州，若杭州等处，皆有小轮来往，或百里，或数百里，不过半日、一日间已可直抵，既无风水顺逆之虑，又无昼夜停驶之分，任意而行，克期可至，较之内地航船，其行之迟速，奚啻倍蓰。殷富之家不屑附趁于小轮之上，而又喜其便利无阻，嘱令将坐船拖带，而前其始不过因有紧要急务，恐致失期，用小轮拖带，则可免濡滞误事之虑。故小轮之设，当时实因接送官宪而始，自后改以为商，而来往民船有便道可令拖带者，费洋数元，即可以绳索系诸小轮之上，随之而行，价既极廉，人多可办，往往有无甚要事，只以行程迅速而亦令拖带者。民船上人于唤舟时必先问明用小轮拖带与否，用则价值略可通融，招揽甚力；否则必昂其值，甚有不愿去者。坐客以截长补短，核计船价，相差不甚悬殊，而又得迅速之益，故多乐从之。亦有唤舟时小轮带费，即为民船上人包去者；亦有先时并不言带，而长年贪省驾驶之力，途遇小轮，必怂恿坐客用小轮船拖带之便者。种种情形，身历其境自能知之，而小轮拖带之船于是遂多，或带二三舟，或带四五舟，甚有带至六七舟，类皆以绳索衔尾相接，联贯而行，前船与后船相去奚止一二十丈。小轮以带船过多，转运亦不灵便，失事之虑虽未必时有所见，而亦每有所闻。

昨阅本报纪“将星殒水”一则，知嘉兴协副将费协戎就医沪上，返棹时用小火轮拖带，行至闵行镇相近，因所系之绳索忽断其一，遂将座船倾覆，协戎及仆从、舵工人等均罹于厄。经后带之船大声呼救，小轮始知偾事，急唤人凿破船底，救出协戎及仆人一名，然协戎虽灌救苏醒，惟以病后受惊，回辕即逝；一仆得庆更生，而其余水手从人皆已悉数淹毙。现尚在失事处打捞死尸，究不知共毙若干名，未据访事人报悉，以意度之，想总在十余人左右。非常之祸虽出意料之中，然亦可见小轮拖带，其险有不可思议者。证以历年所闻，失事大小纵有不等，然亦常有之事，并非创闻。特协戎适当其厄，而其祸尤为惨烈耳。因思小轮行驶各埠，载运人货是其应得之利，若拖带民船乃额外利益，为民上者不妨出示禁绝，只准行客搭轮而行，不准以民船带于轮后，则不测之祸庶可以免。如此法碍难准行，亦宜妥立章程，以除此祸：一小轮只准拖带一船，不准多带。盖诸船虽各以绳索联络而行，然首船着力较重，绳索不固，易启不虞。此次之失，未始不因带船之多所致；一拖带行船只准在白昼，不准在昏夜，其有路途较远，非一日所能至者，即不准带。或计一日之时刻，算准路程，限拖带至某处为止，过此，即由民船自行，如犯察出后将小轮严罚；一绳索须由小轮置备。近日拖带行船均用民船绳索，一有败事，亦系自取之祸，不能与小轮理说。若绳索由小轮置备，则或有断索等情，即系小轮之咎，可科以罪，如是则不期其慎而自然知所警惧。苟能依是三者，其于救弊之法当可稍有裨益，而小轮拖带行船之险亦庶几可泯矣。

（1897 年 1 月 1 日，第 1 版）

论抚恤轮客家属宜严定杜弊章程

外洋轮船撞沉中国船只，致毙人口，而有赔偿银两也，自同治四年始也。先是，道光二十二年壬寅岁秋七月，中英两国使臣议定和约于江宁省城，是为中西立约五口通商之始。自是以后欧美各国续订和约，通商码头渐增渐扩，而泰西轮船之往来黄海及长江一带者踪迹日多，于是中国民船仓猝遇之，不免有碰撞受伤之事。如同治四年三月，胡公发盐船在金陵草鞋夹遇美商旗昌洋行之“湖广”轮船，被撞沉没盐斤一千包，溺毙船户妇女三口。时曾文正公方督两江，据禀移咨总署，照会美总领事，转饬原告盐商焦体贞等，至上海领事署质讯，断赔盐价银一半，计一千四百二十余两，偿妇女命三口共银三百两，此为外洋轮船撞沉中国船只赔款、偿款之始。既而同治七年，英商“得来更”轮船在天津碰沉巡船，淹毙四命，亦断偿洋四百元。以上二案，皆内河民船也。

及同治之季，中国设立招商局，收买旗昌洋行轮船，并福州船政局、上海机器局船厂以次自造各船，于是中国之兵轮、商轮往来外海内江者不绝如织，与外洋轮船相遇碰撞之事更多。如光绪元年四月，招商局“福星”轮船在撩木洋地面大雾中为英国怡和洋行“澳顺”轮船撞沉，致毙海运员董、搭客人等三十八员名。嗣由中西官会商，断偿船货银五万六千余两，抚恤淹毙人口家属银一万二千两，内职官每人三百两，余人每人一百两，此外洋轮船撞沉中国轮船偿恤银两之始也。厥后至“万年清”一案，而赔款较多且速，益征中西敦睦之谊有加无已。自“万年清”至今，又阅数案，遂以两造各延状师，控请西官断给赔偿银两为故事。而无如中国民情狙诈，法立弊生，有不得不严定章程以杜之者。如本月廿四日本报所载《给领恤银》一则，知去岁“安和”轮船被“牛庄”轮船撞沉之搭客数百人，家属禀请抚恤，由前任关道宪黄幼农观察延请英国大状师担文控奉英官，劝给抚恤洋共三万元，由担律师解送道署，经刘康侯观察酌定恤款，每名自一百两至四百两不等，其未将死者每年入□禀明者，每名亦给五十两，此诚良法美意、生死沾恩者也。乃先于廿三日本报登有《讹诈尸属》一条，云有尸属七八人赴总巡局控告流氓“小和尚”、“小徽州”、“小矮子”等常在道署前，见有尸属领取抚恤银两而出者，即任情索诈，以致各尸属不敢赴领，旋由钟受百明府准词，饬勇严缉，并照会上海县及英、法两界公廨一体访拿。又先于十八日报登“冒探诈人”一则，亦是此事。夫以流氓之遇事生风，乘隙索诈，诚为可恨，然必物先自腐而后虫生，比闻此等家属投禀道辕，仅据一纸空文，合于示谕格式，便由吏役传进，他日领取恤银，亦由原人传出，虽有近处保人，恐亦不尽可靠，此中张冠李戴，未必无之若辈偶得分肥，遂尔贪得无厌，以致波及真正尸属受累被诈。此而思一防弊之法，凡各轮船码头宜由海关委员专司稽查搭客人数，于展轮之先将各人年貌、籍贯、名姓、艺业，并往何处、何事详细登簿，其从人等由官给费，不准藉此需索，其中途上落亦由委员注明，彼此传电核对数目。如此非特可防失事之弊，且可兼防他弊，至或偶遇失事，则按册可稽，先有把握，若辈无从捏造。又恐死者虽非捏造，而领银者之实非尸属也，则必行文尸属原籍地方官，饬查里邻亲族具结，宽以岁月，即远省亦可俟其来文；且令尸属等如果情真，不必到案，但禀请地方官申文请领，可省跋涉，是为一劳永逸之计。否则恐此弊不杜，日后伊于胡底。倘为西员所借口，则良法美意或虞扞格难行，岂不惜哉？

（1897 年 6 月 26 日，第 1 版）

各省内河宜通行小轮船议

自舟楫之利兴，而人民始得利涉①之便。然相沿数千年未闻别出奇制，以利民用。本朝协和万邦，咸丰年间与泰西各国通商互市，于是江海各口轮船梭织。中国人民以其往来之速、价值之廉也，咸乐就之，江海利权尽为外人侵占。当道巨公心焉忧之，爰鸠集股本，创设轮船招商局，与怡和、太古鼎立而三。数十年来，商务蒸蒸日上，收回利权不可偻②计。然窃谓欲在海口与各国争利，只能与之齐驱并驾，断不能独擅胜场。至今日而欲振商务、浚利源，其惟通行内地小轮船乎！

尝考各国条约，外国船只如私自驶入国中不通商口岸，即将船货一并入官，领事不准包庇。日本之与西洋立约也，许其在海口通商，而不准驶入内地。盖内地各口系本国之利权，例非他人所得侵占也。中国同治年间，曾有亨利依文洋行之“罗伶”小轮船私往苏州，另有鲁麟、旗昌、费礼查等洋行小轮船，或搭客到苏，或装银至产棉花、湖丝地方，均为江海关援约阻止，照会各领事，转饬各洋商嗣后不得用小轮船私入内地，载之档案，班班可考。然则小轮之利久为西人所垂涎，特格于条约，无可如何耳。

夫机一动而不可复遇，时一失而不可复得。今苏、杭各处小轮早已通行，朝发夕回，商民均便。苟不及时速议扩充，恐西国富商大贾，请于政府，次第举行，则彼之利权益畅，而我之商务愈衰。迨至漏卮日多，补牢无及，始悔不及早整饬，亦已晚矣。况小轮之利，前人言之颇详，不能缕述。据其大端则有四焉：可以遏盗贼，可以免风波，可以旺厘金，可以习驾驭。

盖中国船在内河也，日不过行百里，如遇逆风，或大雷雨，不及泊大镇市，则乡村冷僻之处亦不暇择焉。于是小或探囊劫箧③，损及资财；大或明火持械，伤及性命，民人被害，难以言喻。若有小轮，则人数既多，

---

① 利涉：涉水渡河。《易·需》：“贞吉，利涉大川。”

② 偻：lǚ，迅速。

③ 箧：qiè，箱子。

行驶又速，匪徒自无从生心矣。

至若波涛之险，如江西之鄱阳湖、湖南之洞庭湖，皆汪洋数百里，为蛟龙窟宅，巨浪滔天，惊涛拍岸，往往行船者阻滞守风，经旬累月，或逢不测，船货俱伤。以是舟子戒心，行人裹足。若有小轮，则卫风破浪，行驶自如，人心自无所惊疑矣。

若夫厘金之旺，则尤可操券者焉。盖货物之不能畅销，皆因往来不便耳，若有小轮拖带，则转运既灵，水脚又省，出口之货从速，入口之货必多。且从前零星分运偷漏绕越之弊在所难免，虽厘卡紧密，亦或防不胜防；惟小轮则只于上载时验货给票，卸载时收票复验，免丁役之苛索，省分局之开支，自能涓滴归公，而畅旺不待言矣。

至其最有关系者，则莫如练习驾驶。夫事不经亲历则不明，查泰西水师章程，凡习驾驶者必先由学堂肄业数年，于天文、罗经、测量、算法粗具根柢，然后派入商船，按时考试，以凭升调。今中国天津之水师学堂、福建之船政局皆有学生肄业，可择学业较精者，先使之驾驶内河小轮无误，则俾之由江而海，以习风涛，而增识见，为他日水师之基。行之十年，自必人才日盛，驾驶之事可不必借材异域。

盖今日之急务诚莫有过于此者矣。比来中国自强之谋日见精进，前者上谕有饬江浙等省购置小火轮于内河运货，以收利权，仰见庙算周详，洞悉症结。各省大吏亦能上体宸谟①，实力举行。然事既有利而无害，行尤宜速而勿迟。所望竭力振兴，以冀振商务而浚利源，是亦富强之一端也。有国者，盍②加意图之？

（1897 年 9 月 30 日，第 1 版）

沙市民变论

嗟乎！目今中国乱民，何竟多若恒河沙数哉？从前哥老会匪遍布长江各处，散票布，开山堂，大爷二爷诸伪翁入其会者，咸相敬奉，然犹曰此

① 宸谟：chénmó，帝王的谋略。（唐）邵说《代侯中庄谢封表》：“宸谟独断，睿略潜行，曾未三年，克平二竖。”

② 盍：何不？

等乌合之众，大抵皆游勇散兵，蠢然如鹿豕之俦，尚不足为腹心患。既而山东之大刀会以次，延及萧砀、徐海诸郡邑，杀人越货愍不畏官法刑章。顾若辈类，皆响马、红胡子之流，草泽潜踪犹易剿灭，所最足为患者，其惟粤东逆犯孙文所结之革命党乎！孙文者，字逸仙，小有才，稍通华洋文义，逞其簧鼓之口，纠结羽党，谋叛圣清。曾以火药弹丸伪作西门汀泥，运至粤中屯积，幸事机不密，得以搜获其军火，擒治其党徒。而孙□□□性成，居然逃至外洋，未经入网，由火奴鲁鲁而美而英而日本，踪迹所至，各国政府皆视以为国事犯，怜其穷蹙而卵翼之。今虽不敢复返中华，而其谋叛之心未尝或息。有心人每谓其志甚决，其党甚多，他日死灰复燃，必有乘机而起萧墙之祸者。中国隐患，诚哉不在外侮，而在内讧也。

今者沙市忽又变起，毁洋关，焚洋行，火日本领事之署，渐且延及招商局办公处，及江干所泊趸船。今虽仅得电音，尚未知其详尽，而其祸端既肇，则固已一发难收矣。闻之道路传言，或曰事因中国厘金改归税务司，经理故愚民无识，哗然而与外人为难。夫厘金之隶洋关，非竟付诸外人也，实缘中朝曾向英国贷银，故以此项厘金作抵。煌煌上谕，薄海咸知，何为而忽恶及洋关，群起乘机放火？即恶洋关而放火矣，亦惟焚税务司之屋已耳，何为而累及怡和、招商局及日领事署？此不可解者一也。

或曰湘中船户携带私货被洋关役所搜出，不甘科罚，以致聚众哗骚。夫贩私固宜罚锾，定例昭然，孰敢不敬谨遵守？即不乐俯首听命，亦惟憎及洋关已耳，与招商局何干？与怡和及日领事署更何干？而何以皂白不分，次第付之一炬，此不可解者二也。

或曰若辈深恨日人，故肇此□。夫沙市为初通商之口岸，迫之通商者日本也，我中国受日本之窘，凡有血气者，无不忿怒难平，群不逞之徒遂事生风，肇此大祸。虽曰作□，情尚可原。然怡和固英人之商业也，洋关虽雇用西人，固中国所设立也，招商局更中国之轮船公司也，与日本如风马牛之不相关，何以玉石俱焚，不复有所辨别？此不可解者三也。

或又曰我华奸侩私运米石至日本，沙之人恐漏卮□□，小民日食维艰，是以众情激昂，成此大变。考日人贩米出洋之事不敢谓其竟有，亦不敢决其必无，借曰有之，与日领事为仇，并责洋关以疏于稽察，犹之可也，乃贸贸然焚毁怡和及招商局，岂非类于城门失火，殃及池鱼乎！此不可解者四也。

总而言之，目今虽未得确音，而其为匪人之平地生波，则已毫无疑义。然则英日二国不将因此而与中国失和乎？曰是则未必，日来怡和之事，未闻英人有何举动，日本虽调驻泊高丽之舰移向鄂中，上海所泊高雄兵船亦已鼓轮望扬子江进发，然惟保护官商之在彼者，安见其因此些微衅隙，遽启兵端。试观昔年会匪焚烧沿江各处教堂，教士有与于难者，亦惟以赔款惩匪了事，不致祸结兵连。兹者事起仓皇，实为地方官意料之所不及，诚何至劳师动众，以致失和。惟望此后各省封疆大臣，鉴及前车，严饬地方官，绸缪未雨，莫使此案未了，彼案又兴，以致哥老会、大刀会诸贼徒伺机而动，而逆犯如孙文之类，更暗中勾结，致革命之党渐至滋蔓难图，则不特地方赖以又安，而华洋交涉事宜，亦不致多所棘手，岂非社稷人民之幸欤。

（1898 年 5 月 16 日，第 1 版）

论“江孚”轮船匪徒劫物伤人事

甚矣！中土盗风之长，将蔓延而不可制也。黑夜不已，甚而白昼；荒僻不已，甚而大道；乡村不已，甚而城市；零匪不已，甚而群党。若轮船之行驶于江海各埠也，水手及搭客人等多至数千，少亦数百，虽水面无异于通衢，虽昏夜无殊于白日，行李往来自迩至远，所戒心者，惟失火触礁等事，而向不虞有劫盗。忆十余年前，穗垣至香港之轮船，曾闻盗劫一次，固属绝无仅有；至长江轮船，则向来未有所闻。乃阅昨日报纪《轮船被劫》一则略云：某日，招商局“江孚”轮船由长江下驶至江阴，突来匪徒二十余人，将搭客行李强行劫夺，有王用之者，因夺取洋伞，被匪殴击，大受伤夷。茶房人等畏其凶横，袖手而观。事为船主大副所闻，立即传齐通班水手，四面兜拿。匪徒带有洋枪刺刀，□［胆］敢拒敌。迨后见势不佳，纷纷逃逸，当场拘获陈有明、张玉宝、王来宝、张三存、张德胜、李春生、陈渭道等八人，带回上海，送押法界捕房。昨礼拜四，堂期，□□□［捕头命］将一干人解请，郑大令与代理翻译某君会讯。“江孚”轮船大副及王用之上堂伸诉前情，请为检验。包探禀诉□□□□□积窃党羽甚多，中有张三仔一名，与现押之陶玉高同窃“海琛”轮船洋银九百五十元，已据陶玉高供明。大令□□□［研诘为］首者系何人党羽，共有若干？张得胜等同供系杨少坡为首，在江阴时已逃逸。大令遂与代理翻译官会商，判将张得胜枷号三月，责四百板；陈有明、陈渭道各枷二月，责三百板；张玉宝、王来宝、张三仔、李春生各枷号三月，责二百板。王用之着自行医治。

噫！异矣。查律载，凡强盗已行而不得财者，皆杖一百，流三千里；但得财者，不分首从，皆斩；若窃盗临时有拒捕及杀伤人者，亦斩。又例载，凡响马强盗，执有弓矢军器，白日邀劫道路赃证明白者，俱不分人数多寡、曾否伤人，依律处决于行劫处，枭首示众。其江洋行劫大盗俱照此例，立斩枭示。夫窃盗拒捕及杀伤人，皆应斩决，则强盗可知。今此案匪徒多人在轮船上，当搭客众多之时，肆行强劫，虽长江下水船过江阴，或在夜分，而实则无异于白日，且既开箱劫物，则已得财矣，而又有火器刀械，而又拒捕，而又伤人，而又地属江洋，即是大盗，其罪皆应斩首枭示。似当移请地方官，援例比拟定罪，或由大吏入告，明定新例，庶令匪徒有所惩儆，而行旅得以敉安。乃不出此，而仅予以荷校笞臀之罚，得无失之宽纵。

抑又思之招商局之设于今，二十余年矣，一切章程，事事俱臻妥痒，而惟长江一带之窃匪，则日盛一日，年多一年，无法以制之，其为搭客患也实非浅鲜。执笔人近二十年来，因秋试往返白门十余次，多半乘此局船，忆自戊子以前，窃匪势尚未盛，至己丑以后，此辈人愈多，胆愈大。观其行径，似有头目、散匪之分，□□［难保］不勾结会匪有魁桀者，为之首，而各船上不肖水手又从而党庇之，即不党庇，亦不敢撄其锋。传闻，某轮船等失火，实为若辈暗算，盖因船中人曾破其奸，且为所创，故特为是以报复。他船鉴其覆辙，益作痴聋，故其势愈张，窃物变而为用药迷客，则迹已类强矣。兹竟明目张胆而为强劫，且敢拒捕！涓涓不塞将成江河，事之固然，无足怪者。第思南面人并非船主，何虑报复，而亦□□［宽纵］若此！如此重案而不加以严惩，窃恐其势更张，其胆更大，舟中皆成敌国，而行旅莫敢出于其途，则为大局患者，岂浅鲜也哉!

（1898年7月30日，第1版）

恭读四月初二日上谕谨注

本月初二日奉上谕：“德寿奏本章公文接递迟延，请旨饬查一折，江苏上年八月至十一月拜发本章五次，发递各衙门公文共七总封，该省至今未接批回。业经该抚饬据提塘禀复，并无奉到前项折箱公文，江苏各驿亦已依限递至山东郯城县，入境首站交收，自系直隶、山东各驿有延搁沉失情弊，着裕禄、毓贤即行严饬经过各州县逐站挨查，前项本章公文究在何处延搁？有无沉失？切实彻究参办，以肃邮政。该部知道，钦此!”

执笔人读至此，不禁叹驿站之果可裁，而邮政之有可推广也。夫国家之设驿递，通各省，计之每岁约耗银三百余万两。所以不惜此重资者，原冀奏牍公文从速传达，俾要事不致阻滞，信息可以灵通。乃不谓行之日久，流弊滋多，寻常文报之稽迟，固已视为常事，甚至拜发本章，□竟旷日逾时，任意延搁，驿务废弛至此，夫复何言！然尝推原其故，实因驿站一项，久为地方官之利薮。凡州县之冲繁者，驿费多或万余金，少或五六千金，即僻静无驿州县，亦千余金，及六七百金不等，此项费用归入留支项下，作正款开销。以是，县官开缺时，必探询驿费之多寡，其多者，则为之色然以喜。大利既归之州县，于是驿中之马，每不足数，且多疲弱，不任驱驰，积习相沿，牢不可破。至察其往来公文，其真系紧要者，殊属寥寥，大半为官场家室平安之报、友朋通问之缄，甚有贺上司节寿禀启，而竟用五百里排单者。夫以寻常之事而枉费驰驱，必至于紧要之端，而转多延误，此亦势所必至之理。窃谓欲祛其弊，宜尽裁驿站，而通行邮政。

尝查泰西各国，其初递送公文信件，亦如中国驿站之制，嗣因费多而不便于民，于是创设邮政，领以大臣，位跻卿贰，公私咸便之，其进款蒸蒸日上。就英国而论，每年所入，除用费外，计可赢余英金一百数十万磅，其利不可谓不溥矣。中国自前岁仿行以来，京城及通商各口均已设立邮政局，迩有内地各处，如扬州、通州之类，亦拟逐渐推行。居民以费省而事便，群焉趋之，苟使各省自通都大邑以及僻壤遐陬，尽设分局，凡公文信件俱归递送，则可省驿站三百万之耗费，而收邮政数百万之赢余。且民间信件往来从无错误，岂公文紧要之件转有疏虞？一举而数善备，亦何惮而不为哉？

或曰明季曾因裁撤驿站，以致盗贼蜂起，酿成流寇之祸，今各省之恃驿站为衣食者，不下数十万人，一旦遽尔议裁，岂不虑激而生变？不知明至末造，本已弊政多端，民不堪命，即不裁驿站，亦岂能免祸起萧墙，此皆无识之徒造言生事，惟有定力者始能不为所惑。在昔招商局之行轮船，河运之变为海运，以及京津铁路之兴办，当时亦皆以夺民生计，恐致激变为词，迨大利既获，始闭口无言。今驿站之变为邮政，亦事同一辙，有何疑虑竟致阻而不行？至谓驿站系国家设立，凡公文稽迟延缓者，有司官皆有处分，定例未尝不严，乃久而久之，竟使拜发之本章亦沉失，而无可查考，则将来邮政安见必无弊端？不知有治法，尤贵有治人，古人之言最为扼要，若先虑有弊而因之不敢举行，则因噎废食，天下事岂尚有可为之日哉！

（1899 年 5 月 14 日，第 1 版）

论筹饷

自来立国之道，首在富强，二者不能偏废，有先强而后富者，有先富而后强者，先后之故，亦因乎时势而为之。有谓谋富之道，须先自强，有谓自强之道，须先谋富，是犹各执一见，而不能变通者也。即如中国而论，当甫经通商之时，西人初无侵占中土之意，不过为通商起见。其欲通商者，不过欲得中国之利耳，使中国预为地步，西人既欲以商为战，即以商御之，讲求商务，不使利权外溢，即不能得外洋之利，而中国之利至今可保。能保其利，则中国至今断不致贫弱如斯，此自强之道须先谋富之说也。

乃西人来华，初则拒之，继无可拒，而且就之。现在西人之势日大，西人之权日重，即多方且就，而尚受西人之牵肘胁逼。于此而始讲求商务，欲挽回当日所失之利，及将来致富之谋，亦缓不济急之势。大抵西人见中国当可以谋富之时，因循自误，及至醒悟，而已孱弱无可为力，故无时不以兵威恫喝，使欲谋利而不尽，故自强须先谋富之说，谓中国处今日之势，其能行乎？其不能行乎？无已，则惟有先求自强之一法焉。

先求自强奈何？曰练兵而已。然处今日而言，练兵亦有戛戛乎难者。西人既称雄海上，且枪炮之利、轮船之众，中国当日兵威盛时，亦不过能靖内乱而已，若御外侮，则势尚有所不及也。况自甲午之后，海军已亡，兵力日薄，苟非竭力振作，何能起而与争哉！或者谓练兵以求自强，固为今日之急务，惟练兵必先筹饷，现在府库当支绌之时，百姓在困穷之际，饷源日促，从何措办？况复设海军，多购船舶，整顿陆师，讲求器械，非数千百万不为功，试问此数千百万之款取之于民乎？抑借之外洋乎？曰中国所欠洋债已属不少，无论洋人不肯再借，即使肯借，将来何以抵偿？且洋债愈多，牵制愈甚，此练兵之款不能借洋债者一也。国用不足取之于民，固为自然之势，惟现当百姓穷困，若再竭其脂膏，非但外侮不能御，而内忧当先起矣，此练兵之款不能取于民者又一也。然则饷从何处筹措耶？曰不见夫前报所录，上谕乎，朝廷以严杜中饱、撙节糜费为理财要义，仰见圣明洞烛万里。夫中国之贫，非真贫也，弊在中饱，已非一日，糜费一切亦即由中饱而来，苟能严杜其弊，则糜费可不节而自节，自刚中堂奉命查办江南事件，将厘金、盐务、关税酌提盈余，并裁并局所，每年筹款亦殊可观，使早能清查，则数十年来国库当不止增添数千万矣。

说者谓此犹约酌提款，尚非彻底清查，若能将各直省、各衙门，以及各局所彻底清查，不使稍有隐匿，滴滴归公，则饷源不难充裕。大约朝廷每年进项须七八千万，而中饱陋规当亦称是，若能查出，则国库之入不几倍耶！惟办事之人多加薪水耳。西人薪水优于中国，从未闻有中饱陋规之事，此西人国用之所以舒也。然痼习已深，积重难返，即精明如刚中堂，恐亦不能彻底清查，挽回于万一也。

（1899 年 8 月 5 日，第 1 版）

敬陈管见

臣徐桐跪奏，为敬陈管见以补会议所未及，恭折仰祈圣鉴事。窃维会议筹饷折内，已将关税、厘金、盐课三项历年积弊情形详细条陈，责成各直省将军、督抚激发天良，认真整顿。臣已合词具奏。惟臣反复筹思，关税、厘金、盐课三项以外，尚有获利最丰，中饱尤甚，当大加整饬、严提归公者，莫如轮船、电线、铁路、矿务等项。轮船招商局创于同治季年，凡承运漕粮例免货税二成，是以近来规模益宏，几与太古、怡和两洋行相埒。电线初只津沪一路，今则廿一行省，无论官电商电，消息靡不灵通，头等官电，尚出一半报费，其余官电及各省商电为费更属不赀。铁路发轫于津榆，推行于津芦，由是芦汉及关东一带皆接续兴造，而万方辐辏，百货充牣，总以京津一路为最优。金银等矿各省尚少成效，惟开平煤矿自光绪初年购用机器开办以来，煤质既佳，煤产亦旺，运赴远近，无不一律畅销。以上各项，或招集商股，或提用官款，或官督商办，事体各有不同，而多年承办之人窟穴其中，坐享厚利，固尽人所共知也。夫诸事当创行伊始，原欲效西人之长技，收中国之利权，乃缔造经营历数十年，官商各获巨资，公家徒费成本，所谓挽回利权者安在？且各项盈余不惟未尝归公，并每年收支数目亦未闻咨报户部，不实不尽尤属显然。现在帑绌时艰，筹兵筹饷，朝廷如何焦劳，部臣如何竭蹶，而大利之兴既全不在国，亦不尽在商，专为侈谈洋务之人肥己营私之地，非认真厘剔，何以清弊窦而裕饷源？应请旨严饬管理招商局、轮船、电线事务大理寺少卿盛宣怀、督办津芦铁路大臣许景澄、管理开平矿务北洋大臣裕禄，迅将经管各项近年收支款目，限两个月内造报户部备核，并酌定余利归公章程，按年提存候拨。庶漏卮可以渐塞，而饷项亦藉以稍充。所有遵旨筹饷，敬陈管见，以补会议所未及缘由，理合恭折具陈，伏乞皇太后、皇上圣鉴，谨奏。

（1899年8月5日，第1版）

书徐荫轩相国敬陈管见折稿后

国家财赋所出，地丁漕粮而外，以关税、厘金、盐课三项收数为最巨，朝廷岁出之款皆取资于中，而积弊相沿，每有委员、司巡人等窟穴其间，种种侵吞，瘠公肥己。数十年来，度支所损不知已数千百万，而得高官拥厚资者大半由此中侵蚀而来。朝廷非不知其弊，特以时事方盛，帑藏充盈，则亦不屑剔抉抓罗，以存宽大之政。近数年来，海疆多事，外侮凭陵，内则耗于军糈，外则困于洋债，左支右绌，国帑空虚，宵旰焦劳，不无顾虑。爰以练兵筹饷，事理本属相因而论，近日情形则于筹饷一事尤为急务，特降纶綍[①]，令各省封疆大吏于关税、厘金、盐课项下裁汰陋规，剔除中饱，认真整顿，涓滴归公。在京大小臣工皆以为圣明洞烛隐情，应请饬下各该将军督抚彻底清查项目奏报。徐荫轩相国虽与会同具奏，而更筹及于积弊所在尚有数端，昨观其敬陈管见一折，略谓关税、厘金、盐课三项以外，尚有获利最丰，中饱尤甚，当大加整饬、严提归公者，莫如轮船、电线、铁路、矿务等项。轮船招商局创于同治季年，凡承运漕粮例免货税二成是以近来规模益宏，几与太古、怡和两洋行相埒；电线初只津沪一路，今则廿一行省无论官电商电消息靡不灵通，头等官电尚出一半报费，其余官电及各省商电为费更属不赀；铁路发轫于津榆，推行于津芦，由是芦汉及关东一带皆接续兴造，而万方辐凑，百货充牣，总以京津一路为最优；金、银等矿各省尚少成效，惟开平煤矿自光绪初年购用机器开办以煤质既佳，煤产亦旺，运赴远近，无不一律畅销。以上各项，或招集商股，或提用官款，或官督商办，事体各有不同，而多年承办之人，坐享厚利，固尽人所共知也。又谓缔造经营历数十年，官商各获巨资，公家徒费存本；且各项盈余不惟未尝归公，并每年收支数目亦未闻咨报户部，不实不尽尤属显然，非认真厘剔，何以清弊窦而裕饷源？应请旨严饬管理招商局轮船电线事务大臣盛宣怀、督办津芦铁路大臣许景澄、管理开平矿务北洋大臣裕禄，迅将经管各项近年收支款目，造报户部备核，并酌定余利归公章程，按年提存候拨，云云。

执笔人谓相国此奏乃筹饷中应有之义，何以诸臣工多有见不及此者？夫即以轮船招商局而论，每年装运漕粮一项，已可盈余银一百二十万两，太古、怡和两洋行皆不准承装，故此为招商局□［独］得之利，而生理亦遂较太古、怡和两行为大矣。闻装运漕米一石，须水脚银四钱有余，而太古、怡和两行谓只须银二钱有余，已可装运至京。夫漕米为天庾正供，何

① 纶綍：lúnfú，指皇帝的诏令。《礼记·缁衣》："王言如丝，其出如纶；王言如纶，其出如綍。"

以收费独如此之巨？若照太古、怡和两行所云，每石核减水脚银一半，则国家岁可多银五六十万两，亦不为少。或谓轮船招商局与电线、开平煤矿皆招商股而成，倘将漕米水脚核减入公，则商股似太受亏，必不允洽，但太古、怡和两行既愿以二钱有余之水脚银承装漕米一石，此中必尚有利可图，断不至折本从事，照此办法似尚非苛待股商，有意刻剥其利。况其余免税等事可为厘剔者正多，至各省电线、开平煤矿等亦何一无弊？特当事者不肯悉心查察，故任其将收支数目久不造报，而亦不加顾问也。惟铁路一项，虽京津一路货物骈阗，闻亦并不得利，其余不问可知。是岂因侵渔者多，故不得利欤？抑本无利之可得欤？此在督办大臣严查而根究之，局外人莫由深知其细也。

（1899 年 8 月 6 日，第 1 版）

论刚子良中堂筹增国用事

刚子良中堂之奉命南来也，查团练也，查保甲也，查积谷也，查江南盐巡道胡家桢被张侍御所参也，查漕运总督松椿被余侍御所劾也，查江苏候补道沈敦和声名恶劣也。之数事者，团练虽名为保卫闾阎，实则无济于事，官即认真办理，而民皆应以虚文，此不必查者也；保甲纵为诘奸禁暴起见，实则不过具文，即使窝顿匪人，断不能日夜至各家按名稽查得获窝匪之理，此亦不必查者也；积谷为凶岁民食所关，苟有弊端，本地士民攻发之不暇，此又无待于查者也。故中堂之初至江南也，纷传为此三事，有识者皆心疑之，以为朝廷特简重臣至江南查办事件，而所查者乃此不必查之事，殊为不解。厥后，恭读上月二十三日上谕，知张侍御有奏参江南盐巡道之案，余侍御有奏参漕运总督之案，江苏候补道沈敦和有声名恶劣之案，皆经中堂查明复奏，胡松则情罪较轻，奉旨交部议处，沈则确查切实，奉旨革职，发往军台效力赎罪。此中之若何详查，若何得实，若何一秉至公，外人既未深知，亦且无庸置喙。第中堂南来之意则咸晓然于为此数人矣。然此数人之案即使查复，果皆得实，亦不过卑污贪婪也，贪脏溺职也，声名恶劣也，初未有罪大恶极之事，非信重之臣不能查办者。历年中如此种查办之案不知凡几，封疆大吏奉命确查，岂果皆瞻徇情面事事以查无实据了之。如中堂查复之奏，亦无甚有经天纬地之才，发奸摘伏之处。故仅为此数人查办之件不特不必，简重臣而亦不必。竟简重臣，然则中堂之来果为何事乎？曰为筹国用也。

嗟乎！自中日一役之后，国家之财用空矣，度支竭矣，而洋债之巨则不得不还，练兵之费则不得不筹也，重振海军、购制战舰之用又不得不备也。仰给于国库，而前此存储之款既已空虚，每年所入之资又不足以敷所出之款。深宫宵旰未免忧勤，乃命中堂秉节南下，查办两江关税、厘金、盐课等项，招商、电报、铁路等局，及一切应行撙节事宜。中堂既莅江宁以后，拟于两江每年筹增国用银一百五十万两。现议定派认者已有六十二万余两，计江宁厘捐项下二十万两，已经裁撤之高等练将二学堂省费银六万两，两淮盐务项下十三万余两，盐、厘各局分别等差，上等二千两，次一千五百两，再次一千两，镇江关一万两，上海关十万两，制造局三万两，商务局一万两，招商、电报、铁路等局，俟督办盛杏荪京卿到苏，再行筹议。江苏厘捐项下，现尚未经议妥，而两江文武大小官员亦须分别缺之优劣，派认报效银两，惟均尚未定夺。闻中堂在江宁时议定派认者已有六十二万余两，江苏厘捐尚不在内。现中堂秉节莅苏，已将由苏至沪回京复命，则苏省诸款虽未见有实在之数，想已筹有头绪。夫以江宁厘捐项下二十万两计之，江苏厘捐项下当亦必有二三十万两可筹，况尚有招商、电报、铁路等局之可筹乎。余前论招商局获利之厚，即以每年轮船装运漕米而论，可余银一百二十万两，每漕米一石，水脚银四钱有余，核减其半以入公家，则国家岁可多银五六十万两，即此一项所得已为不薄。加之电报局又年年获利，苟能悉心厘订，则两局所筹款已有可观。两江即不止一百五十万两，而亦不难筹办。特恐中堂不加深察，忽于所可筹而无可筹者，则不惜爬罗剔抉，以致抱憾偏枯。爰为一再揭之，以备刍荛之采焉。

（1899 年 8 月 9 日，第 1 版）

论轮船窃匪之不法

自中外通商，而轮船盛行于江海各口，招商、太古、怡和三公司各有轮船数十艘，北至燕辽，南至闽广，东至吴越，西至川楚，飙轮飞驰，瞬息千里，其行驶之捷、价值之廉，来往行旅无不称便，较之曩时航一苇于中流，阻水阻风，日行百里者，相去盖不啻霄壤焉。以是人心悦服，附者日多。惟一船之中多或千人，少亦数百人，品类既不能齐，匪徒即易匿迹。南北洋各轮船中间无停泊之处，若辈尚不易肆其狡谋，若长江一带，则自上海至汉口，码头十余处，汉口至宜昌又五六处，此上彼下，棼若乱丝，匪类溷入其中，乘间窃取财货，有如探囊取物。盖其羽党既多，各处皆有布置，赃一入手即可翩然上岸；否则，重行购票，再至他埠，随处相度机宜，务使得施其技而后已。阴谋诡计，防不胜防，稍一疏虞，即为所算。搭客既堕术中，明知言之无益，只得忍气吞声，自恨疏忽。沿江大埠，如镇江、金陵、芜湖、九江等处，虽经各大宪札委员弁，竭力稽查，而匪类皆踪迹飘忽，搜缉实难。偶有一二被获，或笞责数百，或枷示数旬，迨一脱樊笼，依然故智复萌；且更肆无忌惮，甚至于稠人广众之中持刃行凶，藐无法纪。如本月初九日“鄱阳”轮船行抵大通时，各水手代客照顾行李，颇极认真，窃匪计无所施，突出利刃刺之，一水手负痛而逃，匪犹飞步狂追。某西人见而喝阻，匪即挥刃刺伤西人之肘，西人怒，拔刀砍，匪颠［跌］入水中。复入内大加搜索，当场执获七人。及抵汉口，由船主禀知驻汉英领事官，请照会华官从严惩办。此事本馆得安庆、汉口两处访事友函述，已连纪之本月二十、二十一等日报章。

夫向来轮船之有窃匪，不过乘人不备，偶施其胠箧之技，苟搭客看守周密，亦只付之无可如何。不意此次竟因各水手代客照顾，无间可乘，遽尔迁怒，拔刃相向，顾忌毫无，荒谬绝伦，一至于此。犹忆今秋某大令由浙中珂里起服赴皖，道出沪江，附某轮船溯江上驶，行至某处，忽失一小枕箱，中储文凭及洋银二十余圆，遂扬言于众曰：如有人查获文凭，则洋银可尽数酬谢，即窃取者自行呈出，亦决不究问根由。旋有一人应声而出，将文凭原璧归赵，大令喜出望外，称谢再三。不料其人继又矫称大令，索返银圆，向窃匪饶舌，以致窃匪群动公忿，将其人举而掷诸江心。其人曾充某处缉捕差，与窃匪皆似曾相识，堕江之后，并不声张，从容攀得轮船锚练，猱升而上，至大令前长跪乞命。盖稔知匪党最喜仇杀，非大令代为缓颊，必不能幸获生全也。大令正欲诘问原委，而窃匪已跟踪而至，向大令鞠躬云，此乃小人家事，不与外人相干，旋将其人拽上船棚，快刀利剑如雨而下，直至僵毙，然后抛弃江中。轮船上各水手虽有目睹情形者，类皆不敢过问，各搭客亦不敢赞一辞。此事本馆亦得访事友函告，纪之报章，然犹谓窃匪既凶残至此，各水手何皆袖手旁观，默无一语？因疑或系传者之过，其事未必果真。今观“鄱阳”轮船之事，而始叹窃匪之蛮横，竟有不可思议者，然则当时各水手之作壁上观，亦非无因。

夫轮船行驶江海，搭客之相率附载者，不特贪程途之速、价值之廉，亦以所携物件不致遭强徒之劫掠也。果如此事，则非徒狗偷鼠窃之可虞，且将明火执仗、效大盗之强劫矣。各水手更以前车为鉴，任其所为，不复过问，从此窃匪之胆愈肆，而旅客之行益危，棘地荆天，至于此极。有保卫民生维持商务之责者，奈何竟效宋聋①，而不思设法严禁哉？

（1899 年 10 月 31 日，第 1 版）

论中国振兴商务宜兼权内外设法保护

中国自与泰西各国通商以来，内地利权半为所夺，论者谓鸦片之流毒也，洋货之广销也，先令之低昂无定也，皆为中国商人受病之所在，故虽有丝茶以资补救，而其势恒有所不及。于是朝廷知国库之竭、民力之穷，非振兴商务不足以挽回也。除轮船、电报已仿行西法成效昭彰外，近复兴邮政，筑铁路，开矿务，凡有可以浚利源者，无不次第推行。而犹恐南北洋大臣庶政殷繁，未能洞察商情，无远弗届，特命合肥李傅相为商务大臣，隆以事权，俾令熟察盈虚消长之机，斟酌损益。今虽未及衔命而往，即移节两粤，身任兼圻。然吾知傅相总揽宏纲，必能大慰商民之望。

特是天下事顾其内必兼权其外，谋其利尤贵力保其权。中国惟素不以

① 宋聋：装聋作哑，不明事理。（唐）李商隐《五言四十韵》：“下令销秦盗，高谈破宋聋。”

商务为重，故商情不能上达，市廛之利弊在上者不得而知，更安从而兴之革之，为之维持而保护之也？不观西人之来华贸易乎，平日官商既联络一气，商之所恶官必去之，商之所好官必成之，其有权力所不能行者，则调兵以威之，故既有商团随地操演，复令兵舰随时游弋，军威速播，胜算独操，其为防患计也。如此不惟广揽中国利权之英吉利为然也，此外各国亦莫不皆然。去年英国议员贝司福欲知英人在华商务，不惮跋涉亲自考求，美、日各国派员继之；德国商务部亦派人赴长江一带周览情形，德皇更以近年商务进境颇缓，议增海军以佐之；法兰西各处省会总办上书政府，亦以商务不振，请多备兵船巡缉商人。所至之地，盖商人去国离乡，以营什一之利，若何受损，若何获益，纵能熟思审处，而其力终有所限，故政府必详考其究竟，而以兵力助其成也。平时保护商旅，调兵增舰，固不待言，即每届北地封河后，亦皆派兵舰分布中国通商各埠，屈计去冬各舰之航海来华者共一百零一艘之多，其中英舰多至三十五艘，美舰二十二艘，俄舰十九艘，法舰十艘，德舰八艘，意舰五艘，虽小如葡、奥亦各有一艘。此其故何哉？北洋无不冰口岸，深恐一旦变生仓猝，微调不易，故先为此未雨之谋也。

今华商出洋贸易，成家业育子孙，人口不为不广矣。贸迁之所赢、佣工之所得，日积月累，资财不为不富矣，督之以星使，治之以理事，及一切随员人等，设官不为不多矣。而独无兵船前往保卫，幸而邦交永固，海波不扬，万里余生，犹可安堵无恐；设有他变，釜鱼幕燕，其能幸保安全者几希。夫华人忠爱存心，不忘中土，需军饷则报效之，闻灾荒则协振之，苟有关于君国，无不踊跃输纳，竭力维持，而国家乃漠然置之，不亦负若辈远游之初心，而与西人重商之意剌谬乎？刻下中国海军业已渐图恢复，日后愈推愈广，必更能远播声威。特当此大兴商务之时，不先于保商之道切实讲求，而惟沾沾曰吾欲挽已失之利权，图其近而不遑及远也。是岂计之得者哉？

呜呼！西人每以兵力保商务，我中国兵船纵不能如英之多，乃并小如葡、奥而不如，亦无怪商务之难期起色也。急起直追，此其时矣。窃愿当轴者及早筹之。

（1900 年 2 月 15 日，第 1 版）

出洋经商议

我华素不与外人通财贿，商人牵车服贾，惟就国中以有易无。一语以渤澥[①]之汪洋、风涛之险恶，即色然以骇，从未有敢艟艨高驾、航海懋迁者。有之，自道光季年英法通商后始。然所谓出洋牟利者，亦惟闽、粤之为佣者耳。即或设肆运筹，不过藉小本以博蝇头，罕见有广集资财、大张旗鼓者。坐令欧美巨贾不远数万里，相携至华，纠合公司，出千百万金资，操奇计赢，多方垄断，致国中货币如卮之漏，日匮绌而无可弥缝。嗟乎，民贫矣，帑竭矣，再阅数十百年，我恐事势目非，国将不可以为国矣。奈若何？有心人蒿目时艰，力求补救，谓非令富商大贾出洋贸易，实无他法以挽利权。出洋贸易奈何？曰：公司，其先务也。

犹忆光绪六年，长沙王益吾祭酒曾奏请谕令商人集股购船，赴外洋营运，奉旨著令两广总督合肥爵相，将目下情形能否，及此将来如何渐次开拓妥筹具奏。旋经爵相奏复，拟暂就招商局现有轮船，酌量试办，并缄属福州船政大臣黎，劝谕粤商设法倡导。未几即有梁云汉、刘绍宗、梁绍刚等人具禀爵相，略称泰西以商立国，□［商］务之盛衰，即国势之强弱所由判，凡有益商务者必竭全力以图之；中国地大物博，商务为四洲之冠，洋人视为利薮，纷至沓来，有可从中图利者，鲜不多方要挟，务底于成。原其故，实由彼来而我不往也。即有往金山、古巴等处者，亦仅贫者佣工，并无殷实商人，似未足以立富强盛业。现经商人招集股份，名曰肇兴公司，拟往英国伦敦贸易，以为中国开拓商务之始基。惟事属创始，必须官为维持，请由通商大臣给谕前往，并转咨中国驻英大臣，随时主张，俾与各国在英商人一体优待等情。迄今已隔二十年，不知当日所创公司能成与否，即成矣，亦不知其获利之厚薄若何。然其开商路之先声，为出洋之嚆矢，则固见诸公牍，确凿可征也。

抑尝闻之泰西之设公司，虽资本集自商人，而国家例得以官款补助。迩年中国官吏之明于时务者，亦尝考而知之。当光绪二十年湖南、湖北两

① 渤澥：bóxiè，即渤海。《文选·司马相如〈子虚赋〉》：“浮渤澥，游孟诸。”

省大员合力以官款买茶三百二十箱，运往俄疆试售，其由西路遵海至阿叠萨，浼驻俄大臣许星使交俄商代售者，获利一分；东路遵陆低恰克图，浼俄商余咸罗甫代售者，获利五分。彼偶一为之，且所运者只此两湖之茶，而赢余已若此之厚，倘能由商转运各省土货，则什百之利不将左券可操乎？善夫，爵相之议行商事务也，其言曰："泰西各国商船迩者争赴中国，每岁进口之货约值银二万万两以外，其利当不下数千万两，以十年计之，则积至数万万两矣。此皆中国之利，有往而无来者。故当商务未兴之前，原可闭关自守，迨风气既开，既不能拒之使不来，计惟有自扩利源，劝令华商出洋贸易，庶土货可畅销，洋商可少至，而中国权利可望逐渐收回。"夫爵相自甲午以来，指摘交加，几如集矢之鹄；祭酒更为好谈新政者所恶，鄙为守旧党之领袖，然观出洋贸易一事，其议自祭酒倡之，而爵相更力赞成之，则祭酒固守旧乎？抑维新乎？其指摘爵相之人亦知爵相固凡事务开风气之先，不以畏难而意沮乎？而鄙人之意则尤有进，泰西固以经商为首务，而商与农实相辅而行，颇闻中国木棉性硬而绒短，纺以机器，仅能出十六号粗纱；若美国之棉，可纺细纱至四十号。日本产旱稻，平日既不须戽水，一遇亢旱，依然畅茂青葱。华商苟能赴外洋，设立公司，则日后博访旁咨，更可取木棉及稻种之佳者，携回中国，集资试种，以利农人，然则商务尤足开农务之风声，而国家不更因之而益富乎？跂而望之。

（1900年2月26日，第1版）

川江行驶轮船说

自中外通商，中国各省南至闽广，北讫燕齐，西暨楚蜀之交，凡有江海可通之处，无不有轮船往来，于焉载货物、附行旅，千里程途旦夕可达，官商士庶莫不便之。独蜀中限于天险，由宜昌至重庆，虽路不逾千里，而江中巉石棱棱，密如锯齿；兼之水性湍急，瞬息百里，行船者偶一不慎，即有倾覆之虞。以是数十年来，虽屡议行驶轮船，终不敢轻于尝试。迩者风气日开，薄海人心皆有由缓趋捷之意，英人乘时而起，先派驻扎宜昌之两兵轮船驶行入川，藉探水势，刻幸安抵重庆，并无意外之忧。英商立德洋行主以为机有可乘，遂又议创行商轮船，俾居民共占利涉。督宪奎乐峰制军闻之，以巴、岷二江中水溜过险，难免有触礁失事之虑，特札饬川东道照会各国领事官，据事声明，俾得知所趋避。各国领事官偕税务司暨德国某管驾在美国领事署会议，禀请各国驻京大臣核示施行。迩闻此事已经定议，由立德洋行主购定轮船一艘，名曰“肇通”，一俟修饰齐全，即可展轮上驶。闻由宜昌至重庆须七日，下水则只须三日，时不越一旬，已可彼此往返，较之曩时民船之动须月余者，相去不啻倍蓰。此后各省人士之官于蜀、商于蜀、游历于蜀者，既免风波之险恶，又无时日之稽延，行李往来必更繁盛。不特此也，蜀中矿产之富甲于他处，大地菁英半多郁而未发，虽历经中外官绅倡议开采，然终以川河险阻，运载出省，处处为难，历时既多糜费又巨，商人无利可图，因之闻而裹足。其由汉口运至宜昌之洋纱等项，亦往往因中途失事，所损不赀，商贾均未能踊跃。今若得轮船畅行，则上下皆无阻滞，商务、矿务必能逐渐振兴。且闻由重庆至成都，水势纡回，并可用小轮船行驶其际。现在议虽未兴，然他日时势所趋，必有精于牟利之人闻风兴起，是则千古极险之地，即可变为坦途，岂非行道之福哉？

或曰川江水势之险，为从古所未闻，民船处处绕越，时时谨防，犹不免有意外之变，若轮船飞行迅捷，转瞬数十里，船巨则趋避不灵，行速则防维难及，触石受损，势所必然。不知民船之所以多失事者，因其时傍浅滩以为易于驾驶，不知转因此以遇祸；轮船则驶于中流，水深而石亦不密，可以腾踔①风波，无虞颠沛。且即有巨石，亦可参用西法，以炸药轰裂之，俾得化险为夷，藉免变生不测。是则人力果尽，亦何难成移山填海之志哉？

要而言之，天地之气机窒久则必通，宇宙之人情郁久则必达，既无可阻遏，亦无庸惊疑。今者，英商既祖鞭先着，中国亦宜由招商局匀拨轮船数艘，开驶入川，以分其权利，则桑榆之补亦不为迟。若瞻顾迟回，俟他人即有成效，然后思步其后尘，则缓急迟速之间，其受亏已不少矣。愚故因英商之事而推论及之，有推广利源之责者尚其于此加之意哉。

（1900 年 5 月 18 日，第 1 版）

---

① 腾踔：téng chuō，跳起；超过。

整顿轮船各弊说

中国自与泰西各国通商以后，内江外海始有轮舶往来，南达闽广，北至燕齐，西暨楚蜀之交，千里程途，飙轮飞渡，克期可至，迅速非常；货物则捆载而来，行旅则往还称便，官商士庶咸争趋之。招商、怡和、太古三公司各有轮船若干艘，莫不年年获利，日渐扩充。麦边、鸿安、禅臣、瑞记、鲁麟、美最时、邮船株式会社诸家接踵而兴，锥刀竞逐，得利之厚，盖亦不言可知矣。

顾轮船既为利薮，欲保其利，宜绝弊端，庶来往客人皆有宾至如归之乐。其弊焉在？厥有四端：

一曰茶房。凡一轮船必有买办，买办总核大纲，不亲琐事，虽其次有账房、管事等诸人，分为之理，亦既巨细靡遗。然接待客人则惟茶房之职，茶饭供给，宜若何使之周详，行李上落宜若何为之照顾，此皆茶房应办之事也。乃今之为茶房者，茶饭则缺乏焉，行李则抛弃焉，甚有当搭客众多之时，豫占卧地，使人不能容身者。欲与相商，则索小费，种种不便，人咸恶之。纵曰轮船搭客至少亦必有数百人，为茶房者断不能处处招呼周到，然苟能随时留意，略为当心，则搭客受惠无穷，必为之交相延誉，生涯之盛未始不由于此也。此宜整顿者也。

一曰窃贼。行驶长江轮船，码头如林，屡屡停泊，故窃贼得以随时上下，混迹潜踪。搭客即防之维严，时虑为其胠箧，或二三同志约伴偕行，尚可互相留心，不为所算；倘遇孤单之客，行李又稍繁多，则虽寝食胥蠲，凝神注目，而若辈必千方百计，以肆其鬼蜮之谋，偶一疏虞，即为所攫。斯时缉无从缉，搜无可搜，惟有负负空呼，自为引咎而已。而轮船各水手，则类能识窃贼之面，悉窃贼之踪，只以恐被挟仇，故各安于缄默。然不敢明相告语者，要不妨指示于暗中，使搭客预为之防，而若辈不敢肆其伎俩；倘遇发觉则用照相法留一小影于镜中，悬挂船旁，俾知畏惧，如尚不知速避，混上轮舟，则人皆可指点拘拿，送官惩治。如是，则各搭客皆堪安枕，而杂物无被窃之患矣。此又宜整顿者也。

一曰接客。凡遇轮船到埠，每有栈家接客，争上轮舟，手持栈单一张，招呼往驻。此辈觅蝇头之微利，其情亦甚属可怜。然不免有大可险者，轮船尚未安傍码头，而若辈已争先跃上，人多于蚁，事乱若麻，失足堕水之事往往有之。噫，以谋生之故，而履此危险，掷性命于洪涛，与鸱夷以俱逝。言念及此，岂不可伤，是宜邀集栈家，毋许各接客舍命跃登，致遭不测，务使俟轮船安泊之后，然后从容而上，兜揽生涯，则保全人命当不少也。此亦宜整顿者也。

一曰挑夫。轮船到埠，各搭客类有随身行李，势不能亲自挈携，每有小车夫以照会授人，即可载之以去。虽各搭客仍须照顾，而终略觉放心，此种俗呼为野鸡挑夫者，本无所用，乃彼等往往厕身其际，硬欲肩挑，不许则必恣意绝扰，不肯他去；且一遇此种人在前，则小车夫不敢顾问。盖以其性成凶横，以为主顾所在，必与殴争也。搭客或姑许之，则行至中途忽然停歇，计较价值，要索多端。此时尚令其挑，则心实有所不甘；不令其挑，则势又有所不可，不得不暂时隐忍，故予优容。甚或于人多拥挤之处，倏忽脱逃，文弱者既无力尾追，矫健者亦无从缉获。故轮船搭客登岸之时，惟此挑夫最为可恶，是宜请于工部局，照小车章程概捐照会、照东洋车例，按暇定资，庶彼等不敢于中途勒价，而亦不敢妄冀遁逃，加惠旅人殆非浅鲜。此尤宜整顿者也。

或曰轮船以载货为利，搭客本非所措意。然既附载客人，要必使之安逸。鄙见所及，不知有轮船诸家其亦不河汉斯言否？

（1900 年 5 月 20 日，第 1 版）

论轮船被劫事

中国自与泰西各国通商以来，内江外海始有轮船往来，海则南通闽粤，北达燕齐，溯江而西，远抵楚蜀，可谓极一时之盛矣。至于内河小轮船亦日盛一日。惟西北各省不通舟楫，只能付之阙如。其余水程可以通行之处，亦几无处不设，非华人之厌故喜新也，轮船实较帆船为便耳。约而言之，其利有五：帆船必须候潮守风，不能克期开行，轮舶则不特随时可以行驶，且亦如期而至，故旅人有紧要之事，无不舍帆而就轮，一利也；长江大海之中，帆船之险十居其九，人心无不惴惴焉，轮舶则破浪冲风，如履平地，虽或有触礁、碰撞、搁浅之患，然究百不得一，故未行轮舶之时人皆以经商远宦为畏途，今则轮舶往来，密如梭织，不啻吴越一家，二利也；帆船惟大海之中无可停泊，此外必昼行夜住，时虞窃盗生心，轮舶则昼夜兼行，可无意外之虞，三利也；帆船一遇阻风，行客旅资每多虚耗，轮舶以远近计舟资，不至中途缺乏，四利也；帆船执役者数十人，内河尤须纤夫，所费较大，轮舶极大者司机及水手等不过一二十人，故水脚可以从廉，五利也。凡此五利，人尽知之，故趋之若骛。

乃不谓至今日轮船之害有出之意外者。昨日本报录西报云，四月二十八日怡和洋行之“吉和”轮船由上海开往长江，行至镇江相近，忽有匪人二十余名，拥至账房及搭客房中，肆行劫掠，内有二客身受夷伤。船主闻警，携枪而至，匪徒始不敢猖獗。事后船主欲展轮回镇江，匪党扬言如不予一线生机，定须将船焚毁。船主恐酿事端，仍行驶至仪征，匪徒遂纷纷登岸而逸。以此而观，行江行海各轮船，向皆视为□［康］庄大道，今不将变为棘地荆天乎？

考盗劫轮船之事，惟粤省时有所闻，然在内河之中，或盗用小轮船追劫，或伪作搭客，预伏其中，俟至荒僻之区始乘隙动手，若大江中则可谓绝无仅有矣。今者此端一开，适值盗贼横行之候，难保此后不接踵而起，争相效尤。窃谓船主必先设法，以清其源，俾商旅得以安然无恙。否则相戒不敢附载，于商务必大有所妨也。

抑长江上下游轮船码头甚多，搭客冗杂，胠箧探囊之辈久已视为利薮，搭客之受其害者已非一日，甚或有迷乐［药］害人之事，非但搭客受其害，即轮船执事者亦因之舌敝唇焦。在船主非不欲逐一清查，以安行旅，无如查无可查，亦只付之无可如何，惟嘱搭客自为防备而已。现闻怡和洋行主欲每船雇用印捕数名，日夜巡缉，所议果成，则骗窃之流当无所施其伎俩。惟大伙寇盗附载时无由而知，动手时何由而御？恐非数名印捕所能了事。鄙意欲清其源，须令附船之人皆觅铺保，若无铺保，则行李、衣服务须一一穷搜。惟搭客多此周折，必有嫌其不便者，然舍此则别无良法，未识局中人果何以处之否也？

（1900年6月3日，第1版）

论轮船肇祸事

自来天下之事有利必有弊，亦有利必有害。人不能尽趋于利而无弊也，亦不能尽避夫害而图利也。然人岂不欲尽去夫弊，而无如弊即在利之中；岂不欲尽避夫害，而无如利即在害之内。且利轻则弊轻，而害亦轻；利重则弊重，而害更重。故人不欲谋利则已，如欲谋利，则断不能无害，即断不能无弊，此亦阴阳消息之机、往复平陂之理。《易》所谓："吉凶悔吝，生乎动也。"然使因其事之不能无弊、无害，而并其利而不欲图，是犹因噎废食，因沸废汤，将何以尽人事哉？惟能于谋利之时，常存一弊与害之见，则既无躁妄之意，自无卤莽之虞。即不能使弊与害尽免，而弊与害究可稍轻。古人创制舟楫、车马，以济不通，后世实受其利，而弊与害亦遂因之而起。舟楫可乘风破浪，而不能免倾没之患；车马可逾越险阻，而不能免颠覆之虞。谚云，行船走马三分险，诚非虚语也。再就舟车而论，载则舟多而车少，行则舟逸而车劳，而其失也车不过一二人，舟则常至数人、数十人，是又利害轻重之相因也。

中国帆樯之利虽行之已久，河海皆通，而行势迅速、力御风涛，究不若泰西轮船之有把握。自通商以来，仿行西法，江海重洋通行无滞，昔人无不畏风涛之险者，而今皆有破浪乘风之志矣。然犹幸不常失事，倘一失事，则所载愈多，所失愈大，所谓利重而害亦重也。当时"福星"、"保大"之事非明证耶？西人非不知其害，故讲求驾驶、测量沙线，精益求精，害虽大而所失究少，是能于谋利之时泯躁妄、卤莽之见，以故中国至今虽自置商舶，终不能舍西人而自行驾驶也。厥后各省通行小轮船，都由华人驾驶，若辈技不及西人之精，故虽无甚风波，而失事亦时有所见，是岂华人之无能欤？夫亦由于不慎耳。且小轮位置无多，必资拖船以载客，倘或不慎，贻害良多。而谓可视人命如儿戏乎？

昨报载松江访事友人来书云，本月十一日午后大风骤起，黑云翻墨，适有小轮船拖带客船，由沪回郡，道经周家嘴，诸客见浦中浪如山立，岌岌可危，齐声呼□□［停］□［泊］，小轮船司机者置若罔闻，依然飞驶。瞬息离闵行不远，风雨更疾，势将不支，小轮船上人将缆绳斫断，致客船骤失所恃，遽没于洪涛漭瀇[①]中。虽经救起若干人，而余人均无下落。夫行路之难，虽由天命，而此事实不能不归之人事。何则？当众客呼令暂泊之时，小轮船苟停机半晌，吾知此祸决可以免。周家嘴浦面虽阔，究非一无涯涘，驶近岸旁亦易易耳。而乃置若罔闻，一误也；迨势将不支，亦宜关照客船，俾可早为整备，而乃猝然将缆中断，以致客船遽尔倾覆，再误也。有此一误再误，彼司机人之阘茸无用，不言可知，而尚得谓为适然之数乎哉？今者往事已矣，而来者犹可追，为告业此者务须慎选舵工，毋再蹈今日之祸。不独旅客之幸，且害少则利自多，附者愈众，则利益亦可蒸蒸日上矣。刍荛之言，能不以为河汉也，则幸甚。

（1901 年 7 月 30 日，第 1 版）

书华创邮船后

华人伍学焜、梁锦明近在香港开设中国邮船公司，按期往返墨西哥国，聘美国人水立氏襄理一切事宜，目下水立氏方出太平洋各埠，迤逦赴香港查察各埠商情。前出使美国大臣伍秩庸京卿闻而欣然，深愿为之赞助，刻已请英国某船坞制造轮船三艘，各重五千吨，大约绕由上海、门司、神户、横滨、火奴鲁鲁，以达墨之磨痕杀尼摇港，归途则折而过美之桑港，以便揽载货物，定于东历三月一号经始，以后每月一次往还。本馆既纪其事于报端，不禁欢欣雀跃曰：伍、梁二君此举其真足以存国体、广商务、顺舆情者乎！

夫自轮船肇兴，西洋各国来华互市，艨艟巨舰，破浪乘风，盖几几乎视万里若房庭，越重溟如堂闼。以是欧洲人士之远来我国者，日多一日，凡名区大埠无不有欧人踪迹。固由彼中人善于经商，不惮行役，亦因本国有轮船以往返其间，得以声威赫然，胆气为之一振。中国二十年来虽有招商局轮船数十艘，行驶江海各口，然皆在中国境内，并未能远越重洋，商民有欲作壮游者，不能不乘他国之船，即使臣持节远征，亦须附公司轮船，方能安抵彼处。同一立国地球，彼则顾盼自豪，我则处处掣肘，相形

① 瀇：wāng，漩涡。

之际，未免怀惭。

今中国既自设邮船公司，则此后五洲往来可以惟我所欲，此公司兴而足以存国体者一也。中国地大物博，土产最多，而商务并不兴旺，良以何者为外人所喜，何者为外国畅销，此中消息盈虚并未精心研究。今既自有邮船，则地球各处繁盛之埠，皆可到彼逐一考察，择相宜者自行运赴外洋，如此则内地货物易于流通，贸易将日见其盛，此公司兴而足以广商务者二也。中国人民之在南洋各岛及新旧金山等处者，为数不下数十万，无论为佣、为工、为商贾，当其远适异国，咸有依恋故土之思，及乎久处他邦，尤有瞻望故乡之念，徒以本国素无邮船行驶外洋，凡寄递平安家报，与夫物件银洋，不得不受他人节制。其所处之地稍僻者，甚或终岁不获一函，羁身海岛之中，回首家山，能无生感？今邮船之兴，由日本渡太平洋而达美洲，数万里重洋可以飞越，从此传消递息，不虞鸿雁之浮沉，海外侨氓安得不闻而色喜？此公司兴，而足以顺舆情者三也。

有此种种利益，故伍、梁二君既毅然创行，伍秩庸京卿亦深相赞助，富强基址已可于此卜之。抑愚尤有进者，向闻泰西凡有商船能于军务时改作兵船者，政府必从丰给予津贴，以示鼓励。英国所有商船尤多，遵照海部章程，制造如遇用兵时，均可装配军器，听候国家调用。今中国海军自甲午一役，竟至一蹶不振，欲图恢复，而经费难筹，任其废弃而军威曷振？今既有商船行驶外洋，则海中之沙线、风涛，各口之山川、险要，练习既久，瞻略自豪，迨人材既多，然后徐筹款项，多购兵舰，仍与商船相辅而行，一旦有事，可以藉壮声威，不致为外人轻侮。谋国之要，其在斯乎？然则此次邮船公司之兴，亦足为中国海军之基，而不仅区区图获赢余已也。

（1903 年 3 月 7 日，第 1 版）

整顿铁路积弊说

方今各省竞言造筑铁路，或已告成工，或正在提议，统计二十一行省，固已路线纵横，无远勿届。而尤以京汉干路，为各路之总纲，开办较先，程工较巨。夫火车之行于陆犹轮船之行于水，固以便运人载货也。顾闻之老于行役者，咸谓火车甚不及轮船之便利。推其所谓不便利者，非谓价目之较为昂贵、寝处之不能安逸也，徒以管理车务者，并不知保护行旅为何事，且从而刁难勒索以苦累之，综其弊端计大者有二：

一曰票房。票房者，出售车票之处也。按地计价，事甚简捷，而弊窦竟百出不穷。政府王大臣曾商之胡芸楣侍郎谓，铁路售票一事，每以大元找小元，以小元易铜元，百般挑剔，以为勒索地步（见正月十二日本报）。唐少川侍郎闻京汉铁路郑州票房亦有此弊，委员改装密往访查，果异常削剥，即二角五分之票，亦勒索大洋，且仅找小洋七角（见二月三十日本报）。合观以上两则，其弊显夫。铁路售票之舞弊，早见之于数年。前记者亦既身受之，当时曾大书特书，冀当事者见而略加整顿，乃不意视若无睹，致令舞弊者益胆大妄为。至事为胡、唐二侍郎所知，方议改良章程，扫除积弊，而商民之受累固已久矣。然及今果能雷厉风行，惩一儆百，若辈或可稍知儆惧，而浮收车价之事，将稍稍敛迹乎！是亦督办者所宜留意之事也。

一曰站役。每一车站皆有夫役，身穿车站号衣，代客搬运行李。立法之初，深恐搭客行李一经外人搬取，不免有遗失之患，故特由站雇役，以承其劳，用意未尝不是。特无如此项站役大都强悍不堪，往往搬物不及数十步，而索偿至数百文者，不遂其欲，则攫取物件，以示要挟，搭客见车将开行，不得不柔其气以向之赎取。此等蛮横无礼之举动，记者亦尝亲遇之，诉之管车委员，而委员并不一加查察。初其疑之，后访诸车站附近之人，始知此项站役之号衣皆以重资购取而来，其勒索搭客，不啻有暗中主持之者，始恍然于委员之洋洋不理，而转以赴愬者为多事也。

夫轮船与火车皆视为便民之端，民亦争趋之以为便利。顾轮船行之数十年而不闻有以上诸弊，火车则行甫数年而弊已丛起，推原其故，因轮船之行于江海者，招商局外尚有怡和、太古两公司，互相招徕，故招商局所用之人，自买办以迄茶房，于购票诸事亦不得不稍事迁就。火车则一处只有一车站，无论如何抑勒，不能舍之而别就他途，故站中人肆意妄为，而不复有所顾忌。然贸易之道，总以能顺旅客之心为最要之目的，苟使行旅者虽势不能敌，而到处怨毒丛生，谤言腾起，亦终非铁路公司之福也。方今各处咸拟推广铁路，当事者其亦于此加之意哉！

（1906年3月27日，第2版）

邮传部整顿路电之示谕

〔北京〕查邮政开办数年，尚未十分发达；轮船招商局闻之道路，传说弊窦素多，应俟本部接收，再当详查整顿。其铁路、电报两案在事员司人等种种不合情节，久著见闻。即以本部堂所目睹者而论，如铁路则卖票过迟，收车价又多方挑剔，不收市上通用银元，不收小银元，致乘客往来拥挤，因此误事；又不将车价及载货脚行各章程张贴车站、车箱，俾众周知车票价目，复专用洋文，希图朦隐；行李则故索重资，多方留难，并不妥为照料；车站及车内客座，非关门不开，即多为办事人所踞；脚行之讹索、司事等之欺辱，苦累行旅，无所不至。此外，如废票重用，浮收规费，弊端不胜枚举。电报则除二三大局外，委员常不驻局，间有少不更事、毫无学识经验、徒知舞弊者为学生所轻视，致令司事学生把持一切，收发电报搁至数小时，四等电报尤甚，竟有不如邮信之速。而电文之讹误、收费之挑剔、送报人之需索，种种有拂商情，殊难为讳。此犹第就本部堂所亲见者而言，其他不知凡几。

总之，铁路、电报既为国家富强要政，亦为便利商民机关，凡执事员役对于乘客运货、发报之人，总宜和颜悦色，处处为谋便利，如商家之于顾客，惟恐不得其感情，庶足以收利用，而谋进步者。（乃）沿习官署体制，藐视商民，以舞弊为能，漫不经心，不特阻塞新机，且置盈亏于不顾，则是朝廷创办一事，仅为官吏特开利薮，言之殊堪痛恨。现姑宽既往，期效将来，必当振作精神，力与更始。为此示仰各总办、监督及在事员司人等一体知悉，务须振刷精神，痛惩前非，将上列各项弊端亟谋所以改良之法。此后无论何项人等，倘于各局所积弊确有真知灼见，及曾身受其害者，准赴本局所指禀申诉，该总办监督查明立为究治；一面径禀本部，听候严办。如别有可以改良之法，亦许随时条陈，以备本部采择。若在事人等狃于积习，仍蹈前项各弊，或别滋弊端，本部一经访明，分别撤参惩办，决不姑宽。（水）

（1907 年 7 月 23 日，第 12 版）

论颐和园工程

（西阳）

本报三月二十六日纪两宫幸湖消息，现在西直门至颐和园一带，正在修理马路，并湖内一切工程，均限三月底告竣。或谓他日慈宫归政后，常驻湖中，更宣大兴工程云。夫归政美德也，而大兴工程之举，犹幸传之非其真也。近日接内务府通饬各省之电，谓内廷要差，经费拮据，速解拨款，则又疑此事必有一二臣工借此以为媚上之计。昨复得京电，慈谕饬内务府撙节用费，则益信大兴工程决非出于上意。记者于此犹忆颐和园之历史，痛定思痛，而不觉心为之悸也。

甲午年中东启衅，军电络绎，海军屯旅顺，日日宣战，而京师忽撤海军衙门，停止海军衙门工程，举国骇愕。知其事者谓海军衙门经费向充颐和园工程，自海军备战，经费悉输前敌，颐和园工程经费无着，于是停止，然不便明言，故曰停止海军衙门工程也。夫海军经费何自来？咸丰季年，曾文正剿发逆，用兵百万，创抽厘金，文正固曰一时之利，万世之弊，以军需紧急，不得已而用之。开办之初，大张告谕，与民约曰军事朝停，厘捐夕撤。及事定，李文忠创办海军，奏以厘金充海军经费，于是厘金一项，为国民终古不弛之负担，海军衙门经费即由此出，而不知何年何月，移作颐和园工程之用也。

今者，政府方议兴复海军，而颐和园工程亦从此发生，异哉！何相值之巧也。夫甲午以来，国家多故，艰难辛苦，备尝之矣。无论赔款若干兆，借款若干万，国民更无余力，以担报效之重任。第回念八公山之草木、滹沱河之麦饭，对此湖光山色，必有黯然伤神、潸焉出涕者。以慈宫之圣明，岂不知此？所虑谐臣媚子，借供奉之名，行渔利之实。而政府处猜疑之地，稍有龃龉，即蒙不孝、不忠之咎，其势不得不迁就。大工既兴，经费无着，其势不得不移挪。当此之时，无海军经费则已耳，有海军经费，则移挪之便，诚无过于此者。此杞人之所以鳃鳃过虑也。

或曰是无虑，各省厘金已抵洋款矣。欲复海军，非集民捐不可；欲集民捐，非开国会不可。既开国会，国民有评议权，有监督权，政府虽欲移挪，国民可不承认，政府不能用强迫之手段压制国民，以媚兹一人也。若国会不开，则政府之诳民者已多，无论昭信股票之昭其不信也；明明商办之招商局，而欲夺之为官办；明明商办之苏杭甬路，而欲夺之为中英合办。商界耗其资，官界收其利，国民久已寒心。况海军经费盈千累万，无取足之数，无停止之期，而掷之于无何有之乡，国民曾不得过问，其心必不甘，其势必不集，可断言也。而何论乎颐和园工程？

虽然，国会者夺官权而与之民，政府所不乐闻，其开与否，未可必也。海军者，不问其有用与否，而可位置多数之文武闲曹，开销多数之公私巨款，政府所跃跃欲试者也。国民对付政府之方针，当以此时解决之耳，能结大团体以为请求，前仆后起，百折不回，终有达其目的之一日，国会可开，海军亦可复也；不能结大团体以为请求，国会不可开，海军不可复，独颐和园工程，则事在必成耳。吾又持一言以忠告政府曰：海军者全国之公事也，颐和园工程个人之私事也，虽海军果有余款，不可移挪也；况乎并海军经费而无之，民穷矣财尽矣。前车已覆，来轸方遒，颐和园非安乐乡，多一事不如少一事，国之幸福也。

（1908 年 5 月 5 日，第 3、4 版）

江督端奏复盛宣怀被参各款折

奏为查明大员被参各款，据实复陈，仰祈圣鉴事。窃照光绪三十三年六月初十日承准军机大臣字寄三十二年五月二十八日奉上谕：“有人奏商约大臣盛宣怀贪鄙近利，行同市侩，并有擅售公地、勒买民田情事，请旨饬查等语。着端方按照所参，分别密查，据实具奏，毋稍徇隐，原片着抄给阅看。钦此！”遵旨寄信前来。奴才当即札委苏松太道升任江苏布政使瑞澄，并现任苏松太道蔡乃煌，按照原奏所参各节，分别切实密查，务得确情。去后，兹据瑞澄、蔡乃煌先后查明详复前来，奴才复详加查访，互相印证。

如原奏盛宣怀充招商局督办，用局款购买上海产地［地产］，弊端百出，有用本局及总办出名者，有用“福昌行”出名者，且有假用英商密尔登出名者，皆盛宣怀一人经手。推其纷歧错杂之故，无非价涨则视为己业，价落则拨归公产，牟利之工至斯而极一节。查盛宣怀督办轮船招商局事，于光绪十二年七月到差，二十八年十二月交卸，招商局所置产业，属宝山者吴淞江地二百四十亩五分，属上海者租界内外局房、市房及浦东货栈等二百六十亩有奇，共价银八十四万八千余两，系光绪十六年至二十七年陆续购进，非一时一人之事，是以或由招商局暨总办出名，亦有先经所雇管事洋人密尔登经手，后由招商局出名者，均有道契及印契为据，由局执业；据该局单开各地，核之道署底册、副契及英、美领事署册，均属相符。间有载在官册，为局单所无者，英册三纸系洋人担文抵押不赎，光绪二十年作银二万两归局承受，二十五年已由局照原价售出，故未列局产名。

至福昌行出名者，美册二纸系浦东之旧栈基，于光绪二十年售于英商隆茂洋行，价银十五万五千二百余两，局簿已收有此项，其事在盛宣怀交卸局差之后矣。至其纷歧错杂之由，实因创局之初，官私合股，利用众擎，既而分并不一，遂多轇轕。光绪十九年招商局买英租界浦滩旗昌洋行房屋九座，共地三十一亩半，价银四十一万两，局款不能独购，以一座归李慎守堂承买，其八座则招商局与盛宣怀之五福堂合资购置，各筹其半，凭商局股东公议，订立合同，名为华产公司，地契虽用商局之名，却非全是局产。二十四年将李姓一座买归商局，二十九年公司分析，以前次合购之八座，当众拈阄，半分管业，招商局与五福堂各得四座。自是五福堂之四座与商局公产无涉，不久即售与洋商。其招商局所得四座，时价约值七十万，较原本增数倍，盛宣怀并无价涨归己、价落归公之事。

又原奏将通商银行公地二亩零擅售与日商三菱公司，现在上海道未允税契，不能交易一节。查通商银行之地七亩九分零，与招商局毗连，亦在旗昌洋行购来之内，已于二十九年分归五福堂，次年即售与法教三德堂。又，招商局西南有地一亩四分三毫，因有马路隔开，于三十一年由该局售与通裕洋行，该行又卖与三菱公司，所称盛宣怀擅卖，自是传闻之误。上海道不允税契，亦无其事。

又原奏与岑春煊合买上海之苏州河地亩甚多，及合置昆山县田，恃势抑勒，民怨沸腾一节。查苏州河在上海英美租界之间，地势绵长，价极昂贵，道署契册各业户均由洋商挂号，未见有盛宣怀与岑春煊购置产业。昆山县在苏州之东，向多荒地，有人集股收买，设立垦牧公司，岑春煊入股颇多，盛宣怀未经合股；其地购自客民，非买诸土著，皆按市价交易，民间无控告之案，自无恃势抑勒情事。

奴才查招商局创始于同治十一年，前北洋大臣、大学士李鸿章遴派盛宣怀殚力经营，著有成绩。该局成本官款、商款兼收并蓄，议者见局面恢闳，地价翔贵，不无致疑。究竟该局系商业性质，出纳款项、购置房产，皆待局董股东商议乃定，倘盛宣怀一人专断，罔利于己，贻祸于公，众股东耳目昭然，断无缄默自安、甘受剥削之理。盛宣怀才长肆应，经手事繁，百密一疏，诋諆难免，若有意擅售公地，可以信其必无。所有遵旨密查商约大臣被参各款缘由，谨恭折具陈，伏乞皇太后、皇上圣鉴训示。再，此案款目轇轕，辗转调查，致稽时日，合并声明。谨奏。八月初二日奉朱批：“知道了。”

（1908 年 9 月 6 日，第 18 版）

书招商局改章争执事警告邮部并告股东

（塞）

弁言

邮部改设以来，凡百施设无可见，可见者于各省之商办铁路则迫令借款，于已成之电报局则收为国有。今又顾招商局而食指动焉，循此以往，吾商民稍稍足以营利之业，将无一不为政府所垄断，是乌可以为法也。邮部统一国之交通事业而为最高之行政官厅，招商局立于其监督之下而为一商人之资格，其间统属之关系固昭然若揭也。然所谓统属者，其界限极明，各有应遵由之分际，非邮部以官厅之资格而号令无所不行，招商局以商人之资格而无事不当顺受也。缀此以告邮部，并以告招商局之股东焉。

第一，释官督

隶部之议何自起？起于官督，官以官督之名义号召于上，而为股东者，亦复遂唯唯诺诺，不敢稍有所批逆，而应之曰官督、官督，一若招商局之官督为天经地义，历万古而不可易者，此何为者也。考之招商局创办成案，一则曰应中外合力维持辩论，以为华商保护；再则曰洋人将来百计挠阻势所必然，惟有中外联络一气尽力维持。度当时款既支绌，事复动摇，商人于此遂多裹足而不前，乃不得不以官督为之倡，是督之云者，不过为保护维持之一法。其在创办之时则然，譬诸父兄之督责其子弟，为子弟幼弱无独立之能力故也。苟其子弟由是而壮而耄矣，而曰此乃曾经其父兄督责者也，羁勒不可稍弛焉，有是理乎？招商局当创办之初，商人无团结之力，或恐不免见委于半途，藉官督以扶持之，不可谓非大有造于该局也。今商力渐厚，董事会以次而成，岂犹待官督以扶持之乎？邮部将以求其所大欲，而倡言之曰官督，曰官督，固不足怪，而为股东者不一探乎官督之由来，亦从而漫应之曰官督，曰官督，其不知商人处何等之地位，而茫然于权利义务之关系则固无可掩也。

第二，释监督官厅

凡属行政事务必有一最高之机关以监督之。邮航路电之类为一国之交通事业，无不特设一部以统率之，而邮部即由之而起，此之谓交通事业之监督官厅。夫既曰监督官厅，则其对于营交通之业者必有指挥进退之权，邮部之于招商局干涉之端或起于此，不知此乃大误也。一国之交通事业指挥进退之权固自邮部操之，然必规画夫远大之谋，非取其一支一节而指挥进退之也。由一国之内而统筹全局，某地商品繁盛，某地人口增殖，若是者宜交通，营业者于此而不过问焉，部干涉之可也；某地逼近海港，某地适当要冲，若是者宜交通，营业者于此而或□视焉，部干涉之可也；某地河流回曲利于航，而筑路者或舍其所急而从事于此焉，若是者宜干涉；某地路线交错便于陆，而业航者或争其所余而从事于此焉，若是者宜干涉；无益于一国之交通，以公司总协理一二人之私利而投资焉，若是者部当干涉；交通之利不能旁溢于多数之人，以公司大股东一二人之私利而投资焉，若是者部当干涉。吾不知邮部之于招商局曾有一于此焉否也。

不此之务而干涉其用人，而干涉其办事，而干涉其账目，数米而计薪，将以是为政，惟日不足矣，夫岂监督官厅应有之义乎？大者放而任之，而取其一支一节之微而竞竞焉，充其干涉之极度，不过位置数十私人，糜费数万金资，增加若干报效而已，于一国之交通事业何与焉？以是为监督官厅之天职，吾不知监督官厅之自视何如，吾益不知商人之视监督官厅又复何如。（未完）

（1910年8月4日，第2、3版）

书招商局改章争执事警告邮部并告股东（续）

（塞）

第三，释商人

商人之资格资法律以为保障。法律许人以营商，即法律上明认商人之资格，上以抗衡政府，中以分峙社会，下以约束内部，商人之资格何等郑重，固不藉达人贵官而其效始彰也。藉达人贵官以为资，而争吾商人所固有之权利，其先已薄商人之资格，而中自馁矣，是曰畏官。畏官者，官乃得而侮之。何以故？曰惟商人不自知其所处之地位，故官得而侮之，亦惟商人不自知法律上有何等之地位，故官愈得而侮之。招商局之纷纷扰扰，谓招商局股东之自取焉可也。惟其然也，商人视官厅尊如天神，而自视益不足，虽极其哀诉乞怜之态，而部不之顾也，岂惟不顾，行将以强项之令加之矣。夫部臣之专恣固可怪，而股东之自待亦可叹。吾尝推本于其戚之所由贻，虽非一朝一夕之故，而征以近事，可以二端括之焉：

（一）股东不知法律之性质，而遂为部所愚也。于何见之？于隶部章程见之。案招商局曾于去年以组织董事会请，而邮部应之惟须遵照钦定《商律》办理云云。乃招商局嗣于六月全体股东公同开会议决，以隶部章程呈请核办。原夫部之始意于商局为完全商股，组织董事会可也，特恐其轶乎定章之外，与现行商律相抵触，故兢兢以遵照钦定《商律》，为敦勉，意至善也。至股东决议竟以隶部章程应之，其将谓隶部之例为钦定《商律》所规定者乎？不知邮部之所语为谁，并不知钦定之《商律》为谁，而贸然以应之，股东之程度盖可想见矣。虽其时股东之议决未必为全体股东，实亦可为全体股东之代表。邮部窥知其蕴，利其愚而进以要挟之，隶部尚以为未足，且拟删“商办”字样，为完全之部有焉，其谓之何？

（二）股东不知商业之性质而并以自愚也。就营业之性质言之，公司用人办事之权无不由股东主持之，此为通例。而在招商局董事会呈文则请照北洋创办时，于商业之外另派委员一二人监查利弊，所有办事机关悉由董事首领会同部派人员随时呈报查核，是用人办事之权公司已与邮部共之矣。夫天下无有用人办事之权为人所掣，而人可以庆得、事可以就理者，而营业尤甚。营业以牟利为原则，去冗节费尤为营业发达之大源，坐食而旅进安用是部员为也？且公司先以此开其源，吾知邮部必乘之入主，而此后公司必无用人办事之权，即无得人理事之望与，营业以驯至于尽，此其见端矣。

结论

要之，有商人之驯服如此，而得有邮部之专横如彼，官厅之积势虽以无道行之，必可畏也。吾于以叹专制之国之不可一日居矣。若乃由专制而进演至于立宪，上与下各以法律相守，官厅行其所无事，而商人亦熙熙然各勤其业以为业焉，此何等之景象乎！记者不胜目想神游于立宪政体之下，而拜手以祝也。

（1910 年 8 月 5 日，第 3 版）

商办轮船招商公局董事会呈邮传部文

为呈复事，窃于宣统元年三月二十六日奉钧部电谕：轮船招商局本系完全商股，该商等禀请设立董事会自应照准，惟组织会中章程必须恪遵钦定《商律》办理，并将所议事件随时呈报本部以凭核办等因。仰见大部维持商务大局一秉至公之至意，凡属商界欢声载道。六月三十日，全体股东验明股票入场开会，公同议决隶部章程呈请办理。九月二十一日，接奉批示：招商局设立之初由官招股，并厘定章程一份，内开所拟“商办”二字应即删除等因。董事等就会公阅，佥以前呈隶部章程系全体股东于开会时公同议决，现奉签改，商情是否允协？按照钦定《商律》，未敢以少数代表之董事决定四万股股东之意见，公议即将批章排印成册，按照到会股东名簿，分送议复。旋经陆续送到签注本意见书，积厚逾寸，又经汇集排印，于本年五月初六日常会之期，散分各股东互相研究，以期折衷一是。是日会场又据各股东递送意见书十余件，董事等综核各股东签注意见及公议情形，要以正名、用人两大端为全体力争、一成难变之宗旨，众口同声，一无异议。所有签注本意见书再三公阅，词过激烈者概置不论，其言有证据、意存公正者，亦不敢壅遏不闻，谨汇钞一册附呈钧核。

伏查轮船招商局股份实系商招，确有当时商董印刷招股章程及股票式样为证。北洋原奏招商局之设，系由各商集股作本，按照贸易章程自行经理，诚以商务应由商任之，不能由官任之，轮船商务牵涉洋务，更不便由官任之，与他项设立官局、开支公款者，迥不相同。惟因此举为收回中国利权起见，事体重大，有裨于国计民生，故须官为扶持，并备官帑以助商力之不足等因，钦奉谕旨照准。又查开办之初，北洋接总理衙门恭忠亲王等函开：官刊关防一条，局务繁重，不能不用钤记，惟现在系官督商办，即系商董之局，所需钤记不必官为刊发，若由该局拟刊呈官验明在案，准其开用，将来遇有中外轇轕事件，于官一面地步较宽等因。尤见当日贤王、贤相筹国兴商，同具苦心。后来屡经海衅，轮船产业均得保全，其间两次挫折，亏空几至不支，悉由商认，官不担当。皆由于定案商任不由官任一语无可动摇也。所以前隶北洋管辖之时，虽有官督之名，仍存商办之实，目下似未便因隶部而令删除，转失真意而贻后患。恭绎谕旨归部管辖，似亦仍系官督商办之意。是“官督”二字在上则体列极尊，“商办”二字在下则责成极重，拟请俯照宣统元年三月所奉部电，招商局本系完全商股，必须恪遵钦定《商律》办理，并遵同治十一年十一月北洋创办之初奏明，盈亏全归商认，与官无涉。并称正名定分，立为华商公局，实足尊国体而弭隐患。应请仍名官督商办，免其删除“商办”二字，以符《商律》名义，而与设立商局原案亦不相背。

至用人一节，关系至重。兹值商战时代，各国轮舰纵横江海，所赖以争逐者，只此二十余艘之商轮而已。数年以来新航路悉让他人，旧航路亦被洋轮多占，尤非三公司订立合同之初可比；倘任用不得其人，贻误事机，我退一步，彼必进一步，设遇中外交涉事件，于官一面地步更逼，恐不特全国实业皆受其影响也。商业性质与官场迥异，究非练达商情、深明航业者不便任以庶事，尤非痛痒相关、精神贯注者不能挈其纲领。故各国轮船公司莫不由股东公举董事，又莫不于董事之内公推任事之人，但请政府核准，仍由股东派人监查，如身使臂，如臂使指，层层联缀，亦层层钤制；政府则提挈全纲，维持保护，绝无牵掣，用能收商战之实效。即当日北洋创设招商局命为公局，即是公司，虽无《商律》，而李文忠函商总理衙门郑重言之曰："无庸官商合办，应仍官督商办，由官总其大纲，察其利病，而听该商董等自立条议，悦服众商，冀为中土开此风气，渐收利权"等语。（未完）

（1910年8月14日，第26版）

商办轮船招商公局董事会呈邮传部文（续）

查李任内由股东公举商董唐廷枢等办理，朱其昂及宣怀往来监查，北洋自为督察。嗣因唐廷枢调办开平矿务，委员马建忠败坏大局，经宣怀奉李文忠命收回之后，由股东另举商董严潆等办理。李文忠因事太繁杂，以宣怀为股商所信服，奏明督办，乃得规后扩充，稍收成功。袁任内光［先］以杨升道为总理，虽多派委员，仍重商董，犹能守成。嗣因杨内擢，乃偏任委员，无所统率，遂致诸事废弛，其弊延至今日。上年幸得改隶大部，准遵《商律》，设董事会，注册商办，是中国商务一大转机。凡属股商咸晓然于大部之注重商业，同深庆幸。讵料董事会成立将及一年，所议整顿各事，除清厘契据、裁撤干修外，如更换总船主、买煤、修船、揽载、搭客，一切出入，以及栈房多因洋人短欠栈租，各弊病皆不能改。总局如此，分局可知。董事会几同虚设，股东等责备甚严。揆厥情由，咎不在办事诸员，而在用人办事之权限不明。若再因循，仅以董事为议事机关，以委员为办事机关，此局溃败尚可谓官力不难筹款重振，其如中国实业何！或问股东何为而力争？则曰为"商办"二字，官既不任利害，办事者当归股东公举，不当归官委派。又问董事何为而亦争？则曰为"官督"二字，董事当受大部管辖，不当以委员监督，拟请俯赐援照日本邮船会社，准由股东在董事会之内公举会长，并由董事选派理事，仍呈请大部核准；并请遵照钦定《商律》第七十七条："公司总办或总司理人、司事人等均由董事局选派，如有不胜任及舞弊者，亦由董事局开除，其薪水酬劳等项均由董事局酌定。"所有董事中公举办事首领，或称总理、协理，或称正会长、副会长均请部中核定；并照北洋创办时于商董之外，另派委员一二人监查利弊，并管运漕。所有办事机关，悉由董事首领会同部派人员随时呈报查核，以符官督商办之实在。

以上皆系股东意见书，恳请董事会转求邀准者也。董事等既为全体股东代表，不忍稍存五日京兆之见，用敢代为沥陈，伏乞大部俯念中国商务关系至重，上稽《商律》，下顺舆情，并参酌创办成案、东西章法，虚衷采纳，不加斥驳，商务幸甚！

抑宣怀更有请者，去秋董事会成立后，经股东公举到会，自愧毫无裨助，今年因病已数月不能赴局。五月初常会，众股东援照路矿各公司公举总协理，当即当场声明："招商局虽是完全商股，但界限不明，何能整顿？若照鄙见，应将格式画定，再定选举何人。至于各股东，以宣怀为老马识途，两次公举，若是兴旺时候决不再就，值此时局艰难亦应担此责任，但病躯未愈，病好尚须出门，应请另举贤能，无不力助"等语。所拟画定格式，系指用人办事而言，仍以官督商办为宗旨。区区之意，并以附陈。再，此呈盖用本公局关防，董事等署名于后。又，董事张允言赴宁未回，不及署名。

须至公呈者：董事盛宣怀、施肇曾、谭国忠、严义彬、郑官应、唐国泰、杨学沂、何声灏，查账员顾润章、严廷桢

（1910 年 8 月 15 日，第 26 版）

招商局董事会第三次呈邮部文

——为力争商办事

（前略）钧批谓奉旨管辖后，确守成规，仍照旧章三员三董实行官督商办一节。查招商局官督商办基于北洋奏案，历观李文忠公原奏，所谓官督者不过提倡维持之意，所派各员或本属创办，或曾投巨资，概系休戚相关，绝无丝毫凭借。至办事商董历来皆由商举，现查正坐办钟道文耀，副坐办陈道遹声，会办王道存善、唐道德熙、陈道猷共五员，而唐道、陈道仍兼揽载、翻译，办事商董只银钱股施亦爵尚承商董之旧，是名为三员三董，实已五员三董矣。钧批何者利未能兴，何者弊未能除一节。查新造轮船不及太古、怡和，而造价比怡、太为贵；芜湖、广州、牛庄等处均无栈房码头，西江、湖南、东三省等处新开商港均无船可行；旅客预定江海轮

船舱位，时时有满坑满谷之患。迨稽收数，又无一次不患短绌。所载客货，粤商因偷漏太多不允赔补，宁迟船期，改装太古。因是历年本局摊给怡、太水脚，上年转收进怡、太摊费银八万余两。修理油漆有人暗中包揽，视为专利。用煤为出款大宗，董事会初立，询据局员面称，已定之煤约用至本年秋间为止，当时谆谆面商，下次续定之时，务请先期公议。迨六月间，续向问讯，又已续定八万吨矣。询谁执行，彼此互诿。撮举大略，利弊昭然。特大部远在京华，闻见或有所未及耳。钧批何项经费宜杜虚糜，何项员董未能得力一节。上文约举修船油漆、煤斤各节，即为糜费之一大宗，撙节核实，每年省数十万金非难事。干修一项经会力争，虽已永革，然局栈人等坐支月薪、无所事事者尚复林立。股东官利不敷，局员分红依旧。就上年论，以二十九艘结余水脚仅四万八千余两，开支正、副会办五员年终津贴至二万五千两，其每员月薪各三百两尚不在内。北、中栈洋人用至九名之多，月薪四千余两，每年又五万余两，其南栈及杨家渡华栈所用洋人尚不在内。总船主蔚霞不遵命令，擅自凿破“丰顺”锅炉，董事屡请撤遣，局员始终委蛇，意在讽令自退。司栈华人上年揭发赃私，局员允今年终辞退，至今蝉联如故。各轮买办称有比较簿，迄未公阅。所遗船缺徇情滥派，有数人共办一船者，分利愈多，侵匿愈甚，谓为得力，实未敢信。

以上各节，谨就钧批所询者逐条据实答复，内容之腐败已如此，尚望其破除私心与会协商；尚冀其航业扩充，局务起色，是不啻北辙而南其辕也。夫良药苦口利于病，忠言逆耳利于行，与其使股商协而自谋，毋宁由官推诚布公，划清权限；与其徇护四五局员，使官累其名，员蚀其利，局受其害，毋宁听商之遵依法律，反败为胜。整治之策奈何？确守官督商办成案，实行商办主义，部派之员至多以正、副坐办二人为率，均处于监察之地位，一稽核局务，一督率漕务，月支薪费，照《商律》由董事会公议，应较现支三百两为优，庶敷办公。其年终向支津贴，应俟船利实有盈余，再行分拨。凡董司不职，暨董事会或有徇私舞弊之处，均得查实检举，以闻于部，由部按照商法从事。揽载、翻译、银钱三股，照旧仍用三董，于每年发息之前，股东常会由众股东投筒公举，概无会办名目。用人行事悉经公议而后行。下年续举，例得联任。董事九人，查账两人，就中公推两董常川驻局。凡一切合同、契约、银钱、票据非经董事会签字盖章，作为无效。仍于每星期常会布告周知，年终编结账略，送由正、副坐办禀部备案，刊送股东。至董事任期二年，查账任期一年，悉照《商律》办理。如此庶官商悉泯猜疑，局务或真有起色。伏求大部俯念华商已成之业破坏甚易，保存实难，成案固应恪遵，舆情亦宜维护，迅赐批示，早日结束，无任迫切待命之至。

（1910 年 10 月 13 日，第 5 版）

今日亟宜提倡机械工业论

（霖）

溯自十八世纪以来，世界进化瞬息万变，究其进化之由莫不曰机器机器，而机器致用之由又藉煤力，故西人名之曰煤铁世界。我国今日国势孱弱，财力凋敝，非于制造、矿产两大端极意经营，则根本不固，终无转弱为强之日，凡我国人亦可知所从事矣。盖机械为当今振兴各种工业之利器，欲兴工业，必先多制机械，否则购自外洋，耗财甚巨，殊非得计。今宜由国家、人民两方面各集资本，多设制造各种机器工厂，务择最易销行之机器，一律按式仿制，以辟利源而塞漏卮，诚当务之急也。如纺织机器、面粉机器、缫丝机器等均为热销之物，奚必坐失大利而专仰给于外人哉？第欲机械事业之日趋发达，尤非多开煤矿不为功，否则徒有机械，而运用机械藉以发生汽力之煤又不得不惟外人自赖，则得此失彼，仍非万全之□［策］，此乃相需甚殷而不容分离者也。且提倡机械工业，虽意在振兴各项制造，而于国家根本问题亦有莫大之关系者，即制军器、兴航业之两大端是也。兹特详述如下：

我国效法西洋以军政为最先，咸同之际已稍稍倡改练洋操之议矣。废弓矢，用枪炮，气象焕然一新。曾、李诸贤先后有制造军器局之建设，诚可谓得风气之先矣。但数十年来，刻意经营而其成效未见大著者，亦足征进步之迟缓矣。推其病源，由于不能自制各种修造军器之机械所致。盖我既不能自制，徒贩自外洋，得其陈腐，而不能得其新异，故所制之军器多不适于用，终有逊于外人所造之物也。（如德国克虏伯炮及来福、毛瑟等枪最为猛利，其制法亦日新月异，时有变更，试问我国若向购办制此枪炮之机械，彼岂肯以最新异者与我乎?）方今群雄角逐，各以武力相争衡，则海陆军固当务之急矣。我国海军甫议兴复，规制尚未完备。至陆军则各省训练者，其数已有二十余镇。工欲善其事，必先利其器，而况临阵御敌之军士乎！是故欲练勇武之陆军，以先制精良之军器为最要。各省制造军器局极宜推阐制造之法术，精益求精，务以推陈出新为贵。然欲制造精良之军器，尤非多制修造精良军器之机械不可，否则徒劳而无功也。至创办海军，以制造军舰为第一义。然若徒购外人所造者，不思自行设厂制造，则事事仰给于人，终非妥善之计。现在急欲观成，不及从容筹划，固不得不暂购外洋军舰，藉资编设，一俟规模粗备，极宜建设船厂，专事制造军舰，兼可制造商轮，用张军威而利商运，诚一举两得者也。况福建船政局创办已久，任其废置殊非所宜，亦应重加整顿，冀收驾轻就熟之效。掌军政者宜于此加诸意也。而于建设船厂之初，尤宜多制修造各种船具之机械，以为建造船舰之张本。否则母机不良，亦难制坚固迅疾之船舰也。盖凡事必先求其根本之所在，至根本已固，则自此化出之枝叶未有不善者。制舰机械苟能日求改良，则于多制商船以利交通一事，亦有莫大之关系者也。更述如次：

我国自与各国交通以来，轮舶、汽车相继传入，于交通事业上大放异彩。而我国人懵然不知其利害，一听外人之所为，是以我国数十年来水运事业不过办一招商局而已。然其轮舶所及之地惟在内河内江，航行外海者不过南至香港，北至天津而已，至与东西洋各国往来之轮舶，则均为外人所执管，不但坐失大利，且与国权亦大有关系，亟宜扩充招商局之规模，开拓东西洋航路，用以发展我国力，亦当今之急务也。然我国内地交通地城既广，即与外洋交通，举凡乘客运货亦颇频繁，仅赖招商局运输，其间殊觉不敷周转。窃以为招商局既由商股组织而成，不必急于收归官办，仍照商办公司，例由股东公举总协理及董事主持其事，一面更由邮传部另筹大宗款项，或提铁路盈余，别招商股补助，用国家名义创设中国轮船公司，多置轮船，航行长江、南北洋以及日本欧美各处，一可挽回利权，一可宣扬国威，尤为当务之急。未卜当局者其有意乎？否则以堂堂帝国，而于大西、太平等洋竟无飘摇龙旗之舵迹、樯影发现其间，亦甚可耻也。然欲振兴航业，惟在多制轮船，则建设船厂，广制修造船舰之机械，诚不容一刻缓矣。

（1911 年 5 月 20 日，第 2、3 版）

轮船招商局扩充之希望

——扩充可喜，借债可惧

邮传大臣拟将轮船招商局扩充一节曾记前报。兹闻此议非由盛大臣首倡，该局商董以局中轮船大都驶行内地，从未出国门一步，每年出入各货全恃外洋公司轮船运载，丧失权利殊属不少，故屡有禀请扩充之议。现盛大臣因干路收归国有，大为海内实业家所攻击，拟乘此机会，将该局添招商股，大加扩充，以慰商民之心；一面迅即添造新轮，驶行各国海口，如果商股不足，则以官款补助。闻盛大臣意极少须将股本增至一千万元，连日在部与各堂会议，拟将该局奏请定为官商合办之局。嗣因海军部以航运一事与将来军事上大有关系，若果官商合办，须将运输办法预为订明，且将来设有战事，商船应改编义勇队，因此尚未能遽行决定。大约须与各商董商定后始可入奏，并闻盛意如招募商股不甚踊跃，则将在前项借款中提拨若干以为扩充之用。又有一说则谓盛拟另借债款一批，专办此事云。

（1911 年 6 月 6 日，第 5 版）

时　评

（东吴）

（前略）

其二

轮船招商局，中国股份公司之最有成效者也。然其航行之路，不出本国界线以外，不过分沾外国人在我国所得一部分之余利而已。

大西、太平两洋滚滚财源，随潮流而俱涨。今中美联合会已开其先，愿轮船招商局亟武其后。我国不少资本家，幸勿坐视大好利源，不知爱惜，至不得已而仍出于借款之一途也。

（1911年6月6日，第6版）

论中美联合兴办银行航业之关系

（静）

去岁美国实业团来游吾国，一经周旋联络之余，觉两国人民间之情谊顿时密切，两国交际间之关系顿时重大，遂有中美商人联合资本，兴办中美银行、中美轮船公司之议。一时风声传播，远迩欢然。近闻中美公司之轮船，已有一艘在外洋行驶，上海商界且公举代表赴部注册矣。此次张殿撰抵京，复在政友会宣言中美联合事业政党应尽力鼓吹，并有要求农邮两部赞助之说。就目今情形而论，此联合经营之举，大约可望有成，爰将其中关系更申说之，俾国人咸知利害之所在，共尽赞襄之责，则此事成效，直在指顾间耳。讵非我国实业界莫大之幸事乎？

银行握伸缩金融之枢纽，为商业兴废之所系，欲求商业之发达，不得不谋银行之发达。若银行不发达，则商业运行之资本有限，局面何能开展？故商业之与银行，实有密切之关系。我国往时无银行之名，其为流通金融之机关者惟钱庄、银号而已。然钱庄、银号之资本，不及银行之富厚，故其助长商业之兴盛，亦不及银行之豪壮。试以上海论之，中外商业所以能臻此盛况者，实有赖于各国银行之力，故以商业之公例论，银行实为补助商业最要之机关也。现在上海银行共有十余家，而我国所设银行不过六七家而已，且大清、交通系国立性质，与纯然商业性质之商业银行，似乎有间。其可称为商业银行者，惟通商、信成、兴业、浙江、四明诸家而已，然资本无多，魄力不大，以视外国银行，瞠乎后矣。然欲求吾国商业之发达，不得不多设商业银行，以期扩充商业资本之范围，实为今日急切不容缓之举。但近年以来，我国金融界屡次亏倒，大失信用，且银根紧急，藏蓄告罄，若一时而欲招集大宗资本，兴办商业银行，其势诚有所不能，故年前上海商界倡议兴办之华商银行，今已取消。可见举办为难之一斑矣。今与美商合资兴办银行，苟能告成，则我国出资无多，合之美商所出资本，可兴办规模伟大之银行，供我商业之应用，其利益实不可胜言也。尚望当事者力图其成，慎勿中途自画，致负友邦殷殷联络之意，斯可已。

现在世界大通，以海洋纵横联络之故，海运事业似胜于陆运事业，以故商船之多寡，可藉以觇海权之大小，以及商业之盛衰。我国自有轮船以来，水运事业之利权，大半为外人所得，其可稍资抵制者，惟招商局而已。然其航线所及，多在内江内河，至外海航路不过北达天津，南至广东而已。日本欧美以及南洋一带，华轮绝迹不到，以堂堂帝国而航运事业之颓败一至于此，亦可耻已。现在盛主邮部，有扩充招商局之说，但官场办事因循，不知何年始得实行。若欲由商人自集资本，创办轮船公司，航行外国，一时亦难如愿。不得已而求其次，与美商合设中美轮船公司，则资本充足，办事勤奋，观成之期必不在远。于是我国之海权、之商运，可藉此开展于大西、太平诸洋矣，岂不盛乎？以此植其基础，将来航运苟能日见发达，然后更谋独立事业，与联合公司相助为理，则我国航运利权，不难有返璧之望矣。

以上所述，不过就中美联合之事业而言其关于商业者耳，至两国既经合办事业，则两相联络之情谊，自必愈形密切；且两国人民之情谊既笃，则两国政府之交际亦必倍形诚挚，其有裨两国国际交涉亦匪浅鲜；并可抑止他国侵略之谋，斯尤中美合办事业之关系较大者也。鼓吹而维持之，国人咸有其责，勖哉其毋怠。

（1911 年 6 月 15 日，第 3 版）

海上闲谈

招商局为沪上商办各业之魁首，今亦议归官有矣。夫沪上之商业，近数年来，已有一落千丈之势。倘商民营一事业苟有赢余，即为官场攫之而去，则我商民以后非特寒心而不敢放手经营，而沪上之商业益将败坏而不堪设想矣。

或曰官场为大局计，岂区区与民争利者。然则我沪上亏本倒闭之公司局所亦众矣，邮部何不尽收之以去？

（1911 年 7 月 12 日，第 20 版）

闻招商局将收归国有感言

（秋阳）

连日报载邮部又有将轮船招商局收归国有，改为大清邮船总局之意。近来政府对待国民之手段刚强果决，毫无姑息优容之象，以视对待外人之顺柔疲软，一意惟命是听者，适成一反比例。是招商局收归国有，邮部既有此意，势必无可挽回，斯固断然而不容置疑者也。呜呼！自湘粤、川汉铁路收归国有以来，人民抵抗风潮尚未静息，不谓一波未平一波又起，更有收回招商局之事继续发现于其后。吾不解邮部诸公何以意兴豪迈，不惮与国民挑战，竟一至于斯。推其用心之所极，殆非将全国商民经营之工商事业尽收归国有，坐致大利，使商民均成涸水之鱼，无计营生而不甘罢手也。噫！人非豺狼，抑何残刻至此！

且自湘粤、川汉铁路宣示收回后，邮部以退还商股之款无着，有另借外债或举办国债之说。是收回商路之款尚无着落，岂收回招商局已有的款耶？办事贵有秩序，今邮部措置经营之颠倒错乱亦云甚矣。夫国家之所以特设邮部衙门者，要在统筹全国轮路邮电四大政，以冀交通事业之日渐发达耳，并非使其与民争利也。亦欲其引导补助全国商民之经营各种交通事业耳，并非欲其破坏商民经营之事业也。收回全国干路尚可借口于行政之活动、军备之调遣种种问题，岂区区一招商局亦有关于行政、军事，不得不谋统一乎？前次收回电报局，以国家递发紧要文信，宜取秘密不便声扬等为词，又以收归国有后再行大加整顿，力求扩充等为词。此次收回招商局，亦以整顿局章，推广航路为词，玩其意旨一若人民与国家别为二物，事经人民办理即于国家有害，如铁路则不能供行政、军事之用，如电报则不能供递发官家要信之用，如轮船则不能供国家运输之用；又若铁路、电报、轮船等公司局所一经商民办理，一有商股混合其中，即不足以言整顿扩充者，故必欲收归国有而后始言整顿，而后始言扩充，视官场为无所不能，视人民为一无足取，务以国家种种事业攫为国有，将人民摈诸门外而后已，其轻视吾民毋乃太甚乎！

且现在政府将各种交通事业收归国有，动以各国成例钳制人民之反对，斯尤不通之甚。在东西诸强国，政治修明，财源富裕，事事欲求其有整齐划一之观，固不难渐次措办，达其目的。若以今日之我国而论，则百政纷乱，财源奇窘，举凡兴办各种事业，方借助民力之不遑，而乃东施效颦，亦步亦趋，多见其不知量耳。况有利于政府官吏者则援引各国先例为借口，至于人民有益之事，又置各国成规于不问，尤不足以云办事之公允，而欲国人奉命维谨也，不亦难哉！

虽然今日政府之无道亦不足责矣，我人民亟宜速谋自立之道，政府既欲将各种事业收归国有，不与我人民相助为理，我人民经营事业亦不必与政府混合办理（如官督商办之招商局于我商民本无大利，弃之亦不足惜），尽可划分疆界，各视能力而策事业之进行。此次收回招商局之说，外间既已风传殆遍，则事非无因，固不待言。且以收回铁路、电报等之成例观之，苟邮部志在收回，断非商民反抗所能有效。窃以为邮部一旦宣示收回招商局，我商民极宜处以镇定，切忌慌张，既不必请邮部收回成命，且不必向邮部辩论是非，只须要求将商股之款按照现在该局股票时价如数退还，一面由众股东推举公正练达、物望素孚之人主持善后事宜，另办中国内外轮船公司，即将收回股本建造各种轮船，先行内江，次及外海，以植吾国商办航运事业之基础，失彼得此，未尝不可收桑榆之利，亦何惮而不为哉！盖以吾国人数之多、商运之盛，内外航线之广，断非区区一招商局所能济事，坐令外国轮船公司之势力纵横驰骤，无远勿届，举我国内江外海之航权尽归彼族掌握之中，是固于国家主权、商业利权均大有妨害者也。若不此之务，对于邮部收回招商局徒逞一时之义愤，开会打电（报）为一场无益之喧闹，则毫不妨于邮部之主张，反有损于商民之利益，窃谓非计之善者也。现在中美轮船公司筹办已有端绪，邮部又有将招商局收回扩充之举，倘我商民更能将收回商股另办轮船公司，则鼎足而三，分道扬镳，各鼓其热诚，以求事业之进步，行见黄龙国徽飘扬内江外海，而商运海权之扩张均将基之于是矣，岂不盛哉！是招商局之收归国有，虽于我商民之利益不无损害，然反可促我商民自植航运之基础，则于无益之中转为有利，亦不可谓非不幸中之幸也。据近日所传消息观之，则邮部宣示收回招商局之举为期必不在远，深望我商民先事徐图之，慎勿于一经发表之后，徒为无益之聚讼也。

（1911 年 7 月 16 日，第 3 版）

后　记

我喜欢轮船招商局，因为这是一家有历史的企业，是中国民族企业少有的一家“百年老店”。

有历史自然有文化，有文化的企业谁不喜欢？更何况招商局领导爱护自己的品牌，重视企业史研究，专家学者自然心驰神往矣。

我与招商局结缘于2007年在深圳举办的纪念招商局成立135周年国际学术研讨会，经复旦大学朱荫贵教授推荐，我得以参加这次盛会。此后，又先后参加过多次招商局举办的会议。2015年在深圳举办的“招商局与中国企业史研究国际学术研讨会”上，我和不少代表获赠该局出版的数十本专书，该局工作人员足足帮我寄了两大包，这进一步加深了我对该局“有文化”的认识。

招商局的“有文化”不是附庸风雅，而在于切切实实推进中国企业史研究，据笔者所见，招商局史研究会是目前国内仅见的规范运行的企业史研究组织。该研究会上承招商局集团领导的指示，除定期举办学术研讨会之外，还发布研究课题，向海内外招标，笔者经过申报，有幸承担一项，题名“《申报》轮船招商局史料整理”，本书就是此项课题的成果之一。

之所以设计这一课题，一方面是因为笔者素来喜欢从事历史学研究中的“体力劳动”，许多史学大家在中华人民共和国成立初期不都在编纂史料专书吗？他们的劳动成果至今仍在服务学术研究。而今学术评价体制大变，史料编纂根本难登大雅之堂。但笔者痴心不改，自认为难以著出惊世之作，惟有多点“铺路”之举。近代招商局史料浩如烟海，若不加选择，四面出击，恐难以操作，而《申报》是近代中国第一大报，是招商局信息的重要发布平台，加以专项收集，工作易于推进。当时，还有一个小算盘，那就是“爱如生”、“青苹果”和“瀚堂”等数字技术公司已先后对

《申报》进行了全文数据处理，可实现全文检索与限量下载，不仅方便了资料收集，而且减省了文字录入劳动，可极大地提高工作效率。

但是，在立项之后的实际操作过程中才发现原先的设想其实只有“距离美”与“想象美”，各种困难接踵而至。

首先是检索难度。通过“爱如生”以“招商局”为关键词进行全文检索，因重复率大而变得毫无意义；若进行篇名检索，则会有很多遗漏。笔者只好先进行条目检索，再逐年逐月梳理《申报》全文，补充相关内容。其间的劳累，难以言说。

其次是识别难度。因时间久远，《申报》原件漫漶，难以识读，数据库提供的文本可用率有限，我们所做的工作，不仅要进行繁简字体转换、断句标点，而且包括校勘。有些文字，原版本来似有若无，极不清晰，为了“猜”出一个字，有时需要反复对照前后文，进行合理推测；也有一些地方，或因原版缺漏太多，或因文意复杂，即使绞尽脑汁，也难以给出合理的“答案”。其间的烦恼，难以言说。

在编辑体例方面，也经过多次“试错”：最初拟设定为大事长编式，后来又改成业务类别式，经过反复斟酌，方确定了现在的这种“报纸专题＋企业专题”的框架结构。以后进行民国时期《申报》招商局史料编纂，其框架结构可能会与晚清时期有别。

我和我的部分学生是这一项体力劳动的主要“工人”，尤其是杨尚华、高天舒、杨向昆、聂庆艳、段金萍、王宗君、魏春梅等人出力尤多。

招商局史研究会的肖斌与曹桢一直与笔者保持联系沟通，解决研究过程中的一些困难与问题。黎志刚教授、朱荫贵教授、戴鞍钢教授是笔者多年来经常请益的良师，在招商局史研究方面，他们也给予了诸多帮助。当然，还应感谢招商局的胡政与李亚东等领导，没有他们对历史的重视，以及对历史研究的重视，这项研究也不会被列入该局资助的课题。更应感谢社会科学文献出版社的领导与本书的诸位责编，他们严谨细致的工作作风使我们受益良多。

李　玉

2017 年 5 月 9 日

图书在版编目(CIP)数据

《申报》招商局史料选辑．晚清卷：全三册 / 李玉主编．-- 北京：社会科学文献出版社，2017.9
(招商局文库．文献丛刊)
ISBN 978-7-5201-1226-0

Ⅰ．①申… Ⅱ．①李… Ⅲ．①轮船招商局-史料-中国-清后期 Ⅳ．①F552.9

中国版本图书馆 CIP 数据核字(2017)第 197691 号

招商局文库·文献丛刊
《申报》招商局史料选辑·晚清卷（全三册）

主　　编 / 李　玉

出 版 人 / 谢寿光
项目统筹 / 宋荣欣
责任编辑 / 宋　超　赵　晨　孔　军

出　　版 / 社会科学文献出版社·近代史编辑室（010）59367256
地址：北京市北三环中路甲 29 号院华龙大厦　邮编：100029
网址：www.ssap.com.cn
发　　行 / 市场营销中心（010）59367081　59367018
印　　装 / 三河市东方印刷有限公司

规　　格 / 开　本：787mm × 1092mm　1/16
印　张：88　字　数：1395 千字
版　　次 / 2017 年 9 月第 1 版　2017 年 9 月第 1 次印刷
书　　号 / ISBN 978-7-5201-1226-0
定　　价 / 458.00 元（全三册）